《资本论》的宏观经济研究方法及其应用

上卷

何干强◎著

MACROECONOMIC RESEARCH METHODS IN DAS KAPITAL AND ITS APPLICATIONS

东方出版中心

图书在版编目（CIP）数据

《资本论》的宏观经济研究方法及其应用 / 何干强著. —上海：东方出版中心，2022.9
ISBN 978-7-5473-1987-1

Ⅰ. ①资… Ⅱ. ①何… Ⅲ. ①《资本论》－马克思著作研究②宏观经济－研究方法 Ⅳ. ①A811.23②F015

中国版本图书馆CIP数据核字（2022）第102405号

本书为国家社科基金一般项目“《资本论》宏观经济分析方法及其中国化研究”（11BJL007）最终成果，亦为2015年上海新闻出版专项资金扶持项目。

《资本论》的宏观经济研究方法及其应用

著　　者　何干强
策　　划　鲁培康
责任编辑　刘　军　乔　赫
封面设计　久品轩

出版发行　东方出版中心有限公司
地　　址　上海市仙霞路345号
邮政编码　200336
电　　话　021-62417400
印 刷 者　上海盛通时代印刷有限公司

开　　本　710mm × 1000mm　1/16
印　　张　53.25
字　　数　859千字
版　　次　2022年9月第1版
印　　次　2022年9月第1次印刷
定　　价　198.00元

目　录

上卷(导论~第三篇)

第一篇 研究对象与基本方法

第三篇 地租、自然环境与宏观经济运动

下卷(第四篇~总结)

第四篇 宏观经济的外部联系

第五篇 宏观经济的数理分析方法

第六篇 国家的宏观调控

导论 应当重视《资本论》的宏观经济研究方法

本导论对来自西方经济学的词语“宏观经济”作了必要的说明，提出宏观经济是一个在商品生产普遍化的社会才有实际意义的经济范畴，它反映一个民族国家的总量经济活动的整体形态，是历史的范畴；阐明马克思是科学宏观经济学的开创者，《资本论》全卷都包含对宏观经济的论述，包含着科学的宏观经济学；主张我们应当破除对凯恩斯主义宏观经济学的迷信，重视研究和应用《资本论》的宏观经济研究方法，努力开创社会主义市场经济的宏观经济学，为搞好社会主义宏观经济调控服务；本导论在最后简要介绍了本书的基本内容和思路。

一、《资本论》与宏观经济学

（一）宏观经济的概念

1. 宏观经济的词源

宏观经济这个词语来自西方资产阶级经济学（以下简称西方经济学）。[①] 作为现代西方经济学基本组成部分的宏观经济学，其理论奠基人是英国资产阶级经济学家约翰·梅纳德·凯恩斯。正如本书将论证的，西方宏观经济学以单个资本家获得利润最大化为分析前提，它维护资本主义经济制度和资产阶级的整体利益；在分析方法上具有主观性、表面性、片面性、欺骗性和为资本主义经济制度辩护的特性；在经济数理分析上存在根本性错误。所以，西方宏观经济学并不是科学的理

① 我国有学者指出，“宏观经济学这个术语是挪威资产阶级经济学家弗里希（R. Frisch）于 1933 年提出的”（参见张培刚、厉以宁著：《微观宏观经济学的产生和发展》[M]，长沙：湖南人民出版社，1986 年，第 14 页）。另有美国学者奥利弗·布兰查德认为，“宏观经济”一词直到 1941 年才在经济学文献中出现；而“宏观经济学”一词则出现在 1946 年（参见[英] 布莱恩·斯诺登、霍华德·R.文著，佘江涛、魏威、张风雷译：《现代宏观经济学：起源、发展和现状》[M]，南京：江苏人民出版社，2009 年，第 614 页）。

论。然而,这不等于说“宏观经济”这个词语也绝对不能使用。

2. 关于使用宏观经济一词的说明

我国老一辈马克思主义经济学者曾不太主张使用“宏观经济”这个词语。这有一定道理。因为无产阶级革命导师马克思耗费毕生精力创作的伟大著作《资本论》,以唯物史观为指导,研究“资本主义生产方式以及和它相适应的生产关系和交换关系”①运动规律,其中大量的内容是研究资本主义经济总体运动的,但是在研究方法、范畴原理和理论逻辑上,与西方宏观经济学相比,却有重大的原则性区别。他们由此认为,如果马克思主义政治经济学也使用“宏观经济”这个词语,那就会与西方宏观经济学划不清界限。

不过,现在大多数马克思主义经济学者也使用这个词语了。这基于两个原因,一是在汉语中,“宏观经济”这个词语与《资本论》所说的“社会总资本的运动”“社会总资本的流通过程”“全年社会总产品的流通”“社会再生产过程的复杂具体的形式”②等科学表述,都是指一个社会的国民经济整体运动,而“宏观经济”在语言的表述形式上,有简略的好处。二是随着我国经济学对外学术交流的扩展,使用在概念的形式上有共性的词语,有助于语言的沟通。至于概念形式相同而内容含义的原则区别,这是可以说清楚的。

显然,现在使用“宏观经济”这个词语,借鉴的只是这个概念的形式,而绝不是西方宏观经济学的思想方法和理论原理。当代中国特色的社会主义宏观经济,继承和发展马克思在《资本论》中研究社会经济总体运动的辩证方法和基本原理,必须对资产阶级经济学的“宏观经济”这个概念的内涵加以科学地扬弃,并且赋予马克思主义的科学含义,这样才能创新和发展适应社会主义市场经济形态的马克思主义的宏观经济学。本书在说明宏观经济这个概念存在这两种不同含义的前提下,将直接用宏观经济这个经济范畴,简要地表述应用《资本论》的思想方法和经济学基本原理来描述的全社会经济的总体运动。

3. 宏观经济是历史的范畴

宏观经济运动顾名思义是一个社会的经济整体运动。不过,在人类社会的自然经济形态时代,尚不能用宏观经济这个概念来描述社会的整体经济。原始社会以氏族、部落为单位,社会的经济规模很小,称不上“宏观”;奴隶制、封建制社会,虽

---

① 《资本论》第1卷[M],北京:人民出版社,2004年,第8页。

② 《资本论》第2卷[M],北京:人民出版社,2004年,第392、455、512页。

然已有较为广阔的国家地域范围，但是，那时社会的经济以农村经济为主，生产主要自给自足，社会的各经济单位之间并未结成相互分工的依赖关系。农户、村落的经济生活相互独立，所谓“家家守村业，头白不出门”，“鸡犬之声相闻，老死不相往来”，乃是这种经济状态的主要写照。在自然经济时代，城市中虽有市场，但是它并未成为连接各行各业的网络中介；市场的商品、货币交换，主要起调剂生产和生活余缺的作用，并未成为生产存在的前提条件；城邦之间的经济活动也未构成彼此依赖、不可分割的社会经济整体。因此，那时全社会的经济运动还不宜用社会生产的总过程或宏观经济范畴来概括。只有到商品生产普遍化的社会，社会各行各业的生产以市场为中介，形成相互分工、彼此依赖的经济整体，这时，社会生产的总过程或宏观经济概念才有了反映社会经济整体形态的实际含义。

从空间来看，具有经济整体形态的社会，广义地说，可以用以概括一个国家的范围，也可以用以概括多个国家构成的大区域范围，如亚洲社会、发展中国家社会等，乃至可以用以概括全世界的范围，如人类社会。但是，由于当今人类社会是由一个个具有独立经济利益的民族国家构成的，研究包括多个国家构成的区域经济和所有国家构成的世界经济，都要在分析单个民族国家经济的基础上，才能进行综合，弄清它们各自的内在联系，所以，宏观经济这个概念通常指的是一个个民族国家的国民经济整体。而超出国家范围的区域经济，可以直接说某区域经济，如东北亚区域经济、欧盟经济体经济、亚太区域经济等；分析全球范围的经济，可以直接说世界经济。至于像中国这样幅员辽阔的国家，包含着若干省、若干市的区域经济，有的地域面积超过一些小国家，也只能称之为某某地区的区域经济，而不能称之为宏观经济。人们有时把这种国内的区域经济抽象地称为中观经济，这未尝不可。

可见，宏观经济是一个在商品生产普遍化的社会才有实际意义的经济范畴，它反映一个民族国家经济的整体形态，是一个历史的范畴。

（二）《资本论》包含科学的宏观经济学

1. 马克思是科学宏观经济学的开创者

就科学的宏观经济学的内容而言，早在凯恩斯之前，就包含在马克思的代表作《资本论》中。马克思运用唯物史观的方法，系统地揭示了在资本主义经济形态中，以社会化大生产为前提的社会总资本的经济运动规律，其中包含着在商品生产社会一般条件下，以及在未来商品、货币已经消亡的共产主义社会条件下，社会总产品的再生产运动一般规律。虽然马克思没有使用“宏观经济”这个概念，但是如果把宏观经济理解为国民经济的总体，那么可以说，马克思在人类经济思想史上，首先创立了科学的宏观经济学的基本内容。科学的宏观经济思想是马克思主义经济学宝库的重要组成部分。

2.《资本论》全卷都包含宏观经济学的论述

凡是读过《资本论》的人，都认同《资本论》含有宏观经济学的内容。不过，在中华人民共和国成立后的计划产品经济体制时期，经济学界对这方面内容的研究，主要关注的是“社会总资本的再生产和流通”，即《资本论》第2卷第三篇，这固然很有必要，因为这一篇对于有计划按比例地调节社会再生产，有重要指导意义。但是，局限在这一篇来理解《资本论》包含的宏观经济学内容就有片面性了。造成这种局限性的原因主要是，那时的经济体制限制了人们对商品生产一般关系的关注。而现在结合发展社会主义市场经济的实践，深入研究《资本论》，就可以发现，《资本论》包含着宏观经济学的丰富论述，绝不只是局限于第2卷第三篇。从《资本论》第1卷到第3卷，都有宏观经济学的内容。《资本论》第1卷关于商品流通、货币流通、相对剩余价值、工资、社会再生产等方面的论述，第2卷的第一篇和第二篇关于产业资本的循环和周转的论述，尤其是第3卷关于剩余价值的分配、生息资本、银行资本、信用制度、货币资本的运动、地租等论述，都包含着对宏观经济关系揭示的原理。尤其包含着揭示宏观经济运动的唯物史观的方法论。

在《资本论》中，马克思运用唯物史观的辩证法，先揭示商品、货币流通这些国民经济表层领域的运动规律；再深入揭示以这些表层运动为前提的国民经济深层领域的资本或剩余价值的流通过程；然后在揭示这些本质层面的深层规律基础上，再上升到国民经济的现象层面，揭示涉及分配领域的工商业利润、银行业利息和土地领域的地租的运动规律，同时，揭示出为什么在资本主义私有制基础上，宏观经济运动必定要爆发不能避免的经济危机。《资本论》这种由表及里、由现象到本质，又由里及表、由本质回到现象，从一般到特殊，从个别到整体、从分析到综合的研究逻辑，以及在每个经济层面运用的唯物辩证的研究方法，真实地反映出资本主义宏观经济运动的客观辩证法，揭示出宏观经济运动的一系列客观经济规律。认真挖掘并正确领会《资本论》蕴含着的一系列唯物史观研究方法，有助于我们对现实的宏观经济运动不但能知其然，而且能知其所以然。

显然,人们不应当把过去在研究《资本论》视角上的局限性,误判为《资本论》本身的弊端;更不应当认为,《资本论》即使含有宏观经济学的内容,也只能用以指导计划产品经济[①],而不能用以指导社会主义市场经济。毫无疑问,《资本论》研究的是资本主义经济,但是,其中揭示了商品货币关系、资本流通包含的一般关系(例如,在市场经济条件下,公有资本也要采取货币、生产和商品三种形态进行循环运动)、社会化大生产各部门必须按比例生产的一般规律和人与自然之间的物质循环规律等许多在社会主义市场经济中必须遵循的客观规律;更重要的是,《资本论》关于宏观经济的唯物史观研究方法,是迄今研究宏观经济最科学的方法,具有普遍的指导价值。我们要促进中国特色社会主义的国民经济在整体上科学运行和实现全体人民共同富裕,唯有全面、深入地理解和创造性地运用、发展《资本论》所揭示的关于宏观经济运动的辩证法。

(三)《资本论》论述宏观经济的主要内容

1. 用辩证方法揭示宏观经济的内在联系

《资本论》中包含宏观经济学的丰富内容。首先,运用唯物史观的辩证方法揭示了资本主义宏观经济的内在联系。这包括资本主义宏观经济中的商品流通、货币流通和资本流通的相互关系,社会再生产各部类之间的价值补偿和实物补偿的相互关系,社会再生产与货币流通的相互关系,外贸与社会再生产的相互关系,商业信用与银行信用的相互关系,虚拟经济与现实经济的相互关系,地租与宏观经济运动的相互关系,社会生产力与社会消费力之间的相互关系,人与自然之间对立统一的物质循环关系,物质生产和人口生产的相互关系,特别是生产力的物质技术基础、所有制、收入分配、阶级关系与市场供求这些经济环节之间的相互关系,这一系列关系,都包含丰富的辩证法,都值得结合社会主义市场经济的宏观调控实践,深入领会。

2. 科学阐释国际经济关系

《资本论》揭示出一国宏观经济与国际经济相互之间的关系,论述了与此相关的具有宏观经济分析方法功能的一系列经济范畴和原理。在一般商品流通关系方面,有世界市场、国际分工、世界劳动平均单位、国际价值、世界货币、货币的相对价

---

① 笔者认为,应当把“计划经济”与“计划产品经济”两个概念区分开来,前者是具有反映社会化大生产的客观要求、遵循按比例发展的客观规律管理国民经济的一面;而后者是用自然经济那种产品经济观来认识国民经济运行,由此形成的主观性较强的、高度集中的、指令性计划为特征的经济管理体制概念。我们要扬弃的是计划产品经济,而不应绝对否定计划经济。

值、国际信用制度等范畴或原理；在一国内部社会总资本流通关系方面，有固定资本补偿与对外贸易、国际资本流动与国内货币流通等关系的原理；在国家和民族经济利益关系方面，提出了“国家实力和国家优势”①的概念，阐释了国民工资差异的比较方法、资本主义生产方式与殖民制度的关系、生产力先进国家与落后国家之间的国际贸易关系等原理，揭示了在资本主义占主导的国际经济关系中，一般流通关系背后的不合理国际分工和不平等国际经济利益关系等。这些重要思想和方法，应成为指导我们分析当代国际经济关系，推进社会主义市场经济的对外开放，维护民族经济利益和国家经济安全的理论基础。

3. 揭示人与土地之间的物质循环规律

《资本论》对资本主义生产方式破坏“人和土地之间的物质循环”进行了深刻揭露和批判，把这种循环称为“调节社会生产的规律”②，即宏观经济运动应遵循的客观规律。遵循这个规律，才能维护作为人类生存和生产基本条件的生态环境（清洁的空气、饮用水等），才能实现今天人们所说的人口、资源和环境的可持续发展。在唯物史观看来，土地是“人类劳动的一般对象”，也是劳动者“原始的食物仓”和“原始的劳动资料库”，③而只有遵循人与土地之间的物质循环规律，才能使土地始终为人类提供基本生产要素，因此，这个规律是比生产力发展规律更基本的规律，要全面地认识宏观经济运动，必须把它纳入重要的研究视野。

4. 在唯物史观指导下对宏观经济进行数理分析

《资本论》的宏观经济数理分析是贯彻全卷的，并始终贯彻唯物史观，把经济数量分析建立在经济性质分析的基础上。有的直接提出了数学公式，有的用语言作出了阐释。可以发现：（1）在相同经济问题的分析上，《资本论》的数理分析比西方经济学有关的数理分析更为科学、全面。例如，弗里德曼的货币数量分析公式是恒等式，不分商品流通与货币流通的因果关系；马克思的有关公式则明确商品流通是因，货币流通是果，并揭示了通货膨胀的发生机理。④ 又如，凯恩斯主义从国内生产总值［GDP，相当于社会总产品的新创造价值量$\Sigma(v+m)$］出发，马克思则尊重价

---

① 《资本论》第3卷［M］，北京：人民出版社，1975年，第885页。查德文原版，此处为“der nationalen Macht und des nationalen Uebergewichts”，“Nationalen”这个词的首要意思是指“民族的、国家的”。《资本论》第3卷［M］，北京：人民出版社，2004年版，第887—888页，译为“国民实力和国民优势”。笔者认为，国际上的“国民实力”比较，含有平均的单个人实力比较的意思；而“国家实力”比较，则是指国家整体实力的比较。因此本书采用1975年版的译文。

② 《资本论》第1卷法文版中译本［M］，北京：中国社会科学出版社，1983年，第517页。

③ 《资本论》第1卷［M］，北京：人民出版社，2004年，第209页。

④ 参见陈其人著：《货币理论与物价理论研究》［M］，上海：上海人民出版社，2002年，第142—147页。

值规律，从社会总产品的全部价值量$\Sigma(c+v+m)$出发，这就更为全面。（2）马克思分析了凯恩斯主义没有涉及的许多经济数量关系，例如，他在劳动价值论的基础上，深入分析了关于商品相对价值形式的数量变动规律，由此全面揭示出引起市场价格变动的各种经济因素的作用；用劳动二重性的观点分析了社会扩大再生产实现货币积累和实际积累的数量平衡关系；在剩余价值规律基础上，揭示了资本有机构成对劳动力变动及其工资变动的影响、平均利润率下降规律；等等。《资本论》的宏观经济数理分析方法，为我们研究社会主义市场经济宏观运动的数量关系，提供了科学指导。

以上提到的宏观经济论述的要点，足以说明《资本论》包含着丰富的宏观经济学内容，其中渗透着唯物史观的宏观经济研究方法，本书将分篇章作详细的阐释。

（四）破除对凯恩斯主义的迷信

1. 凯恩斯主义经济理论不是科学真理

谈到宏观经济学及其研究方法，流行的观点往往把它理解为以凯恩斯主义为基础的西方宏观经济学及其方法。似乎马克思主义经济学缺乏对市场经济做宏观经济研究。其实，撇开有人敌视马克思主义经济学不谈，这是一种认识误区。这来自两个方面：一是没有认真地阅读和研究马克思的《资本论》，从而不了解《资本论》包含的宏观经济学及其方法；二是缺乏对现代西方宏观经济学的理论基础——凯恩斯主义的识别能力，被其“现代经济学”的外衣所迷惑。这种迷信必须破除。

应当说，凯恩斯主义用经济总量分析方法研究资本主义市场经济运动，它作为一种经济学科的知识，以及它付诸发达资本主义国家宏观经济管理实践的经验教训，是值得我们研究和批判地借鉴的。但是，把它当作科学经济学真理，甚至把它直接搬用于社会主义市场经济的宏观经济调控实践，却是不应当的。

凯恩斯的理论对缓和资本主义经济矛盾起过一定作用。为此，在第二次世界大战之后，西方经济学界不少人推崇他的理论，形成主张国家干预经济的凯恩斯主义。先后出现“新古典综合”、货币主义、新古典宏观经济学、实际经济周期理论、新凯恩斯主义、后凯恩斯主义和奥地利学派等新流派，这些流派尽管有所差别，但是都建立在凯恩斯原创理论的基础上。① 然而，在20世纪70年代初发达资本主义国

---

① ［英］布莱恩·斯诺登、霍华德·R.文著，佘江涛等译：《现代宏观经济学：起源、发展和现状》［M］，南京：江苏人民出版社，2009年，第13、27页。

家普遍出现经济停滞和通货膨胀并存的“滞涨”经济危机后，凯恩斯主义在西方学界已受到质疑；反对国家干预的新自由主义经济学由此抬头。不过，2007年以美国“次贷”危机为发端的世界金融、经济危机爆发后，新自由主义威信扫地，西方学界又出现“回到凯恩斯”的声音。

2. 凯恩斯主义的资产阶级立场

研究凯恩斯的代表作《就业、利息和货币通论》，不难看出，凯恩斯是把维护资本家的私人利益作为既定分析前提的。例如，有效需求是凯恩斯主义的基本范畴，凯恩斯解释，它是“总需求函数上的一点；在该点，需求是有效的，因为，把总供给的情况考虑在内，该点相当于能使企业家的预期利润最大的就业量”①。可见，凯恩斯主义旨在维护现存资本主义经济制度，以资本家利润最大化、不改变资本家阶级与工人阶级收入分配两极分化为分析前提，充分体现出其理论的资产阶级性质；也背离了宏观经济调控应从体现大多数人利益的国民经济整体利益出发这个基本点；更谈不上社会主义制度要求的宏观经济调控要有利于促进全体人民共同富裕了。这并不奇怪，凯恩斯毫不隐瞒自己的阶级立场，“在阶级斗争中会发现，我是站在有教养的资产阶级一边的”②。

3. 凯恩斯主义的宏观经济分析方法渗透着唯心史观

从经济学理论的角度来看，这表现在许多方面：不懂劳动二重性这个分析市场经济的最基本的观点，未能揭示宏观经济产业部门之间实物补偿和价值补偿的内部联系；停留在经济现象层面，混淆一般流通（W—G—W）与资本流通（G—W…P…W—G′），弄不清商品流通和货币流通的因果关系，分不清货币与货币资本；贯彻斯密教条，丢掉了生产资料部类中不变资本这一部分（第Ⅰ部类中的Ⅰc）的内部交换，看不到消费需求内部差别对宏观经济运动的影响，把宏观经济平衡建立在“储蓄等于投资”这一片面、含糊的所谓恒等式上；把资本主义经济当作永恒合理的经济形态，混淆市场经济的一般性生产过剩和资本主义特有的生产过剩，无视资本主义经济危机的根本原因是生产社会化和资本主义私有制这个基本矛盾，不能解释经济周期的物质基础和私有制原因；用自利的“生意人眼光”认识经济关系，无视生产资料所有制关系与宏观经济运动的内在联系，只是在资本主义经济允许的限

---

① ［英］约翰·梅纳德·凯恩斯著，高鸿业译：《就业、利息和货币通论》（重译本）［M］，北京：商务印书馆，2002年，第62页。

② ［英］约翰·M.凯恩斯著，蔡受百译：《劝说集》［M］，北京，商务印书馆，1962年，第245页。

度内提出调控宏观经济的主张；等等。[①] 概言之，凯恩斯的分析方法渗透着唯心史观，因此，难以做到公正无私地、科学地分析和在实践上解决宏观经济运动中的深层矛盾。

由此可见，凯恩斯主义宏观经济学并不是科学理论，在阶级立场上与广大劳动人民整体和长远利益是根本对立的。20 世纪 70 年代资本主义经济“滞胀”大危机的爆发，已证明凯恩斯主义绝不能消除资本主义经济固有的基本矛盾，只能起掩盖这个矛盾、拖延这个对抗性矛盾爆发的作用。而在 2007 年以美国“次贷”危机为发端，至今仍未出现转机的世界金融经济危机中，发达资本主义国家纷纷采用凯恩斯主义的财政、货币政策“救市”，也并未见效。2011 年，美国出现“占领华尔街运动”，抗议者提出“我们代表社会的 99%，我们不再忍受那 1%的贪婪与腐败”的口号，[②]反映出凯恩斯主义根本不能解决当代资本主义经济的严重两极分化。可见，它经不起社会实践的检验，不应当迷信它！这也证明，“回到凯恩斯”绝不是促进宏观经济理论和方法走向科学的出路。

值得注意的是，随着马克思主义在理论和实践上的胜利，20 世纪 30 年代以来，西方资产阶级学界面对危机，出现了“把凯恩斯马克思化”或“把马克思凯恩斯化”的动向，试图把马克思主义和凯恩斯主义混淆起来。[③] 在这种情况下，重视《资本论》的唯物史观宏观经济研究方法，与凯恩斯主义划清界限，就显得格外重要。

二、重视应用《资本论》的宏观经济研究方法

（一）《资本论》宏观经济研究方法的科学性

1.《资本论》对宏观经济的研究坚持唯物史观的反映论

从宏观经济研究方法上比较《资本论》与凯恩斯主义，更可以看出前者的科学性和深刻性、后者的片面性和肤浅性。这首先表现在对宏观经济形态的认识是否

---

① 参见何干强：《论马克思宏观经济分析方法的科学特征——兼与凯恩斯主义比较》[J]，《经济纵横》2010 年第 10 期。

② 《透析“占领华尔街”：99%为什么反对 1%》[N/OL]，《中国青年报》，2011 年 10 月 11 日，http://news.xinhuanet.com/world/2011－10/11/c_122139249.htm。

③ 参见吴易风：《西方经济学家论马克思经济学——写于马克思诞辰 190 周年》[J]，《经济学动态》2008 年第 1 期。

客观真实。《资本论》的宏观经济研究方法贯彻唯物史观的辩证反映论，而凯恩斯主义贯彻唯心史观的主观认识论。这表现在：

其一，《资本论》深刻揭示出，客观存在的生产资料所有制关系是宏观经济关系中的本质层面。由于认识到宏观经济中存在这个关键性的经济层面，并把它纳入宏观经济的研究对象之中，由此就深刻揭示了生产资料所有制关系对收入分配关系的决定作用，从而对市场供求关系的决定性影响。而凯恩斯主义对宏观经济的整个分析，是以生产资料资本主义私有制为既定前提的，所以根本不考虑私有制对市场总供给和总需求关系产生的负面影响，这等于主观地撇开了宏观经济中客观存在的生产资料所有制关系这个重要层面，撇开了这个层面在宏观经济运动中的基础性作用。

其二，《资本论》全面地反映出资本主义宏观经济中性质不同的经济层面及其相互关系。既认识到反映商品生产一般经济关系的商品流通，又认识到体现资本主义生产关系的资本流通；因此，在社会再生产研究中，不但分析企业（即资本家）与一般消费者（居民）之间的交换关系［如人们在马克思主义政治经济学教科书读到的Ⅰ(v+m)与Ⅱc之间的交换关系，以及Ⅱ(v+m)内部的交换关系］，而且分析生产资料生产部类中企业与企业之间的交换关系（Ⅰc内部的资本家相互之间的交换关系），这就全面地揭示了资本主义宏观经济的市场交换关系。而凯恩斯主义则不明白商品流通和资本流通的区别，沿袭古典资产阶级经济学家斯密的理论教条，在宏观经济分析中从主观出发，丢掉了Ⅰc内部（生产资料生产部门内部的企业之间）的交换，只着眼于企业与居民之间的交换关系或简单商品流通关系。凯恩斯的代表作《就业、利息和货币通论》中关于宏观经济总量的基本流程图，清楚地表明了这种片面性。①

显然，如果迷信凯恩斯主义，就不可能全面深入地认识宏观经济研究对象的本来面目，也就会根本忽视生产资料所有制关系在宏观经济运动中的基础性作用，忽视生产资料生产部门的内部结构关系。而只有自觉地应用《资本论》的宏观经济研究方法，深入分析宏观经济的生产资料所有制关系现状，并结合其变化来分析生产领域的产业结构关系，才能弄清市场的供给与需求的关系，真正促进市场供给与需求的平衡。

---

① 有关流程图示可参见高鸿业："译者导读"，［英］约翰·梅纳德·凯恩斯著，高鸿业译：《就业、利息和货币通论》（重译本）［M］，北京，商务印书馆，2002年，第19页。本书将在第五章作详细分析。

2.《资本论》对宏观经济的研究坚持唯物史观的辩证法

从宏观经济研究方法上比较《资本论》与凯恩斯主义，还可以看出，前者渗透唯物史观的辩证法，即体现出用唯物辩证法来分析宏观经济的内在联系及其运动规律，而后者则表现出分析宏观经济的表面性和片面性。

《资本论》的宏观经济研究方法，是对宏观经济辩证运动的自觉反映。认真研究《资本论》，可以领会到，马克思深刻揭示出对立与统一、量变与质变、否定之否定这些辩证法的一般规律在资本主义宏观经济运动中的表现；并运用现象与本质、特殊与一般、原因与结果、形式与内容、可能性与现实性、偶然性与必然性等辩证法的一般范畴或要素，揭示出宏观经济内部多层关系的来龙去脉和相互作用。深入地理解这些宏观经济研究的历史辩证法，对于我们认识社会主义市场经济条件下的宏观经济运动，具有重要的方法论指导价值。而凯恩斯主义的宏观经济分析方法，与此相比则显得十分浅薄。不难看出，凯恩斯主义分析方法主要着眼于市场简单流通层面，强调市场总供给和总需求的平衡；在实现这种平衡的方法上，主要着眼于投资、消费和出口这三个方面，即强调在实践上驾驭好这“三驾马车”；在宏观经济的数量分析上，主要围绕“投资等于储蓄”这个恒等式。在这些所谓定性和定量的分析中，看不到货币和货币资本的共性与区别、商品流通和资本流通的共性与区别，看不到社会生产各部门在使用价值和价值两方面的比例关系，看不到货币信贷与货币资本信贷的区别，看不到固定资本折旧的储蓄、个人收入的储蓄和资本积累的储蓄的区别，因而不可能真正解释宏观经济的内部联系和客观规律，这就决定了用凯恩斯主义指导实践，只能治标不能治本，只能掩盖矛盾，不能从根本上解决矛盾。

可见，总体来看，《资本论》的宏观经济研究方法与凯恩斯主义的研究方法两者具有科学与不科学这种质的区别。

（二）提高研究《资本论》的自觉性

1. 学习老一辈马克思主义经济学家重视《资本论》宏观经济思想研究的精神

不能忘记，中华人民共和国成立之后，我国老一辈经济学者曾结合社会主义经济管理实践，从宏观经济视域对《资本论》进行过认真研究，研究专题涉及许多方面，如生产力和生产关系的对立与统一关系，社会主义基本经济规律，国民经济有计划按比例发展规律，社会主义经济中的计划和市场，马克思的社会再生产理论的假设前提和原理的概括，生产资料和消费资料这两大生产部类相互补偿的辩证关系，生产资料生产优先增长是否社会再生产的客观规律，社会简单再生产和扩大再生产的关系，社会扩大再生产的类型，社会固定资本的再生产规律，社会扩大再生产的条件，内涵扩大再生产和外延扩大再生产的关系，短期投资项目和长期投资项目的关系，社会再生产积累的源泉和积累率的确定，农业是国民经济的基础，农业、轻工业和重工业三者的关系，生产与消费的关系，基本建设和人民生活保障的关系，国民经济综合平衡，社会主义经济中的价格，社会主义商品流通等诸多方面，都取得了丰硕研究成果。[①] 这为我们今天深入理解唯物史观的宏观经济研究方法，打下了较好的基础。

但是，也要看到，在计划产品经济体制下，这种理解难免受到把社会主义经济与市场经济对立起来这种观念的束缚。这主要表现在，对《资本论》宏观经济研究方法的理解主要集中在第2卷第三篇“社会总资本的再生产和流通”，而在这一理论区间，主要研讨生产领域内的“社会再生产”，却撇开了马克思论述的商品流通、资本流通与社会再生产的关系；换句话说，就是重视各产业部门之间的平衡关系，而忽视这些关系是怎样通过货币、货币资本的运动，怎样结合固定资本的更新、周转和剩余价值的流通而实现的。尽管当时已有人主张重视流通一般关系，如老一辈经济学家孙冶方曾提出，要把计划和统计建立在价值规律基础上；[②]老一辈革命家陈云提出了“社会主义的统一市场”这个体现出要重视市场流通的概念，并指出财政收支、银行信贷、社会购买力和物资供应、基本建设规模和财力物力等各方面要实现综合平衡；[③]但遗憾的是，这些科学主张，在当时的经济体制下没能受到应有的重视。

2. 增强应用《资本论》宏观经济研究方法的自觉性

在当代中国，认真理解《资本论》的宏观经济研究方法，对于深化《资本论》原著的理论研究，开拓当代马克思主义政治经济学的新境界，完善社会主义市场经济的宏观调控机制，创建中国特色的社会主义宏观经济学，具有重大的理论价值和应用价值。而对于如何科学解决现实经济中出现的产能过剩、结构失衡等重大实际

---

① 参见《经济研究》编辑部编：《建国以来社会主义经济理论问题争鸣(1949—1984)》(上、下)[M]，北京：中国财政经济出版社，1985年。

② 参见孙冶方：《把计划和统计放在价值规律的基础上》[J]，《经济研究》1956年6期。

③ 参见何干强：《陈云同志的综合平衡观及其现实意义》，《陈云百周年纪念——全国陈云生平和思想研讨会论文集(上)》[C]，北京：中央文献出版社，2006年。

问题，这就更加重要。应当看到，我国经济学界对《资本论》宏观经济研究方法的研究，至今仍是不够重视也不够深入的。如果不能很好地继承、坚持和发展《资本论》的科学宏观经济研究方法，就不能看清西方宏观经济学的严重弊病，就不能全面、深入地认识社会主义市场经济的辩证运动规律，也就不能创建科学的社会主义宏观经济学。为此，我们应当提高这方面研究的自觉性。

3. 充分认识应用《资本论》宏观经济研究方法的紧迫性

今天，我们已经建立起社会主义市场经济的新体制。实践经验和教训呼唤我们必须尊重市场经济的一般规律，尤其应当高度重视社会主义公有制与市场经济一般关系的有效结合。

应当充分认识，马克思在揭示资本主义宏观经济运动客观规律的同时，也揭示了商品生产社会宏观经济运动的一般规律。而要认识这些一般规律，就需要深化对《资本论》的资本主义宏观经济研究方法的理解，从特殊提炼出一般。只有掌握研究宏观经济运动的一般规律及其科学研究方法，将它们应用于指导我们研究社会主义市场经济条件下的宏观经济运动，我们才能确立科学的方法论，促进公有制经济与市场经济一般关系有机结合，形成与资本主义宏观经济不同的社会主义宏观经济。

如上所述，中国马克思主义经济学界过去受排斥市场关系的计划产品经济体制的束缚，对《资本论》揭示的资本主义宏观经济运动中蕴含的一般规律，研究是不够全面深入的。而在我国经济体制转向社会主义市场经济体制后，经济学界虽然开始普遍关注国民经济的市场流通关系，并在运用计量经济模型分析和预测宏观经济运动、研究宏观经济调控的财政、金融和产业政策等方面取得一定进展；但是，由于不少学者误认为，《资本论》的社会再生产理论是"计划经济"的源头，以为宏观经济学是西方资产阶级经济学的发明，于是放弃了对《资本论》的研究，转而去搬用凯恩斯主义，这种倾向确实亟待扭转。因此，研究和应用《资本论》的宏观经济研究方法具有紧迫性。

（三）努力应用《资本论》的宏观经济研究方法

1. 推进《资本论》宏观经济研究方法的具体化

重视《资本论》唯物史观的宏观经济研究方法，要努力做到弄懂弄通，而目的全在于应用，也就是要应用《资本论》唯物史观的宏观经济研究方法指导认识和调控当代中国的宏观经济运动。从增强应用性的研究目的看，一要在深入理解《资本论》原著的基础上，结合社会主义市场经济宏观调控的具体实践，推进马克思宏观经济原理与方法的具体化；二要坚持理论结合实践，探索一套适应社会主义市场经济宏观运动的科学研究方法，也就是要有理论和方法的创新。从这方面的要求看，我们应当加深理解马克思已经揭示的比较抽象的宏观经济研究方法，用以指导宏观经济调控实践，使其转化为可操作的具体实践方法。这种具体化也是对《资本论》宏观经济研究方法在当代的创新。

2. 沿着马克思追求真理的道路继续前进

从推进马克思宏观经济理论与方法的具体化方面看，需要注意的是，马克思固然从本质和现象的结合上揭示了资本主义经济运动和发展的一般规律，但是，《资本论》分析的宏观经济现象，服从于揭示资本主义生产方式的内部组织、资本的一般性质和特征，因而不可能面面俱到地分析所有宏观经济现象。例如：

《资本论》第3卷第六章“Ⅱ. 资本的增值和贬值、游离和束缚”这一节指出，“我们在这一章中研究的各种现象要得到充分阐明，必须以信用制度和世界市场上的竞争为前提，因为一般说来，世界市场是资本主义生产方式的基础和生活环境。但资本主义生产的这些比较具体的形式，只有在理解了资本的一般性质以后，才能得到全面的说明；不过这样的说明不在本书计划之内，而属于本书一个可能的续篇的内容”①。

《资本论》第3卷第二十五章“信用和虚拟资本”指出，“详细分析信用制度和它为自己所创造的工具(信用货币等等)，在我们的计划之外。在这里，只着重指出为说明资本主义生产方式一般的特征所必要的少数几点。因此，在这里，我们只谈商业信用和银行信用。这种信用的发展和公共信用的发展之间的联系，也在考察范围之外”②。

《资本论》第3卷第四十五章“绝对地租”指出，“对垄断价格的考察属于竞争学说的范围，在那里，将研究市场价格的现实运动”③。

《资本论》第3卷第四十八章“三位一体的公式”指出，“在叙述生产关系的物化和生产关系对生产当事人的独立化时，我们没有谈到，这些联系由于世界市场，

---

① 《资本论》第3卷[M]，北京：人民出版社，2004年，第125—126页。
② 《资本论》第3卷[M]，北京：人民出版社，2004年，第450页。
③ 《资本论》第3卷[M]，北京：人民出版社，2004年，第864页。

世界市场行情，市场价格的变动，信用的期限，工商业的周期，繁荣和危机的交替，会以怎样的方式对生产当事人表现为压倒的、不可抗拒地统治他们的自然规律，并且在他们面前作为盲目的必然性发生作用。我们没有谈到这些问题，是因为竞争的实际运动在我们的计划范围之外，我们只需要把资本主义生产方式的内部组织，在它的可说是理想的平均形式中叙述出来”①。

由此看来，宏观经济运动中的比较具体的经济形式和经济现象，诸如上述引证中说到的公共信用、市场价格的现实运动、世界市场和市场竞争的实际运动、工商业的周期等，没有纳入《资本论》的写作计划。这是马克思从抽象到具体叙述资本主义复杂经济形态的需要；因为只有首先撇开比较具体的经济形式和现象，才有可能科学地揭示资本主义经济的本质联系，也只有弄清这些本质联系，才能科学地理解浮在表面的经济现象，弄清它们的来龙去脉。显然，马克思很清楚，在揭示“生产关系的物化和生产关系对生产当事人的独立化”的基础上，应当进一步研究经济表层各种现象发生的必然性；但是，马克思 1883 年 65 岁就逝世了。人们不应当苛求马克思为后人解决所有的问题。马克思本人认为需要研究而没有纳入研究计划或未来得及做的事，后人理应沿着他追求真理的道路继续前进。努力把马克思宏观经济研究方法应用到具体经济领域，这是继承和发展马克思主义政治经济学的重要任务。那种所谓马克思的分析过于抽象、缺乏实用性的看法，是肤浅的、不科学的。

（四）开创社会主义市场经济的宏观经济学

1. 要努力创建唯物史观宏观经济研究方法的话语体系

我们在应用《资本论》的宏观经济研究方法的过程中，应当努力推进中国特色社会主义宏观经济调控机制的建立和完善，并在此基础上开创社会主义市场经济的宏观经济学。这需要从多方面努力。首先要努力创建唯物史观宏观经济研究方法的话语体系。

目前，国内舆论界存在搬用凯恩斯主义话语体系的倾向。翻阅报刊，谈及货币现象，“流动性”之类的凯恩斯主义术语比比皆是；谈及宏观经济调控，往往在投资、消费、出口所谓“三驾马车”上做文章，但是都治标不治本，不能真正解决宏观经济

① 《资本论》第 3 卷［M］，北京：人民出版社，2004 年，第 941 页。

中的问题。这不是说西方经济学的有关概念不能用，而是必须认识到，资产阶级经济学的概念对现实经济关系的反映往往是表面的、片面的、扭曲的，使用它们来分析现实经济问题，难免对人们的认识产生误导作用。只有对西方经济学中的一些有价值的概念进行必要的分析、扬弃，赋予其科学的含义或生命力，才能把它们吸纳到马克思主义经济学的理论逻辑体系中来，达到为我所用的目的。在这方面，应当学习马克思的科学精神。例如，固定资本、流动资本这对经济学范畴，原本来自资产阶级经济学。马克思没有简单地抛弃或者照搬，而是在《资本论》第 2 卷中，用了两章篇幅（第二篇的第十章、第十一章）[①]，来分析资产阶级经济学家魁奈（重农学派代表）、斯密和李嘉图关于这对范畴的理论，否定了其中的错误成分，肯定并吸收其中的科学因素，这样，就把这对范畴改造为马克思经济学的科学范畴，使它们成为深刻分析资本流通运动的理论工具。又如，《资本论》中利润、利息和地租等，原本都是资产阶级经济学普遍使用的概念，但是马克思并未直接照搬使用，而是在劳动价值论和剩余价值论的基础上，批判了资产阶级经济学在这些概念上的错误观念，对它们本应具有的含义做出科学规定，使它们成为马克思揭示资本主义剥削阶级瓜分剩余价值的思想武器。

要改变照搬西方宏观经济学用语的不良倾向，就必须坚持和善于应用《资本论》关于宏观经济研究的范畴、原理，并在此基础上创立一套能从经济本质到经济现象，分析社会主义市场经济宏观运动的科学话语体系。在概念上，应当严格区分纸币与金属货币、货币与货币资本、货币贷放与货币资本贷放；在理论原理上，应当坚持马克思以社会总产品价值 $\sum(c+v+m)$ 作为宏观经济分析出发点，弄清所有制结构和产业结构、现实资本和虚拟资本、市场经济的一般性生产过剩和资本主义性质的生产过剩等方面的区别和联系；在政策主张上，应当重视适应社会生产力水平，科学把握公有制为主体的所有制结构与分配关系、产业结构等方面的内在联系，重视通过理顺产业结构和分配关系来疏导市场供求关系，通过理顺商品流通来疏导货币流通、解除通胀压力；在国际经济关系上，应当强调从国情世情实际出发，处理好民族经济独立自主和对外开放的国际经济关系；等等。当然，我们主张坚持和应用《资本论》的宏观经济研究方法，创新中国特色社会主义宏观经济调控理论，并不排斥批判地借鉴西方宏观经济学中的某些有用成分。但是必须明确，只有深

① 《资本论》第 2 卷[M]，北京：人民出版社，2004 年，第 211—254 页。

刻理解了《资本论》唯物史观的宏观经济研究方法,才能做到正确地辨析西方宏观经济学中的糟粕和有用成分,消除盲目照搬的不良倾向。

2. 注重维护公有制的主体地位对宏观经济协调运行的基础性作用

马克思在《资本论》中指出,“任何时候,我们总是要在生产条件的所有者同直接生产者的直接关系——这种关系的任何当时的形式必然总是同劳动方式和劳动社会生产力的一定的发展阶段相适应——当中,为整个社会结构,从而也为主权关系和依附关系的政治形式,总之,为任何当时的独特的国家形式,发现最隐蔽的秘密,发现隐藏着的基础”①。并指出,“一定的分配形式是以生产条件的一定的社会性质和生产当事人之间的一定的社会关系为前提的。因此,一定的分配关系只是历史地规定的生产关系的表现”②。这些唯物史观的极为重要的论述揭示出,与发展到一定历史阶段的社会生产力和劳动方式相适应的生产资料(或生产条件)的所有制,是隐藏在这个历史阶段的整个社会结构、一定国家形式的秘密和基础;在市场经济条件下,直接影响市场供求关系的分配关系,不过是生产资料所有制关系的表现形式。因此,我们要从一定社会生产力水平出发,结合上层建筑和经济基础的关系来进行宏观经济分析,不能不高度重视对生产资料所有制关系(即经济基础)的分析。而资产阶级经济学把资本主义私有制视为永恒存在、天然合理的经济制度,极力避免揭示所有制关系的本质联系,这正是其庸俗性(表面性)和不科学的重要表现。

众所周知,近些年来,我国宏观经济运行中出现了经济结构失衡、产能过剩、生态环境恶化、收入两极分化和外商控制某些国内市场等不可低估的问题。不少经济学者从产业政策、货币政策和财政政策等方面提出解决问题的主张,但是由于采用的是西方宏观经济学的分析方法,这些主张的一个共同点,就是忽视了维护公有制的主体地位对宏观经济协调运行的基础性作用。其实,撇开唯物史观的宏观经济研究方法,是不可能抓住解决目前我国经济运行出现不良问题的根本原因的。这就是在新自由主义影响下的私有化“改制”对我国所有制关系造成的危害。理论界有一种流行观点认为,目前我国公有制经济比重下降,民营经济(私营经济)比重上升,这已成事实;因为只有私营经济才有效率,所以,这是经济体制改革本该达到的目的;至于出现居民收入两极分化,可以通过政府财政的“再分配”来缩小。这种

① 《资本论》第3卷[M],北京:人民出版社,2004年,第894—895页。
② 《资本论》第3卷[M],北京:人民出版社,2004年,第998页。

观点是站不住脚的。我们知道，私有制经济基础必然造成两极分化，从而必然形成高档和中、低档消费。私人企业主阶级为追求利润，必定着眼于高档商品房、高端奢侈品等高档消费品生产，由此必然使社会形成以高档消费品生产带动产业链的经济结构。但是，高档消费品的销售会遇到富人人数少的限制，两极分化更会造成市场有购买力的需求与私人生产者为追求利润而无限扩大生产供给的矛盾；为缓和矛盾，国家增发纸币，由此又必然导致通货膨胀。所以，目前我国市场中总供给持续大于总需求的矛盾、通货膨胀等问题，深层原因在于生产领域资本主义私有制成分的加大。值得注意的是，有人到目前为止，还大力主张把国有企业产出占 GDP 的比重，从 2010 年的 27%减至 2030 年占 10%（"The share of SOEs in industrial output would decline from the current 27% in 2010 to around 10% in 2030."）。[①] 毫无疑问，真理只能是，维护公有制的主体地位，尽快振兴公有制经济，只有这样才能真正解决宏观经济运行中出现的不良问题。[②]

3. 在解决宏观经济现实问题中发现科学的宏观经济调控方法

马克思不是闭门造车，凭天才的头脑设计出唯物史观的宏观经济研究方法来的；他是运用唯物史观的哲学一般方法，批判地借鉴前人的经济学研究成果，深入分析资本主义经济的历史发展过程和现实宏观经济运动，发现了其中蕴藏的客观辩证法，并进行艰苦的头脑加工制作，才创建出这一伟大科学成果的。在唯物史观看来，"观念的东西不外是移入人的头脑并在人的头脑中改造过的物质的东西而已"[③]。"我们头脑中的辩证法只是自然界和人类历史中进行的并服从于辩证形式的现实发展的反映"[④]。应当说，《资本论》的唯物史观宏观经济研究方法来自科学头脑对资本主义宏观经济运动中的客观辩证法的正确反映。

马克思在《资本论》中提出过一个简要而深刻的唯物辩证法的方法论原理："问题与解决问题的手段同时产生。"[⑤]这里，问题就是客观对象的内部矛盾，手段就是

---

① The World Bank, Development Research Center of the State Council, the People's Republic of China: *China 2030: Building a Modern, Harmonious, and Creative High-Income Society*[OL], P.110, http://www-wds.worldbank.org/external/default/WDSContentServer/WDSP/IB/2012/02/28/000356161_20120228001303/Rendered/PDF/671790WP0P127500China020300complete.pdf（世界银行、中华人民共和国国务院发展研究中心：《2030 年的中国：建设现代、和谐和有创造力的高收入社会》英文版，第 110 页）。中文版（世界银行、国务院发展研究中心联合课题组：《2030 年的中国：建设现代、和谐、有创造力的社会》[M]，北京：中国财政经济出版社，2013 年）的著作标题与英文版略有区别，没有"高收入"三字；在中文版中，没有查到这句引文。

② 参见何干强：《必须坚持马克思主义和不搞私有化》[J]，《现代经济探讨》2012 年第 7 期。

③ 《资本论》第 1 卷[M]，北京：人民出版社，2004 年，第 22 页。

④ 《马克思恩格斯选集》第 4 卷[M]，北京：人民出版社，1995 年，第 714 页。

⑤ 《资本论》第 1 卷[M]，北京：人民出版社，2004 年，第 107 页。

解决这种矛盾的方法；而客观事物在发展中解决内部矛盾的方法是与矛盾本身同时产生的。这个原理告诉人们，经济矛盾本身就蕴含着解决经济矛盾的方法；揭示经济运动内部矛盾的经济分析方法来自对经济运动本身的矛盾的正确认识。①

今天，我们从社会生产力的实际水平出发，发展社会主义市场经济，只有对国民经济运行实行科学的宏观调控，才能促使市场经济社会分工制度和社会主义公有制占主体地位这两方面的优越性有效地结合，促进国民经济科学发展和全体人民的共同富裕；而正确的宏观经济调控只能建立在科学认识和正确处理社会主义市场经济宏观运动矛盾关系的基础上。这就需要我们坚持理论联系实际的优良学风，自觉应用马克思已经创建的唯物史观宏观经济研究方法，全面深入地分析国民经济宏观运动各层关系中的现实矛盾，从这些矛盾中发现解决新矛盾的新方法。这些方法包括：

如何从现有社会生产力水平出发，认识和处理好拓展市场分工制度与完善社会主义基本经济制度、形成合理的产业结构之间的矛盾关系，发挥国有经济在宏观调控中的主导作用，克服市场经济的自发性，促进市场实现总供给与总需求的基本平衡；

如何认识和处理好我国基本国力决定的基本建设规模（总投资）、经济发展速度与人民生活提高之间的矛盾，协调积累与消费关系，保证国民经济持续稳定运行和人民物质文化生活水平持续稳定增长；

如何认识和处理好公有制与非公有制经济在并存发展中的对立统一矛盾关系，控制好初次收入分配关系，调节好初次分配与再分配的关系，最大限度地促进就业和再就业，维护按劳分配为主，缩小收入差距，促进市场经济条件下全体人民生活实现共同富裕；

如何认识和处理好人口、资源、生态环境与经济增长、发展中的矛盾，保证国民经济的可持续发展；

如何认识和处理好国民经济的产业结构同市场稳定拓展的关系，弄清超市（普通商品市场）、地市（土地租让市场）、房市（楼市）、股市、汇市（外汇市场）、贷市（金融市场）、车市等各类重要市场之间的矛盾关系，标本兼治地稳定市场价格，尤其是稳定关系大多数劳动人民日用消费品的价格，预防通货膨胀；

---

① 参见何干强：《唯物史观的经济分析范式及其应用》[M]，北京：中国经济出版社，2008 年，第 34—38 页。

如何认识和处理好坚持民族经济独立自主与对外经济开放的关系，发挥社会主义制度"全国一盘棋"和"可以集中力量办大事"的优越性，促进科技创新和掌握现代先进核心科技，维护好国有企业为主的民族企业对国际、国内市场的控制权，真正做到外资、外贸为我所用；

如何认识和处理好中央实施统筹兼顾的统一宏观经济调控与国家财政、中央银行、国有资本、外贸等国家管理部门的内在联系，形成中央各具体管理部门各司其职，形成协调配合、有高度权威和工作效率，促进国民经济全面协调发展的中央宏观经济调控中心，等等。

我们相信，在社会主义市场经济的宏观调控实践中，只要坚持推进马克思宏观经济理论与方法的具体化，坚持实践—认识—再实践—再认识的辩证唯物主义认识论，依靠人民群众，加强调查研究，就一定能在发现和解决宏观经济运动的现实矛盾中，创建出一套适合中国国情的宏观经济研究方法和具体调控方法。

综上所述，在新的历史条件下，把深入理解和应用《资本论》的宏观经济研究方法提高到新的水平，这对牢固树立并切实贯彻党中央提出的"创新、协调、绿色、开放、共享"的新发展理念，促进宏观经济调控落实统筹兼顾的根本方法，具有重大现实意义。

三、关于本书的说明和逻辑思路

（一）两点说明

1. 关于本书标题的说明

本书是作者承担的国家社科基金一般项目"《资本论》宏观经济分析方法及其中国化研究"（批准号：11BJL007）的最终成果。本书已把课题中的"《资本论》宏观经济分析方法"题目修改为"《资本论》的宏观经济研究方法"，即把"分析方法"改成了"研究方法"。之所以做出这种修改，是因为"研究方法"更符合马克思的表述。

马克思在谈到《资本论》方法时说，"在形式上，叙述方法必须与研究方法不同。研究必须充分地占有材料，分析它的各种发展形式，探寻这些形式的内在联系"①。

① 《资本论》第1卷［M］，北京：人民出版社，2004年，第21页。

这里，研究方法不但包括分析方法，而且包括探寻所分析对象的各种形式内在联系的方法，因此，使用“研究方法”可以避免把方法只理解为狭义的“分析”。当然，人们往往广义地使用“分析方法”，把它看成“研究方法”的同义语。笔者原本也从广义上使用过分析方法这个概念。但是，看来这是不够严密的，容易让人产生误解。

中国学术界曾探讨“东方文化”和“西方文化”的基本差异。有著名学者提出，“东方文化体系的思维模式是综合的（comprehensive），而西方则是分析的（analytical）”①。如果这种观点是有根据的，那么使用“宏观经济分析方法”这种表述，就难免被赞同东西方文化存在上述重大差异的读者把“《资本论》的宏观经济分析方法”纳入“西方文化体系”的范畴。但是，《资本论》虽然产生在西方文化土壤中，在思维方法上却是对所谓“西方文化体系”的革命性扬弃。《资本论》分析经济现象坚持唯物辩证法，绝不是“西方文化”中的那种孤立地看待事物、把整体事物分割开来的形而上学的分析方法，更不是由此导致的那种在实践中“头痛医头、脚痛医脚”的方法，而是由表及里、由此及彼、去伪存真、去粗取精的分析方法，是在事物各方面对立统一联系中进行矛盾分析的方法，是逐步深入、把分析与综合结合起来的辩证方法。而在分析基础上的综合，也不是把各方面机械相加，而是在对各方面辩证分析的基础上，寻求事物整体的内在联系，从本质和现象的联系上揭示事物的真实全貌。因此，这种方法显然不属于所谓“西方文化”的分析思维体系。考虑到这种区别，把原项目标题中的“分析”改为“研究”，用“宏观经济研究方法”这种表述，就可以避免产生那种把《资本论》的辩证法纳入“西方文化”，纳入形而上学分析思维体系的误解。

2. 本书作为新完成的项目成果是对已有研究成果的深化

在申报本项目之前，笔者曾完成国家社科基金一般项目（批准号：05BJL002）“唯物史观的经济分析范式：科学特征与实践创新”，出版过最终成果著作《唯物史观的经济分析范式及其应用》（中国经济出版社 2008 年出版），这为研究本项目做了一定的学术积累。本项目与前一个项目的共同点是，都探讨唯物史观的经济研究方法；不同点在于，前一个项目研究对象比较广泛，而本项目比较集中，重点研究渗透在《资本论》中的唯物史观宏观经济研究方法，并把这种探讨同如何解决当代中国宏观经济运动现实问题的思考结合起来。可以说，这是在已有研究成果上的

① 季羡林著：《三十年河东　三十年河西》[M]，北京：华艺出版社，2008 年，第 19 页。

继续和深化。

在本项目的研究中，笔者力求弄懂《资本论》在一般与特殊的结合上研究资本主义宏观经济运动的辩证方法，并把这方面的重要内容提炼出来，做出比较系统的阐释，以便为中国社会主义市场经济的宏观调控实践提供一般的方法论原理；同时，也注意应用唯物史观研究在中国当代宏观经济运动中出现的新问题，并力求遵循马克思关于“问题与解决问题的手段同时产生”的方法论原理，提出解决问题的思路与方法。基本目的是，论证唯物史观的宏观经济研究方法在当代中国的科学应用价值，并为国家宏观经济决策部门，提供实施科学宏观调控的方法论依据。

（二）本书的逻辑思路

1. 本书内容包括导论、六篇和最后的总结

基本内容如下：

导论：主要论述《资本论》所包含宏观经济学的丰富内容，揭示了关于宏观经济运动的辩证法；强调应当重视和应用《资本论》的宏观经济研究方法。

第一篇：阐释唯物史观的宏观经济研究视野。第一章至第三章，从一般角度论述宏观经济研究方法。主要阐释唯物史观视域中的宏观经济研究对象，论证《资本论》揭示的人类社会最一般运动规律的方法论意义，以及唯物史观宏观经济研究方法的科学特征。

第二、三篇：论述宏观经济内在联系的辩证研究方法。主要从宏观经济一般的角度，由表及里，再由里到表，分层次阐释《资本论》如何揭示宏观经济各层面的内部联系，以及这些经济层面相互之间的辩证关系。因内容较多，分为两篇：

第二篇：第四章至第八章。首先，着眼于流通领域，论述商品流通、货币流通和社会总资本流通之间的共性、联系和区别，阐明在宏观经济分析中，必须区分经济现象与本质、结果与原因；其次，由流通领域深入到生产领域，阐释《资本论》分析社会化生产过程的基本方法，并引入货币流回规律，深入分析社会化生产过程的内部联系和社会再生产的实现条件；再次，强调在宏观经济分析中，必须高度重视所有制对宏观经济运动的深层基础作用；又次，又从生产领域进入流通领域，并进一步将分析具体化，引入市场信用制度，阐释《资本论》对货币资本与现实经济相互关系的宏观经济研究方法。

第三篇：第九章至第十章。在上一篇的基础上，研究土地所有制实现形式、人

与自然的关系同宏观经济运动相互之间的联系。重点阐释《资本论》的科学地租理论和所揭示的可持续发展的基本规律。论述地租对宏观经济运动的影响,并提出科学改革城市住房体制的建言;分析宏观经济运动对社会的可持续发展的影响,并提出促进可持续发展的对策。

第四篇:论述宏观经济运动外部联系的辩证研究方法。第十一章至第十二章,论述《资本论》所揭示的一国宏观经济与世界市场的辩证关系,强调必须深刻领会《资本论》关于国际经济关系范畴和原理及其研究方法的功能;论述面对当代发达资本主义国家控制的经济全球化,如何坚持用历史辩证法指导对外开放,趋利避害,维护民族经济利益和国家安全,科学地实施经济国际化战略。

第五篇:论述《资本论》的宏观经济数理分析方法。第十三章至第十五章,梳理《资本论》第1至第3卷中的宏观经济数理分析方法。本篇力求用数理模型来阐释《资本论》用语言表述的有关宏观经济运动的经济数量关系。在阐释《资本论》宏观经济数理分析方法的基础上,归纳出唯物史观指导下的经济数理分析方法的一般科学特征,并揭露了西方资产阶级经济数理分析方法的弊病。

第六篇:论述国家宏观调控的实践方法。第十六章至第二十章,从社会主义市场经济宏观调控实践要求的角度,阐述目前需要解决好的几个重要问题。主要论述,社会主义根本制度规定的宏观经济调控实践的特征;论证如何从国情出发,完善宏观经济调控主体机构的构建;坚持公有制主体地位对建立和实施科学宏观调控机制具有的决定性作用;国家对市场、社会分工比例关系和生产资料所有制关系,实施多层面宏观经济调控的方法论原则。

总结:鉴于本书的内容面广量大,全书最后,对本书的逻辑思路、重要观点、应用建言和对西方资产阶级宏观经济思想的分析批判,作了必要的归纳。

2. 作者的心愿

本书的出版,意味着作者完成了一项国家社科基金一般项目;但是,用唯物史观指导对社会主义市场经济实施科学的宏观调控,这是一个迫切需要解决的十分重大的课题,从这种要求看,本书的探索只能起抛砖引玉的作用。盼望有更多的学者,弄懂弄通《资本论》,努力掌握唯物史观的方法论这个"看家本领",在理论联系实际上下功夫,认真探讨社会主义市场经济的宏观调控这个重大课题,为中国特色的科学社会主义的经济发展和全体人民的共同富裕,献计献策,承担好经济学者应尽的责任。

第一篇
研究对象与基本方法

当今人们所说的宏观经济形态包含在《资本论》的研究对象之中。《资本论》从本质与现象的结合上，深刻揭示了资本主义宏观经济的真实面貌和运动规律，其研究方法，实质是唯物史观的辩证方法在宏观经济研究领域的运用。这种宏观经济研究方法与唯心史观的宏观经济分析方法相比，有根本区别；它是客观的宏观经济运动自身的辩证法在人脑中的正确反映。它与企业经济的研究方法相比，既有共性又有宏观经济研究的特征。本篇还阐明，要科学地认识和调控社会主义宏观经济运动，就必须结合中国国情，认真领会和应用《资本论》的唯物史观宏观经济研究方法。

第一章 科学理解宏观经济一般

我们面对的是社会主义市场经济形态,要研究的是其宏观经济运动规律及它对社会主义市场经济的科学调控。为简略计,以下把资本主义市场经济的宏观形态,简称为资本主义宏观经济,把社会主义市场经济的宏观形态,简称为社会主义宏观经济;而把两种宏观经济形态的共性,表述为宏观经济一般。本章拟阐明,《资本论》贯彻唯物史观,科学地揭示了资本主义宏观经济的内在联系和运动规律,其中蕴含着宏观经济一般的内在联系和运动规律。我们理解了宏观经济一般,就能用以指导科学地认识和调控社会主义宏观经济,使其朝着有利于全体人民共同富裕的目标运动和发展。

一、《资本论》的基本思想与研究对象

(一)《资本论》的基本思想

1. 唯物史观是《资本论》的基本思想

让我们从《资本论》的基本思想谈起。马克思在《资本论》第1卷德文版序言中指出,“我的观点是把经济的社会形态的发展理解为一种自然史的过程”①。话语虽短,含义深刻,需要认真领会。

在马克思的科学用语中,“经济,即生产过程本身”②;“社会形态”,是指人与人的相互关系形式,而生产过程中人与人的相互关系形式,都是受一定历史条件制约的。可见,“经济的社会形态”,应当理解为一定历史条件下的物质生产过程中的人

---

① 《资本论》第1卷[M],北京:人民出版社,2004年,第10页。引文中,“经济的社会形态”的德文是“Die Ökonomishe Gesellschaftsformation”,过去翻译为“社会经济形态”,现在这样翻译更为准确。

② 《资本论》第2卷[M],北京:人民出版社2004年,第132页。

与人相互关系形式,也就是生产关系的一定历史表现形式。列宁把这段话中的"经济的社会形态"明确阐释为"一定生产关系的总和",[①]这是十分准确的。而"自然史",是指像自然界一样的客观事物的发展史。可见,"把经济的社会形态的发展理解为一种自然史的过程",含义是指,把人类社会的生产关系理解为如同自然界这样的客观事物一样,其存在和发展的历史过程存在不以人们的意志为转移的客观规律。列宁明确指出,"《资本论》的基本思想就在于此"[②]。这个基本思想最简明地表达了历史唯物主义或唯物史观的含义。列宁还阐明了唯物史观的真理性,指出"马克思在40年代提出这个假设"[③];"自从《资本论》问世以来,唯物主义历史观已经不是假设,而是科学地证明了的原理","是唯一科学的历史观"。[④]

我们理解了《资本论》的唯物史观基本思想,就有可能科学地理解《资本论》所揭示的资本主义宏观经济,从而理解其中包含的研究宏观经济一般,用以科学地认识社会主义宏观经济。

2. 唯物史观揭示的"经济的社会形态"具有客观性

宏观经济一般包含在经济的社会形态之中,它是一种理论抽象,但确实是客观现实的抽象。要科学认识宏观经济一般的客观性,就要充分理解经济的社会形态的客观性。

在唯物史观视域中,经济的社会形态具有客观性。列宁对此作了深刻的阐释。他指出,马克思根据唯物史观,"从社会生活的各种领域中划分出经济领域,从一切社会关系中划分出生产关系,即决定其余一切关系的基本的原始的关系"[⑤]。引文所说的"从社会生活的各个领域中"划分出的"经济领域",也就是物质生产领域;"一切社会关系"也就是指整个社会形态中的人与人的各种关系,而从中划分出的生产关系,也就是物质生产领域的社会关系或物质的社会关系。这就是说,"一切社会关系"或整个社会形态可以分为两层基本的社会关系,即:"思想的社会关系(即通过人们的意识而形成的社会关系)"[⑥]和"物质的社会关系(即不通过人们的意识而形成的社会关系:人们在交换产品时彼此发生生产关系,甚至都没有意识到

① 《列宁选集》第1卷[M],北京:人民出版社,1995年,第10页。
② 《列宁选集》第1卷[M],北京:人民出版社,1995年,第5页。
③ 《列宁选集》第1卷[M],北京:人民出版社,1995年,第9页。引文中的40年代指19世纪40年代。
④ 《列宁选集》第1卷[M],北京:人民出版社,1995年,第10页。
⑤ 《列宁选集》第1卷[M],北京:人民出版社,1995年,第6页。
⑥ 《列宁选集》第1卷[M],北京:人民出版社,1995年,第8页。

这里存在着社会生产关系)”[①]。唯物史观揭示出,后一层物质的社会关系或社会生产关系,是由社会生产力发展水平决定的,它们的存在具有不以人们意志为转移的客观性,是按一定的客观规律运动和发展的。因此,“经济的社会形态”具有客观性。由于人们的生存、发展依赖于一定历史条件下的社会生产力创造的生活资料,并处在由社会生产力水平决定的社会生产关系之中,所以,“一切社会关系”都受到社会生产关系的制约,它是整个社会关系中“决定其余一切关系的基本的原始的关系”。正因为这层物质的社会关系决定和制约着思想的社会关系,所以,“一切社会关系”构成的整个人类的社会形态,其发展也是有客观规律的。列宁指出,“只有把社会关系归结于生产关系,把生产关系归结于生产力的水平,才能有可靠的根据把社会形态的发展看作自然历史过程”[②]。

初看起来,人们从事生产的行为和相互关系都是由人的思想指挥的,因而整个社会关系似乎由人们的主观意志来决定,唯心史观就是这样认为的。如果真是这样,社会形态的运动和发展也就谈不上具有客观规律性了。但是,事实正好与此相反。思想的社会关系是由物质的社会关系决定的,而物质的社会关系又是由社会生产力的发展水平决定的,首先是物质的社会关系的运动和发展具有客观规律性,它决定了整个社会形态的运动和发展具有客观规律性。这正是唯物史观与唯心史观的根本区别。

马克思正是运用唯物史观,来确定资本主义经济形态的研究对象的,并通过长期艰苦卓绝的科学研究,揭示出资本主义生产关系产生、发展并走向灭亡的必然过程,同时揭示出资本主义宏观经济运动和发展的客观规律。这些真理已经不断为历史和现实所证实。

(二)《资本论》研究对象的科学含义

1. 生产方式的两层基本含义

宏观经济一般蕴含在《资本论》的研究对象中。要理解宏观经济一般,就必须理解《资本论》根据唯物史观确定的研究对象。马克思把《资本论》的研究对象确定为“资本主义生产方式以及和它相适应的生产关系和交换关系”[③]。这是因为,

① 《列宁选集》第1卷[M],北京:人民出版社,1995年,第8页。
② 《列宁选集》第1卷[M],北京:人民出版社,1995年,第8—9页。
③ 《资本论》第1卷[M],北京:人民出版社,2004年,第8页。

根据唯物史观,“物质的社会关系”或社会的生产关系是由物质生产力发展水平决定的,并存在于一定历史条件下的物质生产过程和再生产过程(包括交换过程)之中。

关于生产方式的含义,我国学术界见仁见智,从哲学、经济学视角,有多种阐释。学术争议有助于人们认识真理;然而,深入理解《资本论》的论述,可能更有助于我们把握它的科学含义。

从《资本论》可以知道,“劳动作为使用价值的创造者,作为有用劳动,是不以一切社会形式为转移的人类生存条件”[①]。这种劳动指的是“专属于人的那种形式的劳动”,“劳动过程的简单要素是:有目的的活动或劳动本身,劳动对象和劳动资料”。[②] 从结果或产品的角度考察劳动过程,“那么劳动资料和劳动对象二者表现为生产资料,劳动本身则表现为生产劳动”[③]。因此,从词语的语义上说,生产方式是人的生产劳动的方式。然而,只从语义上理解生产方式是远远不够的。作为马克思主义经济学的基本范畴,生产方式有两层基本含义。一层含义是指劳动过程的技术条件和社会条件。[④] 另一层含义,是指生产劳动的两个基本因素,即劳动者和生产资料如何结合。[⑤]

2. 劳动过程的技术条件和社会条件

从生产方式的前一层含义看,《资本论》论述了人类社会的社会生产力发展的不同历史阶段,这个阶段的劳动过程的技术条件和社会条件就会显现出不同的历史特征,并对生产关系和交换关系的历史形式提出不同的要求。

劳动过程的技术条件,主要指作为“人类劳动力发展的测量器”“劳动借以进行的社会关系的指示器”[⑥]的生产资料条件。在生产资料是手工工具的历史时期,生产单位空间范围狭小,生产基本相互独立,主要自给自足,人的自身发展受到手工工具的限制,只能掌握由手工工具决定的特殊技能,这形成了生产分工基本固定,生产成果是整个产品,劳动生产率的高低基本受劳动者手工技能限制的生产方式。[⑦] 而出现机器这种生产资料之后,劳动工具不再与人手直接接触,而是装在某

---

① 《资本论》第1卷[M],北京:人民出版社,2004年,第56页。
② 《资本论》第1卷[M],北京:人民出版社,2004年,第208页。
③ 《资本论》第1卷[M],北京:人民出版社,2004年,第211页。
④ 参见《资本论》第1卷[M],北京:人民出版社,2004年,第366页。
⑤ 参见《资本论》第2卷[M],北京:人民出版社,2004年,第44页。
⑥ 《资本论》第1卷[M],北京:人民出版社,2004年,第210页。
⑦ 参见《资本论》第1卷[M],北京:人民出版社,2004年,第395—397页。

种机构上,人直接接触的是经过一定培训就比较容易操作的机构,这样,就打破了手工工具对劳动者的限制,人有了可以操作多种工具的可能,因而生产的技术条件发生了本质的变化。马克思指出,“现代工业的技术基础是革命的,而所有以往的生产方式的技术基础本质上是保守的”①。“大工业的本性决定了劳动的变换、职能的更动和工人的全面流动性”②。生产方式的这种技术条件的变化,必然促进社会分工的扩大并细分化、深化,并为人的全面发展创造物质技术条件。

劳动过程的社会条件,主要指生产劳动过程的劳动力和物质生产要素的来源的社会经济环境条件的历史特征。马克思在《资本论》第2卷中指出,俄国资本主义生产发展初期,地主“抱怨货币资本不足”、抱怨“即使有了货币,还是不能随时买到足够的可供支配的劳动力”这样一种情况,这就是当时劳动过程的社会条件。③劳动过程在家庭、家族和庄园内进行,劳动力和生产资料对外界依赖很少,这正是自然经济生产方式的社会条件。然而,到资本主义机器大工业时期,绝大多数劳动者已被剥夺生产资料,其劳动力不能不成为商品;商品流通和商品生产已经普遍化,生产与市场已互为前提;尽管生产场所外部市场的供求存在无政府状态,但是各行各业生产的劳动力和生产资料都必须依赖市场,生产单位都要求建立市场为中介的社会分工联系和市场交换关系。因此,劳动过程的社会条件与自然经济时代相比已发生了根本变化。不难理解,交换关系已经独立于生产领域之外,这样的生产方式必然形成宏观经济形态。

3. 劳动者和生产资料的结合方式

从生产方式的后一层含义看,《资本论》论述了人类社会的社会生产力发展的不同历史阶段,劳动者与生产资料的结合必然显现出不同的历史特征。马克思指出,“不论生产的社会的形式如何,劳动者和生产资料始终是生产的因素。但是,二者在彼此分离的情况下只在可能性上是生产因素。凡要进行生产,它们就必须结合起来。实行这种结合的特殊方式和方法,使社会结构分为各个不同的经济时期”④。

《资本论》着重揭示资本主义生产方式在这层含义上的历史特征,在这种生产方式中,“自由工人和他的生产资料的分离,是既定的出发点”;“二者在资本家手中

---

① 《资本论》第1卷[M],北京:人民出版社,2004年,第560页。
② 《资本论》第1卷[M],北京:人民出版社,2004年,第560页。
③ 参见《资本论》第2卷[M],北京:人民出版社,2004年,第40—41页。
④ 《资本论》第2卷[M],北京:人民出版社,2004年,第44页。

是怎样和在什么条件下结合起来的——就是作为他的资本的生产的存在方式结合起来的"[①]。马克思揭示出,资本主义生产方式否定了劳动者拥有自己的生产资料,否定了劳动者自主地与属于自己的生产资料结合;其基本前提是,生产资料或生产条件在生产劳动过程开始之前,已经与劳动者完全分离。一无所有的雇佣劳动者必须经过到市场出卖自己的劳动力商品这种途径,才有可能到劳动力购买者的资本家那里,与资本家所掌握的作为资本的生产资料结合,进入劳动过程;资本家是运用自己占有的资本到市场购买生产资料。而在劳动过程中,资本家是支配者和指挥者,他决定劳动者与生产资料如何结合,如何形成现实的生产劳动过程,而劳动者则处于被强制、被统治和被动地服从生产内部分工的地位。在劳动者与生产资料的结合方式这层含义上,马克思深刻地揭示了资本主义生产方式的历史特征,生产内部形成资本家的专制主义,劳动者成为现代奴隶,"罗马的奴隶是由锁链,雇佣工人则由看不见的线系在自己的所有者手里"[②],劳动对资本成为"实际上的隶属"[③]关系;雇佣工人无法享受现代工业进步对人的全面发展的积极作用,反而不得不片面、畸形地发展,这是因为"大工业从技术上消灭了那种使一个完整的人终生从事某种局部操作的工场手工业分工,而同时,大工业的资本主义形式又更可怕地再生产了这种分工:在真正的工厂中,是由于把工人转化成局部机器的有自我意识的附件;在其他各处,一部分是由于间或地使用机器和机器劳动,一部分是由于采用妇女劳动、儿童劳动和非熟练劳动作为分工的新基础"[④]。

4. 生产方式要求生产关系和交换关系与之相适应

从《资本论》阐释的生产方式的含义可以明白,生产方式既然包含生产劳动实践主体的具有社会性的人,也就包括人与人在生产中的相互关系。因为人"天生是社会动物"[⑤],是"社会人"[⑥],离开社会关系的孤立人是无法从事生产劳动的。资本主义的生产方式,建立在机器工业这种具有历史特征的技术基础上,它不仅在生产领域内部产生出具有历史特征的人与人相互关系,即资本家剥削雇佣工人的关系;而且在每个独立生产单位(企业)的外部,产生出以市场交换关系为中介的这种具有历史特征的社会分工关系。《资本论》揭示了资本主义生产方式以及和它相适应

---

① 《资本论》第2卷[M],北京:人民出版社,2004年,第44页。
② 《资本论》第1卷[M],北京:人民出版社,2004年,第662页。
③ 《资本论》第1卷[M],北京:人民出版社,2004年,第583页。
④ 《资本论》第1卷[M],北京:人民出版社,2004年,第557页。
⑤ 《资本论》第1卷[M],北京:人民出版社,2004年,第379页。
⑥ 《资本论》第1卷[M],北京:人民出版社,2004年,第429页(页下注89)。

的生产关系和交换关系的历史形态，也就达到了研究的最终目的，“揭示现代社会的经济运动规律”①，即资本主义社会的经济运动规律。

二、《资本论》的研究对象包括宏观经济

（一）《资本论》揭示的宏观经济

1. 资本主义宏观经济具有历史性

《资本论》既研究资本主义单个工场、工厂等生产经营单位的内部分工、生产过程，又研究社会总生产过程，它是在微观与宏观的联系中，揭示资本主义“经济的社会形态”的。所以，《资本论》的研究对象既包括资本主义经济的个别，又包括资本主义经济整体。同任何事物一样，整体由个别构成，整体产生于个别；整体与个别有共性，又有区别于个别的特性。所谓资本主义宏观经济，也就是资本主义经济的整体形态或整体面貌。

资本主义宏观经济包含着宏观经济一般的特征，也就是包含着商品生产已经普遍化的社会的经济整体的一般特征，这种经济整体的面貌明显区别于自然经济社会的经济整体一般的面貌。马克思揭示出，在自然经济条件下，人们“取得生活资料多半是靠与自然交换，而不是靠与社会交往。一小块土地，一个农民和一个家庭；旁边是另一小块土地，另一个农民和另一个家庭。一批这样的单位就形成一个村子；一批这样的村子就形成一个省。……就像一袋马铃薯是由袋中的一个个马铃薯汇集而成的那样”②。这样的“社会”，不存在内部具有分工联系的宏观经济形态；而在资本主义宏观经济中，全社会的各行各业生产通过市场交换关系构成彼此分工、相互联系的社会总生产，这才称得上整体性的宏观经济。商品生产普遍化了的社会，都存在这种宏观经济一般的特征。因此，在唯物史观看来，资本主义宏观经济及其包含的宏观经济一般，本身就是一个历史的范畴。

2. 资本主义宏观经济处在运动过程中并具有多层面性

《资本论》是用抽象到具体的叙述方法，来揭示与资本主义生产方式相适应的生产关系和交换关系的。在理论逻辑上，依次阐述商品、货币、资本、资本主义土地

① 《资本论》第1卷[M]，北京：人民出版社，2004年，第10页。
② 《马克思恩格斯文集》第2卷[M]，北京：人民出版社，2009年，第566页。

所有制和总收益(或总产品)这五大基本经济范畴。[①] 每个范畴都是经济关系的理论表现,都从微观与宏观的结合上,反映了资本主义的某个层面的经济关系。

就五大经济范畴反映的宏观经济关系而言,是层层加深的,后者在前者的关系中生成,越往后的反映的宏观经济关系越具体,越复杂。这种过程不但反映出资本主义宏观经济形成的历史过程,也反映了资本主义宏观经济的循环运动的现实过程。在这种运动过程中,社会总资本要历经货币形式、生产形式和商品形式,要与土地所有权发生关系,要历经多个经济环节,每个环节都有复杂的内部联系,宏观上再形成多种经济层面。我们可以通过《资本论》对这些范畴表现的经济关系的分析,深入理解宏观经济形态的运动规律和经济关系的多层面性,从而理解宏观经济一般的研究对象。

下面分别论述这五大基本经济范畴表现的宏观经济关系。

(二)基本经济范畴表现的宏观经济关系

1. 商品范畴体现的宏观经济关系

《资本论》揭示出,商品范畴是与资本主义经济形态本质性经济关系即资本关系相联系的最简单、最抽象的经济关系。在商品生产普遍化的社会,单个商品的交换以作为一般商品的货币为媒介,[②]发生商品形态的变化(W—G—W)。“每个商品的形态变化系列所形成的循环,同其他商品的循环不可分割地交错在一起。这全部过程就表现为商品流通。”[③]我们可以用简图来理解商品流通的宏观性质。见图式 1－1:

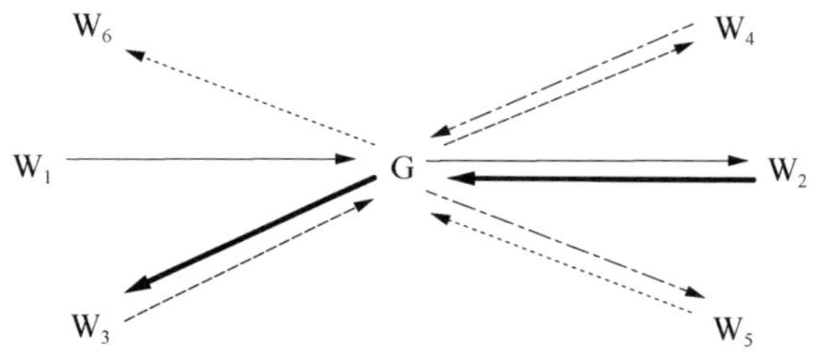

图式 1－1　商品流通

---

① 这五大范畴的叙述在《资本论》第 1 至第 3 卷中的顺序安排是:(1)商品:第 1 卷第一篇第一章到第二章;(2)货币:第 1 卷第一篇第三章;(3)资本:第 1 卷第二篇第四章直到第 3 卷第五篇第三十六章;(4)资本主义土地所有制:第 3 卷第六篇第三十七章至第四十七章;(5)总收益或总产品:第 3 卷第七篇第四十八章至第五十二章。参见何干强著:《〈资本论〉的基本思想和理论逻辑》,[M],北京:中国经济出版社,2005 年,第 71 页。

② 马克思指出,不同于货币的其他商品是作为特殊商品,来同“作为一般商品的货币发生关系”(《资本论》第 1 卷[M],北京:人民出版社,2004 年,第 133—134 页)。

③ 《资本论》第 1 卷[M],北京:人民出版社,2004 年,第 133—134 页。

上述图式显示，W—G—W 这个商品形态变化公式，只是流通网络的一个环节。这个环节的背后，则是庞大的以货币为媒介的商品交换网络。先看 W_1的交换，该商品所有者通过 W_1—G 行为取得货币后，需要购买 W_2；但 W_2商品所有者取得 G 后，绝不会再买 W_1，否则就不必以 G 为媒介，W_1和 W_2直接交换就可以了，所以 W_2取得 G 后，是为了买 W_3；同理，W_3所有者取得货币是为了买 W_4；依次类推，于是，以货币为媒介的商品交换，形成了不断扩展的流通网络。[①] 因此，商品流通不只是两个商品之间以货币为媒介的交换，而是以货币为媒介的商品交换的网络，应当从宏观角度来理解，它是覆盖整个经济形态的社会关系网络，是资本主义宏观经济中最简单、表面的经济关系。而商品流通的发展，意味着商品流通网络的拓展，以及生产商品的社会分工的深化和拓展。

2. 货币范畴体现的宏观经济关系

货币关系是在商品关系中生成的。马克思指出，“商品流通直接赋予货币的运动形式，就是货币不断地离开起点，就是货币从一个商品占有者手里转到另一个商品占有者手里，或者说，就是货币流通（currency, cours de la monnaie）”[②]。从货币作为起点的角度看，W—G—W 这个商品形态变化公式，就表现为 $G\to W_1$，$G\to W_2$，$G\to W_3$，$G\to\cdots$，或 $G\to W_1\to W_2\to\cdots$。因此，“货币流通只是表现商品流通过程”[③]。不言而喻，货币流通就是商品流通的表现形式，体现着资本主义宏观经济中最简单、表面的经济关系。商品流通和货币流通本来属于同一经济层面的流通，或者说，属于非资本流通的同一简单流通层面，之所以分为两大基本范畴来阐释，是因为在资本主义宏观经济或商品生产普遍化的宏观经济一般中，货币范畴有着其他商品不具有的特殊经济职能，主要是价值尺度、流通手段、贮藏手段、支付手段和世界货币的职能；货币流通状态对宏观经济运动状态起着指示器的作用。需要强调的是，透过商品、货币的物的外观，商品流通进而货币流通乃是作为商品所有者的人与人之间的社会劳动的交换关系，正如马克思深刻揭示的，“流通是商品所有者的全部相互关系的总和”[④]。这里的商品所有者包括所有的商品、货币（一般商品）的所有者。

3. 资本范畴体现的宏观经济关系

资本是《资本论》的基本范畴，也是体现资本主义经济关系丰富规定性的核心

---

① 何干强主编：《当代中国社会主义经济》（第 3 版）[M]，北京：企业管理出版社，2014 年，第 173 页。
② 《资本论》第 1 卷[M]，北京：人民出版社，2004 年，第 137 页。
③ 《资本论》第 1 卷[M]，北京：人民出版社，2004 年，第 143 页。
④ 《资本论》第 1 卷[M]，北京：人民出版社，2004 年，第 192 页。

范畴。有必要对其作较深入的阐释。

(1) 资本是多样规定性的综合

资本关系是在商品、货币的关系普遍化之后的历史条件下生成的；而资本的现实存在也以商品、货币关系的运动为前提。《资本论》通过分析劳动力商品，论证了货币到资本的转化；运用辩证逻辑，揭示出资本范畴包含着商品、货币关系的规定性，又增添了新的规定性。资本关系与商品、货币关系相比，发生了质的变化；资本不仅是价值，而且是能自行增殖的价值；资本不仅包含着流通领域里的平等交换关系，而且包含着在生产领域的人剥削人的不平等关系。《资本论》从现象与本质、形式与内容的结合上，研究了资本的存在形态，它具有丰富的规定性，是多样规定性的综合。

(2) 资本的多种现象形态

资本具有经营形态、运动形态、职能形态、收入形态等多种形态。资本的经营形态分为产业资本、商业资本、银行资本三种基本形态，其中产业资本是最基本的资本形态；产业资本的运动形态分为相互分开又紧密联系的生产资本（存在于狭义生产领域）、商品资本和货币资本（它们存在于流通领域，又称流通资本）三种形态，商业资本和银行资本这两种相对独立的经营资本就是由产业资本的商品资本和货币资本运动形态衍生、发展而成的；资本的职能形态是相对于经营资本与剩余价值的关系而言的，产业资本或商业资本起生产或实现剩余价值的作用，是职能资本，而只能分享已实现的剩余价值的银行资本，则是非职能资本；资本的收入形态都是剩余价值这个本质的表现形式，职能资本获取平均利润（按投入的资本量×市场平均利润率），而银行资本则获取利息（按贷出的资本×市场平均利息率）。这些形态，既在微观层面表现出来，又在宏观上以总和的形式表现出来。

(3) 资本的本质内容

从这方面看，产业资本运动形态中的生产资本，分为固定资本和流动资本（在弄清它们实质的情况下，也可以把这对范畴引申到商业资本和银行资本中），这是浅层的本质形态（可称为一级本质），资产阶级经济学也近似地认识到这对范畴；但是，马克思则依据唯物史观和劳动价值论进一步揭示了资本的深层本质形态（二级本质），即购买劳动力商品的资本是可变资本，这是真正可以给资本带来剩余价值的资本，而购买原材料和机器等生产资料的资本是不生产剩余价值的不变资本。马克思进而从再生产的角度揭示出，资本的最深层的本质（三级本质）是剩余价值，即资本的本质就是剩余价值，全部资本都是资本家阶级剥削无产阶级所创造的剩余价值，因而资本的本质不是物，而是一种历史规定的阶级关系。资本对雇佣劳动者的剥削程度（剩余价值率）是可以用科学计量方法测定的；而宏观上看的平均利息率、平均利润率，都属于剩余价值率的一部分。这些本质形态，也既在微观层面表现出来，又在宏观上以总和的形式表现出来。

（4）《资本论》揭示的资本范畴体现的宏观经济关系值得高度重视

马克思在对资本范畴的分析中，深刻地揭示了货币和货币资本、生产和生产资本、商品和商品资本三对范畴相互之间的共性、联系和区别；揭示了简单商品流通与资本流通的共性、联系和区别；揭示了资本是在生产、流通，在循环、周转中的形态变化运动中实现增殖剩余价值的，资本“它只能理解为运动，而不能理解为静止物”①，全社会的总资本是由产业总资本、商业总资本和银行总资本这三种经营资本构成的，它们处于此多彼少、相互依赖、依次循环的运动之中；揭示了产业资本家和商业资本家相互之间是平等地剥削劳动力的关系，揭示了职能资本家与银行资本家之间是分割剩余价值，并共同剥削雇佣工人的关系；揭示了社会总资本运动包含的生产社会化和资本主义生产资料私人占有制的对抗性矛盾，它表现为“社会生产力的无条件的发展”②与“以对抗性的分配关系为基础的消费力”③之间的矛盾，这种矛盾终将表现为周期性经济危机；揭示了资本具有拜物教性质，职能资本的相对生产价值生产和利润、平均利润等范畴造成了资本要素能直接创造价值和剩余价值的假象，而生息资本及其利息范畴，使资本金这个物本身就能增殖的神秘性质得到了纯粹表现，任何人剥削人的关系都被掩盖起来。所有这些，对于我们研究资本主义宏观经济，都具有重要的方法论指导意义，如果撇开资本主义生产关系的因素，对认识宏观经济一般，也有方法论指导意义。例如，不能把货币的作用与货币资本的作用混为一谈；不能单以商品交易的眼光去研究宏观经济运动；必须破除拜物教观念，以为只要在宏观上投入资本，就能促进物质利益增长；必须从多层面、多环节的眼光弄清宏观经济结构及其相互关系；等等。

4. 资本主义土地所有制范畴体现的宏观经济关系

在资本主义经济形态的多层宏观经济关系中，资本主义性质的土地所有制关

---

① 《资本论》第2卷[M]，北京：人民出版社，2004年，第121—122页。
② 《资本论》第3卷[M]，北京：人民出版社，2004年，第279页。
③ 《资本论》第3卷[M]，北京：人民出版社，2004年，第273页。

系是在资本关系的基础上发生的,并受资本关系所支配的;反映这种经济关系的资本主义土地所有制范畴是《资本论》的第四大经济范畴。对这个范畴的分析,表明资本主义生产关系已从工商领域延伸到农业这一最古老的生产领域,从而揭示出资本关系已经在一切生产领域占统治地位;同时,又阐明了投在土地上的资本如农业资本、采矿业资本、建筑业资本等所体现的经济关系的特殊性,完善了对资本的研究。

《资本论》对资本主义土地所有制及其收入形式地租的宏观分析揭示出,土地是有限的;在私有制条件下,土地又是私有的。土地作为生产资料与工业领域的机器等生产资料不同,先进机器有助于提高生产率,可以给同一部门运用它的资本带来超额利润,但是当它被普遍使用后,这种超额利润就因生产率的普遍提高而消失。但是,好的土地(如肥力、位置好),作为一种具有提高劳动生产率的自然力,则是被使用者垄断地占有利用的,一个资本占有了好土地,其他的资本就只能使用较差的土地。由于土地的有限性,农产品的价格决定机制不同于工业品,它是由最差土地的生产价格决定的,这就使投在程度不同的土地上的资本都能长期取得程度不同的超额利润,这种超出平均利润之外的超额利润,将被转化为相应的土地所有者取得的级差地租。而土地的私人所有权,又会限制资本对农业部门的自由投入,使农产品中包含的剩余价值不能参加利润的平均化,这使农产品可以不按平均利润所决定的生产价格出售,而是按农产品价值决定的垄断价格出售,这样,因为农产品有机构成低于社会资本平均有机构成,农产品垄断价格中的剩余价值高于平均利润,这个剩余价值与平均利润的差额,就转化为由土地所有权占有的绝对地租。绝对地租,也就是凭借土地所有权造成的垄断价格取得的超额利润。因此,投在土地上的资本具有自己的特点,即其产品中包含的剩余价值不参加利润平均化,所取得的超出平均利润的超额利润,要作为级差地租和绝对地租转移给土地所有者。把投入农业、矿业、建筑业这些与土地所有权有关的部门资本的特殊性讲清楚了,对资本的分析,也就更完善;相应的,也就全面地揭示了剩余价值的具体形态。在资本主义经济中,不但产业资本、商业资本、银行资本的所有者以利润、利息形式分割剩余价值,而且土地所有者也以地租形式分割剩余价值。这就全面地揭示了资本主义社会经济形态包含的阶级关系。资本范畴的分析,揭示了资产阶级、工人阶级两大阶级关系,以及资产阶级内部的关系;而资本主义土地所有制范畴的分析,进一步把资产阶级和大土地所有者阶级之间的关系,以及他们共同剥削工人阶级的关系全面地揭示出来。

马克思在分析资本主义地租过程中，揭示出由土地所有制关系引起的宏观经济运动规律，诸如：资本主义社会总剩余价值等于总平均利润与总地租之和；“关于级差地租，一般应当指出：市场价值始终超过产品总量的总生产价格”①，而农产品的市场价值的决定，“产生了一个虚假的社会价值”②，这种超过农产品实际生产价格的虚假的社会价值，是“被当作消费者来看的社会在土地产品上过多支付的东西”③；一般来说，农产品的剩余价值高于平均利润，因而绝对地租主要产生于农业生产的剩余价值，但是随着工业化的发展，投入农业资本的有机构成与工业资本有机构成的差距会缩小，乃至相等或低于后者，相应地农产品的实际剩余价值有可能相等或低于平均利润，在这种条件下，土地所有者仍会凭借土地私有权收取绝对地租，这时绝对地租将按一定土地面积的高于农产品价值的“真正的垄断价格”④出售而获得，这意味着社会总剩余价值被扣除给土地所有者，将降低社会平均利润率的水平。这启发我们，土地所有制决定的地租收入关系，绝不仅仅是土地经济领域的事，而是与整个宏观经济运动相联系的。

5. 社会总产品范畴体现的宏观经济关系

社会总产品，这是《资本论》阐述的第五大基本范畴。社会总产品这个概念本身就体现出宏观性，体现出由资本主义所有制关系决定的分配关系的最基本的结构$\sum(c+v+m)$。从辩证逻辑看，它包含了前面所有基本范畴的规定性。但是这个范畴，却被资产阶级经济学家混同于总收入$\sum(v+m)$范畴。《资本论》在阐释社会总产品范畴的过程中，揭示了资本主义宏观经济的真实面目、历史特征和必然存在的拜物教性质，批判了资产阶级经济学家在工资、利润（包括利息）和地租各种收入及其源泉上产生的错误观念，并深入分析了他们迷惑于经济假象的主客观原因。

马克思揭示出社会总产品价值$\sum(c+v+m)$的生产，是社会各种收入分配的前提，用于收入分配的是其中的新价值部分$\sum(v+m)$，它们都是由雇佣工人的劳动创造的，这是社会各种收入的真正源泉；但是，资本主义经济运动的形式，却把各种收

---

① 《资本论》第3卷[M]，北京：人民出版社，2004年，第744页。
② 《资本论》第3卷[M]，北京：人民出版社，2004年，第745页。
③ 《资本论》第3卷[M]，北京：人民出版社，2004年，第745页。
④ 《资本论》第3卷[M]，北京：人民出版社，2004年，第864页。这里的农产品垄断价格指，在这种情况下，农产品价格不是像一般商品那样，由商品的市场价值或生产价格本身引起的市场供求关系的波动来决定的；而是由特殊的供求关系决定的，即供给方为取得交付土地所有者的绝对地租而尽量抬高价格，需求方能支付的价格则由购买者的需要和支付能力决定。

入的源泉以颠倒的形式展现在人们面前，利润成了资本形式的生产资料物质的直接产物，地租成了土地物质的产物，而工资成了本身没有价值的“劳动的价格”。总产品价值$\Sigma(c+v+m)$在资本主义社会再生产中，不仅要在价值和实物两方面补偿各种收入部分$\Sigma(v+m)$，而且要在价值和实物两方面补偿已消耗的和扩大再生产需要追加的不变资本部分；但是，资本主义经济运动的形式，却给人以错觉，以致使人们忽视不变资本价值Σc这个部分的存在。这是由于在资本主义社会的再生产过程中，各种再生产要素以货币为媒介的交换途径存在一定复杂性、隐蔽性；而不懂劳动二重性的道理，又为人们设置了认识上的障碍，使人们不易理解其中的内在联系。而市场竞争关系，加强了资本主义经济关系在现象形态与本质联系之间的反差，更容易使人们受假象的束缚，产生错觉。马克思还从宏观上指出，“一定的分配关系只是历史地规定的生产关系的表现”①。“所谓的分配关系，是同生产过程的历史地规定的特殊社会形式，以及人们在他们的人类生活的再生产过程中相互所处的关系相适应的，并且是由这些形式和关系产生的。”②由此我们可以领悟到，分析分配关系不能把目光仅停留在分配领域本身，而必须着眼于生产关系对分配关系的决定作用；只有弄清一定历史形式的生产资料所有制关系，才能弄清分配关系，从而弄清各种社会关系。

（三）从整体上理解《资本论》

1.《资本论》的理论是艺术的整体

马克思指出，“观念的东西不外是移入人的头脑并在人的头脑中改造过的物质的东西而已”③。可见，《资本论》乃是客观存在的资本主义经济形态经过马克思运用唯物史观的思想方法研究加工之后，在理论上的表现。上述商品、货币、资本、资本主义土地所有制和总收益（或总产品）五大经济范畴，正是全面反映了资本主义经济形态的真实面貌。马克思在一封致恩格斯的信中曾充满自信地说：“不论我的著作有什么缺点，它们却有一个长处，即它们是一个艺术的整体。”④《资本论》的整体性，正是资本主义经济宏观形态的理论表现。

《资本论》的理论逻辑充分体现了唯物史观的反映论，它不但再现了单个资本

① 《资本论》第3卷[M]，北京：人民出版社，2004年，第998页。
② 《资本论》第3卷[M]，北京：人民出版社，2004年，第999—1000页。
③ 《资本论》第2卷[M]，北京：人民出版社，2004年，第22页。
④ 《马克思恩格斯全集》第31卷[M]，北京：人民出版社，1972年，第135页。

生产和再生产的现实运动过程，而且再现了社会总资本的生产和再生产的现实运动过程；同时，还从宏观上再现了资本主义经济形态各个层面的经济关系形成和发展的历史过程。正如熟读《资本论》的无产阶级革命导师列宁所指出的，《资本论》极详尽地研究了资本主义经济形态的“活动规律和发展规律”①。经济活动规律，实际上就是一定历史形式的生产和再生产的现实运动过程。《资本论》揭示出，资本运动的历史和现实的前提都是商品流通，而实质是自行增殖剩余价值，剩余价值的生产是整个运动的决定性环节。资本要经过货币资本（购买劳动力和生产资料）、生产资本（剥削雇佣工人创造的剩余价值）和商品资本三种形态，通过商品流通，实现惊险的跳跃，再转化为货币形态，才能成为资本家的收入。产业资本家取得收入，是与剩余价值在不同经营形态的资本所有者相互之间，以及与土地所有者之间的分配结合在一起的，各类资本所有者在取得收入后，又会将剩余价值再转化为资本，使资本周而复始地运动、增殖。因此，资本的运动，从增殖剩余价值的角度来看，是依剩余价值的生产、实现和分配为顺序进行的。也就是说，实际顺序是，先有剩余价值生产出来，然后才有剩余价值的实现与分配。

2. 把握宏观经济运动一般规律需要从整体上理解《资本论》

《资本论》三卷的总体理论结构正是反映了上述运动顺序。第 1 卷标题是“资本的生产过程”，主要论述资本运动的历史和现实前提，以及资本主体如何通过支配雇佣工人来生产剩余价值。第 2 卷标题是“资本的流通过程”，主要论述资本的主体如何掌握资本的运动过程，使剩余价值在资本的流通中实现。② 第 3 卷的标题是“资本主义生产的总过程”，主要阐述剩余价值在各类资本和土地主体之间的瓜分。可以说，《资本论》三卷的理论体系是资本宏观运动在理论上的表现。而资本连续的、不断扩大的而伴随周期性危机的螺旋式向前循环运动，直至最后灭亡的必然趋势，也就是资本的发展规律。运动和发展这两方面的规律是联系在一起的，我们研究《资本论》的宏观经济研究方法，应当把这两方面的规律结合起来，也就是把宏观经济的现实运动规律与向前发展规律结合起来。

上述论证说明，只要能够从整体上理解《资本论》，也就可以深刻认识资本主义宏观经济的运动规律、发展规律和发展趋势。而弄清了资本主义宏观经济运动的

① 《列宁选集》第 1 卷[M]，北京：人民出版社，1995 年，第 9 页。

② 这里要注意区分一般商品流通与资本流通两个概念。一般商品流通，即 W—G—W 流通。资本流通，则是在一般商品流通之内完成的资本循环过程，典型公式为 $G—W<^{A}_{Pm}\cdots P\cdots W'—G'$。

客观规律，经过进一步的研究，也就可以弄清其中蕴含的市场经济一般的宏观运动规律。

《资本论》通过商品、货币、资本、资本主义土地所有制和总收益（或总产品）五大基本经济范畴的分析揭示出，资本主义社会的宏观经济形态，是许多具有内在联系的经济关系层面综合构成的，是一个庞大的经济关系系统。如果我们舍去资本主义生产关系赋予这个经济系统的特殊规定性，如生产领域存在资本家剥削雇佣工人的对抗性阶级关系、流通领域存在自发性和危机的必然性、分配领域和消费领域存在物质财富占有和享用的两极分化等特征性，从一般的角度研究，那么可以看到，《资本论》揭示出，市场经济一般的宏观形态或宏观经济一般，存在着五个基本经济关系层面，这在下面一节阐述。

三、宏观经济一般的结构

（一）宏观经济一般的多层面性

1. 简单商品流通层面

研究《资本论》对资本主义宏观经济的阐释，舍去资本主义经济特有的剥削关系因素，我们可以发现宏观经济一般具有多层面性。其中的表层，就是简单商品流通层面。

简单商品流通又称为简单流通或流通一般。在《资本论》中，马克思在揭示商品流通同资本流通的区别时，称商品流通为简单商品流通或简单流通，这是因为商品流通仅仅发生在流通领域，是简单的流通运动，而资本流通不仅要经过流通领域，还要经过生产领域，是作为独立价值自行增殖的运动，显然复杂得多；而马克思在谈商品流通同资本流通的共性时，则称商品流通为商品流通一般，这是因为资本流通在流通领域也表现为商品流通（本质是商品形式的资本流通），这意味着商品流通与资本流通具有共性，也意味着在宏观上商品流通和资本流通都处于商品流通的网络中。

这个层面涉及前面阐释的商品、货币两大范畴，在宏观上就是商品流通的网络关系，其表现和结果是货币流通运动。理解简单商品流通或一般流通层面，有两点需要强调：其一，它与资本流通关系有本质区别，是一种体现在流通领域，要求等价交换的平等关系。其二，它是一种覆盖于生产领域外部的、经济过程表层的交换关系网络，也就是宏观经济一般的表层关系。

研究宏观经济一般运动，认识简单商品流通的这些规定性是十分重要的。一方面，尽管产业资本在流通过程中以追求剩余价值为目的，但是，当它在运动中以商品资本、货币资本的形式进入一般流通领域后，在这个领域期间，同样要服从简单商品流通的交换规则，买卖双方自由选择，等价交换，相互尊重各自商品的所有权，通过交换商品实现互惠互利；另一方面，简单商品流通毕竟不是产业资本自行增殖的源泉，它只是以商品流通为条件，它只有进入生产领域才能增殖，而当它进入生产领域之后，就不再受流通领域的规则约束，而是按照资本主义私有制的生产关系来行事了！可见，不能把简单商品流通的规律等同于生产过程中体现生产关系的规律，这种规律对人们行为规则的约束规定是有界限的，即只适用于商品流通领域；不应当把它们泛化到资本主义生产资料私有制的关系决定人们行为规则的生产领域。资产阶级经济学的一个显著特征，就是分析经济问题往往只用反映商品流通关系的范畴来思考，因而难免具有表面性和片面性。

由于简单商品流通是以货币为中介的，所以，又可以把简单商品流通分为两个层面，即商品流通和货币流通。《资本论》强调，商品流通是货币流通的原因，货币流通是商品流通的表现和结果。

2. 生产资料所有制层面

这是生产领域的生产关系层面，这个层面的本质是生产资料的所有制或生产资料所有权关系。《资本论》所分析的资本、资本主义土地所有制两大基本范畴，都是这个层面的资本主义历史形式。而生产资料所有制，是任何社会都存在的，只不过在不同历史条件下有不同的历史形式。马克思指出："任何时候，我们总是要在生产条件的所有者同直接生产者的直接关系——这种关系的任何当时的形式必然总是同劳动方式和劳动社会生产力的一定的发展阶段相适应——当中，为整个社会结构，从而也为主权关系和依附关系的政治形式，总之，为任何当时的独特的国家形式，发现最隐蔽的秘密，发现隐藏着的基础。"[①]这里的"生产条件的所有者同直接生产者的直接关系"，指的就是物质生产领域中的人与人的关系，主要是人与人之间对生产条件（生产资料、劳动力）有无所有权的关系，从而对生

① 《资本论》第3卷[M]，北京：人民出版社，2004年，第894—895页。

产过程有无控制权的关系，在生产过程中居支配还是被支配地位的关系，对产品有无分配权的关系等，这些关系简称生产资料所有制。马克思强调，要弄清“整个社会结构”的内在联系，在“任何时候”都应当找出所有制这个“隐藏着的基础”。马克思树立了典范，他正是从生产资料所有权关系、劳动力所有权关系和使用权关系、剩余产品（剩余价值）占有权关系、生产关系的生产和再生产、生产资料所有权的经济价值及其实现等多个视角，①对资本主义私人所有制这个最深的秘密进行了全面深入的分析，才揭示了整个资本主义社会的结构和发展趋势。毋庸置疑，不同历史条件下的宏观经济形态都包含生产资料所有制这个层面。只有承认这个经济层面，弄清它的特殊历史形式，才能弄清由它决定的宏观经济所具有的历史特征。

在现实的宏观经济形态中，往往存在历史性质不同的多种生产资料所有制，这些社会性质不同的所有制之间存在对立统一的辩证关系；可见，作为经济关系层面，生产资料所有制关系包括不同所有制构成的所有制结构关系。唯物辩证法告诉人们，“任何过程如果有多数矛盾存在的话，其中必定有一种是主要的，起着领导的、决定的作用，其他则处于次要和服从的地位”②。因此，要弄清生产资料所有制这个经济层面，最重要的是弄清在所有制结构关系中占主要地位、起决定作用的生产资料所有制；因为一定历史阶段的经济的社会形态的特殊历史性质，从而这个历史阶段的宏观经济运动的特征是由它来决定的。

这里有必要说明，生产资料所有制或狭义生产关系是包括分配关系的。③《资本论》深刻地揭示出，一定的“分配关系本质上”和一定的生产关系“是同一的，是生产关系的反面”④；“一定的分配关系只是历史地规定的生产关系的表现”⑤，“分配关系的历史性质就是生产关系的历史性质，分配关系不过表现生产关系的一个方面”⑥。马克思把分配关系与生产关系看作“同一”东西的正反两面，这与资产阶级经济学有原则的区别。后者一般都把生产和分配视为两个并列的经济层面或环节，这就割断了生产关系和分配关系的内在联系，看不到生产关系对分配关系的决

---

① 何干强著：《唯物史观的经济分析范式及其应用》[M]，北京：中国经济出版社，2008 年，第 121—126 页。

② 《毛泽东选集》第 1 卷[M]，北京：人民出版社，1991 年，第 322 页。

③ 广义上说，生产关系包括商品流通中商品生产者的相互交换关系；而狭义生产关系在概念上不包括流通领域的交换关系。

④ 《资本论》第 3 卷[M]，北京：人民出版社，2004 年，第 994 页。引文中的“反面”，德文版中为“kehrseite”，意为“背面、反面”，可能翻译为“背面”更有助于理解，即生产关系和分配关系两者如同手心、手背的关系，是同一事物的两面。

⑤ 《资本论》第 3 卷[M]，北京：人民出版社，2004 年，第 998 页。

⑥ 《资本论》第 3 卷[M]，北京：人民出版社，2004 年，第 1000 页。

定作用。这正是现代西方经济学面对分配领域的两极分化难题，只是停留在分配领域，只从再分配角度解决问题，因而治标不治本的重要原因。

在商品生产社会，生产资料所有制存在于一个个独立的生产单位中，为何说它是宏观经济层面呢？这是因为，尽管商品生产单位是相互独立的，但是，由于它们的生产条件（生产资料和劳动力）都来自相互联系的市场关系，生产和再生产的成果要经过相互联系的市场才能实现；由于各个企业中生产条件的所有者与生产劳动者的生产关系，都具有同样的社会历史规定性，并在物质生产过程和再生产过程中不断地重新产生出来，不同企业之间，不但由于劳动力的进出在宏观上相互联系，而且它们的生产关系对宏观经济运动发生共同的作用，因此，一个个生产单位的生产资料所有制就形成一个相互联系的宏观经济层面。《资本论》可以让人们理解这个道理。虽然资本家对雇佣工人的剥削关系发生在一个个单个企业中，但是每个企业私人资本都具有生产资料私有制关系造成的同样的资本积累规律，这在宏观上就必然产生居民收入两极分化，必然产生相对过剩人口，必然产生市场有购买力的总需求低于总供给和社会总生产过剩，从而国民经济必然发生周期性危机，全社会形成阶级对立和阶级斗争态势。可见，生产资料所有制是宏观经济一般的重要层面。

3. 生产的社会分工层面

这是生产领域中全社会总生产范围的社会分工结构关系层面。《资本论》指出，“各种使用价值或商品体的总和，表现了同样多种的、按照属、种、科、亚种、变种分类的有用劳动的总和，即表现了社会分工”①。不言而喻，社会分工属于宏观经济一般的范畴，从生产的部类、行业等较粗的角度来看，其含义与人们常说的产业结构相似。市场经济中的社会分工，它与企业内众多的生产劳动者在统一指挥下，为生产某种产品形成的协作性分工具有本质的区别。它是分散地掌握一定生产资料、彼此独立的商品生产者相互之间在全社会的分工关系，这种分工关系以产成品或商品的市场交换为媒介，是通过优胜劣汰的市场竞争来实现的。② 这种分工关系一旦形成相对稳定的形态，也就意味着全社会各生产部门、行业和企业相互之间形成了一定的分工生产各种商品的结构关系。《资本论》揭示出，资本主义生产是建立在私有制市场社会分工制度下的社会化生产；私有制基础和作为企业联系的市

① 《资本论》第1卷[M]，北京：人民出版社，2004年，第55页。
② 参见《资本论》第1卷[M]，北京：人民出版社，2004年，第410—412页。

场中介，这两个基本因素使资本主义经济的社会分工具有自发性、任意性；但是，这种偶然性中包含着必然性，也就是社会化的社会生产的客观要求，即由个别资本的总和构成的社会总资本内部必须形成一定的结构，在社会生产中形成一定的分工比例关系，并表现为产业结构，只有这样，社会总资本的运动，或者说全社会的生产和再生产才能正常进行。《资本论》根据商品必然具有使用价值和价值两方面因素，社会总产品的生产必然分为生产资料生产和消费资料生产两个基本部类，每个部类的产品价值必然分为不变资本、可变资本和剩余价值三个组成部分这些客观依据，揭示出社会简单再生产和社会扩大再生产的各种社会产品相互交换，必然形成一定的途径，从而揭示出，在社会简单再生产和社会扩大再生产条件下，社会生产的两大部类之间必然分别形成以货币流通为中介的一定分工比例关系，揭示了社会再生产按比例发展的一般规律。这种社会再生产所要求的各部类、行业和企业之间的分工比例关系或简称产业结构关系，就是宏观经济一般必然具有的生产的社会分工关系层面。

4. 人与自然的关系层面

这个层面体现人类生存需要的两方面基本条件，一是必须进行创造物质产品的生产劳动，二是必须处于能够生存的自然生态环境中。这两者缺一不可，是任何社会存在的前提，因而属于宏观经济一般的层面之一。由于人与自然的关系层面不属于资本主义经济的历史形式范畴，因此《资本论》没有像上述三个层面那么详细地阐述它，但是，仍阐明了这个层面的关系是整个经济的社会形态赖以存在的基地或“源泉”①。

《资本论》是通过论述人与自然之间的相互作用来阐明这个层面存在客观规律的。一方面，人通过生产劳动向自然索取，这是一种“人以自身的活动来中介、调整和控制人和自然之间的物质变换的过程”②；“是不以一切社会形式为转移的人类生存条件，是人和自然之间的物质变换即人类生活得以实现的永恒的自然必然性”③。另一方面，自然本身会因为人的各种活动而发生客观变化，反过来对自然生态环境产生影响。为此，《资本论》在批判资本主义生产关系和社会生产力发展存在对抗性矛盾的过程中，专门指出，资本主义生产“破坏着人和土地之间的物质循

① “源泉”是复旦大学张薰华教授提出的新范畴。他认为，人口、资源和环境是生产力赖以存在的源泉，对社会发展起决定性作用(参见张薰华著：《经济规律的探索——张薰华选集》[M]，上海：复旦大学出版社，2000 年，第 12—13 页)。

② 《资本论》第 1 卷[M]，北京：人民出版社，2004 年，第 207—208 页。

③ 《资本论》第 1 卷[M]，北京：人民出版社，2004 年，第 56 页。

环”,并把这种物质循环称为“调节社会生产的规律”①。这里的“土地”可以理解为“自然”的同义语,②而“循环”指的是人与自然之间相互关系的物质良性循环,它不仅是社会生产活动应遵循的规律,也是人的各种生存活动都应遵循的规律。

这种人与自然之间的物质良性循环规律,正是人们今天所说的可持续发展的基本规律。根据物质不灭定理,人的生产劳动创造物质产品,不能从无中生出物质,而只能改变自然物质的形态,因此,人创造衣食住行等物质生存条件的过程,本质上是向自然界索取某些物质成分,返还另一些物质成分,并影响自然生态环境的过程。影响自然生态环境的还有人的消费。今天已经很清楚,人与自然之间的物质循环不仅是人与自然之间物质成分、化学元素的循环,而且也意味着对被人的活动所破坏的自然资源和生态环境的补救、恢复和改善。生产过度地耗费原材料,会导致不可再生的资源匮乏、能源短缺;生产和人的各种消费排出废气、废渣、废物等,如不加控制、不加有效治理,会导致越来越严重的生态环境污染,乃至居民只有迁离这些地方才能生存。自然资源和生态环境的变动产生的后果,都具有宏观性,由此可见,人与自然的关系层面的客观规律乃是宏观经济运动规律体系的重要组成部分。

5. 社会总资本一般的结构关系层面

《资本论》揭示出,全社会的总资本由产业资本、商业资本和银行资本这三种经营资本形态构成。在社会主义市场经济条件下,社会总资本的主体是公有制的资本或公有资本,但是,在市场经济一般条件下,公有总资本也要采取三种经营资本一般形态做循环运动。因此,撇开生产关系,货币总资本一般($\sum G$)、生产总资本一般($\sum P$)和商品总资本一般($\sum W$)这三种资本总量的一般形态,构成了商品生产社会的社会总资本一般在循环运动中的结构性层面。

归结起来,在商品生产社会,简单商品流通层面、生产资料所有制层面、生产的社会分工层面、人与自然的关系层面和社会总资本一般的结构关系层面这五个基本经济层面,综合构成了宏观经济一般的总结构。其中每一个层面所体现的宏观经济关系,都是宏观经济一般的研究对象之一;而它们构成的整体,也就是宏观经济的整体研究对象。

---

① 《资本论》第1卷法文版中译本[M],北京:中国社会科学出版社,1983年,第517页。

② 马克思指出:“土地(在经济学上也包括水)最初以食物,现成的生活资料供给人类,它未经人的协助,就作为人类劳动的一般对象而存在。”(《资本论》第1卷[M],北京:人民出版社,2004年,第208—209页。)如果把人从空气中获得的氧气也视作一种生存资料,那么广义的土地不仅包括水,也可以包括氧气。在这个意义上,我们可以把马克思所说的“人与土地之间的物质循环”,拓展为“人与自然之间的物质循环”。

(二) 走出理解宏观经济一般的误区

1. 西方经济学用“四环节”理解宏观经济一般结构

以上阐述了《资本论》揭示的宏观经济一般的五个层面,从这些层面来理解宏观经济一般的结构和运动,与西方资产阶级经济学按生产、分配、交换和消费这四个环节(以下简称“四环节”)来认识宏观经济形态的结构和运动是有显著不同的。这里有必要做一些说明。

用“四环节”的划分和联系来描述宏观经济形态及其运动,这看起来似乎符合实际。然而,正如马克思在经济学手稿中关于政治经济学的一篇《导言》中深刻指出的,这只是看到了经济“肤浅的表象”;“这当然是一种联系,然而是一种肤浅的联系”。[①] 如何理解马克思对资产阶级经济学的这种批判呢?马克思在这篇《导言》中有深刻的剖析,这里恕不复述,不过有必要根据《资本论》的有关论述,对按“四环节”描述宏观经济运动的肤浅性,谈些认识。

2. “四环节”划分在概念上存在含糊性

例如,“四环节”的划分对“消费”这个环节,就没有分清生产消费和个人消费。而《资本论》揭示了两者区别:“后者把产品当作活的个人的生活资料来消费,而前者把产品当作劳动即活的个人发挥作用的生活资料来消费。因此,个人消费的产物是消费者本身,生产消费的结果是与消费者不同的产品。”[②]这就是说,生产消费与生产劳动是同一过程,结果是创造产品;而个人消费的结果则是使“物主体化”[③]。因此,笼统地说消费,并不能把它与生产区别开来;只有个人消费,才是与生产相区别的消费。又如,《资本论》揭示了物和物直接交换、商品流通和资本流通三个概念的本质区别,但是“四环节”中的“交换”,却把它们混为一谈。而把商品流通和资本流通看作经济性质相同的交换,就不可能弄清宏观经济一般中生产环节与流通关节的辩证关系,更看不到资本主义的资本流通具有发生流通中断的必然性,以及这种中断是由资本主义私有制性质的生产决定的。

3. “四环节”划分在概念上存在形而上学的绝对性

例如,《资本论》揭示出,分配关系是生产关系的背面,生产中的生产资料所有

---

① 《马克思恩格斯全集》第 46 卷上册[M],北京:人民出版社,1979 年,第 26 页。
② 《资本论》第 1 卷[M],北京:人民出版社,2004 年,第 214 页。
③ 《马克思恩格斯全集》第 46 卷上册[M],北京:人民出版社,1979 年,第 26 页。

权关系决定产品和剩余价值的分配关系。但是“四环节”的划分,却形而上学地把生产和分配视为彼此绝对分开的两个环节,这就不可能看到两者内在的联系。又如,《资本论》揭示出,生产作为生产消费,既吞食物质资料,同时又排泄物质资料;这与个人消费存在共性,即都体现为人与自然的关系。而“四环节”的划分却把生产和消费视为两个绝对不同的环节,这就会忽视生产和个人消费这两个环节都存在人与自然的关系这种共性,这样,在从可持续发展角度分析宏观经济运动时,就会忽视生产和消费会对自然资源和生态环境产生相同的不良影响。

4.“四环节”划分抹杀了经济运动不同过程之间的辩证关系

《资本论》揭示出,在资本主义宏观经济运动中,生产过程、交换(流通)过程和分配过程以及个人消费,虽然它们是相互联系的,但是各自有特殊的相互区别的规定性,相互存在既统一又对立的辩证关系,因而它们在经济运动的总过程中所起的作用并不是不分主次的,其中生产过程对其他过程是起决定性作用的,而其他过程则对生产过程起反作用。而“四环节”的划分,则完全看不到这种对立统一关系,尤其看不到生产过程在宏观经济运动中的决定性作用。

5.“四环节”划分缺乏历史性

《资本论》把资本主义生产方式及与其相适应的生产关系和交换关系作为分析对象,着重从商品流通是资本运动的历史前提和现实运动的条件、从资本主义私有制为基础的机器生产方式、从私有制与社会化生产的矛盾等多角度,揭示出资本主义生产目的是无止境地追求剩余价值,再生产的特征是扩大再生产,资本主义经济必然发生周期性经济危机,从而深刻地揭示出资本主义宏观经济运动的历史特征;并揭示出,形成这种历史特征的主要因素是生产过程中的资本主义私有制生产关系。但是“四环节”的划分完全撇开了客观存在的生产资料所有制关系来分析经济运动,这造成了任何历史阶段的宏观经济都按这四个环节的顺序来运动这种假象,这就不可能揭示出不同历史阶段社会经济运动的特殊性。

6. 经济结构的两种划分在研究宏观经济形态上的方法论区别

从上面的论述可知,《资本论》揭示出宏观经济一般存在简单商品流通、生产资料所有制、生产的社会分工、人与自然的关系、社会总资本一般的结构关系这五个层面,这与资产阶级经济学的“四环节”划分相比,两者在研究宏观经济形态的方法论上有根本的区别,前者注重研究宏观经济一般的内部结构,从它们的内在联系来认识宏观经济运动。《资本论》研究资本主义宏观经济,既重视一般流通关系(商品、货币流通关系）表层，又深入到生产资料所有制关系（资本流通关系、所有制结构、分配关系等）和生产的社会分工关系以及社会总资本结构关系这些较深的经济层面，并把人与自然的物质变换关系，也纳入宏观经济研究的对象，这就从现象和本质的结合上，科学地揭示了资本主义宏观经济的真实面目。而西方资产阶级经济学的“四环节”划分，注意的是宏观经济一般的“肤浅的表象”，孤立地理解生产、消费、分配和流通各个环节，只看到宏观经济运动的外部联系，这就不可能真正理解宏观经济运动的客观规律。《资本论》尤其重视宏观经济不同层面的相互辩证关系和它们各自内部的辩证关系，这将在后面章节阐释。

四、宏观经济一般范畴的方法论意义

（一）弄清宏观经济一般范畴的目的

1. 宏观经济一般是马克思主义广义政治经济学的范畴

从上面的阐述可知，资本主义宏观经济包含在《资本论》依据唯物史观确定的研究对象之中；而《资本论》论述的资本主义宏观经济，蕴含着宏观经济一般。宏观经济一般乃是马克思主义的广义政治经济学对商品生产社会的经济总体一般的研究对象。广义政治经济学的广义，指的是人类各种社会的经济的共性方面。[①] 这里指的则是资本主义宏观经济和社会主义宏观经济的共性方面。《资本论》揭示的宏观经济一般，包括简单商品流通、生产资料所有制、生产的社会分工、人与自然的关系、社会总资本一般的结构关系层面这五个层面的内部结构（简称“五层面结构”）。这就科学地揭示出宏观经济一般这个研究对象的内部联系。这对于我们以一般为指导认识特殊，即以宏观经济一般范畴为指导，深入研究社会主义市场经济这种特殊历史形式的宏观经济运动，达到揭示其客观规律的研究目的，具有重要的方法论意义。

任何科学研究的目的，都是为了揭示研究对象的客观运动规律；然而，只有在唯物史观科学方法指导下，确立客观的、反映事物本质联系的正确研究对象，才有

① 恩格斯指出，“政治经济学作为一门研究人类各种社会进行生产和交换并相应地进行产品分配的条件和形式的科学，——这样广义的政治经济学尚待创造”。（《反杜林论》，《马克思恩格斯选集》第 3 卷[M]，北京：人民出版社，1995 年，第 492 页）

可能达到这种目的。马克思在《资本论》第 1 卷序言中说，“本书的最终目的，就是揭示现代社会的经济运动规律”[①]。由于他根据唯物史观，确立了资本主义生产方式及同它相适应的生产关系和交换关系这种研究对象，才达到了这种目的。许多处于资本主义发展上升时期的古典资产阶级经济学家，如配第、魁奈、斯密、李嘉图等，都对揭示资本主义经济运动的真面目做过一定程度的科学探讨，也做出过重要的贡献；但是总的来说，都没有确立科学的研究对象，因而不能够深入到经济运动的本质层面。这是由于他们站在唯心史观立场上，把孤立的个人生产当作研究的出发点，从所谓“理性经济人”的利己本性出发说明经济行为，“把资产阶级生产方式误认为是社会生产的永恒的自然形式”[②]，因而不能把反映资本主义生产方式历史特征的经济关系纳入自己的研究视野。从流通领域看，他们都没有把商品交换的价值形式作为分析对象；[③]从生产领域看，他们最多在利润形式上研究过剩余价值的数量关系，在工资和利润的关系上看到了工人和资本家的矛盾，却从来不把剩余价值的起源或资本家获得利润（实质是剩余价值）的原因作为分析的对象，简言之，都撇开了资本主义生产资料所有制关系这个关键性的层面。可见，离开了唯物史观，就不能确立科学的经济研究对象；而撇开反映本质联系的经济研究对象，就不可能揭示经济运动的客观规律。从经济学说史的角度来看，应当说，马克思依据唯物史观，确立科学的经济研究对象，这是经济研究方法上的一场革命。[④]

2. 弄清宏观经济一般范畴是为了科学研究社会主义宏观经济

毛泽东在《矛盾论》中指出，人类的认识秩序有两个过程，“一个是由特殊到一般，一个是由一般到特殊”[⑤]。前一过程，从特殊事物中抽象出的一般，是许多特殊事物的共同的本质，是矛盾的普遍性；后一过程，就是“认识了事物的共同的本质以后，还必须继续研究那些尚未深入地研究过的或者新冒出来的具体的事物”[⑥]，而前一过程得出的一般认识，乃是人们进一步认识具有特殊性的具体事物的不可缺少的思想指导。《资本论》在深刻揭示资本主义经济运动客观规律的过程中，为人们展现出具有资本主义历史特征的市场经济宏观运动的真面目，我们从中提炼和概括出宏观经济一般的“五层面”内部结构和本质联系，这就是从特殊到一般的过程。

---

① 《资本论》第 1 卷［M］，北京：人民出版社，2004 年，第 10 页。
② 《资本论》第 1 卷［M］，北京：人民出版社，2004 年，第 99 页（页下注 32）。
③ 《资本论》第 1 卷［M］，北京：人民出版社，2004 年，第 99 页（页下注 32）。
④ 何干强著：《〈资本论〉的基本思想和理论逻辑》［M］，北京：中国经济出版社，2005 年，第 47 页。
⑤ 《毛泽东选集》第 1 卷［M］，北京：人民出版社，1991 年，第 310 页。
⑥ 《毛泽东选集》第 1 卷［M］，北京：人民出版社，1991 年，第 310 页。

社会主义宏观经济与资本主义宏观经济是两种不同的特殊宏观经济，前者是马克思主义的社会主义政治经济学在宏观经济方面的研究对象。弄清宏观经济一般范畴，这是科学认识社会主义宏观经济不可缺少的方法论指导。

（二）推进社会主义宏观经济的研究

1. 深刻认识社会主义宏观经济的基本结构

认识到宏观经济一般存在“五层面结构”，就应当用以指导具体认识社会主义宏观经济上。较长时期以来，舆论界有一种说法，当代发达资本主义国家的市场经济与中国的社会主义市场经济，两者在运行机制上具有共性，即都是有政府进行宏观调控的市场经济。撇开这种说法过于抽象、对政府的阶级性质不加区分不说，从宏观经济调控实践的角度来看，这种说法没有把宏观经济调控的主体和客体区分开来。而一旦把作为宏观经济调控主体的政府（国家职能机构）和作为客体的市场经济区分开来，政府作为调控主体对宏观经济客体的认识，就绝不能停留在“市场经济”这个抽象简单的概念上；更不应只停留在本质上属于流通的市场层面，而必须以宏观经济一般范畴为指导，全面深入地理解现实的社会主义宏观经济。这样，才能对社会主义宏观经济的客体对象形成正确的认识，并在实践上实施科学的宏观调控。

2. 深刻认识社会主义宏观经济的内部联系

宏观经济一般的“五层面”之间是存在相互联系的。《资本论》揭示出，资本主义市场中总供给显著大于总需求这种危机现象，虽然表现在简单商品流通层面，但是根本原因却出在深层的生产资料资本主义私有制层面，是私有制导致的生产自发性造成生产社会分工比例失调，是私有制的资本积累规律导致了全社会国民的收入两极分化；即使当代资本主义国家建立了政府的宏观调控机构，也无法消除它们市场经济的危机现象。可见，市场流通层面的现象不是孤立存在的，应当用“五层面”相互联系的眼光认识市场经济的宏观运动。如果确立了这样的认识，那么我们在研究社会主义宏观经济运动时，就不会像西方经济学家那样，只把目光停留在市场供求层面或最多再加上产业结构层面，而撇开其中的生产资料所有制层面，就应当自觉地把各种宏观经济现象分别放到“五层面”之中，力求弄清各层面现象的本质，以及各层面现象和本质的相互联系。这对于各级政府更好地实施统筹兼顾的根本方法，促进科学发展和全体人民的共同富裕，无疑具有重要指导意义。

3. 深刻认识社会主义宏观经济运动的历史特征

认识社会主义宏观经济运动与资本主义市场经济宏观运动的根本区别，这是发展社会主义市场经济、不走资本主义老路的重要前提。目前有一种流行的观点，认为社会主义市场经济既然是市场经济，那就是一种建立在微观经济主体独立、自由、自主决策基础上的经济，政府的宏观调控就应当是以不损害、不限制微观经济主体这种决策为前提为限度的。[①] 这种把微观经济主体独立、自由、自主决策绝对化的观点，完全撇开了宏观经济一般包含的市场经济生产资料所有制关系这个层面。只要承认这个层面的客观存在，那么，这种观点就只能适用于自由资本主义历史阶段的市场经济。在资本主义发展到垄断时期，参加垄断经济组织的企业，在决策上就不再是绝对自由的，而要受到垄断组织内部协议的约束。在社会主义市场经济的条件下，全民所有制性质的国有企业（包括国有控股企业）尽管需要面向市场自主经营，这与计划产品经济体制时期基本听命于上级行政主管部门有显著区别，企业决策具有了很大程度的独立、自主性，但是，这种独立、自主性并不是绝对的，而是相对的。这是因为，全民所有制性质的国有资本具有整体性，国有企业的经营权是受到国有资本所有权控制、支配的。作为国有资本所有者代表的中央机构，有权制定政策法规，从整体上对所有单个国有企业实行必要的管理监督，既推动国有企业面向市场灵活决策，又要求国有企业的决策服从整体规定，这样才能使国有资本形成整体力量，在国民经济中起主导作用。那种认为只要是市场经济，企业就应当不受任何约束，而应当绝对独立、自由、自主决策的想法，等于否定了国有资本的整体性，也否定了国有资本所有者对企业中国有资本经营权应有的控制、支配权；同时，也否定了国有资本所有者在调查研究基础上，对宏观经济形态中生产的社会分工关系有正确预测的可能性，从而否定了可以通过反映客观要求的计划来对国有企业进行宏观调节和驾驭的能力。

社会主义市场经济与发达资本主义国家的市场经济尽管都有宏观调控，但是，在生产资料所有制这个层面上，前者是公有制占主体地位，以公有制为基础；后者是以金融垄断组织起控制作用的私有制为基础。这种所有制性质的根本区别，决定了两者的宏观经济具有根本不同的历史特征：社会主义市场经济是可以利用市场经济的自发性来发展经济，同时可以避免这种自发性导致的经济危机，并逐步向

① 参见方福前：《重构中国的宏观调控体系》[J]，转引自《新华文摘》2014 年第 15 期，第 49 页。

市场经济消亡的社会主义经济过渡的经济形态；而当代资本主义市场经济即使有宏观调控，也是无法避免经济危机，并最终必然走向灭亡的经济形态。

4. 创立反映社会主义宏观经济运动的科学理论范畴

经济学范畴是经济关系的理论表现。科学的经济学范畴一旦形成，就可以作为分析经济现象的思维工具。人们在研究宏观经济时，如果善于运用科学的经济范畴进行逻辑思维推理，就可以比较准确地把握宏观经济的内部联系，从而指导宏观调控实践。

《资本论》揭示的宏观经济一般的“五层面结构”是真实的基本结构，每一层面的经济关系都有丰富的内容。马克思在揭示资本主义经济运动客观规律的过程中，应用唯物史观创立了一系列具有宏观经济研究功能的科学理论范畴，其中包括他对古典资产阶级经济学家已提出、经过革命性改造并赋予新含义的许多理论范畴。粗略地统计，可以发现，《资本论》中既有综合性的、涉及几个层面相互关系的宏观经济范畴，诸如社会总资本、社会资本的循环、市场价值、简单社会再生产、扩大的社会再生产、社会固定资本、社会流动资本等范畴；又有一系列分别反映某个层面的宏观范畴。商品流通层面有简单流通或商品流通、金属货币流通、纸币流通、通货膨胀、劳动市场、商品市场、货币市场、市场价格、社会总产品或年产品、社会的产品储备或商品储备、社会产品的保存费用、有购买力的消费需求等范畴；生产资料所有制层面有社会总剩余价值、全社会的剩余劳动一般剩余价值率、全社会的必要劳动、工人阶级的个人消费、社会准备基金、社会积累基金、社会的储备、年总生产基金、相对过剩人口、公有制或社会所有制等范畴；生产的社会分工层面有社会内部的分工或社会分工、共同劳动、协作、分工、社会工作日或总工作日、社会平均工作日、整个社会的必要劳动、剩余劳动一般、社会平均劳动、社会劳动生产率、地租总额等范畴；人与自然关系层面有全社会的个人消费、全社会的生产消费、社会人口、一般剩余劳动的自然基础或农业劳动的自然生产率等范畴；社会总资本一般的结构关系层面有社会总资本、总货币资本、总生产资本、总商品资本等范畴。这些范畴所指的经济关系都有清晰的科学含义，对我们把握社会主义宏观经济运动的内部联系，具有重要指导价值。

现代西方宏观经济学虽然建立了一套理论，可是不难发现，它所建立的宏观经济理论范畴，尽管有些范畴表面看来很具体、对表述宏观经济现象也有一定的应用价值，如储蓄总额、消费总额（其实是个人消费总额）、社会投资总额、就业率、通胀率、进出口总额、反映居民收入差距的基尼系数、市场利率、外汇汇率等；但是，对照《资本论》的宏观经济范畴，西方宏观经济学的范畴体系具有不可忽视的弊病，主要是不能全面反映出宏观经济一般的结构关系，最主要的是缺乏反映生产资料所有制关系的范畴，如在经济结构上，只有产业结构范畴，而缺乏或撇开所有制范畴；许多范畴比较笼统，如总需求、总供给，缺乏生产领域社会分工这种结构概念，消费需求则分不清有购买力的个人消费需求与人们实际的个人消费需求；有些范畴混淆不同经济层面的关系，如把工资这个体现所有制关系的分配范畴纳入商品流通层面去阐释；有的范畴在概念上似有故弄玄虚之嫌，像"流动性"这种范畴，不能分清它是用以描述现金的流动，还是描述货币资本的流动；凡此等等的弊病告诉人们，照搬西方宏观经济学的范畴和原理来分析市场经济宏观运动，不利于分清假象与真相、现象与本质，不利于揭示宏观经济现象产生的原因，也不利于揭示宏观经济运动的长远发展趋势。

因此，我们唯有继承《资本论》的科学成果，科学把握宏观经济一般研究对象，坚持在唯物史观指导下，理论联系实际，通过艰苦的探索，才能真正达到认清社会主义宏观经济运动客观规律的目的。

第二章　坚持唯物史观的一般方法

明确一定历史条件下的经济研究对象,目的是揭示经济运动的客观规律;而要实现这个目的,就要运用科学的方法来对确定的对象进行全面、深入和具体的研究。唯物史观的哲学方法是普遍适用于人类社会的科学研究方法,当然也是对商品生产社会的宏观经济进行科学研究的一般方法。科学的宏观经济研究方法,实质是唯物史观哲学方法在宏观经济研究领域的具体化。本章将阐述,只有坚持唯物史观的辩证法,才能真正掌握研究宏观经济的基本科学方法;唯物史观的辩证法和《资本论》已经揭示出的人类社会经济运动的一般规律,都具有指导研究现实宏观经济运动的一般方法功能;我们应当在这些一般方法指导下,结合社会主义市场经济新的历史条件,促进宏观经济研究方法的丰富和发展。

一、宏观经济研究必须坚持唯物史观

(一) 研究宏观经济运动的科学指导

1. 唯物史观基本原理简述

市场经济的宏观形态,是人类社会发展到商品生产社会出现的经济形态;它存在于社会形态的整体之中。商品生产社会的宏观经济运动,存在于这种社会形态的整体运动之中。我们必须懂得社会形态整体运动的一般规律,才能理解作为其中有机组成部分的宏观经济一般的运动规律。因此,掌握唯物史观的基本原理,是科学研究宏观经济运动的基本前提。须知,真正揭示出人类社会形态运动和发展基本规律的,是人类发展迄今为止最科学的世界观和方法论,即唯物史观(包括历史唯物主义的反映论及其辩证法)。为此,我们有必要简要地回顾马克思和恩格斯关于唯物史观的基本原理和方法。

马克思1859年在柏林出版的《政治经济学批判》第1分册序言中，对唯物史观作了经典性的阐述："我所得到的、并且一经得到就用于指导我的研究工作的总的结果，可以简要地表述如下：人们在自己生活的社会生产中发生一定的、必然的、不以他们的意志为转移的关系，即同他们的物质生产力的一定发展阶段相适合的生产关系。这些生产关系的总和构成社会的经济结构，即有法律的和政治的上层建筑竖立其上并有一定的社会意识形式与之相适应的现实基础。物质生活的生产方式制约着整个社会生活、政治生活和精神生活的过程。不是人们的意识决定人们的存在，相反，是人们的社会存在决定人们的意识。社会的物质生产力发展到一定阶段，便同它们一直在其中运动的现存生产关系或财产关系（这只是生产关系的法律用语）发生矛盾。于是这些关系便由生产力的发展形式变成生产力的桎梏。那时社会革命的时代就到来了。随着经济基础的变更，全部庞大的上层建筑也或慢或快地发生变革。在考察这些变革时，必须时刻把下面两者区别开来：一种是生产的经济条件方面所发生的物质的、可以用自然科学的精确性指明的变革，一种是人们借以意识到这个冲突并力求把它克服的那些法律的、政治的、宗教的、艺术的或哲学的，简言之，意识形态的形式。我们判断一个人不能以他对自己的看法为依据，同样，我们判断这样一个变革的时代也不能以它的意识为根据；相反，这个意识必须从物质生活的矛盾中，从社会生产力和生产关系之间的现存冲突中去解释。无论哪一个社会形态，在它所能容纳的全部生产力发挥出来以前，是决不会灭亡的；而新的更高的生产关系，在它的物质存在条件在旧社会的胎胞里成熟以前，是决不会出现的。所以，人类始终只提出自己能够解决的任务，因为只要仔细考察就可以发现，任务本身，只有在解决它的物质条件已经存在或者至少是在生成过程中的时候，才会产生。大体说来，亚细亚的、古代的、封建的和现代资产阶级的生产方式可以看作是经济的社会形态演进的几个时代。资产阶级的生产关系是社会生产过程的最后一个对抗形式，这里所说的对抗，不是指个人的对抗，而是指从个人的社会生活条件中生长出来的对抗；但是，在资产阶级社会的胎胞里发展的生产力，同时又创造着解决这种对抗的物质条件。因此，人类社会的史前时期就以这种社会形态而告终。"①

恩格斯晚年针对机械唯物主义的观点，对唯物史观作了重要的补充阐释。指

① 《马克思恩格斯选集》第2卷[M]，北京：人民出版社，1995年，第32—33页。

出,“根据唯物史观,历史过程中的决定性因素归根到底是现实生活的生产和再生产。无论马克思或我都从来没有肯定过比这更多的东西。如果有人在这里加以歪曲,说经济因素是唯一决定性的因素,那么他就是把这个命题变成毫无内容的、抽象的、荒诞无稽的空话”①。在这方面,恩格斯主要强调了两点:

其一,“政治、法、哲学、宗教、文学、艺术等等的发展是以经济发展为基础的。但是,它们又都互相作用并对经济基础发生作用”②。他指出,“一种历史因素一旦被其他的、归根到底是经济的原因造成了,它也就起作用,就能够对它的环境,甚至对产生它的原因发生反作用”③。他阐释了国家权力对经济发展的反作用有着“沿着同一方向”“沿着相反的方向”和“阻止经济发展沿着既定的方向走,而给它规定另外的方向——这种情况归根到底还是归结为前两种情况中的一种”这样三种表现。④ 他同时指出,“如果政治权力在经济上是无能为力的,那么我们何必要为无产阶级的政治专政而斗争呢? 暴力(即国家权力)也是一种经济力量!”⑤

其二,经济因素对历史过程起决定性作用这种必然性,是通过许多单个人意向交错的活动的偶然性实现的。恩格斯指出,“人们自己创造自己的历史”⑥,“历史是这样创造的:最终的结果总是从许多单个的意志的相互冲突中产生出来的,而其中每一个意志,又是由于许多特殊的生活条件,才成为它所成为的那样。这样就有无数互相交错的力量,有无数个力的平行四边形,由此就产生出一个合力,即历史的结果,而这个结果又可以看作一个作为整体的、不自觉地和不自主地起着作用的力量的产物”⑦。人们的意向是相互交错的,具有偶然性,但是,“在这里通过各种偶然性而得到实现的必然性,归根到底仍然是经济的必然性”⑧。

2. 唯物史观的科学指导作用

马克思和恩格斯的上述经典性论述的含义十分丰富,这里仅从它们对宏观经济研究进行科学指导作用角度,谈些认识。

第一,唯物史观揭示出社会形态一般的基本结构及其运动的辩证法,这为科学研究商品生产社会的宏观经济一般运动规定了基本方位。人类社会的任何阶段,

---

① 《马克思恩格斯选集》第4卷[M],北京:人民出版社,1995年,第695—696页。
② 《马克思恩格斯选集》第4卷[M],北京:人民出版社,1995年,第732页。
③ 《马克思恩格斯选集》第4卷[M],北京:人民出版社,1995年,第728页。
④ 参见《马克思恩格斯选集》第4卷[M],北京:人民出版社,1995年,第701页。
⑤ 《马克思恩格斯选集》第4卷[M],北京:人民出版社,1995年,第705页。
⑥ 《马克思恩格斯选集》第4卷[M],北京:人民出版社,1995年,第732页。
⑦ 《马克思恩格斯选集》第4卷[M],北京:人民出版社,1995年,第697页。
⑧ 《马克思恩格斯选集》第4卷[M],北京:人民出版社,1995年,第733页。

社会形态都由物质生产力、生产关系（经济基础）、上层建筑和社会意识形态这几个基本层面构成，它们相互联系，后一层面要适应前一层面，总体上是社会的物质生产力推动整个社会形态的发展；当物质生产力的发展与它在其中运动的生产关系（经济基础）发生冲突之时，就会通过社会革命来解决这种冲突，而相对于生产关系的革命，上层建筑和社会意识形态都会或慢或快地发生变革。宏观经济既然是社会形态的组成部分，它就受到社会形态的这种基本结构及其运动辩证法的制约。因此，我们研究宏观经济运动只有服从这种制约，才能是科学的。在上面引用的马克思关于唯物史观经典性的阐述中，物质生产力属于宏观经济"五层面结构"中的人与自然之间的关系层面；而哲学上的生产关系（或广义的生产关系），即物质生产力（内容）在"在其中运动的现存生产关系或财产关系"，则可以具体化为本书第一章阐述的宏观经济"五层面结构"中的简单商品流通、生产资料所有制、生产的社会分工、社会总资本一般的结构关系层面这四个层面关系的总和。因此，根据马克思所揭示的社会形态内部关于物质生产力决定生产关系的基本原理，在宏观经济"五层面"中，包括物质生产力在内的体现人与自然的关系的这个层面，①它对其他四个层面起着决定性的作用。这就告诉我们，研究宏观经济运动规律，要以促进社会生产力的可持续发展为基本前提。

第二，唯物史观揭示出在社会形态的演进中，社会的物质生产力与生产关系存在相互适应、相互矛盾乃至对抗、冲突的关系，这为科学分析宏观经济"五层面结构"内部的矛盾关系指明了基本方向。人们在社会生产中发生的广义生产关系要与物质生产力的一定发展阶段相适应，这是一种"一定的、必然的、不以他们的意志为转移的"关系。这也就意味着，作为"五层面结构"中的简单商品流通、生产资料所有制、生产的社会分工、社会总资本一般的结构关系这四个层面关系的发生，都应当与社会物质生产力发展的一定阶段相适应。如果发生了不相适应的矛盾，就要做出调节，使之相适应。值得重视的是，马克思在上引论述中，从不同角度用不同的概念如"社会的经济结构""现存生产关系或财产关系""同他们的物质生产力的一定发展阶段相适合的生产关系""生产力的发展形式""生产力的桎梏""经济

① 本书第一章所说的市场经济宏观形态一般的"五层面结构"，其中的人与自然的关系层面，除了物质生产力，还包括自然生态环境，即人口、资源和生态环境。尽管这超出了马克思所说的物质生产力范畴，但是正如张薰华教授论证的，人口、资源和生态环境乃是物质生产力的"源泉"（张薰华著：《经济规律的探索——张薰华选集》[M]，上海：复旦大学出版社，2000 年，第 12—13 页），因此，把这个层面与物质生产力一起合并到人与自然的关系层面，有助于遵循并丰富唯物史观的基本思想。

基础”“经济的社会形态”等，阐述了同一个生产关系范畴。这是因为，正如恩格斯所说，“人们自己创造自己的历史”，作为人们相互关系的生产关系相对于物质生产力，是人们起支配控制作用的层面；而相对于社会意识形态，则是形成的基础和起决定作用的层面；这就启发我们做出判断，在社会形态三个层面中，应当高度重视生产关系层面。这进而启发我们，在宏观经济一般的“五层面结构”中，更应当高度重视在宏观经济运动中起着控制作用和决定作用的生产资料所有制层面，因为人们只有掌握了生产中的生产资料所有权，才能够控制、支配生产，直接占有生产的产品，从而决定简单商品流通、参与生产的社会分工。因此，生产资料所有制是广义生产关系中最主要的关系。当社会生产力和生产关系之间发生矛盾和冲突时，最重要的是研究社会生产力和生产资料所有制这个层面发生的矛盾和冲突。

第三，唯物史观揭示出上层建筑、社会意识形态对经济基础的反作用，这指明了科学研究宏观经济运动，应当重视非经济因素的外部作用。恩格斯在上引论述中指出，社会形态中的非经济因素存在相互作用，并对经济基础发生反作用。这启发我们，宏观经济运动显示出的现象，并不纯粹都是经济因素作用的结果，其中也包括非经济因素所起的作用；在宏观经济研究中应当对这些现象进行辨别，以便在宏观经济调控中区分经济的、非经济的不同因素，分类采取相应措施。在非经济因素中，国家权力的职能机构政府的作用，尤其值得重视。我们应当遵循恩格斯关于国家权力对经济发展三种反作用的思路，来研究政府与宏观经济的关系。西方新自由主义经济学是完全否定政府对市场经济的调控作用的，它只是看到了经济因素的作用，却把非经济因素的作用绝对丢掉了，这在认识方法上，是一种形而上学的错误。凯恩斯主义经济学固然认识到政府对宏观经济的作用，但是，由于它站在资产阶级唯心史观立场上，并不明白社会形态三个层面的辩证关系，也不懂得宏观经济“五层面结构”的内部联系（本书下面章节再展开论述），所以，它提出的宏观调节措施，往往治标不治本，虽能在短期起稳定经济的作用，却为宏观经济的下一场更深的危机，制造了隐患。

以上论述说明，科学的宏观经济研究方法归属于唯物史观的方法；我们在研究社会主义市场经济宏观运动的过程中，应当确立唯物史观的基本指导思想。

（二）研究宏观经济要自觉应用历史辩证法

1. 历史辩证法具有指导研究宏观经济的一般方法论功能

历史辩证法是历史唯物主义或唯物史观的方法论体系的简称。历史辩证法是唯物辩证法在人类社会领域的表现。历史辩证法包含着唯物辩证法的一般范畴和原理，在范畴方面，包括主观与客观、质、量、度、抽象与具体、个别与整体、现象与本质、真相与假象、形式与内容、个性与共性、一般与特殊、原因与结果、偶然性与必然性、可能性与现实性、相对性与绝对性、间断性与连续性、条件、中介等；在原理方面，包括反映对立统一规律、质量互变规律、否定之否定规律等原理。所有这些范畴和原理对我们弄清社会形态运动的规律，都具有重要指导作用。同时，历史辩证法又包含着反映社会形态各种内部联系的范畴和原理，在范畴方面，包括劳动、生产方式、生产关系、社会制度、个人、阶级、国家、科学等；在原理方面，包括反映社会存在与社会意识之间、生产力与生产关系之间、经济基础与上层建筑之间等辩证关系的一系列原理。所有这些哲学范畴和原理，都是"把辩证法用于反映论，应用于认识的过程和发展"①不可缺少的工具，对研究宏观经济都具有重要的科学指导作用。我们应当自觉地应用并促进它们在宏观经济研究中具体化。

2. *科学的宏观经济研究需要把握辩证法一般要素*

宏观经济研究是人用头脑反映外部的宏观经济现象并进行思维加工的过程。在这种过程中，要保证形成科学的唯物辩证的思维路径，需要掌握一系列辩证法要素来实现。这些辩证法的一般要素是科学思维过程中应当能动地掌握的环节或"成分"②；自觉地以它们为"抓手"，才能实现毛泽东精辟指出的"将丰富的感觉材料加以去粗取精、去伪存真、由此及彼、由表及里的改造制作工夫，造成概念和理论的系统"③，才能达到实事求是的目的。

列宁曾从辩证法一般的角度，精辟地阐述了"观察的客观性""多种多样的关系的全部总和"等一系列"辩证法的要素"；④并强调指出，"可以把辩证法简要地规定为关于对立面的统一的学说。这样就会抓住辩证法的核心，可是这需要说明和发挥"⑤。毛泽东撰写的《矛盾论》就是结合中国革命实践对"对立面的统一"这个辩证法核心要素的精辟阐释。⑥ 应当说，所有辩证法的一般要素都同时是经济研究的辩证法要素。不过，经济研究的辩证法要素与哲学辩证法要素相比，具有经济领域

---

① 《列宁全集》第55卷（哲学笔记）[M]，北京：人民出版社，1990年，第311页。

② 列宁说："辩证法是活生生、多方面的（方面的数目永远增加着的）认识，其中包含着无数的各式各样观察现实、接近现实的成分（包含着从每个成分发展成的整体哲学体系）"[《列宁全集》第55卷（哲学笔记）[M]，北京：人民出版社，1990年，第308—311页]。

③ 《毛泽东选集》第1卷[M]，北京：人民出版社，1991年，第291页。

④ 《列宁全集》第55卷（哲学笔记）[M]，北京：人民出版社，1990年，第190页。

⑤ 《列宁全集》第55卷（哲学笔记）[M]，北京：人民出版社，1990年，第192页。

⑥ 《毛泽东选集》第1卷[M]，北京：人民出版社，1991年，第299—340页。

的具体表现形式。

3. 经济研究的辩证法要素[①]

认真研究《资本论》的方法，可以发现马克思为人们展示出十分丰富的辩证法要素。下面是对经济研究辩证法要素的基本梳理和简要阐释：

（1）把经济对象置于一定社会历史条件下分析

这是客观地认识经济对象的首要环节。例如，社会财富历来是经济研究的对象。西方经济学家把它理解为对人们有用、供给数量有限的“稀缺性”东西。[②] 但是在唯物史观看来，这并没有弄清“财富的社会形式”[③]。因为在任何历史条件下，“使用价值总是构成财富的物质内容”[④]，而在商品生产社会，产品要通过交换这种社会形式才能实现其有用性，因而，作为“抽象财富”[⑤]的价值才是现实的社会财富。可见，高度重视经济对象所处的历史条件，才能把握其经济的本质和现实形态。这就告诉我们，研究企业经济和宏观经济，首先要问它们处在何种社会历史条件下；如果不区分社会主义市场经济和发达资本主义市场经济这两种不同的历史条件，就不能正确对当代中国的企业经济和宏观经济进行科学的研究。

（2）按对等性原则划分经济形态的历史阶段

这是判断经济的社会形态历史特征必须把握的原则。只有用同一尺度，才能使划分的历史阶段具有对等性。例如，把经济的社会形态划分为自然经济、货币经济和信用经济，是不对等的错误划分，因为这里混淆了生产尺度和交换尺度；[⑥]而从生产社会性实现形式这个同一尺度，划分为自然经济（产品经济）、商品经济（市场经济）、未来的自由人联合体经济，则具有对等性。确定划分的同一尺度，才能在研究经济形态时不产生概念上的逻辑混乱，例如农业经济、工业经济、信息网络经济这种阶段性划分，用的是生产技术水平尺度；原始公有制、奴隶制、封建制、资本主义制度和共产主义制度五大阶段的划分，用的是生产资料所有制特征的尺度。工业经济与资本主义经济这两个阶段体现的是不同的历史划分尺度，两者就不能混为一谈。在宏观经济研究中，有人认定市场经济就是资本主义经济，这在认识方法

---

① 本节参见何干强：《论唯物史观的经济分析范式》[J]，《中国社会科学》2007 年第 5 期。

② ［英］约翰·伊特韦尔，［美］默里·米尔盖特，［美］彼得·纽曼编：《新帕尔格雷夫经济学大辞典》第 4 卷[M]，北京：经济科学出版社，1996 年，第 272 页。

③ 《资本论》第 1 卷[M]，北京：人民出版社，2004 年，第 49 页。

④ 《资本论》第 1 卷[M]，北京：人民出版社，2004 年，第 49 页。

⑤ 《资本论》第 1 卷[M]，北京：人民出版社，2004 年，第 178 页。

⑥ 参见《资本论》第 2 卷[M]，北京：人民出版社，2004 年，第 132—133 页。

上，是混淆了划分经济形态的两种尺度；没有弄清，两种不同尺度划分的经济形态存在重叠现象。

（3）掌握由表及里、由彼及此的经济研究顺序

现实的经济研究对象总是处于一种多样性经济关系综合形成的现象形态，总是遵循事物由简单到复杂、从低级到高级、从旧质到新质的一般辩证发展过程，作为发展的结果而显现的；它总是一系列因果联系发展的结果。所以，客观的经济研究只有从经济现象这个表层深入，才不至于脱离现实。马克思研究资本主义经济形态，就是从最表层、最简单的商品关系开始分析，发现它内部的矛盾如何导致货币的形成，进而分析货币如何转化为产业资本，产业资本如何派生出商业资本、银行资本，在产业资本进入农业后，土地所有权如何以资本主义形式实现，从而揭示了这种经济形态的形成发展规律。无论企业还是宏观的经济研究，都必须遵循从经济现象入手，并弄清经济对象由彼及此的联系，遵循这种研究顺序，才能正确反映经济运动的客观规律。

（4）在经济对象的相互关系中揭示它们的社会性质及其表现形式

事物的性质在孤立状态下不能显示，只有在与其他事物的关系中，才能表现出来，例如两物撞击，才能显现物的软硬度（物理属性）；用石蕊试纸放入液体，方能显示其酸碱性（化学属性）。经济对象或经济体的社会性质只能在人与人的社会关系中显现出来。商品所具有的抽象人类劳动或社会劳动这种等同的社会属性，马克思就是在分析人与人的商品交换关系中发现的，而对这种交换关系或价值形式演进的分析，又揭示了货币的本质。所以，要弄清经济对象的社会性质及其表现形式，必须着眼于经济体之间物质的社会关系的分析。

（5）运用抽象力把经济关系提炼为经济范畴

分析经济体的社会属性，不可能采取分析自然物质属性的方法（如用化学试剂、显微镜等建立物质之间关系），而只能在头脑中运用“抽象力”[①]，也就是在思维中舍去经济对象的自然属性，存留其不可感觉的社会属性，把它体现的物质社会关系抽象为经济范畴；通过这个环节，才能展开逻辑分析。例如，一旦从商品交换中抽象出了抽象劳动范畴，弄清了它的凝结即价值纯粹是社会性质的东西，就有助于思维推理：既然价值的社会属性只能在社会关系中表现出来，那么，表现社会关系

① 《资本论》第1卷[M]，北京：人民出版社，2004年，第8页。

的价值形式充分发展了,价值的性质才能得到充分表现;这就为分析价值形式的演进,揭示货币之谜,创造了前提。又如,无数商品以货币为中介相互交换,相互交错形成的宏观经济关系,用“商品流通”这个范畴来表现,就有助于把这种经济关系与“资本流通”范畴所表现的具有剥削关系性质的宏观经济关系区别开来。对于社会关系复杂程度不同、性质有区别的经济对象,有必要创立相应的不同经济范畴来表现,这样才利于科学研究。再如,抽象出私人合伙制这个经济范畴,人们在观察企业性质时就可以知道,这是指少数私人联合投资,虽然自己也参加劳动,但是以资本联合为主的企业;而使用股份合作制这个经济范畴,则知道这是指劳动者之间的劳动联合和投资联合相结合,但以劳动联合为主的企业。

（6）设定分析经济关系所需的假设条件

掌握假设这种辩证法要素,有助于在思维中排除干扰,简明准确;一般是把研究对象设定在纯粹的分析条件之下,而暂时撇开无关因素对弄清对象本质的影响。唯物史观的假设不能凭主观臆造,必须遵循唯物辩证的反映论,在分析中应撇开那些偶然的、不影响本质关系表现的因素,而以表现本质联系的因素为分析的依据。假设条件应遵循:或符合经济体的本质(如假定货币是金属货币,假定资本带来的收入都是剩余价值);或符合经济运动的客观趋势(如假定价格符合价值);或符合多层经济关系相互关联的实际(如解释绝对地租的来源时,假定农产品的市场价值高于生产价格);或与分析涉及的实际条件相比,更加宽松(如论证剩余价值来源时,尽管实际生活中资本家往往把劳动力的价格压到劳动力价值以下,但是为了证明剥削关系的客观存在,宁可假定劳动力价格大于或等于劳动力价值);等等。

（7）弄清经济形式内部矛盾的对立统一关系

经济形式就是经济体体现的社会关系形式,弄清这种关系中对立方面的地位、作用及其实现统一的条件,这是深入研究的基础性环节。马克思分析商品的价值形式,首先就明确了相对价值形式一方的商品起主动作用,等价形式一方的商品起被动作用,由此才揭示出这种关系的对立,如何推动着价值形式的发展来实现它们的统一。无论分析细胞形态的经济形式,还是分析宏观经济形式,都需要把握这个环节。分析社会主义基本经济制度,不能不弄清公有制经济与非公有制经济之间的对立统一关系,明确两者如何在矛盾(本质是全体人民利益与少数人利益之间的矛盾)中统一(共同发展),而前者占主体地位是实现统一的条件。

（8）比较经济关系的异中之同、同中之异①

这种辩证的比较是发现经济关系的共性、差异、矛盾和本质特征的重要方法。不难发现，《资本论》在对经济现象作比较论述时，几乎都运用了比较异中之同、同中之异的辩证法要素。例如，马克思在比较商品流通与资本流通两种经济关系时，从形式到内容，都详细地比较了两者的共性与差异。② 毫无疑问，要对社会主义市场经济与资本主义市场经济的宏观运动作比较，只有运用这种辩证法要素，才能是科学全面的。

（9）发现引起经济对象的性质发生转化的新因素

经济对象的性质包括它的内部结构关系及其社会性质。经济对象处于变化运动之中，在一定历史条件下会发生性质的转化，唯物辩证的研究必须善于发现引起变化的新因素。例如，体现平等关系的商品流通（W—G—W）转化为体现剥削关系的资本流通（G—W$<^{A}_{Pm}$…P…W′—G′），是因为出现了劳动力商品；商品按价值交换转化为按生产价格交换，是因为市场交换中出现了含有剩余价值的“资本商品”，它体现的是资本家追求平等地剥削劳动力的权利（即等量资本要求获得等量利润）。经济对象在发展中还会发生自身性质被扬弃的过程，这种扬弃有积极的和消极的两种，前者意味着经济的新质对旧质的根本性否定，如合作工厂是对资本主义私营企业的积极扬弃；后者意味着新质在保留旧质的根本性质前提下对旧质的改变，如资本主义股份制对单个私营企业的扬弃。分析和发现经济对象在发展过程中出现的扬弃自身的新因素及其扬弃作用，才能弄清经济对象的性质发生变化的程度及其原因。在宏观经济研究中，也应当关注这种因素，例如，发展中国家的宏观经济实行对外开放，如果对引进外资不加控制，当资本主义跨国公司大量进入，达到一定限度，形成控制市场的态势，独立自主的一国民族经济就会被转化为发达国家的附属国经济。

（10）着眼于生产资料所有权的实现途径和形式

“每一既定社会的经济关系首先表现为利益。”③生产资料所有权的占有是获得经济利益的根本依据，因此，必须从生产资料所有权关系这个基础出发，来研究

① 黑格尔指出，“我们所要求的，是要能看出异中之同和同中之异”。见［德］黑格尔著，贺麟译：《小逻辑》［M］，北京：商务印书馆，1980 年，第 253 页。

② 参见《资本论》第 1 卷第二篇第四章第 1 节“资本的总公式”，《资本论》第 1 卷［M］，北京：人民出版社，2004 年，第 171—181 页。

③ 《马克思恩格斯选集》第 3 卷［M］，北京：人民出版社，1995 年，第 209 页。

经济关系。所有者凭借其占有生产资料所有权获得利益的这种经济价值,要通过生产、流通、分配和消费的运动过程,才能够实现。所以,研究必须着眼于这种实现途径和收入的形式。研究社会主义公有制,就不能只停留在分析生产中全民和集体对生产资料共同占有和联合分工劳动等形式,还必须研究生产的成果如何进入流通,并使构成全民和集体的个人遵循按劳分配原则落实收入分配,实现消费。

（11）把握经济数量变化与性质变化的联系

数量分析在经济研究中占有特殊的重要地位。有数量分析,才能深化对经济关系社会性质的认识,使经济关系中的内在矛盾得到数量的表现,使经济利益关系的状况成为思维可以确切把握的东西。有人认为,重视数量分析,是西方经济学比马克思主义经济学优越的地方,这是很大的认识误区。其实,《资本论》的经济数量分析是贯穿全卷的。① 在数量分析方面马克思主义经济学贯彻唯物史观,充分认识到经济的性质与数量是不可分割的两个方面。对于同一经济对象来说,性质确定的量,才是现实的量;而经济性质确定的对象,在这种性质上又总有一定的数量。事实上,经济的社会关系形式、生产中的生产资料占有关系、复杂经济体的社会关系结构等涉及经济性质的方面,都是与一定的使用价值和价值的数量关系结合在一起的。唯物史观的经济数量分析,以确定经济性质为数量分析的前提;并在经济研究中,始终关注经济性质和经济数量这两方面的变化及其相互影响。而西方经济学的数量分析却并不能把握经济性质与经济数量的辩证关系。马克思指出,正是由于资产阶级经济学家不懂经济性质的确定是数量分析的前提,所以他们不能在商品交换形式中发现价值这个秘密。② 这种弊病现代西方经济学中,往往表现在用数学逻辑来替代现实经济逻辑,这显然是不可取的。

（12）揭示经济现象中的因果联系

科学认识经济现象,必须弄清现象中包含的不同经济因素之间的因果联系、决定与被决定的关系,这样才能弄清现象的本质。例如,《资本论》揭示出,货币流通是商品流通的表现或结果,而不是相反;流通的货币量（本身有价值的流通手段量M）,是由流通商品的价格总额（W）和货币流通的平均速度（V）决定的,即 $W/V=M$;公式左面是原因和决定性因素,右面则是结果和被决定因素。这种原因与结果的内在联系,即使在纸币流通的条件下也不能颠倒。在宏观经济研究中只有把握

① 参见何干强:《简论唯物史观的经济数量分析特征》[J],《当代经济研究》2007 年第 7 期。

② 参见《资本论》第 1 卷[M],北京:人民出版社,2004 年,第 64 页（页下注 17）。

了这种联系，才能将物价上涨与通货膨胀区分开来，弄清物价上涨原因，才能明白，必须通过梳理商品流通渠道，才能清理货币流通不畅导致的银行三角债问题。

（13）从再生产或循环运行角度研究经济形态

《资本论》的经济研究方法是牢牢把握这个辩证法要素的。这是因为，再生产能显示出一次性生产不能暴露出的许多内部和外部联系，诸如生产关系的再生产、使用价值补偿与价值补偿的区别、在价值补偿上固定资本与流动资本的区别、扩大再生产在外延和内涵上的区别、经济体之间的竞争性和相互依赖性等。所以，在分析一次性生产的基础上，还必须分析再生产；不但要分析简单再生产，还要分析扩大再生产；不但要分析资本的循环，还要分析连续不断的资本循环即资本周转。不但对单个经济体要这样，对全社会构成的宏观经济体也要这样，才能全面地理解经济形态。

（14）关注经济运动的时空形式

"一切存在的基本形式是空间和时间。"①经济体只有在时空形式中才是现实的。掌握经济体运动的时空形式这种辩证法要素，才能真正把握它的运行机制和经济数量关系。例如，《资本论》在研究产业资本运动时，详细地分析了总流通时间、买卖（狭义流通）时间、生产时间、生产资料在生产过程中起作用的时间、生产过程中断的时间、生产资料的储备时间、劳动时间、自然力发生作用的时间、非劳动时间、生产资料潜在地处在生产领域内的时间等资本存在的时间形式，还分析了商品储备、运输等空间形式；②在此基础上又揭示出，资本在运动中实现增殖，不仅需要直接生产剩余价值的资本投入，还需要在时间和空间占用形式上的资本投入，即"资本在流通领域的停留和它的流通的实现会花费费用，流通费用"③。这就科学地揭示出单个产业资本较具体的运动形态。

（15）区分经济假象与真相，并弄清假象形成的中介关系

事物的本质常常以假象表现出来，这在市场经济中普遍存在，可以说，能否把握这个辩证法要素，关系到经济研究的科学与否。《资本论》在分析商品、货币、资本和资本主义土地所有制等经济关系真相的同时，相应地揭示了商品拜物教、货币拜物教、资本拜物教和地租拜物教等假象；还从生产领域开始，逐步引入流通关系、

---

① 《马克思恩格斯选集》第 3 卷[M]，北京：人民出版社，1995 年，第 392 页。

② 参见《资本论》第 2 卷[M]，北京：人民出版社，2004 年，第 138—145 页。

③ 《马克思恩格斯全集》第 49 卷[M]，北京：人民出版社，1982 年，第 346 页。

分配关系等中介因素加以研究，阐释私有制市场经济产生假象的必然性。在较复杂的经济研究中，自觉地分辨经济关系的真相和假象，并努力发现导致产生假象的各种中介因素，才能深刻地揭示经济现象的深层本质，避免陷入认识的误区。

（16）分析生产条件及其变化对生产者的影响

生产工具及其变化，本身属于工艺学范畴，但是，对于经济研究来说，“在问题涉及到要证明人们的社会关系和这些物质生产方式的发展之间的联系时，它们却是非常重要的”[①]。因此，这也是经济研究应把握的辩证法要素。马克思正是从这个角度揭示了机器的革命性特征，即接触劳动对象的工具不再直接由手工操作，而是安装在一个机构上，由此发现了机器是消灭生产者之间旧式分工的物质基础，发现了直接社会化或共同劳动已成为生产技术上的必要，于是揭示了人的全面发展和社会主义的历史必然性。因此，经济研究必须关注生产工具及其变化对人的影响这种“历史的要素”[②]。今天，我们也应当这样来分析网络信息技术替代部分人脑对社会关系发生的影响。

（17）对复杂经济关系分析与综合的交替结合

复杂经济体是“一个具有许多规定和关系的丰富的总体”[③]。对它的科学研究过程，绝不是一种单纯的分解然后机械的相加，而是要弄清构成它的各种规定和关系的有机联系。要弄清它的内部联系，不但要对构成它的每一部分的内部联系加以分析和综合，而且要对各个部分之间的联系加以分析和综合，这样才能弄清总体的结构和性质特征，因此在分析过程中，必须注意交替运用分析与综合的方法。这个经济研究的辩证法要素在《资本论》研究产业资本运动机制的过程中提供了十分清晰的范例。马克思首先分别对货币资本循环（$G—W<^{A}_{Pm}\cdots P\cdots W'—G'$）、生产资本循环（$P\cdots W'—G—W<^{A}_{Pm}\cdots P$）和商品资本循环（$W'—G—W<^{A}_{Pm}\cdots P\cdots W'$）三个侧面的每个环节展开分析和综合；然后，又综合这三个侧面，揭示出产业资本的运动是三个循环的统一，既有目的就是增殖赚钱，在运动中集商品流通和资本流通于一身，单个产业资本之间必须相互联系才能生存这些特征；进而揭示出，进行连续性循环和周转运动的单个产业资本之间的联系，绝不能简单地用一般流通规律来说明，而必须用社会总资本运动中的按比例规律、如何实现相互之间的实物更新和价

① 《马克思恩格斯〈资本论〉书信集》[M]，北京：人民出版社，1976年，第174页。

② 《资本论》第1卷[M]，北京：人民出版社，2004年，第428页。

③ 《马克思恩格斯全集》第46卷上册[M]，北京：人民出版社，1979年，第38页。

值补偿来说明。这种研究从个别到整体，环环联系，透彻地揭示了产业资本的运动机制。宏观经济研究面对极为复杂的对象系统，更应当掌握分析与综合，交替结合地运用这种辩证法要素。

（18）弄清经济体内部矛盾的发展趋向

在经济体内部矛盾关系中，对立面双方的决定与被决定的主次地位，决定了它的发展趋向。这个辩证法要素在《资本论》对整个资本主义经济长期发展趋势的分析中，有鲜明的展示。马克思揭示出资本主义经济中存在资本主义私有制同“生产资料的集中和劳动的社会化”的基本矛盾（这在阶级关系上一方面表现为“资本巨头的不断减少”、资本“剥削程度的不断加深”，另一方面表现为工人阶级联合和组织程度的提高、对资本反抗的不断增长），当后者达到了与前者不能相容的地步，“资本主义私有制的丧钟就要响了”，资本主义经济就要向社会主义经济转化了。[①]掌握这个辩证法要素对企业经济研究和宏观经济研究都有重要意义。从企业经济研究看，例如股份合作制内部的劳动联合与资本联合就是对立统一的两方面。如果劳动联合处于主要方面，按劳分配的比重逐步扩大，股份合作制就会趋向完全联合劳动的集体经济；如果资本联合处于主要方面，按所占股份分红的比重逐步扩大，股份向经营者方面大量集中，股份合作制就会嬗变为私营经济性质的私人合伙制。从宏观经济研究看，要弄清宏观经济运动是趋向可持续的稳定增长，还是有趋向危机的现实可能性，就需要深入分析宏观经济内部有利因素与不利因素的矛盾关系及其主次地位。可见，要预见经济对象发生性质变化的可能性趋向，就必须把握好矛盾分析这个极为重要的辩证法要素。[②]

以上列举的经济辩证法要素，不能说已经全面了；但是，大体可以表明，如果能抓住对立统一的矛盾分析这个辩证法的核心，并灵活综合运用这些要素，我们就有可能做到客观地而不是主观地、深入地而不是表面地、全面地而不是片面地、联系地而不是孤立地、动态地而不是静止地展开科学的经济研究。上述经济研究的辩证法要素是科学经济研究的一般要素或方法，既适用于企业经济研究，又适用于宏观经济研究。当然，宏观经济研究方法与企业经济研究方法相比，还有自己的特点，这将在第三章论述。

---

① 参见《资本论》第 1 卷[M]，北京：人民出版社，2004 年，第 874 页。

② 以上辩证法要素的梳理，参见何干强：《论唯物史观的经济分析范式》[J]，《中国社会科学》2007 年第 5 期；本书引用时作了一些修改和补充。

二、遵循客观经济规律

（一）遵循一般经济规律是宏观经济研究的基本方法

1. 人类社会的经济运动存在一般经济规律

唯物史观认为，人类社会随着社会生产力的发展，会形成表现形式不同的历史阶段，人类社会各阶段存在某些共同的、一般的客观经济规律。马克思指出，“自然规律是根本不能取消的。在不同的历史条件下能够发生变化的，只是这些规律借以实现的形式”①。这段引文是针对人类社会的经济规律而言的，“自然规律”指的就是客观的一般经济规律。一般经济规律在不同历史条件的作用下，会有特殊的历史表现形式。因此，我们应当从一般与特殊的结合上，来理解一定历史条件下的客观经济规律。

《资本论》根据唯物史观，在揭示资本主义经济运动的客观规律的同时，也揭示出人类社会经济运动的许多一般的、共同的经济规律。这种一般的客观经济规律，是不同历史阶段的具有一定历史特征的客观经济规律的共性。而在资本主义的历史条件作用下，这些一般规律则有资本主义的特殊历史表现形式。

2. 应当把一般的客观经济规律与西方经济学所说的“一般生产”区分开来

资产阶级经济学家从维护本阶级的利益出发，历来都把资本主义生产方式这种特殊生产方式，看作合乎人类理性的、永恒不变的“一般生产”或一般生产方式。

资产阶级经济学所谓的“一般生产”绝不是客观存在的一般规律，不过是对资本主义生产方式某些经济现象的直观的、肤浅的描述。我们知道，《资本论》原著的标题有一个并列的标题——“政治经济学批判”，这是为了说明，《资本论》在揭示资本主义经济运动和发展的客观经济规律的同时，为了建立工人阶级公正无私的科学政治经济学理论体系，对资产阶级经济学家的种种经济理论，尤其是其中的庸俗经济学，进行了无情的揭露和批判。只要认真研读《资本论》，就不难看清，资产阶级庸俗经济学在经济分析中，用“利己经济人”假设解释所有经济关系中的人的行为动机，具有主观性；停留在资本主义经济的商品流通表层分析问题，具有表面

① 《马克思恩格斯〈资本论〉书信集》[M]，北京：人民出版社，1976年，第282页。

性；只对资本循环运动某个侧面加以描述，以偏概全，具有片面性；用商品交换领域的公平掩盖生产领域资本对雇佣工人的剥削，具有欺骗性；直观地反映市场经济现象，用拜物教观念掩盖剥削关系，具有辩护性；用交换领域的和谐、互利美化资本主义经济制度，具有虚伪性。即使是像资本主义上升时期的斯密、李嘉图等古典经济学家，他们在一定程度上能够进入资本主义经济的本质层面分析问题，对揭示某些客观经济规律做出了不少科学贡献，但是终究在剩余价值的来源这个最本质的问题前止步不前；而他们有科学贡献的理论成分，也往往与庸俗的成分掺杂在一起，具有不彻底性和含糊性的缺陷。因此，资产阶级经济学家所谓的"一般生产"是建立在唯心史观基础上的，并不能等同于马克思所说的作为不同历史条件下的客观经济规律共性的"一般"。

3. 揭示人类社会的某些一般的、共同的经济规律是马克思主义广义政治经济学的研究目的

在人类社会的不同时代，客观存在着一些一般的、共同的经济规律。马克思在创作《资本论》之前，曾为自己计划撰写的"政治经济学批判"巨著写过一篇代表它的研究结论的总"导言"，主要阐述政治经济学的研究对象和方法。他指出，"生产的一切时代有某些共同标志，共同规定。生产一般是一个抽象，但是只要它真正把共同点提出来，定下来，免得我们重复，它就是一个合理的抽象。不过，这个一般，或者说，经过比较而抽出来的共同点，本身就是有许多组成部分的、分别有不同规定的东西。其中有些属于一切时代，另一些是几个时代共有的，[有些]规定是最新时代和最古时代共有的。没有它们，任何生产都无从设想"；"对生产一般适用的种种规定所以要抽出来，也正是为了不致因为有了统一（主体是人，客体是自然，这总是一样的，这里已经出现了统一）而忘记本质的差别。"①马克思所说的作为不同时代生产具有共同规定的"生产一般"，就是区别于资产阶级经济学的"一般生产"的客观的一般经济规律。这是广义政治经济学的研究目的。

4. 一般经济规律具有宏观经济研究的方法论功能

理解一般经济规律是为了深刻认识一定历史条件具有特殊表现的客观经济规律。由于任何历史阶段的人类社会经济运动，都遵循着人类社会经济运动作为合理抽象的各类一般规律，"没有它们，任何生产都无从设想"，所以，人们理解了它

① 《马克思恩格斯全集》第46卷上册[M]，北京：人民出版社，1979年，第22页。

们,就有了认识特殊历史条件下的经济运动的一般前提;在研究经济运动特殊规律的时候,就不至于忽视这些一般规律;就可以探索某些一般规律在一定历史条件下的特殊表现形式,避免在认识到经济运动一般规律时,忘记它们之间的"本质的差别"。在这些意义上,可以说已被唯物史观揭示出的人类社会的一般经济规律,在认识相应的特殊经济规律上,都具有认识方法的指导价值。而研究社会主义宏观经济运动,尤其有必要弄清资本主义宏观经济运动中包含的宏观经济一般的运动规律。

以下从宏观经济研究的角度,简要地梳理《资本论》及其手稿揭示的人类社会的经济运动和发展的一般规律。需要说明的是,这里的"一般"具有相对性,根据马克思上述的提示,以下把它们区分为最新时代和最古时代的某些共同规定、属于一切时代的一般经济规律、几个时代共有的一般经济规律、与商品流通一般关系结合在一起的社会化生产的一般经济规律这几类。

(二)《资本论》揭示的人类社会一般经济规律

1. 揭示最新时代和最古时代的某些共同规定

马克思在《政治经济学批判导言》中谈到的"最新时代和最古时代",其中"最古时代"的含义比较确定,可以理解为《资本论》中提到的人类文化初期的"狩猎民族"、古代"印度公社",以及尚无商品流通的古"印加国"①(位于南美洲西南部)等;"最新时代"指什么?马克思没有明确的表述,如果联系他在其他地方表述的思想,可以认为他指的是未来的"自由人联合体"②时代。如果这样理解是正确的,那么马克思阐述的最新时代和最古时代的"共同规定""共同点",主要指"以生产条件的公有制为基础"③,社会内部实行"有计划的分工"④,劳动形式是"共同的劳动即直接社会化劳动"⑤等。社会主义宏观经济,固然不是马克思所说的商品货币关系已经消亡的"自由人联合体"经济;但是,它既然已经建立起社会主义根本制度,以公有制为主体,也就在相当程度上具有"最新时代"的规定性。坚持公有制经济在国民经济中占主体地位,坚持政府作为社会管理的职能机构对国民经济实行有计

---

① 《资本论》第2卷[M],北京:人民出版社,2004年,第167页。
② 《资本论》第1卷[M],北京:人民出版社,2004年,第96页
③ 《资本论》第1卷[M],北京:人民出版社,2004年,第388页。
④ 《资本论》第1卷[M],北京:人民出版社,2004年,第414页。
⑤ 《资本论》第1卷[M],北京:人民出版社,2004年,第95页。

划的调控,这些特征正体现了最新时代一般规定的要求。

当然,"最新时代"和"最古时代"具有某些"共同规定""共同点",这只是一种抽象的概括。人类社会的历史遵循否定之否定的辩证发展规律,"最新时代"的公有制、计划调控与"最古时代"相比,已上升到很高的层次。处在社会主义初级阶段的人们,理应发挥主观能动性,继承人类社会从"最古时代"发展到"最新时代"的一切优秀文明成果,推进包括宏观经济调控在内的一切社会管理的科学化。

2. 揭示属于一切时代的一般经济规律

马克思揭示的在任何时代都存在的最一般的经济规律,主要有:

(1) 具体有用劳动是人类生存条件的规律。"劳动作为使用价值的创造者,作为有用劳动,是不以一切社会形式为转移的人类生存条件,是人和自然之间的物质变换即人类生活得以实现的永恒的自然必然性。"(一,56)[①]而"劳动过程的简单要素是:有目的的活动或劳动本身,劳动对象和劳动资料。"(一,208)这些简单要素"是人和自然之间的物质变换的一般条件","不以人类生活的任何形式为转移,倒不如说,它为人类生活的一切社会形式所共有。"(一,215)

(2) 社会劳动生产率增进的规律。"由于社会劳动生产率的增进,花费越来越少的人力可以推动越来越多的生产资料。"(一,743)

(3) 协作劳动比分散单干劳动可以提高生产效率的规律。"和同样数量的单干的个人工作日的总和比较起来,结合工作日可以生产更多的使用价值,因而可以减少生产一定效用所必要的劳动时间。"(一,382)

(4) 协作劳动必然需要指挥劳动的规律。"一切规模较大的直接社会劳动或共同劳动,都或多或少地需要指挥,以协调个人的活动,并执行生产总体的运动——不同于这一总体的独立器官的运动——所产生的各种一般职能。"(一,384)

(5) 剩余劳动一般必须存在的规律。"剩余劳动一般作为超过一定的需要量的劳动,应当始终存在";"为了对偶然事故提供保险,为了保证再生产过程的必要的、同需要的发展以及人口的增长相适应的累进的扩大(从资本主义观点来说叫作积累),一定量的剩余劳动是必要的。"(三,927)"食物的生产是直接生产者的生存和一切生产的首要的条件。"(三,715)

① 为节省篇幅,本节以下主要引用马克思的论述来阐明有关规律,只在少数地方对引文作必要的阐释;引文在括号中简要注明出处,括号中的一、二、三,分别表示《资本论》的第1卷、第2卷和第3卷,人民出版社,2004年,数字表示页码;如(一,56),表示《资本论》第1卷,第56页。对马克思在《资本论》这三卷之外的引文,仍用页下注。

（6）农业劳动生产率是一切剩余劳动和社会基础的规律。“农业劳动（这里包括单纯采集、狩猎、捕鱼、畜牧等劳动）的这种自然生产率，是一切剩余劳动的基础，而一切劳动首先并且最初是以占有和生产食物为目的的。”（三，713）“食物的生产是直接生产者的生存和一切生产的首要的条件”（三，715），为此，“社会上的一部分人用在农业上的全部劳动——必要劳动和剩余劳动——必须足以为整个社会，从而也为非农业劳动者生产必要的食物；也就是使从事农业的人和从事工业的人有实行这种巨大分工的可能，并且也使生产食物的农民和生产原料的农民有实行分工的可能性。”（三，716）“超过劳动者个人需要的农业劳动生产率，是全部社会的基础”。（三，888）

（7）“人和土地之间的物质循环”规律。① 或“人和土地之间的物质变换”规律，也就是“人以衣食形式消费掉的土地的组成部分”必须“回归土地”的规律。（一，579）

（8）生产劳动时间节约与分配规律。“正像单个人的情况一样，社会发展、社会享用和社会活动的全面性，都取决于时间的节省。一切节约归根到底都是时间的节约。正像单个人必须正确地分配自己的时间，才能以适当的比例获得知识或满足对他的活动所提出的各种要求，社会必须合理地分配自己的时间，才能实现符合社会全部需要的生产。因此，时间的节约，以及劳动时间在不同的生产部门之间有计划的分配，在共同生产的基础上仍然是首要的经济规律。这甚至在更加高得多的程度上成为规律。”②“人人都同样知道，要想得到和各种不同的需要量相适应的产品量，就要付出各种不同的和一定数量的社会总劳动量。这种按一定比例分配社会劳动的必要性，绝不可能被社会生产的一定形式所取消，而可能改变的只是它的表现形式，这是不言而喻的。”③

上述这些规律，在宏观经济研究中都不可忽视。它们至少提醒人们：

研究社会主义宏观经济运动的状态，要看其是否有利于增进社会劳动生产率；

尽管在市场经济中的单个企业具有决策的独立性，但是在宏观上仍然不能忘记结合的协作劳动比同量单干劳动的总和更为有效的规律，因而必须重视发挥宏观调控指挥劳动的作用，完善指挥中心，提高指挥质量，要善于组织全社会企业之

---

① 《资本论》第1卷法文版中译本[M]，北京：中国社会科学出版社，1983年，第517页。

② 《马克思恩格斯全集》第46卷上册[M]，北京：人民出版社1979年，第120页。

③ 《马克思恩格斯〈资本论〉书信集》[M]，北京：人民出版社，1976年，第281—282页。

间，尤其是公有制企业之间的生产协作，这样才能更好地发挥社会主义可以集中力量办大事的优越性；

宏观经济规模的扩大应以社会剩余劳动的数量为前提，因此，在宏观经济研究中，应当自觉地处理好每年消费基金（包括生产消费与个人消费）与积累基金（包括应付自然灾害等保险基金、扩大再生产等需要的基金）的比例关系，坚决防止为了追求发展速度而出现“寅吃卯粮”的违背一般经济规律的现象；

在宏观经济研究中，应当高度重视农业生产，要充分认识到，我们党提出的“农业是国民经济的基础”是反映了社会经济发展的一般规律的，是贯彻马克思主义政治经济学基本原理的正确方针，必须始终坚持，毫不动摇；

在社会主义市场经济条件下，必须遵循全社会“时间的节约，以及劳动时间在不同的生产部门之间有计划的分配”这个首要经济规律，为此，既要坚持市场价值规律调节，又要坚持计划调节，绝不能把两种调节绝对对立起来，应当在遵循首要经济规律的目标上把这两种调节手段统一起来。

3. 揭示几个时代共有的一般经济规律

这是在若干时代都存在，但不是在任何时代都存在的经济规律。现在马克思主义经济学界形成共识的，主要是关于商品交换和商品流通领域的规律。商品交换是原始社会末期出现的现象，此后不断拓展，形成商品流通；到资本主义时代，商品形式成为占统治地位的财富形式，商品流通成为资本流通的前提条件和宏观经济运动不可缺少的中介；但是，随着人类社会一系列物质生存条件的发展，人类社会发展到共产主义的自由人联合体时代，商品交换和商品流通领域的规律也将随着商品生产的消亡而不再存在。像这种几个时代都共有的一般规律，不会只有商品交换和商品流通规律这一类，究竟还有哪些，这是需要广义政治经济学专门研究的课题。这里重点对《资本论》揭示的、需要在宏观经济研究中遵循的关于商品交换和商品流通的一般规律作简要的梳理。

（1）商品本性的规律。“商品本性的规律通过商品占有者的天然本能表现出来。他们只有使他们的商品同任何另一个作为一般等价物的商品相对立，才能使他们的商品作为价值，从而作为商品彼此发生关系。”（一，105）“商品分为商品和货币的这种二重化，是产品表现为商品的规律。”（二，393）“作为商品而进入流通的产品，不论是在什么生产方式的基础上生产出来的，——不论是在原始共同体的基础上，还是在奴隶生产的基础上，还是在小农民和小市民的生产的基础上，还是在资本主义生产的基础上生产出来的，——都不会改变自己的作为商品的性质；作为商品，它们都要经历交换过程和随之发生的形态变化。”（三，362—363）

（2）商品的使用价值是它的价值的前提的规律。“社会需要，即社会规模的使用价值，对于社会总劳动时间分别用在各个特殊生产领域的份额来说，是有决定意义的。但这不过是已经在单个商品上表现出来的同一规律，也就是：商品的使用价值是商品的交换价值的前提，从而也是商品的价值的前提。”（三，716）

（3）商品的价值规律。或称“关于商品、价值、货币和流通本身的性质的规律”（一，182）、“商品世界的内在规律”（一，150）、“价值决定的规律”（三，958），也称“竞争的强制规律”（一，370）。“社会必要劳动时间是在现有的社会正常的生产条件下，在社会平均的劳动熟练程度和劳动强度下制造某种使用价值所需要的劳动时间”；“只是社会必要劳动量，或生产使用价值的社会必要劳动时间，决定该使用价值的价值量。”（一，52）“每一种商品（因而也包括构成资本的那些商品）的价值，都不是由这种商品本身包含的必要劳动时间决定的，而是由它的再生产所需要的社会必要劳动时间决定的。”（三，157）“商品的价值规律决定社会在它所支配的全部劳动时间中能够用多少时间去生产每一种特殊商品。”（一，412）“商品价值的性质，——即价值不是由某个生产者个人生产一定量商品或某个商品所必要的劳动时间决定，而是由社会必要的劳动时间，由当时社会平均生产条件下生产市场上这种商品的社会必需总量所必要的劳动时间决定，——正是通过市场价格的形式，进一步说，正是通过起调节作用的市场价格或市场生产价格的形式而表现出来。”（三，722）“在资本主义生产方式消灭以后，但社会生产依然存在的情况下，价值决定仍会在下述意义上起支配作用：劳动时间的调节和社会劳动在不同生产类别之间的分配，最后，与此有关的簿记，将比以前任何时候都更重要。”（三，965）“应当研究，……只有必要劳动才加入商品价值这个规律，在流通过程中是如何起作用的”。（三，322）①

（4）商品“供求规律”（二，376）。“耗费在一种社会物品上的社会劳动的总量，即总劳动力中社会用来生产这种物品的可除部分，也就是这种物品的生产在总生产中所占的数量，和另一方面，社会要求用这种特定物品来满足的需要的规模之

---

① 马克思对这个“流通领域中的必要劳动的规律”（三，328）没有展开分析，但是他强调“应当研究”。我们如此理解，在考察作为纯粹流通费用的商业劳动以多大数量，加到商品出售价格或商品实际生产价格中去时，对个别商人来说，只应当加进全社会同类商业劳动的社会必要耗费。

间,没有任何必然的联系,而只有偶然的联系。尽管每一种物品或每一定量某种商品都只包含生产它所需要的社会劳动,并且从这方面看,所有这种商品的市场价值也只代表必要劳动,但是,如果某种商品的产量超过了当时社会的需要,社会劳动时间的一部分就浪费掉了,这时,这个商品量在市场上代表的社会劳动量就比它实际包含的社会劳动量小得多。(只有在生产受到社会实际的预定的控制的地方,社会才会在用来生产某种物品的社会劳动时间的数量和要由这种物品来满足的社会需要的规模之间,建立起联系。)因此,这些商品必然要低于它们的市场价值出售,其中一部分甚至会根本卖不出去。如果用来生产某种商品的社会劳动的数量,同要由这种产品来满足的特殊的社会需要的规模相比太小,结果就会相反。但是,如果用来生产某种物品的社会劳动的数量,和要满足的社会需要的规模相适应,从而产量也和需求不变时再生产的通常规模相适应,那么这种商品就会按照它的市场价值来出售。商品按照它们的价值来交换或出售是理所当然的,是商品平衡的自然规律。应当从这个规律出发来说明偏离,而不是反过来,从偏离出发来说明规律本身。"(三,208—209)

(5)"关于货币流通量的规律"(二,116)。或称"一般商品流通的规律"(二,129)、"简单商品流通的规律"或"一国现有的金属货币量"规律(二,360)。"这个规律是普遍适用的。"(一,142)注意,这里货币量是指金属货币量。"假定流通手段和支付手段的流通速度是已知的,这个总额就等于待实现的商品价格总额加上到期的支付总额,减去彼此抵消的支付,最后减去同一货币交替地时而充当流通手段、时而充当支付手段的流通次数。"(一,163)①"一个国家现有的金属货币量,不仅要够商品流通使用。它还必须够应付货币流通的变动,这种变动部分地由流通速度的变化,部分地由商品价格的变动,部分地由货币作为支付手段或作为真正流通手段执行职能的比例的差别和变化而产生。现有货币量分为贮藏货币和流通货币的比例是不断变化的,但货币总量总是等于作为贮藏货币而存在的货币和作为流通货币而存在的货币之和。"(二,360)"按照商品流通的规律,货币量必须等于流通所需的货币量加上处于贮藏形式的货币量,后者随着流通的缩小或扩大而增加或减少,同时特别要为支付手段形成必要的准备金。"(二,364)

---

① 本段最后一句,《资本论》第1卷法文版中译本译为:"最后减去同一货币既执行流通手段职能又执行支付手段职能的二次或多次的使用。"(《资本论》第1卷法文版中译本[M],北京:中国社会科学出版社,1983年,第120页)

（6）纸币流通的规律。“这一规律简单说来就是：纸币的发行限于它象征地代表的金（或银）的实际流通的数量。”（一，150）

（7）“支付手段的流通速度的规律”（一，165）。“一切周期性的支付（不问其起因如何）所必需的支付手段量，与支付期限的长短成正比。”（一，165—166）“必须的支付手段量（也就是要一次预付的货币资本量），与支付期限的长短成正比。”[①]（二，209）

（8）关于一般储备的规律。“储备有三种形式：生产资本的形式，个人消费基金的形式，商品储备或商品资本的形式。虽然就绝对量来说，三种形式的储备可以同时增加，但是一种形式的储备会在另一种形式的储备增加时相对地减少。”（二，158）

（9）保管费用的规律。“不管产品储备的社会形式如何，保管这种储备，总是需要费用：需要有贮存产品的建筑物、容器等等；还要根据产品的性质，耗费或多或少的生产资料和劳动，以防止各种有害的影响。储备越是社会地集中，这些费用相对地就越少。”（二，162）

（10）国际价值规律。“每一个国家都有一个中等的劳动强度，在这个强度以下的劳动，在生产一个商品时所耗费的时间要多于社会必要劳动时间，所以不能算作正常质量的劳动”；“国家不同，劳动的中等强度也就不同；有的国家高些，有的国家低些。于是各国的平均数形成一个阶梯，它的计量单位是世界劳动的平均单位”。（一，645）“因此，不同国家在同一劳动时间内所生产的同种商品的不同量，有不同的国际价值，从而表现为不同的价格，即表现为按各自的国际价值而不同的货币额。”（一，645）这里揭示的国际价值规律在社会主义宏观经济研究中，是必须重视的，它们至少告诉人们：

必须全面理解商品的价值规律为何是宏观调控的基础。不可忘记，宏观调节遵循价值规律，实质是力求最节约地调节各种商品的社会劳动时间；应当从商品再生产的角度来理解决定生产每种商品价值所需的社会必要劳动时间；不仅要注意这种含义来理解社会必要劳动时间，还要注意，每种商品的市场价值是由这种商品社会必需总量所必要的劳动时间决定的。

遵循价值规律必须坚持劳动二重性的原理。不可忘记使用价值是价值的前

① 注意，这段引文中的“货币资本量”，从上下文看，是指资本家支付给工人的货币工资，它对资本家而言是支付手段形态的可变资本（货币资本）；但是对雇佣工人来说是货币工资，是货币，不是货币资本。

提，宏观调控应当控制各生产部门的生产商品的使用价值总量，这样才能促进市场价格与市场价值的一致，减少资源的浪费。

应当科学理解货币流通量规律。十分重要的是区分金属货币的流通和纸币的流通。充分认识，货币总量总是等于作为贮藏货币而存在的货币和作为流通货币而存在的货币之和；贮藏形式的货币量中特别要为支付手段形成必要的准备金；纸币发行应当限于它象征地代表的金（或银）的实际流通的数量。

应当把储备纳入宏观分析的视野。宏观经济中一般储备、保管费用会占用社会总产品中的相当比例，在经济分析中往往舍弃，但是在现实的宏观调控中是不能忽略的；生产储备、商品储备和个人消费储备三者之间的关系，也值得认真研究。

遵循国际价值规律发展对外经济关系。确立了国际价值规律的科学意识，才能在国际经贸关系中，维护民族经济利益的前提下，利用好国际经济资源。

4. 揭示与商品流通一般关系结合在一起的社会化生产的一般规律

《资本论》揭示的资本主义经济规律中，包含着一些与商品流通一般关系结合在一起的社会化大生产的一般规律。虽然马克思在有些表述中用了“资本主义生产方式”，但是这些规律包含的是商品流通关系和社会化生产相结合的一般规定性，有的甚至是产品的商品货币形式消亡之后的社会再生产的规律，它们对于社会主义市场经济的宏观研究显然具有一般的方法论指导价值。简要梳理如下：

（1）资本的有机构成不断提高的规律。“随着资本主义生产方式的发展，可变资本同不变资本相比，从而同被推动的总资本相比，会相对减少，这是资本主义生产方式的规律”；“这也只是劳动的社会生产力不断发展的另一种表现”。（三，236）

（2）大工业条件下劳动的变换规律。“大工业的本性决定了劳动的变换、职能的更动和工人的全面流动性”。（一，560）

（3）“在各个特殊生产部门之间分配工人人口的规律。”（一，735—736）“工人人口按照资本的需要的变动而在各投资部门之间的分配。”（一，736）

（4）产业资本的循环规律。“任何一个单个产业资本都是同时处在所有这三种循环中。这三种循环，三种资本形态的这些再生产形式，是连续地并列进行的。…… 总循环是资本的三个形式的现实的统一。”（二，117）这“三种资本形态”指的是货币资本形态、生产资本形态和商品资本形态。“社会资本的运动，由社会资本的各个独立部分的运动的总和，即各个单个资本的周转的总和构成。”（二，390）因此，社会总资本同样要分为货币资本、生产资本和商品资本三种形态。

（5）生产资本形式的储备量规律。“对一定的企业或有一定规模的资本主义生产来说，这种生产储备的大小，取决于它在更新时困难的大小，取决于供应市场的相对距离，取决于交通运输工具的发展等等。”（二，273）生产资本形式的储备量的相对减少，“这要取决于各种条件，而这一切条件实质上不外就是，要使必要数量的原料能够更迅速地、更有规则地、更有保证地不断得到供应，而不致发生任何中断。这些条件越不具备，从而供应越没有保证，越不规则，越缓慢，生产资本的潜在部分，即生产者手中等待加工的原料等等的储备就必然越大。这些条件同资本主义生产的发展水平，因而同社会劳动的生产力的发展水平成反比”（二，159—160）。①

（6）预付资本的总周转规律。“预付资本的总周转，是它的不同组成部分的平均周转。”（二，204）这是从价值角度来看的预付资本总周转规律，即预付资本的价值量周转一次所需要的时间。“预付资本价值必须完成一个包含多次周转的周期，而这个周期是由所使用的固定资本的寿命决定的，从而是由它的再生产时间或周转时间决定的。”（二，206）这是从实物形态角度来看的预付资本总周转规律，也就是预付资本各种组成部分都完成实物替换所需要的时间，显然这是由使用时间最长的固定资本的寿命来决定的。

（7）社会总资本周转次数的规律。“社会总资本的周转次数，等于不同生产领域内的周转资本额除以这些生产领域内的预付资本额。”（二，299）引文中的“周转资本额”，应理解为全社会不同生产领域的资本周转额的总和，“预付资本额”应理解为全社会这些生产领域的预付资本量之和。

（8）在产业资本周转中生产资本追加量的规律。“为保持流通时间内生产的连续性所需的追加资本，不是由一年内流通时间的总量或总数决定的，而只是由流通时间和周转期间之比决定的。（当然，这里假定全部周转是在相同的条件下进行的。）”（二，291）“不断执行职能的生产资本的量由流通时间和周转时间之比决定。”（二，297）

（9）资本周转运动产生游离资本的规律。“（1）在流通期间大于劳动期间，但不是劳动期间的简单倍数的时候，（2）在劳动期间大于流通期间的时候，全部流动资本从第二个周转起，在每个劳动期间结束时，就有一部分不断地、周期地游离出来。并且这个游离出来的资本，在劳动期间大于流通期间的时候，和总资本中为流

---

① “成反比”，看来属于原著的笔误。根据上下文，社会生产力越发展，这些条件就越具备，因此，这里宜改为“成正比”。

通期间预付的那部分资本相等；在流通期间大于劳动期间的时候，则和那个把流通期间超过劳动期间（或其倍数）的那段期间填补起来的资本部分相等。""对社会总资本来说，——就其流动部分而言，——资本游离必然是通例，而在生产过程中依次执行职能的资本部分的单纯交替的现象必然是例外。"（二，310）这就是说，对于社会总资本运动来说，只有在劳动期间等于流通期间，或者在流通期间是劳动期间的简单倍数的时候，只是在这些偶然的、例外出现的情况，才没有货币资本游离出来，这说明游离资本的存在具有必然性。

（10）关于建设周期长的事业应确定一定规模的规律。"有些事业在较长时间内取走劳动力和生产资料，而在这个时间内不提供任何有效用的产品；而另一些生产部门不仅在一年间不断地或者多次地取走劳动力和生产资料，而且也提供生活资料和生产资料。在社会的生产的基础上，必须确定前者按什么规模进行，才不致有损于后者。在社会的生产中，和在资本主义的生产中一样，在劳动期间较短的生产部门，工人将照旧只在较短时间内取走产品而不提供产品；在劳动期间长的生产部门，则在提供产品之前，在较长时间内不断取走产品。因此，这种情况是由各该劳动过程的物质条件造成的，而不是由这个过程的社会形式造成的。"（二，396—397）这段话中的"在社会的生产中"，指的是在非资本主义社会形式的社会化生产中，因而这里所讲的规律，是社会化大生产的一般规律。

（11）社会再生产从社会年产品中得到补偿的规律。"关于年产品价值以一部分补偿不变资本，以另一部分补偿可变资本的规律一经证明，那么，价值革命，无论在不变资本的价值上还是在可变资本的价值上发生，都不会改变这个规律。"（二，437）"产品价值的一部分再转化为资本，另一部分进入资本家阶级和工人阶级的个人消费，这在表现为总资本的结果的产品价值本身内形成一个运动。这个运动不仅是价值补偿，而且是物质补偿，因而既要受到社会产品的价值组成部分相互之间的比例的制约，又要受它们的使用价值，它们的物质形式的制约。"（二，437—438）

（12）社会简单再生产从社会年产品得到补偿的规律。也可以表述为社会简单再生产规律。"在简单再生产中，第Ⅰ部类的商品资本中的 v+m 价值额（也就是第Ⅰ部类的总商品产品中与此相应的比例部分），必须等于不变资本Ⅱc，也就是第Ⅱ部类的总商品产品中分出来的与此相应的部分；或者说，Ⅰ（v+m）= Ⅱc。"（二，446）"第Ⅰ部类消费的不变资本价值，是在第Ⅰ部类的一部分商品产品 = 4 000c 中再现的，而且是以能立即再作为不变生产资本执行职能的实物形式再现的。"（二，471）这用公式表示，就是：Ⅰc=Ⅰc。"每年生产的消费资料的总价值，等于当年再生产的第Ⅱ部类的可变资本价值和新生产的第Ⅱ部类的剩余价值（即等于第Ⅱ部类当年生产的价值），加上当年再生产的第Ⅰ部类的可变资本价值和新生产的第Ⅰ部类的剩余价值（也就是加上第Ⅰ部类当年生产的价值）。"（二，474）这用公式表示，就是：Ⅱ（c+v+m）=Ⅰ（v+m）+Ⅱ（v+m）。"在简单再生产的前提下，由生产资料构成的那部分产品的价值，必须等于社会资本的不变价值部分。"（二，482）用公式表示，就是：Ⅰ（c+v+m）=Ⅰc+Ⅱc。

（13）关于第Ⅱ部类内部必要生活资料和奢侈消费资料交换途径的规律。"（a）消费资料。它们进入工人阶级的消费，但因为它们是必要生活资料，所以也构成资本家阶级的消费的一部分，虽然就其质量和价值来说，往往和工人的必要生活资料不同""（b）奢侈消费资料。它们只进入资本家阶级的消费，所以只能和花费的剩余价值交换，而剩余价值是绝对到不了工人手中的。"（二，448）"投入奢侈品生产的v必须等于以必要生活资料形式生产的m中和它的价值量相适应的部分，因而就必然小于这整个m，即小于（$Ⅱ_a$）m""（$Ⅱ_b$）v是在和它的价值量相等的那一部分（$Ⅱ_a$）m中实现的。"（二，453）这些论述可用公式表示：设在社会简单再生产中，$Ⅱ_a$为生产必要生活资料的分部类，$Ⅱ_b$为生产奢侈品的分部类，剩余价值（m）用于资本家的必要生活资料（m/x′）和奢侈品（m/x″）的消费，则：$Ⅱ_b v<Ⅱ_a m$；$Ⅱ_b v+Ⅱ_b m/x'=Ⅱ_a m/x''$。显然，在社会简单再生产的条件下，$Ⅱ_a$和Ⅱb这两个分部类要分别为全社会的工人阶级和资本家阶级生产必要生活资料和奢侈消费资料，所以，

$$Ⅱ_a(v+m)=Ⅱ_a(v+m/x')+Ⅱ_b(v+m/x')；\ Ⅱ_b(v+m)=Ⅱ_a m/x''+Ⅱ_b m/x''。$$①

（14）在社会再生产中固定资本补偿的规律。"我们把第Ⅱ部类中用实物补偿固定资本的那部分资本家叫做'第1部分'；把第Ⅱ部类中以货币形式贮存固定资本损耗价值的那部分资本家叫做'第2部分'。"（二，515）这可以简要分别表示为Ⅱc（1）和Ⅱc（2）。由此，"第Ⅱ部类不变资本的这个固定组成部分，即按自己的全部价值再转化为货币，因而每年要用实物更新的固定组成部分（第1部分），应该等于第Ⅱ部类不变资本中另一个固定组成部分的年损耗，也就是等于以旧的实物形式继续执行职能，而其损耗（即转移到所参与生产的商品中去的价值损失）先要用货币来补偿的那个固定组成部分的年损耗"（二，520）。这用公式可以表示为：Ⅱc（1）G=Ⅱc（2）d；

① 关于第Ⅱ部类内部必要生活资料和奢侈消费资料交换途径的规律，详见本书第五章。

马克思阐述的第Ⅱ部类固定资本补偿的规律，第Ⅰ部类也存在。区别在于，前者的实现要经过两大部类之间的交换；而后者的实现只发生在第Ⅰ部类Ⅰc内部，可用公式可以表示为：Ⅰc(1)G=Ⅰc(2)d。后面章节还将对此具体阐释。

(15) 社会再生产正常条件下商品生产者的预付货币流回规律。“产业资本家为了促成他们自己的商品流通而投入流通的货币，……总是按照各个资本家为货币流通而预付的数额回到他们手中。”(二,446)“按照这个规律，商品生产者预付在流通中的货币，在商品流通正常进行的情况下，会回到他自己手里。”(二,459)“当再生产(无论是简单的，还是规模扩大的)正常进行时，由资本主义生产者预付到流通中去的货币，必须流回到它的起点(无论这些货币是他们自己的，还是借来的)。这是一个规律。”(二,511)

(16) 社会扩大再生产从社会年总产品得到补偿的规律。也可以表述为社会扩大再生产规律。在以下引文中，假定A表示卖出剩余价值产品进行货币积累的资本家们，B表示用以往积累的货币购买追加生产资本要素进行实际积累的资本家们。对于第Ⅰ部类来说，“这里必须具有的前提是，Ⅰm中A、A′、A″的形成货币贮藏的部分的单纯的卖，和Ⅰm中B、B′、B″把自己的贮藏货币转化为追加生产资本要素的部分的单纯的买保持平衡。”(二,556)这可用公式表示为：ImA(W)=ImB(G)。根据《资本论》第2卷第二十一章全章的论述，尤其是第Ⅳ节的补充说明，对于第Ⅱ部类来说，也必须具备这种前提，即Ⅱm中A资本家们为货币积累要卖出的剩余价值产品，必须与Ⅱm中B资本家们为实际积累的购买而付出的货币额保持平衡，这可用公式表示为：ⅡmA(W)=ⅡmB(G)。

在上述前提下，还应具备以下平衡条件：“就像第Ⅰ部类必须用它的剩余产品为第Ⅱ部类提供追加的不变资本一样，第Ⅱ部类也要同样为第Ⅰ部类提供追加的可变资本。就可变资本来说，当第Ⅱ部类以必要消费资料的形式再生产它的总产品的更大部分，特别是它的剩余产品的更大部分时，它就既为第Ⅰ部类又为它自己进行积累了。”(二,583)可以用公式来表示这段话的三层意思：设m=m/x+m/y+m/z，式中，m/x表示资本家个人消费的剩余价值，m/y表示m中用于追加不变资本的部分，m/z表示m中用于追加可变资本的部分，[①]则：

① 按照现代数学表达规则，m=x/m+y/m+z/m；但是考虑到《资本论》原著已使用m/x表示资本家个人消费的剩余价值，这里相应地分别用m/y和m/z来表示m的其他两个组成部分。我国学术界最早这样表达的是刘国光教授(参见刘国光等著：《马克思的社会再生产理论》[M]，北京：中国社会科学出版社，1981年，第76、78、79页的页下注)。

$$\text{Ⅰ}(c+v+m)-\text{Ⅰ}c-\text{Ⅰ}m/y-\text{Ⅱ}c=\text{Ⅱ}m/y,$$

$$\text{Ⅱ}(c+v+m)-\text{Ⅱ}(v+m/x+m/z)-\text{Ⅰ}(v+m/x)=\text{Ⅰ}m/z,$$

$$\text{Ⅱ}(c+v+m)-\text{Ⅱ}(v+m/x)-\text{Ⅰ}(v+m/x)=\text{Ⅰ}(m/z+\text{Ⅱ}m/z)。$$

“在以资本的增加为基础的生产中，Ⅰ(v+m)必须=Ⅱc 加上再并入资本的那部分剩余产品，加上第Ⅱ部类扩大生产所必需的不变资本的追加部分；而第Ⅱ部类扩大生产的最低限度，就是第Ⅰ部类本身进行实际积累，即实际扩大再生产所不可缺少的最低限度。”(二,583)我们也可以用公式来表示这段话的两层意思：$\text{Ⅰ}(v+m)=\text{Ⅱ}c+\text{Ⅰ}m/y+\text{Ⅱ}m/y$；$\text{Ⅱ}(c+m/y)=\text{Ⅰ}(v+m/x+m/z)$。

(17) 决定一般利润率的规律。或称决定平均利润率的规律。“资本在不同生产部门之间这样不断地流出和流入，引起利润率上升和下降的运动，这种运动会或多或少地互相平衡，因此有一种使利润率到处都化为同一个共同的和一般的水平的趋势。”(三,230)“事实上，决定一般利润率的是：1. 总资本所生产的剩余价值；2. 剩余价值和总资本价值的比率；3. 竞争，不过这里所说的竞争，是指这样的一种运动，通过这种运动，投在各特殊生产部门的资本，力图按照各自相对量的比例，从这个剩余价值中取得相等的一份。”(三,412)

(18) 关于一般利润率下降的规律。“可变资本同不变资本从而同总资本相比的这种不断的相对减少，和社会资本的平均有机构成的不断提高是一回事。这也只是劳动的社会生产力不断发展的另一种表现。”(三,236)“一般利润率日益下降的趋势，只是劳动的社会生产力的日益发展在资本主义生产方式下所特有的表现。”(三,237)

(19) 生产价格规律。“如果把社会当作一切生产部门的总体来看，社会本身所生产的商品的生产价格的总和等于它们的价值的总和。”(三,179)“竞争会把社会资本这样地分配在不同的生产部门中，以致每个部门的生产价格，都按照这些中等构成部门的生产价格的样板来形成，也就是说，它们=K+KP′(成本价格加上成本价格乘以平均利润率所得之积)。”(三,193)“既然商品的总价值调节总剩余价值，而总剩余价值又调节平均利润从而一般利润率的水平，——这是一般的规律，也就是支配各种变动的规律，——那么，价值规律就调节生产价格。”(三,201)

(20) 关于市场利息率决定的规律。“必须把平均利润率看成是利息的有最后决定作用的最高界限。”(三,403)“利息的最低界限则完全无法规定。它可以下降到任何程度。不过这时候，总会出现起反作用的情况，使它提高到这个相对的最低限度以上。”（三，401）“至于不断变动的市场利息率，那么，它和商品的市场价格一样，在每一时刻都是作为固定的量出现的，因为在货币市场上，全部借贷资本总是作为一个总额和执行职能的资本相对立，从而，借贷资本的供给和借贷资本的需求之间的关系，决定着当时市场的利息状况。”（三，411）“市场利息率是由供求关系直接地、不通过任何中介决定的。”（三，412）“利息率的大小固然也会变动，但因为它对所有借款人来说都一样地发生变动，所以它在他们面前总是表现为固定的、既定的量。”（三，414）

（21）“土地所有权规律。”（三，831）“土地所有权的限制只有和同它分离的资本（包括劳动）相对立，才会表现出来，因为它阻碍资本的投入。”（三，910）“单纯法律上的土地所有权，不会为土地所有者创造任何地租。但这种所有权使他有权不让别人去使用他的土地，直到经济关系能使土地的利用给他提供一个余额，而不论土地是用于真正的农业，还是用于其他生产目的，例如建筑等等。”（三，856）“只有在必须向土地所有者纳贡才允许把土地作为投资场所时，土地所有权才作为绝对的限制而发生作用。”（三，865）“一旦土地出租，土地所有权对必要的投资就不再起绝对限制的作用了。但就是在这以后，土地所有权仍然会起相对限制的作用，因为投入土地的资本最终转归土地所有者所有，这就给租地农场主造成了极为确定的界限。”（三，864—865）

（22）“级差地租本身的规律。”（三，846）或“级差地租的规律”（三，847），详见《资本论》第3卷第三十八章至第四十四章。这里引用几段结论性的论述：“如果商品价值平均化为生产价格的过程没有遇到障碍，地租就都是级差地租，也就是说，地租就以这种超额利润的平均化为限，这种超额利润本来是由起调节作用的生产价格使一部分资本家得到的，而现在为土地所有者占有。因此，在这里，地租的确定的价值界限，就是生产价格通过一般利润率实现的调节作用所引起的个别利润率的偏离。”（三，975）对于级差地租Ⅰ，“地租之比和肥力程度之比并不成比例，而是和以无租土地作为零计算的肥力差额之比成比例”（三，808）。对于级差地租Ⅱ，“级差地租Ⅱ的基础和出发点，不仅从历史上来说，而且就级差地租Ⅱ在任何一个一定时期内的运动来说，都是级差地租Ⅰ，就是说，是肥力和位置不同的各级土地的同时并行的耕种，也就是农业总资本的不同组成部分在不同质的地块上同时并行的使用”（三，761）。“只要已耕种的土地仍有竞争能力，土地上使用的资本越多，一国的农业和整个文明越发展，每英亩的地租和地租总额就增加得越多，社会以超额利润形式付给大土地所有者的贡赋也就越多。”（三，819）“现在我们来谈谈级差地租的两种形式之间的一个本质区别。在生产价格不变和差额不变时，就级差地租Ⅰ来说，每英亩的平均地租或按资本计算的平均地租率，可以同地租总额一起增加；但是，这个平均只是一个抽象。按每英亩或按资本计算的实际地租额，在这里仍然不变。就另一种形式来说，在相同的前提下，按英亩计算的地租额却可以增加，虽然按所投资本计算的地租率仍然不变。”（三，769—770）这“另一种形式”指级差地租Ⅱ。

（23）绝对地租的规律。“如果土地所有权阻碍商品价值平均化为生产价格，并占有绝对地租，那么，绝对地租就会受到土地产品的价值超过它的生产价格而形成的余额的限制，因而受到土地产品中包含的剩余价值超过按一般利润率应归各个资本所有的利润而形成的余额的限制。这个差额于是形成地租的界限；地租仍然只是既定的、商品中包含的剩余价值的确定部分。”（三，975）“绝对地租的先决条件或者是产品价值超过它的生产价格以上的已经实现了的余额，或者是超过产品价值的垄断价格。”（三，910）“超过产品价值的垄断价格”为基础的绝对地租，马克思把它列在“正常地租形式”之外，称之为“真正的垄断价格”，指出，“这种垄断价格既不是由商品的生产价格决定，也不是由商品的价值决定，而是由购买者的需要和支付能力决定。”（三，864）

（24）农业领域以外的级差地租规律。“凡是在地租存在的地方，都有级差地租，而且这种级差地租都遵循着和农业级差地租相同的规律。凡是自然力能被垄断并保证使用它的产业家得到超额利润的地方（不论是瀑布，是富饶的矿山，是盛产鱼类的水域，还是位置有利的建筑地段），那些因对一部分土地享有权利而成为这种自然物所有者的人，就会以地租形式，从执行职能的资本那里把这种超额利润夺走。”（三，874）

（25）关于土地价格的规律。“在地租已定时，土地价格是由利息率调节的。如果利息率低，土地价格就高；反过来道理是一样的。”（三，916）“因为我们已经知道，在社会发展的进程中利润率有下降的趋势，所以，从利息率由利润率决定来说，利息率也有下降的趋势；此外，即使撇开利润率不说，由于借贷货币资本的增大，利息率也有下降的趋势，所以可以得出结论，土地价格，即使撇开地租的变动以及土地产品价格（地租构成它的一个部分）的变动来看，也有上涨的趋势。”（三，703）

(26)“信用的一般规律”。“信用的一般规律并不适用于农民,因为这个规律要以生产者是资本家为前提。”(三,916)“信用为单个资本家或被当作资本家的人,提供在一定界限内绝对支配他人的资本,他人的财产,从而他人的劳动的权利。”(三,497)“人们把虚拟资本的形成叫做资本化。人们把每一个有规则的会反复取得的收入按平均利息率来计算,把它算作是按这个利息率贷出的一个资本会提供的收益,这样就把这个收入资本化了;例如,在年收入=100镑,利息率=5%时,100镑就是2 000镑的年利息,这2 000镑现在就看成是每年取得100镑的法定所有权证书的资本价值。对这个所有权证书的买者来说,这100镑年收入实际代表他所投资本的5%的利息。”(三,528—529)

以上《资本论》揭示的与商品流通一般关系结合在一起的社会化大生产的一般规律,它们具有的宏观经济研究方法的功能更为具体,例如:

关于社会简单再生产和社会扩大再生产的一般经济规律,在社会再生产中固定资本补偿的规律、关于建设周期长的事业应确定一定规模的规律等原理,它们从商品使用价值和价值两方面,揭示了在社会再生产中各部类生产结构的基本比例关系,这为理解现实国民经济出现产业结构失衡的真正含义,提供了重要科学根据;对我们实行科学计划调控,推进宏观经济在横向上螺旋循环运动,在纵向上稳定地发展,提供了重要的方法指导。

关于社会总资本同样要分为货币资本、生产资本和商品资本三种形态的规律、预付资本的总周转规律、社会再生产正常条件下商品生产者的预付货币流回规律等原理,它们揭示出,在宏观经济研究中,不但要遵循经济表层的一般商品流通和货币流通规律,还必须弄清深层的社会化生产一般规律和涉及特殊生产关系的规律在对它们起作用,因此,只有弄清宏观经济运动的表里因果关系,弄清货币和货币资本的共性与区别,才能真正把握宏观经济中的货币流通现象。

关于土地所有权的规律、各类地租的规律、信用的一般规律等原理,揭示出土地这一重要经济要素的所有权关系及其经济实践中的利益关系对宏观经济运动的影响,这对于认识宏观经济中土地所有权的经济价值、房地产经济对全局的影响,认识虚拟经济产生的原因和控制的方法等,都有重要指导意义。

(三)简要的小结

以上梳理的《资本论》所揭示的各种经济规律,都具有宏观经济研究的一般方法论功能。遵循它们进行一定宏观经济研究，可以正确把握研究对象的历史特征，辨析宏观经济现象的真相与假象；可以在经济研究的逻辑推理中确立科学的出发点，形成正确的前提；可以弄清各种现象的因果关系、内在联系；可以有助于发现宏观经济运动可能出现的问题和把握发展的必然趋势；等等。因此，我们必须深入研究《资本论》，尽可能地全面理解马克思已经揭示出的有关经济规律。

本章比较详细地阐释了唯物史观的一般方法和大量引用《资本论》所阐述的与社会整体经济运动相联系的客观经济规律，目的是为了强调它们对于认识社会主义宏观经济运动、开拓当代中国马克思主义政治经济学、指导宏观经济调控的实践，都具有重要指导价值。同时，也是为了纠正近些年来经济学界出现的经济学“西化”或照搬资产阶级经济学的倾向。要看到，不认真研读《资本论》，不了解或怀疑《资本论》的科学性和应用价值，都会导致照搬不科学的现代西方资产阶级经济学，而这必定会导致在实际经济工作中违背客观经济规律，造成不良后果。一段时间以来，中国宏观经济结构发生失衡，社会收入出现两极分化，不能说与此没有关系。要尽快解决这些现实经济问题，就必须掌握科学的宏观经济调控方法。正因为如此，学习和应用《资本论》中的宏观经济研究方法，就显得十分重要而迫切了。

第三章 《资本论》宏观经济研究方法的特征

《资本论》的宏观经济研究方法,是唯物史观辩证方法在宏观经济研究领域的具体化,是宏观经济研究的科学指导思想。它与唯心史观的宏观经济研究方法相比,不是头脑主观设计或想象出来的方法,而是来自人的头脑对宏观经济运动的客观辩证法的正确反映;它与企业经济研究方法相比,不是把企业经济运动的辩证法简单地放大到宏观经济,而是既看到宏观经济是全社会所有企业经济的综合,又看到宏观经济运动与企业经济运动有显著区别。《资本论》的宏观经济研究方法,对于人们认清资产阶级经济学及其方法的弊病具有重大指导意义。本章将围绕这些内容展开。

一、来源于宏观经济运动客观辩证法

(一) 研究方法的来源

1. 宏观经济研究方法蕴含在现实宏观经济运动之中

宏观经济研究方法,属于人的观念。它从何而来?唯心史观认为,经济学的方法是经济学家主观构建出来的;[①]与此根本不同,唯物史观认为,“观念的东西不外是移入人的头脑并在人的头脑中改造过的物质的东西而已”[②]。正如恩格斯所说,“我们头脑中的辩证法只是自然界和人类历史中进行的并服从于辩证形式的现实发展的反映”[③]。可见,科学的宏观经济研究方法其实蕴含在现实的宏观经济运动之中,有待我们去发现,并在理论上再现出来。本书第二章梳理出的《资本论》所揭

① 西方经济学的方法论论著提出的往往是“如何构建方法论”(参见[英] 谢拉 · C.道著,杨培雷译:《经济学方法论》[M],上海:上海财经大学出版社,2005 年,第 63 页)。
② 《资本论》第 1 卷[M],北京:人民出版社,2004 年,第 22 页。
③ 《马克思恩格斯选集》第 4 卷[M],北京:人民出版社,1995 年,第 714 页。

示的宏观经济运动的一般规律,归根到底来自对宏观经济一般客观存在的内在联系的正确抽象。脱离现实的苦思冥想,不可能设计出客观经济规律,也不能掌握正确的宏观经济研究方法。当然,即使错误的研究方法,也是人脑对外部物质运动过程的反映,然而那是对现实的颠倒、片面、扭曲的反映。

人们可以应用各种宏观经济理论和方法,为一定的宏观经济调控实践目的服务,而这种目的实际上也不是由主观决定的,而是由客观的宏观经济运动内部关系规定的。正如列宁在《黑格尔“逻辑学”一书摘要》中指出的,“人在自己的实践活动中面向着客观世界,以它为转移,以它来规定自己的活动”①。“事实上,人的目的是客观世界所产生的,是以它为前提的。”②人们在认识和改造客观世界的实践过程中形成的主观目的,无论正确与否,其实都来自客观世界。本书前面已经说到,宏观经济一般的结构中包括生产资料的所有制关系。这种客观现实决定了,研究主体如果站在资本主义私有制的立场上,就会产生维护资本家阶级利益的宏观经济理论,并产生宏观经济为剥削阶级利益服务的研究目的,这会使其经济研究带有主观性、表面性和片面性,因而不可能客观地揭示宏观经济运动的本来面目。而站在社会主义公有制或无产阶级立场上,就有可能做到公正无私;如果能遵循唯物史观指导,对移入头脑的复杂经济现实,在头脑中进行“去粗取精、去伪存真、由此及彼、由表及里的改造制作”③,就能够真正达到揭示宏观经济运动客观规律的目的。在社会主义制度下,就有可能遵循已经认识到的客观经济规律,在宏观调控实践中努力促进国民经济实现稳定运行、持续发展,实现全体人民趋向共同富裕的目的。

2. 正确的宏观经济研究方法来自人的社会实践

人脑要正确认识客观事物,只能通过人的社会实践这个中介,因为只有这样,才能建立人脑对客观事物从感性到理性的辩证唯物主义的认识与被认识关系。正如毛泽东所说,“人的正确思想,只能从社会实践中来”④。人要对宏观经济运动的客观辩证法形成正确的反映,即形成宏观经济运动的主观辩证法,只有通过反复的社会实践。换句话说,唯物史观的宏观经济研究方法,归根到底来自人通过社会实践,对现实的宏观经济运动本身的客观辩证法形成正确的反映。

当然,这不是说人只要直接参加宏观经济调控实践,就可以在头脑中形成正确

① 《列宁全集》第55卷(哲学笔记)[M],北京:人民出版社,1990年,第157页。
② 《列宁全集》第55卷(哲学笔记)[M],北京:人民出版社,1990年,第159页。
③ 《毛泽东选集》第1卷[M],北京:人民出版社,1991年,第291页。
④ 《毛泽东著作选读》下册[M],北京:人民出版社,1986年,第839页。

的宏观经济研究方法；也不是说，《资本论》的唯物史观宏观经济研究方法全都来自马克思个人的直接实践。但是，宏观经济研究方法作为一种科学的思维方法，作为可以应用的科学知识，追根溯源是不能离开人的直接实践的。正如毛泽东在《实践论》中指出的，“人不能事事直接经验，事实上多数的知识都是间接经验的东西，这就是一切古代的和外域的知识。这些知识在古人在外人是直接经验的东西，如果在古人外人直接经验时是符合于列宁所说的条件‘科学的抽象’，是科学地反映了客观的事物，那么这些知识是可靠的，否则就是不可靠的”；“因此，就知识的总体说来，无论何种知识都是不能离开直接经验的。”①

需要强调的是，尽管《资本论》的唯物史观宏观经济研究方法，并不完全来自马克思的亲身实践，他批判地吸收了前人对商品生产社会的经济形态的认识成果。但是，这仍然离不开马克思在他所处时代，亲身参加了无产阶级革命斗争的实践和研究资本主义经济的科学实践；尤其是马克思发现了人类有史以来最科学的唯物史观，并用以指导自己的经济研究。因此《资本论》的理论和方法体现出人类经济思想史上的伟大革命，体现出科学的经济研究方法的全面性、深刻性和彻底性。可以看到，《资本论》中，除了批判地借鉴前人关于商品、货币形成和发展史、关于资本主义社会生产、流通和分配关系等具有科学因素的研究成果之外；更多的是马克思运用反映现实的资本主义宏观经济运动的各种调查和实证资料所做的科学分析，它所揭示的包括社会分工与工场手工业分工的区别、社会工作日的计算、相对剩余价值生产和资本有机构成变化对宏观经济的影响、工资的国民差异、价值规律对市场供求关系的作用、平均利润率与市场利息率和企业主收入的关系、由资本主义所有制关系产生的对抗性基本矛盾、资本主义危机周期运动等，都深刻地揭示了宏观经济运动的客观辩证法。

可以说，正确反映或揭示宏观经济运动本身的客观辩证法，这正是唯物史观宏观经济研究方法的基本科学特征。这个特征在《资本论》中有鲜明的体现。马克思在论述《资本论》叙述方法时，精辟地指出，“从抽象上升到具体的方法，只是思维用来掌握具体并把它当作一个精神上的具体再现出来的方式”②。这里，“再现”就是唯物辩证地正确反映客观的、具体的现实，当然，是用“精神上的具体”即有着多样

① 《毛泽东选集》第1卷[M]，北京：人民出版社，1991年，第288页。

② 《马克思恩格斯全集》第46卷上册[M]，北京：人民出版社，1979年，第38页。关于这段话的科学含义，请参见何干强著：《〈资本论〉的基本思想和理论逻辑》[M]，北京：中国经济出版社，2005年，第55—57页。

规定性的各层理论范畴和理论逻辑来揭示客观现实的真实面目。《资本论》正是用这种叙述方法从理论上再现了资本主义经济运动的客观辩证法,包括宏观经济运动一般的辩证法。本书第二章所梳理的宏观经济运动的一般规律是这种客观辩证法的再现;《资本论》揭示的资本主义宏观经济的内部辩证关系和辩证运动,也是这种客观辩证法的再现。

（二）再现宏观经济的内部联系和辩证运动

1. 社会总资本运动由单个资本运动相互交错构成

《资本论》从理论上再现了资本主义宏观经济的内部联系和辩证运动。

马克思揭示出,“社会资本的运动,由社会资本的各个独立部分的运动的总和,即各个单个资本的周转的总和构成”①;“各个单个资本的循环是互相交错的,是互为前提、互为条件的,而且正是在这种交错中形成社会总资本的运动”②。《资本论》的理论逻辑也反映出单个资本的运动,是社会总资本运动的前提。《资本论》第1卷阐述资本的生产过程,在篇章安排上,总是先讲单个资本的生产,再讲社会总资本的生产;先讲单个资本的再生产,再讲社会总资本的再生产。《资本论》第2卷阐述资本的流通过程,该卷第一篇、第二篇先讲单个资本的循环与周转,第三篇再讲社会总资本的运动过程,尤其再现了社会总资本运动的基本条件,即分别处在生产资料生产和消费资料生产两大部类中的无数单个资本,相互之间必须形成一定的比例关系,相互通过交换进行使用价值和价值两方面的相互补偿,才能不断生存和发展。《资本论》第3卷阐述资本主义生产总过程,该卷第一篇先讲单个产业资本剩余价值转化为利润、剩余价值率转化为利润率,作为分析的前提;然后第二篇至第六篇再从全社会的角度,分别分析产业资本、商业资本、银行资本和土地所有权分享总利润或总剩余价值的过程,第七篇也从社会总资本运动的角度,揭示经济假象,得出生产关系决定分配关系的基本结论。可见,《资本论》从理论上再现了无数单个资本运动是构成社会总资本运动的环节和基础。

2. 宏观经济运动的一般逻辑

《资本论》揭示出,资本主义社会扩大再生产是以社会简单再生产为前提的。这揭示了宏观经济运动的一般逻辑。不难看出,《资本论》在理论逻辑上,无论分析

---

① 《资本论》第2卷[M],北京:人民出版社,2004年,第390页。
② 《资本论》第2卷[M],北京:人民出版社,2004年,第392页。

单个产业资本还是分析社会总资本的生产，总是先讲生产，再讲再生产；分析社会再生产，总是先讲社会简单或规模不变的再生产，再讲社会总资本积累或社会扩大的再生产；分析社会扩大的再生产，则先讲有机构成不变的社会扩大再生产，再讲社会劳动生产率提高、有机构成提高的社会扩大再生产。这种理论逻辑，体现了唯物史观的反映论，再现了社会扩大再生产必须以社会简单再生产为前提的现实逻辑，并再现了社会劳动生产率不变和不断提高的两种类型社会扩大再生产的区别。

值得强调的是，《资本论》还再现了社会再生产同时是社会生产关系的再生产这种逻辑过程。这也具有宏观经济运动的一般性。这种一般性在资本主义宏观经济中表现为，社会再生产"不仅生产商品，不仅生产剩余价值，而且还生产和再生产资本关系本身：一方面是资本家，另一方面是雇佣工人"①。马克思在阐述资本主义积累规律的过程中，不仅论证了资本价值的不断积累，而且论证了相对过剩人口或产业后备军的累进生产，社会收入的两极分化，广大劳动人民贫困的实际状况；这就再现出资本主义宏观经济运动赋予生产关系的表现形态，它表现在社会生产力和社会生产关系相互联系的两方面，这个方法论原理具有一般性。这说明，研究社会主义宏观经济运动，同样既要研究社会总资本的不断积累和扩大再生产，同时要研究如何促进社会主义生产关系的不断完善和发展。

3. 宏观经济一般在运动中的内部联系

《资本论》揭示了资本主义社会总资本在运动中的内部结构和各部分之间的辩证关系。这种内部结构及其各部分的辩证关系撇开资本主义的特殊性也具有一般性。马克思指出，"连续性是资本主义生产的特征，是由资本主义生产的技术基础所决定的，虽然这种连续性并不总是可以无条件地达到的"②。这里的技术基础指的是机器大工业的技术基础，因此，这种连续性并不是资本主义制度特有的，它具有一般性。在商品生产普遍化的社会，这种技术基础上的社会化生产，一般来说，必然要求单个企业的"资本"乃至社会"总资本"作为整体，同时地、在空间上并列地处在"货币资本"（G）、"生产资本"（P）和"商品资本"（W′）三种形态上；每种"资本"形态都属于整体"资本"的一个组成部分，处在"资本"运动的一定阶段上；而经过这一阶段是进入下一阶段的条件，同时排斥其他"资本"形态处在这个阶段上；因而这三种"资本"形态必然是并列地、不断地相继、依次进行"货币资本"循环

① 《资本论》第1卷[M]，北京：人民出版社，2004年，第666—667页。
② 《资本论》第2卷[M]，北京：人民出版社，2004年，第118页。

(G…G′)、“生产资本”循环(P…P′)和“商品资本”循环(W′…W′),做既对立又统一的连续性辩证运动。[1] 正因为如此,马克思指出,“产业资本的连续进行的现实循环,不仅是流通过程和生产过程的统一,而且是它的所有三个循环的统一”[2]。马克思还指出,如果说,某些特殊领域的单个资本(如农业、渔业)的连续性运动会因季节关系有时会发生中断,那么,“社会总资本始终具有这种连续性,而它的过程始终是三个循环的统一”[3]。因为从全社会看,人们的衣食住行等消费不能中断,全社会的生产和流通就必须始终在进行,因此,社会总资本始终处在三种资本形态循环的对立统一之中。这是宏观经济一般普遍存在的原理。

《资本论》的理论结构再现了资本运动的内部联系。这在《资本论》第2卷体现得十分鲜明。该卷第一篇先后从货币资本循环、生产资本循环、商品资本循环三种循环形式,分侧面地阐述单个产业资本以三种资本形态做连续性循环运动;然后将三种循环形式加以综合(第四章),再现了单个产业资本的循环或一次周转的客观运动过程。第二篇则分析了单个产业资本连续性循环即周转;由于社会总资本是单个资本的总和,所以,它也是三种资本形态循环和周转运动的统一。第三篇在研究单个资本运动的基础上,再现了以全社会总商品流通[形式上是W—G—W,实际上是包含劳动力商品价值和剩余价值的总流通,即W′—G—W′或W′(c+v+m)—G—W′(c+v+m)]的实现为条件,实现社会简单再生产和社会扩大再生产的运动过程。

其实,《资本论》全卷的理论结构也是从不同角度再现社会总资本运动过程的。《资本论》第1卷第一篇撇开资本关系分析商品和货币,实际上再现了社会总资本包含的商品流通一般(W—G—W);第二篇引入资本关系,接着从第三篇到第七篇分析剩余价值的生产和再生产,可见,第1卷再现了社会总资本运动的W—G—W…P这个过程。《资本论》第2卷的第三篇则在再现单个资本循环和周转的基础上,以商品资本循环形式($W'—G—W<^{A}_{Pm}\cdots P\cdots W'$),再现了社会总资本在生产资本、商品资本和货币资本三种资本形态($\sum P$、$\sum W'$、$\sum G$)上的循环运动。《资本论》第3卷则阐述了社会总资本在相应地发展起来的、相对独立存在的产业资本、商业资本和银行资本的运动,以及这些资本形态的人格化即各类资本家和土地私

① 使用带引号的“资本”“社会总资本”等,指的是商品生产普遍化社会的资本一般,以区别于资本主义社会形式的资本。

② 《资本论》第2卷[M],北京:人民出版社,2004年,第119页。

③ 《资本论》第2卷[M],北京:人民出版社,2004年,第121页。

有者，通过相互竞争对社会总剩余价值的瓜分，其中揭示出反映银行货币资本供求状态的利息率在商业周期各阶段的变动关系、级差地租中包括虚假的社会价值等现象，可以说，这从现象形态上再现了社会总资本的结构和运动状态，是社会总资本处在三种资本形态循环的对立统一之中的具体再现。

4. 反映宏观经济一般运动的时空形式

唯物辩证法揭示出，任何事物都处在运动中，而运动的基本形式是时间和空间。《资本论》揭示出，资本"它只能理解为运动，而不能理解为静止物"①。资本的运动也有时间与空间的形式。这种时空形式也具有商品生产普遍化社会的一般性。《资本论》第2卷在理论结构上对此有明确的反映。该卷第一篇的第五章阐述了单个产业资本循环运动经过的各种时间形式；②第六章阐述了资本在循环中进行形态变化时，要发生时间上的停顿（买卖时间）、空间上的行为（保管、贮备）和空间位置变化（运输）的情况，以及与此相联系的耗费。该卷第二篇又进一步阐述了资本在运动中经历的劳动期间、生产时间和流通期间长短的差别，以及这些时间对预付资本量大小的影响。该卷第三篇在阐述社会总资本运动时，则阐述了年总产品价值在一年周期中各部分相互交换的必然途径（资源流动空间变化）。至此，则从个别资本到社会总资本，再现了资本运动的时空形式。《资本论》第3卷第十章在阐述资本通过竞争形成平均利润率时，又充实了社会总资本运动的时空形式。从时间上看，资本首先在部门内进行竞争使资本的商品形成市场价值，然后，再展开不同部门之间的竞争，使资本的商品形成生产价格，同时形成平均利润率。从空间上看，这种竞争伴随着个别资本破产或资本从一些部门退出，又流入另一些部门。

上述《资本论》再现的资本主义宏观经济的内部联系和辩证运动，都具有宏观经济运动的一般性，它对我们认识社会主义市场经济的宏观运动具有重要指导价值。

（三）再现宏观经济运动的历史特征

1. 资本主义社会总资本的运动是由一定阶级主体控制的

理解《资本论》的宏观经济研究方法时，有一个不可忽视的要点，即《资本论》再现的，是资本主义历史条件下由资本家阶级控制的社会总资本运动。在资本主

---

① 《资本论》第2卷[M]，北京：人民出版社，2004年，第121—122页。

② 具体分析，请见本书下卷第十四章图式14－1。

义经济中,剩余价值的生产、流通和分配过程,在这一系列过程中,起主体作用的是资本家阶级,工人阶级则是被支配的、被生产消费的客体对象。因此,《资本论》的理论逻辑是与资本家剥削阶级占主体地位的资本主义经济运动的形态相适应的。《资本论》第1卷从分析私人资本在流通中增殖与价值规律的表面矛盾起,层层展开对资本主义生产过程的研究;第2卷又从私人资本家投入货币资本展开资本循环分析,在揭示私人资本循环、周转的基础上,再分析社会总资本的再生产和流通;第3卷研究的是资本家阶级中的产业资本家、商业资本家如何凭借投资获取平均利润,银行资本家如何凭借贷出资本获取利息,大土地所有者如何凭借土地所有权从资本家手中瓜分剩余价值。这些研究,都是对资本家主体推动资本运动这些行为过程的再现。

社会主义市场经济以国有经济为主导的公有制经济占主体地位。从价值角度看,社会主义国有经济本质上是全民所有制,具有全社会的整体性,控制主体是广大劳动人民,在实践中是由代表人民利益的国家职能机构来统一管理,这种管理在宏观经济调控中是起导向性作用的,因此,社会主义市场经济宏观运动的客观辩证法,与资本主义经济宏观运动相比,必然存在不同的历史特征。这种特征是从解决资本主义宏观经济固有的生产社会化和私人占有制的对抗性矛盾中产生的。马克思在揭示人类社会的历史发展趋势时指出,人类在资本主义制度灭亡后,将在社会生产领域这个必然王国,从盲目走向自由,"这个领域内的自由只能是:社会化的人,联合起来的生产者,将合理地调节他们和自然之间的物质变换,把它置于他们的共同控制之下,而不让它作为一种盲目的力量来统治自己;靠消耗最小的力量,在最无愧于和最适合于他们的人类本性的条件下来进行这种物质变换"①。其中的"社会化的人"、生产者的"联合"、"合理调节"、"共同控制"、"消耗最小"、最适合于"人类本性"等要点,是解决资本主义经济对抗性矛盾的必然要求,由此预示未来人类社会的宏观经济运动,具有不同于资本主义宏观经济的历史特征。毫无疑问,在社会主义市场经济条件下的人们,应当从国情出发,为实现这种要求和历史发展趋势而努力实践。

2. 揭示资本主义宏观经济运动的目的

《资本论》揭示出,"资本的增殖是资本主义生产的唯一目的"②;"竞争使资本

① 《资本论》第3卷[M],北京:人民出版社,2004年,第928—929页。
② 《资本论》第3卷[M],北京:人民出版社,2004年,第270页。

主义生产方式的内在规律作为外在的强制规律支配着每一个资本家。竞争迫使他不断扩大自己的资本来维持自己的资本,而他扩大资本只能靠累进的积累。"①所以,资本主义宏观经济运动服从于不断追求剩余价值的生产和再生产这种目的。《资本论》第1卷第二篇阐述,资本家用货币通过购买劳动力商品,把他们与自己占有的生产资料结合在一起投入物质生产,生产出剩余价值,这些货币才能转化为资本;接着在第三篇至第六篇阐述"资本怎样产生剩余价值"②;第七篇假定资本按正常方式完成自己的流通过程,剩余价值又怎样产生更多的资本。这就在理论逻辑上十分鲜明地再现了资本主义生产的目的。

社会主义市场经济从根本制度上说,是"有利于人民的社会主义经济"③,宏观经济运动的目的是满足广大人民群众日益增长的物质和文化需要,这与资本主义经济宏观运动的目的是根本不同的。这种目的也决定了社会主义市场经济宏观运动的辩证法有着自身的历史特征,这是需要我们在实践中认真探索研究的。

以上我们反复论述《资本论》对宏观经济运动客观辩证法的"再现",这主要不是为了介绍马克思的叙述方法,而是为了强调,《资本论》蕴含的包括资本主义宏观经济特殊和宏观经济一般的研究方法,绝不是马克思主观臆造的产物,而是宏观经济运动本身的客观辩证法在理论上的表现。

二、具体研究方法从实际问题中产生

(一) 唯物辩证法的一条基本原理

1. 问题和解决问题的手段同时产生

《资本论》揭示出资本主义宏观经济内部的辩证关系及其运动,其中包括宏观经济一般运动规律和一般的辩证关系,这需要我们下功夫掌握。但是,我们面对的是社会主义宏观经济,它除了有宏观经济一般的共性,还有自己的特殊性,不仅如此,社会主义宏观经济在历史发展的不同阶段,随着内外部条件的变动,还会发生各种具体变化,因此,对社会主义宏观经济的研究,必须坚持一般与特殊的结合,注

---

① 《资本论》第1卷[M],北京:人民出版社,2004年,第683页。
② 《资本论》第1卷[M],北京:人民出版社,2004年,第820页。
③ 《陈云文选》第3卷[M],北京:人民出版社,1995年,第12—13页。

重具体分析。那么,如何才能掌握正确的具体分析方法呢?

这里有必要重温《资本论》中阐述的唯物辩证法的一条基本的方法论原理,即“问题和解决问题的手段同时产生”①;这是马克思在分析商品交换过程的矛盾时阐述的。人类社会在原始社会末期出现商品交换,最初是直接的产品交换,那时与交换的产品相独立的一般等价物或价值物还未产生,于是交换过程产生了“个人过程”和“一般社会过程的交换过程”的矛盾。② 例如,甲想用自己的产品,与乙的产品交换,但是乙却不要甲的产品,而想要丙的产品,在这种交换过程中,甲的“个人过程”不一定同时就是别人的交换过程(即“一般社会的交换过程”),这就发生了不能成交的问题。然而正是这种问题本身,使社会的交换过程产生了解决问题的手段,即产生了作为一般等价物的商品(逐步发展为货币);人们只要用自己的产品换回它来,就可以通过等价交换,换回任何自己需要的商品。可见,解决问题的手段,产生在问题本身。

问题即矛盾,手段即方法,因而“问题和解决问题的手段同时产生”也可以表述为,矛盾和解决矛盾的方法同时产生。这里所说的问题或矛盾,是指客观事物自身在运动和发展中产生的问题或矛盾。解决矛盾的手段或方法,可以理解为客观事物内部的矛盾双方同时并存的形式或矛盾双方地位转化的途径,而这种形式或途径,是与矛盾本身发展的一定阶段相适应的,是矛盾的双方相互对立发展的结果。例如,商品交换过程最初用简单价值形式来解决交换过程中“个人过程”和“一般社会过程”的矛盾,起主动交换作用的商品处于相对价值形态一极,而被动交换的商品处于等价形态的商品,后者的使用价值用来表现前者的价值,这就是解决矛盾的形式和途径;以后,随着社会交换过程的扩大,矛盾也发展了,解决商品交换过程的矛盾的方法也发展了,就矛盾双方同时并存的形式来看,从简单价值形式发展为扩大的价值形式,进而发展为一般价值形式,最后发展为使一国的商品都能自由交换乃至世界商品都能交换的货币形式或世界货币形式,而处于简单价值形式中的个别等价物商品就逐步发展为特殊等价物、一般等价物,发展为货币,乃至世界货币。③

2. 反对“本本主义”

矛盾和解决矛盾的方法同时产生,这个唯物辩证法的基本原理,具有普遍的指

① 《资本论》第1卷[M],北京:人民出版社,2004年,第107页。
② 《资本论》第1卷[M],北京:人民出版社,2004年,第105页。
③ 参见《资本论》第1卷[M]第一章第3节“价值形式和交换价值”,北京:人民出版社,2004年,第61—87页。

导价值。它告诉人们,解决客观事物矛盾的辩证方法蕴藏在矛盾之中,弄清了具体事物内部矛盾的本来面目,也就可以发现解决矛盾的方法。[①] 由此可见,人们在主观上要掌握社会主义宏观经济运动的辩证法,唯有在科学的唯物史观一般方法和宏观经济一般辩证法的指导下,弄清社会主义宏观经济运动本身的问题或矛盾。这就必须坚持毛泽东同志一贯倡导的反对"本本主义",重视在唯物史观一般方法指导下进行调查研究,深入了解社会主义宏观经济运动的具体情况,包括简单商品流通(市场商品供求状态)、生产资料所有制(所有制结构以及各种所有制的实现状态)、社会收入分配状况(收入来源结构和不同阶层收入差距等)、生产的社会分工(产业结构以及各部门效益等)和人与自然的关系(人口、资源和环境状况)等各个经济层面及其相互联系的具体状况;并通过不断的宏观调控实践,总结成功经验和错误教训,不断完善社会主义宏观经济研究方法。

(二)破除拜物教观念

1. 拜物教观念是对经济表层假象的直观反映

具体事物往往表现出假象,它往往将事物真相和本质掩盖起来。唯物史观要求在具体的宏观经济研究中,分辨宏观经济运动的真相和假象,从真相中揭示本质。

宏观经济一般形态具有拜物教性质。这是因为,宏观经济一般的表层是商品流通,它是宏观经济运动的中介。由于多种经济要素在运动中都要表现为商品、货币形式,而商品即使是简单价值形式,也具有拜物教性质的外观,因而整个宏观经济不可避免地具有拜物教性质这种假象。社会主义宏观经济同样如此。

商品的简单价值形式表现为,一定量的一种商品交换一定量的另一种商品,这种物与物比较关系,同自然物质领域一种自然物质与其他自然物质相比较的关系在外观上是相同的。既然在一定的自然物质关系中表现出的,是某种物质固有的自然属性,那么,与这种关系外观相似的商品的价值形式表现出的,似乎也是商品使用价值的物质自然属性。然而,商品的本质属性却不是自然物质属性,而是抽象人类劳动这种社会属性;商品和商品的交换本质上也不是自然物质的关系,而是人们之间以商品所含一定量抽象人类劳动为基础,相互交换具体有用劳动的社会关

① 参见何干强著:《论唯物史观的经济分析范式》[M],北京:中国经济出版社,2008 年,第 34—38 页。

系。可见,简单的价值形式的外观用物的自然属性掩盖了商品的社会属性,用物与物的交换关系掩盖了劳动与劳动交换的社会关系。价值形式产生这种假象,马克思比喻为拜物教性质。① 在商品社会的发展过程中,在简单价值形式基础上发展出货币形式,在商品流通的基础上产生出资本流通,资本关系后来又从城市进入农村土地关系领域,经济形态的拜物教假象就愈来愈发展起来,渗透到多种经济关系中,形成商品拜物教、货币拜物教、资本拜物教(利息拜物教是资本拜物教的完成形态)、土地拜物教等拜物教形态。② 这种种拜物教形态的假象扭曲市场经济形态的各种真相,并把市场经济形态的各种本质联系越来越深地掩盖起来。马克思深刻指出,"正是商品世界的这个完成形式——货币形式,用物的形式掩盖了私人劳动的社会性质以及私人劳动者的社会关系,而不是把他们揭示出来"③。"生息资本一般是一切颠倒错乱之母。"④

《资本论》贯彻唯物史观,相比资产阶级经济学,其显著的特点和优点就是,破除了直观地反映经济表层具有假象的拜物教性质的拜物教观念,透过现象揭示经济的客观本质和规律,并深刻地阐明经济的本质和规律为何会表现为假象。

2. 破除西方资产阶级经济学的拜物教观念

市场经济的拜物教形态是一种客观现象。人们如果直观地反映这种假象,就会形成拜物教观念。而如果用拜物教观念研究市场经济,就不可能弄清经济关系的实质,甚至会曲解经济关系。西方经济学的种种范畴和教条,就是直观地反映市场经济的种种拜物教假象的产物;尽管它们是描述了经济表面现象的客观思维形式,会为普通人们的思维所接受,产生社会效力,但是它们毕竟掩盖或扭曲了经济的本质联系,是不科学的、会产生误导作用的思维形式。要科学地认识具体的宏观经济的内部联系,必须摒弃拜物教观念,必须防止照搬西方经济学的不良倾向;对其中某些有科学成分的范畴和原理,只有进行革命性的改造,赋予它们科学的内涵,才能为我所用。在这方面,我们必须坚持《资本论》的唯物辩证方法,破除拜物教观念,用唯物辩证方法研究商品社会的经济形态。

---

① 参见《资本论》第1卷[M],北京:人民出版社,2004年,第89页。

② 马克思在《资本论》中未对"土地拜物教"这个概念作明确表述,但是他指出,资产阶级经济学保持了"地租是由土地而不是由社会产生的重农主义幻觉"(《资本论》第1卷[M],北京:人民出版社,2004年,第101页),这种幻觉正是一种拜物教观念,因此,可以称之为土地拜物教。

③ 《资本论》第1卷[M],北京:人民出版社,2004年,第93页。

④ 《资本论》第1卷[M],北京:人民出版社,2004年,第528页。

3. 研究社会主义市场经济也要破除拜物教观念

社会主义市场经济既然存在市场经济的一般关系，人与人之间因社会分工而交换劳动的社会关系，就会被表现为物质之间的交换关系（商品拜物教现象）；人们的劳动包含等同抽象人类劳动的这种社会性质，就会被表现为黄金的自然属性（货币拜物教现象）；劳动者提供的一般剩余劳动，就会被表现为资本这种生产要素本身会生产利润、利息等收入（资本、利息拜物教现象），并被表现为土地这种自然物质本身会产生地租收益（土地拜物教现象）；总之，只要商品货币关系仍然是宏观经济运动的中介，这种种经济假象就会客观存在。只有到社会主义市场经济发展至一定程度，形成了物质基础，社会生产总过程中的社会分工不再需要通过商品交换间接实现，而可以直接实现的时候，也就是市场经济形态真正转化为“自由人联合体”经济形态的时候，经济的拜物教假象才会消亡。在市场经济形态的条件下，人们要克服种种拜物教形态的束缚，只有用唯物史观和马克思主义政治经济学基本原理武装头脑，深入社会实践，才能做到正确认识现实宏观经济的本质联系和客观辩证法。

三、宏观经济与企业经济研究方法的比较

（一）研究方法的共性

唯物史观宏观经济研究方法的特征，还可以在与唯物史观企业经济研究方法的比较中显示出来。宏观经济运动与企业经济运动存在共性，但是两者毕竟有重大区别。《资本论》在唯物史观指导下对两者的研究，正是遵循了两者运动的客观辩证法。要理解唯物史观宏观经济研究方法的特征，有必要先弄清它与唯物史观企业经济研究方法的共性，这至少可以归纳出如下要点：

1. 坚持劳动二重性的基本分析方法

体现在商品中的劳动具有二重性，即形成商品价值的抽象人类劳动和生产商品使用价值的具体的有用劳动。马克思指出，“这一点是理解政治经济学的枢纽”[①]。劳动二重性的这种枢纽作用不但在理论上可以指导人们认清资产阶级经济

① 《资本论》第1卷[M]，北京：人民出版社，2004年，第55页。

学的表面性、片面性等一系列弊病，认识马克思主义政治经济学（工人阶级经济学）的真理性，而且它是指导人们认清市场经济各种具体经济运动的本质联系的基本分析方法。《资本论》无论分析企业经济运动，还是分析宏观经济运动，都以劳动二重性为枢纽。

在企业经济运动方面，马克思分析单个产业资本的劳动过程和价值增殖过程；分析劳动过程主客观因素在产品价值形成中的不同作用，把投入企业的资本区分为不变资本和可变资本；分析产品价值包含c（不变资本）、v（可变资本）、m（剩余价值）三种基本构成，揭示可以分别用它们的货币价值、含有一定量价值的产品使用价值、产品产出的时间过程等形式来表现这种构成；分析剩余价值生产，从使用价值方面揭示历史、道德等因素如何影响工人必要生活资料量，从而影响劳动力价格，从价值方面揭示劳动生产率、工作日和劳动强度等因素如何影响劳动力价格和剩余价值量的变化，这一系列的分析，都坚持了劳动二重性的基本分析方法。

在宏观经济运动方面，马克思分析也紧紧抓住劳动二重性的基本分析方法。分析全社会资本有机构成，既从使用价值角度分析资本的技术构成，又从价值角度分析资本的价值构成，从而揭示出反映技术构成的价值构成，即社会资本有机构成的提高对社会资本积累和宏观经济的影响；分析社会总产品，从价值方面揭示社会总产品价值$\Sigma(c+v+m)$由不变资本、可变资本和剩余价值三部分构成，从使用价值揭示总产品包括生产资料和消费资料两大基本部分，消费资料又由必要消费资料和资本家阶级才能享受得起的奢侈品构成；分析社会再生产的实现过程，无论是简单社会再生产还是扩大的社会再生产，包括固定资本的再生产，都着眼于各生产部门产品的价值和使用价值两方面的补偿（实物补偿）或更新；分析剩余价值的社会分配，也从使用价值和价值两方面的对比，即在资本主义制度下，劳动生产率的提高势必不断增强全社会相对剩余价值生产，而农业劳动生产率的提高，势必增加社会对土地私有者付出的级差地租，等等。

显然，劳动二重性是市场经济的细胞形式即商品内部矛盾最基本的两方面，所有市场经济的现象，会从这两方面表现出来。所以，只有抓住劳动二重性的基本分析方法，才能从现象与本质的结合上，弄清市场经济的真相。不言而喻，分析社会主义市场经济现象，同样必须紧紧抓住这个基本方法。

2. 重视分析生产力与生产关系这对基本矛盾

人类社会的经济领域，生产力与生产关系的矛盾是基本矛盾。这在生产力已发展到社会化阶段的资本主义社会，表现为生产社会化和私人占有制的矛盾。它在企业经济运动和宏观经济运动中，都会表现出来。《资本论》在企业经济研究与宏观经济研究中，都揭示出这对基本矛盾的表现。

在企业经济研究中揭示出：许多人从事分工劳动具有协作性、社会性，与资本家指挥监督的专制性、强制性相对立；资本家为了无止境地剥削雇佣工人生产的剩余价值，想方设法节约不变资本，组织企业内工人的协作分工，提高劳动生产率，这与工人生命力被不断受摧残相对立；一定量资本要通过使用机器提高剩余价值率，增加剩余价值生产，这与同时要减少使用工人人数，导致剩余价值生产受阻碍相对立①；等等。

在宏观经济研究中揭示出：资本主义社会再生产中，社会分工的无政府状态，与企业内有计划、有权威组织社会劳动相对立；机器生产有助于缩短劳动时间，使社会分工不断深化、拓展，从而有可能增加社会就业需求，这与机器的资本主义使用使社会不断产生相对过剩人口相对立；社会生产过程的技术发展和分工结合，与土地肥力遭掠夺、社会劳动被浪费、人与自然之间物质变换受到破坏相对立；生产社会化带来社会总资本积累不断扩大，与工人阶级和劳动人民绝对或相对的贫困不断积累相对立；市场需求的不足、有购买力的消费力的严重不足与市场供给的过剩、生产的无限扩大相对立；社会生产不断社会化与资本外壳相对立，会表现为大资本剥夺中小资本，并最终导致本身被剥夺；等等。

3. 重视分析再生产过程

《资本论》揭示出，“不管生产过程的社会的形式怎样，生产过程必须是连续不断的，或者说必须周而复始地经过同样一些阶段”；“不断地生产，即再生产”。② 再生产有生产规模不变的简单再生产和规模不断扩大的扩大再生产。《资本论》无论是对单个企业还是宏观经济，都重视分析再生产。这是因为，分析再生产过程，可以发现分析一次性生产过程所显示不出的许多本质联系，并有助于揭示经济运动

---

① 参见《资本论》第 1 卷[M]，北京：人民出版社，2004 年，第 468 页。马克思的有关论述可以用公式说明：由于剩余价值 M 只能由可变资本购买的一定量雇佣工人的剩余劳动生产出来，因此，$M=(a'/a)vn$，式中，a′、a 分别为单个工人一个工作日提供的剩余劳动和必要劳动，a′/a 即剩余价值率，v 为购买单个工人的可变资本（必要劳动 a 的价值表现），n 为雇佣工人人数。资本家要使用机器提高劳动生产率，从而增加相对剩余价值生产，这势必要减少雇佣的劳动力。但是，在上式中容易看出，假定 a(v) 不变，那么 n 减少，资本家为了保持生产的剩余价值 M 不变或提高，就必须提高剩余价值率 a′/a，那只有延长工人的剩余劳动时间 a′，延长工作日。因此，资本利用机器生产包含内在的矛盾，即提高剩余价值率增加生产剩余价值与减少工人人数阻碍生产剩余价值的矛盾，这个矛盾迫使资本家总是绝对或相对地延长工人的剩余劳动时间。

② 《资本论》第 1 卷[M]，北京：人民出版社，2004 年，第 653 页。

中的假象：

在分析单个资本的简单再生产过程中，《资本论》揭示出，即使资本家是用祖辈留下的财富作为投资生产，由于资本家自己需要不断进行个人消费，经过若干周期的再生产，这些最初的投资，必然消费掉，因此，所谓资本家用自己的“原始积累”投资增殖的说法，完全是假象；全部资本实质上都是雇佣工人创造的剩余价值形成的。同时，由于生产过程的起点，一方是掌握生产条件的资本家，另一方是除自己劳动力之外一无所有的雇佣工人，这决定了资本家付给工人的工资，实际是工人自己创造的维持劳动力再生产的价值，而工人靠工资为资本家完成一次生产，又不能不为生存而再次出卖劳动力走进生产；可见，分析再生产过程可以看出，资本不仅让工人为资本家生产了榨取他剩余劳动的资本，又再生产出雇佣工人。因此，资本的再生产过程同时是资本主义生产关系的再生产过程。而且，资本主义的再生产过程，是经过生产和流通来实现的，而流通时间越短，资本周转就越快，在一定时期例如一年中再生产的次数就越多，因而生产剩余价值的次数就越多，这就使剩余价值率有极大的提高（年剩余价值率或年利润率就会显著高于一次生产过程的剩余价值率或利润率），可是，资本周转却会产生出资本的增殖来自流通领域的假象，掩盖资本的剥削。

在分析社会总资本再生产过程中，《资本论》同样揭示出，资本的再生产过程同时是资本主义生产关系的再生产过程。尽管每个雇佣工人有出卖劳动力商品的自由，可以离开原来的单个资本家，更换职业场所；但是，从社会再生产角度来看，他只能不断地把自己劳动力作为商品重新出现在劳动市场上，不能不流动到其他资本家枷锁下谋生，可见，他实际上是隶属于整个资产阶级的，“罗马的奴隶是由锁链，雇佣工人则由看不见的线系在自己的所有者手里”①。正是通过对资本主义社会再生产的深入分析，《资本论》揭示出，随着社会生产的不断发展，社会总资本积累越多，无产阶级的绝对数量就会越大，社会的相对过剩人口也会相应增多，各个劳动阶层的绝对贫困和相对贫困也会相应增多，这就揭示出资本主义积累的绝对的、一般的规律。

4. 重视分析资本在运动中的形态变化及其循环的内在联系

资本不仅一种阶级剥削关系，而且“它只能理解为运动，而不能理解为静止

① 《资本论》第1卷［M］，北京：人民出版社，2004年，第662页。

物”①。无论对企业经济还是对宏观经济,《资本论》都重视分析资本在运动中采取的货币资本、生产资本和商品资本三种资本形态的内容和形式,揭示资本必然要历经购买(购入劳动力、生产资料)、生产(本质是生产剩余价值)和销售(出售含有剩余价值的商品)三个阶段及其相继依次做连续性循环运动才能使资本保持自行增殖的性质和生命力。《资本论》并揭示出,宏观经济中的产业资本、商业资本和银行资本,不过是单个产业资本的三种形态历史发展的产物。

《资本论》还揭示出,无论是单个企业资本还是宏观的社会总资本,要实现内部和外部经济环境协调,客观上都需要有统一的指挥中心。然而,在资本主义条件下,这种指挥中心只能在企业里存在,而不能在全社会形成。这是因为,资本主义经济存在资产阶级与工人阶级的对抗性矛盾,私人资本之间也存在私人利益之间彼此对立的竞争关系,因此,即使竞争迫使资本家形成垄断组织,也只是在有限的范围内形成有利于垄断资本剥削和竞争的指挥协调。马克思揭示出,资本主义宏观经济必然存在无计划性、无政府状态,必然发生周期性经济危机,根本原因就在于经济基础是资本主义私有制。现代发达资本主义经济依然建立在这种经济基础之上,即使有了中央政府的宏观经济调控机构,那也是由于资本主义对抗性的基本矛盾,“迫使资本家阶级本身在资本关系内部可能的限度内,越来越把生产力当作社会生产力看待”;“资本主义社会的正式代表——国家不得不承担起对生产的领导”。② 这种机构制定并实施宏观调控的财政、货币等政策,但是并不能说就形成了全社会的经济指挥中心,因为这种宏观调控一般并不搞计划指导,即使有几个国家制定了“国家计划”,那也只是局部性预测性计划;③实质上是为资本家阶级服务的,不是为工人阶级服务的,而且对私人资本家也并无多大约束力。《资本论》揭示出,人类社会只有消灭资本主义生产方式,才能形成全社会的指挥中心;发展到“自由人联合体”阶段,就有条件对社会“实行自觉改造”④,将在物质生产领域逐步进入“自由王国”⑤。

5. 重视区分经济运动的本质与假象

《资本论》不但深入分析资本运动的内部矛盾、资本的辩证运动等本质联系,而

① 《资本论》第2卷[M],北京:人民出版社,2004年,第121—122页。
② 《马克思恩格斯选集》第3卷[M],北京:人民出版社,1995年,第628页。
③ 参见刘国光著:《社会主义市场经济理论问题》[M],北京:中国社会科学出版社,2013年,第366页。
④ 《资本论》第3卷[M],北京:人民出版社,2004年,第103页。
⑤ 《资本论》第3卷[M],北京:人民出版社,2004年,第929页。

且重视揭示这些本质联系在资本主义经济条件下被假象所掩盖的必然性。马克思指出,商品货币关系本身就具有拜物教性质,“但是,在资本主义生产方式下和在构成其占统治地位的范畴,构成其起决定作用的生产关系的资本那里,这种着了魔的颠倒的世界就会更厉害得多地发展起来”①。马克思无论研究单个企业资本还是研究社会总资本的运动,都重视揭示资本主义经济的本质如何必然表现为假象。

从企业经济看,一定量工人集体劳动的分工协作,会产生出劳动的社会生产力,这高于同量单个工人生产力的机械相加,因为这种劳动由私人资本掌握,就被表现为“资本的生产力”②,这些超过部分无须资本家支付报酬;社会分工提高的社会劳动生产率,由于被私人资本利用于促进相对剩余价值生产,所以这种促进也被表现为资本物自身的力量。由于生产领域生产的含有剩余价值的商品,只能在流通领域实现,而且资本家获利的高低往往与他在流通领域的欺诈、投机有关,与缩短流通时间有关,这就产生出剩余价值是在流通中直接产生的假象。把资本经过的生产领域与流通领域结合起来分析,资本家的获利似乎是投资的产物,这样一来,本质的剩余价值就被表面的利润形式所掩盖,好像利润不是可变资本转化的劳动力的作用创造的,而是资本家包括不变资本的所有投资共同创造的;而竞争又使企业资本的利润转化成平均利润,等量资本可以获得等量利润,这更加掩盖了利润是工人的剩余劳动创造的剩余价值形式这种真相;如果企业资本家用借入的资本经营,获得的平均利润还要分割为还给银行资本家的利息和自己的企业家收入,这样一来利息就完全成了与工人雇佣劳动无关的银行资本的产物,而企业家收入则完全变为资本家的“管理工资”,似乎与资本家的剥削毫无关联了。由于土地是与资本并列的生产条件,资本家投资农业、矿产业、建筑业等与土地有关的产业,必须向掌握土地私人所有权的地主支付地租,而地主坐收渔利,这就产生出地租来自土地这种自然物质的假象。这样,工人的剩余劳动是剩余价值的源泉,就完全被假象所掩盖了。

从宏观经济看,总产品价值是生产领域创造的,它包括转移到总产品中所耗费的总不变资本价值$\sum c$和所有雇佣工人劳动创造的新价值$\sum(v+m)$。

本来,社会总产品价值$\sum(c+v+m)$不仅要在价值上、实物上补偿生产自身所消耗的总价值产品$\sum(v+m)$,而且要在价值上、实物上补偿生产自身消耗的总不变资

① 《资本论》第3卷[M],北京:人民出版社,2004年,第936页。
② 《资本论》第1卷[M],北京:人民出版社,2004年,第387页。

本价值$\sum c$，才能保证社会再生产持续进行。但是，总产品价值各构成部分的补偿或交换途径，却以各种收入的简单流通这种假象表现出来，掩盖了包含$\sum c$流通的资本流通的客观存在。18世纪的古典经济学家斯密正是通过直观地反映这种假象，形成了西方经济学在宏观经济研究中流行至今的斯密教条，认为利润、地租和工资三种收入构成总产品价值，这就丢掉了$\sum c$这个在社会再生产中要获得价值补偿和实物更新的首要因素。

本来，$\sum(v+m)$作为全社会劳动者新创造的价值，是社会各种收入的真正源泉。但是，由于利润、利息、地租和工资（劳动价格）这些收入形式的形成，在现象上导致各种收入与剩余价值的内部联系都被割断了，于是产生了经济假象，也就是：利润成了资本形式的生产资料的直接产物，利息成了货币资本的直接产物，地租成了土地自然物质的产物，而工资成了本身没有价值的劳动的价格。这样，收入的源泉都以假象颠倒地表现出来。19世纪初的庸俗经济学家萨伊，正是通过直观地反映这种假象，并沿袭斯密教条，提出了“资本—利息、土地—地租、劳动—工资”三位一体公式，成为西方经济学流行至今的物质要素创造收入、创造价值的萨伊教条“要素价值论”。

在商品货币关系和社会化生产同时存在的社会主义市场经济中，上述拜物教形态及其假象也是存在的。这告诉我们，在经济管理实践中，既要看到商品、货币和资本关系导致的经济假象存在的客观必然性，适应经济关系客观存在的拜物教形态，采取合理经济政策措施；同时，又应当防止停留在假象上，忘记经济关系的内部联系。应当树立战略远见，尊重生产关系要适应社会化生产发展的基本规律，要相信随着生产社会化和整个社会物质基础的不断发展，拜物教形态的各种经济关系终究要趋向消亡，在现阶段应尽可能遵循经济的内部联系，创造物质条件，促进社会不断克服自发性，向自觉控制的社会前进。

（二）宏观经济研究方法的特征

1. 研究宏观经济从社会总产品出发

宏观经济运动是社会总资本运动，它虽然与单个企业的产业资本运动具有一些共同点，但是，总体与个别毕竟有区别，宏观经济运动具有自己的特征。这决定了宏观经济研究方法也具有与企业经济研究方法不同的特征。这首先表现在，研究宏观经济从社会总产品出发。

研究企业经济，可以从单个产业资本的投资（$c+v$）出发，因为企业再生产的补偿和投资所涉及的各种生产资料和劳动力，都面向市场，而不是面向企业内部的产品；工人和资本家个人消费的使用价值，除非在食品、服装等企业可从内部购买一部分，一般都不在本企业内部解决。但是，社会总资本再生产中的补偿和投资，则不能到社会外部去解决，而只能在社会总产品∑(c+v+m)内部来解决。① 而且，社会总投资∑(c+v)的补偿，即使从简单社会再生产的角度来看，也不只是涉及投资本身，还必然涉及总产品中的剩余价值∑m，因为从使用价值角度来看，工人和资本家个人消费的使用价值，必然要求整个消费资料部类生产的产品价值Ⅱ(c+v+m)来补偿，其中的Ⅱm 就属于总产品价值中的∑m；从价值角度来看，两大部类资本家的个人消费Ⅰm 和Ⅱm，只能从社会总价值产品中的∑m 部分来补偿；在社会再生产中，“最重要的问题”②，是如何补偿所消耗的社会总资本的不变资本(生产资料)∑c(即Ⅰc+Ⅱc)，其中生产资料生产部类的不变资本Ⅰc 的补偿，一方面要通过Ⅰc内部交换来解决，另一方面，属于消费资料生产部类的不变资本Ⅱc 的补偿，则要通过Ⅱc 和生产资料部类的Ⅰ(v+m)之间的交换才能解决，这就不能不涉及Ⅰm，它显然属于总产品价值的∑m 中的一部分。因此，研究宏观经济要从社会总资本生产的总产品∑(c+v+m)出发。《资本论》指出，“如果我们考察社会在一年间提供的商品产品，那么必定会看到：社会资本的再生产过程是怎样进行的，这个再生产过程和单个资本的再生产过程相比有哪些不同的特征”③。这“一年间提供的商品产品”也就是社会总产品。从社会总产品出发，这是唯物史观宏观经济研究方法的显著特征。

2. 结合资本流通和商品流通分析社会总资本运动

研究企业资本的循环，重在分析资本流通，而不必分析在企业资本循环之外的劳动者用工资购买生活资料、资本家用剩余价值购买生活资料的商品流通。以企业的生产资本循环公式(简单再生产的循环公式是：$P\cdots W'—G'—W<^{A}_{Pm}\cdots P$)为例，虽然在式中的 $W'(Wv+Wp_m+Wm)—G'(Gv+Gp_m+g)—W<^{A}_{Pm}$，④在形式上属于商品

① 如果把社会理解为全世界，这很容易理解。就一个国家的社会再生产而言，如果引入国际经贸往来，理解起来就有复杂性，因为社会总资本再生产中的补偿和投资，似乎不必从本国社会总产品来解决。其实，以平等经济关系为前提的国际经贸往来，不会改变国内社会总产品的价值量，只会改变社会总产品的部分产品使用价值形式，因而，这不会改变社会再生产要以社会总产品为前提的基本原理。具体分析，请见本书下卷第十一章的分析。

② 《资本论》第2卷[M]，北京：人民出版社，2004年，第447页。

③ 《资本论》第2卷[M]，北京：人民出版社，2004年，第435页。

④ 式中，$Wv+Wp_m+Wm$ 分别表示体现可变资本(v)的价值产品、不变资本(转移到产品中的生产资料 p_m)的价值产品和剩余价值的价值产品；$Gv+Gp_m+g$ 分别表示企业出售产品价值从流通中换回的体现可变资本货币、不变资本货币和剩余价值货币。

的卖和买，属于商品流通形式，但是，它只是表示单个产业资本在运动中要经过商品流通领域；在内容上，劳动力商品的流通，即 A—Gv—w 的后半段（劳动者用工资到市场购买生活资料），资本家用剩余价值到市场购买生活资料的商品流通，即 Wm—g—w 的后半段，却是处于企业资本循环之外的。因此，分析企业资本循环本身，主要是分析 $P\cdots W(Wv+Wp_m)—G(Gv+Gp_m)—W<^{A}_{Pm}\cdots P$，即分析资本作为独立价值的运动或资本流通。

然而，研究社会总资本的循环却不能只分析资本的流通，因为“社会总资本的循环还包括那种不属于单个资本循环范围内的商品流通，即包括那些不形成资本的商品的流通”①。不难理解，在社会总资本的循环中，工人阶级的个人消费和资本家的个人消费，前者经历出卖劳动力商品 A 取得工资 Gv，然后购买必要生活资料 W 的过程，即进行 A—Gv—w 的商品流通；后者经历资本家出卖包含剩余价值的商品 Wm（用于个人消费的 m/x）取得货币 g，然后购买包括个人必需品和奢侈品的消费资料 W 的过程，即进行 Wm—g—w 的商品流通。这两个流通都属于不形成资本的，以个人消费为直接目的的简单商品流通。《资本论》在资本主义宏观经济研究中，是把资本流通或简单流通在性质上和作用上严格区分的。而资产阶级经济学家则完全看不到这种根本区别，往往把资本流通等同于商品流通，因而弄不清宏观经济运动的内部联系。

3. 同时分析生产消费和个人消费

研究企业经济，可以不必涉及个人消费，单个产业资本循环是作为独立价值的资本运动，它包含生产剩余价值的生产消费，却不包含工人和资本家的个人消费，这些消费都不属于单个产业资本循环本身的内容。② 但是，社会总资本的运动，却既包括生产消费，又包括个人消费。因为，全体社会成员的个人消费都来自社会总资本生产的消费资料商品，换句话说，社会总产品 $\sum W'$ 中的消费资料商品，必须依赖整个社会成员用于个人消费的购买才能实现，因此，研究社会总资本的运动，就不能不分析全社会的有购买力的个人消费。《资本论》分析了资本家阶级和工人阶级个人消费的差别，前者包含奢侈品，后者一般不包括；前者的生活必需品在档次、质量等方面显著高于后者。分析了商品社会的个人消费主要是有购买力的个人消费，这种消费力来自个人的收入，而收入分配是由生产关系或生产资料所有制决定

① 《资本论》第 2 卷[M]，北京：人民出版社，2004 年，第 392 页。
② 参见《资本论》第 2 卷[M]，北京：人民出版社，2004 年，第 69 页。

的。分析了资本主义经济中个人消费与生产消费的关系，揭示出资本主义私有制的基础和生产社会化发展之间的基本矛盾必然产生工人阶级的消费力的不足与生产消费的过多或生产过剩。分析了资本主义条件下出现的城乡分离，“使人以衣食形式消费掉的土地的组成部分不能回归土地，从而破坏土地持久肥力的永恒的自然条件”①。也就是揭示了资本主义社会的个人消费会起破坏人与自然之间的物质变换的作用，即破坏可持续发展等。

4. 揭示社会再生产实现条件的特殊性

从补偿生产中的消耗来看，研究企业的再生产，不必考虑企业产品能否直接充当已消耗的生产资料和工人维持劳动力的作用需要消耗的消费资料这种问题，只要企业产品具有一定的使用价值，能够被市场流通所吸纳，换回货币，能够购买到再生产所需要的生产资料和劳动力就行了。但是，研究社会再生产或社会总资本的再生产，却必须做到“再生产的一切物质要素，都必须以它们的实物形式形成这个产品本身的各个部分”②，也就是说，社会的总产品价值的各个组成部分，即不变资本、可变资本和剩余价值在价值形式的构成和实物形式的构成上应具有对应性：社会总产品中的生产资料形式的产品价值，必须能够补偿生产中消耗掉的作为生产资料的不变资本价值；社会总产品中的消费品形式的产品价值，必须能够补偿资本家和雇佣工人个人消费所需要的消费品形式的产品价值。从工作日的角度来看，企业的再生产，企业投入的工作日是新追加的劳动，只是生产它的产品价值中的可变资本加上剩余价值，而不变价值部分是由于新追加劳动的具体性质转移到产品中去的。但是，社会再生产就与此不同，“从社会的角度来考察，生产生产资料的社会工作日部分，也就是说，既把新价值加到生产资料中去，又把在它们的生产上所消费的生产资料的价值转移到生产资料中去的社会工作日部分，不外是生产新的不变资本，用来补偿第Ⅰ部类和第Ⅱ部类以旧生产资料形式消费的不变资本。它只生产用于生产消费的产品。所以，这个产品的全部价值是这样的价值，这种价值能够重新作为不变资本执行职能，只能够买回实物形式的不变资本，因而，从社会的角度来考察，它既不分解为可变资本，也不分解为剩余价值”③。这段话用公式来表示，就是：Ⅰ(c+v+m)= Ⅰc+Ⅱc。这个公式表明，全社会的社会工作日的一部

① 《资本论》第1卷[M]，北京：人民出版社，2004年，第579页。
② 《资本论》第2卷[M]，北京：人民出版社，2004年，第482页。
③ 《资本论》第2卷[M]，北京：人民出版社，2004年，第483页。

分形成的新价值即Ⅰ(v+m)是用来生产作为不变资本(即Ⅰc+Ⅱc)的生产资料的。“另一方面,生产消费资料的社会工作日部分,不生产社会的补偿资本的任何部分。它只生产这样的产品,这些产品按其实物形式来说,要用来实现第Ⅰ部类和第Ⅱ部类的可变资本价值和剩余价值。”①这段话用公式来表示,就是:Ⅱ(c+v+m)=Ⅰ(v+m)+Ⅱ(v+m)。这个公式表明,全社会的另一部分社会工作日形成的新价值即Ⅱ(v+m),是完全用来生产全社会的实物形式的消费资料的可变资本价值和剩余价值的。总体来说,全社会的总工作日,既要用于生产补偿生产资料实物形式的不变资本,又要用于生产补偿消费资料实物形式的可变资本价值和剩余价值;而单个企业的工作日,则全部形成可变资本价值和剩余价值。

5. 揭示宏观经济五个基本层面的辩证关系

企业经济相对于宏观经济是整体中的个别,固然,整体由个别构成;但是,根据辩证法,量变到一定程度会产生质变,因而不能把复杂的整体事物视为个别事物的简单加总。宏观经济整体与单个企业经济相比,有着只有整体才具有的内部构成和联系。前面已经阐述,宏观经济一般包括整体性的商品流通、生产领域的社会分工、生产资料所有制、人与自然的关系、社会总资本一般的结构关系五个基本层面,这种经济结构与企业经济结构相比,显然具有特殊性。《资本论》在不少地方论述了这五个层面之间的辩证关系:

(1)商品流通与生产领域的社会分工之间的辩证关系

《资本论》指出,社会分工“是商品生产存在的条件,虽然不能反过来说商品生产是社会分工存在的条件。在古代印度公社中就有社会分工,但产品并不成为商品”②。“使用物品成为商品,只是因为它们是彼此独立进行的私人劳动的产品。”③可见,从社会角度来看的相互独立的生产者的产品差异从而生产差异,是形成商品交换的原因和条件。这种社会分工,从一开始就具有自发性、偶然性,是一种以产品的交换和商品流通为条件的间接形成的社会分工。如果是由一个社会中心直接分派各种生产的社会分工,其产品就不具有商品的这种间接社会性的属性。在市场经济条件下,要重视的是无数相互联系的商品交换,即作为无数商品形态变化交

---

① 《资本论》第2卷[M],北京:人民出版社,2004年,第483页。

② 《资本论》第1卷[M],北京:人民出版社,2004年,第55页。

③ 《资本论》第1卷[M],北京:人民出版社,2004年,第90页。私人劳动(德语 die Privatarbeit)这个词,还有个人劳动的意思。就概念而言,私有制条件下的劳动包含在私人劳动之内,但是私人劳动的外延更广些,它还包含分散的、独立经营的集体生产者的劳动(参见何干强:《把计划经济同商品经济对立起来的传统观念必须突破》[J],《南京师大学报》1985年第1期)。

互交错的总表现的商品流通和全社会间接形成的社会分工之间的辩证关系。

《资本论》揭示了它们之间的基本辩证关系：生产领域的社会分工对商品流通起着始发性的、决定性的作用，而商品流通的发展又会“打破产品交换的时间、空间和个人的限制”①，推动间接形成的社会分工向深度和广度发展。它还深刻指出，由于商品流通要以货币为媒介，它把生产者“换出自己的劳动产品和换进别人的劳动产品这二者之间的直接的同一性，分裂成卖和买这二者之间的对立。说互相对立的独立过程形成内部的统一，那也就是说，它们的内部统一是运动于外部的对立中的。当内部不独立（因为互相补充）的过程的外部独立化达到一定程度时，统一就要强制地通过危机显示出来”②。因此，商品流通包含危机的可能性。当商品流通的卖和买的断裂，达到一定程度，商品流通的内部统一性就会对社会分工起决定性的反作用，使自发的社会分工作出调整，来适应商品流通的统一性。

由此可以知道，商品流通其实是间接性社会分工的外部表现；商品流通的矛盾或市场供求的矛盾，其实是宏观经济运动生产领域社会分工中的矛盾在交换领域的表现。要解决这一问题，不能只着眼于商品流通或市场供求关系，而应当把注意力放在起决定性作用的生产领域的社会分工层面。

（2）生产领域的社会分工与生产资料所有制之间的辩证关系

《资本论》揭示出，社会分工是历史范畴，一定历史条件下生产力水平决定了社会分工的广度和深度；而生产者都处在一定的生产关系之中，本质上都是一定生产资料所有制关系的人格化，因此，社会分工与所有制之间必然存在一定的关系。

从《资本论》对不同历史条件下的社会分工与所有制关系的分析可知，社会分工在原始公社所有制中，是有计划的，但是范围和种类十分有限；在自然经济条件下，虽然已产生了以商品流通为中介的社会分工，但是生产力发展水平决定了奴隶制和封建制的生产者采取手工方式，自给自足，他们和小私有生产者一般只把剩余产品用于交换，因而社会分工具有松散性、偶然性、不稳定性。《资本论》重点揭示了以商品流通为中介的社会分工与资本主义私有制之间的辩证关系。马克思指出，商品流通的发展，从而社会分工的发展是资本主义私有制的起点，而资本主义私有制一旦形成，则比历史上存在过的各种私有制，都大大推动了以商品流通为中介的社会分工的发展。资本主义私有制是在封建剥削制度基础上，经过所谓原始

---

① 《资本论》第1卷[M]，北京：人民出版社，2004年，第135页。
② 《资本论》第1卷[M]，北京：人民出版社，2004年，第135页。

积累(英国是从 15 世纪最后 30 多年到 18 世纪末),即大量剥夺小农土地,获得雇佣劳动者,以及通过对外搞殖民主义等一系列暴力手段积累资金,形成和发展起来的。它历经最初的作坊式简单协作、工场手工业分工生产方式,首先在棉纺织业立足,以后扩展到整个工业领域,然后进入农业领域,最后以掌握机器大工业生产方式(马克思当时称之为现代工业)的优势,占领了整个经济领域。在这个历史过程中,一方面,资本主义私有制导致劳动力普遍的商品化,促进了生活资料生产的商品化,由此又进一步促使生产资料生产的商品化,这就使商品流通为中介的社会分工覆盖了全社会的生产。另一方面,社会分工的扩展和深化,不断地提高社会的劳动生产率,这使资本主义私有制资本积累的规模不断扩大,企业内的社会性生产程度也不断提高,而这又对企业外的社会分工起到推进作用。可见,相互独立的生产者之间的社会分工是资本主义私有制产生的前提,而后者一旦产生,则与社会分工形成相互促进的发展态势。

但是,资本主义私有制与社会分工这种相互促进的上升态势,在 1825 年英国出现资本主义经济第一次危机之后,出现了转折。此后,每隔一定时间就会爆发的周期性经济危机不断显示出,资本主义私有制对社会分工从而对社会生产力发展的促进作用逐步减弱,而桎梏作用则逐步加强。《资本论》指出,“现代工业的技术基础是革命的,而所有以往的生产方式的技术基础本质上是保守的。现代工业通过机器、化学过程和其他方法,使工人的职能和劳动过程的社会结合不断地随着生产的技术基础发生变革。这样,它也同样不断地使社会内部的分工发生革命,不断地把大量资本和大批工人从一个生产部门投到另一个生产部门。因此,大工业的本性决定了劳动的变换、职能的更动和工人的全面流动性。另一方面,大工业在它的资本主义形式上再生产出旧的分工及其固定化的专业。”①资本主义私有制对社会分工的桎梏作用不仅通过造成劳动力畸形发展,从而使劳动力不能适应社会分工的多样性的、不断更新的变化表现出来;而且在宏观经济中,还通过一个个资本家为追求剩余价值从各自利益出发,盲目、无限扩大生产供给,破坏社会分工比例关系,通过资本主义私有制决定的分配关系造成两极分化,导致市场购买力需求根本不能适应市场供给表现出来,形成了资本主义私有制和生产社会化的固有的对抗性矛盾,这只能通过危机,最终只能通过建立社会主义公有制解决。因为只有全

① 《资本论》第 1 卷[M],北京:人民出版社,2004 年,第 560 页。

社会劳动者共同占有生产资料、实行共同劳动的生产资料公有制，才能建立起全社会的生产指挥调节中心，从根本上克服社会分工的自发状态，实现合理的有计划的生产和分配，遵循客观经济规律发展社会生产力。

（3）商品流通和生产资料所有制之间的辩证关系

《资本论》揭示出，原始社会末期在原始公社之间交换的产品是人类社会最初的商品，这说明狭小的相互独立的公有制生产之间，生产的产品可以成为商品。在此基础上，《资本论》揭示了这种商品经过简单、偶然的价值形式、扩大的价值形式、一般的价值形式到货币形式，形成以货币为中介的商品交换或商品流通的辩证发展过程。

商品交换和商品流通总是与一定历史条件下的生产方式决定的生产资料所有制结合在一起的。马克思指出："作为商品而进入流通的产品，不论是在什么生产方式的基础上生产出来的，——不论是在原始共同体的基础上，还是在奴隶生产的基础上，还是在小农民和小市民的生产的基础上，还是在资本主义生产的基础上生产出来的，——都不会改变自己的作为商品的性质；作为商品，它们都要经历交换过程和随之发生的形态变化。"[①]这说明，就商品流通本身的社会关系或交换关系而言，它相对于不同历史时代的生产方式和生产资料所有制而言，具有一般性。它表现为，凡是商品都具有价值和社会使用价值；必须出卖才能实现自己的价值；商品出售和商品购买都必须贯彻等价交换、自主选择、相互尊重所有权等原则。

但是，这种商品流通的一般性毕竟是一种流通形式上的抽象，就其现实内容而言，商品流通仍然具有一定生产方式决定的生产资料所有制赋予的历史特征。例如，在奴隶社会、封建社会，有奴隶、家奴的买卖流通，但是在奴隶制、封建制的生产资料所有制消灭之后，这些具体的商品买卖也就消失了。从表面看，这些市场类似于资本主义经济的劳动市场，但是，实质上则有原则区别：奴隶、家奴买卖是劳动者丧失劳动力所有权的人身商品买卖关系；而资本主义经济的劳动市场，是与资本主义私有制结合在一起的，它表现的则是劳动力商品的买卖关系，实质是劳动力商品市场；雇佣劳动者具有人身自由（尽管是一无所有的自由），拥有对自己的劳动力商品的所有权，这与奴隶、家奴没有人身自由和劳动所有权是根本不同的。又如，在自然经济小商品生产者相互交换的市场，人人既是商品供给者又是商品需求者；但是在资本主义市场中，物质商品的供给者一般是掌握生产资料私人所有权、组织协

① 《资本论》第3卷[M]，北京：人民出版社，2004年，第362—363页。

作生产的资本家,而绝不会是雇佣工人;后者不掌握生产资料,为了生存,只能把自己的劳动力商品出卖给资本家,而不可能供给一般的物质商品。[①] 因此,就商品流通而言,它在不同历史时代也既有一般性,又有特殊性。

目前流行一种说法,市场经济本身不姓“资”也不姓“社”,强调市场经济具有一般性。如果在概念上把市场经济等同于市场,并把市场只理解为商品买卖,理解为商品流通的一般形式,这是没有错的。然而,严格地说,市场经济并非市场。在唯物史观的话语中,“经济,即生产过程本身”[②],因此,市场经济的科学含义应当是与市场相结合的总生产过程。而现实生产过程是不能撇开一定的所有制的,既然所有制有姓“资”姓“社”之分,那么市场经济当然也有姓“资”姓“社”之分。不姓“资”也不姓“社”的,只能是撇开了生产过程的商品流通或市场本身。不过,即使现实的市场本身也不是抽象的商品流通形式。现代资本主义的商品流通已经与社会化生产联系在一起;市场上的物质商品流通在本质上已是资本的商品形式的流通,商品流通的品种、范围已经显著扩大;而且,在被称为“商品”流通的东西中,已经有了价格化、商品化的土地所有权,资本所有权证书(股票、债券)等。因此,即使只从商品流通这种流通形式一般看,与过去封建时代表现出的简单商品流通相比,也是有显著不同的历史特征的。资本主义市场周期地出现与经济危机相联系的商品过剩,继而萧条,然后复苏,到繁荣,又到商品过剩,这种固有的市场现象就是资本主义制度赋予商品流通的特殊性。

马克思还揭示了伴随社会生产力、生产方式的发展,商品流通和生产资料所有制关系的相互作用。原始公有制末期,生产力的发展使氏族公社之间产生了商品交换;而商品交换一旦扩大,就对原始公有制产生解体作用;奴隶制、封建制等私有制形式的发展,促进了生产力的逐步发展,商品流通也逐步扩大,“商品生产和发达的商品流通,即贸易,是资本产生的历史前提。世界贸易和世界市场在 16 世纪揭开了资本的近代生活史”[③]。而以商品流通为前提资本主义生产方式一旦在全社会占统治地位,商品流通就极为广泛地发展起来,这巩固和发展了资本主义私有制,推翻和消除了封建所有制。商品流通本身作为间接实现社会分工的历史形式,在

---

① 中国经济学界部分学者曾热衷于讨论“为什么是资本雇佣劳动,而不是劳动雇佣资本”。有人回答,这是因为穷人没有信誉,而有财富的人能谨慎面对创业风险,富人的话更可信;也有人回答,这是因为资本与劳动力相比相对稀缺,因而劳动从属于资本(参见梁正等著:《中国十位著名经济学家批判》[M],上海:学林出版社,2002 年,第 164 页、第 167 页)。这些观点用唯心史观分析问题,完全离开生产资料所有制关系这个本质关系,具有为资本家阶级服务的欺骗性。

② 《资本论》第 2 卷[M],北京:人民出版社,2004 年,第 132 页。

③ 《资本论》第 1 卷[M],北京:人民出版社,2004 年,第 171 页。

相当长的历史阶段，能够拓展社会分工，必然促进社会生产力的发展；但是，商品流通绝不是永恒存在的。当人类社会的社会生产力发展到具备了“一定的社会物质基础或一系列物质生存条件”①时，必须突破资本主义私有制“外壳”，突破间接的社会分工方式，进入“自由人联合体”阶段之后，发达的公有制就会适应生产社会化的客观要求，以自觉的有计划的直接性社会分工方式，对商品流通进行消解，商品流通就会消亡。这是历史的辩证法。不能认为我们现在要发展社会主义市场经济，这个历史辩证法也就不存在了。

《资本论》关于商品流通与所有制辩证关系的论述，对于我们深入研究社会主义市场经济宏观运动及其趋势，具有重要指导价值。

（4）生产资料所有制与“人与自然关系”层面之间的辩证关系

《资本论》通过分析资本主义生产资料所有制对自然环境的破坏揭示出，在宏观上生产资料所有制层面与“人与自然关系”层面是存在对立统一关系的：

一是从城乡关系看，“资本主义生产使它汇集在各大中心的城市人口越来越占优势，这样一来，它一方面聚集着社会的历史动力，另一方面又破坏着人和土地之间的物质变换，也就是使人以衣食形式消费掉的土地的组成部分不能回归土地，从而破坏土地持久肥力的永恒的自然条件。这样，它同时就破坏城市工人的身体健康和农村工人的精神生活”②。由此可知，人类社会只有消灭私有制，建立公有制，才能从全局出发，消灭城乡分离，使人口在全社会均衡分布，并通过公共设施，让人粪尿等各种消费的排泄物，作为有机肥料返还农田，从而才能遵循人与自然之间的物质变换规律，实现可持续发展。

二是从土地改良和利用的角度看，资本主义租地农场主与私人土地所有者之间的租地关系，“是合理农业的最大障碍之一，因为租地农场主避免进行一切不能期望在自己的租期内完全收回的改良和支出”③。同时，私有制产生的土地买卖现象，也会造成对土地的剥削和滥用，因为按土地价格（地租的资本化）用于购买土地的资本，是一种预付资本，实际上会减少对改良土地的投资，而购买的土地如果不是用于农业，而是用于城市建筑等，则会减少耕地。因此，“对小农业来说，土地价格，即土地私有权的形式和结果，表现为对生产本身的限制。对大农业和以资本主

① 《资本论》第1卷[M]，北京：人民出版社，2004年，第97页。
② 《资本论》第1卷[M]，北京：人民出版社，2004年，第579页。
③ 《资本论》第3卷[M]，北京：人民出版社，2004年，第700页。

义生产方式为基础的大地产来说，这种所有权也是一种限制，因为它会限制租地农场主所进行的、最终不是对他自己有利而是对土地所有者有利的生产投资。在这两个形式上，对地力的榨取和滥用（撇开这种榨取不是取决于社会发展已经达到的程度，而是取决于生产者个人的偶然的不同的境况这一点不说）代替了对土地这个人类世世代代共同的永久的财产，即他们不能出让的生存条件和再生产条件所进行的自觉的合理的经营。在小所有制的场合，发生这种情况是由于缺乏应用社会劳动生产力的手段和科学。在大所有制的场合，却是由于这些手段被用来尽快地增加租地农场主和土地所有者的财富。在这两个场合，都是由于对市场价格的依赖"①。可见，无论小私有制还是大私有制，都会阻碍对土地的改良和利用。只有建立全社会的公有制，才能为建立合理农业创造制度条件。"从一个较高级的经济的社会形态的角度来看，个别人对土地的私有权，和一个人对另一个人的私有权一样，是十分荒谬的。甚至整个社会，一个民族，以至一切同时存在的社会加在一起，都不是土地的所有者。他们只是土地的占有者，土地的受益者，并且他们应当作为好家长把经过改良的土地传给后代。"②

（5）社会生产力与"社会总资本一般的结构关系"层面之间的辩证关系

社会生产力属于人与自然的关系层面，它的发展会影响社会总资本一般的结构关系中的货币资本、生产资本和商品资本三种资本形态之间的比例关系。马克思指出，"随着资本主义生产方式（它比一切以前的生产方式更加发展了劳动的社会生产力）的发展，那种以劳动资料形式一下子全部并入过程，并在一个或长或短的时期内在生产过程中不断反复执行职能的生产资料（建筑物、机器等等）的量，不断增大，并且这种生产资料的增大，既是劳动的社会生产力发展的前提，又是它的结果。这种形式的财富不仅绝对增加而且相对增加的事实（参看第1册第二十三章第2节），最能说明资本主义生产方式的特征"③。这说明，人与自然的关系，会在社会总资本一般的结构关系中发生作用。随着社会生产力的发展，社会总资本中的生产资本量，会绝对地增大，而且会比货币资本和商品资本增加得更快。④ 而作

① 《资本论》第3卷[M]，北京：人民出版社，2004年，第918页。

② 《资本论》第3卷[M]，北京：人民出版社，2004年，第878页。

③ 《资本论》第2卷[M]，北京：人民出版社，2004年，第159页。

④ 这是因为，虽然市场上的商品资本也会随着社会生产力提高带来的社会总产品量的增大，而比过去绝对地增大，但是，由于生产资本的有机构成在逐步提高，这会使生产领域的不变资本价值量的增加超过可变资本量的增加；同时，使转移到产品中的价值量所形成的生产资料产品量显著大于消费资料产品量。这样，从扩大的社会再生产过程来看，社会总产品中回到生产领域作为生产资本的产品量，就会大于不再进入生产领域的商品量（个人消费资料商品和停留在流通领域的生产资料商品储备），这就导致，全社会的商品资本的增加程度仍然会比生产资本的增加慢些。

为金属货币的货币资本量，则会由于信用制度的发展，明显地减少，甚至流通中只使用纸币。从社会总资本一般的结构关系对社会生产力的反作用来看，如果生产资本的扩大超过了一定的限度，消耗了过多的自然资源，造成了生态环境的污染，则会破坏人与自然的物质循环。因此，宏观经济的调控，需要处理好社会生产力与"社会总资本一般的结构关系"层面之间的辩证关系。

以上《资本论》关于宏观经济一般的经济结构中不同层面之间辩证关系的论述，对于研究社会主义宏观经济运动，具有重要的方法论指导价值。需要说明的是，从排列组合的数学逻辑来看，如果宏观经济一般结构的五个层面两两组合，还应有一些组合关系，例如商品流通与"人与自然的关系"、生产领域的社会分工和"人与自然的关系"等，然而数学逻辑毕竟不能替代经济学逻辑。从经济学逻辑关系来看，有的层面之间在现实中并不直接存在，或并不直接相关，也就不必一一分析。

以上从多个方面论述了宏观经济研究方法与企业经济研究方法相比的特征，由此可以明白，宏观经济研究必须从社会总产品出发；同时分析社会总资本运动中的资本流通和商品流通；同时分析生产消费和个人消费；充分认识社会再生产实现条件的特殊性，既要考虑社会总的产品价值的各个组成部分的补偿，又要考虑这些组成部分的实物形式的物质补偿；宏观经济应重视从社会角度分析商品流通层面、生产领域的社会分工层面、生产资料所有制层面和人与自然关系层面等多层面相互之间的辩证关系。所以，宏观经济研究方法比起企业经济研究方法，就要复杂得多。显然，绝不能把宏观经济研究方法简单地理解为企业经济研究方法的放大。

第二篇

宏观经济的内部联系

上一篇从总体上论述《资本论》贯彻唯物史观，科学地确立了资本主义宏观经济的研究对象，并体现出系统、科学的唯物辩证研究方法。以下两篇，将论述《资本论》对资本主义宏观经济的内、外部联系的研究方法。这一篇先阐释《资本论》所揭示的资本主义宏观经济内部联系的几个层面：流通领域的市场关系、生产领域的社会分工比例关系、生产资料所有制关系和资本主义的信用制度。《资本论》研究资本主义宏观经济形态内部联系的方法，包含着研究宏观经济一般内部联系的科学方法论原则，对于我们认识社会主义宏观经济运动的内部联系，具有重大指导价值。

第四章　市场和市场调节

宏观经济一般最显眼的就是市场现象。市场是宏观经济一般的表层现象，是与生产相联系的各种经济成分在流通领域表现自己的舞台。《资本论》揭示资本主义的资本的真相，就是从它的货币形态在市场这个舞台上的表现开始的。① 弄清宏观经济一般的本质联系，也必须遵循《资本论》所体现的这种唯物史观的认识论，遵循由表及里的唯物辩证方法，从市场关系这个表层开始。本章拟阐述《资本论》所揭示的市场关系的丰富含义，弄清市场中包含的商品流通、资本流通这两层流通形式各自的经济关系内容，以及它们的共性、区别及其相互联系，由此阐明市场调节作用和市场社会分工制度的含义。后面的章节再进一步深入研究《资本论》所揭示宏观经济的本质联系的方法和原理。

一、市场是两种流通关系的统一

（一）市场是流通领域本身的总表现

1. 现实宏观经济运动中的市场是具体的

唯物史观认为，“具体之所以具体，因为它是许多规定的综合，因而是多样性的统一”②。这里的“规定”，可以理解为客观事物的一定方面或环节必然具有的确定性质和形态。人的思维只有正确分析具体事物多方面的客观“规定”，并进行综合，才能从多样规定性的统一上，认清客观事物的本来面目。具体的市场也是多种规定性的综合或统一。我们只有遵循这种唯物辩证的认识论，才能从现象和本质的

① 马克思指出，“现在每一个新资本最初仍然是作为货币出现在舞台上，也就是出现在市场上——商品市场、劳动市场或货币市场上，经过一定的过程，这个货币就转化为资本。”（《资本论》第1卷[M]，北京：人民出版社，2004年，第172页）

② 《马克思恩格斯全集》第46卷上册[M]，北京：人民出版社，1979年，第38页。

结合上，真正地理解市场的科学含义。

在日常话语中，人们通常用买卖的对象或交易目的来描述具体市场，如说消费品市场（超市、车市）、生产资料市场、服务市场（餐饮、运输、修理、理发、洗浴等）、劳动力市场或劳务市场、证券市场（股票、债券买卖）、资本市场（货币资本信贷）、货币市场（以抵押为条件的货币借贷[①]）、土地市场（土地经营权租赁、转让）、房产市场（房屋销售、租赁）、黄金市场、藏品市场（古董、钱币、邮票、字画买卖等）、外汇市场等；或用销售方式描述市场，如说现货市场、期货市场、电子商务市场等，各种类别的市场，可谓琳琅满目。但是，“感觉到了的东西，我们不能立刻理解它，只有理解了的东西才更深刻地感觉它”。[②] 如果已经理解了许多事物的共性或一般性，以此为指导，就有助于深刻理解这些不同事物的个性或特殊性。[③] 同样，要弄清各种具体市场构成的整个市场，离不开唯物史观已经深刻揭示的市场的共性或一般性的科学指导。

2. 各种具体市场的共性

在唯物史观看来，市场的共性就是处在社会生产总过程的流通领域，这是市场最一般的规定性。社会生产总过程包括生产、分配、流通和消费环节。它们相互联系，具有统一性；但是，这并不排斥它们具有处于不同领域的规定性。生产是生产者为了一定目的，使劳动和生产资料相结合转变为有用产品的“物化”过程；分配是由生产资料所有者对生产成果（产品）归属的分派；消费是个人为生存、享受和发展而消耗产品，使之“人化”的过程；而流通则是由生产决定的分配同消费的中间环节，是无数不同种类、不同性质的产品交换关系相互交错的总和，“是从交换总体上看的交换”。[④] 市场就是这种总和意义上交换关系的表现形态。为此，马克思用学术话语把市场表达为：“市场是流通领域本身的总表现。”[⑤]

可见，唯物史观从本质上揭示了市场的真相，揭示出市场是各类、各种性质的交换关系的总和或体系；它要求我们必须从“总和”和“体系”的宏观经济视野来理解市场。现代西方资产阶级经济学家很强调现代市场是一个体系，似乎这是他们的新发现。其实，在唯物史观视域中，市场从来就是各类不同交换关系构成的体系。

---

① 马克思、恩格斯严格区分了货币和货币资本，也区分了货币的借贷和货币资本的借贷，前者体现简单流通关系，后者体现资本流通关系。参见《资本论》第3卷[M]，北京：人民出版社，2004年，第484—486页。

② 《毛泽东选集》第1卷[M]，北京：人民出版社，1991年，第286页。

③ 参见《毛泽东选集》第1卷[M]，北京：人民出版社，1991年，第310页。

④ 参见《马克思恩格斯全集》第46卷上册[M]，北京：人民出版社，1979年，第25—37页。

⑤ 《马克思恩格斯全集》第49卷[M]，北京：人民出版社，1982年，第309页。

(二) 发达市场包括两种基本流通关系

1. 商品流通关系

市场有各种表现形态。撇开与自然经济联系的简单商品流通的不发达市场或乡村集市,发达市场都包括宏观意义上的商品流通和社会总资本运动的流通环节这两种基本流通关系,[①]现实中的各类具体市场都可以归属于其中之一。

市场中的商品流通是在商品交换中形成的。市场是承载商品“交换过程的舞台”[②]。商品交换与劳动产品的直接交换不同,它必须以货币为媒介。《资本论》揭示了商品流通与产品直接交换的区别:产品直接交换是一种偶然的、个别的交换关系,买卖双方是同时的,是不可分离的交换;而商品流通则是宏观性的社会交换关系网络,个别买卖的双方是以货币为媒介的,是可以分离的交换。西方经济学中的萨伊教条,就不懂这两种交换的根本区别。马克思把它称为“最愚蠢不过的教条”;“这种教条是要证明,卖者会把自己的买者带到市场上来”。[③] 然而,商品流通作为无数商品形态变化相互交错的总和,它“所以能够打破产品交换的时间、空间和个人的限制,正是因为它把这里存在的换出自己的劳动产品和换进别人的劳动产品这二者之间的直接的同一性,分裂成卖和买这二者之间的对立”[④]。因此,商品流通包含着交换关系中断的可能性,从宏观角度看,就是包含经济危机的可能性。可见,理解商品流通,不但要有宏观视野,还要认识到它存在危机的可能性。

2. 社会总资本运动的流通环节

发达市场的另一种流通关系是社会总资本运动的流通环节。社会总资本运动的流通环节与商品流通是相互联系的。发达的商品流通是资本形成的历史前提,又是社会总资本运动的流通环节的必然表现。马克思指出,“商品流通是资本的起点。商品生产和发达的商品流通,即贸易,是资本产生的历史前提。世界贸易和世界市场在16世纪揭开了资本的现代生活史。”[⑤]而正是资本流通的形成和发展,大大拓展了商品流通。这是因为,资本流通从原始积累开始,就不断促成雇佣劳动形

---

① 这里使用的“社会总资本”概念,可以理解为资本主义私人资本和社会主义公有资本(“社本”)在共性意义上的“资本一般”的总资本。

② 《资本论》第1卷[M],北京:人民出版社,2004年,第126页。

③ 《资本论》第1卷[M],北京:人民出版社,2004年,第135页。

④ 《资本论》第1卷[M],北京:人民出版社,2004年,第135页。

⑤ 《资本论》第1卷[M],北京:人民出版社,2004年,第171页。

式从而促成劳动力商品的形成和发展，不断推动消费资料的商品化，进而引起生产资料商品化，从而促使商品生产与商品流通的普遍化。自从资本流通产生后，市场就发生了质的飞跃，开始出现商品流通和资本运动过程的流通环节这两种流通关系相统一的市场。现代市场比近代资本主义市场更加发达，但是，它依然是两种流通关系相统一的市场。

3. 社会总资本运动的流通环节与商品流通都包含商品流通的共同规定性

这从产业资本循环的三种循环形式，即从货币资本循环（G—W$<^{A}_{Pm}$…P…W′—G′）、生产资本循环（P…W—G—W$<^{A}_{Pm}$…P）和商品资本循环（W′—G—W$<^{A}_{Pm}$…P…W′）这三种循环形式，都可以清楚地看出，资本的流通过程或资本持续不断的循环运动，必经 W—G—W 阶段，即商品流通形式的资本流通环节。《资本论》揭示出，在这种流通环节中，“作为与产业资本的特殊职能相适应的不同的特殊形式或存在方式，货币资本只能完成货币的职能，商品资本只能完成商品的职能，二者的区别只是货币和商品的区别”①。“在这里，货币职能和商品职能所以同时又是货币资本的职能和商品资本的职能，只是由于它们作为产业资本在循环过程不同阶段上所要完成的职能的形式是互相联系的。”②这也就是说，资本在流通领域这个运动的环节中，是通过执行商品、货币这种一般商品流通的职能，来执行资本职能的，这种资本流通环节与一般商品流通形式遵循共同的交换形式和等价值交换的共同性质。既然社会总资本运动的流通环节是全社会无数单个资本运动的流通环节综合构成的，那么，社会总资本的流通环节也就表现为发达市场的商品流通关系。

（三）社会总资本的流通环节与简单商品流通的区别

1. 社会总资本运动的流通环节的本质

必须强调，社会总资本运动的流通环节形成发达的商品流通（W—G—W），这只是社会总资本的流通环节的外部表现形式；从反映本质的形式看，真相却是为卖而买的流通（G—W—G′）。这是因为，在流通内容上，资本是不断自行增殖的独立价值。从单个资本运动看，资本必须购买（G—W$<^{A}_{Pm}$）生产资料商品和劳动力商品，并将它们投入直接生产过程，才能生产出剩余价值，并且要通过出卖包含剩余价值

① 参见《资本论》第 2 卷[M]，北京：人民出版社，2004 年，第 94 页。
② 《资本论》第 2 卷[M]，北京：人民出版社，2004 年，第 94 页。

的商品(W′—G′)才能使生产出的剩余价值得到实现,从而实现资本价值的自行增殖。这就是“资本流通”过程。[①] 可见,其真相不是 W—G—W,而是 G—W—G′。后一公式中的 G、W 应当理解为资本价值的货币形态和商品形态,因此,G—W—G′是资本流通过程在流通领域的一般形式,或“直接在流通领域内表现出来的资本的总公式”[②]。这与为买而卖的简单商品流通(W—G—W)公式是有本质区别的。社会总资本的流通环节乃是全社会单个资本的流通环节(G—W—G′)的综合,它是与资本主义生产过程有不可分割的内在联系的,本质上是社会总资本的价值及其增殖的剩余价值在流通领域的实现环节,这与商品流通体现无数商品的等价值交换关系网络,有本质的区别,后者是不体现资本实现在运动中自行增殖这种资本剥削关系的。

2. 社会总资本的流通环节与简单商品流通的区别

人类社会在较长的自然经济时代,只存在简单商品流通。那时出售的商品与手工劳动生产方式相联系,通常是生产者(奴隶主、地主)扣除自己消费而剩余的产品,以及小生产者的个体手工劳动生产的产品,而不是由雇佣劳动专门为销售而生产的产品。人们购买商品也主要是用于个人的消费。尽管在奴隶制社会有奴隶作为商品买卖,但是商品是奴隶的人身,而不是具有人身自由的劳动力。因此,那时只存在表现被马克思称为简单商品流通的市场,而不存在表现社会总资本的流通环节的发达市场。自然经济的市场是单一的简单商品流通市场。

由于社会总资本运动的流通环节和简单商品流通在外部形式上都是 W—G—W,如果人们缺乏辩证思维和联系的观点,就会停留在 W—G、G—W 彼此分离的两个阶段观察这些外部形式,这就难以分清资本流通和简单商品流通的本质区别。西方经济学就是这样的,往往把这两种流通混为一谈,并用简单商品流通的眼光来看待社会总资本的流通环节,从而不能解释资本增殖与商品等价值交换规律的明显矛盾,于是把资本价值增殖的原因,归功于资本所有者使用的土地、生产资料物质要素本身的“贡献”和资本家投资手段的精明。《资本论》则依据劳动是价值的唯一源泉的科学前提,深入论证了资本在流通领域的商品、货币形态上,根本不可能自行增殖;资本价值的增殖只能在生产环节,是劳动者在生产中无偿创造了超出

---

① 马克思在《资本论》第1卷第七篇的引言中,明确提出了“资本流通”这个重要范畴(《资本论》第1卷[M],北京:人民出版社,2004年,第651页)。

② 《资本论》第1卷[M],北京:人民出版社,2004年,第181页。

自身劳动力价值的剩余价值，使资本增加了价值，从而揭示出产业资本是商业资本、银行资本等各类资本得以增殖的基础，其货币资本循环形式（$G—W<^{A}_{Pm}$…P…W′—G′）是产业资本流通的典型形式。这也就证明，资本的流通过程不仅处在流通领域，而且处在生产领域。资本在流通环节遵循等价值交换一般规律，但是在生产环节却剥削雇佣工人创造剩余价值，在流通环节是为了实现生产中已获得的剩余价值。因此，《资本论》揭示出，无论从个别资本看，还是从社会总资本看，资本运动都是流通与生产两个环节的统一，是一种一定历史条件下具有剥削性质的生产关系；而简单商品流通则不包括生产，是一种许多时代共存的平等的交换关系。

3. 弄清上述区别的意义

如果我们明白了这种区别，就可以理解，无论具体市场如何名目繁多，它要么是商品流通的某种表现，如商品市场（W—G—W）、物质服务市场（L—G—W，L 表示劳务“商品”）；[①]要么是资本流通过程的某个环节的表现，如所谓“生产要素市场”（$G—W<^{A}_{Pm}$指货币资本购买劳动力商品 A 和生产资料 Pm）、商品资本的销售市场（W′—G′）、货币资本或生息资本的借贷市场（G—G′）、土地市场（土地价格实质是土地所有权实现形式，即地租的资本化过程）；要么是商品流通和资本流通混合的表现，如劳动市场，从资本方面看是资本流通的表现［G—W（A）］，从劳动者方面来看却是商品流通（A—G—W，A 表示劳动力商品）；又如藏品市场，有人购买邮票是为了集邮欣赏，这是为自己使用而买邮票，属商品流通范畴，另有一些人是为投资营利而先买邮票，然后卖出邮票赚钱，这就属于资本流通。

这样来理解市场，就不应当撇开资本运动的流通环节理解市场，就应当把发达市场理解为商品流通和社会总资本运动的流通环节这两种流通关系的统一。

二、商品流通的内在联系

（一）商品流通与货币流通的关系

1. 货币运动只是商品流通的表现

《资本论》不仅揭示了发达市场的商品流通和社会总资本流通环节的联系、共

---

① 这里的物质服务市场应区别于本书下卷第十八章所说的纯粹服务市场。

性和区别,而且深入地揭示了它们各自的内在联系。先看商品流通的内部联系。商品流通是市场的表层。其自身也有本质层面和现象层面之分:商品流通产生了金属货币流通现象;而随着商品流通的发展,在金属货币流通基础上又产生出纸币流通现象。弄清商品流通、货币流通和纸币流通这三层关系之间的内在联系,才能从宏观上深入理解发达的市场现象。

在商品流通这个基本流通关系中,商品流通和货币流通是本质与现象、原因和结果的关系。众所周知,在市场的商品买卖现象中,人们看到的是货币持有者占主动,是"货币从一个商品占有者手里转到另一个商品占有者手里"①,是这种货币流通($G \rightarrow W_1 \rightarrow W_2 \rightarrow \cdots$),引起了商品流通($W_1—G—W_2$)。这其实是一种假象,"商品流通的结果,即一个商品被另一个商品所代替,似乎并不是由商品本身的形式变换引起的,而是由货币作为流通手段的职能引起的,似乎正是作为流通手段的货币使本身不能运动的商品流通起来,使商品从把它们当作非使用价值的人手里转到把它们当作使用价值的人手里,并且总是朝着同货币本身运动相反的方向运动"②。也就是说,"虽然货币运动只是商品流通的表现,但看起来商品流通反而只是货币运动的结果"③。《资本论》深刻揭示出,商品流通的这种假象具有必然性,因为货币是从商品交换过程分离出来的一般等价物,是商品流通中产生的"一般商品"④,是"可以绝对让渡的形态"⑤,所以它具有流通手段的职能,必然在商品流通中起主动作用,这就势必造成商品流通和货币流通两者因果倒置的假象。其实,是商品流通直接赋予了货币的运动形式,商品流通是原因,货币流通是结果;"货币运动的单方面形式来源于商品运动的两方面形式"⑥;"货币运动只是商品流通的表现"⑦。

2. 弄清商品流通与货币流通的因果联系十分重要

"货币运动只是商品流通的表现"这条原理告诉人们,宏观经济运动一旦出现货币流通不畅,应当从商品流通寻求原因。货币流通的缓慢,实际是商品流通缓慢、出现某种程度停滞的表现。弄清这个道理,对于正确认识宏观经济的货币现象具有重要意义。固然,当商品流通中货币不足或货币过多,都会影响宏观经济中的

① 《资本论》第1卷[M],北京:人民出版社,2004年,第137页。
② 《资本论》第1卷[M],北京:人民出版社,2004年,第137—138页。
③ 《资本论》第1卷[M],北京:人民出版社,2004年,第138页。
④ 《资本论》第1卷[M],北京:人民出版社,2004年,第109、160、164页。
⑤ 《资本论》第1卷[M],北京:人民出版社,2004年,第138页。
⑥ 《资本论》第1卷[M],北京:人民出版社,2004年,第137页。
⑦ 《资本论》第1卷[M],北京:人民出版社,2004年,第138页。

商品流通，但是，为何出现流通中的货币不足或投入货币过多，原因却不在货币流通本身，而在商品流通出现了失衡？本书后面章节将进一步论证，商品流通失衡的背后还存在体现社会分工的产业结构和生产资料所有制层面的深层原因。众所周知，西方资产阶级宏观经济学把货币政策作为解决宏观经济问题的重要手段之一，但是，如果不能弄清商品流通和货币流通的因果关系，那么实施货币政策，就只能治标而不治本，还会起掩盖宏观经济深层矛盾的副作用，可能导致宏观经济运动陷入更深的失衡。

（二）货币流通与纸币流通的关系

1. 金属货币流通决定纸币流通

《资本论》揭示出，货币流通又有里层和表层，即金属货币流通和纸币流通之分。它们之间是本质与现象的关系。货币本质上是具有真实价值的商品（在价值形式中处于一般等价形式上的金或银商品），而纸币不过是代替货币执行流通手段职能的纸质符号；一个国家一定时期在商品流通领域客观需要的货币量是由货币流通规律决定的，它决定了纸币的流通规律："纸币的发行限于它象征地代表的金（或银）的实际流通的数量。"[①]换句话说，国家强制发行、投入流通领域的纸币量，不管总计印有多大数额的货币名称，也只能代表由货币流通规律决定的金属（金或银）货币量中包含的社会必要劳动时间。可见，流通中需要的金属货币总量，乃是纸币流通总量代表的实际价值总量的物质基础，纸币流通不过是货币流通的表面表现形式。如果国家投入流通中的纸币票面法定货币总额超过了流通中实际需要的金属货币量，就必然造成纸币贬值，即通货膨胀。这正是货币流通决定纸币流通这种因果关系的表现。

2. 科学理解通货膨胀现象

弄清具有实际价值的金属货币的流通与只是价值符号的纸币的流通这两者之间的因果联系，对于科学理解宏观经济的通货膨胀现象，十分重要。但是，随着世界各国普遍用纸币替代金属货币，随着当今人们往往把纸币直接称为货币，这使人们在很大程度上淡化、忘却了这种联系，从而不能科学地理解通货膨胀。西方经济学往往把价格普遍上涨等同于通货膨胀，就属于误解。其实，价格上涨是指商品价

---

① 《资本论》第1卷[M]，北京：人民出版社，2004年，第150页。

值在具有价值尺度的货币（金货币）表现上的上涨，与纸币贬值含义上的通货膨胀并不是一回事。在商品价值（社会必要劳动时间）不变的条件下，纸币贬值固然会表现为价格普遍上涨；但是，如果货币价值下降（这是因为生产金产品的劳动生产率提高了），纸币不贬值，商品价格也会普遍上涨，或者，如果大量商品本身价值增加（如遇到天灾农产品普遍减产），那么即使货币价值不变，纸币不贬值，商品价格仍然会上涨。可见，不能把价格上涨等同于通货膨胀。

3. 区分世界货币与世界纸币

关于货币流通决定纸币流通这种关系，不仅对于一国范围的宏观经济适用，对于世界经济范围的宏观经济也是适用的。第一次世界大战之前，世界货币实行“金本位”，黄金是国际贸易的一般等价物。但是到了现代，金属世界货币已经由一些发达国家的纸币（所谓硬通货），甚至由国际经济组织承认的某种价值符号形式（如国际货币基金中特别提款权）来代表。据此，有观点认为，当今的世界货币已经“非黄金化”或者“黄金非货币化”。这种观点似是而非；虽然有世界商品流通的新发展赋予世界货币产生“世界纸币”这种新现象为依据，却否定了世界货币必须本身是商品、有价值这种本质。这种观点在思维方法上使用的是非此即彼的形式逻辑。如果用辩证方法来思考，就应当承认，当今的世界货币流通，是世界商品流通赋予的；是世界商品流通的普遍化，使世界货币在流通手段职能上产生出世界货币的纸币形态；因此，世界纸币虽然本身是毫无价值的纸质符号，但是它却是具有真实价值的、可以充当国际贸易商品的价值尺度的一般等价物的代表，而这种一般等价物最好的物质承担者仍然是本身具有国际价值即用“世界劳动的平均单位”①来衡量的黄金。因此，当今黄金作为世界货币承担者的地位并未改变，只不过不需要直接出现在国际贸易舞台上罢了，否则，就不能解释为何世界各国的中央银行都要储存黄金了。其实，看到世界货币由纸币来充当这种新现象，就认为世界货币已经“非黄金化”或“黄金非货币化”，这就等于否定了世界货币必须本身是有价值的一般商品，这是很值得商酌的。

否定世界纸币流通与世界货币流通的区别，对于当今发展中国家在国际经济关系中是极为不利的。因为发达国家发行的充当世界货币的该国纸币是可以贬值的，如果发展中国家将物质商品卖给发达国家，而后者用具有世界货币流通手段职

① 《资本论》第1卷[M]，北京：人民出版社，2004年，第645页。

能的本国纸币支付，如果发展中国家把这种纸币作为外汇储备，那么，一旦这种纸币贬值，发展中国家将受到严重的损失。可见，弄清世界货币和世界纸币的联系和区别，对于我们在国际经济关系中维护民族经济利益是很重要的。本书后面的章节还要进一步从宏观经济调控的角度研究这方面的问题。

三、社会总资本流通与商品流通的辩证关系

（一）社会总资本流通决定商品流通

1. 社会总资本的流通环节与商品流通一般的共性

我们前面已经阐述了社会总资本流通环节与简单商品流通的联系、共性和区别。为了理解发达市场的科学含义，还必须进一步理解《资本论》所揭示的社会总资本的流通环节与商品流通一般的辩证关系。这里把社会总资本的流通环节和简单商品流通，在它们具有共性的意义上称为商品流通一般。

不能否认，在当今发达的市场经济中，仍有小商品生产的简单商品流通存在，大量购买个人消费资料的行为也属于简单商品流通环节。它们与资本流通（G—W—G′）的两个环节混合、交错在一起，形成了商品流通一般关系。《资本论》深刻揭示出，简单商品流通关系处在从属于社会总资本流通的地位；商品流通一般关系的发展是由社会总资本的再生产和流通的扩大决定的。

2. 商品流通一般行为从属于资本流通

从历史上看，资本流通产生之后，由于它与机器工业的社会化生产相联系，有较高的生产率，这势必使大量手工商品在市场竞争中不断遭到淘汰。而许多手工生产方式的产品、小生产者的农产品，也会作为原材料被购买，纳入生产资本，或被收购后统一销售，纳入商品资本，进入资本流通过程。① 这就使得简单商品流通退居次要地位，成为资本流通的附属。而社会总资本流通过程的发展，也会带动一般商品流通的发展，因为社会总资本的再生产过程，同时是资本主义生产关系的再生产过程，它会使资本家个人奢侈品消费资料增长，同时使出卖劳动力商品的雇佣工人增长，从而扩大生活资料的商品流通。因此，从物质商品在市场中的供给角度看

---

① 马克思指出，“在资本主义生产方式占统治地位的基础上，……如果原来不是商品资本，到商人手中也就变成商品资本。”（参见《资本论》第2卷[M]，北京：人民出版社，2004年，第111页）

(W—G),撇开残存的小生产者的商品供给,可以说,商品流通一般行为,都是从属于资本流通的。可见,在现代资本主义市场中,占统治地位、起决定作用的是社会总资本的流通环节。这也就意味着,商品流通一般已成为社会总资本再生产和流通过程的附属环节。

(二) 社会总资本流通与商品流通的矛盾

1. 对立性与统一性

从本质上看,社会总资本的流通环节(G—W—G′)与商品流通一般(W—G—W)既有对立性,又存在统一性。《资本论》深刻揭示了这种对立性在流通领域表现为资本的自行增殖和商品等价值交换规律(价值规律)的矛盾;统一性表现为,只有在流通领域,资本才能购买到能使自己增殖的劳动力商品和生产资料商品投入生产,生产出的包含剩余价值的商品,只有再投入流通,才能使自己实现增殖。统一的历史条件就是劳动力成为特殊商品,资本正是通过把购买来的这种商品投入生产环节,才实现自行增殖。资本主义市场经济就是在这种对立统一中发展的,统一容纳、扩大和深化对立,对立又不断地扩大、改进和冲击统一。既然发达市场是随着社会总资本的发展形成的,在发达市场的商品流通已成为社会总资本运动的附属环节,既然资本是在生产环节增殖的,那么,可以说,社会总资本的自行增殖与商品流通的矛盾,实质就是社会总资本的生产环节与自身流通环节的矛盾。

2. 社会总资本流通本身的内在联系

本书前面几章已经陆续阐述《资本论》所揭示的社会总资本流通的内在联系。把它们归结起来,主要是:社会总资本是全社会单个资本的总和;构成社会总资本的无数单个资本,以商品流通为中介,按照一定的结构和比例,间接地在生产领域形成社会分工;社会总资本的流通过程,包括生产领域和流通领域的运动,是这两个运动环节的辩证统一;社会总资本只有依次采取货币资本($\sum G$)、生产资本($\sum P$)和商品资本($\sum W'$)这三种资本职能形态不停顿地进行增殖运动,才有生命力;社会总资本的持续不断的运动,是依次、相继进行的总货币资本循环[$\sum(G—W<^{A}_{Pm}\cdots P\cdots W'—G')$]、总生产资本循环[$\sum(P\cdots W'—G—W<^{A}_{Pm}\cdots P)$]和总商品资本循环[$\sum(W'—G—G—W<^{A}_{Pm}\cdots P\cdots W')$]这三种资本循环形式的统一;社会总资本在生产领域以资本增殖为目的,连续不断地在社会简单再生产基础上进行社会扩大再生产运动;社会总资本的流通过程,既包括无数单个资本的资本流通,又包

括一般的商品流通，既包括生产消费，又包括个人消费等。在这些内在联系中，社会总资本在运动中的各环节、各种形式之间存在一系列对立统一矛盾关系。最基本的联系就是社会总资本的生产环节与自身流通环节的联系，最基本的矛盾就是社会总资本的生产环节与流通环节的矛盾。

3. 社会总资本生产环节与流通环节的辩证关系

这种辩证关系主要表现在，生产环节的社会分工不成比例，流通就会变缓、停滞；流通环节不畅，又会影响社会再生产的连续性，只有社会总资本在生产和流通两环节之间形成一定相互依存、相互促进的关系，社会总资本才能持续不断地运动。社会总资本在流通过程中采取的货币资本（$\sum G$）形态、生产资本（$\sum P$）形态和商品资本（$\sum W'$）形态，彼此也会发生矛盾。其中任何一部分在循环运动中停滞、中断，都要影响社会总资本的连续循环运动，它们之间只有形成一定的比例关系，社会总资本才能持续不断地循环和周转。在资本主义私有制经济基础上，由于以商品流通为中介的社会分工存在自发性，以及分配关系两极分化导致的购买力有限性和资本追求剩余价值导致的生产扩大的无限性，成为固有矛盾，这难免使生产的社会分工不平衡，使社会总资本在循环中的各构成部分之间，发生此消彼长的状况，因此，资本主义私有制基础上的社会总资本的流通与商品流通的矛盾，实质是具有对抗性的资本主义生产关系的矛盾，是资本主义私人占有制与生产社会化的矛盾。这种固有矛盾或迟或早会以社会总资本在流通环节的商品流通的停滞、断裂表现为经济危机。只有社会主义制度才能从根本上克服这些资本主义私有制造成的内部的固有矛盾。本书在后面的章节将深入分析这一点。

四、发达市场的科学含义

（一）发达市场流通关系的多层面性

1. 发达市场包含的多层流通关系存在差别

综上所述，可以知道，《资本论》关于“市场是流通领域本身的总表现”，具有丰富的科学内涵。我们有必要遵循马克思揭示的市场流通关系的多种规定性，理解发达市场的科学含义。

首先要明白，发达市场包含既有差别又有联系的多层流通关系。社会化大生产基础上的资本主义市场包含资本流通、商品流通、货币(金属)流通和纸币流通四层流通关系。这些流通关系存在区别：一种是历史性质的根本区别，资本流通是与资本主义生产方式(机器大工业技术基础上的社会化生产方式)相联系的独立价值自行增殖的流通；而商品流通和货币流通、纸币流通都是不能增殖的流通。一种是性质相同的形式区别，商品流通和货币流通、纸币流通都属于商品流通范畴，商品流通是无数卖和买的商品形态变化交错的总和，每个商品形态变化都必须经过商品出售这种"惊险的跳跃"①；货币流通、纸币流通则表现为不断地购买；货币(金属)流通是用有价值的货币购买商品，而纸币流通则用本身没有价值只能代表一定价值的货币符号购买商品。

2. 发达市场包含的多层流通关系存在互相联系

从宏观看，社会总资本的流通环节决定了商品流通的扩大、覆盖全社会，使商品流通成为社会总资本运动的附属；商品流通产生出货币流通，货币流通又产生出纸币流通。正因为这些不同层面的流通关系之间存在这种因果关系，所以，最终起决定性作用的是资本流通。这种因果联系决定了，在纸币流通中，纸币的货币名称能否真正代表面额上的货币价值；在货币流通中，货币能否买到价格符合价值的商品；在商品流通中，销售能否与购买平衡，最终都取决于社会总资本的流通环节是否顺畅。显然，只有解决好深层的资本流通的内部矛盾，才能解决好表层的其他各层流通的关系。

一句话，发达市场的不同流通层面都会表现出自身的现象和问题，但是追本溯源，它们都是社会总资本流通环节的表现形式。

(二) 发达市场具有历史规定的社会性质

1. 市场是历史的范畴

商品流通跨越原始社会末期、奴隶制、封建制，直到现代的许多时代，而资本流通则是从资本主义生产关系出现才开始的。这意味着，市场是历史的范畴，发达市场具有自己的历史特征。但是流行的舆论却认为，"市场是中性的，不姓'资'也不姓'社'"。这就否定了市场的历史规定性。其实，这种说法只有从资本流通和商品流通都包括商品买卖这种共性来看的、抽象的意义上，才是正确的。这是把市场理

① 《资本论》第1卷[M]，北京：人民出版社，2004年，第127页。

解为只有商品流通这一种流通关系了。但是,人们这样讲的时候,往往针对的却是现实的、包括资本流通环节的现代发达市场。这就有失偏颇了!

唯物史观揭示出,市场不像自然界那样天生就有,不是永恒的事物,它具有社会历史的规定性。人类原始社会内部没有商品交换,不存在商品,当然也不存在市场。原始社会后期,随着生产力的发展,在氏族公社边缘出现产品直接交换,这些用于交换的产品就具备了商品的性质。以后商品交换逐步扩大,产生出货币,由此出现打破时间、地域限制的商品流通和货币流通,相应地出现了小范围的市场。随着商品流通乃至市场的逐步扩大,在金属货币流通基础上,又出现了铸币流通、纸币流通。"商品流通是资本的起点。商品生产和发达的商品流通,即贸易,是资本产生的历史前提。世界贸易和世界市场在16世纪揭开了资本的现代生活史。"①与资本流通的发展相应,市场从国内发展到国际,以至发展到当今的全球性市场。

因此,市场是适应社会生产力的发展而产生和发展的,有其历史的必然性。人类的社会生产在相当的历史阶段,必须通过市场交换关系来进行生产。这正是当今中国要通过改革发挥市场作用的历史原因。当然,也要认识到,像所有客观事物一样,市场不会永恒存在;虽然现今还不具备市场消亡的条件,但是等到人类社会生产力极大地提高,人类具备真正能自觉地控制社会生产的物质条件之后,产品不再需要商品这种社会形式,市场也将消亡。

2. 重视市场在不同历史阶段的特征

在人类社会发展的不同阶段,市场必然表现出不同的历史特征,这是人们能够感受到的。举世闻名的《清明上河图》就形象地展示出自然经济和手工业时代繁华的集市状态,但是那时不可能有现代市场由机器和自动化设备产出的各类规格化、标准化商品,不可能有社会化的产供销联合构成的市场销售和购买主体,不可能有电脑结算等市场基础设施,也不可能有买者和卖者不必谋面的电子商务市场。可见,在人类社会的不同历史阶段,市场会反映出社会生产力方面的进步。

市场的历史特征不仅表现在社会生产力发展水平决定的物质形态上,而且表现在生产关系上,后者是更为本质的特征。马克思深刻地揭示了市场物质流通形式背后的社会关系内容,指出"流通是商品占有者的全部相互关系的总和"②。物质流通网络背后掩盖着的是人与人的社会关系。市场的社会关系的规定性,在不

---

① 《资本论》第1卷[M],北京:人民出版社,2004年,第171页。
② 《资本论》第1卷[M],北京:人民出版社,2004年,第192页。

同历史时代有不同的特征，封建时代市场的简单商品流通的社会关系，与资本主义时代市场的资本流通关系，就有显著区别。在同样的生产力水平上，如果生产资料所有制不同，市场的社会关系就会在供求关系表现出显著的差别，这一点将在后面的章节阐释。

唯物史观关于市场具有社会关系规定性的基本观点。这是用拜物教观念看待市场经济的西方经济学最缺乏的观点。马克思主义经济学与西方经济学虽然在反映市场现象形态上，使用不少的相同概念，诸如商品市场、货币市场、劳动市场、资本市场等；但是，从深入反映市场的社会关系这种本质联系上看，就存在原则区别了。这是因为后者受商品拜物教、货币拜物教、资本拜物教和地租拜物教等观念的束缚，弄不清市场物质关系存在着起能动作用的历史规定的社会关系。

资产阶级经济学对市场的理解是缺乏历史性的，虽然它把市场区分为要素市场和商品市场、货币市场与资本市场，但是，从区分标准看，前者是从商品用于生产还是用于一般消费来划分的；后者的区分界限主要是指银行信贷的期限，一年以内的称之为货币市场，一年以上的则称之为资本市场。这些区分都没有与生产关系的历史性质相联系，都没有真正把资本流通和商品流通区分开来。实际上，资产阶级经济学是从商品流通一般的角度来观察“现代市场”的，只停留在市场的表面和现象形态上，因而不能揭示市场的本质，不可能科学阐释现代市场的真相。

3. 区分本质不同的两种现代市场

市场作为流通领域的总表现，它本身只能表现出流通领域即商品流通和资本流通的流通环节结合而成的商品流通一般的社会关系，而不能直接表现出生产领域的社会关系。也就是只能表现出商品占有者在市场交换中的“个人的过程”和“一般社会的过程”的对立统一关系，表现出他们相互之间自由、平等、互利和相互尊重所有权的交换关系；①却不能直接表现出生产领域的社会关系，即以生产资料所有制关系为核心的生产关系。尽管如此，事物的本质总要在现象上表现出来。对于商品流通和资本流通结合在一起的现代市场来说，资本流通的生产环节中的一定历史性质的生产关系，必然会在流通领域通过一定的现象表现出来。这就决定了必然存在两种性质不同的现代市场，即资本主义经济的现代市场和社会主义市场经济的现代市场。

---

①　参见《资本论》第1卷[M]，北京：人民出版社，2004年，第204页。

资本主义现代市场与简单商品流通市场的区别，本质上是社会总资本的流通环节和商品流通一般的区别，是等价交换的平等关系和在资本流通环节中实现资本主义剥削关系的区别。由于资本流通在现代资本主义市场中起决定作用，因此市场就必然具有资本主义私有制赋予的性质，这种性质的突出表现如前所述，就是在资本主义私人占有制和社会化生产基本矛盾的作用下，必然发生周期性的停滞和危机。

关于发达市场是社会总资本的流通环节与商品流通一般相统一的原理，撇开资本的私有制性质，换成公有资本（简称“公本”），对于社会主义市场经济也是适用的。中国处在具有历史过渡性的社会主义初级阶段，仍然需要在社会化大生产的条件下发展商品生产；广大劳动人民占有的公有制生产资料仍然需要采取“公本”的形式（国有资本和集体资本）发挥作用，因而，仍然存在社会总“公本”的流通过程。在中国当代，既然宪法规定，公有制经济在国民经济中占主体地位、国有经济起主导作用，那么，市场就是社会总“公本”的流通环节与一般商品流通的统一，市场就必然具有社会主义公有制赋予的历史特征，这就是：有条件避免商品流通具有的危机可能性转化为现实，可以利用商品流通来大力发展社会主义经济。这在后面的章节还要进一步论述。

（三）发达市场体系具有统一性

1. 发达市场必然是各种流通相互联系的体系

虽然发达市场的商品流通处于社会总资本流通的附属地位；但是，商品流通毕竟是社会总资本一般运动必经的流通环节的必然表现形式，毕竟是资本一般获得生命力的必要条件。[①] 因此，发达市场必然要求商品流通顺畅无阻。这意味着，发达市场必须是有助于资本流通和商品流通之间、买卖环节之间相互联系的、统一的市场体系。

历史上，资本主义市场经济在发展中，遇到过自然经济造成的货币资本不足、封建割据造成的地域关卡阻碍劳动力商品流动、物质商品流通等市场流通障碍。为此，资产阶级经济学一般都要求清除市场壁垒，建立统一市场；不过其是从资产阶级利益出发的，实际上是为资本流通扫清道路。当然，这也有助于疏通商品流通

① 这里把私人资本和公有资本的资本共性称之为“资本一般”。

一般的渠道。

2. 社会主义市场经济同样要求建立统一市场体系

所谓统一，就是在民族国家的范围内，全社会的市场都按照统一规则依法管理，要求统一尊重商品所有权、自主选择、自由竞争，按照本国统一的价值尺度遵循价值规律，等价交换商品，克服违反这些商品流通一般规律的人为障碍。之所以这里强调一国范围之内的统一，是因为不同国家劳动生产率平均水平存在差别，因而作为商品的价值尺度的社会必要劳动时间也存在差别，这样，不同国家之间就缺乏市场统一的基本前提——按相同的价值尺度交换商品。当然，一国的统一市场不是封闭的市场，恰恰相反，它应当是在维护民族经济利益的前提下对外开放的市场。这就涉及对外经济关系的宏观调控，本书将在后面的第三篇深入探讨。

从一国看，市场越没有地方本位主义等因素的干预造成的“壁垒”、割裂，由社会总资本一般的流通环节和商品流通构成的渠道越开阔、畅通，就越有利于资本一般在货币形态上迅速地促进劳动力和生产资料要素相结合，在商品形态上越能迅速销售出去，就越有利于广大人民群众购买到价廉物美的消费品。一句话，社会总资本一般的循环和周转运动速度越快，越有利于社会经济的发展和人民群众生活水平的提高。因此，建立统一市场，这是社会主义市场经济的必然要求。

建立社会主义统一市场，应当自觉应用马克思关于市场流通的科学思想，而不宜照搬西方经济学。其一，西方经济学仅从私人利益角度反对市场障碍。而社会主义统一市场不仅承认各种独立经营的生产者的经济利益，而且同时兼顾私人、集体、局部区域利益和全国整体利益的统一；不仅鼓励各种独立经营的生产者之间依法制规则开展市场竞争，而且同时重视“全国一盘棋”这种整体利益所要求的协作。而兼顾各方面的利益、组织生产者之间的必要协作，这离不开人民政府从全局出发的统筹兼顾；如果仅从私人利益角度看，就会把这种必要的政府行为，当作“政府干预”来反对。其二，西方经济学一般从商品流通层面认识市场。它们不懂商品流通与资本流通的联系与区别，不懂社会总资本一般的货币资本、生产资本和商品资本三种形态之间的内在联系，不懂社会总生产资本内部在劳动二重性基础上必须建立的价值补偿和实物补偿的比例关系。如上所述，商品流通是从属于资本流通一般的，要促进商品流通顺畅，就必须从宏观上促进社会总资本一般的流通环节顺畅。西方经济学却不能解决这个问题。因此，只有遵循马克思关于市场流通的科学思想，坚持宏观计划调控，才能科学地建设社会主义统一市场。

五、用唯物史观研究市场调节

（一）市场调节一般的科学含义

1. 理解市场的科学含义有助于理解市场调节

遵循《资本论》关于流通的唯物史观基本原理，弄清了市场的科学含义，就有助于科学地理解市场调节。首先，市场既然是体现商品流通和社会总资本的流通环节的范畴，它们都是覆盖全社会的，市场调节就具有调节宏观经济的作用。其次，在社会生产总过程中，起决定作用的是生产环节，流通对生产起的是反作用，因此，必须从生产出发来说明流通现象。对市场调节的理解必须遵循这个基本观点，把市场调节理解为流通对生产的反作用。我们只有从生产出发，才能正确认识市场调节的实质。再次，市场既然是商品流通和社会总资本的流通环节的统一，我们也就必须从两种性质的流通来研究市场调节的科学含义。

2. 市场调节一般就是商品流通一般所起的作用

商品流通一般是撇开了生产资料所有制关系或具有历史特征的生产关系的商品流通关系。从这个角度看，市场调节就是商品流通一般的作用形式，本质上是价值规律的作用形式。《资本论》深刻阐述了商品的价值规律，以及由它决定的市场供求规律、市场竞争规律，并强调了价值规律是人类社会的生产劳动时间节约与分配规律的一种历史表现形式。这些在本书第二章已经引述。这里，需要进一步从市场调节的角度强调几点。

其一，市场调节是流通对生产的反作用。从商品流通一般角度看，市场调节是通过商品的市场价格偏离市场价值，引起市场供求关系变动来调节社会的商品生产的。当一种商品供给大于有购买力的需求，这种商品的市场价格会降价，或者商品过剩，以致一部分劳动生产率低从而个别价值高的生产者因无利可图或无法维持生产而退出这种商品的生产，社会劳动在这一部门的投入就会减少；反之，当一种商品供给小于需求时，这种商品的价格会提高到价值以上，该部门的生产者有利可图，就会扩大生产，较多的生产者就会进入这一商品生产部门，社会劳动在这一部门的投入就会增加；当一种商品的供给等于需求时，这种商品的价格等于价值，社会劳动就会稳定在这一部门；如果各生产部门商品的价格都大体等于价值，这意味着社会劳动在各产业部门形成了比较平衡的比例关系。看起来是市场价格变动在调节商品生产,但是,这不过是流通对生产的反作用。

其二,应当用价值规律的决定作用来说明市场调节。必须充分认识,市场价格偏离市场价值这种波动,是由商品生产的价值规律决定的。马克思的劳动价值论揭示出,商品的价值是生产领域的劳动者用社会劳动创造出来的;商品的市场价值不能在流通领域或市场中创造出来,而只能通过市场交换来实现;商品流通只是使商品的使用价值所有权发生转移,但并不转移商品的价值所有权。[①] 每个商品生产者出售自己生产的商品,都力求换回与生产消耗等价值的货币或商品,才符合商品生产的利益原则;由同种商品的所有生产者个别劳动时间的加权平均值,即社会必要劳动时间形成市场价值。在市场上,商品的价格是社会价值的货币表现,而货币本身也是作为一般等价物的商品。供给方提供的是有价值的商品;需求方使用的是有价值的货币(一般商品)。一般来说,商品价值高,其定价就高;商品价值低,其定价就低。可见,商品在投入市场之前,它们的社会价值(从生产角度看)或市场价值(从流通角度看),就已经确定了。只不过,对每种商品的购买力状况,却是不确定的,这样,就难免出现需求大于供给或需求小于供给的市场状况。当需求大于供给时,市场价格高于市场价值,反之,则低于市场价值。在供求平衡,不受供求关系作用的情况下,商品是按已经形成的价值出售的。因此,市场供求关系只能造成商品的价格偏离价值,而不是从无到有地生产商品及其价值。市场调节或供求关系引起价格变动,是在价值规律的基础上发生的。这体现了生产对流通的决定作用。

当然,市场价值本身也是会变化的,但是,引起市场价值本身变化的是劳动生产率的变化,是同种商品内不同生产率的生产者的结构的变化,而不是供求关系的变化。如果市场波动比较大的供求关系长期存在,这会引起市场价格较长时间偏离现有市场价值,以至于对劳动生产率高、中、低三类生产者产生程度不同的较大影响,引起他们的劳动生产率发生变化,并且各自在同种商品生产中所占份额的比例发生较大变化,那么,同种商品的生产者个别劳动时间的加权平均值,即这种商品的市场价值本身就发生变化。但是,这种市场价值本身的变化,仍然要用商品生产者劳动生产率的变化引起的生产商品的社会必要劳动时间的变化来说明。经过一定的调整期,待供求关系平衡,高、中、低三类生产者的生产相对稳定之后,市场及价格的波动,就

① 马克思指出,"就通常的出售来说,让渡的是什么呢?那不是所出售的商品的价值,因为这个价值只是改变了形式。"(《资本论》第3卷[M],北京:人民出版社,2004年,第392—393页)

由新的市场价值来决定了。可见,市场价格波动的中心,仍然是市场价值。因此,市场价格波动和供求关系的变动这些现象,乃是价值规律作用的表现形式。正如马克思指出的,“商品按照它们的价值来交换或出售是理所当然的,是商品平衡的自然规律。应当从这个规律出发来说明偏离,而不是反过来,从偏离出发来说明规律本身”①。

因此,应当把市场调节的反作用和价值规律(资本主义条件下是生产价格规律)的决定作用区分开来。市场调节,乃是流通对生产的反作用,这是市场调节或者市场“配置资源”的真正含义。

其三,价值规律的调节是人类社会节约和分配社会劳动时间的一种历史形式。价值规律调节的这种分配和节约社会劳动时间的作用,与自然经济相比具有历史的特点。自然经济的社会生产是封闭的,范围狭小的。例如一个自给自足农家男耕女织,老人养猪养鸡,小儿放牛、挑猪草,在这个有分工的小社会,物质产品的使用价值本身就是这种小社会的社会财富,具体有用劳动本身直接是这种范围的社会劳动,②正如马克思指出的,“劳动的自然形式,劳动的特殊性是劳动的直接社会形式”③,因而社会劳动时间的分配,是在小社会范围内直接在使用价值生产上的时间分配。而在商品生产或市场经济中,“劳动的一般性是劳动的直接社会形式”④。与自然经济的产品不同,商品必须是对别人有用的社会使用价值,只有通过市场交换,交换到购买者手中,才能证明商品的社会有用性;而要实现交换,生产商品的劳动就只有按照凝结在其中的具有共性的抽象人类劳动或社会必要劳动的市场价值来计量,才能纳入社会劳动。在市场中同种商品的市场价值是由社会必要劳动时间决定的;劳动生产率较高的商品生产者在同样时间内可以生产较多的商品,因而每一商品中包含的个别劳动时间少于社会必要劳动时间,这样体现个别劳动时间的个别价值就低于市场价值;这样,他按市场价值卖出商品就可以获得超过他个别价值的利益。相反,劳动生产率较低的商品生产者,因其个别价值高于市场价值,卖出商品的回报就不能补偿生产的耗费,再生产就难以维持。这样,市场价值规律就对商品生产者形成一种优胜劣汰的强制作用,促使生产者不得不努力提高劳动生产率,节约个别劳动时间。这种节约,有助于确定并节约社会用在这种商品生产上的总社会劳动时间,也

① 《资本论》第3卷[M],北京:人民出版社,2004年,第209页。

② 在概念上,社会劳动是为别人提供、社会承认的劳动,区别于直接为自己生产产品的私人劳动。自然经济家庭内生产农副产品的具体有用劳动有分工,家庭成员相互直接提供劳动产品,因此,各人的特殊有用劳动直接属于小社会范围内的社会劳动。

③ 《资本论》第1卷[M],北京:人民出版社,2004年,第95页。

④ 《资本论》第1卷[M],北京:人民出版社,2004年,第95页。

就起了调节社会分工的作用。正如马克思所说，“商品的价值规律决定社会在它所支配的全部劳动时间中能够用多少时间去生产每一种特殊商品”①。显然，价值规律是一种区别于自然经济的节约和分配社会劳动时间的历史形式。

其四，商品流通层面的市场调节在人类历史上作用了很长的时期。商品流通层面的市场调节，即单纯的价值规律调节，曾存在于尚未出现资本主义生产关系的整个简单商品生产历史时期。恩格斯指出，“只要经济规律发生作用，马克思的价值规律对于整个简单商品生产时期来说便是普遍适用的，也就是说，直到简单商品生产由于资本主义生产形式的出现而发生变形之前是普遍适用的”②。“马克思的价值规律，从开始出现使产品转化为商品的那种交换时起，直到公元15世纪止这个时期内，在经济上是普遍适用的。但是，商品交换在有文字记载的历史之前就开始了。在埃及，至少可以追溯到公元前3500年，也许是5000年；在巴比伦，可以追溯到公元前4000年，也许是6000年；因此，价值规律已经在长达5000年至7000年的时期内起支配作用。”③中国在夏商时代，就出现了被公认为中国和世界最早的一般等价物商品——天然贝、仿制贝的“货贝”，可见那时就有了与简单商品生产相联系的简单商品流通，可见价值规律的调节作用在中国也有4000年以上历史。④

恩格斯说，价值规律“直到简单商品生产由于资本主义生产形式的出现而发生变化之前是普遍适用的”，为什么？这正是因为，当资本主义生产方式出现之后，简单商品流通就与社会化大生产基础上的社会总资本的流通环节结合在一起，价值规律就不再在商品流通中单独起作用，而是与资本运动的规律，即剩余价值规律相互结合起作用。如前所述，现代的发达市场，实际上是简单商品流通和社会总资本一般运动的流通环节的结合和统一，由此出发，才能科学理解发达市场的调节。

（二）发达市场的调节

1. 应当弄清发达市场供求关系的基础

前面已论述，市场调节是市场价格变动引起供求关系对社会生产反作用意义上的调节。马克思深刻指出，“在供求关系借以发生作用的基础得到说明以前，供

① 《资本论》第1卷[M]，北京：人民出版社，2004年，第412页。
② 《资本论》第3卷[M]，北京：人民出版社，2004年，第1018页。
③ 《资本论》第3卷[M]，北京：人民出版社，2004年，第1019页。
④ 据中国历史学者考证，夏朝的始年在公元前2070年左右。商朝人在古代被称为“商人”，这可能是由于“商品的生产和交换在商代取得了显著发展”（郭沫若主编：《中国史稿》第1册[M]，北京：人民出版社，1976年，第199页）。

求关系绝对不能说明什么问题”①。因此，只有说明了这种“基础”，才能说明市场的供求关系。实际上，就简单商品流通层面上的市场调节而言，供求关系发生作用的基础是简单商品生产；它表现为市场价格围绕市场价值波动，引起供求关系变动，从而对社会生产和社会分工起到符合市场价值规律要求的调节作用。

现实市场是发达市场，是商品流通一般和社会总资本的流通环节这两种流通关系的结合。因此，显然不能用简单商品生产的市场价值规律这种基础，来说明发达市场的供求关系。《资本论》科学揭示了，资本主义市场供求关系借以发生作用的基础，是资本主义私有制的社会化商品生产；因而市场调节已从由价值规律决定转化为由价值规律和生产价格规律相互结合决定。关于资本主义市场供求关系发生作用的基础，本书第七章再详细探讨。这里，着重谈谈《资本论》关于资本主义市场调节由价值规律和生产价格规律相互结合决定的运动机制。②

2. 资本主义市场调节的机制

马克思指出，在资本主义经济的现象形态上，剩余价值表现为由全部预付资本带来，这使剩余价值转化为利润；而资本主义竞争会把社会资本分配在不同生产部门，形成等量投资取得等量利润的平均利润率，这就促成各部门生产价格的形成，使商品交换遵循生产价格规律进行。

马克思深入地阐述了生产价格的形成机制。他指出，竞争首先在每个生产部门内部实现，使同一部门同种类、质量相近的商品按市场价值出售。第一个条件是使它们不同的个别价值平均化为市场价值，这需要有同种商品生产者之间的竞争和销售同种商品的市场。由于假定市场价值已定，一个部门的卖者的供给必须符合市场能够按市场价值支付的商品量，其商品才能按市场价值出售。因而第二个条件是，社会对市场价值已确定的商品，有一定的需求量；而适应这种需求量的商品供给量，是通过与供求变动相适应的市场价格的波动，通过市场竞争来确定的，供求的不平衡调节着市场价格同市场价值的偏离，这种偏离应当由价值规律来说明。因此，从供给方面看，商品能否按市场价值出售，要看这种商品供给量中包含的社会必要劳动时间是否符合社会需求的一定量；从需求方面看，市场需求则由多种因素决定，是经常变动的，应当把市场有购买力的需求与实际需要区别开来。马

---

① 《资本论》第 3 卷[M]，北京：人民出版社，2004 年，第 202 页。

② 本节内容参见《资本论》第 3 卷第十章“一般利润率通过竞争平均化”（《资本论》第 3 卷[M]，北京：人民出版社，2004 年，第 193—221 页）。

克思针对资产阶级经济学家颠倒因果关系的错误，强调供求关系本身不能说明市场价值高低的决定，这是因为，当供求一致或平衡时，供求关系不会对市场价值发生影响，因而不能用供求关系来说明市场价值，供求关系只能一方面说明价格对市场价值的偏离，另一方面说明抵消这种偏离的趋势；须知，在不同时期，同一商品的市场价值有高有低，但是当它按市场价值出售时，供求都是平衡的，这也说明市场价值变动与供求关系无关。弄清了上述道理，就可能懂得，适应市场需求的、能按市场价值出售的商品量，是通过竞争，通过供求引起的市场价格的波动来确定的。竞争力图使商品按市场价值出售。

马克思在阐述同一部门内部竞争首先形成市场价值的基础上，接着阐述了不同生产部门之间的资本追求平均利润的竞争，导致形成生产价格。他指出，市场供求矛盾是社会的生产和消费的矛盾，它们通过买卖之间的竞争显示出来，供求矛盾是通过竞争来解决的；在资本主义条件下，重要的是弄清生产者为追求等量资本取得等量利润这种竞争决定市场供求关系，所以生产的商品就不能按市场价值出售。由于不同部门之间资本的平均有机构成不同，由价值规律和剩余价值规律所决定，同量资本带来的剩余价值就不同，因而在同一部门商品生产形成市场价值的基础上，不同生产部门之间的生产者必然为获得平均利润率而展开竞争，这就导致生产价格的形成；因为等量资本取得等量利润是资本的一种社会权力，这就必然促使不同部门之间的生产者展开竞争，使资本在不同部门间流动，导致利润平均化，从而使各部门的市场价值转化为生产价格。

马克思还指出，利润平均化的速度取决于两个条件，一是资本有更大的活动性，也就是说，更容易从一个部门和一个地点转移到另一个部门和另一个地点；二是劳动力能够更迅速地从一个部门转移到另一个部门，从一个生产地点转移到另一个生产地点，这就需要有相应的历史前提。因此，从历史看，生产价格的形成需要资本主义发展到一定高度。商品按市场价值交换在历史上之所以先于按生产价格交换，这是因为在小商品生产条件下，生产要素固定在每个生产部门，不容易在部门之间转移，所以那时商品价格是由市场价值调节的。

（三）用唯物史观方法研究发达市场调节

1. 必须结合特殊生产关系理解发达市场调节

马克思关于价值规律和生产价格规律相互结合形成资本主义市场调节机制的

论述,渗透着唯物史观的辩证方法,可以归结为下述几个要点。

第一,必须结合特殊生产关系理解发达市场调节。资本主义的发达市场调节是资本主义生产关系与商品流通一般关系的调节。其市场供求关系围绕生产价格波动,是价值规律转化为生产价格规律的表现;而使价值规律转化为生产价格规律的,是资本主义生产关系,是在剩余价值规律作用下的资本竞争规律,即资本主义平均利润率规律。

首先要看到,生产价格规律使全社会总利润在全体资本家之间实现了等量资本获取等量利润的分配,但是,这不能用资本家阶级内部的相互友情来认识。"每一单个资本家,同每一个特殊生产部门的所有资本家总体一样,参与总资本对全体工人阶级的剥削,并参与决定这个剥削的程度,这不只是出于一般的阶级同情,而且也是出于直接的经济利益,因为在其他一切条件(包括全部预付不变资本的价值)已定的前提下,平均利润率取决于总资本对总劳动的剥削程度。"①必须看到,在资本主义经济中,商品的生产者是资本主义生产者。每个生产部门的资本和每一个单个资本家,在剩余价值规律作用下,特别关心的都是如何通过提高劳动强度、压低工资等来提高对雇佣工人的剥削程度;或本企业的劳动生产率能高于同一部门别的企业的劳动生产率,以便获得超额利润。正是所有部门的单个资本家剥削雇佣工人的剩余价值,构成了整个资本家阶级剥削的剩余价值或利润的总和,这是资本家之间实现等量资本获取等量利润的基本前提。

第二,不能认为等量资本获取等量利润的分配表现了市场的和谐关系。须知资本主义市场中资本家之间的竞争是残酷的,你死我活的。这只要观察一下资本主义经济中经常有企业破产,或危机时总有资本家跳楼自杀就不言而喻。资本主义的市场竞争,可以用 17 世纪进步思想家托马斯·霍布斯的"一切人反对一切人的战争"②来描述。生产价格规律的作用,可以使资本家之间等量资本获取等量利润,形成资本主义市场竞争的某种平衡状态,表面上似乎资本家彼此实现了和谐,但是,只要认识到这种平衡是只存在于资本家之间,只要认识到所有资本家的利润都来自雇佣工人创造的剩余价值,就可以明白这种现象,正好表现出资本主义生产

① 《资本论》第 3 卷[M],北京:人民出版社,2004 年,第 219 页。

② 这是霍布斯批判当时资产阶级学者所谓"自然秩序"论、"社会契约"论的用语。马克思曾引用这句话,深刻地批判了资产阶级经济学自利"经济人"假设的错误,他指出:"关键并不在于,当每个人追求自己私人利益的时候,也就达到私人利益的总体即普遍利益。从这种抽象的说法反而可以得出结论:每个人都妨碍别人利益的实现,这种一切人反对一切人的战争所造成的结果,不是普遍的肯定,而是普遍的否定。"(《马克思恩格斯全集》第 46 卷上册[M],北京:1979 年,第 102 页)这里的论述对于资本家之间的市场竞争也是适用的。

关系的阶级对抗性，这就是说资本家对雇佣工人的剥削是一种阶级剥削。正如马克思深刻指出的，“我们在这里得到了一个像数学一样精确的证明：为什么资本家在他们的竞争中表现出彼此都是假兄弟，但面对整个工人阶级却结成真正的共济会团体”①。

马克思关于资本主义发达市场调节的研究方法启示我们，既然资本主义生产关系是市场调节中的重要因素，我们就不应当用简单商品流通层面的市场观来认识发达市场；也不应当用资本主义发达市场的市场观来认识社会主义市场经济的市场调节。在社会主义市场经济中，虽然公有制生产资料也要经过流通过程才能进入生产，因而也要采取资本一般的形式，但是，这能否说明等量资本获得等量利润同样是市场竞争的动力，因而市场供求关系同样应由生产价格规律决定？恐怕不能。由于公有资本具有体现社会主义生产关系的特征，其运动的目的不是像私人资本那样追求平均利润或超额利润，而是追求整体利益、部门利益和劳动者个人利益的一致性；由于公有制生产关系的劳动力已不是商品，②劳动者的收入不是靠出卖劳动力，而是遵循按劳分配的原则，而平均利润规律与社会主义按劳分配规律是对立的；因此，就不能说市场供求关系仍然围绕生产价格来进行了，而应当由价值规律和体现社会主义生产关系特征的规律相结合来决定了，而后者是需要体现整体利益的计划调节来进行的。当然，在多种所有制并存的历史阶段，资本主义经济成分的竞争动力仍然是平均利润和超额利润，生产价格规律对这种经济成分仍然会存在，但是，在公有资本占主体地位的条件下，生产价格规律必将受到抑制。

2. *必须弄清发达市场调节的现象和本质*

这是第二个要点。马克思指出，“生产价格是商品价值的一个已经完全表面化的、而且乍看起来是没有概念的形式，是在竞争中表现的形式，因而是存在于庸俗资本家的意识中，因而也是存在于庸俗经济学家的意识中的形式”③。所谓“没有概念的形式”，可以理解为不合理的形式，因为等价值交换是商品交换的基本原则，但是在资本主义发达市场，交换却背离了这个原则。但是，这只是表面上的不合理。实质上，只要弄清了这种现象形式的本质内容是价值规律和剩余价值规律在

---

① 《资本论》第3卷[M]，北京：人民出版社，2004年，第220页。

② 参见何干强：《略谈劳动力流动的原因和形式》[N]，《光明日报》1986年9月20日（理论版）；《试论等劳交换市场》[J]，《社会科学研究》1987年第3期；《社会主义经济关系中的劳动力是商品吗?》[J]，《南京师大学报》1987年第4期；《也谈企业工资目标模式》[J]，《社会科学研究》1990年第6期。在社会主义市场经济中，公有制生产关系中的劳动力是不是商品，经济学界是有争议的。

③ 《资本论》第3卷[M]，北京：人民出版社，2004年，第221页。

社会总资本的流通环节的作用，就会知道，这种现象形式的必然性。“既然商品的总价值调节总剩余价值，而总剩余价值又调节平均利润从而一般利润率的水平，——这是一般的规律，也就是支配各种变动的规律，——那么，价值规律就调节生产价格。”①我们知道，价值是抽象人类劳动的凝结或社会劳动的凝结，因此，全社会的总价值$\sum(c+v+m)$在一定时期是客观存在的一个定量。在资本主义条件下，单个资本追求平均利润，实质是通过自由竞争平均分配既定的$\sum m$的过程，这并不会增加或减少全社会的总价值量；因此，在金属货币表现商品价格的条件下，总生产价格量必然等于总价值量，正是总价值量规定了各种商品生产价格的波动幅度。可见，应当从价值规律出发，结合体现特殊生产关系的经济规律，才能科学地理解发达市场的调节机制。

3. 必须弄清私有制发达市场调节会扭曲社会分工

这是第三个要点。如前所述，价值规律的调节是人类社会节约和分配社会劳动时间的一种历史形式；可见，人类社会不同生产者的生产分工（简称社会分工）是价值规律发挥作用的前提。从社会分工与市场供求调节的关系看，两者是作用与反作用的关系，起决定作用的是社会分工，而市场供求关系则起反作用。在简单商品生产时期，只存在简单商品流通，等价值交换的市场调节起着扩大社会分工，自发地推动社会分工符合社会再生产比例要求的作用。而在资本主义私有制条件下的发达市场，商品交换转化为资本商品（资本循环中的商品资本形态）的交换，交换遵循生产价格规律，已不是等价值交换了，虽然生产者可以获得平均利润，但是，从社会总劳动在各生产部门的分工来看，在劳动耗费方面，也不是平等交换，而是不等价交换。例如，按劳动价值计算，假定A、B、C三个生产部门的剩余价值率都是100%，包括固定资本周转因素的成本价格都是100，资本有机构成（c∶v）分别为90∶10、80∶20、70∶30，那么，A、B、C三种商品的价值就分别为$W_A=90+10+10=110$；$W_B=80+20+20=120$；$W_C=70+30+30=130$；这样，它们的平均利润率就等于$(10+20+30)\div(100+100+100)=20\%$，它们的商品价值是不相等的，因为投入生产的活劳动耗费（新投入的社会劳动）是不相等的。但是，它们在市场上却都按照生产价格S＝成本价格＋成本价格×平均利润率$=100+100\times20\%=120$在市场上交换，显然，只有W_B这种商品是按价值出售的，而W_A和W_C这两种商品，都没有按实际价

① 《资本论》第3卷[M]，北京：人民出版社，2004年，第209页。

值出售，这说明，平均利润率规律导致了不同生产者之间投入商品生产的社会劳动交换的不平等。换句话说，由于资本主义私有制平均利润率规律的作用，必然导致投入各部门的社会劳动的耗费不能等到平等的补偿。由此看来，资本主义私有制生产关系参与的发达市场调节，是会扭曲社会总劳动时间在各部门按实际耗费分配的，也就是会扭曲社会分工的。

六、辩证地对待市场社会分工制度

（一）市场社会分工制度是社会分工的一种历史形式

1. 商品流通具有促进社会分工扩大的作用

资本主义发达市场的调节既然会扭曲社会分工，为何资本主义经济的发展能远远超过它以前的所有时代？这是因为，资本主义私有制与奴隶制、封建制的私有制相比，劳动者有了人身自由，劳动者对自身的劳动力有了所有权，而劳动力成为商品，这就如本书第三章所述，它促进了商品生产的普遍化，大大拓展商品流通一般，使市场发展起来，从而使社会分工的历史形式发生了根本的变化。这种变化表现在，通过商品流通层面的市场为中介，几乎没有地域限制的广阔的社会分工形式发展起来，它突破了先前所有时代人为、封闭和狭小的社会分工形式，以越来越大的流通作用力，推动着社会生产力的发展。正如马克思指出的，"在这里，资本家得到的好处，又是社会劳动的产物"；"生产力的这种发展，最终总是归结为发挥着作用的劳动的社会性质，归结为社会内部的分工，归结为脑力劳动特别是自然科学的发展。在这里，资本家利用的，是整个社会分工制度的优点。"[①]这也就是说，资本主义经济发展速度比较快，不应简单归功于资本主义私有制，而应当归功于与发达的商品流通一般关系相联系的社会分工制度。

2. 辩证地理解商品流通对社会分工的作用

这里需要说明，在资本主义条件下，由于私有制经济基础的存在，发达的商品流通促进社会分工扩大这种作用，与它扭曲社会分工的作用是同时存在的，当前者的作用力超过后者的扭曲力时，总体上就能推进社会生产力的发展。而随着历史

---

① 《资本论》第1卷[M]，北京：人民出版社，2004年，第96页。

的发展,资本主义私有制对社会分工的扭曲力会越来越大。这种扭曲力,不仅会表现在生产价格造成的不等价交换上,更会表现在收入两极分化必然导致的市场供求失衡,发生周期性生产过剩危机上,这种扭曲力会越来越超过扩大社会分工对社会生产的促进力,这最终将导致资本主义经济制度的灭亡。

从以上论述可以看到,市场调节不但通过供求关系对微观经济主体起作用,而且对社会分工起一定调节作用,在这种对生产的反作用意义上,市场调节具有一定的宏观经济调节功能。为此,我们可以把马克思所说的资本家利用的"整个社会分工制度"称为市场社会分工制度。如果把原始公社、奴隶制、封建制社会建立在自然经济条件下自给自足的经济单位中那种人为、封闭和狭小的社会分工,视为社会分工一般的一种历史形式的话,那么市场社会分工制度就是社会分工一般的一种客观、开放和不断扩张的历史形式。

(二) 市场社会分工制度的特点

1. 它是一种间接的社会分工制度

市场社会分工制度在概念上不包括生产资料占有关系,它体现的是发达商品流通一般层面与社会分工的作用和反作用关系。从一般角度看,它是一种间接的社会分工制度。人类社会的物质基础是社会生产;任何社会的生产劳动都存在社会分工一般,即人与人之间的分工。不过自然经济条件下的社会,是像原始部落、宗法家庭内部那样的狭小、封闭的小社会,社会分工是由酋长、家长确定的,是直接分工。因自然环境等因素的差别,这些分散小社会的产品之间会有差别,随着社会生产力的发展,它们相互产生了剩余产品交换,使产品转化为商品,出现商品流通,而商品流通一般的发展又会使分散的小社会内部原先因纯生理原因导致的生产分工相互分开、分离,这就扩大了社会分工;①这又会推进商品流通或市场关系不断扩大。正是商品流通一般关系与社会分工的作用与反作用,形成由市场为中介的社会范围越来越大的社会分工。可见,市场社会分工制度不是由社会中心直接指挥分工,而是通过商品流通间接形成的。市场社会分工制度打破了自然经济受个人和地域限制的直接社会分工,使一系列不受生产者控制的社会分工越来越广泛、细致地发展起来。② 因此,市场社会分工制度是一种比自然经济的直接分工更有利于

① 《资本论》第1卷[M],北京:人民出版社,2004年,第407—408页。
② 参见《资本论》第1卷[M],北京:人民出版社,2004年,第134页。

促进社会分工发展，从而促进社会生产力发展的经济关系。其主要特点就是，它由市场为中介间接形成和促进社会分工，从而推动社会生产。可以说，撇开生产者的生产资料所有制基础来看市场经济一般，它是一种间接实现社会分工的经济。

2. 它具有无序性和自发性

市场社会分工制度的存在是由社会生产力的发展水平决定的，它要求生产者面向市场自主经营、独立决策，这就难免具有自发性。《资本论》对资本主义条件下的市场社会分工制度的自发性有深刻的阐释：

"社会内部的分工以不同劳动部门的产品的买卖为中介"，"以生产资料分散在许多互不依赖的商品生产者中间为前提"。①

"在商品生产者及其生产资料在社会不同劳动部门中的分配上，偶然性和任意性发挥着自己的杂乱无章的作用。"②

"商品的价值规律决定社会在它所支配的全部劳动时间中能够用多少时间去生产每一种特殊商品。但是不同生产领域的这种保持平衡的经常趋势，只不过是对这种平衡经常遭到破坏的一种反作用。在工场内部的分工中预先地、有计划地起作用的规则，在社会内部的分工中只是在事后作为一种内在的、无声的自然必然性起着作用，这种自然必然性可以在市场价格的晴雨表式的变动中觉察出来，并克服着商品生产者的无规则的任意行动。"③

"社会分工则使独立的商品生产者互相对立，他们不承认任何别的权威，只承认竞争的权威，只承认他们互相利益的压力加在他们身上的强制，正如在动物界中一切反对一切的战争多少是一切物种的生存条件一样。"④

这些阐释中指出的社会分工以商品买卖为媒介、生产要素在各部门分配上的偶然性和任意性、不同生产领域的平衡经常遭到破坏、生产者经过交换商品的事后才能形成分工的比例规则、商品生产者之间的只承认竞争的权威等，是商品流通一般的固有特征，也是市场社会分工制度固有的一般属性。人类社会只要存在市场社会分工制度，这种自发性和无序性就会存在。

3. 它具有对社会生产积极和消极的二重作用

本书前面已经论述，商品流通本身有导致危机发生的可能性；它的产生和发展

---

① 《资本论》第1卷[M]，北京：人民出版社，2004年，第411—412页。
② 《资本论》第1卷[M]，北京：人民出版社，2004年，第412页。
③ 《资本论》第1卷[M]，北京：人民出版社，2004年，第412页。
④ 《资本论》第1卷[M]，北京：人民出版社，2004年，第412页。

建立在生产者的相互独立生产和社会分工基础上，又反过来促进社会分工的扩大。所以，市场社会分工制度具有积极和消极的二重作用。

它的积极作用体现在：与自然经济条件下那种对生产使用价值的劳动时间直接分配相比，能够在价值规律作用下，通过买卖之间、买方内部和卖方内部的市场竞争，形成压力，迫使生产者"人无我有、人有我优、人优我转"，降低生产成本，提高产品质量，提高劳动生产率。

它的消极作用体现在：市场竞争是一种无情的、强制性优胜劣汰，会导致一部分生产者倒闭、破产，这从社会角度来看是一种生产力的浪费；同时，自发、无序的自由竞争难免产生投机倒把等行为，如买方共同对卖方压价，卖方共同对买方提价、囤积居奇，买者之间有人高价抢购，卖者之间有人低价抛售等，这些市场投机行为会扭曲市场流通，抑制价值规律正常发挥作用；并且，自由竞争必然导致少数人凭借竞争优势垄断市场。市场社会分工制度的自发性还会造成社会劳动时间分配比例失调，有可能引发经济危机，又会造成社会生产力的巨大浪费。

这种二重作用是同时存在的。当代发达资本主义国家从资产阶级整体利益出发，制定出各种市场规则和"反垄断法"来控制市场无序性和市场垄断，这对维护市场正常竞争有积极意义；但是，必须看到，这些市场规则和法律是无法改变市场作用的二重性的，更不能解决资本主义私有制经济基础造成的市场供求关系失衡的绝对性。

在社会主义市场经济中，公有制占主体地位有可能在较大程度上把这种自发性和无序性控制在避免危机的范围，但是，同样不能消除这种自发性和无序性，否则，就会违背客观经济规律，走到另一个极端，凭主观意志消除商品流通一般，从而阻碍社会生产力发展。

（三）当代中国需要重视市场社会分工制度

1. 传统观念不能正确理解市场社会分工制度

传统的市场经济观是把市场经济与社会主义根本制度视为对立的。原因是：

其一，迄今发达的市场经济确实是资本主义经济，这使人们难免把市场经济等同于资本主义经济。[①]

---

① 这在马列经典文献中也有反映。例如列宁在《土地问题和争取自由的斗争》一文说："只要还存在着市场经济，只要还保持着货币权力和资本力量，世界上任何法律都无法消灭不平等和剥削。"（《列宁全集》第13卷[M]，北京：人民出版社，1987年第2版，第124页）这是因为当时的市场经济都是私有制市场经济，列宁的观点反映了当时的实际。

其二,西方经济学把市场经济等同于资本主义经济,这已形成固有观念。[①] 显然,这是由于资产阶级经济学家不理解商品流通与资本流通的区别造成的。马克思指出,“作为商品而进入流通的产品,不论是在什么生产方式的基础上生产出来的,——不论是在原始共同体的基础上,还是在奴隶生产的基础上,还是在小农民和小市民的生产的基础上,还是在资本主义生产的基础上生产出来的,——都不会改变自己的作为商品的性质;作为商品,他们都要经历交换过程和随之发生的形态变化”[②]。可见,在唯物史观看来,商品流通一般关系可以存在于原始共同体的基础上,也就并不是只能与私有制结合在一起,更不是只能与资本主义生产结合在一起。

其三,这与人们片面理解马克思主义经典著作有关。马克思深刻地揭示了资本主义经济的弊病,指出商品生产是资本主义经济的特征之一。[③] “一旦社会占有了生产资料,商品生产就将被消除,而产品对生产者的统治也将随之消除。社会生产内部的无政府状态将为有计划的自觉的组织所代替。”[④]“在社会的生产中,货币资本不再存在了。社会把劳动力和生产资料分配给不同的生产部门。生产者也许会得到纸的凭证,以此从社会的消费品储备中,取走一个与他们的劳动时间相当的量。这些凭证不是货币。它们是不流通的。”[⑤]据此,如果用形式逻辑方法来思维,就会得出,既然我们已经是社会主义国家,就不应当发展商品生产或市场经济了。

这些原因造成人们把市场经济等同于资本主义经济,市场经济与社会主义公有制经济相对立的观念,所以,也就把市场社会分工制度与资本主义经济等同起来了。

其实,马克思把商品生产作为资本主义经济的特征,是与封建制社会相比较,并依据资本主义经济基本矛盾发展的历史必然性做出的,是科学性的。它所说的社会主义社会,是彻底消灭了私有制、不再存在阶级差别的自由人联合体经济;当代中国虽然已经形成了占主体地位的社会主义公有制,但是社会生产力的发展程度,还远没有达到形成单一全民所有制经济的历史阶段,还只是处于马克思所说的那种向未来

---

① 例如,《现代日本经济事典》如此解释市场经济的基本原则:“(1)私有财产制度;(2)契约自由的原则;(3)自我负责的原则。”它把私有制列为市场经济的首要原则;世界银行编印的《世界发展报告》,把社会主义国家称作“非市场经济国家”,而把一切资本主义国家都称作“市场经济国家”[参见卫兴华:《什么是市场经济》[N],《光明日报》1989年6月17日(第3版)]。

② 《资本论》第3卷[M],北京:人民出版社,2004年,第362—363页。

③ 《资本论》第3卷[M],北京:人民出版社,2004年,第995页。

④ 《马克思恩格斯选集》第3卷[M],北京:人民出版社,1995年,第633页。

⑤ 《资本论》第2卷[M],北京:人民出版社,2004年,第397页。

社会主义社会过渡的历史时期。在这种历史条件下，如果忽视商品流通一般的客观存在和作用，人为地窒息市场社会分工制度，那么势必会束缚社会生产力的发展。须知，市场社会分工制度作为体现商品流通一般与社会分工作用与反作用的制度，它的存在与消亡，是与社会生产力发展的水平直接相联系的。

2. 当代中国必须承认市场社会分工制度的客观存在

新中国经济建设的经验教训证明了市场社会分工制度是不能被人为消灭的。在计划产品经济体制时期，尽管经济建设取得了伟大的成就，但是，在实践中也存在着阻碍社会生产力进一步发展的活力不强的管理体制的弊病。表现在：各部门和地区都执行国家自上而下的指令性计划，结果造成条块分割，信息不通，不能扩大和深化社会分工，还保护"落后"。生产单位政企不分，工厂管理机构与政府机构对应，结果"麻雀虽小，五脏俱全"，造成管理人员过多，影响效率；工厂按上级指令生产，缺乏自主权，创新受制约；工厂的物资使用依赖上级调拨，导致"复制古董"，生产品种规格"多年一贯制"；在资金管理上，规定利润和折旧金都上缴，"买酱油的钱不能买醋"，致使工厂难以实行自主更新的再生产和扩大再生产；在用人上，"干部能上不能下"，"职工能进不能出"；在分配上，国家统一工资标准，平均主义严重，难以实行奖勤罚懒；在生产指标上，上下级之间往往讨价还价，往往出现"落后受保护，快牛遭鞭打"；在经济权责上，缺乏责任约束，对国家投资可以"千年不赖账，万年不还钱"；凡此种种，导致了微观经济缺乏活力，宏观经济往往因主观计划失误而出现比例失调。形成这种比较"僵化"的纵向行政性计划管理方式，原因就在于忽视了市场社会分工制度，窒息了商品流通一般关系，没有突破自然经济那种固定的社会分工方式。

3. 计划产品经济体制形成的原因

现在看来，形成计划产品经济体制，是与片面理解马克思主义创始人论述的共产主义宏观经济运动的设想，并用以直接裁剪现实相联系的。所谓片面理解，就在于没有弄清马克思科学论述的宏观经济运动与企业经济运动的共性与区别（本书第三章进行详细论证）。而更主要的原因是，没能用马克思创立的唯物史观基本方法认识社会经济现实。须知唯物史观的基本原理揭示出，"无论哪一个社会形态，在它们所能容纳的全部生产力发挥出来以前，是决不会灭亡的"①；商品形态的消

① 《马克思恩格斯全集》第13卷[M]，北京：人民出版社，1962年，第9页。

亡，"这需要有一定的社会物质基础或一系列物质生存条件，而这些条件本身又是长期的、痛苦的发展史的自然产物"。[①] 这告诉我们，商品流通一般的消亡，离不开"一定的社会物质基础或一系列物质生存条件"，在现实宏观经济客观上存在商品流通和商品生产的历史条件下，如果人为限制商品流通一般关系，那就只会妨碍社会生产力发展。正如恩格斯所说，"商人对于从前一切停滞不变、可以说由于世袭而停滞不变的社会来说，是一个革命的要素"[②]。他还深刻指出，"在商品生产中，流通和生产本身一样必要，从而流通当事人也和生产当事人一样必要"[③]。可见，马克思主义创始人揭示了这样的真理：在社会生产力的发展水平还需要商品流通的时候，就必须重视它们的历史作用。当商品交换受到窒息时，疏通流通渠道，拓展市场关系，这对发展社会生产力具有革命的意义；在商品生产存在的条件下，经济运行中的流通与生产这两个环节，同等重要，轻视任何一方都是错误的。因此，当代中国是必须重视市场社会分工制度的。这里顺便指出，有人认为，我们发展社会主义市场经济是对马克思关于未来社会不存在商品生产的"传统观念"的突破，这种说法是不科学的。因为当今中国社会，并不是马克思所说的"未来社会"，这就谈不上"突破"；更重要的是，只有坚持马克思的唯物史观，才能正确认识和发展社会主义市场经济。

（四）辩证地对待市场社会分工制度

1. 尊重市场社会分工制度就要承认它的自发性

我们只要明白了商品流通与资本流通的区别，就不会把当代中国仍然要尊重市场社会分工制度理解为要发展资本主义经济；就会把这种尊重理解为，要在社会主义公有制占主体地位的基础上，发展商品流通一般，重视通过市场供求关系，促进社会分工符合社会生产力发展的客观要求。

商品生产存在的根本原因，是因为范围广阔的社会再生产不能靠自由的、直接的社会分工来实现，[④]还只能通过相互独立的生产者商品流通层面的市场关系作为中介，间接地形成社会分工来实现。这归根到底又是由社会生产力的发展水平决

---

① 《资本论》第1卷[M]，北京：人民出版社，2004年，第97页。

② 《资本论》第3卷[M]，北京：人民出版社，2004年，第1019页。

③ 《资本论》第2卷[M]，北京：人民出版社，2004年，第143页。

④ 直接的社会分工，其含义是，各个生产者的生产劳动都是直接的社会性劳动，各种生产的数量和质量都能直接为彼此所接受，满足社会需要，不需要通过市场交换这种中间环节间接地确定。

定的。只要生产者(个人或生产单位)的生产还不能实现直接的社会性,他们的生产在本质上就是商品生产。新中国经济建设的实践已经证明,即使是国有企业的生产,也不能实现直接的社会性,他们也只有面向市场,在价值规律作用下,才能加入有效的社会分工,进行按比例社会性生产。

发展社会主义市场经济的实质,就是承认市场社会分工制度的客观存在,从而尊重市场社会分工制度的自发性。这意味着,要求公有制的企业不再依赖上级指令性计划生产,而要面向市场自主决策、自主经营、自主创新、自我积累、参与市场竞争,从而使全社会的生产通过各种商品的市场供求关系变动,在价值规律作用下,形成适应社会生产力发展客观要求的社会分工比例关系,也即符合社会总劳动时间的按比例分配。防止国民经济宏观管理发生主观计划上的失误。

有一种流行的观点,认为“西方发达国家经过几百年的发展和危机反危机,已形成了比较成熟健全的、微观与宏观有机结合的现代市场机制”,认为这些现代资本主义国家的市场已是“有宏观调控的有序的市场”。① 似乎资本主义市场调节到了“成熟的市场经济”阶段,自发性就消失了,就可以使社会分工实现合理的比例关系了。但事实是,自从第二次世界大战后,发达资本主义国家在凯恩斯主义指导下形成宏观经济调控以来,周期性经济危机继续存在;2008 年起始于美国,至今尚未真正走出的世界金融经济危机再次证明了这一事实。其实,只要存在市场社会分工制度,在私有制基础上的宏观调控不但不能消除它的自发性,也不能使商品流通固有的危机可能性不成为现实性。而且,即使在生产资料公有制基础上形成了代表绝大多数人的共同利益的宏观经济调控中心,也不能消除它的自发性,因为这种自发性是它固有的属性。不过,这种自发性可以在公有制基础上通过有效的计划调控,使危机的可能性减少到最低限度。

2. 控制市场社会分工制度的自发性要求坚持计划调控

承认市场社会分工制度的自发性,绝不等于放任这种自发性。要使市场社会分工制度包含的危机可能性不成为现实性,就必须实行公有制基础上的宏观计划调控。而要科学地实现宏观计划调控,就应当根据唯物史观,科学地认识市场调节与社会分工的关系,弄清在这种关系中,起决定作用的是价值规律反映的社会分工比例关系;是适应社会生产力发展要求的客观的社会分工比例关系,决定着市场调

① 江春泽:《计划与市场在世界范围内争论的历史背景和当代实践》[J],《改革》1992 年第 2 期。

节的供求关系变动趋势，而不是市场供求关系最终决定着社会分工。当然，市场供求关系变动会对商品生产者的生产决策起诱导作用，但是，从宏观看，市场调节是被客观的社会分工比例关系所决定的。而它的自发性，则有可能突破社会分工的应有比例关系而导致危机。所以，必须通过直接深入到社会分工比例关系层面的计划调节和控制，用指导性的计划来引导生产者，这样才有可能防止危机的发生，促进宏观经济持续稳定的运行。

那么，公有制基础上的宏观计划管理中心能够弄清适应社会生产力发展的社会分工比例关系吗？要说事无巨细弄得明明白白，那是不可能的；如果能达到这种要求，那也就不必发展社会主义市场经济搞市场调节了。但是，对客观的社会分工的粗线条的比例关系，应当是可以弄清楚的，而不弄清楚也是不行的。应当相信，《资本论》的宏观经济研究方法，已经给我们提供了弄清社会分工比例的基本科学方法，本书第五章将对此进行论证。应当相信，宏观计划管理中心在科学方法的指导下，通过宏观经济管理实践经验的积累、通过对市场供求关系的跟踪研究、通过对生产领域的深入调查研究，在现代信息技术条件下，是完全有条件弄清楚粗线条的社会分工比例关系的，这就有可能把市场社会分工制度的自发性控制在最低限度。

以上论述说明，市场社会分工制度本质上是商品流通和资本流通自发地作用于全社会的商品生产者，使他们间接形成的社会分工关系，趋向价值规律、从而趋向社会化生产客观要求的比例关系。可见，只有弄清这种社会化生产的本质联系，才能真正理解市场调节的趋向；才能真正理解资本流通和资本主义生产关系与生产社会化存在不可克服的对抗性矛盾；才能弄清社会主义市场经济引导市场调节的正确方向，并坚持科学的宏观计划调控。下一章将阐释社会化生产的本质联系。

第五章　社会分工的比例关系

从上一章可知，市场供求关系实际上是由价值规律调节的，全社会的市场实现商品供求关系总体上的平衡，这是生产领域社会总劳动的社会分工比例关系平衡在流通领域的表现形式。《资本论》应用唯物史观的方法深刻地揭示出，在商品生产普遍化的社会，要实现社会再生产，社会总劳动就必须形成一定的社会分工的比例关系，这表现为社会再生产各产业部门之间的比例关系。这种比例关系并不是无法理解的所谓“看不见的手”[①]，而是可以弄清楚的客观现实。本章将研究《资本论》所揭示社会再生产按比例发展规律的唯物史观方法，由此说明，实施宏观经济调控，既不能迷信新自由主义鼓吹的市场调节“万能”论，也不能迷信凯恩斯主义，只着眼于市场供求关系表层进行宏观经济调节；而必须遵照《资本论》的宏观经济研究方法，深入到生产领域，尊重社会再生产的按比例发展规律。

一、社会劳动总量的客观性

（一）考察宏观经济运动从社会总产品出发

1. 唯物史观的宏观经济研究方法的充分体现

社会分工是全社会总的社会劳动内部的分工，这种总的社会劳动是客观的，在一定时期具有一定的量。理解这种客观性，需要弄清《资本论》所揭示的两个基本原理，一是考察社会总资本运动或宏观经济运动，应当从社会总产品出发；二是生产商品的社会劳动具有抽象劳动的历史特征。我们先探讨从社会总产品出发的

① 通常认为，这种说法来自西方资产阶级古典经济学家亚当·斯密。他说，在社会中的每个个人，“他所盘算的也只是他自己的利益”，“他受着一只看不见的手的指导，去尽力达到一个并非他本意想要达到的目的”。见［英］亚当·斯密著，郭大力、王亚南译：《国民财富的性质和原因的研究》下卷［M］，北京：商务印书馆，2004年，第27页。

原理。

《资本论》在研究社会总资本的再生产运动时，深刻指出，“如果我们考察社会资本，即总资本——各单个资本只是它的组成部分，这些部分的运动，既是它们的单个的运动，同时又是总资本运动的不可缺少的环节——在一年内执行职能的结果，也就是说，如果我们考察社会在一年间提供的商品产品，那么必定会看到：社会资本的再生产过程是怎样进行的，这个再生产过程和单个资本的再生产过程相比有哪些不同的特征，二者又有哪些共同的特征”①。这告诉人们，如果考察社会总资本在一年间提供的商品产品（简称社会总产品），就可以清楚地看到社会总资本再生产过程的特征。

这是唯物史观研究宏观经济运动的出发点。迄今为止，任何一个经济自主的民族国家在一定时期的物质生产中，都会生产一定的产品总量，这是客观存在的，而不是虚拟的。物质生产领域的各行各业的社会分工只能建立在这个物质产品总量的基础上。即使引入对外贸易，社会分工的比例关系也仍然是以这个社会的经济总量为前提的（这将在后面的章节阐释）。如果离开一定社会的经济总量，社会分工的比例关系就失去了既定的客观物质基础。

在唯物史观看来，社会的存在必须以全社会人们的衣食住行为前提，这只能依赖于社会生产出的总产品；社会每年都必须依赖于年总产品才能存在。而“年产品既包括补偿资本的那部分社会产品，即社会再生产，也包括归入消费基金的、由工人和资本家消费的那部分社会产品，就是说，既包括生产消费，也包括个人消费”②。只要社会总产品能满足每年该社会的所有的生产消费和个人消费，社会就会持续发展。坚持唯物史观的思想方法，就必然会以社会总产品作为出发点来分析宏观经济的运动。

在商品生产社会，社会总产品也就是社会总商品，即包括Σc在内的社会总商品价值$\Sigma(c+v+m)$。因此，《资本论》指出，在研究宏观经济运动时，应当着眼于商品资本循环公式。“显然，我们应当分析的是 $W'-\begin{cases} G-W\cdots P\cdots W' \\ g-w \end{cases}$ 这个流通公式，在这里，消费必然会起作用；因为起点 $W'=W+w$，即商品资本，既包含不变资本价值

① 《资本论》第2卷[M]，北京：人民出版社，2004年，第435页。
② 《资本论》第2卷[M]，北京：人民出版社，2004年，第435页。

和可变资本价值，也包含剩余价值。所以，它的运动既包括生产消费，也包括个人消费。"[①]"在 W′…W′运动中，正是要通过说明这个总产品 W′的每一价值部分会变成什么，才能认识社会再生产的条件。在这里，总的再生产过程既包括资本本身的再生产过程，也包括以流通为媒介的消费过程。"[②]引文中的"总产品 W′的每一价值部分"，最基本的划分就是在社会总商品价值∑(c+v+m)中，用于补偿生产总产品生产消费的不变资本∑c、可变资本∑v 和用于全社会个人消费和扩大再生产的剩余价值∑m 这几部分。这些价值部分之间及其各自内部组成部分之间的一定比例关系，反映出各行各业在生产领域中的社会分工比例关系，正是这种比例关系决定了社会再生产的连续进行。因此，只有从社会总产品出发，才能弄清社会再生产或宏观经济运动的内在联系。

2. 社会总产品范畴的科学含义

这里需要注意的是，社会总产品是指用于生产消费和个人消费的物质产品或物质商品，不包括作为商品流通媒介的货币∑G[也就是上述商品资本循环公式中的 G(g)]。货币当然是商品，是社会劳动的产物，但是，"金和银，执行货币的职能，并且作为货币专门留在流通过程(也作为贮藏货币、准备金等等留在流通领域，虽然是以潜在的形式)，这纯粹是生产过程的一定社会形式即商品生产过程的产物"；"这些执行货币职能的商品，既不进入个人消费，也不进入生产消费。这是固定在充当单纯的流通机器的形式上的社会劳动"；"金和银作为货币商品，对社会来说，是仅仅由生产的社会形式产生的流通费用。这是商品生产的非生产费用，这种费用，随着商品生产，特别是随着资本主义生产的发展而增大。它是社会财富中必须为流通过程牺牲的部分。"[③]由此可知，这里所说的生产社会总产品的社会劳动的分工，是不包括生产货币的社会劳动的。当然，用于某些工业仪器原材料的金、银，属于物质产品范畴，不作为流通工具而作为个人消费的首饰等奢侈品、钱币储藏品的金银等，都属于社会总产品范畴。

3. 从社会总产品出发这个原理的理论价值和应用价值

研究宏观经济运动坚持从社会总产品出发，也就是要从社会生产的全部商品出发。它们由各种各样的使用价值，总的价值量是∑(c+v+m)，其中的∑(v+m)是

---

① 《资本论》第 2 卷[M]，北京：人民出版社，2004 年，第 435—436 页。
② 《资本论》第 2 卷[M]，北京：人民出版社，2004 年，第 436 页。
③ 《资本论》第 2 卷[M]，北京：人民出版社，2004 年，第 153—154 页。

价值产品，即新创造的价值，v 和 m 之间的划分，是由社会生产关系决定的，在资本主义条件下，v 体现劳动力价值，m 体现资本家阶级占有的剩余价值。这与西方宏观经济学从 GDP（国内生产总值）出发研究宏观经济运动，有重大区别。后者在宏观经济分析中丢掉 $\sum c$，具有严重片面性，这种错误在经济思想史上发端于西方古典经济学家斯密，被马克思称之为"亚·斯密的教条"[①]。它一直延续到当代西方宏观经济学，最显著的表现就是，宏观经济分析使用 GDP 这个总量指标。这个指标在具体统计上只包括固定资本的折旧金，完全丢掉了占社会总产品极大比重的流动不变资本。由于西方宏观经济学贯彻"斯密教条"，用以指导宏观经济调控，当然不可能解决产业结构失衡的问题。

从社会总产品出发，这对于在社会主义宏观经济管理中制定科学的总量统计指标，具有重大指导意义。应当明白，社会总产品这个范畴是可以指导具体的国民经济统计的。我国在计划产品经济体制时期采用的工农业总产值指标，实际上就应用了社会总产品范畴。这个物质产品总价值的总量指标与 GDP 指标相比，是包括了 $\sum c$ 的物质总产品指标，是有助于科学分析市场经济的社会分工的比例关系的。我们从计划产品经济体制转向社会主义市场经济体制，完全可以继续应用这个总量指标，没有必要照搬西方宏观经济学的 GDP 指标。当然，在具体统计范围的设置上，在物质总产品（总商品）指标的具体统计内容上，有必要随着物质生产部门的新拓展而改进和完善。

《资本论》关于研究宏观经济应当从社会总产品出发这个原理对于实际工作的重要性，我们可以结合学习老一辈无产阶级革命家陈云提出的国民经济"建设规模要和国力相适应"[②]来领会，充分认识宏观经济必须综合平衡，而发展的目标应当切实可行。陈云指出，中国"人口多，要提高生活水平不容易；搞现代化用人少，就业难。我们只能在这种矛盾中搞四化。这个现实的情况，是制定建设蓝图的出发点"[③]。陈云的"国力论"贯彻的正是应当从社会总产品出发研究宏观经济这个科学原理。1949 年之后，在加快经济发展的良好愿望下，发生过急于求成的"大跃进"，这导致国民经济发生严重比例失调；正是在陈云"国力论"的指导下，调整比例关系，这种失误才得到了较快的纠正。这说明，从社会总产品出发这个原理是反映

① 《资本论》第 2 卷[M]，北京：人民出版社，2004 年，第 410 页。马克思对斯密教条的详细分析见该卷第 401—432 页。

② 《陈云文选》第 3 卷[M]，北京：人民出版社，1995 年，第 48 页。

③ 《陈云文选》第 3 卷[M]，北京：人民出版社，1995 年，第 250 页。

了宏观经济运动的客观规律的。

（二）生产商品的社会劳动是抽象劳动

1. 生产商品的社会劳动的历史特征

唯物史观认为产品是生产劳动的结果。社会总产品是总的社会劳动创造出来的。在商品生产社会，社会总产品是总“商品产品”，所以，必须弄清生产商品的社会劳动的历史特征。

马克思深刻地论证了这种历史特征，他首先指出，商品与自然物、与各种社会一般产品存在历史区别。商品具有使用价值和价值，但是，天然的物可以是使用价值，但不是劳动的产品，所以不是价值；一个有用物是人类劳动的产品，但是如果不是商品，就没有价值；只有用于交换、为别人生产的产品即具有社会的使用价值的劳动产品，才是商品，才有价值。①

其次，通过商品价值形式的分析，指出生产商品的劳动之所以成为社会劳动，不是因为它的具体有用劳动具有直接社会性，而是因为它生产的商品必须同别人生产的商品实现交换，使不同商品生产者之间的劳动具有抽象人类劳动这种等同性，在这种劳动的特殊历史性上，才成为社会劳动。例如，在家庭为单位的自给自足的小社会范围内，男耕女织，老人养鸡养猪，小孩放牛，各社会成员生产的各种使用价值产品，都直接供给小社会享用。这使他们的具体劳动具有直接社会性。而在商品生产社会，各种具体劳动就不具有直接社会性，因为产品必须经过市场交换才能供社会使用。所以，只有在市场中实现交换的商品才有社会性，而实现交换的根据是商品中包含凝结在价值中的同一的抽象人类劳动，简称抽象劳动。所以，在商品生产社会，“劳动的共性是劳动的直接社会形式”；而不像在自然经济社会那样，“劳动的自然形式，劳动的特殊性是劳动的直接社会形式”。②

2. 生产社会总产品的社会劳动总量可以计量

在自然经济条件下，不同使用价值的质是不同的，总社会劳动是无法用统一标准加总的，因为根据辩证逻辑，同质的东西才能进行有确定内容的相加，例如，两个面包加两个面包等于四个面包；但是不同质的东西相加，就没有确定内容，如三个面包与两双鞋子相加，只能在最抽象的意义上说是五个东西。但是，在商品生产社

① 参见《资本论》第1卷[M]，北京：人民出版社，2004年，第54页。
② 参见《资本论》第1卷[M]，北京：人民出版社，2004年，第95页。

会，全社会的社会总劳动则可以以一定的内容加总。这是因为，商品的价值是凝结的抽象劳动，抽象劳动的质具有等同性，这使全社会投入各行各业的社会劳动量既可以进行数量比较，也可以把一定时期内社会投入所有生产领域的同质的社会劳动时间或形成的价值，加总成社会劳动总量或总价值量。社会总产品的价值$\sum(c+v+m)$，就是全社会的作为凝结的抽象劳动或社会劳动的总量。这是客观存在的，只要寻求到科学的统计方法，是可以加总计量的。

3. 生产社会总产品的劳动包括死劳动和活劳动

死劳动是"过去的、对象化的"凝结的劳动，[①]即已生产出来的客观存在的价值；活劳动则是在生产中起作用的新投入的劳动。从宏观经济角度看，在一年生产的总产品价值$\sum(c+v+m)$中，$\sum c$这部分价值是"死劳动"，而$\sum(v+m)$这部分价值是由当年劳动者在全部工作日的耗费凝结的，也就是新投入的全部活的社会劳动创造的。死劳动$\sum c$，要靠当年全部活劳动发挥作用创造新价值$\sum(v+m)$的生产劳动过程，才能转移到商品中去，成为总产品价值中的组成部分。因此，必须充分认识，虽然生产社会总产品的社会总劳动，是包括死劳动（凝结在不变资本中）的；但是，在社会总劳动中，起能动作用的则是社会总劳动中的活劳动。

在资本主义生产过程中，活劳动和死劳动的主从关系是被颠倒的，死劳动控制活劳动，资本控制工人。马克思深刻指出，"资本只有一种生活本能，这就是增殖自身，创造剩余价值，用自己的不变部分即生产资料吮吸尽可能多的剩余劳动。资本是死劳动，它像吸血鬼一样，只有吮吸活劳动才有生命，吮吸的活劳动越多，它的生命就越旺盛"[②]。在社会主义市场经济条件下，应当把资本主义生产颠倒的主从关系重新颠倒过来，坚持活劳动控制死劳动，坚持劳动者是生产条件的主人；从全社会看，就是全社会的活劳动按一定比例分工，配置、激活全社会死劳动，自主地生产满足广大人民群众物质和文化需要的社会总商品。

4. 从社会劳动时间分配的角度认识宏观经济内部结构

理解生产商品的社会劳动是抽象劳动的原理，对于克服宏观经济认识中的拜物教观念具有重要意义。目前舆论界往往把市场调节说成是一种资源配置方式，这使用的其实是西方经济学话语。如上一章所述，市场调节是一种间接实现社会

① 参见《资本论》第1卷[M]，北京：人民出版社，2004年，第227页。

② 《资本论》第1卷[M]，北京：人民出版社，2004年，第269页。引文中的"创造剩余价值"，在1975年版为"获取剩余价值"（《资本论》第1卷[M]，北京：人民出版社，1975年，第260页），笔者认为这里译为"获取"是正确的，因为资本作为物化劳动，是不创造价值的。

分工的制度。只谈“资源配置”，而淡化总社会劳动的分工，这容易造成只见有形的人、财、物等各种资源的“物”态，而完全看不到市场分配的“资源”实质上是各行各业的社会劳动，也看不到政府对市场的宏观调控，实质上会促进总社会劳动量（时间）形成社会再生产客观需要的合理结构或比例关系。因此，这是一种把社会劳动关系视为物质关系的拜物教观念。

当然，理解了市场调节的实质，并不意味着可以停留在抽象的社会分工概念上，而应当促进这种理解具体化、现实化。这种具体化、现实化大有文章可做。至少应明白，在一年的社会总产品的价值构成$\sum(c+v+m)$中，其中的$\sum c$是当年投入的物化社会劳动，$\sum(v+m)$是当年新投入的社会劳动。前者关系到全社会消耗的总生产资料价值及其各部门的比例关系，后者则涉及全年投入各部门劳动力的总社会劳动及其比例关系。统计部门只有大体摸清这两者的情况，才有条件为调控市场的总供给和总需求的平衡，创造基本条件。

二、着眼于揭示社会再生产的分工比例关系

（一）用劳动二重性的观点考察

1. 确立社会总产品价值补偿和物质补偿的观点

一定时期生产社会总产品是客观的，生产它们的社会分工的比例关系也是客观的。要认识这种客观性，就要确立社会再生产的观点。唯物史观认为，“每一个社会生产过程，从经常的联系和它不断更新来看，同时也就是再生产过程”；“生产的条件同时也就是再生产的条件。任何一个社会，如果不是不断地把它的一部分产品再转化为生产资料或新生产的要素，就不能不断地生产，即再生产”。[①] 而且，生产具有怎样的历史形式，再生产也就具有同样的历史形式。[②]《资本论》正是从社会总产品实现再生产的角度，发现生产它们的社会分工存在一定比例关系的。这是因为，社会再生产所需要的生产资料商品，以及生产者生活所需要的消费资料商品，都只能从生产出的社会总产品的各个组成部分获得补偿；而根据生产商品的

① 《资本论》第1卷[M]，北京：人民出版社，2004年，第653页。

② 马克思指出，“生产具有资本主义的形式，再生产也就具有同样的形式”（《资本论》第1卷[M]，北京：人民出版社，2004年，第653页）。这个原理，对于生产的其他社会形式，也同样适用。

劳动具有二重性的原理，商品具有使用价值和价值两方面因素，因而这种再生产的补偿必须包括价值补偿和物质补偿，由此就可以发现，社会总产品$\sum(c+v+m)$各组成部分的实物构成和价值构成，必须形成一定的比例关系。这种表现在各生产部门之间的社会分工的比例关系是不以人的意志为转移的；正是价值规律发挥作用的依据和市场供求关系变动的趋势。

2. 重视商品使用价值是价值的前提这个规律

在价值规律作用的过程中，社会总产品的各组成部分对社会再生产各种要素的价值补偿和物质补偿这两方面，是紧密联系的；商品使用价值是价值的前提这个规律，对于理解这两方面的辩证关系，具有决定意义。

马克思指出，“在分析全年社会总产品的流通时，必须研究该产品各个组成部分的确定用途，即消费因素”①。马克思还指出，“事实上价值规律所影响的不是个别商品或物品，而总是各个特殊的因分工而互相独立的社会生产领域的总产品；因此，不仅在每个商品上只使用必要的劳动时间，而且在社会总劳动时间中，也只把必要的比例量使用在不同类的商品上。这是因为条件仍然是使用价值。但是，如果说个别商品的使用价值取决于该商品是否满足一种需要，那么，社会产品量的使用价值就取决于这个量是否符合社会对每种特殊产品的量上一定的需要，从而劳动是否根据这种量上一定的社会需要按比例地分配在不同的生产领域。（我们在论述资本在不同的生产领域的分配时，必须考虑到这一点。）在这里，社会需要，即社会规模的使用价值，对于社会总劳动时间分别用在各个特殊生产领域的份额来说，是有决定意义的。但这不过是已经在单个商品上表现出来的同一规律，也就是：商品的使用价值是商品的交换价值的前提，从而也是商品的价值的前提”②。正是由于社会总产品中的每一种商品的社会使用价值总量对该种商品生产在社会总劳动时间占用的份额有决定意义，所以马克思提出了被中国学术界称之为“第二种意义的必要劳动时间”概念。他从宏观经济的角度指出，“例如，假定棉织品按比例来说生产过多了，尽管在这个棉织品总产品中实现的只是既定条件生产这个总产品的必要劳动时间。但是，总的来说，这个特殊部门消耗的社会劳动是过多了；就是说，产品的一部分已经没有用处。可见，只有当全部产品是按必要的比例进行生产时，它们才能卖出去。社会劳动时间可分别用在各个特殊生产领域的份额的

① 《资本论》第2卷[M]，北京：人民出版社，2004年，第455页。
② 《资本论》第3卷[M]，北京：人民出版社，2004年，第716页。

这个数量界限，不过是价值规律本身进一步展开的表现，虽然必要劳动时间在这里包含着另一种意义。为了满足社会需要，只有如许多的劳动时间才是必要的。在这里界限是由于使用价值才产生的。社会在既定生产条件下，只能把它的总劳动时间中如许多的劳动时间用在这样一种产品上"[①]。此后，他又进一步明确地指出，"商品价值的性质，——即价值不是由某个生产者个人生产一定量商品或某个商品所必要的劳动时间决定，而是由社会必要的劳动时间，由当时社会平均生产条件下生产市场上这种商品的社会必需总量所必要的劳动时间决定，——正是通过市场价格的形式，进一步说，真实通过起调节作用的市场价格或市场生产价格的形式而表现出来"[②]。可见，第二种意义的必要劳动时间，是宏观经济的社会劳动时间，是建立在商品使用价值是价值的前提这个规律基础上的。它告诉人们，"当全部产品是按必要的比例进行生产时，它们才能卖出去"。社会总产品中每种特殊商品的总量，都有该种商品使用价值总量和价值总量的二重规定，其使用价值总量应当符合市场有购买力的需求，超过这种需求就没有用处，从而生产它们的社会劳动就不能实现，不能形成价值，等于浪费。

由此可见，生产社会总产品的社会劳动的比例关系具有劳动二重性规定的数量界限。花在每种商品总量生产上的社会劳动时间总量，都必须符合按比例的要求，它只能是这种生产商品使用价值的社会必需总量所必要的社会劳动时间总量。这种界限是通过市场供求均衡时的市场价格（也就是市场价值，在资本主义条件下是市场生产价格）表现出来的。

3. 研究社会主义宏观经济运动要防止两种偏向

《资本论》用价值补偿和物质补偿的观点研究的虽然是资本主义经济的社会分工比例关系，但是其中包含商品生产社会的一般要求，其方法对社会主义市场经济也是适用的。中国在计划产品经济时期，基于当时的社会生产力水平，重视根据社会总产品重要产品使用价值的比例结构来制定国家计划，这是遵循商品使用价值是价值的前提这个规律的；不过，为了推进国民经济"大跃进"，采取突出少数物质产品如钢、煤、粮、棉四大生产指标带动整个国民经济的做法，则带有主观性，并不符合这个规律的客观要求。计划产品经济体制的主要弊病，是采取自上而下高度集中的行政管理方法，由上级机构直接管理基层的生产，要求企业利润甚至固定资

---

① 《资本论》第 3 卷［M］，北京：人民出版社，2004 年，第 717 页。
② 《资本论》第 3 卷［M］，北京：人民出版社，2004 年，第 722 页。

产的折旧金全都上交,这造成一种偏向,企业"买酱油的钱不能买醋",企业生产只能对上负责,缺乏适应社会需求的主动性,企业之间更缺乏横向的主动交往,这就导致企业再生产难以遵循价值规律要求,按照社会的实际供求关系投入产出。这种管理体制往往造成上级给企业下达的计划指标脱离实际,造成企业不能及时地在再生产过程中实现价值补偿和物质补偿,从而导致社会再生产不能符合客观要求的比例关系,以致发生经济结构的失衡。这样的管理体制当然必须改革。但是,在纠正这种体制弊病,建立社会主义市场经济体制之后,又发生另一种偏向,即在宏观经济调控上出现淡化、轻视计划调节。这突出表现在不考虑社会总产品的使用价值数量的基本计划安排,这其实是不符合商品使用价值是价值的前提这个基本原理要求的,这种偏向是同样需要纠正的。

(二)简单再生产是扩大再生产的基础

1. 研究社会简单再生产的必要性

社会再生产分为社会简单再生产和社会扩大再生产。前者是原有规模的再生产,后者是规模扩大的再生产。弄清资本主义宏观经济的社会分工比例关系,需要分清社会总资本的简单再生产和扩大再生产,把社会总资本的扩大再生产建立在实现简单再生产的基础上。

马克思研究资本主义社会再生产,从方法论角度论证了研究社会简单再生产的必要性。尽管说,资本主义生产的目的是追求剩余价值,不断进行资本积累和扩大再生产;但是,社会扩大再生产只能在社会简单再生产实现的基础上进行。从价值角度看,社会资本的扩大再生产总是要首先生产出社会资本原有的价值量,即完成简单再生产,然后才能进行积累或扩大再生产。马克思指出,"直接摆在我们面前的问题是:生产上消费掉的资本,就它的价值来说,怎样由年产品得到补偿?这种补偿的运动怎样同资本家对剩余价值的消费和工人对工资的消费交织在一起?因此,首先要研究原有规模的再生产。"①可见,简单再生产现实地包含在扩大再生产之内,首先弄清社会资本的简单再生产实现的条件,这是弄清社会扩大再生产实现条件的基础。

2. 在保证简单再生产的基础上扩大再生产

马克思指出,"只要有积累,简单再生产总是积累的一部分,所以,可以就简单

① 《资本论》第2卷[M],北京:人民出版社,2004年,第436页。

再生产本身进行考察，它是积累的一个现实因素”①。这就是说，先研究社会简单再生产，再研究社会扩大再生产，这其实是社会再生产的现实逻辑在理论逻辑上的反映。而在宏观经济调控实践中，也应当贯彻先保证简单再生产，再促进扩大再生产的逻辑顺序。

上述资本主义经济的社会简单再生产和社会扩大再生产相互关系的原理，在社会化大生产为物质基础的社会中具有一般性，对社会主义社会同样适用。新中国经济建设的实践经验证实了这个原理的重要性。陈云同志曾指出，“物资要合理分配，排队使用。应该先保证必需的生产和必需的消费，然后再进行必需的建设”②。“从全局看，第一是吃饭，第二要建设。”③这深入浅出地阐释了在国民经济的宏观调控中，必须把握好首先实现简单再生产，然后实现社会扩大再生产的原则。

三、社会再生产的比例关系

（一）社会简单再生产的比例关系

1. 社会分工要求形成一定比例关系

明白了社会再生产必须首先保证简单再生产，就可以从社会总产品各部分价值补偿和物质补偿的观点，发现社会分工必然存在的基本的比例关系。

马克思根据社会总产品必须对社会再生产的生产消费和个人消费这两大最基本用途做出补偿的客观要求，把社会生产部门分为两大部类，即生产资料生产部类（第Ⅰ部类）和消费资料生产部类（第Ⅱ部类）。他应用劳动二重性基本原理，首先确定了两大研究的基本前提，一是从物质产品使用价值或实物形态角度，把社会总产品分为第Ⅰ部类的商品和第Ⅱ部类的商品；二是从产品的价值构成角度，把每一部类的资本都分成不变资本 c 和可变资本 v 两个组成部分，从而把每个部类的产品价值分为 c、v、m 三个部分，其中 c 是转移到产品中去的不变资本的价值部分，v+m 为体现可变资本和剩余价值的工人新创造的价值部分。从这两个基本前提出发，先不考察作为社会总产品各部分交换媒介的货币流通，那就必然能推理出社会总

---

① 《资本论》第 2 卷[M]，北京：人民出版社，2004 年，第 438 页。
② 《陈云文选》第 3 卷[M]，北京：人民出版社，1995 年，第 53 页。
③ 《陈云文选》第 3 卷[M]，北京：人民出版社，1995 年，第 309 页。

产品对社会再生产所需要的价值补偿和实物补偿的三大途径或要点,从而发现投入全社会生产部门的社会劳动之间的基本比例关系。

2. 社会简单再生产的产品价值交换途径和基本比例关系

如图式 5－1 所示：

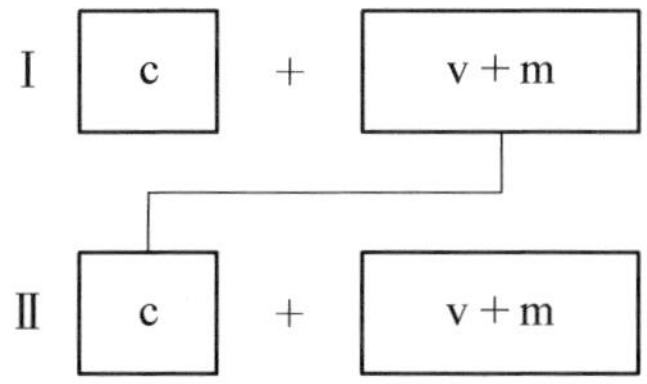

图式 5－1　社会简单再生产的基本比例关系

图式 5－1 没有标出两大部类产品价值各构成部分的数量,因而看不出每个部类的资本有机构成,即 c ∶ v 的数量关系;但是,这不会影响说明在社会简单再生产条件下两大部类之间的商品交换的最基本的途径或最基本的比例关系。

从该图式可以看出：其一,因为第Ⅱ部类体现转移到商品中的不变资本部分Ⅱc,必须与第Ⅰ部类的商品交换,才能换回用于补偿自己再生产的生产资料,所以,第Ⅱ部类用于补偿工人和资本家个人消费的商品,只能在该部类Ⅱ(v+m)内部与体现可变资本和剩余价值的这部分商品交换。其二,第Ⅰ部类的商品是生产资料,该部类体现可变资本和剩余价值的Ⅰ(v+m)的商品,在简单再生产条件下都要用于补偿工人和资本家个人消费,它们只能到第Ⅱ部类去换回消费资料;而第Ⅱ部类的商品在Ⅱ(v+m)简单再生产条件下补偿内部需要之后,只剩余Ⅱc 这部分商品可与第Ⅰ部类的商品交换,而这种交换正好可以补偿Ⅱc 的再生产。其三,在以上交换之后,第Ⅰ部类体现转移到商品中的不变资本Ⅰc 的生产资料商品,必须补偿用于本部类生产消耗掉的生产资料,它们只能在Ⅰc 商品的内部实现不同生产资料商品的相互交换。

上述三大基本交换途径,显示出相互交换的产品价值只有实现等价交换,社会再生产才能实现。这意味着对应于有关交换途径的三个等式必须共同实现：

$$\text{Ⅱ}(v+m)=\text{Ⅱ}(v+m) \tag{1}$$

$$\text{Ⅰ}(v+m)=\text{Ⅱ}c \tag{2}$$

$$\text{Ⅰ}c=\text{Ⅰ}c \tag{3}$$

从纯数学角度看,公式(1)和(3)总是绝对相等的,似乎不必标出。其实,从反映客观经济现实的政治经济学角度来看，我们只要认识到商品具有价值和使用价值两因素，认识到这些产品价值的等式，体现着成千上万生产者生产的不同的社会具体有用产品和价值的相互交换关系，就可以知道，它们反映出的其实是同一部类内部一定结构的商品生产之间的比例关系，这也就是社会劳动分配在一定结构的商品生产中的比例关系。

3. 考察简单社会再生产比例关系的另一种角度

我们还可以从每一部类生产的产品价值对社会再生产补偿的角度，弄清在简单再生产的条件下，同一部类全部产品价值的结构和比例关系：

$$\text{Ⅰ}(c+v+m)=\text{Ⅰ}c+\text{Ⅱ}c \tag{4}$$

$$\text{Ⅱ}(c+v+m)=\text{Ⅰ}(v+m)+\text{Ⅱ}(v+m) \tag{5}$$

公式(4)显示出，第Ⅰ部类的全部产品价值，必须分为补偿Ⅰc 和Ⅱc 的两部分，形成这两部分之间的比例关系；也就是全社会投入生产资料生产的社会劳动，要分成两部分，一部分用于生产本部类再生产需要的生产资料，另一部分用于生产第Ⅱ部类再生产需要的生产资料。公式(5)显示出，第Ⅱ部类的全部产品价值，必须分为补偿Ⅰ(v+m)和Ⅱ(v+m)的两部分，形成这两部分之间的比例关系；也就是全社会投入消费资料生产的社会劳动，要分成两部分，一部分用于生产本部类再生产需要的消费资料，另一部分用于生产第Ⅰ部类再生产需要的消费资料。

如果从社会总产品补偿整个社会再生产的角度来看，那么总产品之间就必然形成最基本的比例关系：

$$\Sigma(c+v+m)=\text{Ⅰ}(c+v+m)+\text{Ⅱ}(c+v+m) \tag{6}$$

公式(6)显示出，从使用价值角度看，社会总产品必须分为补偿社会再生产需要的生产资料和消费资料两大基本部分；从价值角度看，每个基本部分内部的产品价值构成，又必须形成用于价值补偿的 c、v、m 三个部分。这意味着全社会的社会劳动分工，也必须形成相应于两大部类 c、v、m 各组成部分，形成一定比例关系。

（二）引入奢侈品生产的社会简单再生产

1. 奢侈品生产的社会简单再生产图式

《资本论》还从资本主义经济历史特征的角度，揭示了在简单再生产条件下，资本家阶级的奢侈品消费对整个社会再生产的特殊影响。这种特征表现在，即使在社会简单再生产条件下，资本家的剩余价值也要分为用于必要生活资料（m/x'）消费和奢侈品（m/x''）消费两部分，即：$m=m/x'+m/x''$。这样，第Ⅱ部类的生产就要分为Ⅱa 必要生活资料生产和Ⅱb 奢侈品生产两个分部类。根据《资本论》的有关论述，社会再生产的交换途径和比例关系，可以用图式 5－2 来表示：

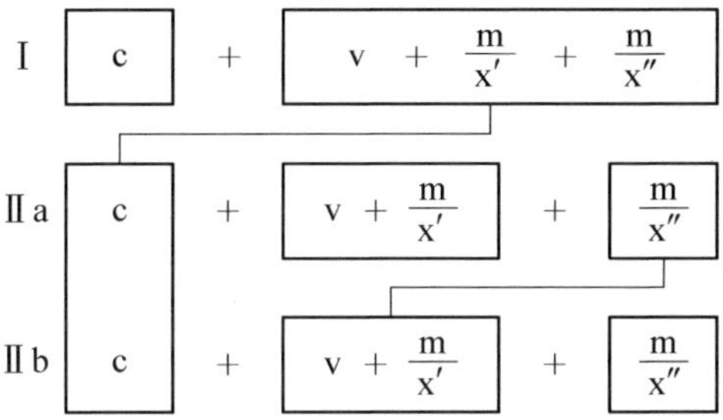

图式 5－2　在第Ⅱ部类分为必要生活资料和奢侈品两个分部类条件下的社会简单再生产的比例关系

图式 5－2 表示出，在第Ⅱ部类分为Ⅱa（必要生活资料）和Ⅱb（奢侈品）两个分部类的条件下，社会简单再生产的社会总产品各部分价值补偿和实物补偿的基本比例关系。从图式中我们可以看到，实现社会简单再生产，必须满足以下交换途径或比例关系：

在第Ⅱ部类内部：Ⅰ $am/x''=$ Ⅱ $b(v+m/x')$　　（1）

Ⅱ $bm/x''=$ Ⅱ bm/x''　　（2）

Ⅱ $a(v+m/x')=$ Ⅱ $a(v+m/x')$　　（3）

在两大部类之间：Ⅰ $(v+m/x'+m/x'')=$ Ⅱ $ac+$ Ⅱ bc　　（4）

在第Ⅰ部类内部：Ⅰ $c=$ Ⅰ c　　（5）

可以看出，上述交换关系仍然遵循着社会总产品内部交换的三大途径。但是因为第Ⅱ部类分成了两个分部类，交换关系就变得比较复杂了。

关于图式 5－2，读者可能会提出，既然第Ⅱ部类内部分成Ⅱa、Ⅱb 两个分部类，那么为第Ⅱ部类提供生产资料的第Ⅰ部类内部，也应分为Ⅰa 和Ⅰb 两个分部类，为何在图式 5－2 中的第Ⅰ部类却没有表现这样的区分？这是因为，在原著中，马克思虽然指出Ⅰ（v+m）本身会分别为Ⅱa 提供生产必要生活资料的生产资料，为Ⅱb

提供生产必要消费资料的生产资料，但是他并没有明确地把第Ⅰ部类分为Ⅰa 和Ⅰb两个分部类。原因在于，"不仅真正的劳动资料，而且原料和辅助材料等等，在两个分部类中，有很大部分是相同的。至于Ⅰ(v+m)全部产品的不同价值部分的交换，那么，这种划分似乎是毫无意义的"[①]。当然，如果把第Ⅰ部类明确分为Ⅰa 和Ⅰb 两个分部类，也是可以用图式来表现社会总产品内部交换的，但是更为复杂。我国有的经济学家为此做过深入探讨。[②] 有兴趣的读者可以进一步研究。

2. 从奢侈品生产看资本主义经济制度的特征

第Ⅱ部类分为Ⅱa 必要生活资料和Ⅱb 奢侈品两个分部类这种比例关系，显示出资本主义经济制度的特征。图式 5－2 显示出，公式(1)至(5)是相互联系的，它们必须共同实现，社会再生产才能顺利进行。因此，马克思指出，"这些比例关系在全年总产品的每一次分配中，都具有质的决定意义"[③]；"必要消费资料的生产和奢侈品的生产之间的比例关系，是以Ⅱ(v+m)在Ⅱa 和Ⅱb 之间的分割为条件的，从而也是以Ⅱc 在Ⅱac 和Ⅱbc 之间的分割为条件的。因此，这种分割从根本上影响着生产的性质和数量关系，对生产的总形态来说，是一个本质的决定因素。"[④]引文中，"质的决定意义"和"本质的决定因素"告诉我们，Ⅱa 和Ⅱb 之间的这种分割是资本主义剥削制度特有性质的表现，这种分割对资本主义生产必然要出现的危机等现象都有决定性意义。

从图式 5－2 和公式(1)都不难看出，Ⅱbv < Ⅱam / x″ < Ⅱam，这告诉我们，Ⅱbv 是在Ⅱam 中一个等价部分中实现的。这意味着，在资本主义经济制度中，在奢侈品生产部门就业的工人的生存或再生产，是取决于资本家阶级的奢侈品消费的。当资本主义发生危机时，资本家阶级的奢侈品消费会减少，这势必导致从事奢侈品生产的多余工人被解雇，这又必然导致必要生活资料市场有购买力需求的减少；而经济繁荣时，则会吸收工人在Ⅱb 分部类就业，由此会促进必要生活资料市场需求的增加。而必要生活资料市场的变动又会影响生产资料生产的变动，可见，奢侈品这个分部类的生产变动，是影响资本主义经济运动全局的。

---

① 《资本论》第 2 卷[M]，北京：人民出版社，2004 年，第 452 页。有关解释和详细交换图式，请参见何干强：《也谈第Ⅰ部类与第Ⅱ部类两分部类的交换图式》[J]，《南京师院学报》1982 年第 4 期。

② 参见胡世祯：《对第Ⅰ部类进行具体分类后的两大部类的交换关系》《两大部类的具体分类以及在简单再生产条件下的两大部类交换关系图式与公式》，胡世祯著：《〈资本论〉研究文集》[M]，广州：暨南大学出版社，2014 年，第 222—237 页。

③ 《资本论》第 2 卷[M]，北京：人民出版社，2004 年，第 454 页。

④ 《资本论》第 2 卷[M]，北京：人民出版社，2004 年，第 457 页。

3. 研究第Ⅱ部类分部类的比例关系的应用价值

社会主义市场经济的宏观运动，是以商品流通为中介的。局部的生产部门必定会通过商品流通决定的货币流通影响整个社会再生产。即使到了今后贫富差距已经基本消除的经济发展阶段，第Ⅱ部类依然会存在影响全局的一定比例关系，控制第Ⅱ部类内部的再生产比例关系，这依然是宏观调控的重要内容。

目前，中国在多种所有制经济客观存在的现实条件下，出现了贫富差距问题，相应地也出现了奢侈品生产和消费问题。这不仅从社会学角度值得重视，而且宏观经济调控角度更值得高度重视。但是，有的观点却以西方资产阶级经济学为指导，认为发展奢侈品消费，可以起拉动经济的作用。这种观点离开中国国情，认为依靠富人的高消费可以拉动经济的观点，显然是肤浅的。毫无疑问，目前中国只有很富的人才能消费得起的诸如数十万元的高档珠宝首饰、数万元的高档服装，特别是那些除了本身购买价格之外每年包括各种税费在内还要耗费数十万元的私人小汽车、千万元以上一套的商品房等高档消费品，显然都属于奢侈品范畴。随着私有制经济比重的扩大，中国高档消费品生产和消费的比重在国民经济中的比重已经悄然增大。无论从促进社会关系和谐还是从促进宏观经济稳定运行的角度，都应当把它们控制在一定的限度内。

我们可以从放任发展高档的小汽车、商品房而导致目前产能过剩的现实，加深理解《资本论》关于奢侈品生产会影响宏观经济运动全局的道理。初看起来，在一部分人先富起来的情况下，发展高档小汽车、高档商品房，短期内促成了经济发展；然而正因为富人占人口比例低，对这类消费品的市场需求毕竟有限，而多数人的有购买力需求根本不能适应此类高档消费品的供给，这就势必造成它们的过剩。而轿车产业、房地产业这些“龙头”产业的过剩，必然导致与它们关联、被它们带动起来的产业链上的如水泥等建材、钢材、装饰器材等一系列产业和配套产业出现产品过剩和产能过剩。产能过剩，将造成有关工人的失业。可见，绝不应孤立地看待发展奢侈品范畴的高档小汽车和高档商品房。要真正解决由此引起的产能过剩问题，就应下决心控制这类起“龙头”作用的奢侈品生产。而这又唯有振兴公有制经济，缩小收入差距，在巩固的公有制经济基础上增强宏观经济调控的有效性，使生产供给结构和数量与市场需求结构和数量相适应，才能从根本上解决问题。本书在后面章节还要进一步深入研究完善生产资料公有制关系对宏观经济调控的关键作用。

（三）社会扩大再生产的基本比例关系

1. 社会扩大再生产应具备的基本条件

以上关于社会简单再生产的三大基本交换途径，对于社会扩大再生产是同样适用的。不言而喻，资本家要进行扩大再生产，其剩余价值（m）就不能全部用于个人消费（m/x），还必须用于追加不变资本（m/y）和追加可变资本（m/z）投资，也就是 m 要分成三个部分，即：m=m/y+m/z+m/x。[①] 这样，社会总产品的产品价值结构就比社会简单再生产要复杂；《资本论》经过论证，提出了它必须满足的两个基本条件。[②]

一是从社会扩大再生产需要追加生产资料的角度来看，第Ⅰ部类生产的生产资料产品价值必须超过两大部类简单再生产所需要的生产资料产品价值，也就是：Ⅰ（c+v+m）>Ⅰc+Ⅱc。如果把不等式两边相同的Ⅰc 消去，不等式就可以简化为：

$$\mathrm{I}\,(v+m) > \mathrm{II}\,c \qquad (A)$$

二是从社会扩大再生产需要追加社会劳动或劳动力，从而需要追加社会扩大再生产需要的消费资料的角度来看，第Ⅱ部类生产的消费资料产品价值，在工人的个人消费方面，就必须超过满足社会简单再生产的两大部类资本家和工人的消费资料［Ⅰ（v+m/x）+Ⅱ（v+m/x）］，也就是：

$$\mathrm{II}\,(c+v+m) > \mathrm{I}\,(v+m/x) + \mathrm{II}\,(v+m/x) \qquad (B)$$

这个公式在学术界通常简化为：Ⅱ（c+m−m/x）>Ⅰ（v+m/x）。意思是，第Ⅱ部类生产的消费资料产品价值，扣除用于本部类简单再生产的工人和资本家的个人消费产品价值，还必须大于第Ⅰ部类简单再生产的工人和资本家的个人消费产品价值，才会有多余的消费资料产品价值用于全社会的扩大再生产。不过，《资本论》有关的简化公式是：[③]

$$\mathrm{II}\,(c+m) - \mathrm{I}\,(v+m/x) > \mathrm{II}\,m/x \qquad (B')$$

① 这些表述符号是学术界 20 世纪 60 年代初就采用的，参见刘国光著：《社会主义再生产问题》［M］，北京：生活·读书·新知三联书店，1980 年，第 145 页。

② 《资本论》是结合货币资本积累因素和货币流回规律来论证的，对此我们将在本书第六章阐释。本章为了集中论述社会分工比例关系，暂时撇开货币积累因素，只论述马克思通过论证得出的结果。

③ 关于这个公式，需要作一点说明。《资本论》第 2 卷中译本有关原话是："Ⅰ（v+m/x）必须总是小于Ⅱ（c+m），其差额就是第Ⅱ部类的资本家阶级在Ⅱm 中无论如何必须由自己消费的部分。"（《资本论》第 2 卷［M］，北京：人民出版社，2004 年，第 588 页）按照这个论述，上述公式就应为等式Ⅱ（c+m）－Ⅰ（v+m/x）=Ⅱm/x。但是，这里用等号是不正确的，应当把引文中的"就是"校正为"大于"。本书的第六章在用图式论述Ⅱc 和Ⅰ（v+m/x）交换的三种情况时，较详细地对此进行了论证。

这个公式的意思是,第Ⅱ部类产品价值扣除用于本部类简单再生产的工人的个人消费Ⅱv之后,Ⅱ(c+m)是一个定量。而第Ⅰ部类产品价值中用于补偿工人和资本家个人消费的价值Ⅰ(v+m/x)是一个变量,因为这个变量中的Ⅰm/x是由积累率①来决定的。假定第Ⅰ部类积累率很低,Ⅰm/x很大,Ⅰ(v+m/x)就会增大,这就使Ⅱ(c+m)-Ⅰ(v+m/x)的差额变小,从而Ⅱm/x,即第Ⅱ部类资本家用于个人消费的部分变小,如果小到使他们连自己的个人消费也不能维持,那么扩大再生产也就不可能了。换句话说,如果第Ⅰ部类资本家和工人的个人消费过大,大到使第Ⅱ部类资本家的个人消费都成了问题,扩大再生产就不可能进行。我们可以从中得到这样的启发,第Ⅰ部类资本家和工人的个人消费大,通常意味着生产资料生产部门的生产总量也大,如果超过了一定限度,就会影响第Ⅱ部类的正常生产,从而给全社会再生产带来不良后果。

2. 社会扩大再生产实现的条件或社会总产品应形成的比例关系

《资本论》从生产资料再生产和消费资料再生产这两个基本方面,阐明了社会扩大再生产的基本条件。在此基础上,得出结论:社会总产品要满足社会扩大再生产的实现,产品价值在两大部类之间和每个部类内部就必须形成一定的比例关系。社会总产品的价值构成可用公式表示为:

$$\sum(c+v+m)=\mathrm{I}(c+v+m)+\mathrm{II}(c+v+m)=\mathrm{I}[(c+m/y)+(v+m/z)+m/x]+\mathrm{II}[(c+m/y)+(v+m/z)+m/x] \quad (C)$$

其中:

$$\mathrm{I}(c+v+m)=\mathrm{I}[(c+m/y)+(v+m/z)+m/x] \quad (C-1)$$

$$\mathrm{II}(c+v+m)=\mathrm{II}[(c+m/y)+(v+m/z)+m/x] \quad (C-2)$$

在这种产品结构基础上,如图式5－3所示,社会扩大再生产两大部类之间必然要进行三大途径的等价交换,仍然贯彻了社会简单再生产所遵循的要点。

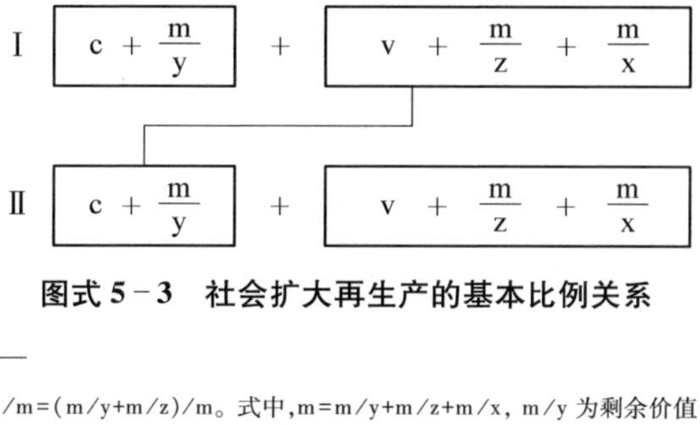

图式5－3　社会扩大再生产的基本比例关系

① 积累率=(m−m/x)/m=(m/y+m/z)/m。式中,m=m/y+m/z+m/x, m/y为剩余价值中用于追加不变资本部分,m/z为用于追加可变资本部分,m/x为用于资本家个人消费部分。

图式5－3显示的每一部类内部和两大部类之间的交换关系可用公式表示为：

$$\text{Ⅱ}(v+m/z+m/x)=\text{Ⅱ}(v+m/z+m/x) \quad (1)$$

$$\text{Ⅰ}(v+m/z+m/x)=\text{Ⅱ}(c+m/y) \quad (2)$$

$$\text{Ⅰ}(c+m/y)=\text{Ⅰ}(c+m/y) \quad (3)$$

公式(1)表示，在第Ⅱ部类中的Ⅱ(v+m/z+m/x)产品价值内部，只有形成一定的比例结构，或者说，投入这部分产品价值生产的社会劳动分工只有形成一定比例关系，才能通过有关生产者之间的交换，满足该部类资本家和包括追加可变资本所需工人在内的工人的个人消费需要。公式(3)表示，在第Ⅰ部类中的Ⅰ(c+m/y)这部分产品价值内部，只有形成一定的比例结构，或者说，投入这部分产品价值生产的社会劳动分工只有形成一定比例关系，才能通过有关生产者之间的交换，满足该部类包括追加不变资本在内的不变资本生产资料的需要。公式(2)表示，第Ⅰ部类中的Ⅰ(v+m/z+m/x)这部分产品价值只有与第Ⅱ部类中的Ⅱ(c+m/y)这部分产品价值形成等价交换的比例结构，或者说投入这两部分产品价值的社会劳动分工形成能够相互交换的比例关系，才能通过有关生产者之间的交换，满足第Ⅰ部类补偿扩大再生产需要的个人消费资料和满足第Ⅱ部类扩大再生产需要的生产资料，从而社会扩大再生产才能实现。

3. 关于社会扩大再生产有关公式的说明

本书第二章在引述《资本论》所揭示的与商品流通一般关系结合在一起的社会化生产一般规律时，曾根据原著有关论述，列出了关于社会扩大再生产的公式：

$$\text{Ⅰ}(c+v+m)-\text{Ⅰ}c-\text{Ⅰ}m/y-\text{Ⅱ}c=\text{Ⅱ}m/y \quad (a)$$

$$\text{Ⅱ}(c+v+m)-\text{Ⅱ}(v+m/z+m/x)-\text{Ⅰ}(v+m/x)=\text{Ⅰ}m/z \quad (b)$$

$$\text{Ⅱ}(c+v+m)-\text{Ⅱ}(v+m/x)-\text{Ⅰ}(v+m/x)=\text{Ⅰ}m/z+\text{Ⅱ}m/z \quad (c)$$

$$\text{Ⅰ}(v+m)=\text{Ⅱ}c+\text{Ⅰ}m/y+\text{Ⅱ}m/y \quad (d)$$

$$\text{Ⅱ}(c+m/y)=\text{Ⅰ}(v+m/z+m/x) \quad (e)$$

这些公式，都可以从(C－1)、(C－2)和公式(2)推导出来。例如，公式(a)的推导，因为(C－1)公式是：

$$\text{Ⅰ}(c+v+m)=\text{Ⅰ}[(c+m/y)+(v+m/z)+m/x]=\text{Ⅰ}(c+m/y)+\text{Ⅰ}(v+m/z+m/x)$$

将公式(2) Ⅰ(v+m/z+m/x)= Ⅱ(c+m/y)代入(C-1),即:

Ⅰ(c+v+m)= Ⅰ(c+m/y)+Ⅱ(c+m/y),再将等式右边的Ⅰ(c+m/y)和Ⅱc 移到左边,等式就变为公式(a):

$$\text{Ⅰ}(c+v+m)-\text{Ⅰ}c-\text{Ⅰ}m/y-\text{Ⅱ}c=\text{Ⅱ}m/y。$$

根据《资本论》原著论述列出的(b)(c)(d)(e)几个公式,都能用同样的方法推导出来,这里不再赘言。

上述这些公式表现的社会总产品和两大部类的产品价值各组成部分的比例关系都表现出,社会再生产要能够实现,全社会投入生产的社会劳动分工就必然形成一定的比例关系。这是应用唯物史观指导研究宏观经济得出的科学结论。从两大部类之间进行三大途径等价交换的必然性来看,这种形成比例关系的必然途径是社会主义市场经济也必须遵循的。

四、值得重视的方法论问题

(一)抓住社会再生产研究中的主要矛盾

1. 不变资本补偿是研究社会再生产最重要的理论问题

我们研究社会再生产,不仅应当弄清马克思所揭示的上述社会简单再生产和社会扩大再生产中的社会分工比例关系,更重要的是重视马克思研究社会再生产的辩证方法。前面提到的用劳动二重性观点考察简单再生产是扩大再生产的基础就是研究社会再生产的最基本的辩证方法。在此基础上,这一节再强调一些值得高度重视的辩证方法。

在社会再生产的研究中,马克思重视抓主要矛盾。他认为,需要研究的“最重要的理论问题”就是,“每个单个资本主义商品产品的价值分为 c+v+m 的这种分割,即使以不同的表现形式作为中介,在什么程度内同样也适用于全部年产品的价值。这个问题,一方面通过Ⅰ(v+m)和Ⅱc 的交换来解决,另一方面通过我们以后对第Ⅰ部类年商品产品中Ⅰc 的再生产的研究来解决”①。这里指的是社会总资本中不变资本 $\sum c$ 的补偿问题。为什么这是最重要的理论问题呢?

① 《资本论》第 2 卷[M],北京:人民出版社,2004 年,第 447 页。

其一,生产资料的补偿是社会再生产的基础。唯物史观认为,使用生产资料生产物质产品,这是人类与动物相区别的独有特征;社会每年要进行不断的再生产,首先就要解决当年生产过程中消费掉的生产资料如何从社会总产品中得到补偿的问题,只有再生产需要的生产资料或不变资本的补偿问题解决了,社会再生产才能持续进行。所以,在商品生产社会,不变资本$\sum c$的补偿就十分重要。

其二,不变资本$\sum c$的补偿涉及社会再生产全局。无论社会简单再生产还是扩大社会再生产,生产消费资料的第Ⅱ部类的可变资本价值Ⅱc或Ⅱ(c+m/y)的补偿,只有通过两大部类之间的交换才能解决,这就关系到投入整个社会再生产的社会劳动要形成适应这种交换的比例关系。从这个角度看,不变资本$\sum c$的补偿是社会再生产的中心环节。

其三,不变资本$\sum c$的补偿要求每年新投入的社会总劳动中有相当一部分用于补偿生产资料的再生产。从单个资本的再生产过程来看,在当年的产品价值(c+v+m)中,新投入的社会劳动似乎全部形成了价值产品(v+m),而不变资本c是转移到产品价值中的往年凝结的社会劳动。然而,社会总资本的再生产过程却与单个资本再生产过程不同,每年新投入的社会总劳动都必须有相当大的部分,即投入到第Ⅰ部类的社会劳动,以其具体有用劳动,生产补偿全社会作为不变资本的生产资料,而同时以其抽象人类劳动,形成补偿第Ⅰ部类的资本家和工人个人消费的新价值。

2. 不变资本补偿问题的解决是马克思的革命性理论贡献

在经济思想史上,马克思根据唯物史观,第一次科学地解决了社会总资本中不变资本$\sum c$的补偿问题。而资产阶级经济学却至今也没有弄清这个重要理论问题,仍然贯彻前面提到的斯密教条。在马克思以前,资产阶级古典经济学家斯密之所以在这个问题上犯重大错误,是由于他混淆了商品生产一般和资本主义商品生产,形成了资本、土地和劳动的三种“收入”(利润、工资和地租,即v+m)形成商品价值的观点,颠倒了价值创造和收入来源的因果关系,从而丢掉了商品价值(c+v+m)中的不变资本c;还由于他不懂劳动的二重性原理,因而不懂在同一个生产劳动过程中,抽象劳动创造价值,具体有用劳动在创造使用价值的同时,会把作为生产资料的不变资本价值c转移到商品产品中去,这就导致他在社会再生产中把年产品价值$\sum(c+v+m)$和年价值产品$\sum(v+m)$等同起来,也就致使他在社会再生产理论研究中,丢掉了最重要的不变资本$\sum c$的补偿。

马克思根据唯物史观的方法论，以劳动二重性的基本原理为指导，从理论上科学地解决了社会再生产中不变资本补偿这个最重要的理论问题。中国经济学界应当高度重视马克思这个革命性的理论贡献，从而在宏观经济调控实践中，应当坚决反对照搬凯恩斯主义的错误倾向，自觉把解决不变资本$\sum c$的补偿问题放在重要的地位。

（二）重视个别与整体的内在联系

1. 单个产业资本周转与社会再生产的相互关系

社会再生产是由一个个单个的资本相互联系的整体。单个资本的周转的相互联系，构成了社会总资本的周转。《资本论》揭示出单个企业资本的周转运动都不是孤立运动的，它们的周转运动，投入产出，都与社会再生产辩证地联系在一起。因此，马克思研究社会再生产，并不只是研究总量关系，而是把个别（单个资本运动）和整体（社会总资本运动）联系起来研究。

《资本论》在阐述单个产业资本周转运动时揭示出："资本的循环，不是当作孤立的过程，而是当作周期性的过程时，叫作资本的周转。"①一个企业的预付总资本，是由固定资本和流动资本构成的。从价值角度看，它们各自的价值从货币资本投入到货币资本收回，要经过不同的周转时间或周转期间；预付总资本价值的全部收回，就是预付资本的一次总周转。从实物形态角度看，企业预付总资本的全部实物更新是一个周期，它由使用时间最长的固定资本的寿命来决定；这种周转周期，显然包含预付总资本价值的多次周转。

在阐明产业资本循环和周转科学概念的基础上，马克思揭示了单个产业资本周转和社会再生产的辩证关系。一方面，社会再生产状况会影响企业的投入产出，影响企业资本周转；另一方面，企业资本的周转，也会影响市场供求关系，从而影响社会再生产。就企业资本周转对社会再生产的影响看，《资本论》重点阐述了流动可变资本周转周期长的产业部门对社会再生产的影响。由此可以知道，马克思研究宏观经济运动的方法与凯恩斯主义相比，有明显的优点，这就是明确宏观经济运动是与企业资本周转有着内在联系的；而后者的一大弊病，就是只研究宏观经济总量关系，而对宏观经济与企业经济之间的辩证关系，则不加重视，但孤立地研究宏

① 《资本论》第2卷［M］，北京：人民出版社，2004年，第174页。

观经济中的总量关系，就不会注意到企业之间的实物补偿和价值补偿这种重要比例关系对社会再生产的影响，也就不可能科学地解决宏观经济产业结构的平衡问题。

2. 单个可变资本周转周期长的项目对社会再生产的影响

在研究社会分工比例关系的过程中，《资本论》除了从两大部类和各部类之间的大宗商品交换关系的角度，论证了投入社会生产各部门社会劳动之间必然存在的比例关系；而且还从单个企业可变资本周转对社会再生产运动影响的角度，论述了盲目扩大可变资本周转期间长的投资，势必破坏社会再生产比例关系，从而破坏市场供求平衡，因而必须进行控制。我们知道，可变资本在实物形态上是劳动力，这意味着，投入到可变资本周转期间长的这类产业部门的社会劳动，只能在全社会投入的总社会劳动中占适当的比重，超过了一定限度，就会对社会再生产造成不良影响。这是局部与全局辩证关系在宏观经济中的应用。

可变资本的周转期间的长短与企业流动资本周转期间（包括生产期间和流通期间）是一致的。可变资本周转期间很长的企业，主要是由于企业的劳动期间（属于生产期间中投入劳动的期间）很长，例如，进行桥梁、高楼大厦、机场等基本建设的许多企业，从开工到完工，付诸使用，要耗费多年的时间。投入这些基本建设的产业部门，在一个长期阶段中，会不断从市场上取走生产资料，投入的劳动力会不断从市场上取走生活资料；但是，却不会向市场提供产品。这样，这种产业部门在生产期间的长期内不断购买原材料、不断支付工人的工资所需的大量预付货币资本，就会对货币市场造成压力，因为在自己的产品尚未投入市场、回流货币资本之前，它们不得不向银行贷款。这种产业部门对生产资料市场和消费资料市场也会造成需求压力，因为它们只增加对市场的需求，而不相应地增加对市场的供给。对劳动力市场更会造成波动，因为在其生产期间内，它们会占用大量劳动力，而劳动期间一旦完成，又会使大量劳动力游离出来。因此，如果盲目发展生产规模庞大、投资周转期很长的产业部门或基本建设项目，就有可能造成社会劳动投入比例关系的紊乱。

3. 在宏观经济调控中重视对资本周转周期长的项目数量的控制

马克思认为，生产期间长的产业部门对社会再生产的影响，即使在没有商品货币关系的共产主义社会，也是存在的；“如果我们设想一个社会不是资本主义社会，而是共产主义社会，那么首先，货币资本会完全消失，因而，货币资本所引起的交易上的伪装也会消失。问题就简单地归结为：社会必须预先计算好，能把多少劳动、生产资料和生活资料用在这样一些产业部门而不致受任何损害，这些部门，如铁路建设，在一年或一年以上的较长时间内不提供任何生产资料和生活资料，不提供任何有用效果，但会从全年总生产中取走劳动、生产资料和生活资料。”①可见，这里揭示出，控制资本周转周期长的产业部门在社会再生产中的比例，这是社会化生产的一般要求。

中国正在进行社会主义经济现代化建设，人们往往希望加快社会主义市场经济的基础设施建设。但是，美好的愿望应当建立在遵守客观经济规律的基础上。应当充分认识，建设规模大、生产期间较长的基础设施，并不只涉及投资是否短缺的问题，更重要的是，要弄清这种建设控制在何种限度，才不至于对整个宏观经济运行产生不利影响。对于必要的基础设施建设，要尽可能缩短生产期间，例如，发展国民经济要突破交通运输的“瓶颈”，在道路建设上，就可以采取建一段，用一段的方法，使其及时发挥交通服务功能。至于那些消费性的楼堂馆所、豪华办公大楼等，则更须严加控制。

（三）确定科学前提和科学运用假定

1. 研究社会再生产的科学前提

以上关于资本主义社会再生产必须遵循的社会分工基本比例关系，是在劳动价值论、劳动二重性原理、区分生产消费和个人消费、区分不变资本和可变资本等科学前提下得出的。这些科学前提贯彻唯物史观，是客观经济现实本质关系的反映，因而以它们为前提所揭示的社会分工基本比例关系，是社会再生产客观的内在联系。

有一种观点认为《资本论》揭示的社会再生产基本比例关系十分抽象，看不见摸不着，不具有可操作性，用这种观点对待宏观经济调控，就会无视社会分工比例关系的客观性，在实践上就必定会轻视计划调节。这在很大程度上，与不理解马克思论证中的科学前提有关。实际上，这些基本比例关系虽然抽象，但却是客观存在的必然联系。

2. 在研究中运用科学的假定

在经济现实中，社会再生产的基本比例关系是被许多偶然因素和假象所掩盖

① 《资本论》第2卷[M]，北京：人民出版社，2004年，第349页。

的，这是人们在直接观察实际现象时，看不到这些必然联系的原因。在研究过程中，只有排除偶然因素和假象，“排除一切插在中间使事情模糊不清的障碍”[①]，才能发现它们。为此，就需要应用假定这种辩证方法的要素或手段。《资本论》在揭示社会分工基本比例关系中，应用了一系列的科学假定。例如，在研究社会简单再生产过程中，就运用了如下主要假定：

假定一切产业部门的生产率，从而所有部门商品产品价值的比例关系（c：v：m）都保持不变，劳动总量、劳动强度不变；假定Ⅱa 和Ⅱb 的资本家把他们的收入按相同的比例，分别用于必要生活资料和奢侈品等。

假定社会总资本中的不变资本只包括转移到社会总产品中的价值部分，而不包括继续以实物形式执行职能的固定资本价值部分。

先不考察作为交换媒介的货币流通；然后，再引入货币流通，并假定货币是金属货币。

假定产品按照它们的价值交换，生产资本的组成部分没有发生任何价值革命；并假定货币资本中可以转化为可变资本的部分，在应该转化时总会找到劳动力。

假定一切货币和一切商品从一开始就只是处在第Ⅰ部类和第Ⅱ部类的资本家手中，在分析时撇开商人、货币经营者、银行家，撇开只消费而不直接参加商品生产的阶级。

不考察对外贸易。这个假定，初看起来似乎不符合市场经济的开放性要求，却完全符合社会再生产的现实逻辑。马克思指出，“资本主义生产离开对外贸易是根本不行的。但是，假定正常的年再生产规模已定，那也就是假定，对外贸易仅仅是以使用形式或实物形式不同的物品来替换本国的物品，而不影响价值关系，也就是不影响生产资料和消费资料这两个部类互相交换的价值关系，同样也不影响每一部类的产品价值所能分解成的不变资本、可变资本和剩余价值的关系。因而，在分析年再生产的产品价值时，把对外贸易引进来，只会把问题搅乱，而对问题本身和问题的解决不会提供任何新的因素”[②]。

这些假定，或以客观现实为依据，或以已经揭示的经济内在联系为前提，或排除了偶然、无关因素和假象因素。正是借助于这些科学假定，才使分析逻辑简明而清晰，从而使社会简单再生产的社会分工比例关系这种本质联系纯粹地显示出来。

---

① 《资本论》第2卷[M]，北京：人民出版社，2004年，第511页。

② 《资本论》第2卷[M]，北京：人民出版社，2004年，第527—528页。

马克思在研究社会扩大再生产时，也同样地使用了科学的假定。人们只要认真阅读《资本论》，重视并理解这些科学假定，就不会怀疑它所揭示的社会分工比例关系是客观规律。

3. 增强在宏观经济调控实践中遵循按比例规律的自觉性

《资本论》所揭示的资本主义社会再生产的社会分工基本比例关系，在无数独立商品生产者自发商品交换的背后起作用，决定着商品流通和资本流通的运动趋向。在资本主义条件下，私有制经济基础决定了全社会的商品生产者之间不可能形成共同利益和共同发展目标，各生产者从私人利益目的出发决定生产的品种、数量，这必然导致全社会各部门之间的社会分工难以形成符合社会生产力稳定发展客观要求的一定比例关系，结果就必定要发生危机。也只有通过危机对社会生产力的破坏，才能使社会再生产被动地趋向客观需要的社会再生产比例关系上来。

这种社会再生产比例关系，实质上是全社会总的社会劳动的分工比例关系。这正是马克思所说的价值规律决定的各生产部门的"另一种意义的必要劳动时间"之间的比例关系。这种比例关系也是社会化生产必须遵循的一般规律。正如马克思所说："在资本主义生产方式消灭以后，但社会生产依然存在的情况下，价值决定仍会在下述意义上起支配作用：劳动时间的调节和社会劳动在各类不同生产之间的分配，最后，与此有关的簿记，将比以前任何时候都更重要。"①

在当代中国社会主义市场经济条件下，这种社会分工的比例关系仍然不可能事先严格确定，否则市场经济就失去了存在的必要性；而且由于现实中仍然存在资本主义私有制经济成分，所以在相当大的程度上，还不能不尊重市场的自发调节。但是，中国毕竟已经建立起社会主义公有制的经济基础，在马克思主义指导下，具备了认识和遵循按比例发展客观规律的基本条件。我们只要巩固和发展公有制经济，就完全有可能通过调查研究和不断总结经验，建立科学统计制度，预先做出粗线条的宏观经济调控计划；有条件既利用市场调节反馈的信息，克服国家计划调节机构可能产生的主观性，又利用公有制的主体地位和国有经济的主导作用，引导好起辅助作用的非公有制经济；采取有效措施，减少市场调节自发性造成的盲目性，促进国民经济按客观比例关系健康、稳定地增长和发展。

---

① 《资本论》第3卷[M]，北京：人民出版社，2004年，第965页。

五、凯恩斯主义的弊病

(一) 凯恩斯主义的表面性和片面性

1. *宏观经济调控不能照搬西方宏观经济学*

从本书第四章的论述可以明白,发达市场包括宏观意义上的商品流通和社会总资本的流通环节这两种基本流通关系。本章的论述又说明,社会化生产客观上要求社会分工之间建立起一定的比例关系,只有这样,市场流通才能顺畅实现。因此,宏观经济研究必须将研究市场和研究生产中比例关系结合起来;宏观经济调控的实质是社会通过调控中心支配包括生产过程和流通过程在内的社会总生产过程。我们明白了《资本论》所揭示出的这些科学方法和原理,就可以理解为何宏观经济调控不能照搬西方宏观经济学。

目前,西方宏观经济学对我国理论界影响颇大。人们从经济学期刊乃至其他媒体,可以读到不少搬用西方宏观经济学分析宏观经济问题的文章。这是因为,许多人误认为马克思没有市场经济的宏观分析思想,新中国前 30 年搞计划产品经济体制的指导思想来自《资本论》的社会再生产理论,现在已经过时了;以为西方经济学是服务于市场经济的,中国既然搞市场经济,就要用西方经济学来指导,在宏观经济方面,就要用西方宏观经济学来指导。这种严重的认识误区必须澄清。

现代西方宏观经济学的理论基础是凯恩斯的理论,为此称之为凯恩斯主义。但是,这种理论存在严重的违反科学的弊病。20 世纪 70 年代初资本主义经济发生“滞涨”危机,这其实正是凯恩斯主义实施的必然结果。为此,连西方学界也对其开始质疑。尽管说,面对当代资本主义经济的一系列矛盾,凯恩斯之后的西方宏观经济学有不少改进和发展,先后产生“新古典综合”、货币主义(代表人物弗里德曼)、新古典宏观经济学、实际经济周期理论、新凯恩斯主义、后凯恩斯主义和奥地利学派等多个流派;但是,这些理论并没有超越凯恩斯的基本理论,这些流派的学者都承认自己的理论与凯恩斯理论存在着联系。① 不科学的理论必然误导实践。照搬西方宏观经济学,必然误导社会主义市场经济的宏观调控。

---

① 参见[英] 布莱恩·斯诺登、霍华德·R.文著,佘江涛、魏威、张风雷译:《现代宏观经济学:起源、发展和现状》[M],南京:江苏人民出版社,2009 年,第 27、13 页。

实际上,我国已有不少马克思主义学者对凯恩斯主义维护资本主义私有制的资产阶级立场和非科学性、唯心主义哲学思想(如用心理因素解释“有效需求”)、只从简单流通角度研究宏观经济问题的片面性和治标不治本的经济对策等,进行过正确评价和批判。[①] 但是,这些问题并未引起我国理论界和经济管理部门应有的重视,以致照搬凯恩斯主义的倾向仍在继续蔓延。因此,本书将结合深入理解《资本论》的宏观经济研究方法,继续深入揭露凯恩斯理论的弊端。

2. 凯恩斯宏观经济运动观念的片面性

马克思深刻地指出,庸俗经济学“只是在表面的联系内兜圈子”[②]。这完全适用于凯恩斯理论。这主要表现在,凯恩斯理论同资产阶级自由主义经济学家一样,只是停留在商品流通这个宏观经济的表层分析问题。由于不懂得资本流通(包括生产环节)和商品流通(不包括生产环节)的联系和区别,所以不能从生产领域的社会分工对商品流通关系的必然影响来分析宏观经济问题。西方宏观经济学通常把凯恩斯的关于企业与居民之间的收入、支出关系,用下述图式表示,其中的基本流程表明,西方宏观经济学涉及的只属于商品流通范畴。见图式 5－4:

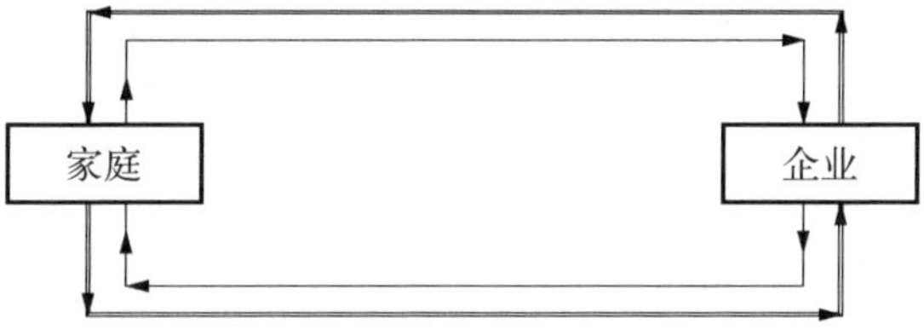

图式 5－4　凯恩斯主义的收入、支出流程图[③]

从这张流程图上看不出生产资料生产企业与消费资料生产企业的区分,看不出居民和企业之间交换的商品的价值构成,看不出收入、支出流程表现的交换关系对商品使用价值与价值的补偿过程,更看不出社会总产品价值反映的社会分工比例关系。这是由于凯恩斯不懂劳动的二重性、缺乏劳动力价值和剩余价值概念、把个人消费与生产消费混为一谈、把商品流通与资本流通混为一谈造成的。

除了这些深层的理论错误,单从商品流通层面来看,反映凯恩斯基本宏观经济思想

① 参见吴易风等著:《政府干预和市场经济——新古典宏观经济学和新凯恩斯主义经济学研究》[M],北京:商务印书馆,1998 年,第 99—106 页;吴易风著:《马克思主义经济学和西方经济学》[M],北京:经济科学出版社,2001 年,第 255—258 页;丁冰著:《原凯恩斯主义经济学》[M],北京:经济日报出版社,2006 年,第 295—298 页。

② 《马克思恩格斯全集》第 23 卷[M],北京:人民出版社,2004 年,第 98 页(页下注 32)。

③ 参见[美] N.格里高利・曼昆著、梁小民译:《宏观经济学》(第四版)[M],北京:中国人民大学出版社,2002 年,第 17 页。

的这张流程图也是存在重大片面性的。这就是流程中根本没有反映出生产资料企业内部的交换关系,也就是马克思揭示的社会再生产中的Ⅰc=Ⅰc这种内部平衡关系。

这是因为,凯恩斯沿袭了“斯密教条”的错误。如前所述,斯密认为,商品价值等于预付可变资本的价值加上剩余价值(v+m),或者说,商品的价值分解为工资、利润和地租三种收入;与此相联系,斯密在分析社会再生产时,丢掉了不变资本∑c(丢掉了转移到商品中的不变资本旧价值)。凯恩斯以来的西方宏观经济学在分析社会再生产时,仍然忽视了企业之间的交换,尤其是Ⅰc这个资本群体内的企业之间的交换。

3. 与凯恩斯图式作对比的马克思两大部类交换流程图

为了与凯恩斯的流程图作对比,我们不妨把马克思在社会简单再生产中的两大部类交换的流程图也用家庭与企业交换的最简要的图式表示出来,见图式5-5。需要强调的是,这个图式表现不出两大部类的区别,表现不出社会总产品的价值补偿和使用价值补偿,是有很大缺陷的,它只能起与凯恩斯收入支出流程图式作简要对比的作用。

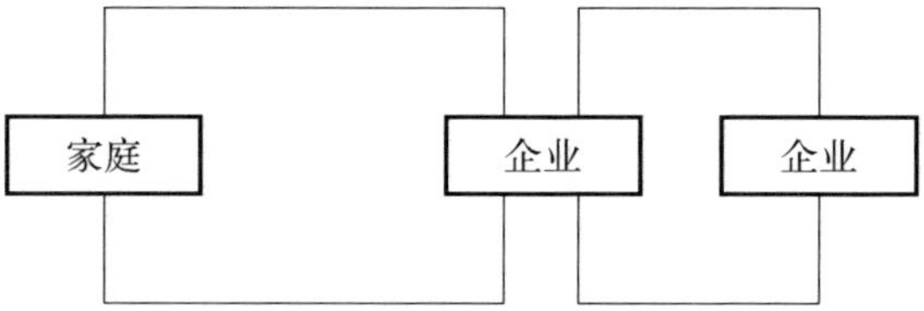

图式5-5 与凯恩斯图式作对比的马克思两大部类交换流程图

注:为简略计,该图式中家庭与企业之间、企业与企业之间的商品交换连线没有用箭头表示出来。

在图式5-5中,家庭与企业的交换包括:两大部类的工人家庭和资本家家庭[Ⅰ(v+m)+Ⅱ(v+m)]为了个人消费,到第Ⅱ部类企业购买消费资料商品[Ⅱ(c+v+m)];第Ⅱ部类企业向两大部类的工人、资本家家庭供给消费资料商品。企业与企业的交换包括:第Ⅱ部类企业(Ⅱc)向第Ⅰ部类企业购买生产资料[Ⅰ(v+m)];第Ⅰ部类内部企业之间相互交换生产资料(Ⅰc内部的交换)。但是在凯恩斯主义的收入支出流程图或总供给和总需求的流程图中,却没有反映出企业与企业之间的交换,须知Ⅰc内部的交换与家庭是不发生交换关系的。[①]

① 我国学术界有学者较早地用另一图式描述了马克思的“两部类经济货币环流图”,并把它与萨缪尔森根据凯恩斯主义描述的居民与企业“两部门经济货币循环图”作了扼要比较分析;指出“企业购买生产资料”的“这一部分不应该藏起来”。(见杨斌林著:《再生产平衡表研究》[M],北京:中国经济出版社,2002年,第160—161页。)这个见解值得肯定。需要指出的是,凯恩斯主义把这一部分在环流图上“藏起来”,绝不是一种画图的疏忽,而是因为贯彻了“斯密教条”,完全忽视了生产资料生产者内部的相互交换。

我们从上述图式对比中,可以明白凯恩斯主义市场观的片面性,因为它贯彻了斯密教条,排斥了企业与企业之间对生产资料的交换关系。由此也可以明白,为什么用凯恩斯主义指导调整产业结构,一定是不成功的,因为产业结构最基本的是生产资料生产的社会分工结构,而凯恩斯主义恰恰撇开了生产资料生产Ⅰc内部的结构,这怎么能解决产业结构出现的不合理问题呢?应当说,正因为凯恩斯主义贯彻了斯密教条丢掉了社会总产品中的$\sum c$的错误,所以用以指导宏观经济调控,导致产业结构出现失衡,是不可避免的。

(二)“三驾马车”宏观调节论的错误

1. 丢掉了社会再生产的不变资本补偿

凯恩斯主义把调节“投资、消费和外贸”比喻为调控宏观经济的“三驾马车”,也就是通过调节国内生产总值(GDP)中用于投资、消费和外贸这三个部分来求得国民经济运动实现社会总需求和社会总供给的平衡。这种“三驾马车”调节论,其实是凯恩斯主义对“斯密教条”的应用。

首先,“三驾马车”调节论没有从社会总产品出发,而只是着眼于社会总产品的价值产品部分即$\sum(v+m)$的调节。它贯彻“斯密教条”,丢掉了马克思揭示的在社会再生产中补偿生产资料($\sum c$)这个必须解决的最重要的问题;更没有解决两大部类的产品价值如何从价值和使用价值两方面实现再生产补偿的问题。由此就可以看出凯恩斯主义在宏观调控实践主张上的片面性。

2. 孤立地理解经济总量

“三驾马车”调节论像“斯密教条”的思想方法一样,把GDP看成是投资、消费和外贸这三个量相加的结果。它把这三个量看成是各自独立的、彼此分割的,似乎其中每一个量都独立地能对GDP做出“贡献”;而不是把它们看成既定的GDP分割的结果,并弄清这种分割的比例如何影响下一年的社会再生产。实际上,每年的GDP即全社会新创造的价值产品$\sum(v+m)$只能是一个定量,其中的一个量大,其他的量就必定少。更重要的是,它们之间,如投资与消费之间,只有形成一定的结构比例,才能形成一定规模的社会扩大再生产。从本章以上论述可以知道,要实现社会扩大再生产,两大部类之间就必须形成Ⅰ$(v+m/z+m/x)=$Ⅱ$(c+m/y)$的基本比例关系,等式左面是第Ⅰ部类用于个人消费的产品价值,等式右面是第Ⅱ部类用于扩大再生产投资的生产资料的产品价值。但是,“三驾马车”调节论弄不清宏观经济运动中的这种投资与消费之间的比例关系；也看不到社会投资内部[Ⅰ(c+m/y)=Ⅰ(c+m/y)]和社会消费内部[Ⅱ(v+m/z+m/x)=Ⅱ(v+m/z+m/x)]都需要遵循比例关系。尽管说，“三驾马车”调节论也提出了促进国民经济运动要实现平衡的基本比例关系，即“投资=储蓄”的所谓恒等式，但是这个等式却是错误的，本书第六章将对此展开辨析。

3. 把影响宏观经济运动的内部因素和外部因素混为一谈

“三驾马车”调节论把外贸的外因作用当成国民经济内因的直接作用，这种混淆容易导致国内社会再生产的结构失衡。对于一个独立自主的市场经济社会，国外经济是国内社会再生产的外部因素。固然，对外贸易有助于国际之间商品互通有无；有助于取长补短，促进国内经济发展；也有助于解决国内宏观经济暂时出现的不平衡，例如，多余的商品可以卖到国外，不足的商品可以向国外购买。但是，从长远看，对外贸易必须以国内社会再生产内部的比例关系平衡为前提。这是因为，在国际贸易平等交换的前提下，对外贸易在实质上，是以外国商品的使用价值物品来替换本国商品的使用价值物品，不能直接改变本国用于外贸商品的总价值量，从而不能改变国内社会再生产两大部类已经形成的产品价值的结构关系。假定国内社会再生产比例关系出现了严重不平衡，企图依赖外贸来解决，那么，一方面，即使国内不能实现的多余商品都能卖给外国，这些商品换回来的货币，在国内也可能成为闲置的货币沉淀下来，不能在国内买到所需要的商品，完成商品流通的全过程；另一方面，即使能从国外买到国内社会再生产短缺的商品，由于货币流到了国外，这可能使国内的一些商品卖不出去，这些情况都会影响再生产的持续稳定运行。所以，离开国内社会总产品的产品价值构成形成比例平衡关系，盲目地发展对外贸易，有可能加剧国内产业结构的失衡。

4. 颠倒了宏观经济环节的因果辩证关系

“三驾马车”调节论的所谓“消费拉动”经济增长，违背了生产与消费的因果辩证关系。唯物史观揭示出，在社会经济运动中，生产对消费起决定作用，只有生产出物质产品，才谈得上消费；当然，消费对生产也有反作用，这表现在消费能使生产的产品得到实现，使生产成为现实的生产。凯恩斯主义在宏观调控中的“消费拉动”，认为消费需求增长了，就能解决市场供给过多的问题，并能刺激生产，促进经济增长，这从消费对生产的反作用意义上有一定道理。但是，问题在于，消费的增长不是主观可以决定的，消费取决于收入，而收入来自分配，分配则取决于生产领域的生产资料所有制关系和社会生产力发展水平；只有由此出发，才能从根本上解决消费增长的问题。凯恩斯主义在促进"消费拉动"方面，在不改变私有制经济基础，从而不改变初次分配关系的前提下，主要通过再分配，采取财政福利政策，适当增加劳动者的收入，这其实是打着"公平"幌子的一种资产阶级改良主义。这种"拉动消费"的政策目的，主要是为了缓和工人阶级和资产阶级的对抗性矛盾，是为了维护资本家阶级的整体利益，并不能真正解决"有效需求不足"的问题。当政府解决"公平"问题的财政支出占用的企业税收，超过了资本家阶级追求利润率允许的限度，就会被认为是影响了经济"效率"，就会减少这方面的支出。而这方面财政支出减少得过多，劳资矛盾则又会凸显。维护资产阶级利益的西方国家，往往这样徘徊在处理这种"公平"与"效率"问题之间。西方经济学的所谓"效率与公平"理论，就是这样产生的。因此，"拉动消费"在理论上违背唯物史观，在实践上维护资本主义私有制，是不可能解决两极分化这个资本主义致命痼疾的。

（三）凯恩斯主义不可能解决经济危机问题

1. 凯恩斯主义没有反映宏观经济运动与企业运动的内在联系

凯恩斯主义认为，宏观经济调控要做的只是私人领域之外的事，也就是政府不去做就无人去做的事。因此，当宏观经济发生总供给超过总需求这种资本主义经济的常态矛盾后，政府要通过财政政策发展公共基础设施以扩大总需求，而对企业只是通过利率、税率等经济杠杆进行间接引导。这说明，凯恩斯主义是把宏观经济运动与企业经济运动的内在联系割裂开来的。如前所述，《资本论》揭示出，宏观经济运动与单个产业资本周转运动是有内在联系的；着重指出，资本周转周期长的产业部门在社会再生产中只应占一定的比例，否则就会引起宏观经济出现紊乱。但是凯恩斯主义不理解这种内在联系，其宏观经济调控是脱离微观经济基础的调控，显然具有盲目性，有可能南辕北辙，使宏观经济结构失衡进一步加深。例如，当资本主义宏观经济出现总需求不足的时候，凯恩斯主义通常主张采取积极的财政政策，追加政府投资，扩大基本建设，以便通过扩大投资需求，带动消费需求。这在一定程度上是必要的，不过，这种投资必须适度，必须遵循资本周转周期长的投资项目在社会再生产中只应占一定比例的规律，不能不讲这种比例关系盲目追加投资。凯恩斯主义由于不懂得这种客观要求，所以，实施积极财政政策往往治标而不能治本，暂时扩大了市场需求，却使产业结构的失衡更加严重，影响了宏观经济的稳定增长，以致出现货币资本投资过量带来通货膨胀，而结构失衡又造成经济增长停滞的所谓“滞涨”危机局面。可见，我国中央机构对社会主义市场经济的宏观调控，决不能陷于凯恩斯主义那种“只做企业领域之外的事”的认识误区，而应从宏观经济运动与企业资本运动具有内在联系的角度出发，综合做好宏观经济调控。

2. 维护资本主义的立场决定了凯恩斯主义不可能解决危机问题

凯恩斯认为，资本主义经济危机发生的原因是所谓用于消费的市场有效需求不足；只有提高社会的实际收入总量，才能增加有效需求总量；而要提高实际收入总量，就需要增加就业量。只要达到充分就业，就能增加社会收入，实现社会总需求和总供给相等，克服危机。但是，凯恩斯十分明确地阐述了增加就业的条件是“根据最大利润来决定”；[①]“就业量取决于企业家对该就业量的产品所预期的卖价。因为企业家会致力于把就业量维持在能使预期的卖价超过要素成本的部分为最大的水平。”[②]可见，凯恩斯所谓“就业量决定于总需求与总供给函数的交点”的所谓充分就业，以资本家的“预期利润会达到最大化”为前提。[③] 在实质上，也就是以维护资本家阶级对工人阶级的剥削程度最大化为前提。而只要资本主义经济制度不变，在生产资料所有制决定分配关系的客观规律的作用下，凯恩斯主义的所谓解决危机的总需求与总供给的平衡，就只能是一种虚构。因为保持资本家获得利润最大化，这正是社会分配关系两极分化的基本原因，也是市场有购买力的需求（市场消费力）绝对不能适应市场供给量的基本原因。

凯恩斯这位当代西方最有影响的资产阶级经济学家曾明确表达：“如果当真要追求阶级利益，那我就得追求属于我自己那个阶级的利益。……在阶级斗争中会发现，我是站在有教养的资产阶级一边的。”[④]既然以他的经济思想为基础的凯恩斯主义站在维护资产阶级利益的立场上，那就不可能为社会整体利益服务，也就不可能促成社会分工的比例关系适应社会化大生产的整体性客观要求，根本不可能解决生产社会化与资本主义私人所有制这对基本矛盾必然产生的危机。

---

① ［英］凯恩斯著，高鸿业译：《就业、利息和货币通论》［M］，北京：商务印书馆，2004 年，第 28 页。
② ［英］凯恩斯著，高鸿业译：《就业、利息和货币通论》［M］，北京：商务印书馆，2004 年，第 29—30 页。
③ 参见［英］凯恩斯著，高鸿业译：《就业、利息和货币通论》［M］，北京：商务印书馆，2004 年，第 30 页。
④ ［英］凯恩斯著，蔡受百译：《劝说集》［M］，北京：商务印书馆，1962 年，第 244—245 页。

第六章　社会再生产实现条件的深入研究

社会化大生产要求社会分工形成一定比例关系，在存在商品货币关系的宏观经济中，这种比例关系需要通过商品流通、货币流通来实现。在社会总资本的再生产和流通运动中，各生产部门的单个资本互为条件，相互以货币为中介交换产品，以实现价值、实物相互补偿。如果社会分工比例关系平衡，商品流通正常进行，各生产部门作为交换主体的商品生产者预付在流通中的货币，将按照他们投入的数额流回到自己的手中。这就是《资本论》揭示的社会再生产和流通中的货币流回规律。[①] 本章将比较详细地论述社会再生产中的货币流回规律和在它背后存在固定资本补偿平衡关系、货币积累和实际积累平衡关系等客观经济规律，以便深入理解《资本论》所揭示的社会再生产的实现条件，并认清凯恩斯主义“储蓄=投资”这个数理分析基本公式的非科学性。

一、社会再生产中的货币流回规律

（一）研究货币流回规律的重要性

1. 货币资本在社会再生产中的作用

在资本主义产业资本运动中，从而在社会再生产运动中，货币资本作为与生产资本、商品资本同时并行的三种资本运动形态之一，起着两种基本作用：一是在整个资本运动中，起“第一推动力”的作用，正如《资本论》揭示的，货币资本“它是每个单个资本登上舞台，作为资本开始它的过程的形式。因此，它表现为发动整个过程的第一推动力”；“就单个资本说是如此，就社会资本说也是如此，后者不过是以

① 关于货币流回规律，《资本论》第2卷第三篇“V. 货币流通在交换中的媒介作用”一节作了专门阐述，在论述社会再生产理论的其他地方也多处提到（参见《资本论》第2卷[M]，北京：人民出版社，2004年，第446、459、507、511、533页）。

许多单个资本的形式执行职能”。[①] 二是在社会总产品各产品价值部分的商品交换中起中介作用;从本章后面的论述可以明白,货币资本的中介作用在全社会固定资本的补偿或更新、在积累和扩大再生产中的作用显得特别重要。货币流回规律,就是货币资本在对社会再生产起中介作用过程中表现出的客观规律,它是商品流通决定货币流通这个规律在社会再生产中的表现。货币流回规律与社会再生产实现的关系,在宏观经济一般运动中是普遍存在的。

2. 应当结合货币流回规律研究社会再生产

在计划产品经济时期,学术界对于马克思所揭示的社会再生产中的货币流回规律的研究,是很不够的。由于受计划产品经济体制下把计划经济与市场经济对立起来这种观念的束缚,社会再生产的研究,一般都撇开了货币流通关系。人们关注的主要是生产领域的社会分工比例关系。这固然认识到社会再生产过程中按比例发展这种本质关系,在商品货币关系仍普遍存在的历史条件下,却撇开了这种本质关系在流通领域的实现形式。这种认识是片面的。在社会主义市场经济体制下,商品和货币流通已经与宏观经济运行紧密联系在一起,宏观经济研究不但不应撇开货币流回规律,反而应当自觉结合这个规律来研究社会再生产的实现。

如果我们认真地阅读《资本论》,可以明显地体会到,马克思在论述资本主义社会再生产规律过程中,贯彻从抽象到具体的方法,无论是对社会简单再生产规律,还是对社会扩大再生产规律,都是结合货币流回规律来论述的。深入领会马克思的这些论述可以认识到,只有结合货币流回规律来分析社会主义宏观经济运动,才能真正从现象与本质的联系上,全面把握社会再生产的实现条件,从而标本兼治地对宏观经济进行科学调控;也才能更坚定地用马克思主义经济学指导社会主义市场经济实践,摒弃那种搬用资产阶级宏观经济学指导宏观经济调控的盲目性。

(二)货币流回规律的科学含义

1. 货币流回规律是与社会再生产相联系的规律

《资本论》是在第2卷第三篇“Ⅴ.货币流通在交换中的媒介作用”这一节阐述货币流回规律的。为了清晰地显示这个宏观经济一般运动中的重要规律,马克思撇开了信用制度,假定只有贵金属货币的流通,在这个流通中又只有现金买卖这一

① 《资本论》第2卷[M],北京:人民出版社,2004年,第393页。

最简单的形式；假定国内现有的货币量（假定流通速度等不变），既要足以适应能动的流通的需要，也要足以适应贮藏货币的储备的需要等容易干扰真相的因素。[①] 为了便于读者理解，我们把《资本论》关于在社会简单再生产条件下的货币流回规律的论述，[②]用图式 6－1 来阐释。

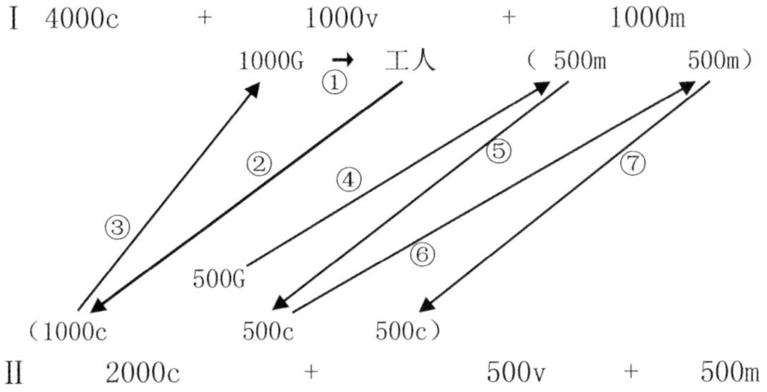

图式 6－1 社会简单再生产条件下的货币流回规律图式

注：在该图式中，→表示用货币购买商品。工人出卖的是劳动力商品。

该图式显示出，Ⅰ（1 000v+1 000m）= Ⅱ2 000c，这说明在简单再生产条件下，社会分工比例关系或经济结构是平衡的。在市场经济条件下，两大生产部类之间的商品交换，不能直接进行物物交换，必须通过商品生产者预付货币作为交换媒介才能实现。在假设的条件下，两大部类的商品大宗交换通过七个流程来实现：

① 生产生产资料的第Ⅰ部类的资本家把 1 000G 货币作为工资购买雇佣工人的劳动力商品；

② 雇佣工人用这些工资购买生产消费资料的第Ⅱ部类资本家的Ⅱ1 000c 个人消费的商品；

③ 第Ⅱ部类资本家用出售Ⅱ1 000c 商品换回的货币，到第Ⅰ部类购买资本家的Ⅰ1 000v 生产资料商品，这样，1 000G 就充当了Ⅰ1 000v 和Ⅱ1 000c 之间商品交换的媒介，于是，1 000G 货币流回到第Ⅰ部类的资本家手中。

同样，假定由第Ⅱ部类资本家预付 500G 货币来启动Ⅱ1 000c 和Ⅰ1 000m 之间的商品交换，那么经过④⑤⑥⑦的流程，这 500G 货币必然流回到第Ⅱ部类资本家手中。

---

① 参见《资本论》第 2 卷［M］，北京：人民出版社，2004 年，第 536—537、562—563 页。

② 《资本论》第 2 卷［M］，北京：人民出版社，2004 年，第 458—470 页。

不难理解，在两大部类社会分工比例关系平衡的条件下，遵循价值规律决定的等价交换原则，无论是由第Ⅰ部类，还是由第Ⅱ部类的资本家（在市场经济一般条件下，就是商品生产者）预付货币，它都会流回到预付者的手中，否则就不是等价交换了。

货币流回规律表现出，只要全社会商品生产者预付的货币都能流回，那就表现出整个社会经济结构的比例关系是平衡的。可见，货币流回规律是社会再生产中社会分工比例关系实现平衡的规律在流通领域的表现。当然，这是一种抽象的理想状态，现实离这种状态总有差距。但是，这种状态表现出的却是市场经济条件下结构平衡的必然趋势或客观要求。

2. 不能把货币流回规律与货币流通规律混为一谈

这是理解货币流回规律应当注意的。固然，这两个规律有共性：货币在商品交换中起中介作用，货币流通规律“是由商品本身的形式变换引起的”①，“货币运动的单方面形式来源于商品运动的两方面形式”②，因而“货币运动只是商品流通的表现”③，货币流通是商品流通的表现和结果；而货币流回规律也是在社会再生产的商品交换过程中起中介作用，它同样服从商品流通与货币流通的因果联系。在社会再生产中，社会总资本是采取货币资本、生产资本和商品资本三种基本形态运动的，这三种资本形态，都要通过执行货币一般职能、生产一般职能和商品一般职能，才能执行资本增殖的职能，因而社会总资本的商品资本和货币资本在运动中，仍然要遵循一般商品流通和货币流通规律，也正因为如此，在社会总资本的再生产和流通过程中，才会产生货币流回规律这种宏观经济现象。从共性方面看，可以说货币流回规律是社会总资本运动遵循商品流通、货币流通一般规律的宏观表现。但是，这两个规律毕竟有原则区别。在社会再生产中，形式上的商品流通，内容上是商品资本的流通，商品生产者预付的货币，实质上是货币资本，它的循环和周转，包含着剩余价值的实现。因此，货币流回规律是社会总资本增殖运动的表现形式，它与表现商品等价交换规律的货币流通规律在本质上是不同的。

3. 也不能把生息资本运动与货币流回规律混为一谈

这两者也有共同点，都是投出的货币资本回到自己手中，都与资本实现增殖相联系。但是，两者的本质区别在于，生息资本运动的货币流回是对私人投资者而

---

① 《资本论》第1卷[M]，北京：人民出版社，2004年，第137—138页。

② 《资本论》第1卷[M]，北京：人民出版社，2004年，第137页。

③ 《资本论》第1卷[M]，北京：人民出版社，2004年，第138页。

言,与这种运动联系的通常是私人生产或经营;而货币流回规律却是社会再生产运动中的现象,并与社会再生产各产业部门的比例关系紧密联系。

(三)对宏观经济调控的重要启示

1. 中央银行的货币流回状况是判断宏观经济运动状况的晴雨表

上面的论证说明,流通过程是“社会再生产过程的中介”①;货币流回规律是市场经济社会的社会分工比例关系实现平衡的一般规律在流通领域的表现。这告诉我们,应当把货币流通状况作为观察宏观经济各产业部门的比例关系是否平衡的晴雨表。可见,理解这个规律对于能动地调节经济结构,科学实施宏观经济调控具有重大指导意义。

《资本论》是撇开信用制度阐释货币流回规律的。然而,一旦我们理解了这个规律,就可以引进银行信用制度,进一步通过它来认识现实宏观经济运动的状态。在存在银行信用制度的条件下,企业的自有资本一般都存入银行,因而无论使用自有货币资本,还是使用贷款的货币资本,投入资本循环流通环节的货币资本,都会以银行作为起点或终点,即从银行取出,在流通环节结束后又存入银行。这样,如果宏观经济运行比较稳定,全社会商品流通正常进行,那么企业投入流通的货币资本就会遵循货币流回规律返回自身,又返回到银行。而在现代市场经济条件下,应当说,全社会企业的货币资本流通与中央银行是紧密联系的。这意味着,如果一定时期宏观经济运动比较正常,在这个时期中央银行通过企业货币资本运动投放的货币就能比较及时地回流。由此,就可以得出这样的认识,在一定时期,由中央银行投入流通的货币能否顺利流回,这是判断这一时期宏观经济各产业部门比例关系或产业结构平衡与否的基本依据。

2. 银行的管理体制必须实行国有化

根据货币流回规律,在全社会投入社会总资本运动($\sum W—\sum G—\sum W\cdots\sum P\cdots\sum W$)的流通环节($\sum W—\sum G—\sum W$)中,货币越统一(国内只使用一种法律规定的货币),银行管理越集中,就越能够清楚地观察货币流回规律的表现。从这个角度来看,实行金融领域国有化,并由中央银行代表人民利益,自上而下集中统一管理各类、各级银行,统一管理货币流通,这有利于宏观经济调控。因此,我国已有的中央银行为核心的集中统一的国有金融管理体制,只能改善和巩固,不应削弱。根据货币流回规

① 《资本论》第3卷[M],北京:人民出版社,2004年,第29页。

律提出的客观要求，国家应当加强对包括货币流通和货币资本流通在内的金融领域实施严格调控和监管，努力克服金融领域在商品生产条件下产生的自发性，增强自觉性。

二、社会再生产的固定资本补偿

（一）固定资本补偿对社会再生产提出的问题

1. 固定资本运动的特点

马克思对货币流回规律的发现，推进了对社会再生产实现条件的充分揭示。马克思论证Ⅰ(v+m)= Ⅱc是实现社会简单再生产的基本条件，开始是撇开不变资本(c)中固定资本与流动资本差别的。但是，一旦引入固定资本因素，这种实现条件就不充分了。这是因为，固定资本在流通和周转中，它的价值的运动和使用价值的运动是分离的。在一定时期，固定资本的实物形态是作为整体起使用价值作用的；而整体价值则是逐步地损耗，一部分一部分转移到生产的商品中去的，这些损耗的价值（包括因社会技术进步导致的无形损耗）转移到生产的商品中，随着商品销售，实现为货币，就沉淀下来作为折旧基金。只有当固定资本实物形态完全失去使用价值，同时逐步积累的折旧基金达到重新购买新的固定资本数额之时，固定资本才能实现包括使用价值和价值的整体补偿或更新。

2. 研究固定资本补偿遇到的困难

固定资本补偿对社会再生产提出的问题是：全社会固定资本每年的损耗要货币化，但这部分货币都不会去购买其他商品，而是要贮存起来作为折旧基金；这样，在社会再生产中，就有可能造成价值补偿与实物补偿之间的不平衡。

《资本论》对这里的困难问题作了精辟分析。可用图式 6－2 来简要说明马克思的论述。在该图式中，Ⅰ(1 000v+1 000m)= Ⅱ2 000c，这意味着，社会简单再生产本来是平衡的。但是，由于在Ⅱ2 000c 中存在Ⅱ200c(d)这种体现固定资本损耗价值的商品，社会简单再生产的实现就遇到了困难。

按照社会简单再生产两大部类的交换途径，Ⅱc 商品与Ⅰ(v+m)商品交换，Ⅱc 由第Ⅰ部类的消费者购买。假定第Ⅰ部类投入 2 000G 来购买Ⅱ2 000c。但是，在第Ⅱ部类的Ⅱ2 000c 中，有体现固定资本损耗价值的商品Ⅱ200c(d)，因此，第Ⅱ部类在Ⅱ2 000c 商品售出之后，其中换回的 1 800G，会到第Ⅰ部类去购买Ⅰ(v+m)中的

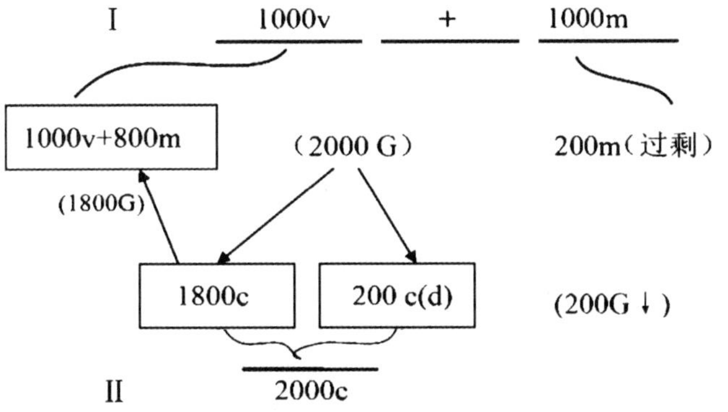

图式 6－2　固定资本补偿对社会再生产提出的困难问题

注：200c(d)表示第Ⅱ部类体现固定资本损耗价值的商品。→表示货币流通方向或购买，↓表示沉淀或流通停滞。

1 800 商品[Ⅰ(1 000v+800m)]；而另外的 200G，则会因为其中的Ⅱ200c(d)售出之后，作为固定资本的折旧基金在第Ⅱ部类沉淀下来，在当年不会再用于购买。这样一来，第Ⅰ部类就会有Ⅰ200m 商品发生过剩。由此可见，引入了固定资本补偿因素，第Ⅰ部类预付的货币中有 200G 没有回到第Ⅰ部类，货币流回规律受到阻碍，这表现出社会再生产没能正常实现。

因此，在引入固定资本补偿因素之后，必须对社会简单再生产的实现条件，做进一步的深入研究。

（二）结合货币流回规律研究固定资本补偿

1. 从货币补偿角度解决固定资本补偿困难的假设

那么，怎样才能解决因固定资本补偿造成的上述困难呢？《资本论》遵循劳动二重性原理，结合货币流回规律，从商品价值与使用价值两方面进行了研究。

在社会再生产中，要使固定资本得到补偿，显然必须考虑体现固定资本损耗价值的商品能够卖出，在货币形式上得到补偿，变为折旧基金。因此，首先需要从体现固定资本损耗价值的商品得到货币补偿的角度，提出假设解决困难的办法。上面分析的、假定第Ⅰ部类投入货币来购买Ⅱ 2 000c 的办法正是从这种假设提出的。分析表明，虽然其中体现固定资本损耗价值的商品Ⅱ 200c(d)得到货币补偿，但是，由于这部分货币需要作为该部类固定资本的折旧基金，当年不会到第Ⅰ部类去购买商品，结果导致了第Ⅰ部类有 Ⅰ 200m 的生产资料商品不能销售出去，使社会再生产不能实现。

《资本论》从货币补偿的角度，又进一步提出了几种解决问题的假设方案：一是假设土地所有者或货币贷放者用手中的地租货币或利息货币来购买Ⅰ200m，初看起来，这部分商品的过剩问题得到了解决。但是，如果这种过剩商品长期都不能卖掉，那么，商品生产者就会因得不到货币而停止对地租或利息的支付。二是假设社会上的非生产劳动者，如官吏、医生、律师等花费自己的货币，来购买过剩的Ⅰ200m商品，这也同样不能解决问题，因为他们手中支出的货币是通过再分配途径，从生产者那里转移来的，如果生产者的商品不能实现为货币，非生产劳动者的这种支付也只好停止。三是假设有商人做Ⅰ200m过剩商品的销售中间人，靠商人的"货币"来克服困难，那也无济于事。因为过剩商品是由固定资本补偿造成的，即使商人层层转手，到了最后的商人手中，也仍然会卖不出去。

通过上述研究，马克思指出，"当再生产(无论是简单的，还是规模扩大的)正常进行时，由资本主义生产者预付到流通中去的货币，必须流回到它的起点(无论这些货币是他们自己的，还是借来的)。这是一个规律，它永远排除了关于200Ⅱc(d)是靠第Ⅰ部类预付的货币来实现货币化的这一假设"①。

2. 从实物补偿角度解决固定资本补偿困难的假设

否定了第Ⅰ部类预付货币来实现Ⅱc(d)的货币化，也就是否定了从货币补偿角度解决固定资本补偿的假设；这样，就只剩下从实物补偿角度对解决困难做出假设，并要求第Ⅱ部类自己付出货币来解决Ⅱc(d)的货币化。

初看起来，让第Ⅱ部类预付货币来解决自己部类的商品Ⅱc(d)的实现或货币化问题，似乎是荒谬的，但是，这却是合理的假设。我们知道，固定资本的实物补偿，也就是当固定资本寿命全部完结后，商品生产者用多年积累起来的固定资本折旧基金去购买新的固定资本实物，以便重新投入生产。第Ⅱ部类是生产消费资料的，要实现Ⅱc中构成固定资本的实物补偿，就只能用积累起来的固定资本折旧基金货币，到第Ⅰ部类去购买新的固定资本生产资料。那么，能否假设用第Ⅱ部类这部分折旧基金货币，经过第Ⅰ部类，再回到第Ⅱ部类来解决Ⅱc(d)的货币化问题呢？马克思对这种假定的合理可能性加以证明。由于每年现实经济中总是存在两部分资本家，一部分资本家需要用已经积累起来的折旧基金货币购买固定资本进行实物更新，而另一部分资本家则仍正在通过卖出商品逐年进行固定资本损耗的

① 《资本论》第2卷[M]，北京：人民出版社，2004年，第511页。

货币化。这样,假设第Ⅱ部类的第1部分资本家(1)用货币到第Ⅰ部类购买固定资本实物,第Ⅰ部类再用出卖固定资本换回的货币,到第Ⅱ部类来购买第2部分资本家(2)的体现固定资本损耗价值的消费资料商品Ⅱc(d),就可以遵循货币流回规律,使社会再生产得到实现。这种假定是合理的。

3. 分析包含固定资本补偿的两大部类之间交换情况

马克思在证明这种假定合理的基础上,又在社会简单再生产符合Ⅰ(1 000v+1 000m)= Ⅱ2 000c 的平衡比例、总产品价值中的部分商品交换已经实现这种条件下,进一步研究了与包含固定资本补偿的Ⅱc 的实现有关的两大部类交换的三种假定情况。[①] “这三种情况分述如下:(a) 仍然作为余额以第Ⅱ部类的商品形式存在的400,有一个份额为第1部分和第2部分(假定各占1/2)补偿不变资本的一定量的流动部分;(b) 第1部分已经把他的全部商品出售,所以,第2部分还有400要出售;(c) 除了承担损耗价值的200外,第2部分已经把全部商品出售。”[②]《资本论》对这些情况的具体论述,下面将用4个图式来简要说明。在以下的图式中,我们用Ⅱc(1)表示第Ⅱ部类要“用实物补偿固定资本”即进行实物更新的这部分资本家,把他们用于固定资本实物更新所投入的货币量(也就是往年积累的折旧基金总量)表示为Ⅱc(1)G;用Ⅱc(2)表示当年无法进行实物更新,需要通过卖出自己体现固定资本损耗价值的商品,形成折旧基金的这部分资本家,把第Ⅱ部类体现这种固定资本损耗的商品价值总量表示为Ⅱc(2)d。

(1) 首先分析情况(a):“(a)第Ⅱ部类还有商品价值=400c 在手中,第1部分有100,第2部分有300;而在这300中有200代表损耗。在这个场合,第Ⅰ部类为了取出第Ⅱ部类的商品而现在送回第Ⅱ部类那里的400镑货币中,就有第1部分原来投入的300,也就是说,其中200货币用来从第Ⅰ部类取得实物形式的固定资本要素,100货币作为它和第Ⅰ部类进行商品交换的中介;而第2部分在这400中只预付1/4即100,这同样是作为它和第Ⅰ部类进行商品交换的中介。因此,在这400货币中,第1部分预付了300,第2部分预付了100。”[③]

“但是,这400是这样流回的:流回到第1部分的,是100,即只等于它预付货币的1/3。但它获得了价值200的更新了的固定资本来代替其余的2/3。为了购买

① 《资本论》第2卷[M],北京:人民出版社,2004年,第515—519页。
② 《资本论》第2卷[M],北京:人民出版社,2004年,第515—516页。
③ 《资本论》第2卷[M],北京:人民出版社,2004年,第516页。

这个价值 200 的固定资本要素，它已经把货币付给了第Ⅰ部类，但是以后没有出售任何商品。就这个货币来说，第 1 部分和第Ⅰ部类相对立，只是作为买者，以后没有再作为卖者。因此，这个货币不能流回到第 1 部分；不然，它得到的固定资本要素就是第Ⅰ部类赠送的了。——就第 1 部分预付的货币的最后 1/3 来说，它是先作为买者来购买它的不变资本的流动组成部分。第Ⅰ部类再用这同一个货币向它购买它的价值 100 的商品余额。所以，这个货币流回到它（第Ⅱ部类的第 1 部分）手中，因为它作为商品的买者出现以后，立即又作为卖者出现。如果这个货币不流回来，那第Ⅱ部类（第 1 部分）要得到价值 100 的商品，就得先把 100 货币，然后又把 100 商品付给第Ⅰ部类，也就是把它的商品赠送给第Ⅰ部类了。

而流回到投入 100 货币的第 2 部分的，是 300 货币。100 流回来，是因为它先作为买者把 100 货币投入流通，现在又作为卖者把这些货币收回；200 流回来，是因为它只作为价值 200 的商品的卖者执行职能，而没有作为买者执行职能。就是说，这个货币不能流回到第Ⅰ部类那里。所以，固定资本的损耗是用第Ⅱ部类（第 1 部分）购买固定资本要素时投入流通的货币来补偿的；但是，这个货币不是作为第 1 部分的货币，而是作为属于第Ⅰ部类的货币来到第 2 部分手中的。”①这段较难理解的论述，可用图式 6－3－(a) 较清晰地表示出来：

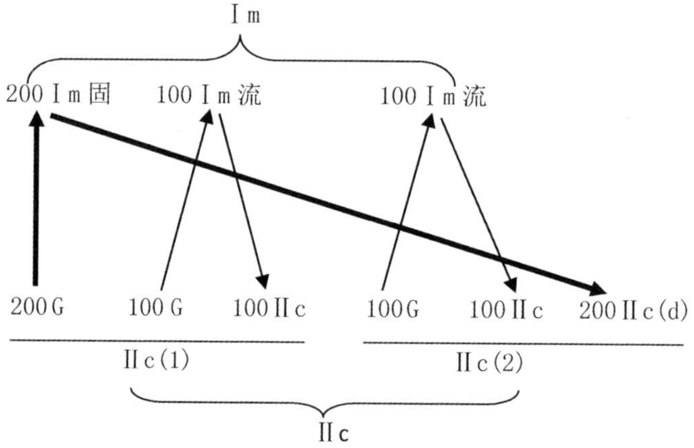

图式 6－3－(a)　在社会简单再生产条件下与Ⅱc 的实现有关的包含固定资本补偿的两大部类交换情况(a)

注：此图式中，→表示货币购买的流向，“固”表示用作固定资本的商品，“流”表示用作流动资本的商品。以下同类图式不再重复说明。

① 《资本论》第 2 卷［M］，北京：人民出版社，2004 年，第 516—517 页。

从图式 6－3－(a) 中可以看出，包含固定资本补偿的两大部类之间的商品流通，要遵循货币流回规律，使Ⅱc(2)d 货币化，就只能遵循以下交换途径，满足以下条件：

Ⅱc(1)200G→Ⅰm200W(第Ⅰ部类固定资本商品)→Ⅱc(2)200dW

也就是可以得出：第Ⅱ部类(第 1 部分)购买固定资本要素投入的货币价值额，应当等于第Ⅱ部类(第 2 部分)体现固定资本损耗的商品价值量。这可以用等式简要地表示为：Ⅱc(1)G = Ⅱc(2)d。

(2) 接着分析情况(b)："(b) 按照这一假定，Ⅱc 的余额是这样分配的：第 1 部分拥有 200 货币，第 2 部分拥有 400 商品。

第 1 部分已经把自己的全部商品出售，但是 200 货币是它的不变资本中必须用实物更新的固定组成部分的转化形式。所以，在这里它只作为买者出现；它所得到的不是自己的货币，而是第Ⅰ部类的具有固定资本实物要素形式的同等价值额的商品。第 2 部分最大限度(如果第Ⅰ部类没有为第Ⅰ部类和第Ⅱ部类之间的商品交换预付任何货币)只需要把 200 镑投入流通，因为就它的商品价值的一半来说，它只作为卖者向第Ⅰ部类出售，而不是作为买者向第Ⅰ部类购买。

400 镑从流通回到第 2 部分手里；其中 200 回到它手里，是因为它作为买者预付了 200，当它作为 200 商品的卖者时，又把这 200 镑收回。还有 200 回到它手里，是因为它曾经把价值 200 的商品卖给第Ⅰ部类，但没有因此再从第Ⅰ部类取得商品等价物。"①这些论述可以用图式 6－3－(b) 来表示：

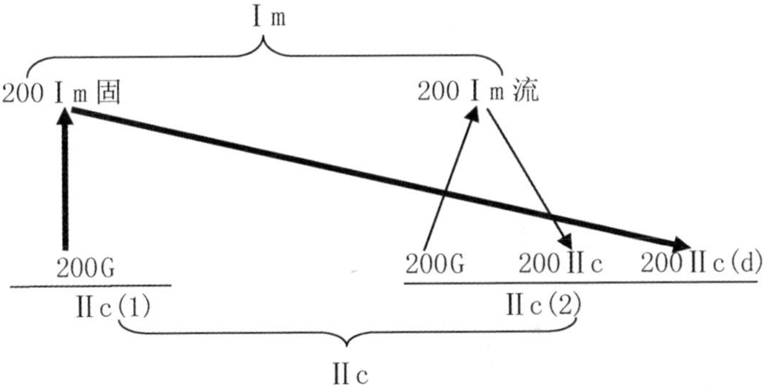

图式 6－3－(b)　在社会简单再生产条件下与Ⅱc 的实现有关的包含固定资本补偿的两大部类交换情况(b)

① 《资本论》第 2 卷[M]，北京：人民出版社，2004 年，第 517—518 页。

不难看出，在（b）这种情况下，要遵循货币流回规律，实现包含固定资本补偿的两大部类之间的商品流通，第Ⅱ部类（第1部分）购买固定资本要素投入的货币价值额，同样应当等于第Ⅱ部类（第2部分）体现固定资本损耗的商品价值量。也就是：Ⅱc（1）G＝Ⅱc（2）d。

（3）分析情况（c）。这又有两种情况。先看（c）的第一种情况：

"（c）第1部分有200货币和200c商品；第2部分有200c（d）商品。

按照这一假定，第2部分无须预付任何货币，因为它和第Ⅰ部类相对立，不是作为买者执行职能，而是仅仅作为卖者执行职能，从而它必须等待人家向它购买。

第1部分预付400镑货币，其中200是为了和第Ⅰ部类互相交换商品，其余200则是它作为单纯的买者向第Ⅰ部类购买时预付的。它用后面这200镑货币购买固定资本要素。

第Ⅰ部类用200镑货币向第1部分购买200商品；第1部分为这个商品交换而预付的200镑货币因此就流回到它那里；第Ⅰ部类再用另外200镑（也是从第1部分得到的）向第2部分购买200商品；第2部分的固定资本损耗因此就以货币形式在它自己那里沉淀下来。"①这些论述可以用图式6－3－（c－1）来表示：

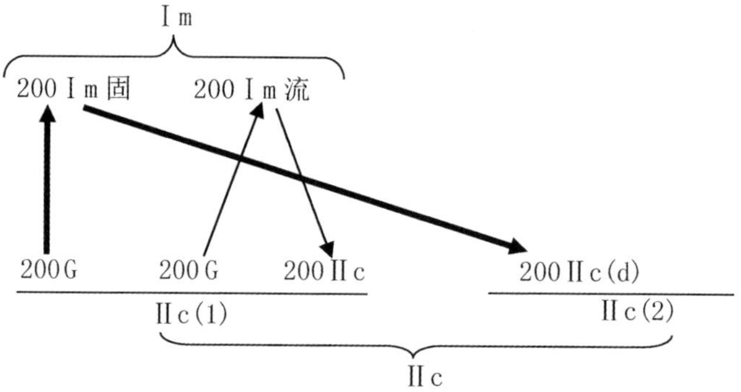

图式6－3－（c－1）　在社会简单再生产条件下与Ⅱc的实现有关的包含固定资本补偿的两大部类交换情况（c－1）

我们从图式中可以看到，（c）的第一种情况同样要满足条件：

Ⅱc（1）G＝Ⅱc（2）d。

马克思分析的（c）的第二种情况是："假定在（c）这个场合，为交换现有商品所

① 《资本论》第2卷[M]，北京：人民出版社，2004年，第518页。

必需的200货币，不是由第Ⅱ部类（第1部分）预付，而是由第Ⅰ部类预付，那也不会使事情有任何变化。如果是第Ⅰ部类先向第Ⅱ部类的第2部分购买200商品，——假定后者也只有这个商品余额要出售，——这200镑就不会流回到第Ⅰ部类那里，因为第Ⅱ部类的第2部分不再作为买者出现。但是，在这里，第Ⅱ部类的第1部分有200镑货币要用来购买，此外还有200商品要用来交换，所以总计有400要用来和第Ⅰ部类进行交换。于是，有200镑货币从第Ⅱ部类的第1部分回到第Ⅰ部类。如果第Ⅰ部类再用这个货币向第Ⅱ部类的第1部分购买200商品，那么当第Ⅱ部类的第1部分向第Ⅰ部类购买400商品的后一半时，这个货币就回到第Ⅰ部类。第1部分（Ⅱ）只是作为固定资本要素的买者花了200镑货币；因此，这个货币不再回到它那里，而是用来使第Ⅱ部类的第2部分的商品余额200c转化为货币；第Ⅰ部类用于商品交换的200镑货币，并不是通过第Ⅱ部类的第2部分，而是通过第Ⅱ部类的第1部分流回到第Ⅰ部类那里。回到第Ⅰ部类那里的有代替它的400商品的价值400的商品等价物；回到第Ⅰ部类那里的还有为交换800商品而由它预付的200镑货币。这样，一切都安排妥当了。”①这些论述可以用图式6－3－（c－2）来表示：

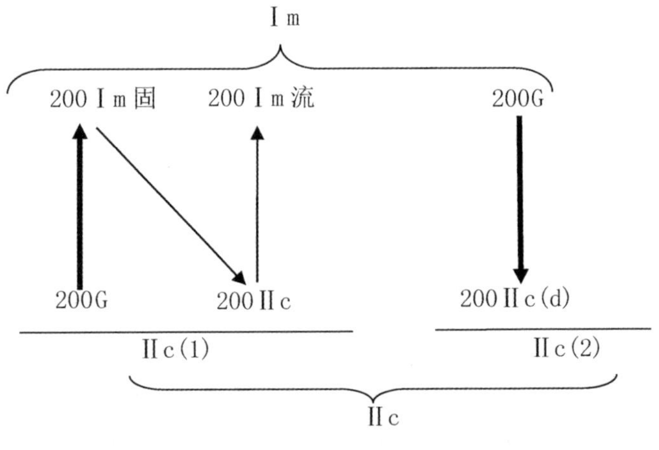

图式6－3－（c－2）　在社会简单再生产条件下与Ⅱc的实现有关的包含固定资本补偿的两大部类交换情况（c－2）

---

① 《资本论》第2卷［M］，北京：人民出版社，2004年，第518—519页。本段引文中倒数第二行“回到第Ⅰ部类那里的还有为交换800商品而由它预付的200镑货币”，其含义是，本图式中“200Ⅰm+200Ⅰm流+200Ⅱc+200Ⅱc(d)”共计800商品，而第Ⅰ部类为这800商品交换付出了200镑，在交换完成后，这200镑回到第Ⅰ部类。虽然第Ⅰ部类购买200Ⅱc(d)的200镑留在了第Ⅱ部类，但是第Ⅰ部类预付的货币却最终留在了第Ⅰ部类。结果在两大部类商品符合比例关系、等价交换的条件下，每个部类商品生产者预付的货币在对商品交换起中介作用之后，都如数回到本部类，遵循了货币流回规律。

可以从图式中看出,(c)的第二种情况比较特殊,但是仍然必须遵循:

$$\text{Ⅱ}c(1)G=\text{Ⅱ}c(2)d。$$

上述(a)(b)(c-1)三种情况清楚地揭示出,在社会简单再生产顺利实现的条件下,第Ⅱ部类固定资本的补偿是通过Ⅱc(1)G→Ⅰm固→Ⅱc(2)d的货币流回途径来实现的。在(c-2)这种情况中,用于第Ⅱ部类固定资本实物补偿的货币流回的途径比较特殊:一方面,Ⅱc(1)G→Ⅰm固→Ⅱc→Ⅰm流,Ⅱc(1)G这部分货币留在了第Ⅰ部类,没有回到第Ⅱ部类;但是另一方面,ⅠG→Ⅱc(2)d,因为第Ⅰ部类与Ⅱc(1)G等量的货币到第Ⅱ部类购买Ⅱc(2)d,而回到了第Ⅱ部类。可见,仍然遵循了Ⅱc(1)G=Ⅰm固=Ⅱc(2)d的比例关系。

所以,要满足货币流回规律,实现两大部类之间的平衡,从固定资本补偿来看,需要满足的条件是:Ⅱc(1)G=Ⅱc(2)d

4. 实现固定资本补偿是社会简单再生产的先决条件

马克思对上述研究做出小结,指出:"在这里先决条件显然是:第Ⅱ部类不变资本的这个固定组成部分,即按自己的全部价值再转化为货币,因而每年要用实物更新的固定组成部分(第1部分),应该等于第Ⅱ部类不变资本中另一个固定组成部分的年损耗,也就是等于以旧的实物形式继续执行职能,而其损耗(即转移到所参与生产的商品中去的价值损失)先要用货币来补偿的那个固定组成部分的年损耗。因此,这样一种平衡,好像就是规模不变的再生产的规律了;换句话说,因为生产生产资料的第Ⅰ部类一方面要提供第Ⅱ部类不变资本的流动组成部分,另一方面要提供它的固定组成部分,所以,劳动在第Ⅰ部类的分配比例必须保持不变。"①

马克思的这个小结,用公式来表述也就是:Ⅱc(1)G=Ⅱc(2)d。理解这个小结,要注意两点:

其一,第Ⅱ部类的固定资本补偿需要通过与第Ⅰ部类的商品交换关系来实现,因此,Ⅱc(1)G=Ⅱc(2)d这个实现条件同时要求第Ⅰ部类固定资本与流动资本的比例关系必须保持不变。

其二,这里讲的是第Ⅱ部类的Ⅱc(1)G和Ⅱc(2)d的关系,其实,第Ⅰ部类同

① 《资本论》第2卷[M],北京:人民出版社,2004年,第520—521页。需要说明,"这样一种平衡,好像就是规模不变的再生产的规律了",这句话中的"好像"一词,容易使读者认为,这种平衡好像是规律,但不一定是规律。恐怕与中译本的翻译有关。笔者查德文版和俄文版,认为这句话用的都是虚拟语气,可译为"要是有这样一种平衡,就是规模不变的再生产的规律了",这就可以理解为,只要有这种平衡关系的要求,这就是规律。

样存在固定资本补偿的问题，也同样存在（1）和（2）两类资本家，因此，也需要解决Ⅰc(1)G 和Ⅰc(2)d 的关系。既然社会简单再生产的实现，要求Ⅰc 内部各产业、企业之间形成Ⅰc=Ⅰc 的平衡结构，而内部交换也是通过货币流通来进行的，也必须遵循货币流回规律，那么，只有Ⅰc(1)G=Ⅰc(2)d，才能使Ⅰc 的产品价值全部得到货币化。这也就是说，在一定时期内（通常是一年），要实现包含固定资本实物补偿的社会再生产，两大部类的用于固定资本实物更新的货币价值量，都必须等于体现固定资本损耗价值（折旧）的商品价值量。

实际上，社会再生产总是包含固定资本的补偿的，因此，社会简单再生产的实现条件除了：Ⅰ(v+m)=Ⅱc、Ⅰc=Ⅰc、Ⅱ(v+m)=Ⅱ(v+m)三大平衡关系，还包括两大部类都必须遵循的固定资本补偿的比例平衡关系：

Ⅱc(1)G=Ⅱc(2)d，Ⅰc(1)G=Ⅰc(2)d。

（三）固定资本补偿关系不平衡的后果

1. 简要的阐释

如果固定资本补偿的比例关系不平衡，就会使货币流回规律不能实现，从而使社会再生产不能实现。马克思对此作了简要的阐释。他说："把第Ⅰ部类和第Ⅱ部类的这两个彼此相抵的具有同等价值的商品额去掉后，就只需要交换一个余额了。在这种情况下，问题就以纯粹的形式表现出来，即：

Ⅰ. 200m 商品。

Ⅱ.（1）200c 货币+（2）200c 商品。"①

从这个简要图式中可以清楚看出，如果Ⅱc(1)G 不等于Ⅱc(2)d，就会出现两种情况：

第一种情况，如果Ⅱc(1)G>Ⅱc(2)d，例如图式变为：

"Ⅰ. 200m。

Ⅱ.(1)220c（货币形式）+(2)200c（商品形式）。"②

不难看出，在这种情况下，按照必然的交换途径Ⅱc(1)G→Ⅰm 固→Ⅱc(2)d，Ⅱc(1)就会有 20G 的货币不能转化为实物形式的固定资本。

① 《资本论》第 2 卷[M]，北京：人民出版社，2004 年，第 520 页。
② 《资本论》第 2 卷[M]，北京：人民出版社，2004 年，第 521 页。

第二种情况，如果Ⅱc(1)G<Ⅱc(2)d，例如图式变为：

"Ⅰ. 200m(商品形式)。

Ⅱ. (1)180c(货币形式)+(2)200c(商品形式)。"①

不难看出，在这种情况下，按照必然的交换途径Ⅱc(1)G→Ⅰm固→Ⅱc(2)d，一方面，Ⅰm就会有20商品不能出售，另一方面Ⅱc(2)也会有20商品不能出售。

结果，简单社会再生产就不能够顺利实现了。

2. 引入固定资本与流动资本比例关系的阐释

为了阐释在社会简单再生产条件下固定资本补偿比例关系不平衡，必然会造成的不良后果，马克思又引入固定资本与流动资本的比例关系，进一步作了分析。理论界对这方面的分析，似较少涉及。而这方面的原理是值得人们重视的。

马克思深刻地揭示出，在资本主义条件下，即使"在不仅生产规模不变，而且特别是劳动生产率也不变"的社会简单再生产前提下，只要两大部类不变资本中需要实物更新的固定资本比上一年发生变动，"危机——生产危机——还是会发生"②。他以第Ⅱ部类为例，引入固定资本和流动资本的比例关系加以深入论证：③假设寿命完结、需要进行实物更新的固定资本价值量是Ⅱc(1)x；仍在生产中起职能作用的固定资本，其总价值分为两部分：一是留在固定资本实物中的价值Ⅱc(2)y，二是已经转移到产出的商品中的损耗价值量Ⅱc(2)d，那么，第Ⅱ部类生产中作为不变资本的固定资本的价值总量就是：Ⅱc(1)x+[Ⅱc(2)y+Ⅱc(2)d]y，这是一个定量。但是，在社会再生产过程中，寿命完结的固定资本价值Ⅱc(1)x和仍在起职能作用的固定资本价值[Ⅱc(2)y+Ⅱc(2)d]之间，是会发生彼此增减的相应变化的。既然第Ⅱ部类不变资本中的固定资本和流动资本之和是一个定量，那么，只要Ⅱc(1)x和[Ⅱc(2)y+Ⅱc(2)d]这两部分的比例发生了变化，就会破坏固定资本与流动资本之间原有的比例关系，使货币流回规律受到破坏，并使社会再生产不能正常实现。这是因为，如果第Ⅱ部类总的固定资本中，与去年相比，其中有更大一部分已经寿命完结[即Ⅱc(1)x变大]，从而需要实物更新，那么，仍在起作用的那部分固定资本[Ⅱc(2)y+Ⅱc(2)d]，必然会按照同一比例减少。这样一来，遵循Ⅱc(1)x→Ⅰm固→ⅡcⅡc(2)d的必然交换途径，这就会引起下列情况：

---

① 《资本论》第2卷[M]，北京：人民出版社，2004年，第522页。

② 参见《资本论》第2卷[M]，北京：人民出版社，2004年，第523—524页。

③ 《资本论》这部分的论证比较难懂，以下是根据该书有关论述所做的解读。参见《资本论》第2卷[M]，北京：人民出版社，2004年，第523—524页。

第一，在Ⅱc(1)x变大时，势必要求第Ⅰ部类为第Ⅱ部类供应的商品总额中，有较大部分由固定资本商品（Ⅰm固）构成，这样，因为第Ⅰ部类为第Ⅱ部类提供的不变资本商品Ⅱc是一定的，所以第Ⅰ部类为第Ⅱ部类提供的流动资本商品（Ⅰm流）就只能变小；然而，Ⅱc需要的流动资本商品（即原料、半成品、辅助材料）却不能有变化，因为它是一个定量。于是，问题来了，由于第Ⅰ部类减少了为Ⅱc提供的流动资本商品，第Ⅱ部类就不能继续再生产了。

第二，在Ⅱc(1)x变大时，为了实现固定资本实物更新，第Ⅱ部类会有较多的货币G流到第Ⅰ部类，以便再流回第Ⅱ部类购买消费资料商品。但是，由于Ⅱc(1)x的变大，[Ⅱc(2)y+Ⅱc(2)d]这部分必然会减少，从而Ⅱc(2)d商品量也会减少。这样，Ⅱc(1)x流到第Ⅰ部类的购买固定资本商品的货币G，就会有较大的部分因买不到第Ⅱ部类的商品Ⅱc(2)d而在第Ⅰ部类沉淀下来，于是货币流回规律被破坏，社会再生产不能正常实现。[①] 以上研究的是Ⅱc(1)x变大的情况。马克思指出，“有了以上的阐述，对于相反的情况”，即Ⅱc(1)x变小的情况，“就无须再进一步考察了”。[②]

由此可见，社会再生产实现的充分条件，必须包括固定资本补偿要求的用于实物更新的货币量和体现折旧基金的商品量之间的平衡，以及相应的固定资本与流动资本之间的平衡。

3. 资本主义的固定资本补偿不平衡必然发生危机

马克思在引入固定资本与流动资本的比例关系研究固定资本补偿之后，对资本主义经济宏观运动做出总结：“因此，尽管是规模不变的再生产，但危机——生产危机——还是会发生。一句话：如果在简单再生产和各种条件不变，特别是劳动生产力、劳动总量、劳动强度不变的情况下，假定在寿命完结的（有待更新的）固定资本和以旧的实物形式继续起作用的（只是为了补偿其损耗而把价值加到产品中去的）固定资本之间的比例不是不变，那么，在一个场合，需要再生产的流动组成部分的量保持不变，而需要再生产的固定组成部分的量也会增加；因此，第Ⅰ部类的生产总额必须增加，不然，即使把货币关系撇开不说，也会出现再生产不足的现象。

在另一个场合，如果需要用实物来再生产的第Ⅱ部类的固定资本的比例量减

---

① 本段是根据马克思原著的论述所做的较通俗的解读。参见《资本论》第2卷[M]，北京：人民出版社，2004年，第523—524页。

② 参见《资本论》第2卷[M]，北京：人民出版社，2004年，第524页。

少，从而还只是要用货币进行补偿的第Ⅱ部类的固定资本组成部分会按同一比例增加，那么，在需要由第Ⅰ部类再生产的第Ⅱ部类不变资本的流动组成部分的量保持不变的同时，需要再生产的固定组成部分的量却会减少。因此，或者是第Ⅰ部类的生产总额减少，或者是出现过剩（就像前面出现不足一样），而且是不能转化成货币的过剩。”①

马克思指出，在前一个场合，用提高劳动生产率、延长劳动时间或增加劳动强度提供更多的产品，来弥补生产不足，会引起劳动和资本从第Ⅰ部类的某个生产部门移动到另一个生产部门；而第Ⅰ部类劳动时间和劳动强度增加，还会引起产品价格变动，这些都会引起再生产比例关系的紊乱。在另一个场合则相反，第Ⅰ部类必须压缩自己的生产，对该部类的工人和资本家来说，都意味着危机；或者第Ⅰ部类提供的产品过剩，这对他们来说，又是危机。②

可见，在资本主义经济条件下，由于私有制经济基础导致的私人生产者的生产自发性，Ⅰc(1)G 和Ⅰc(2)d 之间、Ⅱc(1)G 和Ⅱc(2)d 之间、固定资本和流动资本之间，是很难形成平衡的比例关系的。资本主义经济由固定资本补偿引起的危机是不可避免的。

（四）固定资本补偿原理的应用

1. 社会主义经济基础是避免由固定资本补偿不平衡发生危机的基本条件

《资本论》关于社会再生产固定资本补偿的科学原理，对于社会主义市场经济的宏观调控具有重要指导价值。

生产过剩造成经济危机，这是资本主义经济的痼疾。《资本论》关于固定资本补偿的科学原理揭示出，必须分清两类生产过剩：第一类是资本主义私有制决定的分配关系产生两极分化，造成有购买力需求不足而导致生产过剩，这是由资本主义生产关系的特殊性决定的；第二类则是由全社会的固定资本补偿关系的不平衡造成的生产过剩。在资本主义经济制度消灭之后，前一类生产过剩的原因就会消除；但是后一类生产过剩的原因是与社会化生产相联系的，具有一般性，它依然会存在。

应当充分认识到，宏观经济一般的运动与社会化大生产相联系，总是存在“固

① 《资本论》第2卷[M]，北京：人民出版社，2004年，第524—525页。
② 参见《资本论》第2卷[M]，北京：人民出版社，2004年，第525页。

定资本”和“流动资本”的比例关系的。不同生产部门、各行各业“固定资本”的差别性决定了全社会的Ⅰc(1)G和Ⅰc(2)d之间、Ⅱc(1)G和Ⅱc(2)d之间,总会发生不平衡。因此,这种不平衡具有宏观经济运动的一般性,并不只是资本主义宏观经济所特有的。不过,马克思指出,“这种过剩本身并不是什么祸害,而是利益;但是在资本主义生产下,它却是祸害”①。这种不平衡在资本主义经济条件下必然引发危机,在社会主义经济条件下却可能避免危机,为何?原因就在于两种经济制度的所有制基础有根本的区别,因而这种不平衡所产生的商品过剩,可以有不同的出路。

资本主义经济以私有制为基础。即使现代资本主义经济产生了凯恩斯主义指导下的政府宏观经济调控,但是,由于凯恩斯主义和资产阶级政府都代表资产阶级整体利益,所以,这种宏观调控是建立在私有制经济基础上的,而全社会的私人商品生产者不可能服从宏观经济调控的“一盘棋”要求;宏观经济调控措施对私有制企业并不具有真正的约束力。当发生固定资本补偿引起的Ⅰc(1)G和Ⅰc(2)d之间、Ⅱc(1)G和Ⅱc(2)d之间、固定资本与流动资本之间的不平衡之时,如果社会再生产出现生产不足,就意味着不少独立决策的私有企业买不到原材料进行再生产;如果社会再生产出现生产过剩,就意味着不少私有制企业的产品卖不出去。这两种情况对私有制企业都是祸害,一旦涉及面扩大到一定程度,就会爆发全社会的经济危机。

而社会主义经济的基础是生产资料公有制,却有条件通过宏观经济调控来避免这种由固定资本补偿不平衡产生的生产不足或生产过剩所引起的危机。马克思指出,“再生产的资本主义形式一旦废除,问题就归结如下;寿命已经完结因而要用实物补偿的那部分固定资本(这里是指在消费资料生产中执行职能的固定资本)的数量大小,是逐年不同的。如果在某一年数量很大(像人一样,超过平均死亡率),那在下一年就一定会很小。在其他条件不变的前提下,消费资料年生产所需的原料、半成品和辅助材料的数量不会因此减少;因此,生产资料的生产总额在一个场合必须增加,在另一个场合必须减少。这种情况,只有用不断的相对的生产过剩来补救;一方面要生产出超过直接需要的一定量固定资本;另一方面,特别是原料等等的储备也要超过每年的直接需要(这一点特别适用于生活资料)。这种生产过剩

① 《资本论》第2卷[M],北京:人民出版社,2004年,第525页。

等于社会对它本身的再生产所必需的各种物质资料的控制"[①]。对于固定资本补偿产生的不平衡，之所以公有制经济基础可以用"相对的生产过剩"和适当"储备"等方式来进行控制，而不会给单个生产企业造成"祸害"，根本原因就在于公有制经济基础保证了单个企业利益与全社会整体利益的一致性。当具体企业产品由于这种原因卖不出时，资本主义私人企业会破产，而公有制企业作为社会整体生产的有机组成部分，这些过剩商品可以通过一定方式（如由社会调控中心来购买）作为社会储备，用于补偿下一时期的相对生产不足。公有制经济基础使全社会的生产者形成了共同经济利益，这就使国家宏观经济调控中心有条件实施"全国一盘棋"的统一指挥，从而促进社会再生产按比例进行。

2. 对社会主义宏观经济调控的重要启示

不应忽视，马克思所说的社会可以用"相对的生产过剩"和适当"储备"的方式来避免危机，是对全社会实现了公有制、不存在商品货币关系的未来条件下的社会控制方式的设想。中国社会主义市场经济的所有制基础，还不是全社会的公有制。然而马克思的论述，毕竟表明一个重要的道理：公有制经济基础是宏观经济计划调控的有利条件。毫无疑问，宏观调控中心应当充分利用好这个条件，从"全国一盘棋"出发，遵循货币流回规律，有计划地调节社会再生产比例关系，避免发生危机。

在社会主义市场经济的条件下，从商品生产和流通的一般角度看，宏观经济调控至少会提出两大问题：一是商品生产和流通一般要求企业独立经营、自主决策，如何使企业服从"全国一盘棋"的宏观调控；二是如何避免固定资本补偿不平衡的生产过剩导致经济危机。

解决前一个问题，需要结合所有制与宏观经济调控的关系进行探讨。最基本的就是，要巩固和增强公有制经济的主体地位，尤其要壮大能够服从国家统一指挥的国有经济，使国有经济的整体达到一定规模，以利于发挥国有经济主导力量的作用；同时，还要重视发挥集体经济的配合作用，在此基础上，引导私营经济服从国家的宏观调控。这样，就有可能使整个国民经济的运动服从"全国一盘棋"。当然，这还需要宏观经济调控中心遵循社会再生产按比例发展规律，结合市场调节作用，实施正确的计划调节。关于计划调节，本书后面章节将深入探讨。

解决后一个问题，至少应重视下述方面：

---

① 《资本论》第2卷[M]，北京：人民出版社，2004年，第526页。

首先,应当在社会主义市场经济的宏观调控实践中,自觉应用《资本论》关于社会再生产固定资本补偿的科学原理。马克思是十分重视固定资本周转对社会再生产的影响的。他在论述资本周转时曾指出,资本的周转周期是由所使用的固定资本的寿命决定的,在资本主义经济中,“这种由一些互相连结的周转组成的长达若干年的周期(资本被它的固定组成部分束缚在这种周期之内),为周期性的危机造成了物质基础”;“虽然资本投入的那段期间是极不相同和极不一致的,但危机总是大规模新投资的起点”。[①] 他在研究社会分工的比例关系时,揭示了资本周转周期长的产业部门在社会再生产中只能占一定比例关系。[②] 如前所述,他在引入货币流回规律分析社会再生产时,又深入地揭示了固定资本补偿必须遵循的比例关系。这些关于固定资本与社会再生产的原理,具有内在逻辑联系,我们在社会主义宏观经济调控中,应当把这些原理作为计划调节的理论依据。须知西方资产阶级宏观经济学并不明白这些科学道理。

其次,在社会主义市场经济宏观经济调控实践中,应当分清生产过剩的不同原因,分别采取相应措施,也就是说,对一定时期的“产能过剩”要具体分析。第一,必须十分注意减少因收入分配两极分化造成生产过剩,这要求毫不动摇地坚持公有制经济的主体地位,在适应社会生产力发展水平发展多种所有制经济过程中,要把私有制经济的发展控制在次要地位,坚决防止私有制与生产社会化的矛盾上升为社会的基本矛盾。第二,对于固定资本补偿不平衡产生的一般性生产过剩,则应根据市场经济的特点来采取补救措施。由于由此造成的生产过剩表现在一个个企业,国家有必要采取一定的等价交换方式,收购这类一般性过剩的商品,并储存起来,以便在今后出现一般性生产不足时,再以等价交换的方式卖给所需要的企业。如果国家当时缺少收购资金,可以采用增发国债的办法,将人民群众积存的消费基金储蓄转化为国家的购买力。

再次,应当尽可能把周转周期在一年以上的固定资本生产资料的商品生产纳入国有经济,这样才便于国家宏观经济调控中心根据社会实际需要,按比例生产,制止重复建设,并且通过有目的的宏观统计,尽最大可能促使全国固定资本实物更新的总价值[Ⅱc(1)G 和Ⅰc(1)G]与体现固定资本损耗价值(折旧)的商品价值量

---

① 《资本论》第 2 卷[M],北京:人民出版社,2004 年,第 207 页。

② 参见“从社会的角度考察的可变资本的周转”,参见《资本论》第 2 卷[M],北京:人民出版社,2004 年,第 346—353 页。

[Ⅱc(2)d 和 Ⅰc(2)d]之间分别趋向相等关系。

最后,应当坚持固定资本商品生产的技术创新。应当明确,《资本论》所说的固定资本的实物补偿,是包括科技创新、技术进步在内的实物更新。所以,国家在宏观经济调控中,应当考虑由此造成的固定资本无形损耗,适当增加固定资本的损耗率。要积极组织企业加强固定资本的科技创新,开展技术革命和各种革新,果断淘汰落后工艺和设备,最大限度地减少固定资本被科技进步造成的无形损耗。

三、引入货币积累的社会扩大再生产实现条件

(一)《资本论》的有关研究思路

1. 社会扩大再生产要解决货币积累问题

社会简单再生产是扩大再生产的基础。因此,以上探讨的货币流回规律和固定资本补偿的比例关系等原理,对于社会扩大再生产是同样存在的;本书第五章为了集中地论述马克思所揭示的社会扩大再生产的基本比例,把它们暂时撇开了。然而研究在市场经济条件下的社会扩大再生产,是不能撇开它们的。不能忽视,《资本论》正是结合在资本主义经济和商品货币流通一般关系条件下必然存在的货币流回规律,才揭示出社会扩大再生产的基本比例关系,从而揭示出与货币流通相结合的社会扩大再生产的实现条件的。以往我国学界可能是受计划产品经济体制的束缚,一般都撇开货币流回规律,来研究和论述社会扩大再生产的基本比例关系,固然仍有许多收获;但是,离开了货币流回规律,毕竟不能全面把握《资本论》对社会扩大再生产的研究方法。实际上,只有结合货币流通,才能深入理解社会扩大再生产的实现条件,从而有助于用以指导社会主义市场经济的宏观调控实践。

马克思结合货币流回规律研究社会扩大再生产的实现条件,是从分析单个资本的积累的必然进程开始的。这是因为,社会总资本的积累和扩大再生产是由全社会单个资本综合而成的。从中我们可以体会到,马克思的宏观经济思想不是主观的凭空设计,而是对现实经济的唯物辩证的客观反映。

单个资本进行积累,有两个前提,一是资本家能使体现剩余价值的商品卖出去,实现货币化,扣除其中用于个人消费的部分,实行货币积累,并达到一定数额;二是社会上能提供扩大再生产的物质条件,使资本家用积累起来的货币化的剩余

价值，能够买到追加的生产要素（生产资料和劳动力），实行实际积累。可见，单个资本的积累必然要先进行货币积累，然后再进行实际积累，才能扩大再生产。社会扩大再生产也应具备这样的前提。由此便必定会提出社会扩大再生产中遇到的问题：如果所有的资本家都进行货币积累，即只卖不买，那么，买者又从何而来呢？要实现社会扩大再生产，资本家阶级究竟如何进行货币积累和实际积累呢？

2. 首先要解决第Ⅰ部类的积累问题

马克思结合研究第Ⅰ部类从简单再生产向扩大再生产的过渡，回答了上述问题。值得一提的是，马克思先研究第Ⅰ部类的积累，这体现出历史唯物主义的方法论原则。这是因为，简单再生产必然首先要解决生产资料在再生产中的补偿问题，而以积累为前提的社会扩大再生产，还需要解决追加生产资料的问题。而为全社会提供生产资料的第Ⅰ部类首先要扩大再生产，因此，必须首先研究第Ⅰ部类如何进行货币积累与实际积累。

在分析第Ⅰ部类货币积累时，马克思指出，上述所谓“买者从何而来”的问题，其实是表面的问题，解决这一问题并不困难。因为事实上，第Ⅰ部类有许多产业部门，许多企业，它们的资本积累和扩大再生产并不是同步的。总有一些资本家（用B来表示）的货币积累已达到可以进行扩大再生产的额度，当年已经需要购买追加生产要素，进行实际积累（用ⅠmBG来表示）；而其他一些资本家（用A来表示），当年则仍在通过出售体现剩余价值的商品，进行货币积累（用ⅠmAW来表示）。这样，第Ⅰ部类就既有实行单纯购买的B资本家，又有卖而不买的A资本家。A能进行货币积累的可能性，就在于B把以往已经积累的货币投入流通，因此，由于存在A、B两类资本家，第Ⅰ部类为扩大再生产而实行货币积累（或货币贮藏）是完全可能的。第Ⅰ部类实现正常扩大再生产的货币积累的条件是，必须满足A的货币积累价值额与B的实际积累价值额相等。当然，这种情况在资本主义私有制条件下只是一种偶然现象。

在阐明货币积累所需的条件之后，马克思接着分析第Ⅰ部类实际积累的条件。这种条件包含在第Ⅰ部类的简单再生产之中。因为第Ⅰ部类是生产生产资料的，在简单再生产条件下，Ⅰm在价值上是补偿资本家个人消费的，在实物形态上则是用于与Ⅱc交换的第Ⅱ部类的生产资料。第Ⅰ部类为了能从简单再生产过渡到扩大再生产，Ⅰm这个价值部分，就要减少为第Ⅱ部类生产生产资料，而要从中拿出一部分用于本部类的积累，多为第Ⅰ部类的实际积累生产生产资料。

由于Ⅰ(c+v+m)本身的价值量没有增加，而Ⅰm在实物形态上作了调整，直接为本部类多生产生产资料，第Ⅰ部类就能进行扩大再生产的实际积累。所以，可以得出一个结论："如果只考察价值量，扩大再生产的物质基础是在简单再生产内部生产出来的。"①顺便说一下，我们还可以这样来领会这个结论的意思，如果只考虑价值量，那么明年的扩大再生产的物质基础，是今年再生产出来的。

由于第Ⅰ部类追加的生产资料是从Ⅰm中直接生产出来的，当年并没有另外追加货币资本，所以，进行货币积累的资本家A手中的货币，不外是第Ⅰ部类体现剩余价值的生产资料商品(一部分Ⅰm)出售的结果，是他们把这些商品卖给了进行实际积累的B资本家。由此又得出了第二个结论，一个国家已经在执行职能的生产资本越多，劳动生产力越发展，因而剩余价值在价值量和使用价值量上越大，那么，从使用价值角度看，A资本家手中作为潜在追加生产资本的剩余价值产品量就越大；从价值量角度看，这种剩余产品价值转化为潜在的货币资本量(货币积累量)也就越大。这第二个结论说明，一国国力越强，社会扩大再生产的潜力也就越大。

第Ⅰ部类的实际积累，除了要解决购买到追加生产资料的问题，还要解决追加劳动力的问题。这个问题实际上在《资本论》第1卷已经解决，资本主义生产条件下的相对人口过剩规律决定了追加的劳动力总是准备好的。

3. 研究第Ⅱ部类积累遇到的问题

在分析第Ⅰ部类的货币积累和实际积累之后，马克思接着分析第Ⅱ部类的积累。根据上述分析，第Ⅱ部类实现扩大再生产，生产当事人同样要分为两类，一类实行货币积累(用ⅡmAW来表示)和实际积累(用ⅡmBG来表示)，并且也必须满足：ⅡmAW = ⅡmBG。因为假定社会再生产的比例关系平衡，那么，只有用历年积累起来的货币来购买用于实际积累的体现剩余价值的商品，才不会破坏货币流回规律。但是，第Ⅱ部类要从简单再生产过渡到扩大再生产，从实物形态(追加生产资料进行实际积累)角度来看，不可能像第Ⅰ部类那样，由ⅠA(第Ⅰ部类进行货币积累的资本家)把体现剩余价值的生产资料商品直接卖给ⅠB，如果进行货币积累的资本家ⅠA把商品卖给ⅡB(第Ⅱ部类进行实际积累的资本家)，社会再生产将受到阻碍。我们可以用图式6－4来理解马克思的分析。

① 《资本论》第2卷[M]，北京：人民出版社，2004年，第559页。

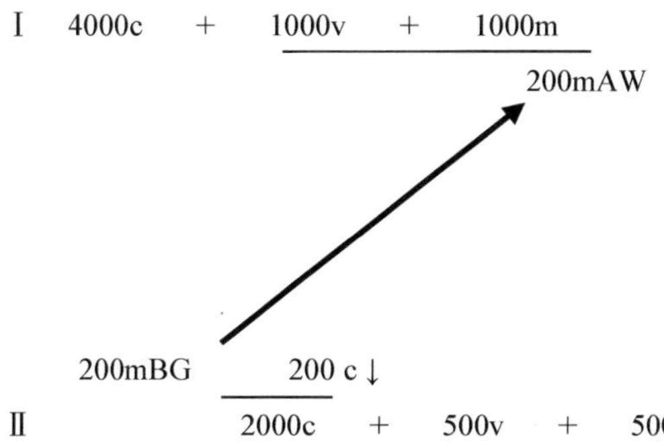

图式 6－4　第Ⅱ部类从简单再生产过渡到扩大再生产遇到的困难

注：图式中的──→表示货币流通途径；↓表示商品在本部类沉淀下来，无法卖出。

如图式 6－4 所示，假定Ⅰ(1 000v+1 000m)＝Ⅱ2 000c，撇开货币积累因素，社会分工比例关系符合社会简单再生产平衡要求。但一旦结合货币积累因素，就连简单再生产也无法正常进行了。这是因为，进行货币积累的ⅠA 的特点是卖而不买，即卖出生产资料商品而不再到第Ⅱ部类去买商品。假定ⅠA 把体现剩余价值的生产资料商品卖到第Ⅱ部类，换句话说，也就是第Ⅱ部类用已经积累的货币(200mBG)直接购买ⅠA 的商品(200mAW)，使ⅠA 实现了实际积累，那么，ⅠA 得到的这部分货币(200G)就不会再回到第Ⅱ部类。这样一来，货币流回规律就被破坏了，第Ⅱ部类本该与第Ⅰ部类交换的相应的一部分商品(200c)就卖不出去而沉淀下来，简单社会再生产就因商品不能全部卖出而不能实现。

可见，在Ⅰ(v+m)＝Ⅱc 这个简单再生产的基础上，Ⅰm 一部分商品理应与Ⅱc 交换，但是现在Ⅰm 的这部分商品由ⅠA 资本家售出之后，ⅠA 得到了货币，却用于积累，而不再购买Ⅱc，这样，Ⅱc 就会出现一部分商品售不出去，从而再生产就无法得到补偿。分析第Ⅱ部类进行实际积累的困难说明，全社会的总产品在Ⅰ(v+m)＝Ⅱc 这种产品价值构成的组合上，要进行扩大再生产是不可能的。这就为阐明社会扩大再生产的前提条件和实现条件奠定了理论基础。

(二) 结合货币积累和实际积累进行研究

1. 在研究中重视“积累时Ⅱc 的交换”

以上论述说明，马克思结合货币流回规律，揭示出实现社会扩大再生产的条件与实现社会简单再生产的条件存在重大差别。在此基础上，他进一步得出结论，能否实现社会扩大再生产，这与社会总产品的绝对量无关，而取决于，已生产出来的社会总产品各种产品价值要素，应形成一定比例关系的组合。[①] 并揭示出，这种组合必须符合扩大再生产的前提条件，即从生产资料生产方面看，Ⅰ(v+m)>Ⅱc；从消费资料生产方面看，Ⅱ(c+v+m)>Ⅰ(v+m/x)+Ⅱ(v+m/x)。[②] 在此基础上，马克思用具体例证，阐释了社会扩大再生产的实现条件，即两大部类产品价值应当形成的一定的比例关系组合，本书第五章已经论述，这种基本比例关系是：Ⅰ(v+m/z+m/x)=Ⅱ(c+m/y)；并用图式5－2表示出两大部类之间产品价值交换的必然途径。

值得提出的是，马克思在研究中强调了"积累时Ⅱc的交换"[③]。这是因为，在社会扩大再生产中，难点在于弄清第Ⅱ部类追加的不变资本如何实现。为此，马克思在指出"在积累时，首先要考察的是积累率"和"积累资本分成可变资本和不变资本的比例会发生变化"的重要性之后，对两大部类在Ⅰ(v+m/x)和Ⅱc之间的交换关系，进行了等于、大于、小于三种情况的归纳性分类概述；在第二十一章第Ⅳ节引入了货币积累和实际积累来做"补充说明"。[④] 这就揭示了货币流回规律与社会扩大再生产实现条件的全面关系。弄清这各类关系，对于认识市场经济一般条件下的生产与流通的关系具有重要的方法论指导价值。但是，经济学界以往对《资本论》第2卷第二十一章第Ⅲ节的"3.积累时Ⅱc的交换"和第Ⅳ节"补充说明"这两部分研究却不够深入。为此，有必要对Ⅰ(v+m/x)和Ⅱc之间的交换做出进一步阐释。

2. 结合货币流回规律理解社会扩大再生产两大部类之间的交换途径

在《资本论》第2卷中，马克思具体地假定积累率=1/2，分析了Ⅰ(v+m/2)和Ⅱc交换，是用语言简要论述的。本章则用图式，撇开固定的积累率，引入货币积累和实际积累关系，从更一般的角度考察Ⅰ(v+m/x)和Ⅱc的交换。

在以下图式中，两大部类要进行的货币积累分别表示为ⅠmAW和ⅡmAW，两大部类要进行的实际积累分别表示为ⅠmBG和ⅡmBG。显然，在社会总产品的产品价值结构符合社会扩大再生产实现条件Ⅰ(v+m/z+m/x)=Ⅱ(c+m/y)的基础上，两大部类A资本家用于货币积累的商品价值额(体现剩余价值)，应当等于B资本家用于实际积累的货币价值额(体现剩余价值)，也就是说：ⅠmAW+

① 参见《资本论》第2卷[M]，北京：人民出版社，2004年，第569—570页。

② 对社会扩大再生产的前提条件只是前一个，还是这两个，我国学术界是有争议的。但不影响结合货币积累和实际积累理解社会扩大再生产，所以这里撇开不论。

③ 《资本论》第2卷[M]，北京：人民出版社，2004年，第586页。

④ 《资本论》第2卷[M]，北京：人民出版社，2004年，第586—590页。

ⅡmAW＝ⅠmBG+ⅡmBG；否则，产品价值结构的比例关系就会受到破坏。但是，货币积累和实际积累的分布，则应当适应Ⅰ(v+m/x)和Ⅱc之间等于、大于、小于三种情况下的交换关系。三种情况用图式表示如下：

第一种情况，当Ⅰ(v+m/x)＝Ⅱc时的社会扩大再生产。见图式6－5－1：

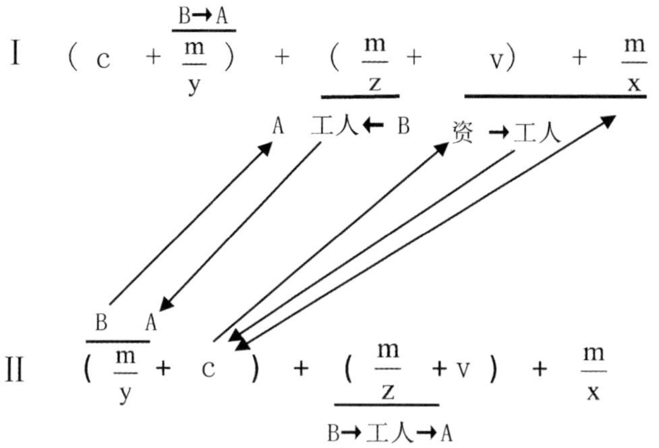

图式6－5－1　当Ⅰ(v+m/x)＝Ⅱc时，结合货币积累和实际积累的两大部类之间的交换

注：图式中──→表示两大部类之间进行交换时的货币流通途径；A表示资本家出售商品进行货币积累，B表示资本家购买商品进行实际积累；“工人”表示工人在资本主义经济中出卖的是劳动力商品。以下图式不再重复说明。

从图式6－5－1可以看出，两大部类交换是在Ⅰ(v+m/z+m/x)＝Ⅱ(c+m/y)社会再生产基本平衡的条件下进行的。在Ⅰ(v+m/x)＝Ⅱc的情况下：

第Ⅰ部类追加的不变资本Ⅰm/y这部分的货币积累和实际积累，在本部类进行，经过Ⅰ(m/y)BG→Ⅰ(m/y)AW来实现，Ⅰ(m/y)BG＝Ⅰ(m/y)AW；第Ⅱ部类追加的可变资本Ⅱm/z这部分的货币积累和实际积累，也在本部类进行，经过Ⅱ(m/z)BG→追加工人的劳动力商品→Ⅱ(m/z)AW来实现。这里要求：Ⅱ(m/z)BG＝Ⅱ(m/z)AW。

Ⅰ(v+m/x)和Ⅱc之间的这部分商品交换实际上与社会简单再生产的交换相同。途径是：第Ⅰ部类生产Ⅰv商品的资本家付出可变资本货币→购买本部类工人的劳动力商品→工人得到工资货币，到第Ⅱ部类购买消费资料商品Ⅱc→第Ⅱ部类资本家得到这部分货币后，到第Ⅰ部类购买生产资料Ⅰv商品，用于补偿生产中消耗掉的一部分Ⅱc，这使第Ⅰ部类付出的这部分货币流回到第Ⅰ部类；或者，生产

Ⅱc 一部分商品的资本家付出货币到第Ⅰ部类Ⅰv 商品→生产这部分商品的资本家得到货币，付给本部类出卖自己劳动力商品的工人→工人到第Ⅱ部类购买消费资料商品，使货币流回到第Ⅱ部类。Ⅰm/x 与Ⅱc 中另一部分商品的交换，在两大部类资本家之间进行，任何一方预付货币作为交换的中介，货币都会回到预付的一方。

第Ⅰ部类体现追加可变资本的Ⅰm/z 商品与第Ⅱ部类体现追加不变资本的Ⅱm/y 商品之间的交换。途径是：第Ⅰ部类进行实际积累的货币Ⅰ(m/z)BG→作为工资付给本部类的追加工人→追加工人用工资货币，到第Ⅱ部类购买进行货币积累的资本家手中的Ⅱ(m/y)AW 商品，这部分货币留在第Ⅱ部类；而第Ⅱ部类进行实际积累的货币Ⅱ(m/y)BG 到第Ⅰ部类购买进行货币积累商品Ⅰ(m/z)AW，作为追加的不变资本，这部分货币留在第Ⅰ部类。显然，这些交换在Ⅰm/z=Ⅱm/y 条件下，还要求Ⅰ(m/z)BG=Ⅱ(m/y)AW，Ⅱ(m/y)BG=Ⅰ(m/z)AW。

这样，经过上述途径，两大部类在交换中，既实现了货币积累和实际积累，实现了社会扩大再生产，又都遵守了货币流回规律。从图式中不难看出，两大部类之间，从生产资料的角度来看，Ⅰ(v+m/z+m/x)=Ⅱ(c+m/y)，从消费资料的角度来看，Ⅱ(c+v+m)-Ⅱ(v+m/z+m/x)=Ⅰ(v+m/z+m/x)；以及货币积累和实际积累的价值量相等；这些都是社会扩大再生产的实现条件。当然，先决条件是每个部类的固定资本补偿平衡关系的实现，为集中说明社会扩大再生产的情况，这一点在图式中没有表现出来。

顺便指出，马克思阐述这种情况时曾提到，"Ⅰ(v+m/x)必须总是小于Ⅱ(c+m)，其差额就是第Ⅱ部类的资本家阶级在Ⅱm 中无论如何必须由自己消费的部分"①。按照这段话中"就是"的论述，用公式表达应是：Ⅱ(c+m)-Ⅰ(v+m/x)=Ⅱm/x。但是，实际上：Ⅱ(c+m)-Ⅰ(v+m/x)=Ⅱm/x+Ⅰm/z+Ⅱm/z。② 显然，这段话有笔误或疏忽，需要校正。③ 在详细说明上述第一种情况之后，以下的几种社

---

① 《资本论》第2卷[M]，北京：人民出版社，2004年，第588页。张薰华教授较早对这段话作了校正。参见张薰华：《试校〈资本论〉中某些计算问题》[J]，《中国社会科学》1980年第3期。

② 因为：Ⅱc=Ⅰ(v+m/x)，Ⅱm=Ⅱm/z+Ⅱm/y+Ⅱm/x，所以：Ⅱ(c+m)-Ⅰ(v+m/x)=[Ⅰ(v+m/x)+(Ⅱm/z+Ⅱm/y+Ⅱm/x)]-Ⅰ(v+m/x)=Ⅱm/z+Ⅱm/y+Ⅱm/x。而Ⅱm/y=Ⅰm/z，所以，Ⅱ(c+m)-Ⅰ(v+m/x)=Ⅱm/z+Ⅰm/z+Ⅱm/x。这个公式的含义是，要实现社会扩大再生产，第Ⅱ部类生产的消费资料的产品价值Ⅱ(c+v+m)，除了提供本部类简单再生产的工人的消费资料商品和第Ⅰ部类资本家的消费资料，还要提供本部类资本家的消费资料和两个部类扩大再生产用于追加工人的消费资料。

③ 张薰华教授最早做了校正。参见张薰华：《试校〈资本论〉中某些计算问题》[J]，《中国社会科学》1980年第3期。本文通过这里和后面几种情况的论证，认为不能把这个公式看成是唯一的，因此，把马克思这段话里的"就是"改成"大于"，更为准确。

会扩大再生产的图式就比较容易理解了。

第二种情况，当Ⅰ(v+m/x)>Ⅱc时的社会扩大再生产。见图式6－5－2：

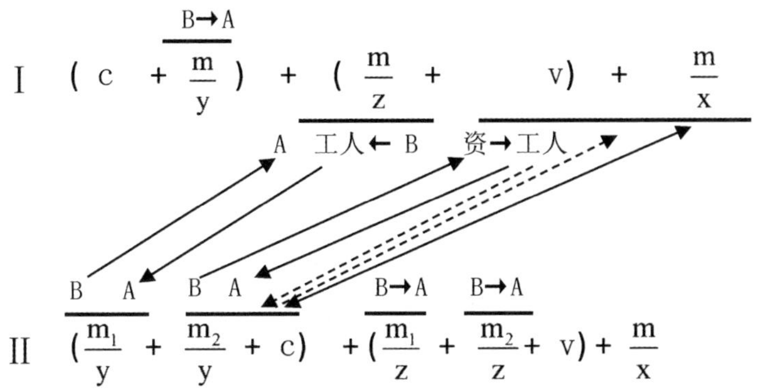

图式6－5－2　当Ⅰ(v+m/x)>Ⅱc时，结合货币积累和实际积累的两大部类之间的交换

在图式6－5－2中，可以看出，在Ⅰ(v+m/z+m/x)＝Ⅱ(c+m/y)基本条件下，按照Ⅰ(v+m/x)>Ⅱc的假设，如果两大部类要实现商品等价交换，就应当使：Ⅰ(v+m/x)＝Ⅱ($c+m_2/y$)，Ⅰm/z＝Ⅱm_1/y。这样，第Ⅱ部类追加的不变资本就需要分成两个部分，即Ⅱm/y＝Ⅱ($m_1/y+m_2/y$)，追加可变资本也要相应地分为两部分Ⅱm/z＝Ⅱ($m_1/z+m_2/z$)。因此，两大部类的交换途径、货币积累和实际积累，以及货币流回规律的实现等情况，就比第一种情况复杂。这个图式，有助于我们理解马克思在《资本论》第二十一章“Ⅳ. 补充说明”这一节的比较难以读懂的论述。

图式中可以看出两大部类之间的交换，其中，Ⅰm/z和Ⅱm_1/y之间的交换，是通过Ⅰ(m/z)BG→付给追加工人工资→Ⅱ(m_1/y)AW，Ⅱ(m_1/y)BG→Ⅰ(m/z)AW的货币流通途径来实现的。这要求：Ⅰ(m/z)BG＝Ⅱ(m_1/y)AW、Ⅱ(m_1/y)BG＝Ⅰ(m/z)AW，Ⅰ(m/y)BG＝Ⅰ(m/y)AW，Ⅱ(m_1/y)BG＝Ⅱ(m_1/y)AW。

Ⅰ(v+m/x)与Ⅱ($c+m_2/y$)的等价交换有三个部分：

其一，第Ⅰ部类资本家付给工人工资，工人的一部分到第Ⅱ部类购买消费资料商品，使Ⅱ(m_2/y)AW资本家实现货币积累；而第Ⅱ部类一部分资本家，则用Ⅱ(m_2/y)BG进行实际积累的货币，到第Ⅰ部类资本家那里购买生产资料商品Ⅰv的一部分。这部分货币就回到了第Ⅰ部类。这里要求：Ⅱ(m_2/y)BG＝Ⅱ(m_2/y)AW。

其二，工人中的另一部分用得到的货币工资到第Ⅱ部类购买一部分Ⅱc的消费资料商品，而这部分资本家则用出售商品得到的货币，到第Ⅰ部类购买生产资料商品Ⅰv的一部分，货币就流回了第Ⅰ部类。在图式中这部分交换的货币流通途径用虚线表示。

其三，第Ⅰ部类体现Ⅰm/x的生产资料商品，和第Ⅱ部类Ⅱc中剩下的消费资料商品交换。这是资本家之间的交换，任何一方预付的货币，都会回到自己手中。图式中的这部分交换用双箭头的货币流通途径来表示。

从图式中可以看出，要遵循货币流回规律，实现社会扩大再生产，在本部类的交换，还要求：Ⅰ(m/y)BG=Ⅰ(m/y)AW，Ⅱ(m_1/z)BG=Ⅱ(m_1/z)AW，Ⅱ(m_2/z)BG=Ⅱ(m_2/z)AW。

在Ⅰ(v+m/x)>Ⅱc的情况下，同第一种情况一样：Ⅱ(c+m)−Ⅰ(v+m/x)=Ⅱm/x+Ⅰm/z+Ⅱm/z。①

第三种情况，当Ⅰ(v+m/x)<Ⅱc时的社会扩大再生产。在这种情况下，第Ⅱ部类的Ⅱc不能像前两种情况那样，通过和Ⅰ(v+m/x)的交换，就能实现自己的再生产，它还必须与第Ⅰ部类追加可变资本进行交换。《资本论》对此论述比较简要。笔者研究发现，它包括以下两种情况：

(A) 当Ⅰ(v+m/x)<Ⅱc，而Ⅰ(v+m/z+m/x)>Ⅱc时，两大部类的交换情况。可以用图式6−5−3−A来表示：

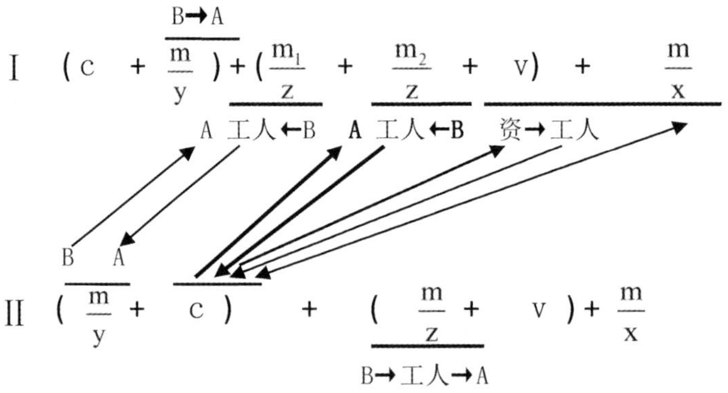

图式6−5−3−A　当Ⅰ(v+m/x)<Ⅱc，而Ⅰ(v+m/z+m/x)>Ⅱc时，结合货币积累和实际积累的两大部类之间的交换

---

① 在这种情况下，如图式所示，Ⅰ(v+m/x)=Ⅱc+Ⅱm2/y，Ⅱc=Ⅰ(v+m/x)−Ⅱm2/y，所以，Ⅱ(c+m)−Ⅰ(v+m/x)=[Ⅰ(v+m/x)−Ⅱm2/y+(Ⅱm/x+Ⅱm/y+Ⅱm/z)]−Ⅰ(v+m/x)=Ⅱm/x+(Ⅱm/y−Ⅱm2/y)+Ⅱm/z=Ⅱm/x+Ⅱm1/y+Ⅱm/z，而Ⅱm1/y=Ⅰm/z，所以，Ⅱ(c+m)−Ⅰ(v+m/x)=Ⅱm/x+Ⅰm/z+Ⅱm/z。

从图式6－5－3－A中可以看出，按照Ⅰ(v+m/x)<Ⅱc，而Ⅰ(v+m/z+m/x)>Ⅱc的假设条件，要使两大部类之间遵循货币流回规律，实现追加不变资本与追加可变资本的货币积累和实际积累，并通过两大部类产品价值各部分的价值补偿和实物补偿，实现社会扩大再生产，就应当使：Ⅰm/z分成两部分，即Ⅰm/z=Ⅰ(m_1/z+m_2/z)，使Ⅰ(m_2/z+v+m/x)=Ⅱc；同时，使Ⅰm_1/z=Ⅱm/y。在这种情况下，两大部类的商品实现交换，就出现了更多的情况。就Ⅰm_1/z和Ⅱm/y之间的交换来看，第Ⅰ部类Ⅰ(m_1/z)BG这部分追加的可变资本，其实际积累要通过购买追加的工人劳动力商品完成，这部分工人则用工资货币到第Ⅱ部类购买个人消费资料商品，使资本家Ⅱ(m/y)AW用于追加不变资本的商品实现货币积累。第Ⅰ部类的用于追加可变资本的商品Ⅰ(m_1/z)AW要实现货币积累，则通过Ⅱc的一部分资本家用进行实际积累的Ⅱ(m/y)BG货币购买它来完成。根据图式，可以用同样的方法结合两大部类之间的商品交换，来阐释两大部类的其他部分如何遵循货币流回规律实现交换。限于篇幅，不再赘言。

在这种情况下，由于Ⅱc=Ⅰ(m_2/z+v+m/x)，Ⅱm/y=Ⅰm_1/z，仍然可以得出：Ⅱ(c+m)－Ⅰ(v+m/x)=Ⅱm/z+Ⅱm/x+Ⅰm/z。

(B) 当Ⅰ(v+m/x)<Ⅱc，而Ⅰ(v+m/z+m/x)=Ⅱc时，两大部类的交换情况。这种情况可以用图式6－5－3－B来表示：

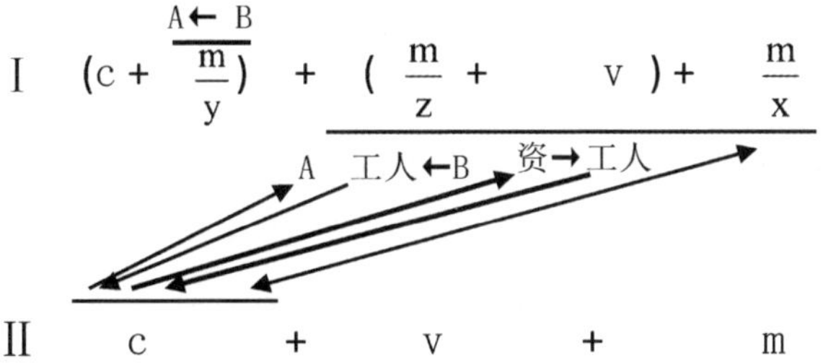

图式6－5－3－B　当Ⅰ(v+m/x)<Ⅱc，而Ⅰ(v+m/z+m/x)=Ⅱc时，结合货币积累和实际积累的两大部类之间的交换

如图式6－5－3－B所示，这是一种很特殊的情况，即在具备Ⅰ(v+m)>Ⅱc的社会扩大再生产的前提条件下，社会扩大再生产只表现在第Ⅰ部类；第Ⅱ部类却只是维持简单再生产。而第Ⅰ部类Ⅰm/z这部分追加可变资本的货币积累和实际积累，是通过和Ⅱc的交换来完成的。这种情况过去学术界没有探讨过。

从以上图式可以看出，在Ⅰ(v+m/x)<Ⅱc，而Ⅰ(v+m/z+m/x)=Ⅱc的情况

下，Ⅱm 全部用于资本家的个人消费，Ⅱ(c+m) − Ⅰ(v+m/x) = Ⅱm+ Ⅰm/z。这公式与前面的差额有所不同。但是，认为无论在何种情况下，Ⅱ(c+m) − Ⅰ(v+m/x)的确总是大于资本家用于自己个人消费的剩余价值部分，则是正确的。

综上所述，马克思是根据货币流回规律，以及资本积累过程必须经过货币积累和实际积累的现实过程，发现社会扩大再生产的基本前提和各种实现条件的；他揭示出，在社会扩大再生产前提条件具备的情况下，社会总产品的产品价值构成，还必须形成由两大部类之间的一定的组合比例关系；在产品价值结构比例关系平衡的条件下，每个部类为追加不变资本和追加可变资本所进行的货币积累和实际积累，还必须平衡，这样才能使社会扩大再生产得以实现；而货币流回规律则是各种情况下的社会扩大再生产实现的共同表现。①

（三）全面理解社会再生产实现条件意义重大

1. 科学理解市场供求关系形成的深层原因

结合货币流回规律，全面深入理解《资本论》关于资本积累和社会再生产的实现条件，对于科学理解市场供求关系形成的原因具有重要指导价值。

西方资产阶级经济学谈到市场供求关系形成的原因，主要指市场的供给结构和需求结构。而马克思则指出，“在供求关系借以发生作用的基础得到说明以前，供求关系绝对不能说明什么问题”②。他在《资本论》中揭示了决定供求关系发生作用的深层“基础”：

一是所有制关系，因为市场供求“以不同的阶级和阶层的存在为前提，这些阶级和阶层在自己中间分配社会的总收入，把它当作收入来消费，因此造成那种由收入形成的需求”③，而阶级和阶层则是由生产资料所有制关系决定的。在资本主义条件下，有购买力的“社会消费力”从而市场有购买力的需求，是受到资本主义私有制的对抗性生产关系限制的。④ 然而，西方资产阶级经济学是不谈所有制关系的，因为其经济研究以资本主义私有制为基本前提，即使像李嘉图这样有科学探索精神的古典经济学家，也最多涉及生产关系表现在分配关系上的工资与利润的矛盾，

---

① 本节“三、引入货币积累的社会扩大再生产实现条件”的主要内容，以《货币流回规律和社会再生产的实现——马克思社会总资本的再生产和流通理论再研究》为题，发表于《中国社会科学》2017 年第 11 期。

② 《资本论》第 3 卷[M]，北京：人民出版社，2004 年，第 202 页。

③ 《资本论》第 3 卷[M]，北京：人民出版社，2004 年，第 217 页。

④ 参见《资本论》第 3 卷[M]，北京：人民出版社，2004 年，第 273 页。

不可能深入到生产领域发现剩余价值剥削关系，因为这对代表资产阶级利益的经济学家来说，是一个“爆炸性的问题”[①]。关于所有制对供求关系的决定性作用，本书将在后面的篇章展开论述。

二是产业结构关系，即本章阐述的社会生产部门之间的各种比例关系，即社会生产中的分工关系，它们决定了“生产者自身互相形成的供求”[②]。可见，马克思深刻揭示了如何科学理解市场供求关系形成的深层原因以及市场供求平衡的科学含义。马克思结合货币流回规律来论证资本主义社会再生产的实现条件，这有助于我们深入理解市场社会分工制度的含义，弄清它的实质是商品流通关系与社会分工关系两者的结合。如果进一步引入生产资料所有制关系来认识市场供求关系，还可明白，一定的生产资料所有制决定的阶级和阶层关系，决定了市场社会分工制度的表现形态。资本主义经济必然发生周期性危机，这正是市场社会分工制度在资本主义宏观经济运动中的特征性表现。

2. *科学理解产业结构及其内在联系*

马克思结合货币流回规律阐释的社会扩大再生产和流通理论揭示出，在市场经济条件下要实现扩大的社会再生产，就必须从本质上认识产业结构包括的多方面含义，从而在宏观经济调控上必须努力实现这些结构关系的平衡要求。这些方面包括：(a) 体现在社会总产品的产品价值构成上的社会分工关系的比例平衡；(b) 固定资本更新过程中的价值补偿和实物补偿关系的比例平衡；(c) 全社会固定资本和流动资本相互关系的比例平衡；(d) 追加不变资本和追加可变资本两者的货币积累和实际积累相互关系的比例平衡；(e) 遵循货币流回规律等。

《资本论》揭示出，这些条件并不是简单并列的，而是有着一定内在联系的。(a)是同一时空的涉及生产关系的基本比例关系，(b)是时空上有先后联系的涉及生产技术层面的比例关系；(a)(b)对(c)的比例关系起决定作用，(c)的比例关系必须适应(a)(b)；而(a)(b)(c)的比例关系是形成(d)比例关系的基础，(d)作为时空上先后联系的比例关系，必须适应(a)(b)(c)的比例关系。(a)(b)(c)(d)这四层关系综合起来属于资本的本质关系，在这些体现资本的本质关系中，最深层的是(a)社会总价值产品中的不变资本和可变资本的关系，其次是(b)(c)体现的固定资本和流动资本的关系，再次是(d)体现的追加投资在时空先后上的关系；而货

① 《资本论》第 1 卷[M]，北京：人民出版社，2004 年，第 590 页。
② 《资本论》第 3 卷[M]，北京：人民出版社，2004 年，第 217 页。

币流回规律实际上是社会总的货币资本运动在商品流通一般领域的表现形态，属于社会总资本积累和扩大再生产的现象形态范畴。弄清这些内在联系，显然有助于由表及里、由此及彼地认识社会主义市场经济宏观运动的现象与本质。在社会主义市场经济实践中，应当力求使宏观经济产业结构遵循这些重要比例关系。而通过中央银行观察货币流回规律的运行状态，则是对宏观经济产业结构是否平衡作出及时判断的重要依据。如果中央银行投入流通的货币在一定时期内，能够顺利流回，那就说明宏观经济产业结构的比例关系是基本平衡的；如果不能顺利流回，那就说明宏观产业结构的比例关系出现了某种失衡，就必须通过深入调查研究，及时采取调节措施加以解决。这正是马克思揭示的货币流回规律对于调整产业结构所具有的重要指导价值。

掌握马克思所阐释的产业结构平衡理论，对于目前调整中国出现的产能过剩，意义重大。例如，前面引证马克思在论述社会再生产中固定资本价值补偿和实物补偿关系时说“如果在某一年数量很大（像人一样，超过平均死亡率），那在下一年就一定会很小”①。这意味着，由这种原因引起的固定资本相对过剩，并不是绝对的产能过剩，这需要发挥公有制的优越性，把当年相对过剩的固定资本储备起来，以填补今后的不足。如果不加分析地把它当成绝对过剩的产品或产能处理掉，就会造成极大的浪费，并难以应对今后必然出现的实物补偿短缺。只有因社会生产力进步对陈旧生产能力及其产品的淘汰，或者因产业结构不合理造成的重复性生产，或者由资本主义私人所有制比重过大造成全社会多数人购买力不足而产生的生产过剩，或者污染严重的生产，才是真正的产能过剩。因此，对于产能过剩要做具体分析，不能简单地采取去除方法处理。

产业结构这个概念是西方资产阶级经济学家普遍使用的，但是，由于他们只是着眼于市场供求关系层面，或者虽涉及生产，却撇开所有制决定的分配关系对市场供求的影响，因而他们对产业结构的理解也是浮于现象形态的。

3. 高度重视所有制对调整产业结构的基础作用

关于经济结构的所有制关系层面，马克思在《资本论》中详细论证了资本主义所有制的特征及其对社会再生产的影响，揭示了资本主义积累规律必然造成两极分化，产生相对过剩人口，并阐明这是经济危机发生的根本原因。他在阐述社会总

① 《资本论》第2卷[M]，北京：人民出版社，2004年，第526页。

资本的再生产和流通的理论时，则主要揭示社会化大生产所要求的产业结构的比例关系，同时指出这种关系在资本主义所有制关系下的实现，只能具有偶然性。例如，他在揭示固定资本实物补偿和价值补偿的平衡条件时说“这样一种平衡，好像就是规模不变的再生产的规律了”[①]。用了“好像就是”这种虚拟语气，是说这种客观规律的真相在资本主义私有制条件下是难以表现的。马克思在揭示社会扩大再生产的货币积累和实际积累的平衡条件时指出，“在这种生产的自发形式中，平衡本身就是一种偶然现象”[②]。这里，“生产的自发形式”也是指生产关系或生产资料所有制关系。可见，马克思是结合生产资料所有制关系来研究产业结构的表现形式的。马克思重视所有制结构的作用，还可以从马克思对完全公有制的社会主义社会的再生产的假设来理解，例如他说：“如果生产是社会的，而不是资本主义的，那么很明显，为了进行再生产，第Ⅰ部类的这些产品同样会……发生一种不断往返的运动。”[③]“再生产的资本主义形式一旦废除”，固定资本补偿中发生的“这种生产过剩等于社会对它本身的再生产所必需的各种物质资料的控制”。[④] 这都说明，生产资料所有制关系对社会再生产必须形成一定比例关系这种社会化生产的一般规律能否实现，具有重大作用。尤其要深刻领会马克思指出的，“任何时候，我们总是要在生产条件的所有者同直接生产者的直接关系”当中，为“整个社会结构”，“发现隐藏着的基础”。[⑤] 可见，生产资料所有制对社会全部结构起着基础性作用。

因此，我们在社会主义市场经济条件下调整产业结构，不能只关注生产力层面，而必须同时关注生产关系或生产资料所有制关系层面；在中国的现实条件下，则必须关注多种所有制经济构成的所有制结构关系对产业结构变化的影响。宪法规定，“国家在社会主义初级阶段，坚持公有制为主体、多种所有制经济共同发展的基本经济制度，坚持按劳分配为主体、多种分配方式并存的分配制度”[⑥]。这对于产业结构的宏观调控，避免因为私有制比重过大而发生资本主义性质的产业结构失衡，极为重要。资本主义私有制经济以追求利润为目的，所占比重过大，势必造成国民经济产业结构失衡。以私有制的私商建房为例，他们为了追求利润，一般总是建中高档房（除非政府以一定条件引导他们建廉租房、保障房），因为这类商品房即

① 《资本论》第2卷[M]，北京：人民出版社，2004年，第520页。
② 《资本论》第2卷[M]，北京：人民出版社，2004年，第557页。
③ 《资本论》第2卷[M]，北京：人民出版社，2004年，第473页。
④ 《资本论》第2卷[M]，北京：人民出版社，2004年，第526页。
⑤ 参见《资本论》第3卷[M]，北京：人民出版社，2004年，第894页。
⑥ 《中华人民共和国宪法》[N]，《人民日报》2018年3月11日（第1版）。

使抬高价格，一些高收入的人也买得起。同时，正如马克思揭示的，“建筑投机的真正主要对象是地租，而不是房屋”①。城市建设的发展，优良地段的选择为他们抬高房价创造了条件。而发展以私商为主的房地产业，一方面使普通老百姓为了购房不得不抑制其他消费进行储蓄。另一方面，在一定时期，因房地产利润高，吸引了大量投资，拉动起一串相关产业。然而，这样的房地产一旦成为支柱、主导产业，必然成为产业结构失衡的隐患。因为即使是很富的人，也不可能无限购房，而一般工薪阶层必须积蓄多年才能购得起房，这样一来，中高档商品房发展到一定点，必然出现滞销，房地产的高价“泡沫”就会破裂，由它们带动起来的一系列配套产业，也将产能过剩。这就是私有制不加限制，导致产能过剩的现实逻辑。所以，维护宪法关于社会主义基本经济制度的庄严规定，不只是巩固社会主义制度和共产党的执政地位的要求，也是科学调整产业结构，促进宏观经济实现良性循环发展的客观要求。只有坚持公有制的主体地位，使国家宏观调控机构，有条件充分发挥国有经济的主导力量，遵循社会再生产各产业部门按比例发展的规律，才能从根本上纠正产业结构失衡，消除真正的产能过剩。应当说，如何发挥公有制占主体地位的优越性，在社会主义市场经济的结构调整中发挥基础性、主导性作用，克服市场经济一般可能发生的危机，这是在理论和实际结合上需要认真研究的重大课题。

4. 科学理解追加投资与经济发展的关系

研究《资本论》关于社会总资本的再生产和流通的理论可以知道，尽管在市场经济条件下，投入货币资本是资本运动的第一推动力，社会的扩大再生产必须通过追加货币资本来进行。但是，这绝不意味着只要有货币储蓄，只要追加投资，就一定能实现扩大再生产。这是因为，在全社会的货币储蓄中，存在由所有制关系和产业结构关系所决定的多种类别，主要包括：(a) 个人结余用于消费的储蓄；(b) 单个产业资本(企业资本)在周转运动中因劳动期间和流通期间不等而必然形成的暂时的“游离资本”的储蓄；②(c) 固定资本折旧基金的储蓄；(d) 准备未来用于扩大再生产的货币积累；(e) 企业必要的应付市场风险的准备金；(f) 企业防灾的保险金等。其中，只有(d)本来是用于追加投资准备的，其他储蓄都不是作为追加资本的货币积累。从全社会的统筹利用的角度看，在社会有相对过剩劳动力的条件下，虽然其他储蓄可以加以生产性利用，作为追加投资，但是，这只能在储蓄期限允许

① 《资本论》第3卷[M]，北京：人民出版社，2004年，第875—876页。
② 参见《资本论》第2卷[M]，北京：人民出版社，2004年，第300—316页。

的范围内利用，而且也只能对(d)起到补充作用。而如前所述，(d)这种货币积累，必须与实际积累形成相等关系条件，并满足一定的产业结构的比例关系，在这样的条件下，才能够真正实现实物形态的社会扩大再生产。可见，以为追加资本就等于发展经济，这有较大的片面性；主要是不懂得，追加货币资本投资必须与建立一定的宏观经济结构结合起来。而社会扩大再生产，不仅需要按一定的产业结构来增加生产资料生产，而且它要与消费资料生产建立一定的比例关系。这就必须确立既有利于社会扩大再生产又同时能逐步提高人民群众生活消费的观点。

发达资本主义国家往往用货币政策、财政政策和产业政策来控制宏观经济运行，前两种政策都着眼于控制货币投放，不懂社会扩大再生产要求的追加资本与产业结构的内在联系。而产业政策则主要着眼于所谓创新竞争性的投资环境，用企业间的优胜劣汰来调整产业结构。这些政策都撇开了所有制关系，弄不清投资与产业结构的因果联系，只在供求关系上做文章。支撑产业政策的“产业合理化”理论认为，产能过剩的原因，主要是因为国内需求减少，政府刺激生产的干预，某种行业内的竞争造成了该行业生产的过度扩张等。基于这种理解，有的观点主张通过形成完全竞争市场来调整结构；有的观点则主张政府实施行政性降价，或者进行企业合并，以抑制生产扩张，或者对产能过剩的行业实行配额生产等。① 但是，这些观点都以不改变私有制基础为前提，因而不能避免竞争产生垄断，不能消除私有制为基础的垄断竞争的自发性，不能解决企业为追求利润而成为政府宏观调控政策的阻力，不能消除资本主义私有制必然造成的两极分化，因而不能解决有购买力需求的有限性与产能扩张无限性的矛盾，终究无法解决产能过剩问题。

四、凯恩斯“储蓄＝投资”恒等式的错误

（一）凯恩斯“储蓄＝投资”恒等式的理论逻辑

1.“储蓄＝投资”恒等式的由来

本章的内容为我们认清和批判凯恩斯主义的基本公式“储蓄＝投资”的错误，提供了科学的思想武器。众所周知，西方资产阶级宏观经济学的最重要的数理分

① 参见“产业合理化”词条，[英] 约翰·伊特韦尔、[美] 默里·米尔盖特、[美] 彼得·纽曼编《新帕尔格雷夫经济学大辞典》第 4 卷[M]，北京：经济科学出版社，1996 年，第 90—93 页。

析工具就是凯恩斯提出的恒等式“储蓄＝投资”。目前经济学界很少有人追究其是否科学。照搬这个公式，用所谓消费、投资、外贸的“三驾马车”，来分析我国的宏观经济问题，甚至成为一种时髦。但是，应用《资本论》结合货币流回规律、结合货币积累所揭示的社会扩大再生产实现条件的科学理论来判断，应当严肃地指出，凯恩斯主义的这个恒等式是错误的。凯恩斯主义的“储蓄＝投资”这个公式，来自凯恩斯的代表作《就业、利息和货币通论》。为此，我们有必要弄清他提出这个恒等式的理论逻辑。

首先，凯恩斯在得出这个恒等式之前，对有关的宏观经济概念加以定义，主要是：

总收入：就是全社会一定时期的收入总和，它等于“企业家的收入”加上“其他人的收入”。“企业家的收入是他的在本期中被卖掉的制成品的卖价超过他的直接成本的部分”“A 代表该时期的全部销售量”，直接成本包括两部分：一部分是生产 A 而消耗掉“使用者成本”，也就是消耗掉的生产资料、设备等资本价值，用 U 表示；另一部分是“社会上其他人的收入等于要素成本”，用 F 表示。所谓要素成本也就是企业家付出的地租、工资、贷款利息等，它们是土地所有者、工人和银行家的收入；显然，总收入＝企业家收入＋其他人的收入＝(A−U−F)＋F＝(A−U)，所以，凯恩斯说“总收入等于 A−U”。[①]

储蓄：“储蓄的意思是收入超过用于消费支出的部分。”[②]

消费：“对整个社会而言，一个时期的总消费(C)等于 $\sum(A-A_1)$”。[③] 上式中“$\sum A$ 是一个时期的总销售量，而 $\sum A_1$ 则为企业家之间的购买量”[④]。所谓企业家相互之间的购买量 A_1，指的是生产者之间相互购买生产资料的量。如果企业家购买的是消费品。他就不是作为企业家，而是作为消费者。而总销售量由消费品和投资品(生产资料)构成，这样，$A-A_1$ 就是消费品的量或消费量。

投资：“总投资(I)则为 $\sum(A_1-U)$”。[⑤] 既然 A_1 是企业家投入资本买回的生产

① ［英］约翰·梅纳德·凯恩斯著，高鸿业译：《就业、利息和货币通论》(重译本)［M］，北京：商务印书馆，1999 年，第 60 页。

② ［英］约翰·梅纳德·凯恩斯著，高鸿业译：《就业、利息和货币通论》(重译本)［M］，北京：商务印书馆，1999 年，第 68 页。

③ ［英］约翰·梅纳德·凯恩斯著，高鸿业译：《就业、利息和货币通论》(重译本)［M］，北京：商务印书馆，1999 年，第 61 页。请读者注意，凯恩斯用 C 表示总消费，马克思用 C 表示不变资本，不宜混淆。

④ ［英］约翰·梅纳德·凯恩斯著，高鸿业译：《就业、利息和货币通论》(重译本)［M］，北京：商务印书馆，1999 年，第 69 页。

⑤ ［英］约翰·梅纳德·凯恩斯著，高鸿业译：《就业、利息和货币通论》(重译本)［M］，北京：商务印书馆，1999 年，第 61 页。

资料,而 U 是消耗掉的生产资料,那么在 $A_1-U>0$ 的情况下,所谓总投资(I),就只能理解为追加的投资。

接着,凯恩斯认为,这些概念“都符合于常识,也符合于大多数经济学者的传统用法”,所以,“只要我们同意:收入等于现期产量的价值,现期投资等于没有被用之于消费的现期产量,而储蓄又等于收入超过消费的部分”,那么,“储蓄和投资的相等是必然的结果。简言之:

收入=产量的价值=消费+投资;

储蓄=收入-消费

因此,储蓄=投资”①。

显然,前两个等式左右分别相加,收入+储蓄=(消费+投资)+(收入-消费);消去左右两边的同类项,去除正负抵消的部分,结果必然是:储蓄=投资。我们还可以按凯恩斯的说法,在下面的论述中,“一律省略掉Σ”,直接用凯恩斯定义的字母表述总量概念,换一种推理,也一样得出“储蓄=投资”这个恒等式:

因为,收入=A-U;消费=$A-A_1$;

按照定义,储蓄=收入-消费=$(A-U)-(A-A_1)=A_1-U$;

按照定义:投资=A_1-U。

所以,储蓄=投资。这就是凯恩斯得出宏观经济中的恒等式的推理过程。

2.“储蓄=投资”恒等式的本义

需要强调的是,这里的投资,是指新追加的投资,而不是指一定时期投入生产的全部生产资料投资;全部生产资料投资是应当包括“使用者成本”的。凯恩斯的著作对此一开始并没有说清楚,但是后来则明确加以解释,“社会上所有的人的总储蓄必然要等于社会上现行的新投资”②。由此看来,凯恩斯这个著名恒等式应当表达为:“社会总储蓄=追加总投资”,才符合他的本意。这个结论按照凯恩斯对概念的定义,在数学推理上没有错;初看起来,也似乎像凯恩斯说的那样,“符合于常识”。

但是,问题在于,一般的常识和数学逻辑不能替代科学经济学的逻辑。一般常

---

① [英]约翰·梅纳德·凯恩斯著,高鸿业译:《就业、利息和货币通论》(重译本)[M],北京:商务印书馆,1999年,第70页。

② [英]约翰·梅纳德·凯恩斯著,高鸿业译:《就业、利息和货币通论》(重译本)[M],北京:商务印书馆,1999年,第89页。

识往往直接反映事物的现象，不等于揭示了事物的本质，"如果事物的表现形式和事物的本质会直接合而为一，一切科学就都成为多余的了"①。而数学逻辑如果能替代经济学的逻辑，经济学的数理分析就失去了自身的价值。经济学的数理分析首先要明确分析对象的科学性质，在确定经济对象性质的前提下，才能应用数学逻辑作为分析工具。这个道理可以用一个简单的例子来说明：在数学逻辑上，3+4=7，这是常识；但是在经济学逻辑上，问题就不这么简单，如果问：3 幢房子加上 4 本书等于多少，你按数学逻辑回答是 7 个抽象东西，那在经济学上是毫无意义的。在经济学上，你必须把房子和书抽象为性质上同一的"价值"或"凝结的劳动时间"，相加才有意义，而结果就显然不是 7。

凯恩斯的这个恒等式是从常识性的现象推理出来的。如果我们用《资本论》的唯物史观经济研究方法来分析，就可以看出，社会总储蓄=追加总投资，这是一个缺乏客观经济内在联系为依据的、并不恒等的主观公式；这个恒等式根本没有科学理论价值，用以指导宏观经济调控实践，只会导致掩盖矛盾、深化矛盾的严重后果。

（二）"储蓄=投资"恒等式的错误

1. 储蓄并不恒等于投资

换句话说，社会总储蓄并不恒等于追加总投资。我们知道，《资本论》揭示出，其一，在一定时期，全社会一部分资本家（1），他们要用往年积累的固定资本折旧基金货币，进行实物更新，即购买新的固定资本实物，替代已经失去价值的固定资本；而另一部分资本家（2）则在当期无法进行实物更新，只能通过出卖自己的商品，把货币化的固定资本损耗积累起来。前一部分资本家的折旧基金 c（1）G 的货币价值总量和后一部分资本家的体现固定资本损耗价值的商品 c（2）d 的价值总量之间，应当相等，即 c（1）G=c（2）d，社会再生产才有实现的条件。其二，在一定时期，全社会一部分准备未来追加投资的 A 类资本家，要卖掉体现剩余价值的商品 mA（W），进行货币资本储藏（即货币形态的资本储蓄）；而另一部分在当期进行实物积累的资本家 B，则要用往年的积累货币资本 mB（G）购买追加的生产资料和劳动力商品，他们之间的价值量应当相等，即 mA（W）= mB（G），社会扩大再生产才有实现的条件。

① 《资本论》第 3 卷［北京］，人民出版社，2004 年，第 925 页。

毫无疑问，一定时期资本家(2)进行的货币化的固定资本损耗积累，A类资本家进行的货币资本储藏，都属于社会总储蓄的范畴。但是，货币化的固定资本损耗积累或折旧基金积累，显然不属于追加投资范畴，尽管它在一定条件下暂时可以作为追加投资使用，但是一般来说，它只能用于属于简单再生产范畴的固定资本补偿。仅此一点，已经说明，“储蓄=投资”（社会总储蓄=追加总投资）是根本不能成立的。

必须看到，凯恩斯的“储蓄”定义，是不符合实际的。根据《资本论》的揭示，“储蓄”（社会总储蓄）包含丰富的来源，除了用于追加投资的储蓄，即mA(W)被卖掉而形成的货币积累；它还包含企业固定资本折旧基金积累、企业必要的应付市场风险的准备金、企业在资本周转中一般会产生的游离资本、企业防灾的保险金，这些储蓄一般来说，在性质上都不属于用于追加投资的储蓄，它们主要是起维持资本正常循环和周转的作用。当然，这不排除可以在信用制度下将它们暂时利用来追加投资，但是这毕竟具有暂时性，并局限于较小的额度之内，如果超过一定期限和一定额度，势必造成社会再生产的失衡，例如，如果把本来用于固定资本更新的折旧基金储蓄大量地用到追加资本即扩大再生产上，那就会连简单再生产都难以维持。当然，储蓄中还有人们手头结余的消费基金等，这种储蓄显然可以通过信用制度用于生产投资，但是，在现实中，由消费基金转化的投资，既有用于追加投资的，也有属于借款用于维持简单再生产的。从这个角度看，也不能说“储蓄=投资”是恒等式。

2. 凯恩斯沿袭了斯密教条

从“储蓄=投资”这个恒等式上，可以看出，凯恩斯沿袭了资产阶级经济思想史上的斯密教条。如第五章所述，斯密在分析社会再生产时，丢掉了不变资本价值$\sum c$。

凯恩斯是从“收入=产量的价值=消费+投资”“储蓄=收入-消费”这两个等式，推导出“储蓄=投资”这个恒等式的。我们已经知道，凯恩斯这些公式中的“投资”都是指社会追加的投资或“新投资”。这就意味着，凯恩斯公式中的社会总“收入”是撇开了资本家投入简单再生产的原有旧资本的不变资本C的，由于凯恩斯和斯密一样，没有社会简单再生产的概念，他们都一开始就研究社会扩大再生产，所以，他的“收入=产量的价值=消费+投资”，等于马克思所说的$\sum(v+m)=\sum[v+(m/x+m/y+m/z)]=\sum[(v+m/x)+(m/y+m/z)]$，式中，$v+m/x$（这里v是工人的工资收入，$m/x$代表资本家的利润、银行家的利息和土地所有者的地租）是消费，

(m/y+m/z)是新投资(用于追加生产资料和劳动力的剩余价值)。显然,凯恩斯是把他对单个资本家的收入的定义,简单地套用到全社会的收入上来了。对于单个资本家来说,凯恩斯认为,“企业家收入是他的在本期中被卖掉的制成品的卖价超过他的直接成本的部分”①,用《资本论》的话语来表述,也就是在卖出的制成品的产品价值 W=c+v+m 中,扣除了 c+v 这部分资本家眼中的成本,并扣除了 m 这部分剩余价值中要付出的利息、地租等(假定他借款和租地经营),所剩余的部分。对这个剩余的部分,单个资本家一是用于个人消费,二是用于追加投资。对于单个资本家而言,这是符合常识的。但是,凯恩斯却把全社会的总收入简单地等同于单个资本家的个人消费和追加投资的加总,并把社会总“消费”加总追加“投资”等同于社会总需求,而把社会总“消费”加社会总“储蓄”等同于社会总供给,由此认为,只要全社会“储蓄=投资”,就可以实现“总供给=总需求”! 这就完全沿袭了斯密教条,也就是在社会再生产的分析中,丢掉不变资本 C。

凯恩斯用∑(v+m)来定义总收入,并把“消费+储蓄”视为总供给,把“消费+投资”视为总需求,认为实现这样的“总供给=总需求”,市场供求就可以平衡,这是完全错误的。马克思在《资本论》中针对斯密教条问道:“如果全部产品的价值都可以以收入的形式消费,旧资本又怎么能够得到补偿;每一个资本的产品价值怎么能够等于三种收入加上 C(不变资本)的价值总和,而所有资本的产品价值加起来的总和却等于三种收入加上零的价值总和。”②这段话完全适用于揭露凯恩斯的错误。我们知道,社会再生产必须从社会总产品出发,其价值补偿和实物补偿都只能来自社会总产品价值: ∑(c+v+m)= Ⅰ(c+v+m)+Ⅱ(c+v+m)。明白了这个前提,我们就不难领会马克思这段话的两层反问的意思。

第一层: 在两大部类的产品价值中,能够供给全社会消费的,只能是生产消费品的第Ⅱ部类的产品Ⅱ(c+v+m),也就是全社会的消费品∑(v+m)。由于实物形态的Ⅱc 是消费品,它可以销售出去,提供个人消费,按照社会再生产交换的途径,它应当换回价值量等于Ⅰ(v+m)的生产资料商品,来补偿第Ⅱ部类生产中消耗掉的生产资料 c;而Ⅱ(v+m)在使用价值上本身是消费品,它销售出去是供给本部类的个人消费需求的。这样一来,因为在全社会以收入的形式来进行个人消费的,只

① [英]约翰·梅纳德·凯恩斯著,高鸿业译:《就业、利息和货币通论》(重译本)[M],北京: 商务印书馆,1999 年,第 60 页。

② 《资本论》第 3 卷[北京],人民出版社,2004 年,第 954 页。

能是消费资料商品Ⅱ(c+v+m),所以,如果全部产品的价值都属于供给用于两大部类消费的Σ(v+m)= Ⅱ(c+v+m),也就意味着全社会没有生产生产资料Ⅰ(c+v+m),那么,第Ⅱ部类已经消耗的旧资本Ⅱc又如何能够换回生产资料Ⅰ(v+m),而第Ⅰ部类自己再生产中消耗掉的生产资料Ⅰc,又怎么能够得到补偿呢?

第二层:每一个单个资本的产品价值都是W=c+v+m,即产品价值W等于c(不变资本)加上v(工资)、m(利润和地租)这三种收入的价值总和,按照数学加总的原理,所有单个资本的产品价值加起来的总和,就应当等于Σ(c+v+m),却怎么能够等于Σ(0+v+m)或Σ(v+m),即三种收入的价值总和呢?

可见,凯恩斯用三种收入的价值总和来论述全社会的"储蓄=投资",并论证"总供给=总需求",这只不过是沿袭了斯密教条而已,是完全错误的。显然,用这种不科学的、扭曲了社会再生产或宏观经济运动内在联系的理论来指导任何社会的国民经济宏观调控,都只会带来混乱的结果。

(三)凯恩斯的错误原因分析

1. 他不懂生产商品的劳动具有二重性

从上面的分析已经看到,凯恩斯的基本公式包含着一系列的错误,如:用单个企业再生产的眼光来分析全社会的再生产;在分析宏观经济运动时,丢掉了不变资本的补偿这个最重要的问题;认为所有的储蓄都可以用于追加投资;直接分析扩大再生产,而不懂社会扩大再生产只能在社会简单再生产实现的基础上进行等。为什么凯恩斯会犯这一系列的错误呢?

原因之一是他不懂生产商品的劳动具有二重性。这决定了他不懂商品使用价值与价值的区别,也不懂社会总产品价值Σ(c+v+m)和价值产品Σ(v+m)的区别;认识不到社会总产品的再生产,必须同时解决好商品的使用价值实物更新和价值补偿两方面的问题,所以也就只从货币资本表现角度研究宏观经济运动,而不能从使用价值的角度来认识社会再生产的结构关系。由于不懂劳动的二重性,凯恩斯不明白生产商品的同一生产劳动过程,其具体有用劳动会将生产资料这种不变资本的价值转移到生产的商品中去,同时,其耗费的抽象人类劳动或社会劳动又创造新的价值,所以,他在社会总产品价值中只能认识到由工资、利润和地租构成的总收入,而丢掉了不变资本价值Σc。这决定了凯恩斯主义不可能解决好宏观经济的结构失衡问题。

2. 他不懂一般商品流通和资本流通的联系和区别

这是凯恩斯犯错误的又一个原因。他不明白，在资本主义经济中，一般商品流通是资本流通过程在流通领域的表现。虽然他比西方经济学的经济自由主义学派有进步，承认资本主义经济存在总需求不足的矛盾，但是他却把一般商品流通和资本流通混为一谈，用一般商品流通的眼光来分析这种矛盾，看不到这种矛盾的根本原因在于资本流通的生产环节存在着资本主义私有制无法克服的、由剥削制度造成的对抗性矛盾。这决定了，他提出的解决矛盾的方法只能治标而不能治本，而且只会把对抗性的矛盾掩盖起来，使矛盾继续向纵深发展。

3. 他把剥削者和劳动者的两种收入混为一谈

这也是凯恩斯犯错误的重要原因。其实，资本家、土地所有者等剥削阶级的收入来自剥削雇佣工人的剩余价值，雇佣工人的收入来自出卖自己的劳动力商品；前者来自资本流通过程，只有剥削阶级的收入用于个人消费的部分才属于一般商品流通的环节，而后者出卖劳动力商品的收入和收入用于个人消费，都属于一般商品流通。凯恩斯对资本家的收入与雇佣工人的收入不加区分，这不但抹杀了资本家收入中包括剩余价值资本化的流通，从而混淆了资本流通和用于个人消费的收入的一般商品流通，而且起了掩盖资本家对雇佣工人的剥削关系的作用。这反映了资产阶级经济学家的虚伪性和欺骗性，而掩盖这种根本矛盾，显然无助于解决资本主义宏观经济的总需求不足的基本问题。这些说明，搬用凯恩斯主义的所谓“扩大内需”和“扩大外需”，实际上都不能真正解决经济结构失衡的深层问题。从理论上看，创建当代马克思主义的宏观经济学，也绝不能把凯恩斯主义作为理论来源；相反，只有认清源自斯密教条的凯恩斯主义的致命理论错误，才能走上理论创新的科学道路。

第七章 所有制对市场的基础性作用

前面三章阐述了市场关系、市场社会分工制度的科学含义；阐述了在宏观经济运动中，社会各产业部门形成平衡的比例关系是社会再生产实现的前提条件，而货币流回规律是社会再生产实现的表现形态，并提到市场供求关系决定于产业结构和生产资料所有制这两个基本层面。本章则在前几章论述的基础上，阐明市场供求关系的本质是由社会占主体地位的生产资料所有制决定的；论证生产资料所有制是历史范畴，市场与所有制的相互关系；批判资产阶级市场理论；强调私有制为基础的宏观经济调控必然无效；并论证生产资料公有制是宏观经济实现有效调控的基础。

一、市场供求关系的本质

（一）市场供求关系是宏观经济的外部表现

1. 市场供求关系有三种基本状态

唯物史观揭示出，要形成对经济现象的科学认识，就应当透过经济的表面现象深入认识其本质；只有找出经济本质与经济现象之间的内在联系，才能分清经济现象的真相与假象，并弄清产生真假现象的原因，从而才能采取正确的方法进行经济实践。《资本论》研究市场供求关系发生作用的基础，正是为了揭示市场供求关系的真相，弄清市场供求关系现象背后的本质关系和一定供求现象形成的深层原因。

让我们从宏观经济的市场供求状态谈起。市场供求状态是通过商品价格的波动表现出来的；而市场价格波动与市场供求关系直接联系。从个别商品和货币资本的市场供求来看，会出现供不应求、供过于求和供求平衡三种状态；相应地会出现价格上涨、价格下降和价格稳定等现象。宏观经济要探讨的是与市场平均价格水平联系的市场总供求关系，即总供给和总需求的关系状态。现实表明，在资本主义市场经济中，总需求不足是宏观经济的常态，总需求不足达到一定程度，宏观经济就出现危机。在社会主义经济实行计划产品经济体制时期，出现过总供给不足的市场状态；在转向社会主义市场经济之后，随着私有制经济在国民经济中的比重不断加大，又出现市场总需求不足的现象。

2. 供求关系只是市场的现象形态

为何宏观经济会出现不同的供求关系？市场供求关系现象背后的本质关系是什么？这些问题是科学的宏观经济学必须回答的；因为只有弄清了形成这些市场供求状态的原因，对总供求关系的调节才有可靠的依据。但是，号称专门研究市场经济的西方资产阶级经济学却没有提出这种科学的问题，更谈不上对此有正确的答案。《资本论》则根据唯物史观的辩证法，对此做出了科学的回答。

众所周知，市场最简单的供求关系是商品流通的卖（W—G）、买（G—W）两方面的关系。在拜物教的观点看来，供给就是市场上出卖的商品，需求就是货币对商品的购买。而《资本论》则揭示出商品和货币的本质，它们的物与物关系的背后是人与人的关系，投入的商品和货币在质上是一定历史阶段的人的社会劳动，在量上是一定的社会劳动量；市场上的卖者和买者，不过是商品和货币本质的人格化。《资本论》还进一步揭示出，发达市场的流通领域，既有商品流通一般（W—G—W）的规定性，又有资本流通的流通环节（$W'—G—W<^{A}_{Pm}$）的规定性，前者由后者决定，后者是前者的基础。发达市场上的商品，本质是商品资本，而货币则既有一般货币（用于购买个人消费资料的货币），又有货币资本（用于购买生产资料和劳动力）。商品资本、货币资本是产业资本的运动形态，它们包含着资本剥削关系，把它们提供到市场上的人，乃是人格化的资本，即资本家。因此，仅从商品流通一般的角度认识市场供求关系是表面的，只有从它和资本流通这两种规定性的统一上，深入到社会化生产的社会劳动分工关系和一定历史形式的生产关系本质上，才能把握市场供求关系的本质规定性。

可见，人们能感觉到的市场供求状态，不过是宏观经济的外部表现或现象形态。停留在这种表面看问题，显然是肤浅的。为此，马克思指出，“在供求关系借以发生作用的基础得到说明以前，供求关系绝对不能说明什么问题”①。

---

① 《资本论》第3卷[M]，北京：人民出版社，2004年，第202页。

(二)市场供求关系发生作用的基础

1. 市场供求关系发生作用的两方面基础

"供求关系借以发生作用的基础"是什么?对这个问题,马克思应用唯物史观做出了回答:"在简单的买和卖上,只要有商品生产者自身互相对立就行了。如果作进一步的分析,供求还以不同的阶级和阶层的存在为前提,这些阶级和阶层在自己中间分配社会的总收入,把它当作收入来消费,因此造成那种由收入形成的需求;另一方面,为了理解那种由生产者自身互相造成的供求,就需要弄清资本主义生产过程的全貌。"①这段论述十分重要,我们有必要深入领会。

2. 供求关系发生作用的基础之一是不同阶级的相互关系及其阶级地位

关于供求关系基础的前一方面,马克思指出,"'社会需要',也就是说,调节需求原则的东西,本质上是由不同阶级的互相关系和它们各自的经济地位决定的,因而也就是,第一是由全部剩余价值和工资的比率决定的,第二是由剩余价值所分成的不同部分(利润、利息、地租、赋税等等)的比率决定的"②。不难理解,"全部剩余价值和工资的比率"(即剩余价值率)越高,全社会资本家等剥削阶级在社会总产品的价值产品(全社会新创造的价值)中占的比重就越大,即在"社会的总收入"中占的比重就越大,雇佣劳动者阶级在其中占的比重就越小。既然不同阶级的收入构成的总收入都要作为有购买力的需求投入市场,那么,市场有购买力的总需求就势必有两种性质截然不同的部分,雇佣劳动者阶级的需求只占很小部分,资本家等剥削阶级的需求就占很大部分。前者只对必要的个人消费资料形成需求,而后者的收入既要用于个人消费资料(其中包括奢侈品)需求,还用于扩大再生产的追加生产资料商品的需求,所以剩余价值率的提高,就会在市场总需求结构上表现为全社会对生产资料商品需求、奢侈品需求的相应增大,必要消费资料商品需求的相应减少。在"利润、利息、地租、赋税等等"的比例中,利润是职能资本家直接剥削并实现剩余价值的收入;③利息、地租是非职能资本家(银行家)和土地所有者等食利者阶级以各种方式分享剩余价值的收入;税收是资本主义国家的收入。在这些收入中,

---

① 《资本论》第3卷[M],北京:人民出版社,2004年,第217页。

② 《资本论》第3卷[M],北京:人民出版社,2004年,第202页。

③ 职能资本家是职能资本的人格化。在《资本论》中,职能资本指投入生产和实现剩余价值的资本,即产业资本和商业资本;非职能资本,是指与生产和实现剩余价值没有直接关系、只是利用信用制度占有剩余价值的资本,即生息资本(银行资本)。马克思指出,"生息资本是作为所有权的资本与作为职能的资本相对立的"(《资本论》第3卷[M],北京:人民出版社,2004年,第426页)。

职能资本家的利润占的比重越大，扣除自己个人消费的部分，用于扩大再生产的部分越大，这在市场需求上就会表现为全社会对生产资料商品的需求增大。可见，不同阶级的相互关系和它们各自的经济地位确实决定着市场的总需求和总需求的基本结构。这一方面后面再深入分析。

3. 供求关系发生作用的基础之二是社会分工比例关系

关于供求关系基础的另一方面，有必要弄清马克思所说的“资本主义生产过程的全貌”的含义。这可以从马克思的另一段论述得到启发，他指出，“进行直接剥削的条件和实现这种剥削的条件，不是一回事。二者不仅在时间和地点上是分开的，而且在概念上也是分开的。前者只受社会生产力的限制，后者受不同生产部门的比例关系和社会消费力的限制”①。这就是说，资本主义生产过程的全貌，包括资本家剥削雇佣工人剩余价值的直接生产过程和使剩余价值得以实现的流通过程，生产领域和流通领域这两个环节在时间和地点上是分开的，在生产环节中，资本家对剩余价值的剥削只受社会生产力的限制，而在流通环节，即在剩余价值得以实现的市场关系中，则受“生产部门的比例关系”和有购买力的“社会消费力”的限制。有购买力的“社会消费力”，也就是上述不同阶级的相互关系和它们各自的经济地位造成的市场需求，包括生产消费对生产资料商品的需求和个人消费对个人消费资料商品的需求。“生产部门的比例关系”，也就是商品生产者的社会分工比例关系或产业结构关系，这是“资本主义生产过程的全貌”的另一重要方面。

4.《资本论》揭示市场供求关系决定性基础的指导价值

综合上述含义，可以把资本主义市场供求关系借以发生的基础归结为两个基本因素：一是由不同的阶级和阶层对社会总收入的分配关系，也就是生产关系或生产资料所有制关系；二是资本主义整个生产过程决定的生产者自身之间的相互关系，也就是生产者之间的社会分工比例关系，以及他们的固定资本补偿的比例关系、社会扩大再生产中货币积累和实际积累之间的比例关系等（以下统称社会分工比例关系）。这两方面的基本因素决定了资本主义市场供求关系的表现形态。后一种因素社会分工比例关系或产业结构关系，具有商品生产社会的一般性；而前一种因素在资本主义经济中是资本主义私有制的生产关系，这体现了资本主义供求关系的特殊性，也就是资本主义市场供求关系的本质。这种本质的突出的表现就

① 《资本论》第3卷[M]，北京：人民出版社，2004年，第272页。

是社会再生产的比例关系会经常出现不平衡,并必然发生周期性的经济危机。

本书第五章、第六章已详细阐述了这种原因的一个基本方面,即社会各产业部门的分工比例关系。这些比例关系平衡或不平衡,必然相应地导致市场总供求的平衡或不平衡。而形成一定形态的市场供求关系的另一方面,则是阶级关系造成的分配关系对市场供求关系的作用。这有必要深入地研讨。唯物史观认为,阶级关系是人们在物质生产过程中的不同经济地位和相互关系,也就是生产资料所有制表现出的社会关系。因此,研究市场供求关系绝不能撇开生产资料所有制。

5. 不宜撇开所有制来诠释市场总需求不足

目前经济学界有一种倾向,就是面对市场总需求不足,虽然承认这与收入分配的贫富差距有关,却撇开生产资料所有制与收入分配关系之间的内在联系,主张用再分配的办法解决贫富悬殊问题,以为这是解决市场总需求不足的办法。这种思路与搬用西方资产阶级经济学有很大关系。资产阶级经济学认为,资本主义所有制是天然合理的经济制度,具有永恒性,所以一般不讨论收入分配关系与生产资料所有制的关系;面对资本主义的两极分化现象,一般都主张通过政府搞福利制度、转移支付等再分配措施来解决问题。2014 年有一本西方流行的书《21 世纪资本论》[①]翻译到中国来,受到理论界关注。该书作者皮凯蒂对当代资本主义的贫富分化持批评态度,相对那些认为贫富差距是经济有效率的动力的资产阶级学者,有一定进步性;但是,他的经济思想和方法,却仍然属于西方资产阶级经济学。他是站在资产阶级改良主义立场上,批判当代资本主义的。他所提出的消除贫富分化积弊的方法,主要是从再分配关系(如税收方面)上做文章,并剖析当代资本主义私有制这个经济基础的严重弊端和腐朽性。在唯物史观看来,这只能对资本主义经济制度"隔靴搔痒",不可能解决根本问题。

撇开生产资料所有制,只从分配关系诠释市场需求不足的这种倾向,与"马克思主义经济学过时论""《资本论》过时论"和盲目崇拜西方资产阶级经济学是紧密联系的。殊不知,正是《资本论》科学地揭示了贫富两极分化这种收入分配不公现象产生的真实原因,从而揭示了市场总需求不足的深层原因。我们只有遵循马克思的唯物史观的思想方法,从一定历史条件下的生产资料所有制出发,才能认识发生一定的收入分配关系的原因,在实践上才能提出科学的市场宏观调控的主张。

---

① [法] 托马斯·皮凯蒂著,巴曙松等译:《21 世纪资本论》[M],中信出版社,2014 年。

而离开现实的生产资料所有制关系，就不可能弄清市场供求关系的真相，也不可能在实践中找到正确地解决市场供求失衡的办法。

二、科学地理解生产资料所有制

（一）生产资料所有权关系是所有制的核心

1. 生产资料所有权关系在所有制或生产关系中起决定作用

生产资料所有制也就是人们在直接生产过程中的生产关系；之所以把生产关系简称为所有制，是因为生产资料所有权关系，在内容丰富的生产关系中起决定性的作用，它是所有制的核心。本书第一章已经从宏观经济研究对象角度阐述过所有制。现在，为了深入理解所有制对市场关系的基础作用从而对宏观经济运动的决定性作用，有必要进一步梳理《资本论》关于所有制论述的要点。生产资料所有权关系在所有制或生产关系中起决定作用，这是关键性要点。

生产资料所有权不是人对生产资料的单纯占有，即人与物的关系，而是物质生产过程中的人与人的关系，是生产条件在人们之间的分配关系。生产条件的所有者凭借这种所有权，在生产中具有决定权、指挥权和对生产成果的占有权、分配权，并排斥他人拥有这些权利。可见，生产资料所有权关系决定人们在物质生产过程中的经济地位和阶级关系。马克思指出，这是一种对“在生产关系本身内部由生产关系的一定当事人同直接生产者的对立中所执行的那些特殊社会职能的基础。这种分配关系赋予生产条件本身及其代表以特殊的社会的质。它们决定着生产的全部性质和全部运动”①。生产条件所有权的重要性在于，私人拥有了这种所有权，就在所有权范围内拥有了私人垄断、独占（排斥他人）这种生产条件的经济地位，在资本主义社会，“资本（以及资本作为自身的对立物而包括进来土地所有权）本身已经以这样一种分配为前提：劳动者被剥夺了劳动条件，这些条件集中在少数个人手中，另外一些个人对土地拥有排他的所有权”②；土地私有制表现为“一些人垄断一定量的土地，把它作为排斥其他一切人的、只服从自己私人意志的领域”③。在资本

① 《资本论》第 3 卷[M]，北京：人民出版社，2004 年，第 995 页。
② 《资本论》第 3 卷[M]，北京：人民出版社，2004 年，第 995 页
③ 《资本论》第 3 卷[M]，北京：人民出版社，2004 年，第 695 页。

主义所有制消灭之后,人们共同拥有生产条件,实现了生产资料社会主义公有制,就排斥了私人对生产条件的所有权。

《资本论》用一个生动的例子说明,不能把生产资料所有权关系简单地理解为人对物的占有关系:"韦克菲尔德在殖民地发现,拥有货币、生活资料、机器以及其他生产资料,而没有雇佣工人这个补充物,没有被迫自愿出卖自己的人,还不能使一个人成为资本家。他发现,资本不是一种物,而是一种以物为中介的人和人之间的社会关系。他向我们感慨地说,皮尔先生把共值5万镑的生活资料和生产资料从英国带到新荷兰的斯旺河去。皮尔先生非常有远见,他除此以外还带去了300名工人阶级成员——男工、女工和儿童。可是,一到达目的地,'皮尔先生竟连一个替他铺床或到河边打水的仆人也没有了'。不幸的皮尔先生,他什么都预见到了,就是忘了把英国的生产关系输出到斯旺河去!"[①]因为英国已是资本主义所有权关系占统治地位,即生产条件都掌握在资本家和土地所有者阶级手中,广大劳动者除了出卖自己的劳动力商品,一无所有,只好被迫当雇佣工人。而当时澳大利亚则尚未形成这样的生产关系,仍然存在许多无人占有的土地,劳动者容易找到谋生的生产条件,所以,皮尔带去的人一到澳大利亚就跑掉了。可见,必须把生产资料所有权关系理解为一种生产中的人与人之间的社会关系,理解为生产关系中的基础关系。

2. 一定的所有制是一定的生产方式的社会形式

一定的生产资料所有制是在一定的生产方式中产生的。所谓生产方式,就是作为生产基本因素的劳动者和生产资料的结合方式,"实行这种结合的特殊方式和方法,使社会结构区分为各个不同的经济时期"[②]。而这种"结合的特殊方式和方法",表现在人与人的关系上,就是不同经济时期的生产关系或所有制的形式,也就是一定历史条件下特殊生产方式的"社会形式"[③]。因此认识现实的所有制,必须遵循唯物史观的辩证逻辑,从一定历史条件下的实际生产方式出发;不能按形式逻辑,孤立地从所有制或生产关系的概念出发。

3. 生产关系决定分配关系

一定的所有制或生产关系决定了身在其中的不同阶级对生产成果的分配方式和关系,这是他们取得不同收入的原因。例如,在资本主义生产关系中,资本家取

---

① 《资本论》第1卷[M],北京:人民出版社,2004年,第877—878页。
② 《资本论》第2卷[M],北京:人民出版社,2004年,第44页。
③ 《资本论》第3卷[M],北京:人民出版社,2004年,第999—1000页。

得利润,地主取得地租,工人取得工资,这些被资产阶级经济学家描绘成人们凭借资本、土地和劳动对社会产品中归个人的索取权或收入。但是,这种关于收入分配关系的概念是肤浅的,因为他们只看到作为生产关系外部的分配关系及其表现,而没有看到生产关系是这种分配关系的本质和决定因素。也没有看到,尽管这三种收入都称为收入,但是"它们有着本质的区别: 利润和地租体现着剩余价值,即无酬劳动,工资则体现着有酬劳动"①。因此,马克思指出,"这些一定的分配形式是以生产条件的一定的社会性质和生产当事人之间的一定的社会关系为前提的。因此,一定的分配关系只是历史地规定的生产关系的表现"②。"分配关系本质上和这些生产关系是同一的,是生产关系的反面,所以二者共有同样的历史的暂时的性质。"③简言之,收入分配关系是生产关系的表现。

4. 阶级关系是所有制的社会表现

唯物史观揭示出,处在一定的所有制或生产关系中的当事人,是这种生产关系的人格化。就资本主义经济形态而言,"这种生产方式的主要当事人,资本家和雇佣工人,本身不过是资本和雇佣劳动的体现者,人格化,是由社会生产过程加在个人身上的一定的社会性质,是这些一定的社会生产关系的产物。"④生产关系规定了处于其中的当事人所处的经济地位;而在一定社会生产关系中处于相同地位的人们,就形成一定的阶级。因此,所谓阶级,不是由人们的职业及其收入来决定的,而是由一定历史条件下的生产关系决定的,阶级乃是生产关系的社会表现。列宁根据马克思的经济思想,对阶级的概念作了经典性的表述:"所谓阶级,就是这样一些大的集团,这些集团在历史上一定的社会生产体系中所处的地位不同,同生产资料的关系(这种关系大部分是在法律上明文规定了的)不同,在社会劳动组织中所起的作用不同,因而取得归自己支配的那份社会财富的方式和多寡也不同。所谓阶级,就是这样一些集团,由于它们在一定社会经济结构中所处的地位不同,其中一个集团能够占有另一个集团的劳动。"⑤而有阶级就有阶级矛盾和阶级斗争。正如

---

① 《资本论》第3卷[M],北京: 人民出版社,2004年,第951页。

② 《资本论》第3卷[M],北京: 人民出版社,2004年,第998页。

③ 《资本论》第3卷[M],北京: 人民出版社,2004年,第994页。引文中的"反面",在《资本论》德文版中为kehrseite,意为"反面,背面",因此,可以把分配关系与生产资料所有制两者之间的关系,理解为手背与手心的关系,或者一块钱币反面与正面的关系。

④ 《资本论》第3卷[M],北京: 人民出版社,2004年,第996页。关于资本主义生产关系的人格化在当事人经济行为上的体现,陈俊明教授作了详细论述。(参见陈俊明著:《〈资本论〉经济行为理论的具体化》[M],北京: 中央编译出版社,2010年)

⑤ 《列宁选集》第4卷[M],北京: 人民出版社,1995年,第11页。

马克思指出,“既然这三种形式[工资、地租、利润(利息)]是土地所有者、资本家和雇佣工人这三个阶级的收入来源,结论就是阶级斗争,在这一斗争中,这种运动和全部脏东西的分解会获得解决”①。

(二)所有制是历史的范畴

1. 生产资料所有制的历史性由生产方式的历史性决定

人类有史以来,没有一成不变的所有制形式,所有制是历史的范畴,这种历史性是由生产方式的历史性决定的。马克思指出,“同这种独特的、历史地规定的生产方式相适应的生产关系,——即人们在他们的社会生活过程中、在他们的社会生活的生产中所处的各种关系,——具有一种独特的、历史的和暂时的性质”②。一定生产方式下的一切所有权形式的正当性,都要“由生产方式本身的历史的暂时的必然性来说明,因而也要由那些由此产生的生产关系和交换关系的历史的暂时的必然性来说明”③。“就劳动过程只是人和自然之间的单纯过程来说,劳动过程的简单要素是这个过程的一切社会发展形式所共有的。但劳动过程的每个一定的历史形式,都会进一步发展这个过程的物质基础和社会形式。这个一定的历史形式达到一定的成熟阶段就会被抛弃,并让位给较高级的形式。”④因此,任何具体的所有制形式都不是永恒的范畴,而是与历史规定的生产方式相适应的历史的范畴。随着生产方式的历史演进,落后的所有制形式必将为先进的所有制形式所取代。

2. 分配关系也具有历史性

既然如上所述,一定的分配关系只是历史规定的生产关系的表现,那么,一定的分配关系形式也不是永恒不变的。马克思以资本主义经济的分配关系为例指出,“这些分配关系的历史性质就是生产关系的历史性质,分配关系不过表示生产关系的一个方面。资本主义的分配不同于各种由其他生产方式产生的分配形式,而每一种分配形式,都会随着它由以产生并且与之相适应的一定的生产形式的消失而消失”⑤。这就是说,一定历史形式的生产方式,有一定的生产关系与之相适应,而作为后者一个方面和表现形式的分配关系也必然具有特殊的历史形式。例

---

① 《马克思恩格斯〈资本论〉书信集》[M],北京:人民出版社,1976年,第269页。
② 《资本论》第3卷[M],北京:人民出版社,2004年,第994页。
③ 《资本论》第3卷[M],北京:人民出版社,2004年,第702页。
④ 《资本论》第3卷[M],北京:人民出版社,2004年,第1000页。
⑤ 《资本论》第3卷[M],北京:人民出版社,2004年,第1000页。

如，在原始公有制的氏族公社时期，社会产品不作为商品流通，那时的分配采取直接的产品分配形式；而在商品流通普遍化的时代，收入分配就要通过商品流通的形式来进行。分配关系作为生产关系的一个方面，其历史形式是在同社会生产力发展的矛盾和对立中发展变化的。马克思深刻指出，“分配关系，从而与之相适应的生产关系的一定的历史形式，同生产力，即生产能力及其要素的发展这两个方面之间的矛盾和对立一旦有了广度和深度，就表明这样的危机时刻已经到来。这时，在生产的物质发展和它的社会形式之间就发生冲突”①。因此，资产阶级经济学把“资本取得利润、土地取得地租、劳动取得工资”作为天经地义、永恒不变的分配形式，是违反历史辩证法的、极其荒谬的。

（三）所有制的不同历史形式

1. 人类社会有公有制和私有制两种基本所有制形式

迄今为止，随着人类生产方式的演进，产生了原始公有制、奴隶制、封建制、资本主义私有制、社会主义公有制等基本所有制形式，还有在历史上跨越多个时代、但是从来不占主要地位的小生产所有制，以及在不同时代交替时期存在的过渡性的所有制形式等。这些所有制可以归结为性质上根本对立的两种，即公有制和私有制两种基本形式。前者的生产资料归社会（如氏族社会、一国的社会、集体的社会等）共同所有，后者的生产资料归私人所有。西方经济学不承认公有制，认为私有制是人类社会永恒的、合理的制度，这是唯心史观的主观臆断。

2. 私有制的共性和不同历史形式

在人类社会，私有制已有很长的历史。其共性是私人拥有生产资料所有权。私有制存在无剥削和有剥削的两种基本形式：一种是小生产私有制，所有者用属于自己的生产条件从事劳动，产品归自己所有，这种私有制没有人剥削人的关系，现在的个体户（如小商品生产者、个体修理户等）就是属于这种私有制。另一种是具有剥削关系的私有制，“这种关系所以会发生，是因为劳动力实现的条件——生活资料和生产资料——已经作为他人的财产而和劳动力的所有者相分离了”②。

---

① 《资本论》第3卷[M]，北京：人民出版社，2004年，第1000页。
② 《资本论》第2卷[M]，北京：人民出版社，2004年，第38页。

马克思深刻地指出,“私有制的性质,却依这些私人是劳动者还是非劳动者而有所不同”[①]。可是,资产阶级的“政治经济学在原则上把两种极不相同的私有制混同起来了。其中一种以生产者自己的劳动为基础,另一种以剥削他人的劳动为基础”[②]。人类历史上以剥削他人劳动为基础的私有制,都是“从直接生产者身上榨取无酬剩余劳动的独特经济形式”[③],它们包括奴隶制、封建制和资本主义所有制三种历史特殊形式。

应当注意的是,马克思揭示出,人类历史上私有制诞生后,在“以生产者自己的劳动为基础”的私有制和“以剥削他人的劳动为基础”的私有制之间,最初表现出“无数色层”,“只不过反映了这两极间的各种中间状态”。[④] 例如,中国封建时代的富农(有时雇工)、小土地出租者(出租少量土地,但是自己仍从事劳动),就是介于非剥削与剥削之间的私有制。

其实,在公有制和私有制之间,也是存在中间状态的过渡性形式的。例如,建立在小私有者之间的合作经济(生产领域独立,而流通领域协作)、劳动联合与私人占有基础上的资本联合相结合的股份合作制、公私合营经济、公有资本控股和私有资本参股的股份制经济或者私人资本控股公有资本参股等等,这些都属于介于私有制与公有制过渡性经济中的不同色层。就个别经济组织而言,其性质究竟归结为私有制还是公有制,这要看是以劳动联合为主,还是以生产资料(私人资本)私人占有为主。这些不同色层的存在,是由生产力发展水平和具体的历史因素决定的,在现实经济实践中是值得重视的。

3. 不同所有制形式之间存在着矛盾

体现先进生产方式与体现落后生产方式的所有制之间存在矛盾,甚至对抗。《资本论》揭示了从封建剥削制度转变而来的资本主义私有制与小生产私有制的矛盾,指出后者作为“靠自己劳动挣得的私有制,即以各个独立劳动者与其劳动条件相结合为基础的私有制,被资本主义私有制,即以剥削他人的但形式上是自由的劳动为基础的私有制所排挤”[⑤]。“资本主义的生产方式和积累方式,从而资本主义的私有制,是以那种以自己的劳动为基础的私有制的消灭为前提的,也就是说,是

① 《资本论》第1卷[M],北京:人民出版社,2004年,第872页。
② 《资本论》第1卷[M],北京:人民出版社,2004年,第876页。
③ 《资本论》第3卷[M],北京:人民出版社,2004年,第894页。
④ 《资本论》第1卷[M],北京:人民出版社,2004年,第872页。
⑤ 《资本论》第1卷[M],北京:人民出版社,2004年,第873页。

以劳动者的被剥夺为前提的。”[1]在历史转折时期，不同所有制有过暂时的共存，但是，历史事实是，封建主义私有制消灭了奴隶主义私有制；资本主义私有制消灭了封建主义私有制，并消灭了小生产私有制。社会主义公有制消灭资本主义私有制更是历史的必然趋势。

4. 资本主义私有制是具有特殊历史形式的剥削制度

这种特殊性是由资本主义生产方式决定的。资本主义生产过程具有使用价值生产和剩余价值生产的二重性。

从使用价值生产看，它除了一般剥削制度下的劳动者被统治、被强制、生产成果被生产资料所有者占有等共同点，还有自己的特点。这就是劳动过程以具有劳动力所有权的雇佣工人自由地把自己的劳动力出卖给资本家为前提，在机器大工业技术基础上，实行协作性分工的社会劳动，受资本家指挥和监督；雇佣工人“作为协作的人，作为一个工作有机体的肢体，他们本身只不过是资本的一种特殊存在方式”；“劳动的社会生产力好像是资本天然具有的生产力，是资本内在的生产力”。[2] “协作发挥的劳动的社会生产力表现为资本的生产力。”[3]

从剩余价值生产看，资本主义的生产过程是价值增殖过程，生产的目的是追求雇佣工人创造的超过劳动力价值的剩余价值。而剩余价值作为“抽象财富”[4]，它的增长只有数量多少的区别，这决定了资本主义再生产必然不断扩大，必然无限制地追求剩余价值的积累。而市场竞争又迫使每个资本主义生产者加速这种积累。这使资本主义私有制成为人类有史以来最为贪婪、剥削程度最高而且随着时间的延续剩余价值率不断提高的剥削制度。

作为一种特殊历史形式的剥削制度，资本主义私有制以等价交换的商品流通为前提，因而最具欺骗性。“在雇佣劳动下，甚至剩余劳动或无酬劳动也表现为有酬劳动。在奴隶劳动下，所有权关系掩盖了奴隶为自己的劳动，而在雇佣劳动下，货币关系掩盖了雇佣工人的无代价劳动”[5]。

---

① 《资本论》第1卷[M]，北京：人民出版社，2004年，第887页。
② 《资本论》第1卷[M]，北京：人民出版社，2004年，第387页。
③ 《资本论》第1卷[M]，北京：人民出版社，2004年，第388页。
④ 《资本论》第1卷[M]，北京：人民出版社，2004年，第178页。
⑤ 《资本论》第1卷[M]，北京：人民出版社，2004年，第619页。“无代价劳动”，在1975年中文版中翻译为“无偿劳动”。

5. 马克思所说的“个人所有制”是共产主义的公有制

马克思揭示出，资本主义经济制度具有资本主义私有制和生产社会化之间的固有基本矛盾，社会生产力的发展必然使这个对抗性的矛盾趋向尖锐，导致“生产资料的集中和劳动的社会化，达到了同它们的资本主义外壳不能相容的地步。这个外壳就要炸毁了。资本主义私有制的丧钟就要敲响了。剥夺者就要被剥夺了”①。人类社会的生产资料所有制将进入共产主义的“社会所有制”②或公有制（实行按劳分配的社会主义公有制，是其第一阶段）。为了说明在人类社会中，公有制的产生体现出辩证法一般的否定之否定规律，马克思写道，“从资本主义生产方式产生的资本主义占有方式，从而资本主义的私有制，是对个人的、以自己劳动为基础的私有制的第一个否定。但资本主义生产由于自然过程的必然性，造成了对自身的否定。这是否定的否定。这种否定不是重新建立私有制，而是在资本主义时代的成就的基础上，也就是说，在协作和对土地及靠劳动本身生产的生产资料的共同占有的基础上，重新建立个人所有制”③。这里揭示了“以生产者自己的劳动为基础”的所有制的辩证发展过程：“个人的、以自己劳动为基础的私有制”被“资本主义的私有制”所否定，而“资本主义时代的成就”又造成了对它自身的否定，“重新建立个人所有制”。

马克思这里所说的再次建立的个人所有制，与被资本主义私有制否定了的小生产私有制相比，有着本质的区别，它已完全不是私有制，而是“在协作和对土地及靠劳动本身生产的生产资料的共同占有的基础上”的所有制，也就是全体劳动者共同占有属于自己的生产资料，采取自主联合劳动的生产方式的社会所有制或公有制。这种劳动者的个人所有制是“一个更高级的、以每一个个人的全面而自由的发展为基本原则的社会形式”的“现实基础”，④它实现了每个劳动者与共同占有的生产资料直接结合。由于它在个人自由以及劳动者与生产资料直接结合的方面，具有与“个人的、以自己劳动为基础的私有制”或小生产私有制某种相似的特征，所以，这体现出“以生产者自己的劳动为基础”的所有制的否定之否定的发展辩证法。这是马克思用劳动者的“个人所有制”来说明公有制的原因。我们理解，这是为了

① 《资本论》第1卷[M]，北京：人民出版社，2004年，第874页。
② 《资本论》第1卷[M]，北京：人民出版社，2004年，第874页。
③ 《资本论》第1卷[M]，北京：人民出版社，2004年，第874页。引文中最后的“重新建立个人所有制”，在郭大力、王亚南翻译的《资本论》中文译本中，翻译为“建立一种个人的所有制”，没有用“重新”两字。见马克思著、郭大力、王亚南译：《资本论》第1卷[M]，北京：人民出版社，1953年第1版，第965页。
④ 《资本论》第1卷[M]，北京：人民出版社，2004年，第683页。

告诉读者,人类社会的经济形态同任何事物一样,是遵循辩证法一般的规律而发展运动的。可见,马克思所说的劳动者的“个人所有制”,不是别的什么所有制,更不是重新建立私有制,而是共产主义的公有制。其实《资本论》说得很清楚,“这种否定不是重新建立私有制”。

但是,从20世纪80年代以来,中国学术界有的人却在《资本论》中文译本的“重新建立个人所有制”上做文章,主张把中国的国有经济或集体经济,“改革”为人人持股的股份制经济。其实,股份制只是资本主义经济发展过程中产生的一种私人资本集中的企业组织形式,马克思指出,这种资本主义股份企业,是对资本主义生产方式的“消极地扬弃”①。说“扬弃”,是因为股份制这种企业组织形式,在一定程度上适应了社会化生产的要求,把私人资本集中起来使用了,这否定了单个资本家只能经营自己拥有所有权的私人资本这种狭隘的经营方式;但是,这种否定又是“消极地”,是因为股份制并没有消除私有制这种生产关系,它是私人资本在一定程度上联手剥削雇佣工人阶级。所以,股份制并不是所有制范畴,它只是一种不改变资本所有制性质的企业组织形式。如果由不同的私人资本合资形成,它就是资本主义私有制的股份制;如果在社会主义市场经济条件下,由不同的有自主经营权的国有资本、集体资本合资形成,它就是社会主义公有制的股份制;如果是公有资本和私人资本合资形成,那就看在企业中控股的资本是公有资本还是私人资本,由此来决定股份制企业的所有制性质属于公有制还是私有制。

马克思所说的劳动者的个人所有制,是以“协作和对土地及靠劳动本身生产的生产资料的共同占有”为基础的,它根本不是所谓“人人持股”的股份制,那种把劳动者的个人所有制曲解为“人人持股的股份制经济”,不过是一些论者急于推行私有化,又要避嫌,于是“急中生智”地把“人人持股的股份制”说成是马克思的“重新建立个人所有制”。② 也就是说,其目的是要把公有制生产资料或公有资本私有化,这是值得人们高度警惕的。

6. 中国现实的公有制经济具有过渡性经济形式的性质

理解公有制,有必要注意的一个问题是,应当遵循辩证逻辑,弄清中国当代现实中的公有制,与马克思论述的劳动者的小生产私有制经过否定之否定过程所形成的公有制,是存在一定区别的,同时又有着内在的联系和共性。

---

① 《资本论》第1卷[M],北京:人民出版社,2004年,第499页。

② 参见智效和:《评谢韬、辛子凌“重建个人所有制”言论》[J],《高校理论战线》2007年第9期。

区别主要表现在：中国现实经济中的公有制包括全民所有制（国家所有制）和劳动群众集体所有制，它们在劳动者的协作范围上，还达不到全社会的全体劳动者“自由人联合体”这样的程度；在对土地的共同占有上，还有国家代表人民占有和农村的集体农民占有两种占有方式，而不是全体劳动者共同占有的方式；在对“劳动本身生产的生产资料”的共同占有上，也有国家代表人民占有和劳动群众集体占有两种占有方式。而且全社会的靠劳动生产出的生产资料，还有一定部分并未归劳动者共同占有，而是仍然由私人资本所有者（资本家）或个体劳动者占有。所以，中国的全民所有制中的“全民”，还不是全体劳动者含义的全民，尚未达到马克思所论述的劳动者个人所有制这种公有制的程度。

但是，尽管如此，中国现实的公有制是经过新民主主义革命和社会主义革命形成的。它们已经属于联合劳动者对土地和生产资料的共同占有，已经消除私人占有，法律上已经规定“社会主义的公共财产神圣不可侵犯”，“禁止任何组织或者个人用任何手段侵占或者破坏国家的和集体的财产”。[①] 它们已经在国家所有制和劳动群众集体所有制的企业范围进行直接的协作劳动，甚至能够由国家出面组织更大规模的公有制范围的协作劳动。所以，现实的公有制已经具有马克思所说的未来公有制的基本规定性。它们与后者的区别是现阶段社会生产力发展水平的历史条件造成的，但是，随着社会生产力发展水平的提高，它们终将向劳动者的个人所有制这种“自由人联合体”方向发展。正是在这个意义上，中国现实的公有制形式具有向马克思所论述的未来公有制逐步前进的过渡性。不能忘记马克思的教导，“社会史上的各个时代，正如地球史上的各个时代一样，是不能划出抽象的严格的界限的”[②]。在现实中，要让消灭私有制后的公有制形式一刀切地变成未来的作为历史发展趋势的抽象的公有制，这并非唯物史观的思想方法，硬要这样做，那就是用教条主义的态度来对待马克思的论述，就会犯“左”的错误。

以上简要梳理了《资本论》关于所有制的不同历史形式的论述。以唯物史观的方法为指导，理解不同历史条件下的所有制形式，有助于我们进一步认识所有制在市场经济形态中的基础性作用。《资本论》深刻论述了资本主义私有制的特征，从而深刻地揭示了由此决定的资本主义市场关系的特征。

---

① 《中华人民共和国宪法》[N]，《人民日报》2018 年 3 月 11 日（第 1 版）。
② 《资本论》第 3 卷[M]，北京：人民出版社，2004 年，第 427—428 页。

（四）资本主义私有制对市场关系的作用

1. 资本主义私有制对市场总供给的决定性作用

我们知道，发达市场是商品流通和社会总资本的流通环节这两种流通关系的统一，包含一定所有制的资本流通对商品流通起支配作用；在这种条件下，商品流通普遍化，人们的收入分配必然要通过商品流通（市场）来实现。既然收入分配关系是生产关系（所有制）的表现和一个方面，那么，资本主义发达市场的供求关系就只有从资本的所有制性质出发才能说清楚。让我们来分析一下资本主义市场经济中的市场供求关系与所有制的内在联系。先从市场总供给方面分析。资本主义私有制决定了资本主义市场的供给的无限增长和比例结构难以平衡：

资本家阶级对市场的供给呈无限增长趋势。这是因为，资本家与其他私有制的生产者不同，后者的产品只进行为买而卖的简单商品流通，生产和流通目的是为了满足需要，占有使用价值，因而都是有限度的；而前者的产品却是资本的商品资本形式，进行的是为卖而买的资本流通。资本家的生产和流通的目的是为了不断增殖剩余价值收入，不断地追求没有任何数量限度的“抽象财富”收入，尽管这种收入分为用于追加资本和个人消费两部分，但是在市场竞争的压力下，即使是奢侈性的个人消费，也是为显示豪华和资本雄厚，增强商业信用，为追求剩余价值服务的。总之，资本主义生产方式“目的是保存现有资本价值和最大限度地增殖资本价值（也就是使这个价值越来越迅速地增加）。它的独特性质是把现有的资本价值用作最大可能地增殖这个价值的手段”①。资本家资本只有在不断更新的流通运动中才成为独立价值，实现不断增殖，这决定了资本家阶级在生产中无限制地用绝对和相对的方式，提高剩余价值率，不断地扩大再生产，因而他们对市场的供给是无休止的、不断扩大的。

资本家阶级对市场的供给无法形成社会分工的平衡比例关系。资本主义私有制决定了生产的自发性，因为单个资本家对于自己提供市场的产品，可以采取任何一种使用价值实物形式，其产量只受私有资本数量的约束。尽管可以假设每个资本家都会详细分析、预测市场，这有可能使资本家之间相互提供再生产正常进行的条件；但是，由于资本家都从单个的、对私人有利的角度做判断，具有生产决策的主

① 《资本论》第3卷[M]，北京：人民出版社，2004年，第278页。

观性、独立性，他们不可能从全社会整体利益出发相互协商、自我约束对剩余价值的贪欲，因此，他们各自的产品能否在市场实现，完全不以私人意志为转移；他们的自利性的市场竞争，更不会使相互的资本之间在宏观上形成合理的比例关系。可见，正是资本主义私有制决定了，“在商品生产者及其生产资料在社会不同劳动部门中的分配上，偶然性和任意性发挥着自己的杂乱无章的作用”①。“在这种生产的自发形式中，平衡本身就是一种偶然现象。”②

2. 资本主义私有制对市场总需求的决定性作用

从市场总需求方面分析，资本主义所有制决定了资本主义市场需求的有限性和市场总需求基本结构的不平衡：

雇佣劳动的阶级关系决定了市场总需求的有限性。马克思指出，“资本主义生产方式中的矛盾：工人作为商品的买者，对于市场来说是重要的。但是作为他们的商品——劳动力——的卖者，资本主义社会的趋势是把它的价格限制在最低限度。——还有一个矛盾：资本主义生产全力扩张的时期，通常就是生产过剩的时期。因为生产能力从来没有能使用到这个程度，以致它不仅能够生产更多的价值，而且还能把它实现。商品的出售，商品资本的实现，从而剩余价值的实现，不是受一般社会的消费需求的限制，而是受大多数人总是处于贫困状态、而且必然总是处于贫困状态的那种社会的消费需求的限制”③。这段论述值得我们深入领会。我们理解，市场需求是有购买力的需求，所以它是由人们的收入决定的。在资本主义经济中占统治地位的雇佣劳动关系下，初次分配的收入分为两个基本部分，一是资本家阶级的收入，一是雇佣劳动者阶级的工资收入。前者的收入本质上是剩余价值，资本家追求剩余价值最大化，要求把雇佣劳动者的收入即劳动力商品的价格压到最低限度，甚至压到劳动力价值以下；因而从宏观看，后者工资收入形成的有购买力的需求[在扩大再生产条件下价值量是Ⅰ$(v+m/z)$+Ⅱ$(v+m/z)$]是有限的，这种对个人消费品购买力的有限性，必然导致对第Ⅱ部类生产个人消费品的生产资料需求的限制，即在扩大再生产条件下，提供给Ⅱ$(c+m/y)$的生产资料的限制，这也就意味着第Ⅰ部类生产资料需求的限制。所以，雇佣工人工资收入形成的有购买力的需求的有限性，也决定了对第Ⅰ部类生产资料需求的有限性，从而决定了对包

---

① 《资本论》第1卷[M]，北京：人民出版社，2004年，第412页。

② 《资本论》第2卷[M]，北京：人民出版社，2004年，第557页。

③ 《资本论》第2卷[M]，北京：人民出版社，2004年，第350页（页下注32）。

括消费资料和生产资料在内的整个市场需求的有限性。这具有客观必然性。

雇佣劳动的阶级关系决定了市场总需求基本结构的不平衡。资本家阶级的剩余价值收入必然分为两个基本部分，一部分用于个人消费；另一部分用于追加资本投入扩大再生产，而追求生产价值的生产目的和市场竞争决定了，这种扩大再生产必然是有机构成不断提高的扩大再生产。这要求对不变资本（物质生产要素）数量的需求增长显著高于可变资本（劳动力）需求的增长。而资本家阶级对雇佣工人阶级工资的限制，必然使工人阶级数量相对增加造成的对消费资料市场需求的相对增长，越来越低于无限扩大的生产资料市场需求的增长。这就必然造成消费资料需求与生产资料需求这种市场需求基本结构的不平衡。

3. 资本主义私有制决定了市场总供给与总需求的不平衡常态

以上分析涵盖：(1) 社会再生产各部门比例关系，包括生产生产资料的第Ⅰ部类和生产消费资料的第Ⅱ部类这两大部类之间，以及各部类内部的全部供求关系；(2) 生产资料所有制决定的阶级关系及其收入分配关系。这两方面因素包含的关系，一是社会分工一般关系，一是一定的历史形式的所有制特殊关系，这两层关系都是人与人之间的关系，这才是市场供求关系的本质。市场上的商品物与货币物之间的交易关系，不过是在它们背后起作用的这些人与人的关系的外部表现而已。资本主义所有制与市场供求关系的内在联系，归结起来就是，资本主义私有制必然导致总供给与总需求的不平衡常态，并必然爆发生产过剩的危机。

三、资产阶级市场理论评析

（一）所谓市场机制能实现“帕累托最优”

1. 西方资产阶级经济学中的“帕累托最优”含义

《资本论》在所有制和社会分工关系基础上揭示了市场供求关系的形成和表现，这对于认清资产阶级经济学错误的市场理论具有重大指导价值。目前有一种观点认为，社会主义市场经济既然是市场经济，那就应当大胆地应用西方经济学，因为西方经济学是专门研究市场经济的。殊不知，西方资产阶级经济学的市场理论具有表面性和主观性，从根本上说是不科学的。

崇拜西方资产阶级市场理论最典型的就是，照搬新自由主义，鼓吹“把一切交给市场”,认为市场机制能够实现社会经济资源的最优配置。例如,有一种流行的观点认为,双方自由平等的交换创造财富,没有人受损,所以市场经济必然是一个帕累托改进。

所谓“帕累托改进”是为了达到“帕累托最优”的一种“改进”。“帕累托最优”,是以提出这个概念的意大利资产阶级经济学家维弗雷多·帕累托的名字命名的,它用来描述一种所谓最佳状态,在经济领域就是最有经济效率的资源配置状态;在这种状态下,如果还想让某个社会成员变得更好,那么其他成员的状况就会变得差于现在。而“帕累托改进”是指一种变化,指在没有使任何人境况变坏的前提下,使得至少有一个人变得比现在好。可以说,“帕累托最优”是指没有“帕累托改进”余地的最佳状态,而“帕累托改进”是指达到“帕累托最优”的路径。新自由主义经济学神化市场,鼓吹只要市场是完备的,能实现充分平等竞争,形成均衡价格,结果就是“帕累托最优”,所以,把充分竞争的市场经济说成“帕累托改进”。

2.“帕累托最优”状态是一种主观臆造

我们知道,《资本论》揭示出,在自由资本主义经济时期,商品生产者的自由竞争形成的市场均衡价格,实质是生产价格,也就是所有参与竞争的职能资本家可以得到平均利润的市场价格。这种价格是在价值规律和剩余价值规律的基础上形成的,是以商品在生产中已经形成的价值和包含的剩余价值(利润)为前提的,生产价格中包含的平均利润不过是全社会既定的剩余价值在不同商品中的分配。自由竞争促成了社会总利润在全体职能资本家中按等量投资获得等量利润来分配,但是不能决定平均利润的数量高低。同时,利润收入的平均化,只是对资本家阶级而言的,对于雇佣工人阶级来说,则毫无平等可言。这也就是说,如果经济上的“帕累托最优”指的是市场充分竞争的结果,那也只能理解为达到资本家之间按资平等分配利润的状态。但是,这种状态,与客观上的宏观经济资源最佳配置,完全是两回事。在马克思主义经济学看来,宏观经济资源的最佳配置,应是在既定的现实社会生产力基础上,能够取得最大经济效益和社会效益的社会分工比例关系实现平衡的状态,因而是一种宏观经济稳定、连续运动的状态。资本主义的市场充分竞争根本不能够达到这种含义上的资源最佳配置,因为正是在资本主义大工业占统治地位,商品生产占领所有经济领域之后,市场才覆盖了全社会经济领域,出现全面的市场竞争,而一旦形成这种历史条件,就产生了经济危机。危机总是使一部分资本家破产，使工人阶级失业、贫困，这难道是“帕累托改进”？实践证明，说“市场经济必然是一个帕累托改进”，这完全是主观臆断。

3. “帕累托最优”的有关逻辑论证渗透着主观性

这主要表现在，“帕累托最优”所说的消费者、生产者，都是无差别的消费者、生产者，这也就说明，这些经济利益主体都超脱了客观存在的所有制关系，没有资本家与雇佣工人之分，这显然并不反映客观现实，因而是一种主观的抽象。其所谓消费者，不分生产消费者和个人消费者，都为个人消费而购买商品，这说明“帕累托最优”所说的交换，只能是简单商品流通；但是，没有资本流通的简单商品流通是不会形成充分竞争的宏观经济的，也就谈不上社会资源的优化配置。“帕累托最优”提出所谓“无差异曲线”“生产可能性曲线”等名词，来进行经济学论证，初看起来似乎有一套严密逻辑，然而，现实的经济逻辑毕竟不是解析几何上的双曲线、抛物线和坐标等数学逻辑可以直接替代的。“帕累托最优”所说的消费者、生产者的自由竞争，仅从社会中每个成员的权利是相同的这种假定出发，完全不从社会分工、价值规律，更不从剩余价值规律来说明市场竞争的原因，这也反映出这个概念的主观性。

因此，即使是西方资产阶级经济学家，有人也看出了“帕累托最优”的破绽。例如，对资本主义持改良主义态度的经济学家阿玛蒂亚·森就认为，“如果在不降低富人财富的情况下穷人的境况不能有任何改善，则这种情况仍属帕累托最优状态，尽管富人和穷人之间存在严重的不平等”①。可见，“帕累托最优”容忍资本主义的两极分化，所谓“最优”没有客观标准。

（二）新自由主义市场理论的本质

1. 新自由主义经济学的阶级性

如果说“帕累托最优”概念撇开了所有制来论证社会经济资源最优配置，那么新自由主义经济学则公然认为，只有以私有制为基础的市场交易才能达到“帕累托最优”。

新自由主义经济学鼓吹市场化、私有化、金融自由化、全球化，认为它们最有利于各国经济实现资源优化配置和发展。这种经济学是在古典自由主义经济思想基

① 转引自余亮：《帕累托最优“邪路”》[EB/OL]，金土地网，来源：观察者网，2014 年 11 月 5 日，http://www.kingland119.com/infos/3246/details。

础上形成和发展起来的，产生于20世纪30年代，起初在资本主义经济思想界并不占主流，但是在20世纪70年代以后，随着凯恩斯主义陷入困境，新自由主义受到英国撒切尔政府和美国里根政府的追捧，逐渐成为主流。到20世纪90年代，美国控制的国际货币基金组织、世界银行和美国财政部，用所谓“华盛顿共识”的方式，将新自由主义的政策主张向全世界大力推广，使新自由主义经济的影响达到巅峰期。

新自由主义经济学实际上是为现代国际金融垄断资产阶级在全球扩张自身利益服务的。众所周知，国际金融垄断资本因历史原因，在国际经济中占据科技和劳动生产率优势，并能借助于帝国主义国家的军事霸权，在国际市场竞争中起控制作用。在这种条件下，少数发达资本主义国家推行新自由主义经济学，实际上是要让其他国家放弃自己对民族经济的自主权，敞开大门，放任它们的金融垄断资本进出自由，在市场自由竞争的名义下，达到侵占别国民族经济利益的目的。

2. 新自由主义经济学的市场理论突显唯心史观

以对中国经济学界产生过较大影响的某知名新自由主义经济学家的观点为例。他鼓吹私有制永恒合理；认为市场关系和私有制都产生于人们的主观选择，都归结为交易成本。在笔者看来，这无异于说交换关系中的消耗产生了市场，为了减少交换消耗而产生了私有产权，在逻辑上说不通，也不符合历史事实；他把人类社会多层面的复杂的经济制度系统，解释为简单的所谓“交易制度”，用简单商品流通关系，完全替代和抹杀了作为市场供求关系基础和企业制度中最基本、最深层的生产资料所有制的“产权关系”；他把每个人的收入极大化作为经济解释的中心假设，表明了他采用的完全是传统资产阶级经济学的理论假设，与17世纪的“自然秩序”论、“社会契约”论如出一辙，这在资产阶级经济学领域根本谈不上创新；他根本不理解人类社会存在由社会生产力发展水平决定的、不以人们的主观意志为转移的经济制度，把客观的根本经济制度与具有主观性的经济管理体制混淆起来，根本否定社会主义公有制经济存在的历史事实和发展的必然性。[①] 应当说，新自由主义经济学大力鼓吹私有制市场经济的优越性，完全是对现实的资本主义私有制市场经济真实面貌在理论上的扭曲。

3. 新自由主义市场观的危害性

新自由主义的错误市场理论经发达资本主义国家的推行，给发展中国家经济

---

① 参见何干强：《评唯心史观的制度解释》，程恩富等主编《11位知名经济学家批评张五常》[C]，北京：中国经济出版社，2003年版，第180—206页。

带来了深重灾难。由于推崇新自由主义，拉丁美洲很多国家经历了“失去的10年”，1992—2001年的10年中，拉美国家年均经济增长率仅为1.8%。阿根廷在20世纪初，曾位居世界人均国内生产总值第六位，人均国内生产总值相当于当时美国水平的80%，但自1976年开始，因持续实行新自由主义经济政策，饱受“经济灾难”，到20世纪末，经济出现负增长，人均国内生产总值降至2 100美元，50%以上的居民生活在贫困线以下。新自由主义经济政策同样使非洲经济深受其害，在20世纪最后20年，整个非洲国内生产总值的平均增长率较此前的20年几乎下降了一半；20世纪90年代，非洲国家人均国内生产总值更是呈负增长，为-0.2%。亚洲一些国家推崇新自由主义的金融自由化政策，爆发了1997年从泰国开始的金融危机。东欧剧变、苏联解体发生后，该区域一些国家推行新自由主义“休克疗法”，如价格自由化、国有资产私有化等，结果发生恶性通货膨胀、国有资产被大规模侵吞，连续多年出现严重经济衰退。而新自由主义经济学也给欧美发达资本主义国家带来了严重影响，美国从2007年爆发“次贷”危机，并引发了战后影响面很大、持续时间最长的世界性金融经济危机；欧洲至今仍未完全摆脱债务危机的影响。一系列事实证实了新自由主义经济学的危害性，因此，目前这种经济学已经风光不再。[①]

实际上，所谓充分自由竞争的私有制市场经济，根本不可能依靠自身的供求机制实现所谓社会经济资源的最优配置；私有制的基础决定了，这种市场的充分激烈竞争，只会加速私有制与生产社会化这个基本矛盾对抗性的表面化，唯有通过危机才能被迫实现平衡。那种纯粹的简单商品流通层面的、可以促进宏观经济资源优化配置的市场充分竞争，其实在现实中是根本不存在的。

（三）确立科学的市场机制观

1. 市场机制是中性范畴的观点值得商榷

市场供求关系的本质是间接的社会分工关系和一定历史形式的所有制相结合的表现形式，明白了这个道理，就可以确立科学的市场机制观。值得注意的是，随着社会主义市场经济体制的确立，市场机制范畴的使用频率越来越高，以至于不少人认为，市场机制是一个中性范畴。这是值得商榷的。

现代市场机制作为一种经济机制，是指在流通领域，各种经济因素在价值规律

① 参见记者吴乐珺等采访整理：《新自由主义风光不再》[N]，《人民日报》2014年6月3日（第23版）。

作用的基础上，相互联系、互相矛盾、互相制约，产生对社会经济资源和社会关系的调节功能，并形成一定结果的过程。《资本论》对资本主义市场供求关系或供求机制的分析清楚地表明，在市场机制中起作用的各种因素中，起核心作用和能动作用的因素是生产资料所有制。因此，市场机制总是结合一定的生产资料所有制起作用的，在现实经济中，没有离开一定所有制的市场机制；没有以小私有制为基础的宏观经济含义上的市场机制。现代市场机制，要么是资本主义私有制基础上的市场机制，要么是社会主义公有制为主体基础上的市场机制。有人认为，只有私有制基础才能形成市场机制，那是因为他把公有制与商品流通一般关系对立起来，缺乏社会主义市场经济观。

2. 资产阶级经济学家对市场机制的阐释是肤浅的

他们关于市场机制的论述，往往从资本私有者追求利益最大化出发，把竞争机制说成市场能提高经济效率的动力机制，把价格机制说成能引导市场提高经济效率的信息机制，并由此批评社会主义经济缺少动力机制和信息机制。尽管过去的计划产品经济体制存在人为地抑制市场流通关系的缺陷，我们对这种批评可以抱“闻者足戒”的态度；但是，站在资本主义私有制的私人利益角度，仅从简单商品流通角度，解释市场竞争机制和价格机制，是狭隘的和肤浅的。实际上，分析资本主义市场机制，如果看不到包含资本主义生产关系的资本流通对商品流通的决定作用，就不能解释为何资本主义市场的竞争机制不能持续稳定地提高全社会的再生产效率，也不能解释为何连所谓“成熟市场经济”的市场价格提供的信息，也不能保证全社会再生产各部门之间形成平衡的比例关系，反而会导致周期性的经济危机，乃至世界性经济危机。

3. 弄清所有制的决定作用才能理解社会主义市场经济中的市场机制

西方经济学既然以人格化的私人资本或所谓“理性经济人”为前提，就不可能承认有社会主义公有资本，不可能承认社会主义市场经济，也不可能承认公有制占主体的社会主义市场经济中的市场机制。对于公有制基础上的市场机制，我们只有在马克思主义经济学指导下，总结建设社会主义市场经济的实践经验，才能认识它与资本主义市场机制相比的特征。而要认识这种特征，尤其应当深入探索公有制在社会主义市场机制中的决定性作用。从理论上分析，不同公有制企业之间除了存在自主经营、相互竞争的关系，还应当存在国家统筹安排下的相互协作关系，为此，应当在公有制经济内部建立协作关系，努力发挥公有制提高劳动生产率的优势。在社会主义公有制经济中，除了贯彻按劳分配原则，承认企业之间主观能动性发挥程度的差别所造成的企业收入的合理差别，还应当承认客观上存在的地区差别、国家投资不同带来的企业经营收受的非按劳分配差别，为此，公有制整体利益的执行机构就应当尽量去除这些不合理差别，对不同企业之间的劳动者收入作必要的公平调节。就不同所有制之间的关系来说，为了全社会的整体利益，为了维护占人口大多数的劳动者阶级的利益，国家必须坚持对私人资本投资的科学引导和投资数额的必要限制（不应忘记，伟大的资产阶级民主革命的先驱孙中山先生就有"节制资本"的要求），如此等等，才能显示出社会主义市场机制的特征，使其发挥出促进社会分工平衡（优化社会经济资源配置）、促进社会共同富裕的功能，避免资本主义市场机制导致的危机。

4. 辨析流行的两种说法

树立科学的市场机制观，还有必要纠正一些肤浅的说法。现在谈论经济改革，有人就说，应当"把一切交给市场"，或者"把一切可以让市场去做的事情交给市场去做"，[①]市场做不了的才由政府来做；也有人反过来，说"把政府该管的事"交给市场，是一种"过度市场化"，说政府不应当"把不该由市场做的事情交给市场"。这些说法给人们造成的印象是，似乎可以撇开生产资料所有制的作用来处理市场与政府的关系。其实，这些说法都没有从市场的本质是人与人的关系来理解市场，也没有从政府职能是阶级统治职能和社会管理一般职能的统一来理解政府。须知，对于资本主义私有制为基础的市场来说，对市场起决定作用的主体，无疑是资本家阶级，因此，所谓"交给市场来做"，也就是把事情交给资产家阶级来做。而对于占主体地位的公有制为基础的市场来说，对市场起决定作用的主体是公有制或公有资本控股的企业控制者，也就是工人阶级，而企业资本经营权应当服从企业资本的所有权，企业的集体工人要接受代表工人阶级整体利益的公有资本的统一管理部门的控制，所以，这里需要探索的市场作用问题，是如何处理好统一计划管理与企业分散决策的关系，处理好公有资本所有权与经营权的关系，而不是简单地把经营权交给企业就完事。总之，不能把市场机制抽象化，应当结合生产资料所有制的社会性质，从人与人的社会关系来认识一定的市场机制的实质。

---

① 厉以宁：《市场调节经济，政府管理市场》[J]，《经济研究》1992年第11期。

四、私有制为基础的宏观经济调控必然无效

（一）有宏观调控的现代资本主义经济不能消除危机

1. 发达资本主义宏观经济调控产生的原因

根据《资本论》的基本原理，资本主义经济即资本主义私有制为基础的市场经济，必然发生周期性经济危机。那么，现代资本主义经济已经出现了政府组织的宏观调控，能否避免经济危机？有人认为可以避免。理由无非是第二次世界大战之后发达资本主义国家出现了主要以凯恩斯主义为指导的宏观调控管理，经济一度发展比较稳定。这也是在当今中国有人照搬凯恩斯主义搞宏观经济调控的理由，但是这种观点是站不住脚的。

应当认识到，发达资本主义经济的宏观调控不是私有制经济本身的产物，而是资本主义私有制与生产社会化这对基本矛盾发展的产物。正如恩格斯深刻指出的，生产力的社会本性的这种日益增长的压力，“迫使资本家阶级本身在资本关系内部可能的限度内，越来越把生产力当作社会生产力看待”；随着生产社会化的发展，“大量生产资料不得不采取像我们在各种股份公司中所遇见的那种社会化形式”；“在一定的发展阶段上，这种形式也嫌不够了：资本主义社会的正式代表——国家不得不承担起对生产的领导”。[①] 20 世纪 30 年代资本主义世界大萧条之后，美国开始了资本主义国家对经济“干预”的罗斯福新政；随之产生的凯恩斯主义，又为资本主义国家干预经济提供了代表资产阶级整体利益的“理论”，这证明了恩格斯论断的正确性。

当代发达资本主义市场经济出现宏观调控，这只是说明，随着生产社会化的发展，资本主义已经到了只有资产阶级的国家出面，在资本主义生产关系允许的范围干预宏观经济，才能再继续生存下去的阶段；而并不是说，随着国家宏观调控的出现，资本主义生产关系就变得“垂而不死”“腐而不朽”了，资本主义市场经济和社会主义市场经济发展就会“趋同”了。也就是说，资本主义私有制和生产社会化这个基本矛盾已经发展到资产阶级国家不得不承认生产社会化，不得不出面来缓和

① 《马克思恩格斯选集》第 3 卷[M]，北京：人民出版社，1995 年，第 628 页。

基本矛盾激化的阶段,因而也处于更接近社会通过彻底推翻私有制,建立生产资料公有制的阶段。必须充分认识,发达资本主义国家的宏观经济调控毕竟只能在资本主义生产关系允许的范围内进行,因而具有极大的局限性;加上这些国家宏观经济调控应用的凯恩斯主义本身受资产阶级视野的狭隘性所限定,是不科学的。所以,严格地说,发达资本主义市场经济的宏观调控,与社会主义市场经济的宏观调控在实际内容上存在原则区别。对这些国家的宏观经济调控及其政策主张,我们只能采取分析、批判的态度;如果要谈借鉴,也应当把重心放在这些国家宏观调控失败的教训上,而绝不能采取照搬的态度。

2. 发达资本主义国家宏观经济调控的弊病

我们不妨审视一下发达资本主义国家的宏观调控措施。发达资本主义国家的宏观经济调控,主要是针对所谓市场总需求不足而采取的。本来,出现这种不足的深层原因,是资本主义所有制决定的剩余价值规律在起作用。资本家阶级为追求剩余价值而无限扩大再生产,这必然造成市场总供给不断增多;而市场有购买力的总需求最终取决于有购买力的消费需求,它主要是由占人口大多数的雇佣工人的低收入构成的,这又是由资本主义私有制决定的,因此,总供给大于总需求是资本主义宏观经济的常态。但是,站在维护资本家阶级利益立场上指导宏观经济调控的理论,却不可能认识到马克思所揭示的深层客观经济规律。它们能够看到的是市场总需求不足的多种表面现象,诸如许多企业的产品卖不出去、失业率的增加、资本家的利润率下降、企业投资不足、股市出现熊市、银行资金回笼困难等问题。于是,宏观经济调控采取的,就只能是针对这些表面现象的措施。

为了阻止市场总需求不足导致危机,发达资本主义国家通常采取货币政策、财政政策和产业政策等宏观经济调控措施。采取的货币政策通常是所谓“扩张性”的,即通过中央银行采取措施,降低银行利率,以刺激企业投资,减轻失业,扩大消费需求。在危机已经发生时,这些国家还会采取某些非常规的向市场注入货币的措施,以增加市场需求,例如,美国在2007年爆发金融危机之后,就采取了三次所谓“量化宽松”(Quantitative Easing,QE)的货币政策,[①]扩大货币供给,刺激投资增

---

① 量化宽松(英语:Quantitative easing,简称QE)的货币政策,指美国中央银行用印制的货币,在公开市场购买商业银行等金融机构持有的国债、房贷债券等,使这些金融机构在央行开设的结算账户内的资金增加,从而使银行体系为市场注入新的货币供应,这相当于间接增印钞票。所谓“量化”,指通过计算将增加的货币供应量,而“宽松”则指减轻银行的资金供给的压力。参见维基百科网“量化宽松”词条,http://zh.wikipedia.org/wiki/%E9%87%8F%E5%8C%96%E5%AF%AC%E9%AC%86。

长。采取的所谓“扩张性”财政政策，主要有：政府发行国债，利用财政预算，或增加政府投资项目，扩大基础设施投资，或建立公私联合投资基金，从而弥补私人投资的不足，扩大就业，减少失业率，增加消费；中央政府向地方政府进行财政转移支付，缓解地方债务，增加社会保险基金，缓和社会矛盾；由政府出资购买银行等金融机构的不良资产，帮助它们摆脱困境，使萎靡的信贷市场恢复运转等。当“扩张性”的货币政策和财政政策因投入货币过多，产生通货膨胀时，这些国家会采取相反的“紧缩性”财政政策和货币政策。采取的产业政策，主要是通过一定的产业计划，运用财政税收和信贷利率杠杆、价格干预等手段，调整产业结构，促进产业升级，协调产业组织关系，改善产业区域布局，提高产业“积聚效益”等。产业政策比起货币政策和财政政策来，更能反映出资本主义国家不得不承认生产的社会化，出面承担对生产的领导，也反映出这种承认和承担正是要设法弥补市场自发机制导致的社会分工的不平衡。

但是，我们用前面已经阐释的《资本论》的宏观经济研究方法来分析发达资本主义国家的宏观经济调控政策措施，不难发现它们在方法上有如下严重弊病：

一是倒因为果。所谓市场出现比较严重的有效需求不足，无非是企业投资缺乏货币资本或还债缺乏支付手段，失业居民失去购买消费品的流通手段，这表现为商品流通受阻，银行信贷困难。根据《资本论》所揭示的宏观经济运动的货币流回规律，问题根源并不在流通领域，而在社会分工结构失衡和私有制造成的两极分化，因此，从生产领域调整社会分工和实行生产关系的革命，才是治本之策。而所谓宏观调控的货币、财政政策却采用向流通领域注入货币的办法，这固然可以使中断资本循环的企业恢复运行，但是，在宏观上却不能改变失衡的社会分工结构和私有制，这就只能使矛盾继续存在并进一步扩大，酝酿更深的危机。

二是浮于表面。不难看出，所谓货币政策，在名称上就没有区分货币和货币资本，没有区分资本流通和商品流通。在宏观经济的流通领域，表面上的“货币”不足或过剩，既可能是作为流通手段、支付手段的货币的不足或过剩，也可能是货币资本的不足或过剩，不加区分地实施政策，就具有盲目性。根据《资本论》所揭示的客观经济规律，在宏观调控实践上，必须促进全社会用于固定资本实物更新的货币价值量与体现固定资本损耗价值（折旧）的商品价值量的平衡，促进社会扩大再生产的货币资本积累与实物积累的平衡等，而发达资本主义国家的货币政策，却根本撇开了这些比例关系，可见，具有明显的表面性。

三是寅吃卯粮。所谓财政政策,政府直接投资,扩大基本建设,往往与财政赤字结合在一起,这等于让社会提前使用明天才能形成的物质财富。眼前虽然能够拉动一些资本循环难以为继的企业恢复运行,扩大就业,缓解信贷需求,但是,这一方面在很大程度上会破坏全社会资本周转周期长的产业部门与周期短的产业部门之间的比例关系,另一方面,以政府财政赤字为基础发行纸币,必定带来通货膨胀。社会分工比例失衡终将造成社会再生产的停滞,而寅吃卯粮终将造成通货膨胀,这正是发达资本主义国家出现"滞涨"危机的必然逻辑。

四是难以落实。应当看到,发达资本主义国家宏观经济调控的产业政策,已经进入生产层面,其调整产业结构政策,已经涉及调整社会分工。但是,由于整个产业结构并不服从于占人口大多数的广大劳动人民的整体和长远利益,所以,调整产业结构的政策措施只同资本家阶级相关联,难以得到人民群众的支持;即使从资本家整体阶级角度来看,单个企业的资本家是不可能服从整体利益的,因此,具有经济全局性质的产业政策要落到实处,难免遇到私人利益的阻挠。

五是转嫁危机。资本主义经济从来是与对外贸易、对外经济掠夺相联系的。资本主义社会发生经济危机,也必定要通过对外经济摆脱困境。马克思针对资本主义的产品过剩指出,"对外贸易既然不是单纯补偿各种要素(按价值说也是这样),它就只会把矛盾推入更广的范围,为这些矛盾开辟更广阔的活动场所"①。意思是,向国外推销过剩产品,并不单纯是为了促进本国社会再生产比例平衡所必需的实物更新和价值补偿,对于资本家来说,还有追求利润的需要,这势必导致别国社会再生产出现经济不平衡等矛盾。这说明,资本主义国家摆脱自身经济危机与转嫁经济危机是联系在一起的。这种转嫁在当代资本主义国家表现是更明显了。就以美国在2007年金融危机以来的"量化宽松"货币政策为例。美元纸币目前是"世界货币",包括中国在内的许多发展中国家,为了发展本国经济,在生产力落后条件下,不得不对美国输出廉价商品换取外汇,而美国为防止别国提高国际竞争力,阻止高科技产品出口,由此导致别国对美贸易顺差,使别国存有较多美元外汇储备。当美国为摆脱本国经济危机,大量印刷纸币搞"量化宽松"之后,外国储备的美元外汇势必贬值,"量化"越大,贬值越多,由此遭受重大损失。而有的国家用美元外汇投资美国债券,本想使外汇保值增值,但是美国金融危机爆发后,有关的公

---

① 《资本论》第2卷[M],北京:人民出版社,2004年,第525页。

司破产,这导致投入美国债券的美元外汇血本无归。另外,美元外汇进入储备国,必须将其转化为本国货币,才能作为有关当事人的收入,这就导致本国增加纸币发行,因此,过多的美元外汇储备还会成为储备国形成通货膨胀的重要因素。

由此可见,发达资本主义国家的宏观调控都具有表面性,不能反映经济关系的内在联系,只治标不治本,不能预防和消除危机。宏观经济调控即使应用现代电子信息系统等优越物质技术条件,也只能暂时推迟危机的到来,结果却是深化了生产社会化和私有制的矛盾,并将危机扩展到全世界,给世界人民造成深重灾难。

3. 资本主义宏观经济调控只会加深危机

事实胜于雄辩。发达资本主义国家在第二次世界大战之后,普遍对宏观经济实施调控,甚至还制定国民经济的几年"发展计划""倍增计划"等,然而,这些都没有阻止危机的爆发,却开始周期出现世界性经济危机,乃至金融经济大危机。1973—1975 年,资本主义世界爆发了以"滞涨"为特征的资本主义世界经济危机;后来,虽然所谓信息技术革命带来过一段"新经济"发展时期,但是到 2007 年又爆发了至今还难说是否已经真正走向复苏的资本主义世界金融经济危机。

且看美国实施凯恩斯主义调节宏观经济的后果。一位美国经济学家在 2013 年曾在《纽约时报》撰文对此作过具体评述,这里摘录几段:

"过去 13 年中,股市曾两次崩溃并引发衰退:美国家庭在 2000 年互联网泡沫破灭之时损失了 5 万亿美元,又在 2007 年房地产崩溃时损失了超过 7 万亿美元。我预计,近来的华尔街泡沫也会在未来几年之内破灭,这次的华尔街泡沫是靠美联储(Federal Reserve)恶意发行大量空头货币吹起来的,基础并不是真正的经济增长。自标准普尔 500 指数①于 2000 年 3 月首次达到目前水平以来,美联储疯狂的印钞机已将他们的资产负债表扩张了六倍(从 5 000 亿美元增至 3.2 万亿美元)。然而,在此期间,经济产出年均增幅只有 1.7%(这是内战以来最慢的增速);真实商业投资的年增长率只有 0.8%;正式就业岗位数量的年增长率也只有微不足道的 0.1%。家庭真实收入中位数增长下降了 8%,中产阶级全职工作岗位数量下降了 6%。收入'最低'的 90%人口的真实净值下降了四分之一。领取食品补助券和残

① 标准普尔 500 指数(英语:S&P 500,Standard & Poor's 500 index),又译为史坦普 500 指数,它从 1957 年起,反映美国股市行情变动,观察范围达美国的 500 家上市公司。该指数里的 500 家公司都在美国两大股票交易市场,"纽约证券交易所"和"美国全国证券业协会行情自动传报系统[纳斯达克(NASDAQ)]"中有多个交易的公司。几乎所有标准普尔中的公司都是全美最高金额买卖的 500 只股票。这个股票指数由标准普尔公司创建并维护。参见维基百科网:"标准普尔 500 指数"词条,http://zh.wikipedia.org/wiki/%E6%A0%87%E5%87%86%E6%99%AE%E5%B0%94500%E6%8C%87%E6%95%B0。

疾救助的人数翻了一番还多，达到 5 900 万，约占美国人口的五分之一。"

"由此看来，实体经济仍在不断下滑，而华盛顿还在不断给后代堆积债务，没有能力控制战争预算或者福利支出，也没有能力提高偿付国家债务所需的税收。自然而然，美联储乞灵于未曾用过的激进措施，开始大肆印钞。然而，大量增加的流动性不但没有刺激银行贷款或者企业支出，反而一直被困在华尔街的深渊之中，正在发酵成又一轮无法持续的泡沫。"

"这种失调前景源自政府的胡作非为。过去 80 年来（引者按：指 20 世纪 30 年代罗斯福新政以来），除了几次短暂的中断以外，美国一直在奉行越来越疯狂的财政和货币干预政策，试图以此对抗自由市场的周期性问题，及其减少工作机会和经济产出的可能趋势。这样做的代价十分惨重。"

"在关于刺激'需求'的空洞仪式咒语中，奉行现代凯恩斯主义的美国已经破产、瘫痪、陷入烂泥，哪怕它孕育了一种让最有钱的 1% 人口定期坐享投机暴利的异型裙带资本主义。"

"林登 · B.约翰逊总统（Lyndon B. Johnson）带来了'大炮加黄油'的过激政策，到了 1971 年，在一个背信弃义的周末，这一倾向在马里兰州戴维营得到了进一步加强。当时，理查德 · M.尼克松（Richard M. Nixon）最终决定黄金和美元之间不能进行兑换，实质上等于赖掉了本国的债务。"

"弗里德曼是所谓的自由市场经济英雄，实际上却为货币供应的无止境扩张播下了种子。""格林斯潘的宽松货币政策之所以没有引发通货膨胀，仅仅是因为国内的商品和劳动力价格被来自亚洲工厂的大量进口产品所压制。""我们一直在靠借贷度日，而且是在花亚洲人借出的钱。""美国'公开持有'的 12 万亿美元国债里，有近 5 万亿国债实际上是藏在各国中央银行的保险库里的。"

"2008 年 9 月，雷曼兄弟（Lehman Brothers）破产，华尔街把枪抵在华盛顿的脑袋上，后者几周之内就开始给哀鸿遍野的金融业输血，实施了一番惊慌失措的混乱救援和印钞行动。这是美国金融史上最可耻的一章。"

"奥巴马经济刺激计划的'绿色能源'部分基本是把近 10 亿美元拱手送给裙带资本家，比如风险投资人约翰 · 多尔（John Doerr）和自诩为太空梦想家的埃隆 · 马斯科（Elon Musk）之流，目的是给富人打造新玩具。""奥巴马 8 000 亿美元的经济刺激计划中，仅有不到 5% 流向了真正需要食品券和劳动所得税抵免等形式的扶贫计划的人群。其绝大部分却成为了撒向州级和地方政府的大笔金钱、政治分赃式的基础设施项目、营业税漏洞和不分青红皂白的中产阶级税收减免。”①

这段评述把美国的宏观经济调控政策称为“政府的胡作非为”，指出美国“赖掉了本国的债务”，“一直在靠借贷度日”；美国滥印钞票是因为“华尔街把枪抵在华盛顿的脑袋上”（即金融垄断资产阶级迫使美国政府就范）；奥巴马的经济刺激计划，大部分“拱手送给裙带资本家”。尽管这位经济学家在这篇文章中主张“让资本主义制度重新转向自由市场和真正的财富创造”，也就是站在资产阶级自由主义立场上说话，但是，他的评述符合实际，表明发达资本主义国家的宏观调控是不科学的，具有维护本国少数金融垄断资产阶级利益的目的，并与转嫁危机、侵害别国人民利益联系在一起，这样的宏观调控只能使经济陷入更深的危机。

（二）私有制基础是宏观经济调控的绝对障碍

1. 当代资本主义私有制加深了资本主义基本矛盾

当代资本主义国家的宏观经济调控必然无效，根本的原因就在于它建立在国际金融垄断资本主义私有制的基础上，这只能加深生产社会化和私人所有制之间这对基本矛盾。宏观经济调控必然要求从社会经济的整体利益出发，统筹规划、计划安排。但是，私有制基础上不可能形成整体利益，更不可能实行从占人口大多数的人民利益出发的统一指挥。尤其在当代发达资本主义国家，宏观经济调控是像“华尔街把枪抵在华盛顿的脑袋上”那样进行的，也就是国际金融垄断财团控制政府的，是以维护少数人的私利为目的，那就更不可能顾及宏观经济运动的整体要求。

当代国家垄断资本主义基础上的国际金融垄断资本，是与母国的国家政权融合在一起的，它的运动范围从而剥削对象，覆盖全球。其重要的手段是让御用经济学家宣扬新自由主义，把所谓“金融深化”“金融创新”与代表他们利益的政府行为结合起来。所谓“金融深化”，就是要政府放弃对金融市场的干预，放松对利率、汇率的管制，支持发展私有专业生产和销售信息机构、私有金融中介机构等，实行金融自由化、金融私有化。私有化必然造成居民收入两极分化和助长金融欺诈。与此相联系，就不能不搞所谓“金融创新”。这种创新有加强金融管理、创新金融工具（如网络结算）、创新金融技术（如吸引和集中金融资源、分散金融机构风险的技术等）的一面，从这方面

① 以上段落都摘自戴维·A.斯托克曼：《美国经济是如何走向全面破产的?》[N/OL]，《纽约时报》2013 年 4 月 4 日；新华网 2013 年 4 月 7 日转载，http://news.xinhuanet.com/world/2013－04/07/c_124545023.htm。该文作者是美国密歇根州前共和党国会议员，曾在 1981 年至 1985 年期间担任罗纳德·里根（Ronald Reagan）总统的预算办公室主任。

看，这些创新会节省社会总资本流通时间，促进生产社会化，也显然有助于加强金融资本的剥削。但是同时还有另一方面危害性很大、最能体现资本剥削本质的“创新”，即金融品种的创新，创造多种多样的金融证券、金融衍生品（如在一级债券基础上，再发次级债券等）。金融证券的大量发行势必大大增加虚拟资本，助长金融泡沫，稀释普通民众的金融财产；而种种金融衍生物，其本质不过是用观念上的货币或货币资本掩盖有真实价值的货币或货币资本，具有很大的欺诈性，它们可以暂时延长货币支付、延长货币资本还本付息的时间，但是终究不能弥补社会分工比例不平衡导致的市场供求关系的实际断裂。其实，正是私有化的“金融深化”和“金融创新”对社会分工比例失衡的掩盖，深化了私有制和生产社会化的基本矛盾。

发达资本主义国家的国际金融垄断资本从国内到全球，通过“金融深化”“金融创新”，疯狂敛财，导致了金融市场过度膨胀、房地产业的虚假繁荣；也导致了自己国内产业空心化，民族自产工业品市场缩小；结果必定引发市场供求极端失衡，资本主义基本矛盾的对抗性终将爆发而形成严重危机。

应当说，以国际金融垄断资本主义为特征的现代生产资料私有制，正是2007年世界性资本主义金融经济危机爆发，迟迟难以复苏的根本原因。

2. 私有制不可能消除两极分化

可以说，只要资本主义私有制存在，市场供求不平衡就是绝对的，危机的爆发也是必然的。最根本的原因在于，私有制的经济基础必然造成社会收入两极分化，这决定了当代发达资本主义国家的宏观经济调控绝对无效。

事实胜于雄辩。让我们了解一下当代有宏观经济调控的发达国家两极分化的情况。据经济合作与发展组织（OECD）2014年12月9日的报告显示，30年来，全球最富有的34个国家的国民贫富差距已达到最高水平。在全球最发达的国家中，目前最富有的10%人群的收入是最贫穷的10%人群的9.5倍；在1980年，这一比例只有7倍。报告指出，造成差距扩大的原因一方面在于最富有的1%人群收入的增加；而更重要的因素在于，在过去30年中，这些国家的最贫穷人群收入即使是在经济繁荣的年份增长也极为缓慢，而在经济萧条的时候则下滑更为严重。在过去20年中，贫富差距问题已使新西兰减少了10%的经济增长；在英国、芬兰和挪威，减少了9%；在美国、意大利和瑞典，则减少了6%—7%。[①]

---

① 记者刘栋、吴成良：《全球最富有34个国家贫富差距达到30年来最高水平　贫富鸿沟阻碍经济发展》[N]，人民日报2014年12月10日（第3版）。

再看美国著名经济学家斯蒂格利茨的叙述：

“在全球发达经济体中，美国出现了一些最极端的收入和机会差异，这种差异在宏观经济领域引发了致命性后果。过去40年里，美国的国内生产总值已经增长了四倍多，在过去25年里，则几近翻了一番，然而，如今众所周知的是，其中的利益都归于最高收入人群了，而且，这种利益越来越集中于最高收入人群中的最富有人群。”“去年，美国最富有的1%人口得到了全国22%的收入；最富有的千分之一人口得到了11%的收入。美国自2009年以来增加的所有收入，有95%都流向了1%最富有的群体。最近公布的人口调查数据显示，美国的收入中位数已几乎有25年没变动过了。普通美国男性的收入（在扣除通胀因素之后）比45年前要低；高中毕业，但没有获得四年制本科学位的美国男性，比40年前拥有同等学历的美国男性少挣近40%。”

“在世界最发达经济体中，英国被称为仅次于美国的第二最不平等国家，而过度金融化要为它这样的坏名声承担一定责任，它也同样要为日益严重的不平等现象负责。”

“儿童中的不平等和贫穷是一种特殊的道德耻辱。他们的存在是对右翼所说的贫穷是懒惰和选择不慎的结果的一种蔑视；儿童无法选择他们的父母。在美国，每四名儿童之中，就有近一名儿童生活在贫困中；在西班牙和希腊，这个比例大约是六比一；在澳大利亚、英国和加拿大，每十名儿童之中就有超过一名生活在贫困中。”①

由此可见，随着国际金融垄断资本主义私有制的进一步发展，社会收入两极分化不但没有消除，反而更加扩大了。这说明，发达资本主义国家的宏观经济调控由它的服务于统治阶级利益的性质决定，根本不能消除资本主义私有制和生产社会化的基本矛盾，反而加深了这种矛盾！

（三）民主社会主义经济思想批判

1. 民主社会主义是维护私有制的假社会主义

有一种观点承认私有制会产生社会收入两极分化，但是认为只要通过政府实施再分配政策，就可以解决问题。这种观点其实来自发达资本主义国家流行的民

① 约瑟夫·E.斯蒂格利茨：《贫富差距日益悬殊并非巧合》[N/OL]，纽约时报中文网，http://cn.nytimes.com/opinion/20131015/c15stiglitz/。

主社会主义的改良主义思潮。其实，发达资本主义国家内部和全球始终存在两极分化，并继续扩大，这种事实已经证明了这种观点完全站不住脚。

民主社会主义是西欧、北欧发达资本主义国家流行的资产阶级改良主义。第一次世界大战期间，世界共产主义运动的第二国际（“工人国际”），出现重大分歧，当时称作社会民主党的左派坚持科学社会主义和无产阶级革命，而以伯恩斯坦为代表的右派则背叛马克思主义，鼓吹超阶级民主和议会道路、反对无产阶级革命。一战后的1919年2月，社会民主党右派恢复第二国际的活动，并改变了国际组织的名称。而列宁在十月革命胜利不久的1919年3月，领导布尔什维克党和各国马克思主义政党，组建第三国际（“共产国际”），与社会民主党的国际组织分道扬镳。在马克思列宁主义指导下，国际共产主义运动和被压迫民族的解放运动呈现出勃勃生机，在第二次世界大战之后，诞生了一批社会主义国家，取得科学社会主义的伟大胜利。

科学社会主义的胜利，也为打着社会主义旗号的欧洲社会民主党和性质类似的社会党、工党等（以下统称社会党）带来机遇。1929—1933年资本主义世界经济危机全面爆发，此后又爆发第二次世界大战，一些国家的社会党利用人民群众向往社会主义的形势，取得执政地位。1951年，欧洲的社会党建立“社会党国际”，发表《法兰克福声明》，把党的指导思想由“社会民主主义”改为“民主社会主义”（德语：Demokratischer Sozialismus）。社会党使用对他们有利的“社会主义”这个词，却把资产阶级革命美化的“自由、平等、博爱”当作党的基本价值目标；在经济上，用对私有制经济的民主监督代替消灭私有制的革命目标，实际上放弃了科学社会主义。他们看到苏联社会主义福利制度对社会稳定有重要作用，为维护自己的执政地位，于是运用国家财政，推行福利主义改良措施，来缓和阶级矛盾。因此，民主社会主义的经济思想，可以简称“私有制为基础加财政再分配”。

然而，实施所谓“从摇篮到坟墓”的国民福利，固然能稳定社会，私有制基础却不允许长期高额税收。随着时间的推移，财政支出却不堪重负，这影响了经济增长，还造成国民对福利制度的依赖，结果难以为继。20世纪70年代上半期资本主义国家爆发严重经济危机，一些国家执政的社会民主党或社会党只好下台，让位于推行新自由主义的资产阶级右翼政党。此后，在欧洲资本主义国家，社会党与资产阶级右翼政党实际上形成轮流执政的局面。20世纪90年代中期之后，社会党利用右翼政党推行新自由主义造成贫富差距明显拉大，社会矛盾激化，又上了台。这时，由于已发生了东欧剧变、苏联解体，社会主义被妖魔化，社会党把民主社会主义改回到社会民主主义（Soziale Demokratie），其假社会主义的面目终于显露。他们上台之后，试图总结以往经验教训，走介于传统的民主社会主义和新自由主义之间的“第三条道路”，如保存社会福利，但削减社会福利开支项目；增加社会保障制度由个人承担费用比例，实施个人享受社会福利与承担义务相统一的经济政策等。但是，用马克思主义观点分析，这种道路实质是资本主义制度下的改良主义道路，是走不通的。正如有经济学家指出的，“民主社会主义反对公有制为主体”，“民主社会主义是资本主义制度”。①

2. 私有制基础上的再分配治标不治本

为什么“私有制为基础加财政再分配”的民主社会主义经济思想行不通？这是因为只要资本主义私有制是社会的经济基础，私有制和生产社会化这个对抗性的基本矛盾就存在，就起作用；社会收入的再分配，终究不能改变初次分配两极分化的基本格局，因此危机终究会爆发。

（1）必须区分初次分配和再分配

马克思指出：“一切不直接参加再生产的社会成员，不管劳动与否，首先只能从首先得到产品的那几个阶级，即生产工人、产业资本家和土地所有者的手中，取得自己在年商品产品中的份额，即取得自己的消费资料。就这一点说，他们的收入在物质上是由（生产工人的）工资、利润和地租派生出来的，因此，和那些原始的收入相对而言，表现为派生的收入。”②这揭示出，生产资料所有制决定的收入分配关系分为两个层次，一是“原始的收入”，也就是初次分配收入，二是“派生收入”，也就是再分配的收入；再分配是在初次分配的基础上形成的，再分配无法改变初次分配形成的收入利益格局。

（2）收入再分配无法改变初次分配关系

事实上，当代发达资本主义国家实施收入再分配的形式有多种，但都无法改变私有制经济基础决定的初次分配关系。

其一，组织慈善救济基金救助穷人。其实，这种基金是以少数人拥有高额收入为前提的。虽然向慈善基金捐赠的不乏收入并不很高的人，但是这些人投入的资金毕竟较少。慈善基金主要依靠少数“慈善家”，而他们主要属于初次分配中的各

① 周新城著：《民主社会主义评析》［M］，北京：社会科学文献出版社，2012年，第46、71页。

② 《资本论》第2卷［M］，北京：人民出版社，2004年，第412—413页。

类资本家阶级。慈善事业是以资本主义私有制造成的两极分化为前提的,对于由此形成的低收入大众,慈善基金的救助不过是杯水车薪,它不可能消除生产的资本主义社会形式。

其二,政府通过征税调节收入差距。税收包括对企业经营的各种税、个人所得税、遗产税、房产税等,政府可以用税收形成财政收入,通过政府直接投资、转移支付等途径,用于职业培训、扩大就业、实施社会救助等,缩小贫富差距。这会有一定程度的效果,但是事实表明,这只能在资本主义私有制允许的限度内进行。这是因为,普遍提高税收,这势必减少资本家阶级的利润收入,影响他们扩大再生产投资,因此,税收超过一定程度,资本家阶级就必定会指责,这降低了他们的利润,降低了他们的生产效率;于是,代表"总资本家"利益的资产阶级政府,就只能将税收限制在资本能够继续获得利益的限度内。这就是西方经济学界流行的所谓公平与效率问题的由来,为此,阿瑟·奥肯提出了所谓效率平等替换理论,认为追求市场机制的效率与追求个人收入均等化这两者之间存在不可避免的冲突,为了效率,就要牺牲某些平等,为了平等就要牺牲某些效率。[①] 这里,所谓公平和效率两者的平衡点,实际上就是在保证资本家阶级初次分配获利的前提下,使资本主义私有制与生产社会化这个对抗性的矛盾维持在不爆发的状态上。但是,事实证明这种理论只是一厢情愿。

其三,通过财政支出建立由医疗补贴、退休保障、失业保险等构成的社会保障网和社会福利制度。这是民主社会主义实施的主要再分配手段。由于财政收入的主要来源是税收,所以,一方面,正如上面所论证的,只要社会保障和福利制度投入的财政预算超出了资本家阶级容忍的税收限度,这些再分配手段就不可能在高水平上持续下去。另一方面,由于资产阶级政府的财政是"总资本家"的财政,当危机苗头出现,政府就要考虑防止大企业、大银行倒闭,就要用财政扶持资本周转出现中断的企业和银行,这样,用于普通民众福利制度的财政基金就会出现不足,高福利就不可能再实施下去。2010 年以来在一些实施民主社会主义政策的发达资本主义国家,发生所谓主权债务危机,原因就是为了动用财政基金挽救大企业、大银行,而不得不削减社会福利基金,这就激发了贫富两极分化的矛盾,引发社会动乱。

---

① [美] 阿瑟·奥肯著,陈涛译:《平等与效率——重大的选择》[M],北京:华夏出版社,1987 年,第 59 页。

3. 中国不能照搬西方再分配制度

尽管发达资本主义国家的再分配制度如福利制度在某些操作方式层面，有值得我国借鉴的地方，但是不能简单地照搬。

一是发达资本主义国家福利制度基金的积聚方式中国无法效仿。这些国家的福利基金表面上由在国内收取税收形成，但是实质上来自企业的财政收入，其中包含着这些国家的跨国公司、垄断企业依靠历史形成的高科技、金融霸权，在国家军事霸权的支持下，对发展中国家实行国际经济剥削获得的利润。

二是私有制基础上的福利制度效果不佳。瑞典是民主社会主义福利制度的所谓典型。但是，瑞典的高税收、高福利政策的弊端也在20世纪60年代末期日益显现出来，国内仍经常保持大量失业人口，有些年份失业率达到7%—8%，有的年份高达15%。据瑞典财政部20世纪80年代的统计，该国90%以上的生产资料归私人所有。各行业中私营成分的比重分别为：钢铁工业86%、化学工业93%、森林工业89%、食品工业84%、汽车工业100%、零售商业89%、银行业91%、土地及农业生产100%，私营企业雇用的劳动力占总数的84%。私人资本集中程度之高也是惊人的，占全国人口5%的富翁拥有全国50%以上的财富；占人口总数0.2%的人，却控制着全部股票的三分之二。100个大家族控制了瑞典经济的95%，其中15个大家族控制了三分之一的工业，垄断寡头瓦伦堡家族控制着40多家大银行和大公司，雇佣职工40多万人。另据瑞典官方材料，贫困阶层占全国人口的比例，1984年为14.4%，1985年为14%，1986年为16%。估计目前也不会低于15%。①

总之，理论和实际都表明，只要私有制仍是社会的主要经济基础，再分配就只能治标而不能治本，不能解决生产社会化和生产资料私人所有制的基本矛盾。要真正使宏观经济调控有效，就唯有坚持《共产党宣言》的科学结论："现代的资产阶级私有制是建立在阶级对立上面、建立在一些人对另一些人的剥削上面的产品生产和占有的最后而又最完备的表现。从这个意义上说，共产党人可以把自己的理论概括为一句话：消灭私有制。"②因此，"共产党人到处都支持一切反对现存的社会制度和政治制度的革命运动。在所有这些运动中，他们都强调所有制问题是运

---

① 参见丁冰：《从瑞典经济模式看民主社会主义——兼论"保障社会主义"的实质》[J]，《高校理论战线》2007年第8期；徐崇温：《瑞典模式的历史进程和经验教训》[J]，《复旦学报》（社会科学版）2007年第4期。

② 《马克思恩格斯选集》第1卷[M]，北京：人民出版社，1995年，第286页。

动的基本问题，不管这个问题的发展程度怎样。”①

五、公有制是宏观经济有效调控的基础

（一）对某些认识误区的分析

1. 唯有坚持公有制经济基础才能有效实施宏观经济调控

以上分析得出结论，有效的宏观经济调控绝不能建立在私有制的基础上，这无非是要论证一个道理，就是社会主义市场经济决不能削弱公有制这个经济基础，相反，在马克思主义经济学指导下，必须充分发挥公有制经济基础的作用，唯有如此，才能有效实施宏观经济调控。当然，这是一种理论判断，必须付诸实践才能落到实处。但是，有人却对此提出质疑，认为中国建立社会主义市场经济体制之后，出现了社会收入差距拉大、市场有购买力需求不足（产能过剩）、产业结构失衡和环境污染等不良问题，这还能说社会主义市场经济能够实现有效宏观调控吗？这种认识误区主要由两方面理由造成，有必要加以分析。

2. 不能认为产能过剩等不良现象是市场经济的共性

有人质疑宏观经济有效调控必须坚持公有制经济基础的理由之一是，认为出现上述两极分化、产能过剩等不良问题，这是发达市场经济的共性，因而属正常现象。这种解释显然是牵强附会的。在人类历史上有宏观调控的市场经济，迄今只有两种形态。一种是20世纪40年代下半期以来的当代资本主义市场经济形态，此前的资本主义市场经济是没有宏观调控的。另一种就是社会主义市场经济形态。社会主义市场经济与资本主义市场经济的区别：一是前者的经济基础是社会主义公有制，后者的经济基础是资本主义私有制；二是社会主义市场经济从一开始，就与宏观调控结合在一起，这是因为社会主义公有制本质是自主联合劳动者的经济，具有整体性，所以一开始就有宏观经济的统一指挥和管理。两种发达市场经济却有一些共性：一是都存在商品流通（W—G—W）和资本一般的流通（从微观看，企业的价值体要经过生产和流通领域发生形态变化的循环）；二是在生产领域宏观上都存在间接社会分工关系。间接社会分工关系和商品流通是相互联系的，具有发

---

① 《马克思恩格斯选集》第1卷［M］，北京：人民出版社，1995年，第307页。

生危机的可能性，这种可能性也是两种发达市场经济的共性。但是，应当充分认识，私有制和公有制这两种所有制对市场经济所起的决定性作用必然是有区别的。资本主义私有制必然使危机的可能性变为现实性。但是不能说，社会主义公有制也必然使这种可能性变为现实性，如果真是这样，公有制与私有制对商品流通的作用就没有区别了，因而社会主义市场经济与资本主义市场经济也就没有区别了。而如果承认它们存在区别，那就不应当把目前中国宏观经济发生的不良问题说成是发达市场经济的共性，处之泰然，而应当反思，是否在坚持公有制基础这个层面存在值得重视的问题。

3. 不应该认为社会主义市场经济理论本身导致实践发生了不良问题

有人质疑宏观经济有效调控必须坚持公有制经济基础的理由之二是，认为出现上述两极分化、产能过剩等不良问题，是因为社会主义市场经济理论本身就不成立。这种观点不认可公有制经济基础可以同市场流通关系实现有效结合，不承认社会主义市场经济是向科学社会主义经济制度过渡的客观的经济形态，而认为，只要搞市场经济，就必定是资本主义经济，因而必定会发生上述不良问题。其实，这种观念并不符合实际，它没有看到，当代中国的历史条件固然要求坚持社会主义公有制经济基础；但是，中国的社会生产力水平决定也必须同时发展间接的社会分工，即发展市场流通关系，这是 1949 年以来经济建设的实践经验证明了的，也是中国决定把计划产品经济体制改革为社会主义市场经济体制的原因。因此，发展社会主义市场经济，这是客观要求，理论原则并没有错。关键是，在实践中要真正坚持促进社会主义公有制经济基础同市场经济一般关系有效的结合。

4. 弄清造成不良后果的原因

出现上述两极分化、产能过剩等不良问题，原因可能有两类，一类是能坚持正确理论指导，但是因实践经验不足而出现了失误。这种原因造成失误是正常的，也易于纠正，因为正确的理论原则付诸实践需要具体化，需要转化为指导实践的政策措施；如果理论原则在具体化过程中有欠缺，那么在实践中是难免发生失误的，而因为理论正确，就能及时发现错误，较快地纠正错误。另一类原因则是，在实践过程中偏离或否定正确理论的指导，造成不良后果，这是走邪路造成的失误。这类原因造成的后果往往具有全局性，纠正失误要付出很大乃至惨重的代价，就像新民主主义革命时期在遵义会议之前王明路线的错误那样。看来，出现两极分化、产能过剩等严重不良问题，很难说仅仅是实践经验不足这类原因造成的。不难发现，一段时期以来，一些人口头上讲社会主义市场经济，实际上却在搬用西方新自由主义经济学，搞私有化，这是造成不良问题的主要原因。这种失误使国有经济受到严重削弱，公有制经济比重越来越小，严重背离了宪法关于社会主义基本经济制度对公有制占主体地位的庄严规定，因而，不良后果具有全局性。这是必须坚决纠正的。简言之，如果在实践上背离社会主义市场经济的理论原则，显然会导致宏观经济调控的重大失误。①

只有公有制经济占主体地位，社会主义市场经济的宏观调控才可能有效。根据《资本论》的宏观经济研究方法，下面从消除收入两极分化和促进社会分工比例平衡两方面来论证。

（二）公有制为主体具有消除两极分化的现实可能性

1. 公有制有助于提高经济效率

我国宪法总纲第六条规定："中华人民共和国的社会主义经济制度的基础是生产资料的社会主义公有制，即全民所有制和劳动群众集体所有制。"②只有公有制占主体地位，才能坚持社会主义经济制度的基础，促进共同富裕。这首先是因为在社会化生产条件下，公有制有助于提高劳动生产率，为消除两极分化创造物质条件。

有人认为，公有制是没有效率的，因为企业的管理者得不到私人物质利益的激励。波兰的"改革理论家"布鲁斯说："社会主义经理能够成功地担当企业家的角色吗？……社会主义经济主要缺乏的仍然是企业失败后承担风险责任的物质基础。他不拿自己的资本冒险，这就使他像哈耶克很早以前强调的那样，极有可能在两方面犯错误，或者轻举妄动，或者过分谨慎。"③言下之意，公有制的企业管理者没有自己的私人资本做"物质基础"，是不能管理好企业的。这不过是带着资本家所谓"利己经济人"的有色眼镜来看待社会主义公有制的企业家。公有制经济存在激励机制，即"按劳分配"，这与资本主义经济产生两极分化的激励机制根本不同，是可以实现多劳多得社会主义公平的激励机制。公有制经济的管理者和劳动者，只要认

---

① 参见何干强：《析"公有制为主导"论的实质——评高尚全先生的"改革建议"》[J]，《政治经济学评论》2013年第4期。

② 《中华人民共和国宪法》[N]，《人民日报》2018年3月11日（第1版）。

③ W.布鲁斯，K.拉斯基：《关于所有制问题》[J]，《经济社会体制比较》1993年第4期。

识到社会主义生产目的，就能焕发出显著高于雇佣劳动者的自觉性、积极性和协作精神。笔者作为曾经的国有农场职工，对当年农田水利工程大会战那种你追我赶、热火朝天的劳动场面，至今记忆犹新。

尽管说，1949年新中国建立后的计划产品经济体制时期，公有制经济的宏观管理存在忽视价值规律、管理权过于集中等问题，还有过因“左”的干扰出现的大起大落，确实需要通过改革来纠正；但是，总体来看，经济效率是不低的。有经济学家提供的数据表明，“国有工业企业在前30年发展速度比较快。以1949年国营工业总产值为100，到1978年增为41.6倍(全部工业为39.1倍)，平均每年增长13.7%(全部工业为13.2%)”；根据国家统计局公布的几个主要年度的数据看，国有工业企业的资金利税率(每投入100元固定资产和流动资金所获得的利润和税金)最低的年度，1975年也达到22.7%。[①] 而国家统计局公布的统计资料显示，新中国建立初期的1952年，国内生产总值只有679亿元，到1978年增加到3 645亿元；在改革开放的历史新时期，经济总量迅猛扩张，2008年达到了300 670亿元，年平均增长8.1%；而1961—2008年世界年平均增长速度只有3.6%。[②] 从新中国建立60多年的历程看，这样伟大的成就显然是与坚持公有制经济的主体地位分不开的。发展社会主义市场经济以来的事实表明，从2002—2009年，中央国有企业不算上缴利润，上缴的税金总额，就由2 914.8亿元跃升到11 474.8亿元，年均增长率达到21.80%，[③]这足以说明，公有制经济实现同商品货币关系有效结合，经济效益可以更高。而私营经济并不像新自由主义经济学家说的那样一定有效，数据显示，目前中国存活10年以上的私营企业只占24.8%，6—10年的占42.3%，5年以下的占了32.9%。[④] 可见，中国要不断提高劳动生产率、创造共同富裕的物质条件，就应当毫不动摇地夯实公有制这个经济基础。

2. 坚持公有制为主体才能消除收入两极分化

在社会主义市场经济条件下，公有制企业都要面向市场自主经营，按劳分配的原则也要结合市场流通关系来贯彻。但是，只要真正落实按劳分配原则，就不会像资本主义经济那样存在资本家“老板”和雇佣工人之间收入的两极分化。

---

① 刘日新著：《国有工业企业改革及其比重问题研究》[M]，香港：中国国际文化出版社，2007年，第101、104页。

② 国家统计局：《光辉的历程　宏伟的篇章——新中国成立60周年经济社会发展成就回顾系列报告之一》[R/OL]，http://www.stats.gov.cn/tjfx/ztfx/qzxzgcl60zn/t20090907_402584869.htm。

③ 程恩富、侯为民：《准确认识社会主义初级阶段基本经济制度》[N]，《光明日报》2011年9月28日(第1版)。

④ 数据引自保育钧：《政府“遮风挡雨”》[N]，《人民日报》2006年3月2日(第20版)。

在私营经济和外资经济中，雇佣工人通常只能获得被企业主作为成本、由市场规定的一定量的劳动力价格（v），企业主（即资本家）则可以在企业总体工人创造的新价值（v+m）中获得扣除这个成本之后的全部剩余价值（m，当然在现实中还要扣除有关税收）。而在公有制经济中，自主劳动者处于生产资料所有者的地位，可以参与他们自己新创造价值的按劳分配（在做了适当社会扣除的意义上）。为了与私营企业对比，收入可以表示为 v+x/m（其中，v 是相当于劳动力价值的基本工资，x/m 是分享 m 的部分）。显然，（v+x/m）>v，就是说，在同等生产条件的情况下，公有制经济中的劳动者收入，必然大于私营经济中雇佣工人的收入。这就是目前中国公有制企业在岗职工的年平均收入高于私营企业雇工年平均收入的深层原因。不言而喻，在多种经济成分并存的国民经济中，公有制经济比重越大，全体居民收入差距就越小；反之，私有制经济比重越大，全体居民收入差距就越大。

应当看到，在现实的国企分配关系中存在三个问题：一是放任国企高管获取高收入，致使企业高管与一般职工之间收入相差几十倍；二是不同国企之间平均收入差距过大，特别是国有金融行业，平均工资超过其他行业平均工资的几倍；三是有些国有控股企业，在扣除经营成本，确定可分配基金之后，在处理股权分红总额与劳动分配总额的关系上，把重心放在前者，使股权收益过多侵蚀劳动收益。这些状况违背了公有制企业的性质规定，严重挫伤了国企多数职工群众的积极性，这也被一些主张私有化的人作为攻击国企的“把柄”抓住不放。产生这些问题，主要是因为国有资本所有权机构不完善，缺少对企业分配关系的监督；有的管理者模仿私营企业分配关系搞“改革”。这些问题，在马克思主义经济学指导下，通过促进国有资本所有权关系的人格化，是可以解决的。[①] 毋庸置疑，坚持公有制为主体，消除两极分化是具有现实可能性的。

（三）公有制为主体有条件实现社会分工比例平衡

1. 公有制为主体能够最大限度地减少社会分工的自发性

坚持公有制为主体，不但是消除两极分化的基本条件，而且是实现社会分工比例平衡的基本条件。

---

① 参见何干强：《论改善所有制关系促进共同富裕》[J]，《中国经济问题》2013 年第 1 期。

前面已经阐释,社会分工的间接性是形成商品流通的原因,商品流通是货币流通的原因,要使表现宏观经济运动正常运行的货币流回规律正常实现,关键在于克服生产自发性,改变生产的无政府状态,实现社会分工比例的平衡。发达资本主义经济的宏观调控无效,除了私有制造成社会收入两极分化,无法实现市场供求平衡之外,还在于私有制无法改变生产的自发性,在于宏观调控不可能对市场主体形成按比例生产的约束力。

当代中国受社会生产力的现有水平制约,依然存在社会分工的间接性,这是需要利用市场社会分工制度的原因。不过,以公有制基础为主体,却有条件最大限度地减少社会生产的自发性。这里,需要弄清社会生产自发性和社会分工间接性两个概念的区别。前者指社会中的生产者经济上相互独立、互不依赖,各自从自身利益出发进行生产;后者指社会分工形成的间接方式,由指挥中心统筹安排形成的社会分工具有直接性,由独立生产者自发地交换商品形成的社会分工就具有间接性。一般来说,社会生产的自发性和社会分工的间接性具有互为因果的关系,但是这不是绝对的。可以说,在私有制基础上,这种互为因果的关系具有绝对性。但是,在社会生产力的发展水平决定社会分工仍然存在间接性,而公有制经济基础已经建立的条件下,就不能说社会分工的间接性必定决定生产的自发性。这是因为,既然在现实的国情条件(国内外具体因素所决定)下,只有建立公有制的经济基础才更有利于社会生产力的发展,那么,公有制中的生产者就可以利用已经形成自主劳动者联合体的有利条件,不再让生产者作为相互绝对独立、彼此对立的生产者进行完全自发的生产。虽然社会分工仍然存在间接性,仍然要求公有制的生产者利用市场社会分工制度,在这种意义上可以说社会生产仍不能不保存一定的自发性,但是,宏观的社会分工已经具有统筹计划安排的基本条件,这就在很大程度上可以克服生产的自发性,促进社会分工的间接性逐步向社会分工的直接性转化。

需要注意的是,我们不能用形式逻辑的思维方法理解在社会主义市场经济条件下的社会分工的间接性。《资本论》揭示出,宏观经济的商品流通的形成,经历了从偶然的简单的价值形式、扩大的价值形式、一般的价值形式、货币形式等价值形式的发展阶段形成了简单商品流通,然后在简单商品流通充分发展的基础上,产生出产业资本流通,又发展出商业资本流通、银行资本流通,在这种基础上,才形成作为社会总资本运动的商品流通环节含义上的宏观经济的商品流通。这告诉我们,对于经济学范畴的理解，必须用辩证逻辑的思维方法，简要地说，就是经济学的范畴必须反映现实经济关系的历史变化。因此，理解社会主义市场经济条件下依然存在的社会分工的间接性，不能离开公有制基础对社会分工的组织作用，应当在促进社会生产发展的前提下，根据宏观经济管理促进社会分工比例关系平衡实践经验的积累，促进社会分工的间接性向直接性的逐步转化。

2. 公有制为主体有条件形成有效的宏观经济调控中心

社会分工的按比例平衡和有计划发展，需要有指挥调节中心。一般来说，任何有宏观经济调控的国家都会有这样的中心机构，但是，只有在公有制经济基础上，才能建立真正代表广大劳动人民共同经济利益的社会分工调节中心，从而才能实施有效的宏观经济调控。

需要明白的是，这里所说的广大劳动人民的共同经济利益，不是私人利益的放大，也不是私有制社会不同阶级超出私人利益之外的那种"公共利益"；而是在公有制基础上，与每个劳动者的个人利益紧密结合在一起的整体性经济利益，这种经济利益是自主联合劳动者自身的必要劳动创造的。这里需要用辩证逻辑的思维方法来理解自主联合劳动者的必要劳动，它属于社会主义经济范畴。它在概念的内涵上，已不属于资本主义经济范畴中相对于剥削性剩余劳动的必要劳动。

《资本论》揭示出，"剩余劳动一般作为超过一定的需要量的劳动，应当始终存在"[①]。并揭示出，任何社会生产者的劳动都可以分为"用于个人消费"的劳动和"用来满足一般的社会需要"的劳动（即一般剩余劳动）这样两个部分。[②] 这两部分在人类社会的不同历史时期都有不同的形式特征。在资本主义经济中，前者是雇佣工人只能得到维持正常生活资料的必要劳动，它创造劳动力价值；后者是资本家占有的体现剥削关系的剩余劳动，它创造剩余价值。这两部分的历史特征将随着资本主义制度的消灭而消失。马克思指出，"一旦资本主义制度被消灭，剩余劳动（引者按：指生产剩余价值的劳动）就会消失，整个工作日就可以限制在必要劳动上"[③]。也就是说，在资本主义制度被消灭后，必要劳动范畴的内涵就起了革命性的变化，即转化为劳动者整个工作日的劳动。"在其他条件不变的情况下，必要劳动将会扩大自己的范围。一方面，是因为工人的生活条件将会更加丰富，他们的生活

① 《资本论》第3卷[M]，北京：人民出版社，2004年，第927页。
② 《资本论》第3卷[M]，北京：人民出版社，2004年，第993—994页。
③ 《资本论》法文版中文译本[M]，北京：中国社会科学出版社，1983年，第545页。

要求将会增大。另一方面,是因为现在的剩余劳动(引者按:指资本主义剩余劳动)的一部分将会列入必要劳动,即形成社会准备基金和社会积累基金所必要的劳动。"[①]因此,在社会主义条件下,劳动者工作日分为必要个人劳动和必要社会劳动(属于一般剩余劳动)两个基本部分。在社会主义市场经济中,既然存在商品货币关系,那么公有制经济中劳动者的工作日也就分为相对应的必要个人价值和必要社会价值。[②] 由于必要社会劳动的社会准备基金和社会积累基金都关系到劳动者个人的切身物质利益和长远利益,因此,追求整个必要劳动价值(必要个人价值+必要社会价值)就成为每个劳动者的生产目的。

显然,资本主义的生产目的是剩余价值,资本家的利益建立在剥削雇佣工人的利益之上,因而两者的利益是根本对立的。而公有制的劳动者则存在共同的生产目的,因而具有共同的经济利益。需要强调的是,在社会主义初级阶段,还存在非公有制经济,这些经济成分的利益追求与公有制经济是存在矛盾的。但是,只要坚持公有制经济为主体,并且发挥好国有经济的主导作用,就有条件克服非公有制经济的消极面,使它们服从公有制的共同利益和生产目的。

有了这种共同的经济利益,社会分工调节中心才能根据共同的经济利益和共同的生产目的,从社会生产力发展水平的实际出发,从全局出发,遵循宏观经济运动的客观规律,坚持长远利益和当前利益的统一,处理消费与积累的辩证关系,组织和调节社会分工的比例关系,调节生产总供给内部的比例关系,调节社会整体利益同集体、个人利益的关系,促进市场总供给与有购买力的总需求实现基本平衡,把市场自发性固有的危机可能性控制在最低限度,有效地实现宏观经济调控。

3. 公有制能够使市场主体行为服从宏观计划调控的约束

社会主义市场经济的宏观调控中心有条件实现有效的宏观调控,还因为它对国有资本市场主体具有计划调节的控制力和约束力。应当明白,国有资本市场主体与私有资本市场主体存在根本区别,后者是完全分散的私有制主体,因而计划调节对其没有约束力;而前者虽然需要面向市场,自主决策,但是作为市场主体,它只具有相对独立性。这是因为,国有企业并不拥有国有资本(即全体劳动人民所拥有

① 《资本论》第1卷[M],北京:人民出版社,2004年,第605页。

② 何干强:《论一般剩余价值及其表现形态》,中共江苏省委宣传部选编:《与时俱进开拓创新》(江苏省理论武装"百千万"工程论文选编)[G],南京:江苏人民出版社,2002年,第377—389页。

的生产资料的资本形式)所有权,而只是掌握其经营权。国有资本的所有权只能由中央政府经济管理机构(宏观调控中心机构是其中组成部分)掌握。当然,我国的这种机构代表全体劳动人民的经济利益,应当受到人民代表大会和广大人民群众多种形式的监督。有一种观点认为,国有企业也是完全独立的市场主体,这就把国有资本市场主体与私有资本市场主体混为一谈了。

《资本论》揭示出,资本在运动中的所有权关系可以分成相互联系的若干重要层次,即:(1) 资本的"单纯的所有权"或资本的"法律所有权";(2) 职能资本所有权,即执行增殖职能的职能资本的"借贷资本的支配权"或"借入资本的占有权",或"经济所有权",(1)和(2)两层关系又表述为"法律上的资本所有者"与"经济上的资本所有者"的关系;①(3) 由职能资本所有权(控制权)所支配的经营管理权;(4) 由经营管理权监督下的劳动者对生产资料的直接操作使用权。以上(1)与(2),(2)与(3)层次的产权根据不同情况,既可以合一,也可以分离。如果资本所有权关系发生上述分离,那么前一种权利与后一种权利都是控制与被控制的关系。可见,资本的单纯所有权处于最高的控制地位。不过,资本单纯所有权的实现,即获取经济利益,要依赖职能资本所有权起作用,其社会性质也是由职能资本所有权体现的生产资料所有制性质决定的。如果职能资本不能凭借职能所有权占有雇佣工人创造出的剩余价值,那么掌握单纯所有权的生息资本就不能由此得到利息收入;因此把职能资本的所有权和生息资本的单纯所有权这两者的分离当作绝对独立或割裂,是错误的。

除了揭示工商业资本所有权关系的层次性,马克思还揭示了土地所有权关系中的单纯所有权、经营权或使用权(又有一级、二级)的层次性。如果土地所有权关系发生分离,同样是前一种权利控制后一种权利。

在社会主义市场经济条件下,经济实践表明,也需要承认所有权关系的层次性。② 如果公有资本所有权关系、公有土地所有权关系在一定条件下也可以适当分离,并且不同层次之间的权利也存在控制与被控制的关系,那么社会主义市场经济的宏观调控中心就完全有条件凭借对国有资本和国有土地的所有权,以一定的方式,对国有资本和国有土地的市场主体行为进行有效的控制和约束,使之既能适应

---

① 文中(1)(2)的引号中的概念请参阅《资本论》第 3 卷[M],北京:人民出版社,2004 年,第 436、426—428、393 页;《马克思恩格斯全集》第 26 卷第 3 册[M],北京:人民出版社,1974 年,第 575 页。

② 何干强:《用马克思主义产权理论推进国有企业改革》,何秉孟主编:《产权理论与国企改革——兼评科斯产权理论》[C],北京:社会科学文献出版社,2005 年,第 103—129 页。

市场在一定限度内独立经营，又能服从宏观计划调控。值得注意的是，公有资本中的国有资本和国有土地都具有全民所有制的整体性，所以，在所有权关系的层次上，它与资本主义私人资本所有权关系的层次分离形式有根本区别，不可简单地相提并论。从宏观角度看，只有实现具有整体性的国有资本和国有土地的所有权关系与市场关系有效结合，才能发挥国有经济的主导力量，处理好计划调节与市场调节的关系；这在实践上，需要通过管理体制的相应改革来实现。本书将在后面探讨相关内容。

第八章　银行信用与宏观经济运动

前面的论述是从宏观经济表层的流通领域开始的，之后进入到生产领域这个里层，阐明货币流回规律是宏观经济社会分工比例关系平衡在流通领域的表现；而生产资料所有制是对宏观经济运动起决定性能动作用的层面。本章则再从宏观经济运动的深层回到流通领域的表层。《资本论》揭示出，社会总资本在运动中要采取相互联系的三种资本形态，即总货币资本$\sum G$、总生产资本$\sum P$、总商品资本$\sum W'$，前几章的论述虽然已涉及三种形态，但是重点在后两种形态。为了把握宏观经济运动的全貌，还必须深入理解总货币资本的运动，它是与银行资本和信用制度紧密联系的。本章将论述《资本论》关于信用制度及其最高形式中央银行的唯物史观研究方法；阐述马克思所揭示的信用制度的物质基础，银行货币资本与现实资本（总生产资本和总商品资本）运动的辩证关系，银行信用制度与货币流通的关系；强调马克思所揭示的在银行制度中金属准备具有枢纽地位的原理没有过时；社会主义宏观经济调控要利用好信用制度，就应当重视马克思对资产阶级金融思想的批判，遵循价值规律。

一、中央银行是信用制度的最高形式

（一）研究银行资本运动的目的

1. 理解宏观经济运动必须研究社会总货币资本的运动

宏观经济运动在本质上是社会总资本的运动。社会总资本的运动既然是全社会单个资本运动的综合，它就必然像单个产业资本运动那样，也要采取货币资本（$\sum G$）、生产资本（$\sum P$）和商品资本（$\sum W'$）三种运动形式。

本书第五、六章论述社会再生产两大部类的交换比例关系时，主要涉及后两部分，一是社会总商品资本（即社会总产品），即$\sum W'=\mathrm{I}(c+v+m)+\mathrm{II}(c+v+m)$；二是社会总生产资本，上述公式中的Ⅰc和Ⅱc，是从社会总生产资本$\sum P$中转移到总商品资本中的流动不变资本和固定不变资本中已经损耗的价值。尽管在连续性的社会再生产中，生产领域还有正在发挥职能作用和处在储备或保管状态的生产资本，但是，只要投入流通的总商品资本的比例关系符合再生产比例关系的平衡要求，也就意味着生产领域的总生产资本的比例关系是平衡的。社会总商品资本$\sum W'$和社会总生产资本$\sum P$两者内部结构的比例关系平衡，意味着社会分工比例关系的平衡。

本书第五、六章关于社会再生产中的总货币资本（$\sum G$）的运动，只在论述货币流回规律时有所涉及。例如，在前面"图式6－1　社会简单再生产条件下的货币流回规律图式"中，支付给雇佣工人作为工资的1 000G（见流程图中货币流通箭头①），就是第Ⅰ部类资本家投入的购买劳动力（可变资本）的货币资本；第Ⅱ部类预付的500G（见流程图中货币流通箭头④），是充当两大部类交换媒介的作为流通手段的货币，对于第Ⅱ部类资本家来说，"这种货币是他在他实际使用的产业资本之外所预付的"[①]，是用于购买再生产用的生产资料（不变资本）的货币资本。这些对于资本家来说投入流通的货币资本，它们在宏观经济运动中，都是通过执行货币一般的职能，来执行货币资本的职能的。但是，在那里还没有综合分析全社会的总货币资本$\sum G$如何运动；它们同全部现实资本（即生产资本$\sum P$和总商品资本$\sum W'$）之间的关系，在第六章的图式中，也没有充分表现出来。所以，要全面地弄清社会总资本的运动，还必须进一步研究全社会总货币资本$\sum G$的运动，以及它与全部现实资本运动之间的关系。

其中还有一个需要弄清的问题。作为社会再生产运动中介的货币流通的货币，在起点上，实际上都是资本家阶级投入流通的货币资本。但是，资本家阶级付出的货币资本进入宏观经济运动总过程后，从局部阶段看，就发生了职能上的变化，其中付给雇佣工人的工资，虽然对资本家而言，是转为可变生产资本的货币资本，但是对工人而言，就不是货币资本，而是用来购买必要生活资料商品的、单纯执行货币职能的货币。资本家在剩余价值实现获得货币后，其中用于购买自己生活资料商品的一部分货币，也不是执行货币资本职能。因此，全社会总货币资本虽然

① 《资本论》第3卷[M]，北京：人民出版社，2004年，第602页。

在起点上都是资本家阶级作为货币资本投入的，但是，在投入流通之后，它的流通运动就由相互交织在一起的货币资本流通和货币流通构成。区分宏观经济总流通过程中执行货币一般职能的货币量和执行资本职能的货币资本量，这也是需要研究的。

在信用制度尤其是中央银行信用制度已经形成的条件下，研究这些问题，都需要结合中央银行信用制度来进行。因为中央银行是货币发行的起点，资本家阶级的货币资本投入都与银行乃至中央银行相联系。

2. 分析中央银行货币资本是认识宏观经济运动的科学方法

《资本论》是通过分析中央银行的货币资本运动和货币发行等表现形态，来研究全社会的总货币资本$\sum G$的运动状态的。这种方法体现了马克思用唯物史观对宏观经济运动的深刻理解。本书前面的章节已经阐释《资本论》所深刻揭示的规律：商品流通决定货币流通，货币流通是商品流通的表现和结果；社会再生产的两大部类之间的商品流通，本质是社会总资本的商品形态的内部交换，充当这种商品流通的媒介的货币，在流通正常的情况下，必然会遵循社会再生产运动中的货币流回规律，流回到货币预付者的手中。由于“在发达的信用制度下，货币集中在银行手中”①；在中央银行出现之后，全社会投入流通的一国通用的法定货币（包括资本的货币形态），都是由中央银行发行出去的，所以，在社会总商品流通正常的情况下，货币流回规律就会在中央银行的负债表中反映出来。可见，分析中央银行的货币资本借贷和货币发行状况，是弄清宏观经济运动中的总货币资本和货币流通运动状态的科学方法。

（二）信用制度和中央银行

1. 信用制度的物质基础和形成的必然性

科学分析中央银行负债表所表现的社会总货币资本和货币流通状态，就需要深刻认识在机器工业生产基础上的商品生产普遍化之后发展起来的信用制度。作为与社会化生产相联系的资本流通和商品流通媒介的信用制度，是在资本主义经济产生之后形成的。《资本论》遵循唯物史观的科学方法，阐释了资本主义信用制度从而银行制度产生的物质基础和必然性。

---

① 《资本论》第3卷[M]，北京：人民出版社，2004年，第602页。

（1）信用制度的物质基础

《资本论》从信用制度的资金供给方面揭示出，单个资本或单个企业的资本在连续性循环中，通常都需要储存一定的准备金，以应对市场风险；资本周转，通常会产生在一定时间内暂时不用的游离资本；①其固定资本的更新都必须先形成折旧基金；为了扩大再生产，一般都事先需要进行货币资本积累，然后才能进行实际积累；同时，在商品生产社会，人们的收入在一定时期除必要的个人消费之外，一般都会因各种原因（诸如购房、结婚、生孩子、子女上学、防老防病等）贮藏起来，所有这些都成为信用制度资金供给源源不断的来源，它们是信用制度的物质基础。

从信用制度的资金需求方面来看，单个资本或企业资本在循环和周转中，往往会因市场行情变化，一时遇到资金短缺，需要借款应对；为了应对市场竞争和加速资本周转，需要改善技术、增加设备，有时急需借资投入；为了扩大再生产，会急需借入追加资本，以弥补自身资金不足；同时，企业在资本周转中，自身可变资本要等一定周转期间才能流回，但是，雇佣工人的工资则必须定期支付现金，这就提出贷款需求；同时，人们在购买大宗消费品（如购买住房）的个人消费中，自身收入不足，往往急需借款等，所有这些，都产生了对信用制度的需要和借贷资本的需求。

（2）银行信用制度形成的必然性

在发达商品生产社会，闲置资金的供给和借贷资金的需求既然客观存在，它们就必然导致信用制度的产生。《资本论》揭示出，在产业资本产生以前的简单商品流通中，货币在充当价值尺度和流通手段职能基础上，形成了支付手段职能。在资本流通产生之后，货币的支付手段职能成为以资本借贷为历史特征的信用制度的自然基础。② 较早产生的是商业信用，后来产生了银行信用和公共信用（国家信用）。

银行信用制度的形成，一是受商业信用发展的推动。商业信用是在工商业内部发生的商品买卖赊欠支付的信用，生产、经营者之间以汇票作为信用凭证，汇票可以买卖、流通，是银行发行信用货币（如发行银行券）的基础。③ 因此，商业信用

---

① 马克思指出，在单个产业资本周转中，“只要流通期间不是劳动期间的简单倍数，劳动期间结束时就总会有资本游离出来”。“一年周转多次的社会流动资本有相当大的部分，在年周转周期中，周期地处于游离资本的形式。其次很清楚，假定其他一切条件不变，这种游离资本的量和劳动过程的范围或生产的规模一起增大，因而和资本主义生产的发展一起增长。”“由单纯的周转运动这一机制游离出来的货币资本（还有由固定资本依次流回而形成的货币资本，以及在每个劳动过程中可变资本所需的货币资本），只要信用制度发展起来，必然会起重要的作用，同时也必然是信用制度的基础之一。”（《资本论》第2卷[M]，北京：人民出版社，2004年，第309、311、313页）

② 马克思指出，“信用货币的自然根源是货币作为支付手段的职能。”（《资本论》第1卷[M]，北京：人民出版社，2004年，第149页）

③ 参见《资本论》第3卷[M]，北京：人民出版社，2004年，第450—451页。

是包括银行信用在内的整个“信用制度的基础”①。二是随着商业资本性质的货币经营业的发展而形成的。货币经营业是商人资本的一种独立的职能形式，它是在产业资本的处于商品资本形态的销售职能（W′—G′）基础上发展起来的，投入这种经营业的资本，从事与服务于货币流通和由此产生的货币职能等技术性业务，如为生意人、实业家保管准备金，出纳货币，进行国际支付和金银贸易等，为商品流通起中介作用。货币经营业的这些技术性业务，使全社会起中介作用的货币流通时间缩短，使用于流通的货币和贮藏的货币得以集中。随着信用制度的发展，货币经营业产生了货币资本借贷职能和发行信用货币、储存货币职能，于是形成了银行。三是市场竞争也推进了信用制度的形成。资本主义经济围绕利润率的平均化的自由竞争，需要加速资本和劳动力在不同行业之间的流动，这也促进了能对此起中介作用的银行信用制度的形成。

（3）认识银行制度的物质基础和必然性极为重要

在发达商品生产社会，货币执行支付手段职能的赊欠和货币资本的借贷，都是以客观存在的价值财富为前提的，没有这种物质基础，信用制度从而银行信用制度就不会产生。而离开上述物质基础，就不能科学地理解银行信用制度与社会生产的内在联系。在银行信用制度离不开其物质基础的前提下，理解它产生的必然性，可以使我们懂得，银行信用制度不是主观臆造的，在发达商品生产社会没有消亡之前，它不能被人为的消灭。后面将会论述，它只要存在一天，就对宏观经济起积极和消极的两重作用。

2. 中央银行是社会货币资本和货币的总管理者

银行信用制度发展到一定阶段，产生了中央银行或国家银行，其货币资本运动就成为一国宏观经济运动的集中表现形式。

（1）银行代表社会货币资本贷出者和借入者的集中

银行信用制度的形成，使全社会的货币资本和闲置货币都集中到银行，它们都会成为银行的生息借贷资本。马克思指出，“首先，因为银行是产业资本家的出纳业者，每个生产者和商人作为准备金保存的或在支付中得到的货币资本，都会集中到银行手中。这样，这种基金就转化为借贷货币资本。商业界的准备金，由于作为共同的准备金集中起来，就可以限制到必要的最低限度，而本来要作为准备金闲置起来的一部

① 参见《资本论》第3卷[M]，北京：人民出版社，2004年，第542页。

分货币资本也就会贷放出去，作为生息资本执行职能。第二，银行的借贷资本还包括可由银行贷放的货币资本家的存款。此外，随着银行制度的发展，特别是自从银行对存款支付利息以来，一切阶级的货币积蓄和暂时不用的货币，都会存入银行。小的金额是不能单独作为货币资本发挥作用的，但它们结合成为巨额，就形成一个货币力量。这种收集小金额的活动是银行制度的特殊作用，应当把这种作用同银行在真正货币资本家和借款人之间的中介作用区别开来。最后，各种只是逐渐花费的收入也会存入银行”①。

马克思还指出，一方面，“银行家把借贷货币资本大量集中在自己手中，以致与产业资本家和商业资本家相对立的，不是单个的贷出者，而是作为所有贷出者的代表的银行家。银行家成了货币资本的总管理人。另一方面，由于他们为整个商业界而借款，他们也把借入者集中起来，与所有贷出者相对立。银行一方面代表货币资本的集中，贷出者的集中，另一方面代表借入者的集中”②。“随着大工业的发展，出现在市场上的货币资本，会越来越不由个别的资本家来代表，即越来越不由市场上现有资本的这个部分或那个部分的所有者来代表，而是越来越表现为一个集中的有组织的量，这个量和实际的生产完全不同，是受那些代表社会资本的银行家控制的。”③

（2）中央银行的形成

中央银行或国家银行是在商业银行的基础上形成的。世界上资本主义经济发展最早的英国在 17 世纪末产生了中央银行，即英格兰银行。该行原是私人银行，1694 年转化成起中央银行职能的银行。《资本论》谈到的是 19 世纪中期这家中央银行的情况，那时它作为中央银行已有一个半世纪的历史，具有“半国家机关地位”④。自 1931 年起，该银行服从于英国财政部的政策，1946 年被收归国有。⑤ 中央银行形成之后，它就成为一国货币资本和货币的总管理者。资本主义国家中央银行的形成，乃是资本主义信用制度发展的最高形式。

中央银行成为一国货币资本和货币的总管理者具有历史的必然性。这主要是因为，国内互相独立的商业银行等一般银行所发行的银行券不统一，不利于不同地区的商品流通和经济交往；商品流通的普遍化越来越需要全国统一发行的纸币；信

① 《资本论》第 3 卷[M]，北京：人民出版社，2004 年，第 453—454 页。
② 《资本论》第 3 卷[M]，北京：人民出版社，2004 年，第 453 页。
③ 《资本论》第 3 卷[M]，北京：人民出版社，2004 年，第 413 页。
④ 《资本论》第 3 卷[M]，北京：人民出版社，2004 年，第 613 页。
⑤ 参见“英格兰银行”词条，维基百科网：http://zh.wikipedia.org/wiki/英格兰银行。

用货币及其使用，越来越需要有国家信用和国家法制作为保障；国际贸易提出了由国家银行出面结算，作为支付信用保证的要求。

（三）银行资本的组成

1. 马克思论述中蕴含的银行资本负债表

《资本论》第3卷设专章（第二十九章）论述了银行资本的组成。马克思的有关论述十分丰富，实际上蕴含着适用于金本位时代的中央银行资本负债表的基本项目：

他阐述了银行资本项目和银行自有资本和负债项目的两列栏目：一列是银行资本项目："银行资本由两部分组成：1. 现金，即金或银行券；2. 有价证券。我们可以再把有价证券分成两部分：一部分是商业证券即汇票，它们是流动的，按时到期的，它们的贴现已经成为银行家的基本业务；另一部分是公共有价证券，如国债券，国库券，各种股票，总之，各种有息的而同汇票有本质差别的证券。这里还可以包括地产抵押单。"另一列是与银行资本项目对应的银行自有资本和负债项目：由现金和有价证券"这些物质组成部分构成的资本，又分为银行家自己的投资和别人的存款，后者形成银行营业资本或借入资本。对那些发行银行券的银行来说，这里还包括银行券"。①

他分析了银行资本项目：一是有价证券，"银行家资本的一部分，就是投在这种所谓有息证券上。这本身是准备资本即不在实际银行业务上执行职能的资本的一部分。这些证券的最大部分，是汇票，即产业资本家或商人的支付凭据。对货币贷放者来说，这种汇票是有息证券；就是说，在他购买汇票时，会扣除汇票到期以前的利息。这就是所谓的贴现。因此，从汇票所代表的金额中扣除多少，这要看当时的利息率而定"；二是货币准备，"银行家资本的最后一部分，是由他的金或银行券构成的货币准备"。②

他分析了银行自有资本和负债项目：一是银行家自己的投资。二是别人的存款，"这种存款处在不断的流动中。在有人支取时，又有人会存入，所以，在营业正常进行时，存款的一般平均总额很少变动"③。"除了根据实际流通的需要时而收缩时而扩大的准备金外，事实上，这种存款一方面总是在产业资本家和商人手里，

① 《资本论》第3卷［M］，北京：人民出版社，2004年，第526页。
② 《资本论》第3卷［M］，北京：人民出版社，2004年，第531—532页。
③ 《资本论》第3卷［M］，北京：人民出版社，2004年，第532页。

他们的汇票靠存款来贴现,他们也是靠这种存款来取得贷款;另一方面,这种存款是在有价证券的交易人(交易所经纪人)手里,或者在已经出售有价证券的私人手里,或者在政府手里(例如在发行国库券和举借新债的场合)。"①存款包括各类商业银行的准备金,它们以存款形式存放在英格兰银行(中央银行)手里;"这些准备金最后实际上会并入英格兰银行的准备金。"②存款属于银行的借入资本,但是它们形成银行的营业资本,所以,"对银行来说具有最重要意义的始终是存款"③。三是"对那些发行银行券的银行来说,这里还包括银行券"④。英格兰银行作为英国中央银行,是依靠国家信用发行银行券的。

根据以上引述,可以把马克思的分析列出一张中央银行的资本负债表,试用表8-1表示:

表8-1 马克思论述中的中央银行资本负债表

银行资本项目(实际组成部分)	银行自有资本和负债项目
1. 现金(货币准备)	1. 银行自有资本(银行家自己的投资)
黄金(包括外汇收入)	2. 存款(银行营业资本或借入资本)
银行券	可用于贷放的各类存款
	存款准备金(包括商业银行准备金)
2. 有价证券或有息证券(准备资本)	3. 发行的银行券
商业证券(汇票)	有金属准备的发行
公共有价证券(国债券、国库券、各种股票、不动产的抵押单等)	凭国家信用的发行 (用于货币资本贷放或货币贷放)
合计:(数额与右栏合计相等)	合计:(数额与左栏合计相等)

上表有助于理解马克思关于中央银行货币资本的组成,以及本书后面将论述的它的运动与宏观经济运动的相互关系。

2. 银行资本主要是虚拟资本

马克思强调,银行资本绝大部分是虚拟资本。虚拟资本这个概念并不是马克思创造的,资产阶级经济学家也使用,但是,马克思对这个概念赋予了科学的含义。

① 《资本论》第3卷[M],北京:人民出版社,2004年,第532—533页。
② 《资本论》第3卷[M],北京:人民出版社,2004年,第536页。
③ 《资本论》第3卷[M],北京:人民出版社,2004年,第454页。
④ 《资本论》第3卷[M],北京:人民出版社,2004年,第526页。

（1）理解虚拟资本概念必须理解资本主义的生息资本范畴

生息资本是非职能形态的资本，即与生产或实现剩余价值没有直接关系的资本。生息资本保留了历史遗留的高利贷资本和利息的这种独立形式，却形成了与资本主义生产方式相联系的内容。银行资本乃是资本主义生息资本的发达形态。

在资产阶级经济学中，生息资本的利息被称为资本的价格。而马克思指出，这是“价格的不合理的形式，与商品价格的概念完全相矛盾”①；“利息是资本的价格这种说法，从一开始就是完全不合理的”②。实际上，生息资本以工商业职能资本的现实运动为前提，要靠职能资本生产和实现的利润来生存和发展。它以贷放的形式，进行特别的流通运动：生息资本家把资本生产利润的能力，作为“资本商品”的使用价值，让渡给工商业领域职能资本家，而把“资本商品”的价值的所有权，掌握在自己手中，由此从职能资本得到的平均利润中，取回其中的一部分即利息收入，作为让渡的代价，这就是生息资本运动及其利息收入的本质。

马克思深刻指出，在生息资本“钱能生钱”的现象中，资本价值增殖运动整个现实过程消失了，“资本关系取得了它的最表面和最富有拜物教性质的形式”③，“在这里，资本的物神形态和资本物神的观念已经完成。在 G—G′上，我们看到了资本的没有概念的形式，看到了生产关系的最高度的颠倒和物化”④；在资本主义经济中，“生息资本一般是一切颠倒错乱形式之母，所以在银行家的观念中，比如债券可以表现为商品，……工资被看成是利息，因而劳动力被看成是提供这种利息的资本”⑤。生息资本可以有货币形态和实物形态的多种类型。银行资本属于货币形态的生息资本或生息货币资本，⑥它的很大部分是虚拟的生息货币资本。

（2）虚拟资本的实质

《资本论》对银行虚拟资本的实质作了深刻阐释，指出它们只是现实资本（商品资本和生产资本）的所有权证书，其资本价值“纯粹是幻想的”⑦，它们不过是现实资本或已经消灭的资本的“纸制复本”⑧，是资本的假象或虚假的资本。

---

① 《资本论》第 3 卷［M］，北京：人民出版社，2004 年，第 396 页。

② 《资本论》第 3 卷［M］，北京：人民出版社，2004 年，第 396 页。

③ 《资本论》第 3 卷［M］，北京：人民出版社，2004 年，第 440 页。

④ 《资本论》第 3 卷［M］，北京：人民出版社，2004 年，第 442 页。引文中的“没有概念的形式”，《资本论》德文版为 begriffslose Form，可以译为“失去（原本）概念的形式”。

⑤ 《资本论》第 3 卷［M］，北京：人民出版社，2004 年，第 528 页。

⑥ 这里要注意把生息货币资本和产业资本在循环运动中处于购买阶段的货币资本区别开来。前者是货币形态的非职能资本，后者是职能资本的一种货币形态。

⑦ 《资本论》第 3 卷［M］，北京：人民出版社，2004 年，第 529 页。

⑧ 《资本论》第 3 卷［M］，北京：人民出版社，2004 年，第 540 页。

虚拟资本有多种表现：如国债，它代表的资本实际上已经用掉了，本身不存在了，但是，它的持有者凭借一纸所有权证书，仍可取得利息收入；如股票、债券，它们虽然代表投入企业的职能资本，但是资本不能同时存在两次，它们作为纸质凭证，并不是现实的职能资本，而且它们代表的货币资本数额，受股票市场行情影响，处在不断变动之中，完全不以现实职能资本的实际价值为转移；股票代表的资本虚拟性还表现在，有的公司在优先股的基础上发行新股票，这样，就产生了双倍的虚拟资本；如存款，“全部存款，除了准备金外，只不过是银行家账上的结存款项，但它们从来不是作为现金保存在那里。如果存款用在转账业务上，它们就会在银行家把它们贷出以后，对银行家执行资本的职能。银行家彼此之间通过结算的办法，来互相偿付他们对这种已经不存在的存款的支取凭证”①。可见，除了用于准备金外的存款，是记在银行账本上的，只是作为存款价值的权利证书存在，也是虚拟的；而且，中央银行依靠国家信用，还可以印制纸币，供银行贷款，以此创造任何纸币形式的虚拟货币资本。总之，“所有这些证券实际上都只是代表已积累的对于未来生产的索取权或权利证书，它们的货币价值或资本价值，或者像国债那样不代表任何资本，或者完全不决定于它们所代表的现实资本的价值”②。

因此，马克思指出，“银行家资本的最大部分纯粹是虚拟的，是由债权（汇票），国债券（它代表过去的资本）和股票（对未来收益的支取凭证）构成的”；“此外，还要加上这种情况：这种虚拟的银行家资本，大部分并不是代表他自己的资本，而是代表公众在他那里存入的资本——不论有利息，或者没有利息”③。

（3）虚拟资本的独特运动

马克思指出，银行资本中的有价证券造成了假象，“好像除了它们能够有权索取的资本或权益之外，它们还形成现实资本。这就是说，它们已经成为商品，而这些商品的价格有独特的运动和决定方法”④。而这种独特运动又加深了有价证券是“现实资本”的这种假象。

有价证券作为虚拟资本的运动表现出生产关系的高度颠倒。这种颠倒把任何货币收入都当成幻想的生息资本带来的利息，或者说根据一定收益按现有利息率来形成虚拟资本。“例如，在年收入＝100镑，利息率＝5%时，100镑就是2 000镑的

① 《资本论》第3卷[M]，北京：人民出版社，2004年，第533—534页。
② 《资本论》第3卷[M]，北京：人民出版社，2004年，第531页。
③ 《资本论》第3卷[M]，北京：人民出版社，2004年，第532页。
④ 《资本论》第3卷[M]，北京：人民出版社，2004年，第529—530页。

年利息，这 2 000 镑现在就看成是每年取得 100 镑的法定所有权证书的资本价值。对这个所有权证书的买者来说，这 100 镑年收入实际代表他所投资本的 5%的利息。因此，和资本现实增殖过程的一切联系就彻底消灭干净了。资本是一个自行增殖的自动机的观念就牢固地树立起来了。"[①]这就是所谓收入资本化。这样，作为虚拟资本的有息证券的市场价格，就由收入资本化的方式来确定，用数学公式来表示，即：收入资本化的证券价格 = 证券年收入／年利息率。

从公式可以清楚地看到，一般来说，证券的市场价格受证券所有权的收益和银行利率的影响。但是，理解证券虚拟资本的运动，必须充分认识它们的市场价格部分地具有投机的性质，因为上述公式中的收入，不是由证券票面资本价值的实际收入决定的，而是由预期得到的、预先计算的收入决定的，因而具有主观性。在具体买卖时，这种主观性或投机性会极大地影响到证券市场具体供求关系，导致证券市场价格的高低变动。而且，证券价格的波动更多的是投机者买卖证券造成，这些人的注意力似乎并不在上述公式分子分母的数据，而是直接预期证券未来价格的升降走向，以便买进或抛出，这样就往往使证券市场出现价格波动的狂风暴雨。

由投机买卖造成的证券价格的高低波动，绝不意味着它们所代表的现实资本的价值贬值或增值。即使是证券市场出现价格暴跌，马克思指出，"只要这种贬值不表示生产以及铁路和运河运输的实际停滞，不表示已开始经营的企业的停闭，不表示资本在毫无价值的企业上的白白浪费，一个国家就决不会因为名义货币资本这种肥皂泡的破裂而减少分文"[②]。由此看来，银行中的虚拟资本作为名义货币资本的数量，与它们票面上代表的现实资本的真实价值数量完全是两回事；不能把证券市场的价格波动等同于现实的工商业资本的价值变动，因而，也不能把不同产业的股票价格的变动等同于产业结构的变动。

资本主义经济的银行资本主要由虚拟资本构成，这说明银行信用具有虚假性和脆弱性。实际上，银行投入运行的自有资本是不多的；银行放贷的准备资本金主要是别人作为抵押和担保的有价证券虚拟资本，而人们现金存款则被银行用于贷款，并获得利息，足见银行是用别人的钱款为自己谋取利益。而虚拟资本价格一旦因为泡沫破裂，银行又会因大量到期的证券不能兑现，面临入不敷出，乃至破产的风险。

---

① 《资本论》第 3 卷[M]，北京：人民出版社，2004 年，第 529 页。
② 《资本论》第 3 卷[M]，北京：人民出版社，2004 年，第 531 页。

3. 中央银行的特征

《资本论》揭示出，中央银行或国家银行一旦形成，就成为全社会货币和货币资本集中的中心机构。这是因为，首先，一般银行贷放发行的银行券，都是中央银行统一发行的银行券；对于有些能发行自己的信用货币银行券的商业银行来说，如果它的银行券贷放要超出有限适用范围，在各地通用，就必须用金或自己的银行券兑换成中央银行的银行券，因此，这种贷放，事实上也属于中央银行的银行券的贷放。其次，中央银行具有国家法定的通用银行券的发行权或不能兑换黄金的纸币的发行权，它在国家信用的保证和支持下，可以将任何数量的纸币作为资本的货币形式投放到现实工商业领域，或作为支付手段和流通手段投放到流通领域。再次，中央银行形成之后，一般银行的银行券准备金，都以存款形式存放在中央银行，这些准备金实际上会并入中央银行的银行券准备金，中央银行通过控制一般银行存入的准备金，也就可以控制一般银行的货币投放量。最后，由于银行券准备金等于该行有权发行的银行券超过流通中的银行券的数额，所以中央银行根据库存的作为准备金的银行券，就能够知道在全社会正处在流通中的中央银行券的数额。

由于在发达的信用制度下，中央银行集中了全社会货币和货币资本，而这种集中是与虚拟资本的运动交织在一起的，这就使社会总资本中的总货币资本（有真实价值的$\sum G$）的运动呈现出复杂的现象。尽管如此，由于现实工商业资本的循环必然遵循货币资本循环规律（产业资本遵循 $G—W<^{A}_{Pm}\cdots P\cdots W'—G'$，商业资本遵循 $G—W—G'$），所以，中央银行贷出的货币资本在正常情况下必须流回；由于在社会再生产各部门商品之间的交换中起中介作用的货币，必然要遵循货币流回规律，所以，中央银行贷出的货币在社会再生产比例关系正常的情况下也必须流回。因此，尽管虚拟资本的运动会制造种种假象，但是，中央银行的货币资本和货币的放贷和流回状况，必然会反映宏观经济运动的状态。

二、银行货币资本与现实资本运动的关系

（一）应把握的重要科学原理

1. 科学理解银行利息率

研究中央银行货币资本运动与宏观经济运动的关系，有必要理解《资本论》关

于银行信用制度的若干重要原理。以下先阐释马克思关于银行利息率的科学原理，其要点是：

利息的本质是货币资本的借贷关系。“利息的范畴——没有利息率的决定，就不可能有这个范畴——同产业资本本身的运动无关。”[①]利息率是由货币资本的供求关系直接地、不通过任何媒介决定的，而产业资本家对货币资本的需求又是由实际生产情况决定的。“只有资本家分为货币资本家和产业资本家”，并且只有“这两类资本家之间的竞争，才产生出利息率”[②]。

利息率建立在利润率基础上，“利息率一般说来是以利润率为它的界限的”[③]。从较长时期看，利息率的变动由一般利润率的变动决定；不同国家利息率的差别由这些国家利润率之间的差别和信用发展上的差别决定。[④] 在利润率一定的情况下，借入资本经营的工商企业主，与银行家通过竞争分割由借入资本带来的利润，“企业主收入率的高低与利息率成反比”[⑤]。

利息率总是统一的比率。“利息率的大小固然也会变动，但因为它对所有借款人来说都一样地发生变动，所以它在他们面前总是表现为固定的、既定的量。”[⑥]如果说工商业资本的平均利润率是作为一种趋势含糊地表现出来的，那么市场利息率在一定时点上则是固定的、一致的、明白的。

市场利息率的变动与货币流通量的变动无关。“这种借贷货币资本的量，终究不同于流通货币的量，并且是不以后者为转移的。”[⑦]“利息率并不取决于流通的货币量。”[⑧]西方资产阶级经济学完全不懂这个原理，至今把利息率与流通的货币量的供求关系联系起来，这是完全错误的。

银行一般靠存贷利率差来获得自己的利润。“银行的利润一般地说在于：它们借入时的利息率低于贷出时的利息率。”[⑨]当然，现代银行还投资房地产等工商业直接获得利润，但是这已超出了银行业务本身的范畴。

利息率可以成为中央银行调节全社会借贷资本供求的工具。“英格兰银行的

---

① 《资本论》第3卷[M]，北京：人民出版社，2004年，第415页。
② 《资本论》第3卷[M]，北京：人民出版社，2004年，第415页。
③ 《资本论》第3卷[M]，北京：人民出版社，2004年，第473页。
④ 参见《资本论》第3卷[M]，北京：人民出版社，2004年，第565页。
⑤ 《资本论》第3卷[M]，北京：人民出版社，2004年，第426页。
⑥ 《资本论》第3卷[M]，北京：人民出版社，2004年，第414页。
⑦ 《资本论》第3卷[M]，北京：人民出版社，2004年，第565页。
⑧ 《资本论》第3卷[M]，北京：人民出版社，2004年，第602页。
⑨ 《资本论》第3卷[M]，北京：人民出版社，2004年，第453页。

权力，在它对市场利息率的调节上显示出来。”[①]中央银行可以通过调节利息率，影响社会货币资本与工商业资本的平均利润的分配，也就是调节职能资本与非职能资本之间的比例关系，但是，这并不等于调节流通中的货币量。

2. 区分货币资本贷放和货币贷放

这个原理对科学认识银行信用与宏观经济运动的关系至关重要，因而马克思十分重视。虽然在银行家角度看来，银行的所有贷放都是要收取利息的货币资本的贷放；但是，银行贷出的款项用于现实经济，客观上却有货币资本和货币之分。资产阶级经济学家历来弄不清现实经济中的货币资本和货币，也弄不清银行的货币资本贷放和货币贷放。前面的表 8－1 显示出，银行自有资本和负债项目可以用于发放贷款（当然，除非遇到银行自身危机的特殊情况，自有资本和准备金是不会用于放贷的），包括货币资本贷放和货币贷放。马克思在论述中，以及恩格斯在编辑《资本论》第 3 卷时结合银行操作业务所做的有关补充，对这种区分作了清晰的阐释：

货币资本贷放。受款人（银行客户）凭他个人的信用，从银行获得贷款，而没有为这种贷款提供任何担保品。“在这个场合，他获得的贷款不仅是支付手段，而且必定也是一笔新资本。这笔资本在归还银行之前，他可以作为追加资本用在他的营业上，并使之增殖。”[②]

货币贷放。有两种情况：一是抵押贷款，即受款人（银行客户）以有价证券等为抵押，从银行得到贷款。这时，有价证券代表着比贷款更大的金额。客户做这种交易，不是因为他需要资本，而是因为他需要货币。因此，这是货币的贷放，不是资本的贷放。[③] 在这种情况下，客户和银行之间发生了一个暂时的互相的资本转移，客户没有得到任何追加资本（还会使用于抵押的资本减少），但他得到了所需要的支付手段。二是汇票贴现贷款，即客户拿汇票向银行贴现，并在扣除贴水之后得到一笔现金。在这个场合，客户是把一个非流动形式的货币资本卖给银行，而换成了一个流动形式的价值额；也就是把尚未到期的汇票卖掉，而换成了现金。这张汇票则成了银行的财产，汇票到期时，银行就会通过汇票兑现而得到补偿。在这个场合，在客户和银行之间也发生了互相的资本转移，而且同任何其他商品的买卖完全一样。客户没有获得任何追加资本。他所需要的和所得到的，是支付手段；他得到

① 《资本论》第 3 卷［M］，北京：人民出版社，2004 年，第 615 页。
② 《资本论》第 3 卷［M］，北京：人民出版社，2004 年，第 516 页。
③ 参见《资本论》第 3 卷［M］，北京：人民出版社，2004 年，第 484 页。

这种支付手段，是因为银行已经为他把他的货币资本由一种形式转化为另一种形式，即由汇票转化为货币了。[①]

可见，以上的区分，主要是看客户从银行贷款究竟是获得追加资本还是获得将用作支付手段的货币。这种区分说明，银行信用在信贷关系上，既与社会再生产过程中的资本流通相联系，又与其中的一般商品流通、货币流通相联系。银行通过货币资本贷放，会使工商业领域的资本量增加，也就是会使两大部类的社会总产品增加；而通过货币贷放，可以增加商品流通中的货币量，促进现有社会总产品的实现，但是货币贷放不能增加工商业领域的总资本量。弄清了这种区分，还有助于科学地理解，在资本主义危机时，实际缺少的并不是货币资本，而是维持再生产所必需的、用于一般流通的货币。

这里顺便指出，西方经济学按借贷期限的长短，把金融市场分为货币市场（一年以下）和资本市场，这是一种表面的划分。科学的划分应当是，进行货币信贷的属于货币市场，而进行资本信贷的属于资本市场。

3. 银行资本运动是由现实资本运动决定的

这个原理建立在本书前面已经阐述的基本原理基础上，即发达商品生产社会的商品、货币流通实质是社会总资本运动商品资本、货币资本流通和一般商品流通的统一；而商品流通决定货币流通，货币流通是商品流通的表现和结果。既然银行是发达商品生产社会的货币流通、货币资本流通的中介，那么不言而喻，银行货币资本运动不过是现实资本运动的表现或结果。这种因果关系是必须首先明确的，不应颠倒的。

资本主义宏观经济运动具有发生周期性危机的特点，这是由生产社会化和资本主义私有制的基本矛盾决定的，这种基本矛盾必然导致社会收入两极分化，使市场购买力需求不足，这是周期性经济危机的根本原因。虽然资本主义银行对发生周期性经济危机也有一定作用，但是这是在反作用意义上说的。必须充分认识，从根本上说，不是银行信用危机或金融危机引起了资本主义经济危机，而是资本主义的基本矛盾导致的经济危机必然引发银行信用危机。马克思研究银行货币资本积累与宏观经济运动的关系时，正是结合资本主义基本矛盾决定现实宏观经济运动必然发生危机，并具有周期性这种特征来论证的。

---

① 《资本论》第3卷[M]，北京：人民出版社，2004年，第516—517页。

4. 商业信用的扩大或缩小与现实资本积累的扩大或缩小是相对应的

在资本主义经济中，商业信用“即从事再生产的资本家互相提供的信用。这是信用制度的基础”①。当然也是银行信用的基础。撇开资本主义生产关系，这个判断对社会主义市场经济也是适用的。只有弄清商业信用与现实资本运动的关系，才能科学认识银行信用与现实资本运动的关系。因此，马克思把分析这种关系作为分析银行资本积累变化的前提。

商业信用“是商品形态变化的中介，即不仅是 W—G，而且也是 G—W 和现实生产过程的中介”②。它用汇票表示工商业者之间的信用关系。债权可以相互抵消，差额用现金支付。商业信用靠工商业者各自资本的回流来维护。汇票价值额度越大，期限越长，工商业者要准备的资本就越大。随着社会生产力的发展，市场会扩大而远离生产地点，这样，“信用的数量会随着生产的价值量一起增长，信用的期限也会随着市场距离的增加而延长。在这里是互相影响的。生产过程的发展促使信用扩大，而信用又引起工商业活动的扩展”③。因此，商业信用是和产业资本本身的规模一同增大的，“信用的最大限度，等于产业资本的最充分的运用”；“只要再生产过程顺畅地进行，从而资本回流确有保障，这种信用就会持续下去和扩大起来，并且它的扩大是以再生产过程本身的扩大为基础的。”④当现实资本的运动出现资本回流延迟，市场出现商品过剩和价格下降时，就意味着产业资本的购买、生产和销售等职能出现停滞、中断。于是，生产资本就会出现过剩。这时，商业信用就显著缩小。“正是在这个信用最缺乏（并且就银行家的信用来说，贴现率也最高）的时刻，不是闲置的寻找出路的资本，而是滞留在自身的再生产过程内的资本的数量也最大。”⑤这说明，商业信用最缺乏的时候，也是现实资本出现过剩（商品资本不能实现），工商业资本运动出现停滞、中断的时候；反之，商业信用扩大的时候，也是现实资本扩大再生产顺利的时候。由于纯粹商业信用是整个信用制度进而银行信用的基础，所以，商业信用缩小，意味着现实资本运动出现停滞、中断，现实资本的积累会减少，银行的存款也会减少，因而银行可以直接用于放贷的货币资本也就紧迫；商业信用扩大，意味着现实资本扩大再生产顺利，

---

① 《资本论》第 3 卷[M]，北京：人民出版社，2004 年，第 542 页。
② 《资本论》第 3 卷[M]，北京：人民出版社，2004 年，第 546 页。
③ 《资本论》第 3 卷[M]，北京：人民出版社，2004 年，第 544—545 页。
④ 《资本论》第 3 卷[M]，北京：人民出版社，2004 年，第 546 页。
⑤ 《资本论》第 3 卷[M]，北京：人民出版社，2004 年，第 547 页。

现实资本的积累就会增多，银行的存款就会增多，因而银行可以直接用于放贷的货币资本也就充裕。

明白上述科学原理，有助于深刻理解银行货币资本积累与现实资本运动的关系。

（二）两类“银行资本”的积累与现实资本的关系

1. 银行虚拟资本积累与现实资本的关系

银行货币资本包括不能用于放贷的“银行资本项目”和可以用于放贷的“银行自有资本和负债项目”，马克思对这两类“银行资本”的积累与现实资本的关系分别作了分析。

先看“银行资本项目”中的虚拟资本或有价证券的积累与现实资本的关系。这里的现实资本指生产资本和商品资本。① 如前所述，前面表8－1“银行资本项目”的“准备资本”栏目中的有价证券，它们作为银行资本，都是虚拟资本。其中，国库券在银行中的积累，绝不反映现实资本的积累，它实质是国家债务的积累，马克思感叹道：“连债务积累也能表现为资本积累这一事实，清楚地表明那种在信用制度中发生的颠倒现象已经达到完成的地步。”②股票在银行中的积累是反映现实资本积累的，因为它是投入企业的现实职能资本的所有权证书，不过，它本身是虚拟资本，其行情价值额与现实资本价值的变动无关；当然，那些超出现实资本发行的股票，并不代表现实资本。撇开投机性的空头汇票，真实汇票在银行中的积累，体现商业信用的扩大，因而与现实资本的积累是一致的。由于股票、汇票等证券是起职能作用的资本的所有权证书，它们在银行资本中占很大比重，这说明，银行资本家掌握着很大部分的现实资本的积累。因此，中央银行对现实资本的控制地位与其掌握的股票、汇票这类所有权证书是紧密联系的。

2. 银行用于放贷的货币资本积累与现实资本运动的关系

前文表8－1“银行自有资本和负债项目”中的存款（金银条块、金币）、银行券，它们作为现实货币，是银行可以用于放贷的货币资本。它们相对于银行的贷放需要，会出现供给过剩和供给不足两种基本情况，这些情况是与现实资本运动联系在一起的。马克思结合发生资本主义周期性危机的宏观经济运动，对此作了分析。

---

① 《资本论》第3卷[M]，北京：人民出版社，2004年，第539页。
② 《资本论》第3卷[M]，北京：人民出版社，2004年，第540页。

马克思分析了银行可以直接用于放贷的货币资本的增减，与现实资本在资本主义周期性经济危机运动中的萧条、复苏、繁荣、危机各阶段的关系。这种货币资本的增减会在银行利息率的变动中表现出来。通常，可以直接用于放贷的货币资本充裕，供大于求，利息率就低；反之则高。所以，马克思结合银行利息率在现实资本周期运动各阶段的变化来进行分析。

马克思指出，“在产业周期的开端，低利息率和产业资本的收缩结合在一起，而在周期的末尾，则是高利息率和产业资本的过多结合在一起。伴随‘好转’而来的低利息率，则表示商业信用对银行信用的需要是微不足道的，商业信用还是立足于自身”①。如果再生产达到繁荣局面，“商业信用就会大大扩张”，“由于资本回流容易并且具有规则性，加上商业信用扩大，这就保证了借贷资本的供给（虽然需求已经增长），防止了利息率水平的上升”②。

这就告诉人们，在产业周期开端的萧条阶段，现实资本处在收缩和萎缩状态，银行可以直接用于放贷的货币资本就处于闲置、过剩状态，利息率就低微；在复苏阶段，现实资本逐步扩大，这时商业信用已能满足职能资本家的需要，因而银行用于放贷的货币资本仍然相对过剩，所以，利息率仍然较低；在繁荣阶段，商业信用不断扩张，现实资本回流顺利，银行存款不断增加，而现实资本运动立足于商业信用自身，对银行信用依赖不大，于是银行用于放贷的货币资本充足，银行利息率也比较低；到危机阶段，现实资本出现大量闲置，社会再生产受阻，存入银行的现实货币明显减少，而商业信用绝对缺乏，工商业者为了摆脱困境急需银行信用，因而银行货币资本供不应求，于是利息率升高。可见，在产业周期的繁荣、复苏阶段，银行货币资本的相对充足与现实资本（产业资本）的积累扩大是一致的；在萧条阶段，银行可以用于放贷的货币资本的过剩和现实资本的收缩结合在一起；而在危机阶段，则是产业资本的过剩与银行用于放贷的货币资本的缺乏结合在一起。

马克思的基本结论是，“表现在利息率上的借贷资本的运动，和产业资本的运动，总的说来是方向相反的”③。这是因为，银行利息率的上升或降低，反映了银行借贷货币资本相对于需求而言的不足或充裕，而这种需求则取决于产业资本运行的状况。总的来说，产业资本运行顺利，商业信用扩大，现实资本的积累扩大，现实

① 《资本论》第3卷[M]，北京：人民出版社，2004年，第553页。
② 《资本论》第3卷[M]，北京：人民出版社，2004年，第553页。
③ 《资本论》第3卷[M]，北京：人民出版社，2004年，第553页。

资本流回银行也顺利，产业资本对银行信用的需求较低，所以利息率较低。反之，产业资本运动不畅，商业信用缩小，现实资本积累减慢甚至发生资本运动受阻而闲置，而产业资本为解决流回不畅的困难，急需资金，对银行信用的需求也增大了，于是利息率提高。所以，银行利息率的高低变动与产业资本运动的顺畅与否是呈相反方向的。

（三）银行货币资本积累的两种途径

1. 第一种途径是不反映现实资本积累的单纯的货币存入银行

在银行信用制度下，任何现实货币存入银行，都可以成为用于放贷的银行生息货币资本。《资本论》所说的现实货币，指的是在金本位制下，以金银条块、金币和可以兑成金的银行券等有真实价值的货币。[①] 它们在存入银行之前，可以是作为产业资本职能形态的货币资本的外部形态，也可以是单纯的货币，但是它们只要存入了银行，就成为可以用于贷放取得利息的银行生息货币资本。这是信用制度的发展赋予银行的权利。马克思揭示了银行把现实货币作为自己放贷的货币资本，即作为银行货币资本积累的两种基本途径。

先看第一种途径，它是指不反映现实资本积累的单纯的货币存入银行。这主要有：其一，在产业周期的萧条、复苏阶段，由于生产规模的缩小、停滞，一部分原先处在运行中的货币资本闲置下来，不再执行职能资本作用而存入银行。这时，银行借贷货币资本过剩是同现实资本的收缩相联系的。其二，在现实资本没有任何扩大或积累的情况下，职能资本在资本周转中会产生游离资金（参见《资本论》第2卷第十五章“周转时间对预付资本量的影响”），单个资本为应付市场风险要设立准备金，这些资金以及他们的节约会转入银行。其三，在没有任何现实资本积累的情况下，银行也可以用增设网点等办法，收集社会闲散资金；银行借贷资本的积累，“可以通过各种纯技术性的手段，如银行业务的扩大和集中，流通准备金和私人支付手段准备金的节约（因此，这些准备金在短期内就转化为借贷资本）而实现”。[②] 其四，“像铁路建筑那样大的公共企业，因为股东所缴纳的款项在实际使用前总会有一段时间留在银行手里，由银行支配，所以也能暂时使借贷资本增加。”[③]其五，存入

① 金本位制是用单位货币所含黄金量表现其价值的货币制度。一般认为，在历史上有过三种形式的金本位制：金币本位制、金块本位制、金汇兑本位制。

② 参见《资本论》第3卷[M]，北京：人民出版社，2004年，第561页。

③ 《资本论》第3卷[M]，北京：人民出版社，2004年，第565页。

银行的现实货币还包括因生产要素价格下降从职能资本游离出的货币、商人营业中断而游离出的货币、一些人因发了财退出生产经营而游离出的货币等。这些存入银行的现实货币,都不是因现实资本积累而产生的,但是都会转化为银行借贷货币资本的积累。这说明,在没有任何现实资本积累的情况下,银行借贷货币资本也可以增加。

2. 第二种途径是反映现实资本积累或扩大的货币存入银行

这主要有:其一,银行资本家贷款给职能资本家,因分享平均利润而获得利息收入。其二,工商业职能资本家因现实资本积累,把打算积累而暂时不能直接用于扩大营业的货币(剩余价值资本化的货币积累)存入银行;以及因现实资本积累带来的个人消费收入增长,把其中暂时用不掉的货币存入银行。来自这两方面的银行货币资本积累,是与现实资本的扩大或积累相联系的。

(四)基本的结论

1. 银行货币资本积累不能作为现实资本积累的标志

以上研究银行中的虚拟资本积累、银行用于放贷的货币资本积累与现实资本运动的关系,银行把社会上的现实货币作为银行可以放贷的货币资本积累的两种基本途径,可以得出基本结论:银行货币资本积累与现实资本的积累有着内在的联系;但是银行货币资本积累不能作为现实资本积累的标志。正如马克思指出,“只是信用事业的发展和货币借贷业务在大银行手中的异常集中,就其本身来说必然会使借贷资本的积累,作为一个和现实积累不同的形式而加速进行”①。

2. 银行货币资本积累不能作为现实资本积累的原因

以上的分析表明,银行货币资本积累远远大于现实资本积累,归结起来,其原因可以概括为以下几点:

在银行资本的积累中,大部分是虚拟资本。它们作为有价证券,代表的资本价值量总是大于现实资本实际的数额,像在银行中的国库券,不但不反映现实资本的积累,实际上是国家的负债,实际上已经被消耗掉了。

银行可以用于贷放的货币资本的积累,会显著大于存入银行的现实资本运动中产生的属于剩余价值资本化的货币积累。这是因为,在现实资本运动中的闲置

① 《资本论》第3卷[M],北京:人民出版社,2004年,第568页。

的、游离的资本价值，包括工商业资本家由此增加的用于个人消费的收入货币，都作为银行用于贷放的货币资本而积累起来。

银行用于信贷的货币资本，远远超出存入银行的现实货币。因为在表 8－1 银行“自有资本和负债项目”中存款栏目的存款人账簿中，相当大的部分是价值符号，同一些现实货币能通过贷出又被存入，“可以充当不知多少次存款的工具”①，从而可以为银行多次地执行借贷货币资本职能。马克思指出，同一货币能够执行多少次借贷资本的职能，“完全取决于：1. 这个货币曾经多少次在出售或支付过程中实现商品的价值，也就是曾经多少次转移资本，进一步说，取决于它曾经多少次实现收入。因此，它曾经多少次作为资本或收入的已实现的价值转到他人手中，显然取决于实际交易的规模和数量。2. 取决于支付的节约以及信用事业的发展和组织。3. 最后，取决于信用的衔接和周转速度，这样一来，当这一货币在一个地方作为存款沉淀下来时，它在另一个地方就会立即再作为贷款发放出去”②。对此，西方经济学用“货币乘数”来解释。应当说，作为现实经济逻辑的结果，是可以计算出同一货币能够执行多倍的充当借贷资本的货币职能的。但是，如果离开了具体经济因素内在联系的分析，直接用“货币乘数”推导货币量的扩大倍数，就等于用数学逻辑替代经济逻辑，这是不可取的。

关于银行用于信贷的货币资本，远远超出存入银行的现实货币。这个原理在今天使用纸币的条件下依然有效。因为，一定量货币只要不贬值，它就代表作为社会必要劳动时间的社会价值。所以，上述原理就表现为，在单位面额纸币代表一定社会价值的条件下，银行集中的可以用于贷放的纸币形式的货币资本，远远大于作为一定社会价值的现实的货币资本。

三、银行信用制度与货币流通的关系

（一）信用制度不影响一般商品流通规律的作用

1. 资本流通以一般商品流通规律的存在为前提

上一节主要研究中央银行与宏观经济中的现实资本运动（或现实资本流通）的

① 《资本论》第 3 卷[M]，北京：人民出版社，2004 年，第 535 页。
② 《资本论》第 3 卷[M]，北京：人民出版社，2004 年，第 575 页。

关系。中央银行与一般商品流通(货币流通是它的表现)也有密切的关系,这放在本节研究。宏观经济运动当然包括国际之间的资本流通和货币流通关系,这方面将在本书后面的篇章再论述。本章的论述,暂时撇开国际经济关系。

银行信用制度通过资本贷放与现实资本流通相联系,又通过货币贷放与一般商品流通相联系。这就可能带来一个疑问:银行信用制度同时作用于资本流通和货币流通,那么只适用于一般商品流通或简单商品流通的一般商品流通规律,①还能不受干扰地起作用吗?

《资本论》对此的回答是肯定的。资本流通与商品流通的并存和相互交错,并不影响一般商品流通规律的存在和起作用。这是因为,产业资本生产剩余价值是处在生产资本形态的生产阶段。而在流通领域的购买阶段,则并不生产剩余价值,而是采取货币资本形态,执行货币一般职能,购买劳动力和生产资料,为进入生产阶段做准备;或在生产出商品之后,采取商品资本的形态,执行商品一般职能进行销售,使保存的资本价值和生产出的剩余价值转化为货币,得到实现。因此,产业资本在资本流通过程的购买和销售阶段,执行商品流通领域的货币一般职能和商品一般职能;也只有通过执行这种一般职能,即遵循一般商品流通规律,才能与生产资本阶段结合起来,实现资本循环与周转运动。因此,作为产业资本组成部分的现实资本(商品资本和生产资本),不但不影响一般商品流通规律的存在,而且恰恰是以一般商品流通规律的存在为前提的。

2. 商品流通所需货币量的规律对于社会总资本的流通环节来说都是适用的

马克思指出,“只是作为产业资本单个循环过程的一部分的产业资本的流通过程,如果只代表一般商品流通范围内的一个行为序列,那它是由以前(第 1 册第 3 章)已经阐明的一般规律所决定的。货币的流通速度越大,也就是说,每个单个资本经过它的商品或货币的形态变化序列越快,同一货币量(比如 500 镑)就越是使更多的产业资本(或商品资本形式的单个资本)相继进入流通。因此,货币越是作为支付手段执行职能,也就是说,例如,在一个商品资本由它的生产资料补偿时越是只需要支付抵账后的差额,支付期(例如工资的支付期)越短,同量资本价值的流通所需要的货币量就会越小。另一方面,假定流通速度和其他一切条件不变,必须作为货币资本流通的货币量,就由商品的价格总额(价格乘以商品总量)决定,或

① 本书第二章已经摘录过《资本论》对这个规律的经典论述。这个规律又称为“简单商品流通的规律”,或“关于货币流通量的规律”,或“一国现有的金属货币量”规律,这里不再复述。

者，假定商品的总量和价值已定，就由货币本身的价值决定"①。"通货速度，也就是同一货币在一定时间内反复完成同一个购买手段和支付手段的职能的次数，同时进行的买卖或支付的总量，流通商品的价格总和，最后，必须在同一时间内结清的支付差额，在两个场合，都决定流通货币即通货的总量。这样执行职能的货币对支付者或接受者来说，究竟是代表资本还是代表收入，这是没有关系的，决不会使情况有任何变化。货币的总量是简单地由它作为购买手段和支付手段的职能决定的。"②因此，马克思指出，"关于商品流通中的流通货币量的所有规律（第1册第3章），决不会因为生产过程的资本主义性质而发生变化"③。因此，虽然银行信用制度与资本流通相联系，但是它不会影响一般商品流通规律起作用。

3. 必须区分流通中的货币量和与货币资本量

本章开头曾提到，全社会的总货币资本的流通运动过程由相互交织在一起的货币资本流通和货币流通构成。这里有必要再做些说明。

不能忽视，一般商品流通的规律是资本流通过程的前提和条件，它对于资本在流通过程中执行货币、商品一般职能都是适用的。这意味着，根据商品流通一般规律计算出的，是用于全社会商品流通的所有货币量，这包括社会总资本中执行货币职能的总货币资本量在内。但是，不能说根据商品流通一般的规律计算出的货币量都是货币资本量。因为，一般商品流通体现的是商品与货币的交错关系，而不是资本之间的交错关系。虽然资本流通包含一般商品流通的序列，但是它们并不都是商品资本与商品资本之间的交换关系，从产业资本循环过程的购买阶段来看，资本家购买劳动力 G—A，G 是货币资本，而 A 是劳动力商品，这两者显然不是资本之间的交错；资本家购买资料 G—Pm，G 是资本，Pm 可能是资本的产品，也可能是小农、小生产者生产的原料，因而 G、Pm 之间不一定是资本之间的交错。又如从产业资本循环过程的销售阶段 W′—G′来看，如果 W′商品资本的使用价值是生活资料，则购买它的可以是用于个人消费的货币，而不是货币资本，那么 W′、G′之间就不是资本之间的交错。因此，用一般商品流通规律的公式，可以计算出流通中的货币量，却不能计算出货币资本量。

---

① 《资本论》第2卷[M]，北京：人民出版社，2004年，第129页。引文括号中的第1册指的是指公开出版的《资本论》第1卷。

② 《资本论》第3卷[M]，北京：人民出版社，2004年，第505页。

③ 《资本论》第2卷[M]，北京：人民出版社，2004年，第366页。引文括号中的第1册指的是公开出版的《资本论》第1卷。

由此可见,货币和货币资本的区别,不仅体现在社会形式上,前者体现商品交换一般的平等交换关系,后者体现为资本剥削而购买的关系,而且,也体现在宏观经济运动的数量表现上。在《资本论》中,马克思始终强调货币和货币资本的共性、区别和联系,商品和商品资本的共性、区别和联系,生产和生产资本的共性、区别和联系,这反映出经济关系中的一般与特殊的辩证法。

(二) 银行信用制度下商品流通规律的新表现

1. 银行信用制度产生了新的货币形式,即信用货币

一种是银行信用为保障的银行券,银行券通常可以到发行它的银行兑换金属货币。可兑换的银行券产生后,流通中所需要的包括银行券在内的流通手段量(金、银行券)仍是由金属货币流通规律决定。另一种是国家信用为保障的纸币,纸币通常不能兑换。这样,就形成了纸币流通的规律,但是它仍然建立在一般商品流通规律基础上,纸币代表的真实价值必须符合金属货币流通规律。[①] 此外,可靠的商业票据如汇票也可以作为流通手段。[②] 值得强调的是,所有的信用货币都是以真正的货币或贵金属货币为基础的。从本质上说,它们都必须代表一定的凝结的社会劳动量才能作为货币;金属物质不过是社会劳动量的物化体现。

2. 银行信用制度显著节约了流通中的货币量

在除了少量铸币,几乎普遍使用纸币的现代,这种节约,已经体现为纸币的节约。不言而喻,商业信用本身就能节约货币,也会作为媒介提高通货流通速度,银行信用产生之后,这种作用就更加显著了。因为银行信用可以减少工商业者相互之间往来结算所需的货币,还可以提高货币作为流通手段的流通速度。在现代电子信息技术条件下,货币流通速度更是极大地提高了,纸币在市场上都很少使用了。当然,这并不意味着作为货币流通手段的消失,货币只有在商品生产消亡之时,才会消亡。

3. 货币绝对量在银行内外这两部分之间是不断变动的

《资本论》指出,“现有货币量分为贮藏货币和流通货币的比例是不断变化的,但货币总量总是等于作为贮藏货币而存在的货币和作为流通货币而存在的货币之

① 本书第二章摘录过《资本论》对“纸币流通的规律”的论述,这里不再复述;本书下卷第十三章将在阐述《资本论》的数理研究方法时,再展开论述。

② 参见《资本论》第3卷[M],北京:人民出版社,2004年,第611—612页。

和"[1]。在金本位制的历史条件下,可用于流通的货币是金属货币、可以兑换金属货币的是银行券。货币绝对量分为在银行外的实际流通中的部分和银行内的部分。在使用纸币的条件下,纸币总额及其所代表价值量仍然会分为这样的两部分。

这两部分之间的比例处于不断变动中。这主要因为,在银行外实际流通中的货币量是由一般商品流通规律决定的,"这种变动部分地由流通速度的变化,部分地由商品价格的变动,部分地由货币作为支付手段或作为真正流通手段执行职能的比例的差别和变化而产生"[2]。这种变动是经常存在的,在货币绝对量一定的条件下,就使银行内外两部分比例发生不断变动。显然,这种变动与现有货币的绝对量无关。

在货币的绝对量中,银行券的发行,以一定的金属货币准备金作为支付手段的基础,它通常是以银行信用为保证的。而中央银行不以金属货币准备为基础的法定银行券则是"以全国的信用作为其后盾的"[3]。现代货币已都使用纸币,纸币的发行是依靠国家信用,运用国家权力来强制流通的。然而,信用货币在流通中的作用,总是以信用的保持程度为前提。

4. 信用货币不能按金属流通的规律发行

在编辑《资本论》第3卷第三十三章"信用制度下的流通手段"时,恩格斯插入编者的话:"十分明显,银行券的发行不是完全按照金属流通的规律来调节的。"[4]银行券是信用货币,信用货币有自己的流通规律。这里需要区分三个概念,一是"一般商品流通的规律",也就是流通所需的具有实际社会价值的金属货币量规律;二是信用货币流通的规律,如纸币流通的规律;三是恩格斯表述的"金属流通的规律"。其实,后两者都是一般商品流通规律即流通所需的金属货币量的规律的表现形式,但是,它们在表现形式上有重要区别。纸币一旦发行,就强制流通,不会从流通中退出,发行纸币如果超出流通中具有实际社会价值的货币量,纸币名义价值就会贬值,从而导致商品价格普遍上升。但是,金属流通的规律却与此不同,金属货币本身有实际社会价值,并有贮藏手段职能,流通中金属货币如果超过了流通所需的金属货币量,多余的就会自动退出流通,转为贮藏货币(这不等于输出国外),所

---

① 《资本论》第2卷[M],北京:人民出版社,2004年,第360页。
② 《资本论》第2卷[M],北京:人民出版社,2004年,第360页。
③ 《资本论》第3卷[M],北京:人民出版社,2004年,第629页。
④ 《资本论》第3卷[M],北京:人民出版社,2004年,第621页。

以,除非金属本身社会价值有变动(这与生产金属的劳动生产率有关),流通中金属货币量的增减总是符合流通中的实际需要的,因而不会从货币方面影响商品的价格变动。银行券与纸币尽管有区别,它可以兑换现金,但是,它毕竟不是直接的金属货币,银行券的发行,本身已经说明单靠金属货币的流通已经不能满足流通不断扩大的需要;发行银行券,正是因为它可以在流通中作为观念的货币,替代贵金属来发挥流通手段的职能;而银行券的数量是否合适,只能由一般商品流通规律来确定,也就是由流通中待实现的商品总价格、商品赊欠价格抵消情况、银行券时而作为流通手段时而作为支付手段的流通速度等因素来决定,而不能由一国金属总量或金属储备量变动来直接决定。因此,把信用货币的流通规律等同于金属货币的流通规律是错误的。在《资本论》中,马克思根据这种科学区分,深入批判了李嘉图的货币理论及其应用于银行实践的不良后果。

李嘉图把金属货币流通等同于纸币流通。他认为,金属货币一旦投入流通,就始终停留在流通中起作用,因而认为,假定一国的商品量一定,流通中金多了,金就贬值,商品价格就会上升,反则反之;如果要保持商品价值稳定,就要输出流通中过剩的金,或者输入流通中不足的金。这显然是错误的。金的流入、流出变动与一般商品流通中商品价格的升降是没有关系的。撇开金属货币本身的价值变动不谈,商品的价格变动只同商品本身的价值变动和商品供求关系的变动有关。

李嘉图这种错误的"通货原理"被直接搬用到1844年英国银行法,用于英格兰银行的银行券发行操作上。当国内的金输到国外,银行金储备减少,银行就必须按金的输出量,减去发行的银行券;当金从国外输入,银行金储备增加,就可以按金的输入量增发银行券。这就把银行券发行的增减完全等同于金储备的增减了。这是违背一般商品流通规律对流通中的货币量的客观要求的。

由于每当有金流往国外,在国内流通中就被抽去相应数量的银行券,这就导致,一方面,该行因准备金减少而提高贷款利息率,使工商业者得到银行贷款的成本大大提高,这就造成,正好在工商业最迫切需要流通手段的时候,流通手段量却减少了,这又促使整个商业界在危机爆发时立即大量贮藏银行券,以便用作支付手段。另一方面,存款准备金减少了,这就使在英格兰银行存款的工商银行和其他存款人感到存款已缺乏安全保证,就开始用银行券挤兑现金、提取存款。这样一来,执行1844年英国银行法的英格兰银行不但助长了工商业危机,自己也面临破产危险。只是由于当时政府暂停执行这个法令，解除了银行在发行银行券上所受的限制，才使银行避免了危机。

可见，用金属货币规律来调节银行券的发行，限制了银行信用制度的积极作用，必然对社会再生产的运行造成破坏性的影响。

（三）商品流通中的货币量一般不影响银行利息率

1. 商品流通所需的货币量由一般商品流通规律决定

如前所述，银行贷款，有的属于货币贷放，投入一般商品流通作为流通手段或支付手段；有的属于资本贷放，作为工商营业增加的货币资本，这部分资本也要在流通中通过执行货币职能来执行资本的职能（从资本购买阶段过渡到生产阶段）；而对银行而言，所有贷款都是借贷货币资本，都用一定利息率来调节获取的利息。因此，利息率的高低变动，对流通中的货币量是会有影响的，如果银行对客户的贷款增多，投入流通的货币就增多，贷款减少则相反。

但是，这不等于说，银行利息率的变动可以决定流通中货币量的变动，因为银行利息率取决于借贷双方对货币资本的供求关系，它的变动影响的是货币资本量，而不是货币量；也不能反过来说，流通中货币量的变动必然影响银行利息率的变动，因为流通中所需要的货币量的多少，是由一般商品流通规律决定的，它们的变动，与工商业与银行之间对货币资本的供求关系并无直接关系，因而一般不影响利息率的高低，因此，“利息率并不取决于流通的货币量”①。

2. 不能把决定通货绝对量的因素与决定银行利息率变动的因素混为一谈

《资本论》指出，只有在社会再生产趋于危机，与此相联系，信用极度缺乏的“紧迫”时期，工商从业者纷纷贮藏货币，以便应付现金支付。这时，流通货币（通货）的绝对量会变得非常短缺，对银行的货币需求性质的借款（抵押贷款）就会超过银行存款能提供的正常供给。只有在这时，通货绝对量的减少才会引起银行利息率的提高；一般情况下，通货绝对量的变动不会引起银行利息率的变动。② 因为决定通货绝对量的因素与决定银行利息率变动的因素不是一回事。

《资本论》还指出，银行在一定时期发行的货币或银行券数量是一定的，它们分为在银行外实际流通的部分和作为准备金闲置在银行的部分。这两部分之间是不

① 《资本论》第3卷[M]，北京：人民出版社，2004年，第601页。
② 参见《资本论》第3卷[M]，北京：人民出版社，2004年，第601页。

断发生变动的。这种变动与银行利息率的变动也没有关系。所谓“通货充足”或“通货短缺”，实际是从货币市场角度来看的银行准备金的充足或短缺。但是，准备金充足，并不等于银行利息率就低，如果这时工商营业对银行货币资本需求高，那么利息率也可能高；准备金短缺，也并不等于银行利息率就高，如果这时工商营业收缩，或者商业信用非常活跃，对银行信用的需求很少，那么，利息率也可能是低的。①

3. 宏观经济调控不能把利息率用作调控货币量的工具

认真领会《资本论》把流通中货币量的决定与银行利息率的决定区分开来的原理，这对于正确实施宏观经济调控政策是十分重要的。因为在宏观经济运行中，货币资本量与货币量，是既有联系又有区别的两个性质不同的量。如果不加区别地把货币和货币资本混为一谈，把调节中央银行利息率作为调节流通中的货币量的工具，那就犯了认为银行利息率的变动可以决定流通中货币量变动的理论错误。在实践上，就会不区分货币贷放和货币资本贷放，在流通中缺乏货币（流通手段和支付手段）、现实资本过剩时，反而增加资本投入；或者在现实资本需要扩大投资时，却控制货币资本投放，放松货币投放，使流通中信用货币增多，超过实际需要的货币量。实际上，究竟现实资本运动中需要增加或减少货币资本，还是需要增加或减少货币，这都不是从银行准备金的角度能够把握的，而只能从现实资本各部门之间的分工比例关系确定。从这个角度看来，现代西方宏观经济学把中央银行利息率作为货币政策的工具，这种政策名称就包含着把货币和货币资本混为一谈、把解决商品流通的问题与理解资本流通的问题混为一谈的错误，因此是绝不能照搬的。

四、金属准备是中央银行的枢纽

（一）银行金属准备及其职能

1. 金属准备并不等同于银行准备金

研究银行信用制度与现实资本、流通货币的关系，都应当重视银行的金属准备。马克思指出，“中央银行是信用制度的枢纽。而金属准备又是银行的枢纽”②。

① 参见《资本论》第3卷[M]，北京：人民出版社，2004年，第600页。
② 《资本论》第3卷[M]，北京：人民出版社，2004年，第648页。

这是在金本位时代说的，但是在现代也仍有重要价值。在《资本论》中，金属准备在含义上并不等同于论述中的“银行准备金”。后者在三种含义上使用：

一是指金属准备。即马克思所说的银行的枢纽；是表 8－1“银行资本项目（实际组成部分）”栏目的“现金（货币准备）”中的“黄金（包括外汇）”。这是银行最重要的信用保证金，在金本位时代，具有事关宏观经济全局的地位。

二是指有价证券形式的“准备资本”。《资本论》引用当时银行家的话，指出，银行把大量要到期收回货币的汇票也作为准备金，[①]即银行贷款的依据。这种含义的准备金在表 8－1 中，属于“银行资本项目（实际组成部分）”栏目的“有价证券或有息证券（准备资本）”。

三是指“存款准备金”。即表 8－1“银行自有资本和负债项目”栏目的“存款准备金（包括商业银行准备金）”。银行要保障对存款人的信用，就不能将自己吸纳的客户存款全部用于贷款，必须保留一定的存款闲置在银行。“存款准备金”包括商业银行在中央银行的存款准备金，这是商业银行对客户贷款的保证金。作为存款准备金的银行券是中央银行发行的银行券的一部分。这种准备金的设立，起初为了保证存款的支付和清算；以后则逐渐演变为货币政策工具，中央银行可以通过调整存款准备金率，影响商业银行的信贷资金供应能力，从而间接调控货币供应量。[②]

2. 银行金属准备的职能

在金本位制条件下，马克思指出，“所谓国家银行的金属准备的用途——这种用途决不能单独调节金属贮藏量，因为后者可以仅仅由于国内外营业的萎缩而增大——有三个方面：1. 作为国际支付的准备金，一句话，作为世界货币的准备金；2. 作为时而扩大时而收缩的国内金属流通的准备金；3. 是和银行的职能有联系，但和货币作为单纯货币的职能无关的事情：作为支付存款和兑换银行券的准备金”[③]。金属准备可以作为对支付存款的信用保证，可以用于银行券兑换现金，这些银行的业务职能，显然与单纯的货币的职能即价值尺度、流通手段、贮藏货币、支付手段和世界货币等职能，没有关系。

他接着指出，“这种金属准备会受到涉及这三种职能中任何一种职能的事情的影响；就是说，作为国际基金，它会受支付差额的影响，而不管这种差额是由什么原

---

① 《资本论》第 3 卷［M］，北京：人民出版社，2004 年，第 463 页。

② 参见“货币准备金”，新华网，http://news.xinhuanet.com/ziliao/2009－05/22/content_11419970.htm。

③ 《资本论》第 3 卷［M］，北京：人民出版社，2004 年，第 643 页。

因决定的，不管这种差额和贸易差额的关系如何；作为国内金属流通的准备金，它会受这种流通的扩大或收缩的影响"①。这说明，银行金属准备的第一种职能是用于国际支付的准备基金，国际贸易差额的变动，会影响到这种准备基金的数量变动。第二种职能是金属货币流通的贮藏准备金，流通中的金属货币超过了一般商品流通规律所决定的数额，多余的金属货币会转为贮藏货币，而流通中金属货币不足，则贮藏准备金就会由储藏手段转为流通手段投到流通中去，可见这种准备金具有调节流通需要的货币量的"蓄水池"的功能，也会发生扩大或收缩的变动。

马克思接着指出，第三种职能，即作为保证金的职能，虽然不决定金属准备的独立运动，但有双重的影响。首先，如果发行银行券是为了在国内流通中代替金属货币（在以银作为价值尺度的国家，也代替银币），那么，由于银行券流通的规律与金属货币流通的规律不同，金属准备的第二种职能，即调节流通需要的货币量的"蓄水池"的功能就会丧失。其次，如果为了支付存款和兑换银行券，在任何情况下都必须保持最低限额的金属准备，那么，由国际贸易导致的金的流出或流入，就会通过影响金属准备的变动而可能造成两种后果：如果金的流出使金属准备降低到最低限额以下，就会导致银行信用危机；如果金的流入使金属准备高于最低限额，银行就要设法使超过部分脱手，以减少利息损失。②

（二）银行金属准备的枢纽地位

1. 从中央银行负债表看金属准备的枢纽地位

中央银行金属准备的上述职能，决定了它在中央银行中的枢纽地位。让我们结合表 8－2"金属准备在中央银行负债表中的地位"，来做些简要说明。

表 8－2　金属准备在中央银行负债表中的地位

数据单位：万英镑

银行资本项目（实际组成部分）	银行自有资本和负债项目
1. 现金（货币准备）	1. 银行自有资本（银行家自己的投资）
金属准备　1 400（a－1） （黄金，与国际之间金的支付联系）	2. 存款（银行营业资本或借入资本）
	各类存款

① 《资本论》第 3 卷［M］，北京：人民出版社，2004 年，第 643 页。
② 参见《资本论》第 3 卷［M］，北京：人民出版社，2004 年，第 643 页。

（续表）

银行资本项目（实际组成部分）	银行自有资本和负债项目
银行券准备　800（c－1）	银行券存款准备金 800（c－2）
2. 有价证券或有息证券（准备资本）	3. 发行的银行券
商业证券（汇票）	有金属储备的发行：1 400（a－2）
有价证券（股票、不动产的抵押单等）	凭国家信用的发行：1 400（b－2）
国债券、国库券等国家对该行所负的债务（国家信用）：1 400（b－1）	（银行外流通：作为货币资本贷放或货币贷放：2 800－800＝2 000）（d）
合计数额与右栏相等	合计数额与左栏相等

此表为简洁计，只写入了《资本论》阐述的相关数据。① 说明如下：

其一，在金本位条件下，银行的金属准备或金币计 1 400 万英镑（a－1），据此发行银行券 1 400 万英镑（a－2）；另据国库券等国家信用 1 400 万英镑（b－1），发行银行券 1 400 万英镑（b－2）②。即：（a－1）+（b－1）=（a－2）+（b－2）。

其二，发行的银行券总计 2 800 万英镑，其中有 800 万英镑作为银行券存款准备金（c－2），这部分的物质表现是“现金（货币准备）”项目中的银行券准备金 800 万英镑（c－1）。即：（c－1）=（c－2）。

其三，发行的银行券减去银行券存款准备金，即 2 800 万英镑－800 万英镑 = 2 000 万英镑（d），这就是处在银行外的流通的银行券。在负债表中，这不能直接写入的，所以放在括号中。

其四，根据会计学一般原理，综合列出金额的栏目和未列出金额的数据，左右两栏分别合计数额应相等。因此，在表中没有列出金额的栏目中，左栏没有列出的数据与右栏的应相等。即：商业证券（汇票）+有价证券（股票、不动产的抵押单等）= 银行自有资本（银行家自己的投资）+各类存款。

2. 金属准备关系到银行资本运行的全局

从上表可以看出，在金本位条件下，金属准备首先关系到银行券的发行。由此，它还关系到银行券的准备金［从而“现金（货币准备）”项目中的银行券准备］，也关系到银行外的流通的银行券数量。由于银行券的发行和银行券的准备金在银

---

① 参见《资本论》第 3 卷［M］，北京：人民出版社，2004 年，第 537 页。

② 如果银行券由中央银行发行，规定不可兑换金币或黄金，即具有法定纸币性质。

行业务中，关系到能否正常进行汇票贴现、用户能否正常提取存款、能否正常进行货币资本贷放和抵押担保贷款业务，以及能否进行银行券正常兑现等信用保证；由于在银行负债表的所有项目中，唯有金属准备与国际之间金的支付直接联系，因而它的最低数额关系到能否保证国际贸易的正常支付和国际信用。因此，金属货币在银行制度中关系到银行的国际国内全部业务能否正常运行。尤其是在资本主义经济中，在产业周期的不同阶段，一国贵金属的流入、流出必定有不同的表现，因而金属准备金的数量变化，对全局还会显示出周期性影响的特征。

正因为如此，金属准备最低限额就像一根警戒底线，一旦越过，就意味着经济全局出现危机。为此，马克思深刻地指出，银行准备金的作用，“像加到天平秤盘上的一根羽毛的作用一样，足以决定这个上下摆动的天平最后向哪一方面下坠”①。

（三）金属准备枢纽地位的原理没有过时

1. 当代世界金融发展的历史证实了这个原理的科学性

如上所述，在金本位制的时代，能否把与国际收支相联系的、处在变动之中的金属准备，控制在最低限额以上，这将影响到整个银行信用的能否维持，从而影响到整个社会经济的稳定。众所周知，当代各国货币已不再实行金本位制，对内普遍使用本国纸币，国际收支差额也不再用黄金结算，而是用国际承认的某些国家的纸币（所谓硬通货）结算。那么，能否说马克思关于金属准备的枢纽地位的原理已经过时？不能。

资本主义经济产生以来，直到第一次世界大战之前，各主要资本主义国家的货币都实行典型的金本位制，即金币直接进入流通。这次大战爆发后，参战国为了筹集庞大军费，开始发行不兑现纸币，禁止黄金自由输出，于是逐步停止了金币本位制。在第二次世界大战中，世界经济受到重创，但是美国发了战争财，取代英国成为资本主义世界的盟主。1944 年 7 月，44 国在美国新罕布什尔州“布雷顿森林”召开联合国国际货币金融会议，规定各国货币与美元挂钩，美元与黄金挂钩，确立美元在资本主义世界的货币中心地位，代表世界货币起作用，开始实行金汇兑本位制，实质仍属金本位制。这时，在银行制度中，金属准备仍然处在枢纽地位。

1950 年美国发动侵朝战争之后，其国际收支连年逆差，黄金储备（金属准备）

---

① 《资本论》第 3 卷［M］，北京：人民出版社，2004 年，第 647 页。

不断流失。到1960年12月,美国国际收支负债达214亿美元,而黄金储备却减少到184亿美元,美元信用明显动摇。后来,美国又发动越南战争,国际收支进一步恶化,引起美元危机不断爆发,国内通货膨胀愈演愈烈。到20世纪60年代,布雷顿会议规定的美元与黄金比价已只能在不同国家的政府间交易中执行,而在国际市场自由交易中,则已突破比价规定,至此,如果再让各国用事实上贬值的美元按规定比价兑换美国黄金,势必造成美国储备银行的金准备大量流失。于是,1971年8月,美国不得不决定,美元和黄金脱钩;并在当年12月和1973年2月,两次宣布美元贬值。1976年1月,有关国家在牙买加首都金斯敦的国际货币会议上,达成《牙买加协定》,正式取消了布雷顿会议的规定,于1978年4月生效。于是国际贸易的金本位制完全停止。[①] 由此出现所谓"黄金非货币化"的说法。就美国国内而言,1980年前,美国联邦储备银行发行钞票仍必须有黄金或黄金证券作为发行准备;到1980年之后,美国开始实行"抵押发行"制度,规定货币发行必须提供100%合格抵押品,以及附加担保品。可充作抵押品的有:金证券;政府债券;合格的商业票据、抵押票据、银行承兑票据;合格的州和地方政府的债券。发行没有规定的限额,具有相当的弹性。[②] 这可以称为虚拟资本本位"抵押发行"制。

可见,正是美国黄金储备的减少不能保证银行信用,才被迫停止布雷顿会议的规定,这从反面证实了金属准备的枢纽地位。

2. 改变金属准备的枢纽地位造成更深的金融危机

美国将货币发行从金属准备制改为虚拟资本"抵押发行"制,从金本位转为虚拟资本本位,这是否避免了金融困境呢?实际上,这为美国出现更深的经济金融危机埋下了伏笔。

金属准备变动在社会再生产的货币流回规律作用下,能清楚地反映出国内宏观经济运行是否稳定,从而显示出银行信用的安全与否;而货币的虚拟资本"抵押发行"制却掩盖了这种"晴雨表"的作用。这对于宏观经济调控是不利的。不过,到2008年世界金融、经济重大危机爆发之前,这种弊端却被新自由主义推行金融全球化给美国金融垄断资产阶级带来的巨大经济利益所遮蔽了。

用虚拟资本作抵押、滥印纸币美元,用纸币充当世界货币,这是违背银行信用

① 有关数据参考"智库百科网":http://wiki.mbalib.com/zh-tw/布雷顿森林体系;http://wiki.mbalib.com/zh-tw/黄金非货币化。

② 参见:http://www.otos.cn/teacherrms/showRecDetail.do?resourceId=1219&resourceClassId=0&flag=。

物质基础，背离世界货币性质的。但是这对金融垄断资产阶级却有多方面好处：可以逃避用黄金去收回国际市场上数千亿不断贬值的美元；可以绕开黄金这个实质上的世界货币，凭借其军事上的势力，重建美元在世界的新霸权地位；可以大量进口发展中国家廉价产品，让发展中国家通过贸易顺差，增加美元外汇储备，如此既获取贸易利润，又从别国美元外汇储备的贬值中减少外债实际支付，获得双重收益；可以在经济结构失衡时，搞所谓“量化宽松”，增发纸币美元，弥补财政投资赤字，将危机的损失转嫁别国；等等。

但是，客观经济规律是不以美国金融垄断资产阶级的主观意志为转移的。违背银行信用制度的金属准备基础，人为地取消黄金的世界货币职能，势必带来不良后果，并终将会暴露出来。从国际上看，由于让币值极不稳定的纸币美元充当“世界货币”，这就使国际商品流通失去了统一的国际价值尺度，导致各国之间的货币汇率频繁波动，给各国国际收支平衡带来不利，并造成国际贸易事实上的不平等；同时，纸币美元充当资本在国际流动的货币形式，使经济资源朝有利于美国的方向发展，势必引起世界经济结构失衡，而美国总是单方面获利，也就谈不上形成公平的国际经济秩序，这必然加深发达国家与发展中国家的两极分化。从美国一国看，新自由主义大力推行所谓金融创新、金融深化，加上纸币美元可以给金融资本带来无本万利，这就推动美国的国际金融垄断资本疯狂发展，却导致国内产业资本出现“空心化”，国内经济结构出现严重失衡，美国人民与金融垄断资产阶级在收入上形成“1%和99%”的深刻社会矛盾。这些矛盾积累起来，终于在2008年爆发了世界性经济金融危机，而这场危机首先爆发在美国！

可见，用历史唯物主义的眼光看，所谓“黄金非货币化”具有很大的人为性，这与美国金融垄断资产阶级出于私利的金融政策是分不开的。在全球市场经济仍在普遍发展的时代，世界货币非黄金化，这其实是一种违背客观规律的假象。实际上，在资本主义经济制度依然存在的条件下，改变金属准备在银行制度中的枢纽地位，只会造成更深的金融危机。当然，从根本上说，美国的银行信用危机是资本主义根本经济制度造成的，即使保持金本位制，也是无法避免的。在笔者看来，作为当代头号资本主义国家的美国，其货币制度从金本位制被迫转向“抵押发行”制，其中蕴含的客观趋势只能是，资本主义银行制度已从相对稳定阶段走向面临崩溃的最终阶段。

3. 在现代银行制度下金属准备仍然不能忽视

如果从人类社会的商品生产终将消亡的长期趋势看，商品、货币终将消亡，那时资本主义银行制度，从而货币发行的金属准备制度也将消亡。但是，像美国的货币制度从金本位制转向"抵押发行"制，并不是一种适应这种趋势的、符合客观规律的经济行为。这是因为，历史地看，在资本主义市场经济中，银行信用是适应商业信用的发展而产生的，商业信用又是在商品流通扩大化、普遍化的基础上，在商品交换的内在矛盾中产生的。这种信用的物质基础只能是具有现实价值的一般等价物商品，在信用停止时，充当支付手段的必须是具有真实社会价值的货币。除非有社会公认（在国际上就是国际公认的）的具有现实价值的非物质的东西来充当商品交换的一般等价物或货币，在今后一个相当长的历史阶段，贵金属的金，它将仍然是最可靠的货币和世界货币。虽然有一种说法，所谓黄金产量跟不上世界商品生产和交换的需要，所以不可能再回到货币金属准备制，这似乎有一定道理，但是即使如此，像美国这种以虚拟资本为基础的"抵押发行"制也是违背客观规律的，因为虚拟资本毕竟不是现实的社会价值。这也就是说，即使中央银行因缺乏黄金而难以实行货币金属准备制，也应当寻求社会公认（在国际上就是国际公认的）的具有现实价值、具有保值功能的替代东西，作为货币发行准备。须知在金本位时代，金属准备在银行制度中具有枢纽地位，并不在于它是金属，而在于它是现实的货币，即社会必要劳动时间的凝结这种现实存在。这种理解是否科学，学术上是可以深入讨论的，因为这涉及，在社会主义市场经济条件下，我国的货币制度改革的正确方向是什么。不过应强调，美国的"抵押发行"制是不应照搬的。

实际上，尽管"黄金非货币化"的说法颇为流行，但是在现实经济生活中，黄金储备仍是各国中央银行准备资本的组成部分，而美国则是目前世界黄金官方储备最多、黄金储备占外汇比重达到74%的国家，这是发人深省的（如表8-3所示）。

表8-3　2015年3月11日世界国家（地区）和组织排名前15位的官方黄金储备

排　名	国家（地区）和组织	单位：吨	黄金占外汇储备比率（%）
1	美　国	8 133.50	74.0%
2	德　国	3 384.20	68.7%
3	国际货币基金组织	2 814.00	
4	意大利	2 451.80	67.7%
5	法　国	2 435.40	66.8%

(续表)

排 名	国家(地区)和组织	单位:吨	黄金占外汇储备比率(%)
6	俄罗斯	1 207.70	13.0%
7	中 国	1 054.10	1.1%
8	瑞 士	1 040.00	7.7%
9	日 本	765.2	2.5%
10	荷 兰	612.5	57.2%
11	印 度	557.7	6.9%
12	土耳其	514.9	16.0%
13	欧洲央行	504.8	27.6%
14	中国台湾	423.6	4.1%
15	葡萄牙	382.5	72.8%

注:表摘自世界黄金协会(WGC)2015年3月11日公布的各国(地区)和组织黄金储备排名表。[①]

五、科学发挥银行制度的作用

(一)资本主义信用制度的二重作用

1. 最纯粹最巨大的赌博欺诈制度

在认识银行信用制度与资本流通、货币流通的关系之后,还有必要根据唯物史观的方法,深入认识银行制度的历史作用。《资本论》对此作了这样的基本评价:"信用制度固有的二重性质是:一方面,把资本主义生产的动力——用剥削别人劳动的办法来发财致富——发展成为最纯粹最巨大的赌博欺诈制度,并且使剥削社会财富的少数人的人数越来越减少;另一方面,造成转到一种新生产方式的过渡形式。"[②]这对于我们认识现代资本主义金融制度的实质,建设社会主义市场经济的银行制度,都具有重要指导意义。

---

① 参见《世界各国黄金储备排名2015》[EB/OL],排行榜123网,http://www.phb123.com/xinwen/rd/3487.html。
② 《资本论》第3卷[M],北京:人民出版社,2004年,第500页。

资本主义经济以追求抽象财富剩余价值为目的，它与先前的奴隶制、封建制的剥削制度相比，最虚伪、剥削程度最高。[①] 这种特征在资本主义信用制度上，表现为具有最大的赌博欺诈性。《资本论》利用资产阶级经济学家和银行家所阐述的资料，对资本主义信用制度助长投机欺诈进行了深刻揭露，诸如：在创立公司、发行股票时搞欺诈（如在优先股的名义价值上再发行新的股票），骗取投资；没有任何资本而完全依赖货币信用进行投机，如在股票交易上买空卖空；搞投机性商品储备，在商品交易上开"空头汇票"；产生出纯粹的欺诈营业和专在证券上搞投机活动的经纪人；等等。这是由信用制度的资本主义私有制基础决定的。马克思深刻地揭露了资本主义信用投机的特点，这就是"在一定界限内绝对支配他人的资本，他人的财产，从而他人的劳动的权利"，"拿社会的财产，而不是拿自己的财产来进行冒险"[②]。而银行信用，特别是中央银行的信用乃是商业信用投机的支撑，因为正是这种银行信用，用它的纸券，给一切投机者以他们所缺少的资本，用于投机。

有一种流行的观点认为，当代资本主义银行、金融体系健全，有严格监管法规，已经与过去不一样了。是的，当代资本主义信用制度有适应社会化发展和使用信息技术等新特点，值得借鉴和研究；但是，只要它的私有制基础没有改变，只要它为金融垄断资产阶级牟利的性质没有改变，就不可能消除赌博欺诈性。2008 年爆发的严重世界经济危机证实了这个基本判断。

这场危机由前一年美国的"次贷"危机引爆[③]，此名称就显露出当代世界经济危机与银行信用制度紧密联系的特征。21 世纪初，美国在新自由主义经济政策推动下，金融自由化波及全球，金融、信息和房地产等产业不断扩大，而作为工业基础的制造业则萎缩，形成被称为"产业空心化"的经济结构失衡；国民经济出现衰退；普通国民生活水平降低，消费购买力下降。金融垄断资产阶级为了缓解房地产这个支柱产业的供需矛盾，选择了信用程度较低的人群作为住房抵押贷款的对象，这种贷款与信用程度较高的相比，被称为"次贷"。然而这丝毫不是为了帮助低收入的人群，而是为了借机牟利。由于购房需求最大量的是那些亟须改善生活的低收

---

① 参见第八章"工作日"，"2. 对剩余劳动的贪欲。工厂主和领主"，《资本论》第 1 卷[M]：北京：人民出版社，2004 年，第 272—281 页。

② 《资本论》第 3 卷[M]，北京：人民出版社，2004 年，第 498 页。

③ 关于美国 2007 年爆发"次贷"危机的细节和有关原理，参见于祖尧：《贪婪导致危机——从"次贷"危机透视美国经济》[J]，《红旗文稿》2009 年 1 月；余永定：《美国次贷危机：背景、原因与发展》[J]，《当代亚太》2008 年第 5 期。

入人群，而美国当时实施低利息率政策，住房价格有上涨趋势，购房者以现在房价做抵押贷款买房，以后可用升值的住房为抵押，贷新款来偿还，这中间有差价收入，是划算的；金融资本家阶级正是看中了这种“次贷”需求面广量大，就搞起了“拿社会的财产”为自己牟利的金融赌博和欺诈。起初是银行为了减少抵押贷款偿还的风险，把大量的“次贷”债权“打包”，对外发售证券；接着，金融中介、房贷公司、保险公司等机构或者通过发行商业票据筹集社会资金，或者用发行的证券到银行抵押贷款，即以“空手套白狼”方式来购买这些“打包”证券。这些机构为了只赚钱，而不承担风险，又在这些证券的基础上发行新证券，再卖给其他机构，还美其名曰“创新”金融衍生品。就这样，衍生环节不断延伸，每个投机者都以这种创新衍生品的方法，既逃避风险，又从中获利。而银行为了自己的资本积累，则不断给投机者贷款支持。这种投机方式与马克思时代的那些在创业优先股的基础上再发一次新股的资本家相比，赌博欺诈的本性可以说有过之而无不及。然而，信用欺诈，可以拉长支付环节，造成信用假象，却无法改变资本主义私有制与生产社会化这对固有基本矛盾造成的经济结构失衡的深化和社会的收入两极分化，到一定时点，支付链条终于在某一环节断裂，于是潜伏在暗处的经济危机终于以信用危机的形式表面化了！从银行信用层面来看，这种“次贷危机”仍然属于资本主义信用膨胀造成的危机。

2. 信用膨胀必然引爆经济危机

马克思深刻指出，“如果说信用制度表现为生产过剩和商业过度投机的主要杠杆，那只是因为按性质来说具有弹性的再生产过程，在这里被强化到了极限。它所以会被强化，是因为很大一部分社会资本为社会资本的非所有者所使用，这种人办起事来和那种亲自执行职能、小心谨慎地权衡其私人资本的界限的所有者完全不同”①。这里既指出，正是信用制度使社会再生产过程扩大到资本主义制度允许的极限；同时又揭示出，正是那些拿社会资本为自己牟私利的非职能资本投机者人为地推动了信用膨胀，从而触发了不断扩大的社会生产力突破资本主义生产关系外壳而爆发的危机。

银行信用贷款有货币贷放和资本贷放两种方式。货币贷放通过有价证券贴息抵押进行。只要现实资本之间的商业信用依然能维持，这种对工商业的货币贷放

① 《资本论》第3卷[M]，北京：人民出版社，2004年，第499—450页。

就可以继续进行;同时,商业信用扩张了社会再生产,银行存款可以由此增加,因而无须资本抵押的、会增加社会投资的货币资本贷放也可以继续进行。银行信用和商业信用相互支撑,而信用投机,又推动信用膨胀,这会掩盖社会再生产的盲目扩大及其比例关系的失衡;但是这绝不可无限持续。当资本主义基本矛盾导致市场总供给明显大于市场总需求,商业信用支付环节就必然断裂。这时,工商企业只有用现金才能购买到原材料;为防止别人赊账风险,不能不要求别人对自己直接支付现金,于是,纷纷抵押贷款,贮藏现金,以备支付,而银行因为工商产业比例关系失衡造成证券贬值,不能不抛售作为资本准备的证券,收回现金;于是流通中的货币就会发生明显的不足。

在金本位货币时期,银行的金属准备金在正常情况下,有一个相对稳定的数额。但是,正是由于商业支付信用环节的普遍断裂,银行原有金属货币存款开始被大量提取,金属货币被用于有价证券抵押贷款,如果此时遇到国际支付,就需要对外支付金属货币,央行的金属准备金就会显著减少;或者即使没有这种金属流出,金属货币准备数量减少到无法应付贷款的情况也会由此发生,这时就发生了货币信用危机。这在使用可兑换银行券的情况下,就表现为人们用银行券挤兑黄金的现象。正如马克思指出的,"在危机中,会出现这样的要求:所有的票据、有价证券和商品应该能立即同时兑换成银行货币,而所有的银行货币又应该能立即同时再兑换成金"①。而当这种货币危机处于工商业领域的社会扩大再生产无法延续的时刻,就成为工商业领域经济危机的显著表现。

在使用纸币货币之后,纸币靠国家信用发行,纸币不可兑换金属货币。这使信用膨胀更剧烈地扩张起来。像美国这样,用虚拟资本作抵押的抵押发行纸币货币制,实际上是一种滥印纸币美元制。它之所以能够支撑多年,靠的是美元纸币所处的世界货币地位,以所谓金融自由化、全球化为幌子,把产业结构失衡和两极分化必然发生的经济危机,以国际贸易、对外投资等方式,向世界转嫁,并巧妙地掠夺世界人民的物质财富。但是,信用膨胀的赊欠支付环节不可能无限延伸。

这是因为,货币作为"一般商品,成了一种同一切其他商品相对立的真正意义上的商品",而"信用货币本身只有在它的名义价值额绝对代表现实货币时,才是货币"。② 因此,当宏观经济中的支付环节出现失衡,信用货币不能代表现实货币时,

① 《资本论》第3卷[M],北京:人民出版社,2004年,第650—651页。
② 参见《资本论》第3卷[M],北京:人民出版社,2004年,第584页。

就会加剧社会再生产的比例失衡,导致大量商品不能实现。为此,马克思指出,“信用货币的贬值(更不用说它的只是幻想的货币资格的丧失)会动摇一切现有的关系”①。这时,“只要一个银行的信用没有动摇,这个银行在这样的情况下通过增加信用货币就会缓和恐慌,但通过收缩信用货币就会加剧恐慌”②。因此,哪怕信用支付环节扩张到全球,只要全球性社会分工的任何地方出现比例失衡,经济危机的爆发就不可避免。尽管在纸币时代,失去金属准备最低限度约束的银行信用贷放,可以极大地膨胀,这虽然可以更长时间地掩盖社会再生产的失衡,但是也势必增加危机的深度和广度,并促成世界性经济危机,这正是纸币时代信用危机的新特点。

应当注意,本小节的标题是“信用膨胀必然引爆经济危机”,这里有必要厘清银行信用危机与经济危机的辩证关系。银行信贷危机表现为金属货币挤兑,存款提不出,乃至银行因负债失信而破产等,这固然会触发经济危机,但是,它并不是发生经济危机的根本原因,而是经济危机的外部表现。马克思深刻指出,“在再生产过程的全部联系都是以信用为基础的生产制度中,只要信用突然停止,只有现金支付才有效,危机显然就会发生,对支付手段的激烈追求必然会出现。所以乍看起来,好像整个危机只表现为信用危机和货币危机”③。在银行信用危机与经济危机经济关系的理解上,应当坚持唯物史观的方法论,从生产与流通作用与反作用的关系上,弄清两者的因果关系。

3. 转向社会主义新生产方式的过渡形式

从上面论述可知,资本主义信用制度加速了社会生产力的发展和世界市场的形成,从而加速了资本主义基本矛盾走向爆发。在此过程中,现代资本主义信用制度使财富集中到越来越少的剥削者手中,也为无产阶级剥夺社会财富的剥夺者创造了条件。因为在信用制度下,社会再生产的货币资本都集中到中央银行为核心的金融机构中,虽然他们经营的借贷货币资本本身并不能创造价值财富,是非职能资本,但是,由于货币资本是产业资本运动的第一推动力,所以处在银行体系中的金融垄断资本家少数人就成为工商领域职能资本从而整个宏观经济的控制者。正因为如此,无产阶级一旦夺取了政权,只要掌握了中央银行和货币的发行权,就为从经济上控制资产阶级、实现对资本主义私有制的社会主义改造创造了重要条件。

---

① 参见《资本论》第3卷[M],北京:人民出版社,2004年,第584页。
② 《资本论》第3卷[M],北京:人民出版社,2004年,第585页。
③ 《资本论》第3卷[M],北京:人民出版社,2004年,第555页。

然而，仅从这方面理解银行制度的历史作用是不够的。须知《资本论》尽管对资本主义银行制度的赌博欺诈性进行了极为深刻、彻底的揭露，但是同时遵循唯物史观的方法论指出，资本主义信用制度是"转到一种新生产方式的过渡形式"①；"银行制度，就其形式的组织和集中来说，正如早在1697年出版的《对英格兰利息的几点看法》一书已经指出的，是资本主义生产方式造成的最人为的和最发达的产物"；"银行制度同时也提供了社会范围的公共簿记和生产资料的公共分配的形式，但只是形式而已"；"信用制度和银行制度把社会上一切可用的、甚至可能的、尚未积极发挥作用的资本交给产业资本家和商业资本家支配，以致这个资本的贷放者和使用者，都不是这个资本的所有者或生产者。因此，信用制度和银行制度扬弃了资本的私人性质，从而自在的，但也仅仅是自在地包含着资本本身的扬弃"。② 在社会主义市场经济条件下，我们理应扬弃和充分利用资本主义生产方式留下的银行制度这个"最发达的产物"，利用好中央银行为核心的金融体系能集中社会资本的功能，以及在组织管理全社会货币资本的经营方式中，那些能体现社会化商品生产发展要求的某些积极因素，为社会主义宏观经济服务。

（二）确立利用银行信用制度的科学指导思想

1. 重视马克思对资产阶级金融思想的批判

要发挥银行制度为社会主义宏观经济服务的积极作用，必须以马克思的金融理论为指导思想。而要确立和应用这一科学指导思想，就必须认清西方资产阶级金融理论的谬误。《资本论》在深刻揭示商品、货币、资本的联系和区别，深刻揭示商品流通和资本流通的联系和区别等基础上，深刻地批判了资产阶级经济学家和银行家的金融思想，诸如：

混淆作为流通手段的货币、工商业资本的流通手段形态和作为生息资本的流通手段。本来，它们分别是作为流通手段的货币、职能资本在运动的购买阶段所处的货币资本形态、非职能资本性质的借贷货币资本；然而，这三个有明显区别的科学概念，却被他们杂乱无章地混为一谈。

混淆货币与资本。他们把货币与货币资本混为一谈，把现实资本的增长与对货币需求的增长混为一谈，把客户从银行贴现获得货币与获得追加资本混为一谈。

---

① 《资本论》第3卷[M]，北京：人民出版社，2004年，第500页。
② 《资本论》第3卷[M]，北京：人民出版社，2004年，第685—686页。

它们站在银行家的立场上理解资本概念，把银行对自有资本的贷放等同于用户对资本的需求；并因混淆资本借贷和货币借贷，而把利息率由借贷资本供求关系决定，曲解为由流通中货币量供求关系决定。

混淆作为流通手段的货币和作为支付手段的货币。他们把繁荣时期客户对货币支付手段的需求说成对货币流通手段的需求，把危机时期对货币的需求说成是对资本的需求；同时，“把作为流通手段的货币和作为支付手段（如果考虑到金的流出，也是作为世界货币）的货币的区别，变成了通货和资本的区别”①。这些谬误至今渗透在现代西方金融理论中，如“流动性过剩”概念，就是一个十分含混的金融学概念，让人们分不清是货币资本过剩，还是货币过剩。目前，在经济舆论中，西方金融学名词十分流行，“金融创新”“金融深化”“金融全球化”等新自由主义经济学思想传播甚广。这有可能对社会主义宏观经济调控起误导作用，应当引起我们重视。

2. 利用信用制度必须遵循价值规律

马克思对银行制度的分析，揭示出一个深刻的道理，银行信用制度能够使社会生产力扩张到资本主义生产关系能够容纳的极限，主要是因为它为商业信用扩张提供了条件，使货币的支付手段职能（只需支付赊欠差额）在商品流通中得到了充分发挥；但是，这绝不等于说信用可以取代真正的货币，须知作为支付手段，货币必须具有真实的社会价值，信用制度的扩张无论如何不能突破流通过程需要的真正的货币量。

《资本论》有一段话，讽刺了那种以为信用制度可以离开价值规律起作用的迷信：“货币主义本质上是天主教的；信用主义本质上是基督教的。‘苏格兰人讨厌金子’。作为纸币，商品的货币存在只是一种社会存在。信仰使人得救。这是对作为商品内在精神的货币价值的信仰，对生产方式及其预定秩序的信仰，对只是作为自行增殖的资本的人格化的生产当事人个人的信仰。但是，正如基督教没有从天主教的基础上解放出来一样，信用主义也没有从货币主义的基础上解放出来。”②

笔者对这段话的理解是，货币主义者就像天主教徒相信现实的罗马教皇是神的化身一样，认为金银自然物质本身是天生的货币；而信用主义者就像基督教徒信仰精神上的耶和华上帝、不信现实的教皇一样，相信纸币等信用货币。正如一家银行的经理所说，苏格兰人讨厌现实的金子（当时的苏格兰几乎只有纸币流通，相信

① 《资本论》第3卷[M]，北京：人民出版社，2004年，第525页。
② 《资本论》第3卷[M]，北京：人民出版社，2004年，第670页。

纸币流通的银行家和信用主义理论家约翰·罗·麦克劳德等是苏格兰人)。其实,纸币只有代表一定量凝结的人类社会劳动即社会价值,才是真实的货币,才是一种社会存在。

基督教有所谓“信教而受洗礼的人必然得救”的说法。资产阶级信用主义理论家认为,自己的信仰可以拯救资本主义经济。其实,他们的信仰,只是对精神上的货币价值或纸币价值符号的迷信,是对存在着固有弊病的资本主义的生存方式及他们主观希望的市场秩序的迷信,是对其实是人格化的资本即剥削雇佣工人的资本家个人的迷信。但是,正如基督教并没有摆脱天主教的基础,信用制度也不可能超脱商品货币都必须具有社会价值的约束。如果信用关系背离了价值规律基础上的现实的商品、货币流通规律的要求,就必然要受到惩罚。资本主义的金融家和御用的理论家们创造的金融衍生物再多,支付手段链条再长,终究要在一定的时点上要求商品购买者必须付出实实在在的有价值的货币。一旦付不出代表真实价值的现金,整个支付手段的链条就会断裂,危机就会迅即爆发。

因此,利用信用制度为社会主义宏观经济服务,必须充分认识,信用制度的积极作用只有在价值规律基础上才能发挥,否则就会起助长危机的副作用。

(三)发挥好社会主义银行制度的积极作用

1. 科学利用银行信用促进现实资本比例关系平衡

扬弃资本主义银行信用制度的赌博欺诈性,利用银行信用对全社会货币和货币资本的组织管理形式,很重要的指导思想就是,要坚持银行信用遵循价值规律,为促进社会扩大再生产的比例关系平衡,也就是为现实资本比例关系平衡服务,这是由《资本论》所揭示的生产决定流通、商品流通决定货币流通、货币流回规律是社会再生产比例关系平衡的表现等基本原理决定的。

强调银行信用为促进现实资本比例关系平衡服务,是因为,虽然银行信用制度的健康运行要以现实资本比例关系平衡为基本前提,但是前者对后者具有反作用。如果银行像资本主义银行那样完全从银行家的私利出发,那它就会常常破坏货币资本和现实资本,以及现实资本内部(即两大部类之间)的比例关系。就全社会而言,不仅现实资本包括的两大部类之间的比例关系应当平衡,全社会的货币资本、商业资本和产业资本这三种资本形态之间,也要保持比例关系平衡。而后一种比例关系失衡,往往与银行信用操作有关。当银行和金融机构把全社会的总资本过大地以货币资本形式集中到自己手中,就为现实资本的运动和发展制造了障碍。《资本论》曾揭示,1866 年英国爆发经济危机,就是"由于棉荒把许多资本从通常的投资领域赶到了货币市场的大中心",使这次危机"主要带有金融的性质"。[①] 2008 年以来持续多年的世界金融经济危机,首先在美国爆发,也是由于美国现实资本(工商业资本)比重显著降低、银行货币资本(金融业的资本)占比重过大引发的。

社会主义银行要发挥好自己为现实资本服务的功能,就必须深入理解马克思所揭示的现实资本的社会再生产原理,并在实践中,创造出服从国民经济全局要求的可操作的方法来。例如,马克思的社会固定资本补偿理论揭示出,在再生产正常的情况下,这一年的固定资本商品相对生产过剩与下一年的相对生产不足会交替发生,"如果在某一年数量很大(像人一样,超过平均死亡率),那在下一年就一定会很小"[②]。这在社会主义市场经济实践中,就可以将这一时期的过剩储存起来,用于补救下一时期的不足,以此实现社会再生产的平衡。在这种情况下,银行就需要明白,这一时期固定资本商品的过剩是正常的,是为今后的相对生产不足做准备的,从而就应当为承担这些固定资本商品相对生产过剩的企业提供资金服务,以保证这些企业不会因商品的暂时一段时间卖不出去而停止生产。又如,如果现实中出现了总需求不足,中央银行就有必要调查研究,这种需求不足的结构如何,如果是个人必需消费品的有购买力的需求不足,那就涉及多数人的收入相对不足,就应分析原因,如果是由于私有制比重过大导致的收入两极分化所致,银行就需要积极地为发展国有经济和集体经济提供贷款支持。

我国的中央银行自创建之初,就命名为中国人民银行,这是渗透唯物史观的、反映社会主义市场经济的中央银行根本性质的概念。以中国人民银行为核心的中国金融体系绝不是超脱于社会主义根本制度,只是在抽象的市场经济中实施所谓公共服务的机构,它具有为人民经济利益服务的基本经济性质。为促进现实资本比例关系平衡提供银行信用服务,归根到底是为了增进人民的物质利益。

2. 遵循货币流回规律

利用银行信用制度为社会主义宏观经济服务,必须发挥好中央银行的货币流回状况对宏观经济运行状况的指示器作用。这与在金本位货币条件下把银行金属准备金最低限度作为指示器相比,更为重要。正如本书第六章提到的,在一定时

---

① 参见《资本论》第 1 卷[M],北京:人民出版社,2004 年,第 769 页。
② 《资本论》第 2 卷[M],北京:人民出版社,2004 年,第 526 页。

期,由中央银行投入流通的货币能否顺利地流回,是判断这一时期宏观经济各产业部门比例关系或产业结构平衡与否的重要依据。现在有必要联系实际,进一步做些说明。

不可忘记,社会再生产的货币流回规律,指的是工商业者在实际使用的产业资本之外所预付的货币的流回。“这种货币是他在他实际使用的产业资本之外所预付的(见第 2 册第 20 章)。在发达的信用制度下,货币集中在银行手中,银行至少在名义上贷放货币。这种贷放只与流通中的货币有关。”①显然,这种货币由银行贷放,那么在宏观经济各产业部门比例关系平衡的条件下,就会流回银行。问题是,从宏观调控的角度来看,中央银行是否能正确把握这种流回?回答是,如果按资产阶级经济学的观点,不能区分货币信贷和货币资本信贷,那么,这种流回就无法把握;而如果遵循《资本论》关于这两种信贷方式区分的原理,在银行贷放业务的操作实践上,在簿记中设法严格区分两种信贷,并对一定期限(社会再生产的周期通常是一年)的货币流回情况进行对比,那么这种流回就是可以把握的。当然,这需要不断总结银行管理的实践经验来发现可操作的具体方法。

陈云同志在主持新中国财经工作过程中,以马克思主义经济学为指导,联系实际提出了行之有效的国民经济综合平衡观。综合平衡包括财力物力的“投资、机器设备和原材料、消费物资、外汇四个方面”②。十分重要的是,他还提出了判断国民经济是否实现综合平衡的标志:“只要财政收支和信贷是平衡的,社会购买力和物资供应之间,就全部来说也会是平衡的。”③显然,信贷平衡就是银行货币贷放和流回的平衡,陈云同志把财政收支平衡与信贷平衡结合在一起,反映出他对货币流回规律的深刻理解和创造性应用。毫无疑问,中国人民银行只有坚持综合平衡观,才能在社会主义宏观经济调控实践中发挥重要作用。

---

① 《资本论》第 3 卷[M],北京:人民出版社,2004 年,第 602 页。引文中的第 2 卷指《资本论》第 2 卷。

② 《陈云文选》第 3 卷[M],北京:人民出版社,1995 年,第 54 页。

③ 《陈云文选》第 3 卷[M],北京:人民出版社,1995 年,第 52—53 页。

第三篇
地租、自然环境与宏观经济运动

本篇继续论述《资本论》所揭示宏观经济内部联系的研究方法。第二篇所谈的社会总资本再生产和流通的运动，暂时撇开了现实资本在农业、建筑等土地领域的经营，也就没有涉及宏观经济运动与土地所有制之间的联系；同时，也撇开了宏观经济运动与自然环境的联系。而要全面、深入地认识宏观经济运动，就需要弄清土地所有制实现形式对宏观经济运动的影响，弄清宏观经济运动中人与自然环境之间的关系。本篇将分两章，分别论述《资本论》在这两个方面的唯物史观研究方法。

第九章　地租与宏观经济运动

从前面的篇章可知，在商品生产普遍化的社会，宏观经济形态要形成平衡的社会分工比例关系，必然要求全社会各生产部门的生产经营趋向遵循价值规律；银行信用制度要正常运行，也必须遵循价值规律。[①] 但是，土地所有制关系往往会对宏观经济运动遵循价值规律形成干扰。因为现实资本在农业、建筑等领域的投资，必然涉及土地所有制关系，而土地所有制的实现形式地租，需要从工商业现实资本实现的剩余价值中分享，因此，地租会影响现实资本运动对价值规律的遵循，从而影响宏观经济运动。为此，本章拟阐述《资本论》关于地租的唯物史观研究方法，以及地租与宏观经济运动的辩证关系；并论述在社会主义市场经济条件下，涉及土地所有制的宏观经济问题。

一、《资本论》的科学地租理论

（一）理解《资本论》地租理论的重要性

1. 从房价上涨现象谈起

一切经济运动存在的基本空间形式是占有一定的土地；人们生活和从事一切经济活动都需要“立足之地”。所以，研究经济运动是离不开研究它与土地占有的经济关系的。就拿人们普遍关心的楼市或房地产市场来看，我国发展社会主义市场经济以来，住房制度从工作单位分配制转为商品房私人购买制。房价和地价不断上涨，普通老百姓“买不起房”成为人们普遍关心的经济现象。这固然因为生产房屋商品，社会劳动投入量大，生产资料涉及水泥、钢材、机械、玻璃、家电、家具等

① 这里的全社会，指民族国家的一国范围；价值规律的价值，指一国范围的社会价值。如果从全球角度看全社会，那么，价值规律的价值，就应当理解为体现全世界范围内的社会分工比例关系的国际社会价值或世界社会价值。

几十个产业，与社会再生产的分工比例关系关联面很大，如果原材料和建筑工具成本提高，商品房价格就会提高。但是现实表明，房价上涨的幅度显著超过建筑成本价格的程度；甚至在钢材等建筑材料价格下降的情况下，房价仍居高不下。可见，单从物价和成本这种市场关系一般的角度，不能说明房价上涨的原因。

其实，楼市与其他商品市场相比，有很明显的特殊性。这是因为，房屋与土地不可分割，只要土地必须有偿使用，也就是土地所有者要收取地租，那么商品房的价格变动就必然与土地地租的变动联系在一起。马克思针对资本主义房地产市场的弊端，曾深刻指出，"建筑投机的真正主要对象是地租，而不是房屋"[①]。可见，商品房价格上涨的背后，隐藏着地租的不断上涨。而地租的运动是与土地这种特殊生产资料所有权关系的历史形式紧密联系的。根据劳动价值论，土地本身作为自然物质不会创造价值，因此，土地所有者凭借土地所有权收取的地租，在价值来源上，就只能是从使用土地的产业（农业、建筑业）劳动创造的价值产品中，或者从其他产业的劳动创造的价值产品中转移而来，这就涉及全社会的许多产业，因而地租就会对宏观经济运动产生特殊的重要影响。

2. 认识土地所有权关系的新问题需要理解《资本论》的地租理论

我国实行住房商品化之后，主要是在住房建筑业私营化之后，也出现了资本主义经济中的所谓"空手套白狼"的建筑投机现象，而投机对象主要是土地价格的买卖差价，而土地价格显然是地租现象。地价攀升，楼市价格上涨，导致普通老百姓"买不起房"，这显然不符合社会主义市场经济是为人民服务的经济这种基本规定性。如何纠正这种现象，建立让人民群众满意的住房制度？如何真正搞好社会主义市场经济条件下的土地有偿使用？这显然需要弄清社会主义市场经济条件下地租的运动规律；同时，其他涉及土地所有权关系的经济现象，例如与农村土地家庭承包制相联系的集体所有制土地的经营权流转中出现的问题，也迫切需要弄清地租运动规律。这就不能不认真回顾《资本论》的地租理论及其包含的科学方法论。我们掌握这些基本原理和方法，才能确立科学的思想指导，正确认识和处理社会主义市场经济中有关土地所有权关系的新经济问题。

3. 理解科学的地租理论才能全面认识宏观经济运动

马克思揭示的地租运动规律，是他解释的资本主义宏观经济运动规律的不可

---

① 《资本论》第3卷[M]，北京：人民出版社，2004年，第875—876页。

分割的组成部分。《资本论》先阐述工商业资本运动，然后阐述银行资本运动，最后阐述资本进入农业，这反映出资本主义生产方式从局部逐步扩大，到占领包括农业在内的整个社会生产领域的过程，体现了理论逻辑与历史逻辑的一致。《资本论》是通过研究资本主义地租来阐述资本进入农业领域和资本如何利用土地，从而全面阐述宏观经济运动的。虽然这种地租研究的主要视角是，大土地私有者与资产阶级如何分割剩余价值；但是，由于这种研究阐释了资本主义生产方式对整个社会生产领域的覆盖，也就完成和完善了对全社会的商品流通和资本流通运动的阐释。所以，只有领会马克思的地租理论，才能全面深入地认识宏观经济运动的客观规律。研究社会主义宏观经济运动，不能不研究土地国有制和土地集体所有制对土地所有权的经济实现形式，不能不研究地租运动的新规律。

（二）马克思研究地租的科学方法

1. 深刻认识地租是一定历史形式的土地所有权关系的实现形式

在经济学说史上，马克思第一次用唯物史观方法，在劳动价值论基础上创立了科学的地租理论；在《资本论》第 6 编加以系统阐释。为了深入理解地租运动与宏观经济运动的联系，我们有必要先简要回顾马克思地租理论的思想方法和理论要点。

马克思的地租理论贯彻唯物史观的基本方法。马克思的地租范畴是一定历史阶段的土地所有权关系的理论表现。“土地所有权的前提是，一些人垄断一定量的土地，把它当作排斥其他一切人的、只服从自己个人意志的领域。”[①]他研究地租，主要考察土地所有权关系的资本主义历史形式，“考察资本投入农业而产生的一定的生产关系和交往关系”[②]；当然，也涉及过去的私有制历史阶段的土地所有权关系。

土地所有权关系是与土地的“经济价值”[③]相联系的。唯物史观关于经济价值的一般含义，是指处于经济关系中的一定主体能获得的物质利益或经济收益；而土地所有权的经济价值，就是指土地所有权对于其所有者来说，能带来的经济收益。地租，就是土地所有权的经济价值的实现形式。从历史上看，奴隶制的、封建制的、小农的土地所有权都有各具历史特征的经济价值的实现形式或地租形式。资本主

① 《资本论》第 3 卷[M]，北京：人民出版社，2004 年，第 695 页。
② 《资本论》第 3 卷[M]，北京：人民出版社，2004 年，第 694 页。
③ 《资本论》第 3 卷[M]，北京：人民出版社，2004 年，第 695 页。

义地租就是资本主义土地所有权的经济价值的实现形式。马克思研究资本主义地租，就是要阐明土地私有权“在资本主义生产基础上的经济价值，即这种垄断在资本主义生产基础上的实现”①。

的确，自古以来，在私有制的土地关系中，谁只要获得了土地所有权，就有了凭借它通过一定途径获得物质利益的权利。但是，这种权利并不是土地本身产生的，也不是在土地出售过程中产生的。马克思深刻指出，“创造这种权利的，是生产关系。一旦生产关系达到必须蜕皮的程度，这种权利的和一切以它为依据的交易的物质的、在经济上和历史上有存在理由的、从社会生活的生产过程产生的源泉，就会消失”②。这里说得很明确，土地私有权占有地租这种物质利益的源泉，将随着土地私有制这种生产关系的消灭而消失。而从与资本主义经济形态相比较的较高级的社会主义经济形态角度来看，土地私有权的存在如同剥削关系的存在一样，是十分荒谬的。到那时，“甚至整个社会，一个民族，以至一切同时存在的社会加在一起，都不是土地的所有者”③。为什么？因为所有权是排他性的权利，既然土地私有权这种排他性的权利消失了，那么，在土地的完全公有制生产关系（整个土地的全民所有制）中，也就没有土地所有者，而只有土地的占有者和利用者了。而人们作为土地的占有者和利用者，就必须从人类社会的整体利益和长远利益出发，不断地改良土地，把它们传给后代。

从唯物史观的上述观点来看，当代中国的社会主义公有制的土地所有权关系显然不同于以往任何私有制的土地所有权关系。社会主义公有制的土地不是也不允许任何私人所有；本质上属于全民所有制的国有土地和农村集体所有制土地，内部都不存在或不允许存在剥削关系。就这两种土地公有制内部而言，都只有土地的占有者和利用者，而没有排他性土地所有权了。当然，这两种土地公有制之间，依然存在排他性；但是，这不是土地私有权之间的那种对立排斥关系，而是一种长期共存的、有共同利益的人民内部的矛盾关系。这种矛盾关系经过相当长的历史过程，将最终归结为全民土地所有制关系。现阶段的中国，除土地以外的生产资料仍然存在私有制，私有制经济必然要使用土地，或者使用国有土地，或者使用集体土地，相对于私营经济，两种公有制土地都有使土地所有权实现经济价值的权利，

① 参见《资本论》第3卷[M]，北京：人民出版社，2004年，第695页。

② 《资本论》第3卷[M]，北京：人民出版社，2004年，第877—878页。引文中“达到必须蜕皮的程度”，在1975年中文版中，译为“达到必须改变外壳的程度”。

③ 《资本论》第3卷[M]，北京：人民出版社，2004年，第878页。

都有向土地使用者获取地租的权利。这种社会主义国有和集体获取的地租，本质上是社会主义初级阶段多种所有制生产关系的表现形式。

显然，社会主义公有制的土地所有权绝不会因为姓“公”（具有公有制性质），就失去经济价值。这种经济价值主要是为了全民和集体的利益。实践表明，不明确公有制土地相对于私有制经济的所有权，不讲两种公有制土地的占有权与使用权，不讲公有制土地的经济价值，在社会主义市场经济条件下不讲公有制土地的有偿使用，是不能充分利用好、改良好土地的；而滥用土地，还带来影响可持续发展等灾难性的后果。因此，认真研究社会主义市场经济条件下的土地所有权关系，弄清社会主义土地公有制的地租形式，具有指导经济实践的重大指导意义。

2. 坚持劳动价值论的理论基础

马克思研究地租，始终坚持唯物史观的基本方法，以他已经证明了的劳动价值论为基础。他表明的基本观点有：

天然土地本身不是劳动生产出的产品，因而没有任何价值。尽管土地交易是现实经济中的现象，但是这并不意味着土地像一般商品那样本身就有价值。“一个物可以是使用价值而不是价值。在这个物并不是以劳动为中介而对人有用的情况下就是这样。例如，空气、处女地、天然草地、野生林等等。”①“瀑布和土地一样，和一切自然力一样，没有价值，因为它本身中没有任何对象化劳动，因而也没有价格，价格通常不外是用货币来表现的价值。在没有价值的地方，也就没有什么东西可以用货币来表现。”②土地是农业的基本生产资料，又是工商业（尤其是房地产业）的立足之基。但是，撇开已开发的土地（包括地下管道、地面设施等）因投入社会劳动而形成的价值，土地本身不像工商业现实资本，它是没有价值的，也没有价值转移到利用土地生产的产品中。

土地本身作为自然物质不会产生地租。如果生产资料“本身不是人类劳动的产品，那么，它就不会把任何价值转给产品。它只是充当使用价值的形成要素，而不是充当交换价值的形成要素。一切未经人的协助就天然存在的生产资料，如土地、风、水、矿脉中的铁、原始森林中的树木等等，都是这样”③。既然天然土地作为自然物质不形成价值，当然也就不会生产出地租；因为地租是价值。土地所有者得

① 《资本论》第1卷[M]，北京：人民出版社，2004年，第54页。
② 《资本论》第3卷[M]，北京：人民出版社，2004年，第729页。
③ 《资本论》第1卷[M]，北京：人民出版社，2004年，第237页。

到的地租，绝不是土地本身赐予的。

土地所有权本身，也不会直接产生地租。土地所有权是土地所有者拥有土地的排他性权利。但是，“单纯法律上的土地所有权，不会为土地所有者创造任何地租”①。土地所有权只是把物质生产中已经形成的、超过资本经营者获得的平均利润的剩余价值转化为地租的原因。可见土地自然力和土地所有权本身都不是地租的价值源泉。“认为在投入农业的资本上出现的地租，是来自这个投资部门本身的一种特别的作用，是来自地壳本身具有的各种特性，这就是放弃价值概念本身，因而也就是放弃在这个领域内取得科学认识的一切可能性。”②

只有在价值规律或生产价格规律的基础上，才能阐明地租的本质。根据价值规律，社会各生产部门资本获取的平均利润的总和，等于它们所生产的剩余价值的总和。从历史上看，各生产部门原是彼此缺乏联系的，因而是按价值出售商品的；当大工业为资本征服了国内市场，在生产中取得了支配地位，而封建割据被消除、银行制度的形成等因素消除了阻碍资本从一个部门转到另一部门的绝大部分障碍之后，价值就转化为生产价格，资本家阶级获得的利润就趋于等量资本获得等量利润。地租在本质上，就是土地所有者凭借土地所有权，以地租形式在资本家阶级占有平均利润之外所分得的超额利润，即分享的剩余价值。马克思遵循劳动价值论，从级差地租和绝对地租两个层面，科学地揭示了这种超额利润的来源。级差地租有Ⅰ、Ⅱ之分。级差地租Ⅰ，是同量资本在同样期间投在肥力、位置不同地块，因生产率高低不同，产生的超额利润；级差地租Ⅱ是对同一地块不同期间连续投资，产生的超额利润；级差地租Ⅰ是级差地租Ⅱ的前提。而绝对地租的价值实体，在农业资本的有机构成低于社会资本的平均有机构成的条件下，则来源于农产品的价值与按平均利润计算的农产品生产价格的差额。这是因为，农产品价值中包含的剩余价值大于平均利润。土地的私有权阻碍了投入土地的资本参加利润的平均化，这就使农产品实际上是按高于农产品生产价格，低于或等于农产品价值的垄断价格出售的，由此而产生了作为绝对地租的超额利润，因此，绝对地租是农业雇佣工人创造的剩余价值的一部分。总之，地租作为剩余价值的一种特殊形式，它只能是社会劳动的凝结。由于地租的运动与市场价值规律和利润平均化运动相联系，所以，“价值规律所影响的不是个别商品或物品，而总是各个特殊的因分工而互相独

① 《资本论》第3卷[M]，北京：人民出版社，2004年，第856页。

② 《资本论》第3卷[M]，北京：人民出版社，2004年，第885页。

立的社会生产领域的总产品"[①],因此,地租的运动必然是一种与宏观经济联系的经济现象。

3. 遵循共同性与特殊性的辩证法

马克思坚持用历史辩证法指导研究资本主义地租。他指出,"不论地租的独特形式是怎样的,它的一切类型有一个共同点:地租的占有是土地所有权借以实现的经济形式,而地租又是以土地所有权,以某些个人对某些地块的所有权为前提"[②]。他同时强调,一定经济时代的地租有其历史规定的特殊性,就研究资本主义地租而言,要避免妨碍科学分析的三个主要错误:

不能把适应于社会生产过程不同历史发展阶段的不同地租形式混同起来。人类社会产生土地所有制之后,地租就出现了。不同经济时代的地租具有共同性,"地租是土地所有权在经济上的实现,即不同的人借以独占一定部分土地的法律虚构在经济上的实现"[③],或者说,地租是土地所有者凭借土地所有权获得的经济利益。但是,不能因为历史上不同地租形式具有这种共同性,就忽略它们的区别,而这是由土地所有权的历史区别决定的。历史上的土地所有权有多种形式,"土地所有者可以是代表共同体的个人,如在亚洲、埃及等地那样;这种土地所有权也可以只是某些人对直接生产者人格的所有权的附属品,如在奴隶制度或农奴制度下那样;它又可以是非生产者对自然的单纯私有权,是单纯的土地所有权;最后,它还可以是这样一种对土地的关系,这种关系,就像在殖民地移民和小农土地所有者的场合那样,在劳动孤立地进行和劳动的社会性不发展的情况下,直接表现为直接生产者对一定土地的产品的占有和生产"[④]。与资本主义地租联系的土地所有权,是土地所有者对土地的单纯私有权,同时,资本家租赁土地,从事的是追求剩余价值的资本主义经营,资本雇佣的生产劳动者从事的是社会化的劳动。这些决定了资本主义地租不同于其他历史形式的地租。

不能用剩余劳动、剩余价值存在和实现的一般条件来说明资本主义地租的存在和实现。人类社会产生剩余劳动的一般条件是:从主观条件方面看,"直接生产者的劳动时间,必须超过再生产他们自己的劳动力即再生产他们本身所需要的时

---

① 《资本论》第3卷[M],北京:人民出版社,2004年,第716页。
② 《资本论》第3卷[M],北京:人民出版社,2004年,第714页。
③ 《资本论》第3卷[M],北京:人民出版社,2004年,第715页。
④ 《资本论》第3卷[M],北京:人民出版社,2004年,第714—715页。

间。他们总是必须完成剩余劳动”[①]。例如，他们每天需要用5小时生产自己必需的生活资料，那么他们的劳动时间就必须超过5小时，才会有剩余劳动。从客观的条件方面看，自然条件有可能使直接生产者只用可供支配的劳动时间的一部分就足以能够生产和再生产出他们需要的必要生活资料，而不会耗费他们的全部劳动，“在这里自然的肥力是一个界限，一个出发点，一个基础”；“他们劳动的社会生产力的发展，则是另一个界限，出发点，基础”。[②] 由于地租在资本主义以前的私有制社会，曾以直接的剩余产品的形式出现，由此在经济思想史上，就产生出一种错误看法，认为只要把一般剩余价值和利润的一般存在条件解释清楚，也就把同资本主义生产方式相适应的地租解释清楚了。这在思想方法上其实是用一般替代了特殊。应当注意，在资本主义经济中，剩余劳动一般是以剩余价值的形式表现出来的。剩余价值是资本家阶级对雇佣工人剩余劳动的无偿占有；它遵循价值规律来实现。虽然地租的本质是剩余价值的组成部分，但是，只阐明剩余价值存在和实现的条件，仍然不能阐明地租存在和实现的条件。为此，马克思指出，“剩余劳动和剩余价值本身的主观条件和客观条件，和一定的形式（不管利润形式或地租形式）无关。这些条件对剩余价值本身起作用，而不管它采取什么特殊的形式。因此它们不能说明地租”[③]。必须深刻认识，资本主义地租作为与利润、利息等并列的剩余价值形式，它不但体现土地所有者与资本家阶级之间瓜分剩余价值的关系，而且体现土地所有者与资本家阶级共同剥削雇佣工人阶级的关系，它是体现不参加任何生产和经营的土地所有者凭借土地私有权无偿占有剩余价值的一种特殊形式。

不能把资本主义生产基础上共有的现象当作地租的特征来理解。马克思指出，“地租的量完全不是由地租获得者的参与所决定的，而是由他没有参与、和他无关的社会劳动的发展决定的。因此，很容易把一切生产部门及其一切产品在商品生产基础上，确切地说，在资本主义生产（这种生产在它的整个范围内都是商品生产）基础上共有的现象，当作地租的（和农产品一般的）特征来理解”[④]。的确，在商品生产，尤其是商品生产普遍化的资本主义经济中，存在许多经济当事人背后发生

① 《资本论》第3卷[M]，北京：人民出版社，2004年，第715页。
② 参见《资本论》第3卷[M]，北京：人民出版社，2004年，715页。
③ 《资本论》第3卷[M]，北京：人民出版社，2004年，第717页。
④ 《资本论》第3卷[M]，北京：人民出版社，2004年，第717页。

的现象，如随着社会化生产的发展和劳动生产率的提高，资本的有机构成会普遍提高，虽然可变资本相对减少，但是，劳动力价值会相对降低，资本家的剩余价值率会提高，这种提高是由整个社会劳动的发展造成的。这种由社会因素造成的剩余价值率增长的现象，对于地租同样适用。因此，地租的量（从而土地的价值）能够随着社会劳动生产力的发展和土地产品市场的扩大而逐步增长，但这并不能表现出地租的特征。“地租的特征是：随着农产品作为价值（商品）而发展的条件和它们的价值的实现条件的发展，土地所有权在这个未经它参与就创造出来的价值中占有不断增大部分的权力也发展起来，剩余价值中一个不断增大的部分也就转化为地租。”[①]应当关注的是资本家在地租运动中的特征：“资本家在这个剩余价值和剩余产品的发展上还是一个能动的执行职能者。土地所有者只是坐享剩余产品和剩余价值中一个这样无须它参与而不断增大的份额。这就是他所处地位的特征”[②]。可见，已经创造出的剩余价值中的“一个不断增大的份额”可以被土地私有者不费一点气力地坐享，这才是资本主义地租及其运动过程的特征。

马克思研究地租时坚持认识的辩证方法，既弄清不同历史条件下的一般性，又关注资本主义地租的特殊性，这启发我们，研究中国当代与地租相联系的房地产市场、土地经营权流转和土地有偿使用等经济实践问题，也应当坚持一般与特殊结合的方法，既要看到在市场经济关系中土地有偿使用的一般性，也要重视社会主义生产关系赋予土地所有权的特殊性，绝不应简单地照搬资本主义国家那些与地租相联系的房地产市场的运作和管理经验。

4. 分析方法反映现实经济逻辑

马克思分析资本主义地租时坚持辩证唯物的反映论，先分析级差地租，后分析绝对地租。这反映了资本主义土地所有权关系服从于资本主义生产方式这种现实经济的逻辑关系。

在资本主义生产方式占统治地位的经济中，只有当租用土地的资本家同其他产业资本家一样获得平均利润，他们才会将资本投入土地。如前所述，租地资本家向掌握土地所有权的地主缴纳的级差地租，只能是利润中超出平均利润的超额利润。级差地租与资本主义的生产经营方式直接联系，具有区别于其他历史条件下地租的特征。马克思首先揭示级差地租的来源、不同形式，再引入土地所有权所造

---

① 《资本论》第3卷[M]，北京：人民出版社，2004年，第720页。
② 《资本论》第3卷[M]，北京：人民出版社，2004年，第719页。

成资本家投资土地时遇到的人为障碍，就深刻地揭示出资本主义地租的实质体现的资本家阶级与地主阶级的经济关系，以及他们与整个雇佣劳动者阶级的对抗性矛盾。土地所有者利用土地所有权这种超经济的权利，阻止资本自由地投入土地，在投入土地的资本的有机构成低于社会资本平均有机构成的条件下，导致土地产品按产品价值出售，形成高于产品生产价格的剩余价值差额，并迫使租地资本家把这个差额以绝对地租形式交付给他，这个差额就是绝对地租的来源。即使土地产品有机构成达到或者高于社会一般产品的平均水平，只要土地私有权仍然存在，土地所有者就可以凭借这种私有权要求租地资本家通过土地产品形成垄断价格，使土地产品产生垄断利润，形成转归他的绝对地租。可见，绝对地租与资本主义的生产经营没有内在的联系，它只是凭借土地所有权的垄断，可以从资本家占有工人阶级创造的剩余价值中绝对地占有一部分。而级差地租虽然来自资本经营不同土地形成的超额利润，但是，也由于土地私有权的存在，这种超额利润必须交付给土地所有者。可见，包括级差地租在内的整个地租的实质，都是土地私有权对剩余价值的无偿占有。

从级差地租和绝对地租的分析可以看出，土地私有权与资本主义生产方式是存在矛盾的，这是因为，土地私有者阶级并不进行经营活动，却坐享其成，分享资产阶级经营得来的剩余价值。所以，资产阶级为了不让剩余价值被土地私有者分享，并不反对土地国有化。当然，资产阶级的土地国有化实质是土地所有权归资本家整个阶级所有，这仍然属于土地私有制的范畴。

马克思的地租理论客观地反映了“资本投入农业而产生的一定的生产关系和交往关系”[①]，或者说资本主义生产方式与土地私人所有制的关系，这启发我们，研究社会主义市场经济条件下的土地所有权关系，必须从社会主义生产方式现实要求出发，并结合现实的土地国有制（全民所有制）和土地集体所有制这两种土地所有权关系，这样才能科学地认识公有制条件下的地租现象，弄清社会主义土地所有权的经济价值。

5. 辩证地认识土地所有制的历史作用

唯物史观要求辩证地认识一定历史阶段的生产关系对社会生产力发展的历史作用，其中包括土地所有制的历史作用及其经济实现形式。马克思的地租理论阐

---

① 《资本论》第3卷[M]，北京：人民出版社，2004年，第694页。

述了“古代土地公有制”、“真正的奴隶经济（它也要经过各个阶段，从主要为自身需要而从事经营的家长制，一直到为世界市场而从事经营的真正种植园制度）”的土地所有制、“封建土地所有制”、自耕农的“自由小块土地所有制形式”、资本主义土地所有制等多种历史形式，并研究了表现不同历史阶段土地所有制的经济实现形式，包括劳动地租、产品地租、货币地租、“分成制（可以看成是由地租的原始形式到资本主义地租的过渡形式）”、资本主义地租等地租的历史形式。[①] 其中，关于自由小块土地所有制形式、资本主义土地所有制和分成制历史作用的辩证分析，值得我们高度重视：

弄清小块土地所有制的历史作用和局限性。小块土地所有制是适应小生产方式的，“在这种生产方式中，土地的占有是劳动者对本人的劳动产品拥有所有权的一个条件；在这种生产方式中，耕者不管是一个自由的土地所有者，还是一个隶属农民，总是独立地，作为单独的劳动者，同他的家人一起生产自己的生活资料”[②]。马克思指出，小块土地所有权“是个人独立发展的基础。它也是农业本身发展的一个必要的过渡阶段”；自耕农的自由小块土地所有制形式，曾作为占统治地位的正常形式，“在古典古代的极盛时期，形成社会的经济基础”。[③] 同时，马克思深刻地揭示了小土地所有制的历史局限性，“小块土地所有制按其性质来说排斥社会劳动生产力的发展、劳动的社会形式、资本的社会积聚、大规模的畜牧和对科学的累进的应用”[④]；“小土地所有制的前提是：人口的最大多数生活在农村，占统治地位的，不是社会劳动，而是孤立劳动；在这种情况下，财富和再生产的发展，无论是再生产的物质条件还是精神条件的发展，都是不可能的，因而，也不可能具有合理耕作的条件”[⑤]。这些论述，对我们辩证地认识我国目前的集体土地家庭承包制有重要指导意义。毫无疑问，那种所谓土地家庭承包制应当永远不变的主张，显然是阻碍历史进步的、反科学的。

认识资本主义土地所有制历史作用的两重性。马克思揭示出，这种土地所有制是一种通过资本主义生产方式经营土地、实现土地所有权经济价值的土地所有权关系。这种经济价值包括大土地私有者凭借土地所有权向租地资本家征收地租

---

① 参见《资本论》第3卷第四十七章“资本主义地租的起源”，《资本论》第3卷[M]，北京：人民出版社，2004年，第884—919页。

② 《资本论》第3卷[M]，北京：人民出版社，2004年，第911—912页。

③ 《资本论》第3卷[M]，北京：人民出版社，2004年，第911页。

④ 《资本论》第3卷[M]，北京：人民出版社，2004年，第912页。

⑤ 《资本论》第3卷[M]，北京：人民出版社，2004年，第918页。

和租地资本家经营土地获取利润。这种适应资本主义生产方式的土地所有制的历史作用具有二重性，一方面，它的实现过程与市场社会分工相联系，采用机器大生产和雇佣劳动者协作的生产方式，因而可以在私有制能够做到的范围内，把科学的农艺学应用于农业生产，使土地得到集约利用，明显地提高农业劳动生产率。另一方面，资本主义土地经营以追求高额利润为目的，这种经营目的和市场竞争压力的驱动，决定了租地资本家在土地租赁期内，必然力求获得在地租之外的超额利润，掠夺式地利用土地和更厉害地剥削雇佣劳动者；这就使大土地私有权在与资本主义经营方式的结合中，成为社会生产力和人的发展的最大障碍。因此，马克思深刻指出，资本主义土地所有制“一方面使农业合理化，从而才使农业有可能按社会化的方式经营，另一方面，把土地所有权变成荒谬的东西，——这是资本主义生产方式的巨大功绩。资本主义生产方式的这种进步，同它的所有其他历史进步一样，首先也是以直接生产者的完全贫困化为代价而取得的”①；资本主义土地所有制或“大土地所有制”，“在劳动力的天然能力借以逃身的最后领域，在劳动力作为更新民族生活力的后备力量借以积蓄的最后领域，即在农村本身中，破坏了劳动力。大工业和按工业方式经营的大农业共同发生作用。如果说它们原来的区别在于，前者更多地滥用和破坏劳动力，即人类的自然力，而后者更直接地滥用和破坏土地的自然力，那么，在以后的发展进程中，二者会携手并进，因为产业制度在农村也使劳动者精力衰竭，而工业和商业则为农业提供使土地贫瘠的各种手段”。② 这些分析告诉我们，绝不能迷信和照搬当代发达资本主义国家的家庭农场和其他资本主义私有制的土地经营方式，看不到农场主对雇佣劳动者的剥削，看不到资本主义经营方式如滥用化肥等对土地和生态的破坏。在我国的农村改革中，应当坚持农业的集体经济的发展方向不动摇。

重视过渡性的土地所有制形式。马克思曾指出，“社会史上的各个时代，正如地球史上的各个时代一样，是不能划出抽象的严格的界限的”③。这表现在土地所有制上，就是除了典型的奴隶主土地所有制、封建土地所有制和资本主义土地所有制，还有介于它们之间的程度不同具有过渡性的土地所有制形式，如上面提到的采取“分成制”地租形式的过渡性土地所有制形式。目前我国农村的土地股份

① 《资本论》第3卷[M]，北京：人民出版社，2004年，第697页。
② 《资本论》第3卷[M]，北京：人民出版社，2004年，第919页。
③ 《资本论》第1卷[M]，北京：人民出版社，2004年，第427—428页。

合作制，实行家庭土地承包权入股合作与劳动合作相结合，这就具有过渡的性质，完善的土地集体所有制是土地集体所有权和集体统一经营权相一致的。应当看到，这种合作制实行社会劳动，有利于土地的适度规模经营，比一家一户经营土地的土地家庭承包制，更有利于农业生产力的发展和农民的共同致富，因此，应当积极推进。

深刻认识土地私有制的危害性。马克思揭示了土地私有权必然存在的弊病，即它“同合理的农业、同土地正常的社会利用之间的矛盾”；“一些人拥有土地私有权，意味着另一些人丧失土地所有权”。[①] 他还强调，土地私有权会限制经营者对土地的生产投资，迫使经营者只考虑眼前的利益，而不保护土地的肥力，因而必然对生产本身造成限制；不仅限制小农业，而且“对大农业和以资本主义生产方式为基础的大地产来说，这种所有权也是一种限制”[②]。土地私有权还会造成租用土地的经营者“对地力的榨取和滥用”，必然会对“农业生产和对土地本身的合理经营、维护和改良”造成限制和障碍。[③] 当代中国要坚持科学发展、实现共同富裕，就绝不能相信新自由主义所谓私有产权最有效率的反科学的教条！本章后面的论述将对此进一步论证。

从以上阐述可以知道，马克思研究土地所有制及其实现形式地租，贯彻了唯物史观的科学方法。在社会发展的一定历史时期形成何种土地所有制，并以何种形式实现，这是由一定生产方式决定的。总体来看，随着社会生产力的发展和生产方式的进步，人类社会必然消灭土地私有制，这是合理地利用土地和发展农业的先决条件。从这个角度看，只有实现并坚持完全的土地公有制，才能最终使国民经济运行建立在合理农业的坚实基础之上，使宏观经济运动走上平衡稳定的运行和可持续发展的轨道。

在现阶段的中国，土地还没有实行全民所有制的公有制；但是，通过艰苦的革命和建设，已经形成了国有制和集体所有制两种基本的土地公有制形式。从人类土地所有制的演进史来看，这是土地所有制由私有制到公有制的质的飞跃！我们应当十分珍惜、维护现行土地基本制度，并创造条件向前逐步推进。值得提出的是，对于我国的两种土地公有制形式，都不能停留在抽象的概念上，而应当以唯物

---

① 《资本论》第3卷[M]，北京：人民出版社，2004年，第917—918页。
② 《资本论》第3卷[M]，北京：人民出版社，2004年，第918页。
③ 《资本论》第3卷[M]，北京：人民出版社，2004年，第918页。

史观思想方法为指导，坚持实践，不断探索它们与社会生产力发展和人民共同富裕的关系，通过不断总结经验和教训，促进它们形成具体的有效实现形式，充分发挥好它们的历史作用。

（三）《资本论》地租理论的要点

1. 马克思创建的级差地租、绝对地租和垄断地租的基本概念

《资本论》的地租理论有丰富的内容。本章主要从宏观经济的角度来研究其中的有关原理。而理解马克思应用唯物史观的方法系统阐述的地租理论，更有利于理解这些原理。为此，本章在阐述涉及宏观经济的地租原理之前，先用下表，对马克思创建的级差地租、绝对地租和垄断地租的基本概念，做系统而简要的比较分析。

表 9－1 关于级差地租、绝对地租和垄断地租的比较①

<table>
<tr><th rowspan="2">地租形式
比较</th><th colspan="2">级差地租</th><th colspan="2">绝对地租</th><th rowspan="2">垄断地租</th></tr>
<tr><th>Ⅰ</th><th>Ⅱ</th><th>工业化
低级阶段</th><th>工业化
高级阶段</th></tr>
<tr><td>作为地租的超额利润存在的条件</td><td>土地肥力、位置不同引起的劳动生产率差别</td><td>对同一块土地连续投资造成的劳动生产率的差别</td><td>农业资本有机构成低于社会资本平均有机构成，农产品价值高于生产价格之差</td><td>农业资本有机构成等于或高于社会资本平均构成，外部门价值向农业部门转移</td><td>具有特殊性质自然力的土地；土地产品需求者的财富和嗜好</td></tr>
<tr><td>超额利润形成地租的原因</td><td colspan="2">产生于对一种能够被人垄断并且已经被人垄断的自然力的利用。或者说，产生于土地经营权的垄断。土地所有权只是使超额利润从租地者转移到地主手中</td><td colspan="2">土地所有权的垄断</td><td>土地所有权的垄断；有一个与地租无关的垄断价格存在，才产生的地租</td></tr>
<tr><td>包含地租的农产品的价格形式</td><td colspan="2">生产价格</td><td colspan="2">普通意义上的垄断价格。由于土地所有权要求得到地租，阻碍资本自由投入农产品生产，而形成的垄断价格</td><td>真正的垄断价格</td></tr>
</table>

① 此表引自何干强著：《〈资本论〉的基本思想与理论逻辑》[M]，北京：中国经济出版社，2005 年，第 290—292 页；这里作了必要的修订。

（续表）

地租形式 比较	级差地租		绝对地租		垄断地租
	Ⅰ	Ⅱ	工业化低级阶段	工业化高级阶段	
农产品市场价格的决定	取决于“劣等地”产品的生产价格		取决于供求状况和新耕地的面积，市场价格高于农产品生产价格；但是低于或等于，甚至有时可以高于农产品价值	取决于供求状况和新耕地的面积，市场价格高于农产品的价值（此时农产品价值等于，甚至低于生产价格）或生产价格	由购买者的需要和支付能力决定，与一般生产价格或产品价值所决定的价格无关
地租实体的来源	个别生产价格与市场生产价格的差额，包含虚假的社会价值，即社会对农产品的过多支付，或非农业部门剩余价值的转移		一般为农业部门的剩余价值。在市场价格有时高于农产品价值的情况下，包含外部门剩余价值的转移	社会总剩余价值的扣除，将降低社会平均利润率的水平	农业部门的剩余价值和外部门转移的剩余价值
地租的正常与非正常形成	正常形成：符合生产价格规律，由于土地所有权的存在而转化		正常形成：在社会已经形成了包括平均利润的生产价格或土地产品的市场价格的前提下形成		非正常形成：由流通领域的偶然因素形成

2. 简要的说明

表9－1从不同形式的地租的存在条件、地租形成的原因、包含地租的农产品的价格形式、地租实体的来源，以及地租正常与非正常形成（它们的形成是否符合价值规律或生产价格规律）这几个方面，概述了《资本论》所阐释的地租理论的基本要点。这些要点建立在劳动价值论的基础上，涉及农业资本的有机构成、社会资本的平均构成、农产品的个别生产价格与市场生产价格、农产品的价值、农产品的剩余价值、农产品的超额利润、农业部门的剩余价值、农业部门以外的剩余价值、虚假的社会价值、社会总产品的剩余价值、社会总资本的平均利润、普通意义上的垄断价格、真正的垄断价格，还有土地所有权、土地经营权等一系列概念。深入地理解这些概念，需要深入研读原著，这里不再一一解释。可以说，只有理解了劳动价值论，

才能理解《资本论》地租理论的上述要点；而理解了涉及地租理论的这些要点，反过来又有助于更深入地理解劳动价值论，从而有助于理解地租与宏观经济运动的关系。

二、地租对宏观经济运动的影响

（一）级差地租对宏观经济运动的影响

1. 级差地租与宏观经济的关系

级差地租产生于人在独占一块土地的经营权时，通过利用能产生较高劳动生产率的自然力，使土地产品获得个别生产价格低于市场生产价格的超额利润；而掌握土地所有权的地主，则迫使经营土地的租地者把这种超额利润转移到他手中。初看起来，这只涉及私人之间的经济关系，并不涉及宏观经济。其实不然。

级差地租必然与宏观经济发生关系。这是因为，尽管转化为级差地租的超额利润与其他一般产品的超额利润相比，都是个别生产价格和市场生产价格的差额形成的超额利润，但是，级差地租作为超额利润却有其特殊性：

其一，它作为一种利润，不是产品参加一般生产价格的形成而取得的，而是必须以产品价格按一般生产价格出售为前提。换句话说，资本不能像自由进出其他领域那样，参与获得平均利润、形成生产价格的市场竞争；它投入土地经营，必须以支付给大土地所有者地租为前提，因此，它只有在产品能够以生产价格出售，获得平均利润为前提，才能投入土地。

其二，较好土地产生作为级差地租的超额利润，是因为“不提供地租的最坏土地的生产价格，总是起调节作用的市场价格”[①]。这与一般市场价格由生产力处于中等水平投资产品的生产价格（社会平均成本价格加平均利润）起调节作用有重要差别。这是因为，作为级差地租的超额利润，产生于资本对一种能够被人垄断的自然力（瀑布、富饶的矿山、盛产鱼类的水域、位置有利的建筑地段等）的利用。由于投入最坏土地的资本也必须获得平均利润；由于对农产品等土地产品的市场需求，会随着人口增加，随着工业发展对农产品（作为原料）、矿产品等需求增加而不断增

① 《资本论》第3卷［M］，北京：人民出版社，2004年，第742页。

加,而最好土地面积有限,所以"等量资本必须投在对等量资本提供不等量产品的不同的各级土地上"①;这些情况决定了自然力高于最劣等的各级较好土地,它们的农产品市场价格中都能包含超额利润,从而都成为级差地租。

马克思把这种转化为级差地租的超额利润的价值称为虚假的社会价值,而它们来自社会总产品的总剩余价值的转移。马克思指出,"关于级差地租,一般应当指出:市场价值始终超过产品总量的总生产价格"②。这里强调了"产品总量"和"总生产价格",说明级差地租的形成机制属于宏观经济运动范畴。《资本论》对此作了深入分析。

2. 级差地租包括虚假的社会价值

马克思用假设的数据,阐释了农产品价格中包括的虚假社会价值及其来源。

表 9-2　农产品中的虚假社会价值

级别	产　量	实际生产价格	实际单价	市场生产价格	虚假的社会价值（级差地租）
A	1 夸特	60 先令	60 先令	60 先令	0
B	2 夸特	60 先令	30 先令	120 先令	60 先令
C	3 夸特	60 先令	20 先令	180 先令	120 先令
D	4 夸特	60 先令	15 先令	240 先令	180 先令
合计	10 夸特	240 先令	（平均 24 先令）	600 先令	360 先令

表 9-2 是根据马克思的阐释绘制的。假定有 A(最坏土地)、B、C、D 面积相等、肥力由坏到好的四个等级的土地,总产量 10 夸特小麦,因为小麦市场价格由不提供级差地租的最坏土地 A 的生产价格决定,A 每夸特的产量等于 60 先令,所以,总产量 10 夸特小麦的总市场生产价格为 600 先令。"10 夸特的实际生产价格是 240 先令;但它们要按 600 先令的价格出售,贵 250%。实际平均价格是每夸特 24 先令;但市场价格是 60 先令,也贵 250%。这是由在资本主义生产方式基础上通过竞争而实现的市场价值所决定的;这种决定产生了一个虚假的社会价值。这种情况是由市场价值规律造成的。土地产品也受这个规律支配。产品(也包括土地产品)市场价值的决定,是一种社会行为,虽然这是一种不自觉的、无意的行为。这种

① 《资本论》第 3 卷[M],北京:人民出版社,2004 年,第 742 页。
② 《资本论》第 3 卷[M],北京:人民出版社,2004 年,第 744 页。

行为必然是以产品的交换价值为依据，而不是以土地及其肥力的差别为依据。”①

这里，“虚假的社会价值”360 先令，指的是农产品总量的市场生产价格 600 先令与实际生产价格 240 先令之间的差额，也就是高于总产量 10 夸特小麦的平均利润的超额利润，它们形成支付给土地所有者的总级差地租。为何用“虚假的”这个定语呢？笔者的理解是，按照市场价值规律（市场价格规律）一般的规定，产品的实际市场生产价格是由生产投入的社会平均劳动耗费（包括死劳动和活劳动）来决定的，单价应是 24 先令，总的实际生产价格应是 240 先令，其中凝结的应是小麦生产耗费的社会必要劳动。这样，另外的 360 先令体现的社会必要劳动就只能是小麦生产以外的、购买小麦的消费者支付给小麦生产者的，相对于生产小麦的劳动消耗而言，它是“虚假的”。本来，社会消费者像商品一般买卖一样，按等价值交换规律，只应支付 240 先令给农业生产者，但是，由于决定土地产品市场价格的社会规定特殊，即不是由平均生产价格决定，而是由最坏土地产品的个别生产价格决定，这就使得消费者要多支付给小麦生产者 360 先令，而这种虚假的社会价值又通过租地农场主支付给大土地私有者。所以，马克思指出，“同种商品的市场价格的等同性，是价值的社会性质在资本主义生产方式的基础上，以及一般说来在一种以个人之间的商品交换为基础的生产基础上借以实现的方式。被当作消费者来看的社会在土地产品上过多支付的东西，社会劳动时间实现在农业生产上时形成负数的东西，现在对社会上的一部分人即土地所有者来说却成了正数”②。这里，别的生产部门的社会劳动时间形成的价值，过多地支付给了土地产品生产部门，而土地所有者则坐享其成地获得了这部分“对土地产品支付过多的东西”。前者的负数，成了后者的正数。由此可见，这种负数是全社会的劳动时间形成的价值，通过级差地租的形式被土地所有者所无偿占有；这种由虚假的社会价值形成的级差地租，其实就是其他部门转移到农业部门的剩余价值。

3. 级差地租阻碍宏观经济平衡与发展

作为虚假的社会价值的级差地租，是“社会对土地产品支付过多的东西”，这也就说明，级差地租的存在，意味着农产品与社会生产的其他部门产品之间存在不平等的交换；社会生产的其他部门通过消费者，对农产品部门支付了过多的社会价

---

① 参见《资本论》第 3 卷［M］，北京：人民出版社，2004 年，第 744—745 页。
② 《资本论》第 3 卷［M］，北京：人民出版社，2004 年，第 745 页。

值。因而马克思指出,“地租的量完全不是由地租的获得者的参与所决定的,而是由他没有参与、和他无关的社会劳动的发展决定的”①。他还进一步指出,“在社会发展的进程中,地租的量(从而土地的价值)作为社会总劳动的结果而发展起来。一方面,随着社会的发展,土地产品的市场和需求会增大;另一方面,对土地本身的直接需求也会增大,因为土地本身对一切可能的,甚至非农业的生产部门来说,都是进行竞争的生产条件”②。因此,级差地租的存在和增大,显然会减少社会生产的其他部门在再生产中的积累,限制它们的发展程度。

尤其不能不看到,大土地所有者坐享地租。“任何一个社会阶级也不像他们那样浪费;任何一个社会阶级也不像他们那样竟有权要求维持一种传统的‘适合身份’的奢侈生活,而不管挥霍掉的钱是从哪里来的;任何一个社会阶级也不像他们那样可以放心大胆地负债累累。他们总会再站住脚,因为别人在土地上的投资为他们提供地租,并且这种地租远远超过资本家从土地取得的利润。”③因此,级差地租的存在必然扩大社会收入两极分化,这又必然会破坏市场供求关系的平衡,成为周期性经济危机的引发因素。

4. 共产主义社会不存在级差地租

在资本主义私有制条件下,级差地租的存在不可避免。但是,马克思指出,“如果我们设想社会的资本主义形式已被扬弃,社会已被组成一个自觉的、有计划的联合体,10 夸特就会只代表一定量的独立的劳动时间,而和 240 先令内所包含的劳动时间相等。因此,社会就不会按产品内所包含的实际劳动时间的二倍半来购买这种土地产品;这样,土地所有者阶级存在的基础就会消失。这样一来,结果就像从国外进口产品使产品价格便宜了同一数额完全一样。因此,如果说,维持现在的生产方式,但假定级差地租转归国家,土地产品的价格在其他条件相同时会保持不变,当然是正确的;但如果说,在资本主义生产由联合体代替以后,产品的价值还依旧不变,却是错误的”④。这告诉人们,在共产主义社会,包括土地在内的生产资料私人所有制和私人经营都将消失,社会将遵循客观规律,有计划地控制社会再生产的社会劳动时间的分配,不再需要以自发的商品交换为中介,来形成社会分工比例关系,农产品也就不会再按最低等级产品的个别价值作为市场价值进行商品交换,

---

① 《资本论》第 3 卷[M],北京:人民出版社,2004 年,第 717 页。
② 《资本论》第 3 卷[M],北京:人民出版社,2004 年,第 717—718 页。
③ 《资本论》第 3 卷[M],北京:人民出版社,2004 年,第 819 页。
④ 《资本论》第 3 卷[M],北京:人民出版社,2004 年,第 745 页。

社会也就无须对土地产品过多支付虚假的社会价值，地租也就必然消失。

5. 资本主义社会的土地国有化不能消除级差地租

在资本主义社会，激进的资产阶级主张土地国有化。这是因为资本主义国家的土地国有化，有助于消灭私人大地产，从而剥夺大土地所有者占有的绝对地租，这对资产阶级自由竞争，减少地租负担，显然有利。但是，正如列宁在阐述马克思的地租理论时所指出的，“在资本主义存在的条件下，级差地租是不可能消灭的，而绝对地租却可能消灭，例如在土地国有化的时候，在土地转归国家所有的时候就可能消灭”①。这是因为，资本主义国家的土地国有化，不会改变一般生产资料的私有制性质。投入土地产品经营的资本，仍然是私人资本，土地产品仍然由资本家经营者出售；只要土地存在等级差别，土地产品的个别价格，就必须保证资本家获得平均利润；在国家要收入地租的条件下，相同的土地产品依然会按最低等土地产品的个别价值作为市场价值投入市场，因此，只要土地仍然归私人资本经营，级差地租就依然存在。

应当看到，资本主义社会实行土地国有化之后，国家把土地租赁给土地经营者，农业级差地租就归资产阶级国家所有了。但是，这并不会给广大工人阶级带来利益。因为只要资本主义私有制依然是国民经济的基础，国家土地由资本家租赁经营，那么，国有土地的经营就是通过雇佣劳动制度来实现的，农业工人就和工业领域的雇佣工人一样，依然处于受剥削的地位。因为资本主义国家的土地国有化绝不会改变资本主义私有制和生产社会化这对基本矛盾，也就不会消除资本主义经济周期性爆发危机的痼疾。

6. 科学认识当代中国的级差地租

尽管中国已经建立社会主义基本经济制度，消灭了土地私有制，但是要实现不存在级差地租的共产主义社会还有很长的奋斗历程。从所有制关系看，我国还是一个公有制为主体的，存在多种所有制经济的社会，不同所有制在经济利益上存在各自的独立性；在需要通过商品交换间接形成社会分工关系的社会主义市场经济条件下，国有经济和集体经济在实际运行中还需要所有权与企业经营权保持前者对后者既控制又分离的关系；国有资本投资土地产品，仍须面向市场独立经营，因此，不同所有者主体对土地的占有或经营，就必然会存在相互之间在经济利益上的

---

① 《列宁选集》第2卷，[M]，北京：人民出版社，1995年，第436页。

排他性，以及所有者和经营者之间对土地收入分配关系的矛盾。从生产方式来看，同量资本投入自然力较高、位置较好的土地经营，能够获得作为级差地租的超额利润，这需要土地经营达到工业化生产方式为前提，而我国的矿山、建筑业等非农土地产品领域，以及能够用机械化方式进行产业化、商品化农产品生产的国有农垦系统的农场，都具备了投资产生高于平均利润的级差地租的前提条件。从这两个角度来看，这些产业部门土地都必然产生级差地租，并发生级差地租分配关系的矛盾。

必须认识，我国发生在国有土地上的级差地租，在社会性质上与资本主义社会已有质的区别。资本主义国家土地国有化之后，级差地租也归国家占有，但是那实质上是资产阶级整体的占有，而我国是国家代表广大劳动人民利益的占有。当然，国家如何自觉地具体占有级差地租，促进土地有偿使用，并从宏观经济按比例发展角度用好级差地租，这需要在经济实践中积极探索。例如，我国的国有农场的级差地租应当收归国有，但是从操作实际看，不宜简单化，因为影响农场之间农业生产超额利润差异的，不仅有自然条件的优劣差异，还有农场经营水平的高低，后者与农场干部职工发挥的主观能动性有关，这就涉及在收入分配上如何贯彻按劳分配的原则。这些级差地租的占有和分配问题，是需要在深入调查研究基础上认真探讨的。

关于我国农村集体所有制的土地（不包括国有农场土地）是否存在级差地租，目前学界绝大多数人持肯定意见。我则认为值得商酌。毫无疑问，不同地区自然条件存在差异，集体土地相互独立经营，这必然造成农产品个别价值存在差异，这是存在级差地租的一般条件。但是，用唯物史观的方法分析，级差地租的产生还必须具备生产方式的基础条件。不能忽视，我国集体经济的农产品生产，总体来说尚未达到机械化、产业化的水平，因而与工商领域一般投资相比，还达不到产生高于平均利润的超额利润的前提，这也就产生不了级差地租。固然集体土地之间同量资本投入的收入，存在差距，但是这不属于级差地租意义上的差距。实际上，在集体所有制农业生产领域，尚不存在土地条件较好的集体农民占有社会支付过多的虚假社会价值这种问题；而农业机械化、产业化生产水平提高太慢，以致土地条件较好的集体农民投资农产品生产，连平均利润都达不到，就更谈不上超额利润。加上国家从工业化大局出发，依靠农业积累较多，工农产品之间仍存在偏离价值规律的剪刀差，这使农业生产的资本积累缓慢，农民收入普遍不高。因此，就集体农业生产而言，当务之急是，真正贯彻落实党的统筹城乡发展，以工促农、以城带乡的正确方针，充分发挥集体所有制的优越性，促进农业机械化和科学种田，加快农地的机械化、产业化经营，努力提高农民收入。

当我国集体所有制农业的机械化、产业化生产水平不断提高，达到同量资本投入自然力较高的土地经营能获得高于社会平均利润的超额利润这样的前提之后，在社会主义市场经济条件下，集体土地就必然会产生级差地租的占有和分配问题。土地级别较高的集体农民占有级差地租，这有助于增加这些集体农民的积累，建设社会主义新农村。当然，这也会造成土地级别不同的农民集体之间的收入差别，不过，只要国家从促进社会共同富裕的大局出发，进行合理调节，是可以促使这种差别趋向缩小的。

7. 当下值得注意的农业级差地租问题

值得一提的是，经过多年的私有化"改制"，目前私有、外资资本比重已经明显增大，第二、三产业的私有制从业人员已显著超过公有制企业。[①] 在这种情况下，有人提出包括外资的私人资本"下乡"经营集体所有制的土地，并实行产业化的规模经营。这样的经营方式是会产生级差地租的。根据马克思的地租理论可以知道，级差地租是根据土地现有的优劣等级确定地租的，如果在土地租赁合同期内，私人资本经营土地的超额利润，超过合同事先规定的地租，那么超过部分就归经营者所有；只有到合同期满，再次签约，才会提高支付的地租数额。因此，私人资本"下乡"，必然造成经营者在租赁土地期间，加重剥削雇佣工人、滥用地力。从长远看，租赁期间越长，私人资本侵占超额利润就越多。这不仅会损害集体农民的利益，更会对农业可持续发展造成损害。仅从这一原理就可看出，对私人资本的发展不加节制，让私人资本经营集体所有制的土地是极为有害的。这样的势头如果不加控制，在市场经济中的资本主义经济成分将会越来越大，社会收入两极分化将会加剧，这样的后果积累到一定程度，难免导致宏观经济出现资本主义性质的危机，因此，必须及早加以控制。

我们主张，在社会主义市场经济条件下，应当尽最大努力，维护国家对国有土地的级差地租收入，并维护农民集体对集体土地的级差地租收入，这需要在遵循价值规律前提下，严格控制私有资本和外资经营土地。必要的少量的土地租赁给外

① 参见何干强：《振兴公有制经济刻不容缓》[J]，《河北经贸大学学报》2016 年第 1 期。

资，也应当制定合理的租赁期限，严格计算民族利益的得失，从而避免外资侵吞租赁期间的超额利润，避免级差地租流向私囊。应当说，这也属于宏观经济调控的重要内容。

（二）绝对地租和垄断地租对宏观经济运动的影响

1. 绝对地租与级差地租的比较

绝对地租和级差地租的共同点在于，它们都属于高于平均利润的超额利润，都要由土地经营者支付给土地所有者。如果土地所有者本身同时是土地产品经营者，那么他就直接占据所有的地租。

绝对地租和级差地租的差别，体现在土地所有权的关系上。级差地租作为超额利润，其来源与投资者垄断较为有利的土地自然力的经营权相联系，投资者从这种垄断经营中获得超过平均利润的超额利润，土地所有者则凭借土地所有权，使这种超额利润作为地租转移到自己手中。如果在土地租用期内，经营者获得的超额利润高于地租合约的规定，这种超过部分就会归经营者占有。

而绝对地租作为经营者缴纳给土地所有者的利润，是土地所有权直接决定的。一方面，土地所有者的土地不被使用，其土地私有权就没有任何收益，就没有经济价值；另一方面，他绝不会免费让别人使用他的土地，绝对要向投资土地的经营者收取地租，即使出租最坏土地，也要收取绝对地租。这样，土地私有权就必然阻碍资本自由投入土地产品生产。而在资本主义条件下，经营者的投资至少要获得社会资本的平均利润才会投资土地。这样，只有土地产品的市场价格高于产品生产价格，经营者才能把超出平均利润以上的利润，作为绝对地租支付给土地所有者。马克思在劳动价值论的基础上，揭示了在农业生产方式低于非农业部门的历史条件下，绝对地租的价值来源于农业雇佣工人创造的超出社会资本平均利润的剩余价值。

这可以用数理方法简要说明：假设社会非农业产品的平均有机构成（例如 $8c:2v$）；社会生产各领域剩余价值率相等（这种假设符合劳动力自由流动的实际，例如，假定 $m'=m/v=100\%$）；投入社会非农业产品生产的资本的平均利润率就是 $20\%[\bar{e}'=2m/(8c+2v)]$，平均利润 $p=2vm'=2m$；而投入农产品资本的有机构成（例如 $5c:5v$）低于平均有机构成。这样，如果农产品价格只达到生产价格 $P=k+p=k+2m(k=5c+5v=8c+2v=10$ 单位），就只能得到平均利润，也就无法支付地租，不会投资农产品生产。然而,农产品的市场价值 $=5c+5v+5vm'=5c+5v+5m$,或者说 $=k+p+d=k+2m+3m$,农产品市场价值高于生产价格,存在 $d=3m$ 的差额。所以,只要市场对农产品提出需求,而土地产品的市场价格只要稍稍超过生产价格,就足以使新的最坏的土地进入市场。因而,在农产品市场价值高于生产价格的前提下,土地产品有高于生产价格而低于市场价值出售的可能性,绝对地租的实际数额(r)就会有一个等于、小于它们之间差额的区间 d,即 $0<r\leqslant d$;而 r 的大小,则取决于农产品市场状况。可见,在这种差额之内的绝对地租,来自农产品价值中包含的剩余价值,也就是来自农业部门雇佣工人的剩余劳动创造的剩余价值。关于在这种前提下的绝对地租,马克思精辟地指出,“如果商品的价值高于它的生产价格,那么,生产价格就 $=k+p$,价值则 $=k+p+d$,因而,$p+d=$ 商品中包含的剩余价值。所以,价值和生产价格之间的差额 $=d$,即这个资本所生产的剩余价值超过按一般利润率分配给这个资本的剩余价值而形成的余额”①。这个余额就是土地经营者支付给土地所有者的一个绝对地租数额的区间($0\leqslant d$)。

在农业资本有机构成低于非农业资本的情况下,马克思指出,“这里的前提是,农业资本比非农业资本的一个同样大的部分推动更多的劳动。差额有多大,或者这个差额一般是否存在,这取决于农业和工业相比的相对发展程度。按照事物的本性来说,随着农业的进步,这个差额必然会缩小,除非工业资本中可变资本部分同不变资本部分相比减少的比例,比在农业资本中更大”②。因此,一旦农业生产方式的发展,使农业资本的有机构成等于或超过工业资本的有机构成,那么,土地产品市场价值就会等于乃至低于其生产价格,这种市场价值和生产价格之间的差额 d 就必然会缩小到 0,乃至成为负值。如果这种情况成为现实,那么,农产品市场价值就不再包含绝对地租的价值来源。但是,只要土地所有权依然存在,就仍会要向土地投资经营者收取绝对地租,否则就不允许投资。这就会限制农产品的市场供给,在市场供求规律作用下,就会将农产品的市场价格推高到农产品实际市场价值或实际生产价格之上,形成的农产品的垄断价格。这时,绝对地租的来源就是这种农产品垄断价格高于农产品实际价值或实际生产价格的差额了。

2. 绝对地租对社会再生产的限制

无论农业资本的有机构成大于、等于或小于社会资本的有机构成,绝对地租都

① 《资本论》第3卷[M],北京:人民出版社,2004年,第863页。

② 《资本论》第3卷[M],北京:人民出版社,2004年,第872—873页。

会对全社会的再生产形成限制。

假定社会生产力的发展进程中，农业资本的有机构成大于、等于社会资本的有机构成。在这种情况下，土地所有者要收取的绝对地租，就不可能由农产品的市场价值本身来提供，而只有通过消费者购买农产品，把社会再生产非农业部门的一部分剩余价值转移给土地所有者。这也就意味着，绝对地租的价值来源只能来自对社会总剩余价值的扣除。很明显，这是对社会再生产的一种限制。

在农业资本有机构成小于社会资本有机构成的情况下，初看起来，绝对地租只会对农业生产进行限制，似乎对其他部门的社会再生产没有影响，其实不然。原因在于，最坏土地也要收取绝对地租，这就必然会增加较好土地的级差地租，增加各级较好土地的级差地租总额。马克思指出，“如果最坏土地单位面积产品的价格 = P+r，一切级差地租就都会按 r 的相应倍数增加，因为按照假定，P+r 成了起调节作用的市场价格”①。这样，社会也就必然增加对土地所有者支付的剩余价值，这就使前面说过的级差地租阻碍宏观经济运行和发展的作用更加严重。表 9－3 有助于理解这个道理。

表 9－3　相同面积不同级别土地的农产品的绝对地租和级差地租

级别	产量	产品实际价值	产品市场价值	绝对地租	级差地租
A	s	P+r	P+r	r	0
B	2s	P+r	2(P+r)	r	(P+r)
C	3s	P+r	3(P+r)	r	2(P+r)
D	4s	P+r	4(P+r)	r	3(P+r)
合计	10s	4(P+r)	10(P+r)	4r	6(P+r)

注：表格中，s 为单位面积的产量；P 为生产价格；r 为经营者支付的绝对地租数额。

在表 9－3 中，A、B、C、D 是农业生产率等级由低到高的四块等面积土地；最坏的 A 级土地的农产品实际价值，是农产品市场价值；A 级土地的农产品含有要支付的绝对地租 r，于是，B、C、D 较好土地除了要按等量土地面积支付绝对地租 r 之外，在支付的级差地租中，还要依次相应增加支付 r、2r、3r 的级差地租数额。这比不算绝对地租时，总计多支付 6r 地租。由此可见，在农业资本有机构成小于社会资本有

① 《资本论》第 3 卷[M]，北京：人民出版社，2004 年，第 863 页。引文中大写的 P 指的是农产品中含有平均利润的生产价格，r 为经营者实际支付的绝对地租。

机构成的情况下，绝对地租同样对社会再生产起着限制作用。

绝对地租对社会再生产的限制，归根到底是土地所有权的私人垄断对社会再生产的阻碍。因此，马克思深刻地指出，“土地所有权同其他各种所有权的区别在于：在一定的发展阶段，甚至从资本主义生产方式的观点来看，土地所有权也是多余而且有害的”[①]。

3. 垄断地租对社会再生产的影响

在马克思的地租理论中，还有一个概念上与级差地租和绝对地租都有区别的地租，就是表 9－2 列出的“垄断地租”。

垄断地租和以上阐述的级差地租、绝对地租，都是土地所有权经济价值的实现形式。但是，马克思指出，级差地租和绝对地租是“唯一正常的地租形式”[②]。所谓正常，是指绝对地租和级差地租作为土地所有者攫取的超额利润，它们都是在社会产品已形成起调节作用的生产价格以及农产品形成含有平均利润的生产价格和市场价值的前提下产生的；都是在土地所有权推动下，使农产品的销售价格推高到剩余价值高于平均利润之上的市场价格，才形成一定数额超额利润，并支付给土地所有者的。这两种地租都不是由于流通过程中的偶然情况而产生的，而是以生产价格规律和市场价值规律为基础的。

而垄断地租则是不正常的地租形式。马克思强调，这种地租“只能以真正的垄断价格为基础”[③]；而垄断价格，“一般是指那种只决定于购买者的购买欲和支付能力的价格，它既与一般生产价格所决定的价格，也与产品价值所决定的价格无关”[④]。需要说明的是，在《资本论》中，马克思并没有明确使用“垄断地租”这个概念，但是学术界一般把这种以“真正的垄断价格”为基础的地租简称作垄断地租，这里也采取这种简称。

实际上，含有级差地租和绝对地租的农产品价格，都与土地所有权的垄断相联系，也是垄断价格，但是马克思把它们称为“普通意义上的垄断价格”[⑤]。而含有垄断地租的所谓“真正的垄断价格”，则与“普通意义上的垄断价格”在概念上有重要区别。这种“真正的垄断价格”，“既不是由商品的生产价格决定，也不是由商品的

---

① 《资本论》第 3 卷[M]，北京：人民出版社，2004 年，第 702 页。
② 《资本论》第 3 卷[M]，北京：人民出版社，2004 年，第 864 页。
③ 《资本论》第 3 卷[M]，北京：人民出版社，2004 年，第 864 页。
④ 《资本论》第 3 卷[M]，北京：人民出版社，2004 年，第 876 页。
⑤ 《资本论》第 3 卷[M]，北京：人民出版社，2004 年，第 857 页。

价值决定，而是由购买者的需要和支付能力决定”。[①] 就像古董、名家艺术品的价格那样，“可以由一些结合在一起的非常偶然的情况来决定。要出售一件东西，唯一需要的是，它可以被独占，并且可以让渡”[②]。俗话说“物以稀为贵”，不管这物是否凝结有真正的价值，只要买者需要并有支付能力，卖者就可以高价出售，不受价值规律支配。而“普通意义上的垄断价格”，以价值规律和生产价格规律的作用为前提，是因“人为垄断或自然垄断”而产生超额利润的垄断价格。[③] 人为垄断，指土地所有权的私人垄断；自然垄断，指对有瀑布等较好自然力的土地所有权的私人垄断。在价值规律和生产价格规律起作用的市场竞争中，这两类垄断都会使土地产品形成包含超额利润的“普通意义上的垄断价格”，并使这种超额利润为土地所有者占有。

可见，如果农产品价格指的是“普通意义上的垄断价格”，那么这是指由地租造成的垄断价格，“在这种情况下，产品价格上涨不是地租的原因，相反地地租倒是产品价格上涨的原因”[④]。但是，如果农产品价格指的是“真正的垄断价格”，那么这是指可以产生出地租的农产品价格，“是垄断价格产生地租”[⑤]。也就是说，因为有级差地租和绝对地租，才使农产品形成普通的垄断价格；而因为某种土地的产品能按“真正的垄断价格”出售，才使这种土地形成垄断地租。

真正的垄断价格一般都很高，既然对它的支付取决于消费者的嗜好和支付能力，而能够支付得起的消费者一般是高收入者，从社会再生产的角度，这种支付的开支显然不会是新创造的价值 v+m 中体现必要生活资料的价值 v，而是体现剩余价值的 m，那么，垄断地租的存在会减少已经生产出的社会剩余价值。但是，由于垄断地租这种非正常的地租，是与土地的特殊性自然力和有关产品的稀少性，如水域的水质可以酿造出独特的酒、土地藏有稀有金属等相联系的，所以垄断地租的涉及面不会很大，从全社会的角度来看，对社会再生产的限制也不会太大。

在社会主义市场经济条件下，特殊土地也会产生垄断地租。尽管量不是很大，但是，这毕竟是宝贵的资源。应当防止把这类地块在土地使用权自由流动的名义下，转让给私人和外商经营，因为很难划清绝对地租和垄断地租的数额界限，容易

---

① 《资本论》第 3 卷[M]，北京：人民出版社，2004 年，第 864 页。
② 《资本论》第 3 卷[M]，北京：人民出版社，2004 年，第 714 页。
③ 参见《资本论》第 3 卷[M]，北京：人民出版社，2004 年，第 221 页。
④ 《资本论》第 3 卷[M]，北京：人民出版社，2004 年，第 863 页。
⑤ 《资本论》第 3 卷[M]，北京：人民出版社，2004 年，第 877 页。

把本来应当属于人民的垄断地租，奉送给私人和外商。坚持把能产生垄断地租的土地收归国有并由国有企业经营，有助于把全国的这种土地所有权的垄断地租收入集中起来，转化为国家的积累，并用于为人民服务。如果能使这种特殊土地的产品在国际市场上形成真正的垄断价格，那就能把国外的剩余价值转归国内，就可以赚取较多外汇，实现更多的经济价值。

（三）地租资本化对宏观经济运动的影响

1. 土地价格的实质是地租的资本化收入

对宏观经济运动发生影响的另一种重要现象，就是土地像商品一样买卖，土地本身有市场价格。从劳动价值论的角度看，这当然是一种不合理的现象，因为土地本身没有价值，所以，说土地价格是不合理的。土地买卖，还是一种掩盖价值真实来源的假象，因为一个人如果购买了土地，他再凭借土地私有权收取地租，就好像不是坐享其成，而是他支付了土地的等价物才得到的。但是，在市场经济中，土地价格和土地买卖却是由真实的生产关系产生的现象。

马克思关于土地价格的原理揭示出，在资本主义社会中，资本拜物教观念一旦形成，就会对经济关系发生反作用；任何一定的货币收入都可以被看作一个想象的资本的利息，即资本化的某种东西的收入。包括绝对地租和级差地租在内的地租，作为货币收入，会被看作“土地资本”的利息；这样，土地所有权要转让或出卖时，就有了土地价格。对于土地的卖者而言，马克思指出，“土地价格无非是出租土地的资本化的收入”①。例如，某块农地的地租每年可收取 100 元地租，银行年利息率为 5%，那么，这块土地就可按 2 000 元（100 元÷5%）的价格出售，这好比得到 2 000 元资本的利息收入。不过，土地本身没有价值，也就不能表现为价格，买者之所以能够支付给卖者 2 000 元，是因为买者在未来 20 年（2 000÷100 元）可以通过出租土地每年取得地租 100 元，得到 2 000 元收入。因此，马克思又指出，“土地价格不外是资本化的因而是预期的地租”②。

实际上，土地购买者购买的是对地租的索取权。这种权利，并不能由购买行为本身产生出来，而是由既定的土地私有权关系产生的，购买行为只是把卖者的这种索取权转移到自己手里。购买土地者支付了土地价格，就会在今后的一定年限里

① 《资本论》第 3 卷［M］，北京：人民出版社，2004 年，第 705 页。
② 《资本论》第 3 卷［M］，北京：人民出版社，2004 年，第 913 页。

用购买来的土地的地租收入重新补偿他的支付,而地租则是劳动者的剩余劳动创造的。所以用联系的眼光看,土地购买者实际上并没有支付自己的什么,他只是通过购买土地把劳动者未来创造的地租,提前支付给土地出售者而已。

2. 土地买卖对社会生产的限制

购买土地要求买者提前支付地租;而且,购买使用过的土地,其价格不但取决于地租和银行利率,还要加上地租之外的资本(如固定资本设施)投入的价值。这对于购买土地的生产者来说,显然是一种限制。虽然生产者可以把支付土地价格的资金计入土地产品生产的成本价格,但是,土地产品的生产价格是市场规定的,作为生产价格要素的成本价格,不是生产者可以随意增加的。马克思指出,"土地价格对生产者来说是成本价格的要素,但对产品来说不是生产价格的要素(即使地租会参加决定土地产品的价格,但预付20年或更多年数的资本化的地租,决不会参加决定土地产品的价格)。这种冲突,不过是土地私有权同合理的农业、同土地正常的社会利用之间的矛盾的形式之一"[①]。可见,土地价格对于生产者来说,是一种额外负担。

从宏观经济的角度来看,土地买卖还对社会再生产起限制作用。如果说级差地租对宏观经济运动的影响,主要体现在社会要对土地所有者过多地支付社会价值,那么,土地买卖对宏观经济运动的影响,则体现在社会要在土地价格形式上把社会价值作为地租预先支付给土地所有者。

虽然购买土地只是把卖者对地租的索取权转移到买者手里,但是,卖者原先对地租的索取是逐年进行的,如果他不出卖土地,还会逐年进行下去;而买者要取得这种地租索取权,则必须把今后可以逐年收取的地租,在购买土地时就一次性地支付给卖者。这等于是一种寅吃卯粮的提前支付。从社会的角度来看,如果土地买卖数量较大,那么全社会用现在创造出的社会价值投入土地买卖的数额就会增大,这等于是对当前可以用于社会扩大再生产的社会价值的一种削减。而土地买卖,通常会与土地产品的生产(例如房屋建筑)相联系,而在这类生产上的投入过多,又会破坏社会分工比例关系的平衡。由此看来,土地买卖是不利于宏观经济的平衡和发展的。

3. 改革中出现的土地市场

中国在1956年完成生产资料所有制社会主义改造之后,消灭了土地私有制;

---

① 《资本论》第3卷[M],北京:人民出版社,2004年,第917页。

直到在20世纪80年代初，国有土地按计划划拨使用；同时，国家也根据建设全局的需要，依法对一定量的农村集体所有制土地实行有偿征用。当时没有土地市场。在经济体制转向社会主义市场经济体制的过程中，处于改革前沿的深圳等地，结合利用外资项目，率先以土地租赁、土地使用权出让等方式，探索国有土地有偿使用，以土地使用权换取财政收入，解决城市和开发区建设资金严重不足的问题，有人把这种方式称为"经营城市"。此后，这种方式在全国推开，逐步形成以国有土地使用权出让为主要内容的土地市场；不少地方政府还以国家名义征用集体土地，把它们也纳入土地市场出让，作为地方财政收入的来源。目前，中国的土地市场已有一定规模。

我国土地市场虽然称为市场，但是从理论上说，它与资本主义土地市场存在本质区别。资本主义土地市场或者是在土地私人所有制基础上，体现土地私有者之间转让所占土地的全部地租的交易关系；或者是在土地国有化之后，体现资产阶级国家与资本家私人之间，即在土地所有权和经营权之间分享绝对地租和级差地租的关系，或者是在资本家私人相互之间转让土地经营权从而转让级差地租的关系，这些关系的实质是资产阶级国家和资本家经营者共同剥削工人阶级创造的剩余价值的关系。而我国城市土地市场，是在土地所有权全民所有这种性质不变的前提下出让国有土地的使用权，其实质是全民所有制（国有制）的土地通过一定年限的使用权的有偿出让，实现经济价值。[①] 不过，我国土地市场由地方政府代理出让国有土地使用权，年限都比较长，大体在40年至70年。这对宏观经济的影响就近似于土地所有权的出售了。

4. 必须严格控制国有土地使用权转让

我国出现的土地市场，是值得研究的重要经济现象。土地市场与商品市场的重要区别，并不在于土地是不同于一般商品的"生产要素"，而在于一般商品是社会劳动的结果，本身包含社会价值，即已经凝结的社会劳动，而土地本身却没有价值。土地出售的是地租的索取权，要求买者将今后使用土地可以获得的许多年的地租，预先（也可分两三次）支付给他。正是这种区别，决定了土地使用权有价出让具有两重作用。

一方面，土地使用权有价出让规定了土地的有偿使用。从这方面看，这有利于

---

① 参见陈征著：《社会主义城市地租研究》[M]，济南：山东人民出版社，1996年，第1—29页。

国有土地的经济价值以货币价值形式实现。政府作为国有土地所有权的代理者,按照国家长远的社会和经济可持续发展规划,选择适当的时机,有计划地出让可以暂时出让的少量土地,这可以及时获得一笔社会价值作为财政收入。国家将这种收入用于为人民谋利益,取之于民,用之于民,无可非议。

另一方面,土地价格的支付,属于寅吃卯粮。正如上面所分析的,如果土地市场规模超过一定限度,势必不利于宏观经济的平衡和发展,这也就谈不上取之于民,用之于民。

综合这两方面来看,国家应当把土地市场控制在出让很少量土地的范围内。首先要严格控制利用外资的土地出让。虽然外商支付的资金不属于国内经济的寅吃卯粮,但是,外商的土地价格支出,毕竟会计入他使用土地的产品成本,只要其产品在我国出售,这种支出就仍会由我国的购买者承担;更主要的是,合理利用外资,目的绝不在于获得土地出让金和外资营业税收,而主要是吸收外资项目的现代管理经验和先进科技,而这样的外资项目如果引进过多,它们就会在国内市场占比过大,势必有损于民族经济的自主独立。因此,向外资出让土地,只能是极少量的。其次,国内的土地出让也应当严格控制。尤其不宜大量向经营房地产的私营企业主出让,因为那会助长地租投机,抬高房价,谋取高额利润,并将土地价格支出转嫁到消费者身上。这一点本章后面还要论述。

5. 必须纠正"土地财政"观

改革进入 21 世纪以来,不少地方政府在推行城镇化发展战略的过程中,为应对日益上升的财政支出,逐步出现了一种靠出让土地使用权来增加财政收入的思想,并越来越大胆地付诸实践,以致形成所谓土地财政。但这不利于宏观经济实现科学发展。

土地购买者支付给政府的土地价格资金,来源无非是:(a) 自己以往积累的资金;(b) 负债借来的资金;(c) 前两种兼而有之。如果是(a),初看起来似乎不属于寅吃卯粮,但是,土地购买者必然要把这种资金的支付,计入土地产品的成本,否则,他与土地卖者之间就是不等价交换,而这就势必提高土地产品的价格,土地购买者越是要在短期内收回购地资金,计入土地产品成本的数额就越高。这在楼市上表现十分突出。众所周知,我国商品房价格持续居高不下,原因就在于商品房价格中包含房地产商支付的土地价格。而一般购房者为了解决住房急需,不得不采取按揭(押借,即去银行抵押贷款分期偿付)方式向房地产商购房。这样,土地价格支付属于寅吃卯粮的真相就显露出来。而从社会的角度来看(a)，一是社会剩余价值通过购房者的资金，过多地投入了房地产业，这会造成产业结构的失衡；二是社会消费者的资金不得不大量地用于住房消费支出，这就会导致对其他消费品的支出不足，这同样会造成产业结构的失衡。如果是(b)，那么，土地购买者就需要通过银行贷款方式或其他负债方式支付土地价格，这十分明显地属于寅吃卯粮；而一旦经营遇到挫折，投资不能收回，他就无法偿还负债，银行就会产生坏账，社会信用支付关系就会遭到破坏。

可见，尽管地方政府通过出让土地使用权增加财政收入，可以使政府在短期内筹集资金，多办一些事情，但是，这是一种缺乏考虑全局利益和长远利益的狭隘财政观：其一，土地财政收入属于社会未来创造的社会价值的预支，企图用这收入多办事，实际上是挪用“子孙的钱”透支负债搞建设，必然是萎缩性社会再生产，不可能为社会造福。其二，国家可以出手的土地毕竟是有限的，过多出让，势必突破全国18亿亩耕地的红线。可见，狭隘的“土地财政”观，显然是违反量入为出的财政收支规律的。其三，后面将会谈到，国有土地使用权一旦转让给私人，在土地使用期间，他们就可以追求无须支付的级差地租Ⅱ，于是，大量的原本应当属于全民所有的土地级差地租就落入私人的腰包；而级差地租的价值，如前所述，是作为“被当作消费者来看的社会在土地产品上过多支付的东西”[①]。这就意味着，地方政府把土地“拍卖”给私商，等于放任他们无偿占有整个社会劳动群众创造的剩余价值。

值得关注的是，目前一些地方政府为了增加财政收入，已经允许自然人参加竞买国有土地使用权。例如，一则地方政府部门的土地拍卖公告规定，“8 048.28平方米”的土地使用权“出让年限70年”，“中华人民共和国境内外的法人、自然人和其他组织均可申请参加”竞买；“按照价高者得原则确定竞得人”。[②] 应当说，在土地财政观指导下，这种只要有钱就可以长期使用国有土地使用权的经济政策，不但会增加危害宏观经济的科学运行和发展，而且会助长私有制经济的扩张，这对巩固公有制的主体地位是极为不利的。

6. 维护和完善农村集体土地制度

在西方新自由主义经济学的影响下，目前还出现了一种搬用资本主义土地市

---

① 参阅《资本论》第3卷[M]，北京：人民出版社，2004年，第745页。

② 参见“东川区国土资源局国有土地使用权拍卖出让公告”(东国土资告[2015]009号)[A/OL]，中华人民共和国国土资源局网站，http://landchina.mlr.gov.cn/tdsc/land/crgg/pmgg/201508/t20150822_5000720.htm。

场范畴来“改革”我国农村土地制度的倾向。这种倾向应当引起注意。

（1）不应以“城市化”为名鼓励集体土地入市买卖

有人以加速市场化进程为由，主张将集体经营性建设用地入市拍卖。初看起来，既然集体土地所有权属于农民集体，那么只要集体所有者愿意出售土地所有权，就可以按土地价格出售。但是，如果这种所谓集体建设用地不是从城乡统筹规划出发界定的，那么，在农产品价格相对较低，农民收入不高，影响农民从事农产品土地经营生产，尤其是影响种粮积极性的现实状况下，让农民集体自主决定把良田转为集体建设用地，就势必造成突破全国耕地底线的后果，这是宏观经济发展大局所不允许的。即便“入市”的土地是城乡统筹规划的农村建设用地，也必须审视地方政府规划是否服从全国规划，在此前提下，还必须审视这种规划是否服从消除城乡差别这个社会主义发展大目标，把城乡统筹规划的重点放在建设好社会主义新农村。

不能忽视，有人所说的“城市化”，是照搬西方资产阶级发展经济学提出的，他们按所谓“城市化率”（一定地域：农村人口/城市人口）的指标，主张扩大城市地盘，扩大城市工商业，鼓励农民进城打工，因此，竭力主张农民卖地，私商外商购地。这种思想指导下的集体建设用地入市拍卖，必然造成农民轻视利用集体土地走可持续发展道路，只会对私资外资有利，会导致扩大城乡收入差别，产生农村青壮年入城，农村剩下所谓留守儿童老人的严重不良后果。

实际上，西方发展经济学的“城市化率”指标，只是一种人口分布结果含义上的指标，用于指导地区经济的科学发展，有很大的片面性。如果我们能够真正加强社会主义新农村建设，努力提高农业生产机械化程度，积极组织农民发展集体工商业，农村人口就完全可以实现从农田到工商业的就地转移。这就不会像资本主义原始积累时期那样，形成城乡分离，农民被剥夺土地，不得已背井离乡，而城市形成贫民窟的“城市化”道路；而会形成集体农业生产工业化、农村经济全面发展、城乡差别逐步缩小的社会主义城镇化道路。从这样的道路出发，就绝不能鼓励和支持集体土地入市拍卖。至于国家依法征用农村集体土地，有些时候对集体农民补偿偏低，这是需要改进的，应根据目前城市土地使用权转让价格的现状来制定合理的补偿标准，但是，这绝不是要让集体建设用地入市拍卖的理由。

（2）防止经营权流转蜕变为土地私有化

有人把农村集体土地经营权的流转，称为农村产权流转交易市场，甚至等同于资本主义国家的土地要素市场，这是需要纠正的。如果按照这样的概念推行农村土地制度改革，农户对集体土地的承包经营权就可以无边界地流转了。其实，集体土地的家庭经营权流转，实质上是在一家一户小生产经营阻碍生产社会化发展，需要逐步转向规模化经营的态势下出现的。在实行土地集体所有制的农村基本土地制度的条件下，推动这种态势健康发展，必须在维护土地的集体所有权边界的前提下进行，这要求逐步扩大集体经济组织对土地的统一经营，从而逐步提高集体土地经营的规模效益。所谓逐步，就是要在坚持促进农民共同致富的指导思想下，发挥集体经济组织对农民的教育、引导和组织作用，尊重农民的意愿，在一般情况下，可支持、鼓励少数农户自愿流转土地经营权，实现相互合作，提高生产率，增加收入，然后更多的农户自愿合作，直到全体农户将承包的土地由集体经济组织统一经营。那种主张农户对集体土地的承包经营权可以自由流转的观点，根本否定了农户的土地承包权是在土地集体所有权支配下的经营权，实际上是把农户的集体土地经营权等同于农户的土地私有权了，这是十分错误的。

也有人主张，无限延长土地家庭承包期，通过土地流转，让土地向大户集中，形成种田大户，或发展家庭农场。如果照这样的主张去做，这就在土地产权市场化的名义下，将使集体土地的家庭经营权流转蜕变为土地私有化。这样做的后果，就是瓦解农村土地的集体所有制，在农村造成种田大户、家庭农场主这些少数农村新资产阶级同广大农业雇佣劳动者阶级的对立，造成农村居民收入严重两极分化，这将对宏观经济运动带来灾难性的后果。

（3）防止搞宅基地使用权抵押物贷款瓦解土地集体所有制

还有人主张，建立集体农民的宅基地使用权有偿转让机制，并允许农民在需要资金时，将宅基地使用权乃至住房所有权作为抵押，向银行贷款。这也是一种用私有制眼光看待农民宅基地使用权的主张，目的还是把农民的宅基地筹集起来，通过某种方式，转化为地方政府可以使用的土地面积指标，为所谓“城市化”服务。这种主张，同样是对集体土地所有权的藐视，是一种违反宪法的主张。宅基地使用权虽然归农户使用，但是它的所有权归农民集体所有，即使需要依法转让，也只能由集体经济组织出面，而且必须以维护每户农户切身利益为保证。让农民以宅基地使用权为抵押到银行贷款，更是无视土地集体所有权的主张。其核心仍然是推行土地私有化。须知，只有积极引导农民集体经济组织，立足于发挥集体组织的协作力量，自力更生、艰苦奋斗，农民才能走出小生产的困境，真正实现共同富裕。这也是在社会主义宏观经济中避免出现资本主义性质经济危机的正确道路。如果迷信新自由主义的私有化主张，搞土地私有化，农村资本主义经济因素就会很快泛滥成灾，甚至出现新的封建地租，那将是一场灾难。

三、科学改革城市住房体制

（一）“私建私有”住房体制的弊病

1. 城市住房体制演变的简要回顾

本章从房地产市场或楼市谈起，现在有必要再回到这个问题上来。问题的实质是目前城市住房体制存在严重弊端，楼市泡沫（主要体现在房价过高）已制约宏观经济健康运行。在理解了《资本论》关于地租的方法和原理之后，对此反思就十分必要了。

中华人民共和国成立以来，城市住房体制经历两个基本阶段。20 世纪 90 年代中期以前是第一阶段，可简称为“福利分房制”。以后逐步转变为“私建私有制”，这有一个演变过程，前期为公房商品化改革；21 世纪初以来则转变为建房基本由私商承担，住房基本为私人通过楼市购买，私人所有。

公房商品化改革期间，广大租用城市公有房产的居民通过住房制度改革，向所在单位购买商品房。由于房价便宜，私人取得房产，不少人居住面积扩大，这使人们形成商品房私人购买制优于“福利分房制”的感觉。但是，在国有企业退出住房建筑，推行建筑企业私营化、商品房由房地产商出售之后，人们的感觉就发生了显著变化。除私人房地产商、有能力购置高档房和投资住房通过转手倒卖获得很大私人利益的少数人之外，多数普通工薪阶层感到购房有压力。于是有人从居住权应当有保障的角度，认为住房“私建私有制”反而比“福利分房体制”倒退了。

客观事实是：房价与所谓“土地财政”交织在一起不断上涨，高档房越盖越多；房地产私商暴富惊人，政府官员因土地转让和房地产私商行贿的腐败案多发；投机性的私人房产投资不断攀升，一般百姓购房困难；收入差距两极分化在居住领域明显表露；尽管中央政府出台调控措施，但是实施起来阻力重重，收效不大；而经济学家关于调控房价、保障住房的对策建议则众说纷纭，莫衷一是。诸如此类问题已影响社会稳定，给人们造成很大困惑。

唯物辩证法告诉我们，“问题和解决问题的手段同时产生”①。要科学地解决“住宅私有体制”产生的问题，必须以唯物史观的思想方法为指导，解放思想，破除迷信，从现行住房制度的弊病中发现标本兼治的根本办法。

2. 住房“私建私有制”弊病的严重性

现行住房“私建私有制”是在城市土地归全民所有的基础上推行的。在操作实践上，由地方政府直接代理全民土地所有权，向房地产商转让建筑地段土地使用权，而房地产私商承担房屋建筑和销售，由此形成基本由私商供房、私人购房的楼市供求关系。这就必然产生一系列不利于宏观经济比例关系平衡的深层问题：

(1) 造成房地产私商投机暴富、滋生腐败

《资本论》揭示出，决定房价上涨的主要因素是土地价格的上涨。土地价格的本质是地租的资本化，而城市级差地租必然随经济社会的发展而上涨，由此必定引起土地价格上涨。这是因为，建筑业土地的地租的特征：“首先，位置在这里对级差地租具有决定性的影响”；“其次，所有者显然具有完全的被动性，他的主动性（特别是在采矿业）只在于利用社会发展的进步，而对于这种进步，他并不像产业资本家那样有过什么贡献，冒过什么风险”；“最后，在许多情况下垄断价格占有优势”，因为土地所有者和建筑投机者可以利用城市贫民和雇佣工人不能没有容身之所，而抬高房屋价格或房租价格。② “不仅人口的增加，以及随之而来的住宅需要的增大，而且固定资本的发展（这种固定资本或者合并在土地中，或者扎根在土地中，建立在土地上，如所有工业建筑物、铁路、货栈、工厂建筑物、船坞等等），都必然会提高建筑地段的地租。”③当我国允许国有土地使用权向私人转让，住房建筑由房地产私商承担之后，这些原理就开始起作用了。

如前所述，“建筑投机的真正主要对象是地租，而不是房屋”④。住房商品化，这为私商投机地租、谋取暴利提供了温床。甚至，有的房地产私商想方设法取得位置优越、经济发展前景看好的地块；他即使不做任何事，待地价上涨后，转卖出去，即获巨额利润。多数房地产私商则是先取得地块，以此向银行抵押贷款建房；接着一边建房，一边预售房，让购房者预交购房定金，收到定金收入后，再建一批房，并将取得的收入偿还银行贷款。这种投机方式，与马克思在《资本论》第 2 卷所引述

① 《资本论》第 1 卷[M]，北京：人民出版社，2004 年，第 107 页。
② 《资本论》第 3 卷[M]，北京：人民出版社，2004 年，第 874 页。
③ 《资本论》第 3 卷[M]，北京：人民出版社，2004 年，第 875 页。
④ 《资本论》第 3 卷[M]，北京：人民出版社，2004 年，第 875—876 页。

1857年伦敦一个建筑业主证词中描述的投机方式,竟然如出一辙。[①] 差别只是,150多年前英国建筑商投机支配的资本可以超过他财产的20倍到50倍,而当今中国某些私人房地产商经营的资本可以超过他自有资本的千百倍以上,甚至他完全不用投资资本,人们称之为"空手套白狼"毫不为过!不少私人房地产商为了能够竞买到土地使用权,竟不惜向政府领导干部行贿,这腐蚀了许多意志薄弱、以权谋私者。而对于把住房当作转卖对象的投资者来说,实质也是投机于土地价格上涨引起的房价上涨,通过占有本应归属国家的级差地租来谋取高额利润。

(2)造成城市高层建筑林立

马克思的地租理论揭示出,租地者向土地所有者租赁土地,支付地租数额(绝对地租和级差地租Ⅰ)是在土地出租时确定的;但是在租约有效期间内,由租地者连续投资产生的超额利润,只要超过租约的地租数额,就可以由租地者自己占有,而不必交给土地所有者;当然,下次签约,这种超过部分则会作为级差地租Ⅱ转归土地所有者。于是追求未支付的级差地租Ⅱ,就成为租地者的目的。这个原理对房地产私商也完全适用。这会促成房地产私商购买土地使用权,且必然选择转让期间长的地块。而在建筑物生产价格一定的条件下,他们必然追加投资,力求提高同量土地的产品量,以追求这种超额利润,这正是形成城市高层建筑林立的经济原因。因为房地产私商在支付一定的土地价格成本之后,在政府规划建筑红线范围内,只有提高容积率,盖高层建筑,才有超额利润可赚。[②] 但是这样一来,不但因高楼需要电梯,增加了资源、能源耗费,而且,城市高楼鳞次栉比,阻碍空气流通,导致生态环境恶化。

(3)导致土地使用的无计划并阻碍可持续发展

楼市价格持续上涨,势必造成刚需购房群众买不起房;但是另一方面,价格上升,又造成购房市场需求旺盛、房屋供不应求的假象。于是,只注意到表面现象的某些舆论,就要求尽可能多地提供土地盖房,而地方政府一旦被动地接受这种要求,就势必难以计划控制城市住房的占地总面积。而在现有财政体制下,地方政府选择住宅群的建筑地点,往往会从增加土地财政收入考虑,而私人房地产商则必定要追求利润,这样一来,对于城市土地的利用,就很难把优化生态环境和社会文化

---

① 参阅《资本论》第2卷[M],北京:人民出版社,2004年,第261页。

② 容积率=地上总建筑面积/规划用地面积。

建设放在首位，以至于阻碍社会的可持续发展。

（4）引发住房供求结构失衡和产业结构失衡

从住房供给看，由于私人地产商要追求利润，必然把建筑高档房放在首位，因为与销售中低档房相比，销售高档房有利于抬高售价，而获得更多利润。这就是为什么党和国家反复主张多建经济适用房、廉租房、公共租赁房，但是即使用行政手段控制，依然难以实现的原因。而盲目发展高档房，脱离大多数人的收入水平，必然遇到有购买力需求的限制，经过一定时期，必定发生高档房供给过剩，这就导致一系列相关产业的产能过剩。从住房需求看，由于私人房地产商必定要建设高档高价房，大多数需求者就不得不大力压缩其他消费支出，储蓄资金以备购房，这就势必缩减住房之外的社会消费需求，从而严重制约社会总消费对一系列产业的需求拉动。可见，住房“私建私有制”助长了市场经济的自发性，很不利于遵循社会再生产按比例发展的客观规律。

（5）导致地方政府陷入两难境地

一方面，人民政府的宗旨是为人民服务，面对广大群众的呼声，必须控制房价；对照联合国提出的有关指标，我国的“房价/个人收入”似应从现在的 14 至 20 倍，大幅下压到 3 至 6 倍。[①] 但是另一方面，如果降低房价，土地价格势必明显降低，“土地财政”收入就将大幅度减少；而房地产业一旦因降低房价而缩减，由它带动的一系列产业也势必萎缩，由此又会显著减少政府来自这些产业的税收。于是，地方政府就因“土地财政”而不自觉地与房地产私商的利益捆在了一起。显然，只要继续实行住房“私建私有制”，地方政府的这种两难局面就不能从根本上改变。

3. 住房“私建私有制”弊病的要害

从社会主义市场经济本质规定来看，这种住房体制弊病的要害是，破坏社会主义公有制与市场经济的有效结合。绝不能忽视，住房这种商品与一般消费品相比，具有与土地使用权不可分割地结合在一起的特殊性，而土地使用权是由土地所有权决定的。我国城市土地所有权归全民所有，这种平等的土地所有权决定了人民应当对住房土地的使用权享有平等的权利。但是，所谓住房私有化必定造成人们在住宅上使用土地面积的不平等。这并不是说，在土地全民所有制的条件下，人们

① 数据引自施祖麟：《为什么说住房分配是一个政治问题》[N]，《中国社会科学报》2010 年 9 月 9 日（第 8 版）。

只能绝对地居住占用面积同样大小的住房。问题在于,对于购买了多处住房的人,对于住房占用土地面积很大的人,他们享有了较多的土地使用权,却并没有向社会交出因社会经济发展而形成的级差地租。可见,中国的城市建房和用房体制,应当具有土地全民所有制决定的特殊规定性,不能完全照搬当代资本主义国家的住房制度,何况这些国家为了缓和资本主义对抗性的基本矛盾,在住房制度方面已经有了一些针对低收入者的新因素,如提供一定数量的政府所有的保障租用房,并非完全实行住房私有化。

因此,我们有必要紧密结合城市土地全民所有制的性质,走出城市住房“私建私有制”的误区,转向新的建房住房体制。

(二) 转向“新住房租赁制”

1. “新住房租赁制”的主要特点

如果说“福利分房制”和住房“私建私有制”是我国城市住房体制探索实践的两个阶段,那么第三个阶段的目标,就是要转向公有制为基础的“新住房租赁制”。简要地说,就是从目前的“私建私有”制(私商建房、住宅私人所有),转向“公建私租”制(国有经济建房、广大城市居民租赁),但这不是主张回到过去的“住宅工作单位所有制”,而是建立新的住房租赁制;这是由宪法所规定的城市土地国有制决定的。其主要特点是:

(1) 它保持住房的商品性质而具有使用上的更大灵活性

必须明白,“新住房租赁制”实行住房的租赁关系,这同样属于商品货币关系范畴,并不改变由社会主义市场经济体制规定的住房的商品性质。住房的租赁关系,实际上是在商品交换范围内,将一次性付款变为分期付款;但是,“住房租赁制”可以在不变更住房所有权的条件下进行,还能在土地全民所有制和住宅所有权公有这两者统一的条件下,形成房屋使用权的分期租用;因而可以在房屋的生命期内根据租赁时段,更换住房使用者。显然,它与住房“私建私有制”相比,在使用上具有更大的灵活性,能给住房者较多的自主选择权,因而能更好地适应社会化生产和市场经济条件下的人员流动。恩格斯曾提出一个重要观点,“大资产阶级和小资产阶级解决‘住宅问题’的办法的核心就是工人拥有自己住房的所有权”[①]。他认为,住

① 《马克思恩格斯选集》第3卷[M],北京:人民出版社,1995年,第135页。

宅私人所有化，这会把工人束缚在有利于资本家剥削的地盘上，不利于工人阶级争取自身的解放；它也不适应大工业的发展对工人自由流动的要求。这个观点在今天并没有过时。

（2）它能够实现公有制土地供给与公有制住房供给的统一

“新住房租赁制”将彻底改变公有制土地供给与住房私人地产商供给的矛盾，从根本上杜绝相关腐败现象，能够在很大程度上防止私商暴富和两极分化。这里要回答的一个重大问题是，房屋建设实行公有制，是否像新自由主义经济学所说的那样，必定会降低住房供给的效率？其实这个问题的实质是，公有制条件下能否形成对建筑企业的激励，也就是公有制能否与市场经济实行有效结合。回答当然是肯定的。既然我们搞社会主义市场经济，就是坚信公有制与市场经济不但在宏观上能有效结合，而且在微观上也能对生产劳动者形成建立在按劳分配基础上的经济利益激励。建筑业公有制当然不能形成像私商暴富这样的包含剥削关系的激励，这是背离公有制性质的；而调动社会主义积极性的物质激励，是完全可以通过对经营管理者实行复杂劳动的按劳分配方式，而对一般职工遵照按劳分配原则实行劳动用工制度改革和多种形式的工资制度来实现的。

（3）它有助于实现人民享有土地使用权的平等

“新住房租赁制”实行房屋租赁者分期交付租金；并根据不同建筑地段、不同标准的房屋面积和占地面积，在人民群众民主参与下，规定房屋租金，并根据城市不同地段经济社会的发展，遵循级差地租规律，适时相应地调节房租。这就可以实现多占土地使用权、处于优良地段的租房者多付租金，少占土地使用权、处于劣势地段的租房者少付租金，也就能形成土地使用权占用上的平等，从而实现人们在土地公有制的所有权关系中的公平。恩格斯曾在《论住宅问题》中指出，“消灭地产并不是消灭地租，而是把地租——虽然形式发生变化——转交给社会。所以，由劳动人民实际占有全部劳动工具，决不排除保存租赁关系”①。根据具体建筑地段、房屋面积和占地面积决定不同住房使用期租金，这就可以做到，在土地全民所有制的条件下，把城市住房占用的土地级差地租转归代表人民利益的国家，为全体人民服务，从而根本消灭那种放任私商和购房者占有原本属于国家和人民的级差地租的不公平现象。

---

① 《马克思恩格斯选集》第3卷[M]，北京：人民出版社，1995年，第217页。引者注：语录中的“消灭地产”指的是消灭土地私有制。

（4）它有助于遵循社会再生产按比例发展的客观规律

在实行“新住房租赁制”的条件下，居住者可以分期缴纳住房租金，不必为一次性支付昂贵的房价而压缩住房之外的消费开支，这有助于全社会扩大有购买力的消费需求。而公有制控制的住房供给，不再以私人营利为目的，而是以满足人民群众住房基本需要，并且居住水平能根据社会生产力发展总体水平的提高而逐步改善为目的，同时，它能促进住房规格标准及其结构与收入结构的实际状况相适应，这就可以使住房建设有计划增进，真正拉动相关的一系列产业，促进市场总供给与总需求实现平衡，促进国民经济实现良性循环。

2.“新住房租赁制”不是回到传统的旧体制

传统的“福利分房体制”形式上也是租赁住房制，也以公有制为基础，因而没有发生私商暴富、投资购房牟利和相关的腐败现象。但是，这种旧体制下的住房体制表现为企事业单位的管理制，通常按级别分房，租金差别小，住房管理缺乏灵活性，居住者缺少自由选择余地；由于撇开了商品流通关系，租金带有福利性质，这就导致住房建设资金周转缓慢，再生产周期很长，群众住房改善困难。“新住房租赁制”，绝不是再回到住房企事业单位管理制。它要求使城市土地的全民所有制得到更好实现，实行建房土地的统一计划管理，并由国有企业建房；要求住房租金纳入个人消费基金范畴，而不是福利的范畴，尽可能加快房屋建设资金的周转；要求综合考虑文化、教育事业、城市文明建设和生态发展，统一住房总体规划；要求有专门的覆盖全社会的住房租赁管理部门，实行社会化的住房租赁。显然，具体的“新住房租赁制”不应当凭主观随意设计，需要根据社会主义市场经济体制的新要求来建立，并通过实践来逐步健全完善。但是有一点是可以肯定的，它是针对现行住房“私建私有制”的弊病提出的，因而是住房制度深化改革的前进方向。

第十章　宏观经济的可持续发展

前面篇章论述的宏观经济运动是年复一年地螺旋式向前发展的。《资本论》不但揭示出资本主义宏观经济运动在发展过程中必然发生周期性经济危机；而且深刻地批判了资本主义经济对自然环境的破坏，并在这种批判中揭示了人与自然的物质循环的一般规律。资本主义发展到当代，其经济运动对自然生态环境的破坏愈来愈暴露出来，严重阻碍人类社会持续健康的发展，这迫使有关国际组织提出了"可持续发展"的概念。[①] 其实，人与自然之间的物质循环规律，也就是人类社会的可持续发展的基本规律。本章拟阐明，研究宏观经济运动应当结合可持续发展规律；必须从生产力和生产关系两方面重视宏观经济运动对可持续发展的影响；根据马克思所揭示的土地私人所有制是可持续发展障碍的原理，必须维护公有制主体地位这个促进可持续发展的基本前提；并提出当代中国实现可持续发展应当确立促进人的自由全面发展的战略目标，并科学地采取计划生育、节约资源、保护生态环境等基本措施。

一、可持续发展与宏观经济运动

（一）可持续发展的基本规律

1. 对唯物史观的深入理解

《资本论》用唯物史观研究资本主义宏观经济运动，始终坚持劳动二重性的基本观点，从具体有用劳动和抽象人类劳动两个基本角度展开研究。在经济运动中，

① 一般认为，1980年，由国际自然保护联盟受联合国环境与开发署的委托制定的《世界自然保护大纲》，第一次提出了人类"可持续发展"的概念。1987年，联合国世界环境与发展委员会（WCED）发表《我们共同的未来》一书，首次对人类可持续发展的概念（Sustainable Development 简称 SD，可持续包含着"能支撑的""可承受的"含义）作了重要说明，把它解释为"既满足当代人的需要，又不对后代人构成危害的发展"。这个概括的解释得到国际上广泛的接受和认同。

具体有用劳动生产使用价值，体现人和自然的关系；抽象人类劳动或社会劳动生产价值，体现物掩盖下的人与人在生产中的社会关系。《资本论》把研究对象确定为资本主义生产方式以及同它相适应的生产关系和交换关系，实际上包含了这样的含义，就是要结合人与自然的关系来研究生产中的社会关系。

懂得唯物史观基本原理的人们一般认为，社会生产力决定生产关系，一定历史形式的生产关系是以社会生产力发展到一定水平为前提的；社会关系是生产中的人与人的社会关系，社会生产力体现人与自然的关系。但是，这样理解还不够。还需要明白，从长期的发展过程看，社会生产力的存在并不是无条件的，而是有前提的，那就是自然界能够持续地为社会生产提供物质资源和能源，满足生产的多方面需要；生态环境能够持续地使人类得以健康生存。如果自然资源消耗殆尽；如果生态环境严重污染，人类不能生存，社会生产必需的物质资料和劳动者这两方面要素也就不能存在，社会生产力也就不再存在。例如，有的地方原本是绿洲，后来沙漠化了，人类只好搬迁，这就是简明例证。因此，我国有经济学家指出，合理的人口数量、必需的自然资源和良好的生态环境在经济的社会形态中起基本的支撑作用，它们共同构成了社会生产力的"源泉"。[①] 这是对唯物史观理解的深化。

2. 马克思揭示了人类社会可持续发展的基本规律

马克思主义创始人从人类社会产生于自然的科学基本观点出发，始终关注人与自然的辩证关系，高度重视人类必须着眼于长远发展，维护自己赖以生存的自然条件。恩格斯在耗费了10年（1873—1883）时间，未有最终完稿的名著《自然辩证法》中指出，"我们不要过分陶醉于我们人类对自然界的胜利。对于每一次这样的胜利，自然界都对我们进行报复。每一次胜利，起初确实取得了我们预期的结果，但是往后和再往后却发生完全不同的、出乎预料的影响，常常把最初的结果又消除了。美索不达米亚、希腊、小亚细亚以及其他各地的居民，为了得到耕地，毁灭了森林，但是他们做梦也想不到，这些地方今天竟因此成为不毛之地，因为他们使这些地方失去了森林，也就失去了水分的积聚中心和贮藏库。……因此我们每走一步都要记住：我们统治自然界，决不像征服者统治异族人那样，决不是像站在自然界

---

① "源泉"是复旦大学张薰华教授提出的范畴。他认为，人口、资源和生态环境是社会生产力本身存在的"源泉"，它"对社会生产力有着决定作用"；而社会生产力对整个社会发展起决定性作用（参见张薰华著：《经济规律的探索——张薰华选集》，复旦大学出版社，2000年，第12—13页）。

之外的人似的，——相反地，我们连同我们的肉、血和头脑都是属于自然界和存在于自然之中的；我们对自然界的全部统治力量，就在于我们比其他一切生物强，能够认识和正确运用自然规律”①。

人类历史发展的大量事实表明，人与自然界之间的关系是存在客观规律的，违背它，人类就要受惩罚。《资本论》通过分析资本主义生产方式对土地的破坏掠夺过程揭示出，“大土地所有制使农业人口减少到不断下降的最低限量，而在他们相对立，又造成不断增长的拥挤在大城市中的工业人口。由此产生了各种条件，这些条件在社会的以及由生活的自然规律决定的物质变换的联系中造成了一个无法弥补的裂缝，于是就造成了地力的浪费，并且这种浪费通过商业而远及国外”②。如何理解马克思所说的“裂缝”？这是因为，人们“以衣食等形式从土地取走并消费掉的土地的各种肥力和化学成分”，是必须补偿土地的，否则土地就会趋向贫瘠，不能再生产农作物。但是，资本主义生产方式却不断减少农村人口，农村的人粪尿有机肥越来越少，而城乡分离，挤在城市的大量人口排泄的人粪尿，却不能返回耕地肥田，不能补偿土地。这就导致人们生存需要的农作物的再生产难以持续。马克思把土地中“各种肥力和化学成分”的取走和补偿，称之为人与土地之间的“物质变换”或“物质循环”，并指出这是“调节社会生产的规律”③，即人与土地之间的物质循环规律。

而在现代，空气污染对人类生存的危害进一步表明，人类的生存所依赖的不仅是土地（“在经济学上也包括水”④），还包括由生态环境决定的含有负氧离子的清净空气在内，人与它们之间同样存在消耗和恢复的物质循环。所以，我们可以把马克思所揭示的人与土地之间的物质循环规律，表述为人与自然之间的物质循环规律。这样表述是合理的，因为马克思在论述人的劳动过程的时候，就把它称作“人和自然之间的物质变换的过程”⑤。

虽然马克思没有直接使用现代的“可持续发展”这个短语，但是他精辟地揭示了可持续发展的核心科学内容。这个短语是在20世纪60年代以后，科学家发现在全球出现严重生态失衡、能源短缺、粮食危机、毒品泛滥等一系列威胁人类生存和

---

① 《马克思恩格斯选集》第4卷[M]，北京：人民出版社，1995年，第383—384页。
② 《资本论》第3卷[M]，北京：人民出版社，2004年，第918—919页。
③ 参见《资本论》第1卷[M]，北京：人民出版社，2004年，第579页；法文版《资本论》第1卷中译本[M]，北京：人民出版社，1983年，第517页。
④ 《资本论》第1卷[M]，北京：人民出版社，2004年，第208页。
⑤ 《资本论》第1卷[M]，北京：人民出版社，2004年，第208页。

发展的重大问题之后,[①]才提出来的。其实,“可持续发展”被解释为“既满足当代人的需要,又不对后代人构成危害的发展”,这只是表达了短语的提出者对长期发展的一种良好意愿,并没有揭示如何才能真正做到社会的可持续发展。而马克思着眼于人类社会的长期发展,揭示出人与自然之间的物质循环规律,这才科学地阐释了实现可持续发展的客观要求。目前,世界各国基本形成人口、资源和生态环境必须协调发展这种共识,[②]其核心内容正是要求在人与自然之间实现物质的良性循环。因此可以说,马克思揭示的人与自然之间的物质循环规律,正是人类社会可持续发展的基本规律。

(二)结合可持续发展研究宏观经济运动

1. 可持续发展基本规律提出的客观要求

人与自然之间的物质循环规律,对人类的活动和生存方式提出了一系列客观要求。我们可以遵循唯物史观,从人的生存两大基本前提来理解。

人的生存前提条件之一是从事生产劳动,不断创造出维持生命和自身发展能力所需要的物质产品。在这个改变自然界现存物质的形态的过程中,人必然要对自然界发生作用,耗费可利用的物质资源或者影响生态环境。从长远计,这就需要对所消耗的资源进行补偿,如每年到江河捕鱼,需要有适当时期禁捕,有时需要放养鱼苗;使用木材,需要封山育林;某种不可再生的自然资源逐年减少,需要节约使用,并尽量通过科学研究,改用可再生资源等。这都是遵循物质生产过程中人与自然之间的物质循环规律的表现。

人的生存另一基本前提是,人必须处于能够健康生存的生态环境中。但是人的所有活动(生产、个人消费等都要消耗资源、制造垃圾等)和人口增长(消耗量、排泄量增大)都会对生态环境产生某种副作用,有可能缩小生存的自然空间,降低生态环境质量,于是,这就需要维护、补偿和改善自然生态环境。人类活动和人口增长对生态环境的副作用和补偿、改善,这也是人与自然之间的物质循环过程。显然,人类两大基本生存条件的持续满足,要求人与自然之间实现相互补偿、相互促

---

① 1962 年,美国海洋生物学家 R.卡森出版著作《寂静的春天》。当时,DDT、“六六六”农药在杀死害虫的同时,也导致益虫、鸟类、鱼类的死亡,以致在美丽的新英格兰山野,如同“寂静的春天”来临一样;1972 年,罗马俱乐部发表报告《增长的极限》,提出“人口爆炸”式增长、资源耗竭影响到人类的生存。

② 1992 年,联合国环境与发展大会在巴西召开,发表“里约热内卢宣言”和《21 世纪议程》,要求各国以大会精神为指导,制定本国可持续发展战略,促进世界人口、资源和环境协调发展。

进的良性物质循环，这是不以人的意志为转移的客观要求。

所以，从长期来看，人类的物质生活资料的再生产，人类本身的健康生存和人口再生产，都必须遵循可持续发展的基本规律。

2. 促进可持续发展是研究宏观经济运动的重要视角

结合可持续发展研究宏观经济运动，这是新的重要视角。本书前面论述《资本论》所揭示的宏观经济运动的方法和原理，主要着眼于社会总资本以商品资本、货币资本、生产资本这三种资本形态的循环过程［可用商品资本循环公式表示：$\sum W'—\sum G'—\sum W<^{A}_{Pm}\cdots\sum P\cdots\sum W'$］。当我们理解了可持续发展的基本规律之后，就可以进一步认识到，研究宏观经济运动不应当撇开人与自然的关系。从长期的可持续的过程来看，宏观经济运动的持续进行与自然环境的演进变化是不可分割的统一体。如果说宏观经济运动是一种循环运动，那么人与自然的物质循环则是又一种循环运动。这两种循环紧密联系，前者作用于后者，后者是前者的前提。因此，要推动宏观经济运动持续地健康发展，就不能不研究宏观经济运动对可持续发展产生的影响，并且不能不研究可持续发展对它提出的客观要求。在社会主义市场经济下，这种研究的目的是要促进实现宏观经济持续运动与遵循可持续发展规律的统一，这种统一可简称为宏观经济的可持续运动。《资本论》对资本主义宏观经济运动的科学论述，为这种研究提供了方法论指导。

二、宏观经济运动对可持续发展的影响

（一）生产过程对可持续发展的影响

1. 社会再生产离不开提供基本物质条件的自然界及其生态环境

让我们从《资本论》关于社会再生产持续运动需要的一般物质条件谈起。马克思指出，“不管生产过程的社会的形式怎样，生产过程必须是连续不断的，或者说，必须周而复始地经过同样一些阶段。一个社会不能停止消费，同样，它也不能停止生产。因此，每一个社会生产过程，从经常的联系和它不断更新来看，同时也就是再生产过程”；“生产的条件同时也就是再生产的条件。任何一个社会，如果不是不断地把它的一部分产品再转化为生产资料或新生产的要素，就不能不断地生产，即

再生产”[①]。人类社会发展到现代,任何社会都不会改变这个必须不断地再生产新生产要素或生产资料的规律。可见,社会的再生产或宏观经济持续运动,绝不是斯密教条所理解的那样,只与投入的社会劳动创造出的价值产品∑(v+m)有关,而与产品价值的生产资料部分∑c 无关。社会在宏观经济运动中,每年都必须有一部分新投入的社会劳动Ⅰ(v+m),去再生产全社会的生产所必需的生产资料∑c=Ⅰc+Ⅱc。而要再生产生产资料,就要对自然界发生影响,因为它必须从土地或自然界获取最初的劳动对象(各种矿石、林木、水产、作为原料的粮食、风能等),这样就会不断地消耗土地肥力,消耗自然资源;同时,还会对生态环境产生污染等影响。

因此,人们在使用土地时,只有自觉地采取改良措施,才能保持土地的持久肥沃;在利用资源时,只有坚持节约原则,尤其要节约不可再生的自然资源,才能保证社会的扩大再生产具有持续运行的物质条件;在生产和消费过程中,只有自觉维持和改善生态环境,才能保证人类本身代代健康生存。

2. 社会化大生产对可持续发展的影响是不断扩大的

人类社会在很长的历史阶段处于自然经济形态。整个社会的再生产尽管也会随人口的增长和社会生产力的提高而逐步扩大,但是十分缓慢,主要表现为以使用价值生产为主的简单再生产,而且也不像资本主义经济这样,是以商品、货币资本形态为中介的生产资本形态的循环运动。这是因为,在自然经济形态下,社会的经济是由自给自足的氏族公社、家庭等一个个独立单位的生产构成的。尽管经济单位内部有分工,但是与商品交换为媒介的分工毫无关系,其分工具有固定性。由于自然经济建立在手工生产方式基础上,劳动分工比较简单、固定,生产者的手工操作具有独立性,产品主要是为了满足自身直接需要,而不是作为商品来出售;所以,社会以简单再生产机体为特征,在年复一年的再生产过程中,基本上是按照同一形式把这种社会机体再生产出来。马克思深刻指出,“这种公社的简单的生产有机体,为揭示下面这个秘密提供了一把钥匙:亚洲各国不断瓦解、不断重建和经常改朝换代,与此截然相反,亚洲的社会却没有变化。这种社会的基本经济要素的结构,不为政治领域中的风暴所触动”[②]。

人类社会发展到资本主义经济阶段,形成以机器体系为技术基础的社会化大生产,这种生产方式具有连续性的特征,而市场社会分工制度促进了劳动生产率的

---

① 《资本论》第1卷[M],北京:人民出版社,2004年,第653页。
② 《资本论》第1卷[M],北京:人民出版社,2004年,第415页。

普遍提高，加上资本追求利润的最大化，这使社会再生产有趋于不断扩大化的社会特征。为此，马克思指出，“积累就是资本以不断扩大的规模进行的再生产。简单再生产的循环改变了，按照西斯蒙第的说法，变成螺旋形了”①。也就是社会再生产表现出社会总资本形态循环运动的不断扩大。②

从生产一般的角度来看，这种不断扩大的社会再生产，显然会要求土地或自然界提供越来越多的最初劳动对象。同时，也会造成对环境污染的程度不断加深。这种影响发展到比较严重的程度，甚至资产阶级经济学家也会将它作为问题提出来，要求解决。后面我们会论证，这种影响可持续发展的问题，在资本主义私有制基础上是不可能得到根本解决的。

（二）宏观经济运动包括生产关系的再生产

1. 从生产关系的再生产角度研究宏观经济运动

全面理解宏观经济运动对可持续发展的影响，不仅要从社会生产一般的角度认识，更主要的是，要从社会生产关系的角度来认识。人类社会的生产总是生产力与生产关系的辩证统一，因而社会再生产总是生产力再生产和生产关系再生产的辩证统一。宏观经济的连续运动一刻也不会离开一定生产关系的再生产；而生产关系本身会对社会的可持续发展产生重要影响。

在论述这种影响之前，有必要理解《资本论》研究宏观经济运动的一种重要科学方法，即在弄清社会再生产是物质生产条件和物质产品再生产的同时，还必须弄清它是一定历史形式的生产关系的再生产。马克思用这种研究社会再生产的科学方法，揭示出研究短期生产难以显示的资本主义生产关系的许多特征，进而揭示出资本主义生产关系对可持续发展的严重破坏。《资本论》是从分析资本主义简单再生产和扩大再生产来阐释这个道理的。

2. 从简单再生产看生产关系的再生产

首先，可以发现资本家的全部资本都是工人创造的剩余价值。资本家总是说，对生产的投资是它的预付，资本来自他省吃俭用的积蓄，来自父辈、祖上留给他的

---

① 《资本论》第1卷[M]，北京：人民出版社，2004年，第671页。

② 理解资本主义宏观经济的螺旋形扩大运动，需要注意的是，虽然这种扩大是靠社会上的许许多多单个资本的增长来实现的，但是，这种单个资本增长并不只是始终靠自身的逐步积累来扩大的。在竞争和信用制度这些杠杆的作用下，资本之间会发生大资本并吞小资本的资本积聚，一些资本会以股份制方式实行资本的集中，单个资本通常会通过银行借贷，靠负债增加自己使用的资本。社会资本内部的这些分配变化，会使资本的平均有机构成（c/v）有较快的提高，全社会劳动生产率有较大提高，从而使整个社会总资本的相对剩余价值生产加速，加速社会总资本的积累。

“原始积累”，因此，他没有剥削，获取的利润是私人投资的回报。从短期看，这似乎有道理。但是，马克思从分析资本主义社会简单再生产运动揭示出，资本家阶级的全部投资，实质上都是工人阶级创造的剩余价值。这是因为，即使资本家的第一次投资是预付的所谓“原始积累”的资本；即使在以后连续投资中，只是用收回的预付资本作简单再生产，没有把雇佣工人创造的剩余价值用于追加投资，但是，在年复一年的连续简单再生产中，资本家个人的消费却来自工人创造的剩余价值。这样，若干年后，资本家个人消费的价值量就会等于乃至超过他最初的预付投资的价值量。这也就是说，资本家的所谓“原始积累”的资本价值，实际上已经在年复一年的再生产中被他消费的剩余价值所置换，他所谓预付的资本，实质上全都是雇佣工人创造的剩余价值。这里还撇开这种情况不谈，如果没有雇佣工人的劳动，它的企业生产资料只能是一堆死的东西。

其次，可以发现资本家把工资“预付”给工人这种假象。因为工人总是在生产了包含自己工资价值的商品之后，才能得到工资。但是马克思揭示出，真相是工人不断地把自己的劳动预付给资本家，是工人为自己生产了工资价值，是资本家不断用工人创造的可变资本价值来购买工人的劳动力。马克思用一般与特殊的辩证法深刻指出，“可变资本不过是劳动者为维持和再生产自己所必需的生活资料基金或劳动基金的一种特殊的历史的表现形式；这种基金在一切社会生产制度下都始终必须由劳动者本身来生产和再生产”①。实际上，在资本主义条件下，工人获得的工资，像其他历史阶段的劳动者为自己生产必需的生活资料基金一样，是自己的劳动成果，而绝不是资本家对他的“预付”。

再次，可以发现资本主义的持续再生产运动不断地促使资本剥削关系永久化。在社会再生产的持续运动中，资本家阶级不断地占有工人阶级为其生产的资本，资本家阶级只是付给工人阶级自己生产出的、相当于维持劳动力再生产所需要的生活资料的价值；而工人阶级除了不断为资本增殖提供自己的劳动力之外，一无所有。因此，资本主义的社会再生产过程，实质是使生产条件与劳动力的分离持续化、永久化的过程。雇佣工人尽管会变换工作场所，但是他的经济地位决定了，他不是把自己的劳动力出卖给这个资本家，就是把劳动力出卖给另一个资本家，否则就不能活命。这说明，工人阶级实际上处在奴隶阶级的经济地位，本书第三章引述

① 《资本论》第1卷[M]，北京：人民出版社，2004年，第655页。

过马克思的话，雇佣工人与奴隶社会的奴隶所不同的只在于，“罗马的奴隶是由锁链，雇佣工人则由看不见的线系在自己的所有者手里”①。

由此可见，只要分析一定历史条件下的宏观经济连续运动，就不难透过假象看出，这种运动就是不断再生产一定历史形式的生产关系的运动。

3. 从社会扩大再生产看生产关系的再生产

《资本论》揭示出，资本家作为人格化的资本，追求的是作为抽象财富的剩余价值，这样的生产目的和机器大工业的资本主义生产方式，就使资本这种“死劳动”“像吸血鬼一样，只有吮吸活劳动才有生命，吮吸的活劳动越多，它的生命就越旺盛”②；“资本在精力、贪婪和效率方面，远远超过了以往一切以直接强制劳动为基础的生产制度”③。资本主义的经济制度是人类有史以来剥削程度最高的私有制经济制度。

在此基础上，《资本论》从资本的不断积累和扩大再生产的角度进一步揭示出，资本家用于扩大再生产的追加的资本，实质是剩余价值的转化，而剩余价值是工人无酬的剩余劳动的凝结。在资本主义持续扩大再生产中，资本家不断用这种追加资本，到市场上购买追加生产资料和劳动力，用于增加积累，不断地用扩大的资本占有更多的剩余价值。这说明，资本家总是凭借对工人过去的无酬劳动的所有权，不断地占有工人现在更多的无酬劳动。这就深刻揭示了，随着社会再生产的扩大，资本家阶级对工人阶级是强盗式的掠夺关系，这种关系是不断加深的；从而彻底揭穿了资本家与雇佣工人之间存在平等交易关系的谎言，清晰地区分了资本体现的特殊生产关系与商品流通的一般关系。

马克思从宏观经济持续运动角度研究生产关系再生产的方法，告诉我们，生产关系的特征会在持续的再生产过程中得到更全面、更深刻的显示。这个经济学方法论原理具有重要指导价值。因此，我们应当重视从持续的再生产过程深入研究生产关系。在社会主义市场经济的宏观运动中，公有制占主体地位，广大劳动者通过代表他们利益的国家宏观调控中心，以及他们中产生的公有制企业的厂长、经理，取得指挥、控制生产过程，确立自主联合劳动的主人翁地位，实行按劳分配关系，这样的生产关系一般应当随着连续的螺旋式发展的社会主义市场经济宏观运

① 《资本论》第1卷[M]，北京：人民出版社，2004年，第662页。
② 《资本论》第1卷[M]，北京：人民出版社，2004年，第269页。
③ 《资本论》第1卷[M]，北京：人民出版社，2004年，第359页。

动不断巩固、扩大和完善。反过来，如果在持续的宏观经济运动过程中，生产关系出现扭曲的表现，如工人阶级的主人翁地位降低，社会收入差距拉大，那么必定是公有制生产关系被削弱了，那就应当着眼于振兴公有制经济，维护公有制的主体地位。

（三）生产关系对可持续发展的影响

1. 私有制生产关系对可持续发展的负面影响

人类社会建立在私有制基础上的一切生产方式，由于生产被生产资料私人所有者所控制，他们用私人的狭隘眼光确定生产目的，通常只会关注对自己有利的最近的、最直接的经济效益，所以一般不会为社会整体利益和长远利益支付费用。正如恩格斯指出的，“那些只是在晚些时候才显现出来的、通过逐渐的重复和积累才产生效应的较远的结果，则完全被忽视了”①。在自然经济条件下的私有制社会，因为私人生产者的经济利益与自然条件有直接的联系，因而还会想到封山禁猎、封湖禁渔等符合可持续发展要求的措施；而在资本主义私有制条件下，由于生产目的是无限制地追求抽象的剩余价值，私人生产者就不会再想到社会整体利益和长远利益了。因此，与以往的私有制生产关系相比，资本主义生产关系对可持续发展产生了更严重的破坏作用。这表现在对自然界和对人这两方面的影响上。

2. 资本主义生产关系对自然界的破坏作用

前面已经论述，《资本论》揭示人与自然之间的物质循环规律，是与揭露资本主义生产方式造成城乡分离，从而资本主义农业破坏土地肥力，违背这个可持续发展规律结合在一起的。这实际上主要是指资本主义生产关系对自然界的破坏作用。这种破坏作用并没有因为资本主义生产方式发展到现代而减少。

从现代资本主义大农业看，资本主义生产关系对自然生态环境的破坏作用不仅在继续，而且有加重的趋势。正如我国有的生态农业专家指出的，美国现代资本主义家庭农场的生产方式，不可避免地导致农田生态系统退化，这主要表现在地力下降、环境污染、生物多样性受到威胁、食品营养不均衡、食品受到污染等方面。例如，为了节约劳力，用除草剂替代人工锄草，其后果反而促进了杂草进化，而为了消

---

① 《马克思恩格斯选集》第 4 卷[M]，北京：人民出版社，1995 年，第 385 页。

灭杂草，又需要喷洒更多更毒的除草剂，导致形成抗药性的“超级杂草”，同时农作物也受到污染；又如，为了防控害虫，就大量喷洒农药，结果在灭杀害虫的同时，也误杀了农业生态系统中的益鸟、益虫，严重地破坏了生态物种多样性，并污染了农作物。在养殖业上，为了让牲畜、禽类等提前发育，获得更大经济利益，就用投入添加剂的食物喂养，结果造成它们体内抗生素、重金属、激素含量升高，使食用它们的消费者健康受到危害。[①] 国内有的人主张搬用美国的资本主义家庭农场“模式”发展中国农业，放弃走集体经济道路，他们没有看到资本主义生产关系对可持续发展的破坏性，这种观点是不能苟同的。

当然，在20世纪80年代有关国际组织提出“可持续发展”概念以来，发达资本主义国家对内也搞生态环境保护，但是，这主要是国家出面，采取零敲碎打的应付式的措施，如对企业搞“排污费”等措施，资本主义企业以追求利润为生产目的，并不自觉把维护生态环境作为科学经营管理的重要内容。一些发达资本主义国家还往往把电镀、化肥、农药、农膜等有严重污染的工业项目，以直接投资的名义，转嫁到发展中国家；甚至将本国工业废料运到发展中国家处理，污染别国自然生态环境。

由此看来，对待现代资本主义经济，必须结合生产关系的作用来分析，既要看到现代科技和某些管理经验对生产的积极作用，也要看到资本主义生产关系对可持续发展的副作用，不能盲目照搬。

3. 资本主义生产关系的再生产对雇佣劳动者的摧残

资本主义生产关系的再生产对可持续发展的破坏作用，更主要的是表现在对雇佣劳动者的过度使用，对可持续发展的重要因素——人的摧残上。

《资本论》深刻揭示出，资本主义生产关系的再生产导致工人阶级的绝对贫困化和相对贫困化。所谓相对贫困化的含义是，随着时代的发展，工人的工资收入虽然比过去有所提高，但是由于剩余价值率越来越高，因而工资与剩余价值的比例越来越低。而绝对贫困化的含义则是，工人拥有的只是自己的劳动能力，因而工人的收入无论怎么相对地提高，总是等于一定历史时代的劳动力价值，在这个意义上，工人阶级的贫困总是绝对的。正如马克思在《资本论》手稿（1861—1863）中所说，“劳动能力表示绝对贫困，即物的财富被全部剥夺。劳动能力所占有的对象性只是

---

① 参见蒋高明：《美国的家庭农场模式适合中国吗》[N]，《中国科学报》2014年8月18日（第7版）。

工人本人的身体，是他本身的对象性"[①]。由此看来，当代发达资本主义国家的工人阶级，并没有脱离这种含义上的绝对贫困的经济地位。

工人阶级的贫困化突出地表现在资本主义社会必然产生失业工人这种特殊的人口现象上。前面说到，资本的积累、积聚和集中加速工业企业规模的扩大，促进资本有机构成的提高。这样，等量资本必定减少对劳动力的需求，"并且随着总资本量的增长以递增的速度减少"[②]。于是，"工人人口本身在生产出资本积累的同时，也以日益扩大的规模生产出使他们自身成为相对过剩人口的手段。这就是资本主义生产方式所特有的人口规律"[③]。而过剩的工人人口或失业工人，又被资本家利用来压低在职工人的工资，提高剩余价值率，增强剥削程度，从而导致资本主义经济的固有矛盾进一步加深。据此，马克思指出，资本主义生产方式的特有人口规律成为资本主义经济出现周期性扩张、衰退这种交替形式运动而得以生存的条件；并深刻揭示出，资本家财富的积累与工人阶级的贫困两极分化，持续对立，这形成资本主义积累的绝对的、一般的规律。[④]

正因为资本主义宏观经济运动导致劳动者的贫困化，也就不断摧残着社会生产力中最活跃的因素——劳动者。马克思指出，"劳动生产力的提高和劳动量的增大是以劳动力本身的破坏和衰退为代价的"[⑤]。这就严重地对社会的可持续发展造成危害。《资本论》描述了资本主义经济在大工业技术基础形成后，以延长劳动时间、提高劳动强度、压低工资、使用童工等方式，对雇佣工人的残酷剥削。他悲愤地写道，"自 18 世纪最后三十多年大工业出现以来，就开始了一个像雪崩一样猛烈的、突破一切界限的冲击。习俗和自然、年龄和性别、昼和夜的界限，统统被摧毁了"[⑥]。他引用《工厂视察员报告》揭露，当时英国在有关工厂法规定之前，竟任意让儿童和少年整日或整昼夜地从事劳动。[⑦] 他引用《童工调查委员会》报告揭露，当时雇佣的童工，有的年龄竟只有 2 岁到 2 岁半。[⑧] 直到资本主义国家出面制定工厂法，强制地限制工作日，这些现象才得到改变。英国从 1833 年规定法定工作日

---

① 《马克思恩格斯全集》第 47 卷[M]，北京：人民出版社，1979 年，第 193 页。
② 《资本论》第 1 卷[M]，北京：人民出版社，2004 年，第 726 页。
③ 《资本论》第 1 卷[M]，北京：人民出版社，2004 年，第 727—728 页。
④ 《资本论》第 1 卷[M]，北京：人民出版社，2004 年，第 742 页。
⑤ 《资本论》第 1 卷[M]，北京：人民出版社，2004 年，第 579 页。
⑥ 《资本论》第 1 卷[M]，北京：人民出版社，2004 年，第 320 页。
⑦ 参见《资本论》第 1 卷[M]，北京：人民出版社，2004 年，第 321 页。
⑧ 参见《资本论》第 1 卷[M]，北京：人民出版社，2004 年，第 539 页。

不超过15小时，到1848年5月1日降到10小时，这期间工人阶级经过了15年的反抗斗争。1866年9月，国际工人代表大会提出，把工作日限制为8小时。[①] 1886年5月1日，美国芝加哥工人争取8小时工作制的斗争终于取得胜利。算起来，资本主义国家的工作日从15小时逐步降到8小时，经过了半个多世纪！因此，法定工作日的降低，绝不是资产阶级国家对工人阶级主动地发慈悲，而是一方面由于工人阶级长期奋起反抗；另一方面也由于代表资产阶级整体利益的国家，为了“节制资本无限度地榨取劳动力的渴望”，防止“国家的生命力遭到根本的摧残”[②]。然而，工作日的缩短，并没有改变工人阶级被剥削的经济地位。资本剥削的本性，也没有因国家强制缩短工作日而改变，这种本性迫使资本家阶级改进机器，应用科技手段提高劳动生产率，用获取相对剩余价值的手段，继续提高剥削程度（剩余价值率）。第二次世界大战以后，发达资本主义国家工人的工资有较大提高，工作日有所缩短，但这是以剩余价值率不断提高为前提的。例如，从1955到1973年，日本30人以上企业劳动生产率提高了9倍，职工实际工资提高了将近3倍，但是剩余价值率从314%提高到443%；[③]美国的物质生产部门（农、林、渔业除外）的剩余价值率从1948年的236.7%提高到1977年的280.9%。[④] 可见，发达资本主义国家工人阶级的受剥削的程度存在继续加深的趋势。

从历史发展的角度看，资本主义生产关系对劳动力的破坏，有一个从工业领域到农业领域的发展过程。马克思深刻揭示出，在资本主义生产方式还没有进入农业领域之前，在自然经济的生产方式中，“劳动力的天然能力”尚可在农村“借以逃生”；但是当资本主义生产关系进入农村，统治了农业生产，“大工业和按工业方式经营的大农业共同发生作用”，劳动力就再也没有可以逃生的领域了，“如果说它们原来的区别在于，前者更多地滥用和破坏劳动力，即人类的自然力，而后者更直接地滥用和破坏土地的自然力，那么，在以后的发展进程中，二者会携手并进，因为产业制度在农村也使劳动者精力衰竭，而工业和商业则为农业提供使土地贫瘠的各种手段”。[⑤] 就是说，资本主义生产关系的普遍化，使得农村劳动力也受到破坏，从而使全社会的雇佣劳动者都处于“精力衰竭”的状态。可能有人以为，滥用和破坏

① 参见《资本论》第1卷[M]，北京：人民出版社，2004年，第348页。
② 参见《资本论》第1卷[M]，北京：人民出版社，2004年，第276—277页。
③ 宋则行、樊亢主编：《世界经济史》（修订版）下卷[M]，北京：经济科学出版社，1998年，第21页。
④ 宋则行、樊亢主编：《世界经济史》（修订版）下卷[M]，北京：经济科学出版社，1998年，第89页。
⑤ 《资本论》第3卷[M]，北京：人民出版社，2004年，第919页。

劳动力的情况,对于现代美国家庭农场来说,已经失效了。这恐怕只看到家庭农场主生活颇为优越这一面,而没有看到农场主雇佣的短工的另一面。须知,那些美国农场主雇佣的墨西哥雇工,依然是处于被剥削的地位,生活是清苦的。

4. 研究生产关系对人的影响应透过现象看本质

资本主义宏观经济的持续运动,有时也会产生掩盖资本主义剥削关系的假象。本来工人处于劳动力商品地位,其工资一般不会超过劳动力的价值,工人总是处于贫困化的经济地位;但是,有的时候工人的待遇却可以得到一定改善。这种现象在马克思时代就存在,在现代发达资本主义国家发生则表现得更有迷惑性。《资本论》科学地揭示了工人工资有时会提高的一种现象:如果资本在有机构成不变的条件进行积累,就既要追加不变资本 C,同时也要追加可变资本 V;在这种情况下,资本主义社会投入的可变资本量,会随着资本积累总量的增长而增长,从而对劳动力的需求也会增长。当这种增长的需要在一定时期超过劳动力的供给时,就会出现工人工资的提高,因此,工人待遇会有所改善。但是,资本的这种积累方式,“不会消除雇佣工人的从属关系和对他们的剥削。由于资本积累而提高的劳动价格,实际上不过表明,雇佣工人为自己铸造的金锁链已经够长够重,容许把它略微放松一点”①。其实,工人工资的增长至多说明工人提供的无酬劳动有所减少,但是绝不可能达到消除资本剥削制度的程度。

现代一些发达资本主义国家实行社会福利制度,使有些人产生了错觉,以为这些国家劳资关系与所谓传统资本主义相比,发生了根本变化,因而主张重新认识资本主义。其实,资本主义剥削制度的本性并没有改变。对待这些国家的福利制度,必须透过现象看本质:其一,这种福利制度的产生,是资本主义经济固有矛盾加深的产物。资本主义剥削程度的加深,激起工人阶级的反抗,这迫使代表资产阶级整体利益的国家,为了维持自己的统治,不得不实施某些福利政策来缓和阶级矛盾,其性质与马克思时代资产阶级国家制定工厂法的原因是类似的。其二,这种福利制度的某些政策如职业培训,有助于提高劳动者的技能,同时也更有利于提高劳动生产率,从而有利于资本家阶级剥削工人阶级创造的相对剩余价值。其三,发达资本主义国家对本国工人阶级实施福利政策,是以它们对发展中国家实施霸权主义、新殖民主义经济掠夺,在国际经贸中赚取高额垄断利润,剥削发展中国家劳动人民

① 《资本论》第1卷[M],北京:人民出版社,2004年,第714页。

创造的剩余价值是紧密联系的。给本国工人的一点福利，包含从国外榨取的剩余价值。因此，从世界的眼光看，现代资本主义生产关系摧残劳动者、阻碍可持续发展的本性并没有改变。其四，现代资本主义国家的福利制度建立在资本主义剥削制度基础上，这种“公平”以社会财富两极分化，不能降低资本家的“效率”即利润率为前提，因而不可持久。目前西欧一些发达资本主义国家都遇到了财政不堪重负的问题。国家要继续搞福利制度的“公平”，就不能不增税，但是资本家阶级出来阻止，说这影响了经济“效率”；而国家要减少财政赤字，削减福利制度的财政支出，潜在的社会矛盾就立即爆发出来。资产阶级经济学提出的所谓“公平与效率”的理论正是这种现代资本主义经济现象的理论表现。因此，现代资本主义国家的福利制度并不是从根本上促进人的健康发展从而促进社会可持续发展的制度。

综上所述，现代资本主义生产关系仍然具有摧残人、阻碍人类社会可持续发展的本性。既然有史以来任何私有制都对可持续发展不利，既然资本主义私有制对可持续发展的破坏作用超过它以前的私有制社会，那么，人类社会只有通过革命彻底推翻资本主义经济制度，建立与社会化大生产相适应的社会主义公有制基础，才能有利于人的发展，促进人类社会的可持续发展。

三、实现可持续发展的基本条件

（一）马克思对实现可持续发展前提条件的揭示

1. 人类社会进入“自由王国”的根本条件

为了理解人类社会实现可持续发展的基本条件，这里有必要引述《资本论》的一段重要论述：

“像野蛮人为了满足自己的需要，为了维持和再生产自己的生命，必须与自然搏斗一样，文明人也必须这样做；而且在一切社会形式中，在一切可能的生产方式中，他都必须这样做。这个自然必然性的王国会随着人的发展而扩大，因为需要会扩大；但是，满足这种需要的生产力同时也会扩大。这个领域内的自由只能是：社会化的人，联合起来的生产者，将合理地调节他们和自然之间的物质变换，把它置于他们的共同控制之下，而不让它作为一种盲目的力量来统治自己；靠消耗最小的力量，在最无愧于和最适合于他们的人类本性的条件下来进行这种物质变换。但是,这个领域始终是一个必然王国。在这个必然王国的彼岸,作为目的本身的人类能力的发挥,真正的自由王国,就开始了。但是,这个自由王国只有建立在必然王国的基础上,才能繁荣起来。工作日的缩短是根本条件。”①

在这段论述中,马克思阐述了唯物史观的深邃思想。其一,强调了人类在任何时代,为了维持和再生产自己的生命,都必然要以一定的生产方式从事物质生产,“与自然搏斗”,这是一个“自然必然性的王国”,人类不可能离开自然界去生活。其二,人类可以从这个“必然王国”走向“自由王国”,也就是取得认识和控制自己与自然相互关系的自由,这表现在,一是促进可持续发展;二是实现物质生产效率最大化,使生产方式符合人类本性的要求。其三,这就要求“社会化”的人或“联合起来”的生产者,把人与自然的关系置于他们的“共同控制”之下。其四,人类也只有从物质生产和可持续发展这个“必然王国”进入了“自由王国”,实现了“工作日的缩短”这个“根本条件”,在生产劳动之外有充分的时间,才能进入在人与自然的关系这个“必然王国”的“彼岸”,进入把“人类能力的发挥”作为目的本身的“真正的自由王国”。在这段论述中,马克思实际上把人的社会化和联合劳动,作为共同控制人与自然关系的前提条件,显然,社会化的人只有在机器大生产为物质基础的、生产劳动的社会分工充分发展的前提下才能形成,而联合劳动则只有在生产资料实行完全的共产主义公有制的基础上才能达到。所以,社会实现完全的全民所有制经济,这是在社会物质生产和可持续发展上真正掌握主动权的经济基础。

2. 可持续发展要求消灭土地私有制

马克思揭示出,土地私人所有制是可持续发展的障碍。《资本论》明确指出,“小土地所有制的前提是:人口的最大多数生活在农村,占统治地位的,不是社会劳动,而是孤立劳动;在这种情况下,财富和再生产的发展,无论是再生产的物质条件还是精神条件的发展,都是不可能的,因而,也不可能具有合理耕作的条件”②。他还指出,“对小农业来说,土地价格,即土地私有权的形式和结果,表现为对生产本身的限制。对大农业和以资本主义生产方式为基础的大地产来说,这种所有权也是一种限制,因为它会限制租地农场主所进行的、最终不是对他自己有利而是对土地所有者有利的生产投资。在这两个形式上,对地力的榨取和滥用(撇开这种榨取不是取决于社会发展已经达到的程度,而是取决于生产者个人的偶然的不同的

① 《资本论》第3卷[M],北京:人民出版社,2004年,第928—929页。
② 《资本论》第3卷[M],北京:人民出版社,2004年,第918页。

境况这一点不说）代替了对土地这个人类世世代代共同的永久的财产，即他们不能出让的生存条件和再生产条件所进行的自觉的合理的经营”①。可见，在马克思看来，要实现可持续发展，就要求消灭土地私有制。这是因为，土地私有权（私有制的法律用语）对土地的合理的生产经营、对可持续发展，必然会起限制作用。无论是小块土地私有制还是大块土地私有制，都是如此。

马克思历史地辩证地分析了资本主义农业对可持续发展的影响，指出它“一方面使农业合理化，从而才使农业有可能按社会化的方式经营，另一方面，把土地所有权变成荒谬的东西，——这是资本主义生产方式的巨大功绩。资本主义生产方式的这种进步，同它的所有其他历史进步一样，首先也是以直接生产者的完全贫困化为代价而取得的”②。这里“农业合理化”有两层含义，一是指资本主义生产方式使那种在自然经济条件下，单凭人的经验和手工劳动种植方式的农业，转化为应用农艺学、植物保护学等科学来进行的机器大生产的农业；二是指资本主义生产方式使土地所有权摆脱了一切传统的政治统治权力关系和人身从属关系，取得了单纯的经济所有权形式。这样，就为农业的社会化经营方式创造了条件，因而有巨大的历史功绩。但是资本主义生产方式以私有制为基础，使大土地所有者凭借土地的私人所有权，坐享其成，收取地租的食利者，成为经济发展的累赘；同时，以“直接生产者的完全贫困化”为生产进步的代价。

马克思明确地指出私人土地所有制是不合理的，必须消灭的，因为“从一个较高级的经济的社会形态的角度来看，个别人对土地的私有权，和一个人对另一个人的私有权一样，是十分荒谬的。甚至整个社会，一个民族，以至一切同时存在的社会加在一起，都不是土地的所有者。他们只是土地的占有者，土地的受益者，并且他们应当作为好家长把经过改良的土地传给后代”③。因此，要使农业的合理经营和社会化经营继续发展，就必须彻底消灭土地私有制。

3. 工人阶级应当争取社会主义性质的土地国有化

马克思揭示出，建立社会主义的公有制基础，在土地方面就必须用土地公有制替代土地私有制，并实现土地的社会主义国有化，即人民对土地共同占有，这是实现土地合理经营和可持续发展提出的必然要求。本书第九章曾谈到，资本主义国

① 《资本论》第3卷[M]，北京：人民出版社，2004年，第918页。
② 《资本论》第3卷[M]，北京：人民出版社，2004年，第697页。
③ 《资本论》第3卷[M]，北京：人民出版社，2004年，第878页。

家的土地国有化并不能消除私人资本对土地的经营权，也就不会改变资本主义私有制和生产社会化这对固有的基本矛盾。这里说土地的社会主义国有化，则与资本主义国家有可能实施的土地国有化在社会性质上有根本区别。马克思在1872年撰写的《论土地国有化》，比较详细地论述了工人阶级争取社会主义性质的土地国有化的重要思想，其要点主要是：①

"地产，即一切财富的原始源泉"，"工人阶级的未来将取决于这个问题的解决"。

"我们需要的是日益增长的生产，要是让一小撮人随心所欲地按照他们的私人利益来调节生产，或者无知地消耗地力，就无法满足生产增长的各种需要"；"一旦土地的耕作由国家控制，为国家谋利益，农产品自然就不可能因个别人滥用地力而减少"。

"一切现代方法，如灌溉、排水、蒸汽犁、化学处理等等，应当在农业中广泛采用。但是，我们所具有的科学知识、我们所拥有的耕作技术手段，如机器等，如果不实行大规模的耕作，就不能有效地加以利用"；从经济的观点来看，大规模的耕作，"比小块的和分散的土地耕作远为优越"。

"土地国有化将彻底改变劳动和资本的关系，并最终完全消灭工业和农业中的资本主义的生产"，到那时，"与社会相对立的政府或国家将不复存在！农业、矿业、工业，总之，一切生产部门将用最合理的方式逐渐组织起来。生产资料的全国性的集中将成为自由平等的生产者的各联合体所构成的社会的全国性的基础，这些生产者将按照共同的合理的计划进行社会劳动"。

可见，马克思是从合理农业和遵循可持续发展规律的合理使用土地的角度，论述实现土地国有化是必然趋势的。当然，社会主义的土地国有化，是工人阶级运动的长远战略目标，要以社会主义革命的胜利为前提；而具体国家实现土地国有化的路径，是由国情决定的。

（二）中国实现可持续发展的基本前提

1. 中国国情决定的土地国有化道路

中国在半殖民地半封建社会的基础上，实现了新民主主义革命的伟大胜利。

① 以下破折号后的引文见《马克思恩格斯选集》第3卷[M]，北京：人民出版社，1995年，第127—130页。

土地原先是封建主义的地主所有制，经过土地改革，才实现了“耕者有其田”的农民私人小土地所有制。农民基本上处在自然经济条件下，实行手工劳动方式。在这种历史条件下，显然不能直接剥夺农民已经获得的土地小私有权而实行土地国有化。这个战略目标只能经过一个较长的历史过程，分阶段地逐步实现。

第一步是随着社会生产力发展水平的提高，让广大农民切身感受到，已经实现的小私有土地所有制具有脆弱性和分化重组的必然性；要使自己免受丧失土地的苦难，就必须在工农联盟基础上，组织起来，走集体化的道路。这一步我国 1953—1956 年通过农业社会主义改造，建立土地集体所有制，已经胜利实现。

第二步就是巩固和发展土地集体所有制，以国家工业化支持农业机械化、现代化，逐步实现集体土地的规模经营和集体农民的社会化经营，促进农业劳动生产率的提高，不断改善农民的生活条件。在这一过程中，把农业劳动力向非农领域转移，并同发展农村工业经济、建设社会主义新农村和缩小城乡差别结合起来。在现实中，中国农村土地集体所有制建立之后，经过了合作社、人民公社（“三级所有、队为基础”），以及集体土地统一经营和家庭承包经营相结合的双层经营这几个阶段。但是，目前农村多数地区的集体土地，统一经营严重削弱，更多的是家庭承包经营。这样的情况不可能永远凝固不变，它势必有两种变化的可能性：一是，在新自由主义的私有化改革主张推动下，向土地私人所有制发展；①一是遵照邓小平同志在 20 世纪 90 年代初就提出的“第二个飞跃”的战略思想，即土地集体所有制的土地家庭承包制要“适应科学种田和生产社会化的需要，发展适度规模经营，发展集体经济”。② 他不止一次地谈到这个思想。③ 显然，前一种可能性是必须阻止的，因为这走的是土地私有的回头路，是会阻碍农村生产力发展并违背可持续发展规律的。而“第二个飞跃”的思想，则是坚持农村土地集体所有制，朝土地社会化生产的统一经营的方向发展，这是符合客观经济规律的发展方向，应当尽快努力推行。从现实来看，这个巩固和发展土地集体所有制的第二步，可能会有一个过程。不过，这个过程不宜拖得太长，因为一家一户的生产，是不利于农村生产力的发展和组织农民走共同富裕道路的。如果像一些人主张的那样，让私人资本下乡，来发展土地社会

---

① 参见蔡继明：《论中国土地制度改革》[J]，《山东农业大学学报》（社会科学版），2005 年，第 3 期；张琦：《中国农村土地制度改革模式探索》[J]，《当代经济科学》第 2006 年第 5 期。

② 《邓小平文选》（第 3 卷）[M]，北京：人民出版社，1993 年，第 355 页。邓小平同志把“废除人民公社，实行家庭联产承包为主的责任制”，称为“第一个飞跃”。

③ 参见中共中央文献研究室编：《邓小平年谱》（1975—1997）下[M]，北京：中央文献出版社，2004 年，第 1330—1331 页。

化经营，那就会逐步导致土地集体所有制名存实亡，让农村土地生产力掌握在少数人手中，这样，不但农村必然出现社会收入两极分化，而且以掠夺土地肥力的资本主义方式经营也会蔓延开来，必将严重阻碍经济的可持续发展。

第三步，农村土地集体所有制向土地国有化转变。这一步何时开始，只能从未来的具体实际出发。可以预见到的是，当广大农民物质利益的提高要求集体所有制的土地社会化经营规模进一步扩大，并认识到土地国有化比集体化更为优越；当国家的工业化、现代化和科技水平能够为农用土地的规模经营提供充分的耕作、植保、灌溉等条件；当国家经济管理中心能够对全社会农用土地建立起科学的社会化经营管理制度之时，土地国有化这一步就会到来。这是必然的趋势，因为只有实现社会主义的土地国有化，才能真正实现土地的合理经营和整个社会的可持续发展。

2. 维护公有制主体地位是促进可持续发展的基本前提

从中国全社会看，现在已经建立了公有制为主体、多种所有制经济共同发展的基本经济制度。既然公有制是可持续发展的所有制基础，维护基本经济制度规定的公有制主体地位就极端重要。它既是促进社会生产力发展、实现广大劳动人民共同富裕的制度保证，也是促进全社会可持续发展的根本前提。这是因为：

其一，可持续发展要求处理好社会、经济和生态环境之间关系，其中宏观经济实现良性循环运动是其中起决定作用的，它可以为社会的和谐发展、为保护生态环境创造物质条件。而经济的良性循环取决于市场总供给与有购买力的总需求之间的平衡，这只有在公有制经济占主体地位，从而按劳分配关系在全社会分配关系中占主要比重，社会能够不断走向共同富裕，避免资本主义社会那种两极分化的条件下，才能做到。

其二，促进可持续发展，要求人们在控制人口增长、节约和有效利用经济资源、保护生态环境等方面，能够比较自觉地做到局部利益服从整体利益，眼前利益服从长远利益，服从中央宏观调控中心的统一指挥和协调，共同参与，协调行动。这只有在社会主义公有制经济基础上，社会形成了整体利益和长远利益的条件下，才能够真正做到。

其三，促进可持续发展，需要实现社会生产力的合理布局，促进城乡协调发展，这需要集中社会大量的物力和财力，有计划地建设必要的环境保护工程、基础设施工程等；而公有制占主体地位，国家代表劳动人民为主体的人民的利益，才能做到从社会整体利益出发，坚持“全国一盘棋”，统筹安排，区分轻重缓急，调动资金和组织人民群众，有计划地办成这些大事。

因此，维护公有制的主体地位是促进可持续发展的基本前提。在市场社会分工制度和多种所有制经济并存的条件下，微观经济组织存在维护自身利益的必然倾向，这就更需要重视发展国有经济和集体经济，巩固和扩大社会主义公有制经济基础，并引导人们加强公有制观念，处理好个人利益、经济组织利益和社会整体利益之间的关系。

四、促进可持续发展

（一）首要的战略目标

1. 促进人的全面而自由的发展

中国已经建立社会主义公有制占主体地位的基本经济制度。本章前面论述过，人的社会化和联合劳动是人类从“必然王国”向“自由王国”发展的前提条件。公有制经济占主体地位，虽然离马克思阐述的这种前提条件还有很长距离，但是这相对于私有制社会，毕竟已经发生了质的飞跃。我们应当充分利用社会主义基本经济制度，促进“必然王国”逐步向“自由王国”发展，其中包括实施可持续发展战略。这个战略包括人口、资源和生态环境等多方面的实践目标。而从长远的战略来看，首要目标则是最终要实现人的全面而自由的发展。

马克思指出，比资本主义社会形式更高级的社会形式的“基本原则”是，“每一个个人的全面而自由的发展”。[①] 因为社会的本质就是人与人的相互关系。不同历史阶段的社会形式，实际上就是不同历史阶段的生产方式决定的人与人相互关系的不同形式。在整个私有制社会，人与人相互关系的基本形式是少数人剥削多数人，人是不可能全面而自由发展的；私有制也阻碍社会自觉遵循人与自然之间的物质变换规律。最为发达的私有制社会是资本主义社会，虽然它已经创造出促进人的全面而自由发展的物质条件，但是资本主义私有制却严重阻碍人的全面而自由的发展。因此，比资本主义社会形式更高级的社会形式，就是完全消灭了私有制的共产主义社会的人与人的相互关系形式，在这种关系中，每一个个人都能全面而自

---

① 《资本论》第1卷[M]，北京：人民出版社，2004年，第683页。

由地发展。正如《共产党宣言》所说,“在那里,每个人的自由发展是一切人的自由发展的条件”[①]。

因此,每一个全面而自由的发展的个人,也就是马克思所说的“自由王国”中的“社会化的人”,这样的人是与完全公有制基础上的联合劳动,与全社会都能遵循可持续发展规律紧密结合在一起的,而且是其能动作用的社会因素。在这个意义上,实现“每一个个人的全面而自由的发展”,应当作为可持续发展战略的首要目标。当然,实现这个战略目标是长期的过程。

2. 深入理解马克思关于人的发展目标的科学思想

实现“每一个个人的全面而自由的发展”这种战略目标。不应简单化地理解,似乎近期就可以实现;而应当遵循唯物史观,充分认识,现阶段应当为实现这个战略目标创造条件。必须防止脱离实际地把这个长远目标变成空洞的口号。

《资本论》揭示出,实现“每一个个人的全面而自由的发展”并不是一种主观意愿,它是建立在社会生产力高度发展的基础上的。资本主义历史阶段形成的大工业物质生产技术条件,使这种人的发展目标具有客观必然性。主要表现在:

其一,机器大生产为消灭私人片面发展的旧的分工制度提供了技术条件。在机器生产产生以前,人们使用手工工具从事生产劳动。这种劳动方式的特点是人手直接接触工具,这就使劳动者不得不终身受某种手工工具的束缚,形成知识和劳动技能的片面发展。但是,机器的产生,使接触劳动对象的工具,装在一种机构上。这样,劳动者就有条件解脱手工工具的束缚,只要操作机构就能使用各种工具,因此,“机器从技术上废弃了旧的分工制度”[②];“大工业从技术上消灭了那种使一个完整的人终生固定从事某种局部操作的工场手工业分工”[③],这就为人脱离片面发展提供了物质技术条件。

其二,大工业生产使人的全面发展有了现实可能性。马克思指出,“大工业的原则是,首先不管人的手怎样,把每一个生产过程本身分解成各个构成要素,从而创立了工艺学这门完全现代的科学。社会生产过程的五光十色的、似无联系的和已经固定化的形态,分解成为自然科学的自觉按计划的和为取得预期有效果而系

① 《马克思恩格斯选集》第 1 卷[M],北京:人民出版社,1995 年,第 294 页。
② 《资本论》第 1 卷[M],北京:人民出版社,2004 年,第 485 页。
③ 《资本论》第 1 卷[M],北京:人民出版社,2004 年,第 557 页。

统分类的应用”①。正因为大工业在技术上解除了劳动者在手工生产方式下只能从事单一技能的束缚，也就使劳动者能适应社会分工发展的需求，“用那种把不同社会职能当作互相交替的活动方式的全面发展的个人，来代替只承担一种社会局部职能的局部个人”②。

其三，大工业推动人的劳动变换从而促进人的自由全面发展。“大工业的本性决定了劳动的变换、职能的更动和工人的全面流动性。”③在资本主义条件下，劳动力的流动，往往与企业裁员、危机中的倒闭这种灾难性的经济现象联系在一起，但是，它表现出，在大工业条件下，“承认劳动的变换，从而承认工人尽可能多方面的发展是社会生产的普遍规律，并且使各种关系适应于这个规律的正常实现”④。

其四，大工业的社会劳动形式推动产生高级形式的家庭关系，从而促进人的健康发展。“由于大工业使妇女、男女少年和儿童在家庭范围以外，在社会地组织起来的生产过程中起着决定性的作用，它也就为家庭和两性关系的更高级的形式创造了新的经济基础。”⑤虽然在资本主义条件下，妇女、少年和儿童为谋生而投入工场或工厂劳动，这意味着资本对他们的摧残；但是，在资本剥削制度消灭之后，妇女参加她们的生理条件能承受的社会生产劳动，就意味着从家务劳动中解放出来，获得与男子平等的经济地位，由此形成了成年男女自由恋爱的社会条件，使婚姻摆脱金钱或权力关系的束缚，而以真实的爱情为基础。而儿童和少年参加适当的生产劳动，将促进教育与生产劳动的结合，有利于健康成长，因为“生产劳动同智育和体育相结合，它不仅是提高社会生产的一种方法，而且是造就全面发展的人的唯一方法”⑥。因此，大工业产生的社会劳动形式，是“人道的发展的源泉”⑦。

由此可见，人的全面而自由的发展这个战略目标，是以物质生产方式的不断进步发展为前提的。我们要促进这个战略目标的实现，就应当以唯物史观为指导，发挥社会主义制度的优越性，努力推动科学技术的进步，促进社会生产力的不断发展。只有当全社会都达到了大工业生产的水平，全民所有制已经覆盖全社会，实现

---

① 《资本论》第1卷[M]，北京：人民出版社，2004年，第559页。
② 《资本论》第1卷[M]，北京：人民出版社，2004年，第561页。
③ 《资本论》第1卷[M]，北京：人民出版社，2004年，第560页。
④ 《资本论》第1卷[M]，北京：人民出版社，2004年，第561页。
⑤ 《资本论》第1卷[M]，北京：人民出版社，2004年，第563页。
⑥ 《资本论》第1卷[M]，北京：人民出版社，2004年，第557页。
⑦ 《资本论》第1卷[M]，北京：人民出版社，2004年，第563页。

每个个人的全面而自由的发展目标才具备了条件。

(二) 解决人口问题

1. 重视研究一定生产方式的特殊人口规律

在明确可持续发展首要战略目标的基础上,我们有必要结合中国国情,科学地采取计划生育、节约资源、保护生态环境等基本措施。在这些方面,《资本论》有不少深刻的论述。本节以马克思关于人口规律的思想为指导,探讨如何解决人口问题。

唯物史观认为,人类历史发展的决定性因素是直接生活的生产和再生产,"生产本身又有两种",一种是物质生产,即人们赖以生存的消费资料和生产资料的生产,一种是"人自身的生产,即种的蕃衍"①。后者即人口的生产。同物质生产的发展有客观规律一样,人口生产的发展也有客观规律;而后者取决于前者。马克思指出,"每一种特殊的、历史的生产方式都有其特殊的、历史地发生作用的人口规律。抽象的人口规律只存在于历史上还没有受过人干涉的动植物界"②。如本章前面所述,马克思揭示了与资本主义生产方式相适应的人口规律;资本主义社会的相对人口过剩和工人阶级的贫困化,就是资本主义人口规律的表现;它是阻碍经济、社会的可持续发展的。

在社会主义生产方式建立之后,人口规律就会以新的表现形式出现:一是社会将对人口生产进行有计划的调节。正如恩格斯所说,"如果说共产主义社会在将来某个时候不得不像已经对物的生产进行调节那样,同时也对人的生产进行调节,那么正是这个社会,而且只有这个社会才能无困难地做到这点"③。新中国虽然离共产主义社会还远,但是毕竟已建立起社会主义公有制经济的主体地位,已经建立起比较完整的社会主义工业体系,已具备对人口生产实施计划调节的社会制度基本条件。我国从20世纪80年代初以来,把计划生育作为基本国策。这是自觉遵循可持续发展规律的重要表现之一。二是适应社会主义生产方式,合理安排劳动。在有计划地调节人口,促使人口数量适应物质生产的客观需要的条件下,社会管理部门将通过合理安排工作日,促进社会成员朝着成为"全面而自由发展"的方向发展,

① 参见《马克思恩格斯选集》第4卷[M],北京:人民出版社,1995年,第2页。
② 《资本论》第1卷[M],北京:人民出版社,2004年,第728页。
③ 《马克思恩格斯选集》第4卷[M],北京:人民出版社,1995年,第641页。

从而消除那种始终存在失业工人和相对过剩人口的资本主义生产方式的人口规律。正如马克思在《资本论》中所说，“如果明天把劳动普遍限制在合理的程度，并且在工人阶级的各个阶层中再按年龄和性别进行适当安排，那么，要依照现有的规模继续进行国民生产，目前的工人人口是绝对不够的。目前‘非生产’工人的大多数都不得不转化为‘生产’工人”①。

1949 年新中国建立之后，在计划产品经济时期，在劳动就业方面，基本消除了失业现象，尽管这与高度集中的行政性管理体制相联系，人们自由选择职业、劳动力流动比较困难；但是，这是一种体现社会主义要求的积极尝试，有必要认真总结有益的经验。在实行社会主义市场经济体制之后，随着私有制经济比重的加大，虽然人们择业自由度、流动性都增大了，却出现了人民群众呼声较大的失业或“就业难”的现象。这就提出了，在社会主义市场经济条件下，如何合理安排劳动就业的问题。在这方面，绝不应当照搬西方新自由主义经济学，否定国家政府的宏观调控职能作用；而应当在巩固和发展公有制经济、限制私人资本扩张的基础上，以马克思关于人口规律的思想为指导，积极探索中国国情条件下的具有社会主义生产方式特征的人口规律，制定相应的就业和再就业的政策法律，努力消除失业现象。

2. 在宏观经济调控中把握生育政策

中国是人口大国，必须结合这种特殊国情来研究对人口生产如何进行有计划的调节，因而有必要着重探讨。20 世纪 80 年代初，中国开始实施计划生育基本国策。从那时以来，全国少生 4 亿多人，缓解了人口对资源、环境的压力，促进了人均国民收入的增长，成效明显。不过，到 2019 年末我国人口超过 14 亿，对控制总人口的增长仍不可掉以轻心。理由如下：

其一，人口增长应当考虑提高人均国民收入。反映一国经济实力和富裕程度的最基本的指标，是人均国民生产总值②，而不应是人均国内生产总值，因为前者是一国国民获得物质利益的概念；而后者只是一个地域范围生产成果的概念，必须扣除外国人拿去的利益，才是本国国民的利益。改革开放以来，我国的生产能力发展很快，被赞誉为“中国奇迹”和“中国模式”。但是，据世界银行数据库资料，2014 年，我国的人均 GNI 是 7 400 美元，在 209 个国家和地区的排序虽比过去有很大提

① 《资本论》第 1 卷[M]，北京：人民出版社，2004 年，第 734 页。

② 国民生产总值 GNP(Gross National Product，简称 GNP)，又称国民总收入；现在通常使用世界银行的计算口径 GNI(Gross national income)。国内生产总值 GDP 的英文是 Gross Domestic Product。

高，但是仍排在第67位；而发展中国家的巴西11 530美元，阿根廷13 480美元；发达国家的大国美国55 200美元，加拿大51 630美元，中国与他们相比，差距很大。[①]这原因不是别的，主要是中国人口总量太大。这就不能不造成人均国民收入提高很慢。只有下决心持续地控制人口，争取实现总人口在一定时期内的不增长乃至负增长，才有希望在经济持续增长的条件下较快地赶上去。

其二，积极解决人口自然增长率下降出现的困难。应当认识到，我国人口自然增长率减少到一定程度，出现人口老龄化程度提高等困难有一定的必然性，这属于我国实现人口再生产与物质再生产两方面相协调的过程中出现的困难，需要发挥社会主义基本制度的优越性，研究科学的宏观调节措施，来积极应对和解决。如针对大量家庭女子显著减少的实际情况，国家政府有必要通过财政、税收措施，努力增加社会养老基金的积累，有计划地发展政府财政支持的公有制的社会养老服务行业，并把它与培训老年服务人员、合理安排就业结合起来。应当认识到，政府有计划、有目的地增加对人口公共事业的投资，尽管会相应地减少生产性的投资，有可能降低经济总量的增长率，但是从长远来看，这有利于促进国民经济的良性循环和社会的稳定发展。发展社会养老服务事业，积极解决人口老龄化的问题，用于这方面的投资，同样是国民经济综合平衡的组成部分，理应纳入宏观调控的范畴。

其三，严格控制人口增长是实现可持续发展的核心要求。上面提到，要提高人均国民收入，必须严格控制人口增长，而更重要的是，控制人口是中国可持续发展的核心要求。须知生活在社会中的人，既是“人手”，又是“人口”；既是“清污手”，又是“排污口”。而尤其应当认识到，人总是先作为消耗财富的“人口”，之后才作为创造财富的“人手”；先作为“排污口”，之后才作为“清污手”。从全社会看，“人口”总数（包括非生产人员），总是大于“人手”总数；人作为“排污口”总数总是大于“清污手”总数；而且，人要成为“人手”，要成为“清污手”，都必须消耗相应的物资生产资料，要经过相应的知识培训，否则人就不能成为高质量的“人手”和自觉的“清污手”。所以，按照可持续发展的要求，人口的再生产，不但要有利于人均国民收入的提高，还要有利于“排污口”的减少，有利于人均绿色国民收入（扣除污染损失的人均国民收入）的提高。否则，“人手”创造的物质财富的增长，不但将被“人口”的过量增长所淹没；而且也会被“排污口”对生态的破坏而大量的消减。因此，

① 根据世界银行网“按图表集法衡量的人均国民总收入（GNI）（现价美元）”公布的数据，http://data.worldbank.org.cn/indicator/NY.GNP.PCAP.CD。

维护生态环境也要求中国逐步减少人口总量。

人口问题是与社会的生存“源泉”、与生产力及生产关系的相互作用，紧密联系在一起的，因此，应当把解决人口问题，同宏观经济调控，促进可持续发展结合起来。有必要重视以下措施：

把实施计划生育政策与巩固和发展农村集体经济结合起来。农村是稳定低生育水平、统筹解决人口问题的重中之重。这固然有“不孝有三，无后为大”“重男轻女”等传统观念的影响，但是根本原因是农村土地集体所有制实行家庭承包经营制之后，在农村服务业及其社会分工尚不发达的现状下，农民为了发展生产，增加收入，防老养老，不能不考虑增加家庭人口，发展家庭事业，于是哪怕罚款，也要多生孩子。要改变这种状况，只有走市场经济条件下的集体化道路，发展协作生产和社会分工，才能真正提高劳动生产率，才有可能促进农村社会公共服务事业的发展，把儿童培养、老人服务逐步转向集体支持，转向社会保障，从而使农民把提高劳动生产率、家庭富裕与多生子女分离开来，而与少生子女联系起来。

把解决人口问题与宏观经济调控结合起来。对于贯彻计划生育国策产生的诸多问题，只用西方国家的人口学方法是难以解决的，更不应当照搬西方宏观经济学，这是因为，失业人口是私有制的资本存在和发展的基本条件，以维护资本主义根本制度为目的西方宏观经济学，最多着眼于减轻失业率，而绝不可能从根本上解决失业人口问题，更不能解决中国的特殊人口问题。必须把这些实际问题纳入宏观经济调控，统筹解决。应当以马克思主义为指导，努力创造出把解决中国人口问题作为重要组成部分的、中国特色的宏观调控理论。我们必须也应当把实施计划生育国策产生的实际问题，纳入包括市场供求、银行借贷、财政收支、国际收支构成的宏观经济综合平衡的大盘中来谋划解决，而不能把这方面的问题只当作个别的、附带的问题来解决。这就是说，我们不但要从物质资料商品或者一般的生活消费服务的角度调节供给与需求，从增加企业就业人数的角度来扩大就业；还需要从实现可持续发展的人口战略来调节供给与需求和扩大劳动者的就业。

促进流动人口的统筹管理。市场经济势必促进人口流动。我国的实际情况是农村劳动力大量地流向城市。如果缺少计划导向和统筹管理，必定产生畸形的现象，给社会经济的可持续发展设置暗礁。与人口问题有关的主要是：目前一些地方农村人口向城市流动已不是科学意义上的剩余劳动力向城市的有序转移，而是青壮年农民的普遍转移，这造成一些地区的农村只剩下孩子、老人构成的所谓“6199”部队①，这就与建设社会主义新农村需要有文化、有才能的青壮年劳动者发生了尖锐的矛盾。与此同时，针对流动人口的统筹管理制度尚不完善。流动人口的计划生育管理，不是一个单纯的人口管理问题，而是涉及完善农村社会主义基本经济制度、增加农民收入、为新农村建设留住青壮年骨干、促进过剩劳动力转移有序化等一系列需要统筹解决的问题。因此，需要加速统筹管理制度建设，如建立和完善流动人口的就业、居住登记制度，流动育龄人口计划生育登记、监督和妇科服务制度，劳动者的劳动安全、失业、医疗和养老保险的流动异地转账制度等。应当相信，在计算机普及的条件下，技术上已经没有大的障碍，只要发挥社会主义制度“全国一盘棋”的优势，这些具体制度建设中的问题是可以解决好的。

（三）节约资源

1. 资源使用方式与生产关系

节约资源是宏观经济实施可持续发展战略的重要内容。在这方面，《资本论》提供了不少值得重视的思想方法。马克思揭示出，在人类的社会生产中，资源使用方式是与一定历史条件下的生产关系相联系的。在资本主义生产中，资源的使用有以下主要特征：

一是通过延长劳动时间、增加劳动强度来减少劳动力的使用。雇佣工人生命和健康的浪费，成为资本家利润增长的源泉。② 在现代发达资本主义国家，虽然经过工人阶级几个世纪的长期斗争，工人的工作条件已有较大改善；但是，不能忽视，这种改善与国际资本投向发展中国家，形成血汗工厂摧残这些国家雇佣工人，是并存的，从资本国际运动的角度看，资本使用劳动力资源的特征并没有改变。

二是靠浪费、摧残劳动力资源，来节约生产资料的使用。马克思指出，“由于采用机器生产才系统地实现的生产资料的节约，一开始就同时是对劳动力的最无情的浪费和对劳动发挥作用的正常条件的剥夺”③。资本主义生产“把浪费工人的生命和健康，压低工人的生存条件本身，看作不变资本使用上的节约，从而看作提高利润率的手段”；“资本主义生产尽管非常吝啬，但对人身材料却非常浪费”。④

三是企业对生产资料的节约与社会生产对资源的浪费是结合在一起的。马克

① “6199部队”是比喻儿童和老人的，因为“61”是儿童节，“99”是中国的重阳节，敬老节。
② 参见《资本论》第3卷[M]，北京：人民出版社，2004年，第106页。
③ 《资本论》第1卷[M]，北京：人民出版社，2004年，第532页。
④ 《资本论》第3卷[M]，北京：人民出版社，2004年，第101页。

思指出，“资本主义生产方式迫使每一个企业实行节约，但是它的无政府状态的竞争制度却造成社会生产资料和劳动力的最大的浪费，而且也产生了无数现在是必不可少的、但就其本身来说是多余的职能”①。所谓“多余的职能”，是指由于资本主义生产自发性和私人资本竞争，而导致的滥用广告、华丽包装，以及其他用于竞争手段等方面的职能，它们与直接生产和人们的消费无关，这显然是资源的浪费。马克思还认为，相对于商品生产已经消亡的共产主义社会，那些在商品生产社会，尤其是在商品生产普遍化的资本主义社会，用于作为商品流通媒介的货币本身的资源（金、银和用于纸币的纸张等）耗费，是一种非生产费用，因为它们“既不进入个人消费，也不进入生产消费”；“金和银作为货币商品，对社会来说，是仅仅由生产的社会形式产生的流通费用。这是商品生产的非生产费用，这种费用，随着商品生产，特别是随着资本主义生产的发展而增大。它是社会财富中必须为流通过程牺牲的部分。”②“每年耗费在金银这种流通工具的生产上的劳动力和社会生产资料的总量，对于资本主义生产方式，总之，对于以商品生产为基础的生产方式来说，是一项巨大的非生产费用。”③这种为流通过程牺牲的费用，在共产主义社会将得到节约。

在社会主义市场经济条件下，由于商品流通的客观需要，用于货币本身的资源耗费是不可避免的。但是，既然建立了社会主义公有制经济基础，就有条件努力改变资本主义生产关系对资源的浪费及使用方式。应当遵循可持续发展战略促进人的发展的要求，注意在生产过程中保护最活跃的生产要素劳动力，依法规定工作日、保障劳动者人身安全，改善工作环境，包括依法加强对外资工厂劳动用工的管理，杜绝私人资本过度使用雇佣工人；尤其要发挥社会主义制度的优越性，合理调节产业结构，积极探索计划调节与市场调节有效结合的方式，减少市场经济的自发性，减少由此引起的社会资源浪费。本书下卷第五篇还将对此展开分析。

2. 节约资源的一般途径

《资本论》在揭示资本主义生产中使用资源特征的同时，还提出了在生产中节约使用资源的一般途径。主要是：

劳动者的共同协作生产可以节约资源。《资本论》在多处对劳动者共同协作生

---

① 《资本论》第1卷[M]，北京：人民出版社，2004年，第605页。
② 《资本论》第2卷[M]，北京：人民出版社，2004年，第153—154页。
③ 《资本论》第2卷[M]，北京：人民出版社，2004年，第382页。

产使生产资料因大规模积聚使用而得到节约的原因进行了分析，指出：协作生产造成劳动者的集结、不同劳动过程的靠拢和生产资料的积聚，这就与一定生产规模相比，相对地在空间上缩小生产领域，在劳动的作用范围扩大的同时劳动空间范围的这种缩小，会节约非生产费用；在协作劳动中，劳动者共同消费某些共同的生产条件（如建筑物等），比单个工人消费分散的生产条件要节约；在协作生产中，生产资料加入生产过程的价值同分散的生产资料相比，绝对地说虽然较大，但从它们的作用范围来看，相对地说却较小。[①] 共同的协作劳动，还可以缩短资本周转中的劳动期间，从而节约资源，因为“协作、分工、机器的使用，可以增加一个工作日的产品，同时可以在互相联系的生产行为中缩短劳动期间”[②]。同时，协作劳动和劳动条件的大规模使用，“这是力学和化学上的各种发明得以应用而又不会使商品价格变得昂贵的唯一条件，并且这总是不可缺少的条件”[③]。因此，“这种由生产资料的集中及其大规模应用而产生的全部节约，是以工人的聚集和协作，即劳动的社会结合这一重要条件为前提的”[④]。从协作劳动是节约资源的重要途径角度来看，不言而喻，社会主义公有制经济无疑是有利于节约资源的经济制度。

改进生产工具可以节约资源。改进生产工具是节约生产要素消耗的重要途径。人们常说的技术革新，在很大程度上就是生产工具的革新。马克思指出，机器与手工工具相比，有利于节约劳动对象的消耗，“因为机器是由比较耐用的材料制成的，寿命较长；因为机器的使用要遵照严格的科学规律，能够更多地节约它的各个组成部分和它的消费资料的消耗”；“机器的生产作用范围越是比工具大，它的无偿服务的范围也就越是比工具大。”[⑤]机器自身的不断革新或改良，对于节约使用生产要素十分重要。“机器的不断改良所引起的节约，也就是：1. 机器的材料改良了，例如铁代替了木材。2. 由于机器制造的改良，机器便宜了；这样，不变资本固定部分的价值虽然随着大规模劳动的发展而不断增加，但远不是按相同的程度增加。3. 那种使现有机器的使用更便宜和更有效的特殊改良，例如蒸汽锅炉的改良等等……。4. 由于机器的改良，废料减少了。”[⑥]“交通运输工具的改良，会绝对缩短商品的移动期间；……例如，改良的帆船和轮船，缩短了商品的移动时间，从而也就缩

---

① 参见《资本论》第1卷[M]，北京：人民出版社，2004年，第376—377页。
② 《资本论》第1卷[M]，北京：人民出版社，2004年，第376—377页。
③ 《资本论》第3卷[M]，北京：人民出版社，2004年，第118页。
④ 《资本论》第3卷[M]，北京：人民出版社，2004年，第93页。
⑤ 《资本论》第1卷[M]，北京：人民出版社，2004年，第445页。
⑥ 《资本论》第3卷[M]，北京：人民出版社，2004年，第95页。

短了商品到达远近港口的时间。”[①]这样也就会节约资源的消耗。

通过生产排泄物的再利用节约资源。生产排泄物包括生产过程中排出的各种固体的、液体的、气体废料等。科学进步有助于发现废料的有用性质,技术革新使人们能够利用这些本来几乎毫无价值的生产排泄物制造出有多种用途的新产品。马克思指出,废料利用是节约资源的一种过程,“通过这个过程,这种所谓的排泄物就再回到生产从而消费(生产消费或个人消费)的循环中”[②]。他很重视当时这方面的成就,指出“化学工业提供了废物利用的最显著的例子。它不仅找到新的方法来利用本工业的废料,而且还利用其他各种各样工业的废料,例如,把以前几乎毫无用处的煤焦油转化为苯胺染料,茜红染料(茜素),近来甚至把它转化为药品”[③]。马克思强调,“应该把这种通过生产排泄物的再利用而造成的节约和由于废料的减少而造成的节约区别开来,后一种节约是把生产排泄物减少到最低限度和把一切进入生产中去的原料和辅助材料的直接利用提到最高限度”[④]。马克思还分析了当时废物利用这种现象产生的经济原因,指出“原料的日益昂贵,自然成为废物利用的刺激”[⑤]。

发挥生产实践一线工人的主观能动性。马克思重视发挥生产实践第一线的劳动者在节约资源中的重要作用,他指出,“只有结合工人的经验,才能发现并且指出,在什么地方节约和怎样节约,怎样用最简便的方法来应用各种已有的发现,在理论的应用即把它用于生产过程的时候,需要克服哪些实际障碍,等等”[⑥]。这启发我们,在经营管理中,管理者、科技人员必须与生产第一线的工人群众相结合,依靠工人阶级,才能取得节约资源的最佳效益。

3. 从战略高度节约资源

节约资源对于中国的可持续发展具有重大战略意义。中国是个资源大国,但是,水资源、耕地资源、森林资源及很多矿产资源等人均占有量都远低于世界人均水平;水资源为世界的1/2,人均耕地为世界的1/3,森林为世界的1/6。而且资源分布不均衡,开发难度大。2007年年末,我国煤炭、石油、天然气人均探明可采储量

---

① 《资本论》第2卷[M],北京:人民出版社,2004年,第277页。
② 《资本论》第3卷[M],北京:人民出版社,2004年,第94页。
③ 《资本论》第3卷[M],北京:人民出版社,2004年,第117页。
④ 《资本论》第3卷[M],北京:人民出版社,2004年,第117页。
⑤ 《资本论》第3卷[M],北京:人民出版社,2004年,第115页。
⑥ 《资本论》第3卷[M],北京:人民出版社,2004年,第118—119页。

分别为世界人均水平的69%、7.5%、8.3%。同时，在经济建设中，资源消耗增长较快。“十一五”期间，能源消费量以每年6%的速度增长，中国的一次能源消费总量已超过美国。目前中国在某些重要能源上已经依赖进口。石油从1993年起成为净进口国，石油对外依存度由当年的6%一路攀升，2009年突破50%的警戒线，2011年已达到56.7%。煤炭从2009年起已由世界第二大煤炭出口国变成第一大进口国；铁矿石2011年对外依存度也高达56.4%。[①] 在这种态势下，中国必须高度重视节约资源。这方面，全国上下一定要贯彻国家的可持续发展战略，纠正单纯追求GDP政绩的不良倾向，依靠广大人民群众，把节约资源的政策措施落到实处。

（四）保护生态环境

1. 生产关系对生态环境的影响

可持续发展要求维护宏观自然生态环境，同时，也要求维护人们生产、工作和生活的小环境。但是，资本主义社会却难以自觉地达到这种要求。马克思揭示了资本主义生产关系对生态环境的破坏作用。在小环境方面，马克思描述了19世纪雇佣工人极其恶劣的工厂环境：“人为的高温，充满原料碎屑的空气，震耳欲聋的喧嚣等等，都同样地损害人的一切感官，更不用说在密集的机器中间所冒的生命危险了。”[②]虽然协作生产可以节约生产资料，但是，“这种节约在资本手中却同时变成了对工人在劳动时的生活条件系统的掠夺，也就是对空间、空气、阳光以及对保护工人在生产过程中人身安全和健康的设备系统的掠夺，至于工人的福利设施就根本谈不上了”[③]。马克思还揭示出资本主义制度在阻碍人与自然之间物质循环的同时，破坏自然生态的大环境，指出“消费排泄物对农业来说最为重要。在利用这种排泄物方面，资本主义经济浪费很大；例如，在伦敦，450万人的粪便，就没有什么好的处理方法，只好花很多钱用来污染泰晤士河”[④]。

为什么资本主义制度会破坏生态环境？这是因为私人资本根本不可能自觉地从社会整体利益和长远利益出发，不可能在资本经营目的之外为维护外部生态环境投入资本，而总是把获取更多的利润放在压倒一切的地位。

---

① 《国土资源部发布2012中国国土资源公报》[R/OL]，中央政府门户网站，http://www.gov.cn/gzdt/2013-04/20/content_2382978.htm。

② 《资本论》第1卷[M]，北京：人民出版社，2004年，第490页。

③ 《资本论》第1卷[M]，北京：人民出版社，2004年，第491页。

④ 《资本论》第3卷[M]，北京：人民出版社，2004年，第115页。

2. 正确认识现代资本主义国家的环境治理

尽管说现代发达资本主义国家与近代资本主义国家相比，已经把生态环境保护提上了日程，并采取治理环境污染等措施，取得某些效果，有可以借鉴之处；但是对此不能估计过高，更不应当盲目地迷信和照搬发达资本主义国家治理污染的方式方法。

必须看到，在全球资本主义制度的国家占多数，发达资本主义国家依然以垄断资本为社会的经济基础，在国际金融垄断资本主导经济全球化的条件下，世界生态环境趋向恶化的基本态势并没有得到扭转。世界大多数国家程度不同地存在碳排放量失控、土壤沙化蔓延、有毒有害物质增加、水资源匮乏、污染严重、水土流失、耕地面积和森林草原植被缩减、生物物种减少、人口增长失控等状况。从全球看，大气污染、水体污染、固体废弃物和环境噪声成为公认的四大灾害。这说明，从全球看，虽然20世纪90年代初，联合国召开了环境与发展大会，要求各国保护生态环境，制定和实施可持续发展战略，但是效果却不如人意，这是由资本主义制度在全世界依然占主体所决定的。因为面对危及人的生命的日益严重的环境污染，资产阶级不得不通过自己的国家出面采取措施，治理污染，但是，这些治理措施主要是从维护资本利益出发的，是为了保证社会有长期供应资本剥削的劳动者。这就像近代资本主义国家面对工作日太长，危及劳动者生命力，从而危机资产阶级长远利益，而不得不出面干预，强制地限制工作日一样。所以，资本主义制度下的环境治理，有很大的局限性。

可以看到：资本主义国家走的是先污染、后治理的被动之路；现有的所谓与市场经济结合的治理环境污染方式，仍然以维护私人资本利益为前提，甚至有利于资本家在转嫁和治理生态危机中，通过抬高价格等方式获得更多利润；在所有发达资本主义国家中，并未建立起包括生态、市政和社会的总体规划的国家环境规划机制；各国生态环境具有全球关联性，是需要全球共同治理的，然而，在存在国际金融垄断资本霸权主义的条件下，不可能按照互助合作精神建立起全球性治理生态环境的调控机制。因此，正如资本主义国家的生态社会主义者所说，在当代资本主义条件下，要摆脱生态危机实现可持续发展是不可能的。①

3. 发挥社会主义制度优越性促进可持续发展

中国已建立社会主义基本经济制度，具备了自觉地治理环境污染、实施可持续

---

① 参见陈学明：《论生态社会主义者对当代资本主义的新反思》[J]，《毛泽东邓小平理论研究》2006年第1期。

发展战略的基本条件，应当充分认识这种条件的优越性。近些年来，中国专家学者在如何治理环境污染方面的技术层面和政策措施方面，做了大量的研究。不过，仍有必要重视《资本论》的研究方法，结合生产关系来研究可持续发展问题。

例如，有学者在分析中国一些地区产生严重的雾霾污染的重要原因时指出，化工、冶炼、建材制造业是我国工业废气排放的三大产业。机动车和住房供暖制冷则是非工业废气的排放大户。我国空气中的非自然污染物有80%以上来自上述三个产业排放的工业废气和上述两项非工业废气排放。而这五大废气的排放，都来自房地产强力拉动的产业，诸如钢铁、水泥、砖瓦、陶瓷、玻璃、化工、金属冶炼、汽车制造、汽车运输等，房地产还带动了私人汽车保有量增长，所有这些都带来大量的废气排放，因此，1998年以来的房地产"大跃进"是导致中国雾霾污染常态化，尤其是华北地区雾霾污染常态化趋势的首要原因。[①] 从产业关联的角度看，这无疑是有说服力的。不过，从生产关系角度看，分析仍需进一步深入。为何会出现房地产如此无节制发展呢？这难道不是"私建私有"的住房制度私有化"改革"促成的吗？本书第九章已较详细地分析了住房制度私有化改革产生的弊病，这里需要补充的是，房地产业作为产业关联度很大的产业，其私有化会显著增大市场经济众多产业发展的盲目程度，会给国家的宏观计划调控造成极大的障碍。这也说明，私有制经济在国民经济中比重的加大，只会助长生态环境污染，阻碍实施可持续发展战略。

因此，研究可持续发展，应当坚持《资本论》唯物史观的基本方法，把生产关系同人与自然的关系这两方面的关系结合起来研究，这将有助于自觉发挥社会主义制度的优越性，有效地实施可持续发展战略。

---

① 参见刘太刚、龚志文：《华北雾霾区域合作治理的治本之策：房地产的省市际合作限产》[J]，《天津行政学院学报》2015年第3期。

《资本论》的宏观经济研究方法及其应用

下卷

何干强◎著

MACROECONOMIC RESEARCH METHODS IN DAS KAPITAL AND ITS APPLICATIONS

东方出版中心

第四篇

宏观经济的外部联系

本书第二、三篇论述的是《资本论》研究资本主义宏观经济内部联系的方法，其中包括研究宏观经济一般的内部联系的方法。《资本论》论述资本主义宏观经济运动，以揭示一国经济的内部联系为主，但是也有不少关于国际经济关系的论述。这是因为一国的宏观经济运动，并不是封闭的。随着商品生产和生产社会化的发展，一国经济必然要通过商品和资本的流通与国外经济、世界市场发生外部联系。学习和应用马克思研究一国宏观经济的外部联系和国际经济关系的唯物史观辩证方法，这对于我们科学认识开放性的社会主义宏观经济，并搞好宏观经济调控，具有重要指导意义；第四篇将分两章对这方面进行论述。

第十一章　世界市场与宏观经济运动

一国的宏观经济既然是商品流通和资本流通相结合的经济，就必然与世界市场发生外部联系。《资本论》以唯物史观的方法，揭示了资本主义宏观经济与世界市场之间的辩证关系，其中包含宏观经济一般与世界市场的辩证关系。根据《资本论》的论述，本章首先论述认识世界市场的辩证方法，论证在资本主义的历史条件下，世界市场形成的必然性、世界市场的经济性质，以及一个国家的国内市场和世界市场的区别；接着论述一国宏观经济运动与世界市场的关系，强调一国经济的发展必须善于利用世界市场，同时必须认识世界市场对一国宏观经济存在副作用；最后，论证中国作为社会主义发展中国家，应积极发展对外经贸关系，这要求国家发挥好经济职能，加强对外经贸工作的组织指挥，增强一国民族经济整体的国际竞争力。

一、认识世界市场的辩证方法

（一）世界市场是商品流通和社会分工扩展的产物

1. 研究宏观经济运动应当弄清它与世界市场的关系

宏观经济是在内部经济联系和外部经济联系中运动和发展的。前面章节的论述撇开了宏观经济的外部经济联系，这有助于排除外部因素，更清晰地弄清宏观经济运动的内在规律。然而，宏观经济作为商品流通和资本流通相结合的经济是开放性经济，必然与世界市场相联系。只有弄清这种外部经济联系，对宏观经济运动和发展规律的认识，才能是全面的。这就要求我们用唯物史观的辩证方法认识宏观经济外部的世界市场。

2. 世界市场是各国商品流通和资本流通扩大、发展的结果

一国市场形成的最初起点，是简单价值形式表现的劳动产品与劳动产品之间

的直接交换。以后交换扩大，形成以货币为中介的商品流通。前面章节引用过《资本论》的相关论述，商品流通与产品直接交换相比，“一方面，我们看到，商品交换怎样打破了直接的产品交换的个人的和地方的限制，发展了人类劳动的物质变换。另一方面，整整一系列不受当事人控制的天然的社会联系发展起来了”①。而资本主义经济的形成，促进了商品生产的普遍化。正是由于各国商品流通和资本流通的发展延伸到国外，形成相互联系、相互交错的经济网络，促进了世界市场的形成。

世界市场或国际市场形成的起点，应从人类社会资本主义生产方式兴起算起。因为资本流通产生之后，商品流通拓展为国际贸易才会形成常规。《资本论》以老牌资本主义国家英国为典型，阐述了资本主义生产方式的产生过程。它从“15 世纪最后 30 多年和 16 世纪最初几十年”②拉开序幕；直到 18 世纪末，历经了 300 多年的工场手工业生产为主的资本原始积累时期。在这个时期，“1735 年约翰·淮亚特宣布他的纺纱机的发明”，“由此开始 18 世纪的工业革命”，③当工业革命产生的机器大工业生产逐步占领社会生产包括农业在内的各个部门，资本主义生产方式就在全社会占统治地位了。

整个资本原始积累时期直到 19 世纪末，资本主义经济都处于自由竞争或自由资本主义阶段。此后，资本主义进入以垄断组织为基础的帝国主义阶段。到 20 世纪中期之后，资本主义国家政权与垄断资本融合，帝国主义进入到国家垄断资本主义阶段；20 世纪 80 年代中期之后，国家垄断资本主义又发展为与国家政权相融合的国际金融垄断资本主义新阶段。资本流通和商品流通逐步拓展，从而世界市场的形成和发展是与资本主义经济的上述历史过程紧密联系的。

3. 结合资本主义制度基本矛盾的发展理解世界市场的形成

世界市场是在资本主义私有制和生产社会化这对基本矛盾的推动下，形成和发展起来，指导形成全球新的市场的。

在资本主义条件下，生产社会化和社会分工的发展，从而市场的扩大，客观上有利于资本利润的增长和资本的积累；而资本追逐利润最大化以及资本之间进行市场竞争的本性决定了各资本主义国家的市场必然向国外拓展。在原始积累时期，1487 年葡萄牙人迪亚士发现非洲好望角，1492 年意大利人哥伦布发现美洲，这

---

① 《资本论》第 1 卷[M]，北京：人民出版社，2004 年，第 134 页。
② 《资本论》第 1 卷[M]，北京：人民出版社，2004 年，第 825 页。
③ 《资本论》第 1 卷[M]，北京：人民出版社，2004 年，第 428 页。

类事件都与资本追逐利润，拓展国际市场分不开。到19世纪下半叶，人类社会“由于交通工具的惊人发展，——远洋轮船、铁路、电报、苏伊士运河，——第一次真正地形成了世界市场”[①]。

而资本主义“信用制度加速了生产力的物质上的发展和世界市场的形成”[②]。资本主义国家对外拓展市场，不断拓宽国内外的社会分工，促进本国社会生产力的发展，又会加深本国的基本矛盾。这迫使各资本主义国家为缓解这种矛盾，进一步拓展、争夺世界市场。到帝国主义阶段，对世界市场的争夺和瓜分尤为激烈，以致爆发了体现帝国主义国家之间矛盾的两次世界大战。可见，世界市场是在资本主义基本矛盾的推动下不断扩大、发展起来的。

当代世界市场覆盖的国际分工更加广阔和细化，商品流通和资本流通的物质条件有了更大的发展和进步，信息技术和航空等运输现代设施已被广泛利用于国际经济往来。到20世纪80年代，国外理论界开始用“全球化”这个概念来描述世界经济发展的过程，[③]其中也概括出，当代世界市场是全球性世界市场。用唯物史观的眼光看，当代全球性世界市场，尽管其中已有社会主义经济成分加入，但是，国际金融垄断资本仍占据主导地位，这决定了在现代社会生产力和国际分工更加发展的历史条件下，世界范围的资本主义经济固有的基本矛盾不但没有消除，反而更加扩展和深化。我们应当充分认识当代世界市场背后的占主要地位的基本矛盾，唯有如此，才能正确认识世界市场的发展动态和趋势，正确把握宏观经济与世界经济的联系。

（二）世界市场同样是两种流通结合的表现

1. 世界市场是商品流通和资本流通的综合表现

前面章节已经论证，在一国资本主义经济产生之后，市场就不再是简单商品流通的表现，而是一般商品流通与资本流通相结合的表现。当代世界市场虽然已进入全球化的新阶段，但是，它依然是这两种基本流通关系相结合的表现。

本书之所以强调世界市场的这种本质关系，是因为自从全球化概念出现以来，人们似乎淡化了《资本论》对市场本质的唯物史观阐释，往往撇开了资本流通的规

① 《资本论》第3卷[M]，北京：人民出版社，2004年，第554页（页下注8）恩格斯所加注释。
② 《资本论》第3卷[M]，北京：人民出版社，2004年，第500页。
③ 李琮著：《当代资本主义的新发展》[M]，北京：经济科学出版社，1998年，第235页。

定性来理解经济全球化阶段的世界市场。例如，世贸组织 1995 年关于国际贸易的年度报告认为，“对全球化的定义和描述首先应着重‘质’而不是‘量’，它是不同国家的市场和生产日益变得更加相互依存的过程，这是由于货物和服务贸易的发展以及资本和技术的流动所造成”①。1996 年联合国贸易与发展会议召开题为“全球化与自由化”的讨论会，该会文件将全球化定义为，世界各国在经济上跨国界联系和相互依存日益加强的过程，运输、通信和信息技术的迅速进步有力地促进了这一过程。② 中国学术界流行的观点则认为，经济全球化，“它是在科技和社会生产力达到更高水平，各国经济相互依赖、相互渗透大大加强，阻碍生产要素在全球自由流通的各种壁垒不断削减，规范生产要素在全球自由流通的国际规则逐步形成并不断完善的这样一种历史过程”③。应当说，上述这些定义说出了经济全球化的某些规定性，但是都只涉及生产要素的物质流动和一般商品流通关系，却撇开了全球化的生产关系层面，因而也就等于撇开了世界市场的资本流通层面，也就是撇开了全球化阶段的世界市场所包含的生产资料所有制关系这一起决定作用的内涵。

2. *应当结合生产关系理解世界市场*

当今经济全球化的世界市场是同世界各国根本经济制度，也就是生产资料所有制决定的生产关系相联系的。世界市场的发展作为社会化生产过程及其国际社会分工的拓展，是在发达资本主义国家主导的、体现国际金融垄断资本这种生产关系所控制的国际经济秩序中展开的。这是与经济全球化过程中生产要素的物质流动和一般商品流通关系相结合的另一方面的重要经济关系。实际上，正是这方面的资本主义生产关系所起的决定性作用，导致世界市场至今存在着不公正不合理的经济秩序，使发展中国家在经济上总是处于被发达资本主义国家宰割的地位；否则，就无法解释国际上出现的、实质上把矛头针对国际金融垄断资本的“反全球化”运动。也正是这种资本主义生产关系的决定性作用，使世界市场每隔一定时间，就表现出世界性的危机。可见，全面地认识经济全球化的世界市场，应当坚持唯物史观的方法，注重生产力和生产关系两方面的规定性，注重商品流通一般和资本流通的两重基本规定性。

目前的理论倾向，是忽视、淡化和回避资本主义生产关系和资本流通的规定

① WTO, International Trade: Trend and Statistics 1995, p.19, Geneva, 1995（世贸组织：《国际贸易：1995 年度统计资料和趋势》，日内瓦，1995 年，第 19 页）。

② 王林生：《经济全球化与中国的对外贸易（一）》[J]，《国际贸易问题》2000 年第 10 期。

③ 李琮著：《世界经济新编》[M]，北京：经济科学出版社，2000 年，第 510 页。

性。应当说，这是一种片面性的认识。不克服这种认识上的片面性，就不可能科学地处理好一国宏观经济与世界市场的关系。

（三）国内市场与世界市场的区别

1. 国内市场是体现一国民族经济利益的市场

用唯物史观的方法认识宏观经济外部的世界市场，还必须把国内市场与世界市场区别开来。

（1）用辩证思维方法理解国内市场

从形式逻辑的概念来看，一个国家所在的地理区域范围的市场是国内市场，别国的市场对于本国地域而言是国外市场，邻国之间、各国相互之间发生经贸往来的市场是国际市场，国际市场的总体是世界市场。但是，只从地域范围来阐释国内市场是不够的。因为在一国经济对外开放的条件下，国内地域的市场会进来外国商人及其资本和商品，也就是说国内地域的市场国际化了。这能否说国内市场已不再存在了呢？不能。从一国民族经济利益的角度看，[①]只要国内地域市场中的民族经济是独立自主的，那么即使这个地域的市场国际化了，国内市场也依然存在。一国民族经济指的是一国国民所实践的成果归本国国民的国民经济。因此，从辩证逻辑的概念应当反映事物的本质来看，国内市场范畴应当指由一国国民作为实践主体所构成的体现本国民族经济自身利益的市场。

进一步说，在阶级社会，国民是划分为阶级的，国内市场的社会性质是由国民中占统治地位的阶级所代表的生产关系决定的，因此，当今世界各国的国内市场基本上有两类，简要地说，一是社会主义的国内市场，一是资本主义的国内市场。由此也可以顺便指出，世界市场的社会属性，是由主导世界市场的国家社会性质决定的，应当说，当今世界市场是由发达资本主义国家控制主导的，总体上看，还属于资本主义市场。要改变这种性质，有赖于世界社会主义运动的振兴和发展。当世界多数国家尤其是多数经济实力强的国家成为社会主义国家，并控制和主导全球市场关系之时，世界市场就将成为社会主义市场。这还需要经过一段较长的历史过程。在研究国内市场与世界市场的关系时，通常可以撇开国内的阶级关系，只从整个民族经济利益角度谈国内市场；但是不应当认为，国内地域的市场已经国际化，

① 这里和以下所说的一国民族，都是指一国地域范围内构成本国公民的各民族成员，如中华民族，由56个民族构成。中国的民族经济利益，是指整个中华民族的经济利益。

就不存在国内市场了。

（2）只要国家还存在，国内市场就会存在

唯物史观深刻揭示出，在人类社会发展的相当长的历史阶段，国家都会存在。人类原始社会并没有国家；随着生产力的发展，由于人们是否掌握或掌握生产资料多寡不同，社会形成了不同阶级。国家就是阶级矛盾和阶级斗争的产物。国家执行维护社会秩序的一般职能；但是，国家的本质是阶级统治的工具。当代世界的一个个国家，从社会属性看，有资产阶级占统治地位的发达资本主义国家或帝国主义国家、一般资本主义国家，有劳动人民占统治地位的社会主义国家，还有极少数保留封建制的国家。从社会生产力发展水平看，有发达国家、发展中国家和贫穷国家。所有的国家都有历史形成的各自独立的民族经济利益及其差别，在统治阶级的维护下，这形成了一国民族经济利益的刚性。如果一个发展中国家和贫穷国家面对帝国主义国家的经济侵蚀，不讲或放弃本国民族经济利益，这个国家必将受到摧残，变成后者的附庸国。只有到共产主义社会的高级阶段，国家才会随着世界范围私有制和阶级的消失而消亡。用中国话语说，实现了“世界大同”，国家才会消亡。有人认为，当今是经济全球化时代，国家整体含义上的民族经济已是过时的陈旧概念，这显然是不符合实际的，这是把各国的经济交往拓展到全球范围这种经济关系，等同于“世界大同”了。在当今历史条件下，各国之间生产力水平发展程度仍然存在很大差别，社会根本经济制度（占统治地位的生产资料所有制关系）之间仍然存在差别乃至对立关系，各国之间的种族关系、生活习惯、文化传统等也存在多种差异，这些都必然地导致各国市场有着本国民族经济的特点，同时，各国国内市场也必然存在自身的民族经济利益。因此，有必要从本国民族经济及其利益的角度，区分国内市场和世界市场。而要深入到这种本质关系层面，还有必要从商品流通一般和资本流通两个层面来认识它们的区别。

2. 从商品流通层面看国内市场与世界市场的区别

商品流通在本质上体现的是商品所有者所有的不同使用价值的商品之间等价值交换的平等交换关系。但是同样是商品流通，在国内市场和世界市场却有下述区别。

（1）商品使用价值方面的区别

虽然国内国外有许多相同、相似的商品，但是由于地理位置、气候环境、民族种类、人口数量、生活习惯和历史发展水平等不同的原因，国内国外的商品使用价值会有许多差别，因而进入世界市场的商品与国内市场相比，必然更为丰富，差异更多。这又会影响到国内社会分工和国际社会分工的差别。

（2）商品价值量决定方面的区别

国内市场由国内商品价值规律或国别价值规律起决定作用，而世界市场则由国际价值规律起决定作用。参与国际交换的商品，同时存在国别价值和国际价值。虽然国别价值规律和国际价值规律两者对商品流通一般关系的作用具有共性：生产同种商品的生产率高的劳动，在同一时间能比生产率低的劳动创造出较多的社会价值；两者在现实经济中都是与一定历史条件下的生产资料所有制关系结合着起作用的。但是这两者仍然存在区别：

一是两者形成的历史条件不同。在国内市场，“价值规律已经在长达5 000年至7 000年的时期内起支配作用”[①]。但是，真正的世界市场到19世纪下半叶才形成，也就是说，国际价值规律起作用的时间不到200年。

二是国别价值和国际价值在质和量的规定性上不同。两者在质的规定性上都是抽象人类劳动的凝结。但是，国别价值是一国范围内社会劳动的抽象；而国际价值是在全球化的世界市场中，达到全世界的人类各种社会劳动的抽象高度。在价值量的规定性上，国别价值是在一国范围内，由生产或再生产该商品的社会必要劳动时间来计量的，它根据不同生产者的所有投入国内市场的同种单位商品中包含的个别劳动时间和各自的投入量，加权平均所形成的时间计量单位；而国际价值则由生产或再生产该商品的“世界劳动的平均单位”[②]来计量，它是投入世界市场的同种商品的国别社会必要劳动时间和有关国家各自的投入量，加权平均所形成的时间计量单位。在一个国家内，如果一种商品的社会必要劳动时间等于这种商品的个别劳动时间，个别劳动的单纯持续时间就可以直接计量国别价值；如果低于个别劳动时间，个别劳动就不能算作正常质量的劳动，要有较多的个别劳动时间才能折算出这种商品的国别价值；如果高于个别劳动时间，个别劳动强度超过生产这种商品的国民劳动平均水平，就能折算出较多国别价值。但是，在世界市场上，用世界劳动的平均单位来衡量投入商品的国别劳动，不管强度是高还是低，都是国别中等强度的劳动，它们都可折算成世界劳动的平均单位量，依高低不同，排列成阶梯状态。[③] 就

① 《资本论》第3卷［M］，北京：人民出版社，2004年，第1019页。

② 《资本论》第1卷［M］，北京：人民出版社，2004年，第645页。

③ 马克思指出，“在一个国家内，只有超过国民平均水平的强度，才会改变单纯按劳动的持续时间进行的价值计量。在以各个国家作为组成部分的世界市场上，情形就不同了。国家不同，劳动的中等强度也就不同；有的国家高些，有的国家低些。于是各国的平均数形成一个阶梯，它的计量单位是世界劳动的平均单位”。见《资本论》第1卷［M］，北京：人民出版社，2004年，第645页。

国别价值而言，单个商品中包含的一定量社会必要劳动时间与生产这种商品的劳动生产率成反比。① 但是在世界市场上，国别单个商品中包含的世界劳动的平均单位（国际价值），则与该国生产这种商品的劳动生产率成正比；一国与别国相比，如果劳动生产率越高，质量和强度相同的工作日中包含世界劳动的平均单位量就越多。马克思指出，"价值规律在国际范围的应用，还会由于下述情况而发生更大的变化：只要生产效率较高的国家没有因竞争而被迫把它们的商品的出售价格降低到和商品价值相等的程度，生产效率较高的国民劳动在世界市场上也被算作强度较大的劳动"；"一个国家的资本主义生产越发达，那里的国民劳动的强度和生产率，就越超过国际水平。因此，不同国家在同一劳动时间内所生产的同种商品的不同量，有不同的国际价值，从而表现为不同的价格，即表现为按各自的国际价值而不同的货币额"。② 在国际上起作用的价值规律，也就是国际价值规律。一定历史时期在国际价值规律的作用下，商品国别价值低的产业在国际贸易竞争中占据优势，而商品国别价值高的产业则处于劣势，由此也就形成国际经济关系中一定的贸易结构和国际分工格局。

（3）作为商品流通中介的货币存在区别

在马克思的时代，各国国内市场能够充当商品一般等价物的完成形态的货币，虽然都是黄金，但是各国黄金铸币的法定外形或者代表黄金量的纸币外形，都是不同的，这体现出各国国内市场的区别。而世界市场又与各国国内市场有区别。在世界市场，在国际贸易中充当中介的世界货币，必须是赤裸裸的黄金。正如马克思指出的："金银作为铸币穿着不同的国家制服，但它们在世界市场上又脱掉这些制服。这就表明，商品流通的国内领域或民族领域，同它们的普遍的世界市场领域是分开的。"③

当代的国际贸易已不直接以黄金货币为媒介，而是以某种纸质货币为媒介，但是，国内市场的货币与世界货币仍有鲜明的区别。即使是美国，初看起来，美元纸

① 在一国范围内，在对同一部门劳动生产率高低不同的生产者相互作比较时，也可以说，劳动生产率较高的生产者在同样时间内能够创造较多的社会价值；这个原理与马克思所说的"商品的价值量与体现在商品中的劳动的量成正比，与这一劳动的生产力成反比"的原理，是不矛盾的。参见何干强：《也谈劳动生产率同价值创造的关系》[J]，《教学与研究》2011年第7期。

② 《资本论》第1卷[M]，北京：人民出版社，2004年，第645页。这里要注意的是，通常，劳动强度大的劳动，单位时间生产的商品多，因而生产率就高。但是，在有的情况下，马克思是把劳动强度与劳动生产率两个概念区分开来的，这样，比较劳动生产率的高低，是以劳动强度相同为前提的，例如，在比较不同国家劳动生产率时，就是以不同国家的工作日强度相同为前提的，在此前提下，如果一国一个工作日劳动生产率高于另一国，则生产的同种商品多于另一国。

③ 《资本论》第1卷[M]，北京：人民出版社，2004年，第147页。

币可以作为世界货币充当国际贸易流通的媒介，似乎美国国内市场与世界市场已无区别；但是，美元毕竟不能通用于世界各国的国内市场，也不能在世界市场的一切地区作为国际贸易的媒介，例如在欧盟各国之间的国际贸易就使用欧元，而排斥美元。所以，不能说美元就是世界货币。应当说，只有能真正代表世界范围的抽象人类劳动凝结的纸币，才能充当世界货币，显然，这样的纸币除非能直接兑换黄金，否则就不可能为全球承认。实际上，当代黄金仍然是重要的银行物质储备，并未失去世界货币的功能。可以说，当代各国货币与黄金的区别，仍集中地表现出国内市场与世界市场在商品流通领域的区别。

3. 从资本流通层面看国内市场与世界市场的区别

（1）两个市场的资本体现的经济利益存在区别

国内市场的民族资本和世界市场（包括国际市场）的外国资本相比较，共同点都是资本，资本流通的目的都要追求剩余价值或利润，资本在流通中的这种经济利益都归资本的所有者占有。不同点是，国内市场的民族资本及其利润，属于本国民族的经济利益；而世界市场的外国资本及其利润，属于外国民族的经济利益。在国内市场，虽然不同的民族资本之间有竞争、有矛盾，但是它们都属于本国的民族资本，资本的利益都属于本国民族经济利益范畴。在世界市场，各国投入的资本则体现相应的不同国家的民族经济利益。不同国家的民族资本彼此必然相互竞争。目前世界上形形色色的国家（包括相对独立的地区）有 230 多个。在这种历史条件下，各国民族经济利益之间的界限是客观存在的。在世界市场中，各国的资本流通尽管相互交错、相互渗透到别国，但是，各国资本及其利润，由其所有权决定，最终都会流回本国国内市场。可见，国内市场的民族资本有相同的本国民族经济利益，而世界市场的各国资本却没有相同的经济利益。

（2）两个市场的资本存在发展程度区别

投入世界市场的各国资本，因各国经济发展的历史进程存在差别，资本的规模、生产力，从而市场竞争力存在差别。在当代，发达资本主义国家的资本，已形成实力强大的金融垄断资本组织，甚至在国家支撑下，与别国金融垄断资本联合，形成国际金融垄断资本集团，称霸世界市场，控制世界市场秩序，甚至占领发展中国家的国内市场。许多发展中国家的民族资本，则相对来说规模小、生产力低，在国际竞争中处于弱势地位。这样，发展中国家的国内市场在对外开放中，就不能轻言国内市场与世界市场的一体化，而要保持本民族对国内市场的自主控制，就应当控制外资进入，注意抵御国际金融垄断资本的侵袭。

（3）两个市场的资本存在生产关系性质的区别

资本的本质是生产关系。在当代世界，存在根本经济制度对立从而阶级性质对立的两种国家，资本主义国家和社会主义国家，前者的资本体现资本主义私有制关系，后者的占主体地位的资本体现社会主义公有制关系。既然世界市场由资本主义性质的国际金融垄断资本集团所主导，它与社会主义国家的社会主义资本（简称社本）占主体地位的国内市场，就有根本性质的区别。世界市场必然会发生资本主义性质的经济危机；而社会主义国家的国内市场由于建立在公有制基础上，只要科学地进行宏观计划调控，只要在开放中保持自己对于世界市场的相对独立性，就有条件避免发生危机。

以上阐述了世界市场的形成、发展和当代特征，并从商品流通一般和资本流通两个层面，论证了国内市场与世界市场的区别。这一方面是为了阐明一国宏观经济并不是孤立运动的，而是在世界市场这种外部环境中运动的。另一方面也是为了澄清一种误解，即认为社会主义市场经济既然是市场经济，就应当全面加入世界市场的分工，完全融入经济全球化；初看起来，这种思想很解放，但是却偏离了唯物史观的科学分析方法，没有从生产关系的角度来认识世界市场，看不到国内市场和世界市场的共性和区别，这是存在片面性的，也是不利于我国在对外开放中维护民族经济利益，不利于科学地处理好两个市场之间的关系，搞好宏观经济调控的。

二、一国宏观经济与世界市场的关系

（一）宏观经济发展需要利用世界市场

1. 宏观经济运动联系世界市场的必然性

一个国家的宏观经济运动，既相对独立于世界市场，又与世界市场相互联系。弄清世界市场的本质，有助于我们科学认识国际经济环境，利用国内市场与世界市场的联系，促进宏观经济更好的发展。《资本论》阐述了一国宏观经济与世界市场相互关系的辩证法。宏观经济运动一方面具有联系世界市场的必然要求，可以享有世界市场提供的便利；另一方面，也难免受到世界市场波动乃至危机的冲击。先看前一方面。

（1）资本运动具有联系世界市场的必然要求

这是因为，从资本运动的前提条件商品流通来看，其卖、买两个阶段会发生分离，而两者的统一则具有偶然性、自发性。卖者必定要将自己的商品变成货币，如果在国内市场变不成，就需要把商品卖到国外去；或者，了解到自己的商品卖到国外更有利可图，就力求走向世界市场。而买者则希望商品价廉物美，当然希望通过外贸从世界市场进口各种商品来达到自己择优选购的目的。从资本运动来看，联系世界市场更为重要。马克思指出，“商品来源的全面性，市场作为世界市场的存在，是产业资本流通过程的特点”①。这是因为，资本以追求剩余价值最大化为目的，而“对外贸易一方面使不变资本的要素变得便宜，一方面使可变资本转变成的必要生活资料变得便宜，就这一点说，它具有提高利润率的作用，因为它使剩余价值率提高，使不变资本价值降低”②。因此，资本运动具有联系世界市场的必然要求。

（2）资本运动要求扩大世界市场

前面章节引述过《资本论》对资本主义历史阶段生产力迅速发展重要原因的分析：“生产力的这种发展，最终总是归结为发挥着作用的劳动的社会性质，归结为社会内部的分工，归结为脑力劳动特别是自然科学的发展。在这里，资本家利用的，是整个社会分工制度的优点。”③这里所说的利用整个社会分工制度，不仅是利用国内市场的社会分工，也包括利用世界市场的社会分工。正是利用社会分工制度的要求，使资本运动依赖于世界市场，同时不断推动着世界市场的发展。《资本论》指出，“如果说在 16 世纪，部分地说直到 17 世纪，商业的突然扩大和新世界市场的形成，对旧生产方式的衰落和资本主义生产方式的勃兴，产生过压倒一切的影响，那么，这种情况反过来是在已经形成的资本主义生产方式的基础上发生的。世界市场本身形成这个生产方式的基础。另一方面，这个生产方式所固有的以越来越大的规模进行生产的必要性，促使世界市场不断扩大，所以，在这里不是商业使工业发生革命，而是工业不断使商业发生革命”④。

（3）劳动生产率高的国家可以从世界市场获取更多的优惠

这是由本章前面提到的国际价值规律和剩余价值规律共同作用决定的。《资本论》在论述国际贸易时对此作了阐释，“投在对外贸易上的资本能提供较高的利

---

① 《资本论》第 2 卷[M]，北京：人民出版社，2004 年，第 127 页。
② 《资本论》第 3 卷[M]，北京：人民出版社，2004 年，第 264 页。
③ 《资本论》第 3 卷[M]，北京：人民出版社，2004 年，第 96 页。
④ 《资本论》第 3 卷[M]，北京：人民出版社，2004 年，第 371 页。

润率，首先因为这里是和生产条件较为不利的其他国家所生产的商品进行竞争，所以，比较发达的国家高于商品的价值（引者注：指高于本国的国别价值）出售自己的商品，虽然比它的竞争国卖得便宜。在这里，只要比较发达的国家的劳动作为比重较高的劳动来使用，利润率就会提高，因为这种劳动没有被作为质量较高的劳动来支付报酬，却被作为质量较高的劳动来出售（引者注：因为劳动力的价格并没有提高，出口商品的销售价格却提高了）”①。

（4）生产者可以通过进出口贸易从世界市场获得比较利益

马克思指出，“对有商品输入和输出的国家来说”，虽然“这种国家所付出的实物形式的对象化劳动多于它所得到的，但是它由此得到的商品比它自己所能生产的更便宜。这好比一个工厂主采用了一种尚未普遍采用的新发明，他卖得比他的竞争者便宜，但仍然高于他的商品的个别价值出售，就是说，他把他所使用的劳动的特别高的生产力作为剩余劳动来使用。因此，他实现了一个超额利润”②。意思是，虽然在国际贸易中，一国出口的某种商品（W_A）所含的物化劳动是 100 单位，在世界市场只能按 90 单位的市场价格卖出；但是，该国商人可以用得到的这 90 单位世界货币从世界市场上换回原本自己生产要耗费 110 个单位物化劳动的商品（W_B），因此该国还是可以得到 10 个单位利润。这与在价值规律作用下，同一部门劳动生产率高的企业在同一时间可以创造更多社会价值，从而可以获得超额利润是相似的道理。例如，劳动生产率高的生产者生产的商品个别价值是 90 单位，此价格低于同种商品的社会价值 110 单位，尽管他在市场上卖得比社会价值便宜，但是仍可按高于自己的个别价值的价格 100 单位出售，由此赚取超额利润 10 单位。马克思所说的上述通过国际贸易获得的利润，可以称为比较利益。不过，这里所谈的比较利益，是以科学的劳动价值论为指导的，是以某种商品（W_A）出口后，能够买到比国内价格低的商品（W_B）为前提的；如果不能买到商品（W_B），就不能获得比较利益。因此，不能把这种比较利益泛化为劳动生产率低的国家总能在国际贸易中获得“比较优势”；更不能以为劳动生产率低的国家不必努力发展科技、自主创新，提高劳动生产率，宣扬用所谓“比较优势战略”就可以实现经济现代化。须知，如果劳动生产率普遍落后，那么，根据劳动价值规律和国际价值规律，劳动生产率低的国家在国际贸易中一定是本国社会劳动不断受损失的国家，是经济上被发达资本主义国家不

① 《资本论》第 3 卷[M]，北京：人民出版社，2004 年，第 264—265 页。
② 《资本论》第 3 卷[M]，北京：人民出版社，2004 年，第 264—265 页。

断盘剥的国家。

2. 世界市场对社会再生产比例关系失衡有一定补救作用

宏观经济运动对世界市场的依赖性,尤其表现在社会再生产发生失衡的时候。在市场经济条件下,社会总资本内部各部门、各行业之间通过商品资本的自发交换,在国内市场往往难以达到社会再生产要求的相互之间的比例平衡。这会造成某些部门或者买不到再生产需要的生产资料,或者生产的产品无人问津,这就只有依赖世界市场来解决。从本书上卷第六章第二部分“(三) 固定资本补偿比例关系不平衡的后果”这一节列出的有关公式,可以清楚看出,这种不平衡会使国内市场或使某个部类产生过剩商品,或使某个部类出现商品不足,这时,只有向世界市场排出过剩商品或从世界市场补偿商品不足。马克思指出,“如果Ⅱc(1)大于Ⅱc(2),那么,为了使Ⅰm中的货币余额实现,那就要有外国商品输入。如果Ⅱc(1)小于Ⅱc(2),那相反地就要把第Ⅱ部类的商品(消费资料)输出,以便Ⅱc的损耗部分在生产资料中实现。因此,在这两个场合,都必须有对外贸易”①。否则就会发生经济危机。当然,在资本主义条件下,通过对外贸易来补救社会再生产的不平衡,并不能从根本上避免资本主义经济危机,因为在私有制经济基础上无法真正实现宏观经济的计划调节,实现按比例生产;要最终避免经济危机,唯有在公有制经济基础上通过宏观计划调节,实现社会再生产比例关系的平衡。但是,宏观经济发生比例失衡,通过外贸是有可能延缓危机发生的。马克思把对外贸易看作社会总资本运动遇到平衡障碍时克服矛盾的重要补救条件之一。他阐述的这个原理具有市场经济的一般性。

3. 一国宏观经济对世界市场利用程度是有限的

这是因为,世界市场在资本主义经济占主导地位的历史条件下,本身的供求关系是无序的,它绝不能保证吸收每个国家所有过剩商品,即使能够吸收,也可能要花费几年时间;同样,它也绝不能保证每个国家所需要的商品总是能及时地获得供给。如果一国经济实力总体上比较弱小,又没有国家和政府的认真组织和支持,单靠独立生产者自发、分散地开展对外经贸活动,那么,面对世界市场的竞争环境,势

---

① 《资本论》第2卷[M],北京:人民出版社,2004年,第523页。引文中的Ⅱc(1)指一国范围内,全社会第Ⅱ部类的一部分资本家,其历年已经积累起来的货币形态的固定资本折旧基金的价值总额,当年要通过购买固定资本实物进行更新;Ⅱc(2)指全社会第Ⅱ部类的另一部分资本家,其当年转移到产品中、处于要销售的商品形态中的固定资本年损耗价值总额。如果社会再生产的其他比例关系平衡,那么,还必须实现Ⅱc(1)=Ⅱc(2)这种平衡,社会再生产才能正常实现。通常它们之间是不平衡的,因此,只能通过将多余商品销往国外,或多余货币到国外购买商品来实现暂时平衡。详见本书上卷第六章。

必出现有的生产者会获利，有的生产者会失利的状态，从宏观经济角度看，就难以有效地利用世界市场。

由上可见，尽管一国宏观经济可以从世界市场获得诸多有利条件，但是不能把这种有利方面绝对化。

（二）世界市场对宏观经济运动的副作用

1. 对外经贸关系对一国经济存在二重作用

研究世界市场对一国经济作用应当坚持辩证方法。《资本论》指出，对外贸易，一方面“它具有提高利润率的作用”，“加速积累”；“但是另一方面也加速可变资本同不变资本相比的相对减少，从而加速利润率的下降”；“在资本主义生产方式的发展中，由于这种生产方式的内在必然性，由于这种生产方式要求不断扩大市场，它成为这种生产方式本身的产物。在这里，我们再一次看见了同样的二重作用”。[①]这是在论述对外贸易是对平均利润率趋向下降的规律起反作用的因素之一时表述的，引文中的利润率指的是作为宏观经济范畴的平均利润率。说的是对外贸易对一国平均利润率具有提高和下降的二重作用。其实，不只是对外贸易，一国与世界市场发生所有经贸往来，都应当看到具有正向和负向的二重作用。以上已经分析过世界市场对一国宏观经济的正向作用，下面将分析负向作用的一面。

2. 世界市场的竞争和无序性会对一国宏观经济形成负向压力

世界市场像一般市场一样，它作为商品流通和资本流通的总表现，竞争是其最基本的特征。为争取利润最大化，同种商品生产者之间，不同行业、部门生产者之间，买者之间、卖者之间、买者和卖者之间，都会展开激烈竞争，市场主体唯有加入竞争才能生存和发展。世界市场比国内市场的竞争更为激烈，不仅有企业生产者之间的各种竞争，而且这些竞争会与强国之间的争霸、强国与弱国之间的侵略和反侵略斗争，以及不同国家经济利益之间的竞争结合在一起。世界市场充满以强欺弱的竞争，这就势必给一国宏观经济，尤其是给经济落后国家的宏观经济，带来负面压力。

《资本论》对世界市场没有展开具体论述，[②]但是对世界市场对一国生产者的

---

① 《资本论》第 3 卷[M]，北京：人民出版社，2004 年，第 264 页。

② 马克思指出，“一般说来，世界市场是资本主义生产方式的基础和生活环境。但资本主义生产的这些比较具体的形式，只有在理解了资本的一般性质以后，才能得到全面的说明；不过这样的说明不在本书计划之内，而属于本书一个可能的续篇的内容”。见《资本论》第 3 卷[M]，北京：人民出版社，2004 年，第 126 页。

压力，却以“没有谈到”的方式作了精辟地概括，指出：“在叙述生产关系的物化和生产关系对生产当事人的独立化时，我们没有谈到，这些联系由于世界市场，世界市场行情，市场价格的变动，信用的期限，工商业的周期，繁荣和危机的交替，会以怎样的方式对生产当事人表现为压倒的、不可抗拒地统治他们的自然规律，并且在他们前面作为盲目的必然性发生作用。”[①]这里至少告诉人们，世界市场各种商品价格的变动，会对国内生产者的生产成本和利润造成影响；[②]国际贸易中的信用期限，会对国内生产者能否按时支付，从而保持资本循环的连续性，造成压力；世界市场因各国工商业资本周转周期的差异，供求波动频繁，会对一国对外贸易的稳定发展发生不利；特别是资本主义经济性质的世界经济必然发生繁荣和危机的交替，这会给一国宏观经济或社会总资本的运动造成突如其来的打击。

尤其在帝国主义依然存在的时代，国际金融垄断资本通过跨国公司追求垄断利润，往往会在国际经济关系中实行超经济的霸权手段，如“颜色革命”等，使某些国家发生动乱，导致国际之间原本已经形成的经济关系（如石油等原材料供求关系）发生意外变故，这也会对有关国家宏观经济造成意外损失。

3. 资本主义世界经济危机会对一国经济造成危害

世界市场对宏观经济运动的副作用尤其表现在世界危机爆发的时候。

（1）资本主义占主导地位的世界市场，发生供求全面失衡的危机具有客观必然性

这是由任何资本主义国家必然发生经济危机决定的。任何资本主义国家的社会再生产比例关系一旦发生严重失衡，外贸的补救作用都是有限的。《资本论》在分析资本主义社会再生产的固定资本补偿不平衡的两种情况[Ⅱc(1)小于Ⅱc(2)或Ⅱc(1)大于Ⅱc(2)]会造成危机时指出，在两个场合，“对外贸易都能起补救作用；在第一个场合，是使第Ⅰ部类保留货币形式的商品转化为消费资料；在第二个场合，是把过剩的商品销售掉。但是，对外贸易既然不是单纯补偿各种要素（按价值说也是这样），它就只会把矛盾推入更广的范围，为这些矛盾开辟更广阔的活动场所”[③]。所谓开辟更广阔的市场，也就是每个资本主义国家的经济危机，必然向世界市场传递。资本主义世界市场形成以来，世界性经济危机每隔一定时期就会发

---

① 《资本论》第3卷[M]，北京：人民出版社，2004年，第941页。

② 马克思指出，“产业资本家总是面对着世界市场，并且把他自己的成本价格不仅同国内的市场价格相比较，而且同全世界的市场价格相比较，同时必须经常这样做”。见《资本论》第3卷[M]，北京：人民出版社，2004年，第375页。

③ 《资本论》第2卷[M]，北京：人民出版社，2004年，第525页。

生,这也证明了马克思的论断。

为什么？这是因为,假定世界市场供求关系原本处于相对稳定状态,现在突然一国发生危机,该国原本从世界市场进口商品就会因危机造成缺乏资金而突然停止,这就导致世界市场的这种商品发生滞销,而这势必影响向世界市场出口这种商品的国家。而该国原本向世界市场出口的商品或世界市场原本吸纳该国的商品是一定的,现在该国国内出现大量过剩商品,再向世界市场增加销售,就会超出世界市场正常吸纳的比例,势必也成为世界市场的过剩商品。可见,一国的经济危机,会导致世界市场的供求关系失衡。一旦若干资本主义国家都对世界市场产生类似的传递作用,世界市场的供求关系就会产生严重的混乱,这种状况反作用于各国经济领域,就会爆发世界经济危机。

(2) 世界经济危机周期爆发的必然性

每次世界经济危机爆发,都是国际分工比例关系的自发调整。各国根据世界市场供求状况,有的减少出口,有的增加出口,世界市场就恢复相对的供求平衡。但是,这种平衡,经过一段时间,又必定会被打破。因为在资本主义经济占主导的世界市场上,多数国家的对外贸易是通过人格化的资本即一个个资本家来进行的,大大小小的资本家并不满足于在国内或世界市场上仅仅购买或销售商品(物质要素),而是在资本剥削本性和资本竞争的压迫下,必定要追求利润的最大化。本来,在一次危机之后,本国和国际社会再生产相对平衡时,他们就应当根据这种平衡的要求来确定自己的生产数量,从而形成一国进出口相对稳定的数量,但是,一个个资本家都从自身利益出发,不可能自觉地意识到这种客观要求,他们不会根据本国社会再生产比例关系,更不会根据国际分工(世界社会再生产分工)的比例关系来决定到世界市场购买或销售商品的数量,从而决定自己的生产数量。他们只会从自身利益出发,得利者尽量多产多售,失利者则转产或退出。这样,他们分散进行追求利润为目的生产和销售活动,每隔一段时间,就会打破危机时强制性实现的本国社会再生产比例关系的平衡,再次导致本国从而国际分工比例关系的失衡,再次引发世界经济危机。尽管由于科技革命等因素,两次世界经济危机之间的时间有时比较长,但是也只是延缓而已。

(3) 世界经济危机一旦爆发,必定会对各个国家的宏观经济造成损害

这个道理并不复杂。因为在原本与世界市场正常发生贸易往来的条件下,进出口贸易已经纳入各国国内社会再生产的比例关系中,但是一旦世界市场发生严

重供求失衡,就势必打破各国国内原本已形成的社会再生产供求比例关系,因而势必扰乱有关各国内部宏观经济的正常循环。事实上,我们都目睹了 2008 年世界金融经济危机爆发对各国经济的严重影响,也感受到了它对中国宏观经济的不利影响。

由上可见,一国在发展对外经贸关系的过程中,一定要辩证地看待对外经贸关系。不能只讲对外开放的有利性,不讲对外开放的风险性。必须树立防患于未然的国家经济安全意识和维护本国民族经济利益的意识,力求在对外经贸关系中趋利避害。

三、国家在对外经贸关系中的作用

（一）发展对外经贸关系需要国家发挥作用

1. 发达资本主义国家政权在对外经贸关系中的作用

唯物史观揭示出,国家是阶级统治的工具。国家总是代表统治阶级利益的。从历史事实看,任何国家的民族经济要在对外经贸关系中趋利避害,都离不开国家政权的作用。[①]

资本主义经济发展最早的一些国家,其商品和资本的对外输出,并不只是靠资本家生意人自己闯荡。为了打开别国的国门,他们的跨国经营,背后都有国家政权的支撑,并往往与国家对外武装侵略结合在一起。英国对中国的鸦片战争就是例证之一。

资本主义发展到现代的国家垄断资本主义支撑下的国际金融垄断资本主义阶段,金融垄断资本同国家政权融合在一起。这些现代发达资本主义国家对外实施经济霸权,是与它们所在国家实施军事霸权结合在一起的。21 世纪以来,美国策动盛产石油的中东地区的动乱和战争,就体现了发达资本主义国家政权代表本国金融垄断资本利益维护"石油美元"世界货币地位的目的。所谓石油美元,是指 20 世纪 70 年代以来,美国控制最大的产油国沙特阿拉伯以及其他石油输出国组织[OPEC(欧佩克)]的国家,规定石油市场必须以美元计价和结算,这样一来,凡是要

---

① 马克思对资本主义国家在国际经济中的地位和经济活动有一系列论述,许兴亚教授对此作过梳理。详见许兴亚著:《马克思的国际经济理论》[M],北京:中国经济出版社,2002 年,第 13—42 页。

购买石油的国家，不得不使用纸币美元来购买石油，这就不能不用有真实价值的商品换回纸币美元，并把纸币美元作为国际储备货币（世界货币的贮藏货币形式），这就在事实上让美元纸币具有了世界货币的职能，而美国则可以通过大量发行纸币美元来弥补自身的财政赤字，同时通过纸币美元的贬值，来冠冕堂皇地无偿占有那些使用和贮藏纸币美元的国家的物质财富。由此，维护石油美元的世界货币地位，就关乎美国金融垄断资产阶级的根本利益，他们决不允许任何国家动摇这种地位，为此，美国不惜动员国家军事力量来维护这种金融霸权。“这就是美国入侵阿富汗、蹩脚地占领伊拉克、1999年发动科索沃战争、对伊朗耀武扬威，以及华盛顿企图推翻委内瑞拉总统雨果·查维斯的真正原因。”①

2. 避免国际分工无序状态造成损失或危机必须由国家调控

在国际经贸关系中，发达资本主义国家使用政治、军事手段对外实行霸权主义，其实是趋利侵略。不过，这些国家的对外经贸关系并不绝对只有获利而无须避害。乍看起来，如果一国经济发达，各生产部门的企业劳动生产率都比国外高，那么，无论是本国商品进入世界市场，还是外国商品进入本国市场，在国际价值规律作用下，生产本国商品的企业都可以获得利润，似乎该国即使不实施国家调控，在国际经济关系中也总能获利。然而，这种理解是片面的，这只是单纯从商品流通一般层面，以及从单个企业之间的国际竞争关系角度得出的结论。从社会再生产角度看，如果经济发达国家对国际经贸关系不进行宏观调控，任由各产业部门的企业自发地对外进行经贸往来，那么，即使每个企业都能获利，也不能消除国际分工无序和世界经济危机对本国宏观经济的损害。假定一场世界经济危机爆发后，迫使国内社会再生产分工比例关系同国际分工达到了一定的平衡；但是，在世界经济经过萧条，逐步复苏之后，单个企业在世界市场竞争和国内市场竞争中，因各自经营的自发性，它们利用世界市场获利的程度不可能是相互平衡的，因而资本积累的速度也不可能是均衡的，这样，如果缺乏国家机构的宏观经济调控，经过一定时期，原本国内宏观经济平衡的比例关系一定会被打破，势必发生新一轮经济危机。因此，一国发展对外经贸关系，如果缺乏国家机构的宏观调控，即使经济十分发达，也无法避免发生经济危机的后果。

当然，也不能说，经济发达国家只要实施国家的宏观调控，就可以避免资本主

① 参见[美] F. 威廉·恩道尔著，吕德宏等译：《霸权背后——美国全方位主导战略》[M]，北京：知识产权出版社，2009年，第38页。

义占主导地位的世界市场的副作用。要真正避免这种副作用，发达资本主义国家就必须实行无产阶级革命，消除私有制、建立社会主义公有制经济基础，并且实施科学的宏观经济调控。第二次世界大战之后至今，所有发达资本主义国家改革或发展的历史事实表明，在私有制经济基础上，即使实施某种宏观调控，也不能避免世界市场对本国经济的副作用。

3. 国家在对外经贸关系中的作用对于发展中国家更为重要

对于发展中国家来说，国家政权在对外经贸关系中的作用显得更加重要。在世界市场上，发展中国家面对的是经济发达的国家的经济霸权。发达国家科技先进，劳动生产率高，生产条件总体处于有利地位。正如马克思所说，资本主义发达国家"工业上的霸权带来商业上的霸权"[①]。国际垄断企业或跨国公司在国际贸易中，往往压低同种商品的价格，迫使发展中国家的厂商不能获利而破产；在取得商品生产垄断地位后，又抬高价格，取得高额垄断利润。它们对发展中国家供给的原材料商品，往往廉价收购，而对发展中国家急需的高新技术新产品，则以高出成本多倍的价格出售，美其名曰维护知识产权。它们在对外投资中，往往让有严重污染的化工、电镀等产品，到发展中国家投资生产，既降低本国生态环境治理成本，又利用发展中国家的廉价劳动力。由于发达资本主义国家具有历史形成的资本雄厚、科技先进和人才众多的优势，又有较高营销管理水平和先进的通信、运输工具等，往往掌握世界市场竞争的主动权、控制权。面对这样的世界市场竞争对手，发展中国家在对外开放中如何趋利避害，这是一个值得严肃对待的重大问题。

对于发展中国家来说，在对外经贸关系中宣传"合作共赢"，体现了利用世界市场发展自己的良好愿望。但是，一定要深刻认识到，当今世界仍存在发达资本主义国家的经济霸权，世界市场秩序仍由发达资本主义国家主导和控制，当代的资本主义经济制度从而资本，尤其是金融垄断资本的剥削本性绝不会改变；在全球一般流通关系的背后，存在着不合理的国际社会分工和不平等的国际经济利益关系。因此，发展中国家为了在对外经贸关系中尽可能地减少发达资本主义国家的经济霸权和不平等的国际经济关系给自己造成的损失，就一定要高度重视在对外经贸关系中捍卫本国民族经济的利益。

① 《资本论》第1卷[M]，北京：人民出版社，2004年，第864页。

4. 国家在对外经贸工作中应当起组织指挥作用

中国作为社会主义的发展中国家，国家经济管理中心机构作为国内民族经济的最高管理权威，在对外经贸关系方面必要发挥好组织和指挥作用。国家权力机构的这种作用，绝不可低估。它可以极大地弥补发展中国家社会生产力水平低于发达国家的不足，依靠组织起来的协作力量，取得以弱胜强的效果。

《资本论》揭示出，在生产劳动过程中，协作可以形成大于个体劳动机械总和的集体生产力，指出“许多人在同一生产过程中，或在不同的但互相联系的生产过程中，有计划地一起协同劳动，这种劳动形式叫作协作”；“这里的问题不仅是通过协作提高了个人生产力，而且是创造了一种生产力，这种生产力本身必然是集体力”。[①] 协作产生大于个体机械总和的这个辩证法原理，对于流通领域的市场竞争也是适用的，对于国际经济竞争也同样适用。

恩格斯在《资本论》第三卷“增补”中，就描述过16世纪初欧洲经营海外贸易的商人公会如何利用商人的协作或联合应对国际市场竞争，指出“商业公会”的“成立是为了对付竞争者和顾客；它们按照内部确定的价格来出售商品；它们的商品都有一定的质量，要经过公开的检验并且往往盖上印记作为保证；它们还共同规定了向当地居民购买产品时许可支付的价格等等。汉撒同盟的人在挪威卑尔根的德意志桥上就是这样做的，他们的荷兰和英国的竞争者也是这样做的。凡是低于价格出售或高于价格购买的人都要倒霉！这种人受到的联合抵制在当时意味着必然的毁灭，更不用说商会对违反规章的人所直接给予的惩罚了”。[②] 因此，应用协作产生的集体力，是能够增强对外经贸关系的国际市场竞争力的。

而要形成协作的集体力，就必须有统一的指挥。因为，“凡是有许多个人进行协作的劳动，过程的联系和统一都必然要表现在一个指挥的意志上，表现在各种与局部劳动无关而与工场全部活动有关的职能上，就像一个乐队要有一个指挥一样”[③]。马克思这里说的，是直接生产过程中指挥的必要性。这对于企业以协作的方式参与国际市场竞争，同样适用。企业之间的有效协作不能没有指挥中心来组织和协调。从民族企业参与国际市场竞争来说，要组织好企业之间的协作，可以由实力强大的企业作为指挥中心。但是，发展中国家的企业实力相对于发达资本主

① 《资本论》第1卷[M]，北京：人民出版社，2004年，第378页。
② 《资本论》第3卷[M]，北京：人民出版社，2004年，第1020页。
③ 《资本论》第3卷[M]，北京：人民出版社，2004年，第431页。

义国家，一般相对较弱，要增强国家的整体国际市场竞争力，尤其要应对国际金融垄断组织和巨型跨国公司的竞争，国家作用是必不可少的。

中国是实行社会主义制度的发展中国家，在对外经贸关系的宏观调控中，与一般实行资本主义制度的发展中国家相比，具有在共产党和人民政府统一领导下形成"全国一盘棋"的独特优势。在社会主义市场经济条件下，应当继续保持和发挥这种优势。尽管市场经济要求企业面向市场，独立经营、自主决策，但是面对世界市场中的国外垄断资本企业和跨国公司这样的强大竞争对手，靠一个个企业单打独斗，势必难以取胜。因此，从维护本国民族经济利益的大局出发，国内企业面对世界市场，相互之间有必要加强经济联合，形成统一对外的协作力量。而要加强协作，国家就不能不在对外经贸关系中发挥组织指挥作用。

（二）处理对外经贸关系的基本原则

1. 坚持用马克思主义经济学指导对外经贸工作

从对外经贸工作战略实践角度看，国家的组织指挥必须遵循一些基本原则，首要的就是坚持马克思主义经济学的指导地位，这是贯彻党的基本路线的要求，也是坚持党中央提出的"理论自信"的要求。这个原则之所以需要强调，是因为维护资产阶级利益的西方经济学，尤其是维护国际金融垄断资产阶级利益的新自由主义经济学，虽然实际上是不科学的，具有主观性、表面性、片面性的特征，却具有虚伪性和欺骗性，仍在国际上有较大影响，中国对外经贸工作只有在马克思主义经济学指导下，与之划清界限，才能真正做到趋利避害，促进民族经济的独立自主和发展壮大。

现代西方资产阶级经济学继承这种经济学的老传统，在理论上不懂商品与货币的共性、联系与区别，不懂纸币与金属货币的联系和区别，不懂商品流通与资本流通的共性、联系和区别，总是用拜物教观念看待经济关系，总是把资本主义经济制度当成永恒、合理的经济制度。这种经济学站在发达国家垄断资产阶级立场上，大力鼓吹"经济全球化"，却掩盖发达资本主义国家在主导和控制世界经济秩序；大力鼓吹国际贸易自由化、投资自由化、金融自由化，却掩盖这些国家以此为由，对发展中国家实施经济霸权主义；大力鼓吹只有全球经济自由化，放弃"贸易保护主义"才能实现全球"资源有效配置"，却掩盖在国际价值规律作用下，这使大量的优质物质资源和资本利润流向发达国家，掩盖发达资本主义国家总是采取多种手段保护本国的利益，更掩盖在物质的流动背后，包含着国际金融垄断资产阶级对发展中国家广大劳动人民的剥削和掠夺。这种经济学大力鼓吹发展中国家“融入世界市场”，实际上是掩盖发达国家竞争力强的资本与发展中国家竞争力弱的资本之间存在激烈的弱肉强食的竞争，让发展中国家进入发达国家主导的世界性社会分工，处于为国际垄断资产阶级加工初级产品的“价值链”环节等。因此，在国际经贸工作中，如果迷信西方资产阶级经济学，就会上当受骗，看不清国际经济关系的本来面目，失去应对国际金融垄断资本向全球扩张的警觉，丧失坚持国民经济独立自主的自卫能力，失去在国际经贸工作中趋利避害的自觉性和主动性。

坚持用马克思主义经济学指导对外经贸工作，就要认真应用《资本论》所揭示的一系列有关的科学范畴和原理及其体现的方法论，其中有劳动二重性的原理，决定劳动生产率多种因素的原理，反映一般商品流通和资本流通共性、区别和联系的范畴和原理，一国社会总资本运动的范畴和原理；反映国际经济关系的世界货币、国际价值、世界劳动平均单位、货币的相对价值、国际分工、世界市场、汇兑率、国际信用制度、国家实力、国家优势等范畴和原理。这些范畴和原理，绝大多数在西方经济学中是见不到的，少数范畴如信用制度、汇兑率（汇率）词语虽然相同，但是马克思都赋予了其建立在劳动价值论上的科学解释，在含义上有原则区别。我们只有结合当今实际，坚持应用和发展马克思创建的科学范畴和原理，才能遵循客观经济规律，促进对外经贸工作成为社会主义宏观经济运行和发展的有机组成部分。

这里有必要强调“国家实力”“国家优势”范畴。马克思是在评述资产阶级经济学早期的重商主义时，提出这两个范畴的。他指出，重商主义发言人实际上“把资本家阶级的利益和发财致富宣布为国家的最终目的”；他们已经意识到，“资本和资本家阶级的利益的发展，资本主义生产的发展，已成了现代社会中国家实力和国家优势的基础”。[1] 可见，一个国家的“国家实力”和在国际市场竞争中的“国家优势”，是从一国的宏观经济角度说的，反映了一个国家在世界市场上的经济地位，是反映国家之间经济利益关系的重要范畴。从国际经贸关系的角度，也可以把它们简称为一个国家在国际经济竞争中的国力，一国的国力强，则从总体上来看的国际市场竞争力就强。中国作为社会主义的发展中国家，面临发达资本主义国家主导

① 《资本论》第3卷[M]，北京：人民出版社，1975年，第884—885页。在《资本论》第3卷[M]，北京：人民出版社，2004年，第887—888页，引号中的“国家实力和国家优势”译为“国民实力和国民优势”，这里使用1975年版的翻译。理由见本书导论有关概念的页下注。

的世界市场或经济全球化环境，必须努力提高自身的国家实力和国家优势，才能立于不败之地。

2. 坚持对外开放与民族经济自主自强的辩证统一

这是国家组织指挥对外经贸工作必须遵循的原则。任何一个国家要促进经济发展，都需要对外开放，发展国际经济交往，不能闭关锁国；在市场经济条件下，由发达商品流通，特别是资本流通一般的开放性决定，更是如此。但是在帝国主义国家依然存在的历史时期，必须坚持本国民族经济的自主自强，即国民经济独立自主和主要依靠本国民族经济的力量增强国际市场竞争力。否则，势必受到经济压迫和剥削，沦为发达国家的殖民地、附庸国。因此，必须处理好对外开放与本国民族经济自主自强的辩证关系。

中华人民共和国建立之后，长期受到仇视社会主义制度的帝国主义国家的国际经济封锁；虽然积极开展对外经济往来，但是在范围和程度上都受到很大限制。经过自力更生、艰苦创业，中国国力不断增长，已经建立起独立自主的完整的工业体系，到20世纪80年代之后，终于突破国际封锁，真正实现经济的对外开放。不过，在对外经贸工作有了较大进展的新形势下，国内出现一种流行观点，认为在经济全球化的条件下，讲民族经济利益已失去意义，主张中国经济应当“融入经济全球化”，“融入世界市场”，完全加入发达资本主义国家主导的世界市场社会分工。这是违背当代和今后相当长的历史时期依然存在各个国家之间经济利益界限这种实际的，思想上起到淡化独立自主、自力更生和艰苦创业的意识的作用，实践上将有损于巩固独立自主的完整的工业体系。须知当代的经济全球化绝不是所谓“中性”的，而是在发达资本主义国家占主导地位条件下展开的。所谓经济全球化“中性”，是停留在商品流通层次看国际经济关系。仅从抽象的商品流通层面看，可以说国际商品交换关系不姓“社”，也不姓“资”；但是从资本流通层面看，国际经贸关系则包含着体现不同国家民族经济利益的国别资本的相互流通，其中还包含社会主义国家的“社本”流通和资本主义国家的“资本”流通，它们背后是不同国民的关系和世界范围的阶级关系，因而不可避免地存在着发达资本主义国家的经济霸权主义与经济落后国家抵抗经济霸权主义的斗争，以及多种复杂的经济矛盾。因此，中国在对外经贸关系中，既要通过扩大对外开放，广泛进行平等互利的国际贸易和投资；又要增强本国民族经济安全意识，坚持本国民族经济独立自主。也就是要贯彻基本路线规定的“自力更生、艰苦创业”，实现对外开放和本国民族经济独立自主两方面的统一,目的是努力增强本国民族经济国际竞争力,更扎实地建立起独立自主的、具有现代化社会生产力的社会主义国民经济体系。

中国作为社会主义发展中国家,工业发展水平从而产品制造业的劳动生产率水平,仍低于发达资本主义国家。在这种基本态势下,如果让国内商品生产者自发、分散地参与国际市场(包括国际化的国内市场)竞争,势必不敌劳动生产率高的发达资本主义国家的竞争对手,这也就等于放任本国民族经济利益遭受损失。而要避免这种损失,使整个国力在国际经贸关系中获得增强,国家就必须从整体上采取科学的政策措施和组织方式,维护本国民族经济的独立自主,增强本国民族经济利益。这将体现在,对外贸易要处理好进出口关系,扬长避短、促进国内制造业提高水平;引进外资要在合理利用上下功夫,把弥补资金短缺与学习国外先进科学技术、管理经验,促进本国民族经济不断壮大结合起来。可见,国家只有坚持对外开放与本国民族经济自主自强的原则,才能在对外经贸工作中发挥好组织指挥作用。

3. 坚持国内经济平衡与国际收支平衡的辩证统一

这是国家组织指挥对外经贸工作必须遵循的又一重要原则。中国要坚持本国民族经济的自主自强,就必须把对外经贸关系纳入独立自主的国民经济宏观运行体系。

本章前面论述过马克思所揭示的原理,即在资本主义条件下,国际贸易可以补救国内社会再生产比例不平衡产生的商品过剩,或者商品短缺,但是这会将生产过剩的危机推向更广的范围。这也就告诉人们,在全球资本主义国家占多数,发达资本主义国家起主导作用的历史条件下,周期性的世界经济危机必然存在。中国要维护本国民族经济独立自主,保障宏观经济可持续地安全运行,对外经贸关系就必须以国民经济内部社会分工比例关系基本平衡为前提。如果忽视或者放弃这个基本前提,完全加入世界市场决定的国际分工体系,那么,势必使中国民族经济陷入资本主义世界经济的周期循环之中,失去独立自主性,不可避免地会卷入资本主义性质的周期性经济危机。可见,依赖于对外经贸关系的宏观经济平衡是一种被动的平衡,是被发达资本主义国家主导的世界经济牵着鼻子走的有害的、消极的平衡。这也就是说,处理国内民族经济内部平衡关系与对外经贸关系这对矛盾,应当把本国民族经济内部的平衡关系作为矛盾的主要方面,而把对外经贸关系的收支平衡作为矛盾的次要方面;让前者制约后者,让后者服从前者。这种让对外经贸关系服从国内民族经济关系的宏观经济综合平衡,才是主动的、积极的宏观经济平衡。

从国内经济平衡与国际收支平衡的辩证统一的原则看，那种所谓“出口导向”的经济主张显然是片面的、短视的，因为它把一国民族经济的发展建立在国际市场需求上，而这种需求是不会长期稳定的。有人可能会提出，第二次世界大战之后东南亚“四小龙”（韩国、新加坡、中国香港和台湾地区）不是出现过“出口导向”带来经济发展的奇迹吗？“四小龙”利用自身优势（如地理位置优越）、发展对外经贸关系的发展经验固然值得借鉴。但是，应当看到，欧美发达资本主义国家出于国际地缘政治关系的考虑，曾给予它们较大经济援助。而“出口导向”在一定程度上虽然对它们的经济发展起到促进作用，却造成它们过于依赖国际资本。正是这种依附性的经济特征使它们在 1997 年爆发的亚洲金融危机中都受到冲击。香港因得到内地鼎力金融援助，才渡过了经济难关。还应看到，“四小龙”经济都属于资本主义性质，社会两极分化始终比较严重。而中国作为人口大国，要走“出口导向”发展经济之路，是不能保证经济独立自主，稳定发展的。

因此，中国经济应当坚持国内经济平衡与国际收支平衡的辩证统一的原则，形成开放式的本国民族经济自主自强的宏观经济运行机制。为此，国家需要建立和完善统筹国内外经济运动的宏观调控中心，不但要弄清国内民族经济各产业之间的再生产基本平衡的比例关系，而且要弄清世界市场行情，以便从使用价值和价值两个角度确定对外经贸工作的基本数量，并把它们纳入基本平衡的比例关系之中，从而努力做到国内经济平衡与国际收支平衡的统一。

（三）增强民族经济国际竞争力

1. 国家在增强本国民族经济国际竞争力上的着力点

为了促进本国民族经济自主自强，形成参与国际竞争的大规模的“集体力”，国家有责任出面进行“全国一盘棋”式的组织和指挥。主要的着力点，是要提高全社会的劳动生产率和宏观经济运行活力，增强本国民族经济的整体国际竞争力。国家要出面组织和指挥本国民族经济增强国际竞争力，有必要发挥如下作用：

加强民族精神教育，提高国民素质。要认真贯彻落实科教兴国战略，高度重视弘扬中国人自力更生制造原子弹、氢弹的“两弹精神”。要强调引进外国先进技术和管理经验，必须积极消化、创新超越，反对过分依赖外国先进技术的倾向。要禁止搞什么“市场换技术”，因为外国人决不会把核心技术换给中国人，这样换来的只能是二三流技术，结果倒是把民族产品的市场给丢掉了。要持续地鼓励自主科技创新、管理创新，使之成为普遍的国民意识。应当高度重视企业内部的科技创新，提高民族企业竞争力。① 要把发展各级普通教育和加强职业培训教育结合起来，提高国民文化和职业素质。重视培养动手能力强的高级技师、技术工人，提高他们的经济地位，这支力量强大了，科技转化为直接生产力就有了可靠的中介。还要大力发展科普教育，组织开展群众性科技活动，充分认识其中蕴藏着提高本国民族经济国际竞争力的巨大潜能。

重视支持和保护先进的民族产业和企业。中华人民共和国建立以来，已经形成独立自主的民族工业体系。对外开放，利用外资，这会打破由历史原因造成的民族工业体系的封闭性，但是这绝不意味着可以减弱民族工业的独立自主性。那些集中了国内高新技术人才，设备比较先进，在国民经济中起主导、支柱作用的先进产业和企业，是实现民族工业独立自主的支撑。中国“入世”后，它们面对强大的国外跨国公司，有较大的竞争风险。国家一方面应当支持这些先进产业和企业加快科技创新，提高管理水平，尽快地获得国际竞争优势；另一方面也有必要对它们采取合理的保护措施。所谓合理保护，就是采取与世界贸易组织基本原则和规定不相抵触的措施来保护，例如利用“争端解决机制”和“例外与免责运行机制”来保护。这不属于违背市场原则、保护落后，而与维护民族经济安全有直接联系。保护民族先进产业和企业，可以连带保护与它们有关联的、关系到独立自主的民族工业体系的一大批民族企业的生存和发展。如果世界贸易组织连这种合理保护都不允许，那宁可退出世界贸易组织；因为这已违背中国“入世”是为了振兴本国民族经济的根本目的。

提高民族企业的劳动生产率和经营效率。国家有必要遵照《资本论》的有关原理，全面地引导民族企业从多方面努力。从直接生产过程看，《资本论》揭示出，决定企业劳动生产率变动的有五方面因素：①“工人的平均熟练程度”（即劳动者的技术素质）；②“科学的发展水平和它在工艺上应用的程度”（显然，今天的国际水平已是信息技术等高新技术）；③“生产过程的社会结合”（企业内的组织管理水平，参与企业外社会分工的水平）；④“生产资料的规模和效能”（如先进的生产设备，生产过程中先进的物的要素）；⑤“自然条件”（如原材料的数量与质量供给状

① 何干强：《企业依靠科技进步与转变观念》[N]，《科技日报》1997 年 1 月 18 日（第三版“论苑”第 311 期）。

况,还要考虑自然环境保护的程度等)。[①] 从市场经济角度看,《资本论》关于资本循环与周转的理论提供了许多有助于提高企业经营效益的有益启示,如企业内部应尽可能降低商品、原材料储备,提高生产过程中的工艺流程传输速度,通过科技创新缩短劳动期间和生产期间等;企业外部应考虑诸如市场对产品的需求量、企业到市场的时空距离、运输工具的先进性等变动因素,尽可能缩短流通时间,提高资本周转速度。国家管理部门可以遵照这些科学原理,组织民族企业之间的协作,从整体上提高本国民族经济的劳动生产率和企业经济效益。

建立、完善科技创新支持体系和运作机制。在这方面,国家处于组织中心的地位。要提高本国民族经济的竞争力,科技必须领先,这就需要瞄准世界科技发展前沿,不断完善科技发展规划,从政府财力现状出发,选择主攻方向,尽可能在已有一定优势的科技领域取得领先地位,并逐步扩大领先的科技领域。要认真总结已有的实践经验,尽快建立由政府科技管理部门、科技中介服务机构、高新技术风险投资机构、高校和科研院所、企业内部科技研究和开发机构等各方面构成的相互协作的科技创新体系,同时,使这一体系尽快形成适应市场经济的有效的运作机制。

促进本国民族企业在本土的国际化市场取得竞争优势。提高本国民族经济的国际竞争力,不能只从生产领域努力,还要为国内民族企业的产品扩大需求创造条件。为此,要鼓励企业和群众使用国产的质量与国外相当的产品、设备,设法限制进口国内已能够生产的外国同类水平相同的产品。要看到,中国国内市场很大,农村市场有很大的潜力。中国民族企业固然要增加出口,但是在本土市场国际化的时代,在科技和人才因素尚处于弱势的情况下,发挥民族企业对本土的市场需求容易了解、销售渠道熟悉的优势,可以扬长避短,争取在本土的国际化市场竞争中取得相对竞争优势,所以,政府要引导企业深入研究本土的国际化市场。为了提高国内市场有购买力的需求,要动员全社会的力量关心城市低收入群体,关心提高农民收入,全社会大多数人收入提高了,有购买力的需求显著扩大了,将会极大地有助于扩大国内市场,增加国内民族经济在本土国际化市场的竞争力。

发挥国有经济的主导作用。在社会主义中国,人才和资本实力最强的是国有企业,国有资本本身就具有整体性,应当成为国内企业对外经贸活动实现经济协作的主力军,应当成为国家发挥组织指挥作用、增强本国民族经济在国际市场竞争力

---

① 《资本论》第1卷[M],北京:人民出版社,2004年,第53页。

的支柱。对国有经济增强竞争力缺乏信心是没有科学理论根据的。从增强本国民族经济竞争力的角度来看,放弃国有企业,无疑是对本国民族经济竞争力的自我减弱。通过改革,把国有大中型企业推向国际市场竞争的前沿,这才是增强本国民族经济竞争力的正道。关于国有经济主导作用,本书在第五篇还要进一步论述。

2. 提高国家职能机构的组织管理能力

如果以为在市场经济条件下,国内民族企业之间就可以不要协作,那么在对外经贸关系中,势必出现各自为战,争取商品出口时竞相降价,争取商品进口时竞相提价的情况,那就会对本国民族经济造成很大损失。因此,国家政府机构有必要加强与地方政府之间的上下沟通,加强与各种产业管理部门的沟通,组织好各职能部门的调研,做到对外经贸活动的全局胸中有"数",以便在马克思主义经济学指导下,提出有利于本国民族经济参与国际市场经济竞争的一致对外的政策措施。在经济对外开放度越来越大的新形势下,中国民族经济将在国内国外两个市场运行,经济运行状况日趋复杂。国家经济管理中心机构如何全面地掌握本国民族经济对外经贸活动,制定出各方面相互配套的经济政策,形成决策和执行之间的反馈机制,促进本国民族经济形成综合的、不断增强的国际市场竞争力,这是需要深入认真研究和解决的问题。

(四)分清理论是非

1. 新自由主义在国家作用上的谬论

新自由主义是反对国家在经济中起作用的。这种经济思潮把国家政府对企业的贸易、投资的必要管理一概贬低为"干预",在国际经济关系上竭力主张贸易自由化、投资自由化、金融自由化,宣称这有利于提高经济效率,有利于世界资源的"合理配置",因而反对发展中国家的政府(国家的执行机构)对本国民族经济的对外经贸活动发挥指挥组织作用。其实,只要应用马克思关于国际价值规律的原理,就可以看清楚新自由主义的阶级立场和别有用心的目的。由于发达资本主义国家的科技实力、经济管理水平和劳动生产率水平都明显高于发展中国家,所以其国际市场竞争力,必定强于发展中国家。如果发展中国家相信新自由主义,敞开自己的国门,让国际资本和商品进出畅通无阻,那么占领本国市场的,必然是发达资本主义国家的资本和商品。因此,新自由主义代表了国际金融垄断资产阶级的利益,它口蜜腹剑,为虎作伥,实质为发达资本主义国家实行经济霸权主义,弱肉强食,搞理论欺骗,这对发展中国家危害极大。

2. 澄清轻视国家作用的认识误区

新自由主义打着“自由”“效率”等幌子,具有资产阶级经济学的虚伪性和欺骗性的明显特征。中国在对外开放,尤其是加入世界贸易组织之后,一些人受新自由主义影响,也对国家在国际经贸关系中的作用产生了一些认识上的误区。以下观点有必要加以澄清:

其一,认为“入世”后,政府(国家的职能机构)需要直接控制的只应是公共品生产、关系国家安全的军工生产以及自然垄断领域的生产,其他领域的国有经济则应当退出竞争性领域。这里,把国有经济等同于政府直接控制的经济,把国有企业等同于传统计划产品经济体制下的企业,完全不相信经过体制改革,国有经济是可以与市场经济相结合的。须知,在中国国情下,参与国际市场竞争的主力是国有经济,而且整个民族经济竞争力的提高,也需要国有经济来带动。如果国有经济退出竞争性领域,中国的国际市场竞争力将大大减弱。撇开这一点不谈,从国家作用的角度来看,把国家对经济的控制作用仅仅局限在少数几个领域,也是完全忽视社会主义的国家经济职能的,是照搬当代发达资本主义国家对国有经济的管理模式。在中国,社会主义公有制经济占主体地位,壮大国有经济的力量,促使公有制经济适应市场经济的资源配置方式,从而增强公有制经济的国际市场竞争力,是国家的重要经济职能之一。这种职能理应改进和完善,但是绝不能放弃。国家只要着眼于国有经济适应市场经济的体制改革,就能提高国有经济的活力,从而带动本国民族经济整体提高竞争力。

其二,认为“入世”后,国家要遵守世界贸易组织的自由贸易、公平竞争原则,就不应对民族企业再实施保护政策。应当说,世界贸易组织在很大程度上是针对妨碍自由贸易、公平竞争的贸易保护主义的。但是,维护本国民族经济安全,运用正确的手段保护民族幼稚产业和重要的民族企业,绝不属于妨害国际市场平等竞争的贸易保护主义。在尊重国家主权,贸易权益平等的条件下,保护本国民族经济不受伤害,促进本国民族经济壮大发展,乃天经地义。不能一听说保护本国民族经济,就一定是不公平竞争、保护落后。保护本国民族经济,指的是维护民族经济发展的正当权益,促使民族经济提高生产力水平,提高国际竞争力。只要不违反中国加入世界贸易组织的议定书,一切有利于维护本国民族经济安全,提高民族经济竞争力的手段,都可以大胆运用。不能忘记,中国是以发展中国家的身份加入世界贸易组织的；坚持权利与义务平衡、循序渐进开放市场的原则；坚持确保国家控制国民经济命脉，维护经济安全和国家主权。[①] 因此，不能因为加入了世界贸易组织，就放弃实施保护本国民族经济的政策措施；相反，国际市场客观存在凭实力取胜的竞争规则，因此，在“入世”条件下，就更应强调国家对本国民族经济利益的维护作用。

其三，认为“入世”之后，国家的经济利益已经不仅体现在民族企业，而且也体现在外资企业、在“本土”的跨国企业了。这就是在一些地方干部中流行的所谓“不求‘所有’，只求‘所在’”，意思是不问所有制的性质，不管是内资还是外资，不管是私有资本还是公有资本，只要到本地投资就是好事。在这种观点看来，跨国公司、外资企业到“本土”投资，会带来先进技术、先进管理经验，它们同本国企业一样，会扩大劳动就业，可以向地方政府缴税；既然各种性质的企业，只要进入“本土”，就会给当地带来经济利益，而谁的效率高，谁带来的利益就多，因而，国家的作用就是要创造公平环境，促进它们竞争，提高经济效率。这样一来，国家也就用不着保护本国民族企业，谈不上在提高本国民族经济国际竞争力上发挥组织指挥作用了，只要做超脱中外经济、超越公私所有制经济之外的国际市场竞争的“裁判员”就行了。其实，这种无视内资和外资、私有资本与公有资本性质，否定他们之间的社会属性和经济利益归属的认识是极为荒唐的。内资和外资、私有资本与公有资本的显著区别，就是它们的所有权归属不同，体现不同经济主体在物质利益占有上的矛盾。内资企业的资本所有权归中华民族所有，而外资企业外资所有权归外国人所有；私有资本所有权归私人所有，公有资本所有权归国家或集体所有，因而税后的利润也有相应不同归属。而在一般情况下，利润要比税收大得多。只有增强民族企业和公有企业竞争力，民族资本和公有资本的利润才会增多，这是本国民族经济和广大劳动人民利益的重要经济来源。只看到政府的税收而看不到利润的所有者归属，看不到本国政府和本国民族经济之间、和广大劳动人民之间的联系，这是极其片面和有害的。如果政府只顾收税，而忽视提高民族企业和公有制企业的市场竞争力，让外国资本占领了中国的大部分市场，那么中华民族和广大劳动人民的经济利益必然受到重大损失。所以，政府绝不能只是致力于创造公平竞争的环境，还必须发挥提高国内民族经济和公有制经济市场竞争力的组织指挥作用。

---

① 参见《全国人民代表大会常务委员会关于我国加入世界贸易组织的决定(2000 年 8 月 25 日第九届全国人民代表大会常务委员会第十七次会议通过)》，全国人大常务委员会编：《中华人民共和国全国人民代表大会常务委员会公报》，2002 年特刊，中国加入世界贸易组织法律文件，(2002)京新出报刊增准字第 011 号。

其四，认为“入世”后，国内市场国际化，中国由于经济落后，所以应当把重心放在利用劳动力和资源充足、劳动力成本低廉的市场竞争比较优势上，发展劳动密集型产业，这样，生产者可以从国际市场竞争中获得比较经济利益，消费者可以因国外廉价商品进入而获利。其实这种观点只看某些产业的国际竞争，却无视产业之间的整体竞争。如果放任国际垄断资本自由进入国内竞争，社会生产率整体上居于劣势地位的国内民族经济必遭打击，一旦国家的民族工业体系被破坏，又谈何获得比较利益？在国际竞争中，发挥比较优势是必要的，但是，如果只是凭借市场机制的自发作用，依靠生产力水平低的产业发挥比较优势，参与国际竞争，那么，其结果只能使整个民族经济长期处于国际分工中的不利地位，把高附加值或高额利润的产业拱手让给掌握高新技术的发达资本主义国家，而自己国家则只能从事技术水平低档、加工度不高的低附加值或微利产业。既然一国综合经济竞争力最终决定于先进的人才要素和科技要素，那么，满足于生产力水平低的比较优势，就只能处于竞争中的弱势地位。所以，要提高本国民族经济的综合竞争力，国家就应当遵循国际价值规律或国际竞争规律，发挥组织指挥作用，实施科学的国际竞争战略，着眼于提高本国民族经济的各种生产要素的素质水平，尤其要注意发挥国有经济在国际竞争中的作用，这样，才能促使中国经济的综合竞争力跃上新平台，在国际竞争中取得应有的利益份额。

总之，在发达资本主义国家主导经济全球化的当代历史条件下，中国作为社会主义的发展中国家，国家机构既要发挥好政治职能，坚持人民民主专政，依靠广大人民群众，抵御和镇压国内外敌对势力的侵略、颠覆活动；又要发挥好经济职能，即组织和调节国民经济的宏观运行，其中包括组织指挥对外经贸工作，增强民族经济整体的国际竞争力。

第十二章　对外经贸关系

上一章遵照《资本论》所揭示的关于国际经济关系的原理，论述一国宏观经济与世界市场的辩证关系，以及国家在对外经贸关系中实施宏观调控的重要性和作用。在当今的历史条件下，国家之间的对外经贸关系已有丰富的内容，包括国际贸易、国际投资、国际经济合作等许多方面。本章拟在上一章基础上，进一步应用《资本论》的宏观经济研究方法，结合中国对外开放的实际，着重论述国家在对外贸易、合理利用外资和控制汇率等方面，如何发挥好的宏观调节作用，促进国际经贸关系实现收支平衡，不断增强本国民族经济的实力和国际竞争力，增进广大人民的经济利益。

一、科学发展对外贸易

（一）对外贸易与增强国力

1. 增强国力是对外贸易实践的价值目标

我们先来分析国际经贸关系中的对外贸易，即对外的商品流通。在当今中国，对外贸易已经成为社会主义市场经济宏观运动的重要组成部分。

从宏观看，一个国家的对外贸易是一种具有整体性的因而总是战略性的经济实践；实践主体是总体商品生产者，而国家是这种实践主体的整体利益即本国民族经济利益的代表。同任何自觉的实践都有价值目标一样，一国的自觉的对外贸易实践也应当明确价值目标，这就是为了增进本国民族经济整体利益。实现这个价值目标，本国就能为世界经济的发展做出贡献，离开这个前提，就谈不上对世界经济发展做出贡献。而为实现这个价值目标，就必须从宏观经济角度努力增强国家实力和国家优势，即增强国力，从而增强在对外经济贸易实践中的国际市场竞争力。

在社会主义市场经济条件下，确立这个价值目标，必须与新自由主义思潮划清界限。应当看到，西方新自由主义经济学把国家对经济的必要管理贬低为影响效率的“国家干预”。在这种思潮影响下，中国理论界也出现了搞市场经济就要反对国家对企业、对经济进行任何组织与管理的倾向，当然也反对国家“干预”对外贸易。这实际上超出了纠正计划产品经济体制行政干预企业这种弊病的范围。如上一章所述，形成一国民族经济的国际竞争力，离不开国家从宏观上的组织和指挥。对发展中国家来说，如果企业都各自分散地进入竞争激烈的世界市场，那么，绝大多数企业势必沦为发达国家企业弱肉强食的对象，那就根本无法通过对外贸易增进本国民族经济的整体利益。

中国要从宏观上实现对外贸易实践的价值目标，就必须坚持马克思主义经济学的指导地位，与新自由主义经济思潮划清界限，在国家组织指挥下，努力做到：一方面，立足于发展科学技术，巩固和发展独立自主的社会主义工业化的国民经济体系，在生产领域提高劳动生产率，提高本国民族商品的质量，遵循国际价值规律，增强国际市场竞争力；另一方面，必须维护国家经济安全，对有损中国民族经济利益的外来商品流通，敢于构筑“贸易壁垒”，尤其要自觉抵御发达资本主义国家经济霸权主义的侵害。

2. 深刻认识对外贸易和国内贸易的区别

一段时期以来，谈到对外贸易，似乎“贸易壁垒”已经成了贬义词，因为这与国际上“全球贸易自由化”的主张相对立。其实，这正是新自由主义的主张。用上一章论述的关于世界市场和国内市场区别的原理看，其错误就在于混淆了对外贸易与国内贸易的重要区别。

不言而喻，国内贸易一般指一国民族经济内部的商品流通关系。为了发挥流通对生产的反作用，促进国内社会生产力发展，就需要消除传统自然经济导致的国内地区之间的割裂，消除局部地区范围的行政管理造成的各地方市场之间的壁垒，促进国内形成自由贸易的、平等竞争的统一市场。但是，这不等于对外贸易也要敞开国门，实行“全球贸易自由化”。新自由主义经济学的这种主张，在理论上把适用于国内的自由贸易要求，直接搬用到对外贸易上来；要求国际贸易打破各国之间的“贸易壁垒”。如果说，在资本主义生产方式产生初期，古典资产阶级经济学主张贸易自由，主要体现了资产阶级要求突破当时本国封建统治形成的地方割据的诉求；

那么，在资本主义生产方式已经占统治地位，资本和商品需要向海外拓展，从世界各地赚取更多利润的时代，这种“全球贸易自由化”的主张就包藏着侵占落后国家民族经济利益的目的了。在当今国家垄断资本主义发展的新阶段，即国家政权与国际金融垄断资本融合在一起的帝国主义新阶段，这种主张的实质，是打着全球贸易自由化的幌子，让发达资本主义国家可以不受任何经济落后国家为维护本国民族经济利益设置的非经济障碍的约束，自由地在全球推行帝国主义性质的经济霸权主义。只要用《资本论》关于国际价值规律的原理加以分析，就很容易识破这种主张的实质，因为发达资本主义国家的科技水平、劳动生产率水平高，所以它们的商品在世界市场所谓自由竞争中，必然会占上风，因而必定会占领实力弱小的国家的国内市场，进而掠夺别国的经济资源。

3. 区分国内市场竞争和国际市场竞争

新自由主义主张“全球贸易自由化”的一个颇为迷惑人的理由是，市场自由竞争可以提高经济效率。仿佛任何国家敞开国门，让各国商品自由进出、自由竞争，都是福音。其实不然。

首先，对市场竞争提高生产效率的作用不能过于夸大。一般来说，商品市场的自由竞争对商品生产者会形成外部压力，这会促使商品生产者努力提高生产效率。可以说，这是流通对生产的一种反作用。然而，应用马克思所揭示的价值规律原理看市场竞争，在商品生产者的劳动生产率水平不对等的情况下，市场竞争的结果必然是优胜劣汰，劳动生产率高的生产者占领市场，越来越强；而劳动生产率低的生产者则或遭破产，或受损失，或被并吞。所以，市场竞争提高生产效率，积极含义主要体现在，一是促进生产者之间优胜劣汰，二是刺激劳动生产率水平同等的生产者在竞争压力下努力提高劳动生产率，力求成为优胜者。而对于劳动生产率较低的生产者，市场竞争则并不是福音。

其次，就增强一个国家的国力而言，国内市场自由竞争和世界市场自由竞争两者的效果不能相提并论。国内市场展开自由贸易和自由竞争，优胜劣汰，一般有利于从整体上提高本国经济效率和本民族的经济利益。因为优胜者劳动生产率的提高属于本国生产效率提高的因素，其经济利益的增加也属于本国民族经济利益增加的组成部分。撇开无序的自发市场竞争会造成经济危机，从而造成本国民族经济社会生产力的损失这种情况，只要劳动生产率高和中等的商品生产者总数大于劳动生产率低的商品生产者，国内市场自由竞争的结果，总会提高整个国家民族经济的劳动生产率。但是,世界市场竞争就不同了,如果本国平均劳动生产率低于别的国家,那么,在国际价值规律的作用下,世界市场自由竞争的优惠,就只能属于平均劳动生产率高的国家。平均劳动生产率低的国家,如果不设任何维护本国民族经济利益的"贸易壁垒",结果只能是让发达国家的商品占领国内市场,失去本国民族经济的独立自主权。

因此,新自由主义有关"全球贸易自由化"的主张,对于劳动生产率低于发达资本主义国家的发展中国家,是不太适用的。中国作为社会主义的发展中国家,必须看清新自由主义的弊端,确立马克思主义经济学指导下的科学的对外贸易实践,才能达到增强国力的价值目标。否则,对外贸易就会陷入盲目性。

(二) 科学组织对外贸易

1. 为增进本国民族经济利益发展对外贸易

对外贸易最基本的就是出口本国商品和进口外国商品。孤立地从商品流通看,这不过是国际之间的商品交换;但是从以上的分析可知,国际商品流通对国内社会生产会发生作用,会产生有利或不利两种可能性,可以增强国力,也可以损害国力。中国作为发展中的大国,在与发达资本主义国家的对外贸易中,总体上处于劣势地位;在这样的态势下发展对外贸易,要趋利避害,就需要国家政府科学运筹,扬长避短,这样才能维护本国民族经济利益。这就有必要学习毛泽东总结的军事辩证法,努力研究和掌握对外贸易辩证法,发挥主观能动性,有选择地进行对外贸易,在总体劣势中争取局部的绝对优势,最终在总体上变为优势。① 这种局部实践要争取的绝对优势,对中国在对外开放条件下巩固和发展完整的独立自主的现代民族工商业体系有利,对中国的社会生产力赶超发达国家有利。我们分别从出口和进口两方面作些探索。

2. 出口的宏观控制和管理

第一,对出口商品应有宏观数量控制。中华人民共和国建立后,在被帝国主义国家实行经济封锁的年代里,曾经努力提高商品出口数量,设法换回外汇,发展国际经济往来,用于购买国外先进设备等,但是那时即使努力加大出口,数量也很有

---

① 毛泽东同志总结的中国革命战争克敌制胜的"十大军事原则",充满唯物辩证法。他说:"在全体上,我们是劣势(就数量来说),但在每一个局部上,在每一个具体战役上,我们是绝对的优势,这就保证了战役的胜利。随着时间的推移,我们就将在全体上转变为优势,直到歼灭一切敌人。"(《毛泽东选集》第 4 卷[M],北京,人民出版社,1991 年,第 1247 页)

限。20世纪80年代之后,中国突破了帝国主义的经济封锁,实现全方位、多层次的对外开放,在新的历史条件下,就不能再以换取外汇为目的出口商品,不能认为出口越多越好,“对外贸易依存度”越高越好。① 这是因为,根据马克思的社会再生产理论,对于一个独立自主的、具有完整工商业体系的宏观经济来说,社会各产业之间所投入的社会劳动量和生产资料价值量,在相互之间必然存在一定的比例关系;进出口的商品量不能不纳入这个经济体系的社会总产品的组成部分,因而纳入社会再生产各生产部门相互平衡的比例关系。这决定了出口或进口商品的数量必然是有一定数量规定的,否则就会打破宏观经济正常循环所要求的各生产部门之间的比例关系。因此,出口商品在宏观价值总量上,就不应是自发和盲目的,而应当是自觉的有控制的;在使用价值上,也应当是考虑在国外能够卖得出的。从这个观点来看,所谓用出口拉动国民经济的观点,就具有片面性。因为它离开了一国经济内部再生产比例关系的平衡,把一国经济的发展寄托在外国经济发展需要上。可见,这是一种放弃一国民族经济的独立自主性的观点,殊不知,在发达资本主义国家主导下的世界市场也必然会发生严重的周期性经济危机。

第二,选择和组织有国际竞争优势的商品出口。应当调查了解世界商品市场,弄清本国有哪些外国市场所需要的“人无我有”“人有我优”的商品。因为出口这些商品,通常可以获得较高的利润。中国幅员辽阔,历史悠久,民族众多,发现这样的商品,并组织出口是可以做到的。不过,更重要的是要努力依靠科技创新,提高劳动生产率,创造具有国际竞争优势、能对原材料进行深加工的商品,即包含较多新创造的国际价值(v+m)的商品。② 这就要求国内制造业走自主创新发展的道路来提高出口商品的档次。有一种影响颇大的观点认为,中国劳动力成本低,应当利用这种“比较优势”来发展商品出口。这其实是一些发展中国家在西方资产阶级经济学指导下使用过的对外贸易战略。实践证明,这种“比较优势”战略,虽然在短期内可以扩大国内就业,用换来的外汇弥补资本短缺,并进口本国难以生产的先进设备,从而发展经济。但是,必须看到这种战略的弊端。其一,生产这种劳动力成本低的出口商品的,一般是资本有机构成低的劳动密集型产业,由于劳动力的文化、技术素质低,只能对产品进行粗加工,劳动生产率低,因而新创造的国际价值也低,

① “对外贸易依存度”是目前使用的统计指标,指一国对外贸易占国内生产总值的比例。

② 也就是人们通常所说的“高附加值”商品。这个概念来自西方资产阶级经济学。“高附加值”这种表述没有揭示新创造的国际价值的本质,“附加”两字撇开了劳动价值论,是不科学的。

往往要投入大量的劳动力生产这种产品，才能换回发达国家用少量劳动力就能生产的科技含量很高的先进设备，这是一种不平等的交换。其二，发展劳动密集型产品出口，去换发达国家的先进设备，这实际上为发达国家创造了所谓“高端”商品（深加工、劳动生产率高、科技含量高、利润率高的商品）的国际市场，而本国的社会生产力则停留在“低端”商品（浅加工、劳动生产率低、技术含量低、利润率低的商品）生产水平上，这等于把本国的生产力置于国际分工链条的“低端”弱势地位，而让发达国家以先进设备、先进技术制约本国民族经济发展。所以，这种“比较优势”战略不是一种对发展中国家有利的战略。从中国对外开放以来的实践来看，这种战略不利方面还表现在：有些地方政府单纯追求增加财政收入，往往搞“两头在外”的出口生产，如引进诸如金属产品加工（如电镀）、化工等外资企业，然后生产商品出口，虽然这些企业增加了本地劳动就业，也能增加地方财政收入，但是，却因企业排污严重，损害生态环境，结果得不偿失。所以，只有依靠科技进步，自主创新，努力提高本国民族经济制造业生产力水平，提高出口商品国际竞争力，争取进入国际分工链条的高端，才是正确的出口战略。

第三，加强出口统筹管理。中国在扩大对外开放之后，生产出口商品的企业显著增加，由此出现了生产同种出口商品的企业自相竞争、降价出售的不良现象。这主要是政府部门受新自由主义的影响，害怕戴上“政府干预市场竞争”这顶帽子，放弃管理的结果。其实，国际贸易是不同国家经济之间的竞争，要争取本国民族经济的利益，出口商品的生产企业就有必要加强联合，增强一致对外的集体竞争力，而这就需要国家政府发挥组织、协调作用。政府职能部门当然不能管到每家具体企业，但是，可以组织建立出口企业集团、行业协会等，支持、引导这些企业联合体内部进行协作分工，形成出口商品的规模生产，降低生产成本，改善产品质量，形成统一的对外销售价格，增强产品的国际市场竞争力，提高利润率。

第四，严格控制原材料尤其是重要战略性资源直接出口。出口未经加工或加工很少的煤炭、木材等原材料，只能是低价出售，这等于把加工环节让给外国人去制造产品，高价出售赚钱；这会加速减少国内的资源消耗，对本国民族经济的可持续发展是十分不利的。因此，一般来说，应当严格控制直至禁止原材料尤其是不可再生资源的出口。有些不可再生的资源，即使目前难以使用，也不应当出口，因为当科技发展到一定程度，显示出它的使用价值时，就会成为宝贝，如果轻易出售给外国，那就会遭受重大损失。例如，有些地方政府为了增加当地财政收入，廉价出口稀土资源,这就很不应当。现代科技揭示出,稀土是用于信息技术、生物技术、能源技术等高新技术制造业的重要原料,也是制造国防尖端武器不可缺少的原料,像这样对国家安全有重要价值的不可再生的战略资源,国家应当依法做出严格规定,禁止出口。

3. 进口的宏观控制和管理

第一,对进口商品应有宏观数量控制。理由与对出口商品一样,这是由中国宏观经济作为独立自主的、完整的民族工商业体系内部各生产部门必须形成一定比例关系决定的。因此,国家对进口商品必须有数量上的控制。

第二,进口商品必须以维护本国民族经济利益为前提。必须明确,进口商品的目的是为了促进本国民族经济独立自主地向现代化发展,而不是相反。为此,原则上应限制进口外国深加工商品,力求减少和避免购买国外高端产品带来的利益损失。应充分认识到,有的发达国家鼓吹发展中国家进出口自由,不设关税壁垒,实际上是为了推销它们的深加工高端商品,为自己可以获得高额利润的高新技术产业寻求出路,并用它们的这种商品占领中国市场,摧毁中国民族产业,并从根本上阻止中国制造业向现代化发展。所以,限制进口高端商品是对民族工商业的保护措施。当然,适当进口本国难以生产的国外高新技术设备,对于提高本国生产力也是必要的,但是,决不能形成我国对发达国家高新技术商品和先进设备的依赖,而应当在少量、适当进口的同时,坚持自力更生、艰苦创业的方针,组织国内力量,尽快生产出可以超越进口的商品,取代进口。有学者认为,德国古典经济学家李斯特总结英国在历史上对外贸易的成功经验,得出:“出口原材料并进口制成品”被看作是“坏的贸易”,而“进口原材料并出口制成品”被看作是“好的贸易”。在今天的历史条件下,我国要转变对外发展方式,关键是从“进口高端产品并出口低端产品”,向“进口低端产品并出口高端产品”的转变。[①] 这个见解值得重视。

第三,应当理直气壮地制定本国民族经济保护政策措施。这对于防止外国商品对本国商品(包括服务等)市场的冲击,很有必要。不能相信新自由主义关于国际贸易进出口自由的说教,《资本论》所揭示的国际价值规律清楚地说明,劳动生产率高的商品必然占领市场,所以,发展中国家对于发达国家的商品,建立本国民族

① 贾根良:《“一带一路”和“亚投行”的“阿喀琉斯之踵”及其破解——基于新李斯特理论视角》[J],《当代经济研究》2016年第2期。

经济的保护措施是不可缺少的。其实,即使是发达国家,也总是采取各种有形或无形的方式,实施对本国的贸易保护。中国作为发展中国家,在对外经济开放中,已切身感受到,国际金融垄断资本及其跨国公司控制的国际经贸秩序既不自由,也不公平。发达资本主义国家对中国有国际市场竞争力商品的出口,往往设置所谓“反倾销”“国际技术标准”“国际环保标准”等种种壁垒,横加阻止;而对中国的日用消费品,则压低价格,大量购进。中国要求进口先进设备商品,发达资本主义国家为了封锁高新技术,而限制本国高新科技产品出口。它们为了占据中国市场,不断利用强大的资本实力,制定对它们有利的国际贸易规则,以抢注商标等手段,侵吞中国传统民族品牌;还往往借助于自由投资,到中国生产高污染、高能耗、需要耗用稀缺资源的商品,为它们本国服务。这充分说明国际贸易秩序并不公平。那种以为“经济全球化”了,只要遵守国际经济规则就行了,那就连德国古典资产阶级经济学家李斯特的爱国主义都不如了。① 总之,在对外贸易中,一定要提高维护本国民族经济利益的自觉性。

(三)辩证地对待国际经济组织

1. 国际经济组织是国际经济矛盾的产物

当代世界市场出现了全球性和区域性的国际经济组织。它们的出现,与发达资本主义国家主导的经济全球化产生的国家之间的经济利益矛盾是相联系的。根据《资本论》关于市场流通性质的原理,世界市场是各国之间商品流通和资本流通这两种既有联系又有区别的流通的统一,建立在私有制基础上的资本主义的内在矛盾必然要在国际经济关系中表现出来。国际商品流通需要建立国际价值规律所要求的公平交易、平等竞争、自由流通的国际贸易秩序;但是资本流通包含的私人资本追求剩余价值的本性,以及社会总资本包含的生产社会化与私人占有制的矛盾,必然随着国际商品流通而扩大到全球,发达国家的金融垄断资本必然要对别国实施经济霸权主义,因而国际经济争端和冲突必然不断发生。国家之间为了各自的经济利益,需要减缓经济争端和冲突,不得不在一定程度上相互妥协,建立某种国际经济秩序,于是,国际经济组织应运而生。因此,当今世界的各种国际经济组织,乃是国家之间经济利益存在对立统一关系的表现形式。

---

① 李斯特(1789—1846)是一位主张民族主义、维护本国利益的德国资产阶级经济学家。请参阅[德] 弗里德里希·李斯特著,邱伟立译:《政治经济学的国民体系》[M],北京:华夏出版社,2009 年。

尤其要看到,当代发达资本主义国家掌控的国际经济组织和制定的国际经济规则,往往贯彻新自由主义经济思想,实际上是使用简单商品流通的自由交换原则来掩盖资本流通所包含的弱肉强食的竞争原则,为掌握高新技术的经济优势和军事霸权的发达资本主义强国占领别国市场、赚取垄断利润和超额利润而编造理由。那种看不到国际经济组织所包含的经济利益矛盾,以为加入国际经济组织就一定有利的看法,是一种只看形式不看内容的肤浅认识。

2. 区分不同的国际经济组织

一是由主要发达资本主义国家控制的国际经济组织。参加这种组织,必须权衡利弊,以维护国家经济安全,对本国民族经济独立自主的发展有利为前提。要看到,当代发达资本主义国家发展到了国际金融垄断资本的新阶段,但其经济基础仍是私人垄断资本的这个实质没有改变,因而其帝国主义性质并未改变,而且霸权主义实施起来更加凶狠。当今三大全球性的国际经济组织,国际货币基金组织(IMF: International Monetary Fund)、世界银行集团(WBG: World Bank Group)和世界贸易组织(WTO: World Trade Organization),实际上都由发达资本主义国家主要是美国所控制。① 在国际货币基金组织中,投票权由各国认缴的基金份额所决定,所缴基金多,享受权益就大,投票权也多;其中美国掌握着18%的投票权,而通过决议必须达到85%的票数,这就意味着美国掌握着一票否决的权利。② 世界银行也是由美国主管的。③ 而美国对世界贸易组织也起控制作用。中国在较长时间内就是被美国以经济不够开放和对知识产权保护不力而拒之门外的。④ 可见,不能指望这些组织能够建立起真正公正的世界经济秩序。但是,由于世界上许多国家已经参加了这些国际经济组织,发达国家也与发展中国家成员方达成了一定的妥协,在一定程度上有助于成员方开展国际经贸活动,这就使加入这些组织比不加入存在某些有利

① 据词条"国际货币基金"资料:在国际货币基金组织中,"对那些决定着国际社会体系的主要国家(特别是美国)的经济政策缺乏有效的干预能力";"事实上,七国集团的成员在自由主义的体系中需要管理的时候,总是扮演着国际货币体系的管理者的角色"。[美] 彼得·纽曼,[美] 默里·米尔盖特,[英] 约翰·伊特韦尔编:《新帕尔格雷夫货币金融大辞典》第2卷[M],北京:经济科学出版社,2000年,第468、470页。七国集团(G7)包括美国、日本、德国、英国、法国、意大利、加拿大。

② 参见王益著:《市场变革与体制选择——关于国际货币金融新秩序的思考》[M],北京:中国财政经济出版社,1999年,第98页。

③ 据《新帕尔格雷夫货币金融大辞典》词条"世界银行"介绍:世界银行1946年6月正式开始运作,"是作为布雷顿森林协定的一部分,同国际货币基金组织一起成立的。一个非正式的协议规定,国际货币基金组织由一个欧洲人领导,而世界银行则由一个美国人管理"。见[美] 彼得·纽曼,[美] 默里·米尔盖特,[英] 约翰·伊特韦尔编:《新帕尔格雷夫货币金融大辞典》第3卷[M],北京:经济科学出版社,2000年,第804页。

④ 参见[英] 阿兰·鲁格曼著,常志宵、沈群红、熊义志译:《全球化的终结》,北京:生活·读书·新知三联书店,2001,第28页。

的方面。例如,世界贸易组织成员方之间的贸易已占世界总量的90%,几乎所有发达国家和大多数发展中国家都加入了该组织,在这种情况下,中国为了争取与大多数国家同等的国际经贸“待遇”和“权利”,加入世界贸易组织是有必要的。同时必须认识到,中国加入这些国际经济组织,绝不是为加入而加入,而是为了增强国家实力和国家优势,为了团结多数成员方改变不合理的国际经济秩序而加入,所以,加入后,必须敢于和善于同发达资本主义国家的霸权主义行径作斗争。

中国已经加入了世界贸易组织,在这种条件下,对国内民族经济应自觉采取一切可行的保护措施,如在提高进口关税受国际条约限制的条件下,可设置特种税费、行政性限制(如对拥有高新技术的外商,应以转让其知识产权为条件,方允许其获得市场准入等),严格违规惩罚(如逃税、以降价倾销方式力图占领中国市场的,应予以经济制裁),应用法律手段(如完善反垄断法、知识产权法、专利法)等措施,预防和消除外国企业垄断中国市场等。加入这些国际经济组织的实践结果,如果反而不利于本国民族经济的独立自主和发展,那就宁可退出。

值得注意的是,发达资本主义国家控制制定国际经济组织的某些条款,往往专门针对社会主义经济制度。例如,中国宪法规定,国有经济是社会主义基本经济制度规定的占主体地位的公有制经济的支柱,在中国国民经济中起主导作用;但是,美国控制的有的区域性国际经济组织却以经济市场化为名,要求成员方政府不能干预国有企业经营,应消除政府对国有企业补贴等,这不只是要瓦解发展中国家能够与发达国家跨国公司相抗衡的力量;①而且是要摧毁社会主义制度的经济基础。毫无疑问,中国宁可不加入这种国际经济组织,也绝不能同意针对中国社会主义经济制度的条款。

二是发展中国家之间建立的互利共赢的国际经济组织。中国作为最大的发展中国家,又是社会主义国家,积极推动创建和参加这种国际经济组织,对于发展中国家摆脱发达资本主义国家的经济霸权主义压制,在成员国之间互利共赢地开展国际经贸活动,维护本国民族经济独立自主,实现共同经济安全和发展,建立民主、公正、合理的国际政治经济新秩序具有重要意义。例如,中国参加的上海合作组织(SCO: Shanghai Cooperation Organization)、中国—东盟自由贸易区(CAFTA: China - ASEAN Free Trade Area)这些区域性国际经济组织,就起到这种积极作用。在上

---

① 参见贾根良:《中国为什么要远离“请君入瓮”的TPP》[J],《探索与争鸣》2013年第9期。

海合作组织中,中方提出的"互信、互利、平等、协商、尊重多样文明、谋求共同发展"为主要内容的"上海精神",被成员国各方所接受,并写入了《上海合作组织成立宣言》。①

总之,分析国际经济组织,处理国际经济关系,既要在坚持国家之间和平共处、平等互利条件下同所有国家发展对外贸易,同时也要牢记当今时代特征,充分认识帝国主义依然存在,只有警惕和敢于反对经济霸权主义,才能维护本国民族经济的独立自主,保障本国民族经济利益的发展。

二、合理利用外资

(一)辩证地认识引进外资

1. 科学认识外资的本质

上节主要研究对外经贸关系中的商品流通关系,本节研究对外经贸关系中的资本流通关系。根据《资本论》的原理可知,资本流通与商品流通既有共性(都包括商品流通)、联系(资本流通以商品流通为前提),又有原则区别(商品流通是平等交换关系;而资本流通是生产和流通的统一,资本主义生产环节包含剥削性生产关系);资本的本质是生产关系。利用外资,是要利用外国的资本来为本国民族经济服务。利用外资有两种基本形式:直接利用和间接利用。直接利用外资是指外商投资中国生产领域,包括中外合资经营企业、中外合作经营企业、外商独资经营企业、外商投资股份制公司和合作开发等形式,还包括外资到中国进行补偿贸易、加工装配等形式;②间接利用外资是指中国借用外国货币资本。③ 不管是直接利用还是间接利用的外国资本,都具有资本一般的本质,由于绝大多数外国是资本主义国家,因此总的说来,外资体现的是资本主义私有制生产关系,都要占有中国劳动人民创造的剩余价值。目前中国以直接利用外国私人资本为主;它体现的是外国资本家在生产领域占有中国雇佣工人所创造的剩余价值这样一种生产关系。虽然外

---

① 《上海合作组织简况》[EB/OL],上海合作组织区域经济合作网,2015 年 5 月 23 日,http://www.sco-ec.gov.cn/crweb/scoc/info/Article.jsp? a_no=575&col_no=290。

② 《中国吸引外资》[EB/OL],中国投资指南网站,http://www.fdi.gov.cn/pub/FDI/zgjj/tzhj/wzzzg/default.htm。

③ 一般认为,间接利用外资包括借用国际金融组织贷款、外国政府贷款、国际商业贷款等,也就是向国外资本所有者进行货币资本的借贷。

国资本家要向中国政府(包括地方政府)缴税,但是这不过是对其剩余价值的一定扣除,外资在税后得到的剩余价值(利润),仍会比它投在本国和其他国家要高,否则它就绝不会投到中国来。这是根据《资本论》所揭示的资本的一般性质应当确立的对外资的基本认识。

有一种观点认为,“中国企业的特征有哪几个?第一,它是在中国本土注册;第二,它经过中国政府批准成立;第三,它接受中国法律的监管;第四,它向中国政府交税;第五,它主要是雇佣中国工人。现在大部分外资企业都已经本土化,所以如果具有这样一些特征的话,就应该是地地道道的中国企业”①。这种观点显然混淆了中国民族企业与在中国投资的外国企业的经济性质区别,也根本看不到外国企业在依法缴税之外,还占有中国雇佣工人所创造的剩余价值这样一种生产关系,更看不到外资代表的是外国资本家的利益。如果用这种观点指导实践,必然会放任国际垄断资本大量进入中国,将有损于本国民族经济的独立自主。因此,确立对外资的基本认识是很重要的;离开了这种基本认识,就不可能做到合理利用外资,而只会导致国内民族经济被外资压制、中国劳动人民被外资剥削。而明确了这种认识,就应当充分认识到引进外资具有利弊两重性。

2. 弄清适当引进外资的必要性和盲目引进外资的弊端

中国引进外资以直接利用形式为主,所以这里主要对直接利用外资的后果进行分析。中国作为发展中国家,为了加快国内民族经济发展,适当利用外资是必要的。这种必要性主要表现在:在合理利用、有效控制引进外资的条件下,尽管需要让外资获得利润回报,但是,这可以利用外国资本,激活中国比较富余的劳动力,扩大就业,发展经济;可以利用与外资合资、合作经营企业,引进外资带来的市场经营管理方式和国外比较先进的技术;可以在利用外资过程中培养一批能够懂得国际经贸工作的管理和技术人才;可以利用外商,较快地熟悉国外市场营销渠道和国际市场行情,从而节约对外贸易成本等。

不过也要看到利用外资有风险的一面。因为利用外资除了必须付给外商的利润之外,还可能付出其他的代价,如果这种代价超过应得的收获,那就得不偿失。从中国20世纪80年代利用外资以来的实践来看,如果放松宏观调控和科学管理,盲目引进外资,就会出现诸多的弊端。主要是:

① 《外资企业是中国企业的一部分》[EB/OL],兄弟财经网站摘自《与龙永图论道》,2014年3月9日,http://www.haoib.com/read/2014/0309/112610.html。

其一，民族经济的社会生产力受到损失。一是因缺乏必要的控制措施而让民族企业被外商控制。这表现在，中外合资企业在发展过程中，外商往往到一定时期，就提出收购中资股份，兼并对其有利的民族企业，致使不少民族企业被外商收购、兼并而改变性质；有的还让外商侵占或更换了民族企业原有的产品品牌，丧失原有的自主知识产权。二是一些地方政府认为大额外资可增加较多政府税收，相信外资可带来高新技术"溢出效应"，争相引入体现国际金融垄断资产阶级利益的跨国公司和高新技术外企。这些外商凭借掌握的知识产权、专利技术和国际品牌，通过控制"高端"产品价格，控制相当多的中国市场份额，赚取了巨额利润，实际上他们付给中国地方政府的税收只占其中的小部分。这些外商封锁核心技术，或对中国企业抬高专利技术使用价格，这使得中国民族企业如要制造同类产品，就要付出高额专利技术使用成本，难以同外商竞争；而自主开发高新技术初期开发成本又相对较高，也难以批量生产进入市场销售，这就导致国内民族经济高新技术的自主创新遭受严重压抑，导致国内不少行业的市场被外资占领。① 三是让中国大量优秀智力资源不能为本国民族经济服务。外商往往用较高的薪酬雇佣高校的博士、硕士毕业生，不惜以优惠待遇从民族企业中引进高级工程技术人才，这就事实上削弱了中国民族经济的发展。四是不少地方政府干部为追求政绩，宣传"不求所有，但求所在"，盲目追求外资数量，甚至超过了重视本国民族企业，这在干部群众中产生了对内外资性质不加区分的倾向，淡化了独立自主、艰苦创业的民族精神，这是中国民族经济受到无形损害的表现。

其二，生态环境受到污染。不少地方政府为取得税收，利用所谓劳动力成本较低的所谓"比较优势"，大量搞外资来料加工，把不少外商的化工、电镀等有污染的项目引进国内，这造成了一些地方的生态环境受到较严重污染。

其三，对雇佣劳动者带来伤害。一是由于一些地方政府对外企无法按我国的法制管理，外商往往对中国普通劳工实施资本主义管理方式，延长工时，提高劳动强度，不加必要的劳动安全保护，严重伤害中国劳动群众的身心健康和人格尊严。二是从全局和长远来看，外资过量引进，会增加相对过剩人口。局部来看，适量引

---

① 有资料披露，截至 2004 年，在轻工、化工、医药、机械、电子等行业中，跨国公司子公司所生产的产品已占据国内 1/3 以上的市场份额（引自王志乐主编：《2004 跨国公司在中国报告》[M/OL]，北京：中国经济出版社，2004 年，电子版第 88 页，http://book.chaoxing.com/ebook/detail.jhtml? id=11280970）；在我国已开放的产业中，排名前五位的企业几乎都由外资控制，目前我国 28 个主要产业中，外资已在 21 个产业中拥有资本控制权（引自时卫干：《外资角色再审视：28 个主要产业中 21 个外资控制》[M/OL]，http://www.sina.com.cn，2006 年 9 月 1 日；另参见全球并购研究中心编著：《中国产业地图》[M]，北京：中国经济出版社，2007 年）

入外资，有利于扩大就业，但是在本国企业的劳动生产率平均水平低于外资企业条件下，一旦让外资大量进入中国，它们势必控制国内市场，排挤本国的民族企业，导致本国企业破产，而外资有机构成较高，会减少普通劳动力的使用，这样将从总体上减少本国的就业，增加中国的贫困人口。

其四，成为产业结构失衡的重要因素。由于宏观上未能坚持马克思社会再生产理论的指导，对地方政府引进外资缺少宏观计划调节，导致许多地方政府主要追求引进外资数量，而不会顾及宏观经济需遵循的价值和使用价值两方面的一定比例关系，这就使引进外资成为导致国民经济产业结构失衡的重要因素，增加了引发经济危机的可能性。

3. 盲目引进外资使外汇储备过量而造成损失

通常每个国家都有一定量的外汇储备，这有助于方便国际经贸往来和国际交往的多方面支付需要。外汇储备的形成，主要来自两个因素，一是由对外贸易顺差形成。顺差即出口大于进口，出口的收入是外币，出口外币收入减去用于进口的外币支出，其差额就成了外汇储备。显然，对外贸易顺差形成的外汇价值，价值所有权属于本国。二是由引进外国资本形成。外资引进本国之后，其外币形式必须转换成本国货币才能投入流通使用，这样，与外币转换的本国货币所有权就转归外商，而用本国货币换回的外国货币，就转换成本国掌握所有权的外币，变成外汇储备。因此，引进外资是增加外汇储备的重要因素。

但是外汇储备不是越多越好，第一，外汇本质上是本国财富的外币形式，即外汇储备的价值所有权属于本国，但是价值形式采取了外币形式。而大量价值财富处于外币形态的储备状态，就离开了资本增殖运动的轨道，成了死的价值，这等于减少了本国的能在资本流通中增殖的社会总资本的数量。第二，当代外汇都是纸币，而各资本主义国家都必然发生周期性经济危机，各种外国纸币作为外汇储备过多，一旦这些国家纸币贬值，外汇所体现的价值财富就会减少，这将造成本国民族经济的损失。第三，目前中国外汇储备的主要成分是美元纸币，美国出于帝国主义本性，往往采取措施，使持有美元外汇的国家难以使用美元外汇，这可以使美国购买别国商品所付出的纸币美元贬值，贬值的数量就等于美国无偿占有别国商品的价值数额。例如，美国既严格限制中资购买美国的高新技术产品，也严格限制中资收购美国企业，只允许中国用美元外汇购买美国国债和债券；结果，美元贬值导致美国国债贬值，中国购买的美国债券因债券公司在危机中破产而成为废纸，这都给中国带来重大外汇损失。有专家估计，自2002年4月开始到2009年年底，美元贬值41%，只这一项就使中国的美元储备损失了41%。① 第四，过量引进外资在造成外汇储备过量的同时还成为推动通货膨胀的因素之一。这主要是因为，外资引进本国必须转换成本国货币才能投入流通使用，这就要求中国人民银行以"外汇占款"的形式相应地发行基础货币；这样引进外资越多，人民币发行就越多，而流通中投入过量货币就造成通货膨胀。②

（二）端正引进外资的指导思想

1. 摒弃西方资产阶级经济学的不良影响

引进外资在实践过程中产生不良后果，这与一些干部受西方资产阶级经济思潮的影响，是很有关系的。引进外资初期，我们不少干部比较谨慎，注意贯彻党中央"合理利用外资"的方针，比较注意区分内外资的经济性质。但是，后来则逐步形成引进外资多多益善这种倾向。不少地方领导干部忘记了党的基本路线中关于"自力更生、艰苦创业"的要求，把加快地方经济发展的愿望，主要寄托在多引进外资上，甚至发生地方政府领导给机关干部摊派引资任务的现象。对一些干部造成负面影响的西方资产阶级经济思潮，主要来自三个方面：

一是以凯恩斯主义为基础的所谓"双缺口理论"，片面鼓吹发展中国家引进外资可以弥补外汇短缺和资本短缺。实际上，一国储备的外汇是本国财富的外国货币形式。发展中国家只有付出一定量的本国财富，才能换回价值相当的外国货币，才能有一定量的外汇。外资是外国人的财富，它的货币资本形态是外币，其所有权是外国的，是不可能转变为本国财富的。资本短缺就更不能靠引进外资来弥补了。须知引进的外资绝不等于外国人赠送的礼物，正如《资本论》所分析的，资本终将逐步为剩余价值所取代，不但利润是剩余价值，资本本身也是剩余价值。所以，外资的利润和外资本身都体现着外国人对引入国劳动人民创造的剩余价值的占有，其所有权都是外国的。因此，直接引进外资，本质上是一种借用外资的形式，具有暂时性，绝不是多多益善。要弥补外汇短缺和资本短缺，根本上要靠发展中国家的劳动人民用自己的双手辛勤劳动，发展社会生产力，创造所有权属于本国的社会财富。

---

① 余永定：《中国深陷美元陷阱》[N]，《第一财经日报》2010年5月31日。

② 参见贾根良：《加快转变经济发展方式必须正视外资的十大危害》[J]，《学术研究》2010年第9期。

二是新自由主义为指导的所谓引进外资可以发挥“鲶鱼效应”，促进国内企业竞争，提高效率。如前所述，这是把国内市场竞争与国际市场竞争混为一谈，大量直接引进科技含量高、劳动生产率高的外资企业，必然使科技含量低、劳动生产率低的民族企业受到摧残。

三是西方发展经济学所谓跨国公司有助于发展中国家获得高新技术的“溢出效应”。外资可以使引入国的雇佣人员在一定程度上学会它带来的先进技术和管理经验，只有在这种意义上，可以说外资有“溢出效应”。可是，资本的本质决定了外资包含的核心技术是绝不可能“溢出”的；除非它改变盈利的本性，绝不能想象，外资会把决定自己生命力的东西即自己占领国际市场赢得利润的主要秘密，泄露给自己的竞争者。有人主张所谓“用市场换技术”，但是结果只能换回二三流技术，“赔了夫人又折兵”，核心技术得不到，市场倒让外资占领了。决不能忘记，外资跨国公司在发展中国家搞高新技术“孵化器”，不过是利用别国土地和工程技术人员为其服务，最终目的还是为了发展自己的高新技术，扩大资本盈利。

2. 引进外资必须坚持马克思主义经济学的指导

上述西方资产阶级经济学鼓吹发展中国家引进外资的理论，很难说没有“黄鼠狼给鸡拜年”的目的，也就是为发达资本主义国家的资本到发展中国家获取高额利润、占领市场制造理由，为本国过剩资本以及容易给本国带来污染的生产资本寻找出路。因此，中国决不能用西方经济学理论来指导引进外资工作，而必须把马克思主义经济学作为引进外资实际工作的指导思想。只有充分理解和自觉应用《资本论》关于资本的本质，关于世界货币和不同国家的国别货币的共性和区别，关于世界市场形成与国际价值规律，关于资本流通和商品流通共性、区别和联系等一系列有关原理，才能在引进外资工作实践中增强自觉性，克服盲目性。明白引进外资的目的是为了在付出合理代价的前提下，利用国际货币资本和生产资料，借以激活本国丰富的劳动力资源，形成更多的本国拥有所有权的物质财富；是为了学习和借鉴国际现代先进管理经验和先进技术，以便超越外国，增强国际市场竞争力，发展独立自主的社会主义民族经济。而绝不是洞开国门，放任国际资本来占领中国市场。从宏观经济角度来看，实现这样的目标，才称得上合理利用外资。如果引进外资造成国内市场被外商侵占，民族企业受压制和损害，生态环境受破坏，那就属于不合理的引进外资，就谈不上对外资的“利用”，而只能说让外资利用了中国市场和廉价劳动力。显然，那种在西方资产阶级经济学影响下，追求外资数额；那种为了追求政绩，增加 GDP 数额、地方税收而引进外资，都是盲目性的表现，必须坚决纠正。

（三）合理利用外资的基本要求

1. 增强对外资的控制能力

合理利用外资，这对引进外资的工作有一系列要求。首先要增强对外资的控制能力。要防止科技先进和资本雄厚的国际垄断资本占据中国市场，就应当在微观上坚持国有资本控股中外合资企业，在宏观上把引进外资纳入国际收支平衡和国民经济综合平衡的总盘子。像中国这样一个独立自主的、产业部门比较齐全的大国民族经济体系，对外经贸关系应当以本国民族经济内部形成综合平衡的社会分工比例关系为前提。这意味着，面对发达资本主义国家所主导的全球性国际分工，不能让国内民族资本被发达资本主义国家的垄断资本所控制，被动地作为国际资本的"小伙计"被它们带进国际分工之中，而应当通过控制进入本国的外国资本，主动地利用好国际分工。而要做到这一点，就要规定直接引进外资必须以中资，主要是以国有资本控股的股份制合资企业方式为主，原则上不允许外资在国内企业独资或控股。由于投入企业的国有资本是国有资本整体的组成部分，必须服从宏观统一调控，这样规定，就能通过国有资本在企业控股，把引进的外国资本纳入民族经济内部各生产部门能平衡发展的比例关系之中，把外资纳入可调控的宏观经济运动范围。这样也有助于通过宏观经济统计，来把握引进外资的宏观数量界限，同时，也能防止含高新技术的外国独资企业占领中国产业和市场。

2. 加强国家对引进外资的管理监督

这是国家维护本国民族经济独立自主和国家经济安全的重要职能。应建立和完善政府专门机构，严格法治，禁止外商通过收购中资股份把中外合资企业变为外商独资企业；禁止引入对生态环境造成破坏的外资；还要提高国家政治安全意识，加强对外商政治面貌进行必要的审查，防止国外间谍以经商投资为名破坏国家安全。

3. 在防止过量引进外资的同时，大力组织本国经济的自主创新

合理利用外资的目的，是为了促进本国民族经济发展；但是，外资毕竟是外部条件，而且有利弊两重作用。"唯物辩证法认为外因是变化的条件，内因是变化的

根据,外因通过内因而起作用。”[①]实现国民经济现代化,固然需要虚心学习和利用外国现代化的经济管理经验和现代科学技术,包括采取直接引进外资的方式,但是,主要还是取决于本国人民群众的自力更生和艰苦创业。所以,各级政府应当积极发挥自身经济职能,发挥社会主义制度“全国一盘棋”的优势,组织产(企业)学(高校)研(科研机构)的结合,开展自主创新,引导国内民族企业之间进行科技创新的交流和协作,努力打造民族品牌、自主高新技术知识产权,打破发达资本主义国家对高新技术的垄断,开创国内民族资本的科技含量超越外国资本的新局面。

三、科学认识和控制汇率

(一)汇率及其变动原因

1. *以劳动价值论为指导认识汇率的本质关系*

在《资本论》中文译本中,汇率被译为“汇兑率”“外汇率”[②],词义是一样的。人们一般认为,汇率是不同国家的货币在一定时点相互兑换的比例关系。这是对汇率现象的直观描述。《资本论》对此并无异议;但是,对这种比例关系的本质及其变动的原因,则给出了资产阶级经济学至今也不明白的科学回答。

《资本论》是在世界经济史上各国盛行采用金本位时期,以科学的劳动价值论和货币理论为基础,来揭示汇率这种国际货币兑换关系的本质的。这种关系可以用马克思所揭示的商品交换的简单价值形式来表现,即:A 国的货币单位=(m/n)B 国的货币单位,等式两边相等的基础是价值量相等,m/n 就是 A 国的货币单位与一定量 B 国货币兑换的汇率;当然,也可以反过来表现,n/m 是 B 国的货币单位与一定量 A 国货币兑换的汇率。这个等式两边相等的国别货币包含的价值量,不应是国别货币所含的国别价值,而应当是以“世界劳动的平均单位”来衡量的“国际价值”。[③] 而“国际价值”的货币表现则是世界货币。这是因为,每个国家的国别货币只能在本国流通,当今除极少数国家使用别国的货币作为国内法定流通的货币之外,通常国别货币在法定货币名称、计量单位方面都具有与别国不一样的“地方形

---

① 《毛泽东选集》第 1 卷[M],北京:人民出版社,1991 年,第 302 页。
② 《资本论》第 3 卷[M],北京:人民出版社,2004 年,第 640、669 页。
③ 参见《资本论》第 1 卷[M],北京:人民出版社,2004 年,第 645 页。在金本位时代,“国际价值”用货币的黄金含量来表现。

式”，所以，世界商品流通即世界贸易只能使用各国都承认的、具有“一般支付手段、一般购买手段和一般财富的绝对社会化身执行职能”的货币，即“世界货币”。[①]

在金本位时期，世界货币的物质承担者主要是黄金（如果是银，要折合成黄金计量）。马克思指出，“只有在世界市场上，货币才充分地作为这样一种商品执行职能，这种商品的自然形式同时就是抽象人类劳动的直接的社会实现形式。货币的存在方式与货币的概念相适合了”。[②] 因此，世界货币是商品价值的最一般的表现形式。由于在金本位时期的不同国别货币可以比较的“国际价值”是用货币的黄金含量来表现的，所以，可以用两国货币的含金量的比例关系来表现汇率。这种国别货币含金量之间的比例关系，就是通常所说的汇率平价的本质关系。可见，根据劳动价值论，正是国别货币所包含的国际价值或者说含金量决定汇率的数量关系。当然，实际经济现象中的汇率是受外汇市场供求关系影响的，这会使对一国（例如A国）而言的外汇价格（B国货币表现）高于或低于这个平价。

2. 汇率变动的原因

理解汇率变动，应当区分两种含义，一是指国别货币之间本质关系含义上的变动，一是指外汇价格含义上的变动。人们直接感受到并且通常所说的，主要是后一种含义的汇率变动。而正像弄清了价值的变动才能弄清价格的变动一样，只有理解了前一种含义的汇率变动，才能弄清后一种含义的汇率变动。关于外汇价格含义上的汇率变动，马克思从本质到现象作出了综合的分析。

他明确指出：“外汇率可以由于以下原因而发生变化：1. 一时的支付差额。不管造成这种差额的是什么原因——纯粹商业的原因，国外投资，或国家在战争等等场合所做的支出，只要由此会引起对外的现金支付。2. 一国货币的贬值。不管是金属货币还是纸币都一样。在这里汇兑率的变化纯粹是名义上的。如果现在1镑只代表从前代表的货币的一半，那它就自然不会算作25法郎，而只算作12.5法郎了。3. 如果一国用银，一国用金作‘货币’，那么，在谈到这两国之间的汇兑率时，这种汇兑率就取决于这两种金属价值的相对变动，因为这种变动显然影响这两种金属的平价。”[③]这段论述揭示了引起外汇价格含义上的汇率变动的两个基本因素：

① 《资本论》第1卷［M］，北京：人民出版社，2004年，第167—168页。
② 《资本论》第1卷［M］，北京：人民出版社，2004年，第166页。
③ 《资本论》第3卷［M］，北京：人民出版社，2004年，第669页。

一是由商品进出口、国际投资和其他场合需要支付等原因引起的货币(黄金)国际支付差额,由于这种差额,一国就会与另一国兑换货币,以便进行支付。这种差额会引起外汇供求关系的变动,从而引起一国外汇价格的变动。

二是有关国家货币的含金量的变动是引起汇率平价变化的重要因素,这段话的第二、第三点强调的都是,汇率的基础或汇率平价的变动,是由参加国际支付的两国的国别货币所包含的国际价值量或含金量(用黄金表现的价值)决定的。

现实的外汇价格含义上的汇率比价是上述因素综合形成的,就是说,在汇率基础或汇率平价确定之后,实际汇率是受第一点所引起的外汇供求关系影响确定的。如果 A 国对外汇(B 国货币)的需求大于供给,外汇价格就会上涨;反之,就会下跌。恩格斯在编辑《资本论》关于汇兑率章节的插入语中,对此作了明确的阐释:“众所周知,汇兑率是货币金属的国际运动的晴雨计。如果英国对德国的支付多于德国对英国的支付,马克的价格,以英镑表示,就会在伦敦上涨;英镑的价格,以马克表示,就会在汉堡和柏林下跌。如果英国多于德国的这个支付义务,比如说,不能由德国在英国的超额购买来恢复平衡,向德国签发的马克汇票的英镑价格,就必然会上涨到这样一点,那时不是用汇票来支付,而是由英国向德国输出金属——金币或金块——来支付就变得合算了。这就是典型的过程。”①意思是,如果在英国和德国的国际经贸关系中,英国要向德国支付差额(偿还欠款),就要用本国英镑兑换外汇(德国的马克)来支付给德国,这时候,相比在两国支付平衡时,对马克的需求大于马克的供给,马克外汇在英国就会上涨,也就是外汇马克的英镑标价会提高,要用较多的英镑才能兑换到一定量的马克。而在德国正好相反,由于德国对英镑外汇需求降低,那么外汇英镑的马克标价就会下降,用较少的马克就可以兑换到一定量的英镑。在金本位时代,对于英国来说,如果英国对德国支付的差额不能由德国对英国新的支付(例如“在英国的超额购买”)来恢复平衡,那么英国对德国的支付差额就会导致马克外汇的价格在英国持续上涨,如果外汇价格上涨超过了汇率平价的一定点,由外汇价格大于外汇价值而造成的英国购买马克外汇所付出的英镑就过多了。由于每个英镑含一定量的黄金,这种过多也就意味着为了兑换马克,英国支付给德国的黄金过多了,还不如直接用黄金支付(包括输出黄金的运输费)给德国来恢复两国之间的收支平衡划算了。这就引起了世界货币黄金从英国向德国流

① 《资本论》第 3 卷[M],北京:人民出版社,2004 年,第 651 页。

动。可见,金本位时代,汇率变动可以表现出世界货币在国际之间的运动方向。这就是为什么恩格斯在上述引文中指出,“汇兑率是货币金属的国际运动的晴雨计”。

3. 在理解汇率时应当区分一些概念

根据马克思关于汇率变动的论述,理解汇率,就需要区分以下概念:

首先,要区分汇率本质关系与汇率价格关系。如上所述,汇率本质关系是两国货币所含国际价值的比例关系,这种比例关系在国际收支平衡时也存在,它不会引起世界货币在两国之间流动,因为两国支付关系是平衡的,可以通过国别货币的兑换来平衡支付。而外汇价格的上涨或下降则是国际收支存在差额的表现。这种差额是引起世界货币在国际间流动的真正原因,否则,就不需要把国别货币换成世界货币,从一国流向另一国。

其次,应当把外汇价格的升降变化与国别货币价值本身变化所引起的汇率变化区分开来。因为前者是受多种因素所造成的外汇供求关系影响而形成的,如马克思所述,国际支付差额由商品进出口、国际投资和其他场合需要的支付,以及货币价值本身的变化等因素综合引起的国际支付差额造成的。而后者指的是由国别货币本身含金量的变化引起的。所以,严格说来,通常把外汇价格上升(如本来 1 美元=6.2 元人民币,现在 1 美元=6.9 元人民币)说成外汇的价值“升值”,或者把外汇价格下降说成外汇的价值贬值,这种表述是不科学的,因为这混淆了外汇的国际价值和外汇的价格。

再次,应当把国际收支差额所引起的世界货币的流动与资本的国际投资流动区分开来。前者是世界货币的运动,在这种运动中,世界货币被用于支付两国间的国际收支差额,执行支付手段的货币职能。而后者是资本的运动,是一国的一定量以国际价值计量的资本以货币资本形式或以实物形态的生产资本形式向别国投资,执行资本增殖的职能。这两者在性质上显然是不同的:前者是世界货币执行支付手段职能,后者是一国的资本在国际增殖运动中执行货币资本或生产资本职能。当然,这两种流动也是有一定联系的,当国际投资流动影响到国际收支差额的变化,就会引起外汇价格的变化,从而引起世界货币流动。

最后,应当把货币资本输出对汇率的影响和实物资本输出对汇率的影响区分开来。在金本位时代,黄金是货币制度的基础,一国输出货币资本,这意味着国际支付差额已经导致不能用 A 国货币兑换 B 国货币(外汇)的方法向 B 国输出 B 国货币形式的资本,而只能用世界货币黄金直接输出,而这种输出会直接引起国际收支差额的变化，从而会直接引起外汇价格关系的变动。而实物资本输出，例如 A 国直接输出铁轨形态的资本到 B 国，由于这是投资，不是出售商品，B 国不需要立刻向 A 国支付货币，这就不会直接使国际支付差额发生变化，因而也就不会直接引起国际收支差额变化从而引起汇率的变化；除非随着时间的推移，这种投资的利润收入引起了国际间支付差额的变化，才会间接地引起汇率的变化。马克思批判了资产阶级经济学家把这两种影响混为一谈的错误。①

以上的区分具有重要的方法论指导意义。虽然现在世界各国的货币已经不再实行金本位，而是使用纸币，但是，在研究国家之间的汇率变动时，仍然应当遵守马克思所创立的劳动价值论、货币理论和资本理论，尤其不能忽视《资本论》所揭示的，在商品生产社会，市场流通包括资本流通和货币流通，这两种流通具有共性联系和区别；②在国际经济关系中，这两种流通表现为国际商品流通和国际资本流通，而这两方面的运动变化都会在国际之间的汇率变动中表现出来。只有遵循这些基本原理，才能理解汇率关系的本质，避免把外汇价格关系与国别货币价值关系混为一谈；在分析汇率变动原因时，才能深入分析引起国际支付差额的多种因素，避免把世界货币的国际流通与资本一般的国际流通混为一谈。

（二）走出汇率与利率、价格关系的认识误区

1. 资产阶级经济学的认识误区

从以上引用的《资本论》有关论述可以知道，在宏观经济运动中，汇率变动或外汇价格变动主要涉及国别货币的国际价值含量的变动、商品进出口、国际投资和其他场合需要支付世界货币这些因素，这些因素是通过引起国际支付差额的变动，来影响汇率变动的。《资本论》揭示的这些原理，与现代西方资产阶级宏观经济学把汇率变动与利率、商品价格水平等因素直接联系起来，有明显的不同。确实，在市场经济中，利率、商品价格水平都是影响面很广泛的经济因素，如何看待这些因素与汇率变动的关系呢？西方宏观经济学在这些经济因素之间建立的数理逻辑关系是正确的吗？在发展开放性社会主义市场经济的新形势下，马克思主义经济学是不能回避这个重要议题的。其实，如果研读《资本论》就可以知道，这是一个西方资

---

① 参见“对亚洲的汇兑率”，《资本论》第 3 卷[M]，北京：人民出版社，2004 年，第 653—668 页。

② 《资本论》第 1 卷第四章“1. 资本的总公式”这节作了详细的阐释，见《资本论》第 1 卷[M]，北京：人民出版社，2004 年，第 171—181 页。

产阶级经济学的误区,马克思当年就认真地对待过,并给出了科学的分析。马克思揭示出,汇率和利率、商品价格水平之间并不存在直接的因果关系;只有综合宏观经济的商品流通和资本流通多种因素,研究这些因素对国际收支差额的影响,才能真正弄清汇率变动的原因。

资产阶级经济学家离开劳动价值论的科学基础来看汇率,他们不懂得货币的本质;不懂商品流通与资本流通的区别,不懂借贷货币资本与工商业职能资本的区别,因而弄不清汇率关系的本质和汇率发生变动的真正原因,而把影响宏观经济运动但是与汇率变动并无因果关系的一些因素,牵强地联系起来。当时有位叫威尔逊的英国自由主义经济学家认为,国内商品过剩会引起价格变动,价格变动会影响利息率;而利息率变动又会影响汇率变动。① 他把商品价格变动、利息率变动和汇率变动看成是一串因果链。马克思对威尔逊的错误从理论上进行了深入的批判。

2. 深刻理解马克思的有关科学经济思想

先看商品价格和银行利息率是否有因果关系。马克思指出,“利息率和商品价格各自进行着完全独立的运动”②。这是因为,影响银行利息率变动的,是对借贷货币资本的市场供求关系,涉及的是资本流通关系;而影响商品价格变动的,是价值规律和商品的市场供求关系,涉及的是商品流通关系。资本流通与商品流通是两种性质不同的经济关系,它们虽有一定联系,但并不是互为因果关系。换句话说,借贷货币资本的供求关系与商品供求关系之间,并不存在原因和结果之间的关系,因而银行利率变动和商品价格变动之间,也不存在直接关联的因果关系。

再看银行利息率和汇率是否存在因果关系?马克思指出:“利息率会影响汇兑率,汇兑率也会影响利息率,但汇兑率变动时,利息率可以不变,利息率变动时,汇兑率也可以不变。”③这就是说,一国利息率变动虽然会引起对国内外货币投资量的变动,但这是否会影响汇率变动,则要作具体分析:如果影响到国际支付差额变动,就会影响汇率变动;而如果没有影响国际支付差额变动,就不会影响到汇率变动。另一方面,汇率变动对宏观经济因素有反作用,这也要具体分析:汇率变动在金本位的条件下,如果影响到国家银行的金储备的变动,就会引起银行利息率的变动;而如果没有影响到国家银行的金储备的变动,就不会引起利息率的变动。因此,引

---

① 参见《资本论》第3卷[M],北京:人民出版社,2004年,第653—666页。
② 《资本论》第3卷[M],北京:人民出版社,2004年,第666页。
③ 《资本论》第3卷[M],北京:人民出版社,2004年,第657页。

起利息率变动的是国内货币借贷资本的供求关系，引起汇率变动的是国际支付差额的变动，这两种变动彼此也具有相互独立性，它们只是在一定条件下，才间接地存在着联系。

3. 不能照搬现代资产阶级经济学家主观设计的有关数理模型

马克思对资产阶级经济学家有关错误观点的批判，到今天仍具有重要现实意义，因为现代资产阶级经济学家也仍然不能区分货币和货币资本，不能区分货币信贷和货币资本的信贷。[①] 他们认为国内货币量的需求“负向地取决于利率”，货币周转率（即货币流通速度）被“假定为利率的增函数”；于是根据一定的假定条件，就在银行利率（与货币供应量、货币周转率相联系）、汇率和商品价格之间建立起体现“经济机制”的数理模型，他们根据中央银行管理的汇率体系的不同，或者把货币供应量看作汇率的函数，或者把汇率看作货币供应量的函数，由此说明汇率、货币需求量、商品价格之间的关系。[②] 其实，由于他们建立的有关数理模型，看不到汇率与国际收支差额之间的内在联系，所以，这不过是他们用主观设计替代实际经济关系的产物，并不能反映现实宏观经济因素之间的客观联系。因此，马克思在《资本论》中针对威尔逊的错误进行的分析，应当成为我们认清现代西方资产阶级经济学的有关谬误，积极探索汇率与宏观经济运动内在联系的科学方法论指导。

（三）纸币条件下的汇率本质关系

1.《资本论》关于汇率及其变动的原理并未过时

《资本论》揭示的关于汇率本质关系及其变动原因的论述，可以简要地概括为两条方法论原理：其一，国别货币中包含的国际价值，是相关国家之间汇率的本质关系的物质基础。其二，国家之间的国际收支差额变动，是引起相关国家之间的汇率变动的原因。

当今世界各国已使用纸币形态的货币；在国际贸易中，也不再直接使用黄金作为世界货币来执行购买手段和支付手段的职能。那么，马克思在金本位时代阐述的上述方法论原理是否已经过时？这是不能回避的问题。

在马克思主义经济学看来，尽管当今世界各国的商品品种复杂，面广量大，科

---

① 恩格斯在编辑出版《资本论》第3卷过程中，专门对货币信贷和货币资本信贷的区别，作了详细阐释，参见《资本论》第3卷[M]，北京：人民出版社，2004年，第485、516—517页。

② 参见[美] 杰弗里·萨克斯、费利普·拉雷恩著，费方域等译：《全球视角的宏观经济学》[M]，上海：上海三联书店、上海人民出版社，1997年，第362、439、440页。

技含量越来越高，但是，这并没有改变它们的商品性质，没有改变"商品本性的规律"[①]仍然是马克思所揭示的价值规律；尽管各国广泛使用纸币，在国际商品交换中由纸币来充当作为中介的"世界货币"职能，但是这并没有改变"纸币的发行限于它象征地代表的金（或银）的实际流通的数量"[②]这一纸币流通的客观规律。正因为如此，决定国别纸币之间汇率相互兑换比例关系基础的，本质上依然是单位国别纸币包含的用"世界劳动的平均单位"来计量的国际价值量；引起外汇市场供求变化的依然是相关国家的国际支付差额。只不过在使用纸币的新的历史条件下，汇率关系的现象与本质之间，中介因素更多、更复杂了，例如，增加了国别纸币有可能通货膨胀这种因素。所以，在研究汇率的时候，应当考虑现象与本质之间的诸如通货膨胀这些中介因素，力求撇开它们的干扰，弄清国别纸币所含的国际价值量；也只有这样，才能公平地结算国际支付差额，并进一步分析引起这种差额的各种因素，从而把握汇率变动的真正原因，为国家科学调控汇率提供依据。因此，《资本论》关于汇率及其变动的原理并未过时。

2. 纸币条件下汇率关系的由来和特征

有人可能会说，当代纸币汇率制度已经是大势所趋，不可逆转，不可能再回到马克思时代的金本位汇率制度了。其实，说《资本论》关于汇率及其变动的原理没有过时，绝没有要倒转历史的意思，而是说，我们应当以此为科学指导，弄清当代使用纸币条件下的汇率关系的本质，这将有利于国家在新的历史条件下，采取科学的方法指导汇率的宏观调控。

不能忘记，当代的所谓"黄金非货币化"，是从美国开始的。20 世纪 70 年代初，美国陷入第二次世界大战之后的严重经济危机。与此相关，1971 年 8 月，美国被迫宣布美元与黄金脱钩，国内货币制度从金本位制转为"抵押发行"制，即用虚拟资本作抵押来发行纸币美元。1976 年，由美国控制的国际货币基金组织签订《牙买加协定》，规定完全停止国际贸易的金本位制，该协定于 1978 年 4 月正式生效。从那以后，因为纸币美元属于"硬通货"（这由美国经济实力强于其他国家所决定），世界上的多数国家以纸币美元作为制定汇率和国际支付结算的依据，于是纸币美元就开始在相当大程度上充当起"世界货币"来。由美元纸币充当世界

---

① 《资本论》第 1 卷[M]，北京：人民出版社，2004 年，第 105 页。
② 《资本论》第 1 卷[M]，北京：人民出版社，2004 年，第 150 页。

货币，这是违背马克思关于只有贵金属金（或银）才能承担世界货币这个科学原理的。可以说，被迫放弃用贵金属作为世界货币，而以国别纸币的关系来表现汇率，这是以美国为首的发达资本主义国家为了挽救资本主义经济制度而强加于世界各国的经济形式；它违反客观经济规律，并不体现历史的进步。由于失去了由黄金表现世界货币的国际价值这种客观要求，这导致了不同国别的纸币究竟含多少国际价值量难以确定，造成了国际汇率关系出现不统一、不公平的混乱状态。

这种汇率关系的不统一表现在，由于国别纸币究竟包含多少国际价值，失去了贵金属这种确定的表现。于是，各国只好凭经验，以一些发达国家的“硬通货”纸币来表现与本国纸币的汇率关系。目前有的国家实行的是“有管理的浮动汇率制度”，有的国家实行的是用由多种货币分别按一定的权重所构成的一组货币分别与本国纸币作比较的所谓“一揽子货币”汇率制度，这些纸币条件下的汇率制度，都难免带上由本国利益决定的主观意志和利益诉求。因此，在汇率的确定上，也就必定存在不同国家之间为本国经济利益的博弈。

这种汇率关系存在的不公平，主要表现在，美国可以决定纸币美元的发行量，也就掌握了纸币美元“升值”和“贬值”的决定权，这使美国对别国在汇率关系上占有了主动权和控制权；更为美国凭借自己的军事实力，实施金融霸权主义，“合法地”占别国的便宜，提供了方便。这正是当代使用纸币条件下汇率关系存在不公平的实质。为了摆脱汇率关系上越来越显露出来的有利于美国的这种不公平，21世纪初，在欧盟各国内部，很多国家开始撇开美元，使用统一的区域性国际货币欧元，作为内部国家间表现汇率的依据，并使欧元成为欧盟以外的国家所重视的一种用于制定汇率和国际结算的货币。其他国家采用各自的汇率制度，也无非是为了维护自己国家民族经济的利益。这些情况证明了使用纸币条件下的汇率关系的不公平性是客观存在，一个国家如果自己缺乏维护本国民族经济利益的汇率制度，势必会在国际经济关系中处于不利地位。

由此可知，在当代纸币条件下的汇率关系，实质上是与相关国家从本国利益出发的干预或控制联系在一起的，这是汇率关系的新的历史特征。

3. 让市场自发决定汇率只会对发达资本主义国家有利

有一种颇为流行的观点，认为当代各国汇率管理制度的改革目标，就是要排除国家政府的行政干预，让市场决定汇率。初看起来，排斥各国政府干预，似乎可以形成符合市场客观规律的汇率。这其实否定了纸币条件下汇率关系必然存在的主观性和有利于发达资本主义国家的不公平性。上面的分析说明，在使用纸币的条件下，国别纸币的国际价值是不可能得到客观表现的，因而也就难以产生客观的、公平的汇率。既然发达资本主义国家要实施经济霸权主义，它们也就必然在汇率关系上做文章，力图促成对它们有利的汇率。所以，处于国际经济关系中弱势地位的发展中国家，唯有发挥国家的宏观经济管理职能，自觉捍卫国家经济安全和本国的民族经济利益，才有可能控制好本国与发达国家之间的汇率关系。①

在帝国主义国家依然存在，发达资本主义国家主导经济全球化的现实条件下，如果经济落后的发展中国家放弃国家的宏观经济调控，任由国际市场决定自己的对外贸易和外资的进入，那么，在国际价值规律的作用下，势必导致发达资本主义国家的劳动生产率高的高端商品占领本国市场，势必导致外资掌控本国的民族制造业和企业。而既然要求国家控制对外贸易和外资自由进入，也就势必要求国家控制汇率。所谓排除国家对汇率关系的干扰，实质上是放任美国等发达资本主义国家自由控制它们与发展中国家之间的汇率关系。

不能忽视，虽然宏观经济运动产生的国际收支差额是汇率变动的原因，但是汇率关系一旦形成，对宏观经济就会发生反作用。美国等发达资本主义国家在一定时期，压迫人民币“升值”或“贬值”，都是为了形成对自己宏观经济有利的汇率。例如，一定时期美元相对人民币“贬值”（反过来即人民币相对美元“升值”），这有利于美国高端商品（不过有些中国需要的高新技术产品是不卖给中国的）进入中国，以便控制中国市场，阻止中国自主生产同类高端产品；同时，这种让人民币相对美元“升值”的汇率关系，又有利于美国阻止中国商品的对外出口，阻碍中国经济的发展。非但如此，在中国外汇储备中美元纸币外汇量很大的情况下，美元相对人民币的“贬值”，无疑会给中国外汇储备带来巨大损失。不少学者都谈到，中国的劳动密集型商品出口到美国，往往被美国当局有意压低价格，这已经使经济利益遭受损失；而在对外贸易顺差条件下换回的美元作为外汇储备，又遇到美元“贬值”，这就使本国民族经济利益遭受双重损失。

还要看到，在国家放松对汇率管理的条件下，汇率的变动走势，会引起所谓“海外热钱”即投机性外国货币资本大量进入或外逃，造成人民币基础货币投放上的混

① 目前中国的人民币汇率制度，实行的是以市场供求为基础、参考一揽子货币、有管理的浮动汇率制度。这种汇率制度，是以维护国家经济安全和民族经济利益为前提的。

乱(因为外汇兑换的人民币属于基础货币),从而造成流通中的人民币的数量失控。凡此种种,说明国家对汇率不加干预是不行的。当然,这种管理应当尊重国内宏观经济运动规律,尊重国际价值规律,要克服凭主观意志办事,同时,还必须尊重国际经济关系中客观存在的国际资本之间的竞争规律,这样才有可能维护国家自身经济安全和本国民族经济整体利益。实际上,目前世界上并不存在所谓国家货币当局不加任何控制的汇率。所谓让汇率完全由市场决定,国家政府不应干预汇率的"改革"主张,其实是一种市场迷信或国际市场迷信;这种主张只会对发达资本主义国家有利。

(四) 汇率的国家调控

1. 用一定单位国别纸币的黄金含量来表现两国汇率关系

那么,在纸币条件下,发展中国家怎样才能够从维护本国经济利益出发,与别国尤其是与美国等发达资本主义国家之间建立公平的汇率关系呢?用马克思所揭示的金属货币是信用制度的基础、世界货币的本质是黄金这些科学原理为指导,我们可以认为,只有使国别纸币单位中包含的国际价值量有统一的、确定的表现,才能形成建立在国际价值含量基础上的国别纸币之间的平等的汇率关系。在没有其他更好办法可以取代的情况下,仍然应当重视用黄金来表现国际价值。

有人会说,在当代事实上已经"黄金非货币化了",要用黄金来衡量国别纸币的国际价值,这种看法岂不是开历史的倒车?不是的。黄金之所以不再直接成为世界货币,如前所述,那是资本主义世界发生经济危机导致的结果。用纸币来充当世界货币的流通手段职能,这是违背世界货币的本质规律的;用国别纸币来表现的汇率,这在很大程度上是靠美国等发达资本主义国家的经济霸权主义来维持的。

《资本论》揭示出,在一国之内,流通的金币被纸币所取代,这并不能说金币或黄金已不具备货币的职能,已不能表现国内社会价值,而是因为金币的流通手段职能可以为国家法定的纸币所替代;但是,金币的价值尺度和世界货币的职能,是纸币无法取代的。而一国纸币能在多大程度上执行金币的价值尺度的职能,就要看纸币发行总量与流通中需要的实际金币量是否相当,如果过量,就会发生通货膨胀。马克思揭示的这个科学道理,对于世界货币是同样适用的。虽然当今世界货币在流通手段职能上可以用纸币来替代,但是,任何纸币由于本身不是有抽象人类劳动凝结在其中的商品,因而都不能替代黄金具有的衡量国际价值的价值尺度的职能,甚至在相当大的程度上不能替代黄金的货币贮藏手段职能。正因为如此,当今黄金在世界各国中央银行都仍然是重要的储备资产,而且发达资本主义国家的黄金储备量与发展中国家相比,往往更多,这说明,黄金虽然不直接进入流通,但仍然是不可替代的具有国际价值尺度职能的世界货币。

可见,要确定国别之间的公平汇率关系,弄清一定单位的国别纸币包含多少国际价值,还是要比较两国一定单位国别纸币的黄金含量。能否弄清一定单位的国别纸币的含金量呢? 看来,可以用国际市场上这种纸币能买到多少黄金来衡量。两国以相同的含金量的国别纸币,建立汇率关系,这应当是公平、客观的办法。当然,这是指国际价值关系基础上的汇率关系,是汇率变动或外汇价格高低变动的中心,要使汇率变动趋向这个中心,离不开国家的宏观经济调控。

2. 国家调控汇率变动的目标

既然在汇率变动的因果关系中,由商品进出口、国际投资和其他场合需要支付世界货币等因素引起的国际支付差额是原因,汇率变动是结果,那么,国家对汇率的控制,就必须从引起国际支付差额的多种因素入手。对于中国这样一个国民经济独立自主、具有比较完备工商业体系的发展中社会主义国家来说,对外经贸关系必须服从于国内社会再生产各产业部门之间建立的平衡的比例关系,这包括从使用价值角度来看的各产业部门产品结构关系和从价值角度来看的各产业部门资本价值量的结构关系;这种一定时期平衡的社会再生产比例关系,决定了国际收支关系也必须基本平衡,否则就会因国际收支不平衡导致宏观经济的不稳定。而国际收支的基本平衡,也就意味着应当尽可能缩小国际支付差额,形成基本稳定的汇率。因此,力求汇率的基本稳定,这应当是中国控制汇率的目标。

3. 国家调控汇率的科学路径

遵循马克思所揭示的汇率关系的本质,只有调节好对外经贸关系才能保持汇率基本稳定。因此,为了实现汇率的基本稳定这一目标,国家宏观经济调控有必要遵循涉及汇率变动的基本因果联系,即:促进国内社会再生产比例关系的平衡——→在此基础上,促进主要由国际贸易(进出口)+国际资本流动(外资引进和对外投资)综合形成的国际收支平衡——→基本稳定的汇率。其中,国民经济的社会再生产比例关系的平衡,或者说着眼于独立自主的国民经济社会分工比例关系的平衡,这是实现汇率基本稳定的宏观经济基础。离开这种基础来调节汇率是片面的。而某些人照搬新自由主义经济学，认为对外开放不要以一国经济独立自主为基础，出口商品和对外投资不要国家统一指挥和宏观调控，认为应当让国外商品和外资自由地进出国门，从而让中国经济自由地"融入"全球化的国际分工，这在发达资本主义国家主导全球化的条件下，会使发展中国家的经济成为发达资本主义国家的附庸，而这样形成的所谓"市场化"的汇率，也必然是对发达资本主义国家有利的汇率。这是需要坚决反对的。

四、促进国际收支平衡

（一）国际收支平衡表

1. 基本概念

以上应用《资本论》的宏观经济研究方法，联系当代实际，分别对国际贸易、利用外资和汇率控制进行了一些探讨，本节拟就对外经贸关系的宏观调控，利用国际收支平衡表，再作些综合性探讨。

国际收支平衡表是现实的对外经贸关系全局在会计学上的表现，也是综合调控对外经贸关系的工具。因此，有必要确立国际收支平衡表的基本概念。表12－1，就是用人民币来表现的一定时期内，中国（不含中国香港、澳门和台湾）与世界其他国家或地区发生经贸关系的国际收支平衡表的简化表。

表12－1　中国国际收支平衡表（2015年概览简化表）

单位：亿元人民币

项　　目	差　额	贷　方	借　方
1. 经常账户	**20 589**	**167 808**	**－147 219**
1. A 货物和服务	24 007	151 407	－127 400
1. A. a 货物	35 368	133 551	－98 183
1. A. b 服务	－11 361	17 856	－29 216
1. B 初次收入	－2 871	14 165	－17 035
1. C 二次收入	－548	2 236	－2 784

（续表）

项　　目	差　　额	贷　　方	借　　方
2. 资本和金融账户	**−8 859**		
2.1 资本账户	19	32	−12
2.2 金融账户	−8 878	资产−2 893	负债−5 985
2.2.1 非储备性质的金融账户	−30 415	资产−24 552	负债−5 863
2.2.1.1 直接投资	3 817	资产−11 749	负债 15 566
2.2.1.2 证券投资	−4 162	资产−4 528	负债 367
2.2.1.3 金融衍生工具	−130	资产−211	负债 81
2.2.1.4 其他投资	−29 941	资产−7 942	负债−21 999
2.2.2 储备资产	21 537		
3. 净误差与遗漏	−11 730		

注：(1) 本表根据国家外汇管理局公布的 2015 年我国国际收支平衡表的概览表改制，本表不含中国香港、澳门和台湾的数据。①

(2) 该国际收支平衡表包括经常账户、资本账户和金融账户、净误差与遗漏等基本栏目。

在经常账户中，可细分为货物和服务、初次收入、二次收入。其中货物和服务：货物的贷方记录货物出口，借方记录货物进口；服务的贷方记录我国方面提供的服务，借方记录接受来自国外的服务。初次收入：指由于提供劳务、金融资产投资和出租自然资源而获得的回报，贷方记录我国方面获得的收入，借方记录向国外的支付。二次收入：指我国与国外之间的现金和实物的经常转移。贷方记录我国方面获得的经常转移，借方记录我国向国外提供的经常转移。

在资本和金融账户中，资本账户：贷方记录我国方面获得国外提供的资本转移，以及处置非生产、非金融资产获得的收入，借方记录我国方面向国外提供的资本转移，以及取得非生产非金融资产支出的金额。金融账户：指发生在国内方面与国外方面涉及金融资产与负债的各类经济关系。根据会计记账原则，当期对外金融资产净增加记录为负值，净减少记录为正值；当期对外负债净增加记录为正值，净减少记录为负值。金融账户又分为非储备性质的金融账户和国际储备资产。非储备性质的金融账户包括直接投资、证券投资、金融衍生工具和其他投资，其中的其他投资包括其他股权、货币和存款、贷款、保险和养老金、贸易信贷和其他。储备资产指我国中央银行拥有的对外资产，包括外汇、货币黄金、特别提款权、在基金组织的储备头寸，其中的外汇储备指我国中央银行持有的可用作国际清偿的流动性资产和债权。

净误差与遗漏，这是由于统计资料来源和时点不相同等原因，造成经常账户、资本和金融账户的不平衡，由此形成的统计残差项。②

---

① 原表格请见："国家外汇管理局公布 2015 年四季度及全年我国国际收支平衡表"报道中的概览表，国家外汇管理局网站，2016 年 3 月 31 日，http://www.safe.gov.cn。

② 以上简要说明摘录自国家外汇管理局：《国际收支平衡表编制原则与指标说明》，为了通俗，个别用语作了调整，详见国家外汇管理局网站，2015 年 12 月 30 日，http://www.safe.gov.cn/。储备头寸，指有资产所有权的储备。在比较详细的表中，如果是净头寸，指资产减负债；"+"表示净资产，"−"表示净负债。

表 12－1 反映了 2015 年中国国际经贸关系发生的结果。从表中的数据可知，我国经常账户顺差 20 589 亿元人民币（折合 3 306 亿美元）；资本和金融账户逆差 8 859 亿元人民币（1 424 亿美元），其中非储备性质的金融账户逆差 30 415 亿元人民币（4 856 亿美元），减去资本账户差额 19 亿元人民币（3 亿美元），逆差规模为 30 396 亿元人民币（4 853 亿美元）。总体来看，当年国际收支基本状况呈现出经常账户顺差、资本和金融账户逆差的格局，当年储备资产是减少的。

国际收支表从宏观上反映了在一年中对外经贸关系形成的各方面结果。例如，可以看出，2015 年，非储备性质的金融账户下的其他投资项向国外流出的数额（包括对外金融资产的增加和负债的减少）较多，为 29 941 亿元人民币（4 791 亿美元）；直接投资项下的境外资本保持较大规模净流入（即引进外资较多），为 15 566 亿元人民币（2 499 亿美元）。不过，只从一年的数据来分析对外经贸关系状况是不够的；要弄清这些数据给出了怎样的宏观经济运行信息，还要从动态的角度，分析若干年国际收支平衡表提供的各方面增减的数据才行。例如，从某一年的国际收支平衡表中，我们只能知道当年储备资产增加还是减少的数据，如果想知道截至 2015 年年末，中国储备资产包括外汇、货币黄金、特别提款权等种类的实际余额，就要看历年的累计情况了。经查累计数据，截至 2015 年年末，中国储备资产中的外汇储备余额较上年年末下降 5 127 亿美元，仍有 33 304 亿美元。① 这是由于多年外贸顺差和较多利用外资所形成的。这反映出，进出口的不平衡，以及资本和金融账户下资本流出与资本进入的不平衡。在外汇储备余额中，如果发达资本主义国家的纸币外汇所占比例过大，就有纸币外汇贬值造成国家经济损失的较大风险。同时，外汇储备余额过多，也会因外汇供大于求，形成外汇价格下降（通常所说的“外汇贬值”）的压力。因此，这值得高度重视。

2. 区分国际收支会计表的平衡和宏观经济的国际收支平衡

国际收支统计以权责发生制为统计原则，并采用复式记账法，因此在会计上，国际收支表账户的有关差额数据必须平衡，即总的收支差额必须为零，如表 12－1 所示：经常账户的 20 589 亿元人民币－资本和金融账户的 8 859 亿元人民币－净误差与遗漏的 11 730 亿元人民币＝0。不过，这是一种会计账户上的数据平衡，它并

---

① 国家外汇管理局国际收支分析小组：《2015 年中国国际收支报告》[R/OL]，第 14 页，国家外汇管理局网站，2016 年 3 月 31 日，http://www.safe.gov.cn/wps/wcm/connect/3116fe804c3aee4e982c99c30181affd/2015 年中国国际收支报告。

不等于现实的宏观经济的国际收支平衡。根据《资本论》社会再生产科学原理，一个独立自主的国民经济体系，社会总资本的商品资本、货币资本和生产资本三大形态的资本之间在循环中必须形成一定的平衡比例关系，总生产资本内部各产业之间也必须形成一定的平衡比例关系。在对外开放条件下，既然对外经贸关系是这个国民经济体系的有机构成部分，那么，这个体系的商品进出口和外资引进、对外投资等发生的国际收支关系，就都应当服从这个有机整体的平衡关系，只有这样的国际收支关系，才是现实的宏观经济的国际收支平衡。

假定对外经贸关系是以内部已经建立起平衡比例关系的国民经济体系为前提的，那么，从商品的进出口看，出口的商品与进口的商品要基本平衡，才不会破坏已经建立的社会再生产比例关系。从进入生产领域的资本来看，不管是引进外资还是追加内资，都要符合社会扩大再生产比例关系的要求。尤其对于外资来说，一旦进入国内生产领域，纳入了这种比例关系结构，就不能随意抽走，否则就会导致社会再生产比例关系的破坏。从这种要求来看，对于国际经贸关系是必须进行计划调控的。基本原则就是要服从于独立自主的国民经济体系社会再生产的比例关系要求。国家宏观经济调控部门，应当以这样的原则来分析和利用国际收支平衡表。由此看来，在对外经贸关系的宏观调控中，应当分别促进国际收支"经常项目"和"资本项目"两方面的收支平衡，并将外汇储备降低到努力实现这两方面平衡应达到的最低限度。

3. 在马克思主义经济学指导下利用国际收支平衡表

国际收支平衡表，作为一种按国际通行的会计学原理记账的数据表，有助于国际间相互比较经济数据。这种统一的会计表，无论是西方资产阶级经济学，还是马克思主义经济学，都可以利用。但是，这两种经济学的原理和方法存在根本区别，它们对标准统一的国际收支平衡表的理解和利用，仍然会有重要区别。在马克思主义经济学看来，国际收支平衡表中的两大基本账户，"经常账户"和"资本和金融账户"的数据反映的是既有区别又有联系的两种经济现象，"经常账户"主要反映国际间的商品流通，而"资本和金融账户"（以下简称"资本账户"）主要反映国际间的资本流通。国际间的商品流通本质是两国之间的商品交换关系；而国际间的资本流通本质是资本价值在国际运动中的增殖关系，其中外商的直接投资（本国的直接利用外资），进入本国国民经济的生产领域，加入社会再生产的循环。显然，这两种流通对本国宏观经济的影响程度是有本质区别的。资产阶级经济学并不明白商品流通和资本流通的本质区别，也就不可能科学地利用国际收支平衡表的两大基本账户所反映的数据变化来进行宏观经济调控。当然，发达资本主义国家往往采取措施不让别国资本收购本国高端企业，这说明，它们也能从主观感觉上知道国际资本流通比国际商品流通对宏观经济的影响更大。

（二）应当弄清的几个问题

1. 关于经常项目的国别货币自由兑换

正确理解我国对外经贸关系应当力求国际收支平衡，有必要从维护国家经济安全和本国民族经济独立自主的基本立场，弄清一些重要问题。首先要弄清实现国际收支平衡表中的经常账户下的人民币自由兑换，是否意味着自由开放中国商品市场。

我国已经加入了《国际货币基金组织协定》。按照该组织的有关解释，国别货币在经常账户的自由兑换，就是"取消对经常账户交易有关的对外支付和转移的限制"①。这就是说，目前在经常项目下的交易中，主要是进出口交易中，中国的人民币同外国货币已经能够在国内外市场自由地兑换。显然，这方便了中外商品的交换。但是，不应当把这种自由兑换等同于放任外国商品可以自由进入中国市场。

经常项目下的交易数据反映的是商品流通的量的关系，马克思主义的经济辩证法揭示出，经济的一定量以一定的质为前提，经济关系的质变是由经济的量变引起的。而从质的方面看，就涉及一国民族经济利益、一国民族经济独立自主和国家经济安全。在国际间的商品流通中，商品的使用价值性质、所有权归谁，体现质的方面，商品的价值量体现量的方面。如果国外的高端商品大量充斥国内市场，国内市场的性质就会失去本国民族经济的性质。为此，应当对进出口商品的使用价值进行质的把关，例如，如前所述，要严格控制发达国家的高端商品进口数量，防止它们占领中国市场，以此保护中国高端产品的自主生产的发展；同时，要严格控制中国的不可再生的资源如稀土等输出国外，以维护中国经济资源的可持续利用。这意味着，那种把经常项目的自由兑换理解为放任自由开放中国商品市场的观点，是有害的。国家民族利益的客观存在，决定了国内商品市场必然具有区别于国外市场、国际市场的相对独立性。

---

①　参见刘明康主编：《领导干部国际金融知识读本》[M]，北京：经济科学出版社，2002 年，第 403 页。

2. 关于国别货币的资本账户自由兑换

这是处理对外经贸关系必须弄清的重大问题。尽快实现国别货币在资本账户下的自由兑换，这是一种目前影响颇大的经济主张。中国目前仍然对资本项目人民币兑换实行必要的管制，没有实行自由兑换。乍看起来，要求人民币资本项目的自由兑换，是为了有利于中国与世界各国资本相互投资的方便。但是，只要应用《资本论》关于资本性质、资本运动目的和国际价值规律的原理来分析，就不难得出，在中国目前社会生产力水平的条件下，这种主张是不利于维护国家经济安全和民族经济独立自主的。这是因为，私有制为基础的资本（私人资本、垄断资本、金融垄断资本）和中国社会主义市场经济条件下的公有资本，这两类资本的性质是根本不同的。当今世界，发达资本主义国家主导经济全球化，私有制资本无限追逐利润、垄断利润，尤其国际金融垄断资本追逐超额垄断利润的本性，不但没有改变，而且在新的历史条件下与经济霸权主义结合在一起，变本加厉。当今要求自由进出别国市场最迫切的，是国际金融垄断资本，它们的本性决定了离开抢占世界市场就不能继续生存。中国对外开放的经济实践证明，发达资本主义国家实际上只允许自己的资本自由进出发展中国家，却千方百计阻止别国资本自由进入它们的国家，否则中国资本到这些国家投资、收购企业，就不会屡遭阻挠，这些国家也不会千方百计找借口否认中国是市场经济国家。事实上，到目前为止，各国之间资本相互的"自由投资"并不存在。这种经济舆论是脱离实际的。

根据国际价值规律，只有不同国家的社会生产力发展水平达到同等高度，这些国家之间的国别资本之间，才能具有平等竞争的地位，到那时，相互自由投资才不会对本国民族经济利益造成威胁。但是，即使具备了这样的生产力水平对等的条件，可以开放本国货币在资本账户的可兑换，这也不等于彻底取消对外国资本进出本国的必要控制，让外国资本自由进出本国。因为，在这些国家之间，由国情决定的生产力的区域布局、产业结构等因素决定，进入本国的外资，仍然需要服从整个社会再生产的比例，因而，也仍然是需要国家进行控制的。在发展中国家社会生产力低于发达资本主义国家的现实条件下，如果不控制后者的包含较高劳动生产率的资本进入本国，就必定会导致本国民族资本失去独立自主地位，使本国失去国内市场。可见，即使有条件实现国别货币的资本项目自由兑换，也绝不等于不同国家民族经济利益之间的界限消失了。那种不顾中国和发达资本主义国家社会平均劳动生产率水平的差距，要求尽快放开人民币资本项目的自由兑换，实质上是受到国际新自由主义思潮的影响，迎合了发达资本主义国家控制发展中国家经济的要求，是绝不可取的。

3. 关于“汇率市场化”主张的实质

这也是处理对外经贸关系应当弄清的重大问题。新自由主义认为，“汇率市场化”才会形成国际公平的汇率，因而反对国家对汇率的“行政干预”。应当说，如果国家政府离开客观经济规律的要求，随意地用行政手段干预任何经济关系，那都是不利于经济发展的；但是，如果国家政府能够尊重客观经济规律，从本国民族经济整体利益出发，使用必要的行政手段对宏观经济实施必要的计划调控，那就是对经济发展有利的，而且可以起自发的市场调节不可替代的重要作用。关键在于尊重客观经济规律。在对外经济关系中，汇率控制权或者说对外汇价格变动调节权，属于重要的国家经济主权之一。这是不应当让市场自发来决定的。

实际上，只要牢记《资本论》对商品拜物教观念、货币拜物教观念、资本拜物教观念的揭露，就可以清楚地认识到，在国际市场关系中商品关系、资本关系的物与物的关系背后，都是人与人的关系。在对外经贸关系中，形成怎样的商品进出口关系，怎样的外资引进和对外投资关系，从而宏观经济形成怎样的国际收支关系，背后离不开国家民族经济之间利益关系、国际垄断资本与国内民族资本（占主体地位的公有资本、民族私有资本）之间经济利益关系的博弈。面对发达资本主义国家的强势资本及其超经济的霸权主义，作为社会主义发展中国家的我国中央人民政府，理所应当从维护本国民族经济安全和独立自主出发，来指挥、控制好宏观经济运动和对外经贸关系，促进国际收支平衡，牢牢把握制定汇率的主动权，使汇率对宏观经济发挥有利的反作用。

那种把汇率交给国际市场来决定的主张，实际上是放任国家的对外经贸关系处于一种自发的无政府状态，放弃在对外经贸关系中对强势的国际垄断资本家阶级的抗争，把国家的汇率控制权交给发达资本主义国家来决定。这是绝不可取的。国家政府的对外经贸关系管理部门一定要坚决破除“市场绝对公平”的迷信，建立起对外经贸关系的预警信息系统和管控系统，敢于站在中华民族整体利益，尤其是广大劳动人民的立场上，与经济霸权主义作斗争，这样才能控制好汇率，与外国建立真正平等公正的国际市场关系。

第五篇
宏观经济的数理分析方法

《资本论》研究经济的社会形态，始终把经济的质与量两方面的分析结合起来，重视把经济性质的规定作为经济数量分析的前提，并用一定的经济数量关系来更明确地阐释经济的性质关系，这种贯彻唯物史观的经济数理分析方法是《资本论》宏观经济研究方法的重要内容。本书前几篇论述《资本论》研究宏观经济内部联系和外部联系的科学方法，侧重于经济性质方面；本篇则侧重于经济数量方面，遵照《资本论》的理论逻辑，从资本主义宏观经济的商品流通表层开始，然后深入到本质层面，逐步展开对宏观经济数理分析方法的论述。在此基础上，还将归纳出唯物史观指导下的经济数理分析方法的一般科学特征，揭露西方资产阶级经济学数理分析方法的弊病。

第十三章　商品流通的数理分析方法

《资本论》对资本主义宏观经济形态的论述，体现出辩证逻辑的方法，从抽象到具体，由表及里，又由里及表，既有分析又有综合。这些论述是从表层的、撇开资本主义生产关系的商品流通一般领域开始的(《资本论》第1卷第一篇)。这种论述，既有经济性质分析，又有经济数理分析。[①] 本章将在阐明体现商品流通一般关系的基本范畴经济性质的基础上，论述《资本论》在这个领域的数理分析方法。主要从宏观经济的角度，论述在金属货币条件下和在纸币条件下的决定宏观价格水平和货币总流通量的数量因素及其关系。这些数理分析方法对资本主义宏观经济和社会主义宏观经济的商品流通领域都是适用的。

一、价值与价格的数理分析

(一) 弄清商品价值的规定性

1. 用唯物史观理解商品的价值

《资本论》对资本主义经济的宏观数理分析以劳动价值论和剩余价值论为理论基础，这是与西方资产阶级经济数理分析方法的根本区别。对商品流通的宏观数理分析，建立在劳动价值论的基础上。

我们知道，一定社会的商品流通是每个商品的商品形态变化与其他商品的形态变化相互交错的全部过程。商品的形态变化，就是商品之间以货币为中介的交

① 这里有必要说明，经济数理分析与经济数量分析，这两者既有共性又有区别。共性是都要分析经济数量关系；区别是，前者是经济理论分析的量化表现，其目的是用数学形式来精确地表达经济理论逻辑，使经济的社会性质和各种辩证关系得到数量上的确定表现，成为思维可以更确切把握的东西。而经济数量分析则是在一定经济理论逻辑的指导下，处理各种数据的数学方法，其目的是获得统计和数学计量的结果。因此，我们用经济数理研究或经济数理分析来表述《资本论》对经济关系的量的研究。

换,它是以等价值的交换为基础的。要对商品流通进行数理分析,就必须首先弄清商品价值的科学含义。

马克思的价值论是贯彻唯物史观的劳动价值论。他揭示出,商品价值的创造以物质生产劳动为前提;价值只能在物质生产过程中生产出来。[①] 虽然随着人类社会生产力的发展,尤其是科学技术在生产中的应用,物质生产的范围拓展得越来越广,社会分工越来越细,分工链条越来越长,不断延伸,但是,这些延伸出来的环节,并没有改变物质生产的规定性。例如,在不少高校和自然科学院中的应用性科技实验所或实验室空间上虽然处在生产企业之外,但是它们都具有物质生产的规定性,是物质生产过程在消费领域和流通领域的继续。因此,整个宏观经济运动中的价值量,都是在物质生产领域创造出来的。处在宏观经济的非物质生产领域如纯粹流通领域、纯粹服务领域的价值量,都是已经创造出来的社会总产品价值量转移到这些领域的。在宏观经济运动中,社会总产品的价值量总是不断被分配到宏观经济各个领域,不断被生产消费和个人消费,又不断被再生产出来。

2. 弄清价值的质的规定性和量的规定性

商品的价值同任何客观事物一样,是质与量的统一。从质的方面看,价值是抽象人类劳动的凝结;从量的方面看,价值量是用劳动时间来衡量的,而衡量社会价值的劳动时间是社会必要劳动时间,它是“在现有的社会正常的生产条件下,在社会平均的劳动熟练程度和劳动强度下制造某种使用价值所需要的劳动时间”[②]。应当说,这是马克思主义政治经济学教科书反复论述过的。不过,要对经济形态进行唯物史观的数理分析,还有必要结合《资本论》关于价值的从抽象到具体的补充论述加以理解,才能更深入弄清商品的价值的规定性。其要点是:

其一,社会正常生产条件是指同一部门中,生产的产品占总产品很大比重的那种企业的生产条件。通常,每个生产部门的企业都有最坏生产条件(劳动生产率最低)、最好生产条件(劳动生产率最高)和处在两极之间的平均生产条件的不同状况。马克思指出,可以把生产某种商品的平均价值理解为“在这个部门的平均条件下生产的并构成该部门的产品很大数量的那种商品的个别价值”[③]。因此,社会正

---

① 参见何干强:《论唯物史观对经济学价值的基本认识》[J],《北京社会科学》2002 年第 7 期;何干强:《遵循唯物史观方法发展劳动价值论》[J],《无锡商业职业技术学院学报》2005 年第 2 期。

② 《资本论》第 1 卷[M],北京:人民出版社,2004 年,第 52 页。

③ 《资本论》第 3 卷[M],北京:人民出版社,2004 年,第 199 页。引文中的个别价值是某种商品中凝结的单个企业投入的实际劳动时间。个别价值与社会价值相对应。这里论述的生产商品的社会必要劳动时间凝结的价值,是指社会价值。本章如果不作专门说明,社会价值都简称价值。

常条件,大体等于一个生产部门中全部企业劳动生产率加权平均的生产条件。

其二,现有的正常生产条件应理解为一种商品进行再生产的现行生产条件。商品生产是一个动态的、技术不断更新的再生产的过程。马克思指出,“每一种商品(因而也包括构成资本的那些商品)的价值,都不是由这种商品本身包含的必要劳动时间决定的,而是由它的再生产所需要的社会必要劳动时间决定的”①。这里的再生产,指的是原有条件已经改变了的现行生产条件,如果原有生产条件改善了,现在生产这种商品的社会必要劳动时间就会缩短。

其三,生产商品使用价值的劳动是具体劳动中的有用劳动,而不是无用劳动。从同一部门生产同一标准的同种商品使用价值的角度看,劳动生产率高的劳动,在同样劳动时间,相对于该部门生产同种商品的平均劳动生产率而言,可以生产较多的使用价值产品,这说明其具体劳动中的有用劳动程度高;而劳动生产率低于平均劳动生产率的劳动,其具体劳动时间中,就存在着无用劳动,例如,劳动中有虚耗,生产了废品等。而社会必要劳动时间是用该部门的平均劳动生产率来衡量的。马克思指出,“从社会的角度来看,劳动生产率还随同劳动的节约而增长。这种节约不仅包括生产资料的节约,而且还包括一切无用劳动的免除”②。这说明,并不是任何劳动都能创造价值,社会价值是以社会标准的具体有用劳动为前提的。

其四,生产商品的劳动有简单劳动和复杂劳动的区别。简单平均劳动“是每个没有任何专长的普通人的有机体平均具有的简单劳动力的耗费”,它“虽然在不同的国家和不同的文化时代具有不同的性质,但在一定的社会里是一定的。比较复杂的劳动只是自乘的或不如说多倍的简单劳动”。③ 通常,只有接受较高程度的教育之后才能从事的劳动比较复杂。无须接受教育就能从事的劳动比较简单。简单劳动和复杂劳动的区别既可表现在同一部门内部,也可表现在不同部门。在前者,可以表现在同一部门的不同工种之间;在后者,可以表现在不同生产部门的平均劳动之间,例如生产高新技术产品的平均劳动,就比生产一般商品的平均劳动复杂程度高。在同样的劳动时间,复杂劳动能够创造出多倍于简单劳动的价值。而在同一时间,某种复杂劳动可以折合成多少量的简单平均劳动,在具有自发性的商品生产社会,这是“在生产者背后由社会过程决定的”④,或者说,通过商品的交换过程

---

① 《资本论》第3卷[M],北京：人民出版社,2004年,第157页。
② 《资本论》第1卷[M],北京：人民出版社,2004年,第605页。
③ 《资本论》第1卷[M],北京：人民出版社,2004年,第58页。
④ 《资本论》第1卷[M],北京：人民出版社,2004年,第58页。

来确定的。因为每种商品的生产者在商品交换过程中，都要求生产商品所耗费的劳动得到补偿，所以，在经过正常供求关系的波动后，不同商品之间所含价值量的比例也就会得到确定，这样，就可以根据不同商品生产的劳动者单位时间的产量和他们之间的交换关系，确定生产不同商品的同一时间所含劳动量复杂程度的差别。例如，假定手机企业平均每人每小时可以生产 1 台 1 000 元的手机，其中物质消耗 200 元（c），凝结的活劳动值 800 元（v+m）；毛巾企业平均每人每小时可生产毛巾 50 条，共 100 元，其中物质消耗 60 元（c），凝结的活劳动值 40 元（v+m）；那么，800 元÷40 元＝20（小时），这意味着生产手机劳动者 1 小时的劳动等于生产毛巾劳动者 20 小时的劳动。也可以这样算：毛巾厂工人生产的毛巾要达到与 1 台手机交换的 1 000 元，就要耗费 10 小时，因为 1 000 元÷100 元＝10（小时），但是，10 小时凝结的活劳动只值 40 元×10＝400 元，而手机企业工人 1 小时值 800 元，所以，毛巾厂工人要干 10 小时×（800÷400）＝20 小时，或者说，要生产出 50 条×20＝1 000 条毛巾的劳动时间，才抵得上手机企业工人的 1 小时。

其五，单位商品中的社会必要劳动时间还包含着与这种商品使用价值的社会必需总量相联系的另一种意义。这就是说，它是“由当时社会平均生产条件下生产市场上这种商品的社会必需总量所必要的劳动时间决定”①。也就是说，“不仅在每个商品上只使用必要的劳动时间，而且在社会总劳动时间中，也只把必要的比例量使用在不同类的商品上”②。这是因为，全社会各种商品是由总量一定的社会总劳动时间生产的，只能把其中的一定量用在某种商品生产上。如果在商品生产社会的自发生产中，这种商品的使用价值量生产过多，超过了社会对这种商品使用价值量的需要，那么即使生产单位商品的时间都是社会必要劳动时间，也意味着耗费在这种商品上的社会必要劳动时间总量过多了。也就是说，耗费在过量商品上的劳动是无用劳动，是一种浪费。这样，现实中过多的商品就卖不出去，就要降价，过剩的产能就需要转产。为此，马克思指出，“社会劳动时间可分别用在各个特殊生产领域的份额的这个数量界限，不过是价值规律本身进一步展开的表现，虽然必要劳动时间在这里包含着另一种意义。为了满足社会需要，只有如许多的劳动时间才是必要的。在这里界限是由于使用价值才产生的。社会在既定生产条件下，只

① 《资本论》第 3 卷［M］，北京：人民出版社 2004 年，第 722 页。
② 《资本论》第 3 卷［M］，北京：人民出版社 2004 年，第 716 页。

能把它的总劳动时间中如许多的劳动时间用在这样一种产品上”①。

3. 加深对价值量由社会必要劳动时间决定的理解

为了加深对社会必要劳动时间的另一种意义的理解，我们可以用以下公式来进一步说明。如果用x_i表示社会总产品中的某一种商品的使用价值数量，w_i表示这种商品的单位商品中所含的社会必要劳动时间或价值，那么，社会总产品的总社会劳动时间或总的价值量可用公式表示为：

$$\sum_i^n x_i w_i = x_1 w_1 + x_2 w_2 + x_3 w_3 + \cdots + x_n w_n 。$$

这里比较容易看出，$\sum_i^n x_i w_i$这个总社会劳动时间或社会总产品价值量，是分配在一系列不同种的商品生产上的。如果其中若干种的商品使用价值总量生产过多，那么在总社会劳动时间一定的情况下，就意味着用在其他种商品生产上的社会劳动时间不足，生产的这些商品的使用价值量不能满足社会的必需。这在商品生产社会，需要通过供求关系来调节，使之趋向平衡。而社会总劳动时间要实现在各生产部门都符合“社会必需总量所必要的劳动时间”的分配，那就必须遵循马克思所揭示的社会总产品价值结构的比例关系，本书在第五章、第六章已经对此作了详细的阐释。

以上之所以要对商品价值的规定性作进一步的阐释，主要是为了强调价值量的规定是以其质的规定为前提的，价值是客观存在的。有人诘问，你说商品的价值具有客观性，又说它是抽象人类劳动的凝结，既然它看不见摸不着，不能被人们感知，又怎么证明它的客观性？回答是，由于它是客观存在的东西，就必然会通过一定的形式表现出来；而揭示客观事物不能被直接感知的本质，并在弄清本质的基础上，发现事物本质的必然表现形式，这正是科学研究的任务。马克思劳动价值论之所以科学，正在于他应用唯物史观的辩证逻辑方法，从分析商品生产社会可感知的财富的元素形式——商品的有用性及其具有交换价值的现象开始，深入到商品的本质，揭示了商品价值的质和量的客观规定性；并在此基础上揭示出，客观存在的商品价值及其运动规律是通过价值形式和价格规律表现出来的。

在商品生产社会，弄清了社会财富的元素的真相，明确了商品价值的客观性，这就为宏观经济分析奠定了科学基础。商品流通是市场经济的表层，马克思对资

① 《资本论》第3卷[M]，北京：人民出版社2004年，第717页。

本主义市场经济的宏观分析是撇开商品资本的资本规定性，从商品流通一般层面进入的。而要对商品流通进行数理分析，就必须弄清商品价值的表现形式即价值形式的量的规定性。

（二）商品相对价值形式的量的规定性

1. 关于商品交换的简单价值形式

商品流通中最普遍的数量现象，就是商品的价格变动、通货膨胀等现象。要弄清这些现象背后的规律，需要深入理解马克思根据劳动价值论对商品价值形式的量的分析，最重要的是他对简单价值形式中的“相对价值形式的量的规定性”的数理分析。可以说，这是理解价格变动的最基本的经济学原理。

在人类商品交换历史中，最基本的也是最简单的关系，就是单个商品相互交换的简单价值形式，例如，20 码麻布 = 1 件上衣。货币和商品流通形式就是从这种最简单的价值形式发展起来的。所以，马克思由此开始进行分析。为了能够清晰地阐明简单价值形式对商品价值的表现，马克思把处在等式左边的商品规定为相对价值形式，含义是商品价值被表现的一方，是交换的主动方；把处在等式右边的商品规定为等价形式，含义是这种商品用自己的社会使用价值来表现处在相对价值形式上的商品的价值，处在等价形式上的商品是交换中的被动方。当 20 码麻布主动与 1 件上衣交换，而 1 件上衣接受这种交换，前者就处在相对价值形式上，后者就处在等价形式上；上衣的使用价值就成为与麻布使用价值不同的麻布的价值的表现。

20 码麻布 = 1 件上衣，这个简单价值形式是两种商品进行直接交换的表现形式，它们之所以能够实现交换，是因为在麻布和上衣这两种直接交换的商品中，都包含着凝结的抽象人类劳动，即以它们都包含等同的价值为前提。而一定量的商品所包含的价值都有数量的规定。“因而，价值形式不只是要表现价值一般，而且要表现一定量的价值，即价值量”；“‘20 码麻布 = 1 件上衣，或 20 码麻布值 1 件上衣’这一等式的前提是：1 件上衣和 20 码麻布正好包含同样多的价值实体。就是说，这两个商品量耗费了同样多的劳动或等量的劳动时间。但是生产 20 码麻布或 1 件上衣的必要劳动时间，是随着织或缝的生产力的每一次变化而变化的”。[①] 既然在现实中每种商品的价值量会随着生产这种商品的生产力（这

---

① 《资本论》第 1 卷［M］，北京：人民出版社，2004 年，第 68 页。

里指社会劳动生产率)的变化而变化,那么处在相对价值形式上的商品的价值量,就随着这种变化而有相应的不同的数量表现。

2. 商品的价值量如何得到表现的数理分析

在阐明商品的简单价值形态概念的基础上,马克思以“20码麻布=1件上衣”为例,较详细地分析了处在等价形式上的商品上衣,能否明确地表现出处在相对价值形式上的麻布的价值量。他分析了“Ⅰ.麻布的价值起了变化,上衣的价值不变”“Ⅱ.麻布的价值不变,上衣的价值起了变化”“Ⅲ.生产麻布和上衣的必要劳动量可以按照同一方向和同一比例同时发生变化”“Ⅳ.生产麻布和上衣的各自的必要劳动时间,从而它们的价值,可以按照同一方向但以不同的程度同时发生变化,或者按照相反的方向发生变化,等等”情况;得出的结论是,“可见,价值量的实际变化不能明确地,也不能完全地反映在价值量的相对表现即相对价值量上”。[①]

我们可以用一个一般性的数理分析公式来理解马克思的上述分析和结论。假定两种商品分别为A和B,有x量的商品A与y量的商品B实现了直接交换。x和y都是使用价值量的数量单位,如x是20码,y是1件。虽然“码”和“件”是不同的使用价值,彼此不可通约,但是,就x和y本身的数量变化而言,在麻布商品A价值量一定的条件下,x变大,xA就相应变大,x变小,xA就相应变小。y件上衣B商品也是一样。于是,我们可以把简单价值形式表示为:$xA=yB$。

按数学逻辑,可以用$A=(y/x)B$作为单位A商品的价值量在B商品使用价值上的表现。在此式中,$xA=yB$,公式两边的商品实现等价值量交换,这是分析的前提,由于xA的价值量一定,所以,如果生产A的劳动生产率提高,单位A商品的价值量变小,那么x就必定相应地变大;如果yB价值量一定,B不变,y就不变,这样,y/x就会变小。例如,原先1码麻布商品A的价值量表现为1/20上衣,而现在则表现为1/30上衣。这意味着,价值量变小的A,其包含的商品价值量用价值量不变的B商品来表现,就会变小。也就是说,在假设的条件下,商品A的价值变小,被商品B的使用价值量表现出来了。

A和B这两种商品的价值量,都会随着劳动生产率的变化,出现变大、变小、不变三种情况,而且变大或变小的程度也会不同。因此,A和B这两种商品价值量发生不同的变化,就会有很多种不同的组合情况。不过,每一种情况,如果用A=

① 《资本论》第1卷[M],北京:人民出版社,2004年,第68—69页。

(y/x)B这个公式来分析,都可以比较方便地知道,A商品价值量在B商品上,得到了怎样的表现。

例如,假定B的价值量与A的价值量同时变小,但是B变小的程度更大,由于前提是xA=yB,那么按照上面的分析,y就会大于x,y/x就会变大,这样一来,A的价值量明明变小了,但是用商品B来表现,却因为y/x变大,而得到相反表现,也就是说,A的价值量表现得变大了,这就给出了假象。

因此,用xA=yB这个简单价值形式的数理分析工具,我们就比较容易理解,为什么马克思说"价值量的实际变化不能明确地,也不能完全地反映在价值量的相对表现即相对价值量上"。弄清这个道理,就为进一步理解宏观经济中的物价变动现象,打下了理论基础。

(三)表现商品价格的基本公式

上一节论述的xA=yB这个简单价值形式的公式,只要把B商品理解为金货币m,就可以用来作为表现金货币流通条件下(或者没有通货膨胀条件下)的单个商品价格的基本公式:xA=ym。马克思指出,"商品在金上的价值表现——x量商品A=y量货币商品——是商品的货币形式或它的价格"①。所以,商品的价格,也就是任何商品都用金来表现它的价值这样一种简单的价值形式。

正因为商品价格的基本公式从简单价值形式转化而来,所以,马克思关于处在相对价值形式上的商品,其"价值量的实际变化不能明确地,也不能完全地反映在价值量的相对表现即相对价值量上",就适用于商品的价格表现。这也就说明,用金属黄金这种金光灿灿的使用价值作为一般等价物,同样也不能明确地、完全地来表现商品价值量的实际变化,在有些情况下也会给出假象。

不过需要注意,不管充当货币的金属黄金本身的价值量如何因生产它的劳动生产率有何种变化,从而单位货币自身的价值量有何种变化;由于任何商品都以它作为一般等价形式,具有统一性,因此,所有单位商品的价格变化受到金劳动生产率变动的影响是相同的。例如,假定一定时期下列商品的价格表现为:一袋大米1克金、一头猪3克金、一个玉镯40克金、一袋玉米0.7克金……,它们之间的比为:1∶3∶40∶0.7……;经过一定时期,假定所有商品价值不变,而金的劳动生产率提

① 《资本论》第1卷[M],北京:人民出版社,2004年,第115页。

高了一倍，也就是单位金的价值下降了一半，那么每种商品价值量的金表现，就都会提高一倍，表现为：一袋大米 2 克金、一头猪 6 克金、一个玉镯 80 克金、一袋玉米 1.4 克金……，所有商品价格之间的比例，也仍然为：1 ∶ 3 ∶ 40 ∶ 0.7……，不会改变。当然，在这一时期，如果这些商品的劳动生产率各自发生了变化，那么，它们的价格就会发生相应的变化，相互之间的比价也就会发生复杂的变化，这就需要根据各种商品的劳动生产率的变化，作具体分析了。

弄清了单个商品价格的科学含义，就为理解宏观经济的价格现象创造了理论前提。不过这还不够，还必须进一步理解《资本论》所揭示的商品流通的货币量规律。也只有理解了《资本论》所揭示的货币流通量的规律，才能真正理解以上所说的通货膨胀这种经济现象。

二、货币流通量的数理分析

（一）货币流通量的公式

1. 金属货币的流通量基本公式

在宏观经济运动中，全社会的货币流通是全社会商品流通的表现和结果。马克思从抽象到具体，叙述了三个货币流通量的公式。先看本书第二章引述过的金属货币流通量基本公式。即：一定时间的商品流通中，待实现的商品价格总额（W）和同名货币的流通次数（V），决定了执行流通手段职能的货币量（M），即：W/V = M。这是表现货币流通量的第一个公式，也是表现流通中的执行流通手段的货币量的基本公式。

理解这个公式，应注意，待实现的商品价格总额（W）是待实现的商品的社会价值总额的货币表现。因此，首先应当弄清待实现的商品的社会价值总额。本章前面提到的社会总产品的价值，也就是待实现的商品的社会价值总额，即：

$$\sum_i^n x_i w_i = x_1 w_1 + x_2 w_2 + x_3 w_3 + \cdots + x_n w_n;$$

如果把马克思的单个商品价格公式 xA = ym 扩展到全社会，把 xA 扩展为 $\sum_i^n x_i w_i$；用y_i表示一定的金货币商品使用价值量（如：多少克），m_i表示单位金货币商品（如：1 克）所含的社会价值量（凝结的社会必要劳动时间量），那么，待实现的

商品价格总额(W)就与商品的社会价值总额$\sum_{i}^{n}x_{i}w_{i}$相对应,表现为:

$$\sum_{i}^{n}x_{i}w_{i}=\sum_{i}^{n}y_{i}m_{i},\text{而}\sum_{i}^{n}y_{i}m_{i}=y_{1}m_{1}+y_{2}m_{2}+y_{3}m_{3}+\cdots+y_{n}m_{n};$$

简言之,$W=\sum_{i}^{n}y_{i}m_{i}$,这就是待实现的商品的价格总额的含义。

进一步说,在 W/V=M 这个公式中,V 指一定时期同名货币的平均流通次数。所谓同名货币,就是有相同法定货币名称的货币,如果分子使用“镑”来表示商品价格,那么分母也要以“镑”为单位来计算一定时期的货币流通次数。马克思指出,“同一些货币在一定时间内的流通次数可以用来计量货币流通的速度”[①]。而在一定时期同名货币的平均流通次数,也就是货币流通的速度。等式右面的 M,表示一定量的执行流通手段职能的同名货币量。

W/V=M 这个公式,是理解货币流通规律的最基本的公式。应当强调的是,这个货币流通量公式,是建立在劳动价值论基础上的,从而建立在货币本身也是含有社会价值的商品的一般等价物这种理解上的。即使当代商品流通都使用不可兑换黄金的纸币作中介,这个公式也没有过时。只要牢记,待实现的商品总价格$\sum_{i}^{n}y_{i}m_{i}$是以待实现的商品的总价值$\sum_{i}^{n}x_{i}w_{i}$为前提的,而货币流通量是用来实现有真实价值的$\sum_{i}^{n}x_{i}w_{i}$商品总量的,这样就会明白,纸币之所以能够执行货币的流通手段职能,是因为它必须代表含有一定社会价值的金属货币量,否则就是毫无价值的纸片而已。

2. 表现纸币流通量规律的公式

马克思在揭示金属货币流通规律的基础上,坚持理论逻辑与历史发展过程的一致性,又揭示了纸币流通规律。这是表现货币流通规律的第二个公式。

(1) 纸币的概念

纸币是金属货币流通发展到一定历史阶段才产生的。国家强制流通的纸币是银行公共信用制度的产物。马克思指出,“这种纸币是直接从金属流通中产生出来的”。[②] 金属货币之所以可以用本身没有价值的符号来代替,是因为金属货币在执行流通手段职能时,对商品交换起的是中介作用;在商品发生形态变化的过程中,它作为流通手段只是转瞬即逝的要素。“因此,在货币不断转手的过程中,单有货

① 《资本论》第1卷[M],北京:人民出版社,2004年,第142页。
② 《资本论》第1卷[M],北京:人民出版社,2004年,第149页。

币的象征存在就够了。”[①]由于纸币只有真正能代表一定量的金属货币，才能执行货币职能。因此，“只要这些纸票确实是代替同名的金额来流通，它们的运动就只反映货币流通本身的规律。纸币流通的特殊规律只能从纸币是金的代表这种关系中产生。这一规律简单说来就是：纸币的发行限于它象征地代表的金（或银）的实际流通的数量”[②]。如果纸币发行量超过了自己的限度，“超过了能够流通的同名的金币量，那么，撇开有信用扫地的危险不说，它在商品世界仍然只是代表由商品世界的内在规律所决定的那个金量”[③]。

国家强制流通的纸币与金属货币的重要区别是，纸币一旦投入流通就不会退出。[④] 纸币本身是价值符号，它没有价值；不像金属货币那样，如果超出了流通需要的货币量，超出的金属货币就会退出流通，转为贮藏货币。而停留在流通中的纸币量过多，就会发生通货膨胀，即单位纸币贬值的现象。

（2）纸币流通量的基本公式

为了加深理解马克思说的“纸币流通的特殊规律”，我们可以用一个公式来表示。假定一定量的执行流通手段职能的实际的金货币量是 M 克金，并发行用单位货币名称“元”的纸币量 H 元来代表它们，法定每单位纸币（例如单位：元）代表 m 克金（或含金量为 m），那么同名单位纸币发行量的限度 H 就是：$H=M/m$（元），这就是纸币流通量的基本公式。

（3）纸币的通货膨胀率和贬值率

通货膨胀率是对于纸币而言的，有真实价值的金属货币是没有通货膨胀的。在 $H=M/m$ 的条件下，每单位纸币含金量：$m=M/H$（克金/元），如果“元”这种货币名称的纸币发行量超过 H 元，纸币超量发行的数额是发行限度 H（含金量等于 M）的 β 倍，发行总量达到 $H'=H(1+\beta)$ 元（$\beta\geqslant 0$），那么现在每元纸币的含金量就会下降或者贬值。这时，M 克金将分摊到 $H(1+\beta)$ 元来代表了，这样单位纸币（元）的含金量就变为：$m'=M/H(1+\beta)$（克金/元）。如果用 α（$\alpha\geqslant 0$）表示单位纸币通货膨胀的程度，那么：

---

① 《资本论》第 1 卷［M］，北京：人民出版社，2004 年，第 152 页。

② 《资本论》第 1 卷［M］，北京：人民出版社，2004 年，第 150 页。

③ 《资本论》第 1 卷［M］，北京：人民出版社，2004 年，第 150 页。

④ 马克思指出，“因为纸票有强制通用的效力，所以谁也不能阻止国家任意把大量纸票硬塞到流通中去，并在它们上面印上任意的铸币名称，如一镑、五镑、二十镑。纸票一进入流通，就不可能再抛出来，因为不仅国境碑阻止它们流出，而且它们在流通之外便失去一切价值，不论是使用价值或交换价值。它们离开自己的职能存在，就变成一文不值的废纸”。（马克思：《政治经济学批判》，《马克思恩格斯全集》第 13 卷［M］，北京：人民出版社，1962 年，第 109 页）

$\alpha=[H(1+\beta)-H]\div H=\beta$,这就是纸币的通货膨胀率,换句话,纸币的通货膨胀率也就是纸币超量发行的程度,$\alpha=\beta$。如果用α'表示单位纸币贬值的程度,那么:

$\alpha'=(m'-m)/m=\{[M/H(1+\beta)]-M/H\}\div M/H=-\beta/(1+\beta)$,这就是单位纸币的贬值率,也就是单位纸币含金量的降低的程度。显然,α'是负值。因为$\alpha=\beta$,也可以把此公式表示为:$\alpha'=-\alpha/(1+\alpha)$

兹举例说明。假定一定时期流通中需要的金属货币量:M=200 000 克金,代表这些金的纸币:H=60 000 000 元,每元纸币的含金量:$m=M/H=1/300$(克金),或者说每克金用 300 元来代表。如果超过这个限度,多发行了 3 000 000 元纸币,即投入流通的纸币达到:$H'=H(1+\beta)=63\ 000\ 000$ 元,那么,纸币的通胀率:$\alpha=(63\ 000\ 000-60\ 000\ 000)\div 60\ 000\ 000=1/20$,即纸币多发了原来 H 的 1/20,或多发了 5%。这样每元纸币的含金量就变为:$m'=M/H(1+\beta)=200\ 000$ 克金$\div 63\ 000\ 000$ 元$=1/315$ 克金,换句话,就是 1 克金由 315 元来代表了。这样一来,纸币就贬值了,贬值率就是$\alpha'=(m'-m)/m=(1/315-1/300)\div 1/300=-1/21$。也可以直接用公式$\alpha'=-\alpha/(1+\alpha)$来计算,$\alpha'=(-1/20)\div(1+1/20)=-1/21$。从计算的结果看,可以清楚地理解。可见,在概念上不应把通胀率等同于纸币贬值率。

根据公式$\alpha'=-\alpha/(1+\alpha)$,不难求出:$\alpha=-\alpha'/(\alpha'+1)$。这是纸币通胀率与贬值率之间的换算关系。例如,在上面的例子中,用贬值率$\alpha'=-1/21$代入此公式,可以得出通胀率$\alpha=1/20$,即纸币超量发行 60 000 000 元×1/20=3 000 000 元。

根据贬值率α'来计算单位纸币的含金量,就可以提出纸币流通条件下的商品价格公式。我们知道,没有通货膨胀或者直接使用金属货币的商品价格公式为$xA=ym$,式中 m 代表货币的含金量。现在使用纸币,如果单位纸币用m'表示通货膨胀导致纸币贬值后的含金量,那么,商品价格公式就应改变。从纸币贬值率$\alpha'=(m'-m)/m$,可知单位纸币贬值后的含金量:$m'=m(1+\alpha')$,由此可以计算出:$m=m'/(1+\alpha')$,由此公式可知,$-1<\alpha'\leqslant 0$,因为数学原理和经济实际都表明,虽然α'是负值,但是分母$(1+\alpha')$不能为 0,也不能为负值。那么,包含纸币贬值率的商品价格公式就可以表示为:$xA=ym'/(1+\alpha')$,式中:$0<1+\alpha'\leqslant 1$。因此,可以用这个公式来分析通货膨胀条件下的物价变动情况。

综上所述,宏观经济中的纸币通货膨胀现象,实际上是纸币流通特殊规律的扭曲表现,是由商品流通中的执行流通手段职能的货币量的规律决定的。被扭曲的程度,就是纸币发行量超过一定时期商品流通所能够吸纳的金属货币量的程度。

3. 表现包括支付手段的货币流通量的公式

表现货币流通规律的第三个公式是包括货币起支付手段职能作用的第三个公式。货币的支付手段职能是随着商品流通的发展，出现了赊欠关系产生的。商品的买者可以先欠债，取回要买的商品，然后遵守买卖双方的协定，经过一定的时间，再把一定量货币支付给商品卖者。这时货币不像流通手段那样，是转瞬即逝的要素，而是表现出到期的单方面的货币债务偿还。正因为如此，作为支付手段的货币在起作用时，必须同时具有价值尺度和流通手段的职能，它虽然可以用纸币符号来代替，但是这不是观念上的、象征性的，而必须是作为金的真实代表的货币，因为卖者的商品已经给买者拿走了，现在隔了一定时间，卖者必须收回买者欠他的有社会价值的货币，才符合商品等价值交换的原则。

马克思用下面一段表述来阐释同时包括流通手段和支付手段职能作用的货币流通量规律："现在我们来考察一定时期内的流通货币的总额。假定流通手段和支付手段的流通速度是已知的，这个总额就等于待实现的商品价格总额加上到期的支付总额，减去彼此抵消的支付，最后减去同一货币交替地时而作为流通手段、时而作为支付手段执行职能的流通次数。"①

有学者指出，上述表述中，"最后减去"宜改为"最后除以"；或者不改"最后减去"，而把句末的"流通次数"改为"流通金额"。② 到目前为止，学术界一般把包括支付手段在内的货币流通量公式，用下式表示：

$$\frac{\text{流通中商品价格总额}-\text{赊销商品价格总额}+\text{到期的支付总额}-\text{彼此抵消的支付}}{\text{同名称货币的平均流通次数}}$$

=一定时期内的流通货币的总额

4. 对学术界关于包括支付手段的货币流通量公式的商榷意见

笔者认为，上述数理公式有值得商榷之处，主要是它忽略了流通手段的速度和支付手段的速度两者的区别。

不能忽视，马克思提出了"支付手段的流通速度的规律"③。他明确指出，"在流通过程的每一个一定的时期内，到期的债务代表着产生这些债务的已售商品的

① 《资本论》第1卷[M]，北京：人民出版社，2004年，第163页。
② 张薰华著：《〈资本论〉中的数量分析》[M]，济南：山东人民出版社，1993年，第321页。
③ 《资本论》第1卷[M]，北京：人民出版社，2004年，第165页。

价格总额。实现这一价格总额所必需的货币量,首先取决于支付手段的流通速度。它决定于两种情况:一是债权人和债务人的关系的锁链,即 A 从他的债务人 B 那里得到的货币,付给他的债权人 C 等等;一是各种不同的支付期限的间隔。一个接一个的支付的锁链或事后进行的第一形态变化的锁链,同我们前面考察的形态变化系列的交错,有本质的区别。在流通手段的流通中,卖者和买者的联系不仅仅被表现出来,而且这种联系本身只是在货币流通中产生,并且是与货币流通一同产生。相反地,支付手段的运动则表现了一种在这种运动之前已经现成地存在的社会联系"①。我们知道,在货币作为流通手段的商品流通中,商品的形态变化可简单地表现为W_1—G—W_2,卖者和买者的联系清晰地表现为以货币为中介的联系。但是,在使用支付手段的商品流通中,商品流通的第一形态变化,即出售自己的商品取得货币的W_1—G,是在先取得W_2的事后进行的,这样,W_1的所有者和W_2的所有者之间,表现为一种在货币尚未支付之前,就已经现成地存在交换商品的社会联系,如果用"…"来表示这种联系,那么可以看出,使用支付手段的商品流通的形态变化,可表示为公式:—W_2…W_1—G,这与W_1—G—W_2有本质的区别,商品流通的第一形态变化W_1—G 是在商品W_2转手之后才进行的。

由于流通手段和支付手段的运动存在这种"本质的区别",所以,尽管在整个货币流通过程中存在"同一货币交替地时而作为流通手段、时而作为支付手段执行职能"的情况,但是在计算货币量时,有必要把充当流通手段的货币量和充当支付手段的货币量分开计算。尽管流通手段和支付手段的运动速度指的都是它们各自的平均流通速度,但是不应当把这两种有本质区别的流通速度加以平均计算(即便是以加权平均的方法)。所以,在分母中用"同名货币的平均流通次数"是值得商酌的。这样,上面的公式,就有必要改写:

设W_Z为"流通中商品价格总额";W_S为"赊销商品价格总额",这部分价格总额在一定时期内是不必支付货币的,因此,可以用 W_Z-W_S来表示马克思所说的"待实现的商品价格总额";而在一定时期内,设W_B为"彼此抵消的支付",它是不必使用作为流通手段的货币的;设W_C为本期新形成的需要支付货币的债务差额,支付债务的货币执行支付手段职能,不执行流通手段职能。所以,在计算流通手段货币量时,应当扣除这部分数额。再设W_D为"到期的支付总额",即上期的商品债务需要

① 《资本论》第 1 卷[M],北京:人民出版社,2004 年,第 161 页。

在本期内用货币来支付的总额，加上W_C这部分本期新形成的需要支付货币的债务差额，支付这两部分债务的货币都是执行支付手段职能的。① 假定已知的流通手段速度为V_1，已知的支付手段的流通速度为V_2；再设执行流通手段的货币为G_1，执行支付手段的货币为G_2，那么：

$$\frac{W_Z-W_S-W_B-W_C}{V_1}=G_1 \tag{1}$$

$$\frac{W_D+W_C}{V_2}=G_2 \tag{2}$$

因此，设一定时期内的流通货币的总额为G那么：

$$\frac{W_Z-W_S-W_B-W_C}{V_1}+\frac{W_D+W_C}{V_2}=G_1+G_2=G \tag{3}$$

可以看出，公式(3)与学术界表示的包括支付手段在内的货币流通量公式有明显的不同。区别在于，没有取V_1和V_2的平均数作为同一公式的分母，把一个公式变为(1)、(2)两个公式的相加。为何要这样做呢？因为马克思明确指出，“按照以上已经阐明的简单商品流通的规律(第1册第3章)，一个国家现有的金属货币量，不仅要够商品流通使用。它还必须够应付货币流通的变动，这种变动部分地由流通速度的变化，部分地由商品价格的变动，部分地由货币作为支付手段或作为真正流通手段执行职能的比例的差别和变化而产生”②。这里明确指出了“货币作为支付手段或作为真正流通手段执行职能的比例的差别和变化”，这就告诉人们，在流通中，由于货币作为流通手段和作为支付手段的速度有本质区别，所以，不宜采取把V_1和V_2的平均数作为分母的计算方法。长期以来学术界采取这样的方法来计算，可能是把马克思所说的“同一货币交替地时而作为流通手段、时而作为支付手段执行职能”，理解为流通手段的速度和支付手段的速度是同一性质的了。

5. 全面深入地理解货币流通量规律

把一个公式变为两个公式的相加，有助于我们深入地理解包括支付手段在内的货币流通量规律。从公式(1)可以看出，当W_Z数额一定条件下，W_S、W_B、W_C相加

① 关于执行支付手段职能的货币量，参见张薰华著：《〈资本论〉中的数量分析》[M]，济南：山东人民出版社，1993年，第146页。

② 《资本论》第2卷[M]，北京：人民出版社，2004年，第360页。

之和越大，即商品赊欠买卖的数额越大，那么需要货币作为流通手段、作为中介来实现的商品总额就越小，如果货币流通速度越快，即公式中的分母越大，那么流通中需要的流通手段货币量G_1就越小。从公式(2)可以看出，W_D和W_C越大，那么流通中需要的支付手段来实现的商品总额就越大，需要的支付手段货币就越多，但是，在银行信用制度产生之后，支付手段货币的流通速度显著加快，因而公式(2)的分母就会加大，从而流通中需要的支付手段货币量G_2就不会有较大的增长，甚至由于分母增大的程度更大，还有可能会减少。同时，信用制度也会在很大程度上提高流通手段的流通速度，[①]这样，G_1就会变得更小。这样流通中需要的包括流通手段和支付手段的货币总量，就会随着信用制度的发展而相对地变小。

关于信用制度会同时提高流通手段和支付手段流通速度，节约流通中的货币量，马克思指出，“这种节约是由于在交易上排除货币，完全以货币的支付手段职能为基础，而这种职能又是以信用为基础的。这种节约只能有两种(撇开已或多或少发展的集中支付的技术不说)：汇票或支票所代表的互相的债权，或是由同一个银行家结算，他只是把债权从一个户头转到另一个户头；或是由不同的银行家互相之间进行结算”[②]。当代金融领域，已经在银行簿记、中央银行与各类银行间的结算、工商企业之间的交易和它们与银行之间的借贷关系、个人消费购买支付等方面，应用电子信息技术，这就极大地扩大了作为支付手段的货币量，并极大地提高了流通手段的速度，从而极大地节约了流通中的货币量。但是，只要商品生产存在，作为流通手段和支付手段的货币就不可缺少；并且，货币的支付手段职能必须具有真实社会价值这种性质，并不会因为电子信息技术的应用而发生改变。这在资本主义经济危机爆发时有明显的表现。由于这时商品支付链条发生中断，使每个人要收回别人的有真实价值的欠款都变得困难，因为别人要偿还欠款，又不得不依赖于另一个人偿还对他的欠款；谁也不知道另一个人能不能如期付款。于是，每一个人都会尽可能把自己能够获得的有真实价值的货币贮藏起来，抓住现有的支付手段不放，以便应付实际支付的需要。于是全社会就立刻会出现货币荒。因此，现代条件下，马克思所揭示的货币流通量的规律并没有消失，依然在起作用。

① 马克思指出，“信用会作为中介促进并从而提高流通速度”。参见《资本论》第3卷[M]，北京：人民出版社，2004年，第590页。

② 《资本论》第3卷[M]，北京：人民出版社，2004年，第589—590页。

6. 关于货币流通量公式的小结

以上阐释了《资本论》论证的“金属货币的流通量基本公式”“表现纸币流通量规律的公式”和“表现包括支付手段的货币流通量的公式”三个货币流通量的公式。它们都是表现商品流通一般规律的公式，对于计算任何历史条件下商品流通中的货币量都是适用的。需要强调的是，第一个“金属货币的流通量基本公式”是后两个公式的基础。只有理解了第一个公式，才能够理解后两个公式。而理解了“表现纸币流通量规律的公式”，也就不难理解“表现包括支付手段的货币流通量的公式”在纸币流通条件下如何表现，对此不再展开分析。因此，尽管后两个公式都有独立的意义，但是在独立运用后两个公式的时候，仍然不应忘记“金属货币的流通量基本公式”。须知资产阶级经济学不懂历史辩证法，只从表象出发，根本不明白，计算商品流通中的货币量要以劳动价值论为基础，因而根本不明白这三个公式的内在联系。当今商品流通中的货币都是纸币，资产阶级的货币理论已经完全把货币与纸币混为一谈，因此，绝不能照搬来研究当今的货币流通现象。要科学地研究当今纸币流通条件下的货币流通现象，仍然要以马克思关于货币流通的原理和数理分析公式为指导。

（二）弗里德曼货币数量论公式的错误

1. 应当把马克思的货币流通量公式与弗里德曼的公式区分开来

商品流通是市场经济一般形态的表面现象，马克思用唯物史观揭示了货币流通量的基本规律，并用数理方法概括为货币流通量公式。资产阶级经济学家面对的是同样的客观经济现象，但是，他们的头脑却把这种客观现象的数量关系扭曲地改造为不科学的公式。西方资产阶级经济学的现代货币主义的代表人物弗里德曼提出的货币数量论公式：$MV=PT$（M 为货币数量，V 为货币流通速度，P 为物价水平，T 为商品和劳务总量），就具有代表性。这个公式如果从数学逻辑的角度看，似乎同马克思的货币流通量公式没什么区别。如前所述，马克思的公式是：$W/V=M$，式中的 W 是商品价格总额（各种商品使用价值量与单个商品价格之积的总和），可以视为弗里德曼公式中的 PT。[1] 这样，马克思的公式就可以写作：$PT/V=M$。初看起来，只要将等式左面分母中的 V 按照数学方法移到等式右边，公式即变为：

① 弗里德曼公式中的 T，是“商品和劳务”。严格说来，只有物质性的劳务或服务，如餐饮业、客货运输业、邮电通信业的劳务，才创造价值，可以纳入商品范畴，这与西方经济学的劳务概念是有区别的。这里撇开了这种差别。

PT=MV。单纯从数学角度看,这与弗里德曼的公式是相等的,只是等式左右两边做了调换而已。

但是,数学逻辑不能替代经济逻辑。科学经济学的数理分析要求,定量分析必须以定性分析为前提,数学逻辑的应用必须服从于经济逻辑的要求。马克思的数学公式是对商品流通决定货币流通这个基本原理的反映。它反映了,有实际价值的商品价格总额在流通中,如果能够按价值售出,那么同名金属货币(本身有价值)在一定时期的流通速度(流通次数),就决定了流通中需要的金属货币量。是商品的流通量决定按一定速度流通的货币的流通量,而不是货币流通量及其流通速度决定商品流通量。因此,在公式 PT/V=M 中,等式的左面是原因,等式的右面是结果,左右因果关系不能颠倒。但是,弗里德曼却认为,他提出的货币数量论公式:MV=PT,等式两边的 MV 和 PT,是互为因果的。他认为这是一个恒等式,其实这是错误的。[①]

2. 弗里德曼的错误

主要是,他没有分清商品流通和货币流通的因果联系,以及金属货币与纸币的共性、区别和联系,并把数学逻辑和经济逻辑混为一谈了。首先,他认为等式两边的 MV 和 PT 互为因果,这就等于认为按一定速度投入流通的货币量,始终是在流通中起中介作用的,不会退出流通。其实,由商品流通价格总额和同名金属货币流通速度决定的金属货币量,是确定的量,如果原先流通中的金属货币量超过了流通实际需要的金属货币量,那么多余的金属货币就会从流通中退出,转为贮藏货币。他认为等式两边的 MV 和 PT 互为因果,这意味着投入流通中的货币量的变化,可以使商品的总价格量发生变化,这就把金属货币等同于纸币了。因为纸币一旦投入流通,就停留在流通中,不会退出,正是这种原因,投入纸币量过多,会引起通货膨胀。

其次,弗里德曼及其追随者们把 MV=PT 看作数学上的恒等式是错误的。可以假定在一定的时点,MV 和 PT 是相等的,但是,在货币是金属货币的条件下,经过一段时间之后,PT 的数额与 MV 的数额,就会不再相等。这是因为,即使假定单位同名货币的流通速度不变,生产单位金属货币的劳动生产率与生产每种单位商品的劳动生产率的变动也不可能是同比例变动的,或者说,商品的价值变动和单位金属

① 参见陈其人著:《货币理论与物价理论研究》[M],上海:上海人民出版社,2002 年,第 2 页。

货币本身的价值的变动并不是一致的。加之构成商品总量的各种商品生产的数量以及每种商品的劳动生产率在一定时段中，各自都会发生不同的变化，所以，即使单位货币价值一定，它们的总价格也会发生不同的相应变化。因此，MV 和 PT 不可能永远相等。只有弄清因果关系，及弄清商品总价格到底增长或降低了多少，知道了单位货币的流通速度，才能知道这些商品总价格需要多少同名金属货币量来实现。而这又是弄清纸币是否贬值的基础。有经济学家论证，弗里德曼认为自己的公式是恒等式，这经不起实际数据的检验，是错误的。[①] 而他之所以形成这种错误认识，是由他的肤浅资产阶级经济思想所导致的。

（三）区分货币流通量与货币资本流通量

1. 货币流通量的规律对于社会总资本的流通环节所需要的货币量同样适用

我们知道，《资本论》论述了货币和货币资本、生产和生产资本、商品和商品资本的共性、联系和区别。货币资本、生产资本和商品资本，分别是产业资本在循环运动中采取的存在形态。货币资本只有执行货币一般的购买职能，才能执行资本运动中购买劳动力和生产资料的资本的职能；生产资本只有执行生产一般的劳动力与生产资料结合、生产产品的职能，才能执行资本增殖剩余价值的职能；商品资本只有执行商品一般的销售职能，才能执行资本通过销售实现商品中包含的剩余价值的职能。就货币和货币资本的共性来看，社会总资本在流通环节运动需要的货币量，也就是全社会商品流通所需要的货币量。

表现社会总资本的生产资本循环形式和商品资本循环形式这两个公式分别是：$\sum$（P…W′—G—W′…P）和 $\sum$（W′—G—W′…P…W′）。我们从这两个公式可以清楚地看出，社会总资本的流通环节，撇开商品中包含的剩余价值，在形式上也就是一般商品流通的公式 W—G—W。因此，马克思指出，"就 W—G 从买者方面看是 G—W，G—W 从卖者方面看是 W—G 来说，资本的流通只是表示普通的商品形态变化，而我们在考察这个形态变化时（第 1 册第 3 章第 2 节）阐明的关于货币流通量的规律在这里也是适用的"。[②] 这意味着，社会总资本在循环运动中，并不会否定一般商品流通的货币流通量规律，相反，它正是在遵循这种规律中实现自己的运动的。

---

① 参见陈其人著：《货币理论与物价理论研究》[M]，上海：上海人民出版社，2002 年，第 142—147、335—336 页。
② 《资本论》第 2 卷[M]，北京：人民出版社，2004 年，第 116 页。

2. 货币流通量的规律不能反映出流通中的货币资本量

应当强调的是，在资本主义经济条件下，在存在资本一般的市场经济条件下，用这些货币流通量公式计算出来的，只能是货币量，而不是货币资本量。也就是说，应当始终注意把货币与货币资本在性质上区别开来，不能把货币流通量的规律等同于货币资本流通量的规律。

马克思指出，“如果我们不是停留在这个形式方面，而是考察不同的单个资本的形态变化的实际联系，就是说，如果我们实际地考察各单个资本的循环的联系即社会总资本的再生产过程的各个部分运动的联系，那么，这种联系就不能用货币和商品的单纯形式变换来说明了”。[①] 这就是说，尽管社会总资本的流通环节在形式上与一般商品流通的公式 W—G—W 相同，但是，商品和货币之间在商品流通中的相互交错关系，并不等于单个资本运动之间的相互交错关系。商品形态变化“这种交错并非同时就是资本的形态变化交错的表现”[②]。

先看其中 G—W$<^{A}_{P_m}$这个环节，首先，从 G—W(P_m)看，G 和 W(P_m)可以是两个资本(货币资本和商品资本)之间的交换或两个资本运动的交错，但是，W(P_m)也可以不是资本的产品或商品资本，例如，它们可以是从小生产者那里收购的原料，小生产者出售的商品并不是商品资本，因此，G—W(P_m)并不一定就是资本之间的交错。其次，从 G—A 看，资本购买劳动力，虽然 G 是货币资本(可变资本)，但是 A 是劳动力商品，不是资本。所以 G—A 显然不是不同资本之间的交错。再看 W—G 这个环节，虽然 W 是商品资本，但是如果商品资本 W 的使用价值是消费资料，那么购买 W 的货币 G，要么是雇佣工人的工资，要么是独立劳动者(小生产者)手中的货币，要么是资本家剩余价值中的用于个人消费的货币，这些都不是货币资本，所以，W—G 也不一定就是不同资本之间的交错；只有在商品资本 W 的使用价值是生产资料，购买它的 G 是货币资本的情况下，才是不同资本之间的交错。因此，不应当把社会总资本的流通环节 W—G—W 中的作为中介的货币或货币资本都等同于一般商品流通中的货币。

这样就可以明白，为什么马克思说，“一般商品流通的规律，只有在资本流通过程形成简单流通行为的序列时，才是适用的，而在简单流通行为的序列形成单个产

---

① 《资本论》第 2 卷[M]，北京：人民出版社，2004 年，第 116—117 页。
② 《资本论》第 2 卷[M]，北京：人民出版社，2004 年，第 130 页。

业资本循环的职能上确定的阶段时，却是不适用的”。[①] 从数理分析的观点来看，其含义就是，“在资本流通过程形成简单流通行为的序列时”，用货币流通量公式计算出来的，只能是货币量，而不是货币资本量。但是，当我们把流通环节 W—G—W，理解为不同的单个资本在社会总资本运动中的相互交错时，用商品流通中的货币量基本公式 PT/V＝M，是无法计算出社会总资本的流通过程中需要的货币资本量的，这是因为，分子中的 T 商品不一定都是商品资本，分母中的 V 不一定都是货币资本的流通次数，因而计算出的 M，也就不可能是货币资本。只有撇开它们的资本性质，把分子理解为商品一般的总价格，把分母理解为货币一般的流通次数，计算出来的才是货币量，但绝不是货币资本量。显然，马克思的论述告诉我们，在作宏观经济数理分析时，不应当把货币与货币资本混为一谈。

要弄清社会总资本运动中的货币资本运动规律和货币资本量，就不能只把目光停留在一般商品流通形式上。我们从本书上卷第五章、第六章的论述已经知道，货币资本在宏观经济中的流通运动，除了对生产资料和劳动力的购买与一般商品流通相似，还有自己的特殊规律，包括全社会资本周转中游离资本的暂时退出和储存、固定资本补偿中折旧基金的积累和投入、在资本积累和扩大再生产中的货币资本的积累和投入等规律。对这些规律，马克思是运用唯物史观的辩证方法，深入研究社会总资本的流通和再生产运动而揭示出来的。而迄今为止的西方宏观经济学，限于资产阶级表面性、片面性的狭隘眼界，不懂劳动二重性的基本原理，不能区分一般商品流通和资本流通，不能区分货币和货币资本，所以无法区别流通中的货币量的规律与社会总资本运动中的货币资本运动的规律。

3. 区分三种流通手段

从上面论述可以知道，商品流通的货币量规律，对于社会总资本的流通环节 W—G—W 来说，如果撇开了资本关系，仅从商品、货币的一般职能来看，是完全适用的；社会总资本在流通领域的运动过程中，也只有遵守商品、货币的一般职能，才有生命力，才能实现资本价值增殖的职能。但是，在社会总资本的流通过程中，货币和货币资本毕竟在规定性上是有区别的。前者是单纯的货币，也就是用于简单流通的货币或作为“收入的花费”[②]，如工人用货币工资、资本家用剩余价值中的一

① 《资本论》第 2 卷［M］，北京：人民出版社，2004 年，第 129—130 页。
② 《资本论》第 3 卷［M］，北京：人民出版社，2004 年，第 508 页。

部分货币收入购买自己的生活资料所使用的货币；后者是资本在运动中的货币形态或“资本的转移所需要的通货量”①，如资本家用于购买劳动力的、作为可变资本的货币，用于购买生产资料的作为不变资本的货币，银行资本家贷款给职能资本家的作为生息资本的货币，这些货币都是资本价值在增殖运动过程中采取的货币形态。资本的规定性内容势必对其货币形式的运动起决定作用。所以，应当在概念上区分作为货币的货币和作为资本的货币。而这种区分对于全面地理解在发达的资本主义信用制度条件下的货币流通现象是十分重要的。

由于资产阶级经济学家不能弄清货币和货币资本的本质区别，所以马克思指出，“在他们那里，作为货币的流通手段，作为一般货币资本的流通手段和作为生息资本（英语是 moneyed capital）的流通手段之间的区别，是杂乱无章地混淆在一起的”②。在这里，马克思揭示出，应当区分流通中的三种流通手段职能形式，即“作为货币的流通手段”“作为一般货币资本的流通手段”和“作为生息资本的流通手段”。这三种职能形式，起的都是流通手段的职能作用，但是它们在性质上有重要区别。“作为货币的流通手段”，性质是一般商品流通中的货币，而不是资本。“作为一般货币资本的流通手段”和“作为生息资本的流通手段”则都是资本的货币形式，不过前者是直接用于购买劳动力和生产资料的货币形式的职能资本，而后者是银行家贷给职能资本家作为职能资本用于购买劳动力和生产资料的生息资本。如果不考虑职能资本和作为非职能资本的生息资本的区分，那么“作为一般货币资本的流通手段”和“作为生息资本的流通手段”可以统称为作为资本的流通手段。

弄清上述区分，就可以进一步理解，运用商品流通中的货币量公式计算出的货币量，只能是作为货币的流通手段，而不是作为资本的流通手段。不过，明确了这种区分，仍不能忘记，在商品流通环节，三种流通手段都要服从货币流通手段的货币量规律。

4. 货币流通量的规律在资本主义经济周期不同阶段的表现

在资本主义经济周期的不同时期中，商品流通中货币量的规律有不同的表现。马克思揭示出，“在信用活跃的时期，货币流通的速度比商品价格增加得快，而在信用紧缩的时期，商品价格比流通速度降低得慢”③。对照前面阐述过的马克思所提

① 《资本论》第 3 卷[M]，北京：人民出版社，2004 年，第 508 页。
② 《资本论》第 3 卷[M]，北京：人民出版社，2004 年，第 501—502 页。
③ 《资本论》第 3 卷[M]，北京：人民出版社，2004 年，第 508 页。

出的货币流通量的公式：PT/V=M(式中PT为商品总价格,M为货币量,V为货币流通速度),不难理解,在经济繁荣的信用活跃时期,分母V增加比PT快,流通中所需要流通手段的货币量M就会减少;而在信用紧缩的时期,分子PT降低比分母V降低得慢,这样流通中所需要流通手段的货币量M就会增加。

为何“在信用紧缩的时期,商品价格比流通速度降低得慢”？首先要看到,这时商品价格会普遍降低(这里指金属货币表现的价格降低)。因为在这种时期,生产社会化与资本主义私有制这对基本矛盾导致的社会收入两极分化、社会再生产比例关系的破坏,已越来越严重地表现出来,有的资本家会破产,工人失业率提高,有购买力的市场需求下降,生产供给市场的商品已过剩,所以,“第一种流通缩小,物价下降,工资也下降;就业工人的人数减少,交易的总额减少。另一方面,在第二种流通上,随着信用的紧缩,对货币信贷的需要增加了”①。这里,第一种流通指的是作为货币的流通手段的一般商品流通;第二种流通指的是作为货币的流通手段的资本流通。“毫无疑问,在同再生产过程的停滞结合在一起的信用紧缩的情况下,第一种流通即收入的花费所需要的通货量就会减少,而第二种流通即资本的转移所需要的通货量则会增加。”②这就是说,在信用紧缩时期,因收入的花费减少,流通中所需要的作为货币的流通手段会减少;但是因资本循环不顺畅,职能资本家投入流通的货币资本不能流回到自己手中,对货币资本的流通手段的需要就增加了。这时,银行也发现,以前贷出的生息资本难以流回,所以会减少对职能资本家的生息资本流通手段的贷放。而市场上待实现的商品所需要的流通手段货币量不能得到满足,就出现经济停滞,爆发危机。

在资本主义经济周期的繁荣时期,市场供求背后暗藏的产业结构失衡的矛盾被经济的盲目发展所掩盖,所以商业信用和银行信用都很活跃。马克思深刻指出,“正是信用制度在繁荣时期的惊人发展,从而,正是对借贷资本的需求在繁荣时期的巨大增加,以及这种需求在繁荣时期容易得到满足,造成了停滞时期的信用紧迫”③。这是因为,繁荣时期大量的银行信贷,使前一个经济周期在复苏之后形成的产业结构比例关系的不平衡越来越加深。生产领域的矛盾终究会在流通领域表现出来。“只要银行的客户付给银行的汇票多于货币,银行就会开始感到危险。”④因

① 《资本论》第3卷[M],北京：人民出版社,2004年,第508页。
② 《资本论》第3卷[M],北京：人民出版社,2004年,第508页。
③ 《资本论》第3卷[M],北京：人民出版社,2004年,第510页。
④ 《资本论》第3卷[M],北京：人民出版社,2004年,第508页。

为职能资本家用汇票到银行还债，这意味着职能资本家的资本循环遇到了障碍，这样的情况越来越多，银行就会感受到宏观经济运动进入供求失衡的状态。

为此，马克思指出，“在繁荣时期，占统治地位的是对消费者和商人之间的流通手段的需求，在停滞时期，占统治地位的是对资本家之间的流通手段的需求。在营业停滞时期，前一种需求会减少，后一种需求会增加”①。也就是说，繁荣时期，主要表现为对作为货币的流通手段的需求，而在停滞时期，主要表现为对作为资本的流通手段的需求，而且这种需求会造成对银行越来越大的压力。

三、商品价格变动分析

（一）真实的商品价格上涨

1. 利用单个商品的价格公式来分析物价上涨

理解了《资本论》关于商品价值形式、商品流通中的金属货币流通量和纸币流通量的规律、货币职能等方面论述，就能够比较科学地认识宏观经济商品流通层面的价格现象了。商品价格变动是宏观经济表现在流通领域表层的现象，但是与生产领域的经济关系却有着内在的联系。商品价格或物价在实际经济生活中牵扯千家万户的物质利益，人们都希望物价不要上涨，所以我们着重研究物价上涨现象。

要避免物价上涨，就需要弄清商品价格的科学含义及其上涨的原因，这样才能采取科学调控措施。让我们先对如何利用前面已经阐释过的单个商品的价格公式 $xA=ym$ 来分析物价变动，作一些技术上的说明。此公式，可以根据数学逻辑变为：$A=(y/x)m$。

假定通胀为0，式中的m就可以理解为纸币代表的一定量金。3件（x）衬衣商品（A）的价格等于150（y）元，那么1件衬衣商品（A）的价格＝（y/x）（150/3）元＝50元。如果每元纸币含金量为0.01克（m），这意味着，单位商品A的价值量用金来表现就是：50×0.01＝0.5克。如果在同样的社会必要劳动时间内，生产衬衣商品的劳动生产率提高了1倍，能够生产6件衬衣（x从3变为6），它们总的社会价值量

---

① 《资本论》第3卷[M]，北京：人民出版社，2004年，第510页。

的金表现与原来的 3 件相同，等于 150×0.01 = 1.5 克金；又如果在同样社会必要劳动时间内，生产黄金的劳动生产率也提高了，在没有通货膨胀的条件下，法定每元纸币含金量降低到 0.004 克了，那么，原来的 3 件衬衣的含金量 1.5 克，就要用 1.5÷0.004 = 600 元纸币来代表了(y 从 150 变为 600)。这样，1 件衬衣商品(A)的价格 = 600/6(y/x)元(m) = 100 元。衬衣的价格从每件 50 元提高到 100 元。

这个例子说明，在利用单个商品的价格公式分析商品价格变动时，如果单位商品名称(A)和单位货币名称(m)一定，变动的是商品量 x 和同名单位纸币量 y，而它们的变动是分别由单位商品 A 和单位货币 m 所含的社会价值变动决定的。这样，在不存在通货膨胀的情况下，要研究利用 A = (y/x)m 这个公式来分析物价变动，只要研究由商品 A 和单位货币 m 所含社会价值的变动引起的 y/x 的变动就行了。

2. 市场上一种商品价格真实上涨的科学含义

现在我们用 xA = ym 或 A = (y/x)m 这个公式来研究市场上某种商品物价的上涨的各种情况。如果我们把公式中的 A 理解为市场上的一种商品的平均社会必要价值量或平均社会价值，那么，通过在一定条件下的 y/x 的数量变动，可以用来分析这种商品发生市场价格上涨的多种情况。

从公式中不难看出，在没有通货膨胀的条件下，引起一种商品价格水平的上涨，也就是使 y/x 变大，这会有如下五种情况：

(1) 商品 A 的社会价值提高，而单位货币 m 社会价值不变。也就是在生产单位金属货币的劳动生产率不变的条件下，生产单位商品 A 的社会平均劳动生产率下降(如农产品遇天灾减产)。原本，xA = ym，由于 m 不变，因而 y 不变；而 A 的社会价值提高了，因而 x 变小了，这样，y/x 变大，单位商品 A 的价格就表现为上涨。

(2) 商品 A 的社会价值不变，而单位货币 m 社会价值变小。原本 xA = ym，由于商品 A 的社会价值不变，x 就不变；而单位货币 m 本身社会价值变小，y 就变大，这同样使 y/x 变大，这样，单位商品 A 的价格就表现为上涨。

(3) 商品 A 的社会价值和单位货币 m 社会价值同时提高，但是商品 A 的社会价值提得更高。这意味着，x 和 y 同时变小，但是，x 变得更小些，这样，y/x 就变得更大些。因而，单位商品 A 的价格就表现为上涨。应当说，商品社会价值和单位货币的社会价值量同时变大，意味着生产它们的劳动生产率同时降低，这种情况是比较特殊的，一般来说，社会劳动生产率总是会逐步上升的，而不是下降的。

(4) 商品 A 的社会价值和单位货币 m 社会价值同时下降或变小，但是 m 的社会价值下降的程度更大一些。这意味着，x 和 y 同时变大，但是，y 变大的程度比 x 相对更大些，这样，y/x 就变得更大些，因而，商品 A 的价格就表现为上涨。这种情况在现实中是有可能的，因为这意味着生产商品 A 和生产金属货币 m 的劳动生产率同时提高，而后者生产率提得更高，这在发现新的金矿时，是比较好理解的。

（5）商品 A 的社会价值提高，而单位货币 m 社会价值下降。在原本 $xA=ym$ 条件下，显然 x 变小和 y 变大，这样，y/x 就变大，商品 A 的价格就表现为上涨。这种情况意味着生产商品 A 的劳动生产率降低，如农业生产遭受自然灾害时，产量明显下降，从而劳动生产率明显降低，而生产金属货币的劳动生产率提高时，是可能存在的。

以上 5 种物价上涨的情况，都是在没有通货膨胀的情况下发生的。这足以从理论上证明，不能把物价上涨等同于通货膨胀。那种把任何物价上涨都等同于通货膨胀的观点是错误的。当然，也不能把物价上涨简单地等同于商品本身的社会价值变大。在（1）（3）（5）的假设下，物价提高与商品的社会价值本身的提高相一致；但是，在（2）（4）情况下，商品的社会价值不变，甚至还下降了，却会表现为物价上升，这是因为处在等价形态上的货币的社会价值降低了，降低程度比商品价格降低的程度更大。

（二）通货膨胀引起的物价上涨

1. 纸币流通条件下商品价格公式的有效性

如果排除了上述 5 种价格上涨情况，商品价格依然上涨，这就是纸币流通条件下由通货膨胀引起的物价上涨。以上已经论述了包含纸币贬值率的商品价格公式：$xA=ym'/(1+\alpha')$，式中：α'是单位纸币贬值率，$-1<\alpha'\leqslant 0$。可以根据数学逻辑，把这个公式变为：$A=(y/x)m'/(1+\alpha')$。这样，我们就可以根据$(y/x)/(1+\alpha')$的变化，来分析纸币通货膨胀或纸币贬值引起物价上涨的各种情况。

需要说明的是，现在，纸币在现实经济生活中已经不能到银行兑换黄金了。这个纸币价格公式还有用吗？回答是肯定的。须知，在不能兑换的纸币流通的条件下，纸币价格公式仍然必须以劳动价值论为基础。否则，商品的价格就变成虚无缥缈，毫无确定性的东西，就不是一种客观的物质存在了。

必须充分认识，纸币只有作为社会价值的代表，才能用以表现处于相对价值形式上的商品的价格。而纸币的社会价值不能由人们主观随意地规定，必须由客观上具有社会价值的、本身也是商品的物质的东西来体现。而到目前为止，还没有比黄金更适合充当这种物质的东西。用其他东西来体现纸币的社会价值含量，都没有金可以得到确定的表现。正如本书上卷第八章已经论证的，违背银行信用制度的金属准备基础，人为地取消黄金的世界货币功能，势必带来不良后果。实际上，虽然纸币不能兑换黄金，不等于说黄金就失去货币功能。只要可以用含金量来表示纸币的社会价值，就说明黄金并没有“非货币化”，黄金的货币功能并没有改变。而各国的不可直接兑换黄金的纸币，究竟有多少含金量，也是完全可以确定的。现在世界各国黄金都有销售，都用纸币来标价，例如，中国在某个时点的黄金售价：1 克金 = 265 元人民币，如果把黄金的人民币“价格”倒过来，也就是当时纸币（包括通胀率）的含金量，即 1 元人民币的含金量为：1/265 = 0.003 773 585 克金。所以，即使在不可兑换的纸币流通条件下，仍然应当坚持唯物史观，在劳动价值论的基础上来理解和应用商品的价格公式。

2. 商品价格下降或不变可以因通货膨胀而表现为上涨

不言而喻，在上述 5 种商品价格上涨的情况下，如果加上通货膨胀因素，物价上涨的程度就会更大。从纸币流通条件下的商品价格公式 $A=(y/x)m'/(1+\alpha')$，可以清楚地看出，当 y/x 变大时，由于 $-1<\alpha'\leqslant 0$，因此，$(y/x)/(1+\alpha')$ 就会变得更加大，就表现为物价上涨得更厉害。例如，假定 $y/x=3$，$\alpha'=-0.4$，$1+\alpha'=0.6$，那么，$(y/x)/(1+\alpha')=3\div 0.6=5$，显然 5 大于 3，这就表现为价格上涨了。

应当注意的是，在没有通货膨胀的条件下，商品真实价格上涨除了以上分析的 5 种情况之外，还存在真实价格下降或价格不变的情况，在这种情况下，也可以因存在纸币通货膨胀，而表现为物价上涨。这是因为，纸币通货膨胀或贬值可以使 $(y/x)/(1+\alpha')$ 的数额变大而造成假象。在商品价格公式的 $(y/x)/(1+\alpha')$ 中，$-1<\alpha'\leqslant 0$，所以，$0<(1+\alpha')\leqslant 1$，这说明 $(1+\alpha')$ 是处在分母的大于 0、小于或等于 1 的正数。数学原理告诉我们，正的分子除以这样的数，就会变大。例如，分子 3 除以分母 0.6 等于 5；如果这样的分母趋向变小，那么分子除以分母就有变大的趋势。例如，假定分子 3 不变，那么，$3\div 0.5=6$、$3\div 0.4=7.5$、$3\div 0.3=10$……这样，我们就可以根据 y/x 和 $(1+\alpha')$ 各自的变动，来判断 $(y/x)/(1+\alpha')$ 是否变大，从而在商品真实价格下降或不变的情况下，研究因纸币通货膨胀发生价格上涨的各种现象。兹将这些情况梳理如下：

（1）商品 A 的社会价值变小，而单位纸币 m' 代表的社会价值不变。在通胀为 0 或 $\alpha'=0$ 的条件下，原本 $xA=ym'$，由于商品 A 的社会价值变小，x 就变大，而单位纸币 m′社会价值不变，y 就不变，这样 y/x 变小，商品 A 的价格就表现为下降。但是，如果纸币发生通货膨胀，当分母 1+α 变小的程度超过 y/x 变小的程度，(y/x)/(1+α′)就会变大，单位商品 A 的价格就会表现为上涨。

（2）商品 A 的社会价值不变，而单位纸币 m′代表的社会价值变大。按照以上的分析方法，由于 x 不变，而 y 变小；这样 y/x 变小，商品 A 的价格就表现为下降。但是在通货膨胀的条件下，当分母 1+α 变小的程度超过 y/x 变小的程度，(y/x)/(1+α′)就会变大，商品 A 的价格就会表现为上涨。

（3）商品 A 的社会价值和单位纸币 m′代表的社会价值同时变大，变大的比例相同，商品 A 的价格表现本应不变，但因通货膨胀，价格公式的分母小于 1，(y/x)/(1+α′)就会变大，商品 A 的价格就会表现为上涨。

（4）商品 A 的社会价值和单位纸币 m′代表的社会价值同时变大，但是商品 A 的社会价值变大的程度小于单位货币 m 社会价值变大的程度，这意味着 x 大于 y，这样 y/x 就变小，商品 A 的价格就表现为降低。但是，因通货膨胀，当分母 1+α 变小的程度超过 y/x 变小的程度，商品 A 的价格就表现为上涨。

（5）商品 A 的社会价值和单位纸币 m′代表的社会价值同时变小，变小的比例相同，商品 A 的价格表现本应不变，但因纸币通货膨胀，价格公式的分母小于 1，(y/x)/(1+α′)就会变大，商品 A 的价格就会表现为上涨。

（6）商品 A 的社会价值和单位纸币 m′代表的社会价值同时变小，但是 A 的社会价值变小的程度更大一些。这意味着 x 变大的程度大于 y，这样 y/x 就变小，商品 A 的价格就表现为降低。物价表现为下降，但因通货膨胀，当分母 1+α 变小的程度超过 y/x 变小的程度，商品 A 的价格就表现为上涨。

（7）商品 A 的社会价值变小，而单位纸币 m′代表的社会价值变大，在这种情况下，x 变大，而 y 变小；这样 y/x 变小，商品 A 的价格下降，但因通货膨胀，当分母 1+α 变小的程度超过 y/x 变小的程度，商品 A 的价格就表现为上涨。

上述 7 种情况，在通胀为 0 的情况下，商品的价格表现本是下降或不变，但是在纸币发行量过大所造成的通货膨胀达到一定程度时，都可以表现为价格上涨。

（三）引入市场供求关系的价格上涨

1. 区分真实物价和通胀物价

以上用马克思的商品、货币理论为指导，研究某种商品的价格上涨现象，可以明白，在没有通货膨胀的情况下，商品社会价值和货币社会价值的真实变动会引起的商品价格上涨（前面论述了 5 种情况）。不应把这种商品价格的真实上涨，与通货膨胀引起的商品价格上涨混为一谈。如果我们把反映商品和货币之间的真正价值关系的物价，称为本质上的真实物价，把存在纸币通货膨胀的物价称为现象上的通胀物价的话，那么，在存在通货膨胀的条件下，如果真实物价上涨，市场上的通胀物价就会表现出更高的上涨；即使真实物价不变甚至下降时，通胀物价也会表现为上涨。可见，尽管通货膨胀达到一定程度，会使所有商品的市场价格都表现为上涨或市场价格普遍上涨，但是，在科学上不能说，物价上涨就是通货膨胀；也不能反过来说，通货膨胀就等于真实物价上涨，因为真实物价不变或者下降，都可以因通货膨胀而表现为市场物价上涨（如以上论述的 7 种情况）。

2. 单纯由市场需求大于市场供给引起的物价上涨

就市场价格而言，除了通货膨胀引起的通胀物价上涨和真实物价的上涨，还有一种既没有通货膨胀，真实物价本身也没有提高，而单纯是由一种商品的市场需求大于市场供给引起的物价涨跌变动中的上涨。可以把这种上涨的物价称为供求物价。

为了说明这种物价上涨，我们可以把供求关系情况用字母 δ 来表示，把一种商品 A 在没有通货膨胀条件下的真实物价的价格公式，表示为：

$A=(y/x)m(1+\delta)$，那么，在 y/x 不变的情况下，当 $\delta>0$，即这种商品的需求大于供给，那么商品 A 的市场价格，仍会上涨到它的真实价格之上。也就是说，如果商品 A 的社会价值不变，单位货币的社会价值也不变，但是市场上有购买力需求的货币额大于商品 A 的价值额，都来购买这种商品，那么这种商品的市场价格就会上涨。反过来，如果 $-1<\delta<0$，①市场对这种商品的有购买力的需求小于供给，那么，在没有通货膨胀和 y/x 不变的情况下，商品 A 的市场价格，就会降到它的真实价格之下。

可见，对一种商品的价格上涨现象，有必要从本质上区分三种原因，一是真实物价提高引起，二是需求大于供给引起，三是纸币通货膨胀引起。

3. 综合分析一种商品的市场价格上涨

我们可以提出表现一种商品价格的综合公式，来分析一种商品由上述三种原

① 如果 $\delta=-1$，那么 $1+\delta=0$，就意味着商品价格下降到 0，这种情况商品白送给买者，这不符合现实。

因综合形成的价格上涨：

$$A=[(y/x)m'/(1+\alpha')](1+\delta),\text{式中},-1<\alpha'\leqslant 0,\delta>0。$$

从上述公式中，可以看出，商品 A 的市场价格的变动情况，是由表示商品本身社会价值变动的因素 x、货币（纸币代表的含金量）社会价值变动的因素 y、通货膨胀变动的因素 α 和市场供求关系变动的因素 δ，各自发生变动而综合起作用形成的。关于 x、y、α'变动造成的价格上涨的多种情况，前面已经作了较详细分析。引入表示供求关系的因素 δ 之后，商品市场价格变动及其原因就需要作进一步具体分析。显然，在知道上述$(y/x)/(1+\alpha')$变大的情况下，只要加进 δ 变大因素，商品 A 的市场价格就会变得更大；在$(y/x)/(1+\alpha')$不变的情况下，商品 A 的市场价格也会表现为上涨。而在$(y/x)/(1+\alpha')$变小的情况下，就要看$(1+\delta)$变大的程度，能否超过$(y/x)/(1+\alpha')$变小的程度，如果能够超过，就能够使商品 A 的市场价格仍然变大；如果不能超过，那么即使有购买力的需求大于供给，物价也仍然不会表现为上涨，这种情况说明，不能把需求大于供给对物价上涨的推动作用，等同于物价必然上涨。

（四）市场形成供求关系的基础

1. 供求关系形成并发生作用的原因

以上分析了市场供求关系引起商品市场价格变动的现象。至此，我们已经知道，一种商品的社会价值的变化，体现的是生产这种商品的社会必要劳动时间的变化，这又是由生产这种商品的社会平均劳动生产率的变化引起的；单位货币所含的社会价值的变动，是由充当货币的金的平均劳动生产率的变动决定的；纸币的通货膨胀是由强制投入流通的纸币超过了它实际代表的金属货币量造成的。那么，一种商品的市场供给和需求的变动又是由什么原因引起的呢？

《资本论》关于唯物史观的经济现象与本质关系方法论原理对此的回答是，在市场经济的宏观运动中，市场供求关系不过是经济本质关系的外部表现。马克思深刻指出，“在供求关系借以发生作用的基础得到说明以前，供求关系绝对不能说明什么问题”①。因为，“要给需求和供给这两个概念下一般的定义，真正的困难在

① 《资本论》第 3 卷[M]，北京：人民出版社，2004 年，第 202 页。

于，它们好像只是同义反复"①。事实上，供给与需求，两个概念并不是绝对的，都具有相对性，无论从商品流通公式 W—G—W，还是从社会再生产两大部类Ⅰ(v+m)—G—Ⅱc 之间的商品交换，都不难看出，以货币 G 为中介相互交换的商品是互为供求的。因此，重要的是弄清楚，什么是"供求关系借以发生作用的基础"。马克思的回答是："在简单的买和卖上，只要有商品生产者自身互相对立就行了。如果作进一步的分析，供求还以不同的阶级和阶层的存在为前提，这些阶级和阶层在自己中间分配社会的总收入，把它当作收入来消费，因此造成那种由收入形成的需求；另一方面，为了理解那种由生产者自身互相造成的供求，就需要弄清资本主义生产过程的全貌。"②

可见，作为市场供求关系前提的一个方面，是不同的阶级和阶层的存在，它们的阶级地位和收入状况，决定了商品的供给和需求状况。在资本主义市场经济中，资本家对市场供给高档的、大批量的物质商品，小商品生产者供给一般的、零售的商品，雇佣工人只能供给自己的劳动力商品。这是市场供给的真正来源。从市场需求方面看，资本家既要从市场成批地购买生产资料、雇佣较多的劳动力，以保证自己资本的连续性循环，还要用一部分剩余价值收入购买奢侈品和高档必需品用于生活消费；小商品生产者只用收入购买少量生产资料弥补生产消费，其余用于购买生活资料；而雇佣工人因受资本的剥削，只能用微薄工资对必要生活资料提出有购买力的需求，以维持自己和家庭生活等，这些形成了市场上的性质不同的有购买力的需求。而这些市场供给和需求，只有从资本主义生产资料所有制关系出发，才能够说清楚。因此，马克思得出，"调节需要原则的东西，本质上是由不同阶级的互相关系和它们各自的经济地位决定的"③。在资本主义经济中，正是资本主义私有制决定了工人、资本家和土地所有者的经济地位，从而决定了工资、利润、利息和地租的收入分配，正是这样的深层经济关系调节着市场的生产资料供求关系和有购买力的消费需求。

而要理解"由生产者自身互相形成的供求"这另一方面，则要弄清"资本主义生产过程的全貌"，即包括剩余价值的直接生产过程和使剩余价值得以实现的流通过程。《资本论》揭示出，在直接生产过程中，资本家对剩余价值的剥削最终受社会生

---

① 《资本论》第 3 卷[M]，北京：人民出版社，2004 年，第 207 页。
② 《资本论》第 3 卷[M]，北京：人民出版社，2004 年，第 217 页。
③ 《资本论》第 3 卷[M]，北京：人民出版社，2004 年，第 202 页。

产力的限制；而在流通过程中，即在剩余价值得以实现的市场关系中，则受“生产部门的比例关系”和有购买力的“社会消费力”的限制。① 而有购买力的“社会消费力”，也就是上面不同的阶级和阶层的收入分配关系造成的市场供求关系。可见，这另一方面，主要是指“生产部门的比例关系”或商品生产者的社会分工比例关系。

因此，正是生产资料所有制关系（包括全社会不同所有制的结构和各种所有制的所有权关系及其分配关系）和产业结构（社会生产各部门的比例关系），决定了市场的供求关系。这两个关系层面正是“供求关系借以发生作用的基础”。

2. 私有制是引起市场供求不平衡的基本原因

如果弄清了生产资料所有制关系和产业结构比例关系决定供求关系这个原理，我们就可以明白市场上商品供求不平衡的基本原因了。

假定经过一场经济危机的调节，社会再生产比例关系达到基本平衡状态，这意味着各种商品的供给和需求也基本平衡。但是，在私有制为基础的市场经济中，这种平衡必定是暂时的。因为生产资料私有制决定了商品生产者为利润而生产。总会有一些生产者有利可图，它们为了追求利润，必然扩大再生产，这就必定导致某些商品的供给量超出市场有购买力的需求；如果对这种商品的有购买力的需求不能适应这种供给的扩大，就会发生这些商品的供过于求。而这些部门的商品能够盈利，还会促成其他部门的生产者向盈利部门转移资本，这就造成其他部门从原先的供求平衡变为生产减少，供小于求。这样原先平衡的产业结构比例关系就会变得不再平衡。从全社会看，就会有的部门供大于求（求小于供），有的部门供小于求（求大于供）。而在那些有利可图的消费品部门（如住宅、小汽车），有购买力的需求之所以不能适应供给的扩大，这是由私有制决定的分配关系决定的。占人口相当大比例的雇佣工人，出卖劳动力得到的工资是受到资本主义剩余价值规律限制的，因而他们尽管也会有住上好房子、拥有轿车的消费需求和欲望，但是他们有限的工资收入，不可能形成有对好房子、轿车的有购买力的需求。这样，这些资本家阶级有利可图的消费品部门就必然会发生供过于求。而一旦供求失衡扩大开来，越来越严重，危机必然再次爆发。由此可见，资本主义私有制是市场经济供求关系发生不平衡的深层基本原因。

资产阶级经济学是维护资本主义私有制的经济学，是不理解供求关系借以发

① 参见《资本论》第3卷[M]，北京：人民出版社，2004年，第272—273页。

生作用的这种深层基础的。无论是凯恩斯主义，还是"供给学派"，面对资本主义宏观经济结构的失衡，都停留在供求关系上做文章，因而其提供的各种治理"药方"，都只能治标而不能治本，无法使宏观经济从根本上走出周期性经济危机。2008 年以来，中国宏观经济出现结构失衡，产能过剩，这固然与世界经济危机的影响有关，也不应当忽视国内原因。要看到，不少地方在新自由主义思潮影响下，在经济体制改革中，搞所谓"放手、放胆"的私有化"改制"，这导致国有经济和集体经济的严重削弱。① 这就导致社会收入的差距出现越拉越大的趋势，以至出现类似资本主义宏观经济的现象。要科学地调结构，促平衡，就必须遵循《资本论》所揭示的生产资料所有制关系和产业结构比例关系决定供求关系这个原理，高度重视调整所有制结构，恢复公有制经济主体地位，并加强计划调节，使国有经济在宏观经济中真正成为实现宏观经济按比例发展的主导力量，这样就能促进宏观经济走向科学发展的良性循环。

（五）关于商品总价格的变动

1. 真实的商品总价格变动的含义

单个商品的价格公式 xA = ym，也可以用来作为分析市场总价格的工具。前面已经论述，表现商品真实物价的总价格公式是：$\sum_i^n x_i w_i = \sum_i^n y_i m_i$，因此，在通货膨胀为 0 的情况下，必然是商品的总价值等于商品的总价格。在资本主义经济中，在平均利润规律的作用下，商品的价值转化成生产价格。商品的生产价格，其含义不是指市场供求关系变动引起的围绕商品价值高低变动的那种市场价格，而是指加入了资本主义生产关系规定性的、其中的剩余价值转化为平均利润的商品价值，它是资本主义条件下的"商品价值"概念，而不是市场价格概念，在资本主义条件下，一种商品的市场价格将因供求关系变动，围绕它的生产价格波动。由于生产价格是在平均利润规律作用下，社会总剩余价值按等量资本获取等量利润的原则，在各部门商品中分配而形成的商品价值。总平均利润不会超过总剩余价值，所以，由价值规律决定，商品的总生产价格不会超过商品的总价值。在社会再生产各部门比例

---

① 参见何干强：《振兴公有制经济刻不容缓》[J]，《河北经贸大学学报》2016 年第 1 期。根据国家统计局第三次全国经济普查的数据，到 2013 年末，我国公有制企业从业人员在第二、第三次产业九个行业（占全部从业人员的 91.5%）的占比，按加权平均计算，只占 7.5%；即使把"股份制和其他企业"占比的 36%，全算成公有制企业（但这样算不科学，因为相当多的股份制企业是私人资本控股的），总计也只有 43.5%；如果把其中一半算成公有资本控股（实际上可能不到一半），公有制企业从业人员也只占 25.5%。

关系平衡，全社会各种商品的使用价值和价值在再生产中都能得到相互补偿的条件下，必定是：商品的总价值等于商品的总生产价格，因而商品的总生产价格仍然等于$\sum_{i}^{n}x_iw_i$。因此，在通货膨胀为0的情况下，商品的总生产价格等于商品的总价值，等于商品的总价格。

在马克思主义政治经济学看来，在通货膨胀为0的情况下，有着真实社会价值的待实现的商品价格总额，也就是市场总供给，这就是前面已经阐述的待实现的商品总价值$\sum_{i}^{n}x_iw_i$，其总价格$\sum_{i}^{n}y_im_i$。显然，市场待实现的商品总价格在现实中是处于变动状态的。这种变动取决于各种商品的产量供给和生产它们的各种劳动生产率的不同程度的变动，在货币表现上还取决于生产金商品的劳动生产率的变动。应当注意，商品总价格的变动，除了这些因素的变动，还取决于全社会社会生产力、人口发展等因素促成的商品品种增多、质量提高等因素的变化。在公式$\sum_{i}^{n}x_iw_i$中，随着商品品种n的拉长，各种产品因人口增长造成的有购买力需求量的增多，商品总价值量从而表现它的总价格量$\sum_{i}^{n}y_im_i$也会有增大的趋势。但是，与此同时，社会生产力的提高和科技水平导致的社会劳动生产率的普遍提高，又会使商品总价值从而表现它的总价格量有下降的趋势。这样看来，真实的商品总价格变动是提高还是下降，就要看前一种原因造成的增大趋势和后一种原因造成的下降趋势综合作用的结果了。

这就告诉我们，研究商品总价格变动，不能像西方宏观经济学那样，只从总供给和总需求这种市场供求关系层面去分析，而应当遵循《资本论》的研究方法，深入到经济本质关系层面，弄清引起商品总价格变动的各种因素发生了怎样的变动，分析它们综合作用产生的结果。

2. 商品总价格变动的特点

既然在通货膨胀为0的情况下，商品的总价值等于商品的总价格，那么，市场商品总价格的变动，与一种商品的市场价格变动相比，就会有重要区别。

在通货膨胀为0、单位纸币代表的社会价值已定的情况下，真实的商品总价值一旦生产出来，它的总价格就是一个定量，不会像单个生产部门某种商品的真实物价那样，会因市场供求关系变化而高低变动。这是因为，商品总价格是由各生产部门生产的各种商品价格的总和，假定社会再生产各生产部门比例关系平衡，在价值规律作用下，如果其中有些部门商品供过于求，另一些部门商品势必供小于求，商品总价格是不可能超出商品总价值的。只有在社会再生产各生产部门比例失衡的条件下,市场商品总供给发生过剩,才会出现待实现的商品总价格不能全都实现的状态,这就是科学含义上的有购买力的总需求小于总供给。而有购买力的总需求之所以不能达到实现商品总供给的要求,这是由私有制基础导致的社会收入两极分化和生产自发性导致的产业结构失衡两种基本因素造成的。因此,在不发生通货膨胀(或使用金属货币)的条件下,商品总价格变动的特点是:在通货膨胀为0而且商品总价格已定的条件下,商品的总价格不会发生由有购买力的总需求大于总供给而引起的商品总价格高于总价值的情况;但是会发生由有购买力的总需求小于总供给而引起商品总价格低于总价值,也就表现为市场上商品价格的普遍下降。

当然,在纸币流通的条件下,这种特点会被假象所掩盖。如果发生通货膨胀,市场总价格就会上涨到体现商品总价值的真实总价格之上。因为,在存在通胀的条件下,待实现的商品总价格公式就表现为:$\sum_i^n x_i w_i = (\sum_i^n y_i m_i)/(1+a')$,如果因为社会再生产的不平衡,$\sum_i^n x_i w_i$ 中有许多商品不能实现,这意味着其货币表现 $\sum_i^n y_i m_i$ 有一定程度的下降,例如真实价格有10%的降低,也就是说总价格只能实现90%,但是,如果由于纸币贬值到一定程度,例如,当 $a' = -0.12$,$1+a' = 1-0.12 = 0.88$,那么$(1\times 90\%)/(1+a') = 90\% \div 0.88 = 90/88$,总价格就会表现为上涨到 $90/88 = 1.023$,上涨了2.3%。

由此可见,在宏观经济运动中的所谓"总需求大于总供给"这种说法,反映的只是一种假象,因为从本质上看,商品流通领域真实的商品总需求和总供给,其实就是全社会各生产部门商品的相互交换关系的总和,要么社会再生产各部门比例关系平衡,总需求等于总供给,要么这种比例关系不平衡,以致商品总供给不能完全实现,出现商品过剩,也就是总需求不足。"总需求大于总供给"这种情况是不可能发生的。如果发生了这种现象,那么它只能说明,这是一种通胀物价现象,即纸币通货膨胀造成的现象。

3. 现实经济中发生纸币通货膨胀的原因

通货膨胀是一种宏观经济的货币现象。由于全国法定纸币的发行权归国家掌握,所以,纸币的超量发行的直接原因,是因为国家纸币发行机构不能科学认识纸币量只能代表商品流通实际需要的货币价值量(包含在金商品中的价值量)。

而由于资本主义货币发行机构经济决策失误,更深的原因在于资产阶级经济学指导思想的不科学。第二次世界大战之后的一段时间,凯恩斯主义指导欧美资本主义国家的宏观经济调控,曾暂时缓解、拖延过这些国家的经济危机,但是到20

世纪70年代初，最终出现世界经济危机，其特点是经济停滞与纸币通胀并存，被人们称为“滞涨”。原因就在于凯恩斯主义不懂商品流通与资本流通的区别，只从供求关系表面看问题，不理解总需求与总供给不平衡的深层原因；在于私有制基础造成了社会再生产各部门比例关系失衡。当宏观经济发生有购买力的需求不足之时，凯恩斯主义为了扩大所谓有效需求，财政上扩大投资，信贷上扩大货币贷放；这样的经济政策，具有很大的盲目性。它只能给一些因结构失衡造成流动资本短缺的企业短期救急；而国家靠财政投入，扩大基本建设投资，这只能暂时扩大就业，带动为基本建设服务的企业扩大投资需求，但是并不能消除产业结构的失衡，反而违背马克思所揭示的生产周期长的投资与生产周期短的投资应保持一定比例关系的规律，这样，就使已经失衡的产业结构裂痕更加深化更加扩大了。这种扩大是不能持久的，一段时间之后，严重的危机终将到来，社会经济增长出现全面停滞状态；而扩大投资和信贷的结果是，随着货币资本的投入，把大量的纸币流通手段也投入到流通中，这就导致了通货膨胀。所以，凯恩斯主义的经济政策主张导致经济滞胀，是具有必然性的。

中国实行社会主义市场经济体制，必须注意防止通货膨胀。这要求在宏观经济调控的指导思想上，必须坚持马克思主义经济学的指导，反对照搬凯恩斯主义。在实践中，必须坚持社会主义公有制的主体地位，坚持巩固和发展国有经济和城乡集体经济，坚持计划调节，促进国民经济按比例发展，反对经济私有化，控制国民经济中自发性经济成分比重的加大。同时，遵循社会再生产的货币流回规律，观察中央银行货币流回状态，由此及时发现产业结构是否出现失衡迹象，以便及时采取调节措施，控制纸币发行过量，标本兼治，防止出现通货膨胀。

4. 不同行业的物价变动与流通中货币量的控制

前面所谈的商品总价格变动，指的是物质商品（包括物质性的服务）的总价格变动。对现实经济中的商品总价格变动产生影响的因素，除了所有制因素、产业结构比例关系因素对各种商品供求关系及其价格变动的影响，还有对外经济关系因素，以及社会总资本中总货币资本（$\sum G$）、总生产资本（$\sum P$）和总商品资本（$\sum W'$）的比例关系因素，也会对总价格的变动发生重要影响。本书前面实际上已经探讨过对外经济关系与社会再生产的关系，这些关系既然影响产业结构，也就会影响不同行业的供求关系，影响物价变动。这里我们着重分析社会总资本三种资本形态比例关系与不同行业物价变动的关系，这对控制通货膨胀，有重要的方法论意义。

本书上卷第四章谈到，现实经济形态的流通领域有各类市场，包括一般消费品和消费性服务买卖、大宗商品的房产买卖、生产资料买卖、劳动力或劳务买卖等商品买卖类市场，还有股票证券买卖、资本信贷、土地买卖、黄金买卖、藏品买卖、外汇买卖等以价值增殖为目的的资本投资类市场。让我们用包括生息资本的社会总资本流通公式，来简要地说明这两大类市场和其中各类市场物价变动的关系，以及与货币总流通量的关系。

这个公式可以表示为：∑G—∑G—∑W—∑G′—∑G′。[①] 式中，∑G—∑G、∑G′—∑G′可以理解为资本投资类市场的总和；∑G—∑W、∑W—∑G可以理解为商品买卖类市场的总和（这里撇开了其中的资本关系）。本章前面论述的纸币流通条件下的待实现的商品总价格公式$\sum_{i}^{n}x_iw_i=(\sum_{i}^{n}y_im_i)/(1+a')$，也就是商品买卖类市场的总和。其中的$\sum_{i}^{n}y_im_i/(1+a')$，可以表现这类市场实现总供给需要的货币量（纸币量）。可以说，这两大类市场及它们中的各类市场，都有因供求关系变动而引起市场价格变动的现象，都会或多或少地吸收总货币量中的一部分。而在市场竞争一般规律的作用下，每种市场价格的变动，都会反作用于生产和交换的当事人，从而引起经济要素（资本或生产资料、劳动力等）在社会再生产各部门的流动。在私有制基础上，这种流动是自发的，具有盲目性，直到发生危机，才能强制地实现产业结构的基本平衡，这时总货币量才会均衡地分布在市场各个领域；而货币在不同市场的不平衡则是常态。私有制经济必然发生的追逐利润的投机性，会使有的市场出现物价高涨的所谓“泡沫”，实质就是投入这种市场的货币量显著超过了流通的实际需要量。例如，资本投资类市场的股市，如果大量地吸引了股民投资，在总货币量一定的条件下，就会导致投入商品买卖类市场的货币减少，这类市场就会出现供求不平衡；又如，商品买卖类市场的中高档商品房买卖，一旦出现追逐级差地租的投机性买卖，就会导致商品房市场时常出现房价暴涨的“泡沫”，对其他市场的货币投入就会减少，就会出现供求不平衡。而这时国家为了解决许多市场供求失衡的问题，简单地按凯恩斯主义的办法扩大信贷，那就必然导致纸币发行量过大的通货膨胀。

所以，在市场经济条件下，宏观调控不仅要从大的方面坚持计划调控，而且要关注诸如股市、房市等重要市场的物价变动，以及各类各种市场之间物价变动的关

---

① 撇开生产过程，包括生息资本的单个资本运动公式是：G—G—W—G′—G′；参见《资本论》第3卷［M］，北京：人民出版社，2004年，第380页。这个公式对于社会总资本也是适用的。

系，以便发现供求失衡的先兆，及时采取调控措施，防止危机的发生。

5. 批判资产阶级经济学的物价上涨理论

在本节的最后，有必要对西方资产阶级经济学关于物价上涨的理论作些简要分析。西方经济学的教科书一般把物价上涨等同于通货膨胀，并把物价上涨或通货膨胀分为“需求拉上型”和“成本推动型”；这显然是不科学的，在社会主义市场经济的宏观调控中照搬它们显然是有害的。

所谓“需求拉上型”物价上涨或通货膨胀，指的是由于政府扩大支出，导致市场总需求增加，结果引起物价水平上涨；所谓“成本推动型”物价上涨或通货膨胀，指的是当生产成本上升，例如，工会要求提高雇佣工人的工资，或作为生产成本的石油价格上升，会使厂家抬高产品物价，推动物价水平上涨。① 这种分类和解释，表面上似乎有些道理，可是，只要我们用劳动价值论和剩余价值论来分析，就不难看出其表面性和欺骗性：

“需求拉上型”物价上涨或通货膨胀这种说法，混淆了不同的概念和引起通胀的因果关系。这种说法把商品的“真实物价”“通胀物价”和“供求物价”这三者混为一谈；把一种商品物价变动和全社会商品总物价变动混为一谈，不懂得，就全社会商品待实现的价格总额而言，不可能发生总需求超过总供给的真实物价的上涨，而只会发生通货膨胀引起的物价水平上涨。而通货膨胀固然与政府支出增加货币投入有关，但是真实原因在于，纸币投入过大，违背了商品流通的货币量规律。

“成本推动型”物价上涨或通货膨胀，除了上述混淆，还具有明显的维护资产阶级利益的辩护性。用马克思揭示的商品价值结构（c+v+m）来分析，就不难看出，如果在新创造的价值产品（v+m）中，雇佣工人的工资 v 增大，那么资本家占有的 m 就会减少，这不会引起商品价值量（c+v+m）的增大，因而不会推高商品的真实物价。这就是说，只要资本家相应于工人工资的提高，减少一些剥削收入 m，商品的价格就不会提高。同样，如果商品价值量中的不变资本 c 增加了，在 v 不变的情况下，只要减少一些 m，也不会推高商品的真实物价。所以，所谓工资或不变资本成本的提高推动物价上涨，原因是资本家为了不减少自己的利润而人为地抬高了物价，可见，“成本推动型”物价上涨或通货膨胀这种说法，是以维护资产阶级利益为前提的。

① ［美］斯蒂格利茨著，姚开建等译：《经济学》下册［M］，北京：中国人民大学出版社，1997 年，第 270 页。

第十四章　资本主义经济的数理分析

《资本论》在揭示资本主义经济形态表层的商品流通一般关系之后，就深入到资本的生产过程（第1卷第二篇到第七篇），揭示出资本主义生产关系是资本家剥削雇佣工人剩余价值的对抗性阶级关系；在此基础上，又将资本的生产环节与商品流通一般关系结合起来，研究单个产业资本和社会总资本的流通过程（第2卷），即从本质上研究资本主义经济形态的运行机制。然后，《资本论》第3卷在前两卷揭示资本运动本质联系的基础上，进一步研究资本主义生产的总过程，上升到揭示资本主义经济现象形态的假象。这些研究，都是把经济性质分析和经济数量分析结合起来的。

本章将在上一章阐释《资本论》对商品流通一般关系的数理分析方法的基础上，依次阐释《资本论》对资本的生产过程、资本的流通过程，进而对资本主义生产的总过程的数理分析方法；最后，还从国际经济比较的角度，阐释《资本论》关于国民工资比较的数理分析方法。这些方法对社会主义宏观经济的数理研究，都有重要指导价值。

一、生产过程的数理分析

（一）数理分析的逻辑

1. 剩余价值及其生产方法

《资本论》首先分析资本的生产过程。其数理分析遵循剩余价值论的理论逻辑。要理解对资本的生产过程的数理分析方法，就必须理解剩余价值的历史性质和剩余价值量的生产方法。

从历史性质上看，马克思运用一般与特殊的辩证法揭示出，剩余价值是人类社会始终存在的“剩余劳动一般”在资本主义历史时期表现出的“对抗的形式”，这种形式与奴隶制和封建制剥削性生产关系相比，又有自己的特殊性。[①] 从剩余价值的量上看，它是资本家凭借对生产资料的所有权，强制地把作为价值形成过程的雇佣工人的工作日，延长到超过其劳动力价值这个一定点而形成的；超过越多，资本的增殖程度就越高，资本家无偿占有剩余价值的量就越多。从宏观角度看，全社会的剩余价值总量，就是全社会雇佣工人给资本家提供的剩余价值的总和。上一章已经阐明，商品的价值是客观存在的；不言而喻，作为商品价值的组成部分，剩余价值也是客观的。既然社会总产品的价值量是客观的、有数量界限的量，那么全社会的剩余价值总量也是客观的有数量界限的总量。

资本主义的生产目的是无限度地追求剩余价值。从生产方法来说，马克思把它分为绝对剩余价值和相对剩余价值两种方法。两者是相互联系的，“绝对剩余价值的生产构成资本主义制度的一般基础，并且是相对剩余价值生产的起点”[②]。两者具有共性，“生产相对剩余价值的方法同时也是生产绝对剩余价值的方法”，“因为它以工作日超过工人本身生存所必要的劳动时间的绝对延长为前提。绝对剩余价值是相对的，因为它以劳动生产率发展到能够把必要劳动时间限制为工作日的一个部分为前提”。[③] 但是，从资本主义历史时期剥削制度的特征看，两者就表现出明显的差别。生产绝对剩余价值的方法主要是延长工作日，这种方法在历史上的任何剥削制度都是存在的。但是，在工作日已定，甚至缩短的情况下，利用大工业为基础的社会化分工协作方式，应用科技推进生产工具的革新，增加劳动者的劳动强度，提高社会劳动生产率，促使工人的必要劳动时间逐步缩短，从而延长工人的剩余劳动时间，不断提高剥削程度（剩余价值率），无限地追求作为抽象财富的剩余价值的积累，这种相对剩余价值的生产方法却是资本主义生产方式所独有的。

2. 数理分析的理论逻辑反映了剩余价值生产的历史逻辑

马克思对剩余价值生产的数理分析，是先揭示绝对剩余价值的生产规律，然后在此基础上揭示相对剩余价值生产的规律，这种逻辑顺序，反映了客观历史过程，体现了唯物史观的理论逻辑与历史过程相统一的辩证逻辑方法。

英国是资本主义生产方式的典型。这种生产方式开始只表现在生产关系方

---

① 《资本论》第3卷[M]，北京：人民出版社，2004年，第927页。
② 《资本论》第1卷[M]，北京：人民出版社，2004年，第583页。
③ 《资本论》第1卷[M]，北京：人民出版社，2004年，第584页。

面，英国从 14 世纪手工业作坊雇佣多人的简单协作起始，历经工场手工业分工的发展，到 1735 年纺纱机出现，"由此开始 18 世纪的工业革命"①，直到"18 世纪最后三十多年大工业出现"②，从此开启了使用机器进行社会化大生产为物质基础的资本主义生产方式的新阶段。

从资本主义生产关系产生，直到与社会化大工业生产方式相适应的历史过程中，资本一直把延长工作日这种绝对剩余价值生产方法作为实现增殖的主要手段。这是因为，从"14 世纪中叶至 17 世纪末叶"，在机器产生之前，资本在生产方式上尚不能完全剥夺农民的小生产，尚没完成原始积累，不能做到迫使劳动者完全与土地分离，沦为一无所有的劳动力商品，因而不得不通过国家制定强制性法律，来延长雇佣劳动者的工作日。③ 马克思指出，"资本经历了几个世纪，才使工作日延长到正常的最大极限，然后超过这个极限，延长到十二小时自然日的界限"④。此后，在 18 世纪机器大工业出现和剥夺农民土地的原始积累完成之后，雇佣工人就成为实际隶属于资本的奴隶；而"机器消灭了工作日的一切道德界限和自然界限"⑤，成为资本肆无忌惮地延长雇佣工人工作日的新手段。于是资本"开始了一个像雪崩一样猛烈的、突破一切界限的冲击"⑥。这使资本运用延长工作日这种绝对剩余价值的生产方法达到了顶点。工人的工作日往往超过 15 小时。在当时工厂视察员的报告中可见到，女工接连好多星期"从早晨 6 点干到深夜 12 点"⑦，一个工作日达 18 小时，足见资本的贪欲已到了危及国家整体生命力的程度。

在这种情况下，资产阶级国家一方面迫于工人阶级的强烈反抗，另一方面也从维护民族生命力和资产阶级长远利益出发，不得不出面制定法律，逐步地限制工作日，把工作日限制到 10 小时。⑧ 以后，经过工人阶级的长期斗争，资本主义国家的工作日已降到 8 小时。当代发达资本主义国家工作日又有所缩短，如采取每周 5 天工作制等。但是，工作日被外部因素强制缩短，这并不意味着资本改变了无限度追求剩余价值的本性。从工作日的延长受限制开始，资本就开始用提高工人劳动强度，应用科技提高机器生产率等方法，增加剩余价值生产，这样，在 19 世纪上半叶

---

① 《资本论》第 1 卷[M]，北京：人民出版社，2004 年，第 428 页。
② 《资本论》第 1 卷[M]，北京：人民出版社，2004 年，第 320 页。
③ 参见《资本论》第 1 卷[M]，北京：人民出版社，2004 年，第 305—319 页。
④ 《资本论》第 1 卷[M]，北京：人民出版社，2004 年，第 320 页。
⑤ 《资本论》第 1 卷[M]，北京：人民出版社，2004 年，第 469 页。
⑥ 《资本论》第 1 卷[M]，北京：人民出版社，2004 年，第 320 页。
⑦ 《资本论》第 1 卷[M]，北京：人民出版社，2004 年，第 464 页(页下注 144)。
⑧ 参见《资本论》第 1 卷[M]，北京：人民出版社，2004 年，第 320—344 页。

机器生产占统治地位之后，资本生产剩余价值的手段，就转向以相对剩余价值手段为主了。

所以，不能把绝对剩余价值生产和相对剩余价值生产视为彼此独立的两种生产方法，而应当把它们看成是同一剩余价值生产方法的两个方面。资本主义生产在大工业技术基础建立以前，以绝对剩余价值生产方法为主；在大工业技术基础建立之后，则以相对剩余价值生产方法为主。

（二）绝对剩余价值生产的数理分析

1. 剩余价值生产的第一个规律

在明确剩余价值体现资本主义剥削性质及其历史特征的前提下，马克思揭示了绝对剩余价值量生产的三个规律。由于绝对剩余价值生产以社会劳动生产率一定，劳动力价值或雇佣工人的必要劳动时间一定为前提，所以，马克思在数理分析中，假定劳动力的价值，从而再生产或维持劳动力所必要的工作日部分，是一个已知的不变的量。先看马克思揭示的剩余价值生产的第一个规律：

"第一个规律：所生产的剩余价值量，等于预付的可变资本量乘以剩余价值率，或者说，是由同一个资本家同时剥削的劳动力的数目与单个劳动力受剥削的程度之间的复比决定的。"①

如果用 M 表示剩余价值量，用 m 表示一个工人每天平均提供的剩余价值，用 v 表示购买一个劳动力每天预付的可变资本，用 V 表示可变资本的总量，用 k 表示一个平均劳动力的价值，用 m′（剩余价值率）即 m/v（剩余价值/可变资本价值）或 a′/a（剩余劳动/必要劳动），表示一个平均劳动力受剥削的程度，用 n 表示所使用的工人人数，就得出：

$$M=(m/v)V \quad 或 \quad M=k(a'/a)n。②$$

这两个公式都是在假定的前提下，计算同一个资本家占有的剩余价值量，但是侧重点有所区别。前一个公式从价值角度计算。后一个公式，则从凝结的劳动量角度计算；由于一个平均劳动力的价值 k 凝结的劳动量，与劳动力的必要劳动时间相等，所以，M = a′n = 剩余劳动时间×资本家雇佣的劳动力的人数 = 雇佣工人的剩余

① 《资本论》第1卷[M]，北京：人民出版社，2004年，第352页。
② 公式来自《资本论》第1卷[M]，北京：人民出版社，2004年，第352页。

劳动时间总量(它们凝结在商品中,也就是剩余价值量)。

第一个规律强调了在劳动力价值一定的条件下,剩余价值量取决于剩余价值率和投入生产的可变资本总量或雇佣工人人数。马克思在论述这个规律时指出,“在一定量剩余价值的生产上,一种因素的减少可以由另一种因素的增加来补偿”[①]。从公式 $M=(m/v)V=m'V$,不难看出,单个资本家要保持 M 不变,如果 m′降低,就要增加 V(增加雇佣劳动力);反过来,如果 V 减少,m′就要提高。实际上,资本主义的利润率规律,总是迫使资本家节约劳动力成本,所以,每个企业都有减少 V,提高 m′的趋势。

从宏观经济角度来看剩余价值生产的第一个规律,可以知道,资本主义国家在平均劳动力价值(v)一定的条件下,由于每个企业都有减少 V,即减少雇佣工人,提高 m′的趋势,所以,全社会必然产生失业工人,产生相对过剩人口,同时提高社会平均 m′的趋势。

2. 剩余价值生产的第二个规律

资本主义生产过程要在减少可变资本或工人人数的同时,提高剩余价值率或延长工作日,来保证生产的剩余价值量不变或继续增加,这会遇到不可超越的工作日的界限,因为工人每天的工作日只能小于 24 小时。为此,马克思揭示了剩余价值生产的第二个规律:“平均工作日(它天然总是小于 24 小时)的绝对界限,就是可变资本的减少可以由剩余价值率的提高来补偿的绝对界限,或者说,就是受剥削的工人人数的减少可以由劳动力受剥削的程度的提高来补偿的绝对界限。”[②]

如果用 A 表示工人的平均工作日,那么,$A=a+a'=v+m$,则 $a'=A-a$;或 $m=A-v$,那么根据第一个规律,可以推出第二个规律。因为:$M=(m/v)V$,所以,$M=[(A-v)/v]V$,在此式中可以看出,在用于单个工人可变资本 v 是一定量的条件下,如果要使剩余价值 M 不变或增加,那么,要减少投入可变资本总量 V,工作日 A 就必须增大或延长。但是工人工作日最长不可能超过 24 小时,而工人能够延长工作日的最大限度事实上是由“身体界限和社会界限”决定的。[③] 所以,投入可变资本总量 V 的减少必然遇到工作日 A 延长遇到的绝对界限。或者,因为:$M=k(a'/a)n$,所以,$M=k[(n-a)/a]n$,在此式中可以看出,在平均劳动力的价值 k 一定,或工人必

① 《资本论》第 1 卷[M],北京:人民出版社,2004 年,第 352 页。
② 《资本论》第 1 卷[M],北京:人民出版社,2004 年,第 354 页。
③ 参见《资本论》第 1 卷[M],北京:人民出版社,2004 年,第 269 页。

要劳动时间 a 一定的条件下，受剥削的工人人数 n 的减少，会遇到平均工作日 (a+a′) 延长遇到的绝对界限。

剩余价值生产的第二个规律，揭示了资本主义生产的内在矛盾。这就是，一定量资本具有降低成本，提高利润率，从而降低资本量的可变部分投入的必然趋势；但是，“剩余价值只是来源于资本的可变部分”①，只是来源于可变资本雇佣工人的人数乘上剩余劳动时间创造的价值，所以，一定量资本降低资本量的可变部分投入和追求剩余价值增长这两者必然发生矛盾。作为解决这个矛盾的办法，一定量资本只得提高剩余价值率，即在劳动力价值或工人必要劳动时间一定的前提下，延长工作日，但是这又会遇到工作日界限的矛盾。在这种矛盾下，单个资本就要通过在同一部门的竞争中提高劳动生产率，降低自己商品中包含的个别价值，从同一部门个别价值和社会价值的差额中来获取超额剩余价值。而全社会的单个资本企业都这样做，就推动了全社会劳动生产率提高，导致劳动力价值降低，由此促成社会一般剩余价值率的提高。这就是后面将阐述的相对剩余价值生产。由此可以进一步理解，绝对剩余价值生产是相对剩余价值生产的基础，绝对剩余价值生产推动着相对剩余价值生产。

从宏观经济看，剩余价值生产的第二个规律主要表现为，在资本主义生产过程中，由无数单个资本构成的社会总资本，必然会提高资本的有机构成，提高社会劳动生产率，从而必然会相对减少可变资本量在社会总资本投入中所占的比重。但是，由于全社会的剩余价值总量毕竟只是来源于全社会的可变资本总量，所以，只要剩余价值不是来源于对别国的掠夺，那么，一个国家剩余价值总量的增加，意味着这个国家的可变资本量的绝对投入仍然会增加，也就是说，资本有机构成提高了，可变资本的相对投入减少了，但是要增加全社会的剩余价值总量，在劳动力价值一定的条件下，仍然要增加可变资本总量或工人人数的投入。

3. 剩余价值生产的第三个规律

“第三个规律是从所生产的剩余价值量取决于剩余价值率和预付的可变资本量这两个因素而得出来的”；可以表述为，“在剩余价值率和劳动力价值已定的情况下，所生产的剩余价值量同预付的可变资本量成正比”。② 这可以用数学公式表示为：$M=m'(vn)=m'V$，从公式可以看出，如果 m' 和 v 已定，M 就同工人的人数成正

① 《资本论》第 1 卷[M]，北京：人民出版社，2004 年，第 468 页。
② 《资本论》第 1 卷[M]，北京：人民出版社，2004 年，第 354 页。

比，从而与 vn，即与 V 成正比。

生产剩余价值的第三个规律，对于揭示资本主义经济中等量资本获得等量利润这种现象的扭曲性质，具有重要意义。本来，同一资本主义生产方式的不同生产部门，有机构成是有区别的，或者说资本分为不变部分和可变部分的比例(c/v)是不同的；每个生产部门的这种比例还会随着生产过程的技术基础和社会结合的变化而变化。既然等量资本中只有可变资本才能生产剩余价值，那么，等量资本中的可变资本量不同，生产的剩余价值或利润就不可能相同。但是，人们看到的现象却是，只要资本家投入的资本量(C+V)相等，不论其中 V 的大小如何，都能获得等量利润。资本主义经济中的这种客观现象，显然需要作出科学解释。

生产剩余价值的第三个规律深刻揭示出，等量资本获得等量利润不过是资本主义生产本质联系被扭曲的表现。这实际上是全社会各部门雇佣工人的剩余劳动已经创造出的剩余价值总量，在有机构成不同的各部门"按资分配"的结果。为了从本质上阐明各部门资本实际生产的价值量和剩余价值量，马克思把剩余价值生产第三个规律的作用形式又表述为："在劳动力的价值已定和劳动力受剥削的程度相同的情况下，不同的资本所生产的价值量和剩余价值量，同这些资本的可变组成部分即转化为活劳动力的组成部分的量成正比。"①

这也可以用数学公式来表示。从不同资本生产的价值量来看，由于每个活劳动力在每一个工作日创造的价值是：$A=a+a'=v+m$，所以，资本 $S=(C+V)$ 中的可变部分 V 雇佣的 n 位工人，每一个工作日创造的价值就可表示为：$J=(a+a')n=(v+m)n$，这样，如果不同资本 S_1 和 S_2 中，它们所含可变资本部分分别为 V_1 和 V_2，雇佣的工人人数分别为 n_1 和 n_2，那么在劳动力的价值已定和劳动力受剥削的程度相同的情况下，也就是在$(a+a')$或$(v+m)$相等的情况下：$J_1/J_2=(a+a')n_1/(a+a')n_2=n_1/n_2$。这也就是说，不同的资本所生产的价值量同这些资本的可变部分雇佣的劳动力的数量成正比。

从不同资本生产的剩余价值量来看，因为 $M=k(m/v)n$，在 k 和 m/v 已定的情况下，容易理解 $M_1/M_2=n_1/n_2$。也就是说，不同的资本所生产的剩余价值量也同这些资本的可变部分雇佣的劳动力的数量成正比。

马克思论述了剩余价值生产的第三个规律在宏观经济上的表现，指出："我们

① 《资本论》第 1 卷[M]，北京：人民出版社，2004 年，第 355 页。

可以把社会总资本每天所使用的劳动看成一个唯一的工作日。例如，如果工人人数为100万，一个工人的平均工作日为10小时，那么社会工作日就是1 000万小时。在这个工作日的长度已定时，不管它的界限是由生理条件还是由社会条件决定，只有工人人数即工人人口增加，剩余价值量才能增加。在这里，人口的增加形成社会总资本生产剩余价值的数学界限。反之，在人口数量已定时，这种界限就由工作日的可能的延长来决定。”[①]如果一个“社会工作日”是单个工人平均工作日的总和 $\sum A$，社会总资本使用的工人的人数为 N，那么，这个论述可以表示为：$\sum A = NA = N(a+a') = N(v+m) = Nv+Nm$。从公式容易看出，在工人必要劳动时间(a)或劳动力价值(v)一定、剥削程度(a'/a 或 m/v)一定的前提下，当一个工人的平均工作日 A 已定时，只有工人人数 N 变大，社会工作日创造的价值量 NA 才会变大，从而全社会的剩余价值量 Nm 才能增加；如果工人人数 N 一定，而平均工作日可变，那就只有由工作日 A 的可能的延长，来使 Na' 或 Nm 增加；所谓“工作日的可能的延长”，是因为工作日的延长只能在24小时以内，并受到由人的生理条件和社会条件的限制。

4. 绝对剩余价值数理分析的启示

以上关于绝对剩余价值生产的三个规律，都假定工人劳动力价值或必要劳动时间是已知的一定量。在此前提下，第一个规律揭示出剩余价值量的生产取决于预付的可变资本量和剩余价值率；第二个规律揭示出绝对剩余价值生产方法，会遇到工作日界限的限制；第三个规律揭示出，如果剩余价值率一定，剩余价值量生产就与可变资本量或雇佣工人人数成正比。总体来看，这三个规律深刻地阐明了，剩余价值是建立在价值生产基础上的，是由可变资本雇佣的工人在剩余劳动时间创造的，因此，绝不能离开工人的物质生产劳动和反映资本剥削关系的剩余价值率来认识剩余价值量的生产。而弄清剩余价值增长的原因，才能科学地解释现象上的利润、地租和利息增长的真实原因。应当说，现代资本主义并没有改变资本无偿占有剩余价值的社会性质，因此，绝对剩余价值生产的这三个规律依然存在，绝没有过时。

在社会主义市场经济条件下，依然存在一定范围的具有资本主义性质的私营经济，对于这部分经济成分，马克思揭示的剩余价值生产的规律是基本适用的。说

---

① 《资本论》第1卷[M]，北京：人民出版社，2004年，第356页。

基本适用而不是完全适用，这是因为在公有制经济占主体地位的条件下，私营经济受到社会主义公有制经济和国家维护工人阶级利益的有关经济制度的制约，这势必使雇佣工人作为劳动力商品的地位有所改变，使私营企业采用绝对剩余价值手段受到社会主义基本经济制度的约束。

剩余价值生产的规律对于占主体地位的社会主义公有制经济，应当说是不适用的。因为公有制的生产关系不存在私人所有者与劳动者之间的剥削关系，生产目的不是为了生产资料私有者追求剩余价值；劳动者已取得生产中的主人翁地位，已不是按市场决定的劳动力价值取得收入，而是在劳动者的联合劳动与市场关系结合条件下，处理个人、公有制企业和国家三者之间的利益关系，遵循按劳分配原则，取得个人收入，并为社会提供“必要社会价值”①。因此，不宜简单地照搬资本主义的剩余价值生产规律来解释公有制经济。而应当从实际出发，研究人类社会的剩余劳动一般在现阶段公有制经济中的特殊形式。

不过应当认识到，马克思对剩余价值生产规律的数理分析，是建立在劳动价值论基础上的，它在剩余价值总量分析中，提出了具有普遍应用价值的“社会工作日”的概念，即$\sum A=NA$，单个工人的平均工作日 A 与全社会工人人数 N 的乘积，这对于当今统计一个社会的全体工人在一个工作日创造的总社会价值，具有重要指导意义。

在社会主义市场经济条件下，$\sum A$ 的含义呈现出比较复杂的情况，由于国民经济存在着占主体地位的公有制经济和占次要地位的私有制经济两个部分，相应的工人就业人数也分为在公有制企业和私有制企业的两部分$N_{公}$和$N_{私}$。设在公有制经济中，劳动者平均工作日$A_{公}$中的按劳分配平均收入为 h，企业平均留利为 j，国家的“必要社会价值”为 p；设在私有制企业中，劳动者平均工作日$A_{私}$中的劳动力价值为 v，剩余价值 m 为私营企业主收入m_1和上交给国家利税m_2，那么：

$$\sum A=N_{公}A_{公}+N_{私}A_{私}$$

$$N_{公}A_{公}=N_{公}(h+j+p),N_{私}A_{私}=N_{私}(v+m_1+m_2);$$

$$\sum A=NA=N_{公}(h+j+p)+N_{私}(v+m_1+m_2)。$$

① “必要社会价值”范畴，参见何干强：《论一般剩余价值及其表现形态》，中共江苏省委宣传部选编：《与时俱进开拓创新（江苏省理论武装“百千万”工程论文选编）》[G]，南京：江苏人民出版社，2002 年，第 377—389 页。标题中和此文中的“一般剩余价值”，原文按照中央编译局翻译的《资本论》第 3 卷中译本 1975 年版，现在根据 2004 年版，改为“剩余价值一般”。

可见,研究现阶段的社会工作日形成的价值,应当首先考虑就业劳动者在公有制和私有制的比重,还应当考虑相应的平均工作日的差别。研究社会工作日创造价值的内部分割,必须考虑生产关系的差别对分配关系的决定作用。

(三)相对剩余价值生产的数理分析

1. 决定相对剩余价值生产的经济因素

《资本论》在第1卷第十五章“劳动力价格和剩余价值的量的变化”中,[①]对相对剩余价值生产进行了比较集中的数理分析,这体现在为了排除市场供求因素和资本家压低劳动力价格这种人为因素的干扰,从本质上说明相对剩余价值的量的变化,马克思假定:商品是按照它的价值出售的;劳动力的价格有时可能比它的价值高,但从不比它的价值低。

在这种假定下,他首先对决定剩余价值量的重要经济因素——劳动力价值的数量规定作了深入阐释,指出“劳动力价值是由平均工人通常必要的生活资料的价值决定的。这些生活资料在形式上虽然可能有变化,但是在一定社会的一定时代,它们的量是一定的,所以可以看作是一个不变量。变化的是这个量的价值”[②]。引文中的“不变量”,指的是必要的生活资料商品的使用价值量;“变化的是这个量的价值”,即这些生活资料商品的价值量,它们是随着劳动生产率的提高而降低的。马克思指出,除了必要生活资料商品,还有两个因素决定劳动力的价值:一个是劳动力的发展费用,这种费用是随生产方式的变化而变化的;另一个是男女劳动力的差别,成年和未成年劳动力的差别。不难理解,前者会在一定程度上提高劳动力的价值;至于后者,在资本主义条件下使用女工和未成年劳动力,会降低平均劳动力的价值。为了简化,马克思在相对剩余价值的数理分析中撇开了这两个因素。

根据剩余价值生产的一般规定,一个工人在一个工作日创造的剩余价值量,等于他在一个工作日创造的价值量减去劳动力的价值量。因此,马克思进一步分析了与此相关的三种因素造成的情况,指出,“劳动力价格和剩余价值的相对量取决于三种情况:1. 工作日的长度,或劳动的外延量;2. 正常的劳动强度,或劳动的内涵量,即一定时间内耗费一定量的劳动;3. 最后,劳动生产力,即由于生产条件发展

---

① 参见《资本论》第1卷[M],北京:人民出版社,2004年,第593—606页。
② 《资本论》第1卷[M],北京:人民出版社,2004年,第593页。

程度的不同,等量的劳动在同样时间内会提供较多或较少的产品量"①。对这三种情况及其与相对剩余价值量和劳动力的价值量变动的关系,应当联系起来理解:

工作日和劳动强度是联系的。劳动者在一个工作日创造的价值,不仅取决于工作日的长度或劳动的外延量;而且取决于劳动强度或劳动的内涵量,强度大的劳动,单位劳动时间中包含较多的平均劳动强度的劳动时间。所谓正常的劳动强度,可以理解为工人能够承受的劳动强度。因此,可以把与一定劳动强度相联系的工作日创造的价值表示为 Ae(其中,A 表示工作日,e 表示劳动强度)。

体现工人劳动力价格或价值所必要的生活资料商品的使用价值量,与工作日长度和劳动强度是有关联的。如果工人平均的工作日长、劳动强度大,那么所需要的必要生活资料商品的使用价值量就多。为此,可以把与工作日长度和劳动强度相适应的工人必要生活资料商品的总和,用函数形式表示为 $\sum w_i(A,\ e)$。式中 w_i 表示含有一定价值量的某种必要生活资料商品的使用价值,$(A,\ e)$ 表示这些必要生活资料的使用价值量 $\sum w_i$,是与一定工作日和劳动强度相适应的。

工人的劳动力价格或价值取决于生产必要的生活资料商品的劳动生产力。根据劳动价值论,"商品的价值量与实现在商品中的劳动的量成正比地变动,与这一劳动的生产力成反比地变动"②。如果工人在一定劳动时间生产的商品量为 W,生产这种商品的劳动生产率为 w/t,那么,根据商品的价值量与生产这些商品的劳动生产率成反比的原理,这些商品量所含的价值量就可以用公式表示为:$W/(w/t)$。这样,如果能够把工人必要的生活资料商品,按照它包含的价值量,转化为与在企业中生产的商品同质的商品使用价值量 $W(A,\ e)$,那么该企业工人的劳动力价值就是:$v = W(A,\ e)/(w/t)$。

2. 相对剩余价值生产的公式

如果明确了工作日和劳动力价值,那么一个劳动力在这个工作日创造的剩余价值(m)也就明确了。一个企业的平均工人在一个工作日创造的相对剩余价值,可以用公式表示为:

$$m = Ae - W(A,\ e)/(w/t)$$

① 《资本论》第 1 卷[M],北京:人民出版社,2004 年,第 593—594 页。

② 《资本论》第 1 卷[M],北京:人民出版社,2004 年,第 53—54 页。在《资本论》中,劳动生产力和劳动生产率往往是一个意思。

不过,要把工人必要的生活资料商品的使用价值量引入这个公式,就要把$\sum w_i(A, e)$转换成$W(A, e)$。为简化计,它们之间的数量关系,可以按数学方法把工人必要生活资料商品的使用价值量乘一个转换系数(λ_i),即$\sum \lambda_i w_i(A, e)$,这样,包含同样价值量的必要生活资料商品的使用价值量就转换成该企业的一定量的使用价值量$W(A, e)$。这样,该企业工人的劳动力价值就可以用公式表示为:$v=\sum \lambda_i w_i(A, e)/(w/t)=W(A, e)/(w/t)$。这也就是说,该企业的平均工人耗费$v$所含的必要劳动时间,可以生产出与他的必要生活资料所包含的价值量相等的本企业的产品。这样,该企业一个平均工人在一个工作日创造的相对剩余价值,也可以用公式表示为:

$$m=Ae-\sum \lambda_i w_i(A, e)/(w/t)$$

从以上公式,可以看出马克思分析相对剩余价值生产,主要涉及5个因素:1. 雇佣工人的工作日A;2. 劳动强度e;3. 劳动生产率w/t;4. 劳动力的必要生活资料商品$\sum \lambda_i w_i(A, e)$;5. 资本家获得的剩余价值量m。在这5个因素中,如果在一定时期工人必要生活资料使用价值一定,那么,剩余价值量就取决于工作日、劳动强度、劳动生产率三个因素的变动关系。“显然,这三个因素可以有各种各样的组合:或者是其中一个因素不变,其他两个因素可变;或者两个因素不变,一个因素可变;最后,或者三个因素同时变化。这些因素同时变化时,又因为变化的大小和方向可以不同,组合也就更加多种多样了。”①容易看出,在公式中,工作日(A)、劳动强度(e)和劳动生产率(w/t)都与相对剩余价值量的增加呈正相关,工作日(A)越长,劳动强度(e)越大,越有利于增加剩余价值量;而劳动生产率(w/t)越高,劳动力价值(v)就降得越低,也越有利剩余价值量的增大。

3. 全社会的相对剩余价值生产

如果弄清了单个工人生产相对剩余价值的数量关系,那么,全社会的工人(总就业人数N)生产相对剩余价值的数量关系也就清楚了。以上论述绝对剩余价值生产时已经论述,一个社会工作日创造的价值量是:

$$\sum A=NA=N(a+a')=N(v+m)=Nv+Nm$$

由此,绝对剩余价值总量就是:$Nm=NA-Nv$。

---

① 《资本论》第1卷[M],北京:人民出版社,2004年,第594页。

由于相对剩余价值生产与绝对剩余价值生产两者都以工作日超过工人必要劳动时间的绝对延长为前提，所以，如果把上面计算相对剩余价值量的公式中的单个工人的必要生活资料商品量、工作日、劳动强度和劳动生产率这些因素，都转换成全社会平均工人的相应数据，并把这些主要因素引入绝对剩余价值总量生产公式，就可以把相对剩余价值总量的生产公式，表示为：

$$\mathrm{Nm}=\mathrm{N}[Ae-\sum\lambda_i w_i(A,\ e)/(w/t)]$$

由此还可以得出相对剩余价值生产的剩余价值率的公式：

$$\begin{aligned} m' &= m/v=[Ae-\sum\lambda_i w_i(A,\ e)/(w/t)]/[\sum\lambda_i w_i(A,\ e)/(w/t)] \\ &= \{Ae/[\sum\lambda_i w_i(A,\ e)/(w/t)]\}-1 \end{aligned}$$

从历史发展进程来看，当代发达资本主义国家的工作日是缩短了，工人就业的培训费用增加了，也就是马克思所说的“劳动力的发展费用”增加了；但是工人表现在脑力劳动和体力劳动上的劳动强度，都增大了，尤其是劳动生产率在科技革命作用下提得更高了；综合起来看，正如本书上卷第十章提到的，现实统计数据表明，当代相对剩余价值率仍然是在逐步提高的。这证明资本追求剩余价值的本性并没有改变。当然，究竟是什么因素对剩余价值率的提高在起作用，这是需要通过认真调查研究，依据科学统计数据来说明的。而遵照马克思的关于相对剩余价值生产的数理方法得出的上述计算公式，对于调查研究，进行具体的数理分析，无疑具有重要的方法论指导价值。

（四）资本积累的数理分析

1. 从再生产角度研究资本积累加速的情况

马克思用唯物辩证法指导研究剩余价值生产，一大特点是，从动态的角度研究生产过程，不仅研究一次性的生产过程，而且研究反复进行的再生产过程，因为后者可以显示出前者显示不出的特征；对剩余价值生产的数理分析，也贯彻了这种方法。前面论述绝对和相对剩余价值生产，涉及的是一个工作日。在此基础上，马克思又从再生产角度对剩余价值生产进行了深入分析。资本的再生产过程，也就是资本的积累过程，它不仅生产剩余价值，而且剩余价值还要再转化为资本，不仅要补偿已经消耗的资本，而且要在保证资本家个人消费的前提下，促进其余的剩余价值转化为新的资本，使原有的资本扩大，形成资本积累和扩大再生产。

在这个过程中，资本在一个生产过程生产的剩余价值，要发生分割，即我们在本书前面章节已经论述过的：

m=(m/y+m/z+m/x)，(m/y+m/z)表示转化为追加资本的剩余价值，m/x 表示转化为资本家个人消费或收入的剩余价值。(m/y+m/z)/m 就是积累率，而(m/x)/m 就是消费率。一般来说，积累率越高，如果都能实现货币积累和实际积累，换句话，如果剩余价值转化为资本的量越大，那么资本的积累量就越大。

但是，单从现有剩余价值向追加资本的转化角度理解资本的积累是不够的。从再生产的角度来看，即使资本和收入的比例一定，或者说积累率一定，还要看到一些能促使资本积累加速的情况，为此，马克思揭示了“几种同剩余价值分为资本和收入的比例无关但决定积累量的情况：劳动力的剥削程度；劳动生产力；所使用的资本和所消费的资本之间差额的扩大；预付资本的量”①。

2. 资本积累率一定但促使资本积累加速的情况分析

马克思对上述几种情况进行了逐一分析：

提高劳动力的剥削程度，促使资本积累加速。在资本主义再生产过程中，提高剥削程度，会节约成本支出，增加资本积累。从可变资本成本看，虽然在理论分析时，有必要假定资本家遵守等价交换原则，付出的工资与劳动力价值相等，但是，资本家“把工资强行压低到这一价值之下，在实际运动中起着极为重要的作用，因此我们不能不对这一点略加考察。在一定限度内，这实际上是把工人的必要消费基金转化为资本的积累基金”②。从不变资本看，资本家往往用延长工人劳动时间、提高劳动强度的方法，让同样数量的工人，在不追加劳动工具这种不变资本的情况下，生产更多的剩余价值。

社会劳动生产率的提高，促使资本积累加速。根据价值规律，社会劳动生产率的提高势必降低单位商品的价值量，这就在资本的积累率不变的情况下，其一，资本家同量的收入(m/x)可以获得更多的个人消费使用价值，甚至可以在不减少个人消费资料的情况下，把消费基金(m/x)的一部分转为追加资本(m/y+m/z)，从而增加积累。其二，社会劳动生产率的提高，使劳动力的价值降低，这样同量可变资本就可以推动更多的劳动力和劳动，“因此，在追加资本的价值不变甚至降低的情

① 《资本论》第1卷[M]，北京：人民出版社，2004年，第691页。
② 《资本论》第1卷[M]，北京：人民出版社，2004年，第692页。

况下,积累仍然可以加快”[①]。其三,社会劳动生产率的提高,“旧的资本也会以生产效率更高的形式再生产出来”[②]。这样,不变资本在再生产过程中更新补偿时,就可以替换到较便宜而效率比原来高的劳动工具,购买到更多的原材料,这就使一定量资本的物质资料增加了,等于增加了剩余劳动的吸收器。其四,社会劳动生产率的提高是与科技进步联系在一起的,科技的进步会使生产过程中原来的废料得到利用,这等于增加了追加资本。其五,社会劳动生产率的提高使劳动在同一时间生产的商品量增加了,从而生产的产品价值量(c+v+m)增加了,工人在用抽象劳动创造一定新价值(v+m)的同时,用具体有用劳动转移到产品中去的不变资本旧价值(c)的能力提高了,这就使“不断膨胀的资本的价值保存下来并使之永久化”[③]。这表现出,社会劳动生产率的提高使资本积累量加速的同时,也同时在提高“合并劳动的资本所固有的自我保存的能力”[④]。

所使用的资本和所消费的资本之间差额的扩大,促使资本积累加速。生产中所使用的固定资本这种劳动资料,如建筑物、机器、排水管、役畜以及各种器具的价值量和物质量都会增加。与作为流动资本的原材料相比,它们的特征是使用价值整个地被使用,但是价值却只是部分地被消费,逐步地转移到产品中去。这样,只要固定资本中的价值没有消费完,它作为整体上的使用价值(生产固定资本的“过去劳动”的产物),就会像水、蒸汽、空气、电力等自然力那样,通过工人的具体有用劳动,为资本家提供无偿的服务。随着再生产的发展和社会劳动生产率的提高,所使用的固定资本整体价值和所消费的固定资本价值之间差额会不断扩大,这就使得“被活劳动抓住并赋予生命的过去劳动的这种无偿服务,会随着积累规模的扩大而积累起来”[⑤]。这是因为,固定资本使用价值使用的时间越长,它加工的原材料就越多,吸收的工人活劳动,从而吸收的剩余劳动就越多,这显然会有助于加速资本积累。从全社会的角度来看,如果在生产过程中固定资本使用价值定期加工的流动资本量一定,而固定资本使用周期延长,即所使用的固定资本价值和所消费的固定资本价值之间差额扩大,这就说明转移到一定量流动资本作为原材料的产品中去的固定资本价值量减少了,因而产品的不变资本价值就会降低,产品的价值量就

① 《资本论》第1卷[M],北京:人民出版社,2004年,第698页。
② 《资本论》第1卷[M],北京:人民出版社,2004年,第698页。
③ 《资本论》第1卷[M],北京:人民出版社,2004年,第700页。
④ 《资本论》第1卷[M],北京:人民出版社,2004年,第701页。
⑤ 《资本论》第1卷[M],北京:人民出版社,2004年,第702页。

降低了，由此造成的商品（包括消费资料和生产资料）变得便宜，这显然有利于资本的加速积累，因为同量追加资本投入，可以购买更多的劳动力和生产资料。

预付资本量的增大，促使资本积累加速。资本的再生产过程是剩余价值不断资本化的积累过程，资本家每次的追加资本总会与原来资本相结合，使预付资本变大；因此，即使剩余价值分为消费收入和追加资本的比例或积累率一定，连续的积累也会使预付资本量越来越大。这不但使资本家的消费基金逐步增长，也会使用于追加资本的积累基金越来越大。所有资本家对资本积累的追求，就使全社会预付资本总量存在扩大的趋势。而"生产的规模越是随着预付资本量一同扩大，生产的全部发条也就运作得越是有力"[①]。这种生产的"全部发条"包括每个资本家在生产中强迫工人提高劳动强度，提高劳动生产率，在管理上力求加速资本周转而要求缩短生产期间和劳动期间，减少非生产费用和人员等。当然，这同时也积累着资本主义固有的对抗性矛盾。应当说，资本主义社会总资本连续的积累，预付资本总量不可能是直线型增大的，而必定是伴随周期性危机呈现为波浪式增大的。

二、流通过程的数理分析

（一）应把握的要点

1. 分析的对象是产业资本的流通过程

产业资本的流通过程，是包括资本在生产领域和流通领域的整个运动过程。这种流通过程与买和卖的商品流通既有联系又有区别。资本的流通过程包括商品流通，但后者只是资本在流通领域的运动阶段。在明白这些概念的基础上，还必须明白，马克思分析的对象是产业资本的流通过程。因为在资本主义经济形态中存在各种资本形态，最基本的资本形态是物质生产领域的产业资本或工业资本，其他资本如商业资本、银行资本等，都是从产业资本派生出来的。单个产业资本的流通过程，是指资本作为自行增殖的独立价值，在生产领域增殖价值，通过流通领域保存和实现资本价值和剩余价值这样一种连续运动的过程。而社会总资本的流通过程（又称社会总资本的再生产和流通），则是无数单个资本运动的总和。社会总资

① 《资本论》第1卷[M]，北京：人民出版社，2004年，第703页。

本是包括全社会各类资本如商业资本和银行资本在内的，不过马克思在分析社会总资本的再生产和流通过程时，为了从本质上阐明其保存价值和增殖价值的运动机理，撇开了各类派生的资本形态。

从本书前面章节的论述可以知道，分析单个产业资本运动是分析社会总资本运动的基础；但是社会总资本运动又有不同于单个产业资本运动的特征。单个产业资本和社会总资本在运动过程中，都要采取货币资本、生产资本和商品资本三种资本运动形态，相继进行货币资本循环、生产资本循环和商品资本循环；它们的运动，是这三种资本形态和三种循环形式的统一。机器大工业的物质技术基础和市场社会分工制度，决定了单个资本运动和社会总资本的循环运动都必须连续进行。一旦停滞，就意味着危机。单个产业资本的连续运动取决于能够不断地从市场购回劳动力和生产资料，不断地生产出包含剩余价值的商品，并不断地将这种商品销售出去。而社会总资本实现连续循环运动，关键在于社会总产品两大部类的产品价值结构能够形成一定的比例关系，使各产业部门能遵循货币流回规律相互交换，使各生产部门的商品再生产能实现使用价值和价值两方面的补偿更新；而实现社会总资本的扩大再生产，各产业部门的剩余价值货币积累和实际积累还必须平衡。只有把握产业资本运动的这些基本特征，才能进行科学的数理分析。

2. 数理分析与资本运动的时空形式紧密联系

理解马克思对资本的流通过程的数理分析，一个值得强调的要点是，他是紧密结合资本运动的时空形式来进行的。近年来，有人提出“从空间角度重构马克思主义经济学”①，这“重构”两字，给人们造成马克思主义经济学原本似乎不重视空间的印象。其实，马克思主义应用唯物史观研究客观事物，都是紧密联系时空形式的。恩格斯在《反杜林论》中指出，“一切存在的基本形式是空间和时间”②。显然，一切经济存在的基本形式也是时空形式。所以，马克思主义经济学必然要分析客观经济形态的时空形式，这就根本谈不上要从空间角度重构马克思主义经济学；相反，我们应当关注马克思在《资本论》中如何结合时空形式论述经济运动。《资本论》论述资本的流通过程，正是结合资本运动的时空形式进行的；而其中的数理分析，尤其体现出对经济运动时空形式的重视。

---

① 杨婷、吴楠：《从空间角度重构马克思主义经济学——对话国际知名新马克思主义学者大卫·哈维》[EB/OL]，中国社会科学网，2016 年 8 月 4 日，http://www.cssn.cn/jjx/xk/jjx_lljjx/jjx_hgjjx/201608/t20160804_3150180.shtml。

② 《马克思恩格斯选集》第 3 卷[M]，北京：人民出版社，1995 年，第 392 页。

本书上卷的第二章曾提到单个产业资本循环运动要经过的各种时间形式。现在有必要作进一步阐述。可以用图式 14－1 来简要概括单个产业资本的流通过程中各种时间形式的关系。

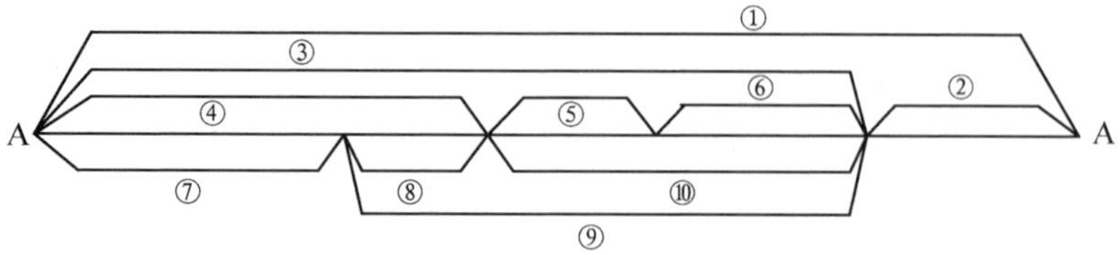

图式 14－1　产业资本在运动中的各种时间形式

图式 14－1 是根据《资本论》原著阐述的产业资本在运动中的各种时间形式的关系制作的。序号标出了马克思所揭示的产业资本在运动中的 10 种时间形式：① 总流通时间；② 狭义流通时间（资本处在销售和购买的流通阶段，在流通领域停留的时间）；③ 生产时间（资本停留在生产领域的阶段）；④ 生产资料在生产过程中起作用的时间；⑤ 生产过程中断的时间；⑥ 生产资料的储备时间；⑦ 劳动时间（劳动投入生产产品劳动的期间）；⑧ 自然力发生作用的时间；⑨ 非劳动时间；⑩ 生产资料潜在地处在生产领域内的时间（生产资料在生产领域内，但不发挥作用的时间）。①

这里不对图式中所示的各种时间形式作详细阐述，请读者对照原著理解。仅对重点稍作强调如下：在单个产业资本运动或总流通时间（①）历经的各时间段中，资本主要是在劳动时间（⑦）增殖的，因为在此时间段，必须由雇佣工人投入生产性劳动，他们的活劳动凝结到产品中，同时创造剩余价值，使资本增殖。在生产领域内或生产时间（③）内的非劳动时间（⑨）中，除了有必要投入的少量劳动如保管劳动等会形成价值，其他时间是没有劳动投入的，因而资本是不能增殖的。在流通时间（②），不生产产品，即使投入雇佣劳动从事买卖，也是非生产性的，不创造价值（除非是物质生产过程在流通领域的继续）。不过，非劳动时间虽然一般不会使资本增殖，这种时间却总要包含在生产领域内，是生产过程的重要条件。

马克思指出，狭义流通时间（②）与生产时间（③）之间相对于资本增殖而言，存在着辩证的关系。前者对后者具有限制性。但是流通时间（买、卖）是必不可少的，“在商品生产中，流通和生产本身一样必要，从而流通当事人也和生产当事人一

① 参见《资本论》第 2 卷[M]，北京：人民出版社，2004 年，第 138—145 页。此图式参见何干强著：《〈资本论〉的基本思想与理论逻辑》[M]，北京：中国经济出版社，2001 年，第 181—182 页。

样必要”①。

上述时间形式实际上是与空间形式紧密结合的，也可以说是资本运动的时空形式。理解了这些时空形式，对资本在运动中增殖作数理分析，就有了科学的依据。总体来说，如果产业资本的总流通时间一定，劳动时间（期间）使用雇佣劳动者，投入的社会必要劳动时间越多，②那么在同样的总流通时间内，劳动期间形成的新价值就越多，资本增殖的剩余价值就越多；如果劳动期间形成的价值和剩余价值一定，资本运动的一个循环过程或一个总流通时间越短，那么资本在一年中实现的增殖就越多，这是因为，资本在一年中可以有更多的劳动期间吸收雇佣工人的劳动和剩余劳动。而资本要缩短总流通时间，或者说要缩短资本的流通过程，就需要设法缩短资本运动的各个时间段。

马克思对资本的流通过程作数理分析，内容既涉及单个产业资本，又涉及社会总资本的再生产和流通。后者在本书上卷第五、六章论述社会分工比例关系和社会再生产实现条件时，已作了阐述，本节不再重复。本节主要论述马克思结合产业资本运动的时空形式所作的数理分析。这主要包括流通费用投入、资本周转与资本增殖的相互关系等方面的内容。

（二）流通费用的数理分析

1. 分清资本价值在运动形态上的投入与在时空形式上的投入

对资本的流通过程作数理分析，有必要弄清这两种投入的区别与联系。所谓资本价值在运动形态上的投入，是指一定量的投资，总是必须在运动中分为货币资本、生产资本和商品资本这三种运动形态，每种运动形态都占有一定的资本投入数量。但是，产业资本的现实运动仅有这方面的资本投入是不够的。资本作为自行增殖的独立价值的运动，必定要在时空形式中进行形态变换。资本的实物形态在运动中停滞、位置变换都需要占用和经过一定的空间，这是需要投入一定费用的，否则，资本就不能运动。因此，在运动中增殖的产业资本价值量，除了在货币资本、生产资本、商品资本这三种资本运动形态上占有一定资本价值量之外，还需要投入

---

① 《资本论》第2卷[M]，北京：人民出版社，2004年，第143页。

② 这里要区分劳动期间和社会劳动时间，前者是资本流通过程中的一个时间区间，用自然时间来衡量，如12天、三周、一个月等；后者是指从事生产劳动的劳动者在劳动期间投入的劳动量，它是用社会必要劳动时间来衡量的，例如，50个劳动者在一周内为生产某种产品投入了2 000个社会必要劳动时间，30个劳动者在一周内为生产某种产品投入了1 200个社会必要劳动时间等。

一定费用，推动资本在时空形式上的运动。这种费用也就是流通费用。可见，资本价值在三种运动形态上的投入和资本在时空形式上的流通费用投入在概念上是有区别的。对于作为投资主体的资本所有者来说，这两种投入都属于他的资本投入。但是在功能作用上是不同的。

2. 流通费用的性质及其分类

由于产业资本在生产时间（或期间）和空间耗费的费用，可以直接算作生产资本本身的耗费，或者说，可以归并到生产资本范畴，所以，需要研究的是，产业资本在狭义流通时间（或流通领域）和空间所耗费的流通费用。

何谓流通费用？在公开出版的《资本论》中，马克思并没有给出明确概念。但是在《资本论》第2卷的第一个手稿中，他指出，“资本在流通领域的停留和它的流通的实现会花费费用，流通费用”①。根据这个论述和本书上卷第六章的阐述，我们可以把流通费用理解为，资本在狭义流通时间（或领域）实现形式变换以及在空间停留、发生物质位置变换过程中所需要的费用。第六章对流通费用的性质作了分类分析，并阐明了它们的耗费对生产的影响。

第一类流通费用为纯粹的流通费用。它包括：资本价值在流通领域的单纯形式变换（买卖）所需的费用，从观念上确定和控制资本价值及其实现增殖的流通运动所需的费用（簿记），以及作为商品流通中介的货币本身所需的费用（耗费在货币制造上的材料、设备、人工等）。从社会的角度来看，这种费用是非生产费用，不加入商品的价值。因此，必不可少的纯粹的流通费用的支出，意味着剩余价值的扣除。

第二类流通费用为保管费用，指进入流通领域（市场）的商品储备所需要的费用，这种费用的支出与商品资本价值形态变化的实际时间（停留在市场上的时间）和占用的空间（如使用仓库大小）有关。保管费用是生产过程在流通领域的继续，这种费用因保管作用于商品使用价值而要加入商品的价值；但是，这种作用仅仅发挥在保存使用价值上，不创造商品的新的使用价值，所以保管费用也属于非生产费用。②

---

① 《马克思恩格斯全集》第49卷［M］，北京：人民出版社，1982年，第346页。

② 理论界有一种观点，认为保管费用是生产性费用，这值得商榷。所谓生产性与非生产性，有两种划分的角度，一是从社会的角度，即撇开生产关系，以是否生产出新的物质产品使用价值来划分是否生产性；二是从一定生产关系中的经济主体是否取得物质利益的角度来划分。在资本主义条件下，不管是否从事物质生产，只要是能为资本家带来剩余价值的劳动或费用，就被看作是生产性的劳动或费用。对保管费用性质的分析，马克思是从社会的角度来判别的，因而把它划入非生产性费用。

第三类流通费用为运输费用。商品运输需要费用,包括运输工具和投入劳动力的支出费用。商品流通并不必定需要运输费用,因为运输与商品流通并没有必然的联系,但是当商品流通需要发生商品使用价值物质的场所变更(空间变化)时,运输就必不可少。运输本身是产品位置的移动,并不属于流通范畴。流通领域的运输,是生产过程在流通领域的继续。马克思在有关的手稿中指出,运输的“结果就是商品空间存在的改变。这就是与商品的使用价值有关的规定”[①]。“把产品运到市场也就赋予产品新的使用价值。”[②]“某产品是为中国生产的,难道不可以认为只有当该产品到达中国市场时,这个产品,它的生产过程才算完成吗?”[③]因此,运输费用是生产性费用,它是要增加商品使用价值并加入商品价值的。

3. 有关的数理分析

马克思是根据上述流通费用的经济性质,来分别对上述三类费用作数理分析的。

(1) 关于纯粹的流通费用的分析。既然这种费用是非生产费用,不加入商品的价值,社会就应当尽可能减少对它的支出,因为,“从社会的观点看,一个劳动力在 10 小时内耗费在这个单纯的流通职能上。它不能用于别的目的,不能用于生产劳动”[④]。但是,资本在运动过程中经过狭义流通时间(买卖时间)的这种费用是必不可少的,是不得不雇佣劳动者投入劳动的,马克思指出,“他的作用宁可说是使社会的劳动力和劳动时间只有更少一部分被束缚在这种非生产职能上”[⑤]。当然,在资本主义经济中,资本家对工人在买卖时间中投入的 10 小时非物质生产劳动,不会按照 10 小时的工作来支付工资,例如,只会支付 8 小时工资,这样,就可以减少 2 小时的纯粹流通费用支出,这对资本家来说等于增加了收入。这些分析说明,其一,从社会的角度来看,纯粹流通费用是对产品生产和资本增殖的限制,因此应当把这些费用控制在能起积极作用的限度内,这意味着,支出减少过多,会影响商品买卖,反而不利于资本增殖;而支出过多,又会减少社会的生产劳动。其二,资本家在流通领域同样是要剥削雇佣工人的剩余价值的,不过表现形式与在生产领域强制工人生产更多的剩余价值不同,它是以减少支出的形式表现出来的。至于耗费

① 《马克思恩格斯全集》第 49 卷[M],北京:人民出版社,1982 年,第 350 页。
② 《马克思恩格斯全集》第 46 卷下册[M],北京:人民出版社,1980 年,第 43 页。
③ 《马克思恩格斯全集》第 46 卷下册[M],北京:人民出版社,1980 年,第 12 页。
④ 《资本论》第 2 卷[M],北京:人民出版社,2004 年,第 149 页。
⑤ 《资本论》第 2 卷[M],北京:人民出版社,2004 年,第 149 页。

在货币本身上的费用,马克思指出,“它是社会财富中必须为流通过程牺牲的部分”①。当然,在市场经济条件下,这种牺牲是不可避免的。到了未来的共产主义社会,产品的商品、货币形式消亡了,这一笔费用(制造货币的社会劳动投入)就可以用于生产人们消费需要的产品上了。

(2) 关于保管费用的分析。保管费用既然是保管作用于商品使用价值造成的费用,就要加入商品的价值,但是这种加入有商品流通赋予的特殊规定。马克思揭示出,只有在商品储备作为正常商品流通的条件时,用于储备的保管费用才会加入商品的价值。如果超出了这个正常条件的界限,即超过了正常的保管时间,如商品滞销而不得不储备和保管,这种超出界限的费用,则成为一种虚耗或浪费,是不能加入商品价值的。因此,在保管费用的数量上,关键是,要控制好作为正常流通条件的保管费用数额,减少或消除因流通停滞而耗费过多的保管费用。

不应忽视的是,马克思用唯物史观关于社会形态一般与特殊的方法,从宏观角度或者说从全社会的角度揭示了,商品储备只是人类社会储备一般的一种特殊历史形式。在生产是直接为了满足自身需要的自然经济社会,存放在生产者家庭中作为生活资料消费基金的储备所占比重很大,还有一部分种子、农具等生产资料的储备,而用于交换的商品储备所占比重是很小的。马克思指出,在资本主义经济中,“储备有三种形式:生产资本的形式,个人消费基金的形式,商品储备或商品资本的形式。虽然就绝对量来说,三种形式的储备可以同时增加,但是一种形式的储备会在另一种形式的储备增加时相对地减少”②。随着社会生产力的进步,资本主义经济的产品储备总量比自然经济社会显著增加,它的三种形式的储备的绝对量都会增加,但是,相对一定的总量而言,“一种形式的储备会在另一种形式的储备增加时相对地减少”。由于人们能随时从市场买到个人消费品,因而全社会人们储备的生活资料这种消费基金就会减少;由于社会分工越来越发达,交通运输越来越便利,企业中需要的原材料能够不断从市场上获得,所以,全社会在生产领域中为连续性生产作保证的生产资本(生产资料)储备就会减少。因此,在资本主义经济,最大量的储备形式是市场上的商品储备。不过,私有制为基础的自发性商品生产,必

---

① 《资本论》第2卷[M],北京:人民出版社,2004年,第153—154页。
② 《资本论》第2卷[M],北京:人民出版社,2004年,第158页。

定会发生商品储备超出正常流通条件所需要的限度，发生商品储备过剩的危机。社会主义市场经济的主要产品储备形式也是商品储备，显然，需要通过建立在公有制基础上的宏观计划调控，最大限度地防止发生商品储备过剩。

（3）关于运输费用的分析。马克思指出，“商品生产的一般规律是：劳动生产率和劳动的价值创造成反比。这个规律，像适用于其他任何产业一样，也适用于运输业。在一定距离内运输商品所需要的劳动量——死劳动量和活劳动量——越小，劳动生产力就越大；反之亦然”；“在其他条件不变的情况下，由运输追加到商品中去的绝对价值量，和运输业的生产力成反比，和运输的距离成正比”；“在其他条件不变的情况下，由运输费用追加到商品价格中去的相对价值部分，和商品的体积和重量成正比”；“其次，运输费用追加到一个物品中去的相对价值部分和该物品的价值成反比”。[①] 与运输距离相关，马克思还指出，随着运输工具的发展，“会使生产地点到较大的销售市场的相对距离发生变化”；“不仅空间运动的速度加快了，而且空间距离在时间上也缩短了”[②]。

这些论述，可以用如下公式来表示：

（a）设运输的生产力为 p，运输的距离为 s，运输费用或运输所耗费的价值量（死劳动和活劳动的凝结）为 $k(k = c + v)$，那么：$p = s/k = s/(c + v)$。

由运输追加到商品价格中去的绝对价值量，也就是 k，显然，$k=s/p$，即 k 与 s 成正比，与 p 成反比。

（b）设运输工具的最大容积为 V_o，所运的单个商品的体积为 v_o；运输工具能够承载的最大重量为 W_o，所运的单个商品的重量为 w_o；与运输工具的最大容积，或者能够承载的最大重量的范围相适应的所运商品的个数为 n，那么：$n = V_o/v_o = W_o/w_o$；

设相对于所运商品体积或重量的由运输费用追加到单个商品价格中去的相对价值量为 e，那么：因为，$e = k/n$，所以 $e = k/(V_o/v_o) = kv_o/V_o$，$e = k/(W_o/w_o) = kw_o/W_o$。

显然，从这两个公式可以看出，e 同单个商品的体积和重量成正比。

（c）根据以上假设，加到单个商品中的运输费用价值量 $e = k/n$，那么运输费用总量为 $k = ne$；设所运的单个商品的价值量为 p_r，那么所运商品总价值量为 np_r；这

① 《资本论》第 2 卷［M］，北京：人民出版社，2004 年，第 168—169 页。
② 《资本论》第 2 卷［M］，北京：人民出版社，2004 年，第 277、278 页。

就可以计算运输费用总量与所运商品总价值量的相对比值,并计算出相对于所运单个商品价值量的运输费用 ω,即:

$\omega = k / np_r = ne / np_r = e / p_r$,可以看出,$\omega$ 作为“追加到一个物品中去的相对价值部分”和该物品的价值量成反比。例如,假设每个商品的运输费是 100 元,如果甲商品价值 1 000 元,而乙商品价值 500 元,那么追加到甲商品的相对价值部分是甲商品价值的 10%,而追加到乙商品的相对价值部分是乙商品价值的 20%。应当指出,这种相对量的比较具有主观性。客观地说,运输费用的支出只应当与运输距离、所运商品的体积、重量有关,或者说只应当与这些因素产生的运输费用有关。将运输费用与所运商品的价值作比较(撇开有些在运输中易损耗的商品不谈),这给了资本主义经济中的“铁路大王们按照和物品价值成正比对物品收费的特别理由”①。

(d) 关于马克思提出的相对距离和空间距离的数理分析。在资本的流通过程中,生产地点到市场销售点的自然距离和交通运输工具的数量和效率,这些是影响狭义流通时间的重要因素。在自然距离一定的条件下,交通运输工具的发展可以缩短企业与市场销售点之间的相对距离和空间距离。所谓相对距离,是指与运输工具速度相比的距离,实际上指的是运输时间,即 $t = s/v$(式中,t 为运输时间,s 为自然距离或绝对距离,v 为运输工具的速度)。所谓空间距离,是指在一定运输工具的运输量(w)一定的条件下,把一定量商品 W′从产地运往市场销售点经过的总距离(J),即 $J = W's/w$,显然,s 一定,W′一定,w 增大,即一定运输工具的运输量增大,空间距离 J 就可以缩小。

关于运输费用的耗费量,应当用辩证的观点来分析,一方面,从单个商品的耗费看,“资本主义生产方式,由于交通运输工具的发展,由于运输积聚(规模扩大),使单个商品的运输费用减少”②;另一方面,从宏观看,社会化生产的发展,“它使耗费在商品运输上的那部分社会劳动——活劳动和对象化劳动——增加,首先因为把一切产品的绝大多数转化为商品,其次又因为远方的市场代替了当地的市场”③。也就是说,在商品生产社会,运输单个商品的费用会趋于减少,但是整个社会的运输费用则会趋于增加。

---

① 《资本论》第 2 卷[M],北京:人民出版社,2004 年,第 169 页。
② 《资本论》第 2 卷[M],北京:人民出版社,2004 年,第 169 页。
③ 《资本论》第 2 卷[M],北京:人民出版社,2004 年,第 169—170 页。

（三）资本周转的数理分析

1. 分析资本周转的理论前提

马克思关于资本周转的原理，坚持经济性质分析与数量分析相结合，主要阐释单个产业资本的周转运动如何影响资本价值增殖，如何掩盖资本剥削关系以及影响社会再生产。马克思在阐明产业资本运动各种时间形式的基础上，提出资本周转、周转时间、周转周期、固定资本和流动资本等概念，它们都是唯物史观对资本及其不同组成运动形式的辩证反映，是对资本周转数理分析的理论前提。

马克思指出，“资本的循环，不是当作孤立的过程，而是当作周期性的过程时，叫作资本的周转。这种周转的持续时间，由资本的生产时间和资本的流通时间之和决定。这个时间之和形成资本的周转时间”；同时从量的角度指出，“假定我们用U表示周转时间的计量单位——年，用u表示一定资本的周转时间，用n表示资本的周转次数，那么 $n=U/u$”①。一定量资本在一年中周转次数越多，其周转的速度就越快，所以，周转次数是对周转速度的衡量。

在明确资本周转运动基本概念的前提下，马克思按照产业资本运动经历的时间形式，分析了生产时间中劳动期间、非劳动期间的长短和与此相关的因素，分析了流通时间中出售时间与购买时间的长短及与此相关因素，分析了这些期间的长短对预付资本量的影响，分析了影响这些期间长短的各种因素，阐述了缩短各种期间的方法，并论证了提高周转速度对增殖年剩余价值量的作用。这些内容，本节不再展开。这里主要从有助于理解宏观经济运动的角度，论述一些要点，因为这是理解社会总资本宏观运动的理论基础。

2. 关于预付总资本价值周转和实物周转的分析

马克思对产业资本周转进行数理分析的显著的科学特征，是坚持劳动二重性这个唯物史观的基本经济分析方法。由此发现了产业资本的生产资本形态，在价值的流通上，存在固定资本和流动资本这两种资本形式的本质区别。固定资本的价值流通是独特的，它会与生产中起使用价值作用的实物形态相分离，逐步转移到产品中去，随着产品销售而逐步实现，作为折旧基金积累起来，直到转移出的价值全部收回，才能实现实物形态的更新。而流动资本价值转移到产品中，则是与其实物形态使

① 《资本论》第2卷[M]，北京：人民出版社，2004年，第174页。

用价值的丧失同时进行，而相应于转移价值的实现，需要不断地进行实物更新。

由于存在固定资本与流动资本在价值流通上体现出的差别，这就使包括两者在内的一定量预付总资本的价值周转和表现为实物替换的现实周转，产生了区别。从价值周转角度看，预付总资本价值的周转时间是它的不同组成部分价值周转时间的平均周转。如果一个企业固定资本与流动资本的比例以及它们各自的周转时间能够确定，那么这个企业预付总资本价值的周转时间也就能够确定。从实物周转或使用价值整体更新角度看，预付总资本周转周期包含多次的预付总资本的价值周转。这是因为，预付总资本的周转周期，是从实物周转的角度来规定的，因而一个企业的总资本的周转周期，只能由其固定资本的寿命或周期决定。由于固定资本的寿命通常较长，例如要 8 到 10 年甚至更长时间，因此，预付总资本价值完成一次周转，显然短于资本实物形态全部更新的时间。预付资本周转的周期，包含多次的预付总资本价值的周转时间。

马克思强调，计算预付总资本的总周转，必须采用货币资本循环形式 G…G′，因为在这种形式上，尽管预付总资本的各个组成部分在周转时间上有差别，但是都处在同质的 G 形式上，这就可以首先弄清企业各个资本组成部分完成 G…G′所需的周转时间，然后，“就可以计算出平均数”①，在此基础上，计算出预付总资本价值进行一次价值周转所需的时间。换句话说，如果知道了全部资本的每一部分资本价值从货币形式回到货币形式所需要的时间，那么全部资本从货币形式回到货币形式就是它们的倍数。

假设 G 为预付总资本的价值（货币形式），由固定资本和流动资本两部分组成；F(G)和U_1分别为固定资本的价值（货币形式）及其完成自己的 G…G′循环所需的周转时间（单位为：年），Z(G)和U_2分别为流动资本价值（货币形式）及其完成自己的货币资本循环所需的周转时间。那么，预付总资本价值周转一次的时间 U（单位为：年），可用下列公式来计算：

$$U=\frac{G}{F(G)/U_1+Z(G)/U_2}$$

假设 F(G)和 Z(G)分别为构成预付总资本 G 的固定资本和流动资本，N_1和N_2分别为固定资本和流动资本在一年中周转的次数（周转速度）。那么，全部预付资

① 《资本论》第 2 卷[M]，北京：人民出版社，2004 年，第 205 页。

本价值在一年中的周转次数(周转速度)N,可以用下列公式来计算:

$$N=\frac{F(G)N_1+Z(G)N_2}{G}$$

上述计算预付总资本的周转时间和周转速度的公式,虽然是对单个产业资本或工业企业资本而言的,但是计算方法对于社会总资本也是适用的。如果把预付资本理解为社会总资本,把固定资本和流动资本分别理解为全社会总固定资本和总流动资本,那么,就可以计算出社会总资本的价值周转一次的时间,以及在一年中的周转次数。应当注意的是,从实物形态的角度来看,全社会的固定资本更新,不但同单个产业资本一样,包含多次的预付总资本价值的周转时间;而且从现实角度看,在资本主义私有制基础上,生产的自发性决定,"虽然资本投入的那段时期是极不相同和极不一致的,但危机总是大规模新投资的起点。因此,就整个社会考察,危机又或多或少地是下一个周转周期的新的物质基础"①。这就是说,固定资本的一般寿命乃是资本主义经济危机形成一定周期的物质基础。

3. 周转时间构成的差别和周转产生游离货币资本的机制

为了简明地阐释这个原理,马克思撇开了生产时间中的非劳动期间来论述,把资本的总流通时间或价值周转时间抽象为由劳动期间和流通期间构成。由于预付资本在生产时间(这里是劳动期间)增殖,要经过一个流通期间(流通时间)才能实现,要保证产业资本在生产时间连续性生产,就必须在流通时间上继续追加投资,这样,预付产业资本为了保证连续性生产,就要由两部分组成。马克思把投入劳动期间的资本称为资本Ⅰ,把填补流通期间而追加的资本称为资本Ⅱ,也就是说,预付资本的实际投入为:资本Ⅰ+资本Ⅱ。

不同的产业资本,在周转时间中的劳动期间和流通期间之间,会出现:a. 劳动期间等于流通期间(资本Ⅰ=资本Ⅱ);b. 劳动期间大于流通期间(资本Ⅰ>资本Ⅱ);以及 c. 劳动期间小于流通期间(资本Ⅰ<资本Ⅱ),三种基本构成情况。这样,资本在周转过程中,如果资本处在 a 的情况下,在一年的多个周转期间内,资本Ⅰ和资本Ⅱ会交替(即不会重叠),但不会交叉;在 b 的情况下,资本Ⅰ和资本Ⅱ会发生相互交叉(重叠),而不会交替,并因为相互交叉而在周转中会定期地游离出暂时多余的货币资本;在 c 的情况下,在流通期间是劳动期间的倍数时,资本Ⅰ和资本

① 《资本论》第2卷[M],北京:人民出版社,2004年,第207页。

Ⅱ会互相交替而不会交叉，但当不是倍数时，则会发生交叉现象，也会不断地定期产生出游离货币资本。这种资本Ⅰ和资本Ⅱ交叉或交替的情况，就形成产业资本的周转过程产生游离货币资本的机制。

马克思用大量篇幅分析了这种机制。恩格斯则认为，“马克思把一件在我看来实际上并不怎么重要的事情看得过于重要了。我指的是他所说的货币资本的‘游离’”①。恩格斯把马克思的详细阐释简洁地概括为，“不管劳动期间和流通时间的比例如何，也就是不管资本Ⅰ和资本Ⅱ的比例如何，在第一个周转结束以后，照例经过一段和劳动期间的长短相等的间隔时间，就会有一个劳动期间所必需的资本——也就是有一个同资本Ⅰ相等的资本额——以货币形式流回到资本家手里”②。我们可以用图式14－2表示劳动期间大于流通期间（资本Ⅰ>资本Ⅱ）这种情况，来理解恩格斯的论述。

在图式14－2中，1，6，7，9，…数字序号，表示第几周的周末。在图式中，一个周转（劳动期间+流通期间）为9周。设劳动期间为6周，需投入资本Ⅰ；流通时间为3周，需填补资本Ⅱ。第一个周转结束，资本Ⅰ的价值得到实现，就以货币形式回到资本家手中。可以看出，以后每隔一段和劳动期间的长短相等的时间段，都会如恩格斯所说，有一个相等于资本Ⅰ的货币资本回到资本家手中。

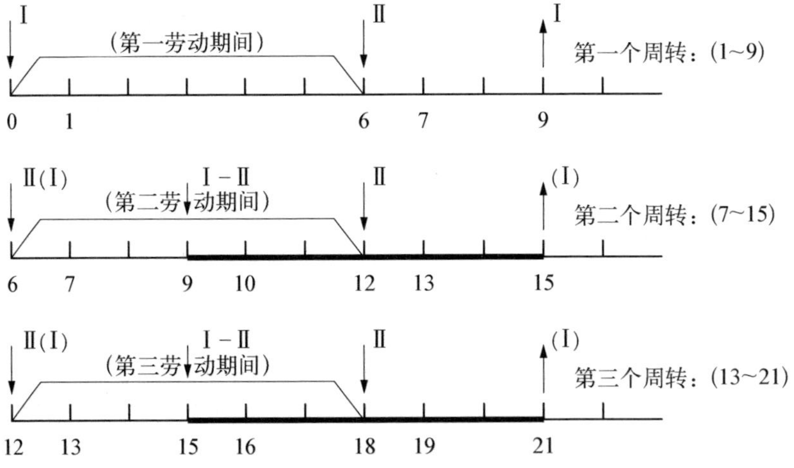

图式14－2　周转机制产生游离货币资本

① 《资本论》第2卷［M］，北京：人民出版社，2004年，第315页。
② 《资本论》第2卷［M］，北京：人民出版社，2004年，第315页。

我们看到，第一个周转的劳动期间一结束，资本Ⅱ就立即被填入流通时间（7～9周），它变成了第二个周转期间的劳动期间资本的一部分，第一个周转的流通期间的起点就成为第二个周转的劳动期间的起点（第6周末），这是由生产必须连续进行所要求的。由于填入的资本Ⅱ小于一个劳动期间所需的资本量，所以还必须加上第一个周转已收回的等于劳动期间所需资本Ⅰ的一部分，即资本（Ⅰ－Ⅱ），这就构成了第二个劳动期间的资本。容易理解，Ⅱ＋（Ⅰ－Ⅱ）＝Ⅰ；这样经过第二个周转的流通时间（13～15周），相当于资本Ⅰ的货币资本（Ⅰ）又回到资本家手中。由于从第一个周转结束后（第9周末），每次填入的资本（Ⅰ－Ⅱ）加上流通时间填入的资本Ⅱ，必定等于劳动期间所需要的资本，即（Ⅰ－Ⅱ）＋Ⅱ＝Ⅰ，而资本Ⅰ可以使用一个劳动期间（10～15周），这时，第二个周转（7～15周）的资本（Ⅰ）正好流回，所以第一个周转（1～9周）以后，每隔一个和劳动期间相等的间隔时间，如第15周、第21周，就会有一个相当于资本Ⅰ的货币资本流回到资本家的手中。这说明恩格斯关于“在第一个周转结束以后，照例经过一段和劳动期间的长短相等的时间，就会有一个劳动期间所必需的资本……以货币形式流回到资本家手里的概括”，是正确的。只要在资本Ⅰ和资本Ⅱ交叉或交替的情况下，恩格斯的论述都是正确的，这里不再一一列举。

马克思所说的游离资本，是指在每个资本周转收回资本Ⅰ之后，都会有部分资本暂时闲置。如图式14－2所示，都会有一个相当于Ⅰ－（Ⅰ－Ⅱ）＝Ⅱ的货币资本，在第10～12周、16～18周，暂时闲置或游离出来，然后又会在第12周末（第13周起始）、第18周末（第19周起始）再投入生产。这是因为，资本Ⅰ收回之后，在周转的一定期间只要拿出（Ⅰ－Ⅱ）用于新的劳动期间，剩下的就暂时不需要投入使用了，也就是成为游离资本了。这就成为资本周转机制产生的暂时的游离资本。马克思关于周转机制游离出货币资本这件事，是否“并不怎么重要”呢？这值得认真思考。

从宏观经济运动的角度看，马克思关于资本周转产生游离货币资本机制的原理，对理解发达商品社会形成信用制度的物质基础是十分重要的。我们知道，马克思曾从固定资本折旧基金、扩大再生产的积累基金、资本正常循环需要的准备金、流动可变资本（支付雇佣工人工资）所需的货币资本等多方面，强调了货币资本在产业资本运行中的地位，同时阐明这些暂时闲置的货币资本与信用制度的内在联系。这里，马克思又指出，资本周转机制游离出的货币资本，“也必然是信用制度的基础之一”[①]。从全社会来看,资本周转产生的游离资本显然是大量的,这些资本虽然可以在闲置的有限时间段内利用于扩大再生产,但是,它们在性质上属于原有产业资本,并不是专门积累的追加资本,所以,这些游离资本和其他的闲置资本,作为储蓄,都不能随意用于投资,这证明凯恩斯主义所谓“储蓄=投资”是恒等式的理论是完全错误的。马克思的有关分析还告诉人们,在市场经济中,货币资本形态有其他形态的资本不可替代的作用。信用制度的建设与发展,是以企业的资本运动为物质基础的。社会主义市场经济同样离不开信用制度,需要建设具有社会主义基本经济制度性质的信用制度;但是,必须充分认识,企业的经济运行与信用制度存在相辅相成、并行发展的辩证关系。绝不应当离开了现实的企业资本运动,孤立地凭空设计或照搬现代资本主义社会的信用制度。而应当深刻认识信用制度的基础在企业,社会主义市场经济的信用制度是与公有资本占主体地位的资本周转机制相联系的,应当在唯物史观指导下探索这种内在联系,发展既有利于充分利用闲置资本,又保证社会总资本按比例有计划发展的信用制度。

4. 可变资本周转速度对资本增殖的影响

研究产业资本的周转运动如何影响资本价值增殖,是马克思对资本周转作数理分析的一个重点。他撇开不变资本,只研究可变资本周转速度对资本增殖的影响。这是因为,预付资本在周转中真正增殖的是流动资本中的可变资本。在此前提下,马克思对预付可变资本周转速度对一年中剩余价值生产的影响,进行了清晰的数理分析。

在现实中,在生产中的实际剩余价值率 m' 相同的情况下,一定量预付可变资本周转速度越快,一年中的增殖就越多;这种情况容易使人们产生一种周转本身能够产生出更多剩余价值的错觉。为了透过现象揭示本质,马克思根据劳动价值论和剩余价值理论,把预付的可变资本与一年中实际使用的可变资本区分开来,并提出年剩余价值率(年 M')的概念,即一年内生产的剩余价值总额与预付可变资本的价值额之比;由此揭示出,不同资本家预付可变资本产生的年 M' 之所以有很大差别,正是价值生产规律从而剩余价值生产规律起作用的结果。

例如,假定可变资本 A 一年预付 500 镑,每 5 周周转 1 次,这些可变资本一年(假定 50 周)就可以实际使用 10 次;假定可变资本 B 一年预付 5 000 镑,每 50 周周

① 《资本论》第 2 卷[M],北京:人民出版社,2004 年,第 313 页。

转 1 次，一年就只能实际使用 1 次；那么，“很清楚，在劳动剥削程度相等，实际剩余价值率相等时，A 和 B 的年剩余价值率必然和它们一年内为推动同量劳动力而必须预付的可变货币资本的量成反比。A 是 5 000m/500v = 1 000%，B 是 5 000m/5 000v = 100%。但是，500v ∶ 5 000v = 1 ∶ 10 = 100% ∶ 1 000%”①。可变资本 A 预付量是可变资本 B 预付量的 1/10，但是前者年剩余价值率却是后者的 10/1，之所以如此，原因就在于只有在生产中实际使用的可变资本，才是生产剩余价值的，可变资本 A 的周转速度快，一年中在生产中使用了 10 次，所以资本的增殖程度就等于提高了 10 倍，从而使年剩余价值率年 $M' = mn/v \times 100\% = (500m \times 10)/500v \times 100\% = 1\ 000\%(m/v)$。这里，马克思又提供了一个用经济本质说明经济现象的范例。

从宏观经济角度看，周转期间长的可变资本要求生产者必须在一年中预付较多的货币资本量；周转期间长的资本在一年中需要不断地从市场上购买生产资料和劳动力，以保证连续性生产的需要，而在周转周期未完成之前，却不会将自己的产品投入市场，这势必会影响货币市场，影响劳动市场，影响生产资料市场，从而对全社会的再生产运动发生重要影响。本书上卷第五章曾引用过马克思关于在共产主义社会，应当合理控制生产周期长的生产和生产周期短的生产之间的比例关系的论述，其理论基础就是产业资本的周转理论。由此可以理解，马克思的宏观经济研究方法是与对微观经济运动机制的揭示紧密联系的。

三、生产总过程的数理分析

（一）分析对象和理论基础

1. 资本主义生产总过程的分析对象

马克思对资本主义经济形态的分析，遵循唯物史观的认识论，从整体形态表面的商品流通层面开始，深入到剩余价值生产和流通的本质层面（《资本论》第 1 卷和第 2 卷），然后又上升到总体的现象形态，这时阐释的已是作为本质的必然表现的现象，是资本主义生产的总过程即经济整体的现象或假象。它包括产业资本、商业资本、银行资本和资本主义土地所有制各方面的具体资本主义生产关系的表现形

① 《资本论》第 2 卷[M]，北京：人民出版社，2004 年，第 346 页。

式及其相互联系，涵盖了生产、商业、金融和土地等基本领域构成的整个国民经济。资本主义生产关系的主要表现就是分配关系，因此，马克思在阐明剩余价值的生产和流通这种本质关系之后，接下来就阐释剩余价值的分配关系。正如恩格斯指出的，“剩余价值的分割，就像一根红线一样，贯穿着整个第三卷”①。马克思对资本主义生产的总过程的分析，主要就是分析资本主义生产条件所有者之间的分配关系，利益分配的主体包括产业资本家阶级和商业资本家阶级构成的职能资本家阶级、银行资本家阶级和土地所有者阶级。它们可以将之统称为资本主义经济形态中的剥削阶级。而这种分配关系的分析，是与数理分析紧密联系在一起的。

2. 对资本主义分配关系的数理分析坚持劳动价值论为基础

马克思深刻地指出，“商品的价值是基础；至于这个商品价值分成各个特殊的组成部分，这些价值组成部分进一步发展成各种收入形式，转化为不同生产要素的不同所有者对这些个别的价值组成部分的关系，并按一定的范畴和名义在这些所有者之间进行分配，这丝毫也不会改变价值决定和价值决定的规律本身”②。这告诉人们，资本主义各种生产条件的所有者所获得的收入，归根结底来自物质生产领域的劳动创造的价值，实质是雇佣工人创造的剩余价值。资本主义的生产关系决定了雇佣工人创造的剩余价值，首先被物质生产条件的所有者产业资本家占有，然后按照资本主义的生产关系，在其他剥削阶级中瓜分。

资产阶级经济学家历来为剥削阶级的收入来源做辩护，有所谓利润来源于资本，利息来源于投资，地租来源于土地，而工人的工资来源于劳动，等等说教。马克思以劳动价值论和剩余价值论为理论基础，从本质和现象的结合上，深刻揭示资本主义生产关系在商品、货币、资本和地租拜物教形态的掩盖下，在数量关系上表现出的各种假象，这就彻底揭穿了他们的各种理论的荒谬性和欺骗性。

3. 生产总过程的数理分析逻辑

马克思对资本主义生产条件的所有者瓜分剩余价值的数理分析，是在唯物史观指导下，遵循资本运动的现实逻辑，从生产到流通、从职能资本家到非职能资本家（或银行资本家），再到土地所有者，依次展开的。由于剩余价值只能在物质生产领域创造出来，所以，对剩余价值的分配，必然从产业资本家占有剩余价值开始。马克思揭示出利润和利润率范畴，是剩余价值和剩余价值率的表面扭曲形式，这为

① 《马克思恩格斯全集》第22卷[M]，北京：人民出版社，1971年，第512—513页。
② 《资本论》第3卷[M]，北京：人民出版社，2004年，第958页。

揭示职能资本家阶级如何瓜分剩余价值创造了前提。所谓职能资本，就是对剩余价值在直接生产过程中的生产和在流通中的实现能起直接作用的资本，它们包括生产剩余价值的产业资本，和对实现剩余价值起职能作用的商业资本。商业资本是从产业资本分离出来的，必然要同产业资本一样，用等量资本获取等量利润的方式占有剩余价值。然而，随着社会生产力和资本主义生产关系的发展，从职能资本又派生出非职能资本。这是对剩余价值的生产与实现不直接起作用的生息资本，其发达形态就是银行资本。它是职能资本增殖运动不可缺少的外部条件，必然要分享职能资本生产和实现的剩余价值。所以，马克思在阐明职能资本以平均利润形式分割剩余价值之后，接着就分析银行资本如何以利息形式分享剩余价值。农业资本也是职能资本，但是农业生产是资本主义生产方式在全社会最后进入的一个领域；农业资本占领农业领域，标志着资本主义生产关系已在全社会占统治地位。而在资本主义生产关系作用下，历史上存在过的土地私人所有制关系发生了质的变化，转化为资本主义性质的土地私有制。大土地私人所有者必然以资本主义地租收入的形式，参与分配资本家阶级生产和实现的剩余价值，实现其土地所有权经济价值。因此，只有弄清资本家阶级对剩余价值的分配关系，才能最后阐释大土地所有者如何坐享剩余价值。以上论述的对分配关系的数理分析顺序，充分体现出马克思主义经济理论逻辑反映客观经济运动和历史发展过程这种科学特征。

（二）产业资本家占有平均利润

1. 产业资本家对剩余价值的剥削外化为成本产生的利润

马克思以上述逻辑，首先论述产业资本各部门资本家对剩余价值的瓜分。本来，资本主义生产过程的本质关系用数理方法表示应为：$c+(v+m)$，即资本家所占有的生产资料与雇佣工人的活劳动结合，工人的活劳动创造了劳动力价值，并为资本家创造了剩余价值。但是，资本主义经济却使这种本质关系表现为资本家的成本价格（$k=c+v$）的增殖，即（$c+v$）$+m=k+m$。成本价格（k）造成了假象，抹杀了不变资本（c）与可变资本（v）的区别。这样，剩余价值（m）就外表化为成本价格或预付资本的产物，转化成了利润形式（P），它掩盖了剩余价值的源泉是工人的剩余劳动，使生产过程中主体与客体的关系发生了颠倒，劳动的主观生产力颠倒为资本的生产力或物本身的生产力。马克思指出，“这只是剩余价值的使人发生错觉的表现形式”①。

剩余价值与预付总资本之间存在一个与剩余价值率（m'）不同的比率关系，即利润率（p'）关系。马克思对影响利润率的因素从总体上作了纯数学的分析，提出了数学公式：②

$$p'=m'v/C=m'v/(c+v)$$

如果把周转因素考虑进来，可以得出年利润率（P'）的计算公式，即：

$P'=m'nv/(c+v)$（式中，n 为可变资本 v 在一年中的周转次数；$m'n$ 是年剩余价值率）。

影响单个产业资本利润率（p'）和年利润率（P'）的因素有很多，凡是影响公式中 m'、v、c、n 诸因素的，都会影响 p'。例如，影响 m'的劳动生产率、工作日长度、劳动强度和工资价格等因素的变动，周转速度的变动、不变资本（生产资料的价格、使用的节约）的变动，都会影响利润率（p'）和年利润率（P'）。

上述公式，还可按数学方法表示为：

$$p'=m'/(c/v+1)；P'=m'n/(c/v+1)$$

从这两个方程式可以看出，影响 p'的主要因素为 m'（剩余价值率）和 c/v（资本的有机构成）；影响 P'的因素，还要加上周转速度 n。P'的变动与剩余价值率和资本周转速度的变动成正比，而与资本的有机构成的变动呈相反方向。

2. 产业资本家以平均利润的形式分享剩余价值

产业资本家阶级是按照平均利润率规律瓜分剩余价值的，这是资本主义生产关系和商品流通关系共同作用的结果。资本的生产目的是无限追求剩余价值，商品流通必然产生平等意识，这种生产关系决定的社会意识导致资产阶级确认，“平等地剥削劳动力，是资本的首要的人权”③。这就推动所有职能资本家要求等量资本获得等量利润。这通过资本主义市场竞争来实现。首先，在同一生产部门的各个资本之间展开生产条件的竞争，这使部门内各单个资本生产的商品在个别价值的基础上形成市场价值。其次，在等量资本占有等量利润这种竞争规律推动下，各

① 《马克思恩格斯〈资本论〉书信集》[M]，北京：人民出版社，1976 年，第 265 页。

② 需要说明，在公式中大写的 C，指预付总资本，其概念与成本价格 k 是有区别的，周转期间超过一年的预付总资本，并不等于一年中价值都转移到产品中去的成本价格。资本的有机构成是 C/v，而不是 k/v。马克思在进行数理分析时指出，“为了简便起见，假定不变资本到处都是同样地全部加入所考察的资本的年产品”。（《资本论》第 3 卷[M]，北京：人民出版社，2004 年，第 173 页）这样，公式中：$C=k=c+v$。

③ 《资本论》第 1 卷[M]，北京：人民出版社，2004 年，第 338 页。

生产部门的资本之间又展开竞争，资本势必从利润率较低的部门抽走，投入利润率较高的部门，由此必然造成各部门的市场价格因供求关系变动而偏离市场价值，直到各生产部门之间的利润率形成平均利润率（$\bar{p}'$），使商品的市场价值转化为市场生产价格，达到等量资本获得等量利润，资本之间的竞争才达到均衡。市场价值转化为市场价格，可用数学公式表示：

假定用 W 表示商品的市场价值，$W=c+v+m$；用 S 表示商品的市场生产价格，“假定不变资本到处都是同样地全部加入所考察的资本的年产品”，商品的市场成本价格为 k，$k=c+v$，那么，$S=k+k\bar{p}'$。这样，资本家按照市场生产价格出售商品，就能按照投入商品生产的资本量（成本价格 $k=c+v$）获得平均利润。

马克思揭示出，商品的市场价值向市场生产价格的转化，是价值规律一般在资本主义生产关系作用下的特殊表现形式。就是说，虽然单个资本家出售商品的市场价格会偏离市场价值，但是，“如果把社会当作一切生产部门的总体来看，社会本身所生产的商品的生产价格的总和等于它们的价值的总和”①。这可表示为：

$\sum S=\sum W$，或：$\sum(k+k\bar{p}')=\sum(c+v+m)$，即：$\sum k+\sum k\bar{p}'=\sum(c+v)+\sum m$。

由于 $k=c+v$，从而 $\sum k=\sum(c+v)$，所以 $\sum k\bar{p}'=\sum m$，即 $\sum p=\sum m$。

这就是说，全社会产业资本家取得的利润总和（$\sum p$）实质上等于剩余价值的总和（$\sum m$）。这样，如果用 $\sum(c+v)$ 表示社会产业资本总投资，就可以知道，平均利润率 $\bar{p}'=\sum p/\sum(c+v)$，即 $\bar{p}'=\sum m/\sum(c+v)=\sum m/\sum k$，可见，这实质上是全社会产业资本家按照总投资量对剩余价值总和的平均瓜分。

公式 $\bar{p}'=\sum m/\sum(c+v)$，即 $\bar{p}'=\sum m'v/\sum(c+v)=\sum m'/\sum(c/v+1)$，式中，分母中 c/v 反映资本的有机构成，即反映资本技术构成的价值构成。社会生产力的发展必然推进社会总资本的平均有机构成的逐步提高，因此，在剩余价值率 m'（劳动的剥削程度）一定时，甚至在提高的情况下，一般来说（$c/v+1$）的提高会大于 m' 的提高，因此，$\bar{p}'$ 会随着有机构成的提高而逐步下降。由此，马克思揭示出平均利润率下降的规律。这个客观规律实质是社会生产力的发展规律在资本主义条件下的表现形式。当然，这个规律的实现不是直线型的下降，它会遇到种种提高剥削程度的反作用，因而表现为一种下降的趋势。这种下降趋势与资本家追求利润的生产目的是矛盾的，这乃是生产关系与社会生产力的基本矛盾在资本主义条件下的表

① 《资本论》第 3 卷[M]，北京：人民出版社，2004 年，第 179 页。

现形式。

3. 所谓价值向生产价格“转型”的矛盾问题

资产阶级经济学由于不懂经济现象与经济本质的区别，一直否定马克思关于“$\sum(k+k\bar{p}')=\sum(c+v+m)$和$\sum p=\sum m$”的科学结论。他们提出所谓“价值转型”问题，说马克思的价值理论与生产价格理论自相矛盾，以此根本否定马克思经济理论的基础——劳动价值论和剩余价值论。这当然是不能得逞的。这方面，我国许多马克思主义经济学者应用数理分析方法对资产阶级经济学的错误进行了批判。

不应忽视，关于全社会商品生产价格的总和究竟是否等于它们价值的总和，马克思针对人们可能产生生产价格会导致重复计算利润的这种误解，作了专门阐释。他指出，“这个论点好像和下述事实相矛盾：在资本主义生产中，生产资本的要素通常要在市场上购买，因此，它们的价格包含一个已经实现的利润，这样，一个产业部门的生产价格，连同其中包含的利润一起，会加入另一个产业部门的成本价格，就是说，一个产业部门的利润会加入另一个产业部门的成本价格。但是，如果我们把全国商品的成本价格的总和放在一方，把全国的利润或剩余价值的总和放在另一方，那么很清楚，我们就会得到正确的计算”；“举例来说，如果有 n 个生产部门，每个部门的利润都等于 p，所有部门合起来计算，成本价格就 = k−np。从总的计算来看，只要一个生产部门的利润加入另一个生产部门的成本价格，这个利润就已经算在最终产品的总价格一方，而不能再算在利润一方”。[①] 现举例作简要解释：

假定由 A、B、C 三个生产部门，生产的商品价值量分别为 W_A、W_B、W_C，各部门总成本价格分别为 k_1、k_2、k_3，总利润分别为 p_1、p_2、p_3，在假定 B、C 两个部门用 A 部门的产品作为不变资本，即 W_A 分两部分 $(x/c)W_A$ 和 $(y/c)W_A$ $(x+y=c)$，分别作为不变资本进入 W_B、W_C 商品的成本价格，v_B、v_C 分别为 W_B、W_C 成本价格中的可变资本，那么：

$$W_A=k_1+p_1$$

$$W_B=[(x/c)W_A+v_B]+p_2=k_2+p_2$$

$$W_C=[(y/c)W_A+v_C]+p_3=k_3+p_3$$

不难看出，$k_1+k_2+k_3=(W_A+W_B+W_C)-(p_1+p_2+p_3)$。这也就是马克思所说的“成

① 《资本论》第 3 卷[M]，北京：人民出版社，2004 年，第 179 页。

本价格就=k-np”的意思。① 马克思是作了最简化的表述。可以看出，虽然 W_A 进入了 W_B、W_C 的成本价格（作为不变资本），从而 W_A 的利润进入了 W_B、W_C 的成本价格，但是 A、B、C 三个生产部门谁也不会把自己的利润算入自己的成本价格。因此，即使一种商品的利润进入另一种商品的成本价格，如在这个例子中，似乎是 p_1 重复计算了，但是，这个 p_1 只是作为一定的价值量算在 W_B、W_C 商品的成本中，但是它并不是作为 W_B、W_C 商品的利润，因而绝不会作为利润重复计算。所以，全部商品的利润总和（$\sum p$），不可能超过剩余价值的总和（$\sum m$），全社会商品价值总量等于生产价格总量的这个结论是正确的。

（三）商业资本家分享平均利润

1. 商业资本家从实际生产价格中获得平均利润

作为从产业资本的流通阶段分离出来的商业资本或商品经营资本，它本身并不创造价值，但是作为职能资本，它也必须分享平均利润。分享的方式，就是产业资本家销售给商业资本家的商品的生产价格，要低于商业资本家销售商品的实际生产价格。商业资本在资本循环中以实际生产价格销售商品获得资本补偿和平均利润的方式，可用图式 14－3 来表示：

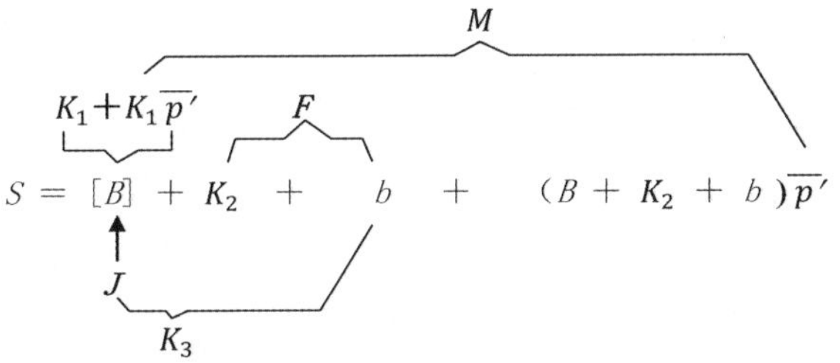

图式 14－3　商业资本与产业资本的关系及其获取平均利润的情况

在图式 14－3 中，S 为市场上商业资本家出售某种商品的价格或商品的实际生产价格。B 为商业资本家投在商品购买上的资本，它等于商业资本家向产业资本家购买商品的购买价格 J；或等于产业资本家出售给商业资本家的商品的生产价格

① 马克思在“成本价格就=k-np”这句话中的 k，显然不是指成本价格，而是指商品价值总额。由于马克思通常是用 k 来表示成本价格的，例如，他说：“商品的生产价格=k+p，即等于成本价格加上利润，这个公式，现在得到了如下的进一步规定：p=kp′（p′代表一般利润率），因而生产价格=k+kp′。”（《资本论》第 3 卷[M]，北京：人民出版社，2004 年，第 185 页）所以，在理解这句话时，应防止产生误解。

$K_1+K_1\overline{p}'$（式中 K_1 为商品生产中的所费资本，这里假定它等于生产商品预付的产业资本，$\overline{p}'$为平均利润率）。K_2 为商业投资中用在设备等经营物资上的费用，b 为用于雇佣商业工人的可变资本，$(B+K_2+b)\overline{p}'$为商业资本家要求得到的平均利润，式中商业资本的$\overline{p}'$与产业资本的$\overline{p}'$相等，也就是完成形态的$\overline{p}'$。$F=K_2+b$，也就是本身不会创造价值的纯粹流通费用。M 为包含在生产领域创造出的实际生产价格中的实际的产业利润。$K_3=[B]+K_2+b$ 为商业资本为获取平均利润付出的商业成本。在图式中[B]，把 B 加了方括号[ ]，这是为了说明，投在商品购买上的资本，它只用于商品买卖形态上的变化，本身并不加入商品价值，否则就会重复计算；作为商品的实际生产价格一部分的，应是产业资本家出售给商业资本家的商品生产价格 $K_1+K_1\overline{p}'$。① 为简明计，这里仍然“假定不变资本到处都是同样地全部加入所考察的资本的年产品”。

从图式中可以看出，商业资本家投入的 K_2+b，作为纯粹流通费用，它们是由实际的产业利润 M 中的一部分来补偿的。而商业利润$(B+K_2+b)\overline{p}'$也来自实际的产业利润。纯粹流通费用和商业利润，等于 $S-(K_1+K_1\overline{p}')$，即等于商业资本家商品的市场出售价格（实际生产价格）与他向产业资本家的购买价格之差。

应当注意的是，商业利润作为剩余价值，是产业资本雇佣的工人在直接生产过程中创造的。商业工人虽然不直接创造价值，但是商品价值是通过商业资本家雇佣的商业工人的劳动（非物质生产领域广义的生产劳动）实现的。这种在流通领域为实现商品价值而付出的劳动，要靠产业利润来支付或补偿；然而商业资本家凭借自己占有的商业资本，是不会把工人理应得到的这种补偿，全部作为工资支付给商业工人的，他要按照等量资本取得等量利润的原则，即按$(B+K_2+b)\overline{p}'$的计算，先取得平均利润（商业利润），然后给商业雇佣工人支付工资。因此，商业利润实质上是商业资本家对商业雇佣工人无酬劳动的占有。

2. 完全的平均利润率是按全部职能资本计算的

如果理解了纯粹流通费用和商业利润的来源，那就可以明白，全社会产业资本家得到的平均利润，实际上只是产业资本利润的一部分，其另一部分必须让商业资

---

① 图式 14－3 是根据《资本论》第 3 卷第十七章（《资本论》第 3 卷[M]，北京：人民出版社，2004 年，第 313—336 页）设计的。图式中的字母也基本来源于原著。

本家分享。产业资本和商业资本获得平均利润的方式，实际上是按照完成形态的平均利润率来计算的，也就是，扣除了纯粹流通费用的总利润同包括产业资本和商品资本的全社会职能资本之比。可用如下计算公式表示：①

$$\overline{P}' = \frac{M - (K_2 + b)}{K_1 + B + K_2 + b}$$

这个平均利润率的公式，可以根据图式 14－3 中的说明，推算出来。因为，

$$K_1 + M + [B] = K_1 + K_1\overline{p}' + [B] + K_2 + b + (B + K_2 + b)\overline{p}',$$

所以，

$$K_1\overline{p}' + (B + K_2 + b)\overline{p}' = M - (K_2 + b)$$

$$\overline{p}'(K_1 + B + K_2 + b) = M - (K_2 + b),$$

只要按数学方法把(K_1+B+K_2+b)移到等式右边作为分母，这就得出了 $\overline{p}'$的计算公式。

3. 职能资本按完成形态的平均利润率获取平均利润

假定作为职能资本的产业资本和商业资本，都是由资本家自己投资的，那么，全社会的剩余价值或利润，首先就在产业资本家和商业资本家中分配。设全社会的总利润为$\sum p$，产业资本和商业资本的成本价格（各自的总投资）分别为$\sum k_{产}$ 和$\sum k_{商}$，包括产业资本和商业资本在内的职能资本的完成形态的平均利润率为 $\overline{p}'$，那么：

$$\sum p = (\sum k_{产} + \sum k_{商})\overline{p}' = \sum \overline{p}_{产} + \sum \overline{p}_{商}$$

式中$\sum \overline{p}_{产}$ 和$\sum \overline{p}_{商}$ 为全社会的产业资本家和商业资本家自己投资，分别取得的平均利润。

（四）银行资本家瓜分职能资本的利润

1. 银行资本家以利息形式分享平均利润

银行资本的运动，本书在上卷第八章已有较详细的论述。这里只从宏观经济数理分析的角度，补充论述银行资本如何与职能资本共同瓜分全社会剩余价值的。

① 在《资本论》第 3 卷第十七章谈到平均利润率时，马克思有一处计算上的失误，详见《资本论》第 3 卷[M]，北京：人民出版社，2004 年，第 325—326 页，那就是在公式的分子上没有减去(K_2+b)。参见张薰华：《试校〈资本论〉中的计算问题》[J]，《中国社会科学》1980 年第 3 期。

从单个资本角度看,在产业资本和商业资本的投资是借入银行资本的情况下,作为非职能资本的银行资本就要从它们各自的平均利润中获取利息。通常,银行资本是按照市场利息率来取得利息的。马克思揭示出,利息率的决定,从而平均利润在职能资本家和银行资本家之间的分割,只能由他们之间的竞争来决定,“除了由竞争强加的分割规律之外,不存在别的分割规律”①。既然银行资本的利息来自平均利润,那么,利息总是平均利润的一个组成部分,资本的利息率是不可能超过平均利润率的。

马克思把单个的职能资本家又称为企业主,如果他借入银行资本经营企业,那么,“总利润会分成两部分:利息和超过利息的余额。他必须把前者支付给贷出者,而后者则形成他自己所占的利润部分”②。后者称为企业主收入。“如果一般利润率已定,这后一部分就由利息率决定;如果利息率已定,这后一部分就由一般利润率决定。”③“假定平均利润已定,企业主收入率就不是由工资决定,而是由利息率决定。企业主收入率的高低与利息率成反比。”④这些关于数理分析的论述,可以用数学公式表示。假定,企业主借入银行的资本为k,职能资本经营的平均利润率为$\bar{p}'$,银行的市场利率为r,企业家收入为Q,那么:

$$Q=k\bar{p}'-kr,\text{或者:}\ Q=k(\bar{p}'-r)\text{。}$$

如果企业主收入率为ε,$\varepsilon=Q/k$;那么,从上述公式容易得出:

$\varepsilon=Q/k=\bar{p}'-r$,显然,在$\bar{p}'$已定,从而平均利润已定的条件下,企业主收入率$\varepsilon$与利息率r是成反向变动的(马克思表述为“成反比”),r提高,则ε减少;r降低,则ε增加。

从上述公式,也可以推出,银行利息率:$r=(k\bar{p}'-Q)/k$。

2. 全社会职能资本家与银行家之间分割全社会总利润的数理关系

这个道理与单个资本家同银行家之间的关系其实是一样的。不过,从一定时期的宏观分析,利息率不宜采用经常变动的市场利息率,而应采用平均利息率。马克思指出,“要找出平均利息率,就必须:1. 算出大工业周期中发生变动的利息率的平均数;2. 算出那些资本贷出时间较长的投资部门中的利息率”⑤。这当然只能

① 《资本论》第3卷[M],北京:人民出版社,2004年,第399页。
② 《资本论》第3卷[M],北京:人民出版社,2004年,第418页。
③ 《资本论》第3卷[M],北京:人民出版社,2004年,第418页。
④ 《资本论》第3卷[M],北京:人民出版社,2004年,第426页。
⑤ 《资本论》第3卷[M],北京:人民出版社,2004年,第406页。

在事后计算出来。由于利息率取决于职能资本家和银行家之间的竞争，所以其高低是没有规律可循的。但是，利息率毕竟是职能资本与面对所有资本的银行之间的竞争，它的量必然具有“同一的、确定的、明确的量”[①]。平均利息率也是如此。还有一点可以明确，由于利息是平均利润的一部分，所以平均利息率必定低于平均利润率。从长期看，平均利息率的变动，也会对平均利润率下降的趋势有所反映。

从全社会来看，假定平均利息率为 $\bar{r}$，职能资本家所借的资本为 $\sum k$，银行取得的利息为 $\sum L$，那么：$\bar{r}=\sum L/\sum k$；$\sum L=\bar{r}\sum k=\bar{r}\sum(k_{产}+k_{商})$。这样，假定全社会职能资本家都用借入资本经营，那么，全社会职能资本对利润分割，就要用下列公式表示：

$$\sum p=(\bar{p}'-\bar{r})\sum(k_{产}+k_{商})+\bar{r}\sum(k_{产}+k_{商})。$$

（五）社会总收入的分配

1. 全社会剥削阶级分割剩余价值的数理表现

本书上卷第九章已经分析过，私人土地所有者如何凭借土地所有权，以级差地租和绝对地租的形式，坐享工人阶级创造的剩余价值。本节主要从宏观经济的角度，对社会全体产业资本家、商业资本家、银行资本家和土地所有者共同瓜分物质生产领域创造的剩余价值，作简要综合数理分析。

为简明计，假定产业资本（$k_{产}$）分为工业（$k_{工}$）与农业（$k_{农}$）两部分，工、农、商（$k_{商}$）各职能资本家都从银行借入资本额经营，职能资本经营的平均利润率为 $\bar{p}'$，扣除全部地租之后的职能资本家的平均利润为 $\sum\bar{P}_{职资}$；平均利息率为 $\bar{r}$，银行资本获得的利息为 $\sum L$；假定只有农业部门需要租用土地，农业级差地租为 α，非农业部门转移到农业部门作为级差地租的剩余价值（即本书上卷第九章所论述的“虚假的社会价值”）为 $\sum m_{级差地}$；绝对地租为 β，农业部门有机构成低于工商部门，因而农产品的剩余价值大于农业投资的平均利润，两者的差额可作为绝对地租，土地所有者占有的总地租为 $\sum D$；设全社会的剩余价值为 $\sum M$，那么，在假定的情况下

全社会总剩余价值：$\sum M=\sum\bar{P}_{职资}+\sum L+\sum D$。这就是社会全体剥削阶级分割剩余价值的简要公式。由于

全部职能资本占有的剩余价值为：$\sum\bar{P}_{职资}=(\bar{p}'-\bar{r})\sum(k_{工}+k_{农}+k_{商})$；

银行资本占有的剩余价值为：$\sum L=\bar{r}\sum(k_{工}+k_{农}+k_{商})$；

① 《资本论》第3卷[M]，北京：人民出版社，2004年，第409页。

土地所有者占有的剩余价值为：$\sum D=\sum\alpha+\sum\beta=\sum m_{级差地}+(\sum m_{农}-\bar{p}'k_{农})$；

所以，还可以用一个比较具体的公式来表现全社会的剩余价值在剥削阶级中的分割：

$$\sum M=(\bar{p}'-\bar{r})\sum(k_{工}+k_{农}+k_{商})+\bar{r}\sum(k_{工}+k_{农}+k_{商})+[\sum m_{级差地}+(\sum m_{农}-\bar{p}'k_{农})]。$$

2. 社会总收入分配关系的综合数理表现

最后，可以用数理分析方法来表现社会的总价值产品在全社会的分配关系。前面已经提到，在《资本论》中，产品价值与价值产品在概念上是不同的；前者包括不变资本，后者则是新创造的价值。因此，社会总产品价值（$\sum W'$）包括社会总不变资本价值（$\sum c$）、全体雇佣工人创造的总劳动力价值$\sum v$（表现为总工资收入）和全体剥削阶级占有的剩余价值$\sum m$（表现为总平均利润、总利息和总地租）；而社会总价值产品（$\sum N$），是全体雇佣工人创造的新价值，不包括社会总不变资本价值（$\sum c$）。用数理公式来表示，则：

$$\sum W'=\sum c+\sum v+\sum m；\sum N=\sum v+\sum m。$$

如果把公式$\sum m=\sum\bar{P}_{职资}+\sum L+\sum D$代入后一公式，那么：

$$\sum N=\sum v+(\sum\bar{P}_{职资}+\sum L+\sum D)。$$

这表现出，在全社会的收入分配关系上，工人阶级与全体剥削阶级处在两极的对立关系中。工人阶级得到的是自己在生产中创造出的一部分相当于劳动力价值的新价值产品，而产业资本家、商业资本家、银行资本家和土地所有者构成的全体剥削阶级，则瓜分工人阶级创造的全部剩余价值。这就是资本主义生产关系在分配关系上的基本表现。

3. 资产阶级经济学在分配关系基本概念上的混乱

马克思揭示了资本主义生产关系在分配关系上的真实表现。但是，资产阶级经济学家却扭曲这种表现。他们把剥削阶级的利润、利息和地租收入说成是生产资料物质、货币资本和土地等天然产生的，完全掩盖了它们来自工人阶级创造的剩余价值的真相。这种掩盖还制造了宏观经济概念上的混乱，并为科学分析宏观经济运动设置了障碍。马克思指出，“为了避免不必要的困难，必须把总收益和纯收益同总收入和纯收入区别开来”①。他指出，“纯收入却是剩余价值，

① 《资本论》第3卷[M]，北京：人民出版社，2004年，第951页。

因而是剩余产品"[①],即只是剥削阶级的收入($\sum m$),可见"纯收入"这个概念,充分体现出资产阶级经济学的收入,是根本排斥工人阶级的收入的。马克思揭示出,"总收益或总产品是再生产出来的全部产品"[②],也就是说,"总收益"与社会总产品价值($\sum W'$)含义相同;而"纯收益""总收入"或"国民收入"这些概念与社会总价值产品($\sum N=\sum v+\sum m$)的含义相同,是不包括不变资本$\sum c$的。因此,分析资本主义的社会再生产或者宏观经济运动,不应当从"纯收益""总收入"或"国民收入"这些概念出发,因为使用这些概念,实质是沿袭了"斯密教条",不可能解决社会再生产中的不变资本$\sum c$的补偿问题。只有从社会总产品价值($\sum W'$)或者总收益和总产品出发,分析社会再生产或宏观经济运动,才是科学的。

四、国民工资差异的比较方法

(一)比较国民工资差异的辩证方法

1. 比较国民工资差异不宜迷惑于假象

本章以上主要阐释《资本论》对一国内部的宏观经济形态的数理分析。《资本论》还对国际经济关系进行了一些宏观数理分析,这些在本书第十二章有所涉及。这里,着重探讨马克思关于国民工资差异比较的数理分析方法。

在不同国家的国民工资比较中,人们往往认为发达资本主义国家劳动力价值的货币表现,即国民工资,要比资本主义不发达的国家高。这种认识,其实并不理解国民工资的本质是生产关系的体现,是迷惑于表面现象的一种认识。马克思科学地揭示了,比较生产力发展水平高低不同的资本主义国家国民工资或本质上是雇佣工人工资的差异,不能直接用国别货币表现的绝对工资额,因为国别货币是无法比较的;也不能只把国别货币工资,简单地转换成世界货币来比较,因为一定量货币表现的工资,只是名义工资,比较工资的国民差异只能比较实际工资的多少。所谓实际工资,"即工人靠同量劳动而得到的使用价值的量"[③]。由此可见,要科学地比较工资的国民差异,必须透过工资的现象形式,深入到工资的本质内容进行

① 《资本论》第3卷[M],北京:人民出版社,2004年,第952页。
② 《资本论》第3卷[M],北京:人民出版社,2004年,第951页。
③ 《资本论》第3卷[M],北京:人民出版社,2004年,第975—976页。

比较。

2. 比较国民工资差异的辩证方法

马克思以历史辩证法的眼光，提出了科学地比较不同资本主义国家工资差异的方法。他指出，“在比较国民工资时，必须考虑到决定劳动力的价值量的变化的一切因素：自然的和历史地发展起来的首要的生活必需品的价格和范围，工人的教育费用，妇女劳动和儿童劳动的作用，劳动生产率，劳动的外延量和内涵量。即使作最肤浅的比较，首先也要求把不同国家同一行业的平均日工资化为长度相等的工作日。在对日工资作了这样换算以后，还必须把计时工资换算为计件工资，因为只有计件工资才是计算劳动生产率和劳动内涵量的尺度”①。他还进一步指出，“一个国家的资本主义生产越发达，那里的国民劳动的强度和生产率，就越超过国际水平。因此，不同国家在同一劳动时间内所生产的同种商品的不同量，有不同的国际价值，从而表现为不同的价格，即表现为按各自的国际价值而不同的货币额。所以，货币的相对价值在资本主义生产方式较发达的国家里，比在资本主义生产方式不太发达的国家里要小。由此可以得出结论：名义工资，即表现为货币的劳动力的等价物，在前一种国家会比在后一种国家高；但这决不是说，实际工资即供工人支配的生活资料也是这样”②。“但是即使撇开不同国家货币价值的这种相对的差异，也常常可以发现，日工资、周工资等等在前一种国家比在后一种国家高，而相对的劳动价格，即同剩余价值和同产品价值相比较的劳动价格，在后一种国家却比在前一种国家高。”③

遵照马克思所阐释的方法，比较不同国家生产同种商品（相同部门）的雇佣工人的国民工资，必须进行必要的换算：

第一步，把不同国家工人的国别日工资换算成按国际标准计量的实际工资。这要求：首先把不同国家工人一个工作日的劳动量换算成按同一标准（即世界平均劳动）来衡量的劳动量，为此，必须把不同国家同一行业的计时工资换算成计件工资，即同种单位产品在不同国家的工资含量。在国际上，单个同种产品是按“国际价值”来计量的，而国际价值又是由“世界劳动的平均单位”④来决定的。按照国际价值的规定，发达资本主义国家的生产率高、劳动强度大，在相同劳动时间内能

---

① 《资本论》第1卷[M]，北京：人民出版社，2004年，第644—645页。

② 《资本论》第1卷[M]，北京：人民出版社，2004年，第645—646页。

③ 《资本论》第1卷[M]，北京：人民出版社，2004年，第646页。

④ “国际价值”“世界劳动平均单位”的概念均见马克思：《资本论》第1卷[M]，北京：人民出版社，2004年，第645页。

生产较多的“国际价值”，因而也包含着较多的“世界劳动的平均单位”。所以，比较实际工资差异就需要把不同国家同一行业工人的劳动时间，折合成按“世界劳动的平均单位”来计算的时间。其次，这样换算的同时，还需要把不同国家同一行业工人的国别货币工资额换算为按同种世界货币计算的货币额。

经过这些换算，就可以比较不同国家工人的实际工资了。可以用一个简单的公式来表示某国某行业工人的实际工资：

$$v=W(G)/t$$

式中，v 为按国际标准计算的实际工资；W(G)为工人在一定时间生产的产品中包含的，以世界货币计量的工资额所购买的生活资料使用价值量；t 为一定时间折合成的世界劳动平均单位量，也就是工人在一定时间生产的产品中，扣除 c(不变资本价值)后的 v+m(价值产品)的国际价值额中包含的用世界劳动平均单位计量的劳动时间。

第二步，必须考虑决定劳动力价值量变化的一切因素，从一国相当于劳动力价值的工资额中，排除某些特殊因素对“首要的生活必需品的价格和范围”的影响，从而对工资额的影响。例如，地理位置处于寒带国家的工人工资，因为衣服和居住条件要御寒，实际工资与热带和温带国家的工人相比，就会因这种因素而有所增加；在比较寒带与热、温带国家工人的工资时，是应当有所折扣的。

第三步，还必须比较“相对的劳动价格，即同剩余价值和产品价值相比较的劳动价格”，即比较不同国家按同一标准换算出的相对工资(v′)，v′=v/m，即与剩余价值相比较的工资，它是剩余价值率的倒数；或者，v′=v/(c+v+m)，即相对于一定工资的工人生产的同量产品价值的工资。从计件工资的角度看，在这个公式中，不同国家生产的同种商品的产品价值中，不变资本价值 c 是相等的(可以假定同种商品消耗生产资料和原材料是相同的)，不等的是产品价值中不同国家工人创造的新价值或价值产品(v+m)。因此，比较不同国家的相对工资 v/(c+v+m)，有意义的是比较 v/(v+m)的差异，也就是比较不同国家的工人在创造的新价值或价值产品中，自己能获得多少价值，即比较 v′=v/(v+m)。如果获得的比重大，则相对工资较高，反之，则较低。

只有运用上述的换算方法，才能科学地比较不同资本主义国家工人的工资差异，这是因为，这样换算之后的工资，才把比较放在同等条件下，并表现出工资的本质联系(工人在自己创造的劳动成果中自己所占部分的比重)。

3. 比较不同国家工资差异科学方法的例证

设有社会生产力发展程度高低不同的甲、乙两个国家，甲国平均劳动生产率明显高于乙国。假定甲国一个工作日($A_{甲}$)工作 8 个小时($t_{甲}$)，可以生产某种商品 20 个 w；乙国一个工作日($A_{乙}$)工作 10 个小时($t_{乙}$)，可以生产同种商品 10 个 w；撇开市场供求关系不平衡对价格的影响，假定劳动力市场价格等于劳动力价值，甲国的国别日工资：$v_{甲}=80$(甲国货币单位)；乙国的国别日工资：$v_{乙}=100$(乙国货币单位)，两国的国别日工资购买的生活资料量都相当于同样条件下的劳动力价值。假定这种商品的国际价格等于国际价值，其世界货币表现为 5 克金，生产这种商品所消耗的不变资本 c(生产资料和原料)的国际价值为 4.5 克金；同时，假定甲、乙两个国家的国别货币单位换算成世界货币的含金量分别是：甲国 1 个货币单位 = 0.04 克金，乙国 1 个货币单位 = 0.02 克金。那么，要比较这两个国家生产这种商品的雇佣工人工资，就有必要采取如下方法步骤：

第一，把甲、乙两个国家工人的国别日工资换算成长度相等的工作日的货币工资。这样，乙国的工人就应按照与甲国工作日相同的 8 小时，来计算本国的国别日工资：$v_{乙8}=100$(乙国货币单位)×(8/10) = 80(乙国货币单位)。

第二，将计时工资转换成单位商品所含的计件工资。按照假设，甲国一个 8 小时工作日生产某种商品 = 20w；这样，乙国的工人用 8 小时生产的同种商品 = $(10\text{w}/10t_{乙})\times 8t_{乙}=8\text{w}$。

因此，按照假设和上述计算，在每个同种商品中，甲、乙两国的工人用国别货币工资表现的计件工资，分别是：

$$v_{甲w}=80(\text{甲国货币单位})/20\text{w}=4(\text{甲国货币单位})/\text{w};$$

$$v_{乙w}=80(\text{乙国货币单位})/8\text{w}=10(\text{乙国货币单位})/\text{w}。$$

第三，将甲、乙两国用国别货币单位表现的计件工资，转换成用同一标准的世界货币来表现。每个商品的国别计件工资用世界货币表现是：

$$v_{甲w}=4(\text{甲国货币单位/w})\times(0.04\text{ 克金/甲国货币单位})=0.16\text{ 克金/w};$$

$$v_{乙w}=10(\text{乙国货币单位/w})\times(0.02\text{ 克金/乙国货币单位})=0.2\text{ 克金/w}。$$

这样，甲、乙两国的工人用同一标准的世界货币来表现的 8 小时日计件工资(v_A)分别是：

$$v_{A甲}=0.16\text{ 克金}/w\times20w=3.2\text{ 克金};$$

$$v_{A乙}=0.2\text{ 克金}/w\times8w=1.6\text{ 克金}。$$

由此看来,就绝对工资来说,甲国的工人日工资明显高于乙国的工人日工资。但是,这还只是从现象上比较两国工人的日工资,要从本质上作比较,必须进一步分析。

第四,从本质上比较,就要比较相对工资。根据上述假定,这种商品的国际价值(w=c+v+m)为 5 克金,按假定,其中的不变资本 c 为 4.5 克金,因此,每个商品中工人创造的新价值或价值产品:n=v+m=5−4.5=0.5 克金/w,v 即日计件工资 v_A,所以:m=n−v=n−v_A。

这样,甲、乙两国雇佣工人 8 小时工作日创造的新价值分别是:

$$n_{甲}=0.5\text{ 克金}/w\times20w=10\text{ 克金};$$

$$n_{乙}=0.5\text{ 克金}/w\times8w=4\text{ 克金}。$$

因此,甲、乙两国的雇佣工人 8 小时工作日用世界货币表现的相对工资(v′=v/m)分别是:

$$v'_{甲}=v_{A甲}/(n_{甲}-v_{A甲})=3.2\div(10-3.2)=47.1\%;$$

$$v'_{乙}=v_{A乙}/(n_{乙}-v_{A乙})=1.6\div(4-1.6)=66.7\%。$$

相对工资也可以用单个商品中用世界货币表现计件工资与产品价值相比较来表现:

$$v'_{甲单}=v_{甲w}/w=v_{甲w}/(c+v+m)=(0.16\text{ 克金}/w)\div(5\text{ 克金}/w)=3.2\%;$$

$$v'_{乙单}=v_{乙w}/W=v_{乙w}/(c+v+m)=(0.2\text{ 克金}/w)\div(5\text{ 克金}/w)=4\%。$$

以上两种相对工资的比较,都可以看出,就相对工资来说,生产力水平较高的甲国的工人日工资反而低于乙国的工人日工资。

(二)国民工资差异的实质

1. 资本主义工资科学比较的实质是剩余价值率的比较

上述马克思关于相对工资的规定有两种本质相同的数理表述。其一是:v′=v/m。不难看出,1/v′=m/v,而 m/v 就是剩余价值率,可见,一国雇佣工人的相对工资与该国的剩余价值率成反比。其二是：$v'=v/(c+v+m)$，或公式 $v'=v/(v+m)$。后一公式可以按数学方法转换为：$v'=1/(1+m/v)$。由此仍然可以看出，如果 m/v 增大，则 v' 缩小，反之则增大。可见，比较国民工资差异，本质上是比较不同国家的剩余价值率。一般来说，发达资本主义国家工人的绝对工资 v 会比不发达资本主义国家高，但是其相对工资 v/m 则较低；原因就在于发达国家的生产力发展了，但是剩余价值率却较高，即资本家对雇佣工人的剥削程度（m/v）较高。

2. 比较国民工资差异的一般公式

这里有必要阐明，公式 $v'=v/m$ 与公式 $v'=v/(v+m)$ 相比，前者只能用于比较资本主义国家之间的国民工资差异，要超出资本主义国家之间比较的范围，就需要用后一公式。由于后一公式能表现出工人在新创造的价值中自己收入的比重这层含义，所以这个公式对于比较所有国家之间的国民工资差异都是适用的。我们可以把公式 $v'=v/(v+m)$ 作为比较国民工资差异的一般公式。只要人们从这个角度比较，就会发现，社会主义发展中国家，只要坚持公有制基础，坚持按劳分配的原则，工人的相对工资会高于发达资本主义国家工人的相对工资。原因就在于，工人的收入在自己创造的新价值或价值产品中，占有的比重会显著高于发达资本主义国家的工人。

当代发达资本主义国家生产力比较发达，工人工资的绝对量一般较高；这些国家还通过控制、主导世界市场秩序，以不平等国际经济关系，剥削发展中国家劳动人民创造的剩余价值，把国际剥削的部分剩余价值用于实施本国福利政策，缓和资本主义基本矛盾；这难免使人们产生错觉，以为资本主义越发展，资本家阶级对工人阶级的剥削程度就越轻。当弄清了马克思所揭示的国民工资科学比较方法之后，这种假象也就不难揭穿了。

第十五章　唯物史观数理分析方法的特征

从前面两章可以知道,《资本论》以唯物史观指导的宏观经济数理分析方法,建立在科学地分析经济细胞商品和单个资本运动的基础上,是以劳动价值论和剩余价值论为基础的,它贯穿在商品、货币、资本、土地所有制和总收入五大基本经济范畴所表现的资本主义宏观经济关系的多个方面,因而是《资本论》唯物史观的宏观经济研究方法不可分割的组成部分。这些经济数理分析方法从一般角度看,对市场、企业经济层面同样适用。本章拟在前两章论述的基础上,对《资本论》的经济数理分析方法的科学特征进行必要的归纳,力求从唯物史观的反映论和辩证法这两个基本方面概括出一些要点,以便应用于指导社会主义市场经济的经济数理分析。同时,本章还将对西方资产阶级经济学经济数理分析方法的弊病,进行必要的批判,这将有助于纠正经济学界存在的盲目搬用这些方法的倾向。

一、坚持唯物史观的反映论

(一) 经济数理分析反映客观事实

1. 客观的经济事实必然包含数量关系

客观唯心主义者黑格尔认为,任何存在都有质、量、度的规定性。“质首先就具有与存在相同一的性质”,“如果某物失掉它的质,则这物便失其所以为这物的存在”;“一切事物都是有量的”;而一定事物的量,“是有质的量”,也就是以一定质为前提的有一定限度的量,如果量超出一定限度,事物就会停止原有的性质,发生变化。[①] 但是他认为,存在来自绝对精神或上帝。如果撇开这种唯心主义“外壳”;把

① 参见[德] 黑格尔著,贺麟译:《小逻辑》[M],北京:商务印书馆,1980 年,第 188 页。

他所说的绝对精神或上帝理解为客观世界，那么他论述的，正是唯物辩证法的科学原理：客观存在的一切事物都具有质、量、度的基本规定性。任何客观的经济事实及其相互联系，也都是经济性质与经济数量的统一。正因为如此，《资本论》在研究资本主义经济形态客观运动的过程中，始终把经济性质及其历史变化的分析和相应的经济数量分析紧密地结合起来。

经济学界有种观点，认为传统马克思主义政治经济学的缺陷是缺乏定量分析。如果这是指某些教科书，似乎有些理由；但是，如果认为这是指马克思原创的政治经济学，那就失之偏颇了。马克思主义政治经济学的代表作是《资本论》，而《资本论》全卷都是贯彻科学的经济数理分析的。原因就在于，客观经济事实及其相互联系必然包括数量关系，作为科学地反映它们本来面目的理论原理，必然要把经济性质分析和经济数量分析结合起来。

唯物史观的经济数理分析方法是科学的方法。它坚持唯物辩证地反映经济的社会形态的本来面目，它应用的数学公式，不过是客观经济运动的规律在数学上的表现。这种经济数理分析方法，不是"米不够，水来凑"，用数学、统计学自身的抽象逻辑关系来替代经济自身的现实逻辑关系，而是遵循现实经济关系中的客观辩证逻辑来科学地运用数学、统计学。坚持唯物史观的反映论，这是《资本论》数理分析方法的一大基本特征。

2. 数理分析从客观存在的经济事实出发

用唯物史观的反映论来指导经济数理分析，就应当从客观存在的经济事实中发现数量关系，而不能无中生有。如果离开了客观经济事实，凭主观提出经济数量问题，那就不是唯物史观的数理分析方法。

在《资本论》第 2 卷第十七章"剩余价值的流通"中，马克思就揭露了一个弄不清商品流通和资本流通共性与区别的资产阶级经济学家所提出的经济数量假问题："资本家不断从流通中取出的货币怎么能够比他投入流通的货币多。"①在这个经济学家看来，在资本流通（G—W—G′）中，每个资本家投入流通的货币是 G，而从流通中取出的货币则是 $G'=G+\Delta G$，这就需要解决"ΔG 这部分货币从何而来"这个问题，否则，资本家剩余价值就不能实现为 ΔG。这个问题乍看起来好像提得有理，而不少经济学家在这个问题面前，也陷入困境。但是，马克思则鲜明地指出，"这个

① 《资本论》第 2 卷［M］，北京：人民出版社，2004 年，第 364 页。

问题本来就是不存在的"①。也就是说,这个问题是假问题,因为在现实经济关系中,这种问题是根本不存在的。提出这种问题的人,实际上只是从资本带来利润这个角度,来看资本家投入货币和取出货币。他只注意到资本流通 G—W—G′这种流通关系,而没有看到,在现实经济关系中,这种流通关系是存在于商品流通一般关系 W—G—W 之中的。提出问题的人完全忽视了,资本家投入流通的,除了货币资本,还有用于个人消费的货币;而这种货币并不像货币资本那样预付之后是要收回的,而是花费出去,就停留在流通中不再收回了,而且所有的人用于个人消费的货币,都是这样花费出去不收回的。因此,资本家阶级用于实现剩余价值的货币,只不过是商品流通中已经存在的货币的一部分。从社会总资本的商品资本流通($W'—G—W<^{A}_{Pm}\cdots P\cdots W'$)的角度看,容易理解,其流通环节 $W'—G—W<^{A}_{Pm}$,正是通过商品流通一般形式 W—G—W 来实现资本流通的。因此,剩余价值的实现或货币化,包含在商品资本的实现或转化为货币的过程之中;商品资本的产品价值包含剩余价值,它的实现必然包含剩余价值的实现,这根本不需要另有一笔货币来专门用于实现剩余价值。如果要科学地提出真问题,就应当是,一个国家整个商品流通所需要的货币额从何而来。因为在资本主义经济中,如果一定的货币额能够满足全社会商品的实现,也就自然能够满足商品中包含的剩余价值的实现了。

可见,经济数理分析必须从客观存在的经济事实出发。马克思曾指出,对于"不着边际的"问题、"幻想的问题","唯一的答复应当是对问题本身的批判","如果一个方程式的已知各项中不包含解这个方程式的因素,那我们就无法解这个方程式"。② 因此,研究经济数量关系问题,不应当从虚无缥缈的假问题或伪问题出发,而只能从现实经济中客观存在的数量关系出发,并正确运用数学、统计知识加以解决。

(二) 数理分析以劳动价值论为基础

1. 商品价值是发达商品社会经济运动的物质基础

遵循唯物史观反映论,揭示发达商品生产社会的经济数量关系,必须坚持劳动价值论。马克思在《资本论》草稿(1857—1858)中指出,"正像单个人的情况一样,

① 《资本论》第 2 卷[M],北京:人民出版社,2004 年,第 368 页。
② 《马克思恩格斯选集》第 4 卷[M],北京:人民出版社,1995 年,第 643 页。

社会发展、社会享用和社会活动的全面性,都取决于时间的节省。一切节约归根到底都是时间的节约。正像单个人必须正确地分配自己的时间,才能以适当的比例获得知识或满足对他的活动所提出的各种要求,社会必须合理地分配自己的时间,才能实现符合社会全部需要的生产";"时间的节约,以及劳动时间在不同的生产部门之间有计划的分配,在共同生产的基础上仍然是首要的经济规律"。① 价值规律其实就是人类社会普遍存在的这个首要经济规律,在发达的商品生产社会的一种特殊历史表现形态;其他的经济规律都是在这个规律的基础上发生的。

应当充分认识商品价值及其运动规律是发达商品社会经济运动的物质基础。生产劳动是人类社会生存的基本条件,而生产方式随着社会生产力和社会分工的发展而变化;到资本主义历史阶段,人类社会进入发达的商品生产阶段,产品已普遍地采取商品形式,而商品的实质是人类的社会劳动创造的价值。资本主义经济形态的运动,建立在社会总产品价值的运动的基础上,其生产过程表现为商品价值的形成过程,并在生产关系作用下,成为产生剩余价值的资本增殖过程;流通过程表现为货币资本价值、生产资本价值和商品资本价值的循环和周转过程;分配过程表现为,全社会新创造的价值产品如何由生产条件的所有权关系所决定,成为社会各阶级的不同形式的收入;接着一方面进入个人消费,另一方面继续社会的再生产过程。因此,要遵循唯物史观关于生产劳动是社会存在的物质基础,研究商品经济形态或市场经济形态的运动,就必须弄清社会总产品的价值的运动;要揭示资本主义这个发达商品生产社会的经济运动规律,就必须弄清社会全部商品价值或总产品价值在生产关系作用下,从生产、流通、分配,到进入个人消费全部过程的价值运动规律,其中包括价值数量变化的规律。这样,才能揭示剩余价值规律及其各种表现形式。从本篇前两章的论述,可以知道,《资本论》经济数理分析方法都建立在劳动价值论的基础上。

2. 经济数理分析坚持唯物史观的劳动价值论

马克思的劳动价值论揭示出,商品的价值是历史的范畴;商品的价值以社会使用价值为前提;价值的性质是抽象人类劳动的凝结,"在商品体的价值对象性中连一个自然物质原子也没有"②;价值量的衡量是社会必要劳动时间;创造价值的劳动属于物质生产的生产性劳动,只有属于物质生产性质的抽象人类劳动的凝结才形

① 《马克思恩格斯全集》第46卷上册[M],北京:人民出版社,1979年,第120页。
② 《资本论》第1卷[M],北京:人民出版社,2004年,第61页。

成价值。这就扬弃了资产阶级古典经济学带有庸俗成分的劳动价值论，彻底否定了资产阶级庸俗经济学所谓非劳动的生产要素也创造价值的“要素价值论”。

只有坚持科学性的劳动价值论，才能撕破资产阶级经济学主观性、虚伪性和欺骗性的面纱，科学揭示资本主义经济形态的经济数量现象。例如，资产阶级经济学曲解利润、利息和地租三种收入的来源，认为利润来自全部投资，利息来自货币资本的天然属性，地租来自土地的恩赐；把三种收入视为三个相互独立的量，根本不明白，雇佣工人的活劳动形成的价值，从而提供的剩余价值，是这些收入的共同的、唯一的源泉，更不明白它们相互之间的数量关系。而马克思则根据劳动价值论和剩余价值论揭示出，从总量上看，这三种收入是社会总产品价值中的剩余价值部分，“如果我们考察社会总资本 C，用 p_1 表示扣除利息和地租以后剩下的产业利润，z 表示利息，r 表示地租，那么，$m/C=p/C=(p_1+z+r)/C=p_1/C+z/C+r/C$”①；在平均利润率趋于下降的规律作用下，“在 $m/C=p/C$ 以及 p_1/C、z/C、r/C 各自变得越来越小时，p_1、z 和 r 都能各自变得越来越大，或者，p_1 同 z 相比，或 r 同 p_1 相比，或 r 同 p_1 和 z 相比会相对地增大，这完全没有什么矛盾。在全部剩余价值或利润 $m=p$ 增加而利润率 $m/C=p/C$ 同时下降时，由 $m=p$ 所分成的各部分 p_1、z 和 r 之间的量的比例，可以在总量 m 的界限以内任意变动，而 m 或 m/C 的大小不会由此受到影响”。② 这就从宏观上把资本主义社会剥削阶级以不同收入形式瓜分剩余价值的相互关系清晰地揭示出来。

又如，关于通货膨胀现象，资产阶级经济学把价格上涨等同于通货膨胀。马克思则揭示出，价格是价值的货币表现，即使没有通货膨胀，由商品本身、金属货币的价值变动决定，同样会发生价格上涨现象；纸币发生通货膨胀，是由于纸币发行量过大，超过了商品流通中实际需要的金属货币量造成的，而通货膨胀的程度，就是投放到流通中的纸币面额超过了流通中实际需要货币价值量的程度。

再如，同量资本，有的由于周转速度快，年利润率高，资产阶级经济学以为流通本身可以创造价值，马克思则依据劳动价值论揭示出，生产时间不一定等于劳动期间，雇佣工人是在劳动期间把活劳动凝结在生产资料上，生产价值和剩余价值的，周转速度快的资本年利润率高，并不是流通创造了价值，而是由于周转速度快，导致一年的劳动期间的次数比周转速度慢得多，是同量活劳动由更多的劳动期间创

① 《资本论》第 3 卷[M]，北京：人民出版社，2004 年，第 270 页。
② 《资本论》第 3 卷[M]，北京：人民出版社，2004 年，第 270—271 页。

造价值，从而创造剩余价值。

这些例子都说明，只有坚持劳动价值论，才能客观地揭示资本主义经济和发达商品生产社会的经济数量关系。

3. 离开科学的劳动价值论不可能进行科学的经济数理分析

因为这意味着离开经济现实搞经济数理分析，而凭主观想象或者用数学逻辑替代现实经济逻辑，必然走向荒谬的邪路。《资本论》曾提到 18 世纪下半叶，英国资产阶级经济学家普莱斯博士用复利公式分析英国国债的例子。他说，如果一个先令，在耶稣降生那一年以 6% 的复利放出，会增长成一个比整个太阳所能容纳的还要大的数目。马克思针对他这种想入非非，深刻地指出，这是因为"他完全不顾再生产和劳动的条件，把资本看作自行运动的自动机，看作一种纯粹的、自行增长的数字（完全像马尔萨斯把人类看作是按几何级数增长一样），所以他竟然以为，他已经在下述公式中发现了资本增长的规律：$s=c(1+z)^n$。在这个公式中，s＝资本＋复利的总和，c＝预付资本，z＝利息率（表示在 100 的相应部分上），n 代表过程进行的年数"[①]。这是一个离开劳动价值论，用数学逻辑臆造经济数量变化的荒谬典型。实际上，正如马克思根据劳动价值论揭示的，资本的增殖是有一定数学界限的，它提高剩余价值率必然遇到"平均工作日（它天然总是小于 24 小时）的绝对界限"[②]；从全社会来看，社会工作日的总量由工人人数和平均劳动日长度决定，"人口的增加形成社会总资本生产剩余价值的数学界限"[③]。

因此，离开科学的劳动价值论，就背离了唯物史观，就不可能做到实事求是地对经济进行科学的数理分析。

（三）坚持劳动二重性的基本方法

1. 数理分析坚持唯物史观就必须重视劳动二重性

本书上卷第三章提到马克思指出的，商品中包含的劳动二重性，"这一点是理解政治经济学的枢纽"[④]。这里需要进一步强调，这是经济数理分析方法坚持唯物史观的反映论的必然要求。既然人类社会生存要以劳动创造的物质财富为基本条件，而在商品生产社会，产品使用价值只有通过市场交换，才能间接地实现其社会

① 《资本论》第 3 卷[M]，北京：人民出版社，2004 年，第 445—446 页。
② 《资本论》第 1 卷[M]，北京：人民出版社，2004 年，第 354 页。
③ 《资本论》第 1 卷[M]，北京：人民出版社，2004 年，第 356 页。
④ 《资本论》第 1 卷[M]，北京：人民出版社，2004 年，第 55 页。

有用性;产品中的劳动只有在同别的产品交换中,全部化为相同的人类劳动,凝结为社会价值,才能实现交换,成为现实的财富;那么,产品在全社会就必然普遍采取商品这种历史形式,生产商品的劳动必然具有社会有用劳动和抽象劳动的二重性,而商品必然具有使用价值和价值两个因素。由此,整个经济运动的数量关系就必然会从生产商品的具体劳动量(个别劳动时间量)和抽象人类劳动量(社会必要劳动时间量)两个方面,或从商品的使用价值量和价值量两个方面表现出来。这就意味着,经济数理分析唯有坚持劳动的二重性方法,才能够真正做到遵循唯物史观的反映论来进行。

2. 重视劳动二重性才能科学理解商品生产社会的经济现象

例如,为什么同一个部门生产率高的企业在同一时间创造的社会价值较多,这是一个至今学术界仍在争议的问题。产生争议的重要原因在于没有从劳动二重性的角度来理解这个原理。不能忽视,马克思没有把劳动二重性表述为具体劳动和抽象劳动,而是表述为"抽象的人类劳动"和"具体的有用的劳动"。[①] 简称为抽象劳动和有用劳动。马克思强调,有用劳动"总是联系到它的有用效果来考察的"[②]。因此,只有具体劳动中的有用劳动才是形成价值的前提。如果科学理解劳动二重性,就不难理解上述问题。须知,从社会比较的角度来看,具体劳动可能包括无用劳动成分。马克思指出,"从社会的角度来看,劳动生产率还随同劳动的节约而增长。这种节约不仅包括生产资料的节约,而且还包括一切无用劳动的免除"[③]。由于在同一生产部门,不同企业的具体劳动存在差别,在劳动生产率较高的企业,同样具体劳动时间中包含的社会标准的有用劳动成分多,因而以有用劳动为前提的抽象人类劳动就多,所以,它在同样时间内,比起劳动生产率低的企业,就能创造较多的以社会必要劳动时间来衡量的社会价值。可见,劳动生产率高的企业同样时间创造较多的社会价值,从主观条件看,是因为它减少了无用劳动的消耗;从客观条件看,先进的生产工具可以提高劳动的有效程度,比起落后的生产工具,它们是更有效的抽象劳动的"吸收器"和"磁石"。从有用劳动是价值创造的前提这个劳动二重性的观点来看,同一部门劳动生产率高的企业在同样劳动时间能生产较多的价值是必然的。

---

① 《资本论》第 1 卷[M],北京:人民出版社,2004 年,第 60 页。
② 《资本论》第 1 卷[M],北京:人民出版社,2004 年,第 55 页。
③ 《资本论》第 1 卷[M],北京:人民出版社,2004 年,第 605 页。

3. 坚持劳动二重性对宏观经济数理分析极为重要

在马克思之前,资产阶级古典经济学家已经对宏观经济运动进行过一些有益的探讨。重农学派代表人物魁奈在他的《经济表》表达出,在社会再生产中,不变资本价值(Σc)这个最重要的因素,应以更新的形式在社会总产品中再现出来;亚当·斯密已模糊地涉及社会再生产分为生产资料和消费资料两大生产部类,并且隐现出产品价值构成的新思想。[①] 但是,他们缺乏劳动二重性的唯物史观科学思想,因而他们的理论都有严重缺陷。而后来的庸俗经济学家包括现代的凯恩斯主义,还不如魁奈,他们沿袭"斯密教条"(在社会再生产中丢掉了不变资本价值Σc的补偿)的错误,越走越远。马克思继承了古典经济学家思想的科学成分,坚持以唯物史观的反映论研究社会再生产,他与资产阶级经济学相比,最重要、最鲜明的特征就是,运用劳动二重性的基本方法,从价值补偿和实物补偿两方面,分析社会总产品内部的比例关系,对社会总资本的再生产和流通的内部联系进行经济数理分析。

例如,资产阶级古典经济学研究宏观经济,关注的是国民收入,现代资产阶级经济学则关注国内生产总值(GDP),分析的经济总量实质上就是$\Sigma(v+m)$,其实都丢掉了社会再生产中最需要解决的不变资本价值补偿问题,而导致这种根本错误的原因,就是他们不懂劳动的二重性。而马克思则应用劳动二重性的方法阐明了,全社会每年投入的活劳动,在用抽象劳动形成新价值产品$\Sigma(v+m)$的同时,还以具体有用劳动保存投入生产中的不变资本价值Σc,揭示出社会再生产运动,要求社会总产品价值分为生产资料和消费资料两大基本生产部类,只有它们的产品价值相互之间,在使用价值和价值两方面形成相应的比例关系,社会再生产运动才能真正实现,否则就会发生结构失衡的经济危机。毫无疑问,在社会主义市场经济条件下,要科学调整产业结构,也必须应用劳动二重性的方法进行经济数理分析,必须重视社会生产各主要部门的产品价值结构,不但要研究它们在价值方面的比例关系,也要研究它们在使用价值方面的比例关系,这样才能真正促进形成有利于宏观经济科学运行的产业结构。

又如,现代西方资产阶级宏观经济学的重要专题之一是研究经济周期,主要应用经验主义的实证方法,根据宏观经济运动的经济总量(GDP)在不同时期增长率

---

① 参见《资本论》第2卷[M],北京:人民出版社,2004年,第398—410页。

的起落交替变化，对周期作出分析判断；但是，这种经济周期理论不懂劳动二重性，并未找到经济周期发生的深层原因，对如何克服周期性经济危机，也只能做“事后诸葛亮”，提出治标而不治本的对策。而马克思则运用劳动二重性方法，区分了固定资本与流动资本；区分了从价值补偿角度来看的预付总资本的价值周转时间，和从使用价值或实物形态补偿角度来看的预付总资本的周转周期；揭示出在社会再生产过程中，用于固定资本实物更新的折旧基金价值量，与体现固定资本损耗价值（折旧）的商品价值量之间的不平衡，这是发达商品生产社会产业结构失衡的一般原因。① 马克思进一步深刻揭示出，生产社会化和资本主义私人所有制这对固有矛盾，必然造成社会有购买力需求不足，这是发生经济危机的根本原因。他把产业结构失衡的一般原因和经济危机的根本原因结合起来思考，指出“危机总是大规模新投资的起点。因此，就整个社会考察，危机又或多或少的是下一个周转周期的新的物质基础”②。这就为我们从一般与特殊的结合上研究社会主义市场经济条件避免发生结构失衡，提供了极其重要的方法论指导。显然，我们应当发挥社会主义公有制经济基础的特殊优越性，一方面要努力提高占人口大多数的劳动人民有购买力的市场需求，消除资本主义引起危机的根本原因；另一方面，要通过经济数理分析，弄清固定资本补偿造成产业结构失衡的一般原因，避免把因固定资本补偿引起的一般性生产过剩与资本主义特殊的生产过剩混同起来，并在宏观调控实践中积极探索，力求用这一时期的某些生产过剩，弥补下一时期的生产不足，从而避免发生市场经济一般可能产生的经济危机。

二、数理分析遵循唯物辩证法

（一）反映质与量的辩证关系

1. 经济数量分析以确定经济性质为前提

坚持唯物史观的反映论，就必然坚持辩证法，因为经济的社会形态同一切客观事物一样，都是遵循辩证法运动的，其运动形式乃是辩证法一般在人类社会的特殊表现，其中必然有数量方面的表现。遵循辩证法，客观地反映经济运动的数量变

① 这种不平衡，根据本书上卷第六章的有关论述，可以用公式表示为：Ⅱc(1)G≠Ⅱc(2)d，Ⅰc(1)G≠Ⅰc(2)d。
② 《资本论》第2卷[M]，北京：人民出版社，2004年，第207页。

化，这是《资本论》数理分析方法的又一大基本特征。这种基本特征在原著中体现在许多方面，首先就是经济数量分析以确定经济性质为前提。

从本章开头论述的关于客观事物质与量的相互关系辩证法，可以知道，一定的经济事物，必然具有确定的经济性质；而经济性质同一的客观经济事物，必定有一定限度的量；只有性质等同的经济事物，才能进行量的计算和比较。例如，说 3 斤米多于 2 斤米，正常人谁都明白；但是你要问 3 个鸡蛋和 2 个面包哪个大，谁都不能回答。又如，说 3 个鸡蛋加 2 个鸡蛋是 5 个鸡蛋，谁都清楚；但是说 3 个鸡蛋加 2 个脸盆等于几，那就有些莫名其妙。这说明，量的计算和比较必须以质的同一性为前提。马克思之所以能揭开“价值是什么”这个千古之谜，正是因为遵循质与量的辩证法，舍去了商品交换时导致实物数量无法直接比较的任何差异性，抽象出不同商品中客观存在的质的等同性，这才发现，实物形态多种多样的商品中包含具有同一性的价值，正是这种价值实体凝结的抽象人类劳动，能够使商品相互交换，进行数量比较，进而才揭示出商品生产和交换的数量规律，即价值规律。

在《资本论》中，凡论述某种经济数量，都以这种量有明确的质为前提。例如，商品社会价值量（通常简称价值量），以生产商品的社会必要劳动时间为前提，而商品的个别价值量（使用这个概念时通常会注明）则以生产商品的个别劳动时间为前提；国别价值量以一定国家的国内社会必要劳动时间为计量单位，而国际价值量则以世界平均劳动作为计量单位；金属货币量包含的价值量，以本身就有一定价值量的单位金属商品为前提，而纸币包含的价值量，则以纸币发行总量代表的商品流通实际需要的金属货币量为前提；处在商品流通中的货币量，以有一定价值量的货币为前提，而处在商品流通中的货币资本量，则以货币形态的资本量为前提。凡此等等，都表现出《资本论》用辩证法进行全面、准确地经济数量分析的科学特征。

《资本论》遵循辩证法，把经济性质分析和经济数量分析结合起来，为科学进行经济数理分析做出了典范。它告诉我们，经济分析如果缺乏客观的性质确定，单纯地搞数量分析，那等于用数学逻辑取代经济逻辑，势必弄不清多样性、多层面的经济关系在数量表现上的区别；而忽视数量分析，仅停留在经济性质的确定上，经济分析则势必不能具体、深入，也有悖于辩证法的要求。

2. 量变到质变的经济数理分析

辩证法揭示出，事物的发展普遍存在量变到质变的客观规律。经济事物或经济矛盾的演变也是如此。因此，唯物史观的经济数量分析，必然要包括反映量变与质变的辩证关系。这在《资本论》中有精彩的论述。

例如，马克思在阐明劳动力商品范畴的基础上揭示出，“价值增殖过程不外是超过一定点而延长了的价值形成过程。如果价值形成过程只持续到这样一点，即资本所支付的劳动力价值恰好为新的等价物所补偿，那就是单纯的价值形成过程。如果价值形成过程超过这一点而持续下去，那就成为价值增殖过程”①。这就清晰地阐明，商品生产一般与资本主义商品生产的性质区别，并不是两个相互独立过程的区别，而是在同一价值形成过程中量变到质变的结果。

又如，马克思关于小业主从资本家“幼虫”变为“蝴蝶”的深刻论述。马克思基于价值增殖过程或剩余价值产生过程的分析，揭示出“不是任何一个货币额或价值额都可以转化为资本。相反地，这种转化的前提是单个货币占有者或商品占有者手中有一定的最低限额的货币或交换价值。可变资本的最低限额，就是为取得剩余价值全年逐日使用的一个劳动力的成本价格”②。然而投资者不可能只雇佣一个或几个工人，就成为资本家，因为工人数量太少，他们创造的剩余价值量还达不到供养他，让他脱离生产劳动的数量，为此他自己还得或多或少地与雇佣工人一起劳动，因而还不可能完全成为人格化的资本。③ 而“资本主义生产发展到一定高度，就要求资本家能够把他作为资本家即人格化的资本执行职能的全部时间，都用来占有从而控制他人的劳动，用来出售这种劳动的产品”④。因此，只有当私人小业主拥有的资本达到一定数量，从而雇佣的工人达到了一定的数量，才能变为名副其实的资本家。

当然，事物的量变到质变要有一定条件。马克思在作经济数理分析的时候，也十分重视阐明这种条件。在上面关于商品的价值形成过程到价值增殖过程的质变例证中，马克思就清楚地阐明，不是任何时代都会出现这种质变，商品生产在人类社会很早就存在，只有到资本主义生产关系出现，从而产生了劳动力商品，才具备了发生这种质变的社会经济条件。在上面列举的小业主到资本家的质变例证中，马克思指出，“单个的货币占有者或商品占有者要蛹化为资本家而必须握有的最低限度价值额，在资本主义生产的不同发展阶段上是不同的，而在一定的发展阶段

---

① 《资本论》第1卷[M]，北京：人民出版社，2004年，第227页。
② 《资本论》第1卷[M]，北京：人民出版社，2004年，第356页。
③ 这说明，小业主所有制是介于以自己劳动为基础的私有制和资本主义私有制之间的过渡性的经济形式。
④ 《资本论》第1卷[M]，北京：人民出版社，2004年，第357页。

上，在不同的生产部门内，也由于它们的特殊的技术条件而各不相同”①。这就深刻地揭示了需要有历史运动的眼光，来理解小业主转化为资本家所需要的社会经济条件。

3. 从质的区别到量的分割和从量的分割到质的区别

《资本论》还揭示了，在经济运动中存在经济性质区别与经济数量分割相互转化的辩证关系。

一是从质的区别到量的分割。我们知道，劳动力和资本是经济性质相互对立、有根本区别的两个经济要素，由这种性质上的区别，产生了劳动创造的价值量分为劳动力价值（表现为工资）和剩余价值（表现为产业利润）的分割，而这两个量是相互限制的。因此，马克思指出，“在本质上是建立在剩余价值和工资的分割基础上的，在剩余价值和工资的分割上，劳动力和资本这两个完全不同的要素起着决定的作用；那是两个独立的互相界限的可变数的函数；从它们的质的区别中产生了所生产的价值的量的分割”②。这从简单的公式 $m = A - v$（式中 m、A、v 分别表示剩余价值、工作日和劳动力价值），可以清楚地看出，m 和 v 是在 A 的范围内相互限制的，前面章节已经指出，v 是由一定时代的必要生活资料的价值、劳动强度、劳动生产率和工作日长度等因素决定的函数的因变量，而 m 则由绝对剩余价值和相对剩余价值的生产方法决定，也是一定因素决定的函数的因变量，因此，m 和 v 的价值数量的量的分割，是由劳动力和资本这种经济性质对立的质的区别产生的。

二是从量的分割到质的区别。这是指，职能资本家的平均利润区分为利息和企业家收入两部分，马克思指出，“在这里，质的区别相反地是从同一剩余价值部分的纯粹量的分割中产生的”③。之所以发生这种量的分割，是因为在经济现实中，出现了职能资本家与货币资本家（非职能资本家）的区分，如果职能资本家从银行贷款经营，那么他必须在偿还贷款时把利息作为资本所有权的收入付给货币资本家。这种量的分割，产生出质的区别，它表现在，利息只是表现为资本所有权的果实，“表现为抽掉了资本再生产过程的资本自身的果实，即不进行‘劳动’，不执行职能的资本的果实”；而企业主收入对他来说则表现为他自己的活动，“只是表现为他用资本所执行的职能的果实，表现为资本的运动和过程的果实”。简

① 《资本论》第 1 卷[M]，北京：人民出版社，2004 年，第 358 页。
② 《资本论》第 3 卷[M]，北京：人民出版社，2004 年，第 408 页。
③ 《资本论》第 3 卷[M]，北京：人民出版社，2004 年，第 408 页。

言之,量的分割形成了质的区别:收入利息是与生产过程无关的资本所有权的果实,企业主收入是“资本使用者在再生产过程中所起的能动作用的果实”。在历史发展过程中,这种质的区别硬化和互相独立化了,“对全体资本家阶级和全部资本来说,现在必然会固定下来”。即使职能资本家使用自有资本经营,他也具有了资本所有者和经营者的两重身份,因而也会把获得的平均利润,区分为两部分,前一部分按银行利息率计算,作为自己掌握资本所有权理应获得的收入,另一部分则是他作为经营者的收入。这种质的区别造成了收入源泉上的假象,似乎利息和企业主收入来自两个不同的源泉,使人们完全忘记了,它们不过是同一剩余价值的两个部分。

以上论述的《资本论》关于经济数量分析以确定经济性质为前提、量变与质变辩证关系,以及从质的区别到量的分割和从量的分割到质的区别等方法,深刻地揭示出,在客观经济现实中存在着质量对立统一关系的辩证法。应用经济数理分析方法,自觉地遵循这些辩证关系,才能更深刻地反映经济现实的本来面目。

(二)反映经济形态的多种辩证关系

1. 从本质到现象的经济数理揭示

客观经济形态存在多种辩证关系,每种辩证关系都有经济数量表现。除了以上关于质与量的经济辩证关系,还有现象与本质、内容与形式、原因与结果、必然性与偶然性等一系列的经济辩证关系。这一节拟对这些方面做些探讨。先论述《资本论》关于经济现象与经济本质辩证关系的数理分析方法。

如果认真研读《资本论》原著,就不难知道,马克思在弄清经济性质的前提下,总是先揭示经济本质的数量关系,再揭示这种本质在真相上的数量关系表现,并进而揭示掩盖本质的假象上的数量关系。典型的例子就是从工人受资本家剥削的程度(剩余劳动/必要劳动)这种本质层面的经济数量关系,到反映真相的剩余价值率(m/v),又到产生假象的利润率[$m/(c+v)$],进而到职能资本的平均利润率[$\bar{p}'=\sum p/\sum(c+v)$],乃至银行资本的利息率[$r=(k\bar{p}'-Q)/k$]、企业主收入率($\varepsilon=\bar{p}'-r$)和地租率[①]等,层层递进,从经济深层的本质,到现象中的真相,又到现象中的假象,进而由较表面的假象,直到把本质完全掩盖了的最具欺骗性的假象。这就从数量

① 设地租为 d,土地面积为 S,农业投资为$k_{农}$,地租率为 δ,那么按土地面积计算的地租率$\delta_1=d/S$,按农业投资计算的地租率$\delta_2=d/k_{农}$。

关系上阐明了产生经济假象的各种中介因素，揭示了本质与现象的内在联系，从本质发展为假象的必然过程。

研读《资本论》原著，还可以看到不少从本质到现象的数理分析方法，如从揭示工资的本质是劳动力价值，其数量由多种因素规定；到阐明工资在现象上把实质是必要劳动的报酬转化成了整个劳动都有报酬；又进一步揭露计时工资和计件工资这两种计量方法，如何成为资本家阶级提高对工人的剥削程度的手段。又如，如何理解资本家的目的是追求越来越多的剩余价值，在现象上却要努力降低自己生产的商品的个别价值，马克思依据劳动价值论，从本质上揭示出同一生产部门生产同种商品的个别劳动时间和社会必要劳动时间在量上存在本质区别，从而个别价值和社会价值（市场价值）存在量的区别，由此说明，资本家降低个别价值的实质是要从市场价值与个别价值的差额中追求超额剩余价值或超额利润，这就把本质和现象统一起来。这样的从本质到现象的经济数理分析方法是很有说服力的科学方法。

2. 揭示经济形式与经济内容辩证关系的数理分析方法

唯物辩证法揭示出，事物的外部差别表现在形式上，而事物的形式是事物的内部矛盾即内容决定的；不同的事物相比较，有意义的是发现形式上的异中之同或同中之异，这有助于发现不同事物内容上的共性或区别，从而区分形式相同而内容不同的经济数量。《资本论》在经济数理分析方法上，就遵循了形式与内容的辩证法，来揭示商品流通 W—G—W 与资本流通 G—W—G 的共性与区别。首先从形式上比较，这两种流通具有异中之同，它们都由两个对立的阶段 W—G（卖）和 G—W（买）构成，都是两个阶段的对立的统一。但是它们在形式上具有同中之异，这表现在，尽管都有买和卖两个阶段，但是前后排序不同，与此联系的是货币 G 的运动不同；在商品流通中，同一块货币两次换位，货币从一个人手中转到另一个人手中，而在资本流通中，同一件商品两次换位，使买者的货币又流回到起点。而从形式上比较出差异，目的是为了揭示商品流通和资本流通在内容上的区别，即从形式差别认识内容的差别：前者的目的是消费，后者的目的是价值本身；前者是不同商品的物质交换，后者是价值的增殖；前者以满足买者需要的商品为限度，后者追求抽象财富，在价值增殖的数量上没有任何限度；前者的货币是作为一般等价物的货币商品，充当商品交换的媒介，而后者的货币是自行增殖的独立价值的货币形式，即资本的货币形态。而认识到这两种流通内容上的根本区别，就要求人们把宏观经济流通领域中的货币量和货币资本量区分开来,不应当把作为商品流通媒介的货币量,等同于处在社会总资本的商品流通环节中的货币资本量。

恩格斯指出,“一切存在的基本形式是空间和时间”①。《资本论》对经济的时空形式如何表现经济内容,也体现出经济数理分析方法对形式与内容辩证法的应用。对于价值形成和增殖过程,马克思用社会必要劳动时间、个别劳动时间、剩余劳动时间、必要劳动时间等时间形式,来分别表现耗费的社会劳动(抽象劳动)量、个别企业的劳动量、被资本家剥削的劳动量、雇佣工人为自己生存耗费的劳动量等经济内容;而对于资本的流通过程,则使用流通时间、生产时间、非生产时间、劳动时间等一系列时间形式,来分别表现资本在运动中经过生产、流通领域不同阶段体现资本循环与周转速度的量。同样都是时间形式,但是由不同的经济内容决定,有关的时间形式就有不同的含义,这对于清晰地阐述不同经济层面的区别和联系,具有重要的意义。

3. 揭示经济运动必然性与偶然性的数理分析方法

唯物辩证法揭示出,客观事物存在朝一定方向发展的比较稳定的运动趋势,这就是发展的必然性,它是事物内部基本矛盾作用的结果。但是,事物总是处在多方面的内外关系相互作用中,这会使事物产生与必然趋向或正或反的运动,这就是事物发展中的偶然性。不过,这种偶然性既然是内部矛盾与外在因素作用的表现,也就包含某种必然性,从长过程看,事物发展的必然趋势是通过正反运动的一系列偶然性,在曲折中运动的。科学的任务,在于从事物运动的偶然性中发现潜在的必然性,并弄清引起偶然性的原因,也就是揭示事物发展的客观规律;从实践的角度看,还要能动地推动事物减少曲折,朝必然性趋向前进。经济形态的运动同一切事物的发展一样,也具有必然性和偶然性,它们都会在经济数量上表现出来。科学的经济数理分析方法,既然服务于揭示客观经济规律的目的,也势必遵循必然性和偶然性的辩证法。《资本论》对平均利润率下降规律的经济数理分析,就体现出这种特点。

马克思揭示出,职能资本的平均利润率具有逐渐下降的必然趋势。这可以从产业资本的平均利润率公式$\bar{p}'=\sum m'v/\sum(c+v)=\sum m'/\sum(c/v+1)$来理解,不难看出,在 m′一定的情况下,$\sum c/v$ 的增大,必定引起$\bar{p}'$的下降,而 c/v 是资本有机构成

① 《马克思恩格斯选集》第 3 卷[M],北京:人民出版社,1995 年,第 392 页。

的数量表现，它意味着生产技术进步和劳动生产率的提高。可见，平均利润率趋于下降，是劳动生产率逐步提高或社会生产力逐步提高这个社会经济发展一般规律在资本主义经济中的表现，具有必然性。不过，对这种必然性不能理解为直线型的下降。马克思指出，“这种下降不是以这个绝对的形式而是以不断下降的趋势表现出来”①。为何这种必然性只是表现为一种趋势？这是因为，有某些因素在起反作用，阻挠和抵消平均利润率的下降。马克思分析了诸如劳动剥削程度的提高、工资被压低到劳动力的价值以下、劳动生产力提高使不变资本各要素变得便宜、相对过剩人口的存在造成剩余价值率的提高、投在对外贸易上的资本可以提供较高的利润率、投在铁路上的大企业股份资本不参加利润率平均化过程、新的生产方法要通过一个竞争过程才会导致平均利润率降低等因素，如何阻碍平均利润率下降。由此说明，这些因素并不能取消平均利润率下降的规律，但是会减弱它的作用，使平均利润率下降得不那么大、那么快，从而使这个规律只是作为一种趋势发生作用；并经过一个长的时期，才会清楚地显示出来。② 为何这些起相反作用的经济因素不可能取消平均利润率的下降规律？因为这些因素都或多或少会提高剩余价值率，从平均利润率公式可以看出，分子上 m' 的提高是会导致平均利润率提高的。但是，这些因素在阻止利润率下降的同时，也往往会提高社会生产力，这就意味着会起到提高分母中的资本的有机构成 c/v 的作用；而且有些降低了劳动力价值 v 的因素，也会提高资本的有机构成 c/v，这就使它们提高平均利润率的作用减弱。而且，m' 的提高会遇到工人阶级的反抗，因而它对提高平均利润率的作用就不可能太大。一般来说，m' 提高后，会稳定一段时间，而这时劳动生产率又会提高，因此，从较长的运动过程来看，m' 的提高幅度不可能赶上 $(c/v+1)$ 的提高幅度，这使 $\bar{p}'$ 虽然有时可能上升，但是下降则成为一种必然趋势。

《资本论》用经济数理方法，揭示出客观经济规律在必然性和偶然性辩证关系作用下表现为一种趋势，这样的例子还有不少。例如，等量资本在相等时间内提供等量利润这一规律，表现为一种有波动的趋势。又如，市场利息率在每个时点的高低，取决于货币资本家和职能资本家之间的竞争，具有偶然性；但是如果把较长时期，每年的市场平均利息率联系起来，就可以发现，它也呈某种下降趋势，具有必然性，这是因为利息率必定低于平均利润率，而平均利润率是呈下降趋势的。

---

①　《资本论》第 3 卷[M]，北京：人民出版社，2004 年，第 237 页。

②　参见《资本论》第 3 卷[M]，北京：人民出版社，2004 年，第 258—267 页。

可见，客观经济规律是以一种复杂和近似的方式，在曲折、波动中发生作用的。为此，马克思强调，一切经济规律，都要“当作一种趋势来看”[①]。《资本论》揭示经济运动必然性与偶然性的数理分析方法，对于我们科学认识客观经济规律及其现实表现，具有重要指导意义。

4. 经济数理分析反映经济运动原因与结果的辩证关系

唯物辩证法在阐述事物的必然性联系时，揭示出事物发展变化存在因果关系，原因是事物变化的根据和条件，事物扬弃原因则变化为新事物。分清原因和结果，不能颠倒因果关系。当然，也要看到，在事物发展的过程中，新的结果又会成为新的原因，而且结果对原因也有反作用，但是，在原因的规定性上，它对于结果来说，总是起先导、决定作用的。科学反映客观事物的运动过程，其中包括反映运动中的数量关系，必须遵循因果关系的辩证法。《资本论》在这方面提供了大量例证。

例如，研究一般商品流通规律，计算商品流通中需要的货币量，就是在揭示生产流通和货币流通因果关系的基础上进行的。马克思揭示出，商品流通是从商品交换开始的，原始社会末期发生的偶然的、个别的物与物的交换是起点，其后商品的交换逐步扩大，经过扩大的价值形式、一般的价值形式，产生了货币形式，而货币形式又经过选择某种商品如贝壳、铜，直到金、银的过程，大量的商品交换不可分割地相互交错，交换范围不断扩大，才形成商品流通。而商品流通赋予起中介作用的货币，形成了货币流通。因而，货币流通是商品流通的结果或表现，而不是相反。这种因果关系要求，计算一定时期商品流通中执行流通手段职能的货币量（金 M），应以这一时期客观存在的商品流通为前提，因而应当把流通商品的价格总额（W）和充当这种商品流通媒介的货币流通的平均速度（V）作为决定流通中的货币量的原因，即：$W/V=M$，即公式的左面表示决定货币量的原因和决定因素，右面则表示结果和被决定的因素。而不能认为既然上述公式可以变为 $VM=W$，因而可以反过来，把货币量和货币流通速度的乘积，当作形成商品流通总价格的原因，这就用数学逻辑替代经济因果关系，倒因为果了。西方资产阶级经济学家弗里德曼的货币流通理论之所以不科学，主要原因就是不懂商品流通和货币流通的因果关系。在纸币流通的条件下，只有弄清商品流通、货币流通与纸币流通三者相互关联的因果关系，才能明白物价上涨属于商品生产和供求关系方面的问题，而通货膨胀是纸币

① 《资本论》第 3 卷［M］，北京：人民出版社，2004 年，第 195 页。

发行量超过流通需要的有真实价值的货币流通量的问题，才能将物价上涨与通货膨胀区分开来，科学计算通货膨胀率。

又如：揭示价值交换在历史上是按生产价格交换的原因，证明价值规律决定和调节生产价格规律；揭示在资本主义发展的一定时期，工人的工作日、劳动强度、劳动生产率和教育费用等，是决定劳动力价值量的因素；揭示职能资本家的平均利润率和农业资本家使用较好土地或连续投资在农业部门获得超额利润，这是形成一定级差地租量的原因，而土地所有权占用级差地租则是结果；揭示在国际经济关系中，国际贸易、国际投资等因素的影响是形成世界货币流动，形成国际支付顺差或逆差的原因，而国别货币兑换的汇率则是国际货币流通的结果，等等。

马克思深刻指出，“对人类生活形式的思索，从而对这些形式的科学分析，总是采取同实际发展相反的道路。这种思索是从事后开始的，就是说，是从发展过程的完成的结果开始的”①。由于我们面对的现实的经济现象，总是各种原因导致的结果，因此，探究经济现象的本质，弄清其产生的原因，这是进行科学经济数理分析的前提，在经济研究中必须提高遵循这种辩证法的自觉性。

5. 经济数理分析反映经济关系绝对性与相对性的辩证法

在唯物辩证法中，绝对性，指客观事物的真实性和本质具有一般性、稳定性的表现；相对性，指事物是在与其他事物的相互关系中存在的，因而其真实性和本质的表现往往具有间接性、差别性、特殊性和多样性。《资本论》在作经济数理分析时，多方面地使用了绝对和相对的辩证法范畴。

例如，马克思使用绝对性与相对性的范畴来反映经济实体与表现形式的差别。商品的价值、价值中凝结的社会劳动实体，其存在是客观的、绝对的，但是，却只能在商品交换关系的价值形式中表现出来，而且只是处在相对价值形式一方的商品的价值，能够通过处在等价形式一方的商品或货币表现出来。因此，价值的表现形式具有相对性。而用商品的价格来表现的商品的价值更具相对性，因为如果出现通货膨胀，商品的价格将在很大程度上背离商品的真实价值量。只有人类社会发展到高级阶段，商品、货币形式消亡了，抽象人类劳动即社会劳动时间才能去除物的外观，作为社会支配和分配的社会总劳动时间的一部分，直接表现出来。可见，在商品生产社会，经济数理分析面对的价值量，都是社会劳动时间的间接表现，具

① 《资本论》第1卷[M]，北京：人民出版社，2004年，第93页。

有相对性。应当透过这种相对性来认识每种商品所包含的社会劳动时间存在的绝对性，从而认识社会总劳动时间在全社会按比例分配的必要性。

又如，马克思使用绝对性与相对性的范畴来反映一定历史阶段的生产一般与特殊的关系。资本主义生产剩余价值是绝对存在的，不过在资本主义发展过程中，生产剩余价值的方法，又有差别，具有相对性。马克思提出的剩余价值生产的综合公式：$m = Ae - W(A, e)/w/t$，就阐明了绝对剩余价值生产是生产绝对剩余价值和相对剩余价值的统一。$Ae > W(A, e)/w/t$，或者说，$m > 0$，剥削性质不变，这是绝对的；但是，剩余价值生产是主要靠工作日 A 的延长，还是主要靠劳动强度 e 和劳动生产率 w/t 的提高，在资本主义历史发展的不同阶段则有差别：在原始积累和工场手工业时期，主要靠延长工作日，在机器大工业生产占统治地位之后，则主要靠劳动强度和劳动生产率的提高，在生产手段上具有相对性。而相对性中包含着绝对性及其发展，因为相对生产价值生产使剥削程度在工作日缩短的条件下更加提高了。可见，马克思在经济数量分析中遵循相对性和绝对性的辩证法，有助于更真实地揭示经济运动的真实面貌。

再如，马克思使用绝对性与相对性的范畴来比较经济现象的表面差别与本质差别。比较甲国和乙国雇佣工人的工资，如果将两国的国别货币表现的国别工资，折合成用纸币美元作为世界货币的纸币单位表现的工资，甲国的工人工资 $v_{甲}$ = 3 000美元，乙国的工人工资 $v_{乙}$ = 600 美元，从绝对量看，$v_{甲} > v_{乙}$，但是，相对于雇佣工人得到这些工资为资本家提供的剩余价值而言，假定甲国的工人提供 4 500 美元，乙国的工人提供 700 美元；那么，甲国的工人相对工资 $v_{甲}/m_{甲}$ = 3 000 美元/4 500美元 = 66.7%，而乙国的工人相对工资 $v_{乙}/m_{乙}$ = 600 美元/700 美元 = 85.7%，由于 $v_{甲}/m_{甲} < v_{乙}/m_{乙}$，所以乙国的工人相对工资高于甲国。可见，运用相对工资来比较，可以看出甲乙两国工人工资的本质差别，就是甲国资本家对工人的剥削程度高于乙国。这说明，应用绝对量与相对量来比较，有助于透过经济现象的表面差别看到深层的本质差别。

综上所述可知，经济数理分析方法贯穿《资本论》原著。以上的归纳梳理，可能不那么准确、全面，但是足以说明，唯物史观的经济研究方法内在地包括经济数理分析；而应用数学、统计学的逻辑，必须服从现实经济的逻辑关系，而绝不是用数学、统计学的逻辑替代客观经济辩证法。应当看到，迄今国内经济学界对马克思主义政治经济学的数理分析方法的重视并不够，认真研究《资本论》经济数理分析方法的论著并不多见；反而有一种认为马克思主义政治经济学忽视或轻视经济数理分析的错觉，所以，本章的论述可以起到澄清误解、抛砖引玉的作用。

三、不宜迷信西方经济学的数理分析方法

（一）西方经济学数理分析方法的弊病

1. 停留在经济形态的表层

建设社会主义市场经济体制，必须重视唯物史观的经济数理分析方法，把握好经济现实的数量关系。但是，一段时间以来，经济学界不少学者却忽视唯物史观的经济数理分析方法，存在照搬西方资产阶级经济数理分析方法的倾向。殊不知，由于西方资产阶级经济学的基本指导思想是唯心史观，所以，其经济数理分析方法总体上是不科学的，具有一系列弊病。

严重弊病之一就是停留在经济现象层面作经济数量分析，不分析经济本质关系。即使是对资本主义生产关系的内部联系作过一些积极探索的古典经济学家，也从未深入到资本主义生产关系的深层本质——资本家阶级剥削工人阶级的剩余价值关系。《资本论》列举了古典经济学制定的关于剩余价值量生产比率的公式：剩余劳动/工作日=剩余价值/产品价值=剩余价值/总产品。[①] 按此公式计算，剩余劳动必然始终小于工作日，剩余价值必然始终小于价值产品，因此，“剩余劳动/工作日=剩余价值/价值产品这个比率永远不能达到100/100的界限，更不能达到(100+x)/100”[②]。足见这种比率掩盖了资本剥削程度。至于一般资产阶级经济学家，尤其是庸俗经济学家，比古典经济学家更加浮于经济关系的表面。他们眼中，利润率=利润(剩余价值)/(不变资本+可变资本)，就明显带有拜物教观念。在古典经济学的“剩余劳动/工作日=剩余价值/价值产品”的比率关系中，还能让人想

① 这里的公式是马克思根据古典经济学家不自觉的论述概括出的。马克思指出，式中的“产品价值只能理解为工作日的价值产品，产品价值的不变部分不包括在内”。见《资本论》第1卷[M]，北京：人民出版社，2004年，第607页及该页的注②。引文中“产品价值”即c+v+m，“价值产品”即v+m。同样，公式中分母的“总产品”也只能理解为v+m。在《资本论》第1卷法文版中还把公式中的“剩余劳动/工作日”加了括号，表述为“(剩余劳动/工作日)”，并加注指出，“因为剩余劳动的概念在资产阶级政治经济学里表述得不清楚”，见《资本论》第1卷法文版中译本[M]，北京：中国社会科学出版社，1983年，第547页注(1)。

② 《资本论》第1卷[M]，北京：人民出版社，2004年，第609页。

到，剩余劳动包含在工作日中，剩余价值包含在劳动创造的新价值中；而利润率范畴则看不到利润与雇佣工人的剩余劳动或提供的剩余价值有什么联系，只能让人认为利润是资本家投入的资本带来的。本章前面提到，资产阶级经济学家把价格上涨等同于通货膨胀，用价格上涨幅度来解释通货膨胀率；把工资、利润（包括利息）、地租三种收入视为三个相互独立的量，根本看不到它们全都来自工人劳动创造的价值，看不到收入关系背后的阶级剥削这种本质关系；凡此种种，都是停留在经济现象上进行经济数量分析的表现。

资产阶级经济学家着眼于经济形态的表面现象，进行经济数量分析，这是由他们的资本家阶级立场和思想方法决定的。认为资本主义经济制度天然合理、永恒存在，就不可能承认资本主义经济内部存在固有的对抗性的矛盾，也就必然用假象模糊、掩盖真相，掩盖资本剥削关系；处处用生意人的眼光直观地观察经济现象，在具有拜物教性质的市场经济形态面前，也就看不到人与人之间在劳动关系方面的数量关系，只能看到物与物的表面的数量关系了。

2. 不懂劳动的二重性

这是资产阶级经济学的通病。马克思指出，资产阶级经济学家“从来没有意识到，各种劳动的纯粹量的差别是以它们的质的统一或同等为前提的，因而是以它们化为抽象人类劳动为前提的”。这种“没有意识到”，也是由他们把资本主义经济形态理解为永恒合理的经济形态决定的，因为这决定了，他们根本不会去思考，这种经济形态的社会劳动与自然经济形态相比有什么特殊性，也就根本不会理解在商品生产社会，只有抽象人类劳动才是社会劳动。因此，他们不懂商品生产社会的生产劳动，必然具有具体有用劳动和抽象人类劳动的二重性，更不会明白，这是理解整个市场经济运动的关键。

不懂劳动的二重性，这使资产阶级经济学家闹出不少经济数量分析的荒诞笑话。例如《资本论》第1卷第七章专门有一节“西尼尔的‘最后一小时’”①。西尼尔认为，工人为资本家提供的利润（剩余价值）是在最后一小时创造的，如果把工人的工作日缩短1小时，那么资本家的利润就没有了，由此他反对缩短工作日。撇开他为资产阶级辩护的立场不谈，他在思维方法上的错误就是不懂劳动二重性。其实，工人在劳动过程的每一小时，都用具体有用劳动为资本家把一定量的不变资本价

① 《资本论》第1卷[M]，北京：人民出版社，2004年，第258—265页。

值转移到产品中去；同时用抽象人类劳动创造出价值产品，其中一部分体现必要劳动（一部分劳动力价值），另一部分体现剩余劳动（一部分剩余价值）。工人的工作日缩短一小时，这只是意味着，工人帮资本家少消耗了一部分不变资本价值，少取回属于自己的一定的工资，当然，也会为资本家少生产一部分剩余价值。说资本家的利润在最后一小时才生产出来，真是荒谬绝伦。

不懂劳动二重性，这使“斯密教条”在社会再生产中丢掉了不变资本 c 的错误，贯穿到现代西方资产阶级宏观经济学。对此本书前面一些章节已作了一定论述。这里再从经济数理分析的角度强调，凯恩斯创立的西方宏观经济学在总量指标上，是以国内生产总值（GDP）为基础的。如果用收入法计量，GDP 是工资、利息、利润、租金的加总，这就是说，GDP 的数额只相当于社会总产品中的新创造价值$\sum(v+m)$，同斯密一样，丢掉了社会总产品中的不变资本$\sum c$。现代资产阶级经济学家至今也没有理解，不变资本$\sum c$ 的补偿是社会再生产的先决条件，如果消耗的生产资料（不变资本$\sum c$）得不到补偿，那就连简单社会再生产也不能维持。而要使简单社会再生产和扩大社会再生产的不变资本$\sum c$ 得到补偿，社会总产品价值$\sum(c+v+m)$就必须形成一定的比例关系，换句话说，全社会各生产部门的具体有用劳动和抽象人类劳动，应按劳动二重性，形成一定社会分工比例关系。这样，才能一方面，让全社会具体有用劳动，把消耗掉的不变资本$\sum c$ 价值，转移到生产的产品中，并按比例生产社会再生产需要的使用价值产品；另一方面，让抽象人类劳动形成社会总产品中的新价值$\sum(v+m)$，补偿全社会的劳动力价值，并生产剩余价值。但是现代西方宏观经济学家尽管用了大量的数量分析，却只单方面地从价值角度分析，而不从使用价值角度或社会有用劳动角度分析产业结构和社会分工比例，因而也就不可能遵循客观经济规律，科学地调控宏观经济运动。例如，在货币政策上，他们普遍运用 GDP 计算流通中所需货币量，而不是运用社会总产品价值量$\sum(c+v+m)$，这显然是片面的。上面已说明，GDP 数额相当于社会总产品中的$\sum(v+m)$，也就是两大部类中的Ⅰ(v+m)+Ⅱ(v+m)，或者相当于Ⅱ(c+v+m)；而社会总产品实际上是$\sum(c+v+m)$，即Ⅰ(c+v+m)+Ⅱ(c+v+m)。显然，在一国之内，同名货币一定时间的流通速度（s）是一定的，而$\sum(c+v+m)$的价格总额必然大于$\sum(v+m)$，这样一来，用 GDP 或者$\sum(v+m)$计算的流通中需要的货币量$\sum(v+m)/s$，就明显会不同于$\sum(c+v+m)/s$。显然，正确的计算方法是不应当忽视充当$\sum(c+v+m)$中的$\sum c$ 这部分商品（即社会总产品中体现不变资本价值的商品）之间内部交换媒介的货币量的。[①] 由此可见,简单地照搬西方宏观经济理论,是不能制定正确的宏观经济调控政策的。

3. 以数学逻辑替代经济逻辑

唯物史观要求经济数理分析方法服从经济现实的客观辩证法。但是,西方资产阶级经济学却往往用数学逻辑替代现实经济逻辑。本章前面提到,英国经济学家普莱斯博士用复利公式分析英国国债这个荒谬例子,就是用代数的二项式定理的数学逻辑,来臆造经济数量的变化"规律"。

多年以来,中国经济学界不断有人主张,经济分析应当使用西方经济学的实证方法,否则就不科学。应当说,实证方法不失为一种具体的经济分析方法;但是,用它来取代唯物史观数理分析方法,则是不可取的。使用这种方法,在主观上可能是试图用现实中的经济数据,来寻求经济现象之间的相关关系,如采集数据,运用一定的图表曲线,来发现经济变量变化的轨迹,或者在研究经济变量相关关系基础上,建立数学函数模型。这种方法给人以重视实际、讲求精确的印象。但是,实证方法使用的数学、统计学原理,毕竟不能替代现实经济中的客观辩证法,即使设计的公式本身无懈可击,也仍然不能说明,它已经区分出经济现象之间的真实相关关系和虚假相关关系,区分出经济现象中的偶然性与必然性;尤其不能说明这种公式已表现出经济本质层面的数量关系,表现出经济关系中真实的因果联系。经济现实的辩证法及其相关的数量关系,只有在唯物史观的辩证方法指导下才能揭示出来:一是要排除现象中的假象,弄清反映本质联系的真相;二是要弄清经济关系的社会性质,定性是定量的前提;三是要分析全面经济因素,弄清决定经济运动主要经济因素;四是要确定变量之间的真实关联,弄清因果关系,而不是主观判断的表面关联。如果达不到这些起码要求,就只能凭主观设计数学模型,也就根本达不到揭示经济内部联系和客观经济规律的目的。而一旦能够做到这些,也就把实证方法纳入唯物史观经济数理分析的轨道。那种在经济分析中泛化数学模型的做法,其实是用普通人看不懂的数学模型,来故作高深,掩盖经济理论的肤浅和贫乏。这是资产阶级经济学虚伪性、欺骗性的表现之一。

4. 简析"全要素生产率"

现代西方资产阶级经济学以数学逻辑替代客观经济逻辑的现象日益严重。20

---

① 何干强:《在实践中坚持和发展马克思的金融理论》[J],《高校理论战线》2005 年第 10 期。

世纪 50 年代之后新出现的“全要素生产率”(Total Factor Productivity)这个概念,就说明了这一点。提出这个概念,是试图测算“对整个国民经济具有某种隐含生产功能的投入”;因为“有一部分增长源泉,比如因技术进步而提高了的效率或全要素生产率”,没有得到核算。为此,有经济学家提出了数学公式:

$A=Q/(K^{\omega_1}L^{\omega_2})$……(1),“其中 Q、$K$、$L$ 分别为总产出、资本存量和劳动力,ω_1和ω_2是权数,A 是全要素生产率的几何指数”;为了计算方便,又取对数把它转换成增长率的公式:

$A'=Q'-\omega_1K'-\omega_2L'$……(2),“其中 A′、Q′、$K'$和 L'代表各个变量的增长率”;“由于总利润和总工资耗尽了总产出,即 P/Q+W/Q=1,规模收益不变的假设是这种核算的重要组成部分”。不言而喻,式中 P 为总利润,W 为总工资。

从数学上看,公式(1)转换成公式(2),数学逻辑正确无误。如果不考虑公式是否反映了客观经济辩证法,那么,公式(2)的差额,就是“因技术进步而提高了的效率或全要素生产率”。①

可是,用科学的劳动价值论来研究,不难发现,这两个公式在理论上沿袭了萨伊的“要素价值论”,把物质要素纳入了创造价值的因素。从公式 P/Q+W/Q=1,可知式中 Q 相当于总价值产品∑(v+m)(即全社会新创造的价值),P 相当于∑m,W 相当于∑v,也就是∑m/∑(v+m)+∑v/∑(v+m)=1。这没有错。问题是,在公式(1)中,分子 Q 是劳动力发挥作用创造的新价值,而分母中的 K 相当于生产中的不变资本∑c,对创造新价值是不起作用的,这就体现出,正是公式提出者根据要素价值论,把 K 纳入创造“总产出”(价值产品)的因素之中。进一步看,在全要素生产率公式中,分母中的 L 被称为劳动力,因此,分母中的 $K^{\omega_1}L^{\omega_2}$从数学角度只能理解为一定量的劳动力乘以一定量的资本存量,这样一来,这个公式从数理角度来看,只能说明全社会新创造的价值同全社会劳动力使用的资本总存量的比率关系,也就完全看不到劳动本身的作用了,因为劳动力并不是劳动。这样,公式(2)显示的错误也就更加清楚地显现出来。

第一,在 $A'=Q'-\omega_1K'-\omega_2L'$中,$\omega_2$L′从数学含义看,是指劳动力的增长率,而不是指劳动投入的增长率,这就违背了经济逻辑,因为劳动力的增长不等于劳动量的增长,只有劳动量的增长率才会影响新价值的增长率。

---

①　以上关于“全要素生产率”的介绍和公式,参见[英]约翰·伊特韦尔,[美]默里·米尔盖特,[美]彼得·纽曼编,陈岱孙主编翻译:《新帕尔格雷夫经济学大辞典》第 4 卷[M],北京:经济科学出版社,1996 年,第 713 页。引号中的论述是辞典中的原话。

第二,在公式(2)中,$\omega_1 K'$是使新创造价值增长 Q'提高的一个部分,但是,实际上在社会总价值产品(新创造的价值)中,不变资本价值增长率对 Q'增长率的提高是不起作用的。

第三,公式(2)还表现出,体现科技进步因素的 A'同劳动力因素 $\omega_2 L'$是决然分开的两种因素,这也就意味着公式提出者是把 L 当作不含科技因素的简单劳动力看待的,足见对劳动者的轻视。

因此,“全要素生产率”这个概念渗透着萨伊“要素价值论”的主观性,是用数学逻辑来替代客观经济辩证法,因而不是科学的经济概念。最多只是表现出重视科技的意图,而这是与轻视普通劳动联系在一起的。

近年来,中国经济学界一些学者频繁引用全要素生产率这个概念,理由是为了强调科技进步,形成经济增长的新动力,转变经济增长方式。但是,这种使用西方资产阶级经济学的概念来论述要求重视科技进步的理由,会带来传播萨伊错误的要素价值论,贬低在技术创新领域同样要依靠工人阶级的创造性这种副作用。[①] 实际上,马克思关于生产力增长原理和劳动价值论都十分重视科技进步因素。本书前面章节引用过马克思关于决定劳动生产力的多种因素的原理,其中就包括“科技的发展水平和它在工艺上应用的程度”这个因素。[②] 马克思还专门提出了“一般劳动”这个重要概念,指出“一般劳动是一切科学劳动,一切发现,一切发明”[③]。因此,促进国民经济提高经济效益,应当高度重视《资本论》关于科学技术重要作用的科学论述。那种动不动就搬用西方资产阶级经济学概念的做法,是不可取的。不能忽视,有些概念即使在西方资产阶级经济学家圈内,也有很大争议,像“全要素生产率”这个概念,就有人指出,“这种加权方法可能导致何种偏倚,人们从未把它弄清楚”[④],怎么能轻率地把它搬来指导社会主义市场经济实践呢?

(二)自觉应用唯物史观的经济数理分析方法

1. 在经济数理分析中坚持唯物史观的一般方法

唯物史观的基本观点认为,物质生产劳动是社会存在和发展的基础;人民是创

---

① 例如,有人认为,要形成经济增长的新动力,就要依靠干部、企业家(实际是指私人企业主)和创新人员,而不再提依靠工人阶级。

② 《资本论》第 1 卷[M],北京:人民出版社,2004 年,第 53 页。

③ 《资本论》第 3 卷[M],北京:人民出版社,2004 年,第 119 页。

④ [英]约翰·伊特韦尔,[美]默里·米尔盖特,[美]彼得·纽曼编,陈岱孙主编翻译:《新帕尔格雷夫经济学大辞典》第 4 卷[M],北京:经济科学出版社,1996 年,第 713 页。

造历史的动力。在经济数理分析中，也应当坚持这些基本观点，充分看到广大劳动人民的潜在力量。《资本论》揭示出，在资本主义条件下，经济的“主动轮”是资本家阶级，他们占人口的少数，却掌握社会生产的控制权、分配的支配权，以及对工人阶级剥削的强制权，这就必然压抑劳动人民的积极性和创造性；而代表资产阶级利益的经济学在资本主义生产关系占统治地位之后，就开始庸俗化，成为剥削制度的辩护士，鼓吹拜物教观念，强调资本、土地的物的作用。这在经济数量分析上，突出地表现为鼓吹“要素价值论”。现代资产阶级经济学看到了科技对利润增长的作用，但是把它曲解为投在科技上的资本的作用，这实质上是突出资本所有者的贡献，而淡化了科技劳动本身的贡献。从上述全要素生产率的公式可以知道，西方资产阶级经济学是把科技进步因素与劳动人民的生产劳动割裂开来的。在民主社会主义主张的“私有化+公共财政和慈善事业再分配”的经济主张中，对经济发展起推动作用的劳动人民，反而被当作所谓“弱势群体”和需要富人施舍的对象。

贯彻唯物史观的经济数理分析，应当充分看到广大劳动人民在经济发展中的推动作用，其中包括潜在的力量及其数量表现。《资本论》揭示出，在市场经济条件下，尽管生产规模的扩大，在很大程度上取决于投资数量的扩大；但是，还存在不依赖于投资数量就能扩大生产规模的生产和流通中的潜能，诸如：“提高同样数量劳动力的紧张程度”，“不需要花费资本家分文的各种方法和科技进步”，“劳动力在生产过程中的社会结合和各个单个工人积累起来的熟练程度”，缩短资本周转时间，节约和合理利用现有的生产资料等；充分地发挥这些潜能，就可以用同样数量的预付资本量，取得更大的经济效益。① 这就意味着，在经济数理分析中，还应考虑投资额以外的潜在因素，有必要在数理分析中对此有所表现。引入发掘人的潜在积极因素的经济数理分析，这有助于在社会主义市场经济条件下，发掘生产和流通中的潜能；同时，在实践中有助于推进各级领导做好思想政治工作的自觉性，充分调动处在经济实践第一线的劳动者发挥生产积极性和创造性。这正是唯物史观的经济数理分析方法的优点。

2. 坚持《资本论》分析市场经济形态的一般方法

社会主义市场经济具有市场流通一般的共性，因此，在宏观经济数理分析中，《资本论》有关市场经济形态一般的科学经济数理分析方法，都是适用的，必须坚

---

① 参见《资本论》第2卷[M]，北京：人民出版社，2004年，第394—395页。

持。诸如：在生产领域，总产品价值量$\Sigma(c+v+m)$、总价值产品量$\Sigma(v+m)$或总工作日等基本总量计算方法，社会平均生产率的计算方法等；在商品流通领域，价格公式、货币流通公式、纸币流通公式等；在社会再生产领域，社会简单再生产和社会扩大再生产的两大部类的交换公式、固定资本实物补偿和价值补偿的平衡公式、资本的现实积累和货币积累的平衡公式等；在社会总收入分配领域，社会总利润率的计算，工资、利润、利息和地租之间的总量关系分析等，撇开资本主义生产关系来看，都为社会主义宏观经济的总量分析提供了方法论指导。

所谓撇开资本主义生产关系来运用《资本论》分析市场经济形态的一般方法，这不是说可以随意地把资本主义生产关系当作经济关系一般，而是说，马克思的经济数理分析绝大部分是把市场经济一般关系与资本主义生产关系结合在一起进行的；但是，这种结合并不改变市场经济一般的总量，因而可以不考虑资本主义生产关系对总量的影响。例如，总产品价值量$\Sigma(c+v+m)$、总价值产品量$\Sigma(v+m)$，其中的$v+m$，指的是雇佣工人的劳动力价值和资本家无偿占有的剩余价值。但是，它们之和就是工人在年工作日创造的新价值ΣA，计算这个总量时，无须考虑v和m之间的分割。在社会主义市场经济条件下，ΣA不再分为$\Sigma(v+m)$，而是分为劳动者按劳分配的报酬（Σh）和社会公共基金（Σg，这里为简明计，只考虑公有制生产关系，并把企业基金也算在其中）。但是这种分割也不决定ΣA总量。如果社会生产的物质条件一定，全社会就业人数一定，总工作日创造的价值总量（ΣA）就是一定的，即：$\Sigma A=\Sigma(h+g)=\Sigma(v+m)$。所以，马克思对$\Sigma(v+m)$和$\Sigma(c+v+m)$的总量计算，完全适用于社会主义市场经济条件下的$\Sigma(h+g)$和$\Sigma(c+h+g)$。

又如，在剩余价值的分配关系上，马克思提出了公式：$m/C=p/C=(p_1+z+r)/C=p_1/C+z/C+r/C$，在式中，$C$表示社会总资本，$m$表示全社会的总剩余价值，$p$表示全社会的总利润，$p_1$表示扣除利息和地租以后剩下的产业利润，$z$表示利息，$r$表示地租。这里当然体现资本主义分配关系。但是，如果m或p总量已定，那么p_1、z和r这三个量之间的增减，就只能在这个总量范围内变化；这种变化关系就具有一般性，对分析社会主义市场经济就很有指导价值。从一般性角度看，假定银行利息z一定，如果地租r过高，企业利润p_1必然减少。现在中国房地产的价格不断攀高，而生产领域的企业利润则呈下降态势，用马克思所揭示的这个剩余价值分配关系的公式来分析，就很容易理解。实际上，从价值创造来自生产领域这个唯物史观的观点来看，为了有利于增加总量m或p，无论如何需要首先保证产业利润p_1的逐步稳定增长，因为 p_1 增长了，社会扩大再生产才有可能追加投资，所以房地产价格（本质上来自地租）和银行利息都必须控制，这就是这个公式的一般指导意义。

3. 探索社会主义宏观经济的数量关系

社会主义市场经济是从剥削经济制度向消灭剥削的社会主义经济制度过渡的经济形态，宏观经济的数量关系有崭新的特征，对此《资本论》不可能提供现成的答案。但是，《资本论》的唯物史观经济数理分析方法，却为我们结合经济实践，探索社会主义宏观经济的数量关系提供了科学指导。

从分析宏观经济数量关系要以弄清经济关系性质为前提来看，一个十分重要的前提，是从社会主义初级阶段的经济形式具有过渡性的实际出发，把握好公有制为主体和多种经济成分之间的“度”。唯有如此，才能坚持正确的改革方向，为巩固和发展公有制经济的主体地位，引导多种所有制经济为建设中国特色社会主义经济服务，提供数量依据。而这只有坚持马克思所发现的劳动二重性的基本原理，才能做到。在存在大量股份制、中外合资企业等经济形式的现实条件下，如果只从使用价值所有权角度看，这些企业都是“财产混合”的“混合所有制经济”，有人据此认为，这是“现代市场经济”的表现，因而不应再问“姓社姓资”了。依这样的主张，那就谈不上坚持公有制主体地位，更谈不上坚持宏观经济发展的科学社会主义方向。其实，从资本的价值所有权角度看，混合所有制企业中的不同投资者投入资本的价值所有权界限都是十分清晰的，否则就不会按投资额的股权来分配股息和红利了。所以，以劳动二重性的原理为指导，从价值所有权角度来进行所有权的数量分析，就能弄清全社会各种经济成分的投资比重。而这种分析角度还不是主要的。根据唯物史观，所有制关系的本质是生产关系，即生产中的人与人对生产资料的所有权占有关系，因此，弄清在各种所有制经济中的就业人员的比重，才能从本质上弄清宏观经济各种经济成分的比例关系。这说明，研究社会主义市场经济中不同性质的经济成分之间的数量关系，不能离开《资本论》宏观经济数理分析的方法论原则为指导。

从宏观经济数量关系的社会主义特征来看，同样需要坚持《资本论》宏观经济数理分析的方法论原则。这是因为，巩固和发展社会主义公有制经济的主体地位，发挥公有经济在国民经济中的主导作用，坚持以满足人民群众物质文化需要为生产目的，从人民群众的长远利益和整体利益出发调节宏观经济按比例运行，占劳动者大多数的公有制经济实行按劳分配，处理好城乡关系以及国家、企业（包括集体经济组织)、劳动者个人三者之间的经济利益关系等,都会使宏观经济数量关系显现出同资本主义宏观经济相比的明显差别,这种种具有社会主义特征的经济数量关系,都需要我们在唯物史观指导下,通过反复的经济实践,积极探索,总结经验,才能从数据变动中发现客观规律。这方面的内容将在后面的章节进一步探讨。

第六篇

国家的宏观调控

前面从宏观经济形态的内部和外部关系以及数量关系方面，阐释了《资本论》宏观经济研究方法及其应用。本篇将从国家发挥经济管理职能的角度，论述社会主义宏观经济调控的特征和方法；并从实践方法论的角度，论述国家宏观调控主体的构建和基本调控方式；在揭示宏观经济形态各层面辩证关系的基础上，分别论述国家对市场、社会分工比例关系和生产资料所有制关系实施多层面宏观调控的方法论原则。

第十六章　社会主义宏观经济调控的特征

《资本论》贯彻唯物史观，科学地揭示了资本主义市场经济宏观形态的本来面目，其中包括社会化生产、市场社会分工制度和商品流通等一般规定性。我们只要正确地理解宏观经济形态的这些一般规定性，就可以用以指导认识特殊的社会主义宏观经济形态，从而科学地从事宏观经济调控实践。本章拟论述社会主义市场经济的宏观调控与现代发达资本主义国家的宏观调控相比的特征。这主要表现在，坚持以唯物史观科学方法论作为宏观调控实践的指导；坚持在公有制基础上，发挥国有经济主导力量实施宏观调控；努力实现有利于人民利益的宏观调控目标。

一、坚持唯物史观的科学指导

（一）社会主义宏观经济调控的首要特征

1. 坚持用唯物史观指导宏观经济调控实践

马克思深刻地指出，“哲学家们只是用不同的方式解释世界，问题在于改变世界”①。他发现和创立的唯物史观，作为人类思想史上崭新的、最科学的社会历史观和方法论，与历史上形形色色的世界观和方法论相比，具有最普遍的应用价值。人们一旦理解它，就能够无私无畏地、客观地认识人类社会，并在实践中能动地、正确地改造社会，推动社会遵循客观规律向前发展。宏观经济调控是人们认识和改造社会的经济实践之一，它作为实践主体作用于宏观经济客体的调节行为，是服从于一定指导思想的。社会主义宏观经济调控主体的行为，服从于唯物史观的指导。坚持唯物史观的指导思想，这是社会主义宏观经济调控实践的首要特征。

---

① 《马克思恩格斯选集》第1卷[M]，北京：人民出版社，1995年，第57页。

唯物史观应用于社会主义宏观经济实践，要求承认生产是宏观经济运动的起点，并对流通、分配、消费起决定作用，同时，也重视流通、分配、消费对生产的反作用；坚持从宏观经济一般和社会主义生产关系特殊的结合上，正确认识并在实践中尊重客观经济规律。这与发达资本主义国家以凯恩斯主义为理论基础的宏观经济调控方法有原则区别。凯恩斯主义从市场有效需求出发，调节市场总供给和总需求，而这种有效需求与人的消费心理倾向相联系。这时宏观经济调控离开了市场流通关系与生产领域的内部联系，因而其指导思想属于唯心史观，在实践方法上也是片面的，治标不治本的。而且它代表占人口少数的资产阶级利益，不可能从宏观经济运动的整体出发来制定宏观经济的调控政策。

2. 坚持《资本论》的宏观经济研究方法

毛泽东把唯物辩证法的认识论，精辟地概括为“由特殊到一般，又由一般到特殊”①，我们应当遵循这种科学认识真理的规律，努力从《资本论》所揭示的资本主义宏观经济形态中抽象出宏观经济形态一般来，在此基础上，再结合中国国情实际，来研究社会主义市场经济的宏观形态及其宏观调控实践。正是在这种意义上，《资本论》的宏观经济研究方法，是我们对社会主义市场经济实施宏观调控的科学指导。

（二）弄清宏观经济形态一般的结构

1. 宏观经济形态一般结构图示

应用《资本论》的宏观经济研究方法指导社会主义市场经济的宏观调控，要求从广义政治经济学角度弄清宏观经济形态一般结构及其内部联系。② 本书上卷第一篇第一章论述宏观经济研究对象时，已从《资本论》所阐释的资本主义经济形态抽象出市场经济形态一般的五个基本层面，即简单商品流通、生产资料所有制、生产的社会分工、人与自然的关系和社会总资本一般的结构关系这五个基本经济层

---

① 《毛泽东选集》第1卷[M]，北京：人民出版社，1991年，第310页。

② 从广义政治经济学角度，是指从社会化生产为物质基础的商品生产社会共同点的角度。恩格斯指出，“政治经济学作为一门研究人类各种社会进行生产和交换并相应地进行产品分配的条件和形式的科学，——这样广义的政治经济学尚待创造”（《马克思恩格斯选集》第3卷[M]，北京：人民出版社，1995年，第492页）。可见，广义政治经济学研究的是“各种社会”的一般经济规律。马克思指出，“这个一般，或者说经过比较而抽象出来的共同点，本身就是有许多组成部分的、分别有不同规定的东西。其中有些属于一切时代，另一些是几个时代共有的”（《马克思恩格斯全集》第46卷上册[M]，北京：人民出版社，1979年，第22页）。可以认为，揭示属于一切时代共同点的，是“最广义的政治经济学”；揭示几个时代共同点的，是“广义政治经济学”；揭示某个特殊社会，例如资本主义社会客观规律的是“狭义的政治经济学”。特殊中包含一般，经过科学分析，可以从狭义政治经济学中，提炼出广义政治经济学的某些内容。

面。以后的几篇，又分析了每个层面的内部联系，以及有关层面之间的相互联系。现在，有必要对前面的分析进行综合，从整体上阐明宏观形态的一般结构及其内部联系。为简明计，兹用图式 16－1 来说明：

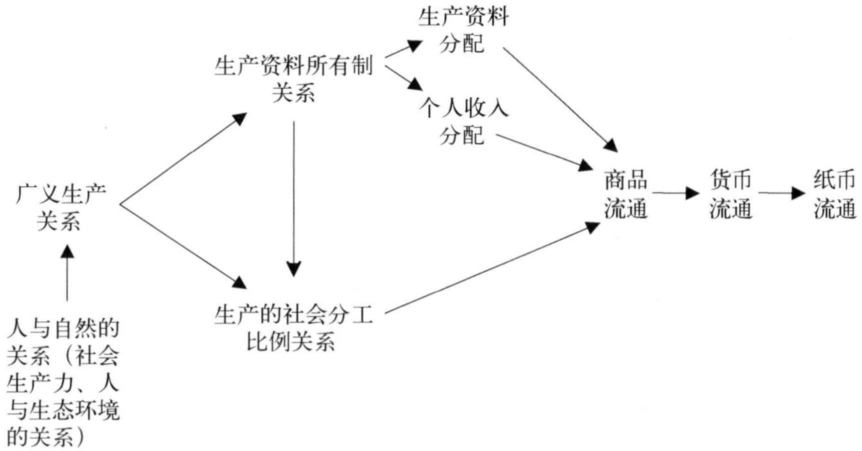

图式 16－1　宏观经济形态的一般结构及其内部联系

注：图式中，单箭头→表示箭尾的经济关系对箭头方向所指的经济关系起制约或决定作用。

2. 简要说明图式中显示的宏观经济形态一般结构中的层面

此图式显示出，宏观经济形态一般构成中具有相互联系的四个基本层面的关系，即人与自然的关系、生产资料所有制关系、社会分工比例关系和商品流通关系。图式中没有把五个层面结构中社会总资本一般的结构关系这个层面显示出来。这是因为，社会总资本一般的结构关系涉及货币资本（$\sum G$）、生产资本（$\sum P$）和商品资本（$\sum W'$）三种形态，它的运动乃是生产资料所有制关系、社会分工比例关系和商品流通关系三者的结合，这难以单独表现在同一张图上。以下对图式中显示的宏观经济一般的结构的四层关系分别作简要说明。

（1）人与自然的关系层面。它包括人与生态环境的关系，它是人类的社会生产力存在的原始条件。人与自然的关系决定广义生产关系的存在，也就是宏观经济的社会形态或宏观经济中的人与人的关系的存在。所谓广义生产关系，是相对于学术界一般把生产资料的所有制关系规定为生产关系而言的。由于社会分工比例关系实际上是在生产过程中人与人之间的相互分工联系，它也属于生产中的社会关系或人与人的关系，所以，可以把它与生产资料所有制关系合称为广义的生产关系。广义生产关系中包括概念上有原则区别的两层关系，即生产资料所有制关系和社会分工比例关系。

（2）生产资料所有制关系。它包括生产资料的所有权关系、产品的分配关系和由此决定的个人收入分配关系（生产成果、经济利益占有关系）。

（3）社会分工比例关系。这层关系与社会生产力直接联系，不涉及生产成果的个人分配关系。

（4）商品流通关系层面。图式中显示出，这层关系是由生产资料所有制关系的两个分层面（生产资料分配、个人收入分配）和社会分工比例关系层面所决定；而从商品流通层面，又衍生出了货币流通和纸币流通层面。

上述四个经济层面的图示显示了不同经济层面的区别和联系，但是难以显示它们之间的结合。如上所述，在宏观经济一般形态中，生产资料所有制关系是与生产过程、商品流通，从而与货币流通关系不可分割地结合在一起的，也就是以资本一般形态表现出来的。图式16－1没有把社会总资本的$\sum G$、$\sum P$和$\sum W'$三种形态这种结构表现出来。这一层关系将在第十九章研讨。需要说明的是，图式只能起帮助读者理解的作用，它毕竟不能替代现实经济形态。

（三）宏观经济形态一般的内部联系

1. 广义生产关系同人与自然关系层面的联系

对于理解社会主义市场经济宏观调控的方法来说，重要的是在唯物史观的方法论指导下，弄清宏观经济形态一般结构的层面之间的内部联系。让我们按图式16－1的结构关系作进一步分析。

广义生产关系作为经济的社会形态，或者说作为生产过程中人与人的社会关系，是建立在人与自然的关系基础上的。这里人与自然的关系，之所以要加上人与生态环境的关系，是因为历史发展已经清楚地表明，人类生存依赖于生态环境，同时人类的社会活动、生产活动也可以保护环境或破坏生态环境。所以，广义生产关系同人与自然的关系是相互作用的。但是人类只有依赖可以生存的生态环境，才能生存和可持续发展，所以，人与自然的关系与广义生产关系相比，处于更基本的地位。这是符合唯物史观基本原理的。

2. 宏观经济形态的里层与表层关系

在整个宏观经济形态中，生产资料所有制关系和社会分工比例关系这两个基本层面处于里层，而商品流通层面处于表层。商品流通关系，也就是最基本的市场关系。马克思揭示出，在市场经济的宏观运动中，市场供求关系不过是经济本质关系的外部表现。

为了弄清这种重要关系，有必要作深入论述。我们应当牢记马克思的告诫："在供求关系借以发生作用的基础得到说明以前，供求关系绝对不能说明什么问题。"①那么，什么是"供求关系借以发生作用的基础"？马克思有明确的回答："在简单的买和卖上，只要有商品生产者自身互相对立就行了。如果作进一步的分析，供求还以不同的阶级和阶层的存在为前提，这些阶级和阶层在自己中间分配社会的总收入，把它当作收入来消费，因此造成那种由收入形成的需求；另一方面，为了理解那种由生产者自身互相造成的供求，就需要弄清资本主义生产过程的全貌。"②

可见，理解市场供求要弄清的一个方面，就是不同的阶级和阶层的存在。在这方面，马克思明确指出，"调节需求原则的东西，本质上是由不同阶级的互相关系和它们各自的经济地位决定的"③。而阶级关系则是由生产资料所有制关系决定的。在资本主义经济中，正是资本主义私有制决定了工人、资本家和土地所有者的经济地位，从而决定了工资、利润、利息和地租的收入分配，正是这样的经济逻辑调节着市场的生产资料供求关系和有购买力的消费需求。因此，从一般的角度来看，生产资料所有制关系，是通过生产资料的分配和生活资料的分配这两个分层面来影响市场供求关系或商品流通层面的。生产资料的分配对商品流通的影响，主要表现在Ⅱc 资本家购买Ⅰ(v+m)生产资料商品，和Ⅰc 内部的资本家之间相互购买生产资料商品，而生活资料的分配表现在Ⅰ(v+m)这部分的工人和资本家购买Ⅱc 生活资料(个人消费资料)商品，以及工人和资本家购买Ⅱ(v+m)生活资料商品。

关于理解供求需要弄清的另一个方面，"资本主义生产过程的全貌"包括剩余价值的直接生产过程和使剩余价值得以实现的流通过程。马克思揭示出，在直接生产过程中，资本家对剩余价值的剥削最终受社会生产力的限制；而在流通过程中，即在剩余价值得以实现的市场关系中，则受"生产部门的比例关系"和有购买力的"社会消费力"的限制。④ 而有购买力的"社会消费力"，也就是前一个方面不同的阶级和阶层的存在造成的市场供求关系。可见，这另一个方面与前一个方面的

---

① 《资本论》第 3 卷[M]，北京：人民出版社，2004 年，第 202 页。
② 《资本论》第 3 卷[M]，北京：人民出版社，2004 年，第 217 页。
③ 《资本论》第 3 卷[M]，北京：人民出版社，2004 年，第 202 页。
④ 参见《资本论》第 3 卷[M]，北京：人民出版社，2004 年，第 272—273 页。

不同点，主要是“生产部门的比例关系”，也就是社会分工比例关系。

马克思对资本主义市场经济供求关系的分析，为我们认识社会主义市场经济的“供求关系借以发生作用的基础”，提供了科学的一般方法。这就是，要从两个基本因素来弄清市场供求关系形成的原因：一是所有制关系决定了社会财富（生产资料或资本）和各种个人收入的分配关系；二是由社会生产力发展水平和分配关系制约的生产者之间的社会分工比例关系，其中包括两大部类生产者之间的分工比例关系、他们的固定资本补偿的比例关系、社会扩大再生产中货币积累和实际积累之间的比例关系等。可见，《资本论》揭示出宏观经济形态内部联系中最重要的原理：生产资料所有制和社会分工比例关系对商品流通或表层市场关系起基础性和决定性作用。

不过，宏观经济形态的表层对里层具有反作用。当商品流通层面出现供求不平衡，就会首先反作用到社会分工比例关系层面，使商品供过于求的生产部门一些企业因商品卖不出而退出生产领域，使商品供不应求的生产部门追加生产或者增加新的企业。同时也会反作用于生产资料所有制层面，迫使商品卖不出的企业的生产资料所有权在本部门得不到实现，只好将生产资料所有权转移甚至破产；而商品供不应求的部门，则可以通过扩大再生产，使一些企业扩大生产资料的所有权，或增加新企业所拥有的生产资料所有权。这些所有权的变化又会引起由生产资料所有制决定的分配关系的变化。

3. 社会分工比例关系与社会生产力、商品流通的辩证关系

社会分工比例关系，也就是宏观经济中各生产部门社会劳动之间的比例关系，或者说是社会总产品$\sum(c+v+m)$体现的包括死劳动和活劳动在内的社会劳动在不同的生产类别之间的分配。它属于广义生产关系，由社会生产力（人与自然的关系）的发展和科技进步的发展带来的生产社会化发展程度所决定。它的形成和发展过程，只要能适应后者的要求，就能促进社会生产力的发展；如果不能适应后者的要求，就会阻碍社会生产力的发展。

在市场经济一般的宏观形态中，社会分工是通过商品流通实现的，因此，称之为市场社会分工制度。但是，社会分工与商品流通是不同的范畴，前者属生产领域，后者属流通领域。社会分工对商品流通起决定作用，商品流通又反作用于社会分工。在宏观上，这主要通过社会分工比例关系与商品流通的辩证关系表现出来。当社会分工比例关系平衡时，商品流通就顺畅，货币流回规律就会顺利实现；而商

品流通顺畅,意味着商品生产可以继续扩大,这会促进社会分工的发展。当社会分工比例关系出现了不平衡时,商品流通就不顺畅,货币流回规律的实现就受到阻碍,这就要求调节社会分工比例关系。

商品的价值是一定量社会劳动的凝结,因此,社会分工比例关系的实质,就是全社会商品相互之间的社会价值关系。当全社会的商品价值关系平衡时,商品流通的供求关系就平衡,否则就不平衡,这正是价值规律的作用。因此,社会分工比例关系是通过价值规律的形式对商品流通起决定作用的。通常所说的"市场起决定作用",实质是价值规律起决定作用。当然,上面谈到,商品流通对社会分工比例关系也会起反作用,所谓市场调节,其科学含义应当是这种反作用。显然,市场调节只有遵循价值规律的决定作用才能对促进社会分工比例关系的平衡起积极作用。遵循唯物辩证法,就不应当把价值规律的决定作用与市场调节的反作用混淆起来。

4. 生产资料所有制对整个宏观经济运动起基础性作用

唯物史观指出,生产资料所有者是生产过程的控制者、指挥者;生产资料所有制作为狭义生产关系,决定分配关系。它不但对商品流通起基础性作用,而且对作为广义生产关系另一层面的社会分工比例关系会起制约作用。

《资本论》揭示了这种作用在资本主义经济形态中的表现。在资本主义生产资料所有制关系的作用下,资本家追求平均利润,这就导致社会分工比例关系或价值规律改变了表现形态。价值规律转化为生产价格规律;各生产部门的社会劳动的分工比例,不是按照价值规律来平衡,而是按照生产价格规律来平衡,实质是按照等量资本取得等量利润的平均利润规律来平衡,也就是使社会分工的比例关系服从于资本家阶级内部的所谓公平的分配。而且,私人资本家在剩余价值规律作用下,以无限追求剩余价值增长为生产目的,无限追求利润最大化,这势必造成社会收入的两极分化,从而造成社会生产的不平衡和局部的乃至全面的生产过剩。这都体现了生产资料所有制关系对社会劳动分配的制约。

在全社会实现了全民所有制的社会主义(共产主义)经济条件下,价值决定依然存在。[①] 这要求社会劳动分工比例关系回归本来的社会价值之间的关系,而不再

---

① 马克思指出,"在资本主义生产方式消灭以后,但社会生产依然存在的情况下,价值决定仍会在下述意义上起支配作用:劳动时间的调节和社会劳动在不同的生产类别之间的分配,最后,与此有关的簿记,将比以前任何时候都更重要"(《资本论》第3卷[M],北京:人民出版社,2004年,第965页)。

按生产价格规律来分配社会劳动,因为那时只有产品按社会劳动决定的价值(即价值决定的含义)交换,全社会的劳动者才能实行实际上的等劳交换的按劳分配。在社会主义初级阶段,由于存在多种所有制经济成分,按照生产价格分配社会劳动可能还会存在相当长的时间。不过,只要公有制占主体地位,根据平均利润率规律,等量资本获得等量利润,那么,公有制资本总量大,占有的利润多,公有资本的利润用于劳动人民,这是可以的。而且,随着历史的发展,公有资本在社会总资本中的比重必然趋向扩大,因此,按照价值规律而不是按生产价格规律来分配社会劳动,必将成为发展趋势。

由此可知,从一般角度来看,生产资料所有制关系对产品分配关系起决定作用,又对社会分工比例关系起制约作用,这些作用是通过生产资料所有者的能动作用进行的,所以,它是在整个宏观经济形态起能动作用的基础层面。

关于生产资料所有制对市场供求关系起基础作用的原理,在西方资产阶级经济学中是看不到的。资产阶级经济学以维护私有制为理论前提,它把资本主义私有制经济制度视为合乎理性的经济制度,总是以私有制为既定的前提来分析经济现象,因而它所提出的宏观经济调控的政策措施,也根本不会触及私有制。这样就永远也无法提出消除周期性经济危机的根本办法。面对宏观经济运动出现的供求严重失衡等现象,坚持马克思主义经济学的指导思想,就必须自觉地着眼于生产资料所有制这个经济深层的决定因素,能动地调节它与生产力发展水平的适应程度,唯有如此,才能标本兼治地解决市场供求出现的诸多问题。目前我国经济理论界有一种照搬西方经济学,撇开所有制来研究市场供求关系的倾向,这无疑是必须纠正的。

5. *商品流通层面各层次存在因果关系*

在宏观经济形态中,商品流通、货币流通(金属货币流通)和纸币流通,实际上是商品流通相互联系的三个层次。图式 16-1 用箭头显示出本书在前面的篇章已经从定性和定量结合的角度详细论述的规律:商品流通决定货币流通,货币流通(金属货币流通)又派生出纸币流通,并决定纸币流通。只有弄清这种内部联系,在宏观经济调控的实践中,才能正确处理它们之间的因果关系。这里应注意的,一是不能把金属货币与纸币混为一谈。现在舆论中的货币,一般都是指纸币。但是学术话语不宜屈从于普通话语,这是应当注意的。二是应当弄清货币流通与货币资本流通的共性与区别。货币与货币资本在商品流通层面,都表现为货币,它们的运动都服从货币流通规律，但是，按照货币流通量的规律计算出的货币，却是货币量，而不是货币资本量。

（四）唯物史观对宏观经济调控的一般要求

1. 从表层发现宏观经济运行中的问题

弄清宏观经济形态一般结构和内部联系，是为了坚持用唯物史观指导宏观调控实践。只有坚持由表及里，又由里及表，在现象与本质的结合上，标本兼治，才能掌握宏观经济调控的主动权。

从哲学上说，事物的表层是人们可以感觉到的现象，而里层则是需要人们运用科学理论思维才能弄清楚的本质。本质的东西总会在现象上表现出来；即使现象不是真相而是假象，它也是本质的扭曲的反映。正如列宁指出，“现象是本质的表现”①；“外观=本质的否定的本性”，“本质具有某种外观。外观是本质自身在自身中的表现(Scheinen)”；②“河水的流动就是泡沫在上面，深流在下面。然而就连泡沫也是本质的表现”③。宏观经济形态也同任何事物一样，它的运行状态如何，总会在表层的现象中表现出来，这是人们能够感觉到的，如物价总体上是否稳定、市场上商品的总供求是否平衡等。宏观经济形态的运动也会给人们以假象，例如，在资本主义经济危机之前，市场出现繁荣状态，这就是一种假象，它把里层的生产社会化和资本主义私人所有制已经积累起来正在尖锐化的矛盾掩盖起来了，以致不久矛盾就公开爆发出来。

因此，从唯物史观的宏观经济调控的方法论来看，必须遵循辩证法，善于从表层发现问题，由表及里。宏观经济一般的表层就是商品流通一般，因此，只有善于分析市场的商品流通供求关系的问题，从中发现生产领域社会再生产比例结构关系和更深层面的生产资料所有制关系的问题，才能弄清表层现象的本质，弄清表层存在问题的原因。

2. 标本兼治促进宏观经济健康运行

一般来说，科学的宏观调控，应当是在认清宏观经济形态内部结构的前提下，遵循各经济层面之间的因果联系、表里关系，主动地对宏观经济运动进行具有预见

① 《列宁全集》第55卷[M]，北京：人民出版社，1990年，第144页。
② 《列宁全集》第55卷[M]，北京：人民出版社，1990年，第109、110页。
③ 《列宁全集》第55卷[M]，北京：人民出版社，1990年，第107页。

性的计划控制，促成其内外经济关系协调，以稳定的社会扩大再生产的方式，可持续地健康运行和发展。然而，在社会主义市场经济条件下，存在多种所有制经济，非公有制经济的发展具有自发性，会使所有制结构的变动难以把握；同时，社会分工比例关系主要是以商品流通为中介的市场社会分工制度来调节的，这就势必使宏观经济运行客观上存在一定程度的自发性，即使有计划地调控宏观经济，也仍然难免出现失误。这就提出了宏观经济调控力求不发生失误、尽可能减少失误、一旦出现失误就及时纠正等要求。这种要求，只要善于深刻理解《资本论》所揭示的宏观经济形态的内部联系及其辩证关系，是可以办得到的。既然宏观经济表层的现象是里层本质关系的外部表现，那么，要做到有效实现宏观经济调控，就要着眼于表层显现出来的不良现象，由表及里地努力寻求发生这些现象的原因，弄清表里之间的内部联系，有针对性地采取科学宏观调控措施，实现标本兼治。具体些说，就是要从市场流通表层发现问题，从产业结构和所有制关系层面采取根治措施，增强宏观经济调控的预见性和计划性。以凯恩斯主义为理论基础的现代西方宏观经济调控，之所以不可能真正克服资本主义经济危机，原因就在于它不懂宏观经济形态的内部联系，也不可能改变导致危机的深层原因——资本主义私有制基础。社会主义宏观经济调控，坚持唯物史观为指导，这比凯恩斯主义优越得多。

二、在公有制基础上实施宏观经济调控

（一）科学认识现实的宏观经济形态

1. 我国处在社会主义初级阶段

坚持在公有制基础上，发挥国有经济主导力量实施宏观调控，这是社会主义市场经济宏观调控的第二个基本特征。这有必要从科学认识我国处在社会主义初级阶段谈起。因为宏观经济调控实践的科学方法不是可以凭主观想象出来的，“我们头脑中的辩证法只是自然界和人类历史中进行的并服从于辩证形式的现实发展的反映”①。科学的宏观经济调控方法，只能来自对宏观经济客观形态的正确认识。理论和实践已经表明，符合中国国情的宏观经济客观形态就是，中国仍处于社会主

① 《马克思恩格斯选集》第4卷[M]，北京：人民出版社，1995年，第714页。

义初级阶段。

马克思在《哥达纲领批判》中论述社会主义的社会，含义是："刚刚从资本主义社会中产生出来的"，"集体的、以生产资料公有为基础的社会"；实行按劳分配，即"每一个生产者，在作了各项扣除以后，从社会领回的，正好是他给予社会的。他给予社会的，就是他个人的劳动量"；它是"共产主义社会第一阶段"；[①]而"共产主义社会高级阶段"则是，"在迫使个人奴隶般地服从分工的情形已经消失，从而脑力劳动和体力劳动的对立也随之消失之后；在劳动已经不仅仅是谋生的手段，而且本身成了生活的第一需要之后；在随着个人的全面发展，他们的生产力也增长起来，而集体财富的一切源泉都充分涌流之后"，"社会才能在自己的旗帜上写上：各尽所能，按需分配"[②]！《资本论》则针对资本主义经济的商品拜物教形态和弊病，对共产主义社会展开了这样的设想："设想有一个自由人联合体，他们用公共的生产资料进行劳动，并且自觉地把他们许多个人劳动力当作一个社会劳动力来使用"；"这个联合体的总产品是一个社会产品。这个产品的一部分重新用作生产资料。这一部分依旧是社会的。而另一部分则作为生活资料由联合体成员消费。因此，这一部分要在他们之间进行分配。这种分配的方式会随着社会生产有机体本身的特殊方式和随着生产者的相应的历史发展程度而改变。"从与商品生产进行对比的角度看，"劳动时间的社会的有计划的分配，调节着各种劳动职能同各种需要的适当的比例。另一方面，劳动时间又是计量生产者在共同劳动中个人所占份额的尺度，因而也是计量生产者在共同产品的个人可消费部分中所占份额的尺度。在那里，人们同他们的劳动和劳动产品的社会关系，无论在生产上还是在分配上，都是简单明了的"；"社会生活过程即物质生产过程的形态，作为自由联合的人的产物，处于人的有意识有计划的控制之下"；产品已不再采取商品形态，即经济关系的神秘的拜物教形态已经消失。[③]

我们所处的社会主义初级阶段，显然未达到马克思所说的共产主义社会第一阶段的这种社会主义社会，这是因为新中国从半殖民地、半封建社会脱胎出来，而不是从资本主义社会脱胎出来，社会化大生产水平上的社会生产力还不能说已经普遍化，还存在落后的生产劳动方式，在农村甚至还存在手工劳动方式；公有制经

① 参见《马克思恩格斯选集》第3卷[M]，北京：人民出版社，1995年，第303—305页。
② 参见《马克思恩格斯选集》第3卷[M]，北京：人民出版社，1995年，第305—306页。
③ 参见《资本论》第1卷[M]，北京：人民出版社，2004年，第96—97页。

济还有国有经济(全民所有制性质)和集体所有制经济两种发展程度不同的形式;同时还存在个体经济、资本主义私有制经济;还需要发展商品流通和资本流通。因此,新中国还处在向马克思所说的共产主义社会第一阶段的社会主义社会的起点过渡的社会阶段,在这种社会阶段,仍存在商品流通和资本一般流通或市场经济一般形态。这就是社会主义初级阶段社会的现实形态。由此,不宜把社会主义初级阶段理解为马克思所说的共产主义社会第一阶段的社会主义社会的初级阶段;而应理解为宪法规定的"坚持公有制为主体、多种所有制经济共同发展的基本经济制度"①这样的一种具有过渡性经济形态特征的社会阶段。之所以说过渡性,是因为社会主义初级阶段,终将逐步地向共产主义社会第一阶段的社会主义社会前进。②

2. 科学社会主义是历史发展的必然趋势

应当强调,马克思关于共产主义社会第一阶段科学社会主义的设想,不是主观主义的凭空臆造,而是他在唯物史观方法论指导下,深刻认识到资本主义经济固有的基本矛盾、商品生产一般的内部矛盾,研究这些矛盾发展的必然趋势而作出的科学推断。资本主义经济和商品生产一般包含的这些矛盾,在社会生产力发展的推动下,必然不断地扬弃自身,最终通过代表生产社会化前进方向的无产阶级领导广大劳动者的力量,逐步消灭生产资料私有制,由联合劳动者共同掌握生产资料,使科学社会主义得以实现。从最早的资本主义国家英国 1825 年发生经济危机以后,资本主义世界危机的周期性爆发,国际工人运动的实际发展,都证明了这种必然趋势的客观存在。1917 年十月革命胜利之后,世界民族解放运动和社会主义运动风起云涌、波澜壮阔,产生了一批社会主义国家,并取得经济建设的伟大成就,也充分证明生产资料公有制替代资本主义私有制具有必然性。尽管 20 世纪 80 年代末 90 年代初,东欧剧变、苏联解体,但是,这并不能证明社会主义公有制为基础的经济制度缺乏历史必然性。相反,这些国家经济私有化之后,经济、社会普遍出现倒退,恰好证明科学社会主义发展方向是不应当逆转的。在 2008 年世界金融经济危机爆发之后,发达资本主义国家经济普遍衰退,而高举中国特色社会主义旗帜的中国,却保持了较快的经济发展速度,这也证明科学社会主义方向的必然性。

3. 社会主义基本经济制度是伟大的制度创新

中国在社会生产力比较落后的历史条件下建立社会主义基本经济制度,这是

① 《中华人民共和国宪法》[N],《人民日报》2018 年 3 月 11 日(第 1 版)。
② 参见智效和:《混淆"过渡时期"与共产主义第一阶段的后果》[J],《理论学刊》2005 年第 2 期。

遵循历史辩证法的伟大制度创新。

马克思、列宁都认为，经济文化落后的国家，在一定的历史条件下，不必非要经过资本主义阶段，才能走社会主义道路。1881 年，马克思在论述俄国农村公社可能有的命运这个问题时曾说过，由于农村公社是与资本主义生产同时存在的东西，俄国并不是脱离现代世界的孤立的存在，因此，"它有可能不通过资本主义制度的卡夫丁峡谷，而占有资本主义制度所创造的一切积极的成果"①。1923 年，列宁对一些自称是马克思主义者的小资产阶级民主派关于"俄国生产力还没有发展到可以实行社会主义的高度"这种论点，进行了批驳，他指出："既然毫无出路的处境十倍地增强了工农的力量，使我们能够用与西欧其他一切国家不同的方法来创造发展文明的根本前提"，"既然建立社会主义需要有一定的文化水平"，"我们为什么不能首先用革命手段取得达到这个一定水平的前提，然后在工农政权和苏维埃制度的基础上赶上别国人民呢？"②马克思、列宁阐释的，正是唯物史观的革命辩证法。

毛泽东创造性地发展了马克思、列宁的历史辩证法原理。他在《新民主主义论》中极为透彻地阐明了，在帝国主义时代，中国一旦推翻了帝国主义、封建主义和官僚资本主义的统治，取得新民主主义革命胜利之后，必然要走社会主义道路；并领导我们党和全国人民在 1949 年革命胜利之后，于 1953 年至 1956 年对农业、手工业和资本主义工商业的生产资料私有制，成功地进行了社会主义改造的伟大实践，建立起由全民所有制和集体所有制构成的社会主义公有制经济基础。我们党在 1978 年以后，又在唯物史观指导下，总结新中国社会主义经济建设的经验和教训，实行改革开放，终于确认适应社会主义初级阶段生产力发展水平的，是以公有制为主体、多种所有制经济共同发展的社会主义基本经济制度。有些人鼓吹中国生产力落后，应当"补资本主义的课"，实质上是想把国家引向资本主义道路。而如果那样做，在世界市场仍由资本帝国主义控制的国际环境下，中国只能成为发达资本主义国家的附庸国。这当然是决不能允许的。

可见，我们所说的社会主义市场经济的宏观调控，正是在社会主义基本经济制度这种现实的生产资料所有制结构关系上的宏观调控。这就要求在宏观经济调控中，以公有制经济为基础，发挥国有经济的主导作用，引导个体经济、资本主义私有

① 《马克思恩格斯选集》第 3 卷[M]，北京：人民出版社，1995 年，第 769 页。这里，"卡夫丁峡谷"出自古罗马的一个典故。公元前 321 年，意大利中部山区萨姆尼特人在卡夫丁城附近的峡谷大败罗马军队。他们迫使失败了的罗马军人从两杆长矛枪架起的形似"牛轭"的枪架下通过，让罗马人接受耻辱。从此，人们以此比喻灾难性的历史经历。

② 《列宁选集》第 4 卷[M]，北京：人民出版社，1995 年，第 777 页。

制经济，服从民族经济全局利益的要求运行，朝着社会主义共同富裕的方向发展。

（二）宏观调控是公有制经济的内在要求

1. 社会主义国家一开始就存在宏观经济调控

社会主义市场经济的宏观调控不但是社会化大生产的一般要求，而且是占主体地位的社会主义公有制经济的特殊要求。正是这种特殊要求，体现出不同于发达资本主义国家的宏观调控的特征。

马克思指出，“凡是直接生产过程具有社会结合过程的形态，而不是表现为独立生产者的孤立劳动的地方，都必然会产生监督和指挥的劳动”[①]。这对企业内部是这样，对社会范围的分工协作劳动也是这样。社会主义国家从成立起，就产生了全民所有制性质的公有制经济，即社会主义国有经济。全民所有制就是全体劳动者共同占有生产资料。他要求全民所有制经济整体的内部分工协作必须服从统一指挥、调节和控制，或者服从通常所说的“全国一盘棋”，这正是宏观经济调控或者宏观计划经济的本质含义。[②] 因而社会主义国家一开始就存在宏观经济调控。而资本主义国家起初并没有宏观经济调控。从英国资产阶级 1688 年掌权算起，直到 1929 年至 1933 年世界资本主义经济大危机爆发，美国罗斯福政府被迫实施国家财政政策调控国民经济，资本主义国家才逐步出现宏观经济调控，历时 250 年左右。

2. 社会主义宏观经济调控与资本主义宏观经济调控有本质区别

这主要表现在：其一，宏观经济调控产生的原因不同。对于全民所有制经济来说，全体劳动人民共同掌握生产资料，这种共同所有权要求劳动者与生产资料在统一指挥、统一管理的条件下实现有效结合，这种统一的程度，体现全民所有制经济完善的程度。由社会生产力的发展水平决定，这有一个逐步完善的过程。但是，如果没有统一的指挥和管理，也就谈不上全体劳动者对生产资料的共同占有，而这种统一的指挥和管理，也就是全社会的宏观经济调控，因此，它是全民所有制经济劳动者对生产资料共同占有权的内在要求。而资本主义经济的宏观调控是为了缓和生产社会化和生产资料私人占有制的固有基本矛盾，被动地产生的。恩格斯曾对 19 世纪资本主义国家出现的铁路、邮政、电报、烟草等行业的国有化现象说过，这是

---

① 《资本论》第 3 卷[M]，北京：人民出版社，2004 年，第 431 页。

② 这里，笔者认为应当注意把计划经济与计划产品经济体制两个概念区分开来，后者是人们制定的具有一定主观性的管理体制，而前者是指符合全社会的社会化大生产内在要求的客观经济形态。

资本主义基本矛盾“迫使资本家阶级本身在资本关系内部可能的限度内，越来越把生产力当作社会生产力看待”；在一定的发展程度上，“资本主义社会的正式代表——国家不得不承担起对生产的领导”。[①] 虽然恩格斯说的并不是资本主义国家的宏观经济调控，但是他说的道理对资本主义宏观经济调控的产生同样适用。

这里还有必要强调社会主义国有经济与发达资本主义国家国有经济的性质区别。前者根据我国宪法规定，“国有经济，即社会主义全民所有制经济，是国民经济中的主导力量”。[②] 我国的国有经济摆脱了各种私有制和剥削制度、摆脱了小生产方式和小范围集体生产方式的劳动者，作为在全社会范围自主联合劳动的社会主义性质的经济，是广大劳动人民实现当家作主、全社会人民实现共同富裕的重要经济基础。而后者是资产阶级国家面对生产社会化和资本主义私有制的固有矛盾不断尖锐化，为缓和资产阶级和工人阶级、劳动人民之间的对抗性阶级矛盾而产生的，它实质上是现代资本主义国家占统治地位的垄断资产阶级所掌握的属于“总资本家”的经济，因而是特殊形式的资本主义私有制经济；这种国有经济是为维护资本主义剥削制度服务的，它的大小取决于资本主义国家维护全体资本家追求私人利润最大化的需要，取决于资产阶级国家缓和经济危机、实施宏观经济调节的需要，因此，它不可能超过私人资本家直接控制的私有制经济总量。由于这种国有经济绝不是为了劳动人民利益而主导宏观经济运动的，所以不可能形成较大规模。

其二，宏观经济调控的价值目标不同。资本主义国家的宏观调控是为资本家阶级整体利益服务的。资本主义国家的国有经济由代表资产阶级整体利益的“现代国家”，即“资本主义的机器，资本家的国家，理想的总资本家”控制的经济；[③]工人在其中依然处于雇佣劳动者（劳动力商品）的地位。这种国有经济不过是为了解决资本主义经济固有矛盾的所谓“稳定器”，当宏观经济运动出现不稳定时，就不得不通过国家财政形成一定量的国有资本追加投资，拉动需求，以求拖延危机的爆发；一旦宏观经济经过危机爆发的调整，出现相对稳定，就将国有经济私有化。而社会主义国家的宏观经济调控是为全体人民利益服务；国有经济并不是作为宏观经济调控的工具而存在，它的全民所有制性质决定了它代表全体劳动人民的利益，而劳动人民在国有经济中处于主人翁地位；它必须在国民经济运行和发展中始终

① 《马克思恩格斯选集》第3卷[M]，北京：人民出版社，1995年，第628页。
② 《中华人民共和国宪法》[N]，《人民日报》2018年3月11日（第1版）。
③ 参见《马克思恩格斯选集》第3卷[M]，北京：人民出版社，1995年，第629页。

起主导作用，并且随着社会生产力的发展而不断增长。

其三，宏观调控的效果不同。资本主义经济的宏观调控职能暂时缓解资本主义经济的固有矛盾，而无法根本解决矛盾，否则资本主义经济走向灭亡的论断就要改写了。这是由资本主义私有制经济的本性决定的。即使资本主义经济在生产社会化推动下产生了私人资本联合的股份制企业，在不同的股份制企业之间也是进行你死我活竞争的，这与社会化大生产要求的分工协作是完全不同的，因而与宏观经济调控的要求是相对立的。由于资本主义宏观经济调控并不消除反而以维护私有制经济基础为前提，这就无法消除资本主义经济的固有矛盾。这是直到眼前21世纪初，资本主义经济危机乃至世界性经济危机仍在周期性发生的根本原因。而社会主义市场经济的宏观调控，虽然与未来共产主义社会的计划调控相比，会有很大差别；但是，由于社会主义公有制经济已成为经济基础，这为全社会形成共同利益创造了根本前提，只要公有制经济的主体地位不断巩固和发展，宏观调控主体努力按客观经济规律办事，就能够在全社会的支持下，取得宏观调控的效果。

（三）公有制经济是宏观调控取得成效的基础

1. 国有经济是国民经济的主导力量

在多种所有制经济并存的社会主义市场经济中，要通过宏观经济调控促进社会分工比例关系遵循价值规律的要求，就必须保证国有经济成为国民经济的主导力量，在宏观经济运行中发挥主导作用。

其一，应当区分社会主义国有经济与资本主义国有经济的作用。如上所述，资本主义国有经济是为缓和资本主义经济的对抗性基本矛盾而形成的；它是资本家阶级的财产，是总资本家实施阶级统治的工具；它的总量服从于资本主义经济宏观调控的需要，服从于维护资本主义社会秩序的需要。所以，它投入到所谓公共产品、自然垄断领域就够了，它在社会总资本中的比重不可能超过私人资本总额的比重，多了就会妨碍私人资本家的利益。要看到，资本主义国有资本投入形成的交通、煤气、电力、邮电等“公共”基础设施都不是无偿供应的，表面上人人可以享用，但是实质上首先要有利于私人资本的营运，更要有利于资本家阶级的经济利用和生活享用，普通劳动者因购买力低所能使用到的只是其中一部分，而从所有权角度看，它们仍然属于资本家阶级的国家，仍然体现着垄断资产阶级对工人阶级和广大劳动人民的统治、强制和阶级剥削关系。我国国有资本由代表工人阶级和广大劳动人民的国家掌握,它们不是生产社会化和私人占有制这种对抗性矛盾的产物,不是体现私人总资本家对工人阶级和广大劳动人民创造的剩余价值的占有权关系,不是为调节总资本家与私人资本家的关系而存在,而是社会主义经济基础的支柱,它们在市场经济下的增殖,意味着全体人民的物质利益增多。因此,从发展趋势看,国有经济的比重理应逐步增长,它们不但应当在关系国计民生和国家安全的非竞争性领域中存在,而且也应当在市场竞争性领域中存在,从而引导市场供求关系、在发挥市场对生产领域的反作用上起主导作用。这就决定了决不应当把我国国有经济与资本主义国有经济作用等同视之。

其二,只有全民所有制的国有经济,才有可能成为促进国民经济形成"一盘棋"的主导力量。这是由国有经济的全民所有制性质决定的。国有经济的所有权是由国家代表广大劳动人民为主体的人民的利益来掌握的,因此,可以根据人民的整体利益和长远利益的要求,对国有经济进行组织和调动。例如,中华人民共和国成立以来,国家根据社会主义工业化和社会生产力布局的要求,需要工业企业从沿海地区向中西部地区转移,就直接调动了不少国有企业,同时还有相应的管理、服务部门随之迁移。如果没有国有经济服从国家统一调度,要等待一个个独立经营的企业根据市场盈利状况来自主选择地区转向,那么我国工业经济就不可能在全国中西部地区,尤其是少数民族地区迅速地发展起来。而依靠非公有制经济自发地到中西部地区投资搞基础工业和基础设施建设,更是难以想象的。

其三,国有经济要成为宏观经济运动的主导力量,就必须掌握国民经济的命脉。国家经济命脉主要指涉及国家经济、政治和军事安全的行业(如国防军工、航天工业、核工业、金融业、货币印制业、海关、税务、广播电视、邮政业、信息通讯枢纽)、重要经济资源行业(如黄金、石油、矿产、稀有金属、稀有植物资源等)和关系国计民生的基础设施行业(电力、燃气、自来水、铁路、公路、航运、海运、桥梁建设等)。① 国有经济掌握国家经济命脉,就能维护民族经济独立自主,为国民经济现代化发展奠定物质基础。

其四,国有经济要在宏观经济运动中发挥主导作用,就必须能对市场竞争领域起控制作用。在社会主义市场经济条件下,大多数行业都是市场竞争性行业。在国有资本总量还不能覆盖全社会的情况下,就需要相对集中投资,把最先进的生产

① 参见宗寒著:《国有经济读本》[M],北京:经济管理出版社,2002年,第66页。

资料制造行业（如现代核电机组、智能化设备、精密仪器制造、电子网络控制枢纽等）控制在自己手中，从而控制重要生产资料产品的市场供给，以便引导民族工业产品市场朝现代化方向发展。同时，要投入国有资本发展现代轻工业的先进设备生产，发展农业现代化需要的生产手段，利用国有农垦企业生产大宗农产品如棉花、粮食等；并在流通领域，与农村集体经济建立公有制控制的农产品批发行业，从而引导竞争性市场朝大多数人需要和市场供求平衡的方向发展。本书上卷第九章论述过，居民住宅由私商建设是不利于人民群众基本生存需要的。因此，应由国有经济控制住宅供给，在经营者不同的国有企业内部，按照人民群众收入的实际水平，规定住房基本水准，展开市场供给方的竞争，保证住宅市场朝有利于广大劳动人民的方向发展。

2. 国有企业必须做强做优做大

国有经济要掌握国民经济的命脉，对市场竞争领域起控制作用，作为经营形态的国有资本就必须有足够的总量。而国有企业处于工商领域，是国有资本增殖的物质基础。只有“做强做优做大国有企业”①，才能保证国有经济在国民经济中发挥主导作用。做强做优做大国有企业，绝不是只对少数国有企业的要求，而是对各行业国有企业的普遍性要求。

从经济基础和上层建筑的辩证关系角度来看，要巩固工农联盟和人民民主专政，加强党的领导，加强全国各族人民的大团结，保证国家长治久安，更应当在微观上做强做优做大国有企业的基础上，从整体上壮大国有经济。“没有国有经济为核心的公有制经济，就没有社会主义的经济基础，也就没有我们共产党执政以及整个社会主义上层建筑的经济基础和强大物质手段。”②

有人主张，“以少量国有资本撬动更多境内外资本”③。如果这种观点是正确的，国有企业就不必做强做优做大，国有资本和集体资本构成的公有资本更无须在全社会资本总量中占优势。其实，适用于自然领域的阿基米德杠杆撬动原理是完全不适用社会领域国民经济的运行逻辑的。这种张冠李戴的比喻，会使人们造成错觉，似乎只要少量国有资本，就有可能带动整个社会资本运动。不错，在社会经

① 《中共中央、国务院关于深化国有企业改革的指导意见》[N]，《光明日报》2015 年 9 月 14 日（第 6 版）。以下有关《指导意见》的引证不再标注。

② 《江泽民文选》第 3 卷[M]，北京：人民出版社，2006 年，第 71 页。

③ 参见《发改委部署国有企业混改　地方改革多点开花》[EB/OL]，中国网财经中心，来源：中国经济网，2015 年 9 月 21 日，https://finance.china.com.cn/industry/hotnews/20150921/3351699.shtml。

济领域的股份制经济中,一个股份公司在股权比较分散的条件下,10%的股权也许就能当董事长,起控股作用;但是,国民经济的整体运动毕竟不是一个放大了的企业。须知,每个行业只有资本量达到一定规模、有机构成(相当于人均占有资本)达到一定高度的企业或企业组织,才有可能科技领先、有较高生产率,从而在行业市场竞争中起控制作用,国有经济要在国民经济中起主导作用,就不能不在各行业都有较大的规模。所以,国有资本要通过投入企业在国民经济中起主导作用,各行业的国有企业在质上有机构成就必须较高,在量上就必须有较大规模。社会主义的国有经济,必然随着社会生产力的发展而逐步发展壮大。

3. 集体经济是支持国家宏观调控的重要力量

在社会主义初级阶段,集体经济是公有制经济的重要组成部分。它是我们党在新民主主义革命胜利后,坚持科学社会主义原理和中国国情结合,对新中国城乡生产资料小私有制进行社会主义改造而形成的。城镇手工业小私有者由此成为合作社等集体经济组织的集体工人;而农村的广大农民,则由此从解放后分得土地的小私有者,转化为土地集体所有制的集体农民。城乡集体经济从此成为与国有经济并列的两大公有制经济形式之一,壮大了整个公有制经济的力量;城乡集体经济的劳动者成为工人阶级的可靠同盟军,使工农联盟成为新中国牢固的阶级基础。

集体经济是一定范围的许多劳动者自主地以一定组织形式共同占有生产资料,实行劳动联合、统一经营为标志的;内部实行民主管理;分配劳动成果贯彻按劳分配原则。所以,集体经济内部不存在剥削关系,具有社会主义性质。当然,也有劳动者的劳动联合与私人资本联合两者相结合的股份合作经济,但是只要以联合劳动为主,也属集体经济范畴。不过,股份合作经济在集体经济性质的程度上,低于完全实行联合劳动的集体经济。

国有经济与集体经济都具有社会主义的经济性质。它们的主要区别在于,前者体现全国范围的社会化大生产基础上的劳动者的自主劳动联合,而后者体现社会性生产范围大小不同的局部劳动者的自主劳动联合。它们经济性质的共性,决定了它们可以形成共同的利益和目标;当然,它们在物质利益关系上存在局部利益同国家全局利益的矛盾。尽管存在这种矛盾,但是这属于根本利益一致性的矛盾,只要国家通过思想政治教育让全体劳动者认识到利益上的一致性,就容易解决好这种矛盾。国有经济就会帮助和引导集体经济;而集体经济就会支持、配合国有经济,服从国有经济的主导作用。正因为如此,大力发展多种形式的城乡集体经济,就使国有经济拥有可靠的助手和强大的后备力量，而集体经济本身也会因国有经济的强大得到巩固和发展。在这个意义上，可以说集体经济是支持国家宏观调控的重要力量。

国有经济和城乡集体经济形成的公有制经济在国民经济中占主体地位，这是国家对宏观经济实现有效调控的基本前提条件。这是因为：

全国广大劳动人民在生产过程中，切身感受到自己的主人翁地位，就能在工人阶级先进性、组织性和纪律性的带动下，形成为共同利益和长远利益而奋斗的统一意志，自觉地贯彻落实国家关于宏观经济调控的方针政策。

国有经济和城乡集体经济在国民经济中占主体地位，就能够保证在社会收入分配关系中，实行按劳分配原则的个人收入在社会个人总收入中占主要比重，随着这种比重的逐步加大，这将有利于社会在社会生产力发展的物质基础上，朝人民群众共同富裕的目标前进；有利于缩小私有制经济成分产生的收入分配两极分化倾向，从而有利于实现市场供求关系的基本平衡。

国有经济和集体经济在国民经济总量中占优势，有利于克服私营经济和外资经济固有的私有制与生产社会化的矛盾倾向。私营、外资经济的资本主义私有制性质决定，它们的剥削性质必然与公有制经济存在生产关系上的对立性；它们追求私人利润最大化的生产目的，必然与公有制经济资源占有、市场控制、人才竞争等多方面存在矛盾，因而一般来说不会自觉维护国家共同利益和长远利益，服从国家宏观经济统一调控。只有坚持社会主义公有制经济的主体地位，使私营企业主接受社会主义生产关系的教育，才能规范他们的经济行为，限制他们的消极作用，使他们服从国有经济的主导作用。公有制经济在国民经济中占主体地位，这是引导非社会主义经济成分服从国家宏观经济调控的前提条件。

有一种观点，在谈到发展中小企业时，一味主张大力发展私有制的“民营经济”，在鼓励全民创业中，也只强调独立私人“小老板”，而不宣传扶植、发展集体经济。这是十分片面的，固然，在公有制占主体地位的前提下，应当允许私人创业，成立私营企业，但是必须看到，支持和鼓励发展集体经济性质的中小企业比发展私营企业更应放在重要地位，因为这有助于劳动者自主联合，发展社会主义性质的经济，使劳动者避免成为雇佣工人，有助于培育城镇工人阶级成为共产党领导的阶级基础；有助于劳动者自力更生、联合创业、共同劳动，追求共同富裕；由此更有利于扩大全社会实行按劳分配的社会成分，避免收入分配两极分化，从而有利于国家在宏观经济调控中促进市场供求关系的平衡。

三、宏观经济调控服从人民利益

（一）宏观调控的价值目标

1. 两种不同的宏观调控价值目标

宏观经济调控作为一种社会实践是有其价值目标的。社会主义宏观经济调控的第三个基本特征是，它从人民共同利益和长远利益的价值目标出发，尊重客观经济规律，并运用宏观计划调节和市场调节的有机结合，来实现这种价值目标。共同利益也就是中华民族经济的全局利益，长远利益也就是整个民族的经济实现可持续发展、人民最终实现共同富裕的利益。而要达到这种价值目标，必须尊重价值规律和社会再生产按比例的客观规律，坚持有预见性的计划调控和利用好市场调节。关于计划调控和利用市场调节，将在后面的章节论述。这里重点论述宏观经济调控的价值目标。

在唯物史观看来，人民是具有阶级内容的，在社会主义初级阶段存在多种经济成分的历史条件下，人民是指工人阶级为核心，工农联盟为阶级基础的人民，简言之，是指广大劳动人民为主体的人民。尽管说，在社会主义初级阶段，爱国民族资产阶级也属于人民的范畴，但是，他们不是人民的主体，他们更不能取代广大劳动人民。因此，谈社会主义市场经济宏观调控的价值目标应服从人民的利益，主要是指服从广大劳动人民为主体的人民的利益。

社会主义市场经济的宏观调控以人民共同利益和长远利益为价值目标，这与凯恩斯主义的宏观调控目标有原则区别。后者价值目标的核心是通过宏观调控，保证资本家获得利润最大化。这从凯恩斯主义奠基人凯恩斯本人关于宏观经济实现总供给与总需求达到平衡的判断依据就可以看出来。他说："总需求函数把各种设想的就业量和各种就业量下的产量所能期望得到的卖价联系在一起，而有效需求则为总需求函数上的一点；在该点，需求是有效的，因为，把总供给的情况考虑在内，该点相当于能使企业家的预期利润最大的就业量。"①这里，"有效需求"作为坐

① ［英］约翰·梅纳德·凯恩斯著，高鸿业译：《就业、利息和货币通论》［M］，商务印书馆，2002 年，第 62 页。可见，凯恩斯要解决的基本问题"就业"，就是以维护资本家利润最大化为前提的。

标上总供给与总需求两条曲线达到平衡的交叉点，就是凯恩斯认为的宏观调控成功的标志，它是以“能使企业家的预期利润最大”为前提的。可见，凯恩斯主义的宏观调控理论，从而现代资本主义国家在凯恩斯主义指导下实施的宏观经济调控措施，实际上是以维护资产阶级的整体利益和资本主义经济制度为价值目标的。由此看来，社会主义市场经济的宏观调控是不能够照搬凯恩斯主义经济理论为指导的。

2. 宏观经济调控价值目标由基本经济制度决定

宏观经济调控的价值目标服从人民共同利益和长远利益，这是由社会主义基本经济制度决定的。公有制为主体，决定了国有经济和集体经济构成的公有制经济是宏观经济的主体部分，而公有制经济是绝大多数人民群众物质利益的来源和追求共同富裕的基本物质条件；只有宏观经济稳定地运行，并以扩大再生产的方式可持续地运行，人民的利益才能得到保证。而公有制经济的主体，是广大劳动人民，从本质上说，公有制经济是广大劳动人民自己掌握的经济，因此，搞好宏观经济调控正是自身利益的要求。

3. 宏观经济调控实现价值目标的基本要求

总的要求是通过科学的宏观计划调节，保证以公有制为主体的国民经济稳定运行，促进人民群众的物质和文化生活水平逐步提高；推动国民经济科学发展和可持续发展，促进人民共同利益和长远利益的实现。包括以下要点：

促进经济结构优化。经济结构是指国民经济各领域、各环节的构成及相互制约的关系，主要是指所有制结构、产业结构、产品结构、需求结构、产业内部的企业结构等。要通过宏观调控，不断地促进各层次经济结构的优化，也就是要促使它们朝着有利于依靠科技进步、有利于国民经济增长方式从粗放型向集约型转变。必须促进民族经济的产业结构（社会再生产的比例结构）相对稳定，防止这种结构在国际经济交往过程中、在实施利用外资政策过程中受到破坏。

促进国民经济的稳定增长和科学发展。要通过宏观调控，促进国民经济的稳定增长，形成相对最优（在现有生产力水平基础上）的增长幅度、相对稳定的发展速度（逐年经济增长幅度波动不大）。

促进物价稳定。物价稳定与国民经济运行的稳定、人民生活质量的好坏紧密相关。要通过宏观调控，相对地稳定一般商品和劳务的价格水平，总体上不使物价发生普遍的大涨大落。在市场经济条件下，即使在社会再生产比例关系比较平衡的条件下，也会因市场关系复杂或行业、企业劳动生产率的变动而造成某种或某些商品价格发生一定幅度的变动，这是一种正常的状态。但是，如果出现因货币（纸币）投放量失控、经济结构发生重大失衡等因素导致通货膨胀和社会物价的总水平全面波动，这就不但给人民生活带来危害，而且也会导致国民经济运行的紊乱。所以，必须通过宏观调控措施，促使总供给和总需求平衡，从而促使价格总水平相对稳定，避免通货膨胀。

促进劳动者就业和再就业。在社会主义市场经济条件下，由于市场竞争的存在，由于私营经济占一定比重，难免发生一些劳动者因企业裁员，或因企业破产而暂时失业；但是，社会主义国家必须促进劳动者的再就业，使每个劳动者都能各得其所，各尽所能。从总体而言，社会主义国家的劳动者应当人人都能就业，这与凯恩斯主义“充分就业”的含义是不同的。① 我们的宏观调控，要为社会主义劳动者的普遍就业创造条件。虽然我国作为世界第一人口大国，劳动者数量大，在社会主义市场经济条件下实现普遍就业，任务艰巨，但是，随着计划生育国策的坚决贯彻，推进再就业工作经验的积累，普遍就业是可以实现的。

促进收入合理分配，实现社会主义公平。只有维护社会主义公有制的主体地位，才能保证国民收入初次分配的基本格局是以按劳分配为主体，从而保证全社会收入分配关系可以实现社会主义公平关系占主体。但是，在市场经济条件下，由于中国东、中、西部地区差别和城乡差别，由于独立经营的企业生产主客体条件的差别，即使实行按劳分配原则，在收入分配上，也仍然会有很大差别；尤其是如果对本身就会产生个人收入两极分化的私有制经济的发展不加控制，个人收入差距就会出现显著的拉大。这就需要国家用宏观调控手段，努力克服分配不公，防止出现不应该有的个人收入两极分化现象。

促进局部服从全局。中国是大国，各地区各部门难免有局部的经济要求或利益，但是，在国家的宏观调控过程中，都应当服从国家宏观经济调控全局的部署。坚持对多种经济成分的领导。国家可以通过应用国有资本的所有权，控制国有经济，通过国家对集体经济组织的统一政策和国有经济对集体经济的带领，使整个公有制经济服从中华民族经济的全局利益和长远利益。私营经济是民族

① 在发达资本主义国家，维持不高于4%～5%的失业率，被视为“充分就业”，其实，相对过剩人口是资本剥削的正常条件，因此，我们不宜照搬这种概念。社会主义市场经济中的劳动者就业，应当与宪法规定的社会主义劳动者的经济权益对应起来，应当促进人人就业。当然，这不是计划产品经济体制下那种“能进不能出”的就业，而是适应市场经济的包括失业后可以较快地再就业的普遍就业。

经济的组成部分,是中国社会主义基本经济制度的组成部分,国家的宏观经济调控应包括对私营经济的引导,应当通过一定的政策和法律,约束私营经济服从民族经济利益。

这些要求,与西方资产阶级经济学所说的宏观经济调控,虽然在稳定经济运行的某些方面,如稳定物价、控制通货膨胀、促进经济增长等方面,有一定的共性,但是在服从人民共同利益和长远利益基本要求上是有原则区别的。

(二)对科尔内的宏观经济调控ⅡB模式的评析

1. 科尔内ⅡB模式的含义

社会主义市场经济宏观调控的价值目标是由公有制经济占主体地位的基本经济制度决定的,这也就是说,公有制经济基础决定着宏观经济调控的目标和效果,如果明确了这个道理,就不能不对匈牙利经济学家科尔内提出的社会主义国家经济改革的ⅡB目标模式作简要的评析。在我国展开以城市为中心的全面经济体制改革的第二年即1985年,科尔内来到中国,在当时著名的“宏观经济管理国际研讨会”(又称“巴山轮会议”[①])上,阐述了他的这种目标模式,对我国经济学界产生很大影响。这个体制改革目标模式最主要的缺陷就是完全撇开了生产资料所有制关系在宏观经济调控中的基础作用。

科尔内把宏观经济运行机制分为“行政协调”(Ⅰ)和“市场协调”(Ⅱ)两类;并把前者区分为“直接的行政控制”(ⅠA)和“间接的行政控制”(ⅠB)两分类;把后者分为“完全自由的市场机制”(ⅡA)和“有宏观调控的市场机制”(ⅡB)两分类。ⅠA指国家实行指令性计划、直接管到生产单位(企业)的高度集中的行政管理体制,是对必须改革的经济体制的概括。ⅡA指不存在国家宏观调控、完全由市场自发起调节作用的经济机制。ⅠB是指对ⅠA体制进行了一定程度改革,但是仍然保留对企业行政性间接干预的管理体制,即国家主管部门不再对企业下达投入和产出的指令性实物量指标,但是仍然用行政手段制定各企业的产品价格、信贷利率、税率、工资等,因而保持了企业的行政性干预。科尔内认为,只有去除这种对企业的间接性行政干预,才能使企业摆脱对上级主管部门的“纵向从属”,让市场机制有效地发挥作用,真正克服旧体制的弊病,因而ⅠB需要向

① 此次中外经济学家参加的会议在行驶于长江三峡的巴山轮上召开。有关会议的理论研讨动态,刊登在《世界经济导报》1985年9月23日、10月7日上。该报在1989年6月停刊。

ⅡB模式转换。ⅡB这种有宏观调控的市场机制，是指国家主要用综合性的经济杠杆，如货币供应总额、银行信贷总额、外汇汇率、存贷款利率等，来调节市场，从而对国民经济进行宏观调节。[①] 可以看出，科尔内是从国家对企业的控制角度来研究宏观经济调控的，提出的主要改革方式，就是要在国家和企业之间增加市场这个层面。与排斥市场作用的中国原先的计划产品经济体制相比，有一定积极意义。为此，我国参加"巴山轮会议"的不少经济学家都对ⅡB模式持赞同态度。有人甚至认为，科尔内关于宏观经济协调模式的四分法，"是具有突破性意义的"[②]。但是用《资本论》唯物史观宏观经济研究方法来审视，科尔内关于宏观经济协调的ⅡB模式，并非以唯物史观为指导，它完全撇开了生产资料所有制层面，撇开了社会主义公有制的关键地位和作用，在市场关系的认识上也带有西方资产阶级经济学的烙印。

2. 科尔内ⅡB模式的严重弊病

主要有以下几点：

其一，该模式的市场具有模糊性。科尔内看不到现代发达市场是商品流通和资本流通的统一，从而看不到资本流通的生产环节具有生产关系性质赋予市场的社会规定性。换句话说，科尔内同资产阶级经济学家一样，分不清商品流通和资本流通的本质区别，只看到了现代市场具有的商品流通的一般性质，却看不到公有资本流通与私有资本流通的生产环节赋予流通环节的根本不同的社会规定性。社会主义条件下，全社会的公有资本占主体地位，国有资本是国民经济的主导力量，国家对于国有资本价值总量上的计划调节，将在很大程度上克服资本主义市场的自发性，在生产环节的所有制区别赋予流通环节不同社会规定性这个意义上，存在社会主义市场与资本主义市场的区别。

其二，该模式完全撇开了生产资料所有制关系（包括所有制结构和公有制经济基础）对于宏观经济协调的基础性作用。科尔内只从企业要摆脱行政主管部门干预、获得自主决策权的微观角度出发，看不到国有企业全民所有制的统一性对于宏观经济有效调控的必不可少性。因此，他提出的自认为是正确的"向市场经济的转型"发展战略，是"促进私有部门有机发展的战略"，即"最重要的任务在于创造条

① 参见吴敬琏著：《经济体制改革问题探索》[M]，北京：中国展望出版社，1987年，第370—372页；吴易风等著：《马克思主义经济理论的形成和发展》[M]，北京：中国人民大学出版社，1998年，第545—547页。

② 吴敬琏、刘吉瑞著：《论竞争性市场体制》[M]，北京：中国财政经济出版社，1991年，第42页。

件,使私有部门得以自下而上地生长起来;以出售为基本手段,使大多数国有企业转为民营……"①。这表明,科尔内ⅡB模式实质是一种在微观上瓦解社会主义经济制度经济基础的改革方案。

其三,该模式绝对否定了从实物形态角度调节社会再生产各部门比例关系的必要性。《资本论》的宏观经济研究方法告诉我们,应当坚持劳动二重性的基本原理,从社会总产品的使用价值和价值量两方面,认识市场经济条件下的社会再生产和流通运动;如果要社会再生产正常实现,社会总产品的各构成部分就应当在实物形态(使用价值)和价值两方面都得到补偿。否则,社会总资本的循环就会中断,社会经济就会发生危机。科尔内主张用综合性的经济杠杆调控宏观经济中的货币量、外汇量等,这说明他的宏观经济调控只在社会总产品的价值方面,而排除了与价值方面比例关系相对应的社会总产品的使用价值方面的结构调节。因此,ⅡB模式的宏观调控理论指导不是马克思主义政治经济学,实际上是西方新自由主义经济学和发达资本主义国家宏观经济调控模式的混合。

3. 科尔内改革思想的实质

科尔内提出撇开生产资料公有制关系来设计宏观经济调控目标模式,绝非偶然。科尔内在20世纪80年代,就认为社会主义经济是"短缺经济"②,实质上主张根本否定社会主义公有制性质的国有经济,只不过不敢明说而已。而到苏联、东欧改旗易帜的剧变前夕,他就开始公开表达其立场了。1990年,正当苏联领导人戈尔巴乔夫和叶利钦共同主持,制定所谓转向市场经济的"500天计划",搞私有化"改革"之时,科尔内的新著《通向自由经济之路》被译为俄语,在莫斯科出版。他在这部书的"告苏联读者"前言中说,"人类社会在15世纪末转向建立在私有制基础上的市场经济。这是第一条道路";苏联和跟在其后的一些国家走的是"建立在公有制基础上的官僚主义命令经济这种统治的第二条道路";现在的改革是走"离开斯大林体制,同时本质上区别于当今西方发达国家经济体制的第三条道路";"本书继续我先前的分析。现在我比任何时候都相信,这种试验是不会成功的。第三条道路是没有的";按第二条道路走了几十年的人们将会认同,"他们只有在长久和有益

---

① 转引自吴敬琏著:《当代中国经济改革》[M],上海:上海远东出版社,第33—34页。

② 参见[匈]亚诺什·科尔内著,张晓光等译:《短缺经济学》(上、下卷)[M],北京:经济科学出版社,1986年。作者在中文版前言中说,"短缺是社会主义经济的基本问题之一"(第5页)。

的探索之后走上第一条道路，才是正常的经济”。[①] 这些事实上意味着，科尔内的改革思想，实质上就是推行新自由主义的经济思想。科尔内的ⅡB 目标模式，实际上是私有制基础上的有宏观调控的资本主义经济模式。

① 本段括号中的引文由笔者译自俄文版：Янош Корнаи：《Путь к свободной экономике》[M]，Москва，《экономика》，1990，с.2－3（[匈] 亚诺什·科尔内：《通向自由经济之路》[M]，莫斯科："经济"出版社，1990 年，第 2—3 页）。

第十七章　宏观调控主体机构与调控方式

上一章探讨社会主义市场经济条件下宏观调控的一般特征。这种特征体现在宏观经济调控的具体实践过程中。而这种实践,必须通过宏观调控主体来进行。本章拟论述在社会主义市场经济体制和计划产品经济体制两种不同经济体制下,宏观调控主体的区别,同时比较在社会主义宏观经济与资本主义宏观经济中,宏观调控主体的区别;在此基础上,论证社会主义市场经济的宏观调控主体机构,必须与在国民经济中起主导作用的国有资本管理结合起来;采取适应社会主义市场经济要求,与传统计划产品经济体制有别的宏观计划调节的基本方式;并从战略实践的高度,确立防止宏观调控失误的安全底线。

一、宏观经济调控主体机构

(一) 改革前后宏观调控主体机构的比较

1. 改革前后宏观调控主体机构的共同点

我们已从理论上明确,社会主义经济的主人翁或主动轮是以劳动人民为主体的人民。社会主义国家从诞生起,就必定存在宏观经济调控的中央机构。从实践角度来看,人民只有通过代表自己利益的中央决策管理机构,才能具体实施对国民经济的宏观调控职能;而这种中央机构,就是宏观经济调控实践的主体机构。

中国在 1978 年以前,实行计划产品经济体制;此后经过经济体制改革,逐步建立社会主义市场经济体制。这两种体制的变化,属于社会主义根本制度基础上的经济管理体制的自我完善和发展。社会主义根本制度的持续性,决定了宏观经济调控主体机构都建立在生产资料公有制的基础之上,这决定了两种经济体制下的宏观调控机构,具有共同点。这就是改革前和改革后的宏观经济调控机构都是为人民服务的决策管理机构,其中央机构都是代表作为社会主人翁的广大劳动人民的共同利益和长远利益,代表整个中华民族的经济利益,行使宏观经济管理职能的;它们的宏观经济调控实践,都包括自上而下地行使对国民经济统一管理的职能。

2. 社会主义市场经济体制与计划产品经济体制在宏观调控上的区别

改革前的计划产品经济体制与改革后的社会主义市场经济体制在管理体制上的区别,决定了宏观经济调控实践主体机构也存在区别,这种区别是社会主义制度自我完善意义上的区别。

计划产品经济体制用高度集中的、实物形态的计划方式来管理国民经济的运动,主要用自上而下的行政手段实施管理,对生产单位的人财物基本上实行调拨制,"买酱油的钱不能买醋",这决定了宏观经济调控机构主要是行政性计划管理机构,而且上下机构设置相对应。尽管这种管理体制可以避免资本主义经济的自发性,有利于"全国一盘棋"地发展国民经济;但是,行政性的计划管理难免存在某种程度的主观性,容易因计划上的主观失误而导致社会再生产比例失衡,指令性的对下管理限制了企业的主动性和创造性,因而存在管理体制僵化的弊病。

社会主义市场经济体制,适应社会生产力发展的实际水平,引入了市场社会分工制度,这有助于通过市场自发运动的压力,促进微观企业发挥自主决策的主动性和创造性,同时,也有助于促进宏观经济调控主体根据市场关系发出的信号,防止和纠正原定计划的主观性和片面性,从而有助于宏观经济遵循价值规律的客观要求稳定运行。

不过,从现实来看,中国在形成社会主义市场经济体制之后,也出现了经济结构失衡的情况。这与私有化"改制"削弱了社会主义基本经济制度,增大了私有制经济在国民经济中的比重有必然联系。同时,这与宏观经济调控主体机构的不完善,管理不到位也有很大关系。这就有必要在《资本论》的宏观经济研究方法指导下,结合实际,认真研究如何完善主体机构问题。

(二) 区分不同经济制度下的宏观调控主体机构

1. 值得提出的问题

以上两种经济管理体制宏观调控主体的比较,是在同一社会主义根本制度下的比较,是同一经济制度自我完善过程不同现实阶段的比较。而下面所说的社会主义市场经济与资本主义市场经济宏观调控主体的比较,则是根本经济制度不同的宏观调控主体的比较。

在计划产品经济转向社会主义市场经济体制过程中，经济学界一直有人认为，现代发达资本主义国家的经济是有宏观调控的成熟的市场经济，它具有现代市场经济的一般性，因而中国有必要借鉴这些国家的宏观经济调控方式。初看起来，这似乎没错，但是，说那是“成熟的”则言过其实。发生周期性经济危机的宏观经济怎么能是成熟的呢？按照辩证法，对待外国经验，借鉴不等于照搬，而应结合本国国情，持扬弃的科学态度，即舍去资本主义制度的糟粕，吸取体现具有一般性应用价值的精华。但是，有人实际上却照抄照搬，对宏观经济调控中的计划调控职能采取绝对排斥的态度，这就影响到我国宏观经济调控主体机构的科学改革和完善，实际上对我国宏观调控主体机构只会起到削弱作用。

这里值得提出的问题是，现代发达资本主义市场经济虽然产生了国家的宏观经济调控，但是，由于它建立在金融垄断资本主义私有制基础上，这就与社会主义市场经济的宏观调控具有根本的区别，从而两者的宏观经济调控主体机构也有根本的区别。同时，有人所说的“成熟的市场经济”，实质上是发达资本主义国家进入国际金融垄断资本主义阶段的市场经济，这样的经济形态出现的宏观经济调控主体机构，主要按照金融垄断资产阶级利益的要求来设计，这与完善社会主义宏观经济调控主体机构的要求，显然有本质的差别。

2. 发达资本主义国家宏观经济调控及其主体机构的特点

唯物史观的辩证逻辑告诉我们，经济学的概念和原理作为观念形态的东西，它们是在人脑中改造过的现实经济关系和经济运动。只要我们用《资本论》的唯物史观宏观经济研究方法审视西方宏观经济学，就不难看出，资产阶级经济学家着眼于流通层面的总供给和总需求分析宏观经济运动，回避或者看不到生产资料所有制关系的作用，不明白价值规律对社会分工比例关系的客观要求，从理论上表现的主要是宏观经济表层现象或假象。这种宏观经济学指导下的现代发达资本主义经济的宏观调控，是为了缓和资本主义固有的经济矛盾而产生的。它具有如下特点：

宏观调控主要是为了缓解资本主义固有矛盾所产生的问题。主要是如何控制失业率下降、通货膨胀、经济衰退、国际收支不平衡、居民收入下降等，这些都是资本主义生产社会化和私人占有制这对基本矛盾的必然表现。因而宏观调控只能暂时缓解矛盾，却不可能从根本上解决固有矛盾。

宏观调控以维护资本家阶级的利益为前提。实质上是如何稳定宏观经济运行，保证资本家实现利润的最大化。

宏观调控的经济政策，建立在维护和发展私有制经济的基础上。财政政策，主要是用政府购买、减税或增税、财政转移支付、政府投资、赤字预算等方式，解决私人资本家不可能解决的问题。货币政策，主要是由国家中央银行实施公开市场政策（政府证券的公开买卖）、存款准备金率政策、再贴现政策等，通过调节利率、汇率等，来引导私人资本投资和调节国际收支关系。产业政策，主要是通过制定产业发展规划和指导意见、提供补贴等方式，促进主导产业发展，引导私人资本流向新兴部门，促进产业结构优化；通过推动私人部门科技研发、区域集群中的企业之间的协作等政策，调整企业的组织结构，增加有效供给，提高劳动生产率，增强资产阶级国家的国际竞争优势等。

即使发展有限的国有经济，也只是作为宏观经济运动的“稳定器”。这种资本主义国家的国有经济，可多可少，一旦经济稳定，即可私有化，本质上是体现资产阶级整体利益的经济。

以上发达资本主义国家宏观经济调控方式的特点决定了，其调控主体主要是由中央银行、财政部等管理机构分别承担制定和执行有关宏观经济政策的任务，因而具有松散性、缺乏统一的国家计划调节职能的特点。少数资本主义国家如日本、韩国、法国和印度等国，虽然设有“企划厅”之类的调控机构，但是，这些机构主要是编制局部的预测性计划。[①] 总体来看，资本主义国家的宏观调控至今没有实施宏观计划调节的机构，更谈不上在宏观调控中代表广大人民群众的全局利益和长远利益来统筹兼顾各方面的利益关系。而社会主义市场经济的宏观调控主体建立在社会主义公有制基础上，这决定了它作为调控宏观经济的中央机构，必须代表广大人民的全局利益和长远利益，按照统筹兼顾根本方针，制定和实施宏观经济计划。这正是社会主义根本经济制度赋予社会主义市场经济宏观调控主体的特有规定性。

二、宏观经济调控主体机构与国有资本管理

（一）国有经济在宏观调控中的地位

1. 国有经济是宏观经济调控主体机构的主要依托

怎样才能完善社会主义市场经济的宏观调控机构？这只能从中国存在多种所

① 参见刘国光著：《社会主义市场经济理论问题》[M]，北京：中国社会科学出版社，2013年，第137页。

有制经济成分的实际出发，坚持宪法所规定的公有制的主体地位和国有经济的主导作用。由于只有国有经济才具有整体性，才能做到“全国一盘棋”；而其他经济成分中，集体经济体现局部利益，具有分散性；私营经济体现的是私人利益，更具分散性，而且一般来说与全局利益存在对立性。这就决定了，社会主义市场经济的宏观调控只有通过国有经济的主导作用才能实现。这也就是说，社会主义市场经济的宏观调控包含两个层次：第一层，管理好国有经济，发挥国有经济在宏观经济调控中的主导作用；第二层，在国有经济发挥主导作用的基础上，通过一定的调节方式包括经济政策措施，控制其他经济成分的分散性和自发性，把它们引导到国民经济有计划按比例发展的轨道上来。第一层是关键，因为缺少国有经济这层作用，要按照统筹兼顾根本方针制定和实施宏观经济计划，就无从谈起。可见，国有经济是宏观经济调控主体机构的主要依托。

2. 简析一种关于转变政府职能的观点

构建与社会主义市场经济体制相适应的宏观经济调控机构，这涉及转变国家政府的经济管理职能。我们说，国有经济是宏观经济调控主体机构的主要依托，这意味着，转变政府经济管理职能，与巩固和壮大国有经济是一致的、相互支撑的。

但是，有一本政府高层智囊机构公开出版的著作《2030 年的中国：建设现代、和谐、有创造力的社会》，却提出另一种主张。① 该著作认为“转变政府职能”，就应当“重新思考国有部门和民营部门的作用，促进经济领域内的竞争”，主张“通过推进关键领域改革以强固市场经济的基础”；而所谓“关键领域改革”，就是“加快国有企业改革”，主张“国有企业产出占全国 GDP 的比重，应从 2010 年的 27%减至 2030 年占 10%左右”（这段话参见该著作的英文版第 110 页）；同时，促进“民营部门的进一步发展”，也就是促进私有制经济的进一步发展；明确提出，应当把这种“转变”作为中国在未来 20 年改革和发展的“新战略核心”。对于这种主张的实质，笔者曾专门发表文章予以评论。②

在笔者看来，按照这种主张去做，就根本不可能构建出与社会主义市场经济体制相适应的宏观经济调控机构，而只能建立资本主义市场经济的政府职能机构。

① 世界银行和国务院发展研究中心联合课题组：《2030 年的中国：建设现代、和谐、有创造力的社会》[M]，北京：中国财政经济出版社，2013 年。其英文版标题为：China 2030：Building a Modern，Harmonious，and Creative High-Income Society。英文版刊登在世界银行网站，http://www-wds.worldbank.org/external/default/WDSContentServer/WDSP/IB/2012/02/28/000356161_20120228001303/Rendered/PDF/671790WP0P127500China020300complete.pdf。

② 参见何干强：《政府职能、所有制和市场关系的整体协同性——评〈2030 年的中国：建设现代、和谐、有创造力的社会〉》[J]，《管理学刊》2014 年第 2 期。

而2008年以来资本主义世界的金融经济危机已经证明,所谓现代资本主义经济的政府宏观调控机构,由于建立在私有制经济基础上,是根本无法解决资本主义经济的固有矛盾的。社会主义市场经济的国家宏观经济调控机构,必须建立在公有制经济基础上,尤其应当以巩固和壮大社会主义国有经济为基本条件。

(二)国有经济的不同构成

1. 区分国有资本和非经营性国有资产

国有经济是一个大概念。从物质形态来说,一般统称之为国有资产。它划分为经营性的和非经营性的两个基本部分。非经营性国有资产存在于非物质生产领域,如党政军机关、国有学校、国有医院等各类事业单位的物质财富,它们在使用中被消耗,通常用一点少一点,作为其消费的直接结果,不增加新的物质财富和社会价值财富;或以矿藏、水流、森林、山岭、草原、荒地、滩涂等自然资源的原始形态存在。经营性的国有资产是国家投入物质生产过程的生产、流通和生产资料分配环节的物质财富,其本质含义是国家代表人民行使所有权并投入经济营运的生产资料,对它们的所有权关系属于生产资料所有制范畴。而对非经营性国有资产的所有权关系,则不属于生产资料所有制范畴。

在市场经济条件下,全民所有制或国有的生产资料以资本形式存在,所以称之为国有资本。我们说,国有经济在国民经济中起主导作用,这里的国有经济通常指投入物质生产过程(经济领域)的生产性、经营性的国有资本,所以,严格地说,在国民经济中起主导作用的国有经济实质上是指国有资本,而不是指非经营性的国有资产。因此,只有国有资本才能称得上我国国民经济的主要支柱,只有国有资本体现的生产资料全民所有制,才称得上广大人民群众当家作主,实现生活共同富裕的主要经济基础和中国共产党执政的主要经济基础。[①] 非经营性的国有资产虽然是属于国家所有的财产,十分重要,必须节约使用并加强对它们的维护,但是它们不属于生产资料,对它们的所有权关系不属于生产资料所有制范畴。因此,在计算不同所有制经济在国民经济中的比重时,对于国有经济来说,只应当计算国有资本总量,而不应当把非经营性的国有资产计算进来,因为后者的所有权关系不属于生产资料所有制关系。

---

① 这里说“主要”,是因为公有制的经济基础还包括生产资料集体所有制。

有人认为,土地、学校、医院和公共设施是国有的,只要它们与国有资本总量之和在社会总资产中超过50%,公有制就仍占主体地位。这种观点是不能苟同的,因为这背离了唯物史观关于生产资料所有制的科学规定,混淆了非经营性的国有资产与经营性国有资本,混淆了生产资料所有制关系与非经营性的资产所有权关系。殊不知,如果因国有资本下降导致私有制占了国民经济的主体地位,那些非经营性的国有资产的社会性质,也必将随着经济基础的转变而发生根本的改变。因为非经营性的国有资产的社会性质,是由国家的阶级性质决定的,而国家的阶级性质则是由一定历史条件下的生产资料所有制的性质决定的。发达资本主义国家的国有土地、矿山、国立大学、国家军事设施等,都绝不是社会主义性质的,原因就在于其国家的性质由垄断资本主义这种经济基础决定,属于总资本家阶级的统治工具。所以,在多种所有制经济中,公有制占主体地位,指的是经营性的国有资本在社会总资本中占主体地位。

2. 区分国有职能资本和非职能资本

《资本论》把资本家区分为“执行职能的资本家”和“资本的单纯所有者即货币资本家”,后者即非职能的资本家。① 据此,本书上卷第七章已经论述,资本区分为职能资本和非职能资本。职能资本是用于生产和实现剩余价值的资本,包括产业资本和商业资本,也包括投入现代服务业领域的许多资本(邮电、交通运输、信息产业等)。非职能资本是用于信贷的货币借贷资本,它本身不能直接生产和实现剩余价值,只能分享职能资本所带来的现成剩余价值,但“随着信用的发展,这种货币资本本身取得了一种社会的性质,集中于银行”,称之为银行资本,它客观上起着将社会职能资本投入各产业和商业部门的分配调节作用。这种区分在社会主义市场经济条件下也是适用的。② 需要说明的是,职能资本和非职能资本这种划分,是在经营性资产范围内的划分。银行资本是经营性的,但它是非职能资本。国有资本中的非职能资本主要是国有银行中的借贷货币资本(以下简称银行资本)。③

弄清经营性的国有资本分为职能资本和非职能资本这种构成,对于宏观经济

① 《资本论》第3卷[M],北京:人民出版社,2004年,第436页。

② 这里笔者在一般意义上使用了“资本”和“剩余价值”的概念,内涵上与资本主义经济中的资本、剩余价值有根本的区别。参见何干强著:《唯物史观的经济分析范式及其应用》[M],北京:中国经济出版社,2008年,第399—410页。

③ 这里的银行货币借贷资本,与人们所说的国有金融资本在概念上有所不同,后者除了借贷货币资本,还包括银行管辖的工商业资本。本书把这类工商业资本都纳入国有职能资本范畴。

调控是十分重要的。《资本论》揭示出，在社会总资本运动中，商品流通决定货币流通，因而生产和实现商品的资本运动决定货币流通①，进一步说，职能资本的运动对银行资本的运动起决定性作用。虽然后者对前者会有反作用，但是两者之间决定与被决定的基本关系不能颠倒。职能资本的运动状况是本质，而非职能资本的运动状况是现象；当社会总资本的运动出现不良状况，一般来说，前者是原因，而后者是结果。正因为如此，对宏观经济的调控，第一位的是调控好全社会的职能资本。一般来说，只要全社会总的职能资本能够按比例地实现相互之间的实物补偿和价值补偿，实现良性循环运动，银行借贷资本的运动也就会处在比较稳定的状态。从这个角度来看，国家要促进宏观经济实现稳定运行，首先必须有效地控制和调节全社会职能资本的运动。当然，这只有在国有职能资本在全社会职能资本中占较大比重因而能起主导作用的条件下，才能真正做到。因为在这种条件下，国家可以通过直接拥有的国有职能资本控制权，主导全社会职能资本的运动。换句话说，国家要实现对宏观经济的调控，就要首先从整体上实现对国有职能资本的有效调控，也就是要搞好对国有职能资本的监管。

3. 确保国家对国有银行资本的绝对控制权

要监管好国有职能资本，这并不意味着可以放松对作为非职能资本的国有银行资本的监管。我国社会主义性质的银行资本，与现代资本主义国有银行资本相比，有两个重要特征。其一，它在发挥宏观调控作用方面，除了执行中央制定的货币政策稳定货币币值，还应当有目的地遵循宏观经济的计划调控，以信贷方式对全社会的职能资本，尤其是对国有职能资本，起调节分配和监督作用。其二，它为社会主义经济基础服务，负有维护公有制主体地位的责任。这种特点决定了国家对国有银行资本需要绝对掌握控制权。毫无疑问，国有银行要适应市场经济的要求改革自身管理体制，提高办事效率，提高每一笔借贷货币资本的经济效益，这方面有必要学习当代国外银行的先进管理经验。但是，这绝不意味着必须引进所谓国外战略性金融资本，才能实现国有银行管理体制的改革。如果这样做，显然会弱化国家对金融领域的绝对控制权，而且容易让外国金融垄断资本集团掌握国家的金融情报，给国家的金融安全带来极大的威胁。这就是说，国有银行自身的管理体制

① 从简化的生产资本循环公式 P…W′—G—W…P 和简化的商品资本循环公式 W′—G—W′…P…W′可以看出，社会总资本的再生产运动以实现商品形式的资本流通 W′—G—W′为前提。显然，资本运动中的这种商品流通决定 G 的运动，即货币流通。

必须坚持社会主义性质和特征，不能随意与发达资本主义国家“接轨”。2008 年以来由美国“次贷”危机为发端的世界金融经济危机，提醒人们应当破除对现代资本主义金融管理体制的迷信。

（三）构建监管国有职能资本的主体机构

1. 重视构建监管国有职能资本的主体机构

以上分析表明，发挥国有经济在宏观经济调控中的主导作用，必须同时管好国有职能资本和国有银行资本。这两个基本板块虽然在职能性质、营运方式和经济作用等方面有显著区别，但是都很重要，各板块在整体上都需要有专门的机构来监管。从现实看，国有银行资本的监管主体机构比较明确，中国人民银行本身就具有中央监管机构的职能，而且各省市县形成了层级机构和分支机构，整体监管的主体机构比较完整。而国有职能资本的监管主体机构则有待改革和完善。

从社会主义国家的实践经验来看，国有职能资本监管主体如何具体化的问题，并没有得到很好解决。苏联、东欧国家和新中国计划产品经济体制时期的国有职能资本监管机构，与政府机构基本上是融为一体的；而南斯拉夫在国有职能资本的监管上，采取的是社会自治模式，由工人自治企业中的工人委员会来监管。前者由政府部门监管，存在高度集中的行政性管理的缺陷，体制僵化，监管主体经济职能的权责不清，缺乏经济效率。而后者的监管主体分散到企业，不利于全社会的整体管理和统一计划调节。

我国改革开放之后，经过多次机构改革，已建立起各级国有职能资产管理委员会，但是实践表明，监管主体机构权责不明晰的问题仍未真正解决，否则就不会出现众所周知的国有职能资本的流失现象。因此，必须从完善宏观经济调控和加强国有资本管理的高度，重视国有职能资本监管主体机构的构建。

2. 完善国有职能资本整体监管主体机构的目标要求

全国的国有职能资本作为社会主义全民所有制性质的资本，尽管有必要分为一定层级来管理，但是，它具有不可割裂的整体性。坚持对国有职能资本实施必要的整体性监管，这是保证国有经济成为国民经济的主导力量，并在宏观经济运动中起主导作用的基本条件。这就提出了适应社会主义市场经济环境，从整体上完善国有职能资本监管主体机构的要求。主要是：

它必须置于人民代表大会和广大人民群众的监督之下。国有资本的监管主体本质上是广大劳动人民。要实现监管主体的这种本质规定性，除了国有资本监管主体机构应当有严格的内部组织纪律规定之外，还必须接受人民群众的外部监督。

它必须实现国有职能资本所有权关系人格化。马克思指出，“人格化，是由社会生产过程加在个人身上的一定的社会性质”，是把个人理解为“一定的社会生产关系的产物”。① 这就是说，国有职能资本整体监管主体机构必须是专职从事职能资本监管实践的具体机构；其工作人员，必须按照国有资本保值增值运动的客观要求，承担管理权利和责任，服从国有资本全民所有制这种所有权关系的强制性约束，使国有资本所有权关系人格化。这就要求机构中的工作人员必须有坚定的无产阶级立场，必须是懂得马克思主义经济学和管理学的专业人才。②

它应当具有从中央到地方的层级性。中国幅员辽阔，单一的中央机构是不可能承担起国有职能资本监管主体机构的责任的。在计划产品经济体制时期，我国就进行过关于国有企业监管权限集中与分散的体制改革。③ 社会主义市场经济要求国有企业作为面向市场的法人主体独立经营，这意味着国有职能资本分散在各个国有企业中运行；在这种情况下，只有实行中央监管机构与地方监管机构相结合，后者能够对分散到企业的国有资本实施个别监管，才有可能对国有职能资本实行有效的整体性监管。因此，按行政区划的上下层级关系，对国有资本监管主体机构设置一定的地方层级管理机构是必要的。改革开放以来，除了中央成立国有资产管理委员会，各地也按行政层级建立了国资委，这样的组织结构，是体现了监管实践的要求的；这对于在全国范围内和地方基层加强社会主义的经济基础是十分重要的。

它应当具有跨行政区域的适应性。国有资本监管主体机构的层级关系，只从行政纵向层划分是不够的。社会生产力发展的客观规律，不以行政性管理体制为转移。当市场经济的发展客观上形成了跨行政区的经济区域的时候，国有职能资本的监管主体就必须适应这种要求，设立一定经济区域的国有资本监管主体机构，作为中央国有职能资本监管主体机构的派出机构，对经济区内的按行政层级形成的各地方国资委起领导、协调作用，这样才能使国有资本的运行不至于受到省市县的行政体制的束缚而造成重复投资等不良现象，也有利于国有职能资本的集中，

---

① 《资本论》第3卷[M]，北京：人民出版社，2004年，第996页。

② 何干强著：《公有制经济振兴之路》[M]，北京：企业管理出版社，2004年，第134—135页。

③ 参见陈云：《关于改进工业管理体制的规定》，《陈云文选》第3卷[M]，北京：人民出版社，1995年，第87—94页。

“把国有企业做大做强做优”[①]。

3. 构建国有职能资本的监管主体机构的原则

根据上述要求，有必要遵循以下原则来构建国有职能资本的监管主体机构：

它应当与政府一般管理机构分开。国有职能资本监管主体机构是生产资料全民所有制的所有权执行机构，属于经济基础范畴；政府一般管理机构则是行政性管理机构，属于上层建筑范畴。这两种性质不同的机构都应当直接置于人民代表大会的监督之下。如果把前者置于后者的管辖之下，那么人民就不能通过人民代表大会直接对国有职能资本实行经常性的监督，这对维护社会主义经济基础是不利的。因此，有必要改变目前国有职能资本中央监管机构从属于中央人民政府所属机构的建制，把它直接置于人民代表大会的监督之下。国有职能资本从中央到地方的纵向层级机构，按行政区域分层的，也不应当隶属于省市政府某个所属机构，[②]而应当实行双重监管，既服从国有资本中央监管主体机构的垂直性层级机构（地方“国资委”）监管，又服从所在地方人民代表大会的监督。

它应当与中央宏观经济调控机构分开。国有职能资本监管主体机构的职责是通过整体性的内部层级管理，促进国有职能资本保值增值。当然，它在国民经济运行中发挥主导作用，在一定意义上也属于宏观经济调控职能。但是，这种作用并不意味着国有职能资本监管主体机构能承担中央宏观经济综合调控机构的职责。后者的职责是面对全社会的各种经济成分，为国民经济实现稳定运行而进行宏观经济总量的计划调节。因此，不应混淆国有职能资本整体监管主体机构与中央宏观经济调控机构，而应分开设置。前者属于国有职能资本所有权的实践主体机构，后者属于政府综合性管理机构。

它应当与非经营性国有资产监管机构分开。前者承担对国有职能资本面向市场运动的全过程进行监管；后者只涉及对非物质生产领域或属于自然资源的非经营性国有物质财产的监管。将它们实行专业性地分开监管，有利于国有资本的保值增值，也有利于投入医院、学校、政府等部门的非经营性的国有资产和自然资源

---

① 2015 年 7 月，中共中央总书记习近平同志在吉林东北工业集团长春一东离合器股份有限公司考察时，明确提出，“要坚持国有企业在国家发展中的重要地位不动摇，坚持把国有企业搞好、把国有企业做大做强做优不动摇”。参见《习近平吉林调研：国有企业改革怎么搞？》[N/OL]，中国共产党新闻网，2015 年 7 月 25 日，http://cpc.people.com.cn/xuexi/n/2015/0720/c385474-27330659.html。

② 按照所有权决定经营权的经济学原理（这是资产阶级经济学也承认的），地方国有企业的改革和发展，理应归“国资委”来监管和推进。但是在现实中，地方政府往往让省政府的某个部门，如经济贸易委员会来研究拟定国有企业改革和发展的政策措施，这就等于让经贸委机构来支配国有资本的管理了。

的节约使用。

它应当与国有企业内部的监事机构分开。前者从中央到地方的各个层级都置于相应的各级人民代表大会的直接监督之下，它们属于国有职能资本所有权实践主体的层级系统；后者则是国有企业内部成员对本企业国有资本的监督机构，在经济性质上属于国有资本经营权范围内的监管机构。因此，这两种监管机构之间的关系，本质上是国有资本所有权与经营权的关系。

如果能够在机构建设上实现上述“分开”，国有职能资本的整体监管就能较好地落到实处。[①]

（四）构建综合性的宏观经济调控主体机构

1. 统一调控国有经济的需要

在建立国有职能资本与国有银行资本这两大板块的监管主体的基础上，还必须建立和完善包括非经营性国有资产和覆盖多种所有制经济的宏观经济调控主体机构。

首先，从发挥国有经济主导作用来看，国有职能资本与国有银行资本各自的作用需要相互配合、统一领导。这两大板块的监管主体虽然各有不同的专业职能，应当分开监管，但是它们都起一定的宏观调控作用，在这方面具有内在联系，因而不应绝对割裂。国有职能资本中央监管机构要自上而下促进所有国有企业（职能资本）在计划调节下，在国有银行支持下，面向市场投资，搞好自身营运，发挥主导作用，推动全社会职能资本形成合理结构。国有银行资本的中央监管机构，要遵循货币流回规律，根据中央银行货币流回状态，掌握全社会职能资本的运行态势，不断将信息传递给国有职能资本中央监管机构，由此推进国民经济运动形成可持续的良性循环。因此，从宏观经济调控角度看，经营性国有资本需要统一管理。

其次，从非经营性的国有资产看，它们的使用和管理每年都要占用消费性的基金，消费基金中包括政府消费、军队国防消费、劳动人民养老保险和医疗消费、教育消费等许多方面，这些消费预算有轻重缓急、不同类别存在一定比例关系，而且都需要本着节约的原则使用，这不能离开计划控制。

---

① 参见何干强著：《公有制经济振兴之路》[M]，北京：企业管理出版社，2004年，第138—140页。

因此,国家必须把整个国有经济都纳入统一管理,这就需要设立综合性的宏观经济调控主体机构。

2. 把多种所有制经济纳入宏观调控的需要

宏观经济调控不能只调控国有经济,还必须遵循《资本论》所揭示的社会再生产按比例运动的规律,对包括集体经济、私营经济和外资经济在内的非国有经济,实施宏观调控。要维护社会主义基本经济制度,促进社会生产力发展,就不能不协调国有经济、集体经济和非公有制经济之间的关系;着眼于中国特色的科学社会主义发展的长远目标,处理好公有制经济和非公有制经济之间必然发生的矛盾。要引导非国有经济进入到宏观经济按比例运动的轨道,就不能不限制它们发展的自发性。为此,必须要构建专门的中央机构对各类非国有经济,尤其是私营经济、外资经济的运动状态,进行专门调查和研究,在此基础上制定和实施科学的政策措施,这就不能不建立和完善综合性的宏观经济调控主体机构。

三、宏观经济调控的基本方式

(一)直接调控和间接调控

1. 正确调控方式要在社会实践中形成

明确综合性的宏观经济调控主体,这是进行调控实践的前提。要对社会主义市场经济实施科学的宏观调控,还必须掌握正确的调控方式。具体的、科学的宏观经济调控方式从哪里来?它不是靠主观的凭空设计得来的。它来自正确的认识指导,同所有科学的认识一样,只能来自社会实践。正如马克思所说,“人的思维是否具有客观的[gegenständliche]真理性,这不是一个理论的问题,而是一个实践的问题。人应该在实践中证明自己思维的真理性,即自己思维的现实性和力量,自己思维的此岸性”①。这告诉人们,具体的、科学的宏观经济调控方式要通过反复的实践,在实践—认识—再实践—再认识的反复认识过程中形成。

不过,这并不是说,我们要弄清社会主义市场经济下的正确宏观调控方式,只能从零开头。《资本论》的宏观经济研究方法揭示出宏观经济运动的辩证法,也揭

① 《马克思恩格斯选集》第1卷[M]北京,人民出版社,1995年,第55页。

示出宏观经济形态的一般结构，也就是宏观经济调控的一般对象；而中华人民共和国建立以来的经济实践，尤其是发展社会主义市场经济的实践，以及苏联、东欧社会主义国家的经济实践，又为我们正确认识社会主义市场经济的现实形态，提供了正反两方面的经验，这就使我们能够在理论和实际的结合上，认识到宏观经济调控应当确立的基本方式，可以概括为：直接调控和间接调控、从价值和使用价值两方面调控、多层面调控等。下面将分别论述。

2. 直接宏观调控

前面已经谈到，宏观经济调控主体可以通过对国有经济的整体性调控，使它们发挥主导宏观经济稳定运动的作用。这可以简称为直接宏观调控。对国有经济整体性调控必定是自上而下控制的，那么，这是否又回到了计划产品经济的调控方式？不是的。这里指的是在国有经济的价值所有权关系上的自上而下的调控，主要是国有职能资本的自上而下的直接控制；[①]而不是计划产品经济体制那种在实物形态所有权关系上的自上而下的直接控制，两者有本质的区别。就国有企业（涉及国有职能资本）管理体制改革来看，计划产品经济体制转向社会主义市场经济体制，主要就是从产品形态的管理，转向适应市场经济的价值所有权关系的管理。根据《资本论》所揭示的所有权关系分离的原理，这是能够做到的。本书上卷第七章已经提到，资本的价值所有权可以分离为单纯所有权和职能资本支配权，后者又可分离为企业董事会的控制权和经理的管理权；实物形态的财产所有权（如土地所有权关系）也可以按层次分离为单纯所有权、经营权或使用权（又有一级、二级）。在这些既分离又相互联系的所有权关系中，都是前一种权利直接控制后一种权利，这是市场经济在历史发展中形成的规定，具有一般性。所以，中央宏观经济调控主体完全可以通过所有权关系内部的分离或分权，自上而下地对国有经济实施价值所有权关系的直接控制，而让国有企业在自己掌握的价值控制权范围内，面向市场自主经营。

有一种流行的观点认为，国有企业要适应市场经济，就应当完全摆脱政府的行政性干预，而要做到这一点，国有资本管理部门就应当只掌握“资本的最终所有权”，而把资本的经营权完全交给国有企业。这种观点笔者是不能苟同的。所谓

① 这里是从国家调控主体与调控对象的人与人的关系角度来划分直接和间接的。这与理论界有观点把对商品的使用价值调节和价值调节区分为直接调节和间接调节角度有区别；后者是从管理主体与调节对象的人与物的关系角度来划分直接和间接的。

“最终所有权”，用《资本论》的科学术语来理解，其实就是指资本的“单纯所有权”，马克思指出，它“只是作为惰性的所有权而存在”①。如果要这样做，国有职能资本就会转变为不起职能作用的借贷资本，虽然企业可以自主经营，但是国有资本的出资者与企业之间就变成了资本借贷关系，国有职能资本监管主体机构就失去了对职能资本的支配权，就无法通过对职能资本营运的控制，来保证企业的社会主义性质，也无法主导企业服从宏观调控的要求，那就把国有企业蜕变为自发性的非国有企业了。

实际上，对于投入国有独资和国有资本控股的企业的国有职能资本，其控制权必须分解为两个层次，一个层次是国有职能资本监管主体机构从外部对国企的控制权，包括主要管理者的选拔、社会主义管理规则、收入分配基本原则、企业发展规模、战略性投资方向等；另一个层次是，按照现代企业制度的一般规定，选派国有资本股东代表或负责人通过股东大会进入企业董事会，从而赋予董事会拥有企业内部管理、在上述外部控制权之外的面向市场经营的企业自主决策权。国有职能资本控制权在监管主体机构和国有企业之间的这种分离，与资本主义经济的职能资本所有权的分离是不同的，后者分离为资本控制权和企业管理权，其资本控制权完全属于企业内部的股东大会，是没有企业内外的分解的。可见，直接宏观调控方式得以科学实施的关键，是通过对国有职能资本的支配权关系实行科学分解，使中央国有经济监管主体机构能够适应市场经济和社会主义基本制度的客观要求，驾驭整个国有职能资本，从而使国有企业在国民经济中真正起好主导作用。

直接宏观调控是实现宏观经济按社会再生产比例关系调控的基本途径。本质上属于自觉的计划调控方式。这是资本主义国家的宏观调控无法做到的，因为它们不可能有占主体地位的公有制经济，以及占国民经济比重较大的国有经济，更谈不上要求国有经济主导国民经济按人民利益需要的轨道运动了。社会主义市场经济在存在商品流通和一定私有制经济的条件下，就有发生资本主义性质的危机的可能性；要避免危机的可能性变为现实性，从根本上说，要靠建立在全民所有制性质的国有经济基础上的直接宏观调控方式。当私有化“改制”严重削弱了国有经济，国民经济就出现了结构的失衡，这从反面证明了从国有资本价值所有权关系方面的直接宏观调控是不可缺少的。

---

① 《资本论》第3卷[M]，北京：人民出版社，2004年，第426页。在本书中文版1975年版中，引文译为“它只是作为无所作为的所有权而存在”。

3. 间接宏观调控

各种非国有经济的所有权都掌握在它们自己手中，宏观经济调控主体不可能像对待国有经济那样，对它们直接控制；只能主要通过间接的方式，引导它们服从国家宏观调控，进入按社会再生产比例运动的轨道。因此，可以把对它们的宏观调控简称为间接宏观调控。

对非国有经济实行间接宏观调控，只有在资本主义私有制经济占国民经济的比重较少的前提下才能有效。因为这种比重越大，宏观调控就会因它们总的自发性增大而越难；当它们的比重超过一定限度，就意味着社会主义市场经济的性质转向了资本主义经济，宏观调控就无效了。

在公有制经济占主体地位，国有经济起主导作用的条件下，对非国有经济间接调控方式可以采取多种方式，主要是：国家制定产业政策，引导它们按国家需要的方向发展；制定市场准入政策，阻止有害或无益的私营经济进入市场；制定财政、货币政策，支持对民族经济有益的私营经济发展，或者对超过限度的私营经济做出经济限制；制定经济法规，维护私营、外资经济中的劳动者权益，维护生产安全等。总之，要综合运用各种经济政策引导非国有企业按宏观调节的方向运动。

以上所说的两类宏观调控方式，都要求综合性的宏观经济调控主体，建立和完善经济信息、调研决策、组织控制和法制监督等管理工作系统。

（二）价值调控和使用价值调控相结合

1. 确立劳动二重性的宏观经济调控观

《资本论》揭示出，商品中包含的劳动具有二重性，并强调“这一点是理解政治经济学的枢纽”①。这里包含三层意思，其一，这是认清资产阶级政治经济学错误的关键；其二，这是理解《资本论》所阐述的政治经济学科学性的关键；其三，这是认识商品生产社会所有经济现象的关键。后两点是联系在一起的，因为《资本论》可以说是商品生产社会经济关系和规律的科学理论表现。从本书上卷第五、六章的阐释可以知道，《资本论》对宏观经济运动规律的揭示，正是以劳动二重性基本原理为指导的，也就是从商品的价值和使用价值两方面来研究的；强调社会总产品的各个组成部分，只有既实现价值补偿，又实现实物（使用价值）补偿或更新，才能使社会

---

① 《资本论》第1卷[M]，北京：人民出版社，2004年，第56页。在法文版中译本中，引号中的这句话改为“这一点是政治经济学的枢纽”（《资本论》第1卷法文版中译本[M]，北京：中国社会科学出版社，1983年，第17—18页）。

再生产正常运行。

社会主义市场经济既然存在市场社会分工制度的一般规定，宏观调控就必须坚持劳动二重性的基本原理，从使用价值和价值两方面进行调控，处理好两种调控的相互依赖和协调关系。在宏观经济中，社会总产品的每一个部分都有使用价值和价值两个方面，一定量的产品使用价值包含一定的价值量，也就是需要用一定的社会劳动量来生产它；反过来，一定量的产品的价值量，都要以一定的使用价值为前提。所以，单从使用价值量角度或者单从价值量角度来调节宏观经济，都不能使社会再生产的各部门实现比例关系的平衡。

实践经验证明了这个道理。在计划产品经济体制时期，宏观计划调控往往重视使用价值的指标（如钢、煤、粮、棉四大指标导向），忽视尊重价值规律调节部门之间的比例关系，结果20世纪60年代初发生了较严重的产业结构不平衡，经过大力调整才扭转被动。转向发展社会主义市场经济以后，宏观调控似乎走向了另一个极端，完全放弃使用价值的计划指标，人们往往把利润指标作为产业发展的导向，有利润就可以扩大再生产，结果一些产业如房地产业，生产高档商品房一时利润很高，各地竞相发展，但是到2010年前后就出现产品过剩，并引起相关产业如水泥、钢铁等产能过剩，可见只从价值方面也不能科学进行宏观调控。凯恩斯主义所谓“投资、消费、外贸三驾马车”的宏观调控主张，之所以不科学，除了维护资本主义私有制、犯了“斯密教条”错误，也是因为不懂劳动二重性的基本原理，只从价值方面进行宏观经济总量调控，不可能使宏观经济各部门实现比例平衡。所以，理论和实践都说明，宏观经济调控方式要科学化，就一定要确立劳动二重性的宏观调控观，高度重视价值调控和使用价值调控相结合。

2. 价值调控要以弄清各种使用价值总量关系为前提

社会主义市场经济的宏观调控必须尊重价值规律，这不是说只要进行价值方面的调控就可以了。不能忘记，宏观调控要对社会总商品（总产品）的生产实现按比例调控，就必须遵照商品的社会使用价值是其价值的前提这个规律，这个规律应当作为价值规律的组成部分。马克思指出，“如果说个别商品的使用价值取决于该商品是否满足一种需要，那么，社会产品量的使用价值就取决于这个量是否符合社会对每种特殊产品的量上一定的需要，从而劳动是否根据这种量上一定的社会需要按比例地分配在不同的生产领域。（我们在论述资本在不同的生产领域的分配时，必须考虑到这一点。）在这里，社会需要，即社会规模的使用价值，对于社会总劳动时间分别用在各个特殊生产领域的份额来说，是有决定意义的。但这不过是已经在单个商品上表现出来的同一规律，也就是：商品的使用价值是商品的交换价值的前提，从而也是商品的价值的前提”①。这里说得很清楚，在宏观经济中，每种特殊使用价值产品的社会规模或产品总量，对于社会总劳动时间分别用在相应的特殊生产领域的份额来说，具有决定的意义。所以，要通过宏观经济调控实现按比例进行再生产，就不能忽视每种特殊使用价值的总量。如果在社会再生产中各种特殊使用价值形不成产品量之间的一定比例关系，那么，有的产品量过多，其中包含的价值量就不能实现；有的产品量过少，就不能满足社会的需求。

由此可见，我们对计划产品经济时期的“计划经济”，要扬弃的是在使用价值（实物形态）上，直接管到微观企业的投入产出；而不是根本放弃宏观上产品使用价值比例关系的调控。社会主义市场经济的宏观调控仍然应当力求从使用价值角度弄清社会总产品各构成部分的总量比例关系。尽管社会需要的各种使用价值产品千差万别，而且各种使用价值在社会生产力和科技革命的推动下，更新变化很快，事实上很难把它们明细化；但是，对于一些人民必需的生活资料使用价值，如适应人民收入水平的住房（多少套）、粮食（多少吨）、电脑（多少台）、电视机（多少台）等类产品总量，对于许多原材料形态的使用价值，如钢材、煤炭、棉花、水泥、石油、电力等类产品总量，对于按计划应当建设的铁路、公交车、公共设施等类产品总量等，是可以计量和控制的。总之，只有控制好社会再生产的各种使用价值总量及其基本结构，才能使社会总劳动量按比例地分配在各生产部门，减少社会劳动和物质资源的浪费，实现价值规律的要求。

3. 使用价值的总量调控要建立在价值规律基础上

必须强调，弄清社会总产品各构成部分使用价值的总量比例关系，是以重视提高劳动者素质，重视科技创新，重视生产领域的劳动协作分工或科学管理，提高每种产品生产的当年劳动生产率为基础的。对于每一种使用价值总量的生产，都应最大限度地节约使用当年的社会必要劳动。

如何把每年新投入的社会必要劳动时间在最节约的条件下分配到生产各产业部门，生产每种特殊的产品使用价值？这必须尊重价值规律。马克思指出，“商品的价值规律决定社会在它所支配的全部劳动时间中能够用多少时间去生产每一种

---

① 《资本论》第3卷[M]，北京：人民出版社，2004年，第716页。

特殊商品”①。这里的全部劳动时间，可以理解为每年要投入社会再生产的新投入的社会必要劳动时间，这些劳动时间分配在各产业部门，在同一生产劳动过程的一定时间内，用具体有用劳动把生产资料中包含的死劳动（即不变资本价值Σc）转移到产品中去，同时又把新投入的社会必要劳动时间［形成价值产品$\Sigma(v+m)$］凝结到总产品中。在商品生产社会，一般来说，价值规律迫使每个商品生产者都不能不努力提高生产每种特殊商品的劳动生产率。每单位商品生产所耗费的劳动要等于或少于社会必要劳动时间，才能在市场竞争中生存发展，否则就会被淘汰。可见，价值规律是通过对所有商品生产者施加市场压力的方式，来决定每种特殊商品的总量总计要耗费多少社会必要劳动时间的。

在资本主义市场经济中，价值规律这种表现为市场竞争自发调节的决定作用，转化为生产价格规律（变形的价值规律）和平均利润规律的决定作用。当代资本主义国家虽然产生了对宏观经济的调控，但是资产阶级经济理论指导的不科学和维护资本主义私有制的根本弊病，使这种调控并不能有效地控制市场调节的自发性，不能消除以私有制为基础的你死我活的市场竞争。因此，资本主义的自发市场调节固然会迫使单个企业为生存、为追求利润最大化而提高劳动生产率；同时，也难免造成部分企业破产的常态，以及行业间和产业间再生产比例的不平衡，并在资本主义基本矛盾作用下，发生生产过剩危机，造成社会总必要劳动时间的浪费。

社会主义市场经济条件下，用多少社会必要劳动时间去生产某一种特殊商品，也必须尊重价值规律，这促使每个商品生产者竞相提高劳动生产率。但是，承认市场关系的存在，绝不是一定要走资本主义经济那种让市场自发调节的老路。价值规律的决定作用并不等于市场的自发调节，因为在商品货币市场关系已经消亡的共产主义社会，价值决定的内容，“劳动时间的调节和社会劳动在不同的生产类别之间的分配”，也仍会存在。② 因此，应当探索科学的宏观经济调控方式，既要善于利用市场自发调节的一面，促进商品生产者优胜劣汰，提高劳动生产率，推动社会经济资源向有效率的部门流动；又要加强中央宏观经济调控机构的计划调控，统筹安排，避免市场过度竞争，避免社会生产比例失调而发生危机。

应当相信，在社会主义公有制经济占主体地位和国有经济发挥主导作用的条

① 《资本论》第1卷［M］，北京：人民出版社，2004年，第412页。
② 参见《资本论》第3卷［M］，北京：人民出版社，2004年，第965页。

件下，市场调节并不是促进企业提高劳动生产率的唯一途径，也不是把社会劳动时间分配到社会各生产部门的唯一方法。国家宏观经济调控中心可以充分依据国有经济的统一性和整个公有制经济利益的共同性，利用现代网络技术，了解宏观经济运动状态，不断地通过市场反馈的信息，使计划调节尽可能地遵循价值规律的要求，这就有可能基本上把握社会生产各部门的符合价值规律要求的社会劳动投入量和生产资料量。因此，建立自觉遵循价值规律的计划调节手段仍然是很重要的。

（三）实施多层面的调控

1. *社会主义市场经济形态的多层面结构及其内部联系*

在社会主义市场经济条件下，宏观经济调控还必须多层面调控同时并举。本书前面章节论述过，市场经济一般形态的结构存在人与自然的关系、生产资料所有制关系、社会分工比例关系、商品流通关系（货币流通和纸币流通）、社会总资本一般的结构关系等层面；并论述了这些层面之间存在关联性，生产资料所有制对整个宏观经济运动起基础性作用。这种多层面的一般性结构和内在联系在社会主义宏观经济中有历史规定的特殊表现：

市场表面的商品流通关系与生产领域占主体地位的公有制经济相联系。市场表层的商品流通关系并不只是简单商品流通关系，而主要是以国有资本和集体资本为主体的社会总资本流通过程中的商品资本的流通环节（$\sum W'—\sum G'—\sum W'\cdots\sum P\cdots\sum W'$）；[①]这种流通环节（$\sum W'—\sum G'—\sum W'$）是与物质生产过程（$\sum P$）中的公有制占主体地位、国有经济起主导作用的生产资料所有制关系紧密联系的。这种流通环节的商品流通状态又决定货币市场的运动状态。

市场流通与产业结构之间的关系比较协调。这里的产业结构关系是指物质生产领域中的社会分工或产业结构关系。[②] 抽象地说，也就是两大部类之间的各产业部门之间的比例关系。社会主义宏观经济调控，坚持“全国一盘棋”，注重遵循生产

① 这里所说的“现实的商品流通关系”，是以我国经济的社会形态处于必然性状态为前提的，即我国宪法所规定的公有制为主体、多种所有制经济共同发展的基本经济制度得到保障，国有经济在现实中发挥主导作用得到保障为前提的。这排除了因为私有化“改制”，造成国有资本和集体资本总量在社会总资本中的比重显著削减的偶然性状态。

② 这里的产业与西方经济学从经济发展史的角度划分的第一次、第二次和第三次产业所指的产业有所不同。按照唯物史观，商品价值是以物质生产为前提的。非物质生产领域的广义劳动，如教师、医生、公务员、演员等的劳动，是不直接创造价值的；与之相应的教育、医疗卫生、政府管理、文娱等部门每年都要消耗物质生产领域创造出的一定的国民收入。尽管消费领域的这些部门相互之间也有一定的比例关系，但是，这不属于物质生产的产业结构关系。这些非物质生产部门在西方经济学中都属于第三产业，都计入国内生产总值（GDP）；目前中国国家统计局也采纳了国际通行的西方经济学的统计口径，这对于做国际统计数据比较是必要的；但是，从宏观经济科学调控的角度来看，仍需要建立以劳动价值论为基础的统计体系。经济学界对于上述观点是有争议的，笔者这里表达的是自己的学术观点。

决定流通的基本原理,实施预先在生产领域搞好产业结构重大关系的计划调节,这有助于减少市场调节自发性所造成的产业结构比例的重大失衡。本书前面章节已阐明,只要这种比例关系平衡(包括对外经济关系的平衡),商品流通就必然顺畅,中央银行的货币流通也会遵循货币流回规律。在这种意义上,可以说,只要克服宏观调控中的主观主义,就可以做到市场流通关系与产业结构的关系比较协调。

公有制在所有制结构中占主体地位对整个宏观经济的稳定运动起着关键作用。社会主义宏观经济中的生产资料所有制结构关系,也就是社会主义基本经济制度规定的公有制为主体、多种所有制经济共同发展的所有制结构关系。它决定了中央宏观经济调控主体建立在公有制经济基础上,可以代表人民利益实施宏观调控,并能够发挥国有经济在宏观调控中的主导作用。这就为社会生产力布局和产业结构符合广大人民群众的有购买力的消费水平起到关键性作用;而公有制为主体决定了全社会的收入分配以按劳分配为主体,这又为控制市场有购买力的需求和市场供给的基本平衡起到关键性作用。如果资本主义私有制经济在所有制结构中的比重超过了应有的限度,那就势必发生社会收入的两极分化,导致市场有购买力的需求相对缩小,从而首先出现高档消费品生产过剩,进而引起相关生产资料的生产过剩或产能过剩;而商品市场的结构失衡必然导致银行体系的货币流通失衡,背离货币流回规律,就会发生资本主义性质的经济危机。因此,公有制为主体的生产资料所有制结构,国有经济的主导作用,这是促进社会主义宏观经济运动持续稳定的关键。

社会生产力发展与可持续发展的关系比较协调。社会生产力的发展和可持续发展两者都属于人与自然关系,它们之间存在对立统一的辩证关系。如果为了当前发展生产力而过度消耗资源、能源和污染环境,那就会造成发展的不可持续,甚至发生人们丧失健康生存的基础;反过来,如果能够从长远利益出发,有计划和节约使用资源、能源,自觉保护生态环境,社会生产力的发展就有长期稳定发展的物质基础和生态基础。社会主义宏观经济建立在公有制基础上,能够形成社会共同利益和长远的共同目标,这就有条件坚持计划调节,处理好长远与当前的关系,在促进社会生产力按比例发展的同时,促进人口、资源和生态环境可持续发展。

上述的简要分析说明,社会主义宏观经济调控有条件协调好宏观经济结构各层面的关系。

2. 宏观经济调控必须采取多层面调控方式

我国经济理论界从计划产品经济体制转向社会主义市场经济体制的过程中，鉴于在计划产品经济体制时期政府对企业的行政干预过多，比较强调市场调节的作用，这无可非议。但是，在新自由主义经济思潮影响下，也出现了一种单纯强调市场调节的倾向，以为似乎市场调节本身可以替代国家的宏观经济调节，但这样一来，宏观经济结构的多层面及其相互联系就不存在了，这显然是片面的。其实，社会主义市场经济的宏观调节是国家的自觉行为，市场调节是无数商品生产者将商品投入市场竞争的自发行为，后者不但不能代替前者，而且它本身也是国家控制的对象。

从经济界的实际看，除了受新自由主义思潮影响产生的片面性，还有受西方宏观经济思想的影响产生的片面性。一是只讲总供给和总需求关系，而不讲优化生产环境，不讲在生产领域调整产业结构或社会分工比例关系，更避而不谈调整生产资料所有制关系。二是调整经济结构时，只讲产业结构存在的问题，回避生产资料所有制结构存在的问题，不讲维护公有制在所有制结构中的主体地位，更不讲国有经济必须达到一定比重，在国民经济中起主导作用。

要科学实施宏观调控，就应当坚决纠正上述各种片面性，实施多层面的宏观经济调控。力求做到在生产资料公有制主体地位和国有经济的主导作用得到保证的前提下，从人与自然的关系、所有制关系、产业结构关系、市场关系等各层面同时展开相互联系的宏观调控。并遵照唯物史观所揭示的社会生产力和生产关系（核心是生产资料所有制关系）、生产关系与流通关系、生产关系与分配关系、生产关系与消费关系等关系之间的辩证法，分清主次，分别轻重缓急，采取实践措施。显然，从多层面调控的观点来看，宏观经济调控的主体和对象，就不只是政府和市场的关系，而是政府和多层面的宏观经济形态的关系了。

综上所述，国家要科学地实施社会主义市场经济的宏观调控，就有必要应用《资本论》的宏观经济研究方法，采取直接调控和间接调控、价值调控和使用价值调控相结合、多层面实施调控这样的基本实践方式。

（四）对一种“转变政府职能”主张的评析

1. 两种不同的政府职能观

探讨中国社会主义市场经济的宏观经济调控主体的性质、构建和调控方式，涉及国家政府机构的性质和职能转变。这就不能不评析一种至今仍有较大影响的“转变政府职能”观。这种观点集中地体现在根据世界银行原行长佐利克的提议，由世界银行和国务院发展研究中心组成的联合课题组，专门对中国从2011年开始的未来20年改革和发展进行战略性研究的最终成果——公开出版的专著《2030年的中国》[①]。

该著作提出的“新战略”，包括未来中国改革和发展的六个“战略方向”。“第一，重新思考国有部门和民营部门的作用，促进经济领域内的竞争。第二，鼓励创新，建立与全球研发网络相连的开放性创新体系。第三，重视绿色发展，培育新的经济增长点。第四，为所有人提供均等机会和社会保障。第五，建立稳健的财政体系，增强财政可持续性。第六，确保中国作为国际社会利益相关者继续融入全球市场。”（“序言”，第2页）在论述首要的战略方向时，报告强调“重新界定政府职能”“转变政府职能”，并把这种“转变”作为这六个“战略方向”整体的“核心”（“内容概要”，第3页）。认清这本著作关于“转变政府职能”的真实含义，有必要从政府的科学概念谈起。

根据马克思主义的国家学说，国家是阶级社会的产物，是阶级统治的工具，也就是国家的阶级统治职能；同时，国家也承担维护公共秩序等社会一般的管理职能。而政府是国家的职能机构。因此，政府的职能，本质上就是国家的职能。国家的阶级统治职能将随着阶级的消亡而消亡，在这个意义上，国家也会消亡；但是，国家的社会一般管理职能不会消亡，当国家消亡之后，这种一般的管理职能将会由一定的社会机构来承担。因此，科学地阐释政府职能，不能不首先确定一个基本的理论前提，就是政府职能具有二重性，它本质上是为一定的阶级利益服务的；同时，它也承担社会的一般管理职能。仅从一般管理的角度来理解政府职能是片面的。

资产阶级的国家学说却抹杀国家、政府的阶级性，只从公共管理的角度来论述政府职能，这其实是用所谓政府的公共管理职能来掩盖政府维护资产阶级利益的阶级统治职能。在现代发达资本主义国家，在国民经济中起主导作用的始终是占统治地位的金融垄断资产阶级，须知这些国家的政府职能是具有维护金融垄断资产阶级的经济利益和实施社会公共管理的职能二重性的。

① 世界银行和国务院发展研究中心联合课题组：《2030年的中国：建设现代、和谐、有创造力的社会》[M]，中国财政经济出版社，2013年。本节以下引用该书中文版的页码，都在引文后的括号中直接标出。

2. 绝不能把"转变政府职能"偷换为消除人民政府的阶级统治职能

唯物史观揭示出，政府属于社会上层建筑范畴，它建立在一定的经济基础之上。代表剥削阶级利益的政府都建立在私有制经济基础之上。建立在社会主义公有制经济基础上的政府则不然。新中国的政府之所以称之为人民政府，是因为它以公有制为经济基础；这种经济基础由国有经济和集体经济构成，而国有经济是这种经济基础的支柱。公有制经济基础决定了人民政府代表工、农阶级为主体的广大劳动人民的利益，这就是人民政府的阶级性质，这决定了它具有维护劳动人民经济利益的经济职能。当然，人民政府也承担一般公共管理职能。如果新中国的公有制经济基础像苏联、东欧国家那样被瓦解，那么人民政府作为工农联盟为基础的人民民主专政国家的职能机构，将名存实亡，其阶级性质和阶级统治职能将不复存在。这正是国家"改旗易帜"的本质含义。

从人民政府具有为人民服务的阶级统治职能和一般社会管理职能二重性的角度来看，中国实行改革开放，从计划产品经济体制转向社会主义市场经济体制，这种转变是在公有制经济基础上的经济管理方式的转变，而不是阶级性质和阶级统治职能的转变。从阶级统治职能上看，政府对劳动人民的物质利益分配管理，从"八级工资制"的按劳分配管理方式，转向适应市场经济的、以公有制企业内部自主实行按劳分配而政府在企业之间作适当调节的管理方式，这恰恰是为了促进劳动者整体利益与个人利益相一致，更好地维护广大劳动人民的经济利益。从公共管理职能上看，政府在教育、医疗、社会保障制度和维护社会秩序上，管理方式会与计划产品经济时期有所不同，但是总体上说，这有助于全社会的和谐、文明，有利于提高广大劳动人民的整体利益。可见，转变政府的经济管理方式与人民政府为人民服务的阶级统治职能是一致的。

四、宏观经济调控应把握的安全底线

（一）宏观经济调控的底线思维

1. 确立宏观经济安全底线意识

宏观经济调控同任何社会实践一样，是主体见之于客体的活动，如果主体存在主观片面性，或者对客体的运动规律认识不清，就有可能导致实践达不到预期效果,甚至产生不良后果。虽然生产资料公有制基础为社会主义市场经济的宏观调控实践提供了有利条件,但是,在现实中,宏观经济调控主体的实践是与具体管理者的认识水平和操作方法相联系的,不能断言,具体的宏观经济调控实践措施事事绝对符合客观要求,没有发生失误的可能性。习近平总书记指出,“我们必须保持清醒头脑、强化底线思维”①;他还指出,要善于运用底线思维的方法,凡事从坏处准备,努力争取最好的结果,做到有备无患、遇事不慌,牢牢把握主动权②。国家的宏观经济调控,也应当确立防止失误的底线或国家宏观经济安全的底线。

从一般的实践来看,所谓底线就是主体根据实践的价值目标,判断实践成功还是失败的界限。底线思维是一种重要的辩证思维方法,它能使作为主体的人在实践过程中,对照可能产生的最坏结果,预先发现行为失误;面对不同阶段的各种矛盾,既在底线之上敢于大胆试验和探索,又主动预防突破底线的失误,从而不断校正实践方向,最终达到实践成功的目的。

把握宏观经济调控实践的安全底线思维,十分重要。因为宏观经济调控属于战略性的国家经济全局。底线一旦突破,就是全局性失败。只有明白国家宏观经济安全的底线,才能在具体宏观调控实践中,增强自觉性,掌握主动权。

2. 宏观经济安全底线也是整个国家安全的底线

根据唯物史观关于生产力决定生产关系、经济基础决定上层建筑;而上层建筑尤其是意识形态反作用于经济基础和生产力的基本原理,一国宏观经济(生产力和生产关系)安全,决定其政治、文化和社会(狭义)的安全;而政治、文化和社会(狭义)的安全又对经济的安全起到维护作用。在这种含义上,宏观经济安全决定着整个国家的安全;经济安全的底线也就是国家整体安全的基本底线。为简明计,这里所说的宏观经济安全也包括了生态环境的安全,因为在现实生活中,生态与经济的生产力方面往往是结合在一起的。

那么,中国宏观经济安全底线的含义究竟是什么?是能够把握的吗?在社会主义市场经济条件下,宏观经济安全底线包括三方面的含义,这就是,社会主义基本经济制度的基础毫不动摇、全国人民可持续生存得到保证和中国民族经济在世界经济中的独立自主地位不容改变,这三方面相互结合,综合构成了中国宏观经济

---

① 《习近平谈治国理政》[M],北京:外文出版社,2014年,第202页。

② 引自慎海雄:《领导干部要善于底线思维》[N/OL],中国共产党新闻网,2013年4月7日,来源:新华每日电讯 http://theory.people.com.cn./n/2013/0407/c49150-21041489.html。

安全的基本底线。[①] 这种基本底线是由宏观经济调控为人民利益服务的这种基本目标规定的。这三方面不但每一方面都有确定的底线含义，而且都有明确的数量界限，在宏观经济调控实践中是完全可以把握住的。

（二）社会主义基本经济制度的底线

1. 这是中国宏观经济安全基本底线的第一条底线

我国宪法指出，“中华人民共和国的社会主义经济制度的基础是生产资料的社会主义公有制，即全民所有制和劳动群众集体所有制”；“国家在社会主义初级阶段，坚持公有制为主体、多种所有制经济共同发展的基本经济制度”。[②] 因此，公有制占主体地位的最低限度，也就是社会主义经济制度的基础或社会主义基本经济制度的底线。在我国，生产资料公有制占主体地位是依据唯物史观和科学社会主义基本原则庄严规定的，是中华人民共和国成立以来各个领域取得伟大成就的基本保证。在这条底线十分牢固之时，人们往往感受不到它对全社会健康发展的支撑作用，但是，只要这条底线被突破，其严重的不良后果就会显现出来。苏联、东欧国家全面私有化，社会主义经济基础被颠覆，造成这些国家的长期倒退，至今社会不得安宁，这是国际共产主义运动中最沉痛的历史教训；它警示我们，维护社会主义基本经济制度的底线，关乎社会主义国家的生死存亡。

从社会主义市场经济宏观调控的角度来看，公有制占主体地位的最低限度，也是避免市场经济运动发生危机的最低限度。本书在上卷第七章，根据《资本论》的宏观经济分析的方法曾论证，私有制基础是宏观经济调控有效的绝对障碍，私有制为基础的宏观经济调控必然无效，有宏观调控的现代资本主义经济并没有消除危机；而坚持公有制主体地位有助于提高劳动生产率，有条件消除社会收入分配的两极分化，也有条件实现社会分工比例平衡，从而有条件使商品流通本身发生危机的可能性不变成现实。从这个角度来看，公有制占主体地位最低限度的底线也就是确保宏观经济安全、不发生经济危机的底线。

2. 公有制占主体地位的本质含义

公有制占主体地位，指的是全民所有制和集体所有制构成的社会主义公有制

① 参见何干强：《论国家安全的经济底线》[J]，《现代经济探讨》2014 年第 6 期。
② 《中华人民共和国宪法》[N]，《人民日报》2018 年 3 月 11 日（第 1 版）。

经济，与其他非公有制经济相比，在全社会经济成分中占主体地位。这不是抽象的概念，而是有明确的数量底线或最低限度的。在市场经济条件下，一般生产资料表现为资本，因而人们往往把公有资本占社会总资本的比重超过50%理解为公有制占主体，其实，这种理解在某种程度上带有资本拜物教色彩。资本在物质形态上是生产资料，但是它的本质是对生产资料的所有权关系，也就是生产过程中的人与人之间的经济关系。因此，谈到生产资料所有制结构，不宜只从物资生产资料形式的资本角度看不同所有制的资本占社会总资本的比重，而应当看不同所有制的生产关系覆盖的从业人员占全体从业人员的比重。因此，从生产关系的角度来看，公有制占主体的本质含义应当是，处在公有制生产关系中的从业人员应占社会全体从业人员的大多数。从资本结构的角度看，在国有资本有机构成（在实际经济中，可以用人均固定资本占有来表现）较高的条件下，如果公有制的从业人员比重要高于私有制，公有资本占社会总资本的比重就应当更大。

3. 公有制占主体地位本质含义的数理分析

让我们通过简单的两例数理分析来阐释上述道理：

第一例

假设：在全国第二、第三产业从业人员总数中国有经济、集体经济、私营经济和外资经济的从业人员所占比重分别为：X、Y、Z、W；[①]在全国第二、第三产业的企业实收资本总额中国有、集体、私营和外资企业实收资本所占比重分别为K_1、K_2、K_3、K_4；国有经济的人均企业实收资本，分别大于集体、私营经济，大于或等于外资经济，也就是：$K_1/X>K_2/Y$、$K_1/X>K_3/Z$、$K_1/X\geqslant K_4/W$。[②] 为便于计算，可以添加系数α、β、γ，把不等式改为等式，即：$K_1/X=\alpha K_2/Y(\alpha>1)$，$K_1/X=\beta K_3/Z(\beta>1)$，$K_1/X=\gamma K_4/W(\gamma\geqslant 1)$。

再假设：X、Y、Z、W，α、β、γ为已知数据，$X+Y+Z+W=100\%$；

求解：K_1、K_2、K_3、K_4各等于多少？

根据以上假设，我们可以列出四元一次方程：

---

① 根据唯物史观，生产资料所有制是物质生产领域的经济范畴。严格来说，不宜使用三次产业的分类法。但是，考虑到中国国家统计局和经济学界目前普遍使用这种分类法公布数据，在不影响阐释数理分析方法的前提下，这里也使用了这种分类法；为简略计，例子中的私营经济包括港、澳、台商经济。

② 这是根据目前多种所有制经济的实际和民族经济独立自主的要求来假设的。由于国有企业一般是大中型的资本密集型、技术密集型企业，有机构成一般高于私营、外资企业，因而人均企业实收资本也高于它们。虽然外资企业的有机构成有可能较高，但是，从民族经济独立自主的要求来看，有机构成特别高的外国资本，一般不宜作为直接投资大量引入，否则将使它们在市场竞争中压倒国有企业。因此，我们将外资的人均企业实收资本假设为一般小于国有企业，最多等于国有企业。

$$K_1/X=\alpha K_2/Y\ (\alpha>1) \qquad <1>$$

$$K_1/X=\beta K_3/Z\ (\beta>1) \qquad <2>$$

$$K_1/X=\gamma K_4/W\ (\gamma\geqslant 1) \qquad <3>$$

$$K_1+K_2+K_3+K_4=100\% \qquad <4>$$

解此方程：

由式<1><2><3>,可得：

$$K_2=K_1Y/\alpha X,\ K_3=K_1Z/\beta X,\ K_4=K_1W/\gamma X; \qquad <5>$$

将式<5>的结果代入<4>：

$K_1+K_1Y/\alpha X+K_1Z/\beta X+K_1W/\gamma X=100\%$,由此可得：

$$K_1=100\%\alpha\beta\gamma X/(\alpha\beta\gamma X+\beta\gamma Y+\alpha\gamma Z+\alpha\beta W), \qquad <6>$$

将此结果代入式<5>中的各等式,可得：

$$K_2=100\%\beta\gamma Y/(\alpha\beta\gamma X+\beta\gamma Y+\alpha\gamma Z+\alpha\beta W), \qquad <7>$$

$$K_3=100\%\alpha\gamma Z/(\alpha\beta\gamma X+\beta\gamma Y+\alpha\gamma Z+\alpha\beta W), \qquad <8>$$

$$K_4=100\%\alpha\beta W/(\alpha\beta\gamma X+\beta\gamma Y+\alpha\gamma Z+\alpha\beta W)。 \qquad <9>$$

这样,在已知多种所有制的从业人员占全国第二、第三产业从业人员总数的比重数额,已知国有经济的人均企业实收资本大于其他所有制经济的条件下,我们就得出了,在全国第二、第三产业企业实收资本总额中不同所有制的企业实收资本所占比重(K_1、K_2、K_3、K_4)的一般计算公式。

为了能够比较通俗地说明道理,下面我们再引入(A)(B)两种具体假设数据：

(A)假设国有经济的人均企业实收资本是私营经济的5倍(比如,国有企业人均实收资本为25万元,私营企业为5万元,这种假设与实际情况大体一致),为简化,我们假设集体经济、私营经济和外资经济的企业人均实收资本相等,即：$\alpha=\beta=\gamma=5$;并假设公有制经济从业人员占全国第二、第三产业从业人员总数的比重为51%,其中的国有经济占31%,集体经济占20%;非公有制经济占比为49%,其中私营经济占37%,外资经济占12%;即$X=31\%$,$Y=20\%$,$Z=37\%$,$W=12\%$;将这些数据分别代入式<6>、<7>、<8>、<9>,通过计算,可以得到：$K_1=69.2\%$,$K_2=8.9\%$,

$K_1+K_2=78.1\%$；$K_3=16.52\%$，$K_4=5.36\%$，$K_3+K_4=21.9\%$；公有制经济的企业实收资本占全国第二、第三产业的企业实收资本总额的比重为78.1%，非公有制经济的占比为21.9%。

这说明，在国有经济的人均企业实收资本高于其他经济成分，集体经济的企业人均实收资本与非公有制经济相同的条件下，如果要从生产关系的本质意义说公有制占主体地位，也就是公有制经济（国有经济和集体经济）的企业从业人员占全国第二、第三产业从业人员总数的比重，起码要达到51%；那么，公有制经济的企业实收资本在全国第二、第三产业所占比重就必须达到78.1%。

（B）假设国有经济的人均企业实收资本与外资经济相等，是集体经济、私营经济的5倍，而集体经济、私营经济的人均企业实收资本相等，即：$\gamma=1$，$\alpha=\beta=5$，其他假设不变，即：$X=31\%$，$Y=20\%$，$Z=37\%$，$W=12\%$；那么，将这些数据代入式<6>、<7>、<8>、<9>，不难算出：$K_1=56.99\%$，$K_2=7.35\%$，$K_1+K_2=64.34\%$；$K_3=13.6\%$，$K_4=22.06\%$，$K_3+K_4=35.66\%$。

这说明，在这种具体假设数据条件下，如果从生产关系的本质上说公有制占主体地位（也就是公有制经济的企业从业人员占全国第二、第三产业企业从业人员总数的比重要达到51%），那么公有制经济的企业实收资本占全国第二、第三产业企业实收资本的比重，就要达到64.34%。我们看到，在假设（B）具体数据条件下，公有制企业实收资本占全国第二、第三产业企业实收资本的比重，从假设（A）的78.1%下降到64.34%，这是因为，假设外资经济的人均企业实收资本与国有经济相同，而在外资企业中工作的劳动者占全国第二、第三产业总劳动者人数的比重不变，那就意味着外资的企业实收资本占全国第二、第三产业实收资本总额的比重比原先增加了，所以，私营经济和外资经济的占比就增加了。

上述第一例数理分析，是在假定已知不同所有制企业从业人员比重等条件下，推算出不同所有制企业实收资本的比重。反过来，也可以在假定已知不同所有制企业实收资本比重的条件下，推算出不同所有制企业从业人员的比重。推算如下。

第二例

在第一例有关假设下，反过来假设：K_1、K_2、K_3、K_4，α、β、γ为已知数据，$K_1+K_2+K_3+K_4=100\%$；

求解：X、Y、Z、W各等于多少？

根据改变的假设条件，可以列出四元一次方程：

$$K_1 / X = \alpha K_2 / Y \ (\alpha > 1) \qquad \langle 1 \rangle$$

$$K_1 / X = \beta K_3 / Z \ (\beta > 1) \qquad \langle 2 \rangle$$

$$K_1 / X = \gamma K_4 / W \ (\gamma \geqslant 1) \qquad \langle 3 \rangle$$

$$X + Y + Z + W = 100\% \qquad \langle 4 \rangle$$

解此方程:

由式<1><2><3>可得:

$$Y = \alpha K_2 X / K_1,\ Z = \beta K_3 X / K_1,\ W = \gamma K_4 X / K_1; \qquad \langle 5 \rangle$$

将式<5>的结果代入式<4>:

$X + \alpha K_2 X / K_1 + \beta K_3 X / K_1 + \gamma K_4 X / K_1 = 100\%$,由此可得:

$$X = 100\%\ K_1 / (K_1 + \alpha K_2 + \beta K_3 + \gamma K_4); \qquad \langle 6 \rangle$$

将此结果分别代入式<5>中的各等式,可得:

$$Y = 100\% \alpha K_2 / (K_1 + \alpha K_2 + \beta K_3 + \gamma K_4); \qquad \langle 7 \rangle$$

$$Z = 100\% \beta K_3 / (K_1 + \alpha K_2 + \beta K_3 + \gamma K_4); \qquad \langle 8 \rangle$$

$$W = 100\% \gamma K_4 / (K_1 + \alpha K_2 + \beta K_3 + \gamma K_4)。 \qquad \langle 9 \rangle$$

现在引入(A)(B)两种具体假设数据:

(A)假设国有企业人均实收资本是集体经济企业的5倍,集体经济、私营经济和外资经济的企业人均实收资本相等,即 $\alpha = \beta = \gamma = 5$;并假设公有制企业实收资本占全国第二、第三产业企业实收资本总额的比重为51%,其中国有经济占30%,集体经济占21%;非公有制企业占比为49%,其中私营经济占35%,外资经济占14%;即:$K_1 = 30\%$,$K_2 = 21\%$,$K_3 = 35\%$,$K_4 = 14\%$;将这些数据分别代入式<6>、<7>、<8>、<9>,通过计算,可以得到:$X = 7.9\%$,$Y = 27.63\%$,$Z = 46.06\%$,$W = 18.43\%$。这样,公有制企业从业人员占全国第二、第三产业企业的从业人员总数的比重为:$X + Y = 7.9\% + 27.63\% = 35.53\%$;非公有制企业从业人员占全国第二、第三产业企业的从业人员总数的比重为:$Z + W = 46.06\% + 18.43\% = 64.47\%$。

这说明,在国有经济的人均企业实收资本高于其他经济成分,集体经济的企业人均实收资本与非公有制经济相同的条件下,即使公有制企业实收资本占全国第

二、第三产业企业实收资本总额的比重达到51%，在假设具体数据下，公有制经济的企业从业人员占全国第二、第三产业从业人员总数的比重也不过是35.53%，这些产业中的大多数劳动者，仍然在私有制经济中工作，这在生产关系的含义上，就不能说是公有制占主体地位。

（B）假设国有经济的人均企业实收资本与外资经济相等，是集体经济、私营经济的5倍，而集体经济、私营经济的人均企业实收资本相等，即：$\gamma=1$，$\alpha=\beta=5$，其他假设不变，即：$K_1=30\%$，$K_2=21\%$，$K_3=35\%$，$K_4=14\%$，那么，将这些数据代入式<6>、<7>、<8>、<9>，不难算出：$X=9.26\%$，$Y=32.41\%$，$Z=54.01\%$，$W=4.32\%$。在这样的具体假设数据下，公有制经济和私有制经济（私营经济、外资经济）的企业中从业人员占全国第二、第三产业从业人员总数的比重，分别为41.67%（9.26%+32.41%）和58.33%（54.01%+4.32%）。

可见，只要国有经济的人均企业实收资本高于其他经济成分（平均而言），那么，即使公有制企业实收资本占全国第二、第三产业企业实收资本总额的比重达到51%，仍然不能说公有制经济占主体地位。①

4. *在第二、第三产业中公有制经济必须占主体地位*

以上数理分析是为了说明，应当从公有制经济中的劳动者占全社会劳动者的50%以上来理解公有制占主体地位的本质含义；由于国有资本的有机构成高于其他经济成分，所以公有制经济要占主体地位，它的实收资本总量在社会总资本中的比重就不能只超过50%就行了，而应当更高。由于在国民经济中，第二、第三产业的生产方式比第一产业先进，劳动生产率比第一产业高，是主导第一产业（主要是农业）发展的，而在工农联盟中工人阶级也必须居领导地位，因此，只有公有制经济在第二、第三产业占主体地位，公有制经济才能在全社会的各种所有制经济中真正占主体地位。从上述数理分析来看，这也就是说在国有资本的有机构成高于其他经济成分的条件下，只有当公有资本量占第二、第三产业总资本量的比重接近65%，甚至接近80%，公有制从业人员在第二、第三产业中占50%以上，才能真正保证公有制经济在全社会各种所有制经济中占主体地位。② 这就是从统计数据上应当把握的社会主义基本经济制度的底线，这里包括公有制经济在物质生产资料所占比重的底线和公有制生产关系覆盖的从业人员所占比重的底线两个方面。

---

① 参见何干强著：《公有制经济振兴之路》[M]，北京：企业管理出版社，2014年，第105—107页。

② 何干强：《论公有制在社会主义基本经济制度中的最低限度》[J]，《马克思主义研究》2012年第10期。

可能有人会提出，你要求的公有资本的比重如此之高，这不是又要回到计划产品经济体制去了吗？其实，这绝不是笔者的主观要求，而是公有制为主体的科学含义所提出的客观要求。在市场经济条件下，要坚持公有制经济占主体地位，就必须通过公有制经济管理体制的改革和完善，达到这样的比重，否则，就不能说公有制占主体地位，也就不能保证宏观经济运行的安全。而认清了公有制占主体地位的底线，就要坚决纠正那些突破底线的私有化错误改革。

（三）全国人民可持续生存的底线

1. 这是中国宏观经济安全基本底线的第二条底线

中国是社会主义国家，国家的安全理所当然要体现在全国人民的可持续生存上。而从宏观看，全国人民可持续生存的底线，就是中国至少应维持 18 亿亩耕地和做到粮食自给。耕地面积这个最低界限或红线，是党中央和国务院根据耕地现状，经过科学论证提出的。[①] 因为不但人民的衣食产品要依赖耕地，而且工业发展的原料也要依赖耕地；中国现有 14 亿人口，要实现安全生存和可持续发展，这些产品的需求要依赖外国，绝对不可能得到保证。而只有确保基本农田总量，保证粮食和重要工业原料的自给，才能从根本上防止帝国主义可能对中国的经济封锁，做到“手里有粮，心里不慌，脚踏实地，喜气洋洋”[②]。而人民可持续生存底线的核心，是做到粮食自给。2013 年 12 月中央农村工作会议指出，“中国人的饭碗任何时候都要牢牢端在自己手上。我们的饭碗应该主要装中国粮，一个国家只有立足粮食基本自给，才能掌握粮食安全主动权，进而才能掌控经济社会发展这个大局”[③]。这对维护粮食安全底线再次提出了严格要求。

2. 坚决防止人民可持续生存底线被突破

耕地面积和粮食安全的底线在量上是不难计算的。但是，认清和维护这条底线，则不那么简单。要看到，目前这条底线正面临被突破的危险。从耕地面积看，

---

① 《中共中央、国务院关于推进社会主义新农村建设的若干意见（2005 年 12 月 31 日）》提出，“坚决落实最严格的耕地保护制度”（《十六大以来重要文献选编》（下）[M]，北京：中央文献出版社，2008 年，第 143 页）。《国民经济和社会发展第十一个五年规划纲要》（2006 年 3 月 14 日第十届全国人民代表大会第四次会议批准）在第三章提出，“耕地保有量保持 1.2 亿公顷”（引者：1.2 亿公顷即 18 亿亩）；第四章提出，“坚持最严格的耕地保护制度，确保基本农田总量不减少、质量不下降”；在第二十二章提出，“落实保护耕地基本国策”。（中国政府网，http://www.gov.cn/gongbao/content/2006/content_268766.htm）

② 中共中央文献研究室编：《毛泽东传（1949—1976）》（下）[M]，北京：中央文献出版社，2003 年，第 969 页。

③ 新华社北京 12 月 24 日电：《中央农村工作会议在北京举行》[N]，《光明日报》2013 年 12 月 25 日（第 1 版）。

国土资源部的数据显示，截至 2011 年 12 月 31 日，全国耕地保有量为 18.247 6 亿亩[①]，这已接近底线。从粮食安全看，由于人口增长、人民生活水平提高引起饮食结构改善，由于某些工业对粮食原料需求增长等因素，虽然我国粮食连年增产，但仍然赶不上人口消费和工业生产需求增长的速度。[②] 2012 年，中国粮食进口总量达 1 605 亿斤，相当于 10 个浙江省的粮食总产量。[③] 2008 年，中国粮食自给率已低于 90%。[④] 这种不良的发展态势如不坚决扭转，底线突破程度一旦更深，后果将不堪设想。这就有必要采取有针对性的修补措施。

3. 维护人民可持续生存底线的基本措施

一是必须在城镇化发展上坚决纠正理论指导上的“西化”倾向。不难发现，一段时间以来，许多媒体不是强调要重视社会主义新农村建设，而是照搬西方发展经济学的“城市化”理论，重点放在扩大城市建设上。在农村改革和发展中，一些地方擅自将集体农田转为工商用地；一些地方推行乡村合并、居民向社区集中，目的是腾出农村土地，置换给城市发展工商业；一些地方不是支持发展农村集体工商业，推进农村剩余劳动力的就地转移，而是推行向大中城市转移农村劳动力，这导致青壮年农民纷纷流向城市，造成农村剩下老人与“留守儿童”的现象。这些做法势必缩小农村耕地，很难维护农业的可持续发展和保障粮食供给。因此，一定要毫不动摇地坚持马克思主义关于农业是国民经济的基础、粮食是基础的基础这些科学原理，以建设社会主义新农村为重点，真正走出以城带乡、以工补农、统筹城乡发展的中国特色社会主义的城镇化道路。

二是必须下大力气提高农民种粮的积极性。目前在改善民生、提高农民收入方面，各级政府确实采取了不少措施。但是不难发现，目前农村增收致富的，主要是从事特色渔业养殖（如螃蟹、鳖、珍珠等）、苗木、果树、花卉等非粮农业和副业（蔬菜、瓜果等）的农民，而从事农田主业尤其是粮食生产的纯农户却很难致富。主要原因是粮价上涨赶不上化肥、农药和生产资料价格的上涨、人均耕种面积少等难点问题长期未能解决。建议各级政府把推进种粮农民致富作为硬指标，由此倒逼改

---

① 中华人民共和国国土资源部网站，http://www.gov.cn/gzdt/2012-12/13/content_2289571.htm。

② 参见陈锡文：《粮食不安全　城镇化就难推进》[EB/OL]，http://114.113.226.24/a/sannongyuandi/20140123/20436.html。

③ 陈锡文：《中国粮食政策面临两难选择》[EB/OL]，http://www.szhgh.com/Article/news/politics/2013-12-31/41432.html。

④ 梁生民：《粮食体系市场化危机敲响粮食安全警钟》[EB/OL]，http://114.113.226.24/a/sannongyuandi/20140107/15636.html。

革，这样才有可能找到真正解决难题的路径。

三是必须下大气力维护和提高耕地质量。这只有组织农民发挥集体经济力量，艰苦奋斗，科学种田，发展生态农业，才能办到。要看到，由于一些地方多年来轻视土地集体所有制统一经营的内在要求，放弃冬春农田水利基本建设，放弃“揽河泥”等河道清淤，轻视有机肥料下田，主要依赖化肥，这已导致许多农田排涝抗旱能力和肥力下降。这种状况必须改变。

显然，修复、巩固和维护全国人民可持续生存的底线，需要人们对这一底线的重要性形成共识，需要城市人民拿出实际行动支持农村建设，需要城乡人民理解和支持必须进行的涉及每个人直接经济利益的粮价改革。这只有在各级党和政府的坚强领导下，发挥社会主义制度的优越性，全国城乡人民，同心同德，共同奋斗，才能办到。

(四) 中国民族经济独立自主的底线

1. 这是中国宏观经济安全基本底线的第三条底线

它指的是在国际经济往来领域，开放国际收支的资本账户人民币自由兑换应具备的起码条件。本书下卷第十二章已经阐明，完全开放本国货币在经常项目账户的可兑换，取消在国际贸易支付或国际商品流通上本国货币与外国货币的可兑换限制，并不意味着本国商品市场对外国完全自由开放；而即使开放本国货币在资本账户的可兑换，也不等于要取消对外国资本进出本国的管制，让外国资本自由进出本国。目前，我国国际收支的经常项目已经实行人民币完全可兑换，而资本项目的人民币可兑换依然实行一定的管制。有一种主张认为，既然要全面深化改革，就要尽快彻底放开资本项目，让国际资本自由进出中国。但是，从本国民族经济安全的角度来看，资本账户的完全自由开放，是必须具备最低限度或起码条件的，这正是维护中国民族经济独立自主的安全底线。其科学含义是，中国劳动生产率平均水平必须达到发达国家的水平；在低于这种水平的条件下，资本项目是不能放开的。[①]

2. 充分认识中国民族经济安全底线的重要性

这条底线是根据国际经济关系的现状而提出的。

其一，当代的经济全球化和国内市场国际化，它们并不能消除国家之间民族经济利益的界限。国家民族利益的客观存在，决定了国内市场必然具有区别于国外

① 何干强：《在实践中坚持和发展马克思的金融理论》[J]，《高校理论战线》2005 年第 10 期。

市场、国际市场的独立性。一国为了维护自己的民族经济利益,很有必要独立自主地掌控国际化的国内市场,这就不能不对外商、外资实施必要的管理和控制。

其二,当代世界市场是由发达资本主义国家主导的,这是历史形成的格局。中国属于发展中国家,劳动生产率平均水平仍然低于发达资本主义国家。马克思关于国际价值规律和社会再生产规律的原理揭示出,劳动生产率较低的国家如果放任劳动生产率高的外国投资自由出入,必然给本国造成两大险恶后果:一是让外国资本控制本国经济,二是本国产业结构将由于外国资本的自由出入而发生失衡。这后一条是说,即使劳动生产率平均水平已经达到发达资本主义国家的水平,可以真正实现相互平等的市场竞争,也必须建立起民族经济体系能够独立自主、稳定运行的有效宏观调控机制才行。不能忘记,20 世纪 90 年代末,拉丁美洲的阿根廷等国发生经济危机,泰国为起点的亚洲金融风暴,都是由外国资本自由进出引起的。而 2008 年以来,中国民族经济在世界经济危机中没有受到致命伤害,不能不说,没有过早开放人民币资本账户的自由兑换,是重要原因之一。

3. 决不能无条件彻底开放国际收支资本账户

在主张彻底放开资本账户的人们中,许多人是出于扩大利用外资,扩大就业,加快发展中国的愿望。但是,切不可忘记,外资进入本国,具有两重作用。在合理利用、有效控制的条件下,可以在一定程度上弥补国内资本的不足,扩大就业;可以促进国内市场国际化,开辟对外经贸渠道,节约对外贸易成本;可以利用外资企业带来的先进技术,使本国获得一定“溢出效应”等。同时,也必须看到,外资绝不会改变私人资本追逐高额利润的本性,它必然要在周转中不断增殖扩大,最终把获得的利润汇回所属母国,其核心技术也绝不可能“溢出”。在本国企业的劳动生产率平均水平低于外资企业条件下,一旦让外资自由出入本国,它们就势必控制本国民族经济和国内市场,排挤本国的民族企业,造成民族经济丧失独立自主的地位。因此,中国只有在平均劳动生产率达到与发达国家对等的条件下,才具备开放人民币资本账户的起码条件。而明白了这个道理,当前我国人民的主要注意力就应当放在大力提倡独立自主、自力更生、艰苦创业的精神,加强团结协作,努力发展高新科学技术,创造越来越多的民族品牌上,促进劳动生产力水平尽快赶上发达资本主义国家。但是,某些人却完全不讲维护民族经济的独立自主,无视基本条件,一味主张将中国资本账户彻底开放。他们的依据何在?且看对中国经济学界很有影响的美国新自由主义经济学家麦金农的说教:“资本项目的外汇自由兑换通常是经济市场化最有次序的最后阶段。”[①]原来，他们依据的是新自由主义经济学的“市场经济国家”标准，把开放资本账户视为完成市场化改革的最后阶段或主要标志。然而，事实并没有为这种理论提供依据。以新自由主义为指导思想的国际货币基金组织，虽然在第八条款明确规定了外汇经常项目的自由兑换，但是并没有明确规定外汇资本项目的自由兑换。到目前，“关于资本项目可兑换，尚没有一个国际组织对其有统一的管辖权，也没有统一和规范的定义”；“世界上绝大多数国家包括美国在内，都不同程度地存在资本管制”。[②] 可见，那种为了迎合西方新自由主义经济学的“市场经济国家”标准，无视中国仍然是劳动生产率低于发达国家的发展中国家，提出中国应无条件彻底开放国际收支资本账户，让国际资本自由进出的主张，既缺乏科学根据，也缺乏事实依据，它损害的是中国民族经济利益，为发达资本主义国家的经济利益服务，将造成突破中国民族经济安全底线的后果。

4. 决不允许宏观经济安全底线被突破

综上所述，社会主义基本经济制度的底线、全国人民可持续生存的底线和中国民族经济独立自主的底线所构成的中国宏观经济安全的基本底线，其中每一条底线都需要我们认真维护，绝不能允许任何人随意冲击，一旦其中任何底线被突破、被触底，都应尽快修复。

要充分看到，长期以来，在冲击国家安全经济底线中起主要作用的，是国内外的敌对势力。他们公开和隐蔽地发挥敌对意识形态反作用，对社会主义经济基础进行冲击。其重要手段，就是用新自由主义等西方资产阶级经济思想，曲解社会主义经济体制改革；腐蚀一些党政干部，大力鼓吹并推行公有制企业私有化、粮食供给国际市场化、国际资本进出中国自由化，这已造成实际危害。所以，要维护宏观经济运动或国家经济安全的底线，就必须坚持党中央关于改革是社会主义制度的自我完善和发展的指导方针。2013 年习近平总书记在一次会议上指出：“中国是一个大国，决不能在根本性问题上出现颠覆性错误，一旦出现就无法挽回、无法弥补。”[③]所谓颠覆，也就是对国家安全战略底线的彻底突破。我们一定要认真领会总书记的这一讲话精神，认清国家安全战略经济底线的现状，提高修复底线缺口，促进科学改革开放的主动性和自觉性。

---

① ［美］罗纳德·I.麦金农著，周庭煜等译：《经济市场化的次序——向市场经济过渡时期的金融控制》［M］，上海：上海三联书店、上海人民出版社，1997 年，第 14 页。

② 参见刘明康主编：《领导干部国际金融知识读本》［M］，北京：经济科学出版社，2002 年，第 403 页。

③ 《习近平谈治国理政》［M］，北京：外文出版社，2014 年，第 348 页。

第十八章　市场和国家调控

国家的宏观经济调控主体（以下简称国家）掌握宏观调控的基本方式，是为了自觉遵循宏观经济形态各层面的辩证关系，表里结合地具体对宏观经济实施科学调控。本章拟在《资本论》宏观经济研究方法指导下，着重分析国家与经济形态表层的市场关系，评析西方资产阶级经济学不科学的市场观；论证社会主义的市场调节的历史特征和历史地位，市场调节与国家调控的区别和相互联系；阐述国家调控需要科学利用市场调节提供的宏观经济信息；并探讨国家对具有自发性的市场作用实施调控的基本方法。

一、对资产阶级市场观的简要评析

（一）资产阶级市场观体现拜物教观念

1. 重视纠正已经产生的资产阶级市场观

在社会主义市场经济形态中，表层是市场关系。国家要对宏观经济运动实施正确的调控，只有科学认识市场这个表层关系，才能比较客观地把握宏观经济运动的内在联系。本书上卷第四章已阐述了市场和市场调节的科学含义，指出市场是流通领域本身的总表现，市场调节的实质是流通对生产的反作用。但是从国家对宏观经济调控的实践方法论角度来看，还有必要深入探讨。

中国从1978年进行经济体制改革以来，逐步转向社会主义市场经济体制。在这种历史背景下，鉴于西方经济学主要阐释资本主义市场经济，中国经济学界为了加深对市场经济一般形态的认识，形成研究西方经济学的热潮。这种研究如果始终能坚持马克思主义指导思想，是有助于开阔眼界、活跃思想的，是有利于批判地借鉴资产阶级经济学中某些有用成分的。不少经济学家也是这样做的。可是，不能不看到，在“《资本论》过时”论的影响下，中国经济学界逐渐出现了盲目照搬西方资产阶级经济学或经济学“西化”的不良倾向。尤其受西方资产阶级市场观的影响甚重，这在实践中已产生诸如以“市场化”为名，推行私有化的不良后果。要搞好社会主义市场经济的宏观调控，就必须坚持唯物史观的市场观，纠正资产阶级市场观。

2. 资产阶级市场观用拜物教观念理解市场

这主要表现在，只从物与物的关系认识市场，不懂得市场关系本质上是人与人之间的社会劳动交换。现代西方经济学把市场机制定义为经济资源的配置方式，认为市场通过供求竞争关系，让生产者选择“稀缺的或有限的生产资源”，生产各种商品和服务；并让消费者选择各自需要的商品和服务，用于消费。[①] 它所说的资源，都是有形的物或者人们能够感觉到的服务。因此，它是从交换、竞争关系的外观理解市场的。《资本论》则揭示出，自然资源必须经过生产劳动才能成为现实的经济资源，商品的实质是价值，即凝结的社会劳动。这意味着，应当把人们常说的“资源配置”，理解为社会总劳动在全社会各部门的分配，这才抓住了它的本质。可见，西方经济学中的资源配置方式这种说法，是从物质资源角度认识市场和市场作用的，没有抓住市场是人与人的生产关系在流通领域的表现形态；更缺乏历史的观点，似乎这种资源配置方式是最完善的、可以永恒存在的。

3. 拜物教市场观产生的客观原因

为何拜物教市场观会产生？从客观原因看，这是因为市场的多种流通关系本身具有拜物教形态，诸如商品拜物教、货币拜物教、资本拜物教和土地拜物教等形态。马克思指出，“对人类生活形式的思索，从而对这些形式的科学分析，总是采取同实际发展相反的道路。这种思索是从事后开始的，就是说，是从发展过程的完成的结果开始的”；“正是商品世界的这个完成的形式——货币形式，用物的形式掩盖了私人劳动的社会性质以及私人劳动者的社会关系，而不是把它们揭示出来”。[②] 因此，资产阶级经济学直观地反映市场流通关系的现象形态，就不能不被商品拜物教、货币拜物教形态以及与它们相联系的资本拜物教形态、地租拜物教形态所迷惑，只从物的形态方面考虑市场关系，形成拜物教的市场观。

---

① 参见[美] 保罗·A.萨缪尔森、威廉·D.诺德豪斯著，高鸿业等译：《经济学（第 12 版）》[M]，北京：中国发展出版社，1992 年，正文，第 4 页。

② 《资本论》第 1 卷[M]，北京：人民出版社，2004 年，第 93 页。

4. 拜物教市场观产生的主观原因

资产阶级经济学形成拜物教市场观，其主观原因：

一是资产阶级经济学家不懂劳动的二重性。那些只是在经济表面的联系兜圈子、只会对最粗浅的经济现象作似是而非解释的庸俗经济学家，他们把商品的价值属性直接理解为商品使用价值的物质属性，因而不懂得商品交换关系的本质是社会关系，并进而认为资本物质因素产生利息，土地本身能产生地租等荒谬的观念。即使是在资本主义反封建主义的上升时期，代表进步资产阶级的古典政治经济学家，像斯密、李嘉图等，由于只注重价值量的分析，也不懂得劳动的二重性，因而不懂得价值量的比较要以价值的相同的质，即凝结的抽象人类劳动为前提，因而也不能自觉地弄清市场价值的本质是一种人与人的社会劳动交换关系；在对资本主义经济的内在联系作科学探讨时，往往被市场的拜物教形态所迷惑，只是停留在利润、地租等现象形态上，不能发现最本质的剩余价值关系。

二是资产阶级经济学家不懂商品的价值形式。他们不懂得商品的交换价值是价值的表现形式或价值形式；更不懂在人类历史上，价值形式是随着商品交换关系的不断拓展而发展变化的。在资产阶级经济思想史上，只有少数人曾分析过价值形式，但没有得到任何结果。[①] 在价值形式中，相对价值形式上的商品的价值，是表现在等价形式的商品的使用价值上的，不懂得这种价值表现关系，势必把等价形式上的商品的使用价值误认为是价值本身。当等价形式上的商品发展为金灿灿的黄金货币之后，就会使他们产生货币拜物教观念。

5. 资产阶级经济学形成拜物教市场观的阶级根源

资产阶级经济学家不懂劳动二重性、不懂商品的价值形式，更深层的原因是，他们站在资产阶级立场上，把资产阶级生产方式看作是社会生产的永恒的、天然的形式。这就必然会忽略劳动社会性一般的历史特殊形式，不懂只有在商品生产社会，劳动的社会性具有间接性，才会以抽象劳动的凝结这种历史形式表现出来；也就必然会忽略商品是人类社会产品一般的一种历史形式，从而不懂商品的价值形式这种特殊性，不懂得价值形式会随着生产关系的发展，进一步发展出的各种货币形式、资本的各种表现形式，等等。

---

① 马克思深刻地指出，"这首先是因为他们把价值形式同价值混为一谈，其次，是因为在讲求实用的资产者的粗鄙的影响下，他们一开始就只注意量的规定性"。[《资本论》第1卷[M]，北京：人民出版社，2004年版，第64页(页下注17)]

（二）资产阶级市场观的非历史性

1. 资产阶级市场观不能区分产品直接交换和商品流通的区别

资产阶级经济学的市场观是资产阶级市场观的理论表现。它用片面的、静止的形而上学方法看待市场，不懂得市场的产生发展是一种历史发展过程。资产阶级庸俗经济学家萨伊把商品流通中的商品交换和历史上出现过的直接的产品交换混为一谈。他认为供给能产生需求，买卖总能自动平衡，因而市场关系是和谐的，这就是资产阶级经济思想史上著名的萨伊教条。这种教条用产品直接交换关系的眼光看待市场买卖，看不到产品直接交换与商品流通的买卖关系存在本质区别。在产品直接交换中，买和卖的行为是同一的，此人的卖就是彼人的买，而商品流通的买和卖则在时间和空间上会发生分离、脱节。由于萨伊看不到两种交换关系的历史区别，所以他看不到，商品流通虽然能打破产品直接交换会受地点、时间束缚的缺陷，有利于促进社会分工，但是却蕴含着卖者卖不出商品，买者买不到商品的可能性，而这种情况一旦普遍化，社会再生产就会中断，发生经济危机。这种危机的可能性是商品流通一般固有的性质。而远古的产品直接交换的时代，是谈不上这种危机可能性的。萨伊教条至今仍然流行在现代西方资产阶级经济学中。新自由主义经济学鼓吹市场万能，就是沿袭了萨伊教条。

2. 资产阶级市场观不能区分商品流通和资本流通

商品流通在人类历史上很早就出现了，但是产业资本含义上的资本流通则是资本主义生产关系产生之后才出现的。商品流通本质上体现等价值交换的平等关系，而资本流通则在商品平等交换的掩盖下存在不平等的人剥削人的生产关系；资本流通中包含商品流通，但是资本流通不等于商品流通。资产阶级经济学从来不懂商品流通和资本流通的本质区别，而把这两种性质不同的流通混为一谈。这主要表现在两个方面：

一种是把商品流通的作用套到资本主义私有制为基础的资本流通上。新自由主义经济学认为市场经济的效率来自私有制，正是在这种思想影响下，我国某些学者在改革中主张私有化。其实，资本主义市场经济的生产效率，并不是来自私有制，而是来自发达的商品流通基础上的市场社会分工制度。否则无法解释，同样是私有制的经济基础，为何资本主义时代的生产力可以极大地高于奴隶制、封建制时代。须知，正是资本主义私有制使市场固有的发生危机的可能性一再变为现实性，这证明用私有化来发展市场经济这种主张是违反历史规律的。中国发展社会主义市场经济必须从社会生产力的现有水平出发，把公有制的优点和充分利用市场社会分工制度的优点结合起来，这样才能促进科学发展，实现共同富裕；而搞私有化，必然会重蹈资本主义市场经济发生周期性经济危机的覆辙。

本书前面已阐释过，产业资本流通与商品流通存在本质的区别，前者是资本主义生产环节和商品流通环节的统一，而后者则只是商品交换关系。在资本流通的生产环节中，资本家无偿占有雇佣工人创造的剩余价值，这是不平等的资本剥削关系；在资本流通的商品流通环节，却是通过资本产出的商品的等价交换来实现剩余价值，表现出的是商品等价交换的平等关系，这正好把生产环节中的剥削关系掩盖了。

西方经济学总是用商品流通的眼光，混淆商品流通和资本流通，把资本流通关系等同于商品流通一般关系。资产阶级经济学的各种流派，尽管相互存在分歧，却有一个共同特征，"即都是从简单商品流通出发来研究资本主义宏观经济的运行"①；他们所谈的市场，实际上都只限于简单商品流通关系。正如马克思批判资产阶级经济学家所说的，"企图把资本主义生产当事人之间的关系，归结为商品流通所产生的简单关系，从而否认资本主义生产过程的矛盾"②。这种批判完全适用于现代西方经济学。例如，凯恩斯主义就把货币资本等同于货币。《资本论》揭示出，简单商品流通中的货币同资本循环中产业资本的货币职能形态即货币资本，是两种性质不同的流通关系，必须区分开来。而凯恩斯的所谓"货币政策"，在概念上就反映出他是不区分货币资本和货币的，是用商品流通一般观点来看待资本主义宏观经济运动的。其所谓"流动性过剩"的用语也反映了这种混淆。事实上，这是一个连西方经济学界也没有清晰解释的含混概念，正如《新帕尔格雷夫货币金融大辞典》所说，"目前为止，讨论流动性的文献没有一个能为这个概念提供明确的衡量方法"③。可见，使用这种含糊概念是不可能对金融市场现象作出科学分析的。要弄清所谓"流动性过剩"的真相，唯有弄清这种"过剩"到底是指纸币发行量超过一般商品流通领域实际需要的、有真实价值的货币量这种意义上的货币过剩，还是社会

---

① ［美］保罗·A.萨缪尔森、威廉·D.诺德豪斯著，高鸿业等译：《经济学（第12版）》［M］，北京：中国发展出版社，1992年，第16页，"译者序"。

② 《资本论》第1卷［M］，北京：人民出版社，2004年版，第136页（页下注73）。

③ ［美］彼得·纽曼，［美］默里·米尔盖特，［英］约翰·伊特韦尔编：《新帕尔格雷夫金融大辞典》第2卷［M］，北京：经济科学出版社，2000年，第646页。

总资本运动中货币资本形态的资本超出了正常运动所需要的数额这种过剩，或是两者兼而有之；更要弄清其原因究竟是什么。遵循这样的思维路径，就需要区分货币信贷与货币资本的信贷，从而弄清问题的症结，提出有针对性的对策。如果使用含混的“流动性过剩”概念，就不但不能把这些必须弄清的问题解释清楚，反而会模糊宏观经济分析的视线。

（三）资产阶级市场观泛化市场关系

1. 市场是有边界的

市场关系不是无限的，不能说全社会的人与人的关系都是市场关系，人与人的关系中还有相当多的非市场关系。市场关系发生在商品生产社会的商品和资本流通的经济领域，这就是市场的边界。在非经济领域如上层建筑领域的人与人的关系，就不属于市场关系。当然，现实中把非市场关系“商品化”“市场化”的现象是存在的，但是这属于假造的“经济关系”，只会对社会造成危害。须知，即使在一切都可以商品化、市场化的资本主义社会，发展到现代，那种政府、军队、司法等领域的权力商品化（表现为行贿受贿）现象，也被视为非法了；而现代资本主义为了巩固资产阶级的统治地位，缓和阶级之间的对抗性矛盾，在教育、医疗领域对商品化加以控制，出现了一些政府举办的公费学校、免费医疗等。

2. 新自由主义对市场关系的泛化

市场是有边界的，但是，有人却泛化市场关系。这突出表现在以新自由主义为指导思想的新制度经济学中。这种经济学把交易关系也就是市场关系扩大到整个经济领域，甚至社会领域。笔者认为，最具代表性的是张五常先生。他用生意人做交易的眼光看待一切，把人们的一切社会活动都看作交易活动。他的所谓交易成本，就是两人以上的人们形成一定社会组织所耗费的成本。他说：“所有的组织的成本都是交易成本，反之亦然。”[①]“交易成本包括一切不直接发生在物质生产过程中的成本。”[②]他这种泛化市场关系的主张是极其有害的。[③] 初看起来，他是要讲究一切制度的效率，但是社会政治、经济和文化这些不同领域，都有制度的特殊规定性，从而组织制度的效益也有不同的规定性。例如，政治和文化领域的效益就不能

① 张五常著，易宪容、张卫东译：《经济解释——张五常经济论文选》[M]，北京：商务印书馆，2000 年，第 408 页。
② 张五常著，易宪容、张卫东译：《经济解释——张五常经济论文选》[M]，北京：商务印书馆，2000 年，第 407 页。
③ 参见何干强：《评唯心史观的制度解释》，《海派经济学（第 3 辑）》[M]，上海：上海财经大学出版社，2003 年，第 159—174 页。

直接用金钱来衡量,在非经济的组织关系中,组织纪律也不能等同于等价交换的交易关系。应当说,新自由主义经济学把简单商品流通关系泛化到“所有组织”有极大的主观随意性,是不科学的。

3. 应当区分简单商品流通这种“交易”关系与经济领域的其他社会关系

在唯物史观看来,经济领域的不同层面有性质不同的人与人之间的社会关系。在简单流通领域,商品交换要求等价值才能交换,因而是一种双方承认对商品的所有权,相互可自由选择、平等交换的社会关系;只有在这个领域,交换的双方才是新制度经济学所谓自由的“私有产权交易者”。但是,在直接生产领域,社会关系是生产条件的所有权关系和生产中的分工协作关系;前者是生产条件归谁所有的关系,后者是生产劳动的分工关系(包括指挥与被指挥的关系),在这两种情况下,人与人之间都不是所谓交易关系。在资本流通领域,平等地占有利润的竞争制度只存在于资本所有者之间,劳动力的卖者是享受不到这种权益关系的;而这种关系,并不是什么产权交易关系,而是资本家平等地剥削劳动力所创造的剩余价值的权益关系。在个人收入分配领域,个人从生产中创造的新价值产品中取得属于自己的一份,也完全不是什么平等交易关系,在资本主义经济中,雇佣工人得到的是相当于劳动力价值的工资,而资本家则可以获取远远高于工人工资的收入(剩余价值),雇佣工人和资本家之间哪来平等的交易?在消费领域,不同消费者之间即使存在对购买消费资料的竞争关系,相互之间也不是交易关系;不同民族、地区的生活习惯所决定的不同消费者对消费资料选择的不同,更不是消费者之间的交易关系。可见,即使是经济关系,其不同层面的社会关系在内容上也有不同的规定性,也不能都简单地理解为商品流通这种“交易”关系。不加区别地都用市场交易成本来解释这些经济层面的制度,反映出新自由主义的制度经济学具有资产阶级经济学的浅薄性和主观性。我们要弄清市场关系的科学含义,就必须走出新自由主义市场观的误区。

(四)资产阶级市场观夸大市场调节的作用

1. 市场调节是有一定范围的

市场是有边界的,因而市场调节的作用也就有一定范围。市场作为经济领域的流通环节,它能调节的领域是与商品和资本流通相联系的物质生产环节。而对于上层建筑等非物质生产领域,那里不存在市场关系,也就谈不上市场调节。

夸大市场关系边界的资产阶级市场观付诸现实，会造成严重不良后果。例如，教育、医疗、住房、军事、生态环境建设、基础设施建设、国家重点工程等许多领域，有的属于社会福利，有的属于国家安全，有的属于绝大多数民众基本生活条件，有的属于国家和人民的整体利益和长远利益，如果把这些领域的投入产出关系，都简单化为日常的市场买卖关系，让市场调节，而放弃国家全面安排、统筹兼顾的正确方针，势必阻碍国家和社会的科学发展。目前普通老百姓对上学难、看病难、住房难，颇多怨言，这实际上反映出在某些领域的泛市场化已经带来了不良后果。这是需要尽快纠正的。

2. 资产阶级市场观对市场调节作用的夸大

前面上卷第四章已经论述，《资本论》揭示出，社会劳动分工（价值规律是其历史形式）与市场供求调节两者是作用与反作用的关系，起决定作用的是社会劳动分工或价值规律，而市场供求关系则起反作用。但是，资产阶级市场观却把市场调节夸大到可以对“资源配置”起决定性作用。现代西方福利经济学认为：“（1）假如有足够的市场；（2）假如所有的消费者和生产者都按竞争规则行事；（3）假如存在均衡状态，那么在这种均衡状态下的资源配置就达到帕累托最优状态。”[①]（所谓帕累托最优状态，也就是全社会的所有资源都能最有效地用于或配置于最适宜地方的状态。）这就是所谓“帕累托最优”原理或“市场成功”原理。

3. “帕累托最优”原理的弊病

《资本论》对资产阶级经济学夸大市场供求关系作用的批判，完全适用于所谓“帕累托最优”原理，它所指的所谓市场“均衡状态”，无非指供求平衡或供求一致的市场状态。对此，马克思指出，“真正的困难在于确定，供求一致究竟是指什么”[②]；“如果供求一致，它们就不再发生作用，正因为如此，商品就按照自己的市场价值出售。如果有两种力量按照相反的方向发生相等的作用，它们就会互相抵消，而不会对外界发生任何影响，在这种条件下发生的各种现象，就必须用另外的作用，而不是用这两种力量的作用来解释。如果互相抵消，它们就不再说明任何事情，就不会对市场价值发生影响，并且使我们更加无从了解，为什么市场价值正好表现为这样一个货币额，而不表现为另外一个货币额”[③]。实际上，“供求关系一方

---

① ［英］约翰·伊特韦尔，［美］默里·米尔盖特，［美］彼得·纽曼编：《新帕尔格雷夫经济学大辞典》第3卷［M］，北京：经济科学出版社，1996年，第351页。
② 《资本论》第3卷［M］，北京：人民出版社，2004年，第210页。
③ 《资本论》第3卷［M］，北京：人民出版社，2004年，第211页。

面只是说明市场价格同市场价值的偏离，另一方面是说明抵消这种偏离的趋势，也就是抵消供求关系的作用的趋势”①。“生产费用的变化，无论如何不是由供求比例来调节的，而是相反，生产费用的变化调节供求比例。”②这也就是说，市场供求关系是由价值规律，是由社会总产品既定的总价值量及其内部的比例关系或社会分工决定的，而不是相反。

西方新自由主义经济学家认为，完全自由竞争的市场本身可以使“资源配置”达到“帕累托最优”。他们不明白马克思所解释的科学原理，即使从商品流通一般看，也存在导致社会生产力不能稳定发展乃至发生危机的可能性。这种可能性随着市场的扩展只会越来越大；而在资本主义私有制基础上，这种可能性必然成为现实性。1825年资本主义经济出现历史上的第一次经济危机证明了这个道理。我们知道，那时的市场竞争是没有国家干预的，完全竞争的。而西方凯恩斯主义经济学家则认为，市场本身不一定能实现“帕累托最优”，不过，通过国家干预市场，仍可以达到“帕累托最优”。③ 但是，这里关键要看是什么性质的国家，如何对市场竞争进行干预。资本主义社会的国家是代表资产阶级经济利益的，最多只能出于维护资产阶级整体利益对宏观经济做出干预，不可能解决资本主义私有制与生产社会化的固有基本矛盾，所以，也不可能真正实现市场供求关系的平衡运行。其实，“帕累托最优”是以企业利润率普遍达到最优为前提的，实际上是从商品流通一般的角度来论证资本家的生产效率普遍最优，这带有很大的主观性，是用数学逻辑来替代现实经济逻辑。在当代，市场已扩大到全球，应当说，竞争性的市场已经足够大，但是资本主义国家仍然周期性地出现危机，而且危机从国内延伸到世界。这种事实进一步说明“帕累托最优”的理论逻辑显然不符合历史和现实的逻辑。

4.“一切交给市场来裁决”体现资产阶级市场观

近些年来，中国经济舆论界不断有人提出“一切交给市场来裁决”④，这种说法显然把市场作用夸大到了极致，很值得注意。须知，市场本身既不能裁决收入不

① 《资本论》第3卷[M]，北京：人民出版社，2004年，第212页。

② 《资本论》第3卷[M]，北京：人民出版社，2004年，第213页（注31）。从页下注31的上下文可以知道，这里所说的“生产费用的变化”，指的是“价值的变化”。

③ 参见[英]约翰·伊特韦尔，[美]默里·米尔盖特，[美]彼得·纽曼主编：《新帕尔格雷夫经济学大词典》第3卷[M]，北京：“市场失灵”条目，经济科学出版社，1996年，第351—354页。

④ 例如说，“原则上，在市场经济框架内发生的一切事情，无论它身处何种际遇，都应当交由市场这只无形之手来裁决。这是亚当·斯密为市场经济立下的基本底线，200年来不曾动摇毫厘”。参见赖黎明：《一切交给市场来裁决》[N/OL]，《华西都市报》2011年11月17日（第33版“房产周刊”），http://www.wccdaily.com.cn/epaper/hxdsb/html/2011-11/17/content_398823.htm。

公，因为收入是由生产领域的所有制关系决定的；也不能裁决生产效率的高低，因为生产效率是由生产领域的科技、劳动组织管理等多种因素决定的。还需要明白的是，宏观经济的市场供求关系在物与物的关系背后，是社会生产各部门之间生产投入要素的比例关系和生产领域中由生产资料所有制决定的人与人的关系。因此，市场供求关系状况，是由全社会劳动分工比例关系和生产资料所有制关系的状况决定的，是客观的价值规律和一定的社会基本经济制度两者的综合作用在流通领域的表现。在资本主义宏观经济中，市场是社会总资本运动的流通环节的表现，在供求关系中起主导作用的市场主体，主要是资本主义生产关系的人格化，即资本家，因此，“一切交给市场来裁决”，这无异于说，“一切交给资本家阶级来裁决”！可见，这种口号有极大的谬误。在唯物史观看来，必须辩证地理解流通与生产之间的关系，要充分认识，流通领域的状况归根结底是由生产领域的状况决定的，因而绝不应当颠倒生产与流通之间的决定与被决定的辩证关系。当然，也不能机械地看待这种关系，而要充分认识到流通对于生产具有反作用。在市场经济一般形态中，这种反作用是十分重要的，如果忽视市场给出的信息和市场竞争对生产者的压力，凭主观意志组织生产，就势必导致社会再生产的比例关系失衡和经济运行缺乏活力，在这种条件下，市场调节的反作用就是决定性的。正是在这种意义上，必须重视市场对宏观经济的调节作用，但是，这并不等于“一切交给市场来裁决”。

由此看来，西方资产阶级经济学只是从表面上描述资本主义经济中的市场，照搬这些理论是不可能科学解释社会主义市场经济的市场和市场调节的，硬要照搬来指导中国的社会主义市场经济实践，那只能是方枘圆凿，甚至出现饮鸩止渴的后果。

二、市场调节和国家调控的关系

（一）社会主义市场经济的市场调节

1. 充分认识社会主义市场调节的历史特征

社会主义市场经济条件下，要求国有资本为核心的公有资本在社会总资本中占主体地位，市场是这种社会总资本的流通环节与商品流通一般的统一。以公有制为主体的多种所有制关系，以及与此紧密联系的社会各产业之间的分工比例关系,这是社会主义市场调节的供求关系发生作用的基础。这种经济基础与资本主义市场经济相比,已发生了性质上的根本变化;这种新的历史特征决定了,市场供求关系或市场调节对生产的反作用,在表现形式上也必然发生变化。因此,社会主义市场经济的市场,本质上是社会主义市场。陈云同志在新中国生产资料所有制社会主义改造完成之后,就把"资本主义的市场"和"社会主义的市场"两个范畴区分开来,并提出了包括富有一定的个体经营在内的"社会主义统一市场"的范畴。[①]也因此,社会主义市场经济的市场调节,可以简称为社会主义的市场调节。不应当把社会主义的市场调节与资本主义的市场调节混为一谈。这两种经济基础不同的市场,如果说有相同的一面,那只是从抽象的商品流通而言。

2. 社会主义的市场调节具有过渡性

应当用唯物史观的辩证法观点来看待社会主义市场调节的历史地位。一方面,应当看到社会主义的市场将适应社会生产力发展水平,在一个相当长的历史阶段发挥积极作用。另一方面,要看到它的调节作用不会永恒存在,而是具有过渡性的。须知以公有制为主体的多种所有制关系,本身也处在演进过程中。总趋势是,在社会生产力发展的推动下,以国有经济为核心的公有制经济比重会逐步加大。中国和世界必然会沿着《资本论》所揭示的人类社会发展规律不断前进,经过长期努力,终究会发展到共产主义社会,那时,社会生产力高度发达,物质财富极大丰富,全社会将实现自由人联合体或者全体劳动者自主联合劳动意义上的全民所有制;各生产部门的生产方式已经没有明显差距,全社会的劳动生产率发展处于相同的水平;社会经济控制中心已有条件掌握全社会各生产部门的经济信息,从而有条件遵循"价值决定"规律,把社会总劳动分配到各生产部门,这样,商品、货币这些价值形式也就消亡了。可以说,从人类社会发展长过程的历史逻辑看,社会总劳动在各生产部门的分配形式,是一种否定之否定的辩证发展过程,即与"简单商品生产—资本主义生产—共产主义生产"相对应的"价值规律—生产价格规律—价值决定规律(计划分配社会劳动规律)"这样一种过程。客观地说,这个过程是一个很长的历史阶段,它取决于社会生产力发展的水平,也与社会生产关系对社会生产力的反作用相联系,从而与人们的主观能动性相联系。这种过程中无疑会存在过渡性的历史阶段。

---

① 参见《陈云文选》第3卷[M],北京:人民出版社,1995年,第13页。

社会主义市场经济作为一种社会经济形态，就具有过渡性。由于资本主义私有制经济依然部分地存在，生产价格规律就会存在，它仍然会对市场供求关系起作用，从而对社会总劳动的分配起作用。但是，随着社会生产力发展，生产资料所有制结构必然会起变化，公有制比重将逐步加大，直到成为全社会的经济基础。到这种发展阶段，私有制经济消亡了，资本主义生产关系所决定的生产者追求平均利润的生产价格规律的作用就会消亡。但是，只要集体所有制经济依然存在，甚至集体所有制经济也消亡了，只要商品生产消亡的物质条件还不具备，价值规律的作用就依然会存在；直到商品生产消亡，调节社会劳动分配的规律才将完全让位于"价值决定"规律，即计划分配社会劳动规律。这是一个量变到质变的过程。在这种量变的过程中，必然包括市场调节与国家遵循生产价格规律或价值规律的计划调节共同起作用的历史阶段。这种共同作用会表现在，市场调节的自发性受到逐步加强的国家调控；在国有经济内部，市场调节将不再以完全自发的竞争形式表现出来，而会产生相当程度的自觉的协作性分工；国家会遵循价值规律或价值决定的规律逐步增强对全社会的宏观计划调控。这也就是本书下卷第十七章已谈到的，在社会主义公有制经济占主体地位和国有经济发挥主导作用的条件下，市场调节已不是把社会劳动时间分配到社会各生产部门的唯一方法了。

3. 社会主义的市场调节仍然有自发性

在现阶段和今后一个相当长的历史阶段，社会劳动在各产业部门的分配，需要市场调节与国家的计划调节共同起作用。既然存在市场调节，就要承认它的自发性，尊重生产者之间通过市场流通的中介，间接地形成社会分工，这也就是价值规律和生产价格规律起作用的形式。须知，认识到价值规律对社会总劳动分配的决定作用，绝不意味着可以直接遵照价值规律的内容——"价值决定"（社会劳动时间）[①]，实现有计划按比例地实施宏观经济调节。这是因为，价值规律不可能直接以社会劳动时间表现出来，而只能以物的外观，即商品、货币等价值形式，在市场交换关系中间接地表现出来。换句话说，价值规律只能以"价值形式"的规律表现出来，社会总劳动还要以市场为中介来实现。因此，通常说要尊重价值规律，准确地说，是遵循"价值形式"的规律。如果人们认识不到市场调节这种间接地调节社会分工的自发性作用，就会犯教条主义、主观主义的错误。计划产品经济体制的弊病，就

① 参见《资本论》第3卷[M]，北京：人民出版社，2004年，第965页。

是排斥市场和价值形式的中介作用而造成的。

但是,具有自发性的市场调节对社会总劳动的分配具有二重性:一方面能通过市场的价格波动,调节商品生产者的经济决策活动,使社会总劳动在商品生产者各自趋利避害的选择中,实现在各生产部门的分配;另一方面,正是商品生产者这种自主、分散决策,难免使商品流通买卖分离,因而存在危机的可能性。如果对私有制经济在国民经济中的比重不加控制,放任扩大,这种可能性必然变成现实性。因此,像新自由主义经济学那样,用简单商品流通的眼光理解市场,认为市场调节本身完美无缺,国家不应对经济有任何干预,那显然是肤浅的、完全不切实际的。

(二) 市场调节和国家调控的共性与区别

1. 关于国家调控的说明

以上阐述社会主义市场经济条件下的市场调节的科学含义,这是研究国家与市场关系的理论前提。可能读者会提出,为何这里不说政府与市场的关系,而要说国家与市场的关系?从表面来看,这两种说法并无多大区别,因为政府就是国家的行政职能机关。不过,从中国宏观经济调控主体的本质来看,国家和政府还是有差别的。国家权力机关是全国人民代表大会,而政府是由权力机关产生的行政机关。① 只有全国人民代表大会才能作为国有经济的所有者代表机关,才能真正对国有经济起保障作用和发挥其在国民经济中的主导作用;同时,只有国家权力机关,才是维护公有制为主体、多种所有制经济共同发展的基本经济制度的组织保证。尽管直接进行宏观经济调控实际操作的是中央政府机关,但是,它们的操作权是国家的权力机关赋予的,并且必须在国家权力机关监督下进行,也就是在全国人民的监督下进行,这体现了社会主义根本制度的要求。所以,用国家作为中国宏观经济调控主体的简称,更为准确。

2. 市场调节和国家调控的共性

从宏观看,市场调节和国家调控作用的结果具有一致性。现实的市场调节推动商品生产者进行市场竞争,使市场各种商品的供求关系,从不平衡趋向总体上的平衡,使宏观经济运动达到社会总劳动在各产业部门按比例关系分配。尽管市场

---

① 中国宪法第二条规定,“人民行使国家权力的机关是全国人民代表大会和地方各级人民代表大会”;第三条规定,“国家行政机关、审判机关、检察机关都由人民代表大会产生,对它负责,受它监督。”[《中华人民共和国宪法》[N],《人民日报》2018年3月11日(第1版)]

调节有可能发生危机，而且在私有制基础上还必然会发生危机，但正是这种市场供求失衡的破坏性的经济形式，迫使社会再生产被动地遵循了按比例运行和发展规律。而国家的宏观经济调控，正是要通过主观努力，促成宏观经济运动尽可能不发生危机，遵循按比例运行和发展的客观规律。所以，从宏观经济运动结果的角度看，市场调节和国家调控两者都会对分配社会总劳动起作用，这是两者的相同之处。那种认为市场调节只是对商品生产者或企业起作用，不对宏观经济运动起作用的观点，是值得商榷的。当然，像西方资产阶级经济学那样来理解市场调节会起"帕累托最优状态"的宏观调节作用，则又走到了另一个极端。

3. 市场调节和国家调控的区别

虽然市场调节和国家调控两者作用的结果都会达到分配社会总劳动的结果，但是两者仍有显著区别：

首先，主体不同。市场被称为"一只看不见的手"①，似乎没有主体，其实，市场调节的主体并非不可知的无形上帝，他们就是供求关系的人格化——分散决策的商品供给者或有购买力的需求者（包括生产消费和个人消费），只不过单个市场主体直接感觉到的只是市场竞争压力，而不知道压力就来自他们自发的相互交换之中。如果破除了拜物教的观念或者神秘主义，那么，媒体上所谓"把一切交给市场"的说法，就只能理解为交给商品供给者和需求者的相互作用来调节而已。而国家调控主体很明确，就是国家。

其次，作用的对象不同。市场调节虽然会对宏观经济运动产生后果，但是它直接作用的对象是流通领域的各种商品的供给者和需求者。在市场流通中，一种交换关系与另一种交换关系交织在一起，每个交换者既处在主动地位，又处在被动地位。而国家调控的对象如前所述，包括商品流通、生产资料所有制关系、社会分工比例关系、人与自然的关系等多个层面。

再次，作用范围的确定性不同。市场调节的作用范围有大小、种类之分，如全球市场、多国区域市场、国内市场、某地区市场等市场的作用范围就大小不同。还有生产资料市场、消费品市场、劳动市场、金融市场，以及同行业市场、同种商品市场，它们的市场作用范围也是不同的。而国家调控作用的范围就是一个国家区域

① ［英］亚当·斯密著，郭大力、王亚南译：《国民财富的性质和原因的研究》下卷［M］，北京：商务印书馆，2004年，第27页。斯密有这样的经济思想，商品生产者虽然只考虑自己私利，但是受分工和市场这只"看不见的手"指导，结果却可以使国家富裕。

境内。国内市场只有在打破地区分割,实行统一市场的条件下,在调节范围上才能说是国家范围的市场调节。

最后,达到结果的途径不同。市场调节是通过商品供给者之间、商品需求者之间、供给者和需求者之间的自发竞争,形成对宏观经济的调节后果的。在存在多种所有制经济的社会主义市场经济中,尽管国有经济的主导作用会减少这种自发性的程度,但是只要这种自发性依然存在,就必然发生供求关系的不平衡,由此总会产生对社会生产力一定程度的浪费或破坏;如果国家的宏观调控出现失误,市场的自发调节就只有通过危机,来达到社会劳动在各生产部门分配的平衡。可见,单纯的市场调节具有滞后性,它只能通过曲折的、社会生产力受到一定程度破坏的途径,被动地实现价值规律对社会总劳动的按比例调节。而国家调控则是通过有意识的计划调控行为,主动达到按比例分配社会总劳动的目的,关键是要自觉遵循价值规律和社会再生产规律。

(三)国家调控与市场调节的相互依赖性

市场调节的自发性产生了国家调控的必要性。从这方面看,宏观经济运动的稳定运行要求国家调控把市场的自发调节产生的对价值规律的偏离控制在最小的限度内。

从另一方面看,在存在市场关系的历史条件下,国家调控要克服主观性,又必须利用市场调控的自发性。这是因为,尽管市场调控的自发性会产生对社会生产力的浪费和破坏,但是通过危机实现的社会再生产的平衡毕竟体现了价值规律的客观要求;同时,各部门市场供求关系的波动,也能反映出价值规律决定社会总劳动分配的趋势。例如,一个部门的商品供大于求,意味着投入这种商品的社会劳动应当缩减;供小于求,则意味着投入这种商品的社会劳动应当增加。因此,重视市场供求关系的信息,有助于国家制定出符合价值规律要求的调节计划和实施政策。

因此,国家调节和市场调节具有相互依赖性。在这两者的关系中,起能动作用的是国家调节。作为国家调控对象的宏观经济形态有表里多个层面。里层经济关系的不平衡是从市场关系这个表层暴露出来的,所以,国家调控首先需要弄清表层市场关系,充分利用市场信息,才有利于发现里层的矛盾,进一步有针对性地调控好里层经济关系。当然,对于市场关系这个表层自身产生的不良问题,国家也必须采取科学的方法,及时主动地调节和控制。

三、科学利用市场信息

（一）区分两类基本市场

1. 利用市场信息是国家调控宏观经济的重要方面

社会主义的国家调控宏观经济，一方面，要着眼于宏观经济深层本质联系，利用公有制的经济基础，从人民整体利益和长远利益出发，不断总结宏观经济运行的实践经验，采取一定方式，依法维护公有制为主体的生产资料所有制结构关系，促进社会分工比例关系遵循价值规律，实现国民经济平衡运行，这方面的宏观经济调控，将在后面章节再探讨；另一方面，必须从宏观经济的市场经济现象层面的现实出发，科学分析、利用市场信息，克服宏观经济调控中的主观主义，从市场供求关系的波动中，发现宏观经济运行对社会分工比例关系的偏离，目的仍然是要促进宏观经济在公有制基础上平衡运行，使整个国民经济为以劳动人民为主体的人民服务。本章着重谈后一方面，国家的宏观调控必须科学利用市场信息，并科学地调控市场。

2. 全流通市场和半流通市场

要科学利用市场信息，就必须在马克思关于价值规律和市场理论的指导下，科学地认识市场关系。前面说到市场是有边界的，也就有市场与非市场之分。而就市场而言，应当区分两类基本市场，即全流通市场和半流通市场。

所谓全流通市场，从宏观看，也就是以货币或货币资本流通为中介的社会总资本的流通环节的表现形式，$\sum W—\sum G—\sum W$ 这一公式表现出，参加交换的都是物质生产领域的有价值的商品、货币（或资本的商品、货币形态）。所谓半流通市场，是指物质商品（货币）与没有劳动价值的东西交换，如买卖土地，土地本身就没有价值；或者与人的纯粹服务劳动相交换。这类交换是一种价值转移关系而非等价值交换关系。这种交换的流通形式可用 $\sum W—\sum G—\sum F$ 公式来表示，其中 $\sum W—\sum G$ 表示商品与货币等价交换，$\sum G—\sum F$ 表示一方付出有价值的货币 G，而另一方提供的东西 F 只有使用价值而没有价值，所以称之为半流通市场。

可能有读者会提出，在现实的市场交换中，买方用货币，货币有价值，这没有疑问；但是卖方的东西都有价格，没有价值的东西怎么会有价格？没有价值的东西可以商品化、价格化，这是商品生产社会产生的现象。一旦商品普遍化了，价值的表现形式价格也会反映到人们头脑中，形成普遍的社会意识；正是这种社会意识的反作用，可以对没有价值的东西赋予价格形式。马克思指出，“物的名称对于物的本性来说完全是外在的”①。“价格形式不仅可能引起价值量和价格之间即价值量和它自身的货币表现之间的量的不一致，而且能够包藏一个质的矛盾，以致货币虽然只是商品的价值形式，但价格可以完全不是价值的表现。有些东西本身并不是商品，例如良心、名誉等等，但是也可以被它们的占有者出卖以换取金钱，并通过它们的价格，取得商品形式。因此，没有价值的东西在形式上可以具有价格。在这里，价格表现是虚幻的，就像数学中的某些数量一样。另一方面，虚幻的价格形式——如未开垦的土地的价格，这种土地没有价值，因为没有人类劳动对象化在里面——又能掩盖实在的价值关系或由此派生的关系。”②所以，半流通市场的存在，是市场经济中的正常现象。

3. 关于纯粹服务市场

半流通市场中的土地买卖，本书上卷第九章已详细分析。这里重点阐释纯粹服务买卖关系。以人们买戏票看演员表演为例，这种交换关系一方是有价值的货币，另一方是非物质领域的不创造价值的演员表演服务，演员使自己的广义劳动“人化”于观众的感官和头脑，而不是“物化”在物质生产资料上形成有价值的产品，因此，这样的交换关系可称之为纯粹服务市场。演说家、教员、医生、牧师、律师、保镖等的职业服务劳动，与演员的表演服务都有共同之处，如果用货币与它们的职业服务交换，都属于服务劳动范畴。

关于纯粹服务是否有价值，学术界是有较大争议的。这里有必要作些阐释。

首先，应当澄清西方经济学在服务概念上造成的混乱。法国庸俗学派创始人萨伊最早提出“服务”概念为资本家阶级辩护，③他说在生产过程中，资本、劳动、土地“三要素”都进行“生产性服务”，共同创造了“效用”，共同创造了价值；并把生产资料的使用价值和劳动者的劳动，统称为“服务”，从而把资本家剥削工人创造剩余价值的关系粉饰为资本家与工人交换“服务”的关系。当代资产阶级经济学关于服务（也称劳务）的概念，与萨伊一脉相承，它把服务称为“无形商品”。④ 显然，用这

① 《资本论》第 1 卷[M]，北京：人民出版社，2004 年，第 121 页。

② 《资本论》第 1 卷[M]，北京：人民出版社，2004 年，第 123 页。

③ 《资本论》第 1 卷[M]，北京：人民出版社，2004 年，第 225 页（页下注 16）。萨伊的“服务”概念是为他的资本、劳动、土地三位一体的“要素价值论”服务的。

④ 美国商务部社会经济统计资料管理署编，戴世光等译：《经济和统计名词词典》[M]，北京：中国人民大学出版社，1980 年，第 14 页。

种辩护性的“服务”概念,是不能正确揭示经济现象的本质的。马克思指出,“服务这个名词,一般地说,不过是指这种劳动所提供的特殊使用价值”,只不过“取得了‘服务’这个特殊名称,是因为劳动不是作为物,而是作为活动提供服务的,可是,这一点并不使它例如同某种机器(如钟表)有什么区别”①。这就是说,服务本身属于使用价值范畴,但是在表现形式上是以劳动力的活动形式,以活劳动的效用来表现的。服务既然是使用价值,本身就没有价值;当然,被资本家雇佣的提供服务的劳动力商品是有价值的(等于必要生活资料的商品的价值)。因此,服务本身绝不是资产阶级经济学家所说的“无形商品”。

其次,应当把非物质生产的纯粹服务与属于物质生产的服务这两个概念区分开来。我国学术界有一种观点,认为所有的服务劳动都创造价值。② 这是值得商酌的。在《资本论》中,马克思把服务劳动分为两类。

一类是劳动者为了取得货币收入,为别人提供自己的服务劳动,生产物质消费品,例如为别人缝制衬衣的女裁缝、修理家具的木匠、办酒席的厨师等的服务劳动,这类活劳动凝结在对别人有用的物上,是创造价值的。“他们也完全和在工厂做工的女裁缝、修理机器的机械师、洗刷机器的工人以及作为资本家的雇佣工人在饭店干活的女厨师一样,把自己的劳动固定在某种物上,并且确实使这些物的价值提高了。”③这一类是属于物质生产的创造价值的服务或服务劳动。

另一类是在消费领域“生产个人服务的劳动”④,即劳动者让购买者直接消费自己活劳动的效用。马克思把这类服务称为“纯粹的服务(它不采取实物的形式,不作为物而离开服务者独立存在,不作为价值组成部分加入某一商品)”⑤。马克思认为,纯粹的服务与物质生产的服务有原则区别,从事纯粹服务的劳动力,“它有价值,因而值一个等价,但不生产任何价值”⑥;“很明显,医生和教师的劳动不直接创造用来支付他们报酬的基金”⑦。可见,物质生产的服务劳动创造价值,而纯粹的服务劳动不创造价值。

人类社会随着社会生产力的发展,不创造价值的纯粹服务规模越来越大,以纯

---

① 《马克思恩格斯全集》第26卷第1册[M],北京:人民出版社,1972年,第435页。
② 陆立军:《关于马克思生产劳动理论的几个问题》[J],《中国社会科学》1982年第5期。
③ 《马克思恩格斯全集》第26卷第1册[M],北京:人民出版社,1972年,第156页。
④ 《马克思恩格斯全集》第26卷第1册[M],北京:人民出版社,1972年,第165页。
⑤ 《马克思恩格斯全集》第26卷第1册[M],北京:人民出版社,1972年,第158页。
⑥ 《马克思恩格斯全集》第26卷第1册[M],北京:人民出版社,1972年,第314页。
⑦ 《马克思恩格斯全集》第26卷第1册[M],北京:人民出版社,1972年,第159页。

粹服务买卖(G—F)为表现形式的服务市场规模也越来越大。但是,不能由此就认为纯粹服务劳动不创造价值这种经济性质改变了。按照历史唯物主义原理,价值范畴必须以人类生存的自然必然性——物质生产为前提,离开了这一前提,价值范畴便丧失了科学的规定性,就成为主观臆造的、虚幻的东西了。正因为如此,马克思从来没有说过让购买者直接消费自己活劳动的纯粹服务这种广义的劳动能创造价值。因此,创造价值的物质生产的服务市场,属于全流通市场;而包含不创造价值的纯粹服务的买卖(G—F),属于半流通市场。

4. 深入理解包括纯粹服务市场的社会再生产

学术界有人认为,不承认纯粹服务创造价值,就无法说明资本主义社会的服务部门大大发展的现实,提出要在马克思所划分的社会再生产两大部类之外,建立并列的第Ⅲ大部类(劳务部类)。[①] 这种看法很值得商榷。让我们用图示方法,以简单社会再生产为例,看加进纯粹服务之后,社会再生产还能不能用马克思的再生产理论来说明。[②]

在图式 18-1 中,体现不变资本的产品价值 c 分为 c_1、c_2(为简化计,第Ⅰ部类的 c 没有分),v_1、m_1表示生产工人、资本家用于购买物质商品的部分,v_2、m_2表示生产工人、资本家用于购买纯粹服务的部分,W_1表示第Ⅰ部类生产资料总商品,W_2表示第Ⅱ部类消费资料总商品。F 表示从事纯粹服务的人提供的纯粹服务劳动,这种劳动不创造价值,因而不属于物质资料生产的两大部类,但是纯粹服务的当事人却要买第Ⅱ部类生产的物质消费资料,用于生活消费。

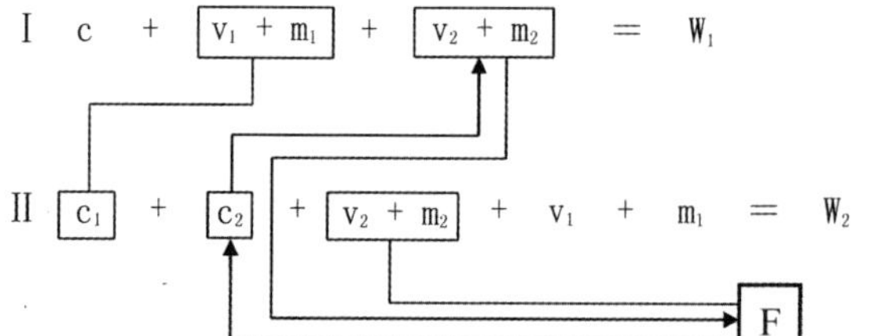

图式 18-1　包含纯粹服务劳动的简单社会再生产两大部类交换图式

注:图中有箭头的线表示当事人用货币购买。没有剪头的线表示可以相互购买。

---

① 何小锋:《劳务价值论初探》[J],《经济研究》1981 年第 4 期。

② 关于包含纯粹服务劳动的简单社会再生产两大部类交换的论述,参见何干强:《纯粹服务劳动不创造价值——学习〈资本论〉的体会》[J],《南京师院学报》(社会科学版)1983 年第 2 期。本书对有关图式和文字作了必要的修改和校正。

在社会再生产中,第Ⅰ、第Ⅱ部类投入的劳动不包括纯粹服务,纯粹服务不加入生产物质产品,这一点马克思说得很清楚,他说:“认为产品中归结为工资和利润的部分不能全部代表一年内加进的劳动,这种看法同样是正确的。因为这种工资和利润可以用来购买服务,即购买不加入代表工资和利润的产品的劳动。这种服务,这种劳动,是人们在消费产品的过程中使用的,它们不加入产品的直接生产。”① 因此,纯粹服务这个部分,不应当列为与社会再生产的第Ⅰ、第Ⅱ部类并列的所谓第Ⅲ大部类。至于纯粹服务当事人作为群体,其内部如何组织,如何分割从第Ⅰ、第Ⅱ部类转移来的价值,与这里的分析目的无关,所以图式中省略,不作说明。

现在我们就来说明一下加进纯粹服务的社会再生产的实现途径。根据《资本论》所阐释的社会再生产原理,图式中的Ⅰc、Ⅱc_1、Ⅰ(v_1+m_1)、Ⅱ(v_1+m_1)这些部分与F不会发生交换关系。因此,需要说明的是Ⅰ(v_2+m_2)、Ⅱc_2、Ⅱ(v_2+m_2)这些部分与纯粹服务F的交换关系。

Ⅰ(v_2+m_2)商品,从使用价值上说是狭义生产资料,它们的当事人需要购买纯粹服务F,但是F当事人却不会购买Ⅰ(v_2+m_2);因为纯粹服务F的当事人需要购买的是第Ⅱ部类消费资料的生活资料以及同样属于第Ⅱ部类消费资料范畴的他们所使用的“劳动资料”,如演员的舞台、道具、钢琴,等等。因此,Ⅰ(v_2+m_2)商品当事人与F的交换只好采取这样的途径:Ⅰ(v_2+m_2)商品的当事人,将Ⅰ(v_2+m_2)生产资料商品出卖给生产Ⅱc_2商品的当事人,然后将得到的货币去购买一部分F服务[把等于Ⅰ(v_2+m_2)的价值转移给这部分服务的提供者]。这样,Ⅱc_2这部分商品不再由Ⅰ(v_2+m_2)当事人来购买。但是根据货币流回规律,Ⅱc_2当事人付出的货币必须回到自己手中,那Ⅰ(v_2+m_2)与Ⅱc_2之间的交换怎样平衡呢?我们知道,货币不能当饭吃,当为Ⅰ(v_2+m_2)当事人提供服务的那部分F当事人得到了Ⅰ(v_2+m_2)价值量的货币之后,必然要去购买消费资料,他们购买的是Ⅱc_2部分,于是,Ⅱc_2当事人付给Ⅰ(v_2+m_2)当事人的货币,经过这番转折,又回到自己手中,Ⅰ(v_2+m_2)和Ⅱc_2这两部分,仍然既在使用价值上得到补偿,又在价值上得到实现。

Ⅱ(v_2+m_2)与另一部分F的交换,则是在购买服务时,将货币转移给服务提供者,然后由这部分服务提供者再购买Ⅱ(v_2+m_2)商品,货币又流回到Ⅱ(v_2+m_2)商品当事人手中。从使用价值上看,Ⅱ(v_2+m_2)商品当事人获得了服务;从价值上看,

① 《马克思恩格斯全集》第26卷第3册[M],北京:人民出版社,1974年,第274页。引文中所说的“加进的劳动”,是包括纯粹服务劳动在内的广义的劳动。

Ⅱ(v_2+m_2)这部分价值也由于那部分F当事人对它的消费而得到了实现。

可见,加进了纯粹服务因素,并不会妨碍用马克思关于两大部类交换的基本原理说明社会再生产。马克思关于社会物质生产领域划分为两大部类的基本原理,是科学的抽象,即使在服务业有很大发展的今天,也没有过时。

由上述分析可以得出:提供纯粹服务F的当事人的消费,是由物质生产领域工人创造的新价值$v+m$中,能够用于购买纯粹服务的v_2+m_2这部分价值量决定的。在$v+m$数量已定的情况下,直接生产领域的社会成员用于物质商品购买的部分(即v_1+m_1)越少,则用于购买纯粹服务的部分就越多。而用于物质商品购买方面的价值量相对减少,只有在社会劳动生产率提高,物质商品变得便宜,社会文化生活水平也相应提高的条件下才是可能的。因此,从事纯粹服务的劳动者人数的增加,最终取决于社会生产率的提高。明确纯粹服务不创造价值这一界限,不但不影响对服务业的发展作出说明,反而能使我们更清楚地知道这种社会经济现象的深刻原因。①

5. 用唯物史观理解两类基本市场的区分及其经济意义

马克思是在区分物质生产的劳动与非物质生产的广义劳动的前提下,对创造价值的劳动做出规定的。由于人类在物质生产领域创造生产资料和生活资料的劳动是生存的基础,也是在非物质生产领域(包括精神生活)活动的基础,所以价值的规定性应以物质生产为前提。尽管物质生产劳动如运输、通信、科技研究和开发试验环节等劳动,会延伸到流通、消费等非物质生产领域,但是它们与流通、消费领域的纯商业劳动、作为纯粹服务的教师的教育劳动等,在规定性上是不同的。虽然纯粹服务也消耗人的脑力、体力和神经,也创造效用,是必不可少的、重要的,有其独立运动的规律需要研究,并且适当的纯粹服务对物质生产有积极的反作用,但是,它们与物质生产劳动相比,毕竟处于被物质生产决定的、衍生的地位,它们不直接创造价值,它们的存在和发展需要依赖于物质生产。

弄清上述道理,对于国家调控宏观经济运动和发展,具有重要指导价值。这可以用发展医疗和教育事业来说明。在改革大潮中,有人主张"医疗市场化""教育市场化",甚至是私有化的市场化,似乎这样就可以解决医疗、教育管理体制的弊端。但是,实践证明,推行这种主张反而造成了人民群众的"看病难"和"上学难"。从

① 本段参见何干强:《纯粹服务劳动不创造价值——学习〈资本论〉的体会》[J],《南京师院学报》(社会科学版)1983年第2期,这里对有关图式和文字作了必要的改动和校正。

理论上看，原因在于这种主张没有区分市场和非市场，也没有分清全流通市场和纯粹服务市场。须知医疗、教育不属于物质生产领域，并非直接受价值规律的支配；医生劳动和教育劳动都十分值得尊重，都十分重要，但是并不创造价值。医疗、教育属于非市场领域，要靠消耗物质生产领域转移的价值来发展。如果要市场化，那就属于纯粹服务市场。当代实行福利制度的发达资本主义国家，在办公立医院和公立学校的同时，仍存在不少私人学校和私人医院。因为后者所有的耗费包括工资、董事长等资方要求的一定利润都要依靠上学者、看病者投入的价值来弥补，因而收费通常很贵，穷人是不敢问津的。在社会主义初级阶段，尽管不排斥少量合法的个体户私人诊所、私人家教服务（即纯粹服务市场），亦不排除发展少量的不以营利为目的、带有慈善事业性质的私人学校和私人医院；但是，发展教育和医疗事业的主渠道，还必须依靠财政拨款办好公立医院和各类公立学校。公立的医院和学校适当收取学生和病员的费用，只能作为政府财政拨款的补充。从宏观经济调控角度来看，发展教育和医疗，最终要取决于社会生产力的发展，要处理好积累与消费的关系，在每年能转移到医疗、卫生等公共消费领域财政预算已经确定的前提下，还要遵循教育规律和医疗规律，才能真正办好人民需要的医疗、教育事业。

由此可见，全流通市场和半流通市场的区分是以劳动价值论为基础的。前者是等价值的商品之间的交换；在交换之后，进入生产消费或个人消费，消费的结果是物质的社会再生产。后者是生产领域创造的价值，与没有劳动价值的东西交换，交换之后，消费的结果是全社会物质商品和社会总价值的减少。可见，前者是社会再生产的中介；后者是生产和消费的中介，后者的发展受到社会再生产的制约。

（二）各类市场提供的宏观经济信息

1. 半流通市场的信息

区分了全流通市场和半流通市场，有助于我们从现象和本质的结合上，科学地利用它们表现出的宏观经济信息，发现宏观经济里层的本质联系，作为宏观调控的向导。本书上卷第四章已经提到了根据买卖对象或交易目的来划分的一系列具体市场。现在让我们以《资本论》关于现象与本质关系的宏观经济研究方法为指导，分类探讨市场提供的宏观经济信息。

首先探讨半流通市场可以提供的宏观经济信息。这类市场，除了前面谈到的纯粹服务市场、土地市场（土地经营权租赁、转让），还有藏品市场（古董、钱币、邮票、字画买卖)等。马克思指出,“那些本身没有任何价值,即不是劳动产品的东西(如土地),或者至少不能由劳动再生产的东西(如古董,某些名家的艺术品等等)的价格,可以由一些结合在一起的非常偶然的情况来决定。要出售一件东西,唯一的条件是,它可以被独占,并且可以让渡”①。显然,从半流通市场本身来看,它出售的东西的价格,例如,某些古董、名人字画的拍卖,确由“非常偶然的情况来决定”,不像一般商品那样,是可以用价值规律来解释的。但是,这类市场交易都必然导致社会总产品价值转移到消费领域,是社会总产品价值的减少。

总体来看,半流通市场扩大,意味着从全流通市场,从而从物质生产领域转移到消费领域的价值量增多。本书上卷第九章论述土地市场的扩大会对社会再生产起限制作用,本章上面论述纯粹服务市场的发展取决于物质生产的发展,这些都证明,半流通市场为宏观经济调控提供的最重要的信息是全社会生产与消费关系信息。

同时,半流通市场提供的信息也有助于分析全社会消费基金的内部结构关系。从半流通市场转移到消费领域的价值,一般属于社会总产品中维持社会扩大再生产之外的剩余价值中的一部分。假定$\sum m$(总剩余价值)$=\sum m/y$(总追加不变资本)$+\sum m/z$(总追加可变资本)$+\sum m/x$(总的用于消费的剩余价值),那么从半流通市场转移到消费领域的价值,无疑属于$\sum m/x$中的一部分。而$\sum m/x$这部分,应包括用于非市场的社会管理基金、公共消费基金、社会保险基金(残疾人事业、抗灾、救灾)等,因此,半流通市场转移的价值只能处于这些基金的界限内,否则就会给社会扩大再生产和社会安定和谐带来不利影响。

2. 消费品市场的信息

抽象地说,马克思的社会再生产理论中的第Ⅱ部类的产品即消费资料商品买卖就是消费品市场,其中包括物质性服务市场(邮电、运输、信息、餐饮、运输、修理、理发、沐浴等等)。在经济现实中,对宏观经济影响较大的主要是生活必需品市场(超市、农贸市场)、楼市或房产市场(主要是商品住房市场)、轿车市场。社会主义市场经济是为人民服务的经济,消费品市场涉及广大人民群众的食、衣、住、行,是国家宏观调控首先应当关注的。消费品市场可以传递多方面的宏观经济信息:

① 《资本论》第3卷[M],北京:人民出版社,2004年,第714页。

从一般角度看,消费品使用价值的品种,能体现社会劳动分工的精细程度;商品质量的基本状况,能体现社会生产的总体科技水平;在国际化的国内市场中,民族品牌在品牌商品中所占的比重,体现民族经济发展的国际水准。消费品的总物价水平,一方面能体现社会劳动生产率的发展,如全社会劳动生产率普遍提高,物价平均水平就会降低;另一方面,能体现宏观经济结构的状态。如果消费品总体价格稳定,宏观经济运动中消费品总供求关系就比较平衡,纸币的币值也比较稳定;如果价格普遍上涨,可能是由货币贬值引起的通货膨胀造成的,这反映出宏观经济结构出现了不平衡,纸币发行量过大,也可能是消费品供给出现不足;如果价格普遍下跌,可能是消费品供给过量,发生过剩。这需要具体分析。

从特殊角度看,某些价格很高的消费品市场既能披露宏观社会分工结构(产业结构)信息,又能披露所有制结构信息。典型的是楼市(高档商品房市场)和车市(轿车市场)。它们所占市场份额(金额占市场总金额比重)的扩大,以及出现商品过剩,就反映出宏观经济出现与多数人有购买力的需求相脱离的畸形产业结构;也反映出私有制经济在这些行业比重加大对宏观经济运行的副作用。这是因为目前这些商品在中国仍属奢侈品,一般群众买不起。在社会收入差距不是很大的条件下,这类商品本该随着人民群众收入的普遍提高而逐步发展。但是私有制经济的迅速扩张,以及经济政策的不完善,使中国出现了收入增长极高的占人口少数的富人,这给高档商品生产提供了需求刺激;而私商以追求利润为目的,在这些行业生产高档商品,采取高额定价方式容易取得超额利润,于是盲目增加高档商品的供给;同时,高价商品又能给地方政府提供较多税收,往往容易得到支持。这就使高档房、小轿车生产扩大起来。由于这些年新出现的富人毕竟是少数,个人消费量有限,而高档房、小轿车不断产出,这就必然发生诸如烂尾楼、空置楼、"鬼城"等楼市过剩,以及小轿车过剩等问题。

有的最基本的消费品市场也能反映出重要宏观经济信息。最典型的是粮食市场。粮食是人民群众最基本的生活消费品,也是轻工业的重要原料。中国人口众多,不但数量必须自给,而且必须保证品质有利于健康。粮食市场如果进口主粮(大米、小麦等),就反映出粮食自给出现不足,说明社会总劳动投入粮食生产部门的减少。粮食价格变动,可以反映多方面宏观经济信息。转向社会主义市场经济体制以来,中国粮价总的情况是在上涨,撇开纸币贬值因素,这可以反映出多方面宏观经济信息，一是粮食耕地减少造成粮食供给不足，这会导致粮价上涨。二是粮食生产的劳动生产率相对太低，导致粮食价格上涨。这可以用《资本论》关于商品的相对价值形式原理来解释。由于处于相对价值形式上的粮食价值不变，而其他商品（包括黄金）随着工业化、社会化、信息化的发展，劳动生产率普遍提高，价值普遍降低，所以，用于处于等价形式上的表现粮食价值的其他商品（包括黄金）的使用价值量就会增加，这意味着粮食相对于这些商品的价格在上涨。至于为何粮食的劳动生产率提不高？本书下卷第十七章关于耕地面积减少原因的分析与此是相近的。这在很大程度上与农村土地家庭承包制被固化有关。一家一户的粮食生产方式，尽管可以精耕细作，但是毕竟不是规模经营，很难使粮食生产的劳动生产率有显著提高，从而降低单位粮食商品的价值。进一步分析，还可以发现，尽管党中央明确提出“以工促农、以城带乡”等正确指导方针，但是经济管理部门和各地区采取实际措施贯彻落实，却显得欠缺，农业机械化、信息化滞后；加上诸如国家规定的粮食收购价与粮食种植的成本价（人工、化肥、农药等）相比较低，农民靠种粮很难富裕起来；这些因素都影响了粮食生产的劳动生产率明显相对落后。可见，粮食市场可以提供城乡经济关系、工农产业部门分工比例关系、生产资料所有制关系等方面的宏观经济信息，值得深入研究。

3. 生产资料市场的信息

生产资料市场也就是《资本论》中第Ⅰ部类产品的市场。生产资料市场既为全社会的生产资料生产供应生产资料（Ⅰc），也为全社会的消费品生产供应生产资料（Ⅱc）。在国内市场国际化的情况下，生产资料市场比消费品市场更直接地反映出社会生产力水平的国际比较信息；更能让人们懂得，要在宏观上坚持民族经济的独立自主，就必须高度重视科技创新，重视“全国一盘棋”的社会协作，在国际市场竞争中努力做到“人有我优，人无我有，人有我超”，在生产资料产品的质量、性能和价值等方面，取得优势地位。

从两大部类交换关系必然的基本途径Ⅰ（v+m）= Ⅱc 的角度看，消费品市场与生产资料市场存在紧密联系，两者相互影响，市场信息也相互联系。一般来说，如果生产资料市场价格普遍上涨，必然引起消费品市场价格普遍上涨；如果生产资料价格普遍下跌，消费品市场价格也会下跌。生产资料市场价格普遍下跌，是生产资料生产过剩的重要表现，如果对此能以联系的辩证方法科学分析，就可以发现非常重要的宏观经济信息。中国自 2008 年以来，钢铁、水泥、铝合金、平板玻璃、机械设备等的产能过剩表现越来越严重，[①]对此只要联系消费品市场的实际状态，就不难发现，正是上面谈到的高档房、小轿车市场的过剩，引起了与它们关联的一系列产业出现产能过剩。这就反映出社会总劳动过多地耗费在为少数人服务的高档消费品上，而多数人有购买力的需求有限，所以发生这种产能过剩，这就反映出宏观经济运动发生了比较严重的结构失衡。非但如此，笔者认为，它还反映出全社会生产资料所有制结构的失衡，即私营经济过大。这种市场信息的分析利用，可以为国家制定从根本上解决产能过剩的对策，提供科学的根据。

从第Ⅰ部类内部交换关系（Ⅰc）角度看，生产资料市场能够反映出重要的产业结构信息。《资本论》指出"在第Ⅰ部类，全部商品产品由生产资料，即由建筑物、机器、容器、原料和辅助材料等等构成。因此，其中用来补偿这个部门所使用的不变资本的那一部分，能够以它的实物形式立即重新作为生产资本的组成部分执行职能。如果它进入流通，那也是在第Ⅰ部类内部流通"[②]。"如果生产是社会的，而不是资本主义的，那么很明显，为了进行再生产，第Ⅰ部类的这些产品同样会不断地再作为生产资料在这个部类的各个生产部门之间进行分配，一部分直接留在这些产品的生产部门，另一部分则转入其他生产场所，因此，在这个部类的不同生产场所之间发生一种不断往返的运动。"[③]这也就揭示出，在第Ⅰ部类各生产部门之间，如果要在社会简单再生产的基础上为社会扩大再生产提供生产资料，相互之间就必须形成一定的比例关系。如果比例关系不符合这种要求，就会通过供求关系在市场价格上表现出来，如有的生产部门商品的价格提高较快，有的则显著降低。

不过，对第Ⅰ部类某些作为固定资本的生产资料过剩要具体分析。《资本论》在阐释全社会固定资本补偿原理时，深刻地指出，即使在理想的正常生产和社会简单再生产的前提下，固定资本实物更新和价值补偿的不平衡仍然会发生，由此必然会发生固定资本的生产过剩。这意味着，在市场经济总运行过程中，这一时期的这

---

① 《国务院关于化解产能严重过剩矛盾的指导意见》（国发〔2013〕41号）指出，要通过"消化一批、转移一批、整合一批、淘汰一批"过剩产能，"有效地化解钢铁、水泥、电解铝、平板玻璃、船舶等行业产能严重过剩矛盾"，如"2015年底前再淘汰炼铁1 500万吨、炼钢1 500万吨、水泥（熟料及粉磨能力）1亿吨、平板玻璃2 000万重量箱"。文件要求"各省级人民政府对本地区化解产能严重过剩矛盾工作负总责，结合实际制定具体实施方案并组织实施"。国务院从商品的使用价值性能出发，详细制订了遏制五大产能过剩行业的"分业施策"指令性指标。如钢铁工业须"压缩钢铁产能总量8 000万吨以上"，"在建筑结构纵向受力钢筋中全面推广应用400兆帕及以上强度高强钢筋，替代335兆帕热轧带肋钢筋等低品质钢材"；水泥业需"尽快取消32.5复合水泥产品标准，逐步降低32.5复合水泥使用比重"；电解铝业需在"2015年底前淘汰16万安培以下预焙槽"；等等。中华人民共和国中央人民政府网站，2013年10月15日，http://www.gov.cn/zwgk/2013-10/15/content_2507143.htm。

② 《资本论》第2卷[M]，北京：人民出版社，2004年，第471页。

③ 《资本论》第2卷[M]，北京：人民出版社，2004年，第473页。在人民出版社1975年版中，"如果生产是社会的"，译为"如果生产是社会公有的"。

种生产过剩会和下一时期的生产资料生产的不足交替出现。但是，在私有制为基础的资本主义经济中，一旦发生固定资本的生产过剩，必然会导致一系列企业因产品卖不出去而破产和雇佣工人的失业。马克思设想，在资本主义经济制度消灭之后，这一时期的相对生产过剩可以用于补救另一时期因同一原因发生的相对生产不足，因此，他说："这种过剩本身并不是什么祸害，而是利益；但在资本主义生产下，它却是祸害。"①这样看来，在社会主义市场经济体制下，出现固定资本生产过剩，不宜把它作为再生产比例不正常而简单地让那些生产企业破产，而应当对这类生产过剩的信息作具体分析。由此也可以知道，科学利用市场信息，这需要以《资本论》的宏观经济研究方法为指导，不能单纯用市场价格变动表现出的供给与需求状况，来判断社会再生产各产业部门的比例关系是否平衡。

4. 金融市场的信息

当代中国金融市场包括货币资本市场、货币市场、黄金市场、证券市场（股票、债券买卖）等许多具体市场构成的金融市场体系。它们是在转向社会主义市场经济体制的过程中逐步发展起来的。虽然以中央银行为核心的银行体系在组织上已比较健全，但是，从这个体系如何体现社会主义公有制基础的特征，为"全国一盘棋"起好金融作用的角度来看，还必须深化改革和完善。改革的方向应当以《资本论》关于货币、货币资本、信用制度和银行制度的科学原理为指导，使这个系统除了起到一般的促进市场流通的作用，还必须有利于科学反映宏观经济信息，这需要以区分资本流通（货币资本信贷）和货币流通（以抵押为条件的货币借贷）②为前提；从实践要求看，最重要的是，要建立相应的银行账户，使其有利于及时、准确地反映货币流回规律的表现，真正成为反映宏观经济运行状态的晴雨表。而要做到这些，就不能照搬西方金融理论，因为它不能分清货币和货币资本的运动，③也就不可能科学认清宏观经济运动的实际状态。

关于货币流回规律在中央银行显示的信息如何反映宏观经济运动状态，以及涉及国际经贸关系的外汇市场的汇率变动，本书在上卷第八章、下卷第十二章已经分别分析，此处不再赘言。

---

① 《资本论》第2卷[M]，北京：人民出版社，2004年，第525页。

② 马克思、恩格斯严格区分了货币和货币资本，也区分了货币的借贷和货币资本的借贷，前者体现简单流通关系，后者体现资本流通关系。参见《资本论》第3卷[M]，北京：人民出版社，2004年，第484—486页。

③ 例如，中国香港地区规定，"年期在1年或以下者属货币市场，若在1年以上者则是资本市场"；"货币市场是短期资金和票据的市场，而资本市场则是长期资金借贷的地方"（[香港] 吕汝汉著：《香港外汇·货币市场》[M]，太原：山西经济出版社、商务印书馆（香港）合作出版，1993年，第1页）。这其实是按借贷时间来区分货币流通和资本流通，是不科学的。

5. 劳动市场的信息

需要说明的是，这里没有使用劳动力市场概念，而使用了劳动市场的概念。这是因为，后者是反映现象形态的概念。马克思科学地区分了劳动力和劳动这两个概念，揭示了资本主义经济中的劳动力是商品，而劳动不是商品。但是，他在描述经济现象时，却并不使用劳动力市场这个概念，而是使用劳动市场这个概念。[①] 这是因为马克思在描述经济现象时，为了与普通意识沟通，一般也采用现象形态的概念，他使用的利润、利息、地租等概念，都属于现象形态的范畴，与资产阶级经济学中的相关概念在形式上也是没有区别的。须知，劳动市场这个概念产生于一般人的普通意识，由于一般人分不清劳动力和劳动，以为工人出卖的是劳动，这就产生了劳动买卖的劳动市场概念，这也是直观地反映经济现象的资产阶级经济学普遍使用劳动市场或劳务市场这个概念的原因。不过，相同现象的事物，本质却可能不同。在社会主义市场经济中，由于公私经济并存，现象形态的劳动市场就存在两种不同的本质关系：

一种是存在于公有制经济中的"等劳交换市场"。这里的"劳"，是凝结在价值产品中的劳动者付出的物化的社会劳动。在社会主义市场经济条件下，公有制企业中的劳动者，作为自主联合劳动者，是生产资料的共同所有者成员之一，其劳动力不是商品；遵循按劳分配原则获得个人收入，即按照个人付出的社会劳动，在做了交给国家和企业的必要扣除后，取得个人收入，而扣除部分，从长远和整体看，是要返还给总体劳动者的，因此，在劳动者付出的物化劳动和取得的收入之间，本质上是真正实现了物化劳动与收入的平等交换关系的。由于劳动者付出的活劳动生产的产品要商品化，要经过市场转换为货币，劳动者的收入也要折算成货币，所以，可以把劳动者付出活劳动和根据按劳分配原则取得货币收入的这种关系称为"等劳交换市场"。不言而喻，这种"等劳交换"关系本质上不存在剥削。

另一种则是在私营经济中就业的劳动者。他们的劳动具有资本主义雇佣劳动的性质，他们与私营企业主之间，存在劳动力商品买卖关系，因此，这种劳动市场，本质上是劳动力商品交换市场或劳动力市场。尽管说，在社会主义市场经济条件下，资本家占有的剩余价值中，有一部分要作为税收上交国家，但是雇佣劳动者的收入是按劳动力商品的市场价格计算的，企业主是要剥削他们创造的剩余价值的，因此，这种本质上的劳动力市场是同资本主义经济基本相似的，在私营企业主和雇

① 例如，马克思说，"现在每一个新资本最初仍然是作为货币出现在舞台上，也就是出现在市场上——商品市场、劳动市场或货币市场上"(《资本论》第1卷[M]，北京：人民出版社，2004年，第172页)。

佣劳动者之间存在剥削与被剥削的关系。

从本质上区分这两种劳动市场，对于科学认识劳动市场对社会主义市场经济提供的宏观经济信息，具有重大意义。最主要的就是，可以通过劳动者在公私不同所有制中的就业人数，弄清宏观经济的所有制结构。对此本书在第十七章已有详细论述。同时，根据马克思关于所有制关系或生产关系决定分配关系的原理，可以知道，劳动者在公私不同所有制经济中的收入差距变化的市场信息，与生产领域生产资料所有制结构比例变化之间，存在正相关的关系，即社会收入差距比重加大，反映出私有制经济比重的加大，反之亦然。由此，劳动市场在这方面的市场信息，可以为国家从宏观上调整所有制结构提供科学的决策依据。

（三）有目的地采用市场信息

1. 宏观经济调控目的决定对市场信息的采集和利用

社会主义市场经济宏观调控的目的，与凯恩斯主义的宏观经济调控根本不同，因而两者对市场信息的采集和利用，必然存在区别。如本书前面章节所述，凯恩斯主义的宏观经济调控是以维护私人资本家利润不降低为前提的，把宏观经济政策建立在贯彻斯密教条（丢掉了不变资本补偿）的总供给和总需求平衡的基础上，在数量分析上则建立在储蓄恒等于投资这个主观臆造的数学公式上，所以，它主要围绕这些基本要求来收集市场信息，并提出了诸如资本边际效率（单位资本的利润率）、总供给价格、总需求价格、就业率、边际消费倾向（收入变量与其中的消费变量的比率）、货币供给量、货币需求量、利息率、投资乘数（投资引起的国民收入倍增量或就业倍增量）、外贸顺差或逆差、财政支出或税收、汇率等宏观经济指标。尽管其中包括一些客观反映宏观经济运行一般的总量经济指标，但是凯恩斯主义不可能从劳动二重性出发，从社会总产品的使用价值和价值补偿角度来收集市场信息，也不会着眼于弄清社会分工比例关系来观察市场信息，更不会考虑劳资矛盾导致的收入两极分化对宏观经济运行发生何种影响的市场信息。

社会主义市场经济运行的目的是发展广大劳动人民所掌握的社会生产力，推动国民经济实现比较稳定的可持续循环和发展，满足人民不断增长的物质和文化需要，促进共同富裕；这就要求从这样的目的出发，遵循客观经济规律，来收集和利用市场传递的宏观经济信息。最基本的要求，就是要在马克思宏观经济研究方法指导下，围绕实现扩大再生产的社会分工比例关系和形成相应的生产资料所有制结构关系这两个基本方面，来收集和综合利用市场信息。

2. 为正确把握社会分工比例关系服务

这是收集和综合利用市场信息的基本目的之一，有助于克服计划产品经济体制时期的弊病。那时，国家宏观计划管理部门直接研究、调节生产领域的社会分工比例关系，着眼于“钢、煤、粮、棉”等主要产品使用价值量的生产指标，从各类主要产品之间比例关系做出计划，然后下达指令性生产指标。应当说，弄清社会总产品中各类主要产品使用价值量之间的比例关系，这是遵循社会再生产按比例运动规律的一个重要方面，这本身无可非议。但是问题在于，单靠计划制定产品使用价值之间比例关系，并靠指令性方式自上而下组织社会生产，难免具有主观性。实践经验表明，这种计划产品经济体制反而会导致事与愿违，造成社会再生产比例关系失调、企业经济运动缺乏活力；原因是计划的主观性往往背离客观存在的价值规律。现实是，在相当长的历史阶段，商品生产依然是客观存在，因而宏观经济计划，必须通过商品流通即市场关系显示的信息来制定，才能克服主观性，符合客观要求的比例关系；同时，经济管理必须遵循价值规律，才能促进社会劳动生产率的普遍提高。这正是需要改革经济体制，引入市场机制的基本原因。可见，在已经形成社会主义市场经济的条件下，采集和利用市场信息的重要目的，是为促进社会再生产实现客观要求的社会分工比例关系服务。这是需要做具体研究的重要课题。这里只是从实践方法论角度，谈几点认识：

首先，应当收集反映年总产品$\sum(c+v+m)$供求关系的宏观经济信息。这样，才有可能从市场信息中，掌握社会总产品的全部生产资料的交换信息和全部消费资料的交换信息，并根据这些信息来判断社会再生产各部门社会劳动的比例关系，是否符合$\mathrm{I}(c+v+m)=\mathrm{I}c+\mathrm{II}c$和$\mathrm{II}(c+v+m)=\mathrm{I}(v+m)+\mathrm{II}(v+m)$，或$\mathrm{I}(v+m)=\mathrm{I}c$的基本要求。显然，照搬贯彻斯密教条的凯恩斯主义，只关注 GDP 即价值产品$\sum(v+m)$供求关系，是片面的，如前所述，这丢掉了社会总产品中不变资本的补偿，用这种市场信息数据分析宏观经济运动状态，不可能正确把握社会再生产的各部门生产分工比例关系。当然，在对外开放的条件下，还必须重视对外经贸关系的信息，不过不能忘记，对于独立自主的民族国家而言，对外经贸关系是服从于国内社会再生产各产业部门的比例关系的。

其次，应当同时采集使用价值和价值两方面的信息。因为只有坚持劳动二重性的基本原理，才能从市场信息中，弄清社会再生产各部门之间的产品价值在实物补偿（使用价值补偿）和价值补偿两方面是否形成了平衡的比例关系。要看到，中国经济体制转向社会主义市场经济之后，宏观调控已克服自上而下用指令性计划来管理的弊病，但是却出现了注重价值方面，而忽视使用价值方面市场信息的倾向，这就走向了另一个极端，实践表明，这同样会导致社会分工比例关系或产业结构的失衡，因此是需要克服的。遵循《资本论》的宏观经济研究方法，就应当着眼于使用价值和价值两方面，全面掌握市场反映出的宏观经济信息。

再次，应当从市场与社会的内在联系出发采集市场信息。面对大量的市场信息，如果胡子眉毛一把抓，抓不住要领，那就只会浪费收集信息的人力物力。而要有目的地收集事关社会分工比例关系全局的重要信息，就得善于应用《资本论》所揭示宏观经济的方法论原理。例如，既然中央银行贷出的货币在一定时期内的流回状态，是反映社会再生产各产业部门比例关系是否平衡的晴雨表；既然一些大宗商品如钢铁、煤炭、电力、水泥、石油、粮食、棉花等产品的市场价格变动和库存情况，往往能显示出产业结构是否平衡；既然商品的市场价格变动状态、市场销售与库存比例，公路、铁路、航空客货运输量等市场信息方面，与社会生产各部门生产供给变动状况有直接的关联；既然消费品市场和生产资料市场的主要商品销售对应着相应的产业部门，等等，那就应当建立并完善收集这些市场信息的统计方法，并及时提供给宏观经济调控中心，通过综合分析，促进宏观经济计划调节遵循价值规律。

3. 为巩固和完善生产资料所有制关系服务

这是收集和综合利用市场信息的又一基本目的。资产阶级宏观经济学不会关注这方面的市场信息，因为其理论的表面性决定了它不会深入到经济形态的本质层面；更主要的是，其阶级性决定了它以维护私有制经济基础为前提，认为资本主义经济制度是永恒合理的制度，因而根本不会考虑生产资料所有制关系与宏观经济实现平衡运动之间的内在联系。《资本论》的宏观经济研究方法则坚持唯物史观，认为生产资料所有制关系是宏观经济能否实现平衡运动的决定性层面，市场信息中必然包含反映所有制关系的宏观经济信息。据此，国家宏观调控中心有必要也应当及时掌握这方面的市场信息，自觉巩固和完善社会主义市场经济的公有制经济基础，促进宏观经济的稳定运行。

一是重视采集和利用反映公有制经济运行状况的市场信息。最重要的是要弄清在基本原材料和重要劳动手段（生产的基本设备或设施）方面国有企业的市场供求状况，前者如石油、煤炭、金属，尤其是稀有金属等；后者如大型核电机组，水、火、风力发电机组，高压变电设备，冶金、石化成套设备，数控机床等重要机械设备，纺织、造纸、医疗器械等轻工业成套设备，精密仪器制造，航天、航空、铁路和城镇交通工具制造设备，重要通信和环保设备，军事工业设备等，只有掌握这些关系国民经济命脉的产业或行业的市场供求关系信息，才有可能比较真实地掌握国有经济对国民经济起主导作用的状态。[①] 同时，还要掌握所有大中型国有企业的市场投资增减状况、就业人数增减、职工收入状况、负债状况和利润等信息，由此掌握国有经济在国民经济中的巩固程度。当然，还应当弄清城乡集体工商业经济和农业集体经济的市场供求信息及其相应的总经营状态。这样，才能从国有经济和城乡集体经济两方面，综合掌握公有制经济的运行状况。

二是重视采集和利用生产资料所有制结构方面的市场信息。如前所述，可以通过劳动者在工商业领域（第二、第三产业）不同所有制经济中的就业人员比重，弄清宏观经济的所有制结构基本状况。同时，还有必要在广大人民群众的生活必需品（涉及衣食住行等方面），包括主要工业产品和农产品市场信息方面，弄清供给者的所有制结构状况，如在住房供给和销售，在自来水、煤气和家庭用电供应，在主要轻工业消费品（如家电、布匹）零售的批发业务，在口粮市场批发，在铁路、航空客运和城市公交，以及在重要的消费服务如医疗服务等方面，不同所有制的供给比例、价格等情况，由此可以更全面地弄清公有制经济在国民经济中的实际地位。

在掌握上述两方面重要市场信息的基础上，有必要同时弄清市场总价格水平的变化、纸币稳定程度（通胀程度）、广大劳动者工资水平变化、购买力水平变化、社会收入差距及其变化、城市就业增长、失业率变化等数据，结合起来，综合分析，这将有助于国家宏观经济调控中心掌握现实社会的生产关系及其相应的分配关系的实际状况，标本兼治，科学调节国民经济运行，促进社会生产力的发展，实现社会主义的生产目的，促进广大人民走向共同富裕。

四、国家调控市场

（一）对市场调控的必要性

1. 主张国家放弃调控市场是错误的

从本书前面阐述的《资本论》对市场关系的揭示来看，市场关系本身具有产生

---

① 参见宗寒著：《国有经济读本》[M]，北京：经济管理出版社，2002 年，第 78—79 页。

无政府状态的自发性；如果不加调控，商品流通本身产生危机的可能性，就必然成为现实性。因此，强调国家调控市场的自发性，对于马克思主义经济学家来说，这是理所当然的。

但是，中国经济体制转向社会主义市场经济体制之后，经济学界却流行一种观点，认为政府或国家只能当市场竞争主体的“裁判”，为自由竞争创造外部环境，应当放弃国家对市场进行任何干预，否则就会抑制市场机制，妨碍经济效率的提高。这种放任市场自由竞争，反对国家干预或调控市场的观点，来自西方新自由主义经济学。它强调市场经济只能以私有制为基础，只有产权明晰的自由交换、公平竞争，才能提高经济效率；并认为市场的优胜劣汰，会给企业造成外部压力，迫使企业为获取利润而提高效率。但是，新自由主义经济学有很大的片面性和欺骗性。

首先，放任市场的自由竞争并不会对社会生产带来整体效率。新自由主义经济学在理论上，以简单商品流通关系来替代资本流通关系，以简单商品流通的自由、平等交换，掩盖资本流通中的资本剥削雇佣工人和大鱼吃小鱼的不平等，掩盖私有制基础上的市场竞争实质是“一切人反对一切人的战争”①。事实上，放任市场的自由竞争，后果必然是一部分企业破产，一部分劳动者失业，即一部分社会生产力被浪费，同时，必然引起社会生产向少数企业集中，产生垄断组织，这些都是阻碍社会生产效率提高的。

其次，新自由主义经济学否定国家对市场有任何干预，隐藏着国际金融垄断资产阶级实施经济霸权主义的目的。在当今国际市场上，在完全开放的国内市场上，发达资本主义国家的垄断资本集团依靠历史形成的先进科技和规模经济实力，在市场竞争中，总是占优势。在这种现实条件下，放任市场“自由竞争”，否定发展中国家的政府实施国家经济管理职能，为维护民族经济利益，保护民族资本，对外国资本实施必要的制约，结果势必使发展中国家的民族经济遭到摧残，沦为发达资本主义国家的经济附庸。

再次，新自由主义经济学把你死我活的竞争方式看成提高经济效率的最优经济制度，眼界是狭隘的。须知中华人民共和国成立后，国家从国内外经济政治形势客观要求出发，以“全国一盘棋”布局社会生产力，组织地区之间、企业之间进行社会主义经济大协作，搞科技攻关，在经济十分落后的历史条件下，取得开采石油、人

---

① 《马克思恩格斯全集》第 46 卷上册［M］，北京：人民出版社，1979 年，第 102 页。

造卫星上天、无数水利工程建成等一系列辉煌成就；在党组织的领导下，国有经济和集体经济广泛开展社会主义思想政治教育，促使广大劳动者不断增强生产中的责任感、积极性和自觉性，涌现大批忘我劳动的英雄模范；在公有制经济内部的生产者之间，在公有制企业相互之间，还经常广泛开展“比学赶帮超”的劳动竞赛，推动落后赶先进、先进带后进，这些充分调动广大劳动人民生产积极性的成功经验，难道不是有效的提高经济效率的方式吗？尽管这发生在计划产品经济体制时期，但是这种方式，却绝不属于管理体制的“僵化”内容，而是由社会主义公有制经济基础产生的。显然，在社会主义市场经济条件下，国家不应当放弃这些有利于组织和调动广大群众社会主义生产积极性的方法。

最后，新自由主义经济学主张放弃国家对市场的干预必然导致经济危机。在存在市场经济形态一般的历史条件下，市场自发性是指每个商品生产者面向市场需求，自主决策，独立经营。在一定程度内，尊重这种自发性，有助于克服计划产品经济体制那种自上而下高度集中地组织生产，背离价值规律客观要求的毛病。但是对市场作用不加控制，又会使市场自发性的正面作用走向反面。例如市场竞争会产生片面信息，某种商品利润较高，会诱致生产过量；某种商品利润太低，会导致无人问津，结果发生社会再生产比例失调，乃至发生危机；又如市场自发竞争一旦产生少数优势生产者集中生产或垄断生产，就会反过来抑制自由竞争。而要把市场自发性控制在使其能发生积极作用的范围内，除了国家利用自己的权威，遵循价值规律，进行必要干预和调控，别无他法。

2. 新凯恩斯主义的国家干预市场论并不科学

应当看到，在现代西方资产阶级经济学中，也有与新自由主义经济学相反，主张国家干预市场的。如 20 世纪 80 年代出现的新凯恩斯主义经济学就认为，面对“市场失灵”，需要国家干预或国家负起责任来。所谓“市场失灵”，是指“当市场不能导致有效率的结果”，这包括：出现妨碍完全竞争的垄断；企业过度耗费资源，造成污染环境等“负外部性”；在市场竞争中竞争者之间会产生“信息不对称”，会出现剽窃别人的技术发明，会用虚假信息广告欺骗顾客；靠市场作用，会出现穷人买不起房、看不起病；市场机制会产生供求失衡，周期性发生的机器设备被闲置和出现高度失业等现象。①

① 参见［美］斯蒂格利茨著，姚开建等译：《经济学》上册［M］，北京：中国人民大学出版社，1997 年，第 145—146、492 页。

为此,新凯恩斯主义经济学提出了不少政府干预市场的措施,如国有化,像医疗部门实现国有化;政府制定住房方案,介入穷人的保健、借款、住房等领域;政府制定市场竞争的法律,防止垄断,维护市场自由竞争的激励作用,确保市场的竞争机制和价格机制对资源配置的积极作用;用政府实行收入再分配办法,以缩小当代资本主义相对剩余价值剥削加深造成的居民收入两极分化问题,等等。

新凯恩斯主义经济学承认现代资本主义市场经济的弊病,这与新自由主义经济学相比,应当说是资产阶级经济学范围内的一种进步。它提出的有关国有化等措施说明,生产社会化的发展和资本主义私有制这对基本矛盾的尖锐化,已迫使资产阶级经济学不得不承认私有制经济基础是会阻碍社会生产发展的,是会加深社会矛盾的,这实质上是要求通过国家干预来使市场关系适应生产社会化的发展。

但是,应当看到,新凯恩斯主义经济学即使承认"市场失灵",并提出了国家干预市场的一些办法,却存在两大根本缺陷:一是深入不到马克思的价值规律层面,并没有从根本上弄清市场关系的背后是生产中的价值规律,并没弄明白,"市场失灵"的本质是社会再生产要求的社会分工比例关系不能实现,以及生产资料私有制经济基础造成的两极分化。这种经济学沿用凯恩斯"储蓄等于投资"这个贯彻斯密教条的错误恒等式,来论述国家对市场的宏观调控,这证明它并未真正弄清市场关系与社会再生产按比例发展规律之间的内在联系。二是虽然提出了部分经济"国有化"和政府干预市场的措施,但是并没提出建立生产资料公有制经济基础这个根本经济制度问题。因此,它们提出的这些措施,实质上是属于不改变资本主义根本经济制度的改良主义。2008年爆发的世界资本主义金融经济危机,已经证明纠正"市场失灵"的新凯恩斯主义终究不能使资本主义世界摆脱经济危机。

3. 国家调控市场的科学含义

以上论述说明,在利用市场机制的同时,要控制市场的自发性,就需要国家调控;这就如同水具有流动性,但是只有把它控制在江河渠道中运动才能不泛滥成灾一样。但是,从指导思想来看,要发挥国家对市场的调控作用,不应当简单照搬新凯恩斯主义的"市场失灵"和国家干预理论,因为那不是真正科学的经济理论,而应当遵循《资本论》宏观经济研究方法,来理解国家对市场的管理和调控。

一是把市场的自发性作用控制在符合市场秩序和自由公平交换规则的范围内。市场的本性就是商品生产者的自主自由交换,这种自主自由也就是市场的自发性。这要求生产者应当拥有作为市场主体的自主决策权,包括:面向市场,自主决定生产的品种、数量；自由选择生产的原材料，自主招聘劳动力；根据投入的劳动量和使用的生产资料价值量，决定商品的价格；自主地选择产品销售市场等。如果生产者的投入产出缺乏这些自主决策权，那生产者就不能成为市场主体，生产者之间就不可能形成自由交换的市场关系，市场的自发作用也就不可能存在，从而商品价值规律也就难以发生作用。但是，这种市场的自发作用是以市场主体相互尊重商品所有权、平等交换权等为前提的，也是需要遵守市场规则的；它绝不等于放任市场参与者为所欲为、投机倒把、囤积居奇、搞虚假广告、假冒伪劣、哄抬物价、污染环境、剽窃技术机密，在市场竞争中伤害别人，等等。从广义上说，这些违反市场规则的现象也是市场自发性的表现，但是毕竟不属于遵守市场规则的市场自发作用。国家对市场的调控，首先应当制止各种违反市场规则的现象，使各种自发性市场行为限制在市场秩序和市场规则允许的范围内。

二是国家要控制和引导市场的自发性作用。这包括把市场自发作用控制在不让商品流通发生危机的可能性变为现实性的范围内，这是国家对市场自发作用调控的底线。同时，要依据市场信息，采取调节措施，把市场的自发作用，纳入促进社会再生产各产业部门趋向比例关系平衡，促进巩固和完善生产资料所有制关系，从而促进国民经济可持续运行和发展的轨道。这种国家对市场自发作用的调控，把市场对宏观经济的反作用控制在能发挥积极作用的范围内，也就是通常说的国家调节市场的科学含义。如果国家维护市场秩序和市场规则，尚不能算国家对宏观经济的调控，那么，这里所说的国家对市场自发作用的控制和引导，就不能不是国家对宏观经济的调控了。当然，这种国家对市场的宏观调控，并不是宏观经济调控的全部内容，它调节的是流通领域，与国家对生产领域的宏观调控，是不同的经济层面。国家对生产领域的计划调节，将在本书最后两章阐述。下面就来探讨国家如何在流通领域控制和引导市场。

（二）国家对市场的调控

1. 用经济杠杆和经济政策调控市场

上一章已论述，在社会主义市场经济条件下国家的宏观经济调控应采取价值调控和使用价值调控相结合的方式；本章前面又论证了国家调控市场的科学含义。那么，怎样才能做到在尊重市场主体自主决策权的同时，通过对市场的调控，避免市场总供求关系失衡，使其自发作用趋向遵循价值规律轨道，从而达到社会主义宏观经济运动服务于人民的经济利益呢？这是一个需要在实践中解决的重大课题。以下从方法论角度,简要谈些基本认识。

首先,要学会运用经济政策和经济杠杆作为调控市场主体的工具。[①] 在社会主义市场经济条件下,国家既然需要尊重企业自主决策权,就一般不再直接下达指令性计划,由此通常认为国家不再直接调节企业,而说“国家调节市场,市场引导企业”。其实,市场关系的本质是市场主体之间的关系,也就是商品供给者和商品购买者之间的关系,起决定作用的是生产领域企业和企业之间的关系。因此,国家调节市场或调控市场,主要对象仍是企业,只不过国家运用的是不同于下指令计划的方法或手段,即运用经济政策和经济杠杆来影响企业的经济利益,从而引导企业的供给(生产和供给市场产品)或需求(使用劳动力和原材料的需求)行为。所以,国家调控市场,实质上是一种用经济政策和经济杠杆这些调控工具来调节市场主体的行为。应当说,这借鉴了发达资本主义国家的经验。由于这些国家在私有制经济基础上,对企业缺乏约束力,于是就使用经济政策(货币政策、财政政策、收入政策和产业政策等)和经济杠杆(税率、利率、存款准备金率、汇率等)来进行宏观经济调控,约束市场主体的经济行为。这就为我们国家在公有制经济基础上尊重企业的自主决策权,利用和调控市场,提供了可资借鉴的方法。当然,中国作为社会主义国家,宏观调节手段并不限于一般的经济政策和经济杠杆。如前所述,国家对具有整体性而且起主导作用的国有经济不应当放弃必要的自上而下的直接调控。

2. 遵循《资本论》所揭示的科学经济学原理来理解和运用经济杠杆

应用经济杠杆的前提是明白经济杠杆的科学含义。否则,即使把它们用于宏观经济调控,也不能解决问题,还会弄巧成拙。比如,本书上卷第八章谈到,利率是由借贷货币资本的供求关系决定的,与流通中的货币量无关;因此,利率变动可以调节借贷货币资本的供求关系,但是不能调节流通中的货币量。凯恩斯主义却不懂得马克思所揭示的这些科学原理,往往在产业结构已经失衡的时候,仍采取降低利率,扩大货币资本信贷的办法,鼓励投资拉动经济,这就错误地运用了利率杠杆,因为这时缺乏的并不是货币资本,而是偿还债务的货币,继续追加货币资本,虽然可以暂时让缺乏货币资本的企业继续生产,缓解宏观经济失衡的矛盾,但是实际上

① 经济杠杆,相当于在计量经济学的函数模型中的影响和决定其他变量的自变量,即“解释变量”;被影响和被决定的变量,称作“被解释变量”。例如银行利率影响企业的投资,利率就是“解释变量”,企业的投资量则是“被解释变量”。把“解释变量”比喻为经济杠杆,实际上是把它作为宏观经济调控主体可以操作的工具。

却使深层的产业结构性矛盾更加扩大，终将不能制止危机的严重爆发。因此，正确理解马克思所揭示的商品流通和资本流通的区别和联系、货币信贷和货币资本信贷的区别和联系、纸币运动规律和金属货币运动规律的区别和联系、价值规律和国际价值规律的区别和联系等科学原理，这是正确地应用利率、存款准备金率、汇率等经济杠杆的理论前提。

正确应用经济杠杆，还必须用《资本论》的宏观经济分析方法弄清经济运动的多种内在联系，例如，从通货膨胀，要看到纸币发行量过大；对银行的贷款需求增多，要区分是对银行的货币需求增多还是对货币资本需求增多，前者往往用于还账，说明债务拉长，意味着产业结构出现不平衡，后者则说明社会投资量在增加，意味着社会再生产在扩大；对从中央银行投放到流通中的货币，要根据马克思所揭示的社会再生产的货币流回规律，定期把握流回状况，由此判断产业结构是否发生失衡。如果出现产业结构失衡迹象，就应当结合各类市场的价格波动，弄清哪些部门是供给不足的“短板”，哪些部门出现了产能过剩；经过这样的深入分析，才有可能正确应用经济杠杆，如对“短板”部门降低利率、税率等，促其企业追加投资，加速发展，而对产能过剩部门则提高利率、税率等，迫其企业降低投资，限产、转产，从而促进市场总的供求关系的平衡。

3. 控制市场总价格的稳定

国家要调节市场，使之趋向遵循价值规律的轨道，最重要的是控制市场总价格的稳定，由此控制各种商品价格的稳定。这是因为商品的价格与生产者和消费者经济利益关系最为紧密；同时，价格波动是市场供求关系不平衡的表现，价格的显著波动会干扰企业资本循环运动，从而造成宏观经济运动的不稳定。

在社会主义市场经济条件下，国家一般不再直接给商品定价，因为实践证明这难免有主观性，容易使商品的价格偏离价值，造成宏观经济结构失衡。但是，市场机制虽能克服国家行政定价的主观性，却天然具有自发作用的滞后性，即使撇开投机倒把等违反市场规则的行为不说，各种市场也总会发生价格的波动。正常的市场价格波动是价值规律作用的市场表现；但是不正常的价格波动，则可能导致经济危机。所谓正常，是指商品市场价格围绕商品价值（或生产价格）作一定幅度的高低波动，并且各部门价格波动的幅度相差不大；[①]所谓不正常，就是各部门商品的市

---

① 西方资产阶级经济学把价格变动说成价格反映资源的稀缺程度，这是一种主观价值论，因为所谓资源稀缺程度是由生产者主观判断的，并无客观依据。

场价格大起或大落，都显著偏离了商品价值（或生产价格），表现出各部门市场供求关系很不均衡，产业结构严重失衡。而缺乏宏观调控的市场自发作用，总是通过危机来实现价值规律的要求。因此，要把各部门商品的市场价格都控制在波动幅度相差不大的范围内，就需要国家控制市场的总价格。总价格一定，各种商品的价格，就只能在“总盘子”内波动，这在企业自主决策、资本劳动力自由流动的条件下，有助于各种商品价格的波动，趋向符合商品的价值，遵循价值规律。因此，控制市场的总价格，这是国家宏观经济调控必须解决的基本问题。

控制市场总价格，使之尽可能符合总价值，这是否具有可能性？是有可能的。尽管说，在市场自发起作用的条件下，生产者总是用自己投入和产出的价格比较，来计算可获得的经济利益，产出价格高于投入价格的差额越大，获得的利润越高，由此，就存在生产者想抬高物价的主观倾向；但是，从社会的角度来看，社会总产品的总价格，并不是由生产者抬高产品价格的主观意愿和市场供求关系来决定的，而是由价值规律来决定的。马克思的劳动价值论和剩余价值论（见本书第十四章）揭示出，价格是价值的货币表现，价值是社会劳动的凝结，是客观的实体，而全社会的总产品价格与总产品价值必然是相等的。如果已知全社会总工作日、劳动力价格总额，那么，社会总产品的总价格是一定的，在剩余价值率一定的情况下，剩余价值总量从而总利润量，也是一定的。由此可知，全社会真实的总价格（总价值）和剩余价值总量，并不是绝对不可知的。当然，在现实中，总产品价格与总产品价值相等，要以纸币不发生通货膨胀为前提，还应区别真实的总价格上涨（由总劳动力和总工作日增多引起）和通货膨胀引起的总价格上涨；这在宏观经济调控实践中有一定难度。但是，既然明白了总产品价格与总产品价值相等是客观经济规律，也有条件统计出全社会的就业人数和总工作日，并能够判断出纸币是否发生了通货膨胀，那么，也就可以大体上把握社会总产品的价值量。因此，把制止通货膨胀和控制总产品价格结合起来，是完全有客观依据的，是有理由做到的。

在控制市场总价格的同时，也不排斥对少数商品价格的控制。对于劳动生产率相对稳定，就业人数较多，商品的物质形态比较简单，又关系国计民生的重要商品，如大米、棉花、石油、钢材、煤炭、自来水、电等，国家有必要遵循劳动价值论，从与其他部门投入产出的相对比较，从这些部门的劳动力的投入，从较长期间的实践经验，把它们的价格控制在合理的波动范围；在特殊情况下，对于某些明显的违反价值规律，使生产者发生暴利的高价商品，则应当坚决压价。对少数商品价格的行政性控制，只要遵循价值规律，也是有利于市场总价格控制的。而控制市场总价格，归根结底是为了发挥好市场对生产的反作用，促进社会再生产各产业部门形成相互平衡的比例关系。

4. 调控市场要着眼于维护占人口大多数的劳动人民的经济利益

这在很大程度上表现在对各类市场调控的轻重缓急顺序的认识上。现实的市场结构大体可分为：(a) 消费品市场，又可分为一般消费品市场（超市）、大宗消费品市场（轿车市场、房市），特殊消费品市场（金、古玩、书画、邮票等收藏性市场）；(b) 资本市场，又可分为生产资本市场或生产资料市场、服务资本市场、商业资本市场、实物性生息资本市场；(c) 劳动市场（私营经济为基础的劳动力市场、公有制经济为基础的“等劳交换市场”）；(d) 金融市场，又可分为货币信贷市场、货币资本信贷市场、外汇市场、股票等证券市场；(e) 土地市场（土地经营权出让或使用权转让市场）等。在这些不同类型的现实市场中，与大多数人切身经济利益直接联系的，是一般消费品市场，而不是收藏性市场、房市、股市、土地市场等，由此，调控市场必须把促进一般消费品市场的花色品种、商品质量、数量和物价，适应劳动人民的有购买力的多方面需求，放在第一位。由此出发，才能根据一般消费品市场与生产资料市场以及其他市场的相互联系，做出相应的调控。例如，如果脱离大多数人的实际收入水平，把发展高档商品房的房市放在首位，就会迫使人们把相当多的收入投入购房，这势必影响对一般消费品的有购买力需求，影响一般消费品市场的正常发展；或者把发展股市放到不恰当的地位，就会把人们的收入大量投入股市操作，这同样会影响一般消费品的发展。

总之，在社会主义市场经济条件下，国家对市场的调控必须维护大多数人民的经济利益。这与资本主义经济政策主要是维护资本家之间的所谓“公平竞争”，维护资本家阶级的整体利益是有原则区别的。

（三）加强对专门市场的调控

1. 对粮食市场的调控

国家调控市场，还有必要从宏观角度或全局角度，重视对一些关系国计民生的专门市场的调控。专门市场虽然只是局部，但是局部出了问题，也会影响大局。从近十多年来中国市场实际状况发展动态来看，有三种专门市场即粮食市场、股市和楼市颇值得关注。

先看粮食市场。粮食是人民群众最基本的消费品,粮价高低影响到所有人基本生活费支出的高低,为此,国家对粮食市场没有完全放开,而是考虑供需两方面,采取直接调控粮价的基本方式,即根据国内物价水平状况,逐步提高粮食最低收购价,同时,稳定粮食销售价,并对粮食种植予以适当补贴。但是,现实中的主要问题是,除了极少数种粮大户(靠雇佣劳动),绝大部分种粮农民却陷入贫困。中国小康建设研究会的一份调研报告称,占全国粮食总产量近四分之三的我国800个产粮大县中,国家级贫困县却超过百个,贫困人口达3 600万。①

这当然有多种原因,从粮农的反映来看,恐怕主要是粮食收购价定得太低。据有关专家在山东实地调查,农民种地的成本耗费与国家粮食收购价格相比,确实太高。这就导致粮农无法解决"上学、看病、盖房"的问题。面对低廉的粮食价格,农民宁可抛荒,去城市打工。

农民种粮积极性受到打击,这是一个不可掉以轻心的重大问题,涉及国家经济战略安全的重要底线之一即粮食安全。须知中国人口众多,粮食绝对不能依赖进口,只能自力更生;何况国际粮食市场并不是年年稳定的。有专家指出,2015年中国进口了6 000万吨大豆,近2 000万吨的小麦、玉米与稻米,进口的粮食总量可能突破了10%的警戒线,紧逼20%了。② 而要自力更生确保国家粮食安全,就必须调动粮农的积极性,要让粮农富裕起来,在保护耕地的同时,增加粮食总量。

因此,国家调控粮食市场,应当尊重价值规律,在调查研究的基础上,对粮食收购价要有较大幅度的提高。在这方面,应当贯彻党中央关于"以城带乡、以工哺农"的方针,可以建立对工商业的专门"哺农税",转为财政收入,补贴国家对粮食的收购价支出。并有必要控制粮食批发市场,防止私商在流通领域提价,盘剥消费者。经过不太长的过程,促进粮食商品价格符合粮食商品价值。粮食市场的矛盾的主要方面在于粮食的市场供给,这方面将在下一章论述。

2. 对股市的调控

本书上卷第八章对资本主义经济中股票虚拟资本性质和流通方式已作较详细的论述。中国在1978年以来,逐步发展起证券市场,其中影响面最大的是股票市

① 中国小康建设研究会:《"在十三五时期加快实施800个产粮大县城乡统筹一体化发展战略的建议"的调研报告》,引自记者王宇报道:《产粮大县反倒贫困 粮财倒挂带来隐患》[N/OL],中国日报中文网,2015年8月23日,http://www.chinadaily.com.cn/hqpl/zggc/2015-08-23/content_14131059.html。

② 参见蒋高明:《必须高度重视粮食数量与质量双安全问题》[N],《中国科学报》2014年6月13日(第7版"智库")。

场。有证券公司估算，目前在股市开户股民已有上亿户。[①] 可见，股市对经济和社会的影响面已经很大。遵照《资本论》关于资本流通体现生产关系的基本原理来认识，社会主义市场经济的股市理应与资本主义市场经济的股市有原则区别。然而实践表明，中国股市已几次发生类似于资本主义股市的崩盘险情。[②] 因此，很有必要认真探讨国家如何科学地调控股市的问题。

（1）不能照搬资本主义国家股市及其运作方法

应当认识到，中国股市发生失控现象，与盲目地模仿发达资本主义国家的股市有很大关系。有观点认为，这些国家的股市具有"规范性"和"成熟性"，这是不能苟同的。为此，有必要回顾马克思对资本主义信用制度和股市交易投机性的揭露。

在资本主义市场经济中，虚拟资本或证券是信用制度的产物。它们是"双刃剑"，对宏观经济正副作用并存。证券中对宏观经济影响最大的是股票，因为它与无数股份制企业联系在一起，一方面有利于企业直接融资，利用社会的闲散资金；有利于突破私人财产局限，促成资本集中，推动大企业的形成，加速社会资本积累，从而能促进社会生产力发展。另一方面，股市的巨大投机性又可能产生金融赌博欺诈；滋长寄生性的食利者阶层；助长私人股东争权夺利、"大鱼吃小鱼"；造成股票价格潮起潮落，或过量地吸引货币资本，或价格"泡沫"破裂，成为经济危机的催化剂。

马克思指出，资本主义信用制度具有的投机性的实质是，"用他人的资本进行投机"[③]。产生投机的客观原因是，"信用又使买和卖的行为可以互相分离较长的时间，因而成为投机的基础"[④]。他还揭示了投机者敢于冒险的主观原因："进行投机的批发商人是拿社会的财产，而不是拿自己的财产来进行冒险的"[⑤]；"如果说信用制度表现为生产过剩和商业过度投机的主要杠杆，那只是因为按性质来说具有弹性的再生产过程，在这里被强化到了极限。它所以会被强化，是因为很大一部分社会资本为社会资本的非所有者所使用，这种人办起事来和那种亲自执行职能、小

---

① 据羊城晚报记者查询中登公司的最新数据后发现，截至 2015 年 5 月底，沪深两市的开户数量合计已经达到了 2.13亿户，考虑到不少投资者同时拥有沪深两市的账户，因此减半计算，中国股民数已超过了亿级大关（参见记者韩平：《两市开户数量合计已达 2.13 亿户》[N/OL]，中证网，来源：《羊城晚报》，2015 年 7 月 3 日，http://www.cs.com.cn/xwzx/zq/201507/t20150703_4748668.html）。

② 例如，2015 年股市发生了类似资本主义股市的"崩盘"，即股票大量抛出，股价无限下跌，以致管理部门使用"熔断"的行政方法休市。这说明中国股市还很不健全。

③ 《资本论》第 3 卷[M]，北京：人民出版社，2004 年，第 480 页。

④ 《资本论》第 3 卷[M]，北京：人民出版社，2004 年，第 494 页。

⑤ 《资本论》第 3 卷[M]，北京：人民出版社，2004 年，第 498 页。

心谨慎地权衡其私人资本的界限的所有者完全不同"①。马克思指出,"股票也只是一种欺诈的东西"②;"这种证券的市场价值部分地有投机的性质,因为它不是由现实的收入决定的,而是由预期得到的、预先计算的收入决定的"③;在资本主义经济的发展中,必然出现少数大资本家对众多中小资本家的剥夺,"信用使这少数人越来越具有纯粹冒险家的性质。因为财产在这里是以股票的形式存在的,所以它的运动和转移就纯粹变成了交易所赌博的结果;在这种赌博中,小鱼为鲨鱼所吞掉,羊为交易所的狼所吞掉"④。虽然现代欧美国家的股市与马克思时代的股市相比有很大发展,已形成一套较为严格的管理制度,已使用电子信息网络化的操作技术等,但是,这并没有改变资本主义资本市场的根本性质;否则,就不会发生金融危机了!因此,完全照搬西方股市是行不通的。

(2)控制股市的投机性应当对股市的功能正确定位

中国1991年开办股市,实际进程表明,中国股市同样既有积极作用,又有投机性。后者是由股市赋予投资者自主选择股票,追逐私利这种权益决定的。从中国股市产生失控现象的实际原因来看,确实与没有控制好私人资本的投机性有很大关系。不难发现,股市建立以来,私人控股的证券或基金公司(券商)纷纷成立,每当股市有"牛市"趋向时,大资本券商就"做多",买进股票,然后抛出,赚取买卖差价,甚至从银行贷款投入股市,进行股票炒作;并大力吸引居民买股,参与买卖操作。一旦股市有下跌动向,推动股价大涨的大资本券商,凭借掌握的股市行情,又成为首先"做空"(抛售股票)主力,使来不及卖出股票的股民蒙受巨大损失。照理,发展股市是为了方便企业直接从社会融资,改变单纯依赖银行信贷追加投资的方式,应当引导购买股票的人们关心股份公司经营状况,但是中国股市的现状却表明,股民们似乎并不关心上市企业的实际经营状况,而是被一些股市媒体所谓"发财就在一夕间"的宣传引诱到股票的投机买卖上去了。

当然,股市作为资本的融资方式,就难免存在股民自主"用脚投票",这就不可能不存在一定的投机性。但是,中国的社会主义基本经济制度决定了,社会总资本的流通必须坚持公有资本流通为主体,必须以保障广大人民群众的经济利益为目

① 《资本论》第3卷[M],北京:人民出版社,2004年,第499—500页。
② 《资本论》第3卷[M],北京:人民出版社,2004年,第529页。
③ 《资本论》第3卷[M],北京:人民出版社,2004年,第530页。
④ 《资本论》第3卷[M],北京:人民出版社,2004年,第498页。

的，这就要求对股市的控制方式，不能完全照搬资本主义股市的管理，而应当最大限度地限制私人牟利的投机性，尤其要限制大资本的投机性。为此，有必要根据《资本论》关于价值财富的生产和实现来自工商现实经济（实体经济）的基本观点，把股市的功能定位为，通过社会融资，促进工商业实体经济的发展，而不是为私人在流通领域以炒股买卖捞取已经实现的价值财富，创造便利条件。明确这样的基本功能，才有可能把股市固有的投机性，限制在股民对上市公司"用脚投票"的范围内，把注意力主要用于对上市公司实施监督和压力上。

（3）采取多方面措施控制股市的投机性

有必要从下述几方面努力：

一是对中国股市为实体经济服务有明确规定。《资本论》揭示出，全社会投资者的股息收入，来自企业的总利润，而企业总利润中必须留出一部分作为追加资本，才有可能实现社会扩大再生产，为此，国家必须把股市平均收益率控制在工商企业平均利润之下，才不至于有损实体经济。在法人企业之间利用股市投资、集中和重组，国家应做出专门规定，这些资本不能用于股市买卖炒作。

二是限制私人资本进行股票投机炒作。即使西方资产阶级经济学家，也认为应当控制股市的投机性，因为它导致的股市泡沫增长，会引发宏观经济秩序混乱，损害整个资产阶级的利益。他们提出的控制办法，主要是收取证券交易税，从交易者个人行为上，控制股市交易量的盲目扩大。收税的办法，可以对股市泡沫增长起到一定的减速作用。而且，它对每位投资者是"平等"起作用的，但是投机性最大的是那些资金实力雄厚的"金融大鳄"，只是收税，并不能阻止这些人在股市兴风作浪。社会主义市场经济的制度特征有条件从全局利益出发，采取更严厉的措施抑制股市的投机性。为了维护公有资本流通的主体地位，防止出现资本主义股市那种"大鱼吃小鱼"，大户买空卖空搞投机，对私人投资股市的总额应有最高限额，并在最高限额内由高到低收取级差手续费，控制私人大资本利用股市投机牟利，避免私人大资本投机"做空"。同时，对每只股票的买进卖出之间，应当规定一定的间隔时间，例如，买进一只股票，至少应间隔一段时间（例如一个季度或半年）才能卖出，这样才能推进投资者关心上市公司的经营，并减少停留在股市中专门追求股票的买卖差价而投机盈利的"掮客"数量。

三是坚持股市的社会融资性质。应当把股市融资、投资性质与国家的财政性投资区分开来。股市主要通过人们的自主投资，吸引社会闲散资金到实体经济领域。它具有自发性，有风险。有人主张，以养老基金、住房公积金、社保基金等为代表作为投入股市的长期资金，作为稳定股市的力量，这很值得商酌。这些基金，是从社会总剩余价值提取出来的，它们的经济性质并不是作为追加资本，而是属于个人消费基金范畴，理应作为不能随意挪用的基金由财政保管，按规定使用。即使可以考虑增值，也应当十分谨慎地投到没有任何风险的经济领域。股市肯定有风险，把用于广大人民群众备用的涉及整体利益和长远利益的消费性基金投入股市增值，这是不可取的。

总体来看，中国股市虽然在一些操作技术方式方面，可以借鉴现代西方国家的股市，但是，绝不能照搬照套。只有坚持马克思主义经济学的指导，从中国国情出发，才能把中国股市控制在适当的范围内，创造出具有中国特色的新股市。

3. 从根本措施上实现对楼市的有效调控

关于中国住房制度改革，笔者在他处已作过详细分析，根据城市土地国有制与住房的联系，主张中国住房制度应当从“私建私有制”，转向“新住房租赁制”，即国有经济建房、居民普遍租用的“公建私租制”。这也是国家调控楼市的重要内容。这里，再从解决中国部分城市的楼市出现价格疯涨的现实问题，论述对楼市的控制。

（1）只从供求关系方面采取措施不能控制好楼市

众所周知，近些年来，真正需要住房的工薪阶层，越来越买不起房。从2015年下半年开始，中国一些城市的楼市价格飞涨，有的大城市二环房价都涨到八九万元人民币一平方米。而在房价不断攀升态势下，出现了明显的投机购房现象。甚至有企业因预期楼市会不断上涨，把生产领域的资金都投向了楼市。有的市民受住房买卖差价巨大的诱惑，到处借款，甚至把养老的钱都用在购房上，期待一夜暴富。面对楼市的这种不良状态，不少经济学者从市场供求与价格关系的角度，提出调控楼市意见。有观点从供给方面提出，楼市价格上涨，反映出商品房供给不足，为此，增加住房用地供给，从而增加商品房供给，这是稳定市场预期，平抑楼市价格的长远之计。有观点从需求方面提出，要楼市价格上涨，就要减少需求，应采取措施，限购住房，限制房贷比例（提高首付和第二套购房贷款）；同时必须打击炒买炒卖，制止投机性的投资需求。然而，继续“私建私有”的住房制度，只从市场一般的供求关系调节楼市，并不能从根本上解决楼市问题。

从需求看，投机性购房产生的实质，是放任楼市从大额消费必需品市场，蜕变为商业资本投资市场，即把购房作为房屋投资，用于转手买卖，赚取差价利润的市场，或蜕变为实物形态的生息资本市场，即把购买的住房用于出租，赚取住房租金的市场，这种投资性的投机购房，是推动房价上涨的重要因素，而这种因素的背后，是放任私有制经济的扩大和发展。

从供给看，要求国家多提供土地，这不切实际。土地并不是可以无限提供的，尤其是，目前全国农业总耕地面积已接近 18 亿亩红线，而人民生活对农产品的需求还在增加，工业现代化发展对农产品的需求也在增加，国家怎么能够把有限的土地都用在楼市上呢？还必须看到，全国各地楼市的发展是不平衡的，在一些大中城市房价疯涨的同时，也有一些城市出现商品房空置，乃至出现所谓“鬼城”的现象。实际上，现在一些城市发展楼市，偏离了保障人民群众安居乐业的方向。有的干部为了显示个人政绩，搞地方形象工程，追求 GDP，结果财政入不敷出，为偿还债务，就不得不依靠出让土地使用权，抬高土地价格，形成所谓土地财政；同时，受西方资产阶级经济学影响，不恰当地把房地产当成“支柱性产业”，这暂时拉动了一系列相关配套产业的发展，发展起地方经济，也增加了地方政府的税收，然而，这种由楼市带动的产业链，毕竟不是按价值规律决定的社会再生产各部门的比例关系。在楼市扩大、价格上涨时，产业结构的不合理尚可掩盖，一旦楼市价格下跌，由楼市带动的一系列产业，就很快发生资本循环的停滞或中断。于是，地方政府面临骑虎难下的尴尬局面：楼市价格上涨，人民不满意；楼市要控制，土地价格要下降，从而楼市价格要下降，地方经济立即受到影响，地方政府财政债务立即失去偿还来源。除了政府财政依赖土地和楼市价格上涨这种因素，楼市价格的疯涨，与私商建房以追求利润为目的也直接相关，这种目的决定了他们不可能自觉建造经济适用房，而往往建造可以带来高额利润的高档房，一旦出现房价趋涨，为求得高额利润，房地产商还会囤积居奇，待价而沽，推动房价上涨。可见，楼市供给方面的问题绝不仅仅是住房建设供应不足和土地供给不足的问题，这背后的问题仍然是地方政府建房依靠私商，以及照搬西方经济学理论追求 GDP 政绩，导致社会再生产比例失控的深层问题。

由此可以知道，尽管国家政府早在 1998 年就明确提出“建立和完善以经济适用住房为主的住房供应体系”①；但是，由于实际上住房制度进行的是“私建私有”

① 参见《国务院关于进一步深化城镇住房制度改革加快住房建设的通知》（国发〔1998〕23 号 1998 年 7 月 3 日）。

的改革,并单纯地从市场供求一般角度发展楼市,这致使国家政府的要求没能得到普遍地贯彻落实。

(2) 应当以保障人民群众住房为目的下决心将住房制度转为转向“公建私租”制

从国内对楼市调控较好的城市来看,中国楼市的发展,决不能走西方资本主义国家“私建私有”的道路。要看到,一些发达资本主义国家的城市住房,也采取了相当大的租赁制比重。中国楼市的发展,必须坚持社会主义根本制度的要求,着眼于促进人民群众安居乐业的目的,必须坚持马克思主义经济学的基本原理,从宏观经济运行的多层面来调节楼市。据资料,重庆楼市 2015 年“房价收入比”①为 10,在国内同等城市中最低,尽管高于国际一般水平,但是人民群众比较满意。在没有根本改变“私建私有”制度的条件下,重庆市政府坚持宪法关于城市实行土地国有制的规定,较大程度上介入了楼市供求关系管理;采取的措施涉及土地管理、金融财政和住房建造等多个领域。主要是,统筹城市规划(如坚持每平方公里 1 万人的住宅规划等),弄清群众生活住房实际需求,按需调整房地产市场土地供应(在保证耕地总面积只增不减的前提下,采取利用闲置土地、复垦置换土地等办法,增加住房建设用地),控制土地价格(规定土地价格不能高过房价的 1/3);根据目前生活水平和群众的实际购买力,规定群众保障房建设标准,并规定保障房在楼市中占相当大的比例;对调控保障房的供给和需求两方面,提供必要的财政、信贷支持。② 这就控制了楼市的价格,基本解决了工薪阶层包括到重庆打工的部分农民的住房问题。

重庆的经验说明,只要以保障人民群众住房为目的来调控楼市,而不是离开这个目的,去依靠私人地产商,把房地产当作增加财政收入,并拉动地方经济的龙头产业来发展楼市,就有办法稳定楼市。重庆对“私建”和“私有”两方面,都做出了很大的限制,应当说是正在向“公建私租”的新住房租赁制和新楼市调控方向转变。

总之,国家和地方政府调控楼市,并不只是为了稳定房价,目的是要让广大人民群众住得起房,安居乐业。这就必须遵照社会主义基本经济制度的要求,采取治

---

① “房价收入比”是指一个地方每户居民的平均房价与每户居民的平均年收入之比。世界银行和联合国人居中心认为,“合理的住房价格”的房价收入比为 3 - 6,参见《海外 11 国房价收入比:中国最艰难 美国最超前》[EB/OL],中国行业研究网,2013 年 11 月 29 日,http://www.chinairn.com/news/20131129/111535153.html。房价收入比的高低也要看具体国家的国情,卢森堡即使人均年收入世界最高,但是由于国土面积很小,寸土寸金,房价收入比高达 100,参见《全球各国房价收入比排行榜》[EB/OL],排行榜 123 网,2015 年 5 月 28 日,http://www.phb123.com/city/fc/3827.html。

② 有关资料参见毕亚军:《经济增速连年第一的重庆是如何控制房价的?》[EB/OL],虎嗅网,来源:凤凰财经,2016 年 10 月 5 日,https://www.huxiu.com/article/165990.html。

本而不是治标的方法，即下决心采取根本措施，从目前的“私建私有”制（私商建房、住宅私人所有），转向“公建私租”制（国有经济建房、广大城市居民租赁）。当然，这不是主张回到过去的“住宅工作单位所有制”，而是遵照宪法关于城市的土地属于国家所有的规定，建立国家统一管理的新的住房租赁制和相应的新楼市。

第十九章　宏观经济的计划调节

上一章论述国家对市场的调节，目的是把市场的自发调节作用控制在一定范围，引导企业面向市场的自主决策，服从价值规律的要求，也就是使社会再生产形成相互平衡的比例关系。不过，虽然市场调节在国家控制下具有引导企业趋向这种要求的客观性，但它毕竟具有自发性，要达到这种要求，会有一个时间过程；如果国家控制不力，商品流通发生危机的可能性仍然会变成现实性。要避免发生经济危机，并较好较快地促进宏观经济按比例运行和发展，国家宏观经济调控中心就应当发挥社会主义公有制的优势，遵循马克思揭示的宏观经济结构的内部联系，从起决定性作用的生产层面开始，对社会再生产各部门的比例关系和所有制结构，进行必要的总量上的计划调节。本章拟论证计划调节是社会主义宏观经济调控的特征，从理论和实践经验的结合上，论述计划调节宏观经济比例关系的基本方法，以及促进宏观经济的综合平衡问题。

一、计划调节是社会主义宏观经济调控的特征

（一）计划调节的必要性

1. 坚持对生产领域的计划调节

研究社会主义宏观经济的计划调节，是当代马克思主义政治经济学的重要任务，也是与西方资产阶级宏观经济学相比的重要特征。

马克思在《资本论》中指出，“在资本主义生产方式消灭以后，但社会生产依然存在的情况下，价值决定仍会在下述意义上起支配作用：劳动时间的调节和社会劳动在不同的生产类别之间的分配，最后，与此有关的簿记，将比以前任何时候都更重要”①。这里

① 《资本论》第3卷[M]，北京：人民出版社，2004年，第965页。

的分配，作为社会经济控制中心的自觉行为，就是从宏观经济角度对生产领域的计划调节。毫无疑问，中华人民共和国建立后在计划产品经济体制时期，实行的就是对生产领域计划调节的经济或计划经济。[①] 那时的政治经济学也把计划经济作为社会主义经济的重要特征。那么，宏观经济体制转向社会主义市场经济之后，对生产领域的宏观计划调节还有必要吗？当代马克思主义政治经济学还能把计划调节表述为社会主义市场经济的特征吗？

经济学界颇有倾向的观点认为没有必要，因为改革就是市场化改革，再讲生产领域的宏观计划调节就是主张回到旧体制。显然，这种观点认为社会主义的计划调节与市场经济是对立的、绝对不相容的。其实，根据马克思对“价值决定”的科学阐释，对生产领域的宏观计划调节不过是在公有制经济基础上，自觉遵循“价值决定”罢了。当然，这要求最大限度地克服制定宏观经济计划的主观性。也正是为了克服这种主观性，使生产领域的计划调节符合“价值决定”的客观要求，才需要发展社会主义市场经济，以便利用市场机制来克服现阶段制定宏观经济计划难免出现的主观性；同时，又通过尽可能符合实际的宏观经济计划，把市场经济容易偏离价值规律、有可能发生危机的自发作用，控制在一定范围之内。因此，发展市场经济并不等于取消对生产领域的宏观计划调节。社会主义市场经济，包含着计划调节和市场机制（市场调节）两者的统一。正因为如此，发展社会主义市场经济不能没有计划调节，当代中国的马克思主义政治经济学，必须坚持《资本论》的宏观经济研究方法，深入地研究对生产领域的计划调节。

2. 建设经验的实践证明计划调节是必要的

计划产品经济时期，搞了自上而下，深入到生产领域企业层面的计划调节。企业“麻雀虽小、五脏俱全”，实践证明，这样的计划调节容易存在一定的主观性。虽然国民经济从较长过程的数量发展趋势看，速度并不算慢，但是从满足广大人民群众多种多样的物质和文化需要来看，存在一定程度的单调性和“僵化”性，所以，转向社会主义市场经济的经济体制改革是正确的选择。但是，这不等于绝对否定计划调节，而是要扬弃其主观性、单调性和“僵化”性，对生产领域的计划调节方式作必要的改进和完善。

对前三十年的计划产品经济体制时期采取历史虚无主义的态度加以根本否

---

① 实际上，对生产领域的宏观计划调节，就是一种计划经济。鉴于改革开放以来，人们通常把计划产品经济体制等同于计划经济本身，所以，本章以下使用计划调节概念。

定，是不符合历史事实的。这个时期中国宏观经济管理尽管因“左”的重大失误，走过弯路，但是经济建设成就依然是伟大的。经济上的失误主要发生在1958年至1960年的“大跃进”阶段和“文革”时期中的1967年至1968年阶段。[①] 就前三十年总体来看，正如本书上卷第七章引用的国家统计局公布的数据所表明的，国民经济运行的效率是不低的。即使在“文革”这十年中，经济秩序混乱主要发生在1967年至1968年，1966年“由于有上半年增长的基础，国内生产总值仍比上年增长10.7%，工业总产值增长20.9%，农业总产值增长8.6%”；“从1969年开始的七年，由于各方面的努力，国内生产总值年均增长9.43%。而1976年则因受到‘批邓、反击右倾翻案风’的严重冲击和唐山大地震的影响，国内生产总值下降1.6%，其中工业总产值仅增长1.3%，农业总产值下降0.4%。综合地说，在‘文化大革命’这十年中，中国工农业总产值指数（以1952年为100），比1965年增长了133.54%。其中工业总产值1976年比1965年增长172.6%，平均每年增长9.55%，农业总产值1976年比1965年增长35.3%，平均每年增长2.8%”。[②] 这说明，在计划产品经济时期，计划调节从总体上说，是有利于宏观经济稳定有效率地发展的，它确实体现出社会主义根本制度的优越性。

纠正计划产品经济体制的弊病，转向社会主义市场经济体制，这有助于改进和完善宏观经济管理体制，但是，绝对否定计划调节，以为市场调节本身可以取代计划调节，则是从一个极端走向另一个极端，是形而上学的非此即彼的绝对化思想方法。须知马克思所揭示的，市场自发作用产生无政府状态的原理没有过时。新自由主义经济学鼓吹市场本身就能解决宏观经济的“资源配置”，市场运行可以达到“帕累托最优”，从没得到经济实践的验证。为此，中国马克思主义经济学家强调，“市场也不是万能的。有这么几件大事不能完全交给市场、交给价值规律去管：一是经济总量的平衡；二是大的经济结构的及时调整；三是竞争导致垄断问题；四是生态平衡；五是社会公平问题。这些问题都需要国家的宏观计划调控来干预”[③]。这个论断是十分正确的。

因此，在社会主义市场经济条件下，仍然有必要坚持计划调节这个社会主义经

① 关于“文革”时期，应作历史唯物主义的评价。“如实地把‘文化大革命’运动和这个历史时期加以区别”，“只有这样才能全面地反映这十年间中华人民共和国的历史全貌”（参见当代中国研究所著：《中华人民共和国史稿·第3卷（1966—1976）》[M]，北京：人民出版社、当代中国出版社，2012年，第3页）。

② 当代中国研究所著：《中华人民共和国史稿·第3卷（1966—1976）》[M]，北京：人民出版社、当代中国出版社，2012年，第307页。

③ 刘国光著：《社会主义市场经济理论问题》[M]，北京：中国社会科学出版社，2013年，第126页。

济的特征，同时，需要不断克服主观主义，不断坚持理论结合实践，进行改进和完善。

（二）社会主义市场经济的计划调节特征

1. 坚持生产资料公有制基础上的计划调节

在第二次世界大战之后，日本和西欧一些发达资本主义国家为了防止发生经济危机，也搞起了国民经济的计划，这在一定意义上说明，把市场经济与计划调节绝对地对立起来，是缺乏理论和实际根据的。不过，发达资本主义国家的计划调节缺乏生产资料公有制的经济基础，只能起缓和或拖延经济危机到来的作用，而不可能消除经济危机。社会主义市场经济的计划调节与这些国家的计划调节是有原则区别的。我们要坚持的，不是西方发达资本主义国家的那种计划调节，而是在生产资料公有制基础上对生产领域的宏观经济进行计划调节。

中国社会主义市场经济条件下的计划调节，以公有制为基础，这决定了计划调节的出发点是促进社会再生产，以满足广大人民群众不断增长的物质和文化需要。同时，在计划调节的基本指导思想上，利用唯物史观的方法论，坚持生产决定流通，流通反作用于生产，为此，把生产领域的宏观计划调节，放在决定性的地位。资源配置的实质是社会劳动分工的组织和分配。

西方发达资本主义国家的宏观经济调节，也有现代资产阶级宏观经济学各种学派作为理论指导，但是，这些理论代表资本家阶级的利益，在方法论上都用拜物教观念理解宏观经济的资源配置，见物不见人，社会主义宏观经济理论与实践上的计划调节，与它们在思想方法上有根本的区别。

2. 计划调节与凯恩斯主义宏观经济调节的原则区别

指导发达资本主义国家计划调节实践的主流理论是凯恩斯主义经济学。它主要研究市场总供给和总需求如何实现平衡，本书前面章节已经对这种经济学作了较详细的批判。这里只是从实践方法论的角度进一步强调，凯恩斯主义调控宏观经济，着眼于从总量上驾驭所谓市场经济的“三驾马车”——投资、消费和外贸。凯恩斯主义在这三方面的政策主张，都着眼于解决市场需求不足的方面，主要着眼于从市场流通领域来进行宏观经济调节，并未深入到生产领域的本质层面。它并没有也不可能认识到，马克思所揭示的社会再生产两大部类各产业部门之间的一定比例关系，以及消灭生产资料资本主义私有制关系，这是宏观经济遵循价值规律，实现生产供给和消费需求平衡的最基本的前提条件。

在中国经济体制转为社会主义市场经济体制之后，理论界有人认为，马克思的社会再生产理论是抽象的，只是对全社会完全建立公有制经济的社会主义社会才适用的理论，目前在市场经济条件下搞宏观经济调控，还是需要借助于凯恩斯主义。这是一种严重的认识误区。须知，凯恩斯主义并不是科学的理论，它存在不懂劳动二重性、混淆一般流通和资本流通、贯彻“斯密教条”等诸多弊病。在社会主义市场经济条件下，我们即使借用凯恩斯提出的“总供给”和“总需求”概念，也必须加以改造，必须剔除其中“斯密教条”的庸俗成分。而只要经过了这样的扬弃，我们就可以发现，只有遵循《资本论》的宏观经济研究方法，着眼于生产领域的按比例计划调节，才能真正促进宏观经济实现总供给和总需求的平衡。

3. 计划调节与供给学派宏观经济调节的原则区别

西方供给学派是在凯恩斯主义宏观调控政策失效时产生的，兴起于20世纪70年代。如果说凯恩斯主义认为需求会创造供给，那么反对凯恩斯主义的供给学派则搬出了供给会自动创造需求的萨伊的老教条，认为，“从整体上看，生产者在生产过程中会创造出对它们的产品的需求”①。面对美国出现的经济“滞胀”局面，供给学派主张从供给方面提高人们的储蓄、投资的能力和积极性，以推动经济增长，增加财政收入。为此，提出了对企业减税、控制货币信贷、刺激私人投资等宏观调控政策。20世纪80年代初，里根政府曾采纳这些建议；但是，从实践的效果来看，虽然通货膨胀缓和了，但是政府的税收并没有增加，财政赤字反而加大了。于是供给学派被政府疏远，风光不再。②

凯恩斯主义和供给学派其实都是从市场供求关系角度，提出宏观经济调控主张的，正好是站在供求关系的两个极端，思想方法都具有片面性、表面性，也都是以维护资本家阶级的利益为前提。从西方资产阶级经济学自身的发展来看，凯恩斯主义还有所“创新”，而供给学派的经济思想却十分陈腐。不能忘记，《资本论》在阐述商品流通本身存在的矛盾和危机可能性时，早就对萨伊教条进行过深刻的批判，指出“商品流通必然造成买和卖的平衡”，“卖者会把自己的买者带到市场上来”，这是“一种最愚蠢不过的教条”。③ 供给学派搬用萨伊教条，体现出西方资产

---

① 转引自高鸿业、刘凤良主编：《20世纪西方经济学的发展》[M]，北京：商务印书馆，2004年，第136页。
② 参见高鸿业、刘凤良主编：《20世纪西方经济学的发展》[M]，北京：商务印书馆，2004年，第137—138页。
③ 《资本论》第1卷[M]，北京：人民出版社，2004年，第135页。

阶级经济学面对现代资本主义不断深化的经济危机已经黔驴技穷。

需要指出的是，供给学派提出供给方面的宏观调控，其主张虽然涉及生产领域，但是，它的着眼点主要是通过减税等措施，调动私人生产者的"积极性"，并没有涉及社会再生产各产业部门之间的比例关系，更没有也不可能涉及资本主义所有制关系的调节。因此，社会主义市场经济的计划调节，与供给学派的宏观经济调节，是两股道上跑的车，不是一回事。

2015 年以来，中国政府为解决宏观经济结构失衡，提出了"供给侧结构性改革"的概念。如果人们按照汉语，把"供给侧改革"理解为"供给方面的改革"（英语 the Reform of Supply），这无可非议。不过也应当注意，供给也有生产供给和市场供给（与市场需求对应）之分，两者并不完全等同；产能过剩主要是生产供给过剩，只有在生产供给领域解决社会再生产结构不平衡问题，才能治本。西方经济学的供给学派提出的"供给侧经济学"（英语 Supply-Side Economics）概念，是这个资产阶级经济学派的专有概念，与其政策主张紧密联系。这与人们一般理解的"供给方面"是不同的，不能混为一谈。为此，习近平总书记有针对性地强调，"我们讲的供给侧结构性改革，同西方经济学的供给学派不是一回事，不能把供给侧结构性改革看成是西方供给学派的翻版，更要防止有些人用他们的解释来宣扬'新自由主义'，借机制造负面舆论"①。事实上，中国经济学界确有人搬用西方供给学派的理论提出调结构的主张，这是需要警惕的。

现代西方经济学还产生了一门分支学科——产业经济学，"它的研究对象是各产业内厂商的关系"②。虽然这门学科"始终以企业、行业和市场三个层面及其相互关系为核心"，其研究在一定程度上进入了生产层面，但是，这门学科"最关注的是有关寡占市场结构问题"③，即包括垄断企业在内的企业在市场中的竞争关系和效率问题，重点属于西方经济学所说的微观经济领域。它并没有深入研究社会再生产各产业部门的比例关系，更没有研究产业之间的关系与生产资料所有制之间的关系，它研究的主要是资本主义私有制基础上的企业之间的关系。可以说，现代西方资产阶级经济学不理解生产领域的价值规律、剩余价值规律同市场供求关系之间的联系。再加上它代表资产阶级利益，维护私有制的阶级立场，所以从根本上

---

① 习近平：《在省部级主要领导干部学习贯彻党的十八届五中全会精神专题研讨班上的讲话》[N]，《人民日报》2016 年 5 月 10 日（第 1~2 版）。

② 高鸿业、刘凤良主编：《20 世纪西方经济学的发展》[M]，北京：商务印书馆，2004 年，第 207 页。

③ 刘志彪编著：《现代产业经济学》[M]，北京：高等教育出版社，2003 年，第 1 页。

说，不可能具有科学性，自然也就不能拯救资本主义的经济危机，更不可能用以指导社会主义宏观经济所必需的对生产领域的计划调节。

4. 简要的小结

从以上的论述可知，社会主义市场经济的宏观计划调节与西方资本主义发达国家的宏观经济调节存在重大区别，后者实际上围绕市场流通层面展开，或侧重于需求调节或侧重于供给调节。而前者则要求依据《资本论》的宏观经济研究方法，在公有制经济占主体地位，发挥国有经济主导作用的基础上，着眼于从生产领域遵循全社会各产业部门形成平衡比例关系的调节。在社会主义市场经济条件下，宏观计划调节包括国家对市场流通即市场供求关系的调节，并重视依据市场信息来尽可能克服具有预测性的计划的主观性，但是，它更注重从生产领域调节社会再生产的比例关系或产业结构，从根本上避免市场供给和需求两方面出现大的失衡。从中国的国情看，这种计划调节有必要重视产业结构下述的关系。

二、调节产业结构的基本方法

（一）确立科学的产业结构概念

1. 对“三次产业”结构的简要评述

研讨产业结构的比例关系，有必要在唯物史观指导下，确定科学的产业结构概念。在中国经济体制转为社会主义市场经济体制之后，经济学界逐步形成一种倾向，即淡化乃至抛弃马克思关于社会再生产的研究方法，转而使用西方资产阶级经济学关于“三次产业”的产业结构划分方法。[①] 把第一产业、第二产业和第三产业的划分当作最基本的产业结构，并从劳动密集型、资本密集型、技术密集型产业发展的角度（类似于有机构成角度）来谈产业结构的发展，用以在实践中指导调整宏观经济结构。其实，“三次产业”是现代西方资产阶级经济学以欧美国家工业化进程的历史资料为依据划分的，也就是从社会分工各部门产生的历史顺序来对产业

① “三次产业”的术语最早出现在20世纪20—30年代的澳大利亚和新西兰。新西兰经济学家费希尔和英国经济学家克拉克被西方经济学界视为同时提出三次产业划分方法的创始人。通常的划分是，第一次产业包括农业、畜牧、林业、渔业等；第二次产业是制造业；第三次产业包括建筑、运输、通信、商业、金融、教育、文艺、卫生、科学、行政、国防和个人服务等，又被简称为服务性产业。资本主义国家对三次产业的具体划分，并不完全相同，如矿业，有的划在第一次产业，有的划在第二次产业。（参见许涤新主编：《政治经济学辞典》下册[M]，北京：人民出版社，1981年，第253—254页）

进行类别划分,从这种角度看,“三次产业”的划分有一定的可借鉴意义。但是,从唯物史观关于生产力决定生产关系、经济基础决定上层建筑的基本原理来看,这种划分则暴露出唯心史观的谬误。这主要表现在:它忽视了物质生产领域范围内的生产资料生产和消费资料生产的区分,忽视了最基本的两大部类各产业部门之间需要平衡的产业结构比例关系,忽视了物质生产对个人消费的决定作用,忽视了物质生产领域各产业比例关系的平衡对非物质生产领域各行业存在和发展的决定性作用。尤其是第三产业这个概念,把物质生产在流通领域的继续的产业(如运输业、邮电通信、信息产业等)、物质性的服务业(如餐饮业、旅馆业、修理业等)与纯粹服务业(教育、医疗、演艺业等),乃至社会行政等上层建筑领域的管理机构,都归在服务性产业下,这就模糊了物质生产领域与消费领域的界限。因此,搬用“三次产业”或劳动密集型、资本密集型、技术密集型产业的划分来进行宏观经济调控,是不科学的。

2. 宏观经济计划调节必须坚持科学的产业结构范畴

唯物史观认为,在人类社会发展的任何历史阶段,人类的生存和繁衍,都离不开物质消费资料的生产和增长,而物质消费资料的生产都需要相应的生产资料的生产来保证,因此,物质生产是整个社会存在的物质基础,社会总产品的物质生产中,总是包括生产资料生产与消费资料生产两个基本生产部类。在形成广泛社会分工的商品生产社会,两大部类的各产业部门之间,必须形成彼此在价值上和使用价值上相互补偿的平衡关系。从价值补偿的角度来看,两大部类各产业之间的关系,实质上是包括过去劳动$\sum c$的当年新投入劳动$\sum(v+m)$的社会劳动的比例关系。对于一个地域广阔的大国来说,这种比例关系还应包含区域之间均衡发展的产业布局或生产力布局,这样才能保证社会再生产连续性进行,从而从物质基础上保证全社会人们的生存、生活消费。这种物质生产领域各产业部门之间的社会分工比例关系,就是遵循《资本论》宏观经济研究方法来理解的产业结构的科学含义。

西方经济学“三次产业”的“产业结构”是不含这些科学内容的。在当代经济条件下,社会生产力不断向广度和深度发展,物质生产领域社会分工越来越细密复杂,但是各产业之间形成平衡关系的结构,依然是社会再生产的客观要求。所以,有必要把唯物史观指导下规定的产业结构概念与西方经济学的“产业结构”概念区分开来。在社会主义市场经济条件下,要进行科学的宏观经济计划调节,必须应用科学的产业结构概念,而不宜用“三次产业”的结构取代它。

社会主义市场经济条件下的宏观计划调节，实质上是遵循物质生产领域的社会再生产的客观规律，有预见性地调节影响国民经济全局的产业之间的比例关系，促进形成有利于可持续的扩大再生产的产业结构。在社会主义市场经济的现实条件下，这些比例关系有其复杂性，经过反复实践才能真正把握。但是，遵循马克思所揭示的宏观经济运动规律，正确认识社会再生产的基本比例关系，并在实践中利用公有制经济可以做到“全国一盘棋”的有利条件，对它们做出计划调节，促进国民经济稳定运行和可持续发展，是可以办得到的。以下几方面的比例关系尤其值得重视。

（二）处理好积累与消费的关系

1. 积累与消费的基本概念

积累与消费是社会扩大再生产的前提。在社会生产力发展一定的条件下，宏观经济计划调节首先要处理好积累与消费的基本关系。积累，从价值角度看，它是社会总价值产品中扣除社会个人消费的价值后剩余的价值的资本化，即形成的追加资本；从使用价值角度看，它是社会总价值产品中超出简单再生产需要，用于实物形态的扩大再生产的一部分使用价值，包括追加的生产资料和追加的消费资料。消费，是指与积累相对应的个人消费，即人们的衣食住行、精神文化和政治生活等非物质生产领域对物质资料的耗费。

社会扩大再生产除了极少数例外，①通常包括生产资料的扩大再生产和消费资料的扩大再生产。一般来说，积累是社会扩大再生产的前提，积累对消费的扩大起决定作用。但是积累与消费具有相互依赖性。没有消费资料的增加，就难以追加劳动力，也就难以实现扩大再生产；没有积累，就不可能形成追加消费资料，无法扩大全社会的个人消费。实现积累与消费的统一，要求以社会再生产的各产业部门比例关系实现平衡为条件。积累与消费也存在矛盾。在社会总产品一定的条件下，如果积累过多，生产资料生产扩大过多，有可能影响消费资料生产，从而不能满足社会的个人消费；反过来，如果消费过多，导致不能积累，则会阻碍生产资料扩大再生产，这两方面情况都会影响整个社会再生产。在资本主义条件下，资本本性要求积累无限扩大，而劳动力是商品，消费受到限制，因此积累和消费存在对抗性矛

---

① 这种极少数例外本书上卷第六章有论述。在Ⅰ(v+m/x)和Ⅱc之间的交换中，当Ⅰ(v+m/x)<Ⅱc，而Ⅰ(v+m/z+m/x)=Ⅱc时，第Ⅰ部类可实现扩大再生产，但是第Ⅱ部类消费资料的再生产并没有扩大。

盾。私人资本追求剩余价值的生产目的和私有制经济基础决定了，资本主义积累势必伴随周期性经济危机，并最终导致资本主义经济的灭亡。社会主义公有制的经济基础，消除了积累和消费的对抗性矛盾，但是不能完全消除两者之间的矛盾。所以，把握好积累与消费之间关系的度，是计划调节需处理好的重大关系。社会主义市场经济的生产目的是促进共同富裕，满足广大人民群众日益增长的物质和文化需要，即消费逐步增长的需要，这显然要求积累逐步增加，而消费增长又不应当增长过快，必须从积累扩大的现实可能性出发，这样才能实现积累与消费的统一。社会主义市场经济的积累与资本主义积累的根本区别是，前者以社会主义公有制经济为基础，有条件对积累与消费的关系实施计划调节，并调节好社会再生产各产业部门的社会分工，从而防止市场经济危机的可能性变为现实性，在积累与消费的协调中，实现宏观经济的稳定运行和可持续发展。

2. 调节积累与消费的关系要求控制好积累率

处理好积累与消费的关系，需要控制社会扩大再生产的积累率。马克思指出，"在积累时，首先要考察的是积累率"①。积累率具有社会制度的规定性。在资本主义经济制度中，雇佣工人的收入只相当于劳动力商品的价格，不可能占有生产资料，也就不可能在社会总资本积累中占有份额。由于积累是资本家阶级的事，所以，资本主义社会扩大再生产的积累率只能是资本家阶级的积累率(j_z)，它是指资本家阶级占有的剩余价值扣除个人消费之后的部分与剩余价值的比率。用数学公式可表示为：

$$j_z=\sum[(m-m/x)/m]，或者 j_z=\sum[(m/y+m/z)/m]。②$$

鉴于资本主义宏观经济存在私有制为经济基础的自发性，这种宏观经济的积累率只能作为积累的结果，事后统计出来，而事先难以做出计划调节。

在社会主义公有制基础上，积累与消费是一定时期(通常是一年)社会总价值产品$\sum(v+m)$中，用于追加资本的积累基金与用于全社会消费的消费基金这两个基本部分的分割。社会消费基金包括劳动者个人收入基金、社会后备消费基金和公共消费基金等。劳动者个人收入可以用$\sum(v+m/a)$来表示，其中的$\sum(m/a)$为$\sum m$中的一部分。这是为了与资本主义经济相对比，公有制经济中的劳动力不是

① 《资本论》第2卷[M]，北京：人民出版社，2004年，第586页。

② 公式中，m/y、m/z分别表示剩余价值m中，用于追加不变资本和追加可变资本的两个部分。

商品，在一定生产力水平下，劳动者的按劳分配收入理应大于劳动力的价值 v。$\sum m$ 中还要有一部分用于社会消费基金中的社会消费后备基金和公共消费基金等，一起用 $\sum(m/b)$ 来表示。那么，社会消费基金就等于 $\sum(v+m/a+m/b)$。社会总价值产品 $\sum(v+m)$ 扣除个人收入基金、社会后备消费基金和公共消费基金等，还有剩余，即可用作社会扩大再生产的积累基金，它可用 $\sum(m/c)$ 来表示。不言而喻，$\sum m=\sum(m/a+m/b+m/c)$，或者 $\sum(v+m)=\sum[(v+m/a+m/b)+m/c]$。这样，用公式来表示社会主义的积累率 j_s，就是：

$$j_s=\sum[(m/c)/(v+m)]\text{；或者}j_s=\sum\{[m-(m/a+m/b)]/(v+m)\}\text{。}$$

由于积累基金 $\sum(m/c)$ 还要分为用于追加生产资料的部分 $\sum(m_Z/c)$ 和用于追加劳动力的部分 $\sum(m_L/c)$，即 $\sum(m/c)=\sum(m_Z/c+m_L/c)$，因此，社会主义的积累率还可以表示为：

$$j_s=\sum[(m_Z/c+m_L/c)/(v+m)]\text{；}$$

与积累率对应的是消费率 x_s，它可以表示为：

$$x_s=\sum[(v+m/a+m/b)/(v+m)]\text{；或者}x_s=\sum[(m-m/c)/(v+m)]\text{。}$$

显然，在社会总价值产品 $\sum(v+m)$ 一定的条件下，用于社会扩大再生产的积累基金和消费基金这两部分，是此消彼长的关系。上面所说的要把握好积累与消费之间关系的度，即既要保证扩大再生产有一定的增长程度，又要保证消费资料的再生产能适应人口增长，还要能够保证人民物质文化需要有一定的增长，就需要从实际出发，控制适度的积累率，同时促进产业结构形成平衡的比例关系。

有计划地调节和控制积累率，必须坚持公有制的经济基础，充分发挥国家宏观调控中心可以直接控制的国有经济的主导作用。如果私有制经济比重过大，积累率的自发性就会增强，这就必然阻碍有计划地调节积累和消费之间的比例，使全社会的积累率无法自觉控制。因此，国有经济占国民经济的比重，应当达到足以控制宏观经济积累和消费关系的程度，这是国有经济起主导作用的重要体现。

3. 控制积累率必须遵循积累与消费相互关系的辩证法

在扩大的社会再生产中，积累和消费存在对立和统一的辩证关系，前面说到两者的此消彼长，这是两者对立的主要表现。两者的统一则意味着既能实现一定程度的扩大再生产，又能实现社会消费的逐步提高。矛盾的统一是需要一定条件的，这个条件只能是根据现有国力、国情，坚持社会主义的生产目的，着眼于逐步实现大多数人消费的提高，在经济增长程度和提高社会消费程度的可能性区间中，科学地选择适当的积累率，并有始有终地控制好。

从积累方面看，应当考虑人口增长、科技进步等多方面因素，处理好当前与长远的关系。坚持《资本论》所揭示的“只要有积累，简单再生产总是积累的一部分”[①]的基本原理，在保证简单再生产的前提下，合理计划积累。这也就是陈云同志反复强调的，“从全局看，第一是吃饭，第二要建设。吃光用光，国家没有希望。吃了之后，还有余力搞生产建设，国家才有希望”[②]。“建设规模一定要与国力相适应，而且要留有余地。同时，要把注意力集中到提高经济效益上来。”[③]

从消费方面看，重要的是着眼于提高占人口大多数的劳动人民的消费水平，同时，为了保证这种消费水平能够持续的增长，只能循序渐进，逐步提高。提高大多数人的消费水平，对于平衡产业结构具有重大意义。只有提高大多数人消费水平，并促进产业结构平衡，才能避免发生资本主义那样的经济危机。但是，不顾现有社会生产能力，要求立即大幅度提高多数人的收入水平从而有购买力的消费水平又是不现实的。因为消费的增加归根结底需要发展生产来解决，消费由生产决定的规律是不能违背的。社会消费力的增长只能建立在经济逐步增长的基础上。不难理解，在社会消费力一定，从而用于个人的社会消费基金总量一定的条件下，要提高大多数人的消费水平，就需要减少过大的私有制比重，减少少数高收入者在消费基金中所占的过大数额。在社会主义市场经济条件下，搞活和发展公有制经济，有利于消除贫富分化，提高多数人的收入水平，这是促进积累与消费平衡，从而促进市场供需关系平衡的基础。

4. 克服经济思想的片面性

从中华人民共和国建立以来经济建设的经验教训来看，要处理好积累与消费关系，有两种片面的经济思想方法必须纠正：

其一，盲目投资，追求加速积累。这主要表现为，认为不断增加投资，就能加速经济发展。在近十多年来，这体现在不少地区为追求 GDP，而搞地方政府的融资平台，追加政府投资和大量地引进外资投入。应当认识到，即使地方政府不是为了追

---

① 《资本论》第 2 卷[M]，北京：人民出版社，2004 年，第 438 页。
② 《陈云文选》第 3 卷[M]，北京：人民出版社，1995 年，第 309 页。
③ 《陈云文选》第 3 卷[M]，北京：人民出版社，1995 年，第 380 页。

求政绩，而是出于发展地方经济的良好愿望，盲目追加生产投资，也会因缺乏国家计划调节而导致各地重复建设，产业结构失衡，发生产能过剩，还会助长工艺和设备落后、不具备安全生产条件的厂矿发展，导致产品质量低劣、能耗过大、资源浪费、污染环境、事故多发的后果。宏观经济运行中出现这些不良状况，都是由不讲科学发展，盲目积累造成的。只从资本价值积累角度看发展，盲目扩大投资，势必发生积累率过高，造成产能过剩和粗放式发展，这只会走向反面，达不到发展经济的要求。

其二，宣扬消费拉动经济增长。如果不能从社会再生产各产业部门社会分工形成平衡关系的角度来看生产与消费的相互依赖关系，那么，看到产能过剩和市场供给过剩，就会认为是消费不足或需求不足。于是出现了“启动未来购买力，花明天的钱圆今天的梦”这种用扩大消费来拉动经济增长的主张。与此关联的是，主张大力发展消费信贷。这种主张具有很大片面性。从社会的角度看，信贷并不能从根本上增加市场购买力。发达资本主义国家的消费信贷作为短期内增加市场购买力的措施，是可以借鉴的，这对于急需又必需的某些大额消费，如居民子女入学交费、购置住房、医治重病等，会给人们提供一定的便利。但是必须明白，消费信贷的规模受到两方面的限制。一是储蓄总量中可以用于消费信贷数额的限制，储蓄总额中减去投资贷款总额的余额才能用于消费贷款。二是消费信贷数额受到借款者个人还贷能力的限制。随着社会收入差距的扩大，出现了市场供给的产品结构与有购买力的需求结构并不契合的状况。有些高档商品，工薪阶层即使想买，其收入水平也会限制他去贷款购买。有些富裕阶层尽管买得起，但是用在个人消费上也是有限的。可见，用消费信贷来扩大消费，这种作用是有限的。须知消费信贷十分发达的国家，也没有解决供求矛盾的问题。

其实，所谓“花明天的钱，圆今天的梦”，它只对个别贷款人有效，从社会角度来看是无法做到这一点的。让个人用按揭信贷办法从银行贷款购房，看起来是启动了他未来的购买力，实际上只是个人借用了短期内银行储蓄中别人暂时不用的钱。也就是在一定量的可消费基金范围内，缺款者对余款者的借款而已，这并未花到未来社会的钱。如果信贷消费超过社会消费基金总额，形成赤字消费，那势必会影响社会再生产的积累。因此，要提高社会的消费力，主要不是发展消费信贷，而是坚持公有制基础上的按劳分配，促进共同富裕，通过计划调节，促使生产的供给结构适应多数人消费需求结构。消费信贷这种提高市场消费力的办法，只能作为治标而不能治本的辅助性办法。

有必要指出,笼统地宣传“花明天的钱,圆今天的梦”,有明显的误导作用。首先,扩大社会消费,归根到底要靠遵循客观经济规律,逐步增加积累,扩大有效的社会生产,从而增加可消费的产品。宣传今天花明天的钱,也就是鼓励人们超前消费、负债消费,全社会都这样搞,势必坐吃山空,危害极大。其次,产能过剩涉及社会再生产的总体结构的不平衡,绝不能采取“头痛医头、脚痛医脚”的办法。在发展社会主义市场经济过程中,出现产能过剩,以为只要采取扩大消费需求措施,就能去除,这是片面的。再次,这也违背了艰苦奋斗,勤俭节约的传统。节约与发展经济是统一的,是遵循可持续发展规律的要求。

总之,在社会主义宏观经济计划调控中,处理好积累与消费关系,实质就是在长远与当前的统一上,促进大多数人有效消费需求的提高。所谓有效,就是除了在价值上的消费基金总额逐步提高,还应在使用价值上,使消费资料的产品结构与大多数人的收入水平和消费的多样化、质量要求相匹配。

（三）坚持以农业为基础

1. 农业在国民经济中居于基础地位

社会主义宏观经济的计划调节,要处理好积累与消费关系,第一位的是要保证农业生产能够生产出直接满足包括新增人口在内的全社会人的生活资料和与全社会人的消费有关的轻工业生产所必需的原材料。这是对社会存在和发展规律的遵循。遵循生产对消费起决定作用的规律,最基本的是通过农业生产来保证人们的生存、生活消费。为此,宏观经济的计划调节,必须把保证农业生产和粮食生产放在首位。

《资本论》依据唯物史观,深刻揭示了农业劳动生产率是一切剩余劳动和社会基础的规律。马克思指出,“农业劳动(这里包括单纯采集、狩猎、捕鱼、畜牧等劳动)的这种自然生产率,是一切剩余劳动的基础;而一切劳动首先并且最初是以占有和生产食物为目的的”①;“超过劳动者个人需要的农业劳动生产率,是全部社会的基础”②。尤其是生产粮食等食物产品的生产,更是社会所有生产和生活的基础,

① 《资本论》第3卷[M],北京：人民出版社,2004年,第713页。
② 《资本论》第3卷[M],北京：人民出版社,2004年,第888页。

因为“食物的生产是直接生产者的生存和一切生产的首要的条件”①。马克思根据他揭示的上述规律，明确指出，“社会上的一部分人用在农业上的全部劳动——必要劳动和剩余劳动——必须足以为整个社会，从而也为非农业劳动者生产必要的食物；也就是使从事农业的人和从事工业的人有实行这种巨大分工的可能，并且也使生产食物的农民和生产原料的农民有实行分工的可能”②。这对于宏观经济的计划调节实践，具有重大的方法论意义。

中华人民共和国建立后，我们党一直强调，国民经济坚持以农业为基础的基本方针。这是对《资本论》揭示的上述规律的自觉遵循。目前中国人口已经接近14亿，坚持这个基本方针显得更加重要。这里，有必要重温陈云同志理论联系实际，强调计划调节必须把农业生产和粮食生产放在首位的论述。他强调，要保证人民的“吃饭”，就必须搞好农业，所以，在考虑宏观经济综合平衡时，应当强调按“‘农轻重’的排列”③。他指出，“搞建设，必须把农业考虑进去。所谓按比例，最主要的就是按这个比例。这是一个根本问题”④。他说，“粮食定，天下定；粮食紧，市场紧”⑤，“无农不稳”“无粮则乱”⑥；应当把解决好农业问题、市场问题即民生问题作为“重要的国策”⑦。与此联系的是，应当高度重视调动农民的生产积极性，他强调，“要先把农民这一头安稳下来。农民有了粮食，棉花、副食品、油、糖和其他经济作物就都好解决了。摆稳这一头，就是摆稳了大多数，七亿多人口稳定了，天下就大定了”⑧。这些计划调节的经济思想，在社会主义市场经济条件下不但没有过时，而且依然具有重要警示作用。近些年来，一些地方为加快发展，滥用耕地，侵犯农民利益，忽视粮食生产，造成不良后果，这从反面证明了陈云同志要从国情国力出发，高度重视农业和农民问题，尤其重视粮食生产的真理性。

2. 保护耕地和保证农业第一线有足够的劳动力

马克思揭示的农业劳动生产率是一切剩余劳动和社会基础的规律，在社会主义市场经济条件下，同样是不能违反的。因为农产品并不是来自市场交换关系，而

---

① 《资本论》第3卷[M]，北京：人民出版社，2004年，第715页。
② 《资本论》第3卷[M]，北京：人民出版社，2004年，第716页。
③ 参见《陈云文选》第3卷[M]，北京：人民出版社，1995年，第246页。
④ 《陈云文选》第3卷[M]，北京：人民出版社，1995年，第251页。
⑤ 《陈云文选》第3卷[M]，北京：人民出版社，1995年，第125页。
⑥ 《陈云文选》第3卷[M]，北京：人民出版社，1995年，第350页。
⑦ 《陈云文选》第3卷[M]，北京：人民出版社，1995年，第210页。
⑧ 《陈云文选》第3卷[M]，北京：人民出版社，1995年，第236页。

只能来自生产领域,同时,在中国这样的人口大国,也不能把农产品尤其是粮食的来源,寄托于国际贸易即都由国外来生产,而必须坚持国内自力更生。为此,在国家对宏观经济计划调节的实践中,必须坚持把农业生产尤其是粮食生产,放在所有产业的首位。生产要靠人来进行,这就必须保证农业第一线有足够的劳动力,尤其是粮食生产有足够的劳动力,同时必须以保护好农业耕地为基本前提。

怎样做到农业第一线尤其是粮食生产有足够的劳动力?这需要结合新的国情作认真探讨。本书下卷第十八章从国家调节市场的角度提出,要确保粮食耕地。遵循价值规律,对粮食收购价有较大幅度的提高,这些都与保证农业第一线尤其是粮食生产有足够的劳动力有内在的联系。这里进一步从国家对农业生产领域的计划调节角度提出几点看法:

其一,有必要从国家战略安全角度,对全国耕地进行科学的计划布局。这需要采取一定的行政手段来实施,这是保证有足够农业劳动力合理布局到全国各地区农业和粮食生产上的前提。目前,东部地区的有些干部,认为当地利用外资,已成为工商业发达地区,希望缩减乃至去除原先国家对本地区规定的粮食生产耕地面积,把这些土地利用来发展工商业,而让其他欠发达地区成为粮食生产基地。这种从本地区经济发展的角度考虑粮食问题的方法是缺乏全局性的计划调节意识的。根据中国人口众多、地域广阔的特点,各省市地区都有一定的农业和粮食生产是必要的。不应区分为农业省和工业省,那是不利于区域共同发展和共同富裕的。

其二,必须发挥社会主义制度的优越性,有序进行城镇化。有计划地减少全社会用于农业生产的劳动力,需要以提高农业劳动生产率为前提。须知西方发展经济学描述的城镇化,是随着工业化的进程,农村人口逐步减少,城市化率(一个地区城市人口与该地区总人口的比率)逐步提高。但这是撇开了生产关系的,资本主义国家城镇化的本质,是从资本剥夺小农耕地的原始积累开始,到资本主义生产方式占领农业生产领域,进而占领整个社会生产领域的过程。在这整个过程中,农民被迫向城市转移,同时伴随着各大城市至今普遍存在的贫民窟的形成。可以说,资本主义社会的城镇化是以城乡分裂,农民被迫从小生产者转为无产阶级,社会收入两极分化为后果的。中国的城镇化道路不是走资本主义城镇化的老路,不能只是追求提高"城市化率",不能简单地宣传"让农民变市民"作为农民"脱贫致富"的路径。应当看到,这样做已经导致一些地区的农村出现青壮年农民外出打工,农村只留下"6199"部队(指儿童和老人)的不良状况。中国的社会主义城镇化,应当让有文化的青壮年农民留在农村，使他们成为建设社会主义新农村的骨干力量。应当在加强工农联盟，发展集体经济的基础上，加强城市对农村的支援，通过发展农业机械化、现代化基础上的适度规模经济，提高农业劳动生产率，减少农田劳动力；并依靠发展农村集体工商业经济，来吸纳农田多余劳动力。这样，才能够保证农业生产和粮食生产始终有足够的与劳动生产率相适应的劳动力。

其三，国家理应从生产关系上，把巩固和发展集体经济纳入计划调节的范围。只有依靠农村的集体经济，才能把农村的劳动力有效地组织起来，调动起他们的合作生产积极性，形成改天换地的巨大力量；才能普遍地发展农业生产的适度规模经营，兴修水利，大积肥料，改良土壤，培育良种，建立动植物病害防疫体系，从而不断提高农业劳动生产率；才能减少化肥、农药使用，大力发展生态农业，降低农产品和粮食生产成本，提高各种农产品的产量和质量，从而才能够落实国家宏观调控计划，保障农产品和粮食的市场供给。

（四）处理好发展速度与产业结构平衡的关系

1. 经济发展速度的科学含义

从上面的论述可知，如果积累率高，对社会再生产的追加资本就多，这是否意味着社会再生产扩大程度一定就高？回答是：不一定。《资本论》的宏观经济研究方法告诉我们，它还取决于产业结构是否平衡，即各产业部门能否形成平衡的比例关系。这就需要充分认识经济发展速度与宏观经济产业结构平衡的内在联系。这里先弄清经济发展速度的科学含义。

一个社会经济的发展速度，现在通常用 GDP（国内生产总值）的年增长率的变化来衡量。年增长率用《资本论》的术语来阐释，就是全社会的价值产品的年增长率z_j。用公式来表示，即：

$z_j=\Delta\sum(v+m)/\sum(v+m)$；式中，$\Delta\sum(v+m)$为全社会新创造的价值当年比上一年的增长额。如果逐年的年增长率都是正值，而且比较稳定，那么经济发展就比较稳定；如果年增长率还能逐步递增，那么经济发展就比较快。

全社会经济的年增长率z_C还可以用社会总产品价值的增长率来衡量。用公式来表示，即：

$z_C=\Delta\sum(c+v+m)/\sum(c+v+m)$；式中，$\Delta\sum(c+v+m)$为全社会生产社会总产品价值当年比上一年的增长额。

用社会总产品价值的年增长率z_C来衡量社会经济发展速度，既然是全社会生产的产品总量的增长结果，自然也包含了两大部类各产业的比例关系，这比用全社会的价值产品的年增长率z_j来表示，更能够体现产业结构对经济发展速度影响的结果，因而更加全面。

2. 坚持经济增长与经济质量、效益的统一

用唯物史观的观点来看，经济发展速度，应当是物质生产领域的社会劳动生产率、产品质量和经济效益同时提高的速度。这就是说，要坚持内涵的、集约的扩大再生产，而不是外延的、粗放的扩大再生产，是资本有机构成不断提高的扩大再生产。马克思把“由资本技术构成决定并且反映技术构成变化的资本价值构成，叫作资本的有机构成”①。一般来说，劳动生产率高和产品质量好，要求技术构成高。社会生产力在发展过程中，物质生产的技术构成的提高，这是必然的趋势，在市场经济条件下，它通过市场竞争来实现。在社会主义市场经济条件下，有计划地推进社会扩大再生产，同时不断促进技术构成的提高，这是对社会生产力发展客观规律的自觉遵循。当代人们所说的在经济发展中要树立创新意识，这在很大程度上，就是要自觉地开展技术创新，努力学会应用现代高新技术，如信息技术、人工智能、纳米技术、生物工程等，这实质上都体现了促进技术构成的提高，而反映这种提高的资本价值构成，就是当代的资本有机构成。现在经济学界借鉴西方经济学常使用的企业从“劳动密集型”提升到“资本密集型”，进而提升到“技术密集型”等“产业升级”的概念，实际上描述了现代资本的有机构成的提高过程的现象形态。

如果当年社会总资本的平均有机构成用 c/v 来表示（为简略计，这里省去数学的加总符号Σ），用本书前面的表述方法，$m=m/y+m/z+m/x$，其中 m/x 表示社会的消费基金，m/y 和 m/z 分别表示用于追加资本中的不变资本和可变资本，那么，下一年社会总资本的资本平均有机构成，就是$(c+m/y)/(v+m/z)$。社会总资本的平均有机构成的提高，就可以用公式表示为：

$$c/v<(c+m/y)/(v+m/z)。$$

如果全社会生产资料（第Ⅰ部类）和生活资料（第Ⅱ部类）的生产能力都同时有所增长，那么，从价值构成角度，可用公式分别表示为：

① 《资本论》第1卷[M]，北京：人民出版社，2004年，第707页。

$$\text{Ⅰ}[(c+m/y)+(v+m/z)]>\text{Ⅰ}(c+v);$$

$$\text{Ⅱ}[(c+m/y)+(v+m/z)]>\text{Ⅱ}(c+v);$$

这样,在社会总资本的平均有机构成提高的条件下,全社会的生产资料产品和生活资料产品就都增长了。用公式来表示,就是:

$$\text{Ⅰ}[(c+m/y)+(v+m/z)+(v+m/z)m']>\text{Ⅰ}(c+v+m)。$$

$$\text{Ⅱ}[(c+m/y)+(v+m/z)+(v+m/z)m']>\text{Ⅱ}(c+v+m)。$$

在上两式中,m'为剩余价值率一般。[①] 它是在追加劳动力的条件下,社会总劳动力创造的剩余价值一般,[②]即下一年创造的全部剩余价值$m_{新}$同全部必要劳动的价值劳动$(v+m/z)$之比。即:

$$m'=m_{新}/(v+m/z)。$$

在扩大再生产条件下,通常两大部类生产的剩余价值都会增加。假定全社会剩余价值率一般是相同的,用公式来表示,即:

$$\text{Ⅰ}(v+m/z)m'>\text{Ⅰ}m;\text{Ⅱ}(v+m/z)m'>\text{Ⅱ}m;\text{Ⅰ}m_{新}+\text{Ⅱ}m_{新}>\text{Ⅰ}m+\text{Ⅱ}m。$$

所谓剩余价值一般,是区别于资本主义剩余价值的抽象概念。在社会主义条件下,剩余价值一般表现为超过全体劳动者及其家属个人消费需要的"满足一般的社会需要"[③]的价值。它不再由资本家阶级占有和支配,而是由国家代表劳动人民来占有和支配。当然,在多种经济成分存在的条件下,全社会剩余价值一般的创造和分配要复杂得多。这里不必展开。上面的公式主要是为了阐明,社会扩大再生产应在社会总资本平均有机构成提高的条件下实现,用流行的话语说,也就是要在产业结构的升级中实现。

然而,上述说明还不够。要在社会总资本平均有机构成提高的同时,实现社会扩大再生产,两大部类各产业之间比例关系还必须实现平衡。本书上卷第九章在论述货币流回规律和社会扩大再生产的实现条件时,已经详细说明,要实现社会扩大再生产,社会总资本的货币积累和实际积累就必须平衡。这又要求两大部类各

① 马克思在一般含义上使用过"剩余价值率",例如,他用这个概念描述了 14 世纪罗马尼亚瓦拉几亚公国的封建领主对农奴的剥削程度。参见《资本论》第 1 卷[M],北京:人民出版社,2004 年,第 276 页。

② 马克思指出,"剩余劳动一般作为超过一定的需要量的劳动,应当始终存在"(《资本论》第 3 卷[M],北京:人民出版社,2004 年,第 927 页),而剩余劳动一般的价值表现,即剩余价值一般。

③ 《资本论》第 3 卷[M],北京:人民出版社,2004 年,第 994 页。

产业之间在追加资本的条件下，形成平衡的比例关系。而这种比例关系，会因为积累率的不同，形成Ⅰ(v+m/x)大于、等于和小于Ⅱc的多种情况，而且在每一种情况下，还会有程度上的差别。这样，两大部类各产业之间的平衡，就会有多种比例关系。

因此，要提高经济发展速度，实现社会扩大再生产，只考虑提高积累率是片面的，还必须通过计划调节，适应科技进步，适应社会生产力发展的客观规律，促进资本有机构成不断提高。但是这还不够，还必须促进全社会的产业按比例发展，即在确定积累率和逐步提高社会总资本平均有机构成的条件下，促进社会各产业之间比例关系的平衡。

3. 经济发展速度以产业结构平衡为前提

促进一定条件下的社会各产业之间比例关系的平衡，需要从多方面努力：

第一，必须从社会总产品出发。在现实经济生活中，就是从国情国力出发。如果追求快速发展，超过国力实际提供经济增长的可能限度，那就势必“寅吃卯粮”；由于这时只能靠信贷膨胀、财政赤字、内外借债等办法，来弥补总量平衡中的“短板”，这又势必发生通货膨胀，引发社会问题。因此，宏观计划调控的中央机构，只有在调查研究基础上，把握好实际经济总量，才能在计划调节中做到“全国一盘棋”，统筹兼顾、全面安排。

第二，必须遵循马克思揭示的劳动二重性的基本原理。应当从社会总产品的使用价值结构和价值结构两方面的相互适应来搞好计划调节。这是价值规律一般的客观要求。马克思深刻地指出，“社会需要，即社会规模的使用价值，对于社会总劳动时间分别用在各个特殊生产领域的份额来说，是有决定意义的”；“这不过是已经在单个商品上表现出来的同一规律，也就是：商品的使用价值是商品的交换价值的前提，从而也是商品的价值的前提”。① 遵循这个经济规律做计划调节，就仍需对全社会重要产品使用价值总量之间的比例关系做出预先的测算，在此基础上，才能把握它们之间的价值比例关系。例如，在农业部门的粮食、棉花、油料、生猪等主要产品的生产，在工业方面的钢材、原油、煤炭、有色金属、木材、水泥、发电量、基本化工原料、化肥、重要设备等，以及军工产品等方面的产品生产，这些是关系国计民生的主要生活资料和社会各产业部门的基本生产资料，对它们的生产数量及其在各

① 《资本论》第3卷[M]，北京：人民出版社，2004年，第716页。

产业部门的比例关系做出计划预测,有助于把握全社会产业部门之间的产品价值结构的比例关系,这是完全必要的。

强调通过计划预测,把握“社会规模的使用价值”,这并不是又要回到计划产品经济体制。其实,注重各产业部门的使用价值量之间的比例关系,对此不应简单地否定,而应当采取积极扬弃的科学态度。计划产品经济体制时期忽视了市场调节的作用,在产品使用价值方面规定得过细,并用行政指令下达生产指标,这种带有主观性的计划调节方法,容易偏离价值规律,当然要否定。但是,在社会主义市场经济条件下,仍然必须遵循商品的使用价值是商品价值的前提这个客观规律,除了需要发挥市场调节的作用之外,仍然需要从大的方面,尽可能把握产业部门之间使用价值总量之间的比例关系,把它作为调节社会各产业部门比例关系的重要依据,这样才能克服单纯市场调节的自发性,避免这种自发性可能产生的危机。

计划产品经济体制时期的经验告诉我们,从大的方面对社会总产品中主要使用价值的产量和比例结构做出预测,是可以办到的。[①] 当今电子信息网络技术和大数据技术的应用,也为做好科学测算,创造了有利的条件。

第三,必须控制好不同产业部门的经济增长速度。上面谈到经济增长、发展速度,都是就全社会平均值而言的,但是,它们在不同产业部门是存在差别的。要实现不同产业部门在经济发展过程中形成相互平衡的比例关系,还需要国家宏观调控中心机构,从实际出发,控制好主要产业部门增长速度之间的比例关系。所谓从实际出发,就是要充分考虑国内外经济政治的全局状况、考虑国家长远利益与当前利益的关系,分清轻重缓急,做出计划调节决策。当帝国主义国家威胁中国国家安全,有可能发生侵略战争时,在社会总产品价值一定的条件下,就需要加强加快发展国防军事工业,其他方面的增长和发展就需要相对慢一些;在国际关系比较缓和的环境条件下,就需要处理好农业、轻工业和重工业之间在增长速度上的比例关系。

在计划产品经济体制时期,我国为了加速建成独立的、比较完整的工业体系和国民经济体系,曾经在计划工作中,比较重视加快重工业的增长。1958 年曾片面采取钢铁生产“大跃进”的方式,这使社会再生产的比例关系出现严重失衡。1959

---

① 参见刘日新著:《新中国前三十年的经济:1950—1980 年的国民经济计划》[M],北京:中国经济出版社,2016 年,第 6、14、23、48 页,以及该书提供的“表七 我国历年国民经济计划主要指标和执行情况一览表”(该书第 136—185 页)。

年，毛泽东同志总结经验教训，在谈国民经济计划的编制时提出："首先，把农业安排好，包括安排好农、牧、林、渔业生产，国家支援农业，主要是国家对农业的投资，支援农业的钢材、木材、水泥、化肥的生产和供应；其次，安排好轻工业，以及市场的需要。1958 年'大跃进'挤了轻工市场 2 000 吨钢材，女人买不到头发卡子，一直成为人们的谈资，要避免重犯这类错误。最后，再安排重工业，主要是实现重工业内部的扩大再生产。"①毛泽东同志提出国民经济要按照农、轻、重的发展顺序编排计划，这并不只是纠偏的权宜之计；而是对马克思揭示的社会再生产按比例发展规律在中国的创造性遵循。这个计划调节思想反映了社会主义根本制度决定的生产目的。资产阶级经济学是不可能提出这样的科学思想的。

社会主义市场经济条件下的宏观计划调节，仍然要遵循农、轻、重的计划顺序。在发达资本主义国家主导的经济全球化条件下，国际经济竞争异常激烈，为了坚持民族经济的独立自主，较快地提高民族经济的国际竞争力，用现代高新技术武装重工业，带动整个国民经济的发展是十分必要的。但是在调节产业部门增长速度之间的比例关系方面，依然要遵循农、轻、重的科学顺序。在计划产品经济体制时期，中央计划经济管理部门的专家曾总结正反经验教训，得出过既要促进工业化发展，又要遵循农、轻、重安排顺序的农、轻、重增长速度之间的具体比例关系。他们认为"在一般情况下，工农业增长速度的比例大体为 2∶1，重工业和轻工业增长速度的比例大体为 1.5∶1，比较合适"②。在新的历史条件下，农、轻、重增长速度之间的具体比例关系究竟多少为宜，这需要在实践过程中积极探索。值得提出的是，形成一定的这种比例关系，这是社会化大生产的按比例发展客观规律的要求，不能以为经济管理体制转变为社会主义市场经济体制之后，就可以不再重视这方面的比例关系了。

当然，在社会主义市场经济条件下，采取的计划调节方法与计划产品经济体制下会有较大的差别，不会主要用指令性指标和直接分配计划物资的方法来调节各产业部门之间增长速度的比例关系。但是，即使用财政政策、信贷政策和产业政策来进行间接的计划调节，也必须承认不同产业部门增长速度之间存在一定比例关系，应当弄清并促成这种比例关系，否则就会导致产业结构的失衡。

---

① 转引自刘日新著：《新中国前三十年的经济：1950—1980 年的国民经济计划》[M]，北京：中国经济出版社，2016 年，第 66—67 页。

② 刘日新著：《新中国前三十年的经济：1950—1980 年的国民经济计划》[M]，北京：中国经济出版社，2016 年，第 76 页。

4. 按比例发展应建立在可持续发展的基础上

有计划地调节社会再生产各产业部门，促进产业结构平衡，不能忘记遵循可持续发展规律。本书上卷第十章已对可持续发展规律作了较详细的阐述。这里只是从社会扩大再生产必须遵循按比例发展的角度，强调在做规划或计划的时候，一定要把保护和改善生态环境所需要的环保产业以及控制资源的过渡耗费，放在重要地位；一定要高度重视林业，这不但是因为以农业为基础的农业中包括林业，而且林业对改善生态环境和可持续发展至关重要。有马克思主义经济学家提出，“在大农业的排序中，科学的顺序应是林农牧渔副”[①]，这是值得中央宏观计划管理部门重视的。当代人索取自然资源，损坏生态环境，一定要设法在当代给予补偿，以便使人与自然之间的物质变换保持平衡，这是实现代际平等、可持续发展的物质前提。代代人都合理地调节人与自然的关系，才能保证人类持续健康地发展。

强调促进产业结构平衡，要遵循可持续发展规律，这已成为实践中迫切需要解决的问题。在宏观经济调控中，人们往往关注如何解决眼下产业结构失衡的问题，容易撇开从长远来看的可持续发展要求。例如，当出现社会市场总需求不足时，舆论界曾有一种“让小轿车进入寻常百姓家”的主张，认为应当通过大力发展小轿车产业来扩大“投资需求”，让这个“龙头产业”带动一系列为轿车生产服务的产业，从而带动经济发展。应当说，适当生产小轿车，作为出租车用于公共交通，或者适应少数高收入者的个人消费需要，未尝不可。但是，且不说促进产业结构平衡不能“头痛医头、脚痛医脚”，不能只从供给或者需求单方面地采取措施。也不说中国的实际是，多数人在若干年内还买不起小轿车，因而国内市场在较长一段时间内，对它的需求量不会很大。只从小轿车发展对可持续发展的关系来说，对小轿车产业的投资就得严格实行计划控制。其一，中国人口多，大量的资源用在少数人用得起的高消费品上，不能为多数人服务，这将不利于实现社会主义生产目的。其二，中国地面交通空间尽管做了很大拓展，但仍然拥挤。在这一方面，大城市的矛盾更加突出。如果再鼓励一家一户地使用小汽车，争夺地面空间，必然减缓城市内部人力、物力流通速度，拖延社会经济循环周转时间。而用扩展道路的方法来解决矛盾，势必消耗对中国来说极为珍贵的土地资源，并扩大城市生态污染。同样是投资于交通工具，发展城市地铁就比较科学，它从地下拓展交通空间，不占耕地，对生态

① 张薰华著：《经济规律探索——张薰华选集》［M］，上海：复旦大学出版社，2000 年，第 138—145 页。

环境损害较小。它把人引入地下流动,大大缓和地面交通的矛盾,并可以从整体上加速社会经济循环。它同样可以带动一系列相关产业的发展。而作为公共交通,地铁服务于大众,有助于提高总人口生活水平。可见,既然要扩大"投资需求",那么发展地铁,显然比发展小轿车有利得多。所以,要促进产业结构平衡,能否着眼于为大多数人服务,能否遵循可持续发展规律,结果是大不相同的。

(五)控制基本建设规模

1. 重视牵动经济全局的两大重要比例关系

应用《资本论》的宏观经济研究方法,总结中华人民共和国建立以来宏观经济调节的实践经验和教训,可以发现,要促进产业结构平衡,有两大牵动经济全局的比例关系特别值得重视。一是前面已经论述的,要坚持以农业为基础,坚持农、轻、重的排序。二是要处理好资本周转周期长的投资与周期短的大量投资之间的比例关系。资本周转周期长的投资,通俗地说,就是基本建设投资。本书上卷第五章阐释了马克思关于单个可变资本周转周期长的项目对社会再生产影响的原理,并提出在宏观经济调控中,要控制好资本周转周期长的项目的数量。这里有必要从宏观经济计划调节的角度进一步论述。

新中国建立以来,可以说,凡是基本建设规模控制比较好的时期,整个宏观经济发展的速度都比较快,而且也比较稳。而在经济发展中出现大起大落,除了因忽视农业发展导致的失误,主要就是基本建设规模过大的失误。陈云同志在总结1958年经济建设经验教训时说,"今年基本建设'大跃进'"①,这揭示出"大跃进"失误的实质,就是盲目地扩大基本建设规模,导致产业结构的失衡。

周期长的基本建设投资超过国力允许的限度,规模过大,这在计划产品经济体制时期发生,原因主要是在经济建设的指导思想上,急于求成;不能控制好中央政府与地方政府之间在经济管理权限上的集中与分散的关系,对地方政府权力下放过多等。主管过新中国经济建设的陈云同志把他对马克思关于社会再生产按比例发展的原理,用通俗的语言概括为,"建设规模要和国力相适应"②。在1978年以后的改革开放过程中,陈云同志又反复阐释这个道理,强调要纠正"基本建设的战线

① 《陈云文选》第3卷[M],北京：人民出版社,1995年,第105页。
② 《陈云文选》第3卷[M],北京：人民出版社,1995年,第52页。

太长”[①]；针对基本建设项目太多，他提出“赶快下决心，搞不了的，丢掉一批就是了。搞起来，没有燃料、动力，没有原料、材料，还不是白搞”[②]；“现在非生产性建设、特别是楼堂馆所建设得太多了”[③]；“建设规模一定要与国力相适应，而且要留有余地。同时，要把注意力集中到提高经济效益上来”[④]。他指出，“要先生产，后基建；先挖潜、革新、改造，后新建”[⑤]。这里不惜冗长，引用陈云同志的话，是为了说明，控制资本周转周期长的基本建设规模，在经济实践中被证明确实是一个关系产业结构能否平衡的重大问题。在社会主义市场经济条件下，马克思关于周转周期长的投资对社会再生产影响的原理，绝没有过时，宏观经济调控绝不应当淡化对基本建设规模的控制。

2. 控制基本建设规模的基本途径

在计划产品经济时期，国家主要是通过自上而下对企业下达指令性计划，来控制基本建设规模的。在社会主义市场经济的新历史条件下，企业面向市场自主经营决策，国家对企业一般采取间接调控的方式，这就给控制基本建设规模带来了难度。因为国家的间接调控，主要是靠财政、信贷和产业政策，这有利于企业从自身利益出发自主决策，却不能保证企业服从国家从全局利益出发的计划调节。西方发达资本主义国家的宏观经济调控，不能真正解决产业结构失衡问题，重要原因就在于企业建立在私有制基础上，不可能具有服从全局利益的自觉性。那么，如何才能控制基本建设规模？

其实，解决问题的关键在于，在认识上不应把国家在市场经济一般条件下对企业的间接调控，理解为国家对国有企业也绝对不能进行一定范围、一定程度的直接调控；更不应理解为，国家绝对不能对基本建设规模做出直接的控制。应当说，国家作为国有资本所有者的代表机构，完全有理由履行国有资本所有权对国有资本经营权的控制，从而对基本建设的投资规模做出一定范围、一定程度的直接控制。如果关系到经济全局的投资周期长、资本投入量大的基本建设项目主要由国有经济来承担，那么国家就有条件从宏观上控制好基本建设规模。重要的前提条件就是，公有制经济必须在国民经济中占主体地位，国有经济必须占较大的比重，这样，

---

① 《陈云文选》第3卷[M]，北京：人民出版社，1995年，第246页。
② 《陈云文选》第3卷[M]，北京：人民出版社，1995年，第253页。
③ 《陈云文选》第3卷[M]，北京：人民出版社，1995年，第366页。
④ 《陈云文选》第3卷[M]，北京：人民出版社，1995年，第380页。
⑤ 《陈云文选》第3卷[M]，北京：人民出版社，1995年，第268页。

才能足以承担起全国的基本建设项目。宪法规定国有经济“是国民经济中的主导力量”,起主导作用,在相当程度上,就体现在从宏观上能够有计划地控制基本建设规模,促进产业结构的平衡。

具备了对国民经济起主导作用的重要前提条件,国家机构就有条件通过控制国有资本投资数额和方向,来控制全国的基本建设规模。首先,在调查研究基础上,从现有国力出发,科学测算一定期间全社会产业发展的主要比例关系,确定基本建设的投资规模。其次,结合区域经济均衡发展需要,设计具体基本建设项目,结合土地供给,规划布局。再次,将规划项目通过一定方式落实到具体国有企业。这可以采取市场经济一般条件下通常的方式,在不同国有企业中进行公平竞争的招投标。同时,有的涉及国防的特殊项目,或数额巨大、专业性很强的项目,仍然有必要直接下达给有关国有企业或者由国家直接组织国有企业协作来落实。当然,这在宏观经济调控的指导思想上,必须批判资产阶级新自由主义经济学所谓社会主义国有企业没有效率的奇谈怪论。本书前面章节(如第十八章)已就公有制经济可以比私有制经济更有效率,批判了新自由主义的观点,这里不再复述。

3. 不宜搬用凯恩斯的扩大“投资需求”政策来调节宏观经济

一段时间以来,为解决中国宏观经济实际运行中出现的产能过剩问题,经济学界有种舆论,提出用凯恩斯的扩大“投资需求”的政策,来扩大市场总需求,达到总供给和总需求的平衡。殊不知,这样做虽然暂时会缓解市场总供给和总需求的失衡,却会使生产领域的产业结构失衡更加深化。

面对市场有购买力的需求不足或者说产业结构失衡,凯恩斯主张实施“某种程度的全面的投资社会化”①的政策,即在维护私有制经济基础上,由国家增加财政支出,来扩大“投资需求”,主要是由政府投资,兴办交通运输、公有事业等公共工程。由于这类周期长的基本建设投资,能在资本周转周期的较长一段时间,吸纳劳动力,增加社会的就业量,这就可以增加社会工资总量,达到拉动消费需求,扩大市场“有效需求”的目的。但是,如前所述,《资本论》关于周转周期长的项目对社会再生产影响的原理揭示出,全社会周转周期长的投资如果不能和周转周期短的投资形成一定的比例,势必造成货币市场(银行信贷市场)、商品市场、劳动市场的紊

① ［英］约翰·梅纳德·凯恩斯著,高鸿业译:《就业、利息和货币通论》(重译本)［M］,北京:商务印书馆,2002年,第391页。

乱。[①] 因此,用政府兴办公共工程的办法来拉动投资需求,势必使本已失衡的产业结构,在市场供求矛盾得到暂时缓和的表面现象下,掩藏了更大的结构失衡,更深的危机。更由于凯恩斯的扩大“投资需求”的财政政策,与赤字财政紧密联系,它要靠增发纸币来弥补财政赤字,所以,这种政策的实施结果,必然导致危机以“滞涨”的严重形态表现出来。即一方面,更深的产业结构失衡造成了经济增长的停滞,另一方面则因在流通领域投入了过量的纸币,导致出现严重的通货膨胀。

所以,搬用凯恩斯主义来解决市场需求不足或产业结构失衡,这是一种雪上加霜的错误主张。陈云同志提出,基本建设规模必须从国力出发,强调“我们的基建投资,必须是没有赤字的”[②]。这与凯恩斯主义所谓扩大投资需求,在实践方法上划清了界限。在社会主义市场经济的新历史条件下,控制基本建设规模,也必须遵循不搞赤字财政的正确原则。

4. 分清三种产品过剩

投资周期长的基本建设项目过多,势必造成全社会的产业结构失衡,现象上就会出现某些部门的产品过剩。但是,应当注意,在社会主义市场经济条件下,有可能发生三类不同性质的产品过剩现象:

其一,是由生产社会化和市场经济一般存在的自发性之间的矛盾造成的产品过剩。投资周期长的基本建设项目过多,以及不同地区重复发展同类产业等由生产自发性造成的产业结构失衡带来的产品过剩,属于这一类。这类产品过剩,往往同时是产能过剩。在资本主义经济中,这源于生产社会化和私人所有制之间的基本矛盾,它只能通过周期性的经济危机来被动地调节;最终要通过社会主义革命,消灭私有制经济,才能根本解决。社会主义市场经济以公有制经济为主体,已不存在资本主义这种具有对抗性的基本矛盾。但是,既然存在市场经济一般关系,既然还存在一定范围的私有制经济,既然还需要公有制企业面向市场自主经营,那么生产的自发性就会存在。社会主义市场经济的宏观调控,必须努力克服这种自发性。关键是要坚持公有制为主体,发挥好国有经济的主导作用,在此前提下,宏观经济调控中心只要坚持以《资本论》的宏观经济研究方法为指导,遵循市场经济一般的规律,是有条件最大限度地减少这一类生产过剩的。

---

① 参见《资本论》第 2 卷[M],北京:人民出版社,2004 年,第 346—353 页。

② 《陈云文选》第 3 卷[M],北京:人民出版社,1995 年,第 264 页。

其二，市场需求的新变化对落后产品的淘汰引起的产品过剩。这类产品过剩，往往由落后的生产设备、生产设计等引起，只要它们不能再利用于别的生产途径，也属于产能过剩。这类过剩产品，失去了社会使用价值，在市场上无人购买，是对社会劳动和物质资源的一种浪费。要减少这类产品的存在，就必须把产业结构的调整与发展现代科技推进生产力和产品创新结合起来。

其三，社会再生产中因固定资本补偿的不平衡造成的产品过剩。这种产品过剩，从宏观经济循环前后运动的角度看，只是暂时现象，并不属于真正的过剩。本书上卷第六章论述过《资本论》所揭示的一条重要经济规律，即在社会再生产中，每年需要进行实物更新的固定资本价值总量和各企业逐年积累起来可以用于这种更新的折旧基金总量，会出现经常性的不平衡。在这一时期，用于固定资本更新的商品生产会过剩，而下一时期这类商品又会不足。因此，这种产品过剩并不属于产能过剩。这类社会再生产中交替出现的商品过剩或商品不足，是市场社会分工制度的一般现象。

可见，在市场出现产品过剩的时候，不能把它们一律当作是产能过剩的产物，而有必要根据上述三种基本情况，分别处理。尤其在判断是否产能过剩时，应当把第三种情况与前两种情况区分开来。在出现较多固定资本商品过剩的时候，应当分析它是否属于第三种情况。生产固定资本商品的企业，往往是科技实力雄厚、内部管理也比较规范的大中型国有企业，如果把第三种情况引起的产品一时卖不出去的国有企业都当成“僵尸企业”予以淘汰，就会造成很大的损失。

5. 重视落后、贫困地区交通设施建设

以上论证控制基本建设规模，绝不意味着消极地主张压缩基本建设项目，而是强调要把基本建设规模控制在国力允许的范围，并且坚持以产业结构平衡、促进科技创新为前提。一旦明确了基本经济建设基金的“总盘子”，就应当高质量、高效益地组织好全国的基本建设。要注意防止把基本建设投资用于少数领导干部追求政绩的“形象工程”，更不应当大搞脱离广大群众利益需求的楼堂馆所。在制定基本建设投资计划时，不仅要着眼于社会总产品分布在各产业部门的商品使用价值和价值两方面的比例关系平衡，而且要着眼于全国一盘棋，处理好经济发展先进区域和落后区域的关系，促进区域经济相互协调，共同发展。尤其应当着眼于促进共同富裕的长远目标，有目的地支持经济发展落后的地区，尤其是广大农村地区的基础设施建设。一些在同等条件下经济发展较快的地区，在总结经验时，常说“要致富，先修路”，朴实的话语中包含着科学的道理，因此要高度重视落后地区，尤其是农村贫困地区的基础设施建设。搞好农村的交通、电力、通信、电子信息网络等方面的建设，对于落实党的“以城带乡”“以工哺农”的方针政策，促进小城镇建设，推进农村农工商经济综合发展，促进商品流通，提高农民收入，具有重要意义。这是增强发展经济、共同致富的“造血功能”，值得高度重视。

三、坚持宏观经济的综合平衡

（一）综合平衡的科学含义

1. 综合平衡概念的提出

以上论述的产业结构计划调节，主要涉及《资本论》关于社会总产品$\sum(c+v+m)$的比例关系的调节。这涉及社会总资本中的职能资本，即生产资本$\sum P$和商品资本$\sum W'$各自的内部平衡和相互平衡。我们知道，社会总资本是采取货币资本、生产资本和商品资本三种资本形式进行循环运动的。现实的宏观经济平衡不能不考虑包括货币资本使用的货币在内的全社会流通的货币量$\sum G$与现实资本（$\sum P+\sum W'$）之间的平衡，这就是本节要研究的综合平衡问题。

综合平衡这个概念，是中国老一辈无产阶级革命家在探索、指导新中国社会主义经济建设过程中，提出的具有中国话语特色的计划调节概念。虽然在《资本论》中见不到“综合平衡”这个词语，但是，这个词语却精当地概括出对《资本论》宏观经济分析方法的系统理解和应用。在社会主义市场经济体制下，综合平衡对于实现宏观经济良性循环和可持续发展，促进共同富裕，具有重大应用价值。

据曾在中央计划管理工作机关工作的老同志回忆，“综合平衡，首先是毛主席、周总理总结出来的”。其含义包括“统筹兼顾，适当安排，瞻前顾后，留有余地”。[①]这精辟阐明了综合平衡的基本方法论原则，渗透着实践辩证法。我们知道，毛主席1956年在《论十大关系》中，综合中央政府34个部门的实践经验，根据“调动一切积极因素的方针”，运用矛盾分析方法，深刻论证了“重工业和轻工业、农业的关系”“沿海工业和内地工业的关系”“经济建设和国防建设的关系”“国家、生产单位和

① 参见刘日新著：《新中国前三十年的经济：1950—1980年的国民经济计划》[M]，北京：中国经济出版社，2016年，第61页。

生产者个人的关系”“中央和地方的关系”“汉族和少数民族的关系”等十个方面的辩证关系。[①] 毛主席1957年在《关于正确处理人民内部矛盾的问题》中，论述处理好社会生产和社会需要的矛盾时，明确指出计划调节要解决好平衡问题，说“我国每年做一次经济计划，安排积累和消费的适当比例，求得生产和需要之间的平衡”；并提出“我们的方针是统筹兼顾、适当安排。无论粮食问题、灾荒问题、就业问题，教育问题，知识分子问题，各种爱国力量的统一战线问题，少数民族问题，以及其他各项问题，都要从全体人民的统筹兼顾这个观点出发，就当时当地的实际可能条件，同各方面的人协商，做出各种适当的安排”[②]。1959年在总结“大跃进”的经验教训时，他明确使用了经济方面的综合平衡概念，“整个经济中，综合平衡是个根本问题；有了综合平衡，才能有群众路线”[③]。应当说，综合平衡是毛泽东思想关于社会主义经济建设方法论的重要内容。

如果说，毛主席、周总理最早提出了综合平衡概念和方法论一般原则，那么，陈云同志则最早阐释了财经工作领域综合平衡的科学含义。1957年，陈云同志担任中央经济工作五人小组组长，在论述财政经济问题时指出，“基本建设规模和财力物力之间的平衡，不单要看当年，而且必须瞻前顾后。财力物力就是指投资、机器设备和原材料、消费物资、外汇四个方面”[④]。这实际上是指，在计划调节中，要控制好国家财政收支与经济建设规模的关系、积累与消费的关系、生产资料生产和生活资料（消费资料）生产之间的比例关系，以及国际收支关系，从而保证国民经济在动态发展中实现良性循环。这里所讲的，虽然未直接使用“综合平衡”这个词汇，实际上就是经济领域综合平衡的基本关系。陈云同志在领导全国财经工作期间，曾用“国民经济的比例关系”[⑤]“全局、整体的平衡”[⑥]等概念，反复阐释经济综合平衡的经济思想和基本原则。1962年，他在中央财经小组会议上的讲话，明确地使用了“综合平衡”概念，专题论述“综合平衡问题”。[⑦] 在1978年以后改革开放的新历史条件下，他又多次强调了坚持财政经济领域综合平衡指导思想的极端重要性。

从新中国经济建设的实践看，经济综合平衡思想及其基本原则的贯彻，有效地

---

① 《毛泽东著作选读》下册[M]，北京：人民出版社，1986年，第720—744页。

② 《毛泽东著作选读》下册[M]，北京：人民出版社，1986年，第769、783页。

③ 参见刘日新著：《新中国前三十年的经济：1950—1980年的国民经济计划》[M]，北京：中国经济出版社，2016年，第62页。

④ 《陈云文选》第3卷[M]，北京：人民出版社，1995年，第54页。

⑤ 《陈云文选》第3卷[M]，北京：人民出版社，1995年，第56页。

⑥ 《陈云文选》第3卷[M]，北京：人民出版社，1995年，第75页。

⑦ 《陈云文选》第3卷[M]，北京：人民出版社，1995年，第210—213页。

纠正了实际经济工作一度急躁冒进的"左"的倾向，对促进国民经济健康发展，发挥了重大作用。从理论上说，经济综合平衡思想及其基本原则是用中国话语对《资本论》宏观经济分析方法的精辟概括和具体应用，也是对马克思主义政治经济学在中国的丰富和发展。

2. 综合平衡思想具有丰富的科学内容

经济综合平衡思想及其基本原则，作为用《资本论》宏观经济分析方法指导新中国财经工作实践的思想结晶，内容非常丰富。我们可以通过毛主席和陈云同志的一系列阐释，了解其深刻的思想逻辑和基本要点：

第一，综合平衡作为宏观经济调控的实践方法，具有鲜明的社会主义价值目标。它着眼于调动一切积极因素的方针，建设"有利于人民的社会主义经济"①；因为社会主义根本制度决定了，"搞经济建设的最后目的，是为了改善人民的生活"②。

第二，综合平衡就是要实现按比例发展。要从全体人民的统筹兼顾这个观点出发，搞好综合平衡。"所谓综合平衡，就是按比例；按比例，就平衡了"；"搞经济不讲综合平衡，就寸步难移。"③"要重视研究国民经济的比例关系"④，其中包括处理好"农、轻、重"之间的关系、区域之间的关系、经济建设和国防建设的关系、"国家、生产单位和生产者个人的关系"、"中央和地方的关系"、民族之间的关系、进出口关系、不同所有制经济之间关系、城市与农村的关系等方面的经济关系。坚持综合平衡，经济才能发展得又好又快，"最快的速度就是有计划按比例发展"⑤。

第三，最基本的平衡是经济建设与人民生活的平衡。处理好综合平衡的所有比例关系，使它们都服从于社会主义价值目标。因此，必须求得生产和需要之间的平衡。"经济建设和人民生活必须兼顾，必须平衡。"⑥"从全局看，第一是吃饭，第二要建设。"⑦为此，"在财力物力的供应上，生活必需品的生产必须先于基建，这是民生和建设的关系合理安排的问题。"⑧同时，要从人民群众的当前利益和长远利益的一致性上，处理好建设与吃饭两者之间的辩证关系，一方面，"经济不摆在有吃有

---

① 《陈云文选》第3卷[M]，北京：人民出版社，1995年，第12—13页。
② 《陈云文选》第3卷[M]，北京：人民出版社，1995年，第280页。
③ 《陈云文选》第3卷[M]，北京：人民出版社，1995年，第211页。
④ 《陈云文选》第3卷[M]，北京：人民出版社，1995年，第56页。
⑤ 《陈云文选》第3卷[M]，北京：人民出版社，1995年，第320页。
⑥ 《陈云文选》第3卷[M]，北京：人民出版社，1995年，第29页。
⑦ 《陈云文选》第3卷[M]，北京：人民出版社，1995年，第309页。
⑧ 《陈云文选》第3卷[M]，北京：人民出版社，1995年，第53页。

穿的基础上，我看建设是不稳固的"[①]。另一方面，"人民的购买力要有所提高，但是提高的程度，必须同能够供应的消费物资相适应"[②]。

第四，建设规模要和国力相适应。按比例发展，就要安排好积累和消费的适当比例，"建设规模的大小必须和国家的财力物力相适应"[③]。不能从远景规划倒过来搞平衡，也不能从某种产量高的部门出发搞"长线"平衡。而是"开步走就要搞综合平衡"；"按短线搞综合平衡，才能有真正的综合平衡。所谓按短线平衡，就是当年能够生产的东西，加上动用必要的库存，再加上切实可靠的进口，使供求相适应"。[④] "一定要从短线出发搞综合平衡，这样做，生产就可以协调，生产出来的东西就能够配套。配了套才能做大事情，不配套就只是一堆半成品，浪费资金"；"计划指标必须可靠，而且必须留有余地。只要综合平衡了，指标低一点，也不怕"。[⑤]

第五，财政收支和信贷收支平衡是判断国民经济综合平衡的标志。陈云同志提出，"只要财政收支和信贷是平衡的，社会购买力和物资供应之间，就全部来说也会是平衡的"[⑥]。这就是说，在财政收支平衡、银行信贷（包括外汇收支）平衡、市场购买力和物资供应（包括生产资料和消费资料）平衡方面，市场购买力和物资供应（包括生产资料和消费资料）之间的平衡，决定了"财政收支和信贷"的平衡，它们之间前者是原因，后者是结果，存在因果关系。只有促进市场购买力和物资供应之间的平衡，才有可能实现财政收支关系和信贷关系的平衡。这也就是说，"财政收支和信贷"的平衡，是综合平衡的表现或标志。而"从全局看，在几大平衡中，最基本的是财政平衡"。这可以理解为，国家是宏观计划调控的掌握者，财政平衡可以表现出国家掌握了综合平衡的主动权，因此财政平衡是综合平衡最基本、最显著的表现。

第六，综合平衡是经济发展过程中不平衡与平衡的辩证统一。毛主席在论述计划经济的优越性时指出，"所谓平衡，就是矛盾的暂时的相对的统一"；每年做一次经济计划，求得经济的平衡，"过了一年，就整个说来，这种平衡就被矛盾的斗争打破了，这种统一就变化了，平衡成为不平衡，统一成为不统一，又需要作第二年的

---

① 《陈云文选》第 3 卷[M]，北京：人民出版社，1995 年，第 86 页。
② 《陈云文选》第 3 卷[M]，北京：人民出版社，1995 年，第 54 页。
③ 《陈云文选》第 3 卷[M]，北京：人民出版社，1995 年，第 52 页。
④ 《陈云文选》第 3 卷[M]，北京：人民出版社，1995 年，第 211 页。
⑤ 《陈云文选》第 3 卷[M]，北京：人民出版社，1995 年，第 212 页。
⑥ 《陈云文选》第 3 卷[M]，北京：人民出版社，1995 年，第 52—53 页。

平衡和统一”;“事实上,每月每季都要在局部上打破这种平衡和统一,需要作出局部的调整”;“矛盾不断出现,又不断解决,就是事物发展的辩证规律”。[①] 可见,实现经济的综合平衡,应当从运动的发展的观点来理解,它是一个从不平衡到平衡,又从平衡到新的不平衡,再达到新的平衡的波浪式不断前进的过程。遵循有计划按比例发展,不能有一劳永逸的思想。

以上简要概括的关于国民经济综合平衡的指导思想和基本原则,不宜把它们理解为仅仅适用于计划产品经济体制时期。这是因为,综合平衡的基本思想贯彻唯物辩证法,是对《资本论》所揭示的社会化生产要求的按比例发展一般规律的遵循,并不是指那些实施指令性计划的具体操作方法,这就具有宏观经济调控一般方法论的重要指导价值。尤其是,它们并不只包括物质生产领域的平衡,还包括财政、信贷的平衡,这已引入了市场流通一般的关系,因此,综合平衡同样适用于社会主义市场经济的宏观调控。当然,它需要根据新的历史条件,充实新的内容。

3. 综合平衡是《资本论》宏观经济分析方法在中国的应用和发展

陈云同志1979年在论述计划和市场问题时,专门谈到《资本论》,指出“在社会主义革命还没有在一个国家胜利以前,马克思就设想过社会主义经济将是有计划按比例发展的,这个理论是完全正确的”[②]。这表明,经济综合平衡思想和基本原则的来源是《资本论》。

综合平衡精辟地概括出对《资本论》关于社会总资本的再生产和流通基本原理的理解和应用。这集中体现在陈云同志关于“只要财政收支和信贷是平衡的,社会购买力和物资供应之间,就全部来说也会是平衡的”的这个基本判断上,“全部平衡”指的是财政、银行信贷、物资和国际收支四大平衡。“社会购买力和物资供应之间”的平衡,也就是生产资料和消费资料两大部类以货币流通为中介的平衡。本书上卷第六章已论述,两大部类各产业间比例关系的平衡是实现货币流回规律的前提。而在中央银行是货币投入流通的总源头的条件下,货币流回规律的实现,必然表现为中央银行信贷(借贷)关系的平衡。而财政支付又是通过银行来实施的,所以,财政收支和银行信贷的平衡,是社会购买力和物资供应平衡的表现。

《资本论》论述社会总资本的再生产和流通时,没有引入财政收支因素,这是因为,在马克思的时代,虽然国家有财政收支,但是那时它只是全社会的货币和货币

① 《毛泽东著作选读》下册[M],北京:人民出版社,1986年,第769页。
② 《陈云文选》第3卷[M],北京:人民出版社,1995年,第244页。

资本流通的组成部分。而在当今，国家财政不但要对物质生产领域投资和消费，而且要对宏观经济运动进行调节，这样，国家财政收支就成为在宏观经济运动中起能动作用、与银行信贷相对独立的一种因素了。既然国家财政的收支加入全社会货币和货币资本流通，而社会再生产运动的货币流回规律要求中央银行信贷（借贷）关系平衡，那么，这种平衡就必然要求财政收支平衡，或者说要求中央银行的信贷（借贷）关系与财政收支关系两者综合实现平衡。而财政收支的平衡，说明国家在管理上的开支符合财政实力，掌握了主动权。因此，把财政收支平衡因素引入综合平衡，这是结合国家宏观经济调控实际，对《资本论》宏观经济分析方法的应用和发展。

而在经济对外开放的条件下，国际收支平衡与物资平衡必须综合实现。本书下卷第十一章已论述《资本论》在这方面的原理，即世界市场对社会再生产比例关系失衡有一定补救作用，同时也可能产生副作用；对外经贸关系必须以民族经济内部社会分工比例关系基本平衡为前提；在民族经济内部关系与国际经济关系两者之间，应当把民族经济内部的平衡关系作为矛盾的主要方面，而把对外经贸关系的收支平衡作为矛盾的次要方面，让前者制约后者，让后者服从前者。可见，在计划调节的逻辑关系上，物资平衡决定国际收支平衡；而只有实现物资平衡与国际收支平衡，中央银行的信贷（借贷）关系与国家财政收支关系才会平衡。这体现出国民经济综合平衡思想对《资本论》所揭示的宏观经济运动逻辑的准确把握。

正因为如此，坚持国民经济综合平衡思想，不仅要有计划地调节物资关系的平衡，还必须以此为基础，调节国际收支，控制货币信贷和财政收支，只有四方面都平衡了，才能达到市场物价稳定，国际收支平衡，人民币国内币值稳定，国家掌握宏观经济调控的主动权，保证人民生活不断稳步得到改善。综合平衡既然是反映宏观经济运动规律的科学思想，我们在社会主义市场经济的条件下，就绝不应当淡化或者放弃，相反，应当结合新变化、新实践，促进它进一步丰富和完善。

（二）积极解决综合平衡遇到的新问题

1. 综合平衡提出的新问题

在计划产品经济体制时期，商品流通受到较大限制，物资平衡主要靠指令性计划实现，在综合平衡中占主要地位。在社会主义市场经济条件下，物资平衡在综合平衡中仍然是起决定性作用的。但是，由于商品流通、货币流通和资本一般流通在宏观经济中的作用已经显著加强，要做到国民经济综合平衡，就需要高度关注中央银行信贷平衡和财政收支平衡，控制好全社会的货币流通量$\sum G$与现实资本（生产资本$\sum P$和商品资本$\sum W'$）之间的平衡关系，即在价值量上$\sum G:(\sum P+\sum W')$的比例关系。这是新的历史条件下需要解决好的新问题。这里，全社会的货币流通量$\sum G$，不但包括单纯作为一般商品流通中介的货币，也包括作为货币资本流通的货币。

先从每年的社会总资本运动来看。不能忘记，虽然社会总资本运动与单个产业资本运动同样采取货币资本、生产资本和商品资本三种资本形式做循环运动，但是两者的流通却存在区别。单个产业资本的流通，就是资本的流通。而社会总资本的流通，则既包括无数单个资本的资本流通，也包括一般的商品流通或简单流通（W—G—W）。马克思指出，“就社会资本的总体来考察的循环，不仅包括资本的流通，而且也包括一般的商品流通”①。这是因为，虽然社会总资本运动的起点是资本家阶级投入的货币资本；但是，这些货币资本中的可变资本会转化为雇佣工人的工资，以及货币资本投入后，在资本循环中增殖的剩余价值的一部分，会转化为资本家用于个人消费的货币收入，而工人阶级的工资和资本家阶级用于个人消费的货币的流通，在经济性质上都属于商品一般流通或简单流通。所以社会总资本的循环运动，既包括资本流通，又包括一般商品流通或简单流通。

从上卷第六章的“（二）结合货币积累和实际积累进行研究”这一节的图式6-5-1到图式6-5-3-B显示的货币运动流程，不难看出，作为社会总产品流通媒介的有价值的货币，包括货币流通和货币资本流通两个基本部分。资本家购买生产资料（包括追加的生产资料）的货币支付、购买劳动力对工人（包括追加工人）的工资（即可变资本）支付，属于货币资本流通。而资本家和工人用于个人消费的货币支付，则属于货币流通。所以，社会总资本以货币资本投入为起点的整个流通过程，实际上包括货币资本流通和货币流通两部分。

再从全社会一般商品流通中货币量的形成原因看。马克思在批判资产阶级经济学家错误观点的过程中，对此作了较深入的具体分析。他得出的结论是，“年产品借以流通的货币量，是社会原有的，是逐渐积累起来的。这个货币量不是当年的

---

① 《资本论》第2卷[M]，北京：人民出版社，2004年，第390页。

价值产品，但是，用来补偿已经磨损的铸币的金是例外”①。这告诉我们，在使用金属货币的时代，当流通中用于实现年总产品的货币量出现不足的时候，社会总资本就必须拿出一部分当年新创造的价值产品，购买黄金加入流通，以补充流通中货币量不足（包括补偿磨损）的部分，而流通中现存的金属货币则是“社会原有的、是逐渐积累起来的”。换句话说，全社会一般商品流通所需要的货币量，包括作为货币资本的货币量在内，除少量需要补充之外，是经过许多年逐步积累起来的。这个原理，在货币采用纸币的历史条件下，是同样适用的，因为纸币本质上是金属货币的代表。

从以上两个角度的分析来看，在$\sum G:(\sum P+\sum W')$的数量比例关系中，全社会的货币流通量$\sum G$包括作为货币流通的货币量$\sum G_1$和作为货币资本流通的货币量$\sum G_2$两部分，即：$\sum G=\sum G_1+\sum G_2$。控制货币流通总量$\sum G$，包括控制好$\sum G_2$，即控制好货币资本量。在当代使用纸币的条件下，货币$\sum G_1$和货币资本$\sum G_2$两者性质的区别同样存在。要控制好社会总产品借以流通的货币量$\sum G$，要求遵循《资本论》所揭示的纸币流通量规律，本书下卷第十三章已对此作了论述。这主要是应控制好纸币发行，防止通货膨胀；而要控制好$\sum G_2$，就是要使纸币形式的货币资本符合它代表的真实资本价值。

2. 综合调控流通中的货币资本量

为何要控制好货币资本量$\sum G_2$呢？这是因为，在社会生产力发展的一定时点上，社会总资本量（$\sum G_2+\sum P+\sum W'$）是一定量，如果资本量在货币资本形式上过多，那么现实资本（生产资本和商品资本）的数量就会缩减，这就会阻碍社会再生产的扩大。还要认识到，社会主义市场经济体制与计划产品经济体制在宏观经济运动机制的启动上有重要的区别：后者主要通过国家在物资方面的计划调拨来启动；而前者则以无数企业以及国家财政向流通投入货币资本来启动。因此，在社会主义市场经济条件下，宏观经济运动的“第一动力”货币资本量$\sum G_2$的投入，具有相当大的自发性。这就必须设法从总量角度把好关，力求让企业投入和财政支出都服从宏观总量的限定，从而把它们控制在一定限度内。

怎样控制住货币资本量$\sum G_2$呢？这在实践中，需要建立和完善中央宏观经济

① 《资本论》第2卷［M］，北京：人民出版社，2004年，第536页；马克思对“年产品借以流通的货币量”来源的详细分析，见第531—536页。

综合计划调控中心(简称宏观调控中心),协调中央各经济管理职能部门的工作,尤其是中央产业管理部门、中央财政部门、中央银行的工作,指挥好综合平衡的计划调控。宏观调控中心,有必要根据各职能部门收集的宏观经济信息,对社会总资本的$\sum G_2$、$\sum P$、$\sum W'$三个组成部分进行测算,估算出一定时期(例如一年)应控制的货币资本投资量计划,由此从三方面落实对$\sum G_2$的控制。

一是从国家财政收支方面控制好货币资本投资量。这包括:如何遵循综合平衡的原则,对财政收入的“总盘子”做出尽可能切合实际的预算;如何处理中央和地方财政的权益关系,做到各级政府财政收支与权责相适应;如何严禁各级地方政府擅自从地方利益出发,搞财政赤字,扩大资本周转周期长的基本项目建设;如何从全局出发,处理好国家财政向中西部地区、农村地区和贫困地区增加支出与财政收入平衡的关系。在财政领域采取这些措施,可以使国家和地方财政的货币资本投资量处在计划的范围内。

二是从企业方面控制好货币资本投资量。需要控制的,主要是新开办企业的投资和对原有企业扩大再生产需要的追加投资。因为货币资本量虽然包括社会简单再生产需要的一定量,但是这部分数量是原已有的、已纳入社会简单再生产和流通的平衡关系的量。难以控制的,是社会扩大再生产运动中需要追加投资的货币资本量。就总量控制而言,国有企业的追加投资总量,宏观调控中心是能够控制的,因为中央国资委有条件对全国国有资本的追加投资做出统计,并对投资量做出决策。但是,对于无数私营企业扩大再生产的追加货币资本投资量,就需要通过银行系统掌握的企业资产负债表和对私企的货币资本信贷关系来控制了。

三是从全国银行系统方面控制好全社会的货币资本贷放量。宏观调控中心应当对银行系统贷放货币资本的总量做出预测计划,以此作为控制的依据。银行信贷在操作上,有必要遵循《资本论》关于区分货币资本贷放和货币贷放的原理,在账户中反映出这两者的区分,以便对实际贷放的货币资本总量做出统计,作为经验数据。需要说明的是,银行系统根据宏观调控中心的预测计划,来调节货币资本贷放总量,这与银行直接按市场利息率来调节货币资本信贷是不同的。后者属于自发的市场调节,它难以做到对货币资本的贷放总量进行控制,这种控制只能靠爆发危机来达到。当然,银行系统根据宏观调控中心的计划信贷总量来贷放货币资本,也需要规定一定的利息率。这是否违反信贷市场规律呢?如果离开了宏观调控中心的预测计划,主观地规定信贷利息率,这确实违反了信贷市场规律。但是,银行系统在宏观调控中心预测的信贷总量计划框架下，根据一定时期企业与银行之间的货币资本供求关系，来规定具体利息率，正是为了自觉地尊重信贷市场规律。须知在信贷市场背后起决定性作用的是价值规律，它的自发运动的结果，正是要实现社会再生产的按比例进行。而宏观调控中心提出的货币资本信贷总量计划，并不是一种主观意愿，它是根据各方面的经济信息做出的，正是为了尊重价值规律。银行系统在尊重总量计划的前提下，规定具体时期的货币资本信贷利息率，这正是为了自觉遵循价值规律。那种一定要让自发的市场利息率说了算的主张，看起来很尊重信贷市场规律，其实这属于对客观经济规律认识上的"不可知论"，它盲目地认为人们只能被动地服从市场自发调节。应当相信，人们在科学理论指导下，是可以逐步认识客观世界，从而改造客观世界的，因此，人们也是可以认识价值规律，使自己的实践行为尽可能接近价值规律客观要求的。

以上论述的控制途径，是从基本方法角度作出的探讨，许多细节有待于在理论与实际的结合上深入研究。需要说明的是，在经济对外开放不断扩大的条件下，宏观调控中心要控制好国内货币资本投资总量，还离不开科学地调节对外经济关系。这在本书第三篇已有较多论述。这里有必要进一步强调的是，从独立自主的民族经济整体运动的角度来看，应当把对外贸易、利用外资和对外经济合作涉及的外汇货币、外国资本（外汇形式、物资形式）等方面，都相应地纳入国民经济总体运动的货币和货币资本$\sum G$、生产资本$\sum P$和商品资本$\sum W'$三种形式之间的比例关系之中。外汇投资应纳入货币和货币资本的运动范围，对外贸易应纳入商品资本的运动范围，直接利用外资和对外经济合作则应纳入生产资本的运动范围，这样才不至于违反国民经济综合平衡的基本原则。

如何控制国民经济运动中的货币和货币资本量，这涉及许多应用经济学专业的具体业务，本书不再展开探讨。不过，在如何控制货币资本投资量这方面，有一个社会主义市场经济新实践提出的、与此密切相关的具体问题，即如何控制虚拟资本总量这个问题，不应略去，它唯有应用《资本论》的宏观经济研究方法，才能做出科学的回答。下面以股市的控制为例，作些探讨。

（三）对股市投资量的宏观控制

1. 控制投入股市货币资本量的必要性

前面第十八章论述了对股市投机性的控制。这里进一步论述对投入股市的货币资本量的控制。

股票是虚拟资本的主要形式。本书上卷第八章已阐明，虚拟资本是现实职能资本或已经消灭的资本的“纸制复本”，包括国债、股票、债券，以及货币资本的各种纸币或凭证形式等。它们是有价值的资本的所有权证书，但是本身没有价值。它们在市场上流通，在价格上升的条件下，会造成数倍于现实职能资本的假象，即出现证券价格显著高于证券票面标出的资本价值的“泡沫”。这种泡沫把大量的货币资本吸纳到虚拟资本市场中，使其离开职能资本运动的轨道，导致宏观经济不稳定。一旦价格“泡沫”破裂，就成为经济危机的催化剂。

从对宏观经济运动影响角度来看，每当股市价格上涨到一定程度，大量股民就会减少在其他方面的货币投入，而把尽量多的货币资本投向股市，这就减少了商品市场的购买力；不少人动用自己的储蓄，甚至贷款来购买股票，这就意味着货币从银行转向了股市；有的企业眼见炒作股票，低价买入，高价卖出，来钱比经营企业容易得多，于是将企业生产资本转为货币形态投入股市。这样一来，全社会投入股市的货币量就明显增加，消费品市场流通和生产资料市场流通的货币量则会突然减少。这就必定会减少社会总产品流通所需的货币量，从而打破社会总产品$\sum W'$内部原有的比例关系，搞乱生产领域企业总资本$\sum P$内部的比例关系，从而破坏社会总资本$\sum G:(\sum P+\sum W')$之间的正常比例关系。而为了缓和由此造成的矛盾，中央银行往往不得不增发纸币，这又会造成通货膨胀。所以，实践表明，只要开办股市，就必须控制股市的投机性和控制投入股市的货币资本量，这样才能避免走资本主义股市诱发危机的老套路。

股票不像由国家财政通过银行发出的国债，这在发行总量上很清楚，因而比较好控制。股票是分散的具有自发性的企业通过证券公司或投资公司发出的，股市又必定因供求关系的自发性而发生价格波动，这就显著增加了调控股市的难度。从市场经济一般角度看，现阶段中国企业作为商品生产者，仍有必要利用社会资金，仍有必要利用股份制这种企业组织形式，因而发展股市仍然有继续试验的必要。而从宏观经济运行的角度看，则必须按照社会主义市场经济不同于资本主义经济的特征，控制好投入股市的货币量，同时必须把股市的投机性控制在最低限度，这样才谈得上利用股市的有利方面，不给宏观经济运动造成混乱。因此，必须从中国社会主义根本制度的要求出发，明确中国创建股市的目的。

有一种流行的说法，股市是为投资者服务的。这个说法并不全面。实际上，中国发展股市的价值目标,从市场经济一般性看是为发展实体经济服务的,而从经济制度的特殊性看,则主要是为占主体地位的公有制经济服务的,也是为人民利益服务的,而不是像资本主义股市那样,为私人资本投资者谋取私利服务。正因为如此,必须把股市纳入宏观计划调控的范围,这就必须确立控制投入股市货币资本量的自觉意识。

2. 控制好投入股市的货币量的可能性

从总量上控制投入股市的货币资本量具有现实可能性,因为它是有客观界限的。西方资产阶级经济学不理解或不承认劳动价值论,信奉价值规律的不可知论,因此它不可能明白,也不可能解决这个问题。而马克思根据劳动价值论揭示出虚拟资本的本质,则为我们认识投入股市的货币资本量的客观界限提供了科学方法。既然股票是它所代表的企业一定资本量的所有权证书,那么,从宏观上说,已发行的所有股票的票面价值(资本股权的价值量)总量,就相当于股票所代表的实体资本的总价值量。所谓股市出现“泡沫”,其科学含义就是,上涨的股票市场价格总量,超过了股票的票面价值总量,“泡沫”越大,超过的数量也就越大。要控制好投入股市的货币资本量,也就是要去除这些“泡沫”,不让售出的股票市场价格总额超过它所代表的实体经济资本(股票上市公司的资本)的总额。由于中央宏观调控中心是可以根据统计部门弄清上市公司的资本总额的,也可以弄清股票市场的股票成交金额总量,所以,是可以把握股市是否出现“泡沫”及其大小程度的。当发现股市“泡沫”上涨,就应及时采取措施加以调控。

3. 控制股市出现“泡沫”的方法

一是有必要在股市和银行资金、社会保险基金之间建立“隔离墙”。[①] 也就是要防止在国民经济运动中承担专门作用的银行资金、社保基金等越出自己的界限进入股市,拉动股票市场价格上涨。我们知道,有息证券的市场价格变动,一般遵循“收入资本化的证券价格=年收入/年利息率”这个公式。对于股票的市场价格变动来说,遵循的公式就是:股票价格=股息/银行利息率。从公式不难看出,在上市企业股票的股息一定时,银行利息率的下降会促成该企业股票价格上涨,反则反之。对自主决策的投资者来说,当他把一定量货币资本投入股市,获得的股息收入可以高于存入银行得到的利息时,他显然会投资股市。所以,一般来说,银行利率

① 项镜泉主编:《中国经济发展与改革建言》[M],北京:经济科学出版社,2011年,第188页。

降低，会助长股市价格上涨；利率提高，则会促使股市价格降低。由此可知，当股市发生“泡沫”时，要降低股市价格水平，减少进入股市的货币资本量，就可以采取提高银行利息率这种措施。顺便指出，社保基金是关系到广大老百姓养老看病的基金，它的保值增值，理应投入万无一失的领域来实现，是不宜投入风险性很大的股市的。为此，应当采取行政性的措施，阻止其进入股市。

二是通过对上市公司实体经济的平均利润率（$\overline{p'}$）和股市平均收益率（$\overline{s'}$）的比较，作出控制股市价格上涨的判断。这里要区分股市平均收益率（$\overline{s'}$）和股票投资者的平均股息收益率（$\overline{x'}$）。一般来说，股票投资者的平均股息收益率应低于上市公司的实体经济的平均利润率，高于银行利息率（r），即：$\overline{p'}>\overline{x'}>r$。因为，企业股票的股息是企业利润中扣除税收、公积金（用于扩大再生产、应付经营风险等）的可分配部分，所以$\overline{p'}$必定高于$\overline{x'}$。而$\overline{x'}$一般高于 r，是因为企业发行股票是为了直接融资，在企业经营正常的情况下，如果股票的股息率低于银行利息率，投资者就不会购买股票，而会直接到银行存款（当然，购买股票有一定风险，一旦企业经营不善或破产，就只能获得较低股息或血本无归）。但是，股市平均收益率（$\overline{s'}$）则包括全体股市投资者的股票股息收入（GX）和股票买卖差价收入（CJ）之和，与它们对上市公司全部投资量（$\sum K$）之比，即：$\overline{s'}=(GX+CJ)/\sum K$。

式中的 $GX/\sum K$ 这部分，也就是平均股息收益率（$\overline{x'}$）。如果股市平均收益率（$\overline{s'}$）大于上市公司的实体经济的平均利润率（$\overline{p'}$），那显然是股票买卖差价收入（CJ）这个部分的数额过高。根据劳动价值论，股市本身不创造价值，因此，股票买卖差价收入这个部分，只能是社会已经生产出来的价值向股市的转移。这就表现出股市价格上涨的不合理。由此，就需要采取措施，阻止社会价值向股市的过量转移，控制股市价格的上涨。

三是对外资进入股市应有严格限制。股市既然是企业直接融资的中介，也是可以用于吸纳外资的。但是，这必须为发展民族经济，主要是为发展公有制经济服务。为此，要防止外国资本利用股市对中国公司控股；防止外国资本通过中国股市自由进出，破坏中国宏观经济的比例关系；尤其应当防止外国投机资本在中国股市大进大出，买空卖空，投机营利。所以，应当从维护民族经济安全的高度，对外资进入中国股市，在股票投资限额上、股票买卖时间间隔上、投资目的的判断上，有更为严格的限制性规定。

四是控制股市的投机性。这在本书下卷第十八章已经论述，此处不再重复。

综上所述，在社会主义市场经济条件下，必须坚持综合平衡，必须高度重视研究货币资本的运动，把虚拟资本运动的监管和控制，纳入宏观计划调控的范围。

（四）建立科学的宏观经济统计指标体系

1. 认清西方宏观经济统计指标体系的表面性和片面性

国家对宏观经济运动进行科学的调控，必须做到心中有“数”。就是要“对情况和问题一定要注意到它们的数量方面，要有基本的数量的分析”[①]。这需要建立一套能够反映中国社会主义市场经济宏观运动的统计指标体系。科学的统计指标体系乃是中央宏观经济调控中心及其职能机构正确分析和调节宏观经济运动的重要工具。只有以《资本论》的宏观经济分析方法为指导，才能结合经济统计实践，建立这样的宏观经济指标体系。在这方面，不能照搬西方国家的宏观经济统计指标。这主要是因为其理论依据是西方资产阶级经济学，贯彻要素价值论，沿袭斯密教条，具有维护资产阶级利益的主观性和狭隘性，存在不科学性。这表现在：

这种经济统计渗透唯心史观。它用要素价值论指导“价值”量的核算，用三次产业的划分，模糊物质生产领域与非物质生产领域的基本界限。

不能反映深层经济关系的本质联系。由于统计指标制定者认为资本主义私有制为基础天经地义，所以根本不制定反映生产资料所有制关系的指标。

缺乏全面地反映宏观经济社会分工联系的指标。从总体上说，这种经济统计沿袭斯密在宏观经济分析中丢掉了不变资本价值$\sum c$的错误，不懂得分析宏观经济运动必须从社会总产品出发，所以不制定以社会总产品$\sum(c+v+m)$为分析基础的经济指标，而只制定以GDP（国内生产总值）为分析基础的经济指标，也就是只分析马克思所说的社会总价值产品$\sum(v+m)$，因而具有很大的片面性。

尽管西方宏观经济统计指标体系适应时代的发展，也有某些更新和改善，但是，这并没有改变这种统计指标体系的表面性和片面性。例如，迫于环境污染的严重性，西方宏观经济统计指标中，一开始引入环境保护的因素，出现了“绿色GDP”“绿色GNI”（在原来的国内生产总值[GDP]和国民生产总值[GNP]中，减去环境污染损失）等新统计指标，这值得肯定。但是，这些指标依然保留着斯密丢掉了不变资本价值$\sum c$的错误。因此，中国要创建一套适合社会主义市场经济的科学的宏观

① 《毛泽东选集》第4卷[M]，北京：人民出版社，1991年，第1442页。

经济统计指标体系，就必须坚持马克思主义经济学指导下的理论创新，抛弃对西方宏观经济指标体系的迷信。

2. 创建社会主义宏观经济的统计指标体系

这种理论创新涉及统计学科，专业性很强，需要深入研究。这里主要遵照《资本论》的宏观经济研究方法，提出创新宏观经济统计指标的主要科学路径。

一是建立从社会总产品出发的宏观经济指标体系。社会总产品是一定时期（通常是一年）全社会的总产品的使用价值和价值的统一体，通常用$\Sigma(c+v+m)$表示其价值构成。它是马克思纠正斯密教条提出的科学范畴，是《资本论》宏观经济研究方法的基本范畴。那种认为它只适用于计划产品经济体制的认识，是一种误区。现代西方资产阶级宏观经济学使用的统计指标体系，都是从 GDP（国内生产总值），即社会总产品中的价值产品$\Sigma(v+m)$出发的，例如，各行业的 GDP 占全部 GDP 的百分比、货币流通量占 GDP 的百分比、银行部门提供的国内信贷量占 GDP 的百分比等。这些百分比中的分母，都丢掉了社会总产品中的不变资本价值Σc，这是不利于进行科学的宏观经济调控的。例如，货币流通量占 GDP 的百分比这个指标，它是货币流通量与$\Sigma(v+m)$之比，这显然没有科学反映宏观经济运动与所需货币量的内在联系。因为宏观经济总商品流通所需的货币量，并不只是$\Sigma(v+m)$所需要的货币量，或者说并不只是$\Sigma(v+m)=\text{Ⅱ}(c+v+m)$的商品流通所需的货币量，而是两大部类全部商品流通所需的货币量，即$\Sigma(c+v+m)=\text{Ⅰ}(c+v+m)+\text{Ⅱ}(c+v+m)$的商品流通所需要的货币量，所以，建立货币流通量与$\Sigma(c+v+m)$之比的指标，才是科学的。不能忘记马克思的教导，分析社会再生产即宏观经济运动，显然应当分析商品资本循环公式（W′…W′），即应从社会总产品出发，因为它“既包括生产消费，也包括个人消费”①。应当说，宏观经济运动最基本的总量，就是$\Sigma(c+v+m)$，即社会总产品及其产品价值结构，而它的数据是可以统计出来的，因此，建立从社会总产品出发的宏观经济指标体系，是可以做得到的。

二是建立健全反映生产资料所有制结构的经济指标。从本书下卷第十六章可以知道，宏观经济结构具有多个层面，这每个层面有数量关系的表现，都有必要建立统计指标系列。尤其应当建立反映生产资料所有制结构关系这个层面的统计指标，因为它是体现社会经济制度性质的层面。社会主义市场经济存在多种所有制

① 参见《资本论》第 2 卷[M]，北京：人民出版社，2004 年，第 436 页。

经济成分，它们处在变动之中，要维护广大劳动人民的整体利益，从而维护公有制的主体地位，就必须从宏观上把握国有经济、集体经济、私营经济、个体经济和外资经济之间的结构关系，把握各种经济成分在国民经济中的比重。由于在市场经济一般关系中，生产资料表现为资本一般的形式，所以需要建立不同所有制的资本总量及其比重的统计指标。在统计所有制结构时，还有必要在弄清股份制企业股权结构的基础上，对其中的不同所有制性质的资本分别加总，这样才能准确弄清全社会各种所有制的资本总量及其结构。同时，资本的本质是生产关系，各种所有制的比重，更深刻地表现在各种所有制中就业人数的结构上，所以，还应统计各种所有制经济中的就业人员总量及其比例关系。

三是建立促进宏观经济综合平衡的宏观经济指标。到目前为止，国际上实行的宏观经济指标体系，一是产生于资本主义市场经济国家的 SNA（The System of National Accounts）国民经济核算体系，一是来自社会主义国家原计划产品经济体制下的 MPS（The System of Material Product Balances）物质产品平衡体系。虽然两种指标体系中都有可利用的指标，但是，SNA 指标体系贯彻资产阶级经济学的要素价值论，不区分物质生产领域和非物质生产领域，把所有经济活动全都计算成价值，并贯彻斯密教条，把 GDP 指标作为核心指标。而 MPS 指标体系，虽然区分了物质生产与非物质生产，贯彻劳动价值论制定统计指标，却对非物质生产领域的经济活动缺乏必要的反映。因此，要从质和量的结合上科学把握社会主义市场经济的宏观经济运行状态，就不能满足于现有的 MPS 和 SNA 两个指标体系，而应当根据促进宏观经济综合平衡的要求，有所创新。在促进物资比例平衡方面，应贯彻劳动二重性的基本原理，不仅要完善反映价值运动状况的指标系列，而且有必要制定社会总产品中的主要商品的使用价值量的指标，从而完善从价值和使用价值两方面反映各产业比例关系的指标系列。在促进国际收支平衡方面，应遵循马克思的国际价值论，完善能反映中外资本流通、国际贸易影响汇率变动的指标系列。在银行体系的信贷平衡方面，要区分货币资本信贷和货币信贷，制定和完善能够反映货币流回规律的指标系列。在促进财政平衡方面，要建立有助于反映各级政府财政收支真实状况的指标系列等。总之，只有遵照宏观经济综合平衡的指导思想，建立健全一套能够科学反映宏观经济运动的统计指标体系，才能真正做到心中有“数”，适应宏观经济有计划按比例发展的客观要求，实施科学的调节。

四是建立健全促进可持续发展的绿色宏观经济统计指标。现行的 MPS 和 SNA

两个指标体系存在的共同缺陷,就是无法体现可持续发展的客观要求,相反,某些反映经济增长和发展的指标,还会助长对自然资源的浪费和对生态环境的破坏。中国不少地方政府把GDP增长作为政绩指标,结果导致资源消耗过快、环境污染严重,这与GDP这个指标孤立地反映产值,不反映对资源、环境的负面影响是直接相关的。目前,改革国民经济核算体系,建立健全"绿色"宏观经济核算指标体系,已成为世界经济统计领域的进步潮流,中国理应走在前列。这除了建立专属人口、资源和环境保护领域的统计指标系列之外,还应当在建立健全从社会总产品出发的统计指标体系过程中,落实"绿色"发展新理念,把以往无偿使用的自然资源耗费和对生态环境的负面影响,计入消耗的经济成本,纳入统计指标范围,从而建立起促进"绿色"发展的指标体系。当然,设计宏观统计指标系列,要以设计微观企业层面的统计指标作为基础;落实"绿色"统计指标,也要从企业做起。这会出现许多与人们经济利益有关的具体问题需要解决。但是,建立促进可持续发展的"绿色"宏观经济统计指标,这种趋势不容阻挡。应当坚信,只要发挥社会主义制度的优越性,坚持局部利益服从全局利益,问题再多,也能够解决。

3. 本章结束语

本章用较大的篇幅,应用《资本论》的宏观经济分析方法,论述社会主义市场经济实施宏观计划调节的必要性和基本方法,强调必须走综合平衡之路。这种计划调节是社会主义国家代表广大人民群众的整体利益,发挥的一种主观能动性,它只要尊重宏观经济运动的客观规律,就可以促进宏观经济按照社会主义生产目的轨道健康运行。资产阶级新自由主义经济学家们是根本不承认,并坚决反对这种主观能动性的。这其实说明他们面对市场经济的自发力量无能为力。他们不懂得马克思所阐明的道理:"资本不是一个固定的量,而是社会财富中一个有弹性的、随着剩余价值分为收入和追加资本的比例而不断变化的部分。其次我们知道,即使执行职能的资本的量已定,资本所合并的劳动力、科学和土地(经济学上所说的土地是指未经人的协助而自然存在的一切劳动对象),也会成为资本的有弹性的能力,这种能力在一定的限度内使资本具有一个不依赖于它本身的量的作用范围。"[1]这里所说的"剩余价值分为收入和追加资本的比例"的分割,"资本的有弹性的能力",都是与当事人发挥主观能动性相联系的。马克思还提到,在一定条件下,"用

① 《资本论》第1卷[M],北京:人民出版社,2004年,第703页。

现有的生产资料和劳动力可以直接而有计划地实现的更合理的结合”。[①] 本章论述的计划调节，正是为了在社会主义市场经济条件下促进全社会的生产资料和劳动力实现更合理的结合。而巩固和发展社会主义公有制的经济基础，正是实现这种更合理结合的条件。这将在下一章论述。

① 《资本论》第1卷[M]，北京：人民出版社，2004年，第703页。

第二十章　所有制结构的调整

上一章论述宏观经济的计划调控应当促进宏观经济的综合平衡，这是宏观经济调控的一个重要方面。由于宏观经济计划调控只有在社会主义公有制的经济基础上，才能真正实现，所以还应当高度重视夯实这个经济基础。在现阶段的社会主义市场经济条件下，存在公私多种所有制经济成分，它们之间存在对立统一关系。公私所有制相互之间的比例关系，从而全社会的生产资料所有制结构关系，是处在变动之中的。宏观经济的计划调控，必须自觉维护和发展公有制主体地位，引导私有制经济服从国有经济的主导作用。为此，应当把调整生产资料所有制的结构，维护社会主义基本经济制度，作为宏观经济调控的重要方面。本章拟结合现实中发生的产能过剩的经济结构失衡现象，评述理论界关于调整经济结构的不同主张；论证调整所有制结构、恢复公有制主体地位具有紧迫性；并在唯物史观指导下，提出振兴公有制经济，调整和完善所有制结构的方法。

一、确立调结构的科学指导思想

（一）走出调结构的认识误区

1. 理论界关于调结构的不同认识

1956年，中国对生产资料私有制的社会主义改造取得伟大胜利。从那以后，在一个较长的时期，当宏观经济因调控失误，发生结构失衡现象时，中国经济学界谈调整经济结构（以下简称调结构），一般都指综合平衡的产业结构方面。这是因为，在生产资料所有制结构中，公有制经济所占比重一直较大，其主体地位也比较稳固；结构失衡的主要原因显然不在所有制结构方面，所以谈到调结构，一般都指调整产业结构。但是，从20世纪90年代后期以来，随着西方经济学在中国影响的加大，随着不少地区私有化“改制”导致公有制主体地位的削弱越来越严重，经济学界对于如何科学地调结构，逐步出现认识上的分歧。

我们知道，在1978年至2011年的30多年间，中国GDP的年平均增长率达到9.9%，成为世界经济中的“一枝独秀”。但是从2012年开始，中国经济年增长率开始低于8%，从7.7%逐步降到2015年的6.9%，连续几年呈下行态势。这固然与2008年爆发的世界金融经济危机对中国产生不良影响有一定关系；但是国内经济结构出现失衡，是内因，更值得重视。2012年，党的十八大提出“推进经济结构战略性调整”，要求“着力解决制约经济持续健康发展的重大结构性问题”。[①] 这十分及时。因为我国出现市场内需不足、产能过剩等问题，都是经济结构失衡的表现，要实现发展方式的转变，实现国民经济的科学发展，就必须对经济结构进行战略性调整。由此，调结构成为经济学界关注的新热点。但是，2012年以来在学者中对经济结构失衡原因的分析和调节方法的主张，却形成两种明显不同的认识：

坚持用马克思主义经济学研究经济现实的学者认为，中国宏观经济“重大结构性问题”，表现为产业结构失衡和产能过剩，其深层原因是21世纪开始的10多年来，生产资料所有制结构出现了失衡，使公有制占主体地位的社会主义基本经济制度受到严重削弱，因此，主张调结构应结合社会主义市场经济的新情况，重视完善所有制结构，从坚持公有制主体地位、发挥国有经济主导作用做起，同时进行综合平衡的计划调控，促进宏观经济各产业分工的比例关系平衡，促进市场供求的平衡。这与党中央提出的要求是一致的，习近平总书记2013年明确提出：“如何更好体现和坚持公有制主体地位，进一步探索基本经济制度有效实现形式，是摆在我们面前的一个重大课题。”[②]

用西方经济学研究经济现实的学者则认为，目前经济结构的失衡，表现为总需求和总供给之间的失衡，主要原因在市场体制机制不完善；要解决产能过剩和产业结构失衡问题，应当从市场需求方面或者市场供给方面调整经济结构。他们一般不讲调节生产资料所有制结构，更不讲坚持公有制的主体地位，因为西方经济学中没有这样的话语。然而，这不等于他们的观点不涉及所有制结构。实际上，有人一直在主张公有制经济私有化。

---

① 胡锦涛：《坚定不移沿着中国特色社会主义道路前进　为全面建成小康社会而奋斗——在中国共产党第十八次全国代表大会上的报告（2012年11月8日）》[N]，《人民日报》2012年11月18日（第1版）。

② 习近平：《关于〈中共中央关于全面深化改革若干重大问题的决定〉的说明》[N]，《人民日报》2013年11月16日（第1版）。

有比较才有鉴别。由于后一种认识在经济学界和实际经济管理部门影响不小，为此有必要用《资本论》的宏观经济研究方法加以分析。这有助于分清理论是非，并弄清为何前一种认识坚持把振兴生产资料公有制作为调结构的当务之急。

2. 一些学者应用西方经济学提出的调结构观点

他们认为，2012年以后中国宏观经济连续几年出现下行态势，从国际经验看，这属于进入中等收入水平国家发生的正常现象，但是，要避免经济增长继续下滑，陷入“中等收入陷阱”，就需要调结构。他们先是应用凯恩斯主义宏观经济学，从驾驭投资、消费、外贸“三驾马车”角度，提出“需求拉动”的调结构对策。在2015年党中央做出“供给侧结构性改革”部署后，[①]他们又从供给方面提出调结构主张，有代表性的观点是：

认为经济“结构”包括两层含义，第一层含义是“资源配置的结构”，中国经济减速最主要的问题是由于“资源错配”，经济结构发生了扭曲；第二层意义上的“结构”，是“体制机制的结构”；“结构性改革”讲的，是后一层体制机制意义的“结构”的改革，要通过这种改革，建立统一开放、竞争有序的市场体系，发挥市场机制的作用，来实现第一层含义的经济结构的优化和供给质量的提高；政府要起的作用，不是直接出手去调结构，而是提供公共品等；采用行政命令方法解决经济结构扭曲的问题，效果很差，而且往往适得其反。[②] 有人明确提出，供给侧结构性改革的一个重要的内容就是消除市场的价格扭曲。[③] 还有人提出，供给侧结构性改革“在要素市场应有实质性推动”，要在石油、天然气、电力、电信、铁路等，服务业中像医疗、教育、文化这些领域有实质性推动；城乡之间的土地、资金、人员等要素流动的改革，不能再拖。[④]

认为供给侧是与需求侧的消费、投资、出口“三驾马车”相对应的。“消费供给、投资供给和出口供给，实际上构成了供给侧的动力机制，这种动力机制带有非常明显的结构性特征”；“供给侧”还包括与“物”的供给能力相匹配的、从“人”的利益关

---

① 2015年11月习近平总书记在中央财经领导小组第十一次会议首次提出，“推进经济结构性改革”，“在适度扩大总需求的同时，着力加强供给侧结构性改革，着力提高供给体系质量和效率，增强经济持续增长动力，推动我国社会生产力水平实现整体跃升”。新华网，2015年11月10日，http://news.xinhuanet.com/politics/2015-11/10/c_1117099263.htm。

② 吴敬琏：《什么是结构性改革，它为何如此重要？》[EB/OL]，中国经济50人论坛网，2016年6月30日，http://www.50forum.org.cn/home/article/detail/id/6565.html。

③ 周小川在“中国经济50人论坛”的发言，论坛秘书处：《深化供给侧结构性改革　全面提升发展质量》[EB/OL]，中国经济50人论坛网，2016年2月19日，http://www.50forum.org.cn/home/article/detail/id/6400.html。

④ 徐蔚冰：《刘世锦：供给侧改革须在要素市场有实质性推动》[N/OL]，《中国经济时报》2016年9月13日；今日头条网，2016年9月14日，http://www.toutiao.com/a6329486052995301633/。

系来看的“制度供给”。[①] 供给侧结构性改革的主攻方向是减少无效供给，扩大有效供给，以创新引领消费；要提升创新能力，“瞄准惠民生、利长远的发展项目，创新政府和社会资本合作的 PPP 模式，制度供给的创新成为市场活力迸发的重要引擎”；“供给侧一旦实现了成功的颠覆性创新，市场就会以波澜壮阔的交易生成进行回应”。[②]

认为“凡是从供给侧增加生产要素供给数量和质量以降低生产成本、通过转变政府职能以降低交易费用，以及提高全要素生产率保持产业和企业比较优势的政策调整和体制改革，都属于结构性改革范畴”；改善人口结构，提高劳动年龄人口的劳动力供给及他们的受教育和培训程度，就是增加生产供给要素的供给数量和质量。[③]

认为供给侧方面结构调整的主要含义是培育独立的自主经营企业。“最要紧的任务是形成自主经营的、独立经营的产业主体。”[④]企业活力和企业家精神是供给侧的，效率与活力的结合是市场经济的精髓。企业活力必定主要靠企业家精神。企业家精神不是单纯的企业管理问题，而是要创造出与前人不同的产品和生产过程。企业家精神的增强取决于政府行政干预的减少。[⑤]

上述主张或对策建议，提出完善市场机制和体制、扩大市场的有效供给、增加生产要素供给数量和质量、增强企业的效率与活力、减少政府行政干预等，不无一定道理。但是，从调整宏观经济结构失衡的角度来看，则值得商榷。

3. 对上述“调结构”观点的简要评述

让我们用《资本论》的宏观经济研究方法对上述观点做些推敲，可以得出以下认识：

其一，自发的市场机制只能事后促进产业结构的平衡。《资本论》揭示出，商品流通的内部矛盾包含着危机的可能性；社会化大生产要求全社会社会分工或各产业部门之间形成一定比例关系，但是企业自主生产决策和自发的市场交换，并不能

① 贾康、苏京春：《突破需求管理局限　推进供给侧研究创新》[N]，《中国证券报》2015 年 11 月 17 日，《新华文摘》2016 年第 2 期，第 53 页。

② 冯蕾：《供给侧结构性改革：“加减乘除”效应》[N]，《光明日报》2016 年 12 月 17 日(第 1 版)。

③ 蔡昉：《认识中国经济减速的供给侧视角》[J]，《经济学动态》2016 年第 4 期。

④ 董鑫：《厉以宁手写讲稿谈供给侧改革：政府要知进知退》[N/OL]，《第一财经日报》2016 年 11 月 24 日，http://www.yicai.com/news/5165657.html。

⑤ 钱颖一在“中国经济 50 人论坛”的发言，论坛秘书处：《深化供给侧结构性改革　全面提升发展质量》[EB/OL]，中国经济 50 人论坛网，2016 年 2 月 19 日，http://www.50forum.org.cn/home/article/detail/id/6400.html。

预先适应这种客观要求。尽管说，自发的市场机制能使市场价格趋向市场价值，但是绝不应当忽视，它最终只有通过爆发经济危机，才能事后迫使产业结构服从价值规律的调节，使宏观经济实现一段时间的暂时平衡。资本主义国家的经济发展历程证明了这一点。发达资本主义国家在1929年至1933年经济危机中，认识到只有国家出面实行宏观经济调控，才能克服市场机制的自发性。然而，只要不改变私有制经济基础，就无法从根本上克服这种自发性，这正是即使资本主义国家实施了一定程度的宏观经济调控，也依然不能避免危机继续周期性爆发的根本原因。可见，我们不能迷信市场机制的自发调节，不能孤立地谈完善市场机制，更不应当把完善市场机制等同于全社会的企业全都绝对独立地生产和自发地相互交换。完善市场机制只有与建立在公有制经济基础上的宏观经济调控机制紧密结合起来，才能真正解决产业结构失衡的问题。

其二，“体制机制的结构”这种含义上的“结构”并不属于经济结构范畴，而是经济管理制度范畴。主张减少政府行政干预，形成自主经营的、独立经营的产业主体，增强企业效率与活力，把“制度供给的创新”纳入“结构性改革”，这些都属于改善管理体制机制方面的问题。尽管完善社会主义市场经济的管理体制机制，与解决结构失衡有一定联系，但是，解决管理方面的体制机制问题与有针对性地在一定时期解决宏观经济结构失衡问题，并不是一回事，后者要解决的是社会范围内各产业之间的比例关系问题。因此，不能用解决经济管理体制机制的问题，来替代解决经济结构失衡的问题。

其三，提出调整“消费供给”“投资供给”和“出口供给”这些方面的结构，对调结构实践没有指导价值。既然是讲“供给侧”的结构，那么“消费供给”就应理解为消费品的市场供给，“投资供给”就应理解为货币资本的市场投入，或者是作为投资品的生产资料的市场供给，“出口供给”就应理解为商品的对外出口供给。如果把“投资供给”理解为货币资本投入，那么，这三种“供给”在概念上就是指消费品、出口品两类商品与货币资本之间的供给结构，其中排斥了生产资料商品的供给。如果把“投资供给”理解为生产资料商品的供给，那么，“供给侧”结构就包括两种关系，一是总产品供给中的消费资料和生产资料的关系，二是总产品中的国内销售的产品和出口销售的产品的关系。但是，这两种产品结构关系，都过于抽象和简单，显然不能用以揭示产业结构各产业之间的比例关系，因而不能用于指导解决产业结构的失衡问题。

其四,改善生产供给不等于调整产业结构。减少无效供给,扩大有效供给,降低生产成本,降低市场交易费用,自觉应用科学技术,增加生产要素供给数量和质量,这从供给方面来说,无疑都值得强调。但是这些都属于提高生产供给的效率和效益问题,不能替代宏观经济的调结构。只有促进全社会各产业之间形成相互补偿平衡的比例关系,才能调整产业结构,真正使宏观经济运行遵循价值规律。

上述各种调结构的观点,谈到的结构除了"资源配置的结构"属于产业结构范畴,其余都不直接涉及宏观经济结构。更不可忽视的是,这些观点都无视公有制经济主体地位被削弱的宏观经济现实,都不把完善由社会主义基本经济制度规定的所有制结构,作为调结构的内容。

一言以蔽之,上述观点并没有讲清经济结构失衡的原因,也没有提出科学的调结构对策,实属调结构的认识误区。进一步分析可知,这些观点的思想来源,是不科学的西方资产阶级经济学及其经济结构观,因而必须坚决纠正。

(二)不宜用西方经济学指导调结构

1. 马克思的科学经济结构观

为了认识西方资产阶级经济结构观的弊病,有必要重温一下本书前面论述过的马克思的科学经济结构观,它是《资本论》宏观经济研究方法的重要内容。马克思根据唯物史观,揭示出商品生产社会一般的经济结构包括五个基本层面:(1)人的生存方式与生态环境的经济关系层面,即一定量人口的生存方式(包括生产与消费方式)同土地、资源、大气层之间构成的人的生存与生态环境之间的经济循环关系;(2)社会生产力的社会分工关系或产业结构层面,即各生产部门之间的比例关系及其地区分布关系;(3)生产资料所有制关系层面,包括生产领域人与人之间对生产资料的所有权关系及由此决定的收入分配关系;在存在多种所有制的历史条件下,这个层面存在所有制结构关系;(4)商品流通关系层面,即商品供给与有购买力的需求构成的市场关系,它以货币流通或纸币流通为中介;(5)社会总资本运动中的资本经营形态之间的关系层面,即社会总资本在循环运动中采取的货币资本、生产资本和商品资本三种形态之间的结构关系。

这五个基本层面及每个层面的内部结构形成了国民经济的经济结构。因此,科学的经济结构,应理解为这五个基本层面的综合体系。它们相互之间,以及各层面内部的各个部分之间,都存在对立统一的辩证关系。唯物史观揭示出,社会生产力是整个社会存在的物质基础,而适宜人生活的生态环境又是社会生产力得以存在的必要条件。而社会生产力(包括机器、工艺等对科学的应用)的主体是社会的人,人是社会动物,必然处在一定历史条件下的生产关系,也就是处在一定生产资料所有制关系之中。一定历史阶段的社会生产力的社会分工形式和生产资料所有制形式,决定了社会总产品的交换形式和再生产循环形式。在相当长的历史阶段,人类社会的社会再生产将以商品流通形式和社会总资本的三种形态进行循环运动。这五个基本层面构成的整个经济结构的运动,是依靠具有主观能动性的人来推动的。而处在一定生产关系中的人,只有掌握了生产资料所有权的人,才能在社会生产中拥有产品生产、收入分配和市场供给或需求的决策权、主动权。在存在多种所有制经济成分的历史条件下,占统治地位的生产资料所有制的社会性质,决定了国民经济的社会制度的性质以及运行的状态。因此,在占统治地位的生产资料所有制中拥有生产资料所有权的人们和阶级,在这个庞大的经济结构体系中,是起能动和关键作用的。由此可见,第三个层面即生产资料所有制关系层面,是社会经济结构中的具有能动性作用的经济层面。①

用这样的五个基本层面经济结构观来看,经济结构的平衡应当包括五个经济层面内部关系的平衡,就是人的生存方式与生态环境的平衡②、产业结构的平衡、所有制结构关系的平衡、商品市场供求关系的平衡、社会总资本不同经营形态之间的平衡。要促进宏观经济结构的平衡,关键是促进在各种经济关系中起能动作用的所有制结构关系的平衡。

因此,经济结构失衡,不宜认为只是产业结构(第二个基本层面)层面的失衡。要看到还有其他层面经济关系的失衡,而发生经济结构失衡的重要的原因,应在所有制关系层面。因为这都是由人的能动作用不当造成的。所以,当出现产能过剩问题时,不但要看到产业结构方面的结构失衡,更应当高度重视生产资料所有制结构方面以及其他经济结构层面存在的问题。

2. *应用西方经济学调结构必定产生负效应*

对照马克思的科学经济结构观,可以深刻认识,西方经济学的经济结构观是狭

---

① 上述两段论述参见何干强:《所有制在社会经济结构中的核心地位》[N],《中国社会科学报》2016 年 7 月 19 日(第 1 版)。收入本书时,作者又作了修改和补充。

② 这里的平衡主要指,人的健康生存要以一定的生态环境为条件,人的生存方式与生态环境之间存在损害和维护之间的基本平衡要求。这是因为,人的生存方式必然会作用于生态环境,如造成污染等,如果损害了生态环境,就必须及时补偿和修复,否则就会影响人的健康生存。现实中,有的地区由于污染严重,已经发生了居民不得不搬迁的案例。

隘的、不科学的，迷信西方经济学，以为可以应用它来提出科学的调结构主张，是严重的认识误区。让我们梳理一下几种对中国的调结构必然产生负面后果的西方经济思想：

凯恩斯主义的调结构经济思想。本书前面章节已经论述，它提出的驾驭消费、投资和外贸“三驾马车”，调节总供给和总需求的平衡，是以保证私人企业的利润，也就是以巩固私有制经济基础为前提的。这就决定了这种理论无法解决资本主义私有制与生产社会化的基本矛盾。

新自由主义和供给学派的有关经济思想。新自由主义是与凯恩斯主义对立的西方经济学派，它反对国家对经济的干预，认为市场机制能够自动地调节供求平衡，只有私有制经济才是有效率的经济，才能使市场机制起作用，宣扬只有没有干预的市场机制，才能实现社会资源的合理配置，为此，主张经济私有化、市场化、自由化、国家非调控化。新自由主义理论对中国经济学界一些人产生较大影响，客观上与中国在转向社会主义市场经济体制过程中，需要研究国际上的市场经济理论文献有关，但主要是有些人主观上抛弃了马克思主义经济学的科学原理。这些人的经济主张理所当然受到多方面的抵制和批评。不过，有人又搬用属于新自由主义的西方供给学派的调结构主张，例如主张降低税收。但是，在产业结构已经失衡的态势下，降税只能起减轻企业成本负担的作用，对于私有制经济来说，这有利于维护企业主的利益。然而，由于降税同时涉及所有的企业，并不能改变由企业构成的各产业部门之间的比例关系。同时，降低企业税收，势必降低国家的财政收入，而国家进行宏观经济调节，是不能没有财政支出的，尤其在国家财政负担较重，甚至仍有赤字的情况下，普遍降税，反而会降低国家实施财政政策调结构的能力。可见，这种主张并不能对调整经济结构起积极作用。

民主社会主义的有关经济思想。民主社会主义属于资产阶级改良主义经济思想，主张发展混合经济，但是不改变私有制的经济基础。从宏观经济方面看，民主社会主义主张国家对经济进行控制和干预，对生产资料的资本主义私有权实行一定程度的限制。其通过实行高税收，推行社会保障制度和社会福利制度，对社会产品进行再分配，来推行阶级合作，消除资本主义两极分化的矛盾，因此，可以把民主社会主义的经济主张简称为“维护私有制加公共财政再分配”。问题在于，不改变私有制经济基础，就无法消除社会收入的两极分化，也不能真正控制市场机制的自发性，而实施高福利政策，国家财政支出过重，必然入不敷出，不能持续。民主社会主义对中国经济学界产生的负面影响不可小觑。

3. 照搬西方经济学不可能提出科学的调结构主张

总体来看，西方资产阶级经济学以拜物教观念和私有制天然合理的观念看待经济结构。它看不到经济结构的多个层面及其相互之间的内在联系，把经济结构主要理解为产业结构，并把产业结构视为第一、二、三次产业之间的结构，混淆了物质生产和非物质生产；它看不到资源配置结构的实质是人们在社会总劳动中的社会劳动分工关系，只从物的方面看"资源配置的结构"；它看不到在产业结构中，各产业部门之间的比例关系既要满足相互之间的实物补偿，又要满足相互之间的价值（社会劳动）补偿；它看不到经济结构中还包括所有制关系层面，而所有制关系与产业结构是不可分离的；它更看不到体现生产关系的生产资料所有制关系是经济结构中具有能动性的关键性层面。因此，照搬西方资产阶级经济学，必然弄不清经济结构失衡的真正原因，也不可能提出调结构的科学方法。

尤其是，西方经济学尽管有多个分支和流派，但是都属于资产阶级经济学，都是为维护资本家阶级利益服务的。这充分体现在，它把"理性的人"追求利益的最大化，作为最基本的假设条件或分析前提，而这种人就是资本的人格化，即资本家。因此，将西方经济学不加批判地应用于中国的改革开放，绝不可能提出科学有效的调结构主张。

（三）必须重视调整所有制结构

1. 从资本主义经济看所有制关系在经济结构中的能动作用

要解决现实经济中出现的经济结构失衡问题，唯有应用《资本论》的宏观经济研究方法，确立调结构的科学指导思想。这就是说，要充分认识生产资料所有制关系是经济结构各个层面中，具有能动作用的层面。只有调整好所有制关系，才有可能调整好宏观经济形态中的产业结构关系和其他层面的关系，使之适应社会生产力发展的客观要求。在资本主义经济中，私有制这种经济基础决定了资本主义的国家宏观经济调控必然以维护资本家阶级的利益为前提，因而不可能自觉地从整体利益出发调整所有制结构。

《资本论》揭示出，正是生产资料的资本主义私有制，推动资本主义宏观经济形成周期性的经济增长和经济危机。这可以从下述两方面的分析来理解：

从商品经济一般角度来看，资本主义私有制使商品流通和社会分工发展起来，在推进社会生产力比先前历史上任何时代增长都快的同时，也使商品流通本身包含的危机可能性，变成了周期性的现实性。这是因为，这种私有制通过原始积累方式，使大量的农民小生产者变为一无所有的劳动力商品，使它们的自主劳动转化为企业内分工协作性的雇佣劳动，从而促成商品生产和商品流通在全社会的普遍化，使全社会形成自发性的市场社会分工制度。这种以私有制为基础的社会分工制度，“在商品生产者及其生产资料在社会不同劳动部门中的分配上，偶然性和任意性发挥着自己的杂乱无章的作用”①；使社会分工形成“无政府状态”②。可见，正是私有制的经济基础，使宏观经济不断面临产业结构失衡的威胁，只有通过危机的爆发，才能使各产业部门形成符合价值规律要求的比例关系。

从资本主义经济特殊性质来看，资本主义社会总资本运动是无数单个资本运动构成的，货币资本的投入是运动的第一推动力。生产资料的资本主义私有制决定了，这种货币资本的投入是分散的、自发的，因而社会总资本运动的货币资本、生产资本和商品资本三种形式之间，不可能形成按比例有序运动的分割比例。资本主义私有制，又决定了全社会生产资料或总资本的所有权由占人口很少数的资本家阶级掌控，他们是人格化的资本，追求剩余价值的无限增长。他们掌握着产品价值的分配权，支付给占人口大多数的雇佣劳动者阶级的工资，只相当于市场规定的劳动力商品的价格，除此之外都由他们私人或代表他们利益的国家支配。这种由资本主义生产资料所有制规定的分配关系，必然造成社会收入的两极分化，使社会大多数人的有购买力的“消费力”变得十分有限。而资本家阶级为了追求剩余价值或利润的最大化，则不断地将产品价值投入市场，形成不断增长的市场供给，这就使大量的商品因市场缺乏购买力而无法实现销售，导致生产供给和市场有购买力需求的失衡。

综合起来看，资本主义私有制决定了资本主义生产目的是追求剩余价值的无限增大，但是资本主义私有制又同时决定了社会“不同生产部门的比例关系”杂乱无章和“社会消费力”的有限性，导致资本主义经济必然形成“生产剩余价值的条件和实现这个剩余价值的条件之间的矛盾”，生产力越发展，这种矛盾也越增大。③ 所以，资本主义经济中的产业结构失衡和经济危机，是生产资料私有制起能动作用的

---

① 《资本论》第1卷[M]，北京：人民出版社，2004年，第412页。
② 《资本论》第1卷[M]，北京：人民出版社，2004年，第413页。
③ 参见《资本论》第3卷[M]，北京：人民出版社，2004年，第272—273页。

结果。

本书上卷第七章论证过,只要私有制基础不加改变,即使有宏观经济调控,也必然无效。原因就在于,即使现代资本主义国家已产生宏观经济调控和“国家计划”,只要并未改变生产资料私有制的经济基础,经济机制的主动轮就仍然是剥削阶级。在现代金融垄断资本主义统治的国家,资本更为集中,极少数人与绝大多数人的对抗性阶级矛盾更加尖锐,即便统治阶级用国际剥削的超额利润来缓和国内阶级矛盾,搞福利制度,也依然不能避免危机,反而使危机更加深化。

2. 高度重视由私有制经济比重增大引起的产业结构失衡

根据《资本论》的宏观经济研究方法,明白了资本主义私有制是资本主义发生结构失衡,从而发生周期性经济危机和宏观经济调控无效的根本原因,就可以从理论上得出,在中国存在多种所有制经济成分的现阶段,如果在所有制结构中削弱了公有制的主体地位,私有制经济所占比重超出了社会主义基本经济制度所规定的范围,它的能动作用就会增大。如果对所有制结构的不良变化不加调整,中国宏观经济就会发生与资本主义经济同样性质的产业结构失衡问题,乃至发生不应有的资本主义性质的危机。

中华人民共和国建立以来,曾发生过几次产业结构失衡,但它是在公有制占主体地位的基础上发生,还是在公有制主体地位受到严重削弱的基础上发生,两者有本质的不同。唯物辩证法揭示出,事物的本质相同,现象会有差异;反过来,事物的现象相同,本质会有不同。例如,同样的白心萝卜,表皮有红色的,也有白色的;反过来,表皮同样为青色,水果萝卜的心是紫色,青萝卜的心是淡青色。产业结构失衡这种现象,也会由本质不同的原因产生。

在公有制主体地位稳固的情况下,产业结构失衡往往发生时间较短,有的是因政治运动对经济工作的干扰,有的是因指导思想发生“左”的冒进;而一旦经过纠错,产业结构就较快(两三年)地恢复了平衡。反之,则产业结构的不平衡就具有持续性。在这种新情况下,尽管国家政府一直强调要调整产业结构,但是持续多年采取措施,效果却不明显。这是因为,在多种所有制构成的宏观经济运动中,私有制经济比重加大,它与生产社会化构成的这对矛盾对宏观经济发生副作用的程度就会加大。私有制经济成分加大,市场供给的自发性就会加大,在促进社会分工引起市场供给增长的同时,对产业结构发生失衡的作用力就会加大;私有制经济成分加大,社会收入分配的差距就会扩大,由此引起市场有购买力的需求不能适应市场供给的失衡程度就会加大,这又会引起市场产品过剩,引起产业结构方面的产能过剩。只要没有把私有制经济的比重削减到社会主义基本经济制度所规定的范围之内,就难以缩减私有制经济的副作用。可见,只有从经济结构的所有制关系层面入手,坚决调整所有制结构的失衡,坚持公有制经济占主体地位,充分发挥国有经济的主导作用,才有可能较快纠正产能过剩和产业结构的失衡。这正是用马克思主义经济学指导调结构的迫切要求。

二、调整所有制结构具有紧迫性

(一)所有制结构的实际状况

1. 全国经济普查提供的数据

明白了生产资料所有制关系在经济结构中的能动性地位,明白了调整所有制结构和调整产业结构的内在联系,弄清所有制结构的现状就显得十分重要了。

据第一次全国经济普查的数据,从 1996 年到 2004 年年末,在第二、第三次产业的企业实收资本中,国有资本所占全国实收总资本比重从 58.6%降到 48.1%。[①] 此后,在新自由主义思潮影响下,片面发展实质属于私有制经济的"民营经济",导致私营、外资经济急剧增长,国有经济和集体经济出现严重下降趋势,公有制经济在所有制结构中的比重明显降低。

据 2014 年 12 月发布的全国第三次经济普查数据,2013 年年末,全国第二产业和第三产业按登记注册类型分组的企业法人单位共有 820.8 万个。其中,内资企业占 97.5%,港、澳、台商投资企业占 1.2%,外商投资企业占 1.3%。在内资企业中,国有企业占全部企业法人单位总数的 1.4%,集体企业占 1.6%,私营企业占 68.3%,其余的是具有混合经济性质的股份合作企业、联营企业、有限责任公司、股份有限公司和其他企业等。[②] 这些混合所有制经济的企业,本可根据公有资本控股还是私有资本控股,划分它们的所有制基本性质,但是在公布的数据中没有做划分。即使如此,也仍可从上述企业个数的占比中看出,国有企业和集体企业数量明显低于私营

① 数据见"第一次全国经济普查主要数据公报",国务院办公厅:《中华人民共和国国务院公报》[R],2006 年 2 月 10 日第 4 号,第 19 页。

② 参见国家统计局、国务院第三次经济普查办公室:《第三次全国经济普查主要数据公报(第一号)》[R/OL],http://www.stats.gov.cn/tjsj/zxfb/201412/t20141216_653709.html。

企业。

需要指出,2005年公布的第一次全国经济普查数据,曾公布不同生产资料所有制性质的企业实收资本在全国实收资本总额中的比重。遗憾的是,从第二次全国经济普查起,该重要指标就不再公布。这使人们难以弄清全社会生产领域总实收资本的所有制结构。好在第三次全国经济普查数据公布了第二、第三次产业的企业法人单位从业人员的所有制结构关系。尽管公布的数据不完全,但是这为了解两大产业生产资料所有制结构的基本状况,提供了可靠依据。

马克思主义政治经济学的基本原理告诉我们,资本的本质是生产关系,即生产领域体现人们对生产资料所有权关系的人与人之间的社会关系。因此,从不同所有制企业从业人员比重统计的表格中,可以清晰地透视生产资料所有制结构的本质关系。现根据国家统计局、国务院第三次经济普查办公室公布的有关数据,将2013年年末全国第二、第三次产业共九个行业的企业法人单位从业人员的有关数据进行梳理,用下表来简要说明这两大产业的生产资料所有制结构:

2013年年末全国第二、第三次产业从业人员所有制关系的基本结构

（单位：万人）

序号	产业和行业	从业人数	公有制企业		私有制企业		股份制企业、其他企业	
			人数	比重	人数	比重	人数	比重
1	**第二产业**：工业	14 025.8	714.3	5.1%	9 038.9	64.4%	4 272.6	30.5%
2	建筑业	5 320.6	446.5	8.4%	2 292.2	43.1%	2 581.8	48.5%
3	**第三产业**：批发和零售业	3 314.9	175.5	5.3%	1 953.8	58.9%	1 185.6	35.8%
4	交通运输、仓储和邮政业	1 247	373	29.9%	384.7	30.9%	489.2	39.2%
5	住宿和餐饮业	691.6	57.2	8.3%	414.1	59.9%	220.3	31.9%
6	信息传输、软件和信息技术服务业	539.4	25	4.6%	279	51.7%	235.3	43.6%
7	金融业	513.9						
8	房地产业	877.2						
9	租赁和商务服务业	1 216	167.8	13.8%	595.4	48.9%	452.8	37.2%

（续表）

序号	产业和行业	从业人数	公有制企业		私有制企业		股份制企业、其他企业	
			人数	比重	人数	比重	人数	比重
10	科学研究和技术服务业	603.3	65.9	10.9%	251.6	41.7%	285.9	47.4%
11	居民服务、修理和其他服务业	266.9	19.4	7.3%	168.5	63.1%	79	29.6%
12	水利、环境和公共设施管理业	298.1（168.9）						
13	教育	1 913.8（1 795.6）						
14	卫生和社会工作	917.7（807.6）						
15	文化、体育和娱乐业	309（114.4）						
16	公共管理、社会保障和社会组织	2 709.6（2 693.5）						
	序号为 1、2、3、4、5、6、9、10、11 这九个行业的有关人数合计	27 225.5	2 044.6		15 378.2		9 802.5	
	所有行业人数合计	34 764.8						

注：

1. 本表把第三次全国经济普查主要数据公报中的国有企业、集体企业和股份合作企业都纳入公有制企业栏目；①港、澳、台商投资企业、外商投资企业和内资私营企业都纳入私有制企业栏目；联营企业、有限责任公司、股份有限公司和其他企业都纳入股份制企业和其他企业栏目，具体分析参见下文。

2. 本表数据根据“第三次全国经济普查主要数据公报（一）（二）（三）”中的有关数据计算得出。比重，指一定性质的企业从业人员占本行业从业人员的比重。

3. 在序号为 12 至 16 的五个行业的从业人员数字中，括号中的数字是其中在行政事业及非企业法人单位中的从业人员。

2. 对第二、第三次产业所有制结构基本现状的分析

从上表可以看出：

① 股份合作企业纳入公有制经济的根据，是中华人民共和国宪法第 1 章总纲第 8 条的规定：“农村中的生产、供销、信用、消费等各种形式的合作经济，是社会主义劳动群众集体所有制经济”；“城镇中的手工业、工业、建筑业、运输业、商业、服务业等行业的各种形式的合作经济，都是社会主义劳动群众集体所有制经济。”［《中华人民共和国宪法》［N］，《人民日报》2018 年 3 月 11 日（第 1 版）］

其一，公布所有制结构数据的，共有九个行业。公有制企业的从业人员所占比重全部低于私有制企业。除在“交通运输、仓储和邮政业”占比达到 29.9%之外，在其余公布数据的八个行业，只有两个行业占比分别为 13.8%和 10.9%，其他六个行业都等于或低于 8.4%。在序号为 1、3、5、6、11 这五个行业中，私有制企业的从业人员比重都超过了 50%，并在人数最多的工业行业达 64.4%。而这五个行业公有制企业从业人员的比重却在 4.6%至 8.3%之间。这五个行业的从业人数较多，共计 18 838.6万人，占九个行业总人数（27 225.5 万人）的 69.2%。

其二，公有制在从业人员比重最高的序号为 4 的行业，占 29.9%，但是也低于该行业私有制占 30.9%的比重。在序号为 2、9、10 的三个行业，公有制从业人员比重在 8.4%至 13.8%之间，而私有制从业人员比重在 41.7%至 48.9%之间。

其三，序号为 7 的金融业和序号为 8 的房地产业没有公布有关所有制的数据。但是，从现实看，金融业基本上是公有制（国有资本为主），房地产业却主要是私有制。从公布的行业从业人员数据看，房地产业从业人员（877.2 万人）明显超过金融业（513.9 万人）。这意味着，总体来看，这两个行业在私有制企业从业的人员占有较大的比重。

其四，序号为 12 至 16 的五个行业的从业人员，不属于物质生产领域的从业人员，因而在研究生产资料所有制范畴中的从业人员时，可以把他们撇开。

其五，表中的“股份制企业、其他企业”（即联营企业、有限责任公司、股份有限公司和其他企业），它们的所有制性质是由控股资本的社会性质决定的。在私有制企业从业人员比重超过了 50%的序号为 1、3、5、6、11 这五个行业中，即使把“股份制企业、其他企业”都算作公有制企业，公有制仍然不占主体地位。实际上，在这类企业中，由私人资本控股、属于私有制经济的，不在少数。假定它们中的公、私所有制企业各占 50%，分别加到上表的公、私所有制从业人员比重的数字中，私有制从业人员的比重就全部超过了 50%，其中私有制比重较小的序号为 4 的行业，其从业人员的比重也达到了 50.5%（30.9%+39.2%×50%）。

其六，公布所有制结构数据的九个行业的从业人员人数是 27 225.5 万人。当年全国第二、第三次产业法人单位从业人员的总数为 35 602.3 万人，扣除教育、卫生、文化、公共管理等非工商经济领域的从业人员 6 148.2 万人，在工商经济领域从业人员为 29 454.1 万人。因此，这九个行业从业人员占工商经济领域从业人员的比重为 27 225.5/29 454.1＝0.924，即占 92.4%，因而即使还有一些工商经济行业法人单位的从业人员的占比数据没有公布，这九个行业从业人员的所有制结构，也可以代表整个第二、第三次产业的所有制结构。

归结起来，从马克思关于资本是人与人的关系这个本质特征来看，到2013年年末，我国公有制企业从业人员在国家统计局公布数据的第二、第三次产业九个行业（从业人员占94.1%）中，按加权平均计算的占比（2 044.6/27 225.5＝0.075），只占7.5%；即使把“股份制和其他企业”从业人员占比，9 802.5/27 225.5＝36%，全部算成公有制企业的从业人员，总计也只占43.5%。然而实际上私人资本控股企业是不能算成公有制企业的，即使把其中一半（18%）算成公有资本控股（实际上可能不到一半），公有制企业的从业人员也只占25.5%。

3. 第一次产业农业的所有制状况

我国农村坚持土地集体所有制，这在名义上没有改变。可是，不少地方在实施集体土地家庭承包制的过程中，并没有遵循党中央关于集体统一经营和家庭承包经营双层经营的规定，而是逐渐淡化、削弱甚至取消了集体统一经营权。唯物史观的基本原理揭示出，在发达的商品生产社会中，经济的经营权和所有权可以发生分离。但是，经营权与所有权是不可绝对分离的，因为经营权是由所有权控制的，经营权的实施必须服从所有权经济利益的实现，经营权的运行过程实质是所有权的实现途径。如果经营权彻底脱离了所有权的约束，所有权经济价值得不到实现，法律上的所有权也就形同虚设。①

4. 关于所有制结构现实状况的基本判断

上面的分析表明，在第二、第三次产业即工商业经济中，公有制经济的就业人数比重已经明显下降。在第一次产业的主要产业农业中，虽然依然坚持土地集体所有制，但是，由于农村大多数地区削弱乃至取消了集体经济组织的统一经营，土地集体所有制经济也就受到了严重的削弱。

2011年年末，乡村人口占内地总人口的48.7%。② 有人可能会提出，即使第一、第二次产业公有制从业人员比重不到50%，如果把农村从业人口算进去，那么就全国而言，城乡公有制经济的从业人口所占比重就会超过50%，这还能说公有制主体地位受到严重削弱吗？

---

① 以上1至3小节参见何干强：《振兴公有制经济刻不容缓》[J]，发表在《河北经贸大学学报》2016年第1期；有关内容收入本书时，又作了修改。

② 引自中华人民共和国2011年国民经济和社会发展统计公报“表15：2011年年末人口数及其构成”[R/OL]. http://www.stats.gov.cn/tjgb/ndtjgb/qgndtjgb/t20120222_402786440.htm。

回答是，我们不能撇开历史形成的城乡经济之间，工商业经济与农业经济之间，第一、第二次产业与第三次产业之间的辩证关系，孤立地判断公私经济就业人口在所有制结构中所处的地位，而应当结合上述经济关系对社会生产力发展所起的作用，来进行分析判断。必须看到，人类社会的经济形态演进到近现代阶段，已形成在国民经济中，城市经济统领乡村经济，工商业经济主导农业经济，第二、第三次产业经济主导第一次产业经济的基本格局。公有制经济要能真正在国民经济中占主体地位，就必须在城市经济中的第二、第三次产业中占主体地位。如果在第二、第三次产业中让私有制经济占了主体地位，那么，即使农村实行土地集体所有制，也迟早要被城市第二、第三次产业的私有制控制，乃至瓦解。

（二）所有制结构失衡的后果

1. 社会的收入出现两极分化

私有制经济在所有制结构所占比重超出社会主义基本经济制度允许的限度，这就是当代中国所有制结构失衡的基本含义。它势必造成一系列不良后果。前面已经从理论上对此进行论证。在弄清 2005 年以来所有制结构失衡的实际状况之后，再来看一下它造成的实际后果，这可能更有助于我们认识调整所有制结构，恢复公有制经济主体地位的紧迫性。

应当说，1978 年以来，中国在改革开放过程中，纠正计划产品经济体制时期公有制经济在所有制结构中比重过高的状况，实行支持、鼓励和引导非公有制经济发展的政策，这对解放社会生产力，活跃国民经济起到积极作用。但是，这不等于可以放任私有制经济，尤其是资本主义性质的私营经济的发展。上述统计数据表明，由于不少地方政府在实际经济工作中，不能坚持党中央关于改革是社会主义制度的自我完善和发展的正确指导方针，而是迷信新自由主义的主张，举措失当，造成私有制经济在所有制结构中的比重越来越大。这就势必使《资本论》所揭示的私人资本的积累规律发生的作用越来越大。这种作用首先表现在社会收入差距扩大的趋势上。

据国家统计局公布的数据，我国反映居民收入差距的基尼系数，已连续十多年超过国际公认的“警戒线”0.4，进入国际公认的不良区间：2003 年是 0.479，2004 年是 0.473，2005 年 0.485，2006 年 0.487，2007 年 0.484，2008 年 0.491，然后逐步回落，

2009 年 0.490，2010 年 0.481，2011 年 0.477，2012 年 0.474，[①]2013 年 0.473，[②]2014 年 0.469，[③]2015 年 0.462。[④] 这种社会收入差距扩大的状态与所有制结构中私有制经济的比重加大是成正相关的。2003 年至 2008 年，基尼系数的上升表现得十分明显。2009 年之后，基尼系数逐步有所下降，这主要是国家运用财政再分配手段增加从业人员最低工资，增加离退休人员工资，并运用财政转移支付手段扶植贫困地区发展，对农村实施扶贫政策，起到了一定效果。但是，由于再分配手段不可能改变由所有制关系决定的初次分配关系的格局，所以，基尼系数仍然处于国际“警戒线”0.4 以上。还应当看到，国内已经出现不少拥有千万，乃至亿万元财产的私人老板。这种社会收入和个人财产的两极分化，不由得令人惊叹。

那么，能否在不改变所有制失衡格局的情况下，靠继续加大政府实施财政再分配政策来纠正社会收入差距明显拉大的不良状况？应用《资本论》的宏观经济研究方法来回答：这不可能。因为再分配关系最终是要服从所有制决定的初次分配关系的。本书上卷第七章已对资本主义国家不可能通过财政再分配来解决社会收入两极分化，做过详细论证。一些发达资本主义国家实施民主社会主义，搞“维护私有制加公共财政再分配”，尚且发生财政入不敷出，无法解决问题。这在作为发展中国家的中国，就更行不通了。数据显示，截至 2013 年 6 月底，中国各级政府负有偿还责任的债务已达到 206 988.65 亿元，[⑤]而 2013 年中国国内生产总值为 588 019 亿元，[⑥]这种负债率已达到 35.2%，继续用财政再分配办法来缩小社会收入分配差距，显然难以为继。要从根本上解决社会收入分配不公的问题，唯有缩小不断产生收入两极分化的私有制经济的比重。

2. 产业结构发生失衡

私有制经济比重加大带来的所有制结构失衡，它所导致的私人资本积累规律发生的作用越来越大，对宏观经济运行的另一个重要不良后果，就是产业结构失衡

---

① 数据引自：《国务院新闻办公室新闻发布会》[N/OL]，中华人民共和国国务院新闻办公室，2013 年 1 月 18 日，http://www.scio.gov.cn/xwfbh/xwbfbh/wqfbh/2013/0118/index.htm。

② 国家统计局：《2013 年国民经济发展稳中向好》[R/OL]，中华人民共和国国家统计局网站，2014 年 1 月 20 日，http://www.stats.gov.cn/tjsj/zxfb/201401/t20140120_502082.html。

③ 国家统计局：《2014 年国民经济在新常态下平稳运行》[R/OL]，中华人民共和国国家统计局网站，2015 年 2 月 11 日，http://www.stats.gov.cn/tjsj/zxfb/201502/t20150211_682459.html。

④ 国家统计局：《居民收入快速增长　人民生活全面提高——十八大以来居民收入及生活状况》[R/OL]，中华人民共和国国家统计局网站，2016 年 3 月 8 日，http://www.stats.gov.cn/tjsj/sjjd/201603/t20160308_1328214.html。

⑤ 记者张晓松：《20 万亿元：我国首次摸清政府债务底数》[N]，《光明日报》2013 年 12 月 31 日（第 3 版）。

⑥ 国家统计局：《关于修订 2013 年国内生产总值数据的公告》[R/OL]，中华人民共和国国家统计局网站，2014 年 12 月 19 日，http://www.stats.gov.cn/tjsj/zxfb/201412/t20141219_655915.html。

引起的市场供求关系失衡和生产领域的产能过剩。

据有关研究机构披露的数据，2009 年以来，工业生产领域产能过剩问题日益凸显，2013 年一季度工业企业产能利用率仅为 78.2%，部分主要行业产能利用率已降至 75%以下；传统产业钢铁、水泥、有色金属、平板玻璃、石化、家电等都存在产能过剩，部分行业甚至出现了长期性和绝对的产能过剩，2012 年钢铁行业产能过剩达到 21%，水泥产能过剩达到 28%，有色金属产能利用率已由 2007 年的 90%降至 65%左右；部分行业甚至已经出现了绝对量和长期性过剩，电解铝产能过剩达到 35%，汽车产能过剩为 12%，战略性新兴产业也存在产能过剩问题，太阳能光伏电池产能占全球的 60%，风电设备产能 3 000 万—3 500 万千瓦，而产量只有 1 800 万千瓦，产能利用率低于 60%，光伏电池的产能过剩达到 95%。①

一些学者分析产能过剩的原因，认为主要是地方政府盲目追求 GDP，靠行政力量推动，造成全国各地重复投资，还有就是内需和外需的收缩，导致市场购买力不足。这有一定道理，但是把问题主要归结为地方政府，这并没有触及深层原因。应当看到，固然许多地方政府为了追求政绩，违反中央规定，为方便领导地方经济发展，建立了不少“投资平台”，这助长了生产的无计划。但是，不能忽视，更大量的自发投资者是私营企业，它们成为各地重复建设的主要力量。事实上，十多年来，地方政府相当普遍地支持发展私有制的房地产和小汽车等产业，把它们作为地方经济的支柱产业，并由此带动起一大批配套产业。地方政府依靠它们增加土地使用权出让收入和地方税的财政收入。正如本书前面章节所述，由此发展起来的私营房地产商和小轿车制造商等，不断生产容易产生高额利润的高档产品提供市场。但是，私有制经济在国民经济中的比重加大，决定了广大劳动者的收入只能处在较低的水平上，只能形成较低的市场购买力，这就决定了商品房、小轿车等高档、高价商品遇到了销售阻力，势必过剩，从而引起相关产业和配套产业的产能过剩。有些产业的产能过剩本可通过外贸来消减，但是，恰又遇到 2008 年以来的世界经济持续低迷，外贸需求减少的障碍，这就雪上加霜，更加重了国内的产能过剩和结构失衡。因此，引起产业结构失衡和产能过剩的原因，主要是由于私有制经济比重的加大，造成市场消费力不能适应私人资本积累的需要量，同时，也是由于宏观经济调控不能应对生产自发性的增大。

---

① 张前荣：《我国当前产能过剩的现状、原因及应对政策》[EB/OL]，国家信息中心网站，2014 年 7 月 16 日，http://www.sic.gov.cn/News/82/3068.htm。

从上面的统计数据和经济社会现象可以得出这样的认识,私有制经济比重过大带来的所有制结构失衡,乃是产业结构失衡、产能过剩和一系列社会不良问题的深层原因。调整所有制结构,让公有制经济恢复主体地位,国有经济真正成为国民经济中的主导力量,这已刻不容缓。

(三) 调整所有制结构需要明确的认识

1. 充分认识调整所有制结构与深化经济体制改革是统一的

根据唯物史观,调整所有制结构,实质是调整和完善当代中国社会的生产关系,使其更好地适应社会生产力发展的需要。按照社会主义基本经济制度的规定,调整所有制结构,这既是维护社会主义经济基础的紧迫需要,也是促进国民经济持续健康发展的紧迫需要。这与促进国民经济管理体制从计划产品经济体制转向社会主义市场经济体制并不断完善是一致的。

但是,有两种观点却把维护公有制经济主体地位与深化改革,完善社会主义市场经济对立起来,阻碍人们遵循社会主义基本经济制度来调整所有制结构。一种观点来自西方新自由主义经济学,它鼓吹国有经济的主体是政府,集体经济的主体是集体经济组织,认为这些主体都违背市场经济主体是"自利经济人"这种要求;宣扬公有制经济尤其是国有经济只有实行私有化"改制"才有效率。按照这种观点,要建立统一、开放的竞争性市场机制,就必须对公有制经济进行私有化"改制"。因此,这种观点是根本否定公有制占主体地位的所有制结构的。

还有一种观点来自西方宏观经济学,认为政府虽然可以掌握一定量的国有经济,但是它只能作为政府干预宏观经济运动的"稳定器";并认为国有经济具有垄断性,它不能在市场经济领域存在,只能存在于所谓自然垄断领域,只能生产"公共产品"。这也就是说,国有经济在一定程度上的存在,主要是为了宏观经济稳定,是为私有制经济基础服务的。因此,这种观点同样是根本否定公有制占主体地位的所有制结构的。

这两种影响颇大的观点,虽然有一定区别,但是共同之处是,都把维护公有制主体地位、调整所有制结构与经济体制改革对立起来,与完善市场经济机制对立起来。

本书前面已经论证,社会主义公有制是可以与市场经济一般关系相结合的,在公有制经济占主体地位条件下,宏观经济计划调控只要尊重价值规律,正确把握市场显示的产业结构方面的信息，是可以从大的方面调控好社会再生产各产业部门的社会分工比例关系的，因而有条件把市场经济一般的自发性控制在一定的限度内，避免重蹈资本主义私有制市场经济必然爆发周期性危机的覆辙。应当说，按照公有制占主体地位的要求调整好所有制结构，这只会有利于完善社会主义市场经济的机制和体制，这是促进国民经济持续健康发展的最重要、最基本的经济制度保证。因此，调整所有制结构理应与促进公有制经济适应市场经济一般关系，全面深化经济体制改革，完善社会主义市场机制结合起来。

2. 调整生产资料所有制结构要遵循定量分析原则

唯物史观认为，社会现象的本质是可知的。在国民经济中，各种所有制经济成分所占的比重，是有数量界限的，也是可知的。因而，判断所有制结构的状态，按照公有制占主体地位的要求调整所有制结构，都不能离开定量分析。那种抽象地说坚持公有制占主体地位，却不作定量分析，不看公有制经济已经严重削弱的事实，对调整所有制结构的迫切性无动于衷，这显然不是马克思主义的态度。

应当充分认识到，在中国国情下，公有制占主体地位的社会主义基本经济制度，是适应社会生产力发展客观要求的。为此，有两个关于所有制结构的定量原则是必须遵循的。

一是国有经济在国民经济中必须成为主导力量，这个原则对它的比重作出了规定。国有经济是全民所有制经济，是国家的宏观经济调控中心机构可以借以主导国民经济持续健康运行的经济力量。成为主导力量，这是要有足够的经济数量的；国有经济比重不达到一定程度，它就无法主导国民经济的整体运行。西方发达国家虽有国有经济，但是只起所谓宏观经济“稳定器”的作用，也就是对防止总供求关系不平衡起辅助性作用，而不是代表广大人民利益主导经济运行。如果像有些人那样，一方面说市场经济是覆盖全社会的，完善市场经济机制就是要建立统一、开放、竞争、有序的市场机制，另一方面又说国有经济不能进入竞争性领域，那么，国有经济就不能统一到市场机制中来了，就成为可有可无的经济成分了。而在社会主义市场经济条件下，国有经济要成为主导国民经济运动的力量，就必须进入竞争性市场领域；也只有在同各种市场主体的市场竞争中取胜，才能真正成为国民经济的主导力量；并在经济对外开放条件下，防止外资占领中国市场。

因此,在实际经济工作中,应当根据国有经济控制市场的需要来判断国有经济的整体数量规模。这在具体实践中,通过调查研究和科学计算,是可以做得到的。而国有经济的管理体制改革,也应当促进国有经济整体上成为主导社会主义市场经济的力量。

二是公有制经济的主体地位规定了国有经济和集体经济从业人员的总量。为了使市场有购买力的需求或全社会的实际“消费力”能够与市场供给相适应,社会中依据按劳分配原则来获得收入的劳动者的占比,就必须达到比较大的比重,而这只有在公有制经济的比重达到占主体地位的一定程度才能办到。如果私有制经济比重过大,就会有较多的社会成员处在收入两极分化的分配关系中,就会导致资本主义经济那样的市场有购买力的需求不足,市场供给过剩,从而产能过剩的情况。本书前面用数理研究方法论证过,在第二、第三次产业中的公有制经济(包括国有经济和集体经济)中的从业人员的比重至少应达到50%,这是公有制经济占主体地位的最低限度。因此,需要进一步研究的是,公有制中从业人员超过最低限度的上限是多少。其中还包括国有经济和集体经济两者之间的比重问题。

应当肯定的是,在社会生产力发展的一定水平上,公有制经济占主体地位的具体比重,通过理论与实践结合的探索,是可以把握的。我们是历史唯物主义的“可知论”者,不是历史唯心主义的“不可知论”者。那种认为所有制结构无法把握的观点,就是一种不可知论。

需要强调的是,生产资料的所有制结构属于生产关系范畴,它无法通过市场供求关系来确定。中华人民共和国最初的一定数量的社会主义国有经济,是新民主主义革命的成果,而公有制经济在国民经济中占主体地位,这是对生产资料私有制进行社会主义改造而确定的,是社会主义经济革命的伟大成果。因此,调整所有制结构,是在维护社会主义革命成果基础上的调整,是以保证国有经济是国民经济主导力量和公有制经济占主体地位为前提的。在这种基础和前提下,调整生产领域中的生产关系,使之适应社会生产力,并促进社会生产力的发展。也就是要通过各种经济成分的比重与社会生产力发展水平稳步提高的关联度,并与市场总供求关系平衡之间的关联度,科学确定各种所有制经济之间的具体比例关系。这是需要结合现实经济数据,专门研究的重要课题。

三、振兴公有制经济

(一)壮大国有经济

1. 破除阻碍振兴国有经济的思想障碍

理论分析和统计数据都表明,调整所有制结构必须首先振兴全民所有制的国有经济。宪法第七条中规定,“国家保障国有经济的巩固和发展”①。党的十八届四中全会指出,“坚持依法治国首先要坚持依宪治国,坚持依法执政首先要坚持依宪执政”②。因此,振兴国有经济更是依宪治国、依宪执政的要求。

但是,国内经济学界一直有人把市场经济一般关系与发展国有经济对立起来,用各种理由主张国有经济私有化。他们有的公开宣扬公有制不能与市场经济结合,主张产权私有化。更多的则是搬用西方资产阶级经济学,提出种种错误观点:有人把国有企业曲解为资本主义市场经济中的垄断企业,反对国有经济成为社会主义市场经济的主导力量。③ 有人从所谓现代市场经济角度,把我国的国有经济完全等同于发达资本主义国家的国有经济,鼓吹中国国有资本占社会总资本的比重只能参照这些国家;有人用包罗万象的“产权”替代生产过程中的生产资料所有权,把一般资产的所有权混同于生产资料的所有权,把非生产领域的国有事业单位的楼堂馆所等财产、国家所有的未加开发的自然资源等,都等同于经济领域中生产资料所有制含义上的国有经济,由此论证虽然经营性国有资本显著减少,但是国有经济仍然占主体地位;有人以发达资本主义国家有宏观调控的市场经济为参照,把“社会主义市场经济体制的质的规定性”解释为由“市场对资源配置的基础性作用”和“国家对经济的宏观调控”这两个不可分割的方面构成的体制,否定了社会主义市场经济的本质特征实质上体现在公有制经济为主体、国有经济为主导上;有人把资本主义国家的国有化土地曲解为公有制土地,鼓吹“土地公有、工业私有,并不影响公有制的主体地位”,主张“放胆”国有和集体工商业“民营化”;有人泛化商品流通领域的平等关系,鼓吹在市场经济条件下,“‘非公有制经济’获得了与公有制

---

① 《中华人民共和国宪法》[N],《人民日报》2018 年 3 月 11 日(第 1 版)。

② 《中共中央关于全面推进依法治国若干重大问题的决定(二〇一四年十月二十三日中国共产党第十八届中央委员会第四次全体会议通过)》[N],《人民日报》2014 年 10 月 29 日(第 1 版)。

③ 参见何干强:《不应把国企称为垄断企业》[J],《毛泽东邓小平理论研究》2013 年第 5 期。

经济平等的法律地位”,实际上在宣扬,非公有制经济可以与公有制经济在生产领域平起平坐,否定公有制经济的主体地位和国有经济成为国民经济主导力量。[①] 这里不惜冗长列举种种观点,是要让读者知道,确实有一种不可低估的阻碍国有经济振兴的错误思潮。

如果按照这些观点和主张来搞中国的“市场化改革”,那么公有制经济尤其是国有经济必将越来越少。前面列举的国有经济比重显著下降的实际后果,证明了这些观点和主张的危害性。党的十八大以来,习近平总书记提出,“国有企业是国民经济发展的中坚力量。对国有企业要有制度自信”[②];“国有企业是推进现代化、保障人民共同利益的重要力量,要坚持国有企业在国家发展中的重要地位不动摇,坚持把国有企业搞好、把国有企业做大做强做优不动摇”[③];“搞好国有企业,壮大国有经济”[④]。这是很有针对性的。因此,要科学地调整所有制结构,就必须贯彻习近平总书记有关重要讲话精神,清除上述错误观点的思想障碍,理直气壮采取措施,振兴国有经济。

2. 促进国有资本与市场流通有效结合

在完善社会主义市场经济的过程中,科学地深化国有经济管理体制改革,促进经营性国有资本与市场流通一般关系的结合,这是现阶段壮大国有经济的关键。这需要做大量的工作。[⑤] 归结起来,有必要坚持马克思的生产资料所有制理论的指导,抓好两个基本环节:

其一,国有资本整体性管理环节。经营性的国有资本虽然分散在全国的国有企业,但是它既然是全民所有制性质,就具有整体性。其所有权属于全体劳动人民,理应由全国人民代表大会掌握全国国有资本所有权。国有资本的中央管理机构,是全国人民代表大会和广大人民群众授权对国有资本进行整体性管理的机构,它本身也要受到全国人民代表大会和广大人民群众的监督。社会主义国有资本必然是庞大的,所有权关系势必需要采取从中央到地方的层级管理形式。这需要根

---

① 参见何干强:《关于维护公有制主体地位的十个理论是非问题》[J],《中国社会科学内刊》2007 年第 1 期(创刊号)。

② 《习近平:中央领导是人民的大勤务员》[N/OL],新华社客户端,2015 年 7 月 17 日,http://news.xinhuanet.com/politics/2015-07/17/c_1115963001.htm。

③ 记者霍小光:《习近平在吉林调研时强调　保持战略定力　增强发展自信　坚持变中求新变中求进变中突破》[N],《人民日报》2015 年 7 月 19 日(第 1 版)。

④ 习近平:《共同为改革想招一起为改革发力群策群力把各项改革工作抓到位》[N],《人民日报》2014 年 8 月 19 日(第 1 版)。

⑤ 关于振兴国有经济应采取的系列措施,请参见何干强著:《公有制经济振兴之路》[M],北京:人民出版社,2014 年,第 125—176 页。

据生产资料所有权决定经营管理权、分配权的基本原理，保证各级国有资本的所有权机构在各级人民代表大会监督下，行使对企业国有资本的控制权和监督权。国有资本所有权关系从经营到收入分配的各个环节的权责，都必须人格化，也就是要使各层级的管理和监督的权责都落实到人。

需要注意的是，在促进国有经济适应社会主义市场经济的改革中，中央管理机构对国有资本的管理，需要从行政性的管理转向"管资本"为主。但是，这不应像有些观点所主张的那样，"国资委"只须掌握国有资本的所谓"最终所有权"，其余的则不应当干预国有企业，而应当完全让市场去调节国有企业的资本经营。用《资本论》的科学原理来分析，这种主张的实质是要把作为整体性的国有资本所有者，蜕变为不承担任何国有资本经营管理权的生息资本所有者。《资本论》揭示出，作为职能资本的工商业资本与非职能资本的生息资本有重大区别，前者要在工商领域通过资本经营活动，生产、实现价值和剩余价值；后者则只是凭借着贷出资本的单纯所有权，坐收利息，即分割借入他的资本产生的现成利润（剩余价值）的一部分，至于借入资本的人采取何种性质的方式来经营他贷出的资本，则与他无关。我们的经营性国有资本中央管理机构，代表国有资本所有者行使职能资本所有权，不应当只是坐收利息的生息资本所有者。这是因为，国有经济在整个国民经济宏观运行中，要起主导作用，这需要通过国有职能资本的整体性经营，发挥工商业资本的职能来实现。这就需要国有资本中央管理机构拥有对国有资本的整体性的经营管理权，这体现在诸多方面，包括从国有经济发挥主导作用的客观要求出发，对如何壮大全国的国有工商业资本做出整体发展规划；对国有资本的产业投向做出全国性的科学布局；对全国的国有企业制定出体现国有经济性质的有统一要求的人事、财务、利润分配等方面的基本管理原则，并监督实施；还要对国有资本从中央到地方建立必要的管理层级，实行对国有企业经营的战略性指导，形成对各级负责人的培训机制、管理信息反馈机制等。其中对国有资本的整体性布局，还应坚持马克思关于用劳动二重性的观点认识商品生产的最基本的方法论原则，既从使用价值方面弄清国有资本的产业分布，又从价值方面弄清国有资本总价值量在各产业间的比例关系，从动态角度进行科学的计划预测和调节。只有国有资本中央管理机构从整体上经营好国有资本的运动，才能使国有经济在国民经济中的主导力量得到应有的发挥。

其二，国有企业自身的管理环节。壮大国有经济，必须促进处在工商业第一线的国有企业加强自身管理，在市场竞争中稳定地增值或扩大再生产。国有企业要运用好国有资本所有者机构赋予自己的自主经营权，面向市场，灵活决策，抓好企业经营管理，这包括加强市场预测、开展科技创新、组织好劳动者之间的分工协作、抓好技术培训、合理使用和节约资源、维护安全、保护环境等多个方面。要从生产关系这方面，增强作为社会主义企业的意识，维护企业内的社会主义生产关系，贯彻全心全意依靠工人阶级的方针，坚持领导干部、技术人员和工人群众之间三结合。无论国有独资还是国有控股企业，都应当把内部实行按劳分配作为生产资料公有制的实现形式。① 这里需要强调，国有独资企业和国有控股企业，完全可以在不改变国有经济性质的条件下，建立起法人治理结构，形成社会主义性质的现代企业制度。

3. 辨析一种背离壮大国有经济的主张

上述抓好国企改革两个基本环节的对策建议，是以承认国有经济可以和市场经济一般关系实现有机结合为理论前提的。从逻辑上说，这也就是认为，国有独资企业可以通过深化管理体制改革，在社会主义市场经济中获得强大生命力。但是，经济学界在国企改革研讨中，却存在一种影响颇大的主张，认为国有企业改革应当以混合所有制为主要目标；有学者提出，"要通过混合所有制改革，构建国有经济的全新所有制基础"②。应当说，根据国有资本的产业分布需要和企业经营的实际状况，让少量的中小型国有企业，从全民所有制企业转变为混合所有制企业，这是必要的。但是，鼓吹把大量的甚至全部国有企业都转变为混合所有制，而且要作为国有经济的"全新所有制基础"，这是不能苟同的。因为这不利于从整体上壮大国有经济。

混合所有制企业这个概念在我国大体出现在20世纪90年代初，它是一个与股份制企业既有共性又有区别的概念。共性是，两者都是由不同主体拥有的资本以入股合资的方式联合成的企业。③ 区别是，股份制通常泛指不同资本主体入股合资的企业；而混合所有制企业特指国有资本和私人资本合资的股份制企业。据资料，

---

① 要重视一段时间以来国企分配关系中存在的问题：一是国企高管模仿私营企业主，获取高收入，致使企业高管与一般职工之间收入相差几十倍；二是不同国企之间平均收入差距过大，特别是国有金融行业，平均工资超过其他行业平均工资的几倍；三是有些国有控股企业，在扣除经营成本，确定可分配基金之后，在处理股权分红总额与劳动分配总额的关系上，把重心放在前者，使股权收益过多侵蚀劳动收益。这些状况败坏公有制声誉，严重挫伤国企多数职工群众的积极性，也被一些主张私有化的人抓住了攻击国企的"把柄"。产生这些问题，主要是因为国有资本所有权管理机构不完善，缺少对企业分配关系的监督。

② 刘元春：《供给侧结构性改革的政治经济学解读》[N]，《光明日报》2016年7月28日(第16版)。

③ 这里的不同主体，可以是所有制性质相同的不同私人资本投资者；可以是所有制性质不同的资本所有者，包括中外合资股份制企业的中外投资主体、公有资本和私人资本合资股份制的公私不同投资主体、国有资本和集体资本合资股份制的投资主体；还可以是国有经济内部的不同国有企业之间采取股份制联合的国有资本经营权含义上的不同投资主体，这种国有经济内部的股份制形式，尚未得到学术界重视。

“混合”这个概念来自西方资产阶级经济学的“混合经济”(Mixed Economy)概念，是用来描述第二次世界大战之后发达资本主义国家成为所谓“福利国家”的；它是“指一种经济制度，在那里能同时找到资本主义和社会主义的特征”；其中“存在着不同程度的政府工业和私营工业的混合”。[①] 在西方国家，“混合经济”主要是在宏观经济角度使用的；在中国则主要被用于企业层面。混合私有制企业，在集体经济比重已经显著降低的情况下，特指国有资本与私人资本合资的股份制企业。

笔者认为，在国有企业改革中，应当坚持“宜独则独，宜控则控”的方针，把“宜参则参”放在次要的地位。

还有的人接过用混合所有制企业的形式“放大国有资本功能”的观点，宣扬可以像太极拳运动中的“四两拨千斤”那样，“以少量国有资本撬动更多境内外资本”。[②] 其实，太极拳的“四两拨千斤”指的是，用四两力拨倒千斤力，而不是指四两力带动千斤力。而这个比喻，政府似乎只要拿出“四两”国有资本之力，就有可能引导“千斤”社会资本运动，这是违背宏观经济运行逻辑的。从发挥国有经济在国民经济主导作用的观点来看，用少量国有资本主导中外大量私人资本运动，这其实只是一种主观臆想。因为国有资本如果没有超过中外私人资本的数量和质量的实力，就根本不可能具有控制市场的竞争力，谈何“撬动”中外私人资本朝有利于人民群众利益的方向发展经济？

事实上，真正要“放大国有资本功能”，首先是做强做优做大国有独资企业，国有企业占领高新技术产业，在市场中起到主导地位，就可以通过扩大产业链，发展配套产业，为集体企业、私人企业的发展提供更大的空间，把它们引向由国有经济带动、为人民服务的轨道；其次是通过适量发展国有资本控股的混合所有制企业，通过控股，在企业中实现对它们的控制，把一定量的中外资本吸引到国有经济主导宏观经济运动的方向上来，而这又要以国有资本总量在社会总资本量中的比重大于中外私人资本的比重为前提。[③] 还可以积极发展国有经济内部的不同国有企业以资本经营权入股的股份制企业。所以，国企改革的功夫，必须眼睛朝内，主要立

---

① ［美］D.格林沃尔德主编，《现代经济词典》翻译组译：《现代经济词典》［M］，北京：商务印书馆，1981 年，第 284 页。

② 参见《发改委部署国有企业混改　地方改革多点开花》［EB/OL］，中国网财经中心，来源：中国经济网，2015 年 9 月 21 日，https://finance.china.com.cn/industry/hotnews/20150921/3351699.shtml。

③ 所谓“四两拨千斤”的具体主张，就是提出让国有资本广泛向私人企业参股、转让，把这当作混合所有制改革的唯一途径，这显然有损于国有经济。须知国有资本总量是一定的，如果大量国有资本都用于参股、转让于私营企业，都处于被私营企业控制的地位，那么，独资和控股的国有资本量势必减少，这又如何能保证国有资本总量增值程度高于私人资本，在国民经济中发挥主导力量的作用？因此，在国有企业改革中，应当坚持“宜独则独，宜控则控”的方针，一般情况下不宜搞国有资本向私营企业参股、转让。

足于壮大国有经济自身，搞好国有独资企业、国有控股企业和发展适应市场经济的国有企业新形式。那种依赖中外私人资本来搞国企改革的主张，在经济理论上站不住，在实践上是有害的。

有必要强调，作为社会主义经济基础的，只能是单一的公有制经济，其中主要的是国有经济，而不是混合所有制经济。国家宪法第六条明确规定“中华人民共和国的社会主义经济制度的基础是生产资料的社会主义公有制，即全民所有制和劳动群众集体所有制”①。可见，从资本一般的角度来看，只有国有资本和集体资本才能纳入社会主义经济制度的基础。国有经济的基础，只能是具有保值增值作用的经营性的国有资本，而不包括经营性的中外私人资本。那种要把混合所有制作为“国有经济的全新所有制基础”的观点，是站不住的。

（二）大力振兴工商业集体经济

1. 振兴工商业集体经济的重要性

调整所有制结构，在重视振兴国有经济的同时，必须大力振兴城乡集体经济。集体经济是生产资料集体所有制经济的简称，而集体所有制在宪法中更完整地表达为“劳动群众集体所有制”。中国的集体经济是与国有经济并列的公有制经济基本形式。它可以分为工商业集体经济（第二、第三次产业的集体经济）和农村土地集体所有制经济两类。由于工商业和农业在地域和经营方式上有明显区别，我们先论述发展工商业集体经济，然后论述发展农村土地集体所有制经济或农业集体经济。

前面引述过全国第三次经济普查数据，2013 年年末，在第二、第三次产业的内资企业中，国有企业占全部企业法人单位总数的 1.4%，集体企业占 1.6%，私营企业占 68.3%。这说明，在全国工商业领域的所有制结构中，工商业集体经济的比重已经严重下降；而私营企业的比重则显著上升，其中大量的是由原来的集体企业经过私有化“改制”转化而成的。

这造成了怎样的后果?

其一，这成为社会收入差距拉大、产业结构失衡的重要原因。集体所有制比重的严重下降，使相当多工人群众的经济地位发生了根本性变化。他们从集体经济

① 《中华人民共和国宪法》[N]，《人民日报》2018 年 3 月 11 日（第 1 版）。

组织中的自主联合劳动者，转换为私营企业的雇佣劳动者。而全社会私营企业比重的加大和雇佣劳动者人数的增多，势必在收入分配关系中加大两极分化的程度，也就必然使马克思所揭示的私人资本积累规律在全社会的作用趋于加强，由此成为产业结构严重失衡的重要原因。

其二，这削弱了国家对宏观经济的调控能力。国家是通过驾驭国有经济来主导宏观经济运行的；而要发挥好国有经济的主导力量，需要集体经济作为可靠的同盟军。集体经济是由劳动者掌握的公有制性质的经济，与国有经济在根本利益和长远利益上具有共同性，具有配合国有经济发挥主导作用、服从“全国一盘棋”的自觉性。而私有制经济则缺乏这种自觉性。因此，在国民经济中，集体经济比重的严重降低，使国有经济陷于孤立的境地，对国家调控宏观经济造成很大的不利。

其三，城市工商业集体经济的严重削弱，还对城乡经济协调发展带来很大不利。众所周知，为了实现社会主义现代化的发展战略目标，党中央提出了“以工补农、以城带乡”的战略决策，以促进城乡一体化。这从阶级关系上来说，就是要求各级党和政府组织城市工人阶级对农民阶级提供更多无私的帮助。在人力、物力和资金的来源看，这主要需要依靠国有企业和集体企业的工人阶级。如果公有制经济力量重大，那就容易实施这项决策。如果城市公有制经济只剩下较少的数量，尤其是劳动密集型的集体企业“改制”成了私营企业，那么要让私营企业主来为“以工补农”掏钱，或者要组织私营企业的雇佣工人来支农，这是很难做到的。

以上说明，要搞好宏观经济调控，促进城乡经济协调发展，就必须把严重下降的工商业集体经济尽快地恢复和振兴起来。不可否认，工商业集体经济在国民经济中比重的严重下降，这是在新自由主义影响下，不少地方政府背离党中央关于“改革是社会主义制度的自我完善和发展”的方针，搞私有化“改制”造成的。从宏观角度看，这是一种对社会主义基本经济制度的所有制结构的盲目破坏和自发的逆向调整。这必须坚决扭转过来。

2. 振兴工商业集体经济需要重视的问题

要促进工商业集体经济在国民经济所有制结构中的比重有较大幅度的提高，有必要重视解决不利于工商业集体经济振兴的一些问题。

首先，工商业集体经济的振兴迫切需要政府积极扶持。初看起来，集体经济属于一个个数量不等的劳动群众管理的经济，由劳动群众自己投资组织就行了。其实不然。集体经济虽然大小不等，但是在所有制性质上具有共性，需要国家法律予以规范。在集体经济和私有经济存在市场竞争的条件下,集体经济作为社会主义性质的经济力量,离不开国家政府的帮助和支持。集体经济作为国有经济的同盟军,需要配合国有经济的主导作用,在生产经营和劳动力就业管理等方面,需要政府机构实施必要的组织和引导。尤其需要重视的是,集体所有制作为公有制的基本形式之一,是社会主义经济制度的经济基础的重要组成部分,必须要有与之对应的政府管理机构;否则,就意味着对应于公有制经济基础的上层建筑是不完善的,反过来,公有制经济中的集体经济也就缺少作为上层建筑的政府机构来维护和服务,也就不利于集体经济的巩固和发展。实际上,工商业集体经济比重的明显下降,与政府在机构改革中削弱或撤销了对集体经济的管理机构是有很大关系的。没错,发展社会主义市场经济,要求各级政府转变经济管理职能,纠正用行政手段干预企业自主经营的管理方式,但是这并不意味着可以取消政府部门对集体经济的科学管理,减轻政府部门对巩固和发展集体经济的重大责任。[①] 为此,应当改变把工商业集体企业等同于私营企业,放到工商行业协会去管理的现状;有必要根据新情况,重新设立和完善党委和政府对工商业集体经济的管理机构。这将有利于做好工商业集体经济带头人的思想政治教育工作,更好地依靠和组织工商业领域的工人阶级,从而振兴工商业集体经济,巩固和发展公有制经济基础。

其次,工商业集体经济内部管理体制的改革必须坚持社会主义方向。不能忘记新自由主义对工商业集体经济内部所有权关系的破坏:先是把企业内集体资本统一经营和按劳分配改为“职工人人持股,管理者持大股,留一部分集体股”,基本上实行“按股权分配”;接着,放任企业管理层人员收购职工股,将企业转变为少数人持大股,大多数职工变为雇佣劳动的“私人合伙制”;最后,“私人合伙制”中的私人股份进一步集中,转为资本主义私有制的私人企业。因此,强调改革的社会主义方向绝不是多此一举。

从现实来看,许多地方正在推行以股份合作制的形式来发展集体经济。这也有一个坚持社会主义方向引导的问题。股份合作制是劳动者的联合与劳动者的资本联合相结合的具有过渡性的企业组织形式,这类企业集体经济的性质是由劳动联合来确定的。为了促进股份合作制的劳动联合的巩固和发展,防止股份合作制向私人合伙制蜕变,需要从三方面做出具体规定:

---

① 参见何干强著:《公有制经济振兴之路》[M],北京:人民出版社,2014年,第196—198页。

其一，在指导思想上，要强调在劳动者的联合与劳动者的资本联合上，应当引导股份合作制坚持以劳动联合为主。

其二，要求企业处理好“按股权分红基金”和“按劳分配基金”这两块的比例关系，在经营正常的条件下，扣除成本的可分配基金，必须以按劳分配总额占大头，并根据企业经济效益的增长，保证逐年有所增长。例如，笔者在调研中曾了解到一个实行股份合作制的味精厂，该厂年终分配时，在经济效益稳定增长、可分配收入基金总额确定的情况下，首先按全厂工资平均增长5%计算按劳分配总额，剩下的部分，再用于按股份分配。这样较好地调动了劳动者的劳动积极性。因此，在探索集体经济产权制度改革中，要防止片面宣传个人财产性收入，而淡化个人按劳分配收入，须知集体经济组织的收入，归根结底要靠有效的社会劳动创造价值来形成。

其三，禁止企业管理层在内部收购职工的持股权，防止按劳分配为主的股份合作制蜕变为按资分配为主的私人合伙制，并进而蜕变为私营经济，防止个人收入两极分化。

上述要解决的领导管理机构和企业体制改革坚持社会主义方向的问题，对振兴城市和农村的工商业集体经济都是重要的。而农村还有自己的特点，还需要解决好一些需要重视的问题。

3. 发展农村工商业集体经济需要完善集体资本所有权关系

由于中国农村人均土地面积少，工农业商品价格的剪刀差又尚未消除，组织农民集体在巩固和发展农业集体经济的同时，发展工商业经济，这有利于建设社会主义新农村，促进农民走上共同富裕之路。实践表明，现在中国比较富裕的农村，都有工商业集体经济。但是，由于乡镇集体企业是在计划产品经济体制时期逐步发展起来的，它们与农村土地集体所有制具有密切的联系。有的是村集体经济组织自己创办，有的是在乡镇政府领导下创办，有的是乡镇政府和村集体联合创办，情况多种多样。更重要的是，由于一段时期以来对农村工商业集体所有权关系（包括资本所有权、企业经营权、收入分配权的关系等）缺少必要的法制规范，普通农民群众往往难以参与集体经济的民主管理，运用自己本该拥有的经济权益，维护集体和个人的经济利益。这种状况导致不少乡镇集体企业未经农民群众的同意，就由上级政府部门和乡镇企业的管理层在新自由主义影响下，打着“改革”的幌子私有化了。可见，为了促进农村工商业集体经济沿着中国特色社会主义方向发展，就必须理顺农村土地集体所有制的集体资本所有权关系。

明晰集体资本所有权的权属关系，有必要从实际出发，区分乡镇区域范围的工商业集体资本所有权和村级集体经济组织的工商业集体资本所有权。属于乡镇区域范围的工商业集体资本管理，关键要实行“政资分开”，把乡镇集体资本所有权代表机构与乡镇政府机构分离开来。乡镇政府机构通过乡镇级人民代表大会依法选举产生，其日常的费用，应纳入国家对基层政府的财政管理渠道。乡镇集体资本所有权代表机构，则应由构成乡镇集体资本所有者的农民群众选举产生，该机构的开支费用属于集体资本经营收入的一部分。该机构在集体农民的监督下，自主主持集体资本的投资经营，所获得的可分配收益，按照集体农民认可的规章制度，分配给作为乡镇区域范围的集体资本所有者成员的农民个人。这样，把乡镇政权机构的财政关系与集体资本所有权关系区分开来，有利于防止乡镇政权机构“政资不分”，包揽乡镇集体资本的管理，占取集体农民的利益，也有利于乡镇集体资本所有权代表机构集中精力，促进乡镇这一级工商业集体资本保值增值。农村的村一级组织的领导班子是村民委员会，它本身不是政权机构，而是农民选举的自治机构，所以，它可以同时作为村级集体资本的所有权代表机构，在全体村民监督下行使集体资本所有权，搞好集体资本的经营，并把经营收入按一定的规章制度分配给村民。现实表明，中国的富裕乡村，村级工商业集体资本都比较雄厚，只要坚持内部民主管理，注意在内部贯彻好按劳分配原则，就十分有利于工商集体资本保值增值，促进农民的共同致富。

4. 农村非农集体经济应当以工商业职能资本经营为主

这是振兴农村工商业集体经济值得重视的问题。一段时间以来，许多农村集体经济组织受新自由主义思潮影响，认为办集体企业这类“实体经济”，即工商业职能资本形式经营不如私营企业有效，于是纷纷把原有的集体企业出售给私人，然后以收回的资金，在集体土地上盖厂房，出租给私人办企业，收取地租和利息，也就是采取实物形态的租赁资本形式（非职能资本形式），来实现农民的集体资本所有权和集体土地所有权。由于盖厂房使用的土地是农民有承包权的土地，于是集体经济组织就采取按承包的土地入股的方式，集中土地来盖厂房出租，这种形式被称为“社区股份合作经济”。农村非农集体经济这样做，不失为一种经营集体资本的形式。但是，如果普遍采用这种非职能资本的经营形式，则不利于农村集体经济的发展，从战略上看，也不利于集体经济在农村占主体地位。这是因为，采取出租厂房的形式，集体农民表面上可以“旱涝保收”地收取租金（利息），但是，《资本论》的非职能资本与职能资本相互关系的原理揭示出，借贷资本的利息或土地的地租，只能来自工商业职能资本生产和实现利润，因此，采取租赁资本形式来经营集体资本，这实际上是使集体资本的增值寄生于私营资本。这不利于集体资本保值增值，取得最大经济效益，同时会滋生“坐收渔利”的懒汉思想。从全社会角度来说，这实际上是助长私营经济的发展，因为这使公有制经济的发展处于依赖私营经济发展的被动境地。因此，在发展农村非农经济方面，各级政府应当鼓励、支持集体经济组织以经营工商业职能资本形式为主，不能把农村工商业领域都让给私人资本来经营。

（三）巩固和发展农业集体经济

1. 维护土地集体所有制的统一经营权

以上论述振兴城市和农村工商业集体经济应当解决的一些重要问题。下面论述巩固和发展农村土地集体所有制经济或农业集体经济中值得重视的问题。本书上卷第九章研究《资本论》的地租理论，曾论述维护和完善农村集体土地制度问题，现在有必要更深入地来探讨这个问题。

本来，我国农村土地集体所有制的性质是十分明确的。但是，20 世纪 80 年代以来，农村实施集体土地家庭承包制之后，不少地区没有认真执行原先规定的集体统一经营和家庭承包经营相结合的集体土地双层经营制，而完全放弃了集体经济组织的统一经营，这在实际上就使土地集体所有制蜕变为一家一户生产的小生产所有制，造成农业集体经济的虚化，失去了规模经营的效率，这显然不利于提高农业劳动生产率，不利于发展现代农业，不利于农民增加收入。而有些地方又采取土地经营权向私人（所谓“种田大户”）流转的方式来搞土地规模经营，这就导致在农业生产领域形成私人雇工的资本主义生产关系，导致贫富差距拉大。对此，必须依据宪法进行调整，处理好农民家庭经营和集体统一经营的辩证关系。改变这种状态，就成为巩固和发展公有制经济，调整所有制结构的重要内容。解决这个问题的关键在于维护土地集体所有制的统一经营权。

根据马克思的生产资料所有制理论，公有制经济在劳动方式上的特征表现为，联合起来的劳动者与他们自己所拥有的生产资料直接结合，形成“直接社会劳动或共同劳动”①。集体经济作为由部分劳动者群众组织起来的公有制经济，劳动者集

① 《资本论》第 1 卷［M］，北京：人民出版社，2004 年，第 384 页。

体通过协作劳动同它们自己所拥有的生产资料直接结合,也具有共同劳动这样的特征。在社会主义市场经济条件下,集体经济组织的共同劳动还要与面向市场的经营结合起来,这表现为,通过必要的统一指挥和统一经营,组织集体劳动者以协作的方式,使用集体共同所有的生产资料生产和销售产品,然后把获得的经济效益,在留足集体扩大再生产需要的基金和必要的集体福利基金之后,按照社会主义的按劳分配原则在集体劳动者中进行分配。这种对集体生产资料的共同使用、统一经营和分配,就是集体经济所有权经济价值的实现形式。集体协作劳动和统一经营的指挥权,由代表集体经济利益的集体生产资料的人格化——通过民主选举程序产生的集体经济组织的领导人来实施。应当说,只有通过必要的统一经营,并使得集体经济组织的每个劳动者都得到符合其劳动贡献的收入,劳动者的生产资料集体所有权才能得以真正实现。

明确统一经营是集体经济所有权的经济价值实现的必然途径,这有助于把集体经济同本质上属于私有制经济的那种"合作经济"区分开来。集体经济有多种形式,其中有完全实行统一经营的集体经济,有实行资本联合和劳动联合、以劳动联合为主的股份合作制经济(有时也简称为合作经济)等,这些集体经济形式的共性就在于,它们都在不同程度上有集体占有的生产资料,都实行不同程度的统一经营和协作劳动;对生产资料集体所有的程度高,统一经营和协作劳动的程度高,集体所有制性质的程度就越高。而私有制经济的显著特征,就是生产资料私有者决定和掌控生产资料经营权。即使小私有者之间可以采取类似于股份合作制的"合作经济"形式,如西欧一些国家旅游业中的"合作经济",以及日本、中国台湾的农业"合作经济",它们虽有一定程度的经济合作,例如在产品的销售上相互帮助,但是这种经济合作是建立在小生产者私有制基础上的,主要实行的是土地和私人资本联合,收入分配主要是按股份分红,而不是劳动联合和按劳分配为主。在这些"合作经济"中,统一经营是居于次要地位的。因此,它们只是私有制基础上的"合作经济",严格地说,只能称之为有一定程度的合作性质的私有制经济。弄清了集体经济的上述特征,就可以明白,我国农村土地集体所有制巩固的程度如何,这与集体经济组织能否适应生产力发展的要求,在集体土地上自觉有效地发挥统一经营权的作用,是紧密联系的。

如果放弃农村土地集体所有制的集体统一经营权,那么家庭土地承包制就会蜕化为实际上的小土地私有制。不少乡村由于集体土地统一经营权被削弱乃至被取消，已经产生许多不良后果。例如：村集体经济组织往往只起行政管理上的上情下达作用，对集体经济统一经营的组织指挥作用则近乎消解，由此出现了农民对农业生产积极性下降、青壮年普遍进城打工、农村只留下老人和留守儿童的现象。在这些地方，村民收入往往两极分化，农民脱贫问题得不到根本解决。而一批全国闻名的土地集体所有制不断巩固、经济实力不断壮大的农村，都是始终坚持以集体经济统一经营为主的，如河南的南街村、刘庄，江苏的华西村等。实践表明，农村只有坚持集体土地的家庭承包与集体统一经营两者相结合，并创造条件逐步向统一经营过渡，才能为实现土地规模经营，提高集体经济效益，从而实现共同富裕创造基本条件。

2. 坚持集体经济的社会主义发展方向

维护土地集体所有制的统一经营权，就应当把关于改革和完善农村集体所有制的重点，放在支持坚持统一经营权的农业集体经济组织上。从现实看，目前农村土地经营和借助土地经营的主体主要有六种：(1) 统一经营的集体经济组织(包括集体企业)；(2) 合作经济组织(包括集体资本控股的股份合作企业)；(3) 家庭农场；(4) 专业大户和其他大户；(5) "龙头企业"和涉农企业；(6) 单个家庭承包户。如果遵照马克思主义经济学关于所有权要通过经营权、分配权来实现的一般原理，以及宪法关于"国家保护城乡集体经济组织的合法的权利和利益，鼓励、指导和帮助集体经济的发展"的规定，①有关政策措施本该鼓励广大农民群众优先向(1)(2)方向发展。但是，相关措施往往把(3)(4)(5)放在优先的位置，把家庭农场、专业大户等各类单个农民大户，放到了农民合作社的前面。在农业技术培训方面，也把专业大户、家庭农场经营者放到了优先于合作社的地位。

实际上，农村在推行集体土地家庭承包制过程中出现的家庭农场、专业大户和其他大户的经营方式，往往与不少农村的农村集体经济组织统一经营权的淡化、削弱相联系。这些经营方式中的雇佣劳动，包含着资本主义性质的剥削关系。媒体在采访收入颇丰的家庭农场主时，却不报道在家庭农场打工的雇工人数及其收入状况，这是很片面的。应当看到，一旦这类经营主体发展起来，大量的集体所有制土地的经营权就会逐步集中到私人手中，集体土地所有制就会随着集体统一经营权的丧失而瓦解，很难对他们的土地适度规模经营实行统一的规划和引导，结果将

---

① 《中华人民共和国宪法》[N]，《人民日报》2018 年 3 月 11 日(第 1 版)。

进一步扩大农村财富和收入的两极分化。这对于在中国国情下推进农业现代化，逐步实现共同富裕，都是很不利的。还要看到，目前大部分涉农企业和带动农副业生产的“龙头企业”往往是私营企业。因此，为了减少私有制“龙头企业”在生产和流通领域占有农民的剩余价值，理应提出鼓励和支持农民组织起来，以加强集体农民与这些企业的谈判地位，乃至发展集体经济性质的“龙头企业”，否则将难以抑制农村工业领域的资本主义发展。

目前有关部门推动发展农业适度规模经营的措施，只是笼统地提出“以农民为主体”，没有提出“以集体农民为主体”；在加快培育新型农业经营主体方面，只提集体土地“实现所有权、承包权、经营权三权分置”，却没有对长期坚持“三权”统一的全国农村先进集体经济组织做出应有的肯定，也没有提出对他们的鼓励政策。实际上，像南街村、刘庄、华西村等一批分布在全国各地农村的先进集体经济组织，尽管没有“三权分置”，但在实践中却能坚持科学发展、共同富裕，创造出适应社会主义市场经济的光彩业绩，理应把他们作为“坚持农村土地集体所有”的榜样。①

3. 发展多种形式的农副业集体经济

《资本论》在论述私有制时指出，“私有制作为社会的、集体的所有制的对立物，只是在劳动资料和劳动的外部条件属于私人的地方才存在。但是私有制的性质，却依这些私人是劳动者还是非劳动者而有所不同。私有制在最初看来所表现出的无数色层，只不过反映了这两极间的各种中间状态”②。我们对土地集体所有制也不能从抽象的概念出发，作简单地理解；要看到在实行土地家庭承包制之后，广大农民群众从实际出发，已经在现实的农副业经济领域创造出多种“色层”，即多种表现形式的集体性质的合作经济组织。在土地所有权属于集体的前提下，农民群众开始在农副业生产的不同方面，在生产和流通的不同环节，由先进农民带领，实行了面向市场的程度不同的统一经营。主要有两大类：

一类称之为农副业（也包括林业、渔业等）“专业合作经济组织”。其基本特点是在家庭土地承包小生产基础上，在生产服务、产品销售等环节上实行不同程度的统一经营，如农户之间在苗木花卉、瓜果蔬菜、水产养殖等专项生产经营中，在产品的品种规格、良种供应、植保防疫服务、市场销售等方面，实行一定程度的统一经营和协作；但仍以农户为单位进行投入产出核算，取得收益，这种集体经济组织的集

① 何干强：《振兴公有制经济刻不容缓》[J]，发表在《河北经贸大学学报》2016 年第 1 期。

② 《资本论》第 1 卷[M]，北京：人民出版社，2004 年，第 872 页。

体所有权实现的程度比较低，在集体统一经营上表现得比较松散。但比起完全地一家一户进行生产经营有了较大的进步。

另一类称之为农副业"土地股份合作社"。其基本特征是打破了农户承包土地的界限，以家庭土地经营权入股的方式实行土地合股集中，参股的农民在集中起来的土地上协作劳动；合作社年终取得收益之后，扣除各种成本，形成可分配基金，然后按年终入股土地的股权分红（称之为"保底收入"）加上按农民投入的劳动计量的收入，进行个人收入分配。这种"土地股份合作社"的收入分配方式与工商业上的股份合作制是类似的。

这两类"合作经济组织"，加上本章前面论述的工商业方面的农村"社区股份合作经济"，被称为农村的"三大合作经济组织"。应当说，它们的发展，在很大程度上纠正了集体土地家庭承包经营固定化和"土地向大户集中"的弊端。农村集体经济出现的多种形式反映出，广大农民群众并不愿意永远停留在一家一户的小生产方式上，他们有着通过协作劳动，提高劳动生产率，共同致富的强烈愿望，这体现出农民中蕴藏着走社会主义道路的积极性。

各级政府有必要充分认识这种积极性，尊重广大农民群众的意愿，积极引导农村集体经济多种形式朝社会主义方向发展。在引导"专业合作经济组织"发展方面，要鼓励、支持农民实现产供销统一经营，自己建立集体所有制性质的"龙头企业"，改变由私营企业充当"龙头企业"，控制农民专业合作组织的产品加工、市场销售，在流通领域占取过多利润，影响集体农民利益的状况。在引导"土地股份合作社"发展方面，要制定政策，引导农民群众确定可分配基金之后，处理好"按股权分红"和"按劳分配"的关系，扩大劳动收入在可分配收益中的比重；同时，国家有必要调整粮食价格、实行种粮补贴等政策，调动"土地股份合作社"种粮的积极性，尽快增加种粮农民的收入。

4. 集体土地所有制"三权分离"的政策主张值得关注

要巩固和发展农业集体经济，就必须始终坚持改革的社会主义方向，防止打着"改革"幌子削弱集体所有制的行为。2015 年以来，研讨农村集体土地的"三权分离"成为经济学界的热点之一。人们知道，20 世纪 80 年代以后，农村集体土地实行家庭承包经营制，这一般称为集体土地所有权和农户土地承包权的"两权分离"。现在媒体上表述的"三权分离"主张，是指农村集体土地所有权、农户土地承包权、农村土地使用权的分离，即在土地承包权中又分离出土地使用权。有人认为，拥有集体土地承包权的农户自己不使用土地，把承包的土地的使用权租给别人而收取一定的租金，这种收入属于农民取得的“财产性收入”；[①]认为实行土地承包权和使用权的分离，这有利于发展农村土地的适度规模经营；为了推广“三权分离”，他们还主张给土地承包权“确权”，发展土地承包经营权或使用权的“流转市场”。这很值得关注。

用唯物史观的所有制理论来分析，集体土地承包权是集体土地所有权的延伸或实现环节，这两者可以在一定程度上分离，但是，土地承包权是受土地所有权控制、支配的，如果将两者彻底分离，那么所有权也就被虚化了，被承包权所取代了。而如果集体土地所有权不被虚化，那么，实行土地承包经营权的转包和土地使用权的出租，都必须得到土地集体所有权的批准。如果农村集体土地以村为单位，就应当由村集体经济组织控制、支配集体土地的承包经营权。有人主张将集体土地所有权与土地承包权绝对分离开来，如果真要这样做，土地集体所有权就会被架空，无异于集体土地私有化。其实，在实行集体土地家庭承包制伊始，规定实行集体经济组织和农户对集体土地的“双层经营”，那时就已经将农户的经营权确定下来了。现在提出的这种“确权”，据分析，一是认为，这可以为资本下乡发展规模经营提供土地，同时可以使农民取得土地承包权的“财产性收入”；二是认为农民可以用确权后的“土地承包权证书”到银行抵押贷款，这有利于解决农民发展生产的资金短缺问题。然而，这两种主张付诸实践，都有损于巩固和发展农村集体所有制，不利于农民走共同富裕之路。

先看为资本下乡提供土地。须知有人所说的资本下乡，其实是指私人资本向农村发展，并不是指“以工补农”含义上的工业资本支援农业生产。没错，一段时间以来，确有外资或私人资本在农村大片租用农民承包的土地，搞规模经营的“特色农业”，如珍稀花卉、品牌果蔬栽培等，让农民取得土地承包权租金收入，同时在出租的土地上受雇于资本而取得劳动收入，这确实使农户比自己经营承包的小块土地增加了收入。但是，应当认识到，这是以集体经济组织放弃自己的统一经营权为前提的。外资和私人资本经营的项目都是以营利为目的，不可能种植粮食等国家计划的农作物。不言而喻，外资和私人资本得到的好处，远远超过农民的收入。还要认识到，那种农民可以通过土地承包权的流转获得“财产性收入”的观点，搬用的是萨伊“要素价值论”的教条，根本站不住脚，因为土地承包权本身并不能创造出任

---

① 现实中的土地承包权与使用权分离的表现是，一些农民到城市去打工，把自己承包的土地租给其他农民耕种使用，自己收取一定租金。

何价值。看起来,私人资本下乡付给了农民土地承包权的租金,实际上,这份租金的价值仍然是农民在出租的土地上当雇佣工人创造出来的,资本下乡不雇佣农民来劳动,它是根本不可能赚回自己的投资并获得利润的。它支付给农民的土地承包权租金和工资,其实都是农民自己创造的。只要研读一下《资本论》,这是不难理解的。因此,如果普遍推广这样的私人资本下乡,那么私人资本或外资势必会控制农村经济,出现大面积"私人资本原始积累",这将导致土地集体所有制名存实亡,让大量的集体农民沦为下乡资本的雇佣工人。其实,搞规模经营的"特色农业",并非只有私人资本和外资才能办,集体经济本身就可以办。如果集体经济缺乏资金怎么办?一是靠自力更生、艰苦奋斗;二是靠国家政策的支持,如"以工补农"、给集体经济必要的贷款等。不可否认,私人资本和外资搞规模经营的"特色农业"是生产力先进的表现,但是,这绝不等于说,集体经济组织可以把自己拥有的集体土地所有权和对土地的统一经营权这些社会主义制度的优势,以少量的收入让给私人资本和外资。普遍地这样做,是背离社会主义方向的。科学的方法是,各级政府应制定积极的经济政策,培训农民的集体经济组织的带头人,虚心学习国内外的农业规模经营的先进方法,发动集体农民在自己的土地上,发展土地适度规模经营,通过艰苦奋斗实现共同致富。

再看让农民以"土地承包权证书"到银行抵押贷款的主张。不能忘记,农村土地实行集体所有制,是由宪法庄严规定的。集体土地的家庭承包权即使允许流转或转包,也仍应归土地集体所有者(集体经济组织)控制、支配,这种土地承包权并不是独立的权利。如果农村集体土地以村为单位,土地的流转就必须由村集体经济组织批准。如果将集体土地的所有权和承包权两者彻底分离,实际上等于用农户土地承包权替代了农村集体土地所有权。因此,集体土地的家庭承包权是不能作为农户向银行贷款的"抵押物"的。试想,用土地承包权抵押贷款的农民,一旦因自然灾害或经营不善,无法按时还贷,难道可以让抵押给银行的土地承包权归银行占有,让银行经营土地,让银行去受村集体经济组织控制、支配吗?而失去土地承包权的农民不就沦为一无所有的无产者了吗?谁来负责解决他们的生存问题?这后果绝不是危言耸听。其实,农民个人资金有困难,应当首先依靠农村集体经济组织的帮助,这就需要壮大农村集体经济组织的力量。如果村集体资金有困难,政府应当制定银行支农贷款政策,引导、支持农村集体经济的发展。调研的材料表明,有的乡镇把上级原本直接发到农户的扶贫资金,集中起来发展集体经济,取得了带动农户共同致富的较好效果。因为资金发给一家一户，数量有限，有的很快就用掉了，因此一家一户的扶贫难以起到积极作用。那么，能否实行村集体经济组织用集体土地所有权抵押，向银行贷款呢？回答是不能，这不符合中国国情。中国的银行本应实行国有制，因为金融是国民经济的命脉，必须由代表广大劳动人民利益的国家来控制，而农业是国民经济的基础。国有银行与土地集体所有者本质上是工农联盟关系，不应蜕变为私人之间的生息资本借贷关系。解决农民资金短缺，应当在巩固和发展土地集体所有制的前提下，认真地贯彻党中央已提出多年的“以工补农、以城带乡”的基本方针，由国有银行对集体经济组织实行政策性支农贷款，或由政府财政对农村集体经济提供必要的支农补贴或启动资金贷款。而绝不应当搬用西方资产阶级的产权理论，搞集体土地所有权和承包权两者的彻底分离，让土地集体所有制名存实亡。还值得关注的是，有人主张“农村土地经营权可作为金融贷款的抵押物”，同时又主张发展私人银行，假如这两者结合起来，农村集体土地所有制就有被新生资产阶级蚕食的危险。这是不能被允许的。

以上以较大篇幅论述了在调整所有制结构过程中，如何振兴国有经济和集体经济问题。许多地方论述了企业层面的所有制关系，这似乎已经超出了西方资产阶级经济学定义的宏观经济范畴。但这是遵循《资本论》的宏观经济研究方法不可缺少的。宏观经济与微观经济固然有区别，但是不能完全撇开微观经济来谈宏观经济。社会主义市场经济的社会再生产是以千千万万工商企业和农村经济组织的再生产组成的；宏观经济的所有制结构，也是以不同所有制性质的工商企业和农村经济组织为基础的。因此，要按照社会主义基本经济制度调整所有制结构，研究在企业和经济组织层面如何振兴公有制经济的问题。这是一大方面，还有另一大方面，就是下面将论述的如何对待私有制经济的问题。

四、科学对待现阶段私有制经济

（一）两种不同观点

1. 对待私有制经济的科学观点

遵循社会主义基本经济制度对所有制结构的规定，努力提高公有制经济在国民经济中的比重，势必涉及如何对待国民经济中比重已经很大的私有制经济，这就必须科学认识现阶段公有制和私有制两种所有制之间的关系。

本来，我们党和广大人民群众对公有制和私有制主次关系的观点是明确的。宪法对公有制占主体地位做出了庄严规定；党中央历来强调，“只有社会主义才能救中国，只有社会主义才能发展中国”①。党和人民很清楚，新中国从1956年生产资料所有制社会主义改造取得伟大胜利起，就进入了以公有制为主体的社会历史阶段。虽然当今中国所处的“社会主义初级阶段”还具有过渡性，它距离马克思所说的劳动者“个人所有制”或完全公有制的社会主义，还要经过相当长的时间，但是，公有制的主体地位已经赋予了它的基本经济制度的社会主义性质。因此，在现阶段多种所有制经济的关系中，公有制经济必须始终占主体地位，合法的私有制经济只能处于辅助的、次要的地位，公有制中的国有经济必须起主导作用，统领多种所有制经济。这是由当代中国社会只有向科学社会主义方向前进，才能促进社会生产力发展，促进人民走共同富裕之路的历史逻辑决定的。这也是新中国建立以来的伟大成就所证明了的。

2. 对夸大非公有制经济作用观点的评述

尽管上述观点是十分清楚的，但是在转向社会主义市场经济体制的过程中，经济理论界却出现了另一种观点。这种观点认为“非公有制经济与市场经济具有天然联系，它们的蓬勃发展不仅有助于提高国民经济运行活力，而且有助于形成对公有制经济的竞争，激励和促进公有制经济发展，从而改善整个社会资源配置效率”②；认为“非公有制经济不仅在稳定增长、促进创新、增加就业、改善民生等方面发挥了重要作用，是稳定经济的重要基础，是国家税收的重要来源，是技术创新的重要主体，是金融发展的重要依托，是经济持续健康发展的重要力量，而且是深化国有企业改革，搞活公有制经济的重要条件。非公经济发展可以形成公有制经济特别是国有经济的竞争压力，促使公有制经济提高竞争力”③。引文中的非公有制经济，其实主要是资本主义性质的私有制经济，因为非公有制经济中的小生产经济（也是私有制）在国民经济中比重是极小的。因此，这种观点的特征就是夸大私有制经济的地位和作用，这显然不合乎事实，理论上也根本站不住脚：

---

① 《邓小平文选》第3卷[M]，北京：人民出版社，1993年，第311页。

② 中共中央党校经济学教研部：《关于中国特色社会主义政治经济学的三个重大问题》[N]，《光明日报》2016年7月13日（第15版）。

③ 中共中央党校经济学教研部：《关于中国特色社会主义政治经济学的三个重大问题》[N]，《光明日报》2016年7月13日（第15版）。

说“非公有制经济与市场经济具有天然联系”，这显然是非历史的观点。私有制本身有一个历史发展过程，奴隶制、封建制的私有制与市场经济并没有直接的联系；相反，在资本主义商品经济产生之后，封建制的地域割据还阻碍商品经济的发展。而“商品流通是资本的起点。商品生产和发达的商品流通，即贸易，是资本产生的历史前提”[①]。私人资本流通是资本主义私有制经济的本质，它是在商品生产和流通存在了几千年之后才产生的，这说明它与市场经济一般也不是一种“天然联系”。

说非公有制经济“是技术创新的重要主体”，这完全看不到私有制对生产社会化发展的必然束缚。不能否认，私有企业也有“技术创新”，但是，在同等物质条件下，这种技术创新终究受到狭隘生产关系的限制，它不可能具有社会主义公有制广泛协作的创新优势，因而难以成为技术创新的“重要主体”。须知当年新中国建立不久，在十分艰苦的条件下，就能自力更生做出“两弹一星”等伟大科技创新，这完全归功于社会主义公有制的优越性。

说非公有制经济是“金融发展的重要依托”，也言过其实。有资料披露，中国“中国民营企业平均存活时间只有5年7个月”[②]，私有制经济在市场经济中发展的不稳定，只能导致银行增加不良贷款、“三角债”等不良信用关系，又怎么可能成为“金融发展的重要依托”？

说私有制经济可以“激励和促进公有制经济发展”，是“搞活公有制经济的重要条件”，这是混淆视听。如果私有制经济的扩张可以促进公有制经济发展的话，公有制经济的比重还会出现严重下降吗？本章前面引述的统计数据已对此做出有力批驳。

说非公有制经济的“蓬勃发展”可以“改善整个社会资源配置效率”，“是稳定经济的重要基础”，这是凭空臆造。难道资本主义社会的私有制经济发展得还不够蓬勃？难道资本主义私有制与生产社会化这种基本矛盾引发周期性经济危机属于改善社会资源配置效率？

以上不厌其烦，逐条据理驳斥，是因为这种观点影响面不小，因此，我们不能不认真对待。这些说法无视私有制比重过高造成社会收入两极分化、产业结构失衡

① 《资本论》第1卷[M]，北京：人民出版社，2004年，第171页。

② 卡耐基左：《中国民营企业平均存活时间只有5年7个月》，360个人图书馆网，2014年9月15日，http://www.360doc.com/content/14/0915/08/2088748_409556209.shtml。

等一系列不良后果，反而把私有化“改制”造成私有制经济的过度扩张，褒扬为私有制经济的“蓬勃发展”，鼓吹私有制经济起着比公有制经济还积极的作用，这就颠倒了黑白，也是公然违反宪法规定的。不过，仅仅只是批判上述颠倒公私所有制关系的说法是不够的，要使各级领导和广大群众明白，坚持遵循社会主义基本经济制度的规定来调整所有制结构，很有必要从理论上阐明公有制经济和私有制经济之间的辩证关系。

（二）公私所有制经济之间的辩证关系

1. 公私所有制经济之间矛盾的社会性质

现阶段公私所有制经济之间客观上存在着对立统一的矛盾关系。弄清这种关系，首先有必要先明确公私所有制经济之间这对矛盾的社会性质。

任何一种所有制经济都是为它的生产资料所有者，即处于这种所有制经济中的统治阶级的经济利益服务的。因此，公私所有制经济之间的矛盾在社会性质上，主要表现为中国工人阶级和集体农民阶级即占人口大多数的劳动人民，与资产阶级在经济利益上的矛盾。而在非公有制经济中，资产阶级与个体经济的小资产阶级之间也存在经济利益的矛盾。认识这种经济利益的矛盾很重要。有种观点认为，只要生产力发展了，中国经济姓“公”姓“私”都无所谓，看起来似乎很强调发展生产力。但是，这种观点却把社会生产力与生产关系、阶级关系割裂开来了。而否认了生产力总是处于一定所有制关系之中，总是由处于一定阶级地位的人来掌握的，否认了谁掌握生产力，谁就能支配生产成果，那么生产力就变成了脱离经济利益归属的抽象的东西。认清了这种似是而非的观点，就可以明白，在中国的国情下，已经掌握了全社会主要生产力的广大劳动人民，唯有坚持公有制主体地位，引导非公有制经济走社会主义道路，才能维护自身经济利益和整个民族经济的利益，促进社会共同富裕，促进国民经济的可持续性发展。

2. 公私所有制经济之间存在着相互依存的一面

这种矛盾的同一性是在现阶段的社会生产力发展水平和存在国际霸权主义的外部经济环境这些条件下发生的。

一方面，公有制经济的发展，需要私营经济在一定范围内存在和发展。从生产领域来看，国有经济为了应对国际市场竞争，有必要集中使用国有资本于大中型企业，形成规模经济，而发展一定的非公有制经济，有助于扩大整个民族经济，辅助国有经济;国有规模经济抓住核心技术,实行专业化生产,这需要许多生产一般零部件,或者进行局部组装的中小企业与之相配套,投资量较小的非公有制经济可以填补这方面的空间;公有制经济可以通过控股、兼并等方式,吸纳私人资本或外国资本,扩大生产规模。从流通领域来看,公有制经济可以利用非公有制经济布局灵活、大小零售点延伸广泛等特点,将公有制的大型批发业和私营小型批发、零售业结合起来,形成适应市场需求的销售链,加快公有资本的循环与周转,在经济运行中增强自身增值能力。

另一方面,非公有制经济的生存和发展离不开占主体地位的公有制经济。这体现在:其一,面对外国资本的竞争,非公有制经济必须借助于国有经济的强大,才能作为民族经济的组成部分得以生存。如果没有国有经济提供经济支撑和国防安全保障,没有强大社会主义公有制经济对社会安定团结提供保证,私营经济面临强大国际资本的压力,只能要么处于被欺侮的地位,要么沦为外国资本的附庸。这是近代中国资本主义经济的发展已经证明了的。其二,非公有制经济需要服从公有制经济的主体地位,才有稳定发展的可能。私有制经济与生产社会化这对矛盾的扩大和尖锐化是经济危机发生的根本原因;在国民经济中,社会主义公有制经济占主体地位,使这对矛盾的作用下降到次要的地位。所以,中国非公有制经济的生存要寻求一个稳定的经济环境,就应当依靠公有制经济,服从国有经济的主导和带动。其三,非公有制经济的发展需要公有制经济,尤其是国有经济提供支撑。在中国,经过几十年的艰苦奋斗,已经建立起国有经济为主导的独立自主的国民经济体系,国有经济控制国民经济命脉,控制社会再生产所需要的矿产品、能源等主要原材料与市场流通所依赖的交通、信息和金融等基础设施。非公有制经济的发展只有依赖于国有经济的发展壮大,才能获得可靠的物质支撑。其四,非公有制经济需要从公有制经济的优越性中吸取营养,克服自身弊病,求得发展。社会主义公有制经济具有遵纪守法的组织约束力、思想政治教育的凝聚力、内部管理的民主性、自觉调节和完善管理体制的主动性等优点。私有制经济需要从社会主义公有制经济中,吸取这些方面的营养才能与公有制经济并存发展。可以说,在中国的国情条件下,私有制经济的健康发展要以公有制经济主体地位的巩固和发展和国有经济主导力量的壮大为基本前提。

正因为存在上述同一性,所以,在私有制经济能够遵循国家宪法,服从公有制为主体、承认国有经济主导作用的这种所有制结构的基本前提下,公私所有制的阶级主体之间的经济利益矛盾，一般来说属于人民内部矛盾。但是，也不能忽视公私所有制经济之间存在对立性或斗争性，如果这种对立性超过了同一性所能容纳的限度，社会主义基本经济制度就会受到威胁，公私所有制经济之间的对立性就会激化为其阶级主体之间的对抗性，就会转化为敌我矛盾。因此，深刻认识公私所有制经济之间的对立性十分重要。

3. 公私所有制经济之间存在相互对立的一面

这种矛盾的斗争性是绝对存在的。根据唯物辩证法，"有条件的相对的同一性和无条件的绝对的斗争性相结合，构成了一切事物的矛盾运动"[①]。公私所有制经济之间的这对矛盾也存在与同一性结合在一起的斗争性或对立性。这表现在：其一，公私所有制经济之间存在经济资源和市场占有上的竞争。现实中，这种竞争十分明显地表现在人才资源的争夺上。私营企业主往往以特别高的待遇，让利于高水平的专业技术人才，从国有企业中"挖人"，这对公有制经济造成直接的损害。其二，私营企业主的高收入对公有制经济管理层会形成诱惑。公有制经济的高层管理人员从事复杂管理劳动，个人收入虽然高于一般职工，但是遵循按劳分配原则，因而高得有限；而私营企业主可以剥削工人的剩余价值，一个私营小企业主的个人收入往往高于国有大企业的总经理。后者如果缺乏正确的认识，就可能产生"吃亏"意识，这有可能破坏公有制经济的管理队伍的稳定性。其三，公私经济并存，为某些公有制企业人员损公肥私提供了便利。公有制企业由于管理制度不完善，不乏有人"脚踏两只船"（身兼公、私职业），往往把主要精力放在公职之外的"外快"收入上，被比喻为"老母鸡下蛋，在自家下两个，外面下八个"，这必定给公有制经济带来损失。[②] 其四，在公私资本合资的股份制企业，往往出现私人资本排斥公有资本，阻碍公有制经济发展的现象。[③] 其五，外资一般是私有制经济，如果对引进外资缺乏必要的选择和数量控制，不能把外资纳入国民经济结构的按比例安排，就会阻碍国有经济发挥主导国民经济运行的作用，导致产业结构失衡，还有让跨国公司的国际垄断资本控制国内市场的危险。其六，就全社会看，如果私有制经济发展超过

① 《毛泽东选集》第1卷[M]，北京：人民出版社，1991年，第333页。

② 有的公有制经济已经对这种现象高度重视，例如著名的江苏省华西村，为了防止私营经济对集体经济的侵蚀，明确提出，村集体经济内部不搞"一家两制"，即一家人不能同时既在集体经济工作，又搞私营经济；如果有人要搞私营经济，那么他家庭中的其他人应同时从村集体经济退出。

③ 这在乡镇股份合作企业中表现比较普遍。其由若干私人的资本和某乡镇集体经济参股的资本合股构成，由于经营获得的利润较高，几位主要私人投资者为了"肥水不外流"，便向乡镇集体组织提出，要求买下集体股份，使企业完全变为私人合股。而如果集体资本一旦退出，就从可以增值的经营性资本转化为死的资金，这显然会使集体经济受到损失。

一定限度，公有制经济就会丧失主体地位，这将导致社会经济制度发生颠覆性的蜕变。

公私所有制经济的对立性，还反映到意识形态对经济基础的反作用上来。资产阶级意识形态通过它的重要理论载体资产阶级经济学，既维护资本主义私有制经济，又对社会主义公有制经济起破坏性反作用。分析近些年来中国私营经济迅速增长，主要是两种因素：一是靠民间私人自有资本依法创业起家，这部分数量并不大；一是在新自由主义经济学影响下，对国有和集体企业搞所谓经理层购买（Management buy-out，MBO）的私有化“改制”方式，这部分数量非常巨大。前一因素形成的私营经济不改变公有制的经济主体地位，可以增加民族经济总量。而后一因素形成的私营经济则属于原有的公有资本转换为私有资本，是私人成为原本属于公有制的生产资料的所有者，并不会增加民族经济的总量，更谈不上扩大就业，相反还不断地引发工人下岗、失业，导致收入差距的拉大，更主要的是削弱了公有制主体地位，由此可以明显看出资产阶级意识形态对社会主义经济基础的破坏作用。可见，结合资产阶级对无产阶级的意识形态斗争，有助于深化对两种所有制经济存在对立性的认识。

综上分析可知，只有辩证地理解公私所有制经济的对立统一关系，才能科学地调整所有制结构，巩固和发展以公有制为主体、多种所有制经济共同发展的基本经济制度。在当代历史条件下，看不到公私所有制经济存在同一性，搞单一的公有制经济，会犯“左”倾的错误；而看不到公私所有制经济存在对立性，不坚持公有制经济占主体地位，不坚持国有经济是国民经济的主导力量，用公私企业的产品在流通领域的平等交换关系，来替代它们之间在生产领域的主体地位和非主体地位的不平等关系，在两种性质不同的所有制经济之间搞折中主义，就会犯右倾的错误。无疑，在第二、第三产业的公有制经济已经严重削弱的现实状况下，尤其要防止犯右的错误。

（三）控制和引导私有制经济的发展

1. 控制私有制经济的过度发展

《资本论》深刻地揭示出，资本主义私人资本以追求无限增大的抽象财富——剩余价值为目的，“资本只有一种生活本能，这就是增殖自身，创造剩余价值”[①]。

① 《资本论》第1卷[M]，北京：人民出版社，2004年，第269页。

因此,私人资本或资本主义私有制经济具有不断扩张自身的本性。中国的资本主义私有制同样具有这种自发扩张的本性。既然公私所有制经济之间的对立性是绝对的,而私有制经济又必然要扩张自己,这就决定了,国家只有控制和引导私有制经济的自发扩张,才能防止公有制占主体地位的所有制结构发生逆向转变。

我们主张根据宪法,制止私人资本和外国资本进入军工和关系国家经济命脉的关键部门和重要基础设施部门。因为这不利于维护民族经济的独立自主和国家经济安全,不利于维护工人阶级和广大劳动人民的经济权益,不利于发挥国有经济对宏观经济运动的主导作用。尤其是银行领域,这是国家控制商品流通中的货币量和资本流通中的货币资本量的“水龙头”。《资本论》揭示出,“纸币的发行限于它象征地代表的金(或银)的实际流通的数量”①;货币资本是“每一个新开办的企业的第一推动力和持续的动力”②。从宏观经济运动角度看,只有把握好这种“水龙头”,才能控制住全社会投入商品流通的纸币量,控制住全社会投入资本流通的货币资本总量,才有可能遵循货币流回规律,使社会再生产实现按比例发展。而要把握好这种“水龙头”,只有在一系列宏观经济调控措施的基础上,由代表社会经济整体利益的一个权威性金融中心来控制,才有可能办到。真正代表社会经济整体利益的只有国有银行。开办私人银行,将外国金融垄断资本入股中国的金融系统,这必然会破坏中国金融系统的纯洁性,必然会影响中国金融系统从社会经济的整体利益出发对宏观经济做出科学调控。又如铁路运输基础部门,它是与国有土地直接联系的部门,国家投资巨大,占用的土地也有巨大经济价值,它不仅是国家经济建设的大动脉,同时也是国防军事的重要基础设施,是不应当由私人资本和外国资本进入的部门。

2. 引导私营经济逐步转向社会主义公有制经济

根据社会主义基本经济制度对所有制结构的规定,控制私有制经济的过量发展,引导私有制经济在振兴独立自主的民族经济中发挥积极作用,这是科学对待私有制经济的一个方面。但是这还不够,从中国坚持走科学社会主义道路的战略来看,更重要的是,应当引导私有制经济走社会主义道路,并逐步地转向社会主义公有制经济。其实,在一定条件下,私有制向公有制经济的转变,这也是公私所有制经济具有同一性的表现。在国家正确引导下,这种转变具有现实可能性。新中国

---

① 《资本论》第1卷[M],北京:人民出版社,2004年,第150页。
② 《资本论》第2卷[M],北京:人民出版社,2004年,第393页。

对资本主义工商业改造的成功，证明了这一点。中国要高举中国特色的科学社会主义旗帜前进，就不能不作这方面的努力。

《资本论》揭示了资本主义积累的历史趋势是，资本家最终要被剥夺，资本主义私有制终将转化为社会所有制或公有制。[①] 这种转化有两种方式，一是采取解决对抗性矛盾的社会主义革命的方法，一是采取解决非对抗性矛盾的社会主义改造的方法。在外部存在帝国主义国家的国际环境下，中国的民族资本主义经济历来具有两面性，即既有剥削工人阶级的一面，又有站在民族经济和爱国立场上，接受社会主义改造的一面。20 世纪 50 年代中国共产党制定了对民族资本主义经济"利用、限制和改造"的正确指导方针，领导劳动人民采取公私合营这种非对抗性方法对资本主义工商业进行社会主义改造，并取得伟大胜利。这证明在新的历史条件下，完全可以继续采用非对抗性的方式，引导当今私有制经济逐步转向社会主义经济。

3. 引导私有制向公有制经济转变的措施

可以考虑如下一些战略性的措施：

促使私有化"改制"的企业重新公有化。可以结合反腐败斗争，收回流失的公有资本，使私有化"改制"的企业恢复公有制性质。这样做当然会有阻力。对于把私有化"改制"当作改革方向的人来说，会认为这是"否定改革"。但是，如果不纠正私有化"改制"的失误，社会主义基本经济制度就不能巩固。众所周知，不少地方要求"彻底改、改彻底"的私有化"改制"，的确导致国有、集体资产的严重流失，产生了较严重的腐败问题。许多公有制企业本来企业管理正常，有一定利润，并没有达到破产程度，却被强制私有化，导致职工下岗，群众对此是不满意的。私有化确实导致了社会收入差距拉大，产生了党群、干群关系对立的"后遗症"。选择适当时机，制定科学政策，以"回头看"总结改革经验和教训的方式，收回流失的公有资产，有步骤地把私有化"改制"的企业重新公有化。这是能够办得到的。

引导经营困难的私营企业公有化。对于私人自己投资创办的合法私营经济，现阶段当然不适宜公有化，因为这违反社会主义基本经济制度关于多种所有制经济共同发展的规定。但是，如果有的私人企业根据自己的实际情况提出公有化的要求，也应当支持。要看到，2008 年以来的世界经济危机对中国相当部分的私营企

① 参见《资本论》第 1 卷[M]，北京：人民出版社，2004 年，第 873—874 页。

业造成冲击。中小私企普遍缺乏流动资金,有的举步维艰,濒临破产。这证明分散经营的非公有制经济是缺乏抗风险能力的。对于这样的私营企业,可以采取市场经济条件下的新型公私合营方式,在提供财政金融支持帮助其克服困难的过程中,促进其向公有控股企业转化。具体方式,可以在实践中形成。引导那些濒临破产的私营企业向公有制企业转化,这就可以在把世界经济危机对我国国民经济造成的不利转化为有利,促进公有制经济的振兴。

鼓励私营企业向有实力的国有企业靠拢。中小型私营企业数量多、规模不大,有必要用爱国主义、社会主义思想引导它们向实力强的国有大中型企业靠拢,使它们附属于国有经济,形成国有经济控制的联合"企业群",逐步向公有制经济方向发展。要看到,在国内市场国际化的开放性经济态势下,许多私营中小企业处于市场竞争中的弱势,近些年来,由于国有企业数量显著减少,有的地方政府考虑眼前增加当地的 GDP(国内生产总值)和税收,鼓励私营企业与外国企业联合,这对民族经济独立自主的发展将带来极大的不利。为此,应当坚决制止这种做法的蔓延。积极的做法则是做强做优做大国有企业,带动、联合各类中小企业,增强国有经济的控制力,共同抵制外资控股,阻止产生经济殖民化的不良倾向。

促进新开办企业走集体经济的道路。在社会主义市场经济体制下,每年都会由国家投资兴办,或者由民间投资兴办新的企业。后者有两种选择,一是兴办资本主义性质的私有制企业,包括私有制的股份制企业;一是兴办集体所有制的企业,包括集体资本控股的股份制企业。一段时间以来,许多地方党政机构在改革中,撤销了对工商业集体经济管理的职能机构,这导致对民间投资办企业缺乏朝社会主义方向的组织和引导,新开办民间投资企业往往都是私有制企业。其实民间资本有集体资本和私人资本两种社会性质。地方党政机构有责任鼓励、指导和组织民间资本,创办多种形式的公有制性质的集体企业,如集体独资企业、股份制集体企业和股份合作制企业等。这将会促进所有制结构中公有制经济比重的增长。这不属于政府对市场经济的行政干预,而属于发挥社会主义上层建筑对经济基础的积极的反作用。

监督和调节私营、外资经济的劳资关系。引导私有制经济向公有制经济转变,有必要坚持用社会主义意识形态影响私营企业主的思想,用社会主义生产关系影响、约束私营企业。中国各地的工商业联合会的共产党组织和私营企业内部的共产党组织,要承担起这个责任。要纠正只讲"依靠企业家",不讲全心全意依靠工人阶级的倾向。国家有必要制定和完善对私营企业的社会主义法律法规，从外部强制监督和调节私营企业内部的劳资关系，保证私营企业的劳动者享有宪法所规定的人身自由和人格尊严不受侵犯、劳动保护、改善劳动条件、休假、男女同工同酬等经济权益。要保证私营企业的雇工得到应有的劳动报酬和福利待遇。从缩小收入差距的视角来看，应当规定私营企业雇工的工资与通货膨胀指数挂钩，确保劳动者获得不低于劳动力价值的收入。同时，在完善支持、引导私营企业合法经营的同时，依法监督私营企业的收支账目，禁止私营企业主把个人消费开支列入企业成本，并完善累进个人所得税，合理调节企业主的合法收入。要严禁企业主向政府官员行贿。坚持用社会主义生产关系影响、监督和调节私营企业的劳资关系，这将有助于私营企业在生产关系上接受社会主义改造，最终向公有制企业转变。

以上所有这些振兴公有制经济的对策建议，都需要解放思想才有可能付诸实施并得到完善。最重要的是，各级领导干部尤其是高层干部的思想必须从公有制与市场经济对立的观念中解放出来，形成在市场经济条件下振兴和壮大公有制经济的坚定信念。

总　结

以上对《资本论》的宏观经济研究方法及其应用，作了较详细的论述。为了便于读者能够比较清晰地把握要领，兹将本书逻辑思路、理论观点、应用建言和对西方资产阶级宏观经济思想的分析批判，作一归纳。

一、逻 辑 思 路

本书的论述是在深入研读《资本论》原著的基础上，遵循从特殊到一般，又从一般到特殊的认识论逻辑展开的。

马克思在《"政治经济学批判"序言》中指出，"我把已经起草好的一篇总的导言压下了，因为仔细想来，我觉得预先说出正要证明的结论总是有妨害的，读者如果真想跟着我走，就要下决心，从个别上升到一般"①。意思是，读者要弄懂他计划撰写的"政治经济学批判"这部巨著所得出的关于经济的社会形态运动的一般性结论，就应当跟随他计划出版的一个个分册，首先理解一个个反映资本主义经济的社会形态的特殊性的原理。② 毛泽东在《矛盾论》中明确指出，"就人类认识运动的秩序来说，总是由认识个别的和特殊的事物，逐步地扩大到认识一般的事物"；"我们认识了事物的共同的本质以后，还必须继续研究那些尚未深入地研究过的或者新冒出来的具体的事物"。③ 他精辟地把马克思主义的认识论概括为"由特殊到一般，又由一般到特殊"④。

---

① 《马克思恩格斯全集》第13卷[M]，北京：人民出版社，1962年，第7页。

② 需要说明的是，马克思后来改变了原先按分册出版巨著的计划，在《政治经济学批判》第一分册出版之后，他就开始了《资本论》的写作，从多方面揭示了资本主义经济的社会形态的特殊性。

③ 《毛泽东选集》第1卷[M]，北京：人民出版社，1991年，第310页。

④ 《毛泽东选集》第1卷[M]，北京：人民出版社，1991年，第310页。

本书论述《资本论》的宏观经济研究方法的逻辑，就是遵循这样的认识论来进行的。首先，力求准确理解和阐释马克思研究资本主义宏观经济运动的唯物史观方法；接着，从广义政治经济学角度，对这种"特殊"进行合理的抽象，提炼出"一般"，即研究商品生产普遍化社会或宏观经济运动一般的唯物史观方法；然后，用这种"一般"指导研究"特殊"，即研究社会主义宏观经济运动（社会主义市场经济的宏观经济运动）的客观辩证法，并从理论和实践的结合上，论证实施社会主义宏观经济调控的方法论原则。

二、理 论 观 点

本书篇幅较大，内容涉及面甚广。兹将笔者认为比较重要的观点，梳理、概述如下：

1. 必须高度重视《资本论》的宏观经济研究方法

学术界普遍认同，马克思在《资本论》第2卷第三篇"社会总资本的再生产和流通"中，阐述了资本主义宏观经济运动，这当然是正确的。可是，这样认识并不全面。实际上，《资本论》从第1卷到第3卷，各卷都包含对宏观经济运动的论述。马克思对资本主义宏观经济运动，由表及里，从现象到本质，又由里及表，从本质回到现象（区分了真相与假象），进行了系统而深刻的揭示。把他的所有相关的论述综合起来，加以系统化的梳理和阐释，就是科学的宏观经济学。在这个意义上，可以说，马克思是科学宏观经济学的开创者。而马克思揭示资本主义宏观经济运动的唯物史观方法，尤其值得重视。我们应当弄懂弄通《资本论》的宏观经济研究方法，并自觉地把它应用于社会主义市场经济的宏观经济调控实践。

2.《资本论》的宏观经济研究方法是唯物辩证法在宏观经济研究领域的运用

《资本论》的宏观经济研究方法，与西方资产阶级经济学的宏观经济分析方法相比，两者有原则区别。前者坚持唯物史观，公正无私地客观反映宏观经济运动自身的辩证法；而后者渗透唯心史观，带着资产阶级生意人的狭隘眼光看宏观经济，维护资产阶级整体的利益，因而具有主观性、表面性和片面性。因此，不应当用现代西方资产阶级宏观经济学的方法指导创建中国特色的科学社会主义宏观经济学，更不应当用以指导社会主义市场经济的宏观调控实践，而应当深入研究和实践

《资本论》的宏观经济研究方法。当然，只从一般含义上理解《资本论》的宏观经济研究方法是不够的。要正确地将其应用于社会主义宏观经济调控的实践，形成科学的具体方法，就必须遵循马克思关于“问题和解决问题的手段同时产生”①这个唯物辩证法的方法论原理，坚持毛泽东同志倡导的反对“本本主义”，深入实际，调查研究，坚持反复实践，善于总结经验。

3.《资本论》科学揭示的资本主义宏观经济包含商品生产普遍化社会的宏观经济一般

这种宏观经济一般的总结构，由简单商品流通、生产资料所有制、生产的社会分工、人与自然的关系和社会总资本一般的结构关系这五个基本经济层面构成。各层面内部的经济关系，不同层面相互之间的经济关系，以及它们综合起来形成的整个经济系统的内部联系，构成宏观经济一般的研究对象。其中每一个经济层面都按辩证法运动，各经济层面之间也按辩证法相互作用。宏观经济一般的研究方法，正是对这些客观的辩证运动的真实反映。形成对宏观经济一般的科学认识，对于认识中国特色社会主义宏观经济具有重要指导价值。

4.《资本论》的宏观经济研究方法包含丰富的内容

其主要的方法论原则是：宏观经济研究应当从社会总产品出发；应当弄清社会总资本运动中的资本流通和商品流通的共性、联系和区别，并同时分析生产消费和个人消费，以及它们之间的内在联系；应当坚持劳动二重性的基本原理，从由社会具体有用劳动和抽象人类劳动决定的社会使用价值和商品价值量两方面因素，研究社会再生产的实现或宏观经济运动，既要考虑社会总产品的各个组成部分的价值补偿，又要考虑这些组成部分的实物形式的使用价值补偿；应当着眼于宏观经济一般的多层面总结构，弄清各层面内部和各层面相互之间的辩证关系。只有坚持这些方法论原则，才能正确认识和实施社会主义宏观经济调控实践。

5. 市场社会分工制度是人类社会普遍存在的社会分工关系在商品生产社会的历史表现形式

市场社会分工制度是以商品流通一般关系为中介，间接形成并促进社会分工深化和拓展的社会生产制度。商品流通一般关系与社会分工存在作用和反作用的辩证关系。所谓市场经济一般或共性，实质上就是指市场社会分工制度，它是舍去

---

① 《资本论》第1卷[M]，北京：人民出版社，2004年，第107页。

生产资料所有制关系的一种理论抽象。而在现实中,市场社会分工制度总是与一定的生产资料所有制结合在一起的。资本主义市场经济是市场社会分工制度与资本主义生产资料私有制结合的经济,而社会主义市场经济是市场社会分工制度与社会主义生产资料公有制结合的经济。因此,不应当把市场经济一般与特殊的资本主义经济相等同,也不能把它与特殊的社会主义市场经济相等同。市场社会分工制度必然具有自发性。资本主义私有制的经济基础,决定了资本主义市场经济无法克服这种自发性,并必然发生周期性经济危机。而在社会主义市场经济条件下,既要承认和利用这种自发性,同时,又要发挥公有制为基础的优越性,坚持宏观经济计划调控,把这种自发性控制在最低限度,防止发生经济危机,促进宏观经济稳定运行和可持续发展。

6. 必须高度重视马克思结合货币流回规律研究社会再生产运动的方法

在商品生产社会,货币流回规律是社会再生产按比例发展规律在商品流通领域的必然表现。社会再生产的实现要求各产业部门投入产出的要素之间,在使用价值和社会价值两方面形成相互依赖、相互补偿的平衡的比例关系,这是商品价值规律在宏观上的要求。这种比例关系的平衡包括:全社会的生产资料生产和消费资料生产两大部类之间以及各部类内部比例关系的平衡,两大部类的用于固定资本实物更新的货币价值量与体现固定资本损耗价值(折旧)的商品价值量之间的平衡,与全社会固定资本补偿相对应的固定资本和流动资本之间的平衡,各产业部门货币积累和实际积累的平衡等。实现这些平衡,才能实现全社会的产业结构的平衡,从而才能使社会再生产中的货币流回规律得以实现。可见,货币流回规律能否实现,是宏观经济运动在流通领域是否正常的重要表现。这在存在中央银行的信用制度的宏观经济中,就要求高度重视中央银行的货币流回状态,把它作为分析经济结构尤其是产业结构是否平衡的“晴雨表”。

7. 深刻认识决定市场供求关系变动的深层原因

马克思深刻地揭示了生产领域决定市场供求关系变动的两层原因。其一是生产资料所有制。生产资料所有制的性质、结构等关系决定了社会阶级的性质,不同阶级的地位及其相互关系,决定了不同阶级、阶层之间的收入分配关系,从而决定着生产的投入和产出,同时决定了市场有购买力需求的状况,由此决定了市场的需求和供给;其二是社会再生产中各产业部门之间的比例关系,即通常所说的产业结构关系,产业结构发生失衡,必然带来市场供求关系的波动。比较这两层关系对市场供求关系变动的作用,生产资料所有制起着更主要的作用。这是因为,生产资料所有制关系的本质是生产过程中的人与人的关系,生产当事人本质上是生产关系的人格化,他们具有主观能动性。他们的经济行为决定了投入产出,从而决定了社会再生产的比例关系。资本主义宏观经济以私有制为基础,在剩余价值规律作用下,必然发生收入两极分化,因而宏观经济调控必然无效。而社会主义宏观经济以生产资料公有制为基础,具有实现有效宏观调控的现实可能性,但是国家的宏观调控中心必须在实践中自觉遵循社会再生产按比例发展规律和货币流回规律,搞好宏观经济的计划调控。

8. 深刻认识银行信用制度与宏观经济运动的关系

银行信用制度不是主观臆造的,它建立在全社会的商品价值的物质基础上,因为货币执行支付手段职能的赊欠和货币资本的借贷,都是以客观存在的价值财富为前提的,没有这种物质基础,信用制度从而中央银行信用制度就不会产生。因此,马克思揭示的金属准备在银行信用制度中的枢纽地位这个原理没有过时,在现代银行制度下,仍然应当重视金属准备。银行信用制度对宏观经济运动起着积极和消极的两重作用。要利用好银行信用制度,就必须遵循价值规律,深刻理解马克思所揭示的商业信用与银行信用的联系和区别、银行资本运动与现实资本运动的辩证关系。商业信用的扩大或缩小与现实资本积累的扩大或缩小是相对应的。而银行中的虚拟资本作为名义货币资本的数量,与它们票面上代表的现实资本的真实价值数量完全是两回事,因此不能把证券市场的价格波动等同于现实的工商业资本的价值变动,也不能把不同产业的股票价格的变动等同于产业结构的变动。利用银行信用制度,必须区分货币信贷与货币资本信贷。不能把决定通货绝对量的因素与决定银行利息率变动的因素混为一谈。商品流通中的货币量一般不影响银行利息率,决定银行利息率变动的是对银行货币资本的供求关系。宏观经济调控不能把银行利息率用作调控货币量的工具。应当牢记,货币信贷不能突破流通过程中实际需要的货币量,否则信用膨胀必然导致通货膨胀;货币资本信贷必须遵循社会再生产按比例发展的规律,否则就会引爆经济危机。

9. 土地所有制与宏观经济运动有着密切的联系

马克思揭示了资本主义地租这种土地的资本主义私有制形式。马克思的地租理论建立在劳动价值论和剩余价值论的基础上。他揭示出,作为自然物质的土地本身没有价值,地租作为价值财富只能是社会劳动的凝结。地租的运动必然与宏观经济相联系。级差地租对宏观经济运动的影响,主要体现在社会要对土地所有者过多地支付社会价值,从而减少社会生产其他部门在再生产中的积累,限制它们的发展。绝对地租作为经营者缴纳给土地所有者的利润,是土地所有权直接决定的。因此,无论农业资本的有机构成大于、等于或小于资本的有机构成,绝对地租都不仅限制农业生产,而且也会限制其他部门的社会再生产。这是因为,最差的土地也要收取绝对地租,这就必然会增加较好土地的级差地租,增加各级较好土地的级差地租总额,从而导致社会要对土地所有者过多地支付社会价值,对全社会的再生产形成限制。土地私有权会限制经营者对土地的生产投资,迫使经营者只考虑眼前的利益,而不保护土地的肥力,因而必然对生产本身造成限制;还会造成租用土地的经营者对地力的榨取和滥用,这必然会对农业生产和土地本身的合理经营、维护和改良,造成限制和障碍。因此,只有实现完全的土地公有制,才能最终使国民经济运行建立在合理农业的坚实基础之上,使宏观经济运动走上平衡稳定的运行和可持续发展的轨道。在现阶段中国,土地还没有实行全民所有制的公有制,但是已经形成了国有制和集体所有制两种基本的土地公有制形式。从人类土地所有制的演进史来看,这是土地所有制从私有制到公有制的质的飞跃!我们应当十分珍惜和维护现行土地基本制度,并创造条件逐步向前推进。

10. 应当结合遵循可持续发展规律研究宏观经济运动

马克思揭示的人与自然之间的物质循环规律,是人类社会可持续发展的基本规律。应当从生产力和生产关系两方面认识宏观经济运动对可持续发展的影响。为了防止宏观经济运动产生对可持续发展的消极影响,从生产力方面看,人们在使用土地时,应当自觉采取改良措施,努力保持土地的持久肥沃;在利用资源时,应当坚持节约原则,尤其要节约不可再生的自然资源;在生产和消费过程中,应当自觉维持和改善生态环境,这样才能保证社会的扩大再生产具有持续运行的物质条件,保证人类本身代代健康生存。从生产关系方面看,土地私人所有制是可持续发展的障碍,实现土地公有制是促进可持续发展的基本前提。我们应当在国有制和集体所有制两种基本的土地公有制度下,在城市科学使用国有土地,纠正“土地财政”,把土地市场控制在只出让很少量土地的范围内;在农村坚决维护、完善土地集体所有制,不断促进土地的合理耕作。

11. 应当结合本国与世界市场的关系研究一国的宏观经济运动

马克思深刻揭示了一国宏观经济一般与世界市场的辩证关系。世界市场是商品流通和社会分工扩展的产物，它同样是商品流通和资本流通相结合的表现。世界市场的社会属性，是由主导世界市场的国家的社会生产关系性质决定的。当今发达资本主义国家仍在主导世界市场，今后随着国际共产主义运动的复兴，资本主义市场终将转变为社会主义市场。一国宏观经济发展需要利用世界市场，但是一国宏观经济对世界市场利用程度是有限的。不能忽视资本主义世界市场对一国宏观经济运动存在副作用，尤其是资本主义世界经济危机会对一国经济造成危害。不应混淆国内市场与世界市场。国内市场本质上是由一国国民作为实践主体所构成的体现其民族经济自身利益的国家区域内的市场。国家区域内经济国际化，不等于国内市场的消失；只要民族经济独立自主，就存在与世界市场相区别的国内市场。中国作为社会主义的发展中国家，面对世界市场竞争，必须努力提高自身的国家实力和国家优势，才能立于不败之地。国家在对外经贸工作中，应当起好组织指挥作用；支持和保护先进的民族产业和企业，增强民族经济国际竞争力；要坚持对外开放与民族经济自主自强的辩证统一，坚持国内经济平衡与国际收支平衡的辩证统一。

12. 国家在对外经贸关系方面应发挥好宏观调节作用

国家发展对外贸易应以增进本国民族经济利益为前提，制定对本国民族经济的保护政策措施，加强进出口的宏观控制和统筹管理。出口应选择有国际竞争优势的商品，严格控制原材料尤其是重要战略性资源直接出口；进口商品必须以维护本国民族经济利益为前提，应控制农产品进口，严格保护我国生态农业的发展。利用外资应强调合理利用，增强对外资的控制、监督，防止盲目过量引进外资。要科学认识和控制汇率。以国别纸币的关系来表现汇率，这是美国为首的发达资本主义国家为了挽救资本主义经济制度的衰败而强加于世界各国的经济形式，它违反世界货币是贵金属（金或银）的客观规律。所谓“世界货币非黄金化”，并不体现历史的进步。在当代纸币条件下，要确定国别之间的公平汇率关系，仍然应当按照比较一定单位的国别纸币所包含的国际价值量的要求，比较两国一定单位国别纸币的含金量。当代纸币条件下的汇率关系，必然要求相关国家从本国利益出发进行干预或控制。那种主张把纸币形式的汇率交给国际市场来决定的主张，只会对发达资本主义国家有利。而一国的汇率是与该国的国际收支关系相联系的，国家对汇率的控制，必须从引起的国际支付差额的多种因素入手。

13. 应当重视唯物史观的宏观经济数理分析方法

宏观经济研究包括经济性质和经济数量这相互联系的两方面研究。经济数理分析就是建立在经济学原理基础上的经济数量分析。经济数理分析是《资本论》的宏观经济研究方法的重要内容,它体现在全卷的论述过程中。其科学特征主要表现在,坚持唯物史观的反映论,经济数理分析从客观存在的经济事实出发;始终以劳动价值论为基础;坚持劳动二重性的基本原理。同时,遵循唯物史观的辩证方法,坚持经济数量分析以确定分析对象的经济性质为前提;遵循经济关系量变到质变的辩证发展规律;注重反映经济形态的本质与现象、经济形式与经济内容、经济运动的必然性与偶然性、经济运动的原因与结果、经济关系的相对性与绝对性等多种辩证关系。那种认为马克思主义政治经济学不注重经济数理分析的观点,是没有根据的。

三、应 用 建 言

毛泽东同志指出,"对于马克思主义的理论,要能够精通它、应用它,精通的目的全在于应用"①。这种精通和应用是不可分割的两个方面。弄懂弄通是正确应用的前提;自觉应用是弄懂弄通的目的,而坚持理论与实际结合,才能正确应用。弄懂弄通《资本论》的宏观经济研究方法,目的是要促进社会主义宏观经济调控实践的科学化,并推进开拓当代中国的马克思主义宏观经济学的新境界。在这方面,本书形成了一些认识,并提出了一些应用性建言。简述如下:

1. 社会主义宏观经济调控具有区别于现代资本主义宏观经济调控的特征

这主要体现在,一是坚持唯物史观的指导思想。明确社会生产是宏观经济运动的起点,并对社会的流通、分配、消费起决定作用,同时,也重视社会的流通、分配、消费对社会生产的反作用;坚持从宏观经济一般和社会主义生产关系特殊的结合上认识社会主义市场经济,尊重客观经济规律。二是维护社会主义公有制的主体地位,在宏观经济调控实践中,充分发挥国有经济的主导力量。三是具有服从人民共同利益和长远利益的价值目标;并运用好有机结合的宏观计划调节和市场调

① 《毛泽东选集》第 3 卷[M],北京:人民出版社,1991 年,第 815 页。

节，保证以公有制为主体的国民经济稳定运行，促进人民群众的物质和文化生活水平逐步提高，推动国民经济可持续发展，努力实现这种价值目标。

2. 重视完善社会主义宏观经济调控实践的主体机构建设

这种新的宏观调控主体机构在社会主义制度自我完善的意义上，与计划产品经济体制时期相比是存在区别的；而它与现代资本主义市场经济的宏观调控机构，则存在生产资料所有制基础赋予的根本区别。它必须有助于发挥全民所有制的国有经济在宏观经济调控中的主导作用。这种宏观调控的主体机构应当同时管好国有职能资本和国有银行资本，因而应当与完善国有职能资本整体监管的主体机构结合起来。社会主义宏观经济调控的主体机构是代表人民利益行使国家经济管理职能的，因而必须置于人民代表大会和广大人民群众的监督之下；必须实现国有职能资本所有权关系人格化。在中国这样一个地域广阔的大国，有必要具有从中央到地方的层级性，并具有跨行政区域的适应性。在建立国有职能资本与国有银行资本这两大板块的监管主体机构的基础上，宏观经济调控主体机构还必须监管好非经营性的国有资产，并从整体上控制全国多种所有制经济的发展。它必须掌握正确的调控方式，包括直接调控和间接调控、从价值和使用价值两方面调控、多层面地调控等。

3. 国家的宏观调控要科学利用市场调节并控制好市场的自发性

不应当把社会主义市场经济的市场调节与资本主义市场经济的市场调节混为一谈，因为在决定市场供求关系上，两者的经济基础有根本的区别；如果说两者存在相同的一面，那是从商品流通一般关系角度而言。要充分认识，市场调节和国家调控在作用的结果上，具有一致性，就是使宏观经济运动达到社会总劳动在各产业部门按比例分配，趋向总体上的平衡。为此，国家宏观调控主体机构应当重视对市场供求关系状态的科学分析，注重从扩大再生产的社会分工比例关系和生产资料所有制结构关系这两个基本方面，来收集和综合利用市场信息，克服宏观经济计划调控中可能产生的主观性。然而，社会主义的市场调节仍然具有自发性；单纯的市场调节具有滞后性，它只有通过曲折的、社会生产力受到一定程度破坏的途径，经过一定的时间周期，才能被动地实现价值规律对社会总劳动的按比例调节。因此，国家宏观调控机构在利用市场供求信息的同时，必须考虑并控制市场调节的自发性，力求把市场的自发性作用控制在符合市场秩序和自由公平交换规则的范围内；注重控制市场总价格的稳定；有必要加强对粮食市场、股市和楼市这些关系国计民生的专门市场的调控。

4. 计划调节是社会主义宏观经济调控的重要特征之一

这种计划调节与当代西方发达资本主义国家的宏观计划调节有根本区别，它是建立在生产资料公有制基础上，服务于人民整体利益和长远利益的。宏观计划调节包括国家对市场流通即市场供求关系的调节，并重视依据市场信息来尽可能克服具有预测性的计划的主观性，但是，它更注重从生产领域调节社会再生产的比例关系或产业结构，从根本上避免市场供给和需求两方面出现大的失衡。社会主义宏观经济的计划调节，坚持从社会总产品的使用价值结构和价值结构两方面实施；重视处理好积累与消费的关系，坚持以农业为基础，坚持经济发展速度以产业结构平衡为前提，把按比例发展建立在可持续发展的基础上。在制定国民经济按比例发展的计划中，应当重视牵动经济全局的两个重要比例关系，一是农、轻、重的排序，必须保护耕地和保证农业第一线有足够的劳动力；二是重视处理好资本周转周期长的投资与周期短的大量投资之间的比例关系。必须坚持宏观经济的综合平衡，这是《资本论》的宏观经济分析方法在中国的应用和发展，要综合调控流通中的货币资本量，从宏观上控制股市投资量，并建立健全促进可持续发展的绿色宏观经济统计指标。

5. 恢复社会主义公有制经济的主体地位是宏观经济调控的当务之急

宏观经济调控包括生产资料所有制结构的调整。根据国家统计局公布的全国经济普查数据，测算全国在第二、第三次产业不同所有制中的从业人员比重，并根据农村大多数地区削弱乃至取消了集体经济组织的统一经营的这种实际状况，可以认为，目前在我国的生产资料所有制结构中，公有制占主体地位的底线，已被私有化的“改革”所突破。这已带来产业结构失衡、社会收入两极分化等一系列不良后果。调整所有制结构，恢复公有制经济主体地位，已刻不容缓。必须从整体和企业两个基本环节，壮大国有经济。从整体管理看，应保证国有资本的中央管理机构拥有对国有资本的整体性经营管理权；各级国有资本的所有权机构应在各级人民代表大会监督下，行使对企业国有资本的控制权和监督权，而不应当只作为坐收利息的生息资本所有者。从企业层面看，国有企业体制改革是为了做强做大做优，不是要改变国有企业的社会主义所有制性质。国有独资企业和国有控股企业，完全可以在不改变国有经济性质的条件下，建立起法人治理结构，形成社会主义特色的现代企业制度。必须大力振兴城乡工商业集体经济，应当改变把工商业集体企业等同于私营企业，放到工商行业协会去管理的现状；有必要重新设立和完善各级党委和人民代表大会对工商业集体经济的管理机构。必须巩固和发展农村土地集体所有制经济，强调“以集体农民为主体”，维护土地集体所有制的统一经营权。在政策支持上，应当把农民合作社等集体经济组织作为重点，不宜把家庭农场、专业大户等各类单个农民大户放到前面。要尊重广大农民群众的意愿，大力发展多种形式的农副业集体经济，引导集体经营程度高低不同的农民合作经济组织，朝社会主义方向发展。

四、分 析 批 判

遵循《资本论》的宏观经济研究方法，本书对资产阶级宏观经济学的理论及其实践主张进行了深入剖析和批判。这种批判是为了在比较中，进一步论证《资本论》宏观经济研究方法的科学性，同时阐明，绝不应当动摇马克思所开创的工人阶级政治经济学在当代中国经济建设中的指导地位。本书在批判西方资产阶级经济学唯心史观新老教条的基础上，批判了对中国经济学界影响较大的资产阶级宏观经济思想。主要包括：

1. 批判西方资产阶级经济学新老教条的共同弊病

《资本论》批判了资产阶级经济学直观地反映经济形态表面现象，而形成的拜物教观念，即商品拜物教、货币拜物教、资本拜物教（利息拜物教是资本拜物教的完成形态）和土地拜物教等观念。并批判了资产阶级经济学存在的五大教条：一是所谓商品流通必然创造买和卖的平衡的萨伊教条；二是把流通手段当作货币唯一职能的李嘉图教条；三是把社会的所谓劳动基金（总可变资本）看作固定不变量或者把贫困说成是由绝对的人口过剩产生的边沁教条；四是所谓利润、工资、地租三种收入决定价值，并在社会再生产中丢掉了总不变资本的斯密教条；五是宣布资本主义私有者阶级的收入源泉具有自然必然性和永恒合理性，所谓土地、资本和劳动这些收入源泉三位一体的萨伊要素价值论教条。这些教条在现代西方宏观经济学上都有表现。现代西方资产阶级经济学在上述老教条的基础上，又形成了一些新教条。影响颇大的是凯恩斯教条和科斯定律教条，前者主要是按照“投资和储蓄”的所谓恒等公式，强调用投资、消费和外贸“三架马车”拉动“有效需求”；后者则是强调,要降低企业交易成本、提高企业效率,唯有选择私有产权制度。凯恩斯教条是现代西方宏观经济学的理论基础。总体来看,西方资产阶级经济学新老教条的共同特点是,以唯心史观为指导,用拜物教观念和资本家"生意人"的眼光观察经济形态,具有主观性、表面性(即庸俗性)、片面性、欺骗性和为资本主义制度辩护的性质;维护资本主义私有制,维护资产阶级的经济利益;经济分析往往用数学和统计学的逻辑推理,替代经济学本身的逻辑关系。因此,不应当在经济研究中不加分析地搬用西方资产阶级经济学及其分析方法。

2. 作为西方宏观经济学理论基础的凯恩斯主义并不科学

马克思深刻地指出,庸俗经济学"只是在表面的联系内兜圈子"①。这完全适用于凯恩斯的宏观经济理论。由于凯恩斯不懂生产商品的劳动具有二重性,不懂一般商品流通和资本流通的联系和区别,把剥削者和劳动者的两种收入混为一谈,不懂宏观经济分析应当从社会总产品出发,因而在宏观经济分析中,存在一系列错误:一是贯彻了"斯密教条"。凯恩斯研究的是国民收入范围的总供给和总需求的关系,但只是着眼于从社会总产品的价值产品部分即$\sum(v+m)$,来谈宏观经济调节。他描述的社会总收入的支出流程,没有反映出企业与企业之间对生产资料的交换关系,排斥了社会再生产中的Ⅰc=Ⅰc这种生产资料生产的内部平衡关系,也就是丢掉了在社会再生产中最重要的生产资料(不变资本$\sum c$)如何补偿这个问题,这就沿袭了马克思所深刻批判的"斯密教条"的严重错误。二是凯恩斯的被称为"三驾马车"的宏观经济调节方法,由于建立在"斯密教条"基础上,不可能调节好生产领域的产业结构。所谓"投资"增加有效需求,离开了生产领域再生产比例结构,又以维护资本主义私有制为前提,所以不可能从根本上解决市场总供给和总需求的平衡;所谓"消费拉动"经济增长,违背了生产与消费的因果辩证关系;所谓"外贸"拉动,把外贸这种外因的作用,当成国民经济内因的直接作用,这种混淆容易导致国内产业结构的失衡。三是凯恩斯对宏观经济进行数理分析提出的总储蓄等于总投资的恒等式是错误的。他所说的总投资,是追加资本的投资,这相当于马克思所说的社会扩大再生产中的实际积累;而社会总储蓄除了用于追加投资的储蓄,即马克思所说的货币积累,还包含企业固定资本折旧基金积累、居民消费储蓄在内的性质上不用于追加投资的储蓄。因此,这两者是不相等的。马克思揭示出,只有在

① 《马克思恩格斯全集》第23卷[M],北京:人民出版社,2004年,第98页(页下注32)。

属于剩余价值组成部分的、用于追加投资的货币积累，同用于购买追加生产资料和劳动力的实际积累相等时，才能满足社会扩大再生产的要求。因此，即使凯恩斯所说的社会总储蓄等于追加总投资，也不能实现宏观经济扩大再生产条件的平衡。四是凯恩斯没有解决社会总产品的产品价值各组成部分，如何从价值和使用价值两方面实现再生产补偿的问题。五是凯恩斯的宏观经济调节以维护私有制基础为前提，这就注定不可能消除社会收入的两极分化，也就不能通过宏观经济调控消除资本主义经济的基本矛盾，不可能消除周期性的经济危机。因此，凯恩斯主义是一种治标不治本的资产阶级宏观经济理论。

3. 民主社会主义经济措施不可能解决资本主义经济制度的弊病

资产阶级经济学认为，资本主义所有制是天然合理的经济制度，具有永恒性，所以一般不讨论收入分配关系与生产资料所有制的关系；面对资本主义的两极分化现象，一般都主张通过政府搞福利制度、转移支付等再分配措施来解决问题。但是，即使用再分配手段进行调节，也是治标不治本，不可能解决生产社会化和生产资料私有制的固有矛盾，不能避免经济危机和走向衰亡的总趋势。

4. 批判新自由主义经济学的市场观

新自由主义经济学认为，只有以私有制为基础的市场交易才能有效率，才能达到“帕累托最优”。所谓实现市场配置资源的“帕累托最优”状态，其实是一种主观臆造。“帕累托最优”所说的消费者、生产者，都是无差别的消费者、生产者，这就说明，这些经济利益主体都超脱了客观存在的所有制关系，没有资本家与雇佣工人之分，这显然不能反映客观经济现实，因而是一种主观的抽象。“帕累托最优”容忍资本主义的两极分化，所谓的“最优”并没有经济现实的客观标准。新自由主义经济学反对国家干预，鼓吹市场化、私有化、金融自由化，实际上是为现代国际金融垄断资产阶级在全球扩张自身利益服务的。

5. 匈牙利经济学家科尔内提出的ⅡB模式存在严重弊病

所谓ⅡB模式，就是指“有宏观调控的市场机制”，这种“改革目标模式”是相对于传统社会主义的计划产品经济体制而言的。但是，这种“模式”的提出并非以唯物史观为指导，它在市场关系上打上了西方资产阶级经济学的烙印，分不清商品流通和资本流通的本质区别，只看到了现代市场具有的商品流通的一般性质，却看不到公有资本流通与私有资本流通的生产环节赋予流通环节的根本不同的社会规定性；它完全撇开了生产资料所有制层面（包括所有制结构和公有制经济基础）对于宏观经济协调的基础性作用，撇开了社会主义公有制在宏观经济运动中的关键地位和作用；它只从企业要摆脱行政主管部门干预、获得自主决策权的微观角度出发，看不到国有企业全民所有制的统一性对于宏观经济有效调控是必不可少的；它还绝对否定了从实物形态角度调节社会再生产各部门比例关系的必要性。ⅡB 模式不是以马克思主义政治经济学为理论指导，而是西方新自由主义经济学和发达资本主义国家宏观经济调控模式的混合。这是一种从微观上瓦解社会主义经济制度基础的改革方案，实质上是私有制基础上的有宏观调控的现代资本主义宏观经济运行模式的翻版。

6. 警惕西方供给学派误导宏观经济结构调整

西方供给学派是在凯恩斯主义宏观调控政策失效时产生的，兴起于 20 世纪 70 年代。这个学派搬出了供给会自动创造需求的萨伊的老教条。供给学派提出供给方面的宏观调控，其主张虽然涉及生产领域，但是，其着眼点主要是通过减税等措施，调动私人生产者的"积极性"，并没有涉及社会再生产各产业部门之间的比例关系，更没有也不可能涉及资本主义所有制关系的调节，因而搬用西方供给学派的理论提出调结构的主张，不可能解决中国经济结构失衡问题的。

7. 西方资产阶级经济学的宏观经济数理分析方法存在重大弊病

其经济数量分析以描述宏观经济形态表层的经济理论为前提。由于资产阶级经济理论不能正确分析经济关系的性质和内部联系，具有主观性、表面性、片面性等一系列弊病，资产阶级经济学家为了显示其学说的高深，并增强理论的辩护性，就"米不够，水来凑"，用普通人不容易理解的数学逻辑来替代经济逻辑，来掩盖其经济理论的肤浅。因此，我们绝不应当迷信和照搬西方宏观经济数理分析方法，而应当自觉应用贯彻唯物史观的宏观经济数理分析方法。

五、结 束 语

本书是国家社科基金一般项目"《资本论》宏观经济分析方法及其中国化研究"（批准号：11BJL007）的最终成果，但是笔者深深感到这个课题的重要性，因此是当作重大课题来做的。

出版本书，笔者希望能证明这样一个道理：要推进社会主义宏观经济的有效调控，实现国民经济以扩大再生产的方式稳定运行和可持续发展，就不能不结合国情和实际，深入理解和重视应用《资本论》的宏观经济研究方法。同时，笔者也力图证明，任何轻视《资本论》理论价值和应用价值的观念，都是浅薄的，甚至是有害的。《资本论》是人类社会科学智慧的结晶，不仅为批判旧世界提供思想武器，而且为建设新世界提供科学方法。应当说，《资本论》的唯物史观的研究方法，对于指导建设中国特色的科学社会主义，具有全面的指导价值。

一段时间以来，我国经济学界出现一种不容小觑的经济学"西化"或资产阶级化的倾向。不少人在讲到中国特色社会主义政治经济学的理论创新时，很少讲要在新的历史条件下，加强对马克思主义经济学经典著作《资本论》的深入研究，而总是更强调要借鉴现代西方经济学。这种倾向有必要纠正。本书用马克思对资产阶级经济学的批判证明，现代西方资产阶级经济学仍然渗透唯心史观，坚持为资产阶级服务的阶级立场，这决定了其理论体系是不科学的。它们不可能为建设社会主义经济提供科学方法。照搬现代西方资产阶级经济学，一定会误导经济实践。要从根本上纠正宏观经济结构的严重失衡，实现社会主义市场经济的良性循环和可持续发展，唯有高度重视学习和应用《资本论》的宏观经济研究方法。

2017 年是伟大的无产阶级革命导师马克思的代表作《资本论》第一卷正式出版 150 周年。我作为一位中国经济学者，谨以本书的出版，表达对《资本论》所阐述的科学真理的忠诚，并决心沿着马克思所开创的理论道路继续前进！

2021 年是伟大、光荣、正确的中国共产党成立 100 周年。我作为一位普通共产党员，谨以本书的出版，向党献上一份薄礼，表达对党的忠诚，并决心牢记共产党员的誓言，为共产主义奋斗终身！

最后，本书作为国家社科基金项目从 2011 年批准立项到形成最终成果结项，再到形成学术专著出版，共计历时 10 年；实际上，专著成果中包括我从 1967 年开始研读《资本论》以来 50 年的学习与思考的结晶。本书能够公开出版，我衷心感谢上海东方出版中心对本著作的重视。还在本课题初步完成之时，东方出版中心的鲁培康同志，发现本书有重要出版价值，就主动向上海市有关管理部门申请，使本书被批准为"2015 年上海市新闻出版专项资金拟扶持项目"。当 2018 年国家社科基金规划办公室组织同行专家匿名评审，正式公布本课题项目结项（证书号：20180380）之后，出版社又安排多位有经验的编辑同志，再次对本书进行了审校。对编辑们付出的诚实劳动，我表示衷心地感谢！

参考文献

马列原著类:

《资本论》第1~3卷[M],北京:人民出版社,2004年(中共中央编译局译本)。

《资本论》第1~3卷[M],北京:人民出版社,1975年(中共中央编译局译本)。

马克思著,郭大力,王亚南译:《资本论》第1~3卷[M],北京:人民出版社,1953年第1版。

《资本论》(法文版第1卷中译本)[M],北京:中国社会科学出版社,1983年。

《马克思恩格斯〈资本论〉书信集》[M],北京:人民出版社,1976年。

《马克思恩格斯选集》第1~4卷[M],北京:人民出版社,1972年,1995年。

《马克思恩格斯文集》第2卷[M],北京:人民出版社,2009年。

《马克思恩格斯全集》第13卷[M],北京:人民出版社,1962年。

《马克思恩格斯全集》第22卷[M],北京:人民出版社,1971年。

《马克思恩格斯全集》第23卷[M],北京:人民出版社,2004年。

《马克思恩格斯全集》第26卷第1、2、3册[M],北京:人民出版社,1972年,1973年,1974年。

《马克思恩格斯全集》第31卷[M],北京:人民出版社,1972年。

《马克思恩格斯全集》第46卷上、下册[M],北京:人民出版社,1979年,1980年。

《马克思恩格斯全集》第47卷[M],北京:人民出版社,1979年。

《马克思恩格斯全集》第49卷[M],北京:人民出版社,1982年。

《列宁全集》第55卷(哲学笔记)[M],北京:人民出版社,1990年。

《列宁选集》第1卷[M],北京,人民出版社,1995年。

《列宁全集》第13卷[M],北京:人民出版社,1987年第2版。

中国领导人著述类:

《毛泽东选集》第1~4卷[M],北京:人民出版社,1991年。

《毛泽东著作选读》上、下册[M],北京:人民出版社,1986年。

《邓小平文选》第3卷[M],北京:人民出版社,1993年。

《陈云文选》第3卷[M],北京:人民出版社,1995年。

《江泽民文选》第3卷[M],北京:人民出版社,2006年。

胡锦涛:《坚定不移沿着中国特色社会主义道路前进 为全面建成小康社会而奋斗——在中国共产党第十八次全国代表大会上的报告(2012 年 11 月 8 日)》[N],《人民日报》2012 年 11 月 18 日。

《习近平谈治国理政》[M],北京:外文出版社,2014 年。

《习近平:中央领导是人民的大勤务员》[N/OL],新华社客户端,2015 年 7 月 17 日,http://news.xinhuanet.com/politics/2015 - 07/17/c_1115963001.htm。

习近平:《共同为改革想招 一起为改革发力 群策群力把各项改革工作抓到位》[N],《人民日报》2014 年 8 月 19 日。

习近平:《在省部级主要领导干部学习贯彻党的十八届五中全会精神专题研讨班上的讲话》[N],《人民日报》2016 年 5 月 10 日。

《习近平在吉林调研时强调保持战略定力 增强发展自信 坚持变中求新变中求进变中突破》(记者霍小光报)[N],《人民日报》2015 年 7 月 19 日。

文件、报道和统计资料类:

《中华人民共和国宪法》[N],《人民日报》2018 年 3 月 11 日(第 1 版)。

《中共中央关于经济体制改革的决定》[M],北京:人民出版社,1984 年。

《中共中央关于全面推进依法治国若干重大问题的决定(二〇一四年十月二十三日中国共产党第十八届中央委员会第四次全体会议通过)》[N],《人民日报》2014 年 10 月 29 日。

《十六大以来重要文献选编》(下)[M],北京:中央文献出版社,2008 年。

《国民经济和社会发展第十一个五年规划纲要(2006 年 3 月 14 日第十届全国人民代表大会第四次会议批准)》[OL],中国政府网,http://www.gov.cn/gongbao/content/2006/content_268766.htm。

《中共中央、国务院关于深化国有企业改革的指导意见》[N],《光明日报》2015 年 9 月 14 日。

《中共中央国务院关于全面加强人口和计划生育工作统筹解决人口问题的决定》(中发〔2006〕22 号)[OL],新华网,2008 年 6 月 26 日,http://news.xinhuanet.com/politics/2007 - 01/22/content_5637713.htm。

《全国人民代表大会常务委员会关于我国加入世界贸易组织的决定(2000 年 8 月 25 日第九届全国人民代表大会常务委员会第十七次会议通过)》,全国人大常务委员会编:《中华人民共和国全国人民代表大会常务委员会公报》,2002 年特刊,中国加入世界贸易组织法律文件,(2002)京新出报刊增准字第 011 号。

《国务院关于进一步深化城镇住房制度改革加快住房建设的通知》(国发〔1998〕23 号)。

《国务院关于化解产能严重过剩矛盾的指导意见》(国发〔2013〕41 号)。

国家统计局:《光辉的历程 宏伟的篇章——新中国成立 60 周年经济社会发展成就回顾系列报告之一》[R/OL],http://www.stats.gov.cn/tjfx/ztfx/qzxzgcl60zn/t20090907_

402584869.htm。
国家外汇管理局国际收支分析小组：《2015年中国国际收支报告》[R/OL]，国家外汇管理局网站，2016年3月31日，http://www.safe.gov.cn/wps/wcm/connect/3116fe804c3aee4e982c99c30181affd。
“第一次全国经济普查主要数据公报”，国务院办公厅，中华人民共和国国务院公报[R]，2006年2月10日。
国家统计局、国务院第三次经济普查办公室：《第三次全国经济普查主要数据公报（第一号）》[R/OL]，http://www.stats.gov.cn/tjsj/zxfb/201412/t20141216_653709.html。
国家统计局：《居民收入快速增长　人民生活全面提高——十八大以来居民收入及生活状况》[R/OL]，中华人民共和国国家统计局网站，2016年3月8日，http://www.stats.gov.cn/tjsj/sjjd/201603/t20160308_1328214.html。
《中华人民共和国2011年国民经济和社会发展统计公报》[R]。
国家统计局：《2013年国民经济发展稳中向好》[R/OL]，中华人民共和国国家统计局网站，2014年1月20日，http://www.stats.gov.cn/tjsj/zxfb/201401/t20140120_502082.html。
国家统计局：《关于修订2013年国内生产总值数据的公告》[R/OL]，中华人民共和国国家统计局网站，2014年12月19日，http://www.stats.gov.cn/tjsj/zxfb/201412/t20141219_655915.html。
国家统计局：《2014年国民经济在新常态下平稳运行》[R/OL]，中华人民共和国国家统计局网站，2015年2月11日，http://www.stats.gov.cn/tjsj/zxfb/201502/t20150211_682459.html。

著作类：

中共中央文献研究室编：《毛泽东传（1949—1976）》下[M]，北京：中央文献出版社，2003年。
中共中央文献研究室编：《邓小平年谱（1975—1997）》下[M]，北京：中央文献出版社，2004年。
当代中国研究所著：《中华人民共和国史稿·第3卷（1966—1976）》[M]，北京：人民出版社，当代中国出版社，2012年。
《经济研究》编辑部编：《建国以来社会主义经济理论问题争鸣（1949—1984）》（上、下）[M]，北京：中国财政经济出版社，1985年。
郭沫若主编：《中国史稿》第1册[M]，北京：人民出版社，1976年。
刘国光：《社会主义再生产问题》[M]，北京：生活·读书·新知三联书店，1980年。
刘国光等著：《马克思的社会再生产理论》[M]，北京：中国社会科学出版社，1981年。
刘国光著：《社会主义市场经济理论问题》[M]，北京：中国社会科学出版社，2013年。
胡世祯著：《〈资本论〉研读》（上、下卷）[M]，广州：暨南大学出版社，2012年。

胡世祯著:《〈资本论〉研究文集》[M],广州:暨南大学出版社,2014年。
杨斌林著:《再生产平衡表研究》[M],北京:中国经济出版社,2002年。
李慎明著:《对习近平总书记所讲社会主义的体悟——科学社会主义理论与实践、机遇与挑战》(修订版)[M],北京:中国社会科学出版社,2014年。
李慎明著:《忧患百姓忧患党——毛泽东关于党不变质思想探寻》[M],北京:社会科学文献出版社,2012年。
周新城著:《民主社会主义评析》[M],北京:社会科学文献出版社,2012年。
周新城著:《当代中国马克思主义政治经济学的若干理论问题》[M],北京:社会科学文献出版社,2016年。
陈其人著:《货币理论与物价理论研究》[M],上海:上海人民出版社,2002年。
张培刚,厉以宁著:《微观宏观经济学的产生和发展》[M],长沙:湖南人民出版社,1986年。
陈征著:《社会主义城市地租研究》[M],济南:山东人民出版社,1996年。
张薰华著:《经济规律的探索——张薰华选集》[M],上海:复旦大学出版社,2000年。
张薰华著:《〈资本论〉中的数量分析》[M],济南:山东人民出版社,1993年。
季羡林著:《三十年河东　三十年河西》[M],北京:华艺出版社,2008年。
吴易风等著:《马克思主义经济理论的形成和发展》[M],北京:中国人民大学出版社,1998年。
吴易风等著:《政府干预和市场经济——新古典宏观经济学和新凯恩斯主义经济学研究》[M],北京:商务印书馆,1998年。
吴易风著:《马克思主义经济学和西方经济学》[M],北京:经济科学出版社,2001年。
丁冰著:《原凯恩斯主义经济学》[M],北京:经济日报出版社,2006年。
刘日新著:《国有工业企业改革及其比重问题研究》[M],香港:中国国际文化出版社,2007年。
程恩富等主编:《11位知名经济学家批评张五常》[M],北京:中国经济出版社,2003年。
陈俊明著:《〈资本论〉经济行为理论的具体化》[M],北京:中央编译出版社,2010年。
许兴亚著:《马克思的国际经济理论》[M],北京:中国经济出版社,2002年。
马寅初著:《我的经济理论哲学思想和政治立场》[M],北京:中国财政经济出版社,1980年。
金冲及,陈群主编:《陈云传》[M],北京:中央文献出版社,2005年。
宋则行,樊亢主编:《世界经济史(修订版)》下卷[M],北京:经济科学出版社,1998年。
李琮著:《世界经济新编》[M],北京:经济科学出版社,2000年。
李琮著:《当代资本主义的新发展》[M],北京:经济科学出版社,1998年。
刘明康主编:《领导干部国际金融知识读本》[M],北京:经济科学出版社,2002年。
全球并购研究中心编著:《中国产业地图》[M],北京:中国经济出版社,2007年。
王益著:《市场变革与体制选择——关于国际货币金融新秩序的思考》[M],北京:中国财政经济出版社,1999年。

宗寒著:《国有经济读本》[M],北京:经济管理出版社,2002年。
刘明康主编:《领导干部国际金融知识读本》[M],北京:经济科学出版社,2002年。
项镜泉主编:《中国经济发展与改革建言》[M],北京:经济科学出版社,2011年。
刘日新著:《新中国前三十年的经济:1950—1980年的国民经济计划》[M],北京:中国经济出版社,2016年。
高鸿业,刘凤良主编:《20世纪西方经济学的发展》[M],北京:商务印书馆,2004年。
何秉孟主编:《产权理论与国企改革——兼评科斯产权理论》[C],北京:社会科学文献出版社,2005年。
刘志彪编著:《现代产业经济学》[M],北京:高等教育出版社,2003年。
王志乐主编:《2004跨国公司在中国》[M],北京:中国经济出版社,2004年。
梁正等著:《中国十位著名经济学家批判》[M],上海:学林出版社,2002年。
[德]黑格尔著,贺麟译:《小逻辑》[M],北京:商务印书馆,1980年。
[美]F.威廉·恩道尔著,吕德宏等译:《霸权背后——美国全方位主导战略》[M],北京:知识产权出版社,2009年。
[英]阿兰·鲁格曼著,常志霄,沈群红,熊义志译:《全球化的终结》[M],北京:生活·读书·新知三联书店,2001年。
[英]亚当·斯密著,郭大力,王亚南译:《国民财富的性质和原因的研究》上、下卷[M],北京:商务印书馆,2004年。
[德]弗里德里希·李斯特著,邱伟立译:《政治经济学的国民体系》[M],北京:华夏出版社,2009年。
[英]约翰·梅纳德·凯恩斯著,高鸿业译:《就业、利息和货币通论》(重译本)[M],北京:商务印书馆,2002年。
[英]约翰·M.凯恩斯著,蔡受百译:《劝说集》[M],北京,商务印书馆,1962年。
[英]布莱恩·斯诺登,霍华德·R.文著,佘江涛,魏威,张风雷译:《现代宏观经济学:起源、发展和现状》[M],南京:江苏人民出版社,2009年。
[美]斯蒂格利茨著,姚开建等译:《经济学》下册[M],北京:中国人民大学出版社,1997年。
[美国]N.格里高利·曼昆著,梁小民译:《宏观经济学》(第四版)[M],北京:中国人民大学出版社,2002年。
[美]杰弗里·萨克斯,费利普·拉雷恩著,费方域等译:《全球视角的宏观经济学》[M],上海:上海三联书店,上海人民出版社,1997年。
[美]保罗·A.萨缪尔森,威廉·D.诺德豪斯著,高鸿业等译:《经济学(第12版)》[M],北京:中国发展出版社,1992年。
[美]阿瑟·奥肯著,陈涛译:《平等与效率——重大抉择》[M],北京:华夏出版社,1987年。
[法]托马斯·皮凯蒂著,巴曙松等译:《21世纪资本论》[M],北京:中信出版社,2014年。

[英] 谢拉・C.道著,杨培雷译:《经济学方法论》[M],上海:上海财经大学出版社,2005年。
[匈] 亚诺什・科尔内著,张晓光等译:《短缺经济学》(上、下卷)[M],北京:经济科学出版社,1986年。
Янош Корнаи:《Путь к свободной экономике》[M],Москва,《экономика》,1990。([匈] 亚诺什・科尔内:《通向自由经济之路》(俄文版)[M],莫斯科:"经济"出版社,1990年)
[美] 罗纳德・I.麦金农著,周庭煜等译:《经济市场化的次序——向市场经济过渡时期的金融控制》[M],上海:上海三联书店,上海人民出版社,1997年。
世界银行,国务院发展研究中心联合课题组:《2030年的中国:建设现代、和谐、有创造力的社会》[M],北京:中国财政经济出版社,2013年;The World Bank, Development Research Center of the State Council, the People's Republic of China: *China 2030: Building a Modern, Harmonious, and Creative High-Income Society*[OL](世界银行、中华人民共和国国务院发展研究中心:《2030年的中国:建设现代、和谐和有创造力的高收入社会》英文版),http://www-wds.worldbank.org/external/default/WDSContentServer/WDSP/IB/2012/02/28/000356161_20120228001303/Rendered/PDF/671790WP0P127500China020300complete.pdf。
吴敬琏,马国川著:《重启改革议程——中国经济改革二十讲》[M],北京:生活・读书・新知三联书店,2013年。
吴敬琏著:《经济改革问题探索》[M],北京:中国展望出版社,1987年。
吴敬琏著:《当代中国经济改革》[M],上海:上海远东出版社,2003年。
吴敬琏,刘吉瑞著:《论竞争性市场体制》[M],北京:中国财政经济出版社,1991年。
张五常著,易宪容,张卫东译:《经济解释——张五常经济论文选》[M],北京:商务印书馆,2000年。
吕汝汉著:《香港外汇・货币市场》[M],太原:山西经济出版社、商务印书馆(香港)合作出版,1993年。

论文、文章类:

孙冶方:《把计划和统计放在价值规律的基础上》[J],《经济研究》1956年第6期。
吴易风:《西方经济学家论马克思经济学——写于马克思诞辰190周年》[J],《经济学动态》2008年第1期。
夏小林:《马克思主义不容篡改》[J],《管理学刊》2011年第5期。
夏小林:《列宁主义不容篡改》[J],《管理学刊》2011年第6期。
卫兴华:《什么是市场经济》[N],《光明日报》1989年6月17日。
程恩富,侯为民:《准确认识社会主义初级阶段基本经济制度》[N],《光明日报》2011年9月28日。
智效和:《评谢韬、辛子凌"重建个人所有制"言论》[J],《高校理论战线》2007年第9期。

丁冰:《从瑞典经济模式看民主社会主义——兼论“保障社会主义”的实质》[J],《高校理论战线》2007年第8期。

徐崇温:《瑞典模式的历史进程和经验教训》[J],《复旦学报》(社会科学版)2007年第4期。

刘栋,吴成良:《全球最富有34个国家贫富差距达到30年来最高水平 贫富鸿沟阻碍经济发展》[N],《人民日报》2014年12月10日。

吴乐珺等采访整理:《新自由主义风光不再》[N],《人民日报》2014年6月3日。

余亮:《帕累托最优“邪路”》[EB/OL],金土地网,来源:观察者网,2014年11月5日,http://www.kingland119.com/infos/3246/details。

余永定:《美国次贷危机:背景、原因与发展》[J],《当代亚太》2008年第5期。

余永定:《中国深陷美元陷阱》[N],《第一财经日报》2010年5月31日。

于祖尧:《贪婪导致危机——从“次贷”危机透视美国经济》[J],《红旗文稿》2009年1月。

施祖麟:《为什么说住房分配是一个政治问题》[N],《中国社会科学报》2010年9月9日。

刘太刚,龚志文:《华北雾霾区域合作治理的治本之策:房地产的省市际合作限产》[J],《天津行政学院学报》2015年第3期。

陈学明:《论生态社会主义者对当代资本主义的新反思》[J],《毛泽东邓小平理论研究》2006年第1期。

王林生:《经济全球化与中国的对外贸易(一)》[J],《国际贸易问题》2000年第10期。

贾根良:《加快转变经济发展方式必须正视外资的十大危害》[J],《学术研究》2010年第9期。

贾根良:《中国为什么要远离“请君入瓮”的TPP》[J],《探索与争鸣》2013年第9期。

贾根良:《“一带一路”和“亚投行”的“阿喀琉斯之踵”及其破解——基于新李斯特理论视角》[J],《当代经济研究》2016年第2期。

张薰华:《试校〈资本论〉中的计算问题》[J],《中国社会科学》1980年第3期。

慎海雄:《领导干部要善于底线思维》[N/OL],新华每日电讯,2013年4月7日,http://news.xinhuanet.com/politics/2013-04/07/c_115289665.htm。

陈锡文:《粮食不安全城镇化就难推进》[EB/OL],http://114.113.226.24/a/sannongyuandi/20140123/20436.html。

陈锡文:《中国粮食政策面临两难选择》[EB/OL],http://www.szhgh.com/Article/news/politics/2013-12-31/41432.html。

梁生民:《粮食体系市场化危机敲响粮食安全警钟》[EB/OL],http://114.113.226.24/a/sannongyuandi/20140107/15636.html。

毕亚军:《经济增速连年第一的重庆是如何控制房价的?》[EB/OL],虎嗅网,来源:凤凰财经,2016年10月5日,https://www.huxiu.com/article/165990.html。

《全球各国房价收入比排行榜》[EB/OL],排行榜123网,2015年5月28日,http://www.phb123.com/city/fc/3827.html。

韩平:《两市开户数量合计已达 2.13 亿户》[N/OL],中证网,来源:羊城晚报,2015 年 7 月 3 日,http://www.cs.com.cn/xwzx/zq/201507/t20150703_4748668.html。
蒋高明:《必须高度重视粮食数量与质量双安全问题》[N],《中国科学报》2014 年 6 月 13 日。
蒋高明:《美国的家庭农场模式适合中国吗》[N],《中国科学报》2014 年 8 月 18 日。
王宇:《产粮大县反倒贫困　粮财倒挂带来隐患》[N/OL],中国日报中文网,2015 年 8 月 23 日,http://www.chinadaily.com.cn/hqpl/zggc/2015-08-23/content_14131059.html。
张晓松:《20 万亿元:我国首次摸清政府债务底数》[N],《光明日报》2013 年 12 月 31 日。
张前荣:《我国当前产能过剩的现状、原因及应对政策》[EB/OL],国家信息中心网站,2014 年 7 月 16 日,http://www.sic.gov.cn/News/82/3068.htm。
卡耐基左:《中国民营企业平均存活时间只有 5 年 7 个月》[EB/OL],360 个人图书馆网,2014 年 9 月 15 日,http://www.360doc.com/content/14/0915/08/2088748_409556209.shtml。
严红枫,陆健:《温州:在质疑中转型》[N],《光明日报》2007 年 3 月 15 日。
中共中央党校经济学教研部:《关于中国特色社会主义政治经济学的三个重大问题》[N],《光明日报》2016 年 7 月 13 日。
刘元春:《供给侧结构性改革的政治经济学解读》[N],《光明日报》2016 年 7 月 28 日。
蔡昉:《认识中国经济减速的供给侧视角》[J],《经济学动态》2016 年第 4 期。
陆立军:《关于马克思生产劳动理论的几个问题》[J],《中国社会科学》1982 年第 5 期。
何小锋:《劳务价值论初探》[J],《经济研究》1981 年第 4 期。
厉以宁:《市场调节经济,政府管理市场》[J],《经济研究》1992 年第 11 期。
江春泽:《计划与市场在世界范围内争论的历史背景和当代实践》[J],《改革》1992 年第 2 期。
保育钧:《政府"遮风挡雨"》[N],《人民日报》2006 年 3 月 2 日。
蔡继明:《论中国土地制度改革》[J],《山东农业大学学报》(社会科学版)2005 年第 3 期。
张琦:《中国农村土地制度改革模式探索》[J],《当代经济科学》2006 年第 5 期。
《外资企业是中国企业的一部分》[EB/OL],兄弟财经网站摘自《与龙永图论道》,2014 年 3 月 9 日,http://www.haoib.com/read/2014/0309/112610.html。
戴维·A.斯托克曼:《美国经济是如何走向全面破产的?》[N/OL],《纽约时报》,2013 年 4 月 4 日,新华网,2013 年 4 月 7 日转载,http://news.xinhuanet.com/world/2013-04/07/c_124545023.htm。
约瑟夫·E.斯蒂格利茨:《贫富差距日益悬殊并非巧合》[N/OL],纽约时报中文网,2013 年 10 月 15 日,http://cn.nytimes.com/opinion/20131015/c15stiglitz/。
W.布鲁斯,K.拉斯基:《关于所有制问题》[J],《经济社会体制比较》1993 年第 4 期。

辞典类:

许涤新主编:《政治经济学辞典》上、中、下册[M],北京:人民出版社,1981 年。

[英] 约翰·伊特韦尔,[美] 默里·米尔盖特,[美] 彼得·纽曼编:《新帕尔格雷夫经济学大辞典》第1~4卷[M],北京:经济科学出版社,1996年。

[美] 彼得·纽曼,[美] 默里·米尔盖特,[英] 约翰·伊特韦尔编:《新帕尔格雷夫货币金融大辞典》第1~3卷[M],北京:经济科学出版社,2000年。

[美] 美国商务部社会经济统计资料管理署编,戴世光等译:《经济和统计名词词典》[M],北京:中国人民大学出版社,1980年。

[美] D.格林沃尔德主编,《现代经济词典》翻译组译:《现代经济词典》[M],北京:商务印书馆,1981年。

作者与本书相关的研究成果

（依时间顺序）

一、著作（个人撰写或主编）

1.《劳动力调节论》（第一主编，江苏“七五”哲学社会科学规划项目成果）[M]，南京：东南大学出版社，1992 年。劳动部第四届（1992）科技进步（社科类）三等奖（本届不评一等奖）、南京市第三届（1990 年 7 月至 1993 年 12 月）哲学社会科学优秀成果二等奖。

2.《〈资本论〉的基本思想与理论逻辑》（个人专著，新闻出版署“十五”规划国家重点图书〔新出图 2001—597 号〕）[M]，北京：中国经济出版社，2000 年；2005 年第 2 次印刷。江苏省政府第七届（1999～2000 年）哲学社会科学优秀成果二等奖。

3.《当代中国社会主义经济》（主编专著兼教材，新闻出版署“十五”规划国家重点图书〔新出图 2001—597 号〕、普通高等教育“十五”国家级规划教材[教高函〔2002〕17 号]）[M]，北京：中国经济出版社，2004 年；2009 年第 2 版；企业管理出版社，2014 年第 3 版。江苏省高校精品教材（苏教高〔2005〕26 号）。

4.《唯物史观的经济分析范式及其应用》（个人专著，国家社科基金一般项目《经济学的唯物史观分析范式：科学特征和实践创新》[项目号：05BJL002]的最终成果，2008 年 11 月鉴定等级为优秀）[M]，北京：中国经济出版社，2008 年。江苏省政府第十一届（2007～2009 年）哲学社会科学优秀成果一等奖。

5.《振兴公有制经济之路》（个人专著，国家社科基金特别委托重大项目[项目号：05@ZH005 中间成果]）[M]，北京：企业管理出版社，2014 年。

二、论　　文

1.《也谈第Ⅰ部类与第Ⅱ部类两分部类的交换图式》[J]，《南京师院学报》1982 年第 4 期；陈征主编:《〈资本论〉第2卷研究文集》[C],福州:福建人民出版社,1985年。

2.《纯粹服务劳动不创造价值》[J],《南京师院学报》1983年第2期。江苏省第一届(1985年)哲学社会科学优秀成果三等奖。

3.《关于流通一般的学说是孙冶方流通理论的精华》,全国第二次孙冶方流通理论讨论会,《简报》1984年第16期。

4.《把计划经济同商品经济对立起来的传统观念必须突破》[J],《南京师大学报》1985年第1期;中国人民大学复印报刊资料《政治经济学社会主义部分》1985年第3期全文转载。

5.《略谈劳动力流动的原因和形式》[N],《光明日报》1986年9月20日;中国人民大学复印报刊资料《政治经济学社会主义部分》1986年第12期全文转载。

6.《试论等劳交换市场》[J],《社会科学研究》1987年第3期;《文摘报》1987年6月4日(理论园地版)、《理论信息报》1987年6月29日摘要介绍观点。

7.《论社会主义新经济机制的三个环节》[J],《西藏大学学报》1989年第4期。

8.《论陈云同志社会主义计划经济体制思想的三个特征》[J],《南京师大学报》1991年第4期。

9.《用劳动二重性的观点认识社会主义市场经济》[J],"社会主义市场经济理论笔谈",《中国社会科学》1994年第2期;"Viewing the Socialist Market Economy in the Light of the Dual Nature of Labor", *Social Sciences in China*, THIRD ISSUE AUTUMN 1995(《中国社会科学》英文季刊1995年第3期)。

10.《关于国有企业产权关系及其人格化的思考》[J],《江海学刊》1994年第3期。

11.《试论"两个转变"与扩大劳动就业》[J],《南京社会科学》1996年第11期;中国人民大学复印报刊资料《劳动经济与人力资源管理》全文转载。

12.《论国有职能资本支配权及其控制主体》[J],《南京师大学报》1997年第4期。

13.《中国经济国际化战略价值目标刍议》[J],《世界经济研究》1997年第6期。

14.《科学地理解社会主义市场经济关系的人格化》[N],《社会科学报》1999年1月7日。

15.《人的生存条件与可持续发展》[N],《社会科学报》1999年8月5日。

16.《把握新情况　引导新发展——对威海、诸城实行股合制的调研》[J],《中国改革》1999年第2期。

17.《扩大内需应遵循可持续发展规律》[N],《社会科学报》1999年5月20日。

18.《注重提高大多数人的有效消费需求》[N],《经济日报》1999年8月23日。

19.《论市场经济条件下的收入公平》[J],《南京社会科学》2001年第11期。

20.《论决定集体所有制实现形式的因素》[J],《社会科学》2001年第11期。

21.《集体产业资本是农民共同致富之本》,《内部参阅》2001年11月9日。

22.《构建有中国特色社会主义的经济思想》,《内部参阅》2002年12月13日。

23.《论收入平等及其实现途径》[J],《经济评论》2002年第4期。

24.《用唯物史观指导构建中国政治经济学体系》[J],《当代经济研究》2003年第3期;林岗主编:《〈资本论〉与中国特色社会主义经济——〈当代经济研究〉创刊20周年纪念文集》[C],长春:吉林大学出版社,2010年。
25.《评唯心史观的制度解释》,程恩富等主编:《11位知名经济学家批评张五常》[C],北京:中国经济出版社,2003年5月;《海派经济学(第3辑)》[M],上海:上海财经大学出版社,2003年。
26.《用科学发展观促进产权理论科学化》,人民日报总编室主办:《内部参阅》2004年7月16日。
27.《论公有资本控股的可能性和实现途径》[J],《当代经济研究》2004年第7期;《试论公有资本控股的实现途径》,人民日报总编室主办:《内部参阅》2004年8月6日;《公有资本控股的可能性和实现途径》,人民日报总编室主办:《内部参阅》2004年12月31日。
28.《用马克思主义产权理论促进国有企业改革》,何秉孟主编:《产权理论与国企改革——兼评科斯产权理论》[C],北京:社会科学文献出版社,2005年。
29.《"民营化"不能成为国有中小企业私有化的幌子》,人民日报总编室主办:《内部参阅》2005年7月15日。
30.《陈云的综合平衡观及其现实意义》,《陈云百周年纪念——全国陈云生平和思想研讨会论文集(上)》[C],北京:中央文献出版社,2006年4月。
31.《让发展的成果惠及全体人民——理顺分配关系、完善分配制度的根本指导方针》[J],《贵州财经学院院报》2005年第6期。
32.《完善分配制度　共享发展成果》,人民日报总编室主办:《内部参阅》2005年11月25日。
33.《在实践中坚持和发展马克思的金融理论》[J],《高校理论战线》2005年第10期;何秉孟主编:《金融改革与经济安全》[C],北京:社会科学文献出版社,2007年7月。
34.《历史唯物主义与总结中国改革实践经验》[J],《马克思主义研究》2006年第3期;《马克思主义文摘》2006年第3期摘要转载。
35.《转变地方政府职能　实现城乡协调发展》,人民日报总编室主办:《内部参阅》2006年4月28日。
36.《维护公有制主体地位的经济学思考》[J],《当代经济研究》2006年第12期;中国人民大学复印报刊资料《社会主义经济理论与实践》2007年第3期全文转载;《马克思主义文摘》2007年第2期摘要转载。
37.《关于维护公有制主体地位的十个理论是非问题》[J],《中国社会科学内刊》2007年第1期(创刊号)。
38.《科学发展观视野中的效率与公平》[N],《人民日报》2007年3月23日;《马克思主义文摘》2007年第5期摘要转载;卫兴华,张宇主编:《公平与效率的新选择》("十一五"国家重点图书)[C],北京:经济科学出版社,2008年。

39.《新农村建设中的某些倾向性问题值得重视》,求是杂志社主办:《求是内参》2007 年 7 月 18 日。

40.《论科学发展与完善依靠人民的经济制度》[J],《经济纵横》2007 年第 6 期,中国人民大学复印报刊资料《社会主义经济理论与实践》2007 年第 9 期全文转载。

41.《用科学的态度创新马克思主义经济学》[J],《马克思主义研究》2007 年第 6 期;《马克思主义文摘》2007 年第 7 期摘要转载。

42.《简论唯物史观的经济数量分析特征》[J],《当代经济研究》2007 年第 7 期;中国人民大学复印报刊资料《理论经济学》2007 年第 10 期全文转载。

43.《论唯物史观的经济分析范式》[J],《中国社会科学》2007 年第 5 期;"On the economic analysis paradigm of historical materialism", *Social Sciences in China*, Volume 29 Issue 2 May 2008(《中国社会科学》英文季刊 2008 年第 2 期)。教育部第五届"高等学校科学研究优秀成果奖"二等奖(经济学论文类);世界政治经济学学会(2009 年第四届论坛、法国巴黎)"21 世纪世界政治经济学杰出成果奖"。

44.《论分析所有制的唯物史观科学方法——纪念〈资本论〉第一卷出版 140 周年》,《经济思想史评论(第 3 辑)》[M],北京:经济科学出版社,2007 年。

45.《在中国特色社会主义旗帜下振兴公有制经济》,人民日报内参部主办:《内部参阅》2008 年 1 月 11 日;中国社会科学院主办:《社科党建》2008 年第 6 期全文转载;《党建研究内参》2008 年第 4 期摘要转载。

46.《现代西方经济学的老教条与新教条》[N],《中国社会科学院报》2008 年 10 月 9 日。

47.《转变经济发展方式与实施"富民优先战略"——关于江苏转变经济发展方式的一个专题调研报告》[J],《中国社会科学内部文稿》2009 年第 1 期。

48.《论完善社会主义市场经济体制的方向》[J],《当代经济研究》2009 年第 1 期。

49.《人口政策的调整要与经济社会发展的实际相适应》[J],《经济纵横》2009 年第 10 期。

50.《我们应当如何应对世界经济危机》[J],《马克思主义研究》2009 年第 9 期;中国人民大学复印报刊资料《社会主义经济理论与实践》2010 年第 1 期全文转载。

51.《用辩证法指导国民经济的科学发展——对新中国发展 60 周年的一些思考》,中国社会科学院马克思主义研究学部编:《36 位著名学者纵论新中国发展》[C],北京:中国社会科学出版社,2009 年。

52.《抓住有利时机振兴公有制经济》[J],《探索》2010 年第 1 期;中国人民大学复印报刊资料《社会主义经济理论与实践》2010 年第 6 期全文转载。

53.《论社会主义宏观调控的实践创新》,《海派经济学(第 27 辑)》[M],上海:上海财经大学出版社,2009 年。

54.《维护社会主义基本经济制度的若干观点》,人民日报内参部主办:《内部参阅》2010 年第 41 期;以《维护社会主义公有制主体地位的若干观点》为题,收入《海派经济学(第 32 辑)》

[M],上海：上海财经大学出版社,2010 年。
55.《论马克思宏观经济分析的科学特征——兼与凯恩斯主义比较》[J],《经济纵横》2010 年第 10 期。
56.《论国有资本的整体性监管》[J],《当代经济研究》2010 年第 11 期;《中国社会科学内部文稿》2010 年第 5 期;以《国有资本的整体性监管》为题,摘要刊登在《中国社会科学文摘》2011 年第 4 期。
57.《论城市住房体制的改革目标》[J],《中国流通经济》2011 年第 4 期。
58.《经济学“西化”：苏联亡党亡国的一个重要原因——由 500 天纲领引发的思考》[J],《山东社会科学》2011 年第 7 期。中国社会科学院世界社会主义研究中心：《世界社会主义研究动态》2011 年第 25 期;李慎明主编：《历史在这里沉思　苏联解体 20 周年祭》[C],北京：社会科学文献出版社,2011 年。
59.《用唯物史观的方法理解劳动者个人所有制——读原苏联学者〈在社会主义条件下重建个人所有制的含义〉一文的思考》[J],《国外理论动态》2011 年第 6 期。
60.《论中国道路与唯物史观的中国化》,高翔主编：《中国社会科学学术前沿(2010—2011)社会科学蓝皮书》[C],北京：社会科学文献出版社,2011 年。
61.《用马克思主义基本原理解决当前经济问题》,人民日报主编室主办：《内部参阅》2011 年第 39 期(总 1080 期)。
62.《中国道路是唯物史观中国化的伟大成果》[J],《探索》2012 年第 1 期。
63.《必须坚持马克思主义和不搞私有化》[J],《现代经济探讨》2012 年第 7 期。
64.《论公有制在社会主义基本经济制度中的最低限度》[J],《马克思主义研究》2012 年第 10 期;中国人民大学复印报刊资料《社会主义经济理论与实践》2013 年第 2 期全文转载;《马克思主义文摘》2013 年第 2 期摘要发表。
65.《论改善所有制关系促进共同富裕》[J],《中国经济问题》2013 年第 1 期;“Promoting common prosperity through improving ownership relations in China”, *International Critical Thought*, Volume 2, Issue 2, 2012 (《国际思想评论》2012 年第 2 期)。
66.《也谈国际价值规律及其作用的特征》[J],《政治经济学评论》2013 年第 1 期。
67.《要重视唯物史观的宏观经济分析方法》[J],《当代经济研究》2013 年第 3 期。
68.《维护科学发展和共同富裕的经济基础——访南京财经大学经济学院教授何干强》[J],《马克思主义研究》2013 年第 3 期。
69.《论公有制是共同富裕的经济基础》[J],何干强,蔡万焕,《社会科学辑刊》2013 年第 2 期。
70.《析“公有制为主导”论的实质——评高尚全先生的“改革建议”》[J],《中国社会科学内部文稿》2013 年第 3 期;《政治经济学评论》2013 年第 4 期;《马克思主义文摘》2013 年第 12 期摘要转载。
71.《不应把国企称为垄断企业》[J],《毛泽东邓小平理论研究》2013 年第 5 期。

72.《毛泽东思想使科学社会主义在中国变成现实》[J],《学习与探索》2013 年第 12 期;中国社会科学院马克思主义研究学部编:《33 位著名学者纵论毛泽东思想》[C],北京:中国社会科学出版社,2014 年。

73.《论促进改革理论科学化》[J],《社会科学研究》2014 年第 3 期;曹书红主编:《世界格局在巨变　社会主义新实践和帝国主义新特点》[C],北京:社会科学文献出版社,2013 年。

74.《政府职能、所有制和市场关系的整体协同性——评世行〈2030 年的中国报告〉》[J],《中国社会科学内部文稿》,2014 年第 2 期;《政府职能、所有制和市场关系的整体协同性——评〈2030 年的中国:建设现代、和谐、有创造力的社会〉》[J],《管理学刊》2014 年第 2 期;《绝不能把"转变政府职能"偷换为消除人民政府的阶级职能》[J],《马克思主义文摘》2014 年第 9 期。

75.《论国家安全战略的经济底线》[J],中国社会科学院世界社会主义研究中心:《世界社会主义研究动态》2014 年第 30 期;李慎明主编:《世界格局与我国安全战略》[C],北京:社会科学文献出版社,2014 年;中国社会科学院 2014 年优秀对策信息情况报告类三等奖。《论国家安全的经济底线》[J],《现代经济探讨》2014 年第 6 期。

76.《农民实现共同富裕的必经之路——邓小平农业集体经济"两个飞跃"思想研究》[J],《毛泽东邓小平理论研究》2014 年第 5 期;中国社会科学院马克思主义研究学部编:《38 位著名学者纵论邓小平理论》[C],北京:中国社会科学出版社,2014 年。

77.《确立历史唯物主义的时代特征和时代问题观》,李慎明主编:《世界社会主义和左翼思潮:现状与发展趋势》[C],北京:社会科学文献出版社,2014 年。

78.《社会主义趋向全球化对我们的要求》,李慎明主编:《社会主义是人类历史发展的必然》[C],北京:社会科学文献出版社,2015 年。

79.《揭开把改革引向私有化的面纱》[J],《管理学刊》2015 年第 4 期。

80.《马克思提出了"社会大工厂模式"吗——澄清一种对马克思经济思想的严重误解》[J],《当代经济研究》2015 年第 6 期。

81.《依宪治国、依宪执政必须维护公有制的主体地位》,中国社会科学院马克思主义研究学部编:《42 位著名学者纵论全面深化改革与依法治国》[C],北京:中国社会科学出版社,2015 年。

82.《坚持马克思主义政治经济学理论自信》[N],《中国社会科学报》2015 年 12 月 17 日。

83.《振兴公有制经济刻不容缓》[J],《中国社会科学内部文稿》2015 年第 5 期;《河北经贸大学学报》2016 年第 1 期;中国人民大学复印报刊资料《社会主义经济理论与实践》2016 年第 3 期全文转载。

84.《经济工作的指导思想是马克思主义的政治经济学》[J],中国社会科学院《世界社会主义研究动态》2016 年第 13 期;《坚持经济工作的根本指导思想——学习习总书记关于政治经济学重要讲话的体会》[J],《中华魂》2016 年第 5 期;《用马克思主义政治经济学作为经济工作的指导思想》,中国社会科学院马克思主义研究学部编:《45 位著名学者纵论政治经济学》[C],北京:中国社会科学出版社,2016 年。

85.《在深化改革中做强做优做大国有企业》[J],《马克思主义研究》2016 年第 2 期;中国人民大学复印报刊资料《社会主义经济理论与实践》2016 年第 5 期全文转载。

86.《用唯物史观指导开拓当代中国政治经济学新境界》[J],《经济纵横》2016 年第 3 期。

87.《所有制在社会经济结构中的核心地位》[N],《中国社会科学报》2016 年 7 月 19 日。

88.《用〈资本论〉的原理指导认识和控制汇率》[J],《福建师范大学学报》(哲学社会科学版)2017 年第 2 期。

89.《调整好中国的经济结构必须纠正公有制经济被严重削弱的态势——论公有制在调结构中的基础地位》[J],《毛泽东邓小平理论研究》2017 年第 4 期;中国人民大学复印报刊资料《社会主义经济理论与实践》2017 年第 8 期全文转载;并以《科学地调结构须以公有制为基础》为题,转载于《中国社会科学文摘》2017 年第 9 期“论点摘要”。

90.《应当重视〈资本论〉宏观经济理论的研究和应用》[J],《中国社会科学院研究生院学报》2017 年第 4 期。

91.《从〈资本论〉的宏观经济研究方法看科尔内ⅡB 模式的弊病》[J],《当代经济研究》2017 年第 10 期。

92.《货币流回规律和社会再生产的实现——马克思社会总资本的再生产和流通理论再研究》[J],《中国社会科学》2017 年第 11 期。人大复印报刊资料《理论经济学》2018 年第 8 期全文转载。

93.《振兴国有经济——建设现代化经济体系亟待解决的重大问题》[J],人民日报主管:《国家治理周刊》2017 年 12 月第 2 期。

94.《宏观经济调控应当重视的若干理论问题》(上、下)[J],中国社会科学院主管:《世界社会主义研究》2018 年第 1 期、第 2 期;《世界社会主义研究动态》(内刊),2017 年 11 月 24 日第 141 期。本文(上、下)获中国社会科学院 2017 年度优秀对策信息意识形态类二等奖。

95.《论凯恩斯“丢掉了$\sum c$”的弊病》[J],《经济纵横》2018 年第 4 期。

96.《论凯恩斯“储蓄等于投资”恒等式的错误》[J],《当代经济研究》2018 年第 5 期。

97.《两种对立的宏观经济问题观辨析——访南京财经大学教授何干强》[J],《马克思主义研究》2018 年第 6 期。

98.《用唯物史观指导经济发展和调结构》[J],《中国社会科学内部文稿》2018 年第 4 期。

99.《论宪法在经济改革中的重要作用》[J],《管理学刊》2018 年第 5 期。

100.《论唯物史观的经济研究方法》[N],《中国社会科学报》2018 年 7 月 31 日。

101.《泛用西方发展经济学的若干问题》[J],《经济纵横》2019 年第 5 期。

102.《社会主义公有制是建设现代化经济体系实现高质量发展的基础》[J],《西部论坛》2019 年第 3 期。

103.《沿着马克思开创的理论道路前进》[J],《经济与管理评论》2019 年第 3 期。
104.《全民所有制是中国特色社会主义经济的主要特征》[J],《改革与战略》2019 年第 6 期。
105.《关乎坚持维护宪法尊严的一个重大经济理论问题——“竞争中性”辨析》[J],《高校马克思主义理论研究》2020 年第 1 期。
106.《论马克思〈资本论〉中的唯物史观——经济研究和实践应当确立的科学指导思想》[J],《改革与战略》2020 年第 5 期。
107.《论列宁对折中主义的批判》[J],《马克思主义研究》2020 年第 6 期;中国人民大学复印报刊资料《马克思列宁主义研究》2021 年第 4 期全文转载。
108.《我国第二、三产业生产资料所有制结构现状剖析——第四次全国经济普查数据的政治经济学分析》[J],《河北经贸大学学报》2021 年第 5 期。
109.《论新中国对私有制社会主义改造的伟大胜利》[J],《当代经济研究》2021 年第 9 期。
110.《分析经济发展态势应重视所有制结构和分配关系》[J],中国红色文化研究会:《学术简报》(内刊)2021 年第 25 期(总第 230 期)。
111.《论〈资本论〉对资产阶级经济学的批判及其现实指导价值》[J],《当代经济研究》2022 年第 2 期。